伊藤真の全条解説 会社法

伊藤真 ▶ 監修
伊藤塾 ▶ 著

弘文堂

はしがき

1 本書の目的

　本書は、法律を条文サイドから学習したり、条文の意味を知ることによって生活や仕事に役立てたいと考えているすべての方が、六法として使えるように配慮した条文解説書である。これまで伊藤塾が執筆した「伊藤真の条文シリーズ」・「伊藤真入門六法シリーズ」は、司法試験受験生、司法試験予備試験受験生、司法書士試験、法科大学院入試等の受験生だけでなく、多くの実務家やビジネスパーソンにも愛用していただいたと聞く。そこで、今回は、会社法の平成26年改正に合わせ、さまざまな目的で利用されていることを考慮し、内容を大きくリニューアルすることにした。

　法律の学習は条文に始まり、条文に終わる。もちろん、判例も重要であり、体系的理解のためのテキストも不可欠である。だが、判例を重視する英米法系の国々と異なり、成文法を重視する日本においては、条文が何よりも法律学習の出発点とならなければならない。法律の学習の1つの目標は、条文の意味を正確に理解してこれを使いこなすことであるが、そのためには条文に慣れ親しんでおくことが必要である。法科大学院におけるソクラティック・メソッドのような法学教育のなかでも、条文の重要性が減殺されることはありえない。これまで解釈に委ねられていた部分が次々と法改正によって条文化され明確になっていることからも、ますます条文の重要性は増しているといって過言ではないであろう。

　本書では、条文の口語的な意味、趣旨、語句の意味や使い方、その条文で問題となっている解釈上の論点、関連する判例を網羅的にわかりやすく整理している。特に、趣旨の内容をより充実させ、会社法成立後の最新判例を多く掲載したため、初学者から法律の学習がある程度進んでいる方まで、多くの人の便宜に資するはずである。更に使いやすいように工夫された本書で、ぜひ条文を使いこなせるようになってほしい。

2 本書の対象者

　本シリーズは条文の意味を知りたいすべての方を対象とする。

1　受験生

　司法試験、司法試験予備試験、司法書士試験、法科大学院入試、公務員試験などあらゆる試験の受験生で条文の重要性に気づいた方にとっては、そのまま実践的な受験用の六法となる。特に、司法試験や司法試験予備試験、法科大学院入試においては、趣旨や判例の充実した本書を六法の代わりに使い、適宜書き込みをすることで、万全な試験対策をすることができる。

2　法学部生・法科大学院生

　法学部生をはじめとする法律を学習しようとする方にとっては、条文のそれぞれの意味を知ることが、学習の第一歩である。条文の意味を確認しながら講義を聴いたり復習したりすることで、期末試験対策をする手助けとなる。

3　実務家・ビジネスパーソン

　法務関連の業務であるとないとにかかわらず、日々の業務のなかで疑問に思った条文

の意味をすぐに確認することができる。契約書の内容で意味のわからないことがでてきたときなどにも、その検索が容易になるとともに、関連しそうな判例や裁判例を調べて現在取り組んでいる問題の所在を把握することもできる。

4 上記以外の市民の方

日常的には法律に関係のない生活をしている市民の方であっても、現に法律問題に巻き込まれたときに、まず自分で関連する条文を探してその意味を知り、弁護士などに相談する際の手掛かりとすることができる。法律用語のなかには、日常の生活で使われている意味とは異なるものがある。それらを知ることだけでも、自分の権利を自分で守るための有効な武器となる。

3 本書の特長

本書の大きな特長として、すべての条文の趣旨を詳細に付した。また、「伊藤真の条文シリーズ」の売りであった条文の口語的な意味を掲載することを継承するとともに、新たに、条文内において、他の条文を引用している部分や簡略化された部分に対して補足する文書を加えた。さらに、条文自身への参照条文の付記や条文に関連する司法試験、司法試験予備試験、司法書士試験における過去問を付記するなど、より使い勝手のよいものとした。

以下から、これらを含めた特長を具体的に示すこととする。

1 初心者にもわかりやすく

法律は国民のものでなければならない。そのためには、法律の基礎である条文について、大方の人が自分で読んでみて意味がわかるようにしなければならない。もはや法律家だけが知っていればいいと考える時代は終わっている。

そこで、すべての条文に口語的な意味と詳細な趣旨を掲載してある。さらに、条文内の引用部分や簡略化された部分、難解な語句には、そのつど注釈を入れてあるため、初心者でも自分でその条文の意味や他の条文との関連性がわかるようになっている。

2 法律を使いこなせるようにすること

具体的にどのような事案で法律を使うのかがわからなければ、単に知識を得たとしてもそれは自己満足にすぎなくなる。重要な判例・裁判例は、直近のものまで多数登載した。また、図表によって視覚的に事案を把握しやすいようにもしている。このように、条文をどのような場面でどのように使うのかを具体的に示すことによって、より身近に感じられるように工夫した。

3 試験対策として現実的であること

膨大な条文をすべて完璧に頭に入れることなど不可能である。条文にはおのずと試験との関係で学習の優先順位があるため、それをランクによって示し、学習する際の目安とした。司法試験、司法試験予備試験、司法書士試験における過去問の番号を付記しているので、これも目安となる。

また、論点になるものは、問題の所在を端的に条文クローズアップ中に示し、判例・裁判例も、重要なものから引用し、できるかぎり最新のものを掲載するようにしている。

さらに、右欄において、条文自身への参照条文を付したり、学習を更に深めるための参考文献の該当箇所を示してある。

4 ビジネスパーソンの需要に応えるものであること

時間にかぎりがあるビジネスパーソンの方が本書を手にとった場合に、一見してその条文の内容がどのようなものかを把握できるよう条文の直下に口語体で示し、意味を簡単に把握できるようにしている。また、現実に対処している問題と似た事例の判例が見つかりやすいよう、最新のものも含め、判例・裁判例の掲載を充実させている。

4 本書の機能

1 条文

(1) ランク

条文に関連する司法試験、司法試験予備試験の短答式試験の過去の出題数を基準に、論文上の重要性の観点を加味して、試験上の重要なものの順にランク分けをしている。ランクについては、A、B⁺、B、B⁻、C、Dの6段階に分け、Aから重要度が高い。

(2) 定義

条文上において定義づけがされているものには、右欄に定マークを付した。定がさす語句やその意味するところには、文字の下にミシン罫（……）を敷き、「❶、❷、❸……」を付している。

なお、「❶、❷、❸……」は、(3)とあわせて通し番号にしている。1つの条文内で、同じ語句が複数ある場合は、見易さを重視して同一番号の「❶、❷、❸……」を項ごとに付すこととした。

(3) 参照条文の付記

条文上にでてくる語句が、他の条文で定義づけされている場合、その定義づけされている条文を具体的に右欄で示している。この部分にも、「❶、❷、❸……」を付している。

(4) 簡略化した条文内容の付記

条文上、他の条文の引用がある場合、当該条文の内容が一見してわかるように、その条文の直後の〔　〕括弧内にその条文内容を簡略化して付記している。

2 過去問番号の付記

条文ごとに、その条文に関連する司法試験、司法試験予備試験、司法書士試験における過去問番号を付記している。もっとも、直接引用されている過去問番号に飛んで参照することは必ずしもする必要はない。当該条文の重要性を判断する際のひとつの参考にしてほしい。

3 条文内容の平易な記載

条文の直後に、一読してその意味内容を把握できるよう、口語体でその条文について説明を付している。

4 趣旨

本書は、特に趣旨の内容を充実させている。その条文がどのような制度趣旨で、どのような役割を果たしているかについて、各条文1つひとつに説明があることは他書には少ないが、本書では、その点についても必要十分な説明をしている。この趣旨の説明により、各条文の理解がいっそう深まり、適切に条文を使いこなせるようになる。

5 語句の意味

条文上定義化されていないもので、条文上表れている語句のうち、重要なものについ

ては語句の意味で具体化している。

6 条文クローズアップ

条文の各項についての説明を付すとともに、解釈が必要となるもの、あるいは他の条文との関係を示すべきものについて、言及をしている。

また、解釈上争いとなる論点についても、その問題の所在について必要かつ十分に言及をしている。そして、本書でのその論点部分の所在が一見してわかるよう、論点部分の右欄には論マークを付している。

7 参考文献

右欄において、本書での記述に加えて更に理解を深めたい方のために、参考文献を付している。「伊藤真の試験対策講座」のほか、著名な基本書について言及をしているので、適宜参照していただきたい。

8 判例セレクト

登載した判例・裁判例については、充実した内容となっている。重要な判例・裁判例から順に登載するとともに、最新の重要な判例・裁判例についてもできるかぎり登載している。また、その判例・裁判例のもっとも重要な部分について引用することで、その判例・裁判例の肝を把握できるようにしている。

9 平成26年改正関連

本書は、冒頭に記載したように、会社法が平成26年に大きく改正されたことにともなって新しくした。そこで、平成26年に改正された部分がわかりやすくなるように、いくつかの工夫を施している。

まず、法文内の改正された部分は、若干太い書体にした。見分けがつき難いかもしれないが、当該条文を利用する場合は、改正されていない部分も併せて読むことになるであろうから、あえて違和感がない書体とした。

また、条文の左側に付した「ⅰ」は、インフォメーションの意味を含めて、主だった改正箇所に付した。条文全体が変わった場合は条文数の横に、項単位で変わった場合は項数の横に付した。

5 本書の使い方

1 受験生に向けて

(1) 短答式試験対策

条文知識を身につけるには、条文を逐一読み込むことが不可欠である。条文を読み進めながら、重要なランクづけがされているものについては、右欄に付された参照先の条文に飛ぶなどして深く読み込んでほしい。また、短答式試験の過去問を解いている場合には、間違えた問題、あるいは疑問のある問題については、逐一本書の当該条文に飛んで、問題点を解決しつつ先に進んでほしい。

(2) 論文式試験対策

論文式試験対策では、主に、趣旨と条文クローズアップの読み込みが重要となる。特に、条文クローズアップには解釈上問題となる論点等については、逐一言及するようにしているので、右欄の論マークを参照しつつ、条文と論点等の位置づけを意識してほしい。

2　ビジネスパーソンに向けて

　条文クローズアップでは、その条文を使いこなすうえで必要十分な内容を、項目ごとに記載しているため、適宜必要な情報をすばやく検索できるようにしている。また、判例も、実務に耐えうる質・量を登載しているので、適宜類似事例を見つける際に参照してほしい。

3　上記以外の方に向けて

　まずは、条文が何についての条文かを把握するため、口語体の説明を読んで確認してもらいたい。そのうえで、各条文が何について定めているのかを、条文を読みながら、少しずつ理解を進めていただきたい。学習が進んできたら、1の「受験生に向けて」の使い方を適宜参照するなどして学習を進めていってほしい。

6　今、条文を学習することの意味

　現在、法科大学院ではプロブレム・メソッドやケース・メソッドという方法を実施している。これらは、たしかに自分の頭で考えるクセをつけるためには効果がある。ゼミ形式の教育が本人の考える力を引き出すよい方法であることは、私自身、主宰する伊藤塾で多くのゼミを実践してきた経験から自信をもって肯定することができる。

　しかし、そのようなゼミやソクラティック・メソッドが人気である今だからこそ、実務法律家をめざすみなさんには特に申し上げておきたいことがある。

　この日本の実務法律家教育の過程から条文の理解を深める学習が消えてなくなることはありえない。条文解釈に基づかない議論は、実務法律家にとって意味をなさないからである。実務法律家をめざす者にとって条文と蓄積された判例の学習こそが基本であり要である。たしかに、たとえば弁護士になった際には、自分の頭で考えて説得的な上告趣意書が書けるようにならなければならない。しかし、それはあくまでもこれまでの条文と判例の理解を前提とし、その限界を知りつつ、新たな理論を組み立て、判例を創っていく営みだからこそ意味がある。

　私は、常々法律の学習には、①全体像や体系の把握、②知識の習得、③その知識を使って自分の頭で考える訓練の3つのプロセスがあると考えている。そして、この全体像、知識、考える力のどれが欠けても法律を自分のものとして使いこなすことはできない。特に条文の知識がなければ、地に足のついた説得的な議論はできない。中抜けでは法律のプロにはなれないのである。

　法学教育の流れがゼミやソクラティック・メソッドといったかたちを主流にしている今だからこそ、私はあえて、条文を理解し知識としてしっかりともつことの重要性を訴えたい。試験対策においても正確な条文の理解があってはじめて、解釈論を展開することができるのであり、自分の頭で考えることが意味をもってくるのである。

　私がこれまでの法学教育の実践のなかでもっとも苦労したことは、まさにこの「条文や判例の知識とその法律の全体像をしっかり伝授すること」と、「自分の頭で考える力を身につけさせること」とのバランスであった。そして、日本が実定法の国であるかぎり、その悩みはこれからも続くと考えている。

　今回、考える力の滋養というソクラテスの役割は大学や法科大学院の先生方におまかせし、私は、知識を伝授するソフィストの役回りを本書では演じたいと思う。この国にはそうした知識をわかりやすく伝達する役割を果たす者がどうしても必要だと考えるか

らである。

　ただ、本書を利用される読者のみなさんには、くれぐれも法律学習の本質、そしてゴールは、自分で考える力の滋養であり、本書で学ぶ知識はその前提にすぎないことを忘れないでいてほしい。

　本書の制作に際して、多くの方のご助力を得た。特に2015年度の司法試験に合格した池田一貴さん、田中龍也さん、萩生田知法さん、花澤京太さん、山田雄太さん、森龍之介さんには、その合格した力をもって彼等のノウハウを惜しみなく注いでいただいた。また、司法修習（新68期）を終え弁護士登録をされたばかりの常行要多さんをはじめ、長年ご助力をいただいている近藤俊之弁護士、永野達也弁護士には、最終の確認をしていただいた。そして、伊藤塾の誇る優秀なスタッフと弘文堂のみなさんの協力を得て、はじめて刊行することができた。ここに改めて感謝する。

　　2016年1月

　　　　　　　　　　　　　　　　　　　　　　　　　　　　　伊藤　真

伊藤塾合格エッセンス

　本書で記載したような内容や学習方法は，伊藤真塾長や伊藤塾で研究・開発した数多いテキストや講義のうちの一部を紹介したにすぎません。「伊藤塾の講義を体験してみたい」，「直近合格者の勉強方法をもっと知りたい」，「伊藤塾テキストを見たい」，「伊藤真塾長ってどんな人かな」……。そう思ったら，伊藤塾ホームページにアクセスしてください。無料でお得な情報が溢れています。

　　　　パソコン・スマホより→ http://www.itojuku.co.jp/

伊藤塾ホームページにある情報の一例

　　塾長雑感（塾長エッセイ）
　　無料体験講座
　　合格者の声―合格体験記・合格者メッセージ―
　　合格後の活躍―実務家レポート―
　　講師メッセージ
　　伊藤塾の書籍紹介

　講座は，受験生のライフスタイルに合わせ，**在宅（通信）**受講と**通学（校舎）**受講，**インターネット**受講を用意しています。どの受講形態でも**学習フォローシステムが充実**しています。

伊藤真の全条解説
会社法　｜　目次

はしがき　Ⅲ
目次　Ⅹ
参照文献一覧　Ⅻ
条文重要度ランク表　ⅩⅢ

第1編　総則（1条〜24条）　001

第1章　通則（1条〜5条）　002
第2章　会社の商号（6条〜9条）　017
第3章　会社の使用人等（10条〜20条）　022
第4章　事業の譲渡をした場合の競業の禁止等（21条〜24条）　034

第2編　株式会社（25条〜574条）　043

第1章　設立（25条〜103条）　048
第2章　株式（104条〜235条）　132
第3章　新株予約権（236条〜294条）　375
第4章　機関（295条〜430条）　454
第5章　計算等（431条〜465条）　692
第6章　定款の変更（466条）　748
第7章　事業の譲渡等（467条〜470条）　749
第8章　解散（471条〜474条）　758
第9章　清算（475条〜574条）　762

第3編　持分会社（575条〜675条）　851

第1章　設立（575条〜579条）　852
第2章　社員（580条〜589条）　859
第3章　管理（590条〜603条）　869
第4章　社員の加入及び退社（604条〜613条）　882
第5章　計算等（614条〜636条）　894
第6章　定款の変更（637条〜640条）　912
第7章　解散（641条〜643条）　916
第8章　清算（644条〜675条）　918

第4編 社債（676条〜742条）　　943

- 第1章 総則（676条〜701条）　　944
- 第2章 社債管理者（702条〜714条）　　971
- 第3章 社債権者集会（715条〜742条）　　982

第5編 組織変更、合併、会社分割、株式交換及び株式移転（743条〜816条）　　1005

- 第1章 組織変更（743条〜747条）　　1006
- 第2章 合併（748条〜756条）　　1015
- 第3章 会社分割（757条〜766条）　　1038
- 第4章 株式交換及び株式移転（767条〜774条）　　1066
- 第5章 組織変更、合併、会社分割、株式交換及び株式移転の手続（775条〜816条）　　1082

第6編 外国会社（817条〜823条）　　1157

第7編 雑則（824条〜959条）　　1165

- 第1章 会社の解散命令等（824条〜827条）　　1166
- 第2章 訴訟（828条〜867条）　　1170
- 第3章 非訟（868条〜906条）　　1244
- 第4章 登記（907条〜938条）　　1276
- 第5章 公告（939条〜959条）　　1312

第8編 罰則（960条〜979条）　　1327

事項索引　　1353
条文用語索引　　1361
判例索引　　1371

★参照文献一覧

　本書を執筆するにあたり多くの文献を参照させていただきました。そのすべてを記すことはできませんが主なものを下に掲げておきます。なお、本文中にこれらの文献の文章表現を引用させていただいた箇所もありますが、本書はいわゆる学術書ではなく、学習用の教材ですので、その性質上、学習において必要な部分以外は引用した文献名を逐一明記することはしませんでした。
　ここに記して感謝申し上げる次第です。

伊藤靖史＝大杉謙一＝田中亘＝松井秀征・会社法[第3版](有斐閣・2015)
江頭憲治郎・株式会社法[第6版](有斐閣・2015)
加美和照・新訂会社法[第10版](勁草書房・2011)
神田秀樹・会社法[第17版](弘文堂・2015)
岸田雅雄・ゼミナール会社法入門[第7版](日本経済新聞社・2012)
北沢正啓・会社法[第6版](青林書院・2001)
近藤光男・最新株式会社法[第8版](中央経済社・2015)
近藤光男＝志谷匡史・新版・改正株式会社法Ⅳ(弘文堂・2006)
鈴木竹雄・会社法[全訂第5版](弘文堂・1994)
鈴木竹雄＝竹内昭夫・会社法[第3版](有斐閣・1994)
前田　庸・会社法入門[第12版](有斐閣・2009)
宮島　司・新会社法エッセンス[第4版補正版](弘文堂・2015)
弥永真生・リーガルマインド会社法[第14版](有斐閣・2015)
新版注釈会社法(1)～(15)(有斐閣・1985～2000)
相澤　哲編著・一問一答　新・会社法[改訂版](商事法務・2009)
相澤　哲編・新・会社法旧新対照条文(商事法務・2005)
相澤哲＝葉玉匡美＝郡谷大輔編著・論点解説　新・会社法(商事法務・2006)
坂本三郎編著・一問一答・平成26年改正会社法[第2版](商事法務・2015)
葉玉匡美編著・新・会社法100問[第2版](ダイヤモンド社・2006)
三原秀哲・ここが変わった！改正会社法の要点がわかる本　法務省令対応版(翔泳社・2015)
江頭憲治郎＝森本滋編・会社法コンメンタール1～22(商事法務・2008～)
奥島孝康＝落合誠一＝浜田道代編・基本法コンメンタール会社法1～3(日本評論社・2009～2010)
酒巻俊雄＝龍田節ほか編・逐条解説会社法1～5(中央経済社・2008～2011)
商事法務(商事法務研究会)
金融法務事情(金融財政事情研究会)
税経通信(税務経理協会)
ジュリスト(有斐閣)
法学教室(有斐閣)
会社法判例百選[第2版](有斐閣・2011)
重要判例解説(有斐閣)
判例時報(判例時報社)
判例タイムズ(判例タイムズ社)
最高裁判所判例解説民事篇(法曹会)

条文重要度ランク表
(各欄右端の数字は掲載頁を表します)

第1編 総則

第1章 通則

条文	ランク	頁
第1条（趣旨）	C	4
第2条（定義）	A	5
第3条（法人格）	B⁻	9
第4条（住所）	B	15
第5条（商行為）	B⁻	15

第2章 会社の商号

条文	ランク	頁
第6条（商号）	C	17
第7条（会社と誤認させる名称等の使用の禁止）	B⁻	18
第8条	C	18
第9条（自己の商号の使用を他人に許諾した会社の責任）	B⁻	19

第3章 会社の使用人等

第1節 会社の使用人

条文	ランク	頁
第10条（支配人）	C	22
第11条（支配人の代理権）	B⁻	23
第12条（支配人の競業の禁止）	B⁻	25
第13条（表見支配人）	B	26
第14条（ある種類又は特定の事項の委任を受けた使用人）	C	28
第15条（物品の販売等を目的とする店舗の使用人）	C	29

第2節 会社の代理商

条文	ランク	頁
第16条（通知義務）	C	30
第17条（代理商の競業の禁止）	C	30
第18条（通知を受ける権限）	C	31
第19条（契約の解除）	C	32
第20条（代理商の留置権）	C	33

第4章 事業の譲渡をした場合の競業の禁止等

条文	ランク	頁
第21条（譲渡会社の競業の禁止）	B⁺	34
第22条（譲渡会社の商号を使用した譲受会社の責任等）	B⁻	35
第23条（譲受会社による債務の引受け）	B⁻	38
第23条の2（詐害事業譲渡に係る譲受会社に対する債務の履行の請求）	A	39
第24条（商人との間での事業の譲渡又は譲受け）	C	40

第2編 株式会社

第1章 設立

第1節 総則

条文	ランク	頁
第25条	B⁺	51

第2節 定款の作成

条文	ランク	頁
第26条（定款の作成）	B⁻	52
第27条（定款の記載又は記録事項）	A	53
第28条	A	54
第29条	C	58
第30条（定款の認証）	C	59
第31条（定款の備置き及び閲覧等）	C	60

第3節 出資

条文	ランク	頁
第32条（設立時発行株式に関する事項の決定）	C	61
第33条（定款の記載又は記録事項に関する検査役の選任）	B⁻	62
第34条（出資の履行）	B⁺	66
第35条（設立時発行株式の株主となる権利の譲渡）	C	69
第36条（設立時発行株式の株主となる権利の喪失）	B⁻	69
第37条（発行可能株式総数の定め等）	B⁺	70

第4節 設立時役員等の選任及び解任

条文	ランク	頁
第38条（設立時役員等の選任）	B⁻	72
第39条	B⁻	73
第40条（設立時役員等の選任の方法）	C	74
第41条（設立時役員等の選任の方法の特則）	C	75
第42条（設立時役員等の解任）	B⁻	76
第43条（設立時役員等の解任の方法）	C	76
第44条（設立時取締役等の解任の方法の特則）	C	77
第45条（設立時役員等の選任又は解任の効力についての特則）	C	78

第5節 設立時取締役等による調査

条文	ランク	頁
第46条	B⁻	79

第6節 設立時代表取締役等の選定等

条文	ランク	頁
第47条（設立時代表取締役の選定等）	C	81
第48条（設立時委員の選定等）	B⁻	81

第7節 株式会社の成立

条文	ランク	頁
第49条（株式会社の成立）	B	82
第50条（株式の引受人の権利）	B⁻	83
第51条（引受けの無効又は取消しの制限）	C	83

第8節 発起人等の責任等

条文	ランク	頁
第52条（出資された財産等の価額が不足する場合の責任）	B⁺	84

条文	ランク	頁
第52条の2（出資の履行を仮装した場合の責任等）	B+	86
第53条（発起人等の損害賠償責任）	B+	87
第54条（発起人等の連帯責任）	B	88
第55条（責任の免除）	B-	88
第56条（株式会社不成立の場合の責任）	B-	89

第9節 募集による設立

第1款 設立時発行株式を引き受ける者の募集

条文	ランク	頁
第57条（設立時発行株式を引き受ける者の募集）	B-	91
第58条（設立時募集株式に関する事項の決定）	C	91
第59条（設立時募集株式の申込み）	C	92
第60条（設立時募集株式の割当て）	B-	94
第61条（設立時募集株式の申込み及び割当てに関する特則）	C	95
第62条（設立時募集株式の引受け）	C	95
第63条（設立時募集株式の払込金額の払込み）	B+	96
第64条（払込金の保管証明）	B+	97

第2款 創立総会等

条文	ランク	頁
第65条（創立総会の招集）	C	99
第66条（創立総会の権限）	C	99
第67条（創立総会の招集の決定）	C	100
第68条（創立総会の招集の通知）	C	101
第69条（招集手続の省略）	C	103
第70条（創立総会参考書類及び議決権行使書面の交付等）	C	103
第71条	C	104
第72条（議決権の数）	C	105
第73条（創立総会の決議）	B	106
第74条（議決権の代理行使）	C	107
第75条（書面による議決権の行使）	C	108
第76条（電磁的方法による議決権の行使）	C	109
第77条（議決権の不統一行使）	C	110
第78条（発起人の説明義務）	C	110
第79条（議長の権限）	C	111
第80条（延期又は続行の決議）	C	111
第81条（議事録）	C	112
第82条（創立総会の決議の省略）	C	113
第83条（創立総会への報告の省略）	C	114
第84条（種類株主総会の決議を必要とする旨の定めがある場合）	C	114
第85条（種類創立総会の招集及び決議）	C	115
第86条（創立総会に関する規定の準用）	C	116

第3款 設立に関する事項の報告

条文	ランク	頁
第87条	C	116

第4款 設立時取締役等の選任及び解任

条文	ランク	頁
第88条（設立時取締役等の選任）	B-	117
第89条（累積投票による設立時取締役の選任）	C	117
第90条（種類創立総会の決議による設立時取締役等の選任）	C	119
第91条（設立時取締役等の解任）	C	119
第92条	C	120

第5款 設立時取締役等による調査

条文	ランク	頁
第93条（設立時取締役等による調査）	C	121
第94条（設立時取締役等が発起人である場合の特則）	C	122

第6款 定款の変更

条文	ランク	頁
第95条（発起人による定款の変更の禁止）	C	123
第96条（創立総会における定款の変更）	B-	123
第97条（設立時発行株式の引受けの取消し）	C	124
第98条（創立総会の決議による発行可能株式総数の定め）	B	124
第99条（定款の変更の手続の特則）	C	125
第100条	C	125
第101条	C	126

第7款 設立手続等の特則等

条文	ランク	頁
第102条（設立手続等の特則）	B	127
第102条の2（払込みを仮装した設立時募集株式の引受人の責任）	B+	129
第103条（発起人の責任等）	B+	130

第2章 株式

第1節 総則

条文	ランク	頁
第104条（株主の責任）	B+	135
第105条（株主の権利）	A	135
第106条（共有者による権利の行使）	B+	137
第107条（株式の内容についての特別の定め）	B+	139
第108条（異なる種類の株式）	A	143
第109条（株主の平等）	A	152
第110条（定款の変更の手続の特則）	C	154
第111条	B	155
第112条（取締役の選任等に関する種類株式の定款の定めの廃止の特則）	C	156
第113条（発行可能株式総数）	B+	157
第114条（発行可能種類株式総数）	C	159
第115条（議決権制限株式の発行数）	B-	160
第116条（反対株主の株式買取請求）	B+	161
第117条（株式の価格の決定等）	C	163
第118条（新株予約権買取請求）	B-	164
第119条（新株予約権の価格の決定等）	C	165

条文	ランク	頁
第120条（株主等の権利の行使に関する利益の供与）	A	167
第2節　株主名簿		
第121条（株主名簿）	B	170
第122条（株主名簿記載事項を記載した書面の交付等）	C	171
第123条（株主名簿管理人）	C	172
第124条（基準日）	B+	173
第125条（株主名簿の備置き及び閲覧等）	B	176
第126条（株主に対する通知等）	B−	179
第3節　株式の譲渡等		
第1款　株式の譲渡		
第127条（株式の譲渡）	A	182
第128条（株券発行会社の株式の譲渡）	B+	186
第129条（自己株式の処分に関する特則）	C	189
第130条（株式の譲渡の対抗要件）	B+	190
第131条（権利の推定等）	B	194
第132条（株主の請求によらない株主名簿記載事項の記載又は記録）	B−	195
第133条（株主の請求による株主名簿記載事項の記載又は記録）	B−	196
第134条	B	197
第135条（親会社株式の取得の禁止）	B+	198
第2款　株式の譲渡に係る承認手続		
第136条（株主からの承認の請求）	B+	201
第137条（株式取得者からの承認の請求）	B+	202
第138条（譲渡等承認請求の方法）	B−	203
第139条（譲渡等の承認の決定等）	B+	205
第140条（株式会社又は指定買取人による買取り）	B−	208
第141条（株式会社による買取りの通知）	B−	209
第142条（指定買取人による買取りの通知）	C	211
第143条（譲渡等承認請求の撤回）	B−	212
第144条（売買価格の決定）	C	213
第145条（株式会社が承認をしたとみなされる場合）	B+	215
第3款　株式の質入れ		
第146条（株式の質入れ）	C	216
第147条（株式の質入れの対抗要件）	C	218
第148条（株主名簿の記載等）	C	218
第149条（株主名簿の記載事項を記載した書面の交付等）	C	219
第150条（登録株式質権者に対する通知等）	C	220
第151条（株式の質入れの効果）	C	221
第152条	C	223
第153条	C	224
第154条	C	226
第4款　信託財産に属する株式についての対抗要件等		
第154条の2	C	228
第4節　株式会社による自己の株式の取得		
第1款　総則		
第155条	B+	233
第2款　株主との合意による取得		
第1目　総則		
第156条（株式の取得に関する事項の決定）	B+	234
第157条（取得価格等の決定）	C	235
第158条（株主に対する通知等）	C	236
第159条（譲渡しの申込み）	C	237
第2目　特定の株主からの取得		
第160条（特定の株主からの取得）	B+	238
第161条（市場価格のある株式の取得の特則）	B−	239
第162条（相続人等からの取得の特則）	B−	240
第163条（子会社からの株式の取得）	B−	241
第164条（特定の株主からの取得に関する定款の定め）	B−	242
第3款　市場取引等による株式の取得		
第165条	B−	243
第3款　取得請求権付株式及び取得条項付株式の取得		
第1目　取得請求権付株式の取得の請求		
第166条（取得の請求）	B+	244
第167条（効力の発生）	B−	245
第2目　取得条項付株式の取得		
第168条（取得する日の決定）	C	247
第169条（取得する株式の決定等）	C	248
第170条（効力の発生等）	C	249
第4款　全部取得条項付種類株式の取得		
第171条（全部取得条項付種類株式の取得に関する決定）	C	251
第171条の2（全部取得条項付種類株式の取得対価等に関する書面等の備置き及び閲覧等）	B+	253
第171条の3（全部取得条項付種類株式の取得をやめることの請求）	A	254
第172条（裁判所に対する価格の決定の申立て）	C	255
第173条（効力の発生）	C	257
第173条の2（全部取得条項付種類株式の取得に関する書面等の備置き及び閲覧等）	B+	258
第5款　相続人等に対する売渡しの請求		
第174条（相続人等に対する売渡しの請求に関する定款の定め）	B	260

条文重要度ランク表　第120条〜第174条／XV／

第175条（売渡しの請求の決定） C	260	第191条（定款変更手続の特則） C	299
第176条（売渡しの請求） C	261	第2款　単元未満株主の買取請求	
第177条（売買価格の決定） C	262	第192条（単元未満株式の買取りの請求） B	300
第6款　株式の消却		第193条（単元未満株式の価格の決定） C	301
第178条 B	264	第3款　単元未満株主の売渡請求	
第4節の2　特別支配株主の株式等売渡請求		第194条 B⁻	303
第179条（株式等売渡請求） A	265	第4款　単元株式数の変更等	
第179条の2（株式等売渡請求の方法） B⁺	267	第195条 B	304
第179条の3（対象会社の承認） A	270	第7節　株主に対する通知の省略等	
第179条の4（売渡株主等に対する通知等） B⁺	271	第196条（株主に対する通知の省略） C	305
第179条の5（株式等売渡請求に関する書面等の備置き及び閲覧等） B⁺	273	第197条（株式の競売） C	306
第179条の6（株式等売渡請求の撤回） A	274	第198条（利害関係人の異議） C	308
第179条の7（売渡株式等の取得をやめることの請求） A	276	第8節　募集株式の発行等	
		第1款　募集事項の決定等	
		第199条（募集事項の決定） A	312
第179条の8（売買価格の決定の申立て） B⁺	278	第200条（募集事項の決定の委任） B⁺	316
第179条の9（売渡株式等の取得） B⁺	278	第201条（公開会社における募集事項の決定の特則） A	319
第179条の10（売渡株式等の取得に関する書面等の備置き及び閲覧等） B⁺	279	第202条（株主に株式の割当てを受ける権利を与える場合） A	321
第5節　株式の併合等			
第1款　株式の併合		第2款　募集株式の割当て	
第180条（株式の併合） B⁺	280	第203条（募集株式の申込み） B	324
第181条（株主に対する通知等） C	282	第204条（募集株式の割当て） B	326
第182条（効力の発生） C	283	第205条（募集株式の申込み及び割当てに関する特則） B⁺	327
第182条の2（株式の併合に関する事項に関する書面等の備置き及び閲覧等） B⁺	284	第206条（募集株式の引受け） B	328
第182条の3（株式の併合をやめることの請求） A	286	第206条の2（公開会社における募集株式の割当て等の特則） A	329
第182条の4（反対株主の株式買取請求） A	286	第3款　金銭以外の財産の出資	
第182条の5（株式の価格の決定等） B⁺	288	第207条 B	332
第182条の6（株式の併合に関する書面等の備置き及び閲覧等） B⁺	289	第4款　出資の履行等	
		第208条（出資の履行） B	335
第2款　株式の分割		第209条（株主となる時期等） B	336
第183条（株式の分割） B⁺	290	第5款　募集株式の発行等をやめることの請求	
第184条（効力の発生等） B⁺	291	第210条 A	337
第3款　株式無償割当て		第6款　募集に係る責任等	
第185条（株式無償割当て） B⁺	293	第211条（引受けの無効又は取消しの制限） B	341
第186条（株式無償割当てに関する事項の決定） B⁻	294	第212条（不公正な払込金額で株式を引き受けた者等の責任） A	341
第187条（株式無償割当ての効力の発生等） C	295	第213条（出資された財産等の価額が不足する場合の取締役等の責任） A	344
第6節　単元株式数			
第1款　総則		第213条の2（出資の履行を仮装した募集株式の引受人の責任） A	346
第188条（単元株式数） B⁺	296		
第189条（単元未満株式についての権利の制限等） B⁺	297	第213条の3（出資の履行を仮装した場合の取締役等の責任） A	347
第190条（理由の開示） C	298	第9節　株　券	

第1款　総則		
第214条（株券を発行する旨の定款の定め） B⁻		349
第215条（株券の発行） B		349
第216条（株券の記載事項） C		351
第217条（株券不所持の申出） C		352
第218条（株券を発行する旨の定款の定めの廃止） C		354

第2款　株券の提出等		
第219条（株券の提出に関する公告等） C		355
第220条（株券の提出をすることができない場合） C		357

第3款　株券喪失登録		
第221条（株券喪失登録簿） C		360
第222条（株券喪失登録簿に関する事務の委託） C		361
第223条（株券喪失登録の請求） C		362
第224条（名義人等に対する通知） C		362
第225条（株券を所持する者による抹消の申請） C		364
第226条（株券喪失登録者による抹消の申請） C	365
第227条（株券を発行する旨の定款の定めを廃止した場合における株券喪失登録の抹消） C	366
第228条（株券の無効） B⁻		367
第229条（異議催告手続との関係） C		368
第230条（株券喪失登録の効力） C		369
第231条（株券喪失登録簿の備置き及び閲覧等） C		370
第232条（株券喪失登録者に対する通知等） C		371
第233条（適用除外） C		372

第10節　雑　則		
第234条（1に満たない端数の処理） B		372
第235条 B⁻		374

第3章　新株予約権

第1節　総　則		
第236条（新株予約権の内容） B		375
第237条（共有者による権利の行使） B⁻		379

第2節　新株予約権の発行		
第1款　募集事項の決定等		
第238条（募集事項の決定） A		379
第239条（募集事項の決定の委任） B⁺		383
第240条（公開会社における募集事項の決定の特則） A		385
第241条（株主に新株予約権の割当てを受ける権利を与える場合） A		386

第2款　募集新株予約権の割当て		
第242条（募集新株予約権の申込み） B		389
第243条（募集新株予約権の割当て） B		391
第244条（募集新株予約権の申込み及び割当てに関する特則） B⁺		393
第244条の2（公開会社における募集新株予約権の割当て等の特則） A		394
第245条（新株予約権者となる日） B⁻		397

第3款　募集新株予約権に係る払込み		
第246条 B⁻		398

第4款　募集新株予約権の発行をやめることの請求		
第247条 A		399

第5款　雑　則		
第248条 C		400

第3節　新株予約権原簿		
第249条（新株予約権原簿） C		401
第250条（新株予約権原簿記載事項を記載した書面の交付等） C		402
第251条（新株予約権原簿の管理） C		403
第252条（新株予約権原簿の備置き及び閲覧等） C		403
第253条（新株予約権者に対する通知等） C		405

第4節　新株予約権の譲渡等		
第1款　新株予約権の譲渡		
第254条（新株予約権の譲渡） B⁻		405
第255条（証券発行新株予約権の譲渡） C		406
第256条（自己新株予約権の処分に関する特則） C		407
第257条（新株予約権の譲渡の対抗要件） B⁻		408
第258条（権利の推定等） C		409
第259条（新株予約権者の請求によらない新株予約権原簿記載事項の記載又は記録） C		410
第260条（新株予約権者の請求による新株予約権原簿記載事項の記載又は記録） C		410
第261条 C		411

第2款　新株予約権の譲渡の制限		
第262条（新株予約権者からの承認の請求） B⁻		412
第263条（新株予約権取得者からの承認の請求） B⁻		412
第264条（譲渡等承認請求の方法） C		413
第265条（譲渡等の承認の決定等） B⁻		413
第266条（株式会社が承認をしたとみなされる場合） B⁻		415

第3款　新株予約権の質入れ		
第267条（新株予約権の質入れ） C		415
第268条（新株予約権の質入れの対抗要件） C		416

条文	ランク	頁
第269条（新株予約権原簿の記載等）	C	417
第270条（新株予約権原簿の記載事項を記載した書面の交付等）	C	417
第271条（登録新株予約権質権者に対する通知等）	C	418
第272条（新株予約権の質入れの効果）	C	418
第4款　信託財産に属する新株予約権についての対抗要件等		
第272条の2	C	420
第5節　株式会社による自己の新株予約権の取得		
第1款　募集事項の定めに基づく新株予約権の取得		
第273条（取得する日の決定）	B-	421
第274条（取得する新株予約権の決定等）	C	422
第275条（効力の発生等）	C	423
第2款　新株予約権の消却		
第276条	C	425
第6節　新株予約権無償割当て		
第277条（新株予約権無償割当て）	C	426
第278条（新株予約権無償割当てに関する事項の決定）	C	426
第279条（新株予約権無償割当ての効力の発生等）	C	428
第7節　新株予約権の行使		
第1款　総則		
第280条（新株予約権の行使）	B-	429
第281条（新株予約権の行使に際しての払込み）	B	431
第282条（株主となる時期等）	C	432
第283条（1に満たない端数の処理）	C	433
第2款　金銭以外の財産の出資		
第284条	C	434
第3款　責任		
第285条（不公正な払込金額で新株予約権を引き受けた者等の責任）	B-	438
第286条（出資された財産等の価額が不足する場合の取締役等の責任）	B-	440
第286条の2（新株予約権に係る払込み等を仮装した新株予約権者等の責任）	A	442
第286条の3（新株予約権に係る払込み等を仮装した場合の取締役等の責任）	A	443
第4款　雑則		
第287条	B-	444
第8節　新株予約権に係る証券		
第1款　新株予約権証券		
第288条（新株予約権証券の発行）	C	445
第289条（新株予約権証券の記載事項）	C	446
第290条（記名式と無記名式との間の転換）	C	446
第291条（新株予約権証券の喪失）	B-	447
第2款　新株予約権付社債券		
第292条	C	447
第3款　新株予約権証券等の提出		
第293条（新株予約権証券の提出に関する公告等）	C	448
第294条（無記名式の新株予約権証券等が提出されない場合）	C	451
第4章　機関		
第1節　株主総会及び種類株主総会		
第1款　株主総会		
第295条（株主総会の権限）	A	455
第296条（株主総会の招集）	B+	458
第297条（株主による招集の請求）	B+	458
第298条（株主総会の招集の決定）	A	460
第299条（株主総会の招集の通知）	A	462
第300条（招集手続の省略）	B	464
第301条（株主総会参考書類及び議決権行使書面の交付等）	B	465
第302条	B	466
第303条（株主提案権）	A	468
第304条	B+	470
第305条	A	471
第306条（株主総会の招集手続等に関する検査役の選任）	B	473
第307条（裁判所による株主総会招集等の決定）	C	475
第308条（議決権の数）	B+	476
第309条（株主総会の決議）	A	479
第310条（議決権の代理行使）	B+	485
第311条（書面による議決権の行使）	B+	487
第312条（電磁的方法による議決権の行使）	B+	488
第313条（議決権の不統一行使）	B+	489
第314条（取締役等の説明義務）	A	490
第315条（議長の権限）	B	492
第316条（株主総会に提出された資料等の調査）	B-	493
第317条（延期又は続行の決議）	B-	494
第318条（議事録）	B-	494
第319条（株主総会の決議の省略）	B	496
第320条（株主総会への報告の省略）	B-	497
第2款　種類株主総会		
第321条（種類株主総会の権限）	B-	497

条文	ランク	頁
第322条(ある種類の種類株主に損害を及ぼすおそれがある場合の種類株主総会)	B⁻	498
第323条(種類株主総会の決議を必要とする旨の定めがある場合)	C	501
第324条(種類株主総会の決議)	B	502
第325条(株主総会に関する規定の準用)	C	504

第2節 株主総会以外の機関の設置

条文	ランク	頁
第326条(株主総会以外の機関の設置)	B⁺	506
第327条(取締役会の設置義務等)	A	507
第327条の2(社外取締役を置いていない場合の理由の開示)	A	508
第328条(大会社における監査役会等の設置義務)	A	510

第3節 役員及び会計監査人の選任及び解任

第1款 選任

条文	ランク	頁
第329条(選任)	B	510
第330条(株式会社と役員等との関係)	A	514
第331条(取締役の資格等)	B⁺	515
第332条(取締役の任期)	B	517
第333条(会計参与の資格等)	B	518
第334条(会計参与の任期)	C	519
第335条(監査役の資格等)	B⁺	520
第336条(監査役の任期)	B	522
第337条(会計監査人の資格等)	B⁻	523
第338条(会計監査人の任期)	B⁻	524

第2款 解任

条文	ランク	頁
第339条(解任)	A	525
第340条(監査役等による会計監査人の解任)	B	527

第3款 選任及び解任の手続に関する特則

条文	ランク	頁
第341条(役員の選任及び解任の株主総会の決議)	B	528
第342条(累積投票による取締役の選任)	B⁻	529
第342条の2(監査等委員である取締役等の選任等についての意見の陳述)	B⁺	531
第343条(監査役の選任に関する監査役の同意等)	B	532
第344条(会計監査人の選任等に関する議案の内容の決定)	B⁺	533
第344条の2(監査等委員である取締役の選任に関する監査等委員会の同意等)	B⁺	534
第345条(会計参与等の選任等についての意見の陳述)	B	535
第346条(役員等に欠員を生じた場合の措置)	B	537
第347条(種類株主総会における取締役又は監査役の選任等)	B⁻	539

第4節 取締役

条文	ランク	頁
第348条(業務の執行)	B⁺	543
第349条(株式会社の代表)	A	545
第350条(代表者の行為についての損害賠償責任)	B⁺	549
第351条(代表取締役に欠員を生じた場合の措置)	B	550
第352条(取締役の職務を代行する者の権限)	B	550
第353条(株式会社と取締役との間の訴えにおける会社の代表)	B⁺	552
第354条(表見代表取締役)	A	553
第355条(忠実義務)	A	556
第356条(競業及び利益相反取引の制限)	A	557
第357条(取締役の報告義務)	B	563
第358条(業務の執行に関する検査役の選任)	B⁻	564
第359条(裁判所による株主総会招集等の決定)	C	566
第360条(株主による取締役の行為の差止め)	B⁺	566
第361条(取締役の報酬等)	A	569

第5節 取締役会

第1款 権限等

条文	ランク	頁
第362条(取締役会の権限等)	A	573
第363条(取締役会設置会社の取締役の権限)	B	578
第364条(取締役会設置会社と取締役との間の訴えにおける会社の代表)	B	579
第365条(競業及び取締役会設置会社との取引等の制限)	A	579

第2款 運営

条文	ランク	頁
第366条(招集権者)	B⁺	580
第367条(株主による招集の請求)	B	581
第368条(招集手続)	B⁺	583
第369条(取締役会の決議)	A	585
第370条(取締役会の決議の省略)	B	588
第371条(議事録等)	B	589
第372条(取締役会への報告の省略)	B⁻	591
第373条(特別取締役による取締役会の決議)	B⁺	593

第6節 会計参与

条文	ランク	頁
第374条(会計参与の権限)	B	595
第375条(会計参与の報告義務)	B⁻	597
第376条(取締役会への出席)	C	598
第377条(株主総会における意見の陳述)	B⁻	599
第378条(会計参与による計算書類等の備置き等)	C	600
第379条(会計参与の報酬等)	C	602

条文	重要度	頁
第380条（費用等の請求）	C	602
第7節 監査役		
第381条（監査役の権限）	B⁺	604
第382条（取締役への報告義務）	B	606
第383条（取締役会への出席義務等）	B	606
第384条（株主総会に対する報告義務）	B	607
第385条（監査役による取締役の行為の差止め）	B⁺	608
第386条（監査役設置会社と取締役との間における会社の代表等）	B⁺	609
第387条（監査役の報酬等）	B⁺	611
第388条（費用等の請求）	B	612
第389条（定款の定めによる監査範囲の限定）	B	613
第8節 監査役会		
第1款 権限等		
第390条	B⁺	614
第2款 運営		
第391条（招集権者）	B	615
第392条（招集手続）	B	616
第393条（監査役会の決議）	B	617
第394条（議事録）	B⁻	618
第395条（監査役会への報告の省略）	B	619
第9節 会計監査人		
第396条（会計監査人の権限等）	B	620
第397条（監査役に対する報告）	B	622
第398条（定時株主総会における会計監査人の意見の陳述）	B	623
第399条（会計監査人の報酬等の決定に関する監査役の関与）	B⁺	624
第9節の2 監査等委員会		
第1款 権限等		
第399条の2（監査等委員会の権限等）	A	626
第399条の3（監査等委員会による調査）	A	628
第399条の4（取締役会への報告義務）	A	629
第399条の5（株主総会に対する報告義務）	A	630
第399条の6（監査等委員による取締役の行為の差止め）	A	630
第399条の7（監査等委員会設置会社と取締役との間の訴えにおける会社の代表等）	A	631
第2款 運営		
第399条の8（招集権者）	A	635
第399条の9（招集手続等）	B⁺	635
第399条の10（監査等委員会の決議）	A	636
第399条の11（議事録）	B⁺	637
第399条の12（監査等委員会への報告の省略）	B⁺	638
第3款 監査等委員会設置会社の取締役会の権限等		
第399条の13（監査等委員会設置会社の取締役会の権限）	A	638
第399条の14（監査等委員会による取締役会の招集）	A	641
第10節 指名委員会等及び執行役		
第1款 委員の選定、執行役の選任等		
第400条（委員の選定等）	B	642
第401条（委員の解職等）	B	643
第402条（執行役の選任等）	B	645
第403条（執行役の解任等）	B	646
第2款 指名委員会等の権限等		
第404条（指名委員会等の権限等）	B	647
第405条（監査委員会による調査）	B	649
第406条（取締役会への報告義務）	B	650
第407条（監査委員による執行役等の行為の差止め）	B	651
第408条（指名委員会等設置会社と執行役又は取締役との間の訴えにおける会社の代表等）	B	652
第409条（報酬委員会による報酬の決定の方法等）	B	655
第3款 指名委員会等の運営		
第410条（招集権者）	C	656
第411条（招集手続等）	C	657
第412条（指名委員会等の決議）	C	657
第413条（議事録）	B⁻	659
第414条（指名委員会等への報告の省略）	C	660
第4款 指名委員会等設置会社の取締役の権限等		
第415条（指名委員会等設置会社の取締役の権限）	C	661
第416条（指名委員会等設置会社の取締役会の権限）	A	661
第417条（指名委員会等設置会社の取締役会の運営）	C	664
第5款 執行役の権限等		
第418条（執行役の権限）	C	665
第419条（執行役の監査委員に対する報告義務等）	C	666
第420条（代表執行役）	B	666
第421条（表見代表執行役）	B	667
第422条（株主による執行役の行為の差止め）	B	668
第11節 役員等の損害賠償責任		
第423条（役員等の株式会社に対する損害賠償責任）	A	669

条文	ページ
第424条(株式会社に対する損害賠償責任の免除) A	674
第425条(責任の一部免除) B	674
第426条(取締役等による免除に関する定款の定め) B	678
第427条(責任限定契約) B	681
第428条(取締役が自己のためにした取引に関する特則) A	683
第429条(役員等の第三者に対する損害賠償責任) A	684
第430条(役員等の連帯責任) B	691

第5章 計算等
第1節 会計の原則
条文	ページ
第431条 C	692

第2節 会計帳簿等
第1款 会計帳簿
条文	ページ
第432条(会計帳簿の作成及び保存) C	693
第433条(会計帳簿の閲覧等の請求) C	694
第434条(会計帳簿の提出命令) C	698

第2款 計算書類等
条文	ページ
第435条(計算書類等の作成及び保存) B⁻	698
第436条(計算書類等の監査等) B⁻	704
第437条(計算書類等の株主への提供) B⁻	706
第438条(計算書類等の定時株主総会への提出等) C	706
第439条(会計監査人設置会社の特則) B⁻	708
第440条(計算書類の公告) B⁻	708
第441条(臨時計算書類) C	710
第442条(計算書類等の備置き及び閲覧等) B	711
第443条(計算書類等の提出命令) C	712

第3款 連結計算書類
条文	ページ
第444条 B	713

第3節 資本金の額等
第1款 総則
条文	ページ
第445条(資本金の額及び準備金の額) B⁺	716
第446条(剰余金の額) B	718

第2款 資本金の額の減少等
第1目 資本金の額の減少
条文	ページ
第447条(資本金の額の減少) B⁻	719
第448条(準備金の額の減少) B⁻	721
第449条(債権者の異議) A	722

第2目 資本金の額の増加等
条文	ページ
第450条(資本金の額の増加) C	725
第451条(準備金の額の増加) B	726

第3目 剰余金についてのその他の処分

条文	ページ
第452条 B⁻	727

第4節 剰余金の配当
条文	ページ
第453条(株主に対する剰余金の配当) B⁺	728
第454条(剰余金の配当に関する事項の決定) B⁻	729
第455条(金銭分配請求権の行使) C	731
第456条(基準株式数を定めた場合の処理) C	732
第457条(配当財産の交付の方法等) C	732
第458条(適用除外) B⁺	733

第5節 剰余金の配当等を決定する機関の特則
条文	ページ
第459条(剰余金の配当等を取締役会が決定する旨の定款の定め) B⁻	734
第460条(株主の権利の制限) C	735

第6節 剰余金の配当等に関する責任
条文	ページ
第461条(配当等の制限) A	736
第462条(剰余金の配当等に関する責任) A	739
第463条(株主に対する求償権の制限等) A	743
第464条(買取請求に応じて株式を取得した場合の責任) A	744
第465条(欠損が生じた場合の責任) B	744

第6章 定款の変更
条文	ページ
第466条 B⁺	748

第7章 事業の譲渡等
条文	ページ
第467条(事業譲渡等の承認等) A	749
第468条(事業譲渡等の承認を要しない場合) B⁺	753
第469条(反対株主の株式買取請求) B⁺	754
第470条(株式の価格の決定等) B⁻	756

第8章 解散
条文	ページ
第471条(解散の事由) B⁺	758
第472条(休眠会社のみなし解散) C	759
第473条(株式会社の継続) B⁻	760
第474条(解散した株式会社の合併等の制限) C	761

第9章 清算
第1節 総則
第1款 清算の開始
条文	ページ
第475条(清算の開始原因) B⁻	762
第476条(清算株式会社の能力) B	763

第2款 清算株式会社の機関
第1目 株主総会以外の機関の設置
条文	ページ
第477条 B⁻	764

第2目 清算人の就任及び解任並びに監査役の退任

条文	ランク	頁
第478条（清算人の就任）	C	766
第479条（清算人の解任）	C	769
第480条（監査役の退任）	C	770
第3目　清算人の職務等		
第481条（清算人の職務）	C	770
第482条（業務の執行）	C	771
第483条（清算株式会社の代表）	C	773
第484条（清算株式会社についての破産手続の開始）	C	774
第485条（裁判所の選任する清算人の報酬）	C	775
第486条（清算人の清算株式会社に対する損害賠償責任）	C	776
第487条（清算人の第三者に対する損害賠償責任）	C	777
第488条（清算人及び監査役の連帯責任）	C	778
第4目　清算人会		
第489条（清算人会の権限等）	C	778
第490条（清算人会の運営）	C	780
第5目　取締役等に関する規定の適用		
第491条	C	782
第3款　財産目録等		
第492条（財産目録等の作成等）	C	783
第493条（財産目録等の提出命令）	C	784
第494条（貸借対照表等の作成及び保存）	C	784
第495条（貸借対照表等の監査等）	C	785
第496条（貸借対照表等の備置き及び閲覧等）	C	785
第497条（貸借対照表等の定時株主総会への提出等）	C	786
第498条（貸借対照表等の提出命令）	C	787
第4款　債務の弁済等		
第499条（債権者に対する公告等）	B−	788
第500条（債務の弁済の制限）	B−	789
第501条（条件付債権等に係る債務の弁済）	C	790
第502条（債務の弁済前における残余財産の分配の制限）	C	791
第503条（清算からの除斥）	C	791
第5款　残余財産の分配		
第504条（残余財産の分配に関する事項の決定）	C	792
第505条（残余財産が金銭以外の財産である場合）	C	793
第506条（基準株式数を定めた場合の処理）	C	794
第6款　清算事務の終了等		
第507条	C	795
第7款　帳簿資料の保存		
第508条	C	796
第8款　適用除外等		
第509条	C	797
第2節　特別清算		
第1款　特別清算の開始		
第510条（特別清算開始の原因）	C	798
第511条（特別清算開始の申立て）	C	800
第512条（他の手続の中止命令等）	C	800
第513条（特別清算開始の申立ての取下げの制限）	C	801
第514条（特別清算開始の命令）	C	802
第515条（他の手続の中止等）	C	803
第516条（担保権の実行の手続等の中止命令）	C	804
第517条（相殺の禁止）	C	805
第518条	C	806
第518条の2（共助対象外国租税債権者の手続参加）	C	807
第2款　裁判所による監督及び調査		
第519条（裁判所による監督）	C	807
第520条（裁判所による調査）	C	808
第521条（裁判所への財産目録等の提出）	C	808
第522条（調査命令）	C	809
第3款　清算人		
第523条（清算人の公平誠実義務）	C	811
第524条（清算人の解任等）	C	811
第525条（清算人代理）	C	812
第526条（清算人の報酬等）	C	812
第4款　監督委員		
第527条（監督委員の選任等）	C	813
第528条（監督委員に対する監督等）	C	813
第529条（2人以上の監督委員の職務執行）	C	814
第530条（監督委員による調査等）	C	814
第531条（監督委員の注意義務）	C	815
第532条（監督委員の報酬等）	C	815
第5款　調査委員		
第533条（調査委員の選任等）	C	816
第534条（監督委員に関する規定の準用）	C	816
第6款　清算株式会社の行為の制限等		
第535条（清算株式会社の行為の制限）	C	817
第536条（事業の譲渡の制限等）	C	818
第537条（債務の弁済の制限）	C	820
第538条（換価の方法）	C	821
第539条（担保権者が処分をすべき期間の指定）	C	822
第7款　清算の監督上必要な処分等		
第540条（清算株式会社の財産に関する保全処分）	C	823

条文	ランク	頁
第541条（株主名簿の記載等の禁止）	C	824
第542条（役員等の財産に対する保全処分）	C	825
第543条（役員等の責任の免除の禁止）	C	826
第544条（役員等の責任の免除の取消し）	C	827
第545条（役員等責任査定決定）	C	828

第8款　債権者集会

条文	ランク	頁
第546条（債権者集会の招集）	C	828
第547条（債権者による招集の請求）	C	829
第548条（債権者集会の招集等の決定）	C	830
第549条（債権者集会の招集の通知）	C	831
第550条（債権者集会参考書類及び議決権行使書面の交付等）	C	832
第551条	C	832
第552条（債権者集会の指揮等）	C	833
第553条（異議を述べられた議決権の取扱い）	C	834
第554条（債権者集会の決議）	C	834
第555条（議決権の代理行使）	C	835
第556条（書面による議決権の行使）	C	836
第557条（電磁的方法による議決権の行使）	C	837
第558条（議決権の不統一行使）	C	837
第559条（担保権を有する債権者等の出席等）	C	838
第560条（延期又は続行の決議）	C	839
第561条（議事録）	C	839
第562条（清算人の調査結果等の債権者集会に対する報告）	C	840

第9款　協定

条文	ランク	頁
第563条（協定の申出）	C	840
第564条（協定の条項）	C	841
第565条（協定による権利の変更）	C	842
第566条（担保権を有する債権者等の参加）	C	843
第567条（協定の可決の要件）	C	843
第568条（協定の認可の申立て）	C	844
第569条（協定の認可又は不認可の決定）	C	844
第570条（協定の効力発生の時期）	C	845
第571条（協定の効力範囲）	C	845
第572条（協定の内容の変更）	C	846

第10款　特別清算の終了

条文	ランク	頁
第573条（特別清算終結の決定）	C	847
第574条（破産手続開始の決定）	C	847

第3編　持分会社
第1章　設　立

条文	ランク	頁
第575条（定款の作成）	B⁻	853
第576条（定款の記載又は記録事項）	A	854
第577条	C	856
第578条（合同会社の設立時の出資の履行）	B	856
第579条（持分会社の成立）	B⁻	857

第2章　社　員
第1節　社員の責任等

条文	ランク	頁
第580条（社員の責任）	B	859
第581条（社員の抗弁）	B⁻	860
第582条（社員の出資に係る責任）	B⁻	861
第583条（社員の責任を変更した場合の特則）	B⁻	862
第584条（無限責任社員となることを許された未成年者の行為能力）	C	863

第2節　持分の譲渡等

条文	ランク	頁
第585条（持分の譲渡）	B	863
第586条（持分の全部の譲渡をした社員の責任）	B⁻	865
第587条	C	865

第3節　誤認行為の責任

条文	ランク	頁
第588条（無限責任社員であると誤認させる行為等をした有限責任社員の責任）	B⁻	866
第589条（社員であると誤認させる行為をした者の責任）	B⁻	867

第3章　管　理
第1節　総　則

条文	ランク	頁
第590条（業務の執行）	B⁻	869
第591条（業務を執行する社員を定款で定めた場合）	B⁻	869
第592条（社員の持分会社の業務及び財産状況に関する調査）	C	871

第2節　業務を執行する社員

条文	ランク	頁
第593条（業務を執行する社員と持分会社との関係）	B⁻	872
第594条（競業の禁止）	B⁻	873
第595条（利益相反取引の制限）	B⁻	874
第596条（業務を執行する社員の持分会社に対する損害賠償責任）	B⁻	875
第597条（業務を執行する有限責任社員の第三者に対する損害賠償責任）	B⁻	876
第598条（法人が業務を執行する社員である場合の特則）		876
第599条（持分会社の代表）	B⁻	877
第600条（持分会社を代表する社員等の行為についての損害賠償責任）		878
第601条（持分会社と社員との間の訴えにおける会社の代表）		879
第602条	B⁻	879

第3節　業務を執行する社員の職務を代行する者	
第603条　C	880

第4章　社員の加入及び退社

第1節　社員の加入

第604条（社員の加入）　B⁻	883
第605条（加入した社員の責任）　B⁻	883

第2節　社員の退社

第606条（任意退社）　B⁻	884
第607条（法定退社）　B⁻	885
第608条（相続及び合併の場合の特則）　C	887
第609条（持分の差押債権者による退社）　C	888
第610条（退社に伴う定款のみなし変更）　C	890
第611条（退社に伴う持分の払戻し）　B⁻	890
第612条（退社した社員の責任）　B⁻	892
第613条（商号変更の請求）　C	893

第5章　計算等

第1節　会計の原則

第614条　C	894

第2節　会計帳簿

第615条（会計帳簿の作成及び保存）　C	894
第616条（会計帳簿の提出命令）　C	895

第3節　計算書類

第617条（計算書類の作成及び保存）　B⁻	896
第618条（計算書類の閲覧等）　C	897
第619条（計算書類の提出命令）　C	897

第4節　資本金の額の減少

第620条　C	898

第5節　利益の配当

第621条（利益の配当）　C	899
第622条（社員の損益分配の割合）　C	899
第623条（有限責任社員の利益の配当に関する責任）　C	900

第6節　出資の払戻し

第624条　B⁻	901

第7節　合同会社の計算等に関する特則

第1款　計算書類の閲覧に関する特則

第625条　C	902

第2款　資本金の額の減少に関する特則

第626条（出資の払戻し又は持分の払戻しを行う場合の資本金の額の減少）　C	902
第627条（債権者の異議）　C	903

第3款　利益の配当に関する特則

第628条（利益の配当の制限）　C	904
第629条（利益の配当に関する責任）　C	905
第630条（社員に対する求償権の制限等）　C	905
第631条（欠損が生じた場合の責任）　C	906

第4款　出資の払戻しに関する特則

第632条（出資の払戻しの制限）　B⁻	907
第633条（出資の払戻しに関する社員の責任）　C	908
第634条（社員に対する求償権の制限等）　C	908

第5款　退社に伴う持分の払戻しに関する特則

第635条（債権者の異議）　C	909
第636条（業務を執行する社員の責任）　C	911

第6章　定款の変更

第637条（定款の変更）　B⁻	912
第638条（定款の変更による持分会社の種類の変更）　B⁻	912
第639条（合資会社の社員の退社による定款のみなし変更）　B	914
第640条（定款の変更時の出資の履行）　C	914

第7章　解散

第641条（解散の事由）　B	916
第642条（持分会社の継続）　C	916
第643条（解散した持分会社の合併等の制限）　C	917

第8章　清算

第1節　清算の開始

第644条（清算の開始原因）　C	918
第645条（清算持分会社の能力）　C	919

第2節　清算人

第646条（清算人の設置）　C	919
第647条（清算人の就任）　C	919
第648条（清算人の解任）　C	921
第649条（清算人の職務）　C	921
第650条（業務の執行）　C	922
第651条（清算人と清算持分会社との関係）　C	922
第652条（清算人の清算持分会社に対する損害賠償責任）　C	923
第653条（清算人の第三者に対する損害賠償責任）　C	923
第654条（法人が清算人である場合の特則）　C	924
第655条（清算持分会社の代表）　C	924
第656条（清算持分会社についての破産手続の開始）　C	925
第657条（裁判所の選任する清算人の報酬）　C	926

第3節　財産目録等

第658条（財産目録等の作成等）　C	927
第659条（財産目録等の提出命令）　C	928

第4節　債務の弁済等		
第660条（債権者に対する公告等）　C		928
第661条（債務の弁済の制限）　C		929
第662条（条件付債権等に係る債務の弁済）　C		930
第663条（出資の履行の請求）　C		931
第664条（債務の弁済前における残余財産の分配の制限）　C		931
第665条（清算からの除斥）　C		932
第5節　残余財産の分配		
第666条（残余財産の分配の割合）　C		933
第6節　清算事務の終了等		
第667条　C		933
第7節　任意清算		
第668条（財産の処分の方法）　B⁻		933
第669条（財産目録等の作成）　C		935
第670条（債権者の異議）　C		935
第671条（持分の差押債権者の同意等）　C		937
第8節　帳簿資料の保存		
第672条　C		938
第9節　社員の責任の消滅時効		
第673条　C		939
第10節　適用除外等		
第674条（適用除外）　C		940
第675条（相続及び合併による退社の特則）　C		941
第4編　社　債		
第1章　総則		
第676条（募集社債に関する事項の決定）　B⁺		947
第677条（募集社債の申込み）　C		949
第678条（募集社債の割当て）　C		951
第679条（募集社債の申込み及び割当てに関する特則）　C		952
第680条（募集社債の社債権者）　C		952
第681条（社債原簿）　C		953
第682条（社債原簿記載事項を記載した書面の交付等）　C		955
第683条（社債原簿管理人）　C		956
第684条（社債原簿の備置き及び閲覧等）　C		956
第685条（社債権者に対する通知等）　C		958
第686条（共有者による権利の行使）　B⁻		959
第687条（社債券を発行する場合の社債の譲渡）　C		959
第688条（社債の譲渡の対抗要件）　B⁻		960
第689条（権利の推定等）　C		961
第690条（社債権者の請求によらない社債原簿記載事項の記載又は記録）　C		961
第691条（社債権者の請求による社債原簿記載事項の記載又は記録）　C		962
第692条（社債券を発行する場合の社債の質入れ）　C		963
第693条（社債の質入れの対抗要件）　C		963
第694条（質権に関する社債原簿の記載等）　C		964
第695条（質権に関する社債原簿の記載事項を記載した書面の交付等）　C		964
第695条の2（信託財産に属する社債についての対抗要件等）　C		965
第696条（社債券の発行）　C		966
第697条（社債券の記載事項）　C		966
第698条（記名式と無記名式との間の転換）　C		967
第699条（社債券の喪失）　B⁻		968
第700条（利札が欠けている場合における社債の償還）　C		968
第701条（社債の償還請求権等の消滅時効）　C		969
第2章　社債管理者		
第702条（社債管理者の設置）　B⁻		971
第703条（社債管理者の資格）　C		972
第704条（社債管理者の義務）　B⁻		972
第705条（社債管理者の権限等）　B⁻		973
第706条　C		974
第707条（特別代理人の選任）　C		975
第708条（社債管理者等の行為の方式）　C		976
第709条（2以上の社債管理者がある場合の特則）　C		976
第710条（社債管理者の責任）　C		977
第711条（社債管理者の辞任）　C		979
第712条（社債管理者が辞任した場合の責任）　C		980
第713条（社債管理者の解任）　C		980
第714条（社債管理者の事務の承継）　C		980
第3章　社債権者集会		
第715条（社債権者集会の構成）　C		982
第716条（社債権者集会の権限）　C		982
第717条（社債権者集会の招集）　C		983
第718条（社債権者による招集の請求）　C		984
第719条（社債権者集会の招集の決定）　C		985
第720条（社債権者集会の招集の通知）　C		985
第721条（社債権者集会参考書類及び議決権行使書面の交付等）　C		986
第722条　C		987
第723条（議決権の額等）　C		988
第724条（社債権者集会の決議）　B⁻		989

条文	ランク	頁
第725条(議決権の代理行使)	C	990
第726条(書面による議決権の行使)	C	991
第727条(電磁的方法による議決権の行使)	C	992
第728条(議決権の不統一行使)	C	993
第729条(社債発行会社の代表者の出席等)	C	993
第730条(延期又は続行の決議)	C	994
第731条(議事録)	C	994
第732条(社債権者集会の決議の認可の申立て)	C	995
第733条(社債権者集会の決議の不認可)	B⁻	996
第734条(社債権者集会の決議の効力)	B⁻	997
第735条(社債権者集会の決議の認可又は不認可の決定の公告)	C	997
第736条(代表社債権者の選任等)	C	997
第737条(社債権者集会の決議の執行)	C	998
第738条(代表社債権者等の解任等)	C	999
第739条(社債の利息の支払等を怠ったことによる期限の利益の喪失)	C	999
第740条(債権者の異議手続の特則)	C	1000
第741条(社債管理者等の報酬等)	C	1002
第742条(社債権者集会等の費用の負担)	C	1003

第5編　組織変更、合併、会社分割、株式交換及び株式移転

第1章　組織変更

第1節　通則

条文	ランク	頁
第743条(組織変更計画の作成)	B	1007

第2節　株式会社の組織変更

条文	ランク	頁
第744条(株式会社の組織変更計画)	B⁻	1007
第745条(株式会社の組織変更の効力の発生等)	B⁻	1009

第3節　持分会社の組織変更

条文	ランク	頁
第746条(持分会社の組織変更計画)	C	1011
第747条(持分会社の組織変更の効力の発生等)	C	1013

第2章　合併

第1節　通則

条文	ランク	頁
第748条(合併契約の締結)	B⁺	1018

第2節　吸収合併

第1款　株式会社が存続する吸収合併

条文	ランク	頁
第749条(株式会社が存続する吸収合併契約)	A	1019
第750条(株式会社が存続する吸収合併の効力の発生等)	A	1023

第2款　持分会社が存続する吸収合併

条文	ランク	頁
第751条(持分会社が存続する吸収合併契約)	C	1025
第752条(持分会社が存続する吸収合併の効力の発生等)	C	1028

第3節　新設合併

第1款　株式会社を設立する新設合併

条文	ランク	頁
第753条(株式会社を設立する新設合併契約)	B⁺	1029
第754条(株式会社を設立する新設合併の効力の発生等)	B⁺	1033

第2款　持分会社を設立する新設合併

条文	ランク	頁
第755条(持分会社を設立する新設合併契約)	C	1035
第756条(持分会社を設立する新設合併の効力の発生等)	C	1037

第3章　会社分割

第1節　吸収分割

第1款　通則

条文	ランク	頁
第757条(吸収分割契約の締結)	B⁺	1041

第2款　株式会社に権利義務を承継させる吸収分割

条文	ランク	頁
第758条(株式会社に権利義務を承継させる吸収分割契約)	B⁺	1041
第759条(株式会社に権利義務を承継させる吸収分割の効力の発生等)	B⁺	1044

第3款　持分会社に権利義務を承継させる吸収分割

条文	ランク	頁
第760条(持分会社に権利義務を承継させる吸収分割契約)	C	1050
第761条(持分会社に権利義務を承継させる吸収分割の効力の発生等)	C	1052

第2節　新設分割

第1款　通則

条文	ランク	頁
第762条(新設分割計画の作成)	B	1055

第2款　株式会社を設立する新設分割

条文	ランク	頁
第763条(株式会社を設立する新設分割計画)	B	1055
第764条(株式会社を設立する新設分割の効力の発生等)	B	1058

第3款　持分会社を設立する新設分割

条文	ランク	頁
第765条(持分会社を設立する新設分割計画)	C	1061
第766条(持株会社を設立する新設分割の効力の発生等)	C	1063

第4章　株式交換及び株式移転

第1節　株式交換

条文	ランク	頁
第1款　通則		
第767条（株式交換契約の締結）	B⁺	1067
第2款　株式会社に発行済株式を取得させる株式交換		
第768条（株式会社に発行済株式を取得させる株式交換契約）	B⁺	1068
第769条（株式会社に発行済株式を取得させる株式交換の効力の発生等）	B⁺	1070
第3款　合同会社に発行済株式を取得させる株式交換		
第770条（合同会社に発行済株式を取得させる株式交換契約）	B⁻	1072
第771条（合同会社に発行済株式を取得させる株式交換の効力の発生等）	B⁻	1074
第2節　株式移転		
第772条（株式移転計画の作成）	B⁺	1075
第773条（株式移転計画）	B⁺	1076
第774条（株式移転の効力の発生等）	B⁺	1079

第5章　組織変更、合併、会社分割、株式交換及び株式移転の手続

条文	ランク	頁
第1節　組織変更の手続		
第1款　株式会社の手続		
第775条（組織変更計画に関する書面等の備置き及び閲覧等）	B	1089
第776条（株式会社の組織変更計画の承認等）	B⁺	1091
第777条（新株予約権買取請求）	B	1092
第778条（新株予約権の価格の決定等）	B⁻	1093
第779条（債権者の異議）	B⁺	1095
第780条（組織変更の効力発生日の変更）	B⁻	1096
第2款　持分会社の手続		
第781条	C	1097
第2節　吸収合併等の手続		
第1款　吸収合併消滅会社、吸収分割会社及び株式交換完全子会社の手続		
第1目　株式会社の手続		
第782条（吸収合併契約等に関する書面等の備置き及び閲覧等）	B⁺	1098
第783条（吸収合併契約等の承認等）	A	1100
第784条（吸収合併契約等の承認を要しない場合）	A	1102
第784条の2（吸収合併等をやめることの請求）	A	1103
第785条（反対株主の株式買取請求）	A	1105
第786条（株式の価格の決定等）	B⁺	1108
第787条（新株予約権買取請求）	B	1109
第788条（新株予約権の価格の決定等）	B	1112
第789条（債権者の異議）	A	1113
第790条（吸収合併等の効力発生日の変更）	B⁻	1115
第791条（吸収分割又は株式交換に関する書面等の備置き及び閲覧等）	B	1116
第792条（剰余金の配当等に関する特則）	B⁺	1118
第2目　持分会社の手続		
第793条	C	1119
第2款　吸収合併存続会社、吸収分割承継会社及び株式交換完全親会社の手続		
第1目　株式会社の手続		
第794条（吸収合併契約等に関する書面等の備置き及び閲覧等）	B⁺	1120
第795条（吸収合併契約等の承認等）	A	1121
第796条（吸収合併契約等の承認を要しない場合等）	A	1124
第796条の2（吸収合併等をやめることの請求）	A	1126
第797条（反対株主の株式買取請求）	A	1127
第798条（株式の価格の決定等）	B⁺	1129
第799条（債権者の異議）	A	1130
第800条（消滅会社等の株主等に対して交付する金銭等が存続株式会社等の親会社株式である場合の特則）	B⁻	1132
第801条（吸収合併に関する書面等の備置き及び閲覧等）	B⁺	1132
第2目　持分会社の手続		
第802条	C	1135
第3節　新設合併等の手続		
第1款　新設合併消滅会社、新設分割会社及び株式移転完全子会社の手続		
第1目　株式会社の手続		
第803条（新設合併契約等に関する書面等の備置き及び閲覧等）	B	1136
第804条（新設合併契約等の承認）	A	1137
第805条（新設分割計画の承認を要しない場合）	A	1139
第805条の2（新設合併等をやめることの請求）	A	1140
第806条（反対株主の株式買取請求）	A	1141
第807条（株式の価格の決定等）	B⁺	1142
第808条（新株予約権買取請求）	B	1143
第809条（新株予約権の価格の決定等）	B⁻	1146
第810条（債権者の異議）	A	1148
第811条（新設分割又は株式移転に関する書面等の備置き及び閲覧等）	B	1150
第812条（剰余金の配当等に関する特則）	B⁺	1151

条文	ランク	頁
第2目　持分会社の手続		
第813条	C	1152
第2款　新設合併設立会社、新設分割設立会社及び株式移転設立完全親会社の手続		
第1目　株式会社の手続		
第814条（株式会社の設立の特則）	B⁻	1153
第815条（新設合併契約等に関する書面等の備置き及び閲覧等）	B	1154
第2目　持分会社の手続		
第816条（持分会社の設立の特則）	C	1156
第6編　外国会社		
第817条（外国会社の日本における代表者）	D	1158
第818条（登記前の継続取引の禁止等）	D	1159
第819条（貸借対照表に相当するものの公告）	D	1159
第820条（日本に住所を有する日本における代表者の退任）	D	1160
第821条（擬似外国会社）	D	1161
第822条（日本にある外国会社の財産についての清算）	D	1162
第823条（他の法律の適用関係）	D	1163
第7編　雑　則		
第1章　会社の解散命令等		
第1節　会社の解散命令		
第824条（会社の解散命令）	C	1166
第825条（会社の財産に関する保全処分）	C	1167
第826条（官庁等の法務大臣に対する通知義務）	C	1167
第2節　外国会社の取引継続禁止又は営業所閉鎖の命令		
第827条	D	1168
第2章　訴　訟		
第1節　会社の組織に関する訴え		
第828条（会社の組織に関する行為の無効の訴え）	A	1170
第829条（新株発行等の不存在の確認の訴え）	A	1180
第830条（株主総会等の決議の不存在又は無効の確認の訴え）	A	1181
第831条（株主総会等の決議の取消しの訴え）	A	1184
第832条（持分会社の設立の取消しの訴え）	B⁻	1191
第833条（会社の解散の訴え）	B⁻	1192
第834条（被告）	B⁺	1194
第835条（訴えの管轄及び移送）	C	1195
第836条（担保提供命令）	B⁺	1196
第837条（弁論等の必要的併合）	B	1197
第838条（認容判決の効力が及ぶ者の範囲）	A	1198
第839条（無効又は取消しの判決の効力）	A	1198
第840条（新株発行の無効判決の効力）	B⁺	1199
第841条（自己株式の処分の無効判決の効力）	B	1200
第842条（新株予約権発行の無効判決の効力）	B	1201
第843条（合併又は会社分割の無効判決の効力）	B	1202
第844条（株式交換又は株式移転の無効判決の効力）	B	1203
第845条（持分会社の設立の無効又は取消しの判決の効力）	C	1204
第846条（原告が敗訴した場合の損害賠償責任）	B	1205
第1節の2　受渡株式等の取得の無効の訴え		
第846条の2（売渡株式等の取得の無効の訴え）	A	1205
第846条の3（被告）	A	1207
第846条の4（訴えの管轄）	B⁺	1207
第846条の5（担保提供命令）	A	1207
第846条の6（弁論等の必要的併合）	B⁺	1208
第846条の7（認容判決の効力が及ぶ者の範囲）	A	1208
第846条の8（無効の判決の効力）	A	1208
第846条の9（原告が敗訴した場合の損害賠償責任）	A	1209
第2節　株式会社における責任追及等の訴え		
第847条（株主による責任追及等の訴え）	A	1211
第847条の2（旧株主による責任追及等の訴え）	A	1215
第847条の3（最終完全親会社等の株主による特定責任追及の訴え）	A	1220
第847条の4（責任追及等の訴えに係る訴訟費用等）	B⁺	1223
第848条（訴えの管轄）	B	1224
第849条（訴訟参加）	B⁺	1225
第850条（和解）	B	1229
第851条（株主でなくなった者の訴訟追行）	B	1230
第852条（費用等の請求）	B	1232
第853条（再審の訴え）	B⁻	1233
第3節　株式会社の役員の解任の訴え		
第854条（株式会社の役員の解任の訴え）	B⁺	1234

条文	ページ
第855条（被告） B⁻	1236
第856条（訴えの管轄） B⁻	1236
第4節　特別清算に関する訴え	
第857条（役員等の責任の免除の取消しの訴えの管轄） C	1236
第858条（役員等責任査定決定に対する異議の訴え） C	1237
第5節　持分会社の社員の除名の訴え等	
第859条（持分会社の社員の除名の訴え） B⁻	1238
第860条（持分会社の業務を執行する社員の業務執行権又は代表権の消滅の訴え） C	1239
第861条（被告） C	1240
第862条（訴えの管轄） C	1240
第6節　清算持分会社の財産処分の取消しの訴え	
第863条（清算持分会社の財産処分の取消しの訴え） C	1241
第864条（被告） C	1241
第7節　社債発行会社の弁済等の取消しの訴え	
第865条（社債発行会社の弁済等の取消しの訴え） C	1242
第866条（被告） C	1243
第867条（訴えの管轄） C	1243
第3章　非訟	
第1節　総則	
第868条（非訟事件の管轄） C	1244
第869条（疎明）	1246
第870条（陳述の聴取） C	1246
第870条の2（申立書の写しの送付等） C	1249
第871条（理由の付記） C	1250
第872条（即時抗告） C	1251
第872条の2（抗告状の写しの送付等） C	1252
第873条（原裁判の執行停止） C	1253
第874条（不服申立ての制限） C	1254
第875条（非訟事件手続法の規定の適用除外） C	1255
第876条（最高裁判所規則） C	1255
第2節　新株発行の無効判決後の払戻金増減の手続に関する特則	
第877条（審問等の必要的併合） C	1256
第878条（裁判の効力） C	1256
第3節　特別清算の手続に関する特則	
第1款　通則	
第879条（特別清算事件の管轄） C	1257
第880条（特別清算開始後の通常清算事件の管轄及び移送） C	1258
第881条（疎明） C	1259
第882条（理由の付記） C	1260
第883条（裁判書の送達） C	1260
第884条（不服申立て） C	1261
第885条（公告） C	1261
第886条（事件に関する文書の閲覧等） C	1262
第887条（支障部分の閲覧等の制限） C	1263
第2款　特別清算の開始の手続に関する特則	
第888条（特別清算開始の申立て） C	1264
第889条（他の手続の中止命令） C	1265
第890条（特別清算開始の命令） C	1265
第891条（担保権の実行の手続等の中止命令） C	1266
第3款　特別清算の実行の手続に関する特則	
第892条（調査命令） C	1267
第893条（清算人の解任及び報酬等） C	1268
第894条（監督委員の解任及び報酬等） C	1268
第895条（調査委員の解任及び報酬等） C	1268
第896条（事業の譲渡の許可の申立て） C	1269
第897条（担保権者が処分をすべき期間の指定） C	1269
第898条（清算株式会社の財産に関する保全処分等） C	1270
第899条（役員等責任査定決定） C	1271
第900条（債権者集会の招集の許可の申立てについての裁判） C	1272
第901条（協定の認可又は不認可の決定） C	1272
第4款　特別清算の終了の手続に関する特則	
第902条（特別清算終結の申立てについての裁判） C	1273
第4節　外国会社の清算の手続に関する特則	
第903条（特別清算の手続に関する規定の準用） C	1273
第5節　会社の解散命令等の手続に関する特則	
第904条（法務大臣の関与） C	1274
第905条（会社の財産に関する保全処分についての特則） C	1274
第906条 C	1275
第4章　登記	
第1節　総則	
第907条（通則） B	1276
第908条（登記の効力） A	1276
第909条（変更の登記及び消滅の登記） C	1280
第910条（登記の期間） C	1280
第2節　会社の登記	
第1款　本店の所在地における登記	

条文	ランク	頁
第911条（株式会社の設立の登記）	B⁺	1281
第912条（合名会社の設立の登記）	B⁻	1284
第913条（合資会社の設立の登記）	B⁻	1285
第914条（合同会社の設立の登記）	B⁻	1286
第915条（変更の登記）	C	1287
第916条（他の登記所の管轄区域内への本店の移転の登記）	C	1288
第917条（職務執行停止の仮処分等の登記）	C	1289
第918条（支配人の登記）	B⁻	1290
第919条（持分会社の種類の変更の登記）	C	1290
第920条（組織変更の登記）	C	1291
第921条（吸収合併の登記）	C	1291
第922条（新設合併の登記）	B⁻	1292
第923条（吸収分割の登記）	C	1294
第924条（新設分割の登記）	C	1294
第925条（株式移転の登記）	C	1297
第926条（解散の登記）	C	1298
第927条（継続の登記）	C	1299
第928条（清算人の登記）	C	1299
第929条（清算結了の登記）	C	1300

第2款　支店の所在地における登記

条文	ランク	頁
第930条（支店の所在地における登記）	B⁻	1301
第931条（他の登記所の管轄区域内への支店の移転の登記）	C	1302
第932条（支店における変更の登記等）	C	1303

第3節　外国会社の登記

条文	ランク	頁
第933条（外国会社の登記）	D	1303
第934条（日本における代表者の選任の登記等）	D	1305
第935条（日本における代表者の住所の移転の登記等）	D	1306
第936条（日本における営業所の設置の登記等）	D	1306

第4節　登記の嘱託

条文	ランク	頁
第937条（裁判による登記の嘱託）	C	1307
第938条（特別清算に関する裁判による登記の嘱託）	C	1310

第5章　公告

第1節　総則

条文	ランク	頁
第939条（会社の公告方法）	B⁻	1312
第940条（電子公告の公告期間等）	C	1313

第2節　電子公告調査機関

条文	ランク	頁
第941条（電子公告調査）	C	1314
第942条（登録）	C	1315
第943条（欠格事由）	C	1315
第944条（登録基準）	C	1317
第945条（登録の更新）	C	1318
第946条（調査の義務等）	C	1318
第947条（電子公告調査を行うことができない場合）	C	1319
第948条（事業所の変更の届出）	C	1320
第949条（業務規程）	C	1320
第950条（業務の休廃止）	C	1320
第951条（財務諸表等の備置き及び閲覧等）	C	1321
第952条（適合命令）	C	1321
第953条（改善命令）	C	1322
第954条（登録の取消し等）	C	1322
第955条（調査記録簿等の記載等）	C	1323
第956条（調査記録簿等の引継ぎ）	C	1324
第957条（法務大臣による電子公告調査の業務の実施）	C	1324
第958条（報告及び検査）	C	1325
第959条（公示）	C	1326

第8編　罰則

条文	ランク	頁
第960条（取締役等の特別背任罪）	C	1328
第961条（代表社債権者等の特別背任罪）	D	1331
第962条（未遂罪）	D	1331
第963条（会社財産を危うくする罪）	D	1331
第964条（虚偽文書行使等の罪）	D	1334
第965条（預合いの罪）	B	1335
第966条（株式の超過発行の罪）	D	1336
第967条（取締役等の贈収賄罪）	D	1337
第968条（株主等の権利の行使に関する贈収賄罪）	D	1338
第969条（没収及び追徴）	D	1341
第970条（株主等の権利の行使に関する利益供与の罪）	D	1341
第971条（国外犯）	D	1342
第972条（法人における罰則の適用）	D	1343
第973条（業務停止命令違反の罪）	D	1344
第974条（虚偽届出等の罪）	D	1344
第975条（両罰規定）	D	1345
第976条（過料に処すべき行為）	D	1345
第977条	D	1350
第978条	D	1351
第979条	D	1351

第1編
総則
（1条～24条）

第1章

通　則

■総　説

1 会社の意義と種類

1 事業の意義

　個人が出資し、経営し、事業活動から生じた権利・義務を個人に帰属するような事業を**個人事業**といい、複数の人が出資し、企業を営み、損益を分配するような企業を**共同事業**という。

　会社は、共同事業形態の典型的なものである。その他の共同事業としては、**民法上の組合**（民667条以下）、商法上の**匿名組合**（商535条以下）等がある。

→試験対策1章1節①【1】

2 会社の意義

　会社法では、「会社は、法人とする」（会社3条）と規定されているものの、会社が営利を目的とする社団である旨の規定はない。しかし、会社法のもとでも、会社は**法人性**だけでなく、**営利性**、**社団性**といった性質を有しているといえる。

　法人とは、自然人以外のものであって、法人の名で権利義務の主体となりうるものをいう。営利とは、会社が対外的な事業活動によって利益をあげ、その得た利益を構成員（社員）に分配することをいう。社団とは、共同の目的を有する複数人の結合体（人の集まり）をいう。

→試験対策1章1節①【2】

2 会社の種類

1 会社法上の会社

　会社法上は、**株式会社**、**合名会社**、**合資会社**、**合同会社**という4種類の会社がある（2条1号）。このうち、後三者をまとめて**持分会社**と総称する（575条1項括弧書）。

→試験対策1章1節②

2 会社の法的な違い

(1) 社員の責任態様の違い

　4種類の会社は、それぞれの社員の責任態様が異なる。**社員**とは、会社の出資者のことをいい、特に株式会社の出資者のことを**株主**という。また、ここでいう責任とは、強制執行を受ける法的な地位をいう。

　先に、社員の責任の違いを説明するにあたって、直接責任と間接責任、有限責任と無限責任という重要な概念について説明する。

(a)直接責任と間接責任

　直接責任とは、社員が会社債務につき会社債権者に対して直接弁済義務を負う場合をいい、**間接責任**とは、そうでない場合をいう。

→試験対策2章2節②【1】

前者では、会社債権者が社員に対して会社債務の履行を請求してきた場合、社員はその請求に直接応じなければらないのに対して、後者では、直接応じる必要はない。

しかし、間接責任を負う社員も、会社に対して会社の活動のため必要な資金を提供し、それが会社財産となって会社債権者の担保となるので、実質的にみれば、会社債権者に対して**会社を通じて間接に責任を負う**ということができる。

(b) 有限責任と無限責任

有限責任とは、社員の責任が一定額を限度とする場合をいい、**無限責任**とは、そうでない場合をいう。

(c) 直接責任・間接責任と有限責任・無限責任との関係

無限責任は、社員が直接責任を負う場合のみ問題となるのに対し、有限責任は、社員が直接責任を負う場合に問題となるほか、間接責任を負う場合にも問題となる。

(d) 4つの会社

合名会社は、直接無限責任社員のみからなる会社である (576条2項)。

合資会社は、直接無限責任社員 (580条1項) と直接有限責任社員 (580条2項) から成る二元的組織の会社である (576条3項)。

株式会社と**合同会社**とは、間接有限責任社員のみからなる会社である (104条、576条4項)。

(2) 業務執行と会社代表の違い

株式会社においては、典型的には、1株1議決権を原則とする株主総会で取締役を選任し、取締役が取締役会を構成し、取締役会が代表取締役を選定し、代表取締役が業務を執行し会社を代表するという機関構成を採用しているが、中小会社向けに簡素な機関設計も認められている。また、原則として、各種の意思決定および業務執行の監査・監督について、複雑な企業統治の仕組みが設けられている。

→試験対策2章2節②【2】

これに対して、持分会社においては、**原則として全社員がそれぞれ業務を執行し会社を代表する**が、定款等で別段の定めをすることもできる (590条1項、599条)。

(3) 投下資本の回収方法の違い

株式会社においては、株主の投下資本の回収は、原則として持分(株式)の譲渡による (127条)。株式会社では、退社による出資の払戻しは認められていないため、持分(株式)の譲渡によって投下資本を回収する必要がある。

→試験対策2章2節②【3】

これに対して、持分会社においては、各社員は、全社員の同意等により退社し (606条、607条)、退社した社員は、原則として持分の払戻しを受けることができる (611条)。また、持分の譲渡も可能であるが、持分会社の場合には、社員間のつながりが強く、だれが社員になるかについて他の社員は重大な利害関係を有するため、持分の譲渡については、原

則として他の社員の全員の承諾が必要である(585条1項)。ただし、業務を執行しない有限責任社員の持分の譲渡は、業務を執行する社員の全員の承諾があればできる(585条2項)。

3 有限会社法の廃止に伴う経過措置

→試験対策2章2節③

1 旧有限会社の存続
　会社法の施行に伴う関係法律の整備等に関する法律(以下「整備法」という)は、既存の有限会社、すなわち整備法1条3号の規定による廃止前の有限会社法(旧有限会社法)の規定による有限会社は、この法律の施行の日(平成18年5月1日)以後は、会社法の規定による株式会社として存続するものと規定している(会社整備2条1項)。

2 特例有限会社に関する会社法の特則
　整備法では、会社法施行により株式会社となった旧有限会社について、その運営の継続性、安定性を確保するために必要な限度で旧有限会社と同様の規律を維持するための会社法の特則をおくこととしている(会社整備1章2節2款)。たとえば、整備法は、既存の有限会社については、会社法施行後は、その商号中に「有限会社」という文字を用いなければならないこととしている(会社整備3条1項)。このような株式会社は特例有限会社とよばれる(会社整備3条2項)。

3 特例有限会社への移行に伴う経過措置
　整備法は、特例有限会社への移行に伴う経過措置について規定している。たとえば、取締役等の資格に関する経過措置(会社整備19条)、計算書類の作成等に関する経過措置(会社整備27条)などである。

4 商号変更による通常の株式会社への移行
　整備法は、通常の株式会社へ移行する必要が生ずる事態にも迅速かつ円滑に対応することができるようにするため、商号中に「株式会社」の文字を使用する商号変更の定款変更と登記することで、通常の株式会社へ移行することができるとしている(会社整備45条、46条)。

第1条(趣旨)　C
会社の設立、組織、運営及び管理については、他の法律に特別の定めがある場合を除くほか、この法律の定めるところによる。

会社法は、会社の設立、組織、運営および管理についての基本法です。

1 趣旨

　会社法の適用について定めた規定である。すなわち、会社法が会社の設立、組織、運営および管理についての一般法であることを示すことによって、特別法の適用がないかぎりは、会社法が適用されることを示している。

司H24-47-ア(予)、H23-41-オ、H23-48-ウ(予)、H21-39-2、H20-41-ア、H20-48-ア。予H24-24-ウ、H23-25-オ、H27-19-エ。書H26-34-イ、H25-31-オ、H24-34-イ、H23-31-ア

第2条（定義）　A

この法律において、次の各号に掲げる用語の意義は、当該各号に定めるところによる。

① 会社　株式会社、合名会社、合資会社又は合同会社をいう。
② 外国会社　外国の法令に準拠して設立された法人その他の外国の団体であって、会社と同種のもの又は会社に類似するものをいう。
③ 子会社　会社がその総株主の議決権の過半数を有する株式会社その他の当該会社がその経営を支配している法人として法務省令で定めるものをいう。
③の2　子会社等　次のいずれかに該当する者をいう。
　イ　子会社
　ロ　会社以外の者がその経営を支配している法人として法務省令で定めるもの
④ 親会社　株式会社を子会社とする会社その他の当該株式会社の経営を支配している法人として法務省令で定めるものをいう。
④の2　親会社等　次のいずれかに該当する者をいう。
　イ　親会社
　ロ　株式会社の経営を支配している者(法人であるものを除く。)として法務省令で定めるもの
⑤ 公開会社　その発行する全部又は一部の株式の内容として譲渡による当該株式の取得について株式会社の承認を要する旨の定款の定めを設けていない株式会社をいう。
⑥ 大会社　次に掲げる要件のいずれかに該当する株式会社をいう。
　イ　最終事業年度に係る貸借対照表(第439条前段に規定する場合(会計監査人設置会社において取締役会の承認を受けた計算書類が適正である場合)にあっては、同条の規定により定時株主総会に報告された貸借対照表をいい、株式会社の成立後最初の定時株主総会までの間においては、第435条第1項(成立の日における貸借対照表)の貸借対照表をいう。ロにおいて同じ。)に資本金として計上した額が5億円以上であること。
　ロ　最終事業年度に係る貸借対照表の負債の部に計上した額の合計額が200億円以上であること。
⑦ 取締役会設置会社　取締役会を置く株式会社又はこの法律の規定により取締役会を置かなければならない株式会社をいう。
⑧ 会計参与設置会社　会計参与を置く株式会社をいう。
⑨ 監査役設置会社　監査役を置く株式会社(その監査役の監査の範囲を会計に関するものに限定する旨の定款の定めがあるものを除く。)又はこの法律の規定により監査役を置かなければならない株式会社をいう。
⑩ 監査役会設置会社　監査役会を置く株式会社又はこの法律の規定により監査役会を置かなければならない株式会社をいう。

⑪　会計監査人設置会社　会計監査人を置く株式会社又はこの法律の規定により会計監査人を置かなければならない株式会社をいう。
⑪の2　監査等委員会設置会社　監査等委員会を置く株式会社をいう。
⑫　指名委員会等設置会社　指名委員会、監査委員会及び報酬委員会(以下「指名委員会等」という。)を置く株式会社をいう。
⑬　種類株式発行会社　剰余金の配当その他の第108条第1項各号(株式の種類)に掲げる事項について内容の異なる2以上の種類の株式を発行する株式会社をいう。
⑭　種類株主総会　種類株主(種類株式発行会社におけるある種類の株式の株主をいう。以下同じ。)の総会をいう。
⑮　社外取締役　株式会社の取締役であって、次に掲げる要件のいずれにも該当するものをいう。
　イ　当該株式会社又はその子会社の業務執行取締役(株式会社の第363条第1項各号に掲げる取締役(代表取締役および取締役会選定のその他の業務執行取締役)及び当該株式会社の業務を執行したその他の取締役をいう。以下同じ。)若しくは執行役又は支配人その他の使用人(以下「業務執行取締役等」という。)でなく、かつ、その就任の前10年間当該株式会社又はその子会社の業務執行取締役等であったことがないこと。
　ロ　その就任の前10年内のいずれかの時において当該株式会社又はその子会社の取締役、会計参与(会計参与が法人であるときは、その職務を行うべき社員)又は監査役であったことがある者(業務執行取締役等であったことがあるものを除く。)にあっては、当該取締役、会計参与又は監査役への就任の前10年間当該株式会社又はその子会社の業務執行取締役等であったことがないこと。
　ハ　当該株式会社の親会社等(自然人であるものに限る。)又は親会社等の取締役若しくは執行役若しくは支配人その他の使用人でないこと。
　ニ　当該株式会社の親会社等の子会社等(当該株式会社及びその子会社を除く。)の業務執行取締役等でないこと。
　ホ　当該株式会社の取締役若しくは執行役若しくは支配人その他の重要な使用人又は親会社等(自然人であるものに限る。)の配偶者又は2親等内の親族でないこと。
⑯　社外監査役　株式会社の監査役であって、次に掲げる要件のいずれにも該当するものをいう。
　イ　その就任の前10年間当該株式会社又はその子会社の取締役、会計参与(会計参与が法人であるときは、その職務を行うべき社員。ロにおいて同じ。)若しくは執行役又は支配人その他の使用人であったことがないこと。
　ロ　その就任の前10年内のいずれかの時において当該株式会社又はその子会社の監査役であったことがある者にあっては、当該監査役への就任の前10年間当該株式会社又はその子会社の取締役、会計参与若しくは執行役又は支配人その他の使用人であったことがないこと。

ハ　当該株式会社の親会社等（自然人であるものに限る。）又は親会社等の取締役、監査役若しくは執行役若しくは支配人その他の使用人でないこと。
　　ニ　当該株式会社の親会社等の子会社等（当該株式会社及びその子会社を除く。）の業務執行取締役等でないこと。
　　ホ　当該株式会社の取締役若しくは支配人その他の重要な使用人又は親会社等（自然人であるものに限る。）の配偶者又は２親等内の親族でないこと。
⑰　譲渡制限株式　株式会社がその発行する全部又は一部の株式の内容として譲渡による当該株式の取得について当該株式会社の承認を要する旨の定めを設けている場合における当該株式をいう。
⑱　取得請求権付株式　株式会社がその発行する全部又は一部の株式の内容として株主が当該株式会社に対して当該株式の取得を請求することができる旨の定めを設けている場合における当該株式をいう。
⑲　取得条項付株式　株式会社がその発行する全部又は一部の株式の内容として当該株式会社が一定の事由が生じたことを条件として当該株式を取得することができる旨の定めを設けている場合における当該株式をいう。
⑳　単元株式数　株式会社がその発行する株式について、一定の数の株式をもって株主が株主総会又は種類株主総会において１個の議決権を行使することができる１単元の株式とする旨の定款の定めを設けている場合における当該一定の数をいう。
㉑　新株予約権　株式会社に対して行使することにより当該株式会社の株式の交付を受けることができる権利をいう。
㉒　新株予約権付社債　新株予約権を付した社債をいう。
㉓　社債　この法律の規定により会社が行う割当てにより発生する当該会社を債務者とする金銭債権であって、第676条各号に掲げる事項〔募集社債に関する事項〕についての定めに従い償還されるものをいう。
㉔　最終事業年度　各事業年度に係る第435条第２項に規定する計算書類〔貸借対照表、損益計算書その他法務省令で定めるもの〕につき第438条第２項の承認〔定時株主総会の承認〕（第439条前段に規定する場合〔会計監査人設置会社において取締役会の承認を受けた計算書類が適正である場合〕にあっては、第436条第３項の承認〔取締役会の承認〕）を受けた場合における当該各事業年度のうち最も遅いものをいう。
㉕　配当財産　株式会社が剰余金の配当をする場合における配当する財産をいう。
㉖　組織変更　次のイ又はロに掲げる会社がその組織を変更することにより当該イ又はロに定める会社となることをいう。
　　イ　株式会社　合名会社、合資会社又は合同会社
　　ロ　合名会社、合資会社又は合同会社　株式会社
㉗　吸収合併　会社が他の会社とする合併であって、合併により消滅する会社の権利義務の全部を合併後存続する会社に承継させるものをいう。
㉘　新設合併　２以上の会社がする合併であって、合併により消滅する会社の権利義務の全部を合併により設立する会社に承継させるものをいう。

㉙　吸収分割　株式会社又は合同会社がその事業に関して有する権利義務の全部又は一部を分割後他の会社に承継させることをいう。
㉚　新設分割　1又は2以上の株式会社又は合同会社がその事業に関して有する権利義務の全部又は一部を分割により設立する会社に承継させることをいう。
㉛　株式交換　株式会社がその発行済株式(株式会社が発行している株式をいう。以下同じ。)の全部を他の株式会社又は合同会社に取得させることをいう。
㉜　株式移転　1又は2以上の株式会社がその発行済株式の全部を新たに設立する株式会社に取得させることをいう。
㉝　公告方法　会社(外国会社を含む。)が公告(この法律又は他の法律の規定により官報に掲載する方法によりしなければならないものとされているものを除く。)をする方法をいう。
㉞　電子公告　公告方法のうち、電磁的方法(電子情報処理組織を使用する方法その他の情報通信の技術を利用する方法であって法務省令で定めるものをいう。以下同じ。)により不特定多数の者が公告すべき内容である情報の提供を受けることができる状態に置く措置であって法務省令で定めるものをとる方法をいう。

定義のうち主なものが規定されています。

1 趣旨

　近年主流の立法方式に基づいて本条に定義規定が設けられた。本条で、37項目もの定義を一覧できるようにすることで、便宜を図ったものである(ただし、他の条文で定義されている用語、本条の定義規定の中で更に定義されている用語や同じ用語であるのに他の条文で異なる定義とされる用語が存在するので、会社法の条文を読む際には、注意して読む必要がある)。

2 条文クローズアップ

1　子会社および親会社の意義(3号、4号)

　法務省令は、親会社および子会社の定義として、「財務及び事業の方針の決定を支配している場合」という実質的基準を用いている(会社施規3条1項)。また、親会社および子会社には、会社以外の法人に加えて、法人格を有しない組合等も含まれるとしている(会社施規3条1項、2項・2条3項2号)。

2　公開会社(5号)

　「その発行する全部又は一部の株式の内容として」、譲渡制限(「譲渡による当該株式の取得について株式会社の承認を要する旨」)の「定款の定めを設けていない株式会社」が公開会社である。
　したがって、発行する株式のうちに、一部でも譲渡制限の定めのない

株式が存在する会社は公開会社ということになる。
　なお、本書では、公開会社でない株式会社を**非公開会社**という。

3　取締役会設置会社(7号)
　会社法の規定によって取締役会を設置しなければならないのは、公開会社、監査役会設置会社、監査等委員会設置会社、指名委員会等設置会社である(327条1項)。
　本書では、取締役会を設置しない株式会社のことを、**取締役会非設置会社**という。

4　社外取締役(15号)
　社外取締役には株式会社との利害関係にとらわれず、独立した立場から①経営全般の監督機能、②会社と経営者等の利益相反の監督機能といった役割を果たすことが期待されている。

→試験対策8章4節③

　しかし、平成26年改正前の会社法における社外取締役の要件では、経営者との利害関係を排斥することができず、取締役会の監督機能の充実という観点からは不十分であるとの指摘がなされていた。そこで、改正会社法は、親会社等の関係者でないこと(15号ハ)、親会社等から指揮命令を受けるいわゆる兄弟会社関係者でないこと(15号ニ)および近親者でないこと(15号ホ)を社外取締役の要件に追加して、利害関係の排斥を強化した。

→平成26年改正

　その一方で、会社の社外取締役の人材確保の要請に配慮するために、当該会社またはその子会社の業務執行取締役または支配人その他の使用人となったことがある者でも、社外取締役になる前10年間にこれらの地位になければ、社外取締役になることができることとした(15号イ)。もっとも、この期間制限が及ばず、社外取締役に就任する前10年間に当該株式会社またはその子会社の業務執行取締役等になったことがない場合であっても、当該株式会社またはその子会社の取締役、会計参与(会計参与が法人であるときは、その職務を行うべき社員)または監査役であったことがある者は、これらの地位に就任する前10年間に当該株式会社またはその子会社の業務執行取締役等になったことがないことが必要となる(15号ロ)。

5　社外監査役(16号)
　平成26年改正により、社外取締役の要件(15号)が改正されたことにあわせて、社外監査役の要件も改正された。

→試験対策8章3節④【2】
→平成26年改正

第3条（法人格）　B⁻
会社は、法人とする。

会社は、法人とされます。

1　趣旨

会社を法人とすることで、団体自身の名において権利を有し義務を負うことが認められ、権利義務関係の処理が簡明になり、団体としての統一的活動を容易にすることができる。そこで、本条は、会社は法人であるとした。

2 語句の意味

法人とは、自然人以外のものであって権利義務の主体となりうるものをいう。

3 条文クローズアップ

1 法人性
(1) 準則主義
会社法は、会社の社会的機能を考慮して、その法人格取得の要件を定め、この要件がみたされたときは、行政官庁の免許取得を問題とせず、当然に法人格を認める(**準則主義**)。

→試験対策2章1節①【1】

(2) 会社の能力の制限
(a) **性質による制限**
会社は、性質上自然人的特性を前提とする権利義務(身体・生命に関する権利、身分上の権利義務)を享有することができない。
(b) **法令による制限**
法令による制限があればそれに服する(民34条)。
(c) **目的による制限**
(i) 総説
　法人の能力を規定する民法34条は、私法の一般法たる民法の規定であるから、営利法人である会社にも適用される。民法34条は、「法人は、法令の規定に従い、定款その他の基本約款で定められた目的の範囲内において、権利を有し、義務を負う」と定められているところ、これは法人の権利能力(権利義務の主体たりうる資格)を制限した規定であると解されている(通説・権利能力制限説)。すなわち、法人は一定の目的のために存在している以上、法人は定款等で定められた目的の範囲内においてのみ権利能力を有し、その範囲内で法人としての行為ができるのである。目的の範囲外の行為は、完全に無効であり、会社も法人である以上、このような規律に服する(株式会社も持分会社も、その目的は定款の絶対的記載事項とされている〔会社27条1号、576条1項1号〕)。
　もっとも、民法34条の「目的の範囲内」か否かは、会社をはじめとする営利法人の場合は、取引安全の見地から、きわめてゆるやかに判断される。具体的には、定款に明示された目的を遂行するうえで直接または間接に必要であればすべて「目的の範囲内」となる。そして、直接または間接に必要な行為か否かは、現実に必要な行為だったか否かによって判断するのではなく、客観的・抽象的に判断され

→試験対策2章1節①【2】

る(判例)。
　(ii)会社が政党に金銭を寄附すること(政治献金)の可否
　　政治献金をすることは、客観的にみると、会社の存続・発展が阻害されるという事態を回避することができるという意味で、定款の目的の達成に有益な行為といえる。したがって、政治献金は、一般の寄附行為と同様に、定款所定の目的の範囲内の行為であり、認められると解される。判例も肯定している。
　(iii)政治献金した場合の取締役の忠実義務違反
　　会社の規模、経営実績その他社会的経済事情、寄附の相手方、目的等の諸般の事情を考慮して合理的な範囲内においてなした政治献金は忠実義務違反(355条)にならない。現状においては、政治献金は会社が定款所定の事業目的を遂行するのに必要または有益であり、少なくとも事業遂行上の支障を回避できるという意味において肯定せざるをえないからである。
(3) **法人格否認の法理**
　(a)**定義**
　　法人格否認の法理とは、独立の法人格をもっている会社においてもその形式的独立性を貫くことが正義公平に反すると認められる場合に、特定の事案の解決のために会社の独立性を否定して、会社とその背後にある株主・社員を同一視する法理をいう。法人格否認の法理の実体法上の根拠については争いがあるが、多数説は、その根拠として民法1条3項の権利濫用の法理(あるいは民法1条2項の信義則)をあげている。
　(b)**要件**
　　法人格否認の法理は、法人格が法律の適用を回避するために濫用されるような場合(**濫用事例**)、または法人格がまったくの形骸にすぎない場合(**形骸化事例**)に適用される。
　　(i)濫用事例
　　　法人格の濫用とは、法人格が株主・社員により意のままに道具として支配されていること(支配の要件)に加え、支配者に違法または不当の目的(目的の要件)がある場合をいう。したがって、濫用事例の場合には、**支配の要件**と、**目的の要件**とが必要である。
　　(ii)形骸化事例
　　　法人格の形骸化とは、法人とは名ばかりであって、会社が、実質的には株主・社員の個人営業である状態をいう。法人格の形骸化を示す事実として、一人会社であること、経営の実権を大株主が握っていること、取引相手が会社とその経営者等を混同していること、会社財産と株主等の個人財産が区分されていないこと、会社の自己資本が過少であることなどがあげられる。
　(c)**法人格否認の効果**
　　会社の法人としての存在には何ら影響は与えず、ある特定の事案の

当事者間の法律関係についてのみ、一時的に法人格を否認する。したがって、会社の債権者は、会社の法人格を否認して、法人の背後に存在する支配株主・社員個人の責任を追及すると同時に、会社自体にその責任を追及することができる。

　なお、このように、実体法上は、法人と株主・社員の人格との異別性を否認できるが、判例は、手続法上(訴訟手続ないし強制執行手続)は、手続の明確・安定の確保を理由に、一方への判決効を他方へ及ぼすことはできないとする。　　　　　　　　　　→判例セレクト1
　　　　　　　　　　　　　　　　　　　　　　　　　　　(5)

　もっとも、第三者異議の訴えの原告について、法人格否認の法理を適用して、強制執行の不許を求めることは許されないとした判例もある。この判例は、第三者異議の訴えの性質および訴訟物についての見解に基づいて、前記の判例とは矛盾抵触がないと判示している。

→判例セレクト1
(6)

→判例セレクト1
(5)

　法人格が否認される実質的理由はさまざまなので、一律に訴訟法上は法人格否認の法理の適用はありえないと解することはできない。

(d) **法人格否認の法理の補充性**

　法人格否認の法理は、違法な会社設立や債権者を害する目的での詐害的な会社の成立、また、競業避止義務や契約上の義務等を回避するといった場面で多く問題となる。

　しかし、法人格否認の法理は、信義則(民1条2項)や権利濫用(民1条3項)等の場合と同様に、一般条項的な性格を有するものであるから、法的安定のために既存の法規解釈によって無理なく解決ができる場合には、それによるべきである。その意味において、法人格否認の法理は、常に最後の手段として存在する(**法人格否認の法理の補充性**)。

(e) **子会社の債権者保護と法人格否認の法理**

　親子会社においては、親会社が子会社の経営を支配していることから、子会社の債権者保護の手段として、法人格否認の法理の適用が考えられる。

　特に、完全子会社においては、形骸化の要件をみたしやすい。

2　営利性

→試験対策2章1
節②

(1) 定義

　営利とは、会社が**対外的な事業活動**によって利益をあげ、その得た**利益を構成員(社員)に分配**することをいう。

(2) 営利性の根拠

　105条2項には、株主に①**剰余金の配当を受ける権利**、および②**残余財産の分配を受ける権利**の全部を与えない旨の定款の定めは無効である旨が規定されている。これは、株式会社の営利性を表す規定といえる。

→神田[17版]6頁

(3) 営利性の概念

　105条2項は、①剰余金の配当を受ける権利と、②残余財産の分配を受ける権利のいずれか一方の権利を与えない旨の定めが有効であることを前提としている。そうすると、構成員に利益(剰余金)の配当をするという意味の営利性は、会社の本質ではないことになる。

したがって、会社法における営利性の内容は、利益(剰余金)配当のみならず、広く残余財産の分配も含めてとらえる必要がある。すなわち、営利性(利益の構成員への分配)は、利益(剰余金)の配当または、残余財産の分配というかたちをとることになる(105条1項1号、2号)。

3 社団性

(1) 定義
社団とは、共同の目的を有する**複数人の結合体**をいう。

(2) 社団性の有意性
営利目的の企業活動のため株主として複数人が結合することには、次の2つの利点がある。第1に、1人では拠出しきれない多額の資金の集中が可能になることである。第2に、生産技術、販売能力等それぞれ異なる能力をもつ複数人が結合できることである。

(3) 組合との比較
組合は、出資者である団体の構成員が、相互に契約関係で直接に結合する団体であるのに対して、社団は、構成員が、団体との間の社員関係により団体を通じて結合する団体である。

組合では、構成員が相互に直接契約によって結合するため、各構成員の権利義務は他の全構成員に対する権利義務のかたちをとり、各構成員は団体の財産上に合有権者として物権的持分を有する。これに対して、社団では、各構成員の権利義務は、社員の地位という団体に対する権利関係のかたちをとり、団体の財産は団体自身に帰属し、構成員は観念的な持分を有するにすぎない。

(4) 一人会社

(a) 一人会社の許容性
社団を複数人の結合体と考えると、株式会社や持分会社において、社員が1人しかいない**一人会社**が認められるのかが問題となる。

(i) 株式会社
株式会社は、株式譲渡(127条)によって、社員が複数になる可能性があるので、潜在的に社団性があるといえる。そこで、一人会社を肯定すべきである。

(ii) 持分会社
持分会社においても、一人会社が認められている(641条参照)。

(b) 一人会社における法規制の特色
株主が1人であるという特殊性から、譲渡制限株式の譲渡の承認(108条1項4号)、株主総会の招集(298条)、利益相反取引の承認(356条1項2号、3号)等の点で、特別な取扱いがなされることがある。

判例セレクト

1 法人格否認の法理
(1) 濫用事例
株式会社の代表取締役が、会社が賃借している居室の明渡し、延滞賃

料等の債務を免れる目的で、形式的に会社の商号を変更して新会社を設立したとしても、旧商号と同一の商号を称し、代表取締役等の実質が旧会社のそれと同一であった場合、1年以上にわたる審理の期間中、商号変更、新会社設立の事実について何らの主張もせず、かつ、旧会社が居室を賃借したことを自白する等のような事情のもとにおいては、新会社の代表者として、新旧両会社が別異の法人格であるとの実体法上および訴訟法上の主張をすることは、信義則に反し許されない(最判昭48・10・26民集27-9-1240)。

(2) 形骸化事例

株式会社形態がいわば単なるわら人形にすぎず、その実質がまったく個人企業と認められるような場合には、これと取引する相手方は、会社名義でなされた取引であっても、会社という法人格を否認して、その取引を会社の背後者である個人の行為と認めて、その責任を追及することができ、また、個人名義でなされた行為であっても、商法504条をもち出すまでもなく、ただちにその行為を会社の行為であると認めることができる(最判昭44・2・27判例シリーズ3事件)。　→会社法百選3事件

(3) 親子会社と法人格否認の法理

親会社が子会社の業務財産を一般的に支配しうるに足る株式を所有するとともに親会社が子会社を企業活動の面において、現実的統一的に管理支配している場合には、子会社の労働的債権者(従業員)に対する債務関係(賃金支払債務)は重畳的に親会社において引き受けているものと解すべきである(仙台地判昭45・3・26判時588-38)。

(4) 援用権者

法人格否認の法理は、取引の相手方を保護するためのものであるから、法人格を否認される会社がみずからのために、これを主張することは許されない(東京高判昭51・4・28判時826-44)。

(5) 訴訟法上の効力

Y会社の設立がA会社の債務の支払を免れる意図のもとにされたものであり、法人格濫用と認められる場合には、Y会社は実体法上法人格否認の法理によって損害賠償請求されうるものの、訴訟手続および強制執行手続においては、訴外A会社に対する判決の既判力および執行力をY会社にまで拡張することは許されない(最判昭53・9・14判時906-88)。

(6) 第三者異議の訴えへの適用を認めた例

第三者異議の訴えは、執行債務者に対して適法に開始された強制執行の目的物について原告が所有権その他目的物の譲渡または引渡しを妨げる権利を有するなど強制執行による侵害を受忍すべき地位にないことを異議事由として強制執行の排除を求めるものである。

そうすると、第三者異議の訴えについて、法人格否認の法理の適用を排除すべき理由はなく、原告の法人格が執行債務者に対する強制執行を回避するために濫用されている場合には、原告は、執行債務者と別個の法人格であることを主張して強制執行の不許を求めることは許されない(最判平17・7・15会社法百選4事件)。

2 会社の政治献金

(1) 会社の目的の範囲

定款に記載された目的自体に包含されない行為であっても、目的遂行に必要な行為は、社団の目的の範囲に属する。そして、目的遂行に必要な行為であるかどうかは、定款の記載自体から観察して、客観的に抽象的に必要でありうべきかどうかの基準に従って決すべきである（最判昭27・2・15判例シリーズ1事件）。

→会社法百選1事件

(2) 政治献金の可否

会社による政治資金の寄附は、客観的、抽象的に観察して、会社の社会的役割を果たすためになされたものと認められるかぎり、会社の権利能力の範囲に属する行為である（〈八幡製鉄政治献金事件〉最大判昭45・6・24判例シリーズ2事件）。

→会社法百選2事件

(3) 政治献金と取締役の忠実義務

取締役が会社を代表して政治資金を寄附することは、その会社の規模、経営実績その他社会的経済的地位および寄附の相手方等諸般の事情を考慮して、合理的な範囲内においてなされるかぎり、取締役の忠実義務に違反するものではない（〈八幡製鉄政治献金事件〉最大判昭45・6・24判例シリーズ2事件）。

→会社法百選2事件

3 一人会社
(1) 譲渡制限株式の譲渡の承認
(2) 株主総会の招集通知
(3) 利益相反取引の承認

→139条判例セレクト1(2)
→298条判例セレクト
→356条判例セレクト2(2)(c)

第4条（住所） B
会社の住所は、その本店の所在地にあるものとする。

会社の本店の所在地が、会社の住所とされます。

→試験対策2章3節①【4】

1 趣旨

法人の法律関係についても、自然人と同様に、一定の土地（住所）をその基準に定めておく必要がある。そこで、本条は住所を「その本店の所在地」とした。

第5条（商行為） B⁻
❶会社（外国会社を含む。次条第1項、第8条及び第9条において同じ。）がその事業としてする行為及びその事業のためにする行為は、商行為とする。

❶定

会社がその事業としてする行為、およびその事業のためにする行為は、商行為とされます。

→試験対策2章3節①【5】

1 趣旨

ある法主体の行為に商行為に関する規律を適用するための方法として

は、①法主体を商人とする方法、②法主体を商人とみなす方法、③法主体の行為に商行為に関する規定を準用する方法などが考えられる。しかし、これらの方法はいずれもあまりに技巧的な法技術といえる。そこで、本条は、端的に、会社がその事業としてする行為およびその事業のためにする行為を商行為とした。

2 条文クローズアップ

1 「商行為」

　会社が事業としてする行為、およびその事業のためにする行為は、商法第2編の商行為に関する規定の適用を受けることになる。たとえば、家電製品の販売を事業とする会社についてみると、家電製品の販売行為のみならず、開業準備行為（事業資金の借入れ、店舗の購入または賃借、従業員の雇用等）も商行為に該当することになり、多数当事者間の債務の連帯（商511条）、商事法定利率（商514条）、商事消滅時効（商522条）等の商法の諸規定が適用される。

2 会社の商人性

　商法4条1項は、「商人」とは自己の名をもって商行為をなすことを業とする者と規定している。そうすると、形式的には自己の名をもって商行為をなす会社も商法総則の適用のある商人にあたることとなる。しかし、商法総則のうち会社に適用されるべき規定については、すべて会社法において自足的に規定が設けられている。そこで、商法11条1項括弧書では、規定の重畳的な適用を避けるため、商人から会社および外国会社を除外することとしている。

　なお、会社の行為は商法503条2項によりその事業のためにするものと推定され、商法503条2項にいう「営業」は、会社については「事業」と同義と解される。

→神田[17版]13頁
→最判平20・2・22判例シリーズ87事件

第2章
会社の商号

> **第6条（商号） C**
> 1 ❶会社は、その名称を商号とする。
> 2 　会社は、株式会社、合名会社、合資会社又は合同会社の種類に従い、それぞれその商号中に株式会社、合名会社、合資会社又は合同会社という文字を用いなければならない。
> 3 　会社は、その商号中に、他の種類の会社であると誤認されるおそれのある文字を用いてはならない。

❶5条

　会社は、その名称を商号とし、商号中に当該会社の種類を表す文字を用いなければなりません。また、会社は、他の種類の会社と誤認されるおそれがある文字を用いてはなりません。

→試験対策2章3節[2]
→神田[17版]13頁

1 趣旨

　会社の種類は、取引する一般公衆にとって重大な利害関係がある問題である。そこで、一般公衆の信頼を保護するため、会社の商号について、一定の規制を設けた。

2 語句の意味

　商号とは、会社がその事業を行ううえで、自己を表すために用いる名称をいう（通説）。

3 条文クローズアップ

1 類似の規制

　銀行・信託・保険・証券等の事業を営む会社は、その商号中にこれらの文字を用いなければならない（銀行6条1項、信託業14条1項、保険業7条1項）。

2 商号

　商人は、その氏、氏名その他の名称をもって商号とすることができる（**商号選定自由の原則**、商11条1項）。しかし、会社は、その種類に応じて社員の責任の態様や業務執行機関・代表機関が異なるため、会社の種類を明らかにして会社の取引の相手方を保護する必要がある。そこで、会社法は、会社の商号選定には一定の制限を課している（会社6条）。

> 司 H18-36-ウ
>
> **第7条（会社と誤認させる名称等の使用の禁止） B⁻**
> 会社でない者は、その名称又は商号中に、会社であると誤認されるおそれのある文字を用いてはならない。

→試験対策2章3節②【2】

　会社でない者は、その名称または商号中に、会社であると間違えられるような文字を使ってはいけません。

1 趣旨

　会社であるか否かは、取引をする一般公衆にとって重大な利害関係がある問題である。そこで、一般公衆の信頼を保護するため、会社でない者の名称、商号について一定の規制を設けた。

2 条文クローズアップ

本条と類似の規制

　銀行・信託・保険等の文字を、これらの会社または事業を営む者以外の者が使用することはできない（銀行6条2項、信託業14条2項本文、保険業7条2項、金融商取31条の3）。

> **第8条　C**
> 1　何人も、不正の目的をもって、他の❶会社であると誤認されるおそれのある名称又は商号を使用してはならない。
> 2　前項の規定に違反する名称又は商号の使用によって営業上の利益を侵害され、又は侵害されるおそれがある❶会社は、その営業上の利益を侵害する者又は侵害するおそれがある者に対し、その侵害の停止又は予防を請求することができる。

❶5条

　いかなる者も、不正の目的をもって、他の会社と間違えられる危険のある名称または商号を使うことは許されず、かりに使われた場合には、営業上の利益を侵害され、またはその危険がある会社は、その侵害の停止または予防を求めることができます。

→試験対策2章3節②【2】

1 趣旨

　他の会社であると誤認させる商号を使用することを禁止して、事業の誤認による他の会社の信用の侵害を防止するために一定の規制を設けた。

2 条文クローズアップ

1　「何人も」（1項）

「何人も」とは、少なくとも当該会社と実質的に競争関係に立ちうる営業主体のことをいう。本条の趣旨が、他の会社であると誤認されるおそれのある名称・商号の使用によって生じる事業の誤認による他の会社の信用侵害を防止する点にあるためである。

2 「不正の目的」(1項)

「不正の目的」とは、一般公衆をして自己の事業または営業をその名称によって表示される他の会社の事業と誤認させようとする意図をいう。

3 「他の会社であると誤認されるおそれのある名称又は商号を使用」(1項)

広く他の会社の商号を冒用する場合をいう。その商号が既登記商号であるか未登記商号であるかを問わず、現に営業上使用されているかどうかを問わない。

4 「営業上の利益を侵害」(2項)

収益の減少・信用の失墜等、財産または社会的評価について不利益を受けることをいう。

商号使用差止めが認められた例

世人にあまねく知られている大会社が本店を移転する計画で建設した新社屋の所在地と同一行政区画内において、上記会社と同一の事業を営むに足りる能力および準備のない他会社が、それと同一の商号・目的に変更登記したため、上記会社が新社屋所在地に本店移転の登記をすることができなくなった場合、上記会社は他の会社の商号の使用禁止を請求することができる(最判昭36・9・29総則・商行為百選13事件)。

第9条(自己の商号の使用を他人に許諾した会社の責任)
B⁻

自己の商号を使用して事業又は営業を行うことを他人に許諾した❶会社は、当該会社が当該事業を行うものと誤認して当該他人と取引をした者に対し、当該他人と連帯して、当該取引によって生じた債務を弁済する責任を負う。

❶5条

自己の商号を使って事業または営業を行うことを他人に許した会社は、その会社がその事業を行っているものと信頼してその他人と取引をした者に対して、その他人と連帯して、債務を弁済する責任を負います。

→試験対策2章3節②【3】

1 趣旨

ある会社が自己の商号を使用して事業または営業を行うことを他人に許した場合において、その会社が事業を行っているという外観を信頼し

た第三者をその会社の犠牲のもとに、保護し、取引の安全を図るという**禁反言の法理**または**外観法理**を定めている。

2 条文クローズアップ

要件
(1) 「自己の商号」
　ここにいう「自己の商号」にあたるかは、商号がそのまま使用されているかのみにより決せられるのではない。本条の趣旨は外観法理にあることから、「自己の商号」にあたるかどうかは、取引の相手方が誤認する可能性を考慮して判断するべきである。すなわち、名称使用の具体的事情も考慮して、取引通念上、客観的に見て名板貸人の事業を表示すると認めうるかどうかで決する。

(2) 「事業又は営業を行うこと」
　(a)「事業又は営業」の同種性
　　自己の商号を使用して事業または営業を行うことを他人に許諾した会社の事業と、許諾された他人の事業または営業は、特段の事情がないかぎり、同種であることを要すると解する。
　(b)手形行為の問題
　　手形行為に関してのみ商号使用を許諾した場合に本条の責任を負うかにつき争いがある。この点について、判例は、単に手形行為をすることは「事業又は営業」に含まれない等として否定する。しかし、この場合にも、外観法理または禁反言の原則という本条の趣旨が同様に妥当するので、含まれるとするのが多数説である。　→最判昭42・6・6手形小切手百選12事件

　　他方、事業または営業を行うことについて許諾をしたが、手形行為についてのみその商号を使用した場合については、判例は、本条の責任を肯定している。　→最判昭42・2・9判時483-60

(3) 「許諾」
　(a)「許諾」の趣旨
　　「許諾」は、帰責事由認定のための要件である。したがって、その責任の範囲は許諾の範囲に限定される。
　　もっとも、許諾にあたっては第三者の誤認の可能性を当然に予測すべきであるから、当該許諾のなかに一般的・客観的に含まれる範囲については帰責事由があると認められる。
　(b)「許諾」の方法
　　許諾はその方法を問わず、明示の場合のみならず黙示の許諾も含まれる。しかし、他人が自己の商号を使用して事業または営業を行うことを知りながら、これを阻止しないからといって、当然に黙示の許諾を擬制されるわけではない。第三者の誤認の可能性との関連において、放置することが社会通念上妥当でないと認められる状況においてこれを放置した場合に、黙示の許諾と認められると解すべきである。

(4) 「当該会社が当該事業を行うものと誤認」

本条が外観法理に基づく規定であることから、相手方が善意であっても重過失がある場合には保護する必要はない。そこで、判例は、本条の「誤認」とは善意・無重過失であることをいうとする。

→判例セレクト3

(5) 「当該取引によって生じた債務」

取引によって生じた債務であるかぎり、取引によって直接生じた債務のほか、その不履行による損害賠償債務・契約解除による原状回復義務等、本来の債務が変形したにすぎないものについても責任を負う。

さらに、不法行為責任についても責任を負うかについては問題となるが、判例は、取引的不法行為の場合は、取引行為の外観をもつことから、本条の「債務」に含まれるとする。

→判例セレクト1(2)

(6) 「他人と連帯して」

「他人と連帯して」とあることから、本条の責任は名板借人の責任を前提に認められる（通説）。

1 取引によって生じた債務

(1) 自己の商号を使用して売買することを他人に許可した者は、他人がその売買契約の解除で負った手付金返還債務について、〔旧〕商法23条〔会社法9条〕の「其の取引に因りて生じたる債務〔当該取引によって生じた債務〕」として連帯して弁済の責めに任ずる（最判昭30・9・9民集9-10-1247）。

(2) 他人名義の営業〔事業〕の貸与を受けた者が、取引行為の外形をもつ不法行為により負担した損害賠償債務も、〔旧〕商法23条〔会社法9条〕にいう「其の取引に因りて生じたる債務〔当該取引によって生じた債務〕」に含まれる（最判昭58・1・25判時1072-144）。

2 本条の類推適用

Yの経営するスーパーマーケットの店舗の外部には、Yの商標を表示した大きな看板が掲げられ、テナントであるXの店名は表示されておらず、屋上案内板等には「ペットショップ」とだけ表示され、その営業主体がYかXかが明らかにされておらず、一般客が営業〔事業〕主体をYと誤認するのもやむをえない外観があり、かつ、YとXとの契約でXにYの統一的営業方針に従わせる等の事情が存在しているときは、Yは、〔旧〕商法23条〔会社法9条〕の類推適用により、買物客とXとの取引に関して名板貸人と同様の責任を負う（最判平7・11・30判例シリーズ88事件）。

→総則・商行為百選17事件

3 相手方の重過失と免責

〔旧〕商法23条〔会社法9条〕の名板貸人の責任は、その者を営業〔事業〕者と誤認して取引をした者に対するものであって、たとえ過失による誤認であっても、名板貸人はその責任を免れない。ただし、その誤認について重大な過失があるときは、名板貸人は責任を免れる（最判昭41・1・27総則・商行為百選15事件）。

第3章
会社の使用人等

■総　説

　会社法は、会社の使用人等として、会社に従属して会社組織の内部で補助する**会社の使用人**(10条から15条まで)と、会社の外部にあって独立の商人として補助する**会社の代理商**(16条から20条まで)とを規定している。

→試験対策2章3節③

　このうち、会社の使用人として、会社法は、使用人の代理権の範囲に応じて、**支配人**(10条以下)、**ある種類または特定の事項の委任を受けた使用人**(14条1項)、および**物品の販売等を目的とする店舗の使用人**(15条)という3者を規定している。

■第1節　会社の使用人

第10条（支配人）　C

❶会社(外国会社を含む。以下この編において同じ。)は、支配人を選任し、その本店又は支店において、その事業を行わせることができる。

❶定

　会社は、支配人を選任して、本店または支店において、その事業をさせることができます。

→試験対策2章3節③【1】(1)(a)

1 趣旨

　会社が事業活動を合理的に行うには補助者が必要となる。そこで、会社の補助者として会社が支配人を選任することを認めた。

2 語句の意味

　会社の支配人とは、会社の使用人のうちで会社の本店または支店の事業の主任者である者をいう。

3 条文クローズアップ

1　支配人の選任
(1) 選任の方法

　支配人の選任は、株式会社では取締役の過半数による決定(348条2項、3項1号)、取締役会設置会社では取締役会による決定(362条4項3号)、持分会社では、社員の過半数による決定(590条2項)が必要である。

(2) 選任の要件

　(a)支配人に選任される者は自然人でなければならないが、行為能力者

である必要はない(民102条)。
　(b) 監査役は、会社・その子会社の支配人を兼ねることができない(会社335条2項)。

(3) 選任行為の性質
　支配人の選任行為は、代理権の授与を伴う雇用契約である。ただし、両行為は同時になされる必要はなく、すでに雇用関係にある使用人を支配人とする場合には、単に代理権を授与すれば足りる。

2　支配人の終任

(1) 支配人の終任事由
　支配人は、代理権の消滅または雇用契約の終了によって終任となる。

(2) 代理権の消滅事由
　支配人の代理権は、民法の定める代理権の消滅事由である解任・辞任(民111条2項・651条)、事業主が破産手続開始の決定を受けたこと(民111条2項・653条2号)、支配人の死亡・支配人が破産手続開始の決定・後見開始の審判を受けたこと(民111条1項2号)によって消滅し、これにより支配人は終任となる。ただし、事業主の死亡は、支配人の終任事由とならない(商506条)。

(3) 雇用契約の終了事由
　雇用契約の終了事由として、雇用期間の満了・事業主または支配人からの解約申入れ(民626条から628条まで)、事業主が破産手続開始の決定を受けた場合における支配人または破産管財人からの解約申入れ(民631条)があり、これにより支配人は終任となる。

3　支配人の登記
　会社が支配人を選任し、または支配人の代理権が消滅したときは、その本店の所在地において、その登記をしなければならない(会社918条)。

司 H23-37-エ・オ(予)

第11条（支配人の代理権）　B⁻
1. 支配人は、❶会社に代わってその事業に関する一切の裁判上又は裁判外の行為をする権限を有する。
2. 支配人は、他の使用人を選任し、又は解任することができる。
3. 支配人の代理権に加えた制限は、善意の第三者に対抗することができない。

❶10条

　支配人は、会社の代わりにその事業について裁判上または裁判外のすべての行為をすることができます。また、他の使用人を選任し、または解任することができます。支配人の代理権については、制限をしたとしても善意の第三者に対抗することができません。

→試験対策2章3節③【1】(1)(b)

1　趣旨

支配人の代理権を包括的なものとし、しかもその範囲を法律で客観的に定めることによって、取引の相手方が個別的に代理権の有無・広狭を調査する必要をなくし、相手方が安心して取引をすることを可能とした。

2 条文クローズアップ

1 代理権の範囲

(1) 包括代理権
支配人は、会社に代わってその事業に関するいっさいの裁判上または裁判外の行為をなす権限を有する（1項）。そのため、支配人とは、一定の事業に関する包括的代理権を与えられた商業使用人をいう（実質説）。

(2) 支配人と表見支配人の区別

→論

多少狭い範囲の代理権を与えられた支店長という名称の商業使用人は、包括的代理権を制限された支配人なのか（3項）、表見支配人（13条）なのか、支配人の意義に関連して問題となる。

会社法上の商業使用人の類型は、事業主から授与される代理権の範囲の広狭によって区別されているから、支配人か否かも包括的代理権の有無で区別すべきものと解する。

(3) 「事業に関する」「行為」
事業の目的である行為だけでなく、事業のためにする行為を含み、また、通常行為だけでなく、非通常行為も含む。なお、会社の事業に関する行為は、会社の事業が存続することを前提とするから、事業の廃止、譲渡等は支配人の権限に属さない。

(4) 権限濫用の場合
判例は、支配人が権限濫用行為をしたとしても、事業主たる会社に有効に帰属するのが原則であるが、支配人の意図が自己の利益を図ることにあり、かつ、相手方が上記の意図を知りまたは知りえた場合には、民法93条ただし書の類推適用により、事業主はこのような行為につき責任を負わないとしている。

→最判昭51・10・1 金判512-33

(5) 裁判上の行為
みずから訴訟行為を行うことだけではなく、訴訟代理人を選任することも含まれる。

(6) 裁判外の行為
一般の私法上の適法行為を意味し、法律行為だけでなく、法律的行為（意思の通知、観念の通知等）を含む。

2 代理権の制限
支配人の代理権に加えた制限はこれをもって善意の第三者に対抗することができない（会社11条3項）。なお、判例は、相手方に重過失があるときは悪意と同視して本条項による保護を受けられないとしている。

→最判平2・2・22総則・商行為百選30事件

> 司 H23-37-ウ（予）
>
> ## 第12条（支配人の競業の禁止）　B⁻
> 1　支配人は、❶会社の許可を受けなければ、次に掲げる行為をしてはならない。
> 　①　自ら営業を行うこと。
> 　②　自己又は第三者のために会社の事業の部類に属する取引をすること。
> 　③　他の会社又は❷商人（会社を除く。第24条〔商人との間での事業譲渡又は事業譲受け〕において同じ。）の使用人となること。
> 　④　他の会社の取締役、執行役又は業務を執行する社員となること。
> 2　支配人が前項の規定に違反して同項第2号に掲げる行為をしたときは、当該行為によって支配人又は第三者が得た利益の額は、❶会社に生じた損害の額と推定する。

❶10条

❷定

→試験対策2章3節③【1】(1)(c)

　支配人は、会社の許可がなければ、みずから営業を行うこと、自己または第三者のために会社の事業の部類に属する取引をすること、他の会社または商人の使用人となること、他の会社の取締役、執行役または業務執行社員となることができません。

1　趣旨

　支配人は、広範な権限を有し、かつ、事業主の事業の機密にも通ずる地位にある。そこで、支配人がその地位を利用して会社に損害を与えるのを防止するため、競業取引を行うことを禁止した。また、同時に、雇用契約上の忠実義務として、その事業に専心させるために特殊な不作為義務を設けた。

2　条文クローズアップ

1　支配人の義務
(1)　一般的義務
　支配人は、事業主たる会社に対し、善管注意義務（民644条）および報告義務（民645条）等の一般的義務を負っている。
(2)　競業禁止義務・精力分散防止義務
(a)競業禁止義務
　支配人は、会社の許可がなければ自己または第三者のために会社の事業の部類に属する取引をすることができない（競業禁止義務。会社12条1項2号）。なお、「会社の事業の部類に属する取引」とは、会社の実際に行う事業と市場において競合し、会社と支配人の間に利益の衝突をきたす可能性のある取引をいう。「自己又は第三者のために」の意義については、356条1項1号と同様である。

→356条②1(1)(a)(b)

(b) 精力分散防止義務

　支配人は、会社の許可がなければ、みずから営業をすること、他の会社または商人(会社を除く)の使用人となること、他の会社の取締役・執行役・または業務を執行する社員となることができない(精力分散防止義務。12条1項1号、3号、4号)。

2　義務違反の効果

　支配人が本条の義務に違反した場合は、会社は支配人に対して損害賠償請求や支配人の解任をなすことができる。

　また、競業避止義務に違反して1項2号の行為がなされた場合には、当該行為によって支配人または第三者が得た利益の額は、会社に生じた損害の額と推定される(2項)。

第13条（表見支配人）　B

❶会社の本店又は支店の事業の主任者であることを示す名称を付した使用人は、当該本店又は支店の事業に関し、一切の裁判外の行為をする権限を有するものとみなす。ただし、相手方が悪意であったときは、この限りでない。

❶10条

　会社の本店または支店の事業の主任者であることを示す肩書きがついた使用人は、その本店・支店の事業に関して、すべての裁判外の行為をする権限をもつものとみなされます。ただし、相手方が悪意でないことが必要です。

→試験対策2章3節③【1】(1)(d)

1 趣旨

　会社の本店または支店の事業の主任者であることを示すような名称を有する使用人は、その本店または支店におけるいっさいの取引について代理権を有するかのような外観を有している。そこで、その外観を信じて取引をした第三者を保護する必要があることから規定された。

2 語句の意味

　表見支配人とは、会社の本店または支店の事業の主任者であることを示す名称を付した使用人をいう。

3 条文クローズアップ

1　要件
(1)「本店又は支店」

　判例・通説は、「本店又は支店」とは、営業所の実質を備えるものであることを要し、その名称は問題とならないと解する。

→判例セレクト1(1)

　営業所とは、会社の営業上の活動の中心たる場所をいう。そうであれば、「支店」であっても、ある程度独立に対外的な取引をなしうる組織を備えていなければならない。単に商品の製造・受渡し等の事実行為が行

われるにすぎない工場・倉庫や、他所での決定に従い機械的に取引を行うにすぎない売店等は営業所とはいえず「支店」にあたらない。

(2) 事業の主任者であることを示す名称
　本条の「名称」にあたるか否かは、一般取引社会の見解によって決すべきである。
　判例は、支店次長・支店長代理・支店庶務係長等の名称は、客観的に上席者の存在を予定するもので、その名称自体は「主任者であることを示す」ものとはいえないとする。 →判例セレクト1(2)

(3) 相手方の善意
　本条は、「名称」の外観を信頼した第三者を保護するものであるから、相手方が「悪意」であるときは適用されない(ただし書)。また、善意でも重過失がある場合は「悪意」に準じて扱われる。なお、判例は、ただし書の「相手方」は、取引の直接の相手方にかぎられるものであり、手形行為の場合には、この直接の相手方は、手形上の記載によって形式的に判断されるべきものではなく、実質的な取引の相手方をいうとしている。 →判例セレクト2

2　効果
　表見支配人と認められた者は、裁判上の行為を除き事業に関するいっさいの行為をする権限を有するものとみなされる(本文)。

3　支配人と代表取締役の地位の相違点

		支配人	代表取締役
定義		会社の使用人のうち、会社の本店または支店の事業の主任者である者(10参照)	株式会社を代表する取締役(47Ⅰ括弧書)
企業全体との法律関係		雇用関係	委任関係(330・民643以下)
権限	法的性質	代理権(11Ⅰ)	代表権(349Ⅰ本文)
	内容	事業に関するいっさいの裁判上または裁判外の行為をする権限(11Ⅰ)	業務に関するいっさいの裁判上または裁判外の行為をする権限(349Ⅳ)
	範囲	特定の営業所に関するものにかぎられる(10参照)	営業所により限定されない
禁止事項		・営業の禁止(12Ⅰ①) ・自己または第三者のために会社の事業の部類に属する取引をすることの禁止(12Ⅰ②) ・他の会社・商人の使用人になることの禁止(12Ⅰ③) ・他の会社の取締役・執行役・業務執行社員になることの禁止(12Ⅰ④) ⇩ 会社の許可があればできる(12Ⅰ柱書)	・自己または第三者のために会社の事業の部類に属する取引をすることの制限(356Ⅰ①) ・自己または第三者のために会社と取引すること等の制限(356Ⅰ②、③) ⇩ 株主総会(取締役会設置会社では取締役会)の承認があればできる(356Ⅰ柱書、365Ⅰ)

1 表見支配人の意義
(1) 〔旧〕商法42条〔会社法13条〕の「本店又は支店」とは、商法(会社法)上の営業所としての実質を備えているもののみを指称し、生命保険相互会社支社は新規契約の募集と第１回保険料の取次ぎがその業務のすべてであって、一定の範囲で対外的に独自の事業活動をすべき従たる事務所としての実質を備えていないから、同支社長は支店の営業〔事業〕の主任者に準ずるものとはいえない(最判昭37・5・1総則・商行為百選27事件)。
(2) 支店の庶務係長は、「主任者たることを示すべき名称を附したる使用人」〔主任者であることを示す名称を付した使用人〕にあたらない(最判昭30・7・15民集9-9-1069)。

2 相手方の範囲
〔旧〕商法42条〔会社法13条ただし書〕にいう相手方は、当該取引の直接の相手方にかぎられ、手形行為の場合には、この直接の相手方は、手形上の記載によって形式的に判断されるべきものではなく、実質的な取引の相手方をいう(最判昭59・3・29総則・商行為百選28事件)。

> **第14条（ある種類又は特定の事項の委任を受けた使用人）** C
> 1 事業に関するある種類又は特定の事項の委任を受けた使用人は、当該事項に関する一切の裁判外の行為をする権限を有する。
> 2 前項に規定する使用人の代理権に加えた制限は、善意の第三者に対抗することができない。

ある種類または特定の事項の委任を受けた使用人は、その事項についていっさいの裁判外の行為をする権限をもちます。そして、その代理権に加えた制限は善意の第三者に対抗することができません。

→試験対策２章3節③【１】(2)

1 趣旨

ある種類または特定の事項の委任を受けた使用人と取引する第三者が、代理権の有無および当該行為が代理権の範囲内に属するか否かを調査することなく安心して取引ができるようにするために、当該受任事項の範囲に属するものと認められるいっさいの裁判外の行為をなす権限を有するものとした。

2 条文クローズアップ

1 「ある種類又は特定の事項の委任を受けた使用人」

会社においてある部、課あるいは係があり、その部署で特定の種類の製品についての販売を所管しており、その部長、課長あるいは係長に販売の代理権が付与されているような場合が本条の適用のある使用人の典

型である。本条1項は、ある種類または特定の事項の委任を受けることが適用の要件とされているが、ここでいう委任とは、代理権が付与されていることを意味し、販売の媒介だけを委任しているような場合を含まない。したがって、本条は、使用人に付された肩書きから代理権の存在を擬制しようとする表見支配人の制度とは本質が異なるものである。

2　本条の使用人の権限

本条の使用人の権限は、支配人と同様の包括的・不可制限的な代理権であるが、支配人の代理権が会社の事業全般に及ぶのに対し、この使用人の代理権は、会社から委任を受けた事業に関するある種類または特定の事項に限定されているという相違がある。

3　善意の第三者

本条2項は、取引の安全を図る規定であり、善意の第三者には重過失のある第三者は含まれない。

→最判平2・2・22総則・商行為百選30事件

本条が適用されない事例

支店長在職中に貸し付けた金員の回収にあたっていたY銀行の本店審査部付調査役Aは、上記債権の回収事務に関してのみ本条の委任を受けた使用人にあたるにすぎず、不動産によって担保されるY銀行の債権の回収が不可能になるような債務免除の代理権までも与えられていたものではない（最判昭51・6・30判時836-105）。

第15条（物品の販売等を目的とする店舗の使用人）　C

❶物品の販売等（販売、賃貸その他これらに類する行為をいう。以下この条において同じ。）を目的とする店舗の使用人は、その店舗に在る物品の販売等をする権限を有するものとみなす。ただし、相手方が悪意であったときは、この限りでない。

❶定

物品販売等を目的とする店舗の使用人は、その店舗の物品販売等を行う代理権をもつものとみなされます。ただし、相手方が、その使用人が物品販売等を行う代理権をもっていないことについて悪意であったときは、このかぎりではありません。

→試験対策2章3節③【1】(3)

1　趣旨

支配人およびある事業または特定の事項の委任を受けた使用人以外の使用人は、原則として営業上の代理権を有しない。しかし、物品の販売等を目的とする店舗の使用人は、その店舗にある物品については当然に販売の権限を有するものと考えるのが取引一般上通常である。そこで、物品販売店の使用人はたとえ販売の代理権がなくても、取引の相手方と

の関係ではその権限があるものとみなし、取引の安全を図っている。

2 条文クローズアップ

本条の使用人の権限は店舗に現存する物品の販売等であるから、店舗に現存しない物品の販売、店舗外で行われる物品の販売、信用による物品の販売については含まれない。

■第2節　会社の代理商

第16条（通知義務）　C
❶代理商（❷会社のためにその平常の事業の部類に属する取引の代理又は媒介をする者で、その会社の使用人でないものをいう。以下この節において同じ。）は、取引の代理又は媒介をしたときは、遅滞なく、会社に対して、その旨の通知を発しなければならない。

❶定
❷10条

代理商が取引の代理または媒介をしたときには、遅滞なく会社に対して通知しなければなりません。

→試験対策2章3節3【2】(2)(a)

1 趣旨

代理商と会社との間の代理商契約は通常委任または準委任契約であるので、代理商は、本来、会社の請求があるときおよび委託の終了時における報告義務を負わされている（民645条、656条・645条）。しかし、代理商が継続的委任・準委任であること、および本人である会社の便宜を図る必要があることから、代理商が取引の代理または媒介をしたときには、遅滞なく会社に対して通知すべき義務を課し、通知義務の強化を図った。

2 条文クローズアップ

1 代理商
代理商には、①締約代理商と②媒介代理商がある。すなわち、取引の代理を行う代理商を締約代理商（損害保険代理店がその典型）といい、媒介をする代理商を媒介代理商（生命保険代理店がその典型）という。

2 「取引」
「取引」は物品の販売にかぎらず、サービスの提供等も含まれる。

3 義務違反の効果
判例は、代理商が本条の通知義務に違反したときは損害賠償義務を負うとしている。

→大判昭10・5・27民集14-949

第17条（代理商の競業の禁止）　C
1　❶代理商は、❷会社の許可を受けなければ、次に掲げる行為をし

❶16条
❷10条

> てはならない。
> ① 自己又は第三者のために会社の事業の部類に属する取引をすること。
> ② 会社の事業と同種の事業を行う他の会社の取締役、執行役又は業務を執行する社員となること。
> 2 ❶代理商が前項の規定に違反して同項第1号に掲げる行為をしたときは、当該行為によって代理商又は第三者が得た利益の額は、❷会社に生じた損害の額と推定する。

　代理商は会社の許可を受けた場合を除いて、①自己または第三者のために会社の事業の部類に属する取引をすること、および、②会社の事業と同種の事業を行う他の会社の取締役・執行役または業務執行社員になることはできません。この義務に違反して①の行為をした場合、その行為によって代理商または第三者が得た利益の額は、会社に生じた損害の額と推定されます。

→試験対策2章3節③【2】(2)(b)

1 趣旨

　代理商は、本人たる会社の機密に接し、多くの情報を取得していることから、代理商が競業取引をなし、また会社の事業と同種の事業を行う他の会社の取締役、執行役、業務執行社員にはなることができないものとした。

2 条文クローズアップ

1 競業取引の意義（1項）
　「会社の事業の部類に属する取引」は12条1項2号のそれと同じであり、会社の実際に行う取引と市場において競合し、会社と代理商の間に利益の衝突をきたす可能性のある取引をいう（17条1項1号）。

2 「自己又は第三者のために」の意義（1項）
　「自己又は第三者のために」の意味についても、12条1項2号と同様である（17条1項1号）。

→12条②1(2)(a)

> **第18条（通知を受ける権限）　C**
> 物品の販売又はその媒介の委託を受けた❶代理商は、商法（明治32年法律第48号）第526条第2項の通知その他の売買に関する通知〔目的物に瑕疵または数量不足があることの通知〕を受ける権限を有する。

❶16条

　物品の販売またはその媒介の委託を受けた代理商は、目的物に瑕疵や数量不足がある場合の通知をはじめ売買に関する通知を受領する権限をもちます。

→試験対策2章3節③【2】(3)(a)

1 趣旨

媒介代理商は取引の媒介をするだけであるから、代理権は与えられていないが、代理商を通じて会社から物品を購入した買主には目的物検査通知義務が課されており（商526条1項、2項）、この通知義務の履行にあたり代理商にこれをなせば足りるとすれば便利である。そこで、代理商に売買に関する通知を受ける権限を認めた。

> **第19条（契約の解除）　C**
> 1　❶会社及び❷代理商は、契約の期間を定めなかったときは、2箇月前までに予告し、その契約を解除することができる。
> 2　前項の規定にかかわらず、やむを得ない事由があるときは、❶会社及び❷代理商は、いつでもその契約を解除することができる。

❶10条
❷16条

代理商契約において、会社および代理商が期間を定めなかったときは、会社および代理商は2か月前に予告をしてその契約を解除できます。また、当事者が契約の期間を定めたと否とを問わず、やむをえない事由があるときは、会社および代理商はいつでもその契約を解除することができます。

→試験対策2章3節③【2】(3)(b)

1　趣旨

民法の規定によれば、当事者はいつでも契約を解除することができるが（民651条1項）、継続性を特質とする代理商契約にこの原則を適用することは妥当ではないので、契約の解除に制限をかけた。

2　条文クローズアップ

1　予告による解除（1項）

本条1項の裏返しとして、①代理商契約に期間の定めがある場合は、その期間の満了により委託契約は終了することになり、本条1項のような任意解除権は有しない。

②代理商契約に期間の定めがない場合は、本条1項により、各当事者は2か月前に予告すれば解除できることになっている。しかも、本条は民法651条の特則規定であると解されているため、あわせて損害賠償をする必要もない。また、本条1項に基づく解除申入れを行う際に解除理由の開示も特に要求されていない。もっとも、代理商契約に関する本条1条はあくまで任意規定であるから代理商契約内で変更することは可能であるとされている（短縮することも可能である）。

→横浜地判昭50・5・28判タ327-313

2　やむをえない事由による解除（2項）

やむをえない事由により解約告知がなされた場合、当事者の一方に過失があるときは、相手方はその損害の賠償を求めることができる（民652条・620条後段）。

3　「やむを得ない事由」（2項）の意義

「やむを得ない事由」とは、たとえば代理商の競業避止義務違反や、本

人の手数料債務の不履行等、代理商契約を継続することが困難と考えられる事由をいう。

> **第20条（代理商の留置権） C**
> ❶代理商は、取引の代理又は媒介をしたことによって生じた債権の弁済期が到来しているときは、その弁済を受けるまでは、❷会社のために当該代理商が占有する物又は有価証券を留置することができる。ただし、当事者が別段の意思表示をしたときは、この限りでない。

❶16条
❷10条

代理商が、代理または媒介を行うことによって、本人たる会社に対して債権をもつ場合、履行期が到来しても弁済されないときには、代理商は本人のために占有する物または有価証券を留置することができます。

→試験対策2章3節③【2】(3)(c)

1 趣旨

代理商の権利を保護し、会社の債務の履行を間接的に強制するとともに優先弁済の実行を期すために、代理商に留置権を認めた。

2 条文クローズアップ

代理商の留置権の特質

(1) 被担保債権と目的物との関連性

被担保債権と留置目的物との関連性は要求されない。これは、民法上の留置権（民295条）とは異なり、商人間の留置権（商521条）と共通である。

(2) 留置目的物の占有原因

留置の目的物は、会社との間の商行為によって占有を取得した物または有価証券にかぎられない。

この点、商人間の留置権の場合には、留置の目的物は債務者との間の商行為によって占有を取得した物または有価証券にかぎられる。しかし、代理商はその業態からみて、代理商が他から占有を取得した物または有価証券や、本人の所有に属しない物または有価証券についても留置権を認める必要があるため、その範囲を拡張した。

第4章

事業の譲渡をした場合の競業の禁止等

第21条（譲渡会社の競業の禁止）　B⁺

1　事業を譲渡した❶会社（以下この章において「❷譲渡会社」という。）は、当事者の別段の意思表示がない限り、同一の市町村（特別区を含むものとし、地方自治法（昭和22年法律第67号）第252条の19第1項の指定都市にあっては、区又は総合区。以下この項において同じ。）の区域内及びこれに隣接する市町村の区域内においては、その事業を譲渡した日から20年間は、同一の事業を行ってはならない。

2　❷譲渡会社が同一の事業を行わない旨の特約をした場合には、その特約は、その事業を譲渡した日から30年の期間内に限り、その効力を有する。

3　前2項の規定にかかわらず、❷譲渡会社は、不正の競争の目的をもって同一の事業を行ってはならない。

❶10条
❷定

→試験対策2章3節[4]【1】

　事業を譲渡した会社は別段の意思表示がないかぎり、同一の市町村等の区域内および隣接する市町村の区域内では譲渡の日から20年間は、同一の事業を行ってはいけません。同一の事業を行わない旨の特約は30年以内にかぎり効力をもちます。

1　趣旨

　譲渡会社が譲渡後に従来と同種の事業を始めるならば、得意先等の事実関係も含めた有機的一体として事業を譲り受けた意味が減少する。そこで、譲渡会社は一定の範囲で以降の事業行為につき制限を受けざるをえない。他方、譲渡会社にも一定の事業の自由を認めなければならない。そこで、両者の調整を図るべく、事業譲渡における競業禁止につき規定した。

2　条文クローズアップ

1　事業譲渡

　会社法は21条から24条までにおいて、事業譲渡に関する取引法的側面について規定しており、組織法的側面については467条から470条までで規定している。

　事業譲渡の意義について争いがあるが、判例は「一定の営業〔事業〕目的のため組織化され、有機的一体として機能する財産（得意先関係等の経済的価値のある事実関係を含む。）の全部または重要な一部を譲渡し、これ

→467条

→判例セレクト

によって、譲渡会社がその財産によって営んでいた営業〔事業〕的活動の全部または重要な一部を譲受人に受け継がせ、譲渡会社がその譲渡の限度に応じ法律上当然に〔旧〕商法25条〔会社法21条〕に定める競業避止義務を負う結果を伴うもの」としている。

2 原則

譲渡会社は、当事会社間で別段の意思表示がないかぎり、同一の市町村および隣接する市町村の区域内において、20年間同一の事業を行うことができない（会社21条1項）。同一の市町村とは、譲渡会社が従来事業活動を営んでいた営業所の所在していた市町村を意味する。また、特別区が存在するところにおいては特別区、地方自治法上の指定都市においては区または総合区を意味する（1項括弧書）。

3 特約の限界

譲渡会社が競業禁止の特約を定めた場合には、競業禁止の期間を30年にまで広げることができる（2項）。

4 譲渡会社が競業禁止の義務を負わない場合

これらの条文・特約によって競業を禁止されない場合でも、譲渡会社は不正競争の目的をもって同一の事業を行うことはできない（3項）。

ここに、「不正の競争の目的」とは、譲渡人が事業上の得意先を奪う目的で同種の事業を行う等、一般公衆に旧事業を継続しているように誤信させる場合をいう。

事業譲渡の意義

→467条判例セレクト1

第22条（譲渡会社の商号を使用した譲受会社の責任等）　B⁻

1　事業を譲り受けた❶会社（以下この章において「❷譲受会社」という。）が❸譲渡会社の商号を引き続き使用する場合には、その譲受会社も、譲渡会社の事業によって生じた債務を弁済する責任を負う。

2　前項の規定は、事業を譲り受けた後、遅滞なく、❷譲受会社がその本店の所在地において❸譲渡会社の債務を弁済する責任を負わない旨を登記した場合には、適用しない。事業を譲り受けた後、遅滞なく、譲受会社及び譲渡会社から第三者に対しその旨の通知をした場合において、その通知を受けた第三者についても、同様とする。

3　❷譲受会社が第1項の規定により❸譲渡会社の債務を弁済する責任を負う場合には、譲渡会社の責任は、事業を譲渡した日後2年以内に請求又は請求の予告をしない債権者に対しては、その期間を経過した時に消滅する。

❶10条
❷定
❸21条1項

> 4　第1項に規定する場合において、❶譲渡会社の事業によって生じた債権について、❷譲受会社にした弁済は、弁済者が善意かつ重大な過失がないときは、その効力を有する。

　譲受会社が譲渡会社の商号を引き続き使用する場合には、譲受け後遅滞なく、責任を負わない旨の登記を本店の所在地でしないかぎり、その譲受会社も譲渡会社の事業によって生じた債務を弁済する責任を負います。

→試験対策2章3節４【２】(1)

1 趣旨

　事業譲渡につき商号の続用がある場合は、譲渡人の事業が継続しているような外観があり、また、事業の譲渡により債権債務が譲受人に移転したと思われやすい。そこで、このような譲渡会社の債権者・債務者を保護するために規定された。また、3項は、事業譲渡がなされた後は、なるべくすみやかに譲渡会社の債権者に対する責任を、譲渡した事業関係から離脱させるための規定である。

2 条文クローズアップ

1　譲受会社の弁済義務(1項)
(1)　弁済義務の性質
　商号の続用を伴う事業譲渡によっても、債権者の承諾を得て譲受会社に免責的債務引受けをしないかぎり、譲渡会社が債務を免れるわけではなく、譲受会社も重畳的債務引受けと同じ結果になるものである。すなわち、両者の責任は、**不真正連帯債務**となる。

(2)　譲受会社が責任を負う範囲
　裁判例のなかには、1項は譲渡会社が事業譲渡前にその事業により負担した債務につき適用され、事業譲渡後に新たに負担した債務に適用されないとするものがある。

→判例セレクト1

(3)　譲渡当事会社の特約
　1項は、商号続用を伴う事業譲渡により生じる事業継続の外観に対する債権者の信頼を保護する趣旨であるから、譲渡当事会社間において債務の移転を除外した場合にも、弁済義務を免れるものではない。この場合において、譲受会社が弁済したときは、譲渡会社に対して求償をなしうるにすぎない。

(4)　「商号を引き続き使用する場合」
　「商号を引き続き使用する場合」とは、譲受会社が譲渡人の商号とまったく同一の商号を使用する場合のみならず、譲渡会社の商号になんらかの字句を付加して使用しても、取引の社会通念上、譲渡会社の商号を続用した場合にあたると判断される場合も含まれると解する。

2　譲受会社の弁済義務の免責(2項)
(1)　責任を負わない旨の登記

事業譲渡後遅滞なく譲受会社が譲渡会社の債務につき責任を負わない旨の登記をした場合は、譲受会社は1項の責任を免れる。このような登記をすれば、事業が継続しているような外観に対する債権者の信頼を害するということはないからである。

(2) 責任を負わない旨の通知

事業譲渡後遅滞なく譲渡人および譲受人の両者から、個々の債権者に対して譲受人が責めを負わない旨の通知をした場合には、譲受人は1項の責任を免れる。このような通知があれば、事業が継続しているような外観に対する債権者の信頼を害するということはないからである。

3　責任の消滅（3項）

(1) 責任の消滅の性質

3項に定める2年の期間は、除斥期間であって、時効期間ではない。

(2) 請求の予告

3項で請求のほかに請求の予告を認めたのは、2年の期間経過後もなお条件の成就が未定である場合、弁済期未到来であるため、請求できない場合があることを考慮したためである。

4　事業譲受会社に対する弁済（4項）

免責の要件は弁済者が善意無重過失であることが必要である。ここで、善意無重過失とは、事業譲渡の事実についての善意無重過失である。民法478条の準占有者に対する弁済の要件よりもゆるやかに規定することで、弁済者の信頼保護の強化を図っている。

判例セレクト

1　譲受人が責任を負う場合

会社法22条〔旧商法26条〕は、譲渡人が営業〔事業〕を譲渡するまでの間にその営業〔事業〕による債権者に対する債務を負担した場合に適用され、営業譲渡〔事業譲渡〕後に新たに負担した債務には適用されない（東京高判昭56・6・18判時1016-110）。

2　「商号を引き続き使用する場合」

「有限会社米安商店」から営業〔事業〕を譲り受けた者が、「合資会社新米安商店」という商号を使用する場合には、「新」の字句は取引の社会通念上は継承的文句ではなく、かえって新会社が旧会社の債務を承継しないことを示すための字句であるから、会社法22条〔旧商法26条〕の商号の続用にあたらない（最判昭38・3・1総則・商行為百選20事件）。

3　会社法22条の類推適用

(1) 現物出資

会社法22条〔旧商法26条〕は、営業〔事業〕の現物出資を受けて設立された会社が現物出資をした者の商号を続用する場合にも類推適用される（最判昭47・3・2総則・商行為百選22事件）。

(2) 名称の続用

預託金会員制のゴルフクラブの名称がゴルフ場の営業〔事業〕主体を表示するものとして用いられている場合において、ゴルフ場の営業〔事業〕

の譲渡がされ、譲渡人が用いていたゴルフクラブの名称を譲受人が継続して使用しているときには、譲受人が譲受後遅滞なく当該ゴルフクラブの会員によるゴルフ場施設の優先的利用を拒否したなどの特段の事情がないかぎり、譲受人は、会社法22条1項〔旧商法26条1項〕の類推適用により、会員が譲渡人に交付した預託金の返還義務を負う（最判平16・2・20判例シリーズ89事件）。

→総則・商行為百選21事件

> **第23条（譲受会社による債務の引受け） B⁻**
> 1 ❶譲受会社が❷譲渡会社の商号を引き続き使用しない場合においても、譲渡会社の事業によって生じた債務を引き受ける旨の広告をしたときは、譲渡会社の債権者は、その譲受会社に対して弁済の請求をすることができる。
> 2 ❶譲受会社が前項の規定により❷譲渡会社の債務を弁済する責任を負う場合には、譲渡会社の責任は、同項の広告があった日後2年以内に請求又は請求の予告をしない債権者に対しては、その期間を経過した時に消滅する。

❶22条1項
❷21条1項

譲受会社が譲渡会社の商号を引き続き使用しない場合においても、譲渡会社の事業によって生じた債務を引き受ける旨の広告をしたときは、譲渡会社の債権者は譲受会社に対して弁済の請求をすることができます。

→試験対策2章3節4【2】(2)

1 趣旨

譲受会社が譲渡会社の債務を承継しないにもかかわらず債務を引き受ける旨の広告をした場合、譲受会社による一方的広告が民法上の債務引受けの要件をみたさない旨の主張を譲受会社がすることは矛盾挙動である。そこで、1項は、このような主張を封じるための禁反言の法理を規定した。また、2項は、事業譲渡がなされた後は、なるべくすみやかに譲渡会社の債権者に対する責任を、譲渡した事業関係から離脱させようとするものである。

2 条文クローズアップ

1 商号の不続用と債務引受けの広告

譲受会社が譲渡会社の商号を続用しない場合には、債権者は、商号変更によって事業譲渡が行われたことを推知することができるから、商号が続用されている場合（22条）と異なり、譲受会社は、一般原則によって、譲受会社が特に譲渡会社の営業上の債務を引き受ける旨の広告をしたときは、譲受会社は、債権者に対し弁済する責任を負う。

2 事業によって生じた債務

判例は、事業譲渡会社の「事業によって生じた債務」とは、営業上の活

→判例セレクト1

動に関連して発生したすべての債務はもちろんのこと、事業の遂行に関連して生じた不法行為に基づく損害賠償債務も含まれるとする。

3 責任の消滅の性質（2項）

2項に定める2年の期間は、除斥期間であって、消滅時効期間ではない。

4 請求の予告

→22条②3(2)

1 債務引受けの広告にあたるとされた事例

「鉄道軌道業並に沿線バス事業を……譲受け」るという広告は、上記事業に伴う営業上の債務を引き受ける趣旨を包含する（最判昭29・10・7民集8-10-1795）。

2 債務引受けの広告にあたらないとされた事例

ABC 3社が営業〔事業〕を廃止し、新会社が設立されて、旧3社と同一の業務を開始するという趣旨の取引先に対する単なる挨拶状は、旧3社の債務を新会社が引き受ける趣旨を含まない（最判昭36・10・13総則・商行為百選23事件）。

第23条の2 （詐害事業譲渡に係る譲受会社に対する債務の履行の請求） A

1 ❶譲渡会社が❷譲受会社に承継されない債務の債権者（以下この条において「❸残存債権者」という。）を害することを知って事業を譲渡した場合には、残存債権者は、その譲受会社に対して、承継した財産の価額を限度として、当該債務の履行を請求することができる。ただし、その譲受会社が事業の譲渡の効力が生じた時において残存債権者を害すべき事実を知らなかったときは、この限りでない。

2 ❷譲受会社が前項の規定により同項の債務を履行する責任を負う場合には、当該責任は、❶譲渡会社が❸残存債権者を害することを知って事業を譲渡したことを知った時から2年以内に請求又は請求の予告をしない残存債権者に対しては、その期間を経過した時に消滅する。事業の譲渡の効力が生じた日から20年を経過したときも、同様とする。

3 ❶譲渡会社について破産手続開始の決定、再生手続開始の決定又は更生手続開始の決定があったときは、❸残存債権者は、❷譲受会社に対して第1項の規定による請求〔詐害事業譲渡にかかる譲受会社に対する債務の履行請求〕をする権利を行使することができない。

❶21条1項
❷22条1項
❸定

譲渡会社が、残存債権者（譲受会社に承継されない債務の債権者）に損害があることを知りつつ事業を譲渡した場合には、残存債権者は、譲受会社に対

→試験対策2章3節④【4】

して、承継した財産の価額を限度として、当該債務の履行を請求することができます。

1 趣旨

譲渡会社が、残存債権者(譲受会社に承継されない債務の債権者)を害することを知って事業を譲渡した場合に、残存債権者を保護する仕組みが必要とされてきた。そこで、詐害的事業譲渡における残存債権者の保護について定めた条文が設けられた。

2 条文クローズアップ

1 要件

① 譲渡会社が残存債権者を害することを知って事業を譲渡したこと（1項本文）
② 譲受会社が当該事業譲渡の効力が発生した時において残存債権者を害することを知っていたこと（1項ただし書）
③ 譲渡会社が残存債権者を害することを知って事業を譲渡したことを知った時から2年以内、事業の譲渡の効力が生じた日から20年以内に請求または請求の予告をしていること（2項）
④ 譲渡会社について破産手続開始の決定、再生手続開始の決定または更生手続開始の決定がないこと（3項）

2 効果

残存債権者は、譲受会社に対して、承継した財産の価額を限度として、当該債務の履行を請求することができる。

司 H24-47-ア(予)

第24条（商人との間での事業の譲渡又は譲受け） C

1 ❶会社が❷商人に対してその事業を譲渡した場合には、当該会社を商法第16条第1項に規定する譲渡人〔営業譲渡をした商人〕とみなして、同法第17条〔譲渡人の商号を使用した譲受人の責任等〕から第18条の2まで〔譲渡人の商号を使用した譲受人の責任等・譲受人による債務の引受け・詐害営業譲渡にかかる譲受人に対する債務の履行の請求〕の規定を適用する。この場合において、同条第3項中「又は再生手続開始の決定」とあるのは、「、再生手続開始の決定又は更生手続開始の決定」とする。

2 ❶会社が❷商人の営業を譲り受けた場合には、当該商人を❸譲渡会社とみなして、前3条の規定を適用する。この場合において、前条第3項中「再生手続開始の決定又は更生手続開始の決定」とあるのは、「又は再生手続開始の決定」とする。

❶ 10条
❷ 12条1項3号
❸ 21条1項

→試験対策2章3節④【5】

会社から商人に事業を譲渡した場合には、譲渡した会社を商法16条1項の

譲渡人とみなして、譲渡人の商号を使用した譲受人の責任等や譲受人による債務の引受けの規定を適用します。逆に、商人から会社に営業を譲渡した場合には、その商人を譲渡会社とみなして譲渡会社の商号を使用した譲受会社の責任等や譲受会社による債務の引受けの規定を適用します。

1 趣旨

　21条から23条の2までは会社間の事業譲渡の場合を想定した規定であり、また、商法16条から18条の2までは商人間の営業譲渡の場合を想定した規定であるから、会社と商人との間の事業や営業の譲渡についての規律は存在しない。そこで、会社と商人との間の場合の規律について商法17条から18条の2までの適用があることを明らかにした。

第 2 編

株式会社
（25条〜574条）

第2編

株式会社

■総　説

→試験対策3章1節

1　株式会社の基本的特質

　株式会社は、社員の地位が株式と称する細分化された均等な割合的単位のかたちをとり、その株主が、会社に対し各自の有する株式の引受価格を限度とする有限の出資義務を負うだけで、会社債権者に対しては責任を負わない会社である。このように、**株式**と**社員の有限責任**とが、株式会社のもっとも基本的な特質である。

　そのほか、**所有と経営の制度上の分離**、および**株式譲渡自由の原則**も株式会社の基本的な特質といえる。なお、資本金についてもここで述べる。

2　株式

→試験対策3章1節[2]
→本編2章総説[1]

1　意義

　株式とは、細分化された均等な割合的単位の形式をとる株式会社の社員（構成員）たる地位をいう。この株式会社の社員を**株主**という。

　このように、株式会社においては、社員（株主）の地位が細分化された均等な単位で表される。

2　株主の地位

→2章総説[2]

　株主の地位は、実質的に見れば、株式会社の共同所有者である。しかし、この共同所有者である株主の分け前（持分）は、会社が法人とされ、会社事業は会社そのものの所有に属するため、会社に対する法律上の地位に引き直され、株主はこの地位に基づいて会社に対し多様な権利を有することになる。株式の実体をなすものは、株主のこのような会社に対する法律上の地位である。

　一般に社員の会社に対する法律上の地位を**社員権**というのに対応して、株式会社における社員の地位を**株主権**ともいうから、株式は株主権を意味することになる。

3　有限責任

→試験対策3章1節[3]

　株式会社の社員（株主）は、出資額を超えて会社の債務について会社債権者に対して責任を負わない（**株主有限責任の原則**〔104条〕）。株式会社は大規模な共同事業であることを法は想定しているため、このような出資者の有限責任を認めないと、出資をしようとする者にとってのリスクが大きく、多数の出資者からの資本の結合が困難になるからである。ま

た、有限責任は、会社債権者にとっては、会社の財産だけが債権の引当てとなり、株主の債権者にとっては、その債務が有限であることを認めるものであり、債権者にとって明確な基準を提供し、取引を容易にするという機能がある。さらに、有限責任は、出資者と会社債権者との間のリスク分配を容易にし、そのため出資持分(株式)の価格形成と譲渡を容易にするという機能もある。

　なお、会社法は、株主の責任を**間接責任**としている。これは、有限責任のもとでは、会社債権者が個々の株主に対して責任を追及するのでは効率が悪く、会社に対して請求をする方が合理的だからである。また、全額払込制度(全額払込主義〔34条1項本文、63条1項等〕)を前提とする間接責任であれば、会社債権者としては会社の財産状態さえみておけば足りることになる。

4 所有と経営の制度上の分離

→試験対策3章1節4

　本来、株主は、株式会社の共同所有者として、事業の支配権・経営権をもっているはずである。しかし、株式会社では、社員の地位が株式化され、かつ、社員は間接有限責任を負うにすぎないため、多数の社員が参加しやすくなり、社員と事業との関係が希薄となる。その結果、株主がいちいち経営上の意思決定を行ったり、執行をしたりすることは多大なコストがかかる。また、投資家たる株主は、利益の配当に関心がある一方で、会社経営に関心がないことも多い。

　そこで、株式会社では、株主が業務執行者(取締役〔指名委員会等設置会社では執行役〕)を選任し、例外的な場合を除いて、この業務執行者が経営上の意思決定と執行をする(**所有と経営の制度上の分離**〔326条1項〕)。そして、公開会社については、社員資格と機関資格とが法律上明確に分離されている(331条2項、335条1項、402条5項)。

5 株式譲渡自由の原則

→試験対策3章1節5

　株式会社では、所有と経営とが制度上分離し、例外的な場合を除いて、経営は業務執行者によって行われるので、株式が譲渡されても、通常会社経営に影響を及ぼさない。また、株主は会社にあらかじめ出資をしているから、だれが株主になっても、会社や会社債権者は悪影響を受けない。さらに、株主は有限責任であるから、他の株主の資力の大小によってみずからの損失負担の大きさは左右されない。他方で、株主には、退社による出資の払戻しが認められていない。

　そこで、株式会社では、株主は、投下資本を回収するため、原則として株式を自由に譲渡することができるものとされている(**株式譲渡自由の原則**〔127条〕)。

6 資本金

→試験対策3章1節6

1　意義

資本金とは、会社の財産を確保するための基準となる一定の計算上の数額をいう。

資本金という枠組みは、会社債権者の保護、言い換えると株主と会社債権者との利害調整のために設けられたものである。すなわち、株式会社では、株主は間接有限責任を負うにすぎないから（104条）、会社債務の引当てとなるものは会社財産しかないことになり、会社債権者を保護し、会社の信用を確保するため、その担保となる会社財産の確保に特別の配慮をすることが必要となる。

そこで、会社法は、法によって定められ、かつ、登記および貸借対照表を通じて公示される一定の数額（911条3項5号）を資本金とする制度を設け、これらに対応する会社財産を維持することを求めている。

2　資本金に関する諸原則

(1) 改正前商法

改正前商法のもとでは、資本充実の原則、資本維持の原則、資本不変の原則、および資本確定の原則が存在するといわれた。

(a) 資本充実の原則

資本充実の原則とは、資本金の額に相当する財産が実際に会社に拠出されることをいう。具体的には、①払込金額全額の払込み・現物出資全部の給付、②現物出資などの厳格な調査等、③発起人や取締役等の引受け・払込み・給付担保責任、④現物出資不足額填補責任、⑤株主からの相殺禁止などがあった。

(b) 資本維持の原則

資本維持の原則とは、資本金の額に相当する財産が実際に会社に維持されることをいう。せっかく充実されても、それが維持されないと意味がないとして、①利益配当の規制、②中間配当の規制、③自己株式取得の財源規制などの制度が設けられた。

(c) 資本確定の原則

資本確定の原則とは、予定された資本金の額に相当する財産の拠出が得られないかぎり、設立または増資（募集株式の発行）の効力を否定することをいう。

(d) 資本不変の原則

資本不変の原則とは、資本金の額自体の減少を自由に許さないことをいう。ただし、法定の手続をふめば、資本金の減少も認められる。

(2) 会社法

会社法のもとでは、以下に説明するように、資本充実の原則と資本確定の原則とは放棄され、資本維持の原則の意義は大きく低下した。

なお、資本不変の原則は残っている。

(a) 資本充実の原則

会社法のもとでは、資本金の額に見合う会社財産を確保するというのではなく、むしろ拠出された財産の額に応じて資本金の額は決定される（445条）、というように発想の転換が行われている。しかも、た

とえば合併の際には、(増加)資本金額よりも承継純資産額が少なくなることすら認められている(会社計算規47条)。したがって、会社法のもとでは、資本充実の原則は認められなくなっている。

(b)**資本維持の原則**

会社法のもとでは、最低資本金規制が撤廃され、資本金額を低く定めることが可能となり(会社計算規43条1項によれば、設立時から資本金額をゼロとすることが認められる場合がある)、他方で、純資産額300万円を基準とする分配可能額算定が定められているため(会社458条)、資本金額と無関係な制約が加えられている。したがって、会社法のもとでは、会社財産維持における資本金額(資本維持の原則)の意義が大きく低下している。

(c)**資本確定の原則**

会社法のもとでは、会社の設立にあたって、設立に際して出資される財産の最低額を定めれば足り(27条4号)、株式の発行においても打切発行が認められるから、株式全部の引受けが設立や成立後の株式の発行が有効とされるための要件ではない。また、発起人・設立時取締役、取締役・執行役の引受担保責任も定められていない。したがって、会社法のもとでは、資本確定の原則の名残も存在しないことになった。

(d)**資本不変の原則**

会社法のもとでは、株主総会の特別決議による資本金額の減少が認められ(447条1項・309条2項9号。ただし、イ、ロの場合を除く)、資本金額をゼロまで減少させることができる(447条2項参照)。また、株式の発行と同時に資本金額を減少する場合で一定の場合には、取締役会の決議による資本金額の減少も認められる(447条3項)。もっとも、資本金額の減少にあたっては会社債権者異議手続が要求されている(449条)ため、資本不変の原則は残っている。

第1章
設 立

■総　説

1 設立

→試験対策4章1節
→神田[17版]42頁

1 実体の形成

株式会社という団体の実体の形成のためには、①定款の作成、②株式発行事項の決定と株式の引受けの確定、③機関(取締役など)の決定、④株式引受人による出資の履行・会社財産の形成、その結果として設立時の株主の確定が必要となる。

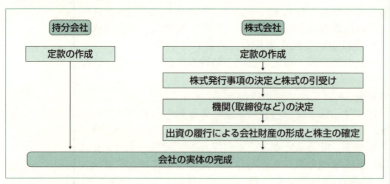

2 法人格の付与

会社法の規制に従って上記のような株式会社としての実体が形成されたあとに、法人格が付与されなければならない。

この点、日本では**準則主義**がとられている。準則主義とは、一定の要件をみたせば当然に法人格を与えられる制度をいう。

なお、設立の登記は、対抗要件ではなく成立要件である(49条)。

3 設立の態様

設立の態様としては、**発起設立**と**募集設立**とがある。

発起設立とは、発起人が設立の際に発行する株式の全部を引き受け、会社成立後の当初株主になる形態の設立方法をいう(25条1項1号)。募集設立とは、発起人は設立の際に発行する株式の一部だけを引き受け、残りを発起人以外の者に対して募集を行い、発起人と発起人以外の株式を引き受けた者とが会社設立後の当初株主になる形態の設立方法をいう(25条1項2号)。

2 発起人

→試験対策4章2節①【2】

発起人とは、会社の設立の企画者として定款に署名または記名押印した者をいう(通説)。

判例は、発起人として署名しない者は、たとえ設立につき実際発起人のように行動した事実があっても、法律上発起人とみなすことはできないとする。もっとも、この場合は、募集設立については、擬似発起人となる可能性はある(103条2項)。

発起人の資格に制限はない。行為能力のない者や法人でもよいと解されている。また、発起人の員数は1人でもよい。

各発起人は、株式会社の設立に際し、設立時発行株式を1株以上引き受けなければならない(25条2項)。失権(36条3項)により、結果的に発起人が1株も権利を取得しなくなった場合は、他の出資者が出資した財産の価格が定款において定めた「設立に際して出資される財産の価額又はその最低額」(27条4号)をみたしていたとしても、設立無効事由となると解される。

→判例セレクト1

3 設立中の会社

→試験対策4章3節①、③

1 定義
設立中の会社とは、みずからが会社として成立することを目的とする権利能力なき社団をいう。

2 法的性質
株式会社は、設立の登記によってはじめて法人格を付与され(49条)、権利能力の主体となるのであるから、設立の登記前にはまだ権利能力を有しない。そうすると、発起人が会社の設立のために取得し、または負担した権利義務は、形式的には発起人に帰属するといわざるをえない。

しかし、設立登記の前であっても、設立中の会社として実体は存在する。設立中の会社は、みずからが会社として成立することを目的とする**権利能力なき社団**であり、発起人はその実質的な執行機関といえる。

したがって、発起人が会社の成立のために取得し、または負担した権利義務は、実質的にみれば設立中の会社の権利義務ということになる。なお、設立中の会社の権利能力なき社団としての成立時期は、定款が作成され、各発起人が1株以上引き受けた時と解されている。

→神田[17版]58頁

3 同一性説
設立中の会社は、実質的には設立後の会社と同一の存在であり、設立登記を経ておらず法人格が付与されていない点で異なるにすぎない(同一性説)。これは、会社成立前に発起人や発起人組合に帰属した法律関係が、会社成立後に移転行為なくして当然に会社に帰属するということを説明するための見解である。

4 設立中の会社の実質的権利能力・発起人の権限の範囲
(1) 設立中の会社の実質的権利能力の範囲

設立中の会社が権利義務の帰属主体となりうる範囲を、便宜上、実質的権利能力の範囲とよぶ。

この点、設立中の会社は、単に会社の設立のみを目的とするものではなく、会社として成立し事業を行うことを目的とする。そうだとすれば、会社の成立後、ただちに事業をなしうるのが望ましい。したがって、設立中の会社の実質的権利能力は、事業行為には及ばないが（979条1項参照）、開業のための準備行為（開業準備行為）には及ぶと解する。

(2) 発起人の権限の範囲

発起人が権限の範囲内でした行為の効果は、設立中の会社に帰属するので、発起人の権限の範囲が問題となる。すなわち、①会社の設立それ自体を目的とする行為にかぎるか、②設立に事実上・経済上必要な行為まで含むか、③開業準備行為まで含むか、さらには④事業行為まで含むかについて争いがある。

この点、判例は、開業準備行為については会社設立に関する行為とはいえず、法定の要件をみたした財産引受けを除いて発起人の権限内の行為ではないとしており、①または②の行為まで含むと解していると考えられる。②の行為まで含むと解する見解は、財産引受けについては、特に必要性が大きいため厳格な要件のもとで認められたと解する。

これに対して、③の行為まで含むと解する見解は、財産引受けについては、発起人の権限に属するが、会社財産の濫用の危険が大きいため、その権限が制限されているにすぎないと解する。さらに、財産引受け以外の開業準備行為についても、発起人の権限濫用の危険は同様にあることから、財産引受けに関する28条2号等の規定を類推適用する見解が有力である。

4 発起人組合

1 定義

発起人組合とは、発起人がすでに設立手続に入る前に会社の設立を目的とする組合契約を結び、その履行として定款の作成、株式の引受け、設立事務の執行などの設立に関する諸行為をする組合をいう。

2 発起人組合と設立中の会社との関係

発起人組合の活動は設立中の会社にとっては設立行為、機関行為であるが、それは同時に、発起人組合からみれば、組合行為の履行行為としての意味をもつ。

3 発起人の対外的行為の効果

発起人の対外的行為には、①設立中の会社の名においてする行為、②発起人組合の名においてする行為、および③発起人個人の名においてする行為が存在する。

発起人の行為が①②③のいずれの立場によるかは、発起人がいずれの名において行為をしたかによって決まるという考え方がある。民法の代理に際しては、顕名・代理権の存在・法律行為が要件であったが、それと同様に、発起人の行為においても顕名は当然必要と考えるのである。

しかし、実際には発起人総代という肩書きが使用される場合がある。

→論
→試験対策4章3節③【3】Q_1

→28条判例セレクト3

→試験対策4章3節②

発起人総代とは、発起人が多数のときに発起人のなかから業務執行者として選任された者をいう。そうすると、発起人総代は、通常、設立中の会社を代表する権限を有するとともに、発起人組合を代理する権限を有する者といえるから、発起人総代という肩書きを使用した行為が設立中の会社と発起人組合のいずれに効果帰属するかが不明となる。この場合には、結局、契約当事者の合理的な意思解釈の問題となる。

1 発起人の意義
発起人は、定款にその氏名、住所を記載して署名することが必要であり、発起人として署名しない者は、たとえ設立につき実際発起人のように行動した事実があっても、法律上発起人とみなすことはできない（大判大3・3・12民録20-168）。

2 発起人組合
(1) 発起人組合の性質
会社設立のための発起人団体は、民法上の組合である（大判大7・7・10民録24-1480）。

(2) 発起人の責任
Yら7名で、A株式会社設立の目的をもって発起人組合を結成したところ、そのうち4名が、組合本来の目的でない石炭売買の事業を「A株式会社」名義で行った場合であっても、組合契約その他により業務執行組合員が定められている場合は格別、そうでないかぎりは、対外的には組合員の過半数において組合を代理する権限を有するものと解するべきであるから、売買の法律上の効果は組合員たる7名全員について生じる（最判昭35・12・9判例シリーズ4事件）。

■第1節　総　則

司H23-38-イ(予)、H19-38-ア。書H26-27-イ、H24-27-ウ

第25条　B⁺
1　株式会社は、次に掲げるいずれかの方法により設立することができる。
　① 次節から第8節までに規定するところにより、発起人が❶設立時発行株式(株式会社の設立に際して発行する株式をいう。以下同じ。)の全部を引き受ける方法〔発起設立の方法〕
　② 次節、第3節、第39条及び第6節から第9節までに規定するところにより、発起人が❶設立時発行株式を引き受けるほか、設立時発行株式を引き受ける者の募集をする方法〔募集設立の方法〕
2　各発起人は、株式会社の設立に際し、❶設立時発行株式を1株以上引き受けなければならない。

❶定

株式会社は、発起人が株式会社の設立の時に発行する株式の全部を引き受ける方法、または発起人が引き受けるほかに引き受ける者の募集をする方法により、設立することができます。各発起人は、設立の時に発行する株式を1株以上引き受けなければなりません。

→試験対策4章1節②

1 趣旨

　日本で新設される会社は、株主数が少ない小規模な会社が多い。このような会社の設立は、手続の比較的簡易な発起設立が適している。一方で、発起人だけでは出資金を集めることが難しい大規模な会社を設立するには、募集設立の方が適している。このため、発起設立と募集設立の2種類の設立方法が定められた。

2 語句の意味

　株式会社の設立とは、株式会社という団体を形成し、株式会社が法人格を取得し、法律上の人格者（法人）になるということをいう。
　発起設立とは、発起人が設立時発行株式の全部を引き受ける方法をいう（1項1号）。
　募集設立とは、発起人が設立時発行株式の一部を引き受け、残部について別に引受人を募集する方法をいう（1項2号）。

■第2節　定款の作成

> 書H25-27-イ
> **第26条（定款の作成）　B⁻**
> 1　株式会社を設立するには、発起人が定款を作成し、その全員がこれに署名し、又は記名押印しなければならない。
> 2　前項の定款は、❶電磁的記録（電子的方式、磁気的方式その他人の知覚によっては認識することができない方式で作られる記録であって、電子計算機による情報処理の用に供されるものとして法務省令で定めるものをいう。以下同じ。）をもって作成することができる。この場合において、当該電磁的記録に記録された情報については、法務省令で定める署名又は記名押印に代わる措置をとらなければならない。

❶定

　株式会社を設立するには、発起人が定款を作成し、その全員がこれに署名または記名押印しなければなりません。また、定款は、電磁的記録によって作成することもできます。

→試験対策4章2節①【3】

1 趣旨

　本条によって会社に定款の作成が義務づけられているのは、会社の内部関係を画一的に処理するためと、登記による公示を通じて現実のまた

は潜在的な利害関係者に対し、みずからの権利義務に関する予測を可能にするためである。

2 語句の意味

定款とは、会社の組織・活動に関する根本規則（実質的意義の定款）、およびその規則を記載した書面（形式的意義の定款）をいう。

電磁的記録とは、電子的方式、磁気的方式その他人の知覚によっては認識することができない方式で作成される記録であって、電子計算機による情報処理の用に供されるものとして法務省令（会社施規224条）で定めるものをいう（会社26条2項）。

2項に規定する法務省令で定めるものとは、磁気ディスクその他これに準ずる方法により一定の情報を確実に記録しておくことができる物をもって調製するファイルに情報を記録したものとされる（会社施規224条）。

H26-38-イ（予）、H25-47-ア（予）、H24-37-ア（予）、H19-38-オ、H18-38-1。 H24-27-イ

第27条（定款の記載又は記録事項） A
株式会社の定款には、次に掲げる事項を記載し、又は記録しなければならない。
① 目的
② 商号
③ 本店の所在地
④ 設立に際して出資される財産の価額又はその最低額
⑤ 発起人の氏名又は名称及び住所

株式会社の定款には、会社の目的・商号・本店の所在地、設立の際に出資される財産の価額等および発起人の氏名等を記載または記録しなければなりません。

→試験対策4章2節①【4】(1)

1 趣旨

絶対的記載事項を欠く定款は無効となり、ひいては会社設立の無効の原因となる。したがって、本条の趣旨は、会社の存立上不可欠な事項を定めていない会社の設立を許さない点にある。

2 語句の意味

絶対的記載事項とは、定款が自治規則として効力を有するためには必ず記載または記録しなければならない事項をいう。

3 条文クローズアップ

1 「目的」（1号）

1号は、会社の権利能力の範囲を明らかにするために、「目的」の記載を要求している。

「目的」とは、会社がその営利目的を達成するために営む事業をいう。

2 「商号」(2号)

2号は、会社の商号のみが自己の同一性を示すものであるから、「商号」の記載を要求している。

3 「本店の所在地」(3号)

3号は、当該会社の住所地であり、当該会社の各種訴訟の管轄地の基準となり、各種手続の履行地であることから、「本店の所在地」の記載を要求している。

「本店」とは、主たる営業所をいう。すなわち、複数の営業所がある場合において、その全事業を統括する営業所であり、したがって、それは1個にかぎられる。

「所在地」とは、所在場所とは異なり、最小独立の行政区画をいう。したがって、所在場所は、発起人が所在地内に定めればよい。もっとも、定款に地番まで記載することは任意的記載事項にとどまっている。

4 「設立に際して出資される財産の価額又はその最低額」(4号)

(1) 趣旨

株式会社では株主は間接有限責任しか負わないため(104条)、会社債権者の担保となるのは会社財産のみであり、一定の財産が現実に拠出され、かつ、保有されることが要請される。また、発起人や設立時募集株式の申込者は、一定の規模の財産を有する会社が成立することを期待している。このような要請に応えるため、「設立に際して出資される財産の価額又はその最低額」を定款に記載することを要求している。

(2) 違反の効果

出資した財産の価額が、定款において定めた「設立に際して出資される財産の価額又はその最低額」にみたなければ、追加的に引受人の募集をしないかぎり、設立することができず、かりに設立されたとしても、設立無効原因となると解される。

5 「発起人の氏名又は名称及び住所」(5号)

発起人の署名のほかに、発起人の氏名および住所の記載を要求するのは、何人が発起人であるのかを明らかにするためである。したがって、判例は、発起人の同一性を識別できるかぎり、その住所の記載を欠いても定款は無効とはならないとする。また、署名とこれに付記した住所をもって、本文に記載すべき住所氏名の要件を兼ねさせてもよいとする。さらに、発起人の文字を記載することは必要ではないとする。

→大判昭8・5・9民集12-1091
→大判昭8・9・12民集12-2313

H26-38-ウ・エ(予)、H20-37-ア・ウ。H25-27-イ

第28条　A

株式会社を設立する場合には、次に掲げる事項は、第26条第1項の

> 定款に記載し、又は記録しなければ、その効力を生じない。
> ① 金銭以外の財産を出資する者の氏名又は名称、当該財産及びその価額並びにその者に対して割り当てる❶設立時発行株式の数（設立しようとする株式会社が種類株式発行会社である場合にあっては、❷設立時発行株式の種類及び種類ごとの数。第32条第1項第1号〔発起人が割当てを受ける設立時発行株式の数〕において同じ。）
> ② 株式会社の成立後に譲り受けることを約した財産及びその価額並びにその譲渡人の氏名又は名称
> ③ 株式会社の成立により発起人が受ける報酬その他の特別の利益及びその発起人の氏名又は名称
> ④ 株式会社の負担する設立に関する費用（定款の認証の手数料その他株式会社に損害を与えるおそれがないものとして法務省令で定めるものを除く。）

❶定

❷25条1項1号

株式会社を設立する場合には、現物出資者の氏名や現物出資者に割り当てられる株式の数、現物出資の目的となる財産の価額等の事項を定款に記載または記録しなければ、その効力は生じません。

→試験対策4章2節①【4】(2)、【5】

1 趣旨

会社の設立に関する相対的必要事項のうち変態設立事項について規定する。これらの事項は実際上濫用のおそれが大きいので、特にその事項についての効力を発生させるには、定款への記載が必要であるとした。

2 語句の意味

相対的記載事項とは、定款に記載しなくとも定款自体の効力に影響はないが、定款に記載することによってはじめてその事項の効力が生ずる事項をいう。

変態設立事項とは、28条によって、効力が生じるためには定款に記載しなければならないものとされた相対的記載事項をいう。

3 条文クローズアップ

変態設立事項
(1) 現物出資（1号）
　(a) 定義
　　現物出資とは、金銭以外の譲渡可能な財産をもってする出資をいう。
　(b) 現物出資の必要性
　　会社設立にあたり、会社成立後の事業遂行を円滑にする等の目的から、金銭の代わりに、事業の実施に必要な財産や特許等の知的所有権で出資して、会社を設立する必要性は高い。

→神田[17版]47頁

第28条 /055/

(c)現物出資に対する規制

　金銭以外の財産は、金銭と異なり評価の問題がある。目的物を過大に評価して不当に多くの株式が与えられると、金銭出資をした他の株主との間で不公平となるので、法は厳格な規制をしている（会社法のもとでは会社債権者保護は関係ないという見解もあるが、会社債権者保護機能もある）。現物出資は評価の点で濫用の危険が大きいので、出資者に発起人として重い責任を負わせるのが適当であるため、設立時発行株式についての現物出資者は発起人にかぎられる（58条1項3号。なお、34条、63条参照）。なお、募集株式の発行等の際には、現物出資者について制限はない（208条2項参照）。

　そして、出資者の氏名・名称、出資の目的財産、その価額、これに対して与える株式の種類・数を定款で定めなければならない。

(d)法定の手続を欠いた現物出資

　現物出資は社員間の問題であり、取引行為ではないから取引の安全を考える必要がない。かつ、会社の財産確保の問題であるから、定款に記載がない等法定の要件をみたさない現物出資は無効である。

(2)　財産引受け（2号）

(a)定義

　財産引受けとは、会社の成立前に発起人が設立中の会社のために会社の設立を条件として特定の財産を譲り受ける旨の契約をいう。

　現物出資が会社設立行為の一部であるのに対し、財産引受けは通常の売買契約である点で性質を異にする。しかし、財産引受けは、現物出資の場合と同じ弊害のおそれがあるため、設立時にかぎって現物出資と同じ厳格な規制が設けられている。譲渡人の氏名・名称、譲渡の目的財産、その価額を定款で定めなければならない。

(b)発起人の権限との関係

　財産引受けのうちで開業準備行為にあたるものは、①本来は発起人の権限に属さないが、法はこれをその必要性にかんがみて特に厳格な条件のもとに認めたものとする見解と、②本来発起人は開業準備行為をすることができ、法は財産引受けについてはその濫用防止のため特に厳格な制約を設けたと解する見解とがある。

(c)違法な財産引受け

　定款に記載または記録のない財産引受けは、「その効力を生じない」（28条柱書）とされているが、成立後の会社がこのような財産引受けを追認（民113条類推適用）することができるかについては争いがある。

　この点について、判例・有力説は、株主・会社債権者保護の要請から絶対的に無効である以上、成立後の会社は追認することができないとしている。

　しかし、定款に記載または記録のない財産引受けは、開業準備行為のひとつとして、設立中の会社の実質的権利能力の範囲内にあるが、濫用のおそれがあることから、政策的に発起人の権限が制限されてい

→論

→試験対策4章3節③【4】Q₂

→判例セレクト2(3)

ると考える。そうだとすれば、定款に記載または記録のない財産引受けは、発起人の無権代表行為にあたる。
　したがって、成立後の会社は、定款に記載のない財産引受けを追認することができると解すべきである(民113条類推適用)。
　追認を認めない立場に立った場合、または認める立場に立ったとしても現に社会の追認がない場合には、財産引受けは無効であるから(113条類推適用)、発起人は相手方に対し無権代理人に準ずる責任を負わなければならない可能性がある(117条類推適用。類推適用とされるのは、民法117条が実在する他人の代理人として行為した場合を予定しているためである)。

(3) **発起人の報酬・特別の利益(3号)**
　(a)**報酬**
　　発起人の報酬とは、発起人が設立の労務に対して一時的に支払われる金銭をいう。発起人の報酬は、本来、設立費用の一部をなすものであるが、発起人自身に対する報酬であるため、発起人がその額を恣意的に決定する危険が特に大きい。そこで、設立費用と区別して定款に定めなければならないものとされた。定款に記載がないとき、または検査役の調査を経ないときは無効である。
　(b)**特別の利益**
　　特別の利益とは、利益配当や新株引受権に関する優先権や会社の設備利用権等、設立の功労者として個々の発起人が受ける利益をいう。特別の利益は、優先株と異なり個人そのものに与えられる人的権利であり、株主平等原則の問題にはならないが、事実上の濫用のおそれがあるので、定款にその内容を定めなければならないものとされた。

(4) **設立費用(4号)**
　(a)**定義**
　　設立費用とは、発起人が会社の設立のため支出した費用をいう。設立事務所の賃借料・株式の募集広告費等がその例である。原始定款で定め、検査役の調査を通った範囲内で会社に対して求償できる。
　　設立費用であっても、無制限な支出を許すと会社は成立当初から過大の赤字を背負い込むことになるし、また、発起人が設立費用を過大に見積もって、その一部を着服するという弊害を生ずるおそれがあるため、変態設立事項とされている。
　(b)**設立に要した費用の帰属**
　　発起人が会社成立前に設立に要した費用を第三者に支払った場合、発起人は、定款に記載されている費用の限度で、検査役の調査や裁判所の監督・創立総会の承認を経たことを条件として、会社に求償することができる。
　　他方、発起人が会社成立までの間に設立費用を支払わなかった場合には、設立費用の支払義務が発起人と成立後の会社のどちらに帰属するかについて争いがある。

→**論**
→試験対策4章3節③【6】Q_3

この点、判例は、設立費用が定款に記載され、かつ、検査役の調査を経た限度において、成立後の会社に帰属するが、これらの法定の要件をみたさない債務は発起人に帰属するとしている。　→判例セレクト4

　しかし、設立中の会社の実質的権利能力および発起人の権限の範囲は、開業準備行為まで及ぶと考える。そして、設立費用は会社成立のために事実上・経済上必要な費用であるから、設立中の会社の実質的権利能力および発起人の権限の範囲に含まれる。

　したがって、対外的には設立費用の支払義務は会社に帰属するものと解する。

1　財産引受け
　発起人は、会社設立自体に必要な行為のほかは、開業準備行為といえども原則としてこれをなしえず、ただ、原始定款に記載されその他法定要件をみたした財産引受けのみを例外的になしうるものと解すべきである（最判昭38・12・24民集17-12-1744）。

2　定款に記載のない財産引受け
(1)　無効を主張しうる者
　定款に記載しない財産引受けの無効は、会社側だけでなく、いずれの当事者であっても主張することができる（最判昭28・12・3民集7-12-1299）。

(2)　無効の主張が信義則に反し許されない場合
　譲受会社が当該契約の履行を受け、自己も債務の一部を履行し、しかも、契約後9年を経て定款に記載のない財産引受契約の無効を主張することは信義則に反し許されない（最判昭61・9・11判例シリーズ6事件）。　→会社法百選6事件

(3)　成立後の会社による追認の可否
　定款に記載のない財産引受けは、成立後の会社が追認しても、有効とならない（最判昭42・9・26民集21-7-1870）。

3　発起人についての無権代理人の責任に関する規定の類推適用
　株式会社の設立を計画発起した者が、いまだ設立登記をしないうちに、上記会社の代表取締役として、第三者との間に会社設立に関する行為に属しない契約を締結した場合、その者は上記第三者に対し、民法第117条の類推適用によって責めに任ずべきである（最判昭33・10・24判例シリーズ5事件）。　→49条判例セレクト　→会社法百選5事件

4　設立費用の帰属
　株主募集広告費用は、会社の負担に帰すべき設立費用に属するので、その金額が定款に記載されて創立総会において承認されれば、上記広告に関する契約から生ずる権利義務は当然に会社に移転し、発起人はその義務を負担することはない（大判昭2・7・4判例シリーズ7事件）。　→会社法百選7事件

第29条　C
第27条各号及び前条各号に掲げる事項（定款の絶対的記載事項、変態設立

> 事項)のほか、株式会社の定款には、この法律の規定により定款の定めがなければその効力を生じない事項及びその他の事項でこの法律の規定に違反しないものを記載し、又は記録することができる。

株式会社の定款には、定款の定めがなければその効力が生じないとされている事項のほかに、会社法の規定に違反しない事項について、記載または記録することができます。

→試験対策4章2節①【4】(3)

1 趣旨

定款自治が認められるべき範囲について明確化を図った規定である。**任意的記載事項**については、定款で定めることにより明確性を高め、その変更には定款変更手続が必要になるという効果を及ぼした。

2 語句の意味

任意的記載事項とは、定款に記載しなくとも定款自体の効力には影響がなく、かつ、定款外において定めても当事者を拘束する事項をいう。

3 条文クローズアップ

1 「この法律の規定により定款の定めがなければその効力を生じない事項」

法律の規定に基づき、定款で定めをおく事項を意味する。**相対的記載事項**を規定したものである。**1**にある趣旨から、解釈による相対的記載事項は認められない。

2 「その他の事項でこの法律の規定に違反しないもの」

法律に定めがない事項について、法律とは無関係に定款で一定の事項を定めるもの(たとえば、事業年度の定め)を意味する。任意的記載事項を規定したものである。

📖 H25-27-イ、H24-27-オ

第30条(定款の認証) C

1 第26条第1項の定款は、公証人の認証を受けなければ、その効力を生じない。
2 前項の公証人の認証を受けた定款は、株式会社の成立前は、第33条第7項(不当変態設立事項の裁判所による変更)若しくは第9項(裁判所による変更事項の発起人の総意による廃止)又は第37条第1項若しくは第2項(発行可能株式総数の定めもしくはその変更)の規定による場合を除き、これを変更することができない。

定款は、公証人の認証を受けることによってその効力が生じます。認証を受けた定款は、株式会社の成立前は、原則として変更することができません。

→試験対策4章2節①【3】

1 趣旨

定款の存否および内容について明確性を確保し、後日の紛争を防止するために、**公証人の認証**を要求している。また、認証を受けた定款について変更できる範囲を限定している。

2 条文クローズアップ

株式会社成立前の定款変更（2項）

①不当変態設立事項についての裁判所の変更決定があった場合（33条7項、9項）、②発行可能株式総数の定めもしくはその変更をする場合（37条1項、2項）にのみ定款の変更をすることができる。

なお、募集設立の場合には、これに加えて、創立総会の決議によって定款を変更することができる（96条）。

第31条（定款の備置き及び閲覧等）　C

1　発起人（株式会社の成立後にあっては、当該株式会社）は、定款を発起人が定めた場所（株式会社の成立後にあっては、その本店及び支店）に備え置かなければならない。

2　発起人（株式会社の成立後にあっては、その株主及び債権者）は、発起人が定めた時間（株式会社の成立後にあっては、その営業時間）内は、いつでも、次に掲げる請求をすることができる。ただし、第2号又は第4号に掲げる請求をするには、発起人（株式会社の成立後にあっては、当該株式会社）の定めた費用を支払わなければならない。

　①　定款が書面をもって作成されているときは、当該書面の閲覧の請求
　②　前号の書面の謄本又は抄本の交付の請求
　③　定款が❶電磁的記録をもって作成されているときは、当該電磁的記録に記録された事項を法務省令で定める方法により表示したものの閲覧の請求
　④　前号の電磁的記録に記録された事項を電磁的方法であって発起人（株式会社の成立後にあっては、当該株式会社）の定めたものにより提供することの請求又はその事項を記載した書面の交付の請求

3　株式会社の成立後において、当該株式会社の❷親会社社員（親会社の株主その他の社員をいう。以下同じ。）がその権利を行使するため必要があるときは、当該親会社社員は、裁判所の許可を得て、当該株式会社の定款について前項各号に掲げる請求をすることができる。ただし、同項第2号又は第4号に掲げる請求をするには、当該株式会社の定めた費用を支払わなければならない。

❶26条2項

❷定

> 4 　定款が❶電磁的記録をもって作成されている場合であって、支店における第2項第3号及び第4号に掲げる請求に応じることを可能とするための措置として法務省令で定めるものをとっている株式会社についての第1項の規定の適用については、同項中「本店及び支店」とあるのは、「本店」とする。

　定款は、一定の場所に備え置いておかなければならず、発起人・株主・債権者は、定款の閲覧・謄本の交付等の請求をすることができます。親会社の社員は、裁判所の許可を得て、子会社に対して同様の請求をすることができます。

→試験対策4章2節①【3】

1 趣旨

　会社の定款の備置きや公示の義務を、発起人および株式会社に負わせることにより、直接的には発起人・株主・債権者の保護を図り、間接的には会社の利益も保護する。

2 条文クローズアップ

1 定款の備置き（1項）

　発起人（会社成立後は会社）は、発起人が定めた場所（会社成立後は本店および支店）に備え置かなければならない。発起人が複数いるときは発起人の過半数によって場所を決する（民670条1項）。

2 閲覧等の請求（2項）

　発起人、株主および会社債権者は、発起人が定めた時間内（会社成立後は営業時間内）に、いつでも、閲覧、謄抄本の交付の請求等をすることができる。

3 親会社社員による閲覧等の請求（3項）

　株式会社の成立後において、当該株式会社の親会社社員がその権利を行使するため必要があるときは、裁判所の許可を得て、閲覧、謄抄本の交付の請求等をすることができる。

4 支店に定款を備え置かなくてもよい場合（4項）

　定款が電磁的記録によって作成されている場合、支店における閲覧等の請求に応じることを可能とするため、会社法施行規則227条1号の措置をとっている株式会社については支店に定款を備え置かなくてよい。

5 違反の場合の制裁

　備置義務に違反した場合は会社法976条8号、正当の理由がないのに閲覧等を拒んだ場合は、976条4号による制裁がある。

■第3節　出　資

第32条（設立時発行株式に関する事項の決定）　C

> 1　発起人は、株式会社の設立に際して次に掲げる事項(定款に定めがある事項を除く。)を定めようとするときは、その全員の同意を得なければならない。
> ①　発起人が割当てを受ける❶設立時発行株式の数
> ②　前号の❷設立時発行株式と引換えに払い込む金銭の額
> ③　成立後の株式会社の資本金及び資本準備金の額に関する事項
> 2　設立しようとする株式会社が種類株式発行会社である場合において、前項第1号の❷設立時発行株式が第108条第3項前段の規定による定款の定め〔発行時までに総会等の決議によって種類株式の具体的内容を定める旨の定款の定め〕があるものであるときは、発起人は、その全員の同意を得て、当該設立時発行株式の内容を定めなければならない。

❶28条1号
❷25条1項1号

株式会社を設立する場合に、発起人が割当てを受ける設立時発行株式の数、これと引換えに払い込む金銭の額、設立後の株式会社の資本金および資本準備金の額に関する事項等の設立時発行株式に関する事項を定めようとするときは、発起人全員の同意が必要です。種類株式の内容についても同様です。

→試験対策4章2節[2][1]

1　趣旨

出資される財産の総額いかんにかかわらず、すべての事項について定款で定めることとすると、設立手続を硬直化させるおそれがある。そこで、発起人全員の同意によって、本条に列挙された事項につき定めることができるものとした。

2　条文クローズアップ

1　設立時発行株式数の決定手続(1項1号)

設立時に、発起人が割当てを受ける設立時発行株式の数を発起人全員の同意により定める。そこで、発起設立の場合の設立時発行株式数の定める手続を本条が規定していることになる。なお、設立時募集株式については、58条1項、2項による。

同意に特別の方式は要求されないが、設立登記申請に発起人全員の同意を証明する書面の添付が必要である。

2　種類株式の内容(2項)

種類株式の内容について、定款で株主総会によって定める旨が規定されている場合には、発起人の合意によって設立時発行株式の内容を定めなければならない。

司H18-39-3。書H27-27-ア、H23-27-イ

第33条（定款の記載又は記録事項に関する検査役の選任）　B⁻

1　発起人は、定款に第28条各号に掲げる事項(変態設立事項)につい

ての記載又は記録があるときは、第30条第1項の公証人の認証〔定款の認証〕の後遅滞なく、当該事項を調査させるため、裁判所に対し、検査役の選任の申立てをしなければならない。
2　前項の申立てがあった場合には、裁判所は、これを不適法として却下する場合を除き、検査役を選任しなければならない。
3　裁判所は、前項の検査役を選任した場合には、成立後の株式会社が当該検査役に対して支払う報酬の額を定めることができる。
4　第2項の検査役は、必要な調査を行い、当該調査の結果を記載し、又は記録した書面又は❶電磁的記録（法務省令で定めるものに限る。）を裁判所に提供して報告をしなければならない。　　❶26条2項
5　裁判所は、前項の報告について、その内容を明瞭にし、又はその根拠を確認するため必要があると認めるときは、第2項の検査役に対し、更に前項の報告を求めることができる。
6　第2項の検査役は、第4項の報告をしたときは、発起人に対し、同項の書面の写しを交付し、又は同項の❶電磁的記録に記録された事項を法務省令で定める方法により提供しなければならない。
7　裁判所は、第4項の報告を受けた場合において、第28条各号に掲げる事項（第2項の検査役の調査を経ていないものを除く。）を不当と認めたときは、これを変更する決定をしなければならない。
8　発起人は、前項の決定により第28条各号に掲げる事項〔変態設立事項〕の全部又は一部が変更された場合には、当該決定の確定後1週間以内に限り、その❷設立時発行株式の引受けに係る意思表示を取り消すことができる。　　❷25条1項1号
9　前項に規定する場合には、発起人は、その全員の同意によって、第7項の決定の確定後1週間以内に限り、当該決定により変更された事項についての定めを廃止する定款の変更をすることができる。
10　前各項の規定は、次の各号に掲げる場合には、当該各号に定める事項については、適用しない。
　①　第28条第1号及び第2号の財産（以下この章において「❸現物出資財産等」という。）について定款に記載され、又は記録された価額の総額が500万円を超えない場合　同条第1号及び第2号に掲げる事項（現物出資事項等）　　❸定
　②　現物出資財産等のうち、市場価格のある❹有価証券（金融商品取引法（昭和23年法律第25号）第2条第1項に規定する有価証券をいい、同条第2項の規定により有価証券とみなされる権利を含む。以下同じ。）について定款に記載され、又は記録された価額が当該有価証券の市場価格として法務省令で定める方法によ　　❹定

> り算定されるものを超えない場合　当該有価証券についての第28条第1号又は第2号に掲げる事項(現物出資事項等)
> ③　現物出資財産等について定款に記載され、又は記録された価額が相当であることについて弁護士、弁護士法人、公認会計士(外国公認会計士(公認会計士法(昭和23年法律第103号)第16条の2第5項に規定する外国公認会計士をいう。)を含む。以下同じ。)、監査法人、税理士又は税理士法人の証明(現物出資財産等が不動産である場合にあっては、当該証明及び不動産鑑定士の鑑定評価。以下この号において同じ。)を受けた場合　第28条第1号又は第2号に掲げる事項(現物出資事項等)(当該証明を受けた現物出資財産等に係るものに限る。)
> 11　次に掲げる者は、前項第3号に規定する証明をすることができない。
> ①　発起人
> ②　第28条第2号〔財産引受け〕の財産の譲渡人
> ③　設立時取締役(第38条第1項に規定する設立時取締役をいう。)又は設立時監査役(同条第3項第2号に規定する設立時監査役をいう。)
> ④　業務の停止の処分を受け、その停止の期間を経過しない者
> ⑤　弁護士法人、監査法人又は税理士法人であって、その社員の半数以上が第1号から第3号までに掲げる者のいずれかに該当するもの

　発起人は、原則として、現物出資等28条各号にあげられる事項について、裁判所の選任する検査役の検査を受けなければなりません。検査役は、検査の結果を裁判所に報告し、裁判所は28条各号に掲げられた事項を不当と認めたときは、変更する決定をしなければなりません。ただし、現物出資・財産引受けの目的物の価額が少額であるとき、不当評価のおそれのないとき、および専門家による証明書があるときは、検査役の調査を必要としません。

→試験対策4章2節④【2】

1　趣旨

　変態設立事項(28条各号)については、その財産的評価をめぐる弊害のおそれがあるため調査を必要とする。しかし、取締役・監査役は発起人のなかから選ばれることが多いので、これらによる調査では実効性が疑わしい。そこで、裁判所の選任する検査役による調査の制度を設けた。それとともに、検査役の調査を必要としない場合を定めたのは、調査の合理化のためである。

2　語句の意味

　現物出資財産等とは、株式会社を設立する場合に出資される金銭以外

の財産(28条1号)および株式会社の成立後に譲り受けることを約した財産(28条2号)をいう(33条10項1号)。

3 条文クローズアップ

1 検査役の調査(1項)
変態設立事項(28条各号)は、原則として、公証人の認証後遅滞なく、発起人の申立てに基づいて裁判所が選任した検査役の調査を要する。

2 検査役の選任
検査役の選任の裁判は、決定の形式で行われる。選任は被選者の承諾によりその効力を生じるが、被選者には承諾の義務はない(ただし、弁護24条参照)。

3 検査役の地位(2項から6項まで)
検査役は、設立中の会社の臨時機関であり、善管注意義務を負う。

裁判所は、検査役に対し一般的監督権を有し、解任権を有する。検査役の報酬は設立後の会社が負担するが、その額は裁判所が選任の際に決定する(2項、3項)。

検査役は、必要な調査を行い、当該調査の結果を裁判所に提供して報告しなければならない(4項)。裁判所は、報告について、その内容を明瞭にしまたはその根拠を確認するために必要があると認めるときは、検査役に対し、更に報告を求めることもできる(5項)。また、その報告をした時は、発起人に対して、写しを交付したり、その他の方法で提供したりしなければならない(6項)。

4 裁判所の変更決定(7項から9項まで)
(1) 「変更」

裁判所は、検査役の報告を受けた場合において、28条各号に掲げる事項を不当と認めたときは、これを変更する決定をしなければならない。

「変更」とは、現物出資者に与える株式数・発起人の特別利益・財産引受けの対価額・設立費用・発起人の報酬額等を減少または削減することをいい、これらを増加または新規に付加することはできない。

それは、変更決定は不当な措置を抑制する、という消極的立場からのみなされるべきものだからである。

(2) 変更の効果

変更の決定自体により定款変更の効力が生じる(30条2項、33条7項)。

発起人は、変態設立事項が変更された場合には、その内容にかかわらず、決定の確定後1週間以内にかぎり、設立時発行株式の引受けについての意思表示を取り消すことができる(8項)。

発起人が当該変更を受け入れるときには、当該変更に従って設立手続を続行することができ、発起人が当該変更を受け入れないとするときには、発起人全員の同意により、当該事項を廃止する旨の定款の変更をすることができる(9項)。

財産引受けは、会社と第三者との契約であるから、これに関する変更

も、当然に相手方を拘束せず、相手方が承認しないかぎり財産引受けはその効力を失う。

5 免除事由(10項)
(1) 検査役の調査が不要な場合
　現物出資と財産引受けについては、例外として、以下の場合においては評価に関する弊害が少ないため、検査役の調査は不要である。
　①その対象となる財産の価額が500万円を超えない場合(1号)
　　重要性が小さく、おおげさな手続を求めることが不合理とされるからである。
　②その対象となる財産が市場価格のある有価証券で定款記載の価格がその価格を超えない場合(2号)
　　過大評価のおそれが小さいからである。
　　市場価格のある有価証券とは、証券取引所に上場されている株式、社債、国債などに加え、店頭登録株式(外国の店頭登録がされているものを含む)、グリーンシート銘柄等も含まれる。
　③現物出資、財産引受けが相当であることについて、弁護士・弁護士法人・公認会計士・監査法人・税理士または税理士法人の証明(不動産の場合には当該証明および不動産鑑定士の鑑定評価)を受けた場合(3号)。

(2) 不適格者
　以下の㋐から㋔までに掲げる者は、適正な証明を期待できないので、証明者となることはできない。
　㋐発起人
　㋑財産引受けにおける財産の譲渡人
　㋒発起人が選任する設立時取締役または設立時監査役
　㋓業務の停止の処分を受け、その停止の期間を経過しない者
　㋔弁護士法人、監査法人または税理士法人であって、その社員の半数以上が㋐から㋒までに掲げる者のいずれかに該当するもの

(3) 設立時取締役等の調査
　検査役の検査の免除事由がある場合も、評価をめぐる弊害は小さいながらも存在する。そこで、検査役の調査に代わって、設立時取締役等は、(1)の①②の場合には定款記載の価額が相当かどうか等を調査し、③の場合には証明が相当かどうか等を調査する義務を負う(46条1項1号、2号、93条1項1号、2号、94条)。

第34条（出資の履行）　B⁺

1　発起人は、❶設立時発行株式の引受け後遅滞なく、その引き受けた設立時発行株式につき、その出資に係る金銭の全額を払い込み、又はその出資に係る金銭以外の財産の全部を給付しなければならない。ただし、発起人全員の同意があるときは、登記、登録

❶25条1項1号

その他権利の設定又は移転を第三者に対抗するために必要な行為は、株式会社の成立後にすることを妨げない。
2　前項の規定による払込みは、発起人が定めた❷銀行等(❸銀行(銀行法(昭和56年法律第59号)第2条第1項に規定する銀行をいう。第703条第1号において同じ。)、❹信託会社(信託業法(平成16年法律第154号)第2条第2項に規定する信託会社をいう。以下同じ。)その他これに準ずるものとして法務省令で定めるものをいう。以下同じ。)の払込みの取扱いの場所においてしなければならない。

❷定
❸定
❹定

　発起人は、原則として、設立時発行株式の引受け後、遅れることなく金銭の全額を払い込み、または金銭以外の財産の全部を給付しなければなりません。また、払込みは発起人が定めた銀行等払込みの取扱場所においてしなければなりません。

→試験対策4章2節④【1】

1　趣旨

　1項は、株主の間接有限責任性を確保するため、払込金額全額の払込み、現物出資財産の全部の給付をすることを要求している。また、発起人の不正または怠慢により払込金が散逸してしまわないよう、第三者機関への払込みを要求している。2項は、発起人の不正行為を防止し、払込みの確実を図るため、払込みは銀行・信託会社等の払込取扱場所にしなければならないとした。

2　語句の意味

　銀行等とは、銀行、信託会社その他これに準ずるものとして法務省令(会社施規7条)で定めるものをいう(会社34条2項括弧書)。

3　条文クローズアップ

1　発起人による全額払込みを確保するための制度
(1)　払込取扱場所(2項)
(2)　設立時取締役・設立時監査役による調査(46条1項)
(3)　預合いに対する罰則(965条)

2　預合い
(1)　定義
　預合いとは、発起人が払込取扱機関から借入れをしてそれを預金に振り替えて払込みにあてるが、この借入れを返済するまでは預金を引き出さないことを約束する行為をいう。

→鈴木＝竹内[3版]69頁

(2)　預合いによる払込みの効力
　このような仮装の払込みは、払込みとして無効と解すべきである(会社法下では、有効と解する見解もある)。また、罰則も規定されている。

→965条

第34条 /067/

(3) 預合い防止のための制度
(a) 刑罰（965条）
(b) 払込取扱機関の指定
(c) 募集設立の場合の払込取扱機関の払込金保管証明責任（64条）

3 見せ金
(1) 定義
見せ金とは、発起人が払込取扱機関以外の者から借り入れた金銭を株式の払込みにあて、会社の成立後にこれを引き出して借入金の返済にあてることをいう。

(2) 見せ金による払込みの効力

→論

→試験対策4章2節④【1】(4)(b) Q₁

見せ金による払込みは、預合いの場合と異なり、現実に金銭の払込みがなされているから、形式的にみれば有効であり、設立された会社の取締役が任務懈怠責任を負うだけのように思える。しかし、見せ金による払込みは、実質的にみれば、発起人が当初から仕組んだ仮装の払込みにすぎないから、預合いの潜脱行為といえる。すなわち、見せ金による設立の場合は、全体的な考察をすれば、株式の払込みは仮装行為であり、単なる見せ掛けである。したがって、判例・通説は、見せ金による払込みは無効と解している。

→判例セレクト

もっとも、当初から仮装払込みの意図があったかどうかという主観は必ずしも明らかとはいえない。そこで見せ金か否かは、
　①会社成立後借入金を返済するまでの期間の長短
　②払戻金が会社資金として運用された事実の有無
　③借入金の返済が会社の資金関係に及ぼす影響の有無
などを総合的に考慮して、仮装払込みの意図があったかどうかを判断すべきである。

(3) 払込取扱機関の責任

→64条②2(3)

判例セレクト

見せ金による株式払込み

当初から真実の株式の払込みとして会社資金を確保する意図なく、一時的な借入金をもって単に払込みの外形を整え、株式会社成立の手続後ただちに払込金を払い戻してこれを借入先に返済する場合には、外見上株式払込みの形式こそ備えているが、実質的には到底払込みがあったものとは解しえず、払込みとしての効力を有しない。そして、会社成立後借入金を返済するまでの期間の長短、払戻金が会社資金として運用された事実の有無、あるいは借入金の返済が会社の資金関係に及ぼす影響の有無等、そのいかんによっては本件株式の払込みが実質的には会社の資金とする意図なく、単に払込みの外形を装ったにすぎないものであるとの疑いがある（最判昭38・12・6民集17-12-1633）。

> **第35条（設立時発行株式の株主となる権利の譲渡）　C**
> 前条第1項の規定による払込み又は給付（以下この章において「❶出資の履行」という。）をすることにより❷設立時発行株式の株主となる権利の譲渡は、成立後の株式会社に対抗することができない。

❶定
❷25条1項1号

払込みまたは給付をすることにより設立時発行株式の株主となる権利の譲渡は、成立後の株式会社に対抗することができません。

→試験対策4章2節⑤【3】(3)

1 趣旨

出資の履行をすることにより設立時発行株式の株主となる権利の譲渡を自由に認めると、手続が複雑となり、迅速な設立を阻害するおそれがある。そこで、これを防止するため、払込みまたは給付をすることにより設立時発行株式の株主となる権利の譲渡を会社に対抗できないこととした。

2 語句の意味

出資の履行とは、34条1項(設立における出資の履行)の規定による金銭の払込みまたは金銭以外の財産の給付をいう(35条)。

3 条文クローズアップ

1　権利株の意義
権利株とは、会社成立前の株式引受人の地位をいう。

2　権利株の譲渡制限
権利株の譲渡は、当事者間では有効であるが、株式会社には対抗することができない。

もっとも、1の趣旨からすれば、会社の側から譲渡の効力を認めても不都合はない。そして、「対抗することはできない」という文言上、会社の側から譲渡の効力を認めることはできる。

> **第36条（設立時発行株式の株主となる権利の喪失）　B⁻**
> 1　発起人のうち❶出資の履行をしていないものがある場合には、発起人は、当該出資の履行をしていない発起人に対して、期日を定め、その期日までに当該出資の履行をしなければならない旨を通知しなければならない。
> 2　前項の規定による通知は、同項に規定する期日の2週間前までにしなければならない。
> 3　第1項の規定による通知を受けた発起人は、同項に規定する期日までに❶出資の履行をしないときは、当該出資の履行をすることにより❷設立時発行株式の株主となる権利を失う。

❶35条

❷25条1項1号

発起人は、出資の履行をしていない発起人に対して、期日を定め、その期日の2週間前までに、当該出資の履行をしなければならない旨を通知しなければなりません。通知を受けた発起人は、期日までに出資の履行をしないときは、設立時発行株式の株主となる権利を失います。

→試験対策4章2節4【1】(2)

1 趣旨

株式の額と資本金の額との間には関連性はないので、設立に際して定款記載事項とされている出資される財産の価額またはその最低額がみたされているかぎり、失権することを抑制する必要はない。そこで、迅速な設立を認めるため、出資の履行をしない場合は失権することとした。

2 条文クローズアップ

失権

発起人が出資の履行をしなかった場合には、出資の履行を催告し、出資の履行がなければ引受人を失権させることができる(3項)。この場合、他の出資者により出資された財産の価額が定款で定めた「設立に際して出資される財産の価額又はその最低額」(27条4号)をみたしているときは、設立手続を続行できるが、みたしていなければ追加の引受人の募集をしないと設立手続を続けられない。

なお、発起人は設立時株式を1株以上引き受ける義務があるので(25条2項)、失権により発起人が1株も権利を取得しなくなるような場合には、他の出資者により出資された財産の価額が定款で定めた「設立に際して出資される財産の価額又はその最低額」(27条4号)をみたしていたとしても設立無効とならざるをえない。

→神田[17版]52~53頁

司 H20-37-オ、H19-38-イ、H18-39-1

第37条（発行可能株式総数の定め等） B+

1 発起人は、株式会社が発行することができる株式の総数(以下「❶発行可能株式総数」という。)を定款で定めていない場合には、株式会社の成立の時までに、その全員の同意によって、定款を変更して発行可能株式総数の定めを設けなければならない。
2 発起人は、❶発行可能株式総数を定款で定めている場合には、株式会社の成立の時までに、その全員の同意によって、発行可能株式総数についての定款の変更をすることができる。
3 ❷設立時発行株式の総数は、❶発行可能株式総数の4分の1を下ることができない。ただし、設立しようとする株式会社が公開会社でない場合は、この限りでない。

❶定

❷25条1項1号

発起人は、株式会社が発行することができる株式の総数(発行可能株式総数)を定款で定めていない場合には、株式会社の成立時までに、その発起人全

→試験対策4章2節2【1】(2)

員の同意によって、定款を変更して発行可能株式総数を定めることができます。また、すでに定めているときは定款を変更することができます。

設立しようとする会社が公開会社である場合には、設立時発行株式の総数は、発行可能株式総数の4分の1を下回ることはできません。

1 趣旨

絶対的記載事項の1つとして、発行可能株式総数を会社成立までに定めるべき旨を規定している。これは、発行可能株式総数を定款作成時に定めるべきものとせず、設立手続の完了時までに定款で定めるべきものとすることにより、設立過程における株式の引受け状況を見極めながら、それを定めることを可能にすることで、設立手続の柔軟化を図るためである。

2 条文クローズアップ

授権資本制度

(1) 意義

授権資本制度とは、会社が将来発行する予定の株式の数を定款で定めておき、その授権の範囲内で会社が取締役会決議等により適宜株式を発行することを認める制度をいう。

→試験対策5章1節2【3】

(2) 趣旨

株式の発行のつど株主総会決議を要求することとすると、市場の状況などに応じた機動的な株式発行を行うことができず、機動的な資金調達を阻害し、結局は株主のためにもならないおそれがある。そこで、会社法は、公開会社について、授権資本制度を認めている（1項、2項）。

(3) 発行可能株式総数の制限

発行可能株式総数には何ら制限はない。

もっとも、取締役会等による濫用を防止し、新株発行により既存の株主が被る持分比率の低下に限界を画する必要があるし、授権資本制度は授権後に登場する将来の株主の意思を反映していない。

そこで、公開会社では、設立時発行株式の総数は、発行可能株式総数の4分の1を下回ることはできないし（3項）、定款を変更して発行可能株式総数を増加する場合には、発行済株式総数の4倍を超えることができないとされている（113条3項1号）。

これに対して、非公開会社では、株主の引受権が保障され、株主に株式の割当てを受ける権利を与えない場合は、株主総会の特別決議が必要とされており（199条2項、309条2項5号）、持株比率維持の利益は保護されている。そこで、4分の1の規制、4倍を超えることは許されないとの規制は適用されない（37条3項ただし書。なお、113条3項参照）。

■第4節　設立時役員等の選任及び解任

司 H23-38-ウ（予）

第38条（設立時役員等の選任）　B⁻

1　発起人は、❶出資の履行が完了した後、遅滞なく、❷設立時取締役（株式会社の設立に際して取締役となる者をいう。以下同じ。）を選任しなければならない。

❶35条
❷定

i 2　設立しようとする株式会社が監査等委員会設置会社である場合には、前項の規定による❷設立時取締役の選任は、❸設立時監査等委員（株式会社の設立に際して❹監査等委員（監査等委員会の委員をいう。以下同じ。）となる者をいう。以下同じ。）である設立時取締役とそれ以外の設立時取締役とを区別してしなければならない。

❸定
❹定

3　次の各号に掲げる場合には、発起人は、❶出資の履行が完了した後、遅滞なく、当該各号に定める者を選任しなければならない。

①　設立しようとする株式会社が会計参与設置会社である場合　❺設立時会計参与（株式会社の設立に際して会計参与となる者をいう。以下同じ。）

❺定

②　設立しようとする株式会社が監査役設置会社（監査役の監査の範囲を会計に関するものに限定する旨の定款の定めがある株式会社を含む。）である場合　❻設立時監査役（株式会社の設立に際して監査役となる者をいう。以下同じ。）

❻定

③　設立しようとする株式会社が会計監査人設置会社である場合　❼設立時会計監査人（株式会社の設立に際して会計監査人となる者をいう。以下同じ。）

❼定

4　定款で❷設立時取締役（設立しようとする株式会社が監査等委員会設置会社である場合にあっては、❸設立時監査等委員である設立時取締役又はそれ以外の設立時取締役。以下この項において同じ。）、❺設立時会計参与、❻設立時監査役又は❼設立時会計監査人として定められた者は、❶出資の履行が完了した時に、それぞれ設立時取締役、設立時会計参与、設立時監査役又は設立時会計監査人に選任されたものとみなす。

　発起設立の場合においては、出資の履行が完了した後、遅れることなく発起人は設立時役員等を選任しなければなりません。

→試験対策4章2節③【1】

　また、定款で設立時役員等として定められた者は、出資の履行が完了したときに、設立時役員等に選任されたものとみなされます。

1　趣旨

　会社設立前に株式会社の機関である取締役、会計参与、監査役、会計監査人が存在するというのは不自然であるし、設立前と後でその職務が

違う場合もあるから、設立ごとに区別して、設立時の役員等を定めた。

2 条文クローズアップ

設立時取締役の職務

設立時取締役が行うことができる職務は、法律または定款に定められた事項、すなわち①設立手続の調査(46条、93条)、②発起設立の場合における設立時代表取締役、設立時委員、設立時代表執行役の選定、解職、および設立時執行役の選任、解任等にかぎられる。

司 H23-38-ア(予)

第39条　B⁻

1　設立しようとする株式会社が取締役会設置会社である場合には、❶設立時取締役は、3人以上でなければならない。

2　設立しようとする株式会社が監査役会設置会社である場合には、❷設立時監査役は、3人以上でなければならない。

i 3　設立しようとする株式会社が監査等委員会設置会社である場合には、❸設立時監査等委員である❶設立時取締役は、3人以上でなければならない。

4　第331条第1項〔取締役の資格〕(第335条第1項〔監査役の資格〕において準用する場合を含む。)、第333条第1項若しくは第3項〔会計参与の資格〕又は第337条第1項若しくは第3項〔会計監査人の資格〕の規定により成立後の株式会社の取締役(監査等委員会設置会社にあっては、❹監査等委員である取締役又はそれ以外の取締役)、会計参与、監査役又は会計監査人となることができない者は、それぞれ❶設立時取締役(成立後の株式会社が監査等委員会設置会社である場合にあっては、❸設立時監査等委員である設立時取締役又はそれ以外の設立時取締役)、❺設立時会計参与、❻設立時監査役又は❻設立時会計監査人(以下この節において「❼設立時役員等」という。)となることができない。

❶38条1項

❷38条3項2号

❸38条2項

❹38条2項

❺38条3項1号
❻38条3項3号
❼定

→試験対策4章2節3【1】

取締役会設置会社では、設立時取締役は3人以上でなければならず、監査役会設置会社では、設立時監査役は3人以上でなければなりません。また、監査等委員会設置会社では、設立時監査等委員会である設立時取締役は3人以上でなければなりません。成立後の株式会社の取締役等になれない者は、設立時取締役等にもなることができません。

1 趣旨

法令・定款上設置が義務づけられる取締役等を欠く状態で会社が設立される事態の発生の防止を目的として、会社成立後に適用される規律(326条以下)を設立時役員等の選任に際して及ぼしたものである。

第39条

2 条文クローズアップ

適用範囲
本条は、発起設立(25条1項1号)の場合および募集設立(25条1項2号)の場合双方に適用される。

> **第40条（設立時役員等の選任の方法）　C**
> 1　❶設立時役員等の選任は、発起人の議決権の過半数をもって決定する。
> 2　前項の場合には、発起人は、❷出資の履行をした❸設立時発行株式1株につき1個の議決権を有する。ただし、単元株式数を定款で定めている場合には、1単元の設立時発行株式につき1個の議決権を有する。
> 3　前項の規定にかかわらず、設立しようとする株式会社が種類株式発行会社である場合において、取締役の全部又は一部の選任について議決権を行使することができないものと定められた種類の❸設立時発行株式を発行するときは、当該種類の設立時発行株式については、発起人は、当該取締役となる❹設立時取締役の選任についての議決権を行使することができない。
> i4　設立しようとする株式会社が監査等委員会設置会社である場合における前項の規定の適用については、同項中「、取締役」とあるのは「、❺監査等委員である取締役又はそれ以外の取締役」と、「当該取締役」とあるのは「これらの取締役」とする。
> 5　第3項の規定は、❻設立時会計参与、❼設立時監査役及び❽設立時会計監査人の選任について準用する。

❶39条4項
❷35条
❸25条1項1号
❹38条1項
❺38条2項
❻38条3項1号
❼38条3項2号
❽38条3項3号

→試験対策4章2節③【1】(2)

発起設立における設立時役員の選任は、発起人が引き受けた株式数に応じた議決権の過半数の賛成で決定します。

1 趣旨
設立時役員等の選任は、株式引受人たる発起人のなすものであり、設立中の会社の機関たる発起人のなすものではない。そこで、設立時の役員等の選任は、発起人が引き受けた株式数に応じた議決権の過半数をもって決定するものとしている。

2 条文クローズアップ

1 選任の決定(1項、2項)
(1) 方法
選任の決定は、必ずしも発起人集会といった会議を開催して選任する必要はなく、持回りまたは書面などによることもできる。

(2) 効力

選任決議は、設立中の会社の内部的意思決定の効力を有するにすぎない。被選任者に対して、発起人から就任の申込みがなされ、被選任者がこれを承諾することによって、被選任者は会社の機関となる。

2 議決権制限付種類株式の特則（3項から5項まで）

役員等の全部または一部の選任について議決権を行使することができないものと定められた種類の設立時発行株式（108条1項3号）を発行するときは、当該種類の設立時発行株式については、発起人は当該役員等となる設立時役員等の選任についての議決権を行使することはできない。

第41条（設立時役員等の選任の方法の特則） C

1　前条第1項（発起人の議決権の過半数による選任）の規定にかかわらず、株式会社の設立に際して第108条第1項第9号に掲げる事項（取締役（監査等委員会設置会社にあっては、❶監査等委員である取締役又はそれ以外の取締役）に関するものに限る。）（種類株主総会における取締役の選任に関する事項）についての定めがある種類の株式を発行する場合には、❷設立時取締役（設立しようとする株式会社が監査等委員会設置会社である場合にあっては、❸設立時監査等委員である設立時取締役又はそれ以外の設立時取締役）の選任は、同条第2項第9号に定める事項（種類株主総会における取締役・監査役の選任に関して定款で定めるべき事項）についての定款の定めの例に従い、当該種類の❹設立時発行株式を引き受けた発起人の議決権（当該種類の設立時発行株式についての議決権に限る。）の過半数をもって決定する。

2　前項の場合には、発起人は、❺出資の履行をした種類の❹設立時発行株式1株につき1個の議決権を有する。ただし、単元株式数を定款で定めている場合には、1単元の種類の設立時発行株式につき1個の議決権を有する。

3　前2項の規定は、株式会社の設立に際して第108条第1項第9号に掲げる事項（監査役に関するものに限る。）（種類株主総会における監査役の選任に関する事項）についての定めがある種類の株式を発行する場合について準用する。

❶38条2項
❷38条1項
❸38条2項
❹25条1項1号
❺35条

設立の際に、取締役や監査役の選任についての種類株式を発行する場合、設立時取締役や設立時監査役の選任は、その種類の設立時発行株式を引き受けた発起人の議決権の過半数の賛成で決定します。

→試験対策4章2節③【1】(2)

1 趣旨

取締役を種類株主総会において選任する定めのある種類株式の効力を設立時取締役についても及ぼし、複数の企業が共同で連帯して一定の事

業を行う場合等、各出資企業が出資の割合や事業への関与の度合いに応じて設立時取締役を選任できるようにする株主間契約を制度的に保障した。

> 司H21-37-1。書H25-27-ウ
> **第42条（設立時役員等の解任）　B⁻**
> 発起人は、株式会社の成立の時までの間、その選任した❶設立時役員等（第38条第4項〔定款の定めによる選任〕の規定により設立時役員等に選任されたものとみなされたものを含む。）を解任することができる。

❶39条4項

発起人は、株式会社が成立するまでの間、その発起人が選任をした設立時役員等を解任することができます。

1 趣旨

発起人に設立時役員等の選任権があることに対応して、解任権についても認めた規定である。339条の役員および会計監査人の解任規定に合わせるためである。

> 書H25-27-ウ、H23-27-ウ
> **第43条（設立時役員等の解任の方法）　C**
> 1　❶設立時役員等の解任は、発起人の議決権の過半数（❷設立時監査等委員である❸設立時取締役又は❹設立時監査役を解任する場合にあっては、3分の2以上に当たる多数）をもって決定する。
> 2　前項の場合には、発起人は、❺出資の履行をした❻設立時発行株式1株につき1個の議決権を有する。ただし、単元株式数を定款で定めている場合には、1単元の設立時発行株式につき1個の議決権を有する。
> 3　前項の規定にかかわらず、設立しようとする株式会社が種類株式発行会社である場合において、取締役の全部又は一部の解任について議決権を行使することができないものと定められた種類の❻設立時発行株式を発行するときは、当該種類の設立時発行株式については、発起人は、当該取締役となる❸設立時取締役の解任についての議決権を行使することができない。
> i 4　設立しようとする株式会社が監査等委員会設置会社である場合における前項の規定の適用については、同項中「、取締役」とあるのは「、❼監査等委員である取締役又はそれ以外の取締役」と、「当該取締役」とあるのは「これらの取締役」とする。
> 5　第3項の規定は、❽設立時会計参与、❹設立時監査役及び❾設立

❶39条4項
❷38条2項
❸38条1項
❹38条3項2号

❺35条
❻25条1項1号

❼38条2項

❽38条3項1号
❾39条3項3号

<u>時会計監査人</u>の解任について準用する。

　発起設立における設立時監査等委員である設立時取締役または設立時監査役の解任は、発起人が引き受けた株式数に応じた議決権の3分の2、その他の設立時役員の解任は、議決権の過半数の賛成で決定します。

1 趣旨

　解任は、選任と同様に、株式引受人たる発起人のなすものであるから、発起人が引き受けた株式数に応じた議決権の過半数をもって決定するものとした。また、設立時監査等委員である設立時取締役または設立時監査役の解任は、他の役員の解任と異なり、その地位の安定を図る必要があるから、その要件を加重した。

2 条文クローズアップ

種類株式発行会社の特則（3項から5項まで）

　種類株式発行会社において、役員等の全部または一部の解任について議決権を行使することができないものと定められた種類の設立時発行株式を発行するときは、発起人は、当該種類の設立時発行株式について、当該役員等となる設立時役員等の解任についての議決権を行使することができない。

第44条（設立時取締役等の解任の方法の特則）　C

1　前条第1項の規定にかかわらず、第41条第1項の規定〔種類株主総会における選任の特則〕により選任された❶設立時取締役（❷設立時監査等委員である設立時取締役を除く。次項及び第4項において同じ。）の解任は、その選任に係る発起人の議決権の過半数をもって決定する。

2　前項の規定にかかわらず、第41条第1項の規定〔種類株主総会における選任の特則〕により又は種類創立総会（第84条に規定する種類創立総会〔ある種類の設立時発行株式の設立時種類株主の総会〕をいう。）若しくは種類株主総会において選任された❸取締役（❹監査等委員である取締役を除く。第4項において同じ。）を株主総会の決議によって解任することができる旨の定款の定めがある場合には、第41条第1項の規定〔種類株主総会における選任の特則〕により選任された❶設立時取締役の解任は、発起人の議決権の過半数をもって決定する。

3　前2項の場合には、発起人は、❺出資の履行をした種類の❻設立時発行株式1株につき1個の議決権を有する。ただし、単元株式数を定款で定めている場合には、1単元の種類の設立時発行株

❶定・38条1項
❷38条2項

❸定
❹38条2項

❺35条
❻25条1項1号

式につき1個の議決権を有する。
4　前項の規定にかかわらず、第2項の規定により❶設立時取締役を解任する場合において、❸取締役の全部又は一部の解任について議決権を行使することができないものと定められた種類の設立時発行株式を発行するときは、当該種類の❻設立時発行株式については、発起人は、当該取締役となる設立時取締役の解任についての議決権を行使することができない。
5　前各項の規定は、第41条第1項の規定〔種類株主総会における選任の特則〕により選任された❷設立時監査等委員である❶設立時取締役及び同条第3項において準用する同条第1項の規定〔種類株主総会における選任の特則〕により選任された❼設立時監査役の解任について準用する。この場合において、第1項及び第2項中「過半数」とあるのは、「3分の2以上に当たる多数」と読み替えるものとする。

❼38条3項2号

　設立の際に、取締役の選任についての種類株式を発行する場合には、設立時取締役の解任は、その種類の設立時発行株式を引き受けた発起人の議決権の過半数の賛成で決定します。

1　趣旨

　取締役を種類株主総会において選任する定めのある種類株式の効力を、設立時取締役についても及ぼし、複数の企業が共同で連帯して一定の事業を行う場合等、各出資企業が出資の割合や事業への関与の度合いに応じて設立時取締役を解任できるようにする株主間契約を制度的に保障した。

第45条（設立時役員等の選任又は解任の効力についての特則）C

1　株式会社の設立に際して第108条第1項第8号に掲げる事項についての定めがある種類の株式を発行する場合において、当該種類の株式の内容として次の各号に掲げる事項について種類株主総会の決議があることを必要とする旨の定款の定めがあるときは、当該各号に定める事項は、定款の定めに従い、第40条第1項又は第43条第1項の規定〔発起人の議決権の過半数による選解任の決定〕による決定のほか、当該種類の❶設立時発行株式を引き受けた発起人の議決権（当該種類の設立時発行株式についての議決権に限る。）の過半数をもってする決定がなければ、その効力を生じない。
　① 取締役（監査等委員会設置会社の取締役を除く。）の全部又は一部の選任又は解任　当該取締役となる❷設立時取締役の選任又は解任

❶25条1項1号

❷38条1項

② ❸監査等委員である取締役又はそれ以外の取締役の全部又は一部の選任又は解任　これらの取締役となる設立時取締役の選任又は解任　　　　　　　　　　　　　　　　　　❸38条2項

③　会計参与の全部又は一部の選任又は解任　当該会計参与となる❹設立時会計参与の選任又は解任　　　　　　　　　　　　❹38条3項1号

④　監査役の全部又は一部の選任又は解任　当該監査役となる❺設立時監査役の選任又は解任　　　　　　　　　　　　　　　❺38条3項2号

⑤　会計監査人の全部又は一部の選任又は解任　当該会計監査人となる❻設立時会計監査人の選任又は解任　　　　　　　　　❻38条3項3号

2　前項の場合には、発起人は、❼出資の履行をした種類の❶設立時発行株式1株につき1個の議決権を有する。ただし、単元株式数を定款で定めている場合には、1単元の種類の設立時発行株式につき1個の議決権を有する。　　　　　　　　　　　　❼35条

拒否権付種類株式を発行する場合において、取締役の選任・解任等について拒否権の定めがあるときは、通常の議決のほかに、その種類の設立時発行株式を引き受けた発起人の議決権の過半数の賛成による決定がなければ、選任・解任の効力を生じません。

1 趣旨

役員等の選任または解任についての拒否権付種類株式（108条1項8号）の効力を設立時役員等についても及ぼした。

■第5節　設立時取締役等による調査

司H23-38-エ（予）。書H27-27-イ
第46条　B⁻

1　❶設立時取締役（設立しようとする株式会社が監査役設置会社である場合にあっては、設立時取締役及び❷設立時監査役。以下この条において同じ。）は、その選任後遅滞なく、次に掲げる事項を調査しなければならない。　　　　　　　　　　　❶定・38条1項
　　　　　　　　　　　　　　　　　　　　　　　　　　　　❷38条3項2号

①　第33条第10項第1号〔現物出資の少額を理由とする検査役選任等の免除〕又は第2号〔有価証券の現物出資を理由とする検査役選任等の免除〕に掲げる場合における❸現物出資財産等（同号に掲げる場合にあっては、同号の❹有価証券に限る。）について定款に記載され、又は記録された価額が相当であること。　　　　❸33条10項1号
　　　　　　　　　　　　　　　　　　　　　　　　　　　　❹33条10項2号

②　第33条第10項第3号に規定する証明〔専門家の証明〕が相当であること。

③　❺出資の履行が完了していること。　　　　　　　　　　❺35条

④　前3号に掲げる事項のほか、株式会社の設立の手続が法令又

> は定款に違反していないこと。
> 2 ❶設立時取締役は、前項の規定による調査により、同項各号に掲げる事項について法令若しくは定款に違反し、又は不当な事項があると認めるときは、発起人にその旨を通知しなければならない。
> 3 設立しようとする株式会社が指名委員会等設置会社である場合には、❶設立時取締役は、第1項の規定による調査を終了したときはその旨を、前項の規定による通知をしたときはその旨及びその内容を、設立時代表執行役(第48条第1項第3号に規定する設立時代表執行役〔株式会社の設立に際して代表執行役となる者〕をいう。)に通知しなければならない。

発起設立において、設立時取締役は、選任後遅れることなく、定款記載の現物出資財産等の価額が相当か否か等の事項について調査し、それが不当と認めるときは、発起人に通知しなければなりません。

→試験対策4章2節④【2】(3)、【3】(1)

1 趣旨

財産引受けや現物出資について検査役の調査の免除事由がある場合も、評価をめぐる弊害は小さいながらも存在するので、検査役の調査に代わって設立時取締役等の調査を必要とした。また、出資の履行の有無についても、設立時取締役等の調査を必要とした。

2 語句の意味

現物出資財産等とは、株式会社を設立する場合に出資される金銭以外の財産(28条1号)および株式会社の成立後に譲り受けることを約した財産(28条2号)をいう(33条10項1号)。

3 条文クローズアップ

1 調査対象(1項)

①現物出資の対象となる財産の価額が500万円を超えない場合(33条10項1号)、その対象となる財産が市場価格のある有価証券で定款記載の価額がその価格を超えない場合(33条10項2号)における現物出資財産等について定款に記載され、または記録された価額が相当であること
②現物出資、財産引受けが相当であることについて、専門家の証明を受けた場合(33条10項3号)の証明が相当であること
③出資の履行が完了していること(34条参照)
④株式会社の設立の手続が法令または定款に違反していないこと

2 調査の手続(2項、3項)

設立時取締役は、1項各号に掲げる事項について法令もしくは定款に

違反し、または不当な事項があると認めるときは、発起人にその旨を通知しなければならない(2項)。

設立しようとする株式会社が指名委員会等設置会社である場合には、設立時取締役は、1項の規定による調査を終了したときはその旨を、2項の規定による通知をしたときはその旨およびその内容を、設立時代表執行役に通知しなければならない(3項)。

■第6節　設立時代表取締役等の選定等

書H23-27-エ
第47条（設立時代表取締役の選定等）　C

1　❶設立時取締役は、設立しようとする株式会社が取締役会設置会社(指名委員会等設置会社を除く。)である場合には、設立時取締役(設立しようとする株式会社が監査等委員会設置会社である場合にあっては、❷設立時監査等委員である設立時取締役を除く。)の中から株式会社の設立に際して❸代表取締役(株式会社を代表する取締役をいう。以下同じ。)となる者(以下「❹設立時代表取締役」という。)を選定しなければならない。
2　❶設立時取締役は、株式会社の成立の時までの間、❹設立時代表取締役を解職することができる。
3　前2項の規定による❹設立時代表取締役の選定及び解職は、❶設立時取締役の過半数をもって決定する。

❶38条1項

❷38条2項
❸定
❹定

→試験対策4章2節③【2】(1)

取締役会設置会社の発起設立の場合は、設立時取締役(設立時監査等委員である設立時取締役を除く)のなかから設立時代表取締役を選定しなければならず、また、設立時取締役の過半数の賛成で解職できます。

1　趣旨

会社設立前に株式会社の機関である代表取締役が存在するというのは不自然であるし、設立前と後でその職務が違う場合もあるから、設立後と区別して、設立時の代表取締役の選定・解職について定めた。

2　語句の意味

選任とは、会社法上の一定の地位を有しない者にこれが付与される場合をいい、その対義語は**解任**である。**選定**とは、選任された機関のなかから更に選出行為がされる場合をいい、その対義語は**解職**である。

司H22-37-3
第48条（設立時委員の選定等）　B⁻

1　設立しようとする株式会社が指名委員会等設置会社である場合

には、❶設立時取締役は、次に掲げる措置をとらなければならない。
① 設立時取締役の中から次に掲げる者（次項において「❷設立時委員」という。）を選定すること。
　イ　株式会社の設立に際して指名委員会の委員となる者
　ロ　株式会社の設立に際して監査委員会の委員となる者
　ハ　株式会社の設立に際して報酬委員会の委員となる者
② 株式会社の設立に際して執行役となる者（以下「❸設立時執行役」という。）を選任すること。
③ 設立時執行役の中から株式会社の設立に際して代表執行役となる者（以下「❹設立時代表執行役」という。）を選定すること。ただし、設立時執行役が１人であるときは、その者が設立時代表執行役に選定されたものとする。
2 ❶設立時取締役は、株式会社の成立の時までの間、❷設立時委員若しくは❹設立時代表執行役を解職し、又は❸設立時執行役を解任することができる。
3 前２項の規定による措置は、❶設立時取締役の過半数をもって決定する。

❶38条１項
❷定
❸定
❹定

指名委員会等設置会社の発起設立の場合は、設立時取締役は設立時委員、設立時執行役、設立時代表執行役を選定・選任しなければならず、また、設立時取締役の過半数の賛成で解職・解任できます。

→試験対策４章２節③【２】(2)

1 趣旨

会社設立前に株式会社の機関である委員、執行役、代表執行役が存在するというのは不自然であるし、設立前後でその職務が違う場合もあるから、設立後と区別して、設立時委員および設立時代表執行役の選定および解職、設立時執行役の選任および解任について定めた。

■第７節　株式会社の成立

司H25-37-オ（予）、H23-49-エ
第49条（株式会社の成立）　B
株式会社は、その本店の所在地において設立の登記をすることによって成立する。

株式会社は、設立の登記により成立します。

→試験対策４章２節⑤

1 趣旨

会社設立の各手続が法の要求に合致してなされているかを国に調査する機会を与えるとともに、株主になろうとする者等の利害関係人に設立

の事実等を公示することで、不測の損害を被ることのないようにするために、登記を設立要件とした。

発起人の開業準備行為
会社の設立登記前に設立に関しない行為をその会社の代表取締役としてなした者は、本来民法117条が適用されるべき無権代理人にはあたらないが、民法117条の類推適用によりその責めに任ずべきである（最判昭33・10・24会社法百選5事件）。

→28条判例セレクト3

司 H18-39- 2
第50条（株式の引受人の権利） B⁻
1 発起人は、株式会社の成立の時に、❶出資の履行をした❷設立時発行株式の株主となる。
2 前項の規定により株主となる権利の譲渡は、成立後の株式会社に対抗することができない。

❶35条
❷25条1項1号

発起人は、株式会社成立の時にその会社の株主となります。会社の成立前に株主となる権利を発起人が他人に譲渡したとしても、会社に対してその譲渡の効果を対抗することはできません。

→試験対策4章2節②【2】、⑤【3】(3)

1 趣旨

1項は、発起人は、出資の履行をすれば、会社の成立時に株主となることを規定する。また、2項は、払込みをすることにより設立時発行株式の株主となる権利、すなわち権利株の譲渡を会社に対抗できないとしている。これは、権利株の譲渡を自由に認めると、手続が煩雑になり、迅速な設立が害されるからである。

2 条文クローズアップ

権利株（2項）

→35条

第51条（引受けの無効又は取消しの制限） C
1 民法（明治29年法律第89号）第93条ただし書〔相手方が悪意有過失である場合における心裡留保の無効〕及び第94条第1項〔虚偽表示の無効〕の規定は、❶設立時発行株式の引受けに係る意思表示については、適用しない。
2 発起人は、株式会社の成立後は、錯誤を理由として❶設立時発行株式の引受けの無効を主張し、又は詐欺若しくは強迫を理由として設立時発行株式の引受けの取消しをすることができない。

❶25条1項1号

設立時に発行される株式を引き受けた者は、民法の心裡留保、通謀虚偽表示による引受けの無効を主張することができません。また、発起人は、株式会社の成立後は、錯誤や詐欺、強迫等の民法の規定による株式引受けの無効や取消しなどを主張することができません。

1 趣旨

株式の引受けの申込みや引受けに民法の規定を適用し、株式の引受け等の瑕疵を長期にわたり主張しうるとすると、会社の設立や株式の発行等の法律関係が不安定となり、会社財産の確保に対する第三者の信頼を害することになる。そこで意思の不存在や意思表示の瑕疵を理由とする引受け等の無効・取消しを制限している。

→試験対策4章2節⑤【3】(2)

■第8節　発起人等の責任

司H20-37-ウ、H18-39-4。予H27-16-1・2。書H27-27-ウ
第52条（出資された財産等の価額が不足する場合の責任）B⁺

1　株式会社の成立の時における❶現物出資財産等の価額が当該現物出資財産等について定款に記載され、又は記録された価額(定款の変更があった場合にあっては、変更後の価額)に著しく不足するときは、発起人及び❷設立時取締役は、当該株式会社に対し、連帯して、当該不足額を支払う義務を負う。
2　前項の規定にかかわらず、次に掲げる場合には、発起人(第28条第1号(現物出資)の財産を給付した者又は同条第2号(財産引受け)の財産の譲渡人を除く。第2号において同じ。)及び❷設立時取締役は、❶現物出資財産等について同項の義務を負わない。
　①　第28条第1号又は第2号に掲げる事項(現物出資事項等)について第33条第2項の検査役(変態設立事項等の調査役)の調査を経た場合
　②　当該発起人又は設立時取締役がその職務を行うについて注意を怠らなかったことを証明した場合
3　第1項に規定する場合には、第33条第10項第3号に規定する証明(専門家の証明)をした者(以下この項において「証明者」という。)は、第1項の義務を負う者と連帯して、同項の不足額を支払う義務を負う。ただし、当該証明者が当該証明をするについて注意を怠らなかったことを証明した場合は、この限りでない。

❶33条10項1号

❷38条1項

株式会社を設立する際に、金銭以外の財産が出資された場合、または会社成立後に譲り受けることとなった財産がある場合に、その財産の実際の価額が、表示額よりも際立って低いときは、発起人等は連帯してその差額を支払う義務を負います。また、これらの調査を行った証明者も、過失があれば、不足額の支払義務を負います。

→試験対策4章4節②【2】(1)

1 趣旨

現物出資・財産引受けの目的たる財産の過大な評価を防止し、会社財産の形成を確実にするため、および株式引受人間の公平を確保するため、発起人、設立時の取締役等にこれらの財産の価額の実価が定款記載の額に著しく不足する場合の差額支払義務を負わせた。ただし、発起設立の場合は、直接の提供者以外の者は、過失がある場合のみ責任を負うこととした。

2 語句の意味

現物出資財産等とは、株式会社を設立する場合に出資される金銭以外の財産(28条1号)および株式会社の成立後に譲り受けることを約した財産(28条2号)をいう。

3 条文クローズアップ

1 現物出資・財産引受けの不足額支払義務(不足額填補責任)(1項)

現物出資または財産引受けの対象となった財産(現物出資財産等)の会社の設立のときにおける時価が、定款に記載・記録された価額に著しく不足するときは、発起人および設立時取締役は、会社に対し、連帯してその不足額を支払う義務を負う。この義務は、財産が過大に評価された場合のほか、会社設立時までに財産の価格が市場の変動により低下した場合にも課せられる。

2 免責事由(2項)

発起設立において、検査役の調査を経た場合、または、当該発起人・設立時取締役がその職務を行うについて注意を怠らなかったことを証明した場合には、不足額支払義務を負わない(過失責任)。もっとも、現物出資者と財産の譲渡人である発起人・設立時取締役は、この場合でも免責されない(2項括弧書)。

3 証明者の責任(3項)

現物出資財産等の証明・鑑定評価した者(証明者)も、不足額支払義務を負う(3項本文)。ただし、証明者が証明等をするについて注意を怠らなかったことを証明すれば、責任を免れる(3項ただし書)。

4 民事責任の実現

発起人および設立時取締役の不足額支払義務(不足額填補責任)のような民事責任を追及するために、株主による責任追及の訴え(株主代表訴訟)が認められている(847条以下)。53条、54条の損害賠償責任についても、株主代表訴訟が認められる。

第52条の2（出資の履行を仮装した場合の責任等） B⁺

1 発起人は、次の各号に掲げる場合には、株式会社に対し、当該各号に定める行為をする義務を負う。
　① 第34条第1項〔出資の履行〕の規定による払込みを仮装した場合　払込みを仮装した出資に係る金銭の全額の支払
　② 第34条第1項〔出資の履行〕の規定による給付を仮装した場合　給付を仮装した出資に係る金銭以外の財産の全部の給付（株式会社が当該給付に代えて当該財産の価額に相当する金銭の支払を請求した場合にあっては、当該金銭の全額の支払）
2 前項各号に掲げる場合には、発起人がその❶出資の履行を仮装することに関与した発起人又は❷設立時取締役として法務省令で定める者は、株式会社に対し、当該各号に規定する支払をする義務を負う。ただし、その者（当該出資の履行を仮装したものを除く。）がその職務を行うについて注意を怠らなかったことを証明した場合は、この限りでない。
3 発起人が第1項各号に規定する支払をする義務を負う場合において、前項に規定する者が同項の義務を負うときは、これらの者は、連帯債務者とする。
4 発起人は、第1項各号に掲げる場合には、当該各号に定める支払若しくは給付又は第2項の規定による支払がされた後でなければ、❶出資の履行を仮装した❸設立時発行株式について、設立時株主（第65条第1項に規定する設立時株主〔株式会社の成立の時に株主となる者〕をいう。次項において同じ。）及び株主の権利を行使することができない。
5 前項の❸設立時発行株式又はその株主となる権利を譲り受けた者は、当該設立時発行株式についての設立時株主及び株主の権利を行使することができる。ただし、その者に悪意又は重大な過失があるときは、この限りでない。

❶35条
❷38条1項

❸25条1項1号

　発起設立の場合、発起人が、設立時発行株式について金銭の払込みを仮装したときには、払込みを仮装した払込金額を支払う義務を負います。また、発起人が、現物出資の給付を仮装した場合にも、原則として現物出資財産を改めて給付する義務を負い、会社が発起人に対しその財産の価額に相当する金銭の支払を請求したときには、その価額相当額の支払義務を負います。

1 趣旨

　出資の履行が仮装された場合には、本来会社に拠出されるべき財産が拠出されていないにもかかわらず、拠出されたように扱われるため、会社や他の株主が不利益を被ることになる。そこで、会社・株主を保護するために、出資の履行を仮装した発起人に対して支払義務を課した。

2 条文クローズアップ

1 仮装に関与した発起人等の責任（2項、3項）

発起人による出資の履行の仮装に関与した発起人または設立時取締役として法務省令（会社施規7条の2）で定める者（仮装に関与した発起人等）は、株式会社に対し、出資の履行の義務を負う（会社52条の2第2項本文）。ただし、それらの者（出資の履行を仮装したもの以外の者）は、その職務を行うについて注意を怠らなかったことを証明した場合には、その責任を免れる（2項ただし書）。

なお、支払義務を負う者は、連帯して債務を負う（3項）。

2 設立時株主・株主の権利行使の制限（4項）

設立時発行株式を引き受けた発起人がその出資の履行を仮装した場合、その発起人は、①仮装による金銭の全額の払込みまたは仮装した現物出資の財産の全部の給付（もしくは株式会社が給付に代えて財産の価格に相当する金銭の支払を請求した場合には、金銭の全額の支払）がされた後、または、②仮装に関与した発起人等による支払がされた後でなければ、その設立時発行株式について、設立時株主および株主の権利を行使できない。

3 譲受人による権利行使（5項）

出資の履行が仮装された設立時発行株式の譲受人またはその株主となる権利の譲受人は、設立時発行株式について、設立時株主および株主の権利を行使することができる。ただし、その者に悪意または重大な過失があるときは、このかぎりではない。

これは、取引の安全を図り、設立時発行株式の譲受人を保護するための規定である。もっとも、その者に悪意または重大な過失が認められる場合、その者は保護に値せず取引の安全を図る必要はないため、その者の権利行使は制限される。

予 H27-16-3・5

第53条（発起人等の損害賠償責任） B⁺

1. 発起人、❶設立時取締役又は❷設立時監査役は、株式会社の設立についてその任務を怠ったときは、当該株式会社に対し、これによって生じた損害を賠償する責任を負う。
2. 発起人、❶設立時取締役又は❷設立時監査役がその職務を行うについて悪意又は重大な過失があったときは、当該発起人、設立時取締役又は設立時監査役は、これによって第三者に生じた損害を賠償する責任を負う。

❶38条1項
❷38条3項2号

→試験対策4章4節 2【2】(3)

発起人、設立時取締役等は、会社の設立について任務を怠った場合は、連帯して会社に与えた損害の賠償責任を負うほか、重大な過失がある場合は、

第三者に与えた損害の賠償責任も負います。

1 趣旨

　発起人等は設立中の会社の機関であり、その設立手続につき善管注意義務を負うことから、その義務に違反した場合の会社に対する損害賠償責任につき定めた。また、発起人等と本来格別の関係にはない第三者を保護するため、損害が生じた際の賠償責任を政策的に定めた。

第54条（発起人等の連帯責任）　B
発起人、❶設立時取締役又は❷設立時監査役が株式会社又は第三者に生じた損害を賠償する責任を負う場合において、他の発起人、設立時取締役又は設立時監査役も当該損害を賠償する責任を負うときは、これらの者は、連帯債務者とする。

❶38条1項
❷38条3項2号

　発起人等が会社または第三者に損害を与えた場合には、これらの発起人等は民法の連帯債務の規定により連帯して賠償の責任を負います。

1 趣旨

　発起人等に会社の設立に関する任務懈怠の損害賠償責任が生じるときは、それらの者は連帯して損害賠償責任を負うこととした。連帯責任を定めた理由は、会社または第三者の利益を保護するためである。

予H27-16-3。書H25-27-オ
第55条（責任の免除）　B⁻
第52条第1項〔現物出資財産等の不足額支払義務〕の規定により発起人又は❶設立時取締役の負う義務、第52条の2第1項〔出資の履行を仮装した発起人の義務〕の規定により発起人の負う義務、同条第2項の規定〔出資の履行の仮装に関与した発起人または設立時取締役の義務〕により発起人又は設立時取締役の負う義務及び第53条第1項の規定〔発起人等の任務懈怠に関する損害賠償義務〕により発起人、設立時取締役又は❷設立時監査役の負う責任は、総株主の同意がなければ、免除することができない。

❶38条1項

❷38条3項2号

　発起人等の負う現物出資等の財産の不足額の支払義務や、払込みを仮装した払込金額についての支払義務、会社設立手続の任務懈怠等による責任は、総株主の同意がないかぎり免除されません。

→試験対策4章4節②【2】(1)、(2)、(3)

1 趣旨

　発起人の設立に関する厳格な責任が容易に免除されることを防止すると同時に、発起人の責任は単独株主権の株主代表訴訟(847条1項)によ

って追及されるので、総株主の同意で責任の免除を認めた。

> 予H27-16-4。書H26-27-ウ
> **第56条（株式会社不成立の場合の責任） B⁻**
> 株式会社が成立しなかったときは、発起人は、連帯して、株式会社の設立に関してした行為についてその責任を負い、株式会社の設立に関して支出した費用を負担する。

　会社が成立しなかったときは、発起人は、設立に関して行ったことを連帯して責任を負い、かつ、支出した費用は発起人が負担することになります。

→試験対策4章4節①【3】

1 趣旨

　会社の不成立は会社の解散にあたると考えられるため、本来は清算して残余財産のみが構成員に分配されるはずである。しかし、そうすると、負債をも分配されることになる。そこで、設立時募集株式の引受人に損害を与えないようにするため、政策的に発起人に全責任を負わせた（政策説）。

2 語句の意味

　会社の不成立とは、会社の設立が途中で挫折し設立の登記までいたらなかった場合をいう。

3 条文クローズアップ

1　責任の性質

→論

　本条の責任の性質については争いがある。多数説は、本条は会社不成立の場合に政策的に発起人のみに全責任を負わせたものであるとしている（政策説）。

2　責任の範囲

　発起人は、「株式会社の設立に関してした行為」につき責任を負う。
　ここで、「株式会社の設立に関してした行為」とは、会社が成立すれば、その効果が当然に会社に帰属するであろう法律行為をいうと解する。したがって、発起人の会社不成立の場合の責任の範囲は、発起人が設立中の会社の機関として権限内で行った行為にかぎられる。

3　その他の設立の瑕疵

→試験対策4章4節①

(1) 設立の無効

　(a)定義
　　設立の無効とは、会社の設立行為に瑕疵があるために会社の設立自体が無効になる場合をいう。

→828条②1

　(b)設立無効の訴え
　　株式会社は、多数の利害関係人が関与することを予定している。そ

こで、設立の無効を画一的に確定し、その無効の効果を遡及させないために、設立無効の訴えの制度を設けた(828条1項1号)。

(c) **設立無効事由**

一般的に設立無効原因としては、①主観的無効事由(設立に参加した個々の社員の設立行為が無効なことによるもの)、②客観的無効事由(設立が法の要求する準則に合致しないことによって無効となるもの)がある。

しかし、株式会社では個々の社員の設立行為が無効であっても、その者が参加しないだけであって、会社の設立自体には影響を及ぼさない。すなわち、株式会社においては主観的無効事由は存在しない。

ただし、個々の社員の引受け・払込みが無効になることで、結果的に客観的無効事由に連動することはありうる。

(2) 設立の取消し

(a) **定義**

設立の取消しとは、個々の社員の設立行為に瑕疵があるため会社の設立自体が取り消される場合をいう。

(b) **設立取消原因**

設立の瑕疵には、会社における設立無効事由であるところの客観的な瑕疵のほかに、個々の社員の行為に瑕疵が存する主観的な瑕疵がある。そして、設立の取消しは、主観的な瑕疵がある場合に生じうるものである。

(c) **設立の取消しの可否**

株式会社には、設立の取消しが認められていない。これは、多数の利害関係人を予定している株式会社においては、個々の社員の行為の瑕疵をもって会社の設立自体の瑕疵とする必要はないこと、および、個々の設立行為の瑕疵は成立後の会社に引き継がないようになっていること(51条参照)を理由とする。

これに対して、社員の人的信頼関係を重視する持分会社においては、設立の取消しが認められている(832条)。

(3) 会社の不存在

→試験対策4章4節①【2】

(a) **定義**

会社の不存在とは、設立登記をしないで会社として活動しているとか、設立登記はあるが設立手続をまったくふんでいない等、設立手続の外形が存在しないような場合をいう。

(b) **会社の不存在の主張方法**

この場合は、会社の実体がないため、表見上の会社が活動することにより多様な利害関係を生ずることも少ない。そこで、裁判例は、会社の不存在について、特別規定を設ける必要もなく、一般原則により、だれでも、いつでも、どのような方法によっても、主張することができるとする。

→東京高判昭36・11・29金法294-6

「設立に関してした行為」の内容

会社の設立に関してした行為(設立に関してした行為)とは、株金の払込受領等のような会社設立行為自体に属するものおよび設立事務所の賃借のような設立に必要な行為をいい、発起人が設立に関し必要な行為に要する費用の借入行為は含まれない(大判昭14・4・19民集18-472)。

■第9節 募集による設立

■第1款 設立時発行株式を引き受ける者の募集

第57条（設立時発行株式を引き受ける者の募集） B⁻

1 発起人は、この款の定めるところにより、❶設立時発行株式を引き受ける者の募集をする旨を定めることができる。
2 発起人は、前項の募集をする旨を定めようとするときは、その全員の同意を得なければならない。

❶25条1項1号

→試験対策4章2節②【2】(2)(b)

発起人は、発起人全員の同意を得れば、設立時発行株式の引受人を募集することを決定できます。

1 趣旨

多数の出資者がいる場合や設立時から株主としてのみ活動したい者のために、募集設立の方法が認められた。

第58条（設立時募集株式に関する事項の決定） C

1 発起人は、前条第1項の募集〔設立時発行株式を引き受ける者の募集〕をしようとするときは、その都度、❶設立時募集株式(同項の募集に応じて❷設立時発行株式の引受けの申込みをした者に対して割り当てる設立時発行株式をいう。以下この節において同じ。)について次に掲げる事項を定めなければならない。
① ❸設立時募集株式の数(設立しようとする株式会社が種類株式発行会社である場合にあっては、その種類及び種類ごとの数。以下この款において同じ。)
② 設立時募集株式の❹払込金額(設立時募集株式1株と引換えに払い込む金銭の額をいう。以下この款において同じ。)
③ 設立時募集株式と引換えにする金銭の払込みの期日又はその期間
④ 一定の日までに設立の登記がされない場合において、設立時募集株式の引受けの取消しをすることができることとするとき

❶定
❷25条1項1号

❸定

❹定

> 　は、その旨及びその一定の日
> 2　発起人は、前項各号に掲げる事項を定めようとするときは、その全員の同意を得なければならない。
> 3　❶設立時募集株式の❹払込金額その他の前条第１項の募集の条件は、当該募集（設立しようとする株式会社が種類株式発行会社である場合にあっては、種類及び当該募集）ごとに、均等に定めなければならない。

　発起人は、募集設立をする際、発起人全員の同意によって、設立時募集株式の募集に際して、設立時募集株式の数や払込金額等を定めなければなりません。設立時募集株式の払込金額や、57条１項の募集の条件は、当該募集ごとに、均等に定めなければなりません。

→試験対策4章2節[2]【2】

1　趣旨

　設立時募集株式の数や払込金額等の必要な事項を定めて、引受申込人に対して判断資料を与えるための規定である。発起人全員の同意が要求されたのは、内容の重要性から慎重を期したためである。

2　条文クローズアップ

1　設立時募集事項（１項）

　発起人は、設立時募集株式の募集について、次の事項を定めなければならない。
　①設立時募集株式の数。種類株式発行会社を設立する場合には、その種類および種類ごとの数
　②設立時募集株式の払込金額
　③設立時募集株式と引換えにする金銭の払込みの期日またはその期間
　④一定の日までに設立の登記がされない場合において、設立時募集株式の引受けの取消しを可能とするときは、その旨および一定の日

2　発起人全員の同意（２項）

　設立時募集事項の定めについては、その全員の同意が必要である。

3　均等発行（３項）

　設立時募集株式の払込金額その他の募集設立における募集条件は、その募集ごとに均等に定めなければならない。設立しようとする株式会社が種類株式発行会社である場合には、種類およびその募集ごとに均等に定めなければならない。

第59条（設立時募集株式の申込み）　C

> 1　発起人は、第57条第１項（設立時発行株式を引き受ける者の募集）の募集に応じて❶設立時募集株式の引受けの申込みをしようとする

❶58条１項

者に対し、次に掲げる事項を通知しなければならない。
① 定款の認証の年月日及びその認証をした公証人の氏名
② 第27条各号〔定款の絶対的記載事項〕、第28条各号〔変態設立事項〕、第32条第1項各号及び前条第1項各号に掲げる事項〔設立時発行株式に関する事項および設立時募集株式に関する事項〕
③ 発起人が出資した財産の価額
④ 第63条第1項〔設立時募集株式の払込金額の払込み〕の規定による払込みの取扱いの場所
⑤ 前各号に掲げるもののほか、法務省令で定める事項

2 発起人のうち❷出資の履行をしていないものがある場合には、発起人は、第36条第1項に規定する期日〔出資履行期日〕後でなければ、前項の規定による通知をすることができない。

❷35条

3 第57条第1項の募集〔設立時発行株式を引き受ける者の募集〕に応じて❶設立時募集株式の引受けの申込みをする者は、次に掲げる事項を記載した書面を発起人に交付しなければならない。
① 申込みをする者の氏名又は名称及び住所
② 引き受けようとする❸設立時募集株式の数

❸58条1項1号

4 前項の申込みをする者は、同項の書面の交付に代えて、政令で定めるところにより、発起人の承諾を得て、同項の書面に記載すべき事項を電磁的方法により提供することができる。この場合において、当該申込みをした者は、同項の書面を交付したものとみなす。

5 発起人は、第1項各号に掲げる事項について変更があったときは、直ちに、その旨及び当該変更があった事項を第3項の申込みをした者(以下この款において「❹申込者」という。)に通知しなければならない。

❹定

6 発起人が❹申込者に対してする通知又は催告は、第3項第1号の住所(当該申込者が別に通知又は催告を受ける場所又は連絡先を発起人に通知した場合にあっては、その場所又は連絡先)にあてて発すれば足りる。

7 前項の通知又は催告は、その通知又は催告が通常到達すべきであった時に、到達したものとみなす。

発起人が、株式の申込みをしようとする者に対して、通知しなければならない事項および通知の方法を定めています。また、募集に応じて設立時募集株式の引受けの申込みをする者は、氏名等を記載した書面を発起人に交付しなければなりません。

→試験対策4章2節②【2】(2)(b)、(c)

1 趣旨

設立時募集株式の申込みについて、必要な事項を定めて、引受申込人

に対して判断資料を与えるための規定である。

2 条文クローズアップ

1 他人名義による申込み

他人の承諾を得ないで他人名義を使って株式を引き受けた者がいた場合において、だれが株式引受人として払込義務を負うかについては、明文の規定がない。そこで、民法の一般原則により、実質的に株式引受けを行った者が払込義務を負い、それを履行すれば株主として扱われることになると解される（実質説）。

2 1項5号の通知事項

発起人が32条1項1号により割当てを受けた設立時発行株式および引き受けた設立時募集株式の数、32条2項の規定による決定の内容などである（会社施規8条各号）。

司 H25-37-ア（予）

第60条（設立時募集株式の割当て）　B⁻

1　発起人は、❶申込者の中から❷設立時募集株式の割当てを受ける者を定め、かつ、その者に割り当てる❸設立時募集株式の数を定めなければならない。この場合において、発起人は、当該申込者に割り当てる❸設立時募集株式の数を、前条第3項第2号の数〔引き受けようとする設立時募集株式の数〕よりも減少することができる。

2　発起人は、第58条第1項第3号の期日〔募集株式についての払込期日または払込期間〕（同号の期間を定めた場合にあっては、その期間の初日）の前日までに、❶申込者に対し、当該申込者に割り当てる❸設立時募集株式の数を通知しなければならない。

❶59条5項
❷58条1項
❸58条1項1号

発起人は、申込者のなかから設立時募集株式の割当てを受ける者を定め、さらにその者に割り当てる設立時募集株式の数を定めなければなりません。発起人は、払込期日の前日等までに、申込者に対して、割り当てる設立時募集株式の数を通知しなければなりません。

→試験対策4章2節②【2】(2)(b)、(d)

1 趣旨

設立時募集株式の割当ての手続について定めている。割当自由の原則の定めという点で204条と同趣旨である。

2 語句の意味

株式の割当てとは、株式の募集に対して、株式の申込みがあった場合において、発起人が、申込人に株式を引き受けさせるか否か、また、何株引受けさせるかを決定することをいう。

3 条文クローズアップ

1 割当自由の原則
割当自由の原則とは、割当てにあたって、あらかじめその方法を定めない場合には、申込株数や、申込みの順序等にかかわらず、発起人が自由に基準・方針を採用して、割当てができることをいう。

2 株式引受人
株式の割当てによって、株式申込人は株式引受人（株主の前身）となり、払込義務（63条1項）を負うことになる。

第61条（設立時募集株式の申込み及び割当てに関する特則） C
前2条（設立時募集株式の申込みおよび割当て）の規定は、❶設立時募集株式を引き受けようとする者がその総数の引受けを行う契約を締結する場合には、適用しない。

❶58条1項

設立時募集株式を引き受けようとする者が、その総数の引受けをする場合には、申込みの際の通知や、割当ての通知等の規制は適用されません。

1 趣旨
設立時募集株式を引き受けようとする者が、その総数の引受けを行う契約を締結する場合には、会社と株式に関する情報は、引受契約等によって引き受けようとする者に対して開示されていることが期待されることから、会社に通知義務を課さないこととしている。

第62条（設立時募集株式の引受け） C
次の各号に掲げる者は、当該各号に定める❶設立時募集株式の数について❷設立時募集株式の引受人となる。
① ❸申込者　発起人の割り当てた設立時募集株式の数
② 前条の契約により設立時募集株式の総数を引き受けた者　その者が引き受けた設立時募集株式の数

❶58条1項1号
❷58条1項
❸59条5項

申込者は発起人の割り当てた設立時募集株式の数について、また、設立時募集株式を引き受けようとする者がその総数の引受けを行う契約によって設立時株式総数を引き受けた者はその者が引き受けた設立時株式の数について、それぞれ設立時募集株式の引受人になります。

→試験対策4章2節②【2】

1 趣旨
本条1号は募集株式について、承諾である割当てが申込みに対する変更を含んだものであっても、新たな申込みとみなされず、割当てによっ

て引受契約が成立するとした。民法上の意思表示の規定の原則（民528条）の例外を定めたものである。

会社法62条2号は1号の例外として61条の規定による総数引受けの場合には、発起人からの通知も割当ても必要ないため、引き受けるとただちに引受人となるとした。

司H24-37-ウ（予）、H21-37-4。書H25-27-エ
第63条（設立時募集株式の払込金額の払込み）　B⁺

1　❶設立時募集株式の引受人は、第58条第1項第3号の期日又は同号の期間（募集株式についての払込期日または払込期間）内に、発起人が定めた❷銀行等の払込みの取扱いの場所において、それぞれの設立時募集株式の❸払込金額の全額の払込みを行わなければならない。
2　前項の規定による払込みをすることにより❹設立時発行株式の株主となる権利の譲渡は、成立後の株式会社に対抗することができない。
3　❶設立時募集株式の引受人は、第1項の規定による払込みをしないときは、当該払込みをすることにより設立時募集株式の株主となる権利を失う。

❶58条1項
❷34条2項
❸58条1項2号
❹25条1項1号

設立時募集株式の引受人は、払込期日または期間内に、払込みを取扱う場所において、設立時募集株式の払込金額の全額の払込みをしなければなりません。払込みをすることにより設立時発行株式の株主となる権利（権利株）を譲渡しても、成立後の株式会社に対抗することができません。払込みをしない引受人は、払込みをすることにより設立時募集株式の株主となる権利を失います。

→試験対策4章2節④【1】

1　趣旨

1項は、株主の間接有限責任性を確保するために、株式引受人に払込義務を負わせるものである。また、発起人の不正または怠慢により払込金が散逸してしまわないよう、第三者機関への払込みを要求している。

2項は、設立時募集株式の株主となる権利の譲渡を自由に認めると、手続が複雑で迅速な設立を阻害するおそれがあるので、これを防止するため、設立時募集株式の株主となる権利の譲渡は、会社に対抗できないとしている。

3項の趣旨は、払込みがなかった場合であっても、設立に際して定款記載事項とされている出資される財産の価額またはその最低額がみたされているかぎり、失権を抑制する必要がないという点にある。

2　条文クローズアップ

1 株式の引受け（1項）

株式の引受けは、申込人による申込みの意思表示と発起人による割当ての意思表示によって成立するものである。申込人は、会社に引受価額を払い込むと同時にその会社の株主となろうとする効果意思を有する。そのため、株式引受人は、引受けをした者として払込みの義務を負う。

→35条②、③

2 権利株（2項）

3 失権（3項）

→試験対策4章2節④【1】(2)

発起人以外の引受人が払込みをしなかった場合には、何らの手続を要することなく当然に失権する。

失権が生じた場合であっても、他の出資者が出資した財産の価額が、定款で定めた「設立に際して出資される財産の価額又はその最低額」（27条4号）をみたしているときは、設立手続を続行できる。

これに対して、定款で定めた「設立に際して出資される財産の価額又はその最低額」をみたしていないときは、追加の引受人の募集をしないと設立手続を続けることができない。かりに設立されたとしても、設立無効事由となる。

司H25-37-イ（予）、H22-37-5、H20-37-イ。書H27-35-エ

第64条（払込金の保管証明） B⁺

1. 第57条第1項の募集（設立時発行株式を引き受ける者の募集）をした場合には、発起人は、第34条第1項及び前条第1項の規定による払込みの取扱いをした❶銀行等に対し、これらの規定により払い込まれた金額に相当する金銭の保管に関する証明書の交付を請求することができる。
2. 前項の証明書を交付した❶銀行等は、当該証明書の記載が事実と異なること又は第34条第1項若しくは前条第1項の規定により払い込まれた金銭の返還に関する制限があることをもって成立後の株式会社に対抗することができない。

❶34条2項

募集設立の場合には、保管証明書の交付が必要となります。保管証明書を交付した銀行等は、証明した払込金額については、記載が事実と異なるか、または金銭の返還に制限があると成立後の会社に対抗することができません。

→試験対策4章2節④【1】(3)

1 趣旨

募集設立の場合に、株式会社設立の安定と設立に際して出資される財産の確保を期するとともに、いわゆる預合いによる株式会社設立の弊害を防止しようとする規定である。

→34条③2

2 条文クローズアップ

1 発起設立との比較

(1) **発起設立の設立手続**
　発起設立の場合、**銀行口座の残高証明等**の任意の方法をもって設立に際して払い込まれた金銭の額を証明することにより、設立手続を行うことができる(商登47条2項5号参照)。

(2) **募集設立との相違点**
　募集設立の場合、発起設立と異なり、保管証明責任が必要とされている。その趣旨は、**発起設立**は、株式会社の設立手続の遂行主体である発起人のみが出資者であるため、出資者自身が、その出資された財産の保管に携われることから特段の措置を設ける必要がないのに対し、**募集設立**は、設立手続の遂行主体でない者も出資し、かつ、出資の対象である株式会社が法主体として成立前の状況にあるから、出資者が出資した財産の保管状況を明らかにする払込保管証明の制度を採用することが相当であるという点にある。

2　払込取扱機関の責任

(1) **払込取扱機関による払込金の会社への返還**
　募集設立の場合、払込取扱銀行等は、払込金の保管証明をださなければならず、保管証明を出した以上、会社成立前に発起人または取締役に払込金を返還したとしても、証明した払込金額については会社に払い戻さなければならない。

(2) **預合い**
　預合いは、「返還に関する制限」の典型例である。したがって、預合いがなされた場合、払込取扱機関は、証明した払込金額について、会社に払い戻さなければならない。

(3) **見せ金**
　募集設立の場合において、払込取扱機関は通常**見せ金**による払込みを関知しないので、払込金保管証明責任を負うかについて争いがある。
　この点、預合いとの均衡を考えれば、払込取扱機関が見せ金であることについて悪意または重過失である場合にのみ、会社法64条2項により払込保管証明義務を負うと解すべきである(立証責任は会社側にあるものと解する)。

1　払込取扱銀行の株金の返還時期
　株金払込取扱銀行等は、その証明した払込金額を、会社成立の時まで保管してこれを会社に引き渡すべきものであって、会社成立前において発起人または取締役に払込金を返還しても、その後成立した会社に対し払込金返還をもって対抗できない(最判昭37・3・2民集16-3-423)。

2　仮装払込みの場合の保管証明責任
　払込手続において、実質的に会社の資本が充実されないいわゆる仮装払込みとなる場合に、銀行がこれを知りながら保管証明をしたときには、銀行は保管証明責任を免れない(東京高判昭48・1・17判時690-21)。

■第2款　創立総会等

第65条（創立総会の招集）　C

1　第57条第1項の募集（設立時発行株式を引き受ける者の募集）をする場合には、発起人は、第58条第1項第3号の期日（募集株式の払込期日）又は同号の期間（募集株式の払込期間）の末日のうち最も遅い日以後、遅滞なく、❶設立時株主（第50条第1項（出資の履行をした発起人）又は第102条第2項の規定により株式会社の株主となる者（払込みを行った設立時募集株式の引受人）をいう。以下同じ。）の総会（以下「❷創立総会」という。）を招集しなければならない。
2　発起人は、前項に規定する場合において、必要があると認めるときは、いつでも、❷創立総会を招集することができる。

❶定
❷定

→試験対策4章2節4【3】(2)

　募集設立の場合には、発起設立とは異なり、会社設立に先立って必ず創立総会が開かれます。また、発起人は、払込期日または期間経過後に必要があると認めるときは、いつでも創立総会を招集することができます。

1 趣旨

　設立の手続において発起人および設立時募集株式の引受人について失権が定められているので（36条3項・63条3項）、創立総会の招集に関しても、払込みまたは現物出資財産の給付が実際にされたか否かに関係なく、創立総会の招集を義務づけた（65条1項）。また、創立総会を再び招集することが必要になる場合に対応するため、必要があると認めるときはいつでも創立総会を招集できることを明文で認めた（2項）。

第66条（創立総会の権限）　C

❶創立総会は、この節に規定する事項及び株式会社の設立の廃止、創立総会の終結その他株式会社の設立に関する事項に限り、決議をすることができる。

❶65条1項

　創立総会は、定款変更・株式会社の設立の廃止等一定の事項にかぎり決議をすることができます。

→試験対策4章2節4【3】(2)(a)

1 趣旨

　創立総会は設立時株主（65条1項）により構成される会議体である。そのため、設立中の会社の意思決定機関として従来から創立総会では法定された事項に限定されずに会社の設立に関する全事項について決議できると解され、創立総会は会社の設立に関する万能の最高機関であるとされてきた。本条はそれを明文化するものである。

2 条文クローズアップ

　法は、設立経過の調査(払込みが完了したかどうか、設立手続に法令・定款違反がないかどうかの調査。93条1項3号、4号、94条)と、設立時取締役等の選任(88条)とを要求し、定款変更・設立廃止を決議可能な事項としている(66条、73条4項ただし書)。

　①まず、発起人が設立の経過を報告する(87条)。②次に、設立時取締役等を選任する(88条)。③そして、設立時取締役等は、変態設立事項その他を調査する(93条1項、94条)。創立総会には、取締役等による調査の結果、変態設立事項の検査役の報告・弁護士等の証明資料・鑑定資料が報告され(87条2項、93条2項)、創立総会は、変態設立事項を不当と考えたときはこれを変更することができる(96条)。その変更に服さない出資者は株式引受けの意思表示を取り消すことができる(97条)。

　なお、以上のほか、④招集通知に記載または記録がなくても、定款変更や設立廃止を決議することができる(73条4項ただし書)。設立廃止が決議されたときは、会社は不成立となる。

第67条（創立総会の招集の決定）　C

1　発起人は、❶創立総会を招集する場合には、次に掲げる事項を定めなければならない。
　①　創立総会の日時及び場所
　②　創立総会の目的である事項
　③　創立総会に出席しない❷設立時株主が書面によって議決権を行使することができることとするときは、その旨
　④　創立総会に出席しない設立時株主が電磁的方法によって議決権を行使することができることとするときは、その旨
　⑤　前各号に掲げるもののほか、法務省令で定める事項
2　発起人は、❸設立時株主(❶創立総会において決議をすることができる事項の全部につき議決権を行使することができない設立時株主を除く。次条から第71条までにおいて同じ。)の数が1000人以上である場合には、前項第3号に掲げる事項を定めなければならない。

❶65条1項

❷65条1項

❸定・65条1項

→試験対策4章2節4【3】(2)

　発起人は、創立総会を招集する場合には、創立総会の日時・場所・目的である事項等を定めなければなりません。

1 趣旨

　本条は、創立総会の招集に際して定めるべき事項を明らかにするために規定した。創立総会に関する情報の提供により、引受人に創立総会における適切な意思決定に参加する機会を付与するためである。

2 条文クローズアップ

1 招集通知事項（1項）
①創立総会の日時および場所（1号）
②創立総会の目的である事項（2号）
③創立総会に出席しない設立時株主が書面によって議決権を行使することができることとするときは、その旨（3号）
④創立総会に出席しない設立時株主が電磁的方法によって議決権を行使することができることとするときは、その旨（4号）
⑤前各号に掲げるもののほか、法務省令（会社施規9条）で定める事項（会社67条1項5号）

2 創立総会の特則（2項）
創立総会において決議することができる事項の全部につき議決権を行使することができない設立時株主を除く設立時株主の数が1000人以上である場合には、創立総会に出席しない株主が書面によって議決権を行使することができるようにする旨を定めなければならない。

第68条（創立総会の招集の通知）　C

1 ❶創立総会を招集するには、発起人は、創立総会の日の2週間（前条第1項第3号又は第4号に掲げる事項〔書面または電子投票で議決権が行使できる旨〕を定めたときを除き、設立しようとする株式会社が公開会社でない場合にあっては、1週間（当該設立しようとする株式会社が取締役会設置会社以外の株式会社である場合において、これを下回る期間を定款で定めた場合にあっては、その期間））前までに、❷設立時株主に対してその通知を発しなければならない。

2 次に掲げる場合には、前項の通知は、書面でしなければならない。
　① 前条第1項第3号又は第4号に掲げる事項〔書面または電子投票で議決権が行使できる旨〕を定めた場合
　② 設立しようとする株式会社が取締役会設置会社である場合

3 発起人は、前項の書面による通知の発出に代えて、政令で定めるところにより、❷設立時株主の承諾を得て、電磁的方法により通知を発することができる。この場合において、当該発起人は、同項の書面による通知を発したものとみなす。

4 前2項の通知には、前条第1項各号に掲げる事項〔創立総会の日時および場所、目的である事項、書面または電子投票で議決権が行使できる旨等〕を記載し、又は記録しなければならない。

5 発起人が❷設立時株主に対してする通知又は催告は、第27条第5号〔定款記載の発起人の住所〕又は第59条第3項第1号の住所〔設立時募集株式の申込書面記載の申込者の住所〕（当該設立時株主が別に通知又

❶65条1項

❷65条1項、67条2項

> は催告を受ける場所又は連絡先を発起人に通知した場合にあっては、その場所又は連絡先)にあてて発すれば足りる。
> 6　前項の通知又は催告は、その通知又は催告が通常到達すべきであった時に、到達したものとみなす。
> 7　前2項の規定は、第1項の通知に際して❷設立時株主に書面を交付し、又は当該書面に記載すべき事項を電磁的方法により提供する場合について準用する。この場合において、前項中「到達したもの」とあるのは、「当該書面の交付又は当該事項の電磁的方法による提供があったもの」と読み替えるものとする。

→試験対策4章2節④【3】(2)

　招集通知方法については原則として制限はありませんが、書面投票ができる旨定めた場合等は、書面または株主の承諾を得て電磁的方法によらなければなりません。また、通知期間については、原則として創立総会の日の2週間前までとしていますが、例外として、公開会社でない株式会社は1週間前、取締役会設置会社でない株式会社がこれを下回る期間を定款で定めた場合はその期間とすることができます。

1 趣旨

　創立総会の招集の通知を要求する趣旨は、設立時株主に出席の機会と準備の期間を与える点にある。非公開会社においては、設立時株主と会社との関係が緊密であることを考慮して、通知期間を最長でも1週間前と短縮している。このような場合であっても、書面投票や電磁的方法による投票を採用するときには、参考書類等の書面だけの情報により議決権を行使させることにかんがみ、十分な熟慮期間を設けさせた。

2 条文クローズアップ

1　通知期間

(1)　原則(1項)

　創立総会の日の2週間前である。

(2)　例外(1項括弧書)

(a) ①67条1項3号(書面による議決権行使)または4号(電磁的方法による議決権行使)に掲げる事項を定めていない場合で、②設立しようとする株式会社が非公開会社であるときには創立総会の日の1週間前
　　書面あるいは電磁的記録による議決権行使をするときには、十分な熟慮期間が必要であることを考慮して、期間の短縮を認めなかった。また、公開会社の場合には、添付される資料が膨大な場合もありうることから十分な熟慮期間が必要であることを考慮して、期間の短縮を認めなかった。

(b) 設立しようとする会社が取締役会を設置しない会社の場合は、創立総会の1週間前(定款でさらに短縮可能)

2　通知方法
(1)　原則
　方法に制限はなく、口頭による通知など適宜の方法によればよい。
(2)　例外
　①67条1項3号または4号に掲げる事項を定めた場合(68条2項1号)、②設立しようとする株式会社が取締役会設置会社である場合には、通知は書面でしなければならない(2項2号)。なお、政令で定めるところにより、書面による通知の発出に代えて、設立時株主の承諾を得て電磁的方法によって通知することもできる(3項)。

> **第69条（招集手続の省略）　C**
> 前条の規定にかかわらず、❶創立総会は、❷設立時株主の全員の同意があるときは、招集の手続を経ることなく開催することができる。ただし、第67条第1項第3号又は第4号に掲げる事項（書面または電子投票で議決権が行使できる旨）を定めた場合は、この限りでない。

❶65条1項
❷65条1項、67条2項

　創立総会は、設立時株主の全員の同意があるときは、招集手続を経ることなく開催することができます。ただし、書面による議決権行使または電磁的方法による議決権行使を定めた場合においては、招集手続を省略することはできません。

1　趣旨
　300条の全員出席総会による手続の簡易化の趣旨を創立総会でも認めた。

> **第70条（創立総会参考書類及び議決権行使書面の交付等）　C**
> 1　発起人は、第67条第1項第3号に掲げる事項（書面で議決権を行使できる旨）を定めた場合には、第68条第1項の通知（創立総会の招集通知）に際して、法務省令で定めるところにより、❶設立時株主に対し、議決権の行使について参考となるべき事項を記載した書類（以下この款において「❷創立総会参考書類」という。）及び設立時株主が議決権を行使するための書面（以下この款において「❸議決権行使書面」という。）を交付しなければならない。
> 2　発起人は、第68条第3項の承諾（電子招集通知によることの承諾）をした❶設立時株主に対し同項の電磁的方法による通知を発するときは、前項の規定による❷創立総会参考書類及び❸議決権行使書面の交付に代えて、これらの書類に記載すべき事項を電磁的方法により提供することができる。ただし、設立時株主の請求があったときは、これらの書類を当該設立時株主に交付しなければなら

❶65条1項、67条2項

❷定

❸定

ない。

　書面による議決権行使を定めた場合には、設立時株主に対して招集通知を発送するときは、創立総会参考書類および議決権行使書面を交付することを発起人に要求しています。また、電磁的方法による招集通知を発するときには設立時株主の請求があった場合を除いて、それらの書類に代えて、電磁的方法によって情報を提供することを認めています。

1 趣旨

　書面による議決権行使が有効かつ適切に行われるために、発起人に対して設立時株主への情報提供を要求する旨の規定である。301条と同趣旨である。

第71条　C

1　発起人は、第67条第1項第4号〔電子投票によりうる旨〕に掲げる事項を定めた場合には、第68条第1項の通知〔創立総会の招集通知〕に際して、法務省令で定めるところにより、❶設立時株主に対し、❷創立総会参考書類を交付しなければならない。　　❶65条1項、67条2項　❷70条1項

2　発起人は、第68条第3項の承諾〔電子招集通知によることの承諾〕をした❶設立時株主に対し同項の電磁的方法による通知を発するときは、前項の規定による❷創立総会参考書類の交付に代えて、当該創立総会参考書類に記載すべき事項を電磁的方法により提供することができる。ただし、設立時株主の請求があったときは、創立総会参考書類を当該設立時株主に交付しなければならない。

3　発起人は、第1項に規定する場合には、第68条第3項の承諾〔電子招集通知によることの承諾〕をした❶設立時株主に対する同項の電磁的方法による通知に際して、法務省令で定めるところにより、設立時株主に対し、❸議決権行使書面に記載すべき事項を当該電磁的方法により提供しなければならない。　　❸70条1項

4　発起人は、第1項に規定する場合において、第68条第3項の承諾〔電子招集通知によることの承諾〕をしていない❶設立時株主から❹創立総会の日の1週間前までに議決権行使書面に記載すべき事項の電磁的方法による提供の請求があったときは、法務省令で定めるところにより、直ちに、当該設立時株主に対し、当該事項を電磁的方法により提供しなければならない。　　❹65条1項

70条と同じく、発起人に設立時株主に対する情報提供を要求しています。

1 趣旨

　70条に引き続き、創立総会参考書類および議決権行使書面の交付等の

規律について規定している。書面による議決権行使の規律として302条と同趣旨である。

> **第72条（議決権の数） C**
> 1 ❶設立時株主(成立後の株式会社がその総株主の議決権の４分の１以上を有することその他の事由を通じて成立後の株式会社がその経営を実質的に支配することが可能となる関係にあるものとして法務省令で定める設立時株主を除く。)は、❷創立総会において、その引き受けた❸設立時発行株式１株につき１個の議決権を有する。ただし、単元株式数を定款で定めている場合には、１単元の設立時発行株式につき１個の議決権を有する。
> 2 設立しようとする株式会社が種類株式発行会社である場合において、株主総会において議決権を行使することができる事項について制限がある種類の❸設立時発行株式を発行するときは、❷創立総会において、❶設立時株主は、株主総会において議決権を行使することができる事項に相当する事項に限り、当該設立時発行株式について議決権を行使することができる。
> 3 前項の規定にかかわらず、株式会社の設立の廃止については、❶設立時株主は、その引き受けた❸設立時発行株式について議決権を行使することができる。

❶65条１項

❷65条１項

❸25条１項１号

創立総会においては、その引き受けた設立時発行株式１株につき１個の議決権をもちます。

1 趣旨

　１項は、設立時株主が、その取得する株式数に応じてそれぞれ会社資本へ寄与しており、それに応じた発言権を与えるべきであることから、１株につき１議決権としている。また、成立後の会社に、その議決権の４分の１以上を保有された会社によって議決権の行使を認めることは、当事会社の経営者が相互に支配権を支持し合う等、議決権行使の歪曲化のおそれがあることから、公正を保つため相互保有株式の議決権を制限している。

2 条文クローズアップ

設立の廃止の決議の特則（３項）
　設立の廃止の決議においては、議決権制限株式を含め、すべての設立時株主が議決権を行使することができる。

司H25-37-ウ(予)、H22-37-2。書H26-27-エ

第73条（創立総会の決議）　B

1　❶創立総会の決議は、当該創立総会において議決権を行使することができる❷設立時株主の議決権の過半数であって、出席した当該設立時株主の議決権の3分の2以上に当たる多数をもって行う。
2　前項の規定にかかわらず、その発行する全部の株式の内容として譲渡による当該株式の取得について当該株式会社の承認を要する旨の定款の定めを設ける定款の変更を行う場合(設立しようとする株式会社が種類株式発行会社である場合を除く。)には、当該定款の変更についての❶創立総会の決議は、当該創立総会において議決権を行使することができる❷設立時株主の半数以上であって、当該設立時株主の議決権の3分の2以上に当たる多数をもって行わなければならない。
3　定款を変更してその発行する全部の株式の内容として第107条第1項第3号に掲げる事項についての定款の定めを設け、又は当該事項についての定款の変更(当該事項についての定款の定めを廃止するものを除く。)をしようとする場合(設立しようとする株式会社が種類株式発行会社である場合を除く。)には、❷設立時株主全員の同意を得なければならない。
4　❶創立総会は、第67条第1項第2号に掲げる事項以外の事項〔創立総会の目的事項〕については、決議をすることができない。ただし、定款の変更又は株式会社の設立の廃止については、この限りでない。

❶65条1項
❷65条1項

創立総会の決議は、原則として設立時株主の議決権の過半数であって、出席した株主の議決権の3分の2以上の多数の賛成によりますが、株式の譲渡制限をしたり、会社が株式を株主から取得できる条件を設けたりするといった定款変更を行う決議の方法は、更に多数の議決権によらなければなりません。また、創立総会で決議できる事項は、定款の変更等を除いて、創立総会の目的として定めた事項にかぎられます。

→試験対策4章2節④【3】(2)(b)

1　趣旨

　創立総会は、会社の設立について終局的判断をするものであるから、その決議の慎重を期するとともに、決議に対する発起人の影響力を弱めることを意図して、要件を厳格にした。そして、決議事項の重大性に応じて決議要件を厳格にしている(1項から3項まで)。さらに、設立時株主に重大な影響を及ぼすものは、常に創立総会で決議しなければならないため、原則として創立総会の目的以外の事項を決議できないものとした。

2　条文クローズアップ

1　株式譲渡制限を付す定款変更の決議要件（2項）

発行する全部の株式の内容として譲渡による株式の取得について株式会社の承認を要する旨の定款の定めを設ける定款の変更を行う場合（設立しようとする株式会社が種類株式発行会社である場合を除く）には、当該定款の変更についての創立総会決議は、創立総会において議決権を行使することができる設立時株主の半数以上であって、設立時株主の議決権の3分の2以上にあたる多数をもって行わなければならない。

2　取得条項を付す定款変更の手続（3項）

定款を変更してその発行する全部の株式の内容を取得条項付株式とする旨の定款の定めを設け、または、当該事項についての定款変更（当該事項についての定款の定めを廃止するものを除く）をしようとする場合（設立しようとする株式会社が種類株式発行会社である場合を除く）には、設立時株主全員の同意を得なければならない。

3　決議事項の制限の例外（4項ただし書）

創立総会は、招集の通知に特にその旨の記載がなくても、定款変更や設立廃止を決議することができることを規定する。設立廃止の決議により会社は不成立となり、発起人は会社不成立の責任を負う（56条）。

第74条（議決権の代理行使）　C

1　❶設立時株主は、代理人によってその議決権を行使することができる。この場合においては、当該設立時株主又は代理人は、代理権を証明する書面を発起人に提出しなければならない。

2　前項の代理権の授与は、❷創立総会ごとにしなければならない。

3　第1項の❶設立時株主又は代理人は、代理権を証明する書面の提出に代えて、政令で定めるところにより、発起人の承諾を得て、当該書面に記載すべき事項を電磁的方法により提供することができる。この場合において、当該設立時株主又は代理人は、当該書面を提出したものとみなす。

4　❶設立時株主が第68条第3項の承諾〔電子招集通知によることの承諾〕をした者である場合には、発起人は、正当な理由がなければ、前項の承諾をすることを拒んではならない。

5　発起人は、❷創立総会に出席することができる代理人の数を制限することができる。

6　❸発起人（株式会社の成立後にあっては、当該株式会社。次条第3項及び第76条第4項において同じ。）は、❷創立総会の日から3箇月間、代理権を証明する書面及び第3項の電磁的方法により提供された事項が記録された❹電磁的記録を❺発起人が定めた場所（株式会社の成立後にあっては、その本店。次条第3項及び第76条第4項において同じ。）に備え置かなければならない。

7　❻設立時株主（株式会社の成立後にあっては、その株主。次条第

❶65条1項
❷65条1項
❸定
❹26条2項
❺定
❻定・65条1項

> 4項及び第76条第5項において同じ。）は、❼発起人が定めた時間（株式会社の成立後にあっては、その営業時間。次条第4項及び第76条第5項において同じ。）内は、いつでも、次に掲げる請求をすることができる。
> ① 代理権を証明する書面の閲覧又は謄写の請求
> ② 前項の❹電磁的記録に記録された事項を法務省令で定める方法により表示したものの閲覧又は謄写の請求

❼定

　設立時株主は、代理人によって議決権を行使することができます。この場合、その設立時株主または代理人は、代理権を証明する書面などを提出しなければなりません。
　また、代理権の授与は創立総会ごとにしなければならず、発起人は複数の者が代理人になった場合はその数を制限することができます。
　そして、代理権を証する書面などは会社の本店等に備え置き、株主はその閲覧等の請求をすることができます。

1 趣旨

　設立時株主が議決権を行使する場合において、常に株主みずからが株主総会に出席することを要求するのは、多数の株主が各地に分散しているときには困難なことがあり、また、株主にとっても不便である。そこで、会社法は、議決権の代理行使を認めた。また、5項が代理人の数を制限することができるとしているのは、いわゆる総会屋等によって議事の円滑な運営を害されることを防止するためである。

2 条文クローズアップ

議決権の代理行使の制限

→310条[2]3

> **第75条（書面による議決権の行使）　C**
> 1　書面による議決権の行使は、❶議決権行使書面に必要な事項を記載し、法務省令で定める時までに当該議決権行使書面を発起人に提出して行う。
> 2　前項の規定により書面によって行使した議決権の数は、出席した❷設立時株主の議決権の数に算入する。
> 3　❸発起人は、❹創立総会の日から3箇月間、第1項の規定により提出された❶議決権行使書面を❺発起人が定めた場所に備え置かなければならない。
> 4　❷設立時株主は、❻発起人が定めた時間内は、いつでも、第1項の規定により提出された❶議決権行使書面の閲覧又は謄写の請求をすることができる。

❶70条1項

❷65条1項、74条7項
❸74条6項
❹65条1項
❺74条6項
❻74条7項

創立総会に出席しない株主も、書面に必要事項を記載し、期限までに発起人に提出すれば、議決権を行使することができます。この書面による議決権の数は、出席した株主の議決権の数に加えられることになります。また、これらの書面は一定の場所に備え置かれ、設立時株主は書面の閲覧・謄写の請求をすることができます。

1 趣旨

株主の議決権行使を容易にすることで、株主の意思を確実に反映させるとともに、定足数の確保を図るため、書面による議決権行使を認めた規定である。3項、4項が、書面の備置きを義務づけ、株主にその閲覧・謄写請求を認めているのは、株主が賛否の票数を調査できるようにし、また、決議取消しの訴えを提起できるようにするためである。

第76条（電磁的方法による議決権の行使）　C

1　電磁的方法による議決権の行使は、政令で定めるところにより、発起人の承諾を得て、法務省令で定める時までに❶議決権行使書面に記載すべき事項を、電磁的方法により当該発起人に提供して行う。
2　❷設立時株主が第68条第3項の承諾（電子招集通知によることの承諾）をした者である場合には、発起人は、正当な理由がなければ、前項の承諾をすることを拒んではならない。
3　第1項の規定により電磁的方法によって行使した議決権の数は、出席した❷設立時株主の議決権の数に算入する。
4　❸発起人は、❹創立総会の日から3箇月間、第1項の規定により提供された事項を記録した❺電磁的記録を❻発起人が定めた場所に備え置かなければならない。
5　❷設立時株主は、❼発起人が定めた時間内は、いつでも、前項の❺電磁的記録に記録された事項を法務省令で定める方法により表示したものの閲覧又は謄写の請求をすることができる。

❶70条1項

❷65条1項、74条7項

❸74条6項
❹65条1項
❺26条2項
❻74条6項
❼74条7項

発起人の承諾を得た場合は、電磁的方法により議決権を行使することができます。この電磁的方法による議決権の数は、出席した株主の議決権の数に加えられることになります。また、これらの電磁的記録は一定の場所に備え置かれ、設立時株主には記録の閲覧等をする権利が与えられます。

1 趣旨

会社法は書面だけでなく、電磁的記録による議決権行使も認められている。また、4項と5項が、電磁的記録の備置きを義務づけ、株主にその閲覧・謄写請求を認めている趣旨は、株主が賛否の票数を調査できるようにし、また決議取消しの訴えを提起できるようにするためである。

第77条（議決権の不統一行使）　C

1　❶設立時株主は、その有する議決権を統一しないで行使することができる。この場合においては、❷創立総会の日の3日前までに、発起人に対してその旨及びその理由を通知しなければならない。
2　発起人は、前項の❶設立時株主が他人のために❸設立時発行株式を引き受けた者でないときは、当該設立時株主が同項の規定によりその有する議決権を統一しないで行使することを拒むことができる。

❶65条1項
❷65条1項

❸25条1項1号

　設立時株主は、議決権を行使する際にその議決権ごとに異なった投票ができます。ただし、その際は発起人に不統一行使の理由を告げる必要があります。そして、他人のために株式を引き受けた株主でないときは、発起人は不統一行使を拒むことができます。

1　趣旨

　株式の信託等の場合、株主は他人のために株式を保有するものであるから、その他人の意向に従って議決権の行使を認めるのが妥当である。そこで、この場合には議決権の不統一行使を認めた。

第78条（発起人の説明義務）　C

発起人は、❶創立総会において、❷設立時株主から特定の事項について説明を求められた場合には、当該事項について必要な説明をしなければならない。ただし、当該事項が創立総会の目的である事項に関しないものである場合、その説明をすることにより設立時株主の共同の利益を著しく害する場合その他正当な理由がある場合として法務省令で定める場合は、この限りでない。

❶65条1項
❷65条1項

　発起人は、創立総会において株主から特定の事項について説明を求められた場合には、説明をする義務を負います。ただし、①その事項が創立総会の目的事項と関係がない場合、②説明することが設立時株主にとって多大な不利益となる場合、③その他正当な理由がある場合として法務省令で定める場合は、説明を拒否することができます。

1　趣旨

　設立時株主が、決議事項について賛否の判断をするために、必要な範囲で説明を求めた場合に、発起人にこれに対する説明をする義務があることは当然である。そこで、株主に質問の機会を与えなかったり、質問に会社側が答えなかったりした場合には、説明の拒否事由がないかぎり、総会決議が違法となることを注意的に明らかにし、発起人の自覚を

促した。

2 条文クローズアップ

1 説明を拒むことができる場合
(1) その事項が総会の目的事項(決議事項と報告事項を含む)と関係がない場合(e.g. 役員のプライバシーに関する質問等)
(2) 説明することが株主の共同の利益を著しく害する場合(e.g. 企業秘密を害するとき等)
(3) その他正当な理由があると法務省令(会社施規15条)で定める場合

2 説明義務違反の効果
発起人が質問の機会をまったく与えなかった場合、不当に説明を拒絶した場合、不実の説明をした場合、正当な事由がないのに不十分な説明しかしなかった場合には、いずれも決議の方法が法令に違反することになるので、総会の決議の取消しの訴えの原因となる(831条1項1号)。また、正当な事由なく株主の求めた質問事項について説明しなかった発起人は、過料に処せられる(976条9号)。

第79条(議長の権限) C
1 ❶創立総会の議長は、当該創立総会の秩序を維持し、議事を整理する。
2 ❶創立総会の議長は、その命令に従わない者その他当該創立総会の秩序を乱す者を退場させることができる。

❶65条1項

創立総会の議長は、総会での議事が問題なく進められるよう努め、議事をとりまとめる役目を負います。そのため、議長には、命令に従わない者等を退場させる権限が与えられています。

1 趣旨
総会屋による創立総会の運営妨害のおそれから、議長の権限を明確にするべくあえて規定した。この点は315条と同趣旨である。

→315条①

2 条文クローズアップ

→315条②

第80条(延期又は続行の決議) C
❶創立総会においてその延期又は続行について決議があった場合には、第67条及び第68条の規定〔創立総会の招集決定および招集通知の規定〕は、適用しない。

❶65条1項

創立総会で延期または続行について決議があった場合には、招集決定に関

する67条の規定と招集通知に関する68条の規定とは適用されません。

1 趣旨

　最初の会議と延会または継続会とはいずれも同一性を保ち、それぞれが別個の総会となるのではないから、改めて招集手続をする必要はない。そこで、総会の延期または続行の場合には、招集手続に関する67条と68条は適用されないことを定めた。

2 語句の意味

　延期とは、議事に入らないで総会を延期することをいう。
　続行とは、議事に入ったが審議が終わらないで総会を後日に継続することをいう。

第81条（議事録）　C

1　❶創立総会の議事については、法務省令で定めるところにより、議事録を作成しなければならない。

2　❷発起人(株式会社の成立後にあっては、当該株式会社。次条第2項において同じ。)は、❶創立総会の日から10年間、前項の議事録を❸発起人が定めた場所(株式会社の成立後にあっては、その本店。同条第2項において同じ。)に備え置かなければならない。

3　❹設立時株主(株式会社の成立後にあっては、その株主及び債権者。次条第3項において同じ。)は、❺発起人が定めた時間(株式会社の成立後にあっては、その営業時間。同項において同じ。)内は、いつでも、次に掲げる請求をすることができる。
　①　第1項の議事録が書面をもって作成されているときは、当該書面の閲覧又は謄写の請求
　②　第1項の議事録が❻電磁的記録をもって作成されているときは、当該電磁的記録に記録された事項を法務省令で定める方法により表示したものの閲覧又は謄写の請求

4　株式会社の成立後において、当該株式会社の❼親会社社員は、その権利を行使するため必要があるときは、裁判所の許可を得て、第1項の議事録について前項各号に掲げる請求をすることができる。

❶65条1項
❷定
❸定
❹定・65条1項
❺定
❻26条2項
❼31条3項

　創立総会では、議事録を作成し、それを創立総会の日から10年間、発起人が定めた場所に備え置かなければなりません。また、株主・債権者・親会社社員は、当該議事録の閲覧謄写の請求をすることができます。

1 趣旨

　創立総会においていかなる決議が、いかなる審議のもと成立したか

は、会社だけでなく、設立時株主や債権者等にとっても重大な利害関係がある。さらに、その審議過程や決議内容等は、設立時株主等が決議の効力を争う訴訟の提起の可否を判断する重要な資料となる。そこで、明確に議事録を記録しておく必要があるので、その記録を義務づけた。318条と同趣旨である。

→318条①

2 語句の意味

議事録とは、議事の経過の要領とその結果を記載した文書をいい、単に決議の結果のみを記載する決議録とは異なる。

第82条（創立総会の決議の省略） C

1. 発起人が❶創立総会の目的である事項について提案をした場合において、当該提案につき❷設立時株主（当該事項について議決権を行使することができるものに限る。）の全員が書面又は❸電磁的記録により同意の意思表示をしたときは、当該提案を可決する旨の創立総会の決議があったものとみなす。
2. ❹発起人は、前項の規定により❶創立総会の決議があったものとみなされた日から10年間、同項の書面又は❸電磁的記録を❺発起人が定めた場所に備え置かなければならない。
3. ❻設立時株主は、発起人が定めた時間内は、いつでも、次に掲げる請求をすることができる。
   ① 前項の書面の閲覧又は謄写の請求
   ② 前項の❸電磁的記録に記録された事項を法務省令で定める方法により表示したものの閲覧又は謄写の請求
4. 株式会社の成立後において、当該株式会社の❼親会社社員は、その権利を行使するため必要があるときは、裁判所の許可を得て、第2項の書面又は❸電磁的記録について前項各号に掲げる請求をすることができる。

❶65条1項
❷65条1項
❸26条2項

❹81条2項
❺81条2項

❻65条1項、81条3項

❼31条3項

発起人から提案があった創立総会の決議の目的である事項について、議決権を行使できるすべての株主が書面または電子的方法によって当該提案に同意した場合には、創立総会が開催されなくても、このような書面または電磁的方法による投票のみで、創立総会決議の効力が認められます。

1 趣旨

本条は、設立時株主数が少数で比較的小規模な会社である場合に、創立総会を開かずに、一定事項につき設立時株主の全員の同意が得られた場合には総会決議があったものと擬制し、手続の省略による簡易化を図った。319条と同趣旨である。

→319条①

第83条（創立総会への報告の省略） C

発起人が❶設立時株主の全員に対して❷創立総会に報告すべき事項を通知した場合において、当該事項を創立総会に報告することを要しないことにつき設立時株主の全員が書面又は❸電磁的記録により同意の意思表示をしたときは、当該事項の創立総会への報告があったものとみなす。

❶65条1項
❷65条1項
❸26条2項

創立総会に報告すべき事項を、発起人が設立時株主の全員に通知し、創立総会への報告をしないことについて全員の同意のあった場合は、当該事項の創立総会への報告があったものとみなして、その報告を省略できます。

1 趣旨

創立総会において書面決議が許されるのであるから、決議事項よりも重要性の点で劣る報告事項を、常に総会の場で報告しなければならないとする合理性は乏しい。そこで、創立総会への報告を省略できる場合を認めた。

第84条（種類株主総会の決議を必要とする旨の定めがある場合） C

設立しようとする株式会社が種類株式発行会社である場合において、その設立に際して発行するある種類の株式の内容として、株主総会において決議すべき事項について、当該決議のほか、当該種類の株式の種類株主を構成員とする種類株主総会の決議があることを必要とする旨の定めがあるときは、当該事項は、その定款の定めの例に従い、❶創立総会の決議のほか、当該種類の❷設立時発行株式の❸設立時種類株主（ある種類の設立時発行株式の❹設立時株主をいう。以下この節において同じ。）を構成員とする❺種類創立総会（ある種類の設立時発行株式の設立時種類株主の総会をいう。以下同じ。）の決議がなければ、その効力を生じない。ただし、当該種類創立総会において議決権を行使することができる設立時種類株主が存しない場合は、この限りでない。

❶65条1項
❷25条1項1号
❸定
❹65条1項
❺定

拒否権付種類株式を発行した場合には、その定款の内容に従って、問題となる事項について、株主総会等の決議に加えて、その種類の株式の種類株主を構成員とする種類株主総会の決議が必要です。ただし、当該種類株主総会で議決権を行使することができる種類株主がいない場合は、決議は不要です。

1 趣旨

従来、拒否権付種類株式について創立総会において種類株主総会決議

→108条1項8号、323条

をすることに関する規定がなかったので、本条はこれを明文化した。

> **第85条（種類創立総会の招集及び決議）　C**
> 1　前条〔種類株主総会決議を要する旨の定めがある場合〕、第90条第１項(同条第２項において準用する場合を含む。)〔種類創立総会決議による設立時取締役・監査役の選任〕、第92条第１項(同条第４項において準用する場合を含む。)〔種類創立総会決議で選任された設立時取締役・監査役の解任〕、第100条第１項又は第101条第１項〔定款変更手続の特則〕の規定により❶種類創立総会の決議をする場合には、発起人は、種類創立総会を招集しなければならない。
> 2　❶種類創立総会の決議は、当該種類創立総会において議決権を行使することができる❷設立時種類株主の議決権の過半数であって、出席した当該設立時種類株主の議決権の３分の２以上に当たる多数をもって行う。
> 3　前項の規定にかかわらず、第100条第１項の決議〔譲渡制限種類株式等の発行を定める創立総会決議〕は、同項に規定する❶種類創立総会において議決権を行使することができる❷設立時種類株主の半数以上であって、当該設立時種類株主の議決権の３分の２以上に当たる多数をもって行わなければならない。

❶84条
❷84条

　種類創立総会の決議がいる場合には、種類創立総会の招集が必要です。また、決議は、原則として種類創立総会において議決権を行使することができる設立時種類株主の議決権の過半数、かつ、出席した当該種類株主の議決権の３分の２以上の多数の賛成で決まります。

1 趣旨

　会社法は、種類株式を発行する場合に、発行する種類株式の株主となる者による種類創立総会の決議を必要とする場合を個別的に規定している。本条は、種類創立総会決議をする場合の招集手続（１項）および決議要件（２項および３項）について規定した。

2 条文クローズアップ

種類創立総会の招集が必要な場合（１項）
(1)　定款に種類株主総会の決議を必要とする旨の定めがある場合で、種類創立総会の決議をするとき(84条)
(2)　種類創立総会の決議による設立時取締役等の選任をする場合(90条１項、90条２項で準用する場合も含む)
(3)　(2)で選任された設立時取締役を種類創立総会で解任する場合(92条１項、92条４項で準用する場合も含む)
(4)　種類株式発行会社が定款を変更してある種類の株式の内容について

定めをする場合（100条1項または101条1項）

第86条（創立総会に関する規定の準用）　C
第67条から第71条まで〔創立総会の招集決定、招集通知、招集手続の省略等〕、第72条第1項〔創立総会での議決権の数〕及び第74条から第82条まで〔議決権の代理行使、書面投票による行使、電子投票による行使等〕の規定は、❶種類創立総会について準用する。この場合において、第67条第1項第3号及び第4号並びに第2項、第68条第1項及び第3項、第69条から第71条まで、第72条第1項、第74条第1項、第3項及び第4項、第75条第2項、第76条第2項及び第3項、第77条、第78条本文並びに第82条第1項中「❷設立時株主」とあるのは、「❸設立時種類株主（ある種類の❹設立時発行株式の設立時株主をいう。）」と読み替えるものとする。

❶84条

❷65条1項
❸84条
❹25条1項1号

創立総会の招集等、議決権の数、議決権の行使・決議等の規定は、種類創立総会について準用します。

1 趣旨
創立総会に関する規定を種類創立総会について多く準用する旨を規定している。株主総会に関する規定を種類株主総会に準用する325条に対応させた。

■第3款　設立に関する事項の報告

第87条　C
1　発起人は、株式会社の設立に関する事項を❶創立総会に報告しなければならない。
2　発起人は、次の各号に掲げる場合には、当該各号に定める事項を記載し、又は記録した書面又は❷電磁的記録を❶創立総会に提出し、又は提供しなければならない。
　① 定款に第28条各号に掲げる事項〔変態設立事項〕（第33条第10項各号に掲げる場合における当該各号に定める事項〔現物出資の少額を理由とする検査役選任等の免除等〕を除く。）の定めがある場合　第33条第2項の検査役〔変態設立事項の検査役〕の同条第4項の報告〔調査結果の報告〕の内容
　② 第33条第10項第3号に掲げる場合〔専門家の証明による検査役選任の免除〕　同号に規定する証明〔専門家の証明〕の内容

❶65条1項

❷26条2項

発起人は、株式会社の設立に関する事項を創立総会に報告しなければなりません。また、変態設立事項についての検査役の調査結果の報告に関する事

→試験対策4章2節④【3】(2)(a)

項等を記載、記録した書面等を創立総会に提出しなければなりません。

1 趣旨

設立中の会社の執行機関である発起人に、創立総会に対して設立の経過の調査・討論決議のための資料を提供させ、会社創立に関する各事項を報告する義務を課した。創立総会は設立手続の最終段階において設立事項の調査・検討のために開かれるためである。

■第4款　設立時取締役等の選任及び解任

司 H23-37-3

第88条（設立時取締役等の選任）　B⁻

1　第57条第1項の募集（設立時発行株式を引き受ける者の募集）をする場合には、❶設立時取締役、❷設立時会計参与、❸設立時監査役又は❹設立時会計監査人の選任は、❺創立総会の決議によって行わなければならない。

i 2　設立しようとする株式会社が監査等委員会設置会社である場合には、前項の規定による❶設立時取締役の選任は、❻設立時監査等委員である設立時取締役とそれ以外の設立時取締役とを区別してしなければならない。

❶38条1項
❷38条3項1号
❸38条3項2号
❹38条3項3号
❺65条1項

❻38条2項

募集設立の場合には、設立時取締役等は、創立総会の決議によって選任されます。また、監査等委員会設置会社では、監査等委員である設立時取締役を区別して選任しなければなりません。

→試験対策4章2節4【3】(2)(a)

1 趣旨

1項は、募集設立の方法で行われる場合の設立時取締役等の選任を創立総会でするものと定める。これは、発起設立と異なり、設立時取締役等を創立総会決議により選任することで、設立時募集株式の引受人にも設立時取締役等の選任の意思決定に参加させるためである。2項は監査等委員である取締役を区別して選任する点で329条2項と同趣旨である。

第89条（累積投票による設立時取締役の選任）　C

1　❶創立総会の目的である事項が2人以上の❷設立時取締役（設立しようとする株式会社が監査等委員会設置会社である場合にあっては、❸設立時監査等委員である設立時取締役又はそれ以外の設立時取締役。以下この条において同じ。）の選任である場合には、❹設立時株主（設立時取締役の選任について議決権を行使することができる設立時株主に限る。以下この条において同じ。）は、定款に別段の定めがあるときを除き、発起人に対し、第3項から第5

❶65条1項
❷定・38条1項

❸38条2項

❹定・65条1項

項までに規定するところにより設立時取締役を選任すべきことを請求することができる。
2　前項の規定による請求は、同項の❶創立総会の日の5日前までにしなければならない。
3　第72条第1項（創立総会における議決権の数）の規定にかかわらず、第1項の規定による請求があった場合には、❷設立時取締役の選任の決議については、❹設立時株主は、その引き受けた❺設立時発行株式1株（単元株式数を定款で定めている場合にあっては、1単元の設立時発行株式）につき、当該❶創立総会において選任する設立時取締役の数と同数の議決権を有する。この場合においては、設立時株主は、1人のみに投票し、又は2人以上に投票して、その議決権を行使することができる。
4　前項の場合には、投票の最多数を得た者から順次❷設立時取締役に選任されたものとする。
5　前2項に定めるもののほか、第1項の規定による請求があった場合における❷設立時取締役の選任に関し必要な事項は、法務省令で定める。

❺25条1項1号

創立総会で複数の設立時取締役を選任しようとする場合、設立時株主が創立総会の日の5日前までに請求することによって、累積投票によって選任することができます。

1　趣旨

本条の趣旨は、少数派設立時株主の利益を代表する者が設立時取締役に選任される可能性を与え、少数派設立時株主の意見を会社経営に反映させる点にある。

2　語句の意味

累積投票とは、同じ創立総会で2人以上の設立時取締役を選任する場合には、その設立時取締役全員の選任を一括し、その代わりに各設立時株主に1株（単元株制度採用会社では1単元）につき選任される設立時取締役の数と同数の議決権（3人選任のときは1株につき3票）を認め、各設立時株主にはその議決権を全部1人に集中して投票するか、または数人に分散して投票するかの自由を認め、投票の結果最多数を得た者から順次その員数までを当選者とする投票の方法をいう。

3　条文クローズアップ

手続

1項の規定による請求があった場合には、発起人（創立総会の議長が存する場合にあっては、議長）は、1項の創立総会における設立時取締役の

選任の決議に先立ち、3項から5項までに規定するところにより設立時取締役を選任することを明らかにしなければならない(会社施規18条2項)。

第90条（種類創立総会の決議による設立時取締役等の選任） C

1 第88条〔設立時取締役等の選任〕の規定にかかわらず、株式会社の設立に際して第108条第1項第9号に掲げる事項〔種類株主総会における取締役等の選任に関する事項〕(取締役(設立しようとする株式会社が監査等委員会設置会社である場合にあっては、❶監査等委員である取締役又はそれ以外の取締役)に関するものに限る。)についての定めがある種類の株式を発行する場合には、❷設立時取締役(設立しようとする株式会社が監査等委員会設置会社である場合にあっては、❸設立時監査等委員である設立時取締役又はそれ以外の設立時取締役)は、同条第2項第9号に定める事項〔種類株主総会での取締役等の選任につき定款で定めるべき事項〕についての定款の定めの例に従い、当該種類の❹設立時発行株式の❺設立時種類株主を構成員とする❻種類創立総会の決議によって選任しなければならない。
2 前項の規定は、株式会社の設立に際して第108条第1項第9号に掲げる事項〔種類株主総会での取締役等の選任に関する事項〕(監査役に関するものに限る。)についての定めがある種類の株式を発行する場合について準用する。

❶38条2項
❷38条1項
❸38条2項

❹25条1項1号
❺84条
❻84条

会社の設立時に取締役や監査役の選任に関する定めがある種類の株式を発行する場合には、設立時取締役や監査役は、その定めに従い設立時種類株主を構成員とする種類創立総会の決議によって選任されなければなりません。

1 趣旨

本条の趣旨は、取締役を種類株主総会において選任する定めのある種類株式の効力を設立時取締役についても及ぼし、複数の企業が共同で連帯して一定の事業を行う等の場合に、各出資企業が出資の割合や事業への関与の度合いに応じて設立時取締役を選任できるようにする株主間契約を制度的に保障する点にある。

第91条（設立時取締役等の解任） C

第88条の規定〔設立時取締役等の選任〕により選任された❶設立時取締役、❷設立時会計参与、❸設立時監査役又は❹設立時会計監査人は、株式会社の成立の時までの間、❺創立総会の決議によって解任することができる。

❶38条1項
❷38条3項1号
❸38条3項2号
❹38条3項3号
❺65条1項

創立総会において選任された設立時取締役等は、株式会社成立前までに、創立総会の決議によって解任できます。

1 趣旨

本条は、設立時取締役等の解任について、設立までは創立総会で設立後の取締役等と同様にすることを規定した。

第92条　C

1　第90条第1項（種類創立総会の決議による設立時取締役の選任）の規定により選任された❶設立時取締役は、株式会社の成立の時までの間、その選任に係る種類の❷設立時発行株式の❸設立時種類株主を構成員とする❹種類創立総会の決議によって解任することができる。

2　前項の規定にかかわらず、第41条第1項（種類株主総会における設立時役員等の選任の特則）の規定により又は❹種類創立総会若しくは種類株主総会において選任された取締役を株主総会の決議によって解任することができる旨の定款の定めがある場合には、第90条第1項（種類創立総会による設立時取締役の選任）の規定により選任された❶設立時取締役は、株式会社の成立の時までの間、❺創立総会の決議によって解任することができる。

i 3　設立しようとする株式会社が監査等委員会設置会社である場合における前項の規定の適用については、同項中「取締役を」とあるのは「❻監査等委員である取締役又はそれ以外の取締役を」と、「❶設立時取締役」とあるのは「❼設立時監査等委員である設立時取締役又はそれ以外の設立時取締役」とする。

4　第1項及び第2項の規定は、第90条第2項（種類創立総会による設立時監査役の選任への準用）において準用する同条第1項の規定により選任された❽設立時監査役について準用する。

❶38条1項
❷25条1項1号
❸84条
❹84条

❺65条1項

❻38条2項
❼38条2項

❽38条3項2号

種類創立総会の決議によって選任された設立時取締役や設立時監査役は、株式会社の成立の時までの間、その選任と同じ設立時種類株主を構成員とする種類創立総会の決議によって解任することができます。

1 趣旨

1項は、種類株主総会決議により選任された取締役等の解任についても、その種類株主総会決議により解任を可能としていることと合わせたものである（347条1項参照）。

2項は、設立中に種類創立総会等で選任された取締役を、株主総会の決議により解任を可能とする旨を定款で定める場合には、その定款の趣旨を設立時取締役の解任にも妥当させたものである。

2 条文クローズアップ

1 種類創立総会による解任（1項、4項）
取締役・監査役選任に関する種類株式の種類創立総会の決議により選任された設立時取締役・設立時監査役は、当該設立時種類株主を構成員とする種類創立総会の決議によって解任することができる。

2 定款の定めによる解任（2項から4項まで）
取締役（監査等委員会設置会社においては、監査等委員である取締役またはそれ以外の取締役〔3項〕）・監査役を株主総会の決議によって解任することができる旨の定款の定めがある場合には、創立総会の決議によって解任することができる。

■第5款　設立時取締役等による調査

> **第93条（設立時取締役等による調査）　C**
>
> 1　❶設立時取締役（設立しようとする株式会社が監査役設置会社である場合にあっては、設立時取締役及び❷設立時監査役。以下この条において同じ。）は、その選任後遅滞なく、次に掲げる事項を調査しなければならない。
> 　①　第33条第10項第1号〔現物出資の少額を理由とする検査役選任等の免除〕又は第2号〔有価証券の現物出資を理由とする検査役選任等の免除〕に掲げる場合における❸現物出資財産等（同号に掲げる場合にあっては、同号の❹有価証券に限る。）について定款に記載され、又は記録された価額が相当であること。
> 　②　第33条第10項第3号に規定する証明〔専門家の証明〕が相当であること。
> 　③　発起人による❺出資の履行及び第63条第1項〔設立時募集株式の払込金額の払込み〕の規定による払込み〔設立時募集株式の払込金額の払込み〕が完了していること。
> 　④　前3号に掲げる事項のほか、株式会社の設立の手続が法令又は定款に違反していないこと。
> 2　❶設立時取締役は、前項の規定による調査の結果を❻創立総会に報告しなければならない。
> 3　❶設立時取締役は、❻創立総会において、❼設立時株主から第1項の規定による調査に関する事項について説明を求められた場合には、当該事項について必要な説明をしなければならない。

❶定・38条1項
❷38条3項2号

❸33条10項1号
❹33条10項2号

❺35条

❻65条1項

❼65条1項

→試験対策4章2節 ④【2】(3)

設立時取締役・設立時監査役は、検査役調査が免除される現物出資・財産引受けについての調査、発起人による出資の履行と設立時募集株式の引受人による払込みが完了していること、株式会社設立の手続が法令または定款に違反していないことを調査しなければなりません。また、調査結果を創立総

第93条／121／

会に報告し、説明を求められれば、必要な説明をしなければなりません。

1 趣旨

変態設立事項については、調査の合理化を図るため33条10項により検査役による調査を免除しているが、評価をめぐる弊害のおそれがあるため、設立時取締役および設立時監査役による調査・報告を義務づけた。また、発起人による出資の履行と設立時募集株式の引受人による払込みの完了、設立手続が法令または定款に違反していないことについても、調査・報告を義務づけた。

2 語句の意味

現物出資財産とは、株式会社を設立する場合に出資される金銭以外の財産（28条1号）および株式会社の成立後に譲り受けることを約した財産（28条2号）をいう（33条10項1号）。

3 条文クローズアップ

調査の内容

① 現物出資および財産引受けについて定款に記載、記録された価額の総額が500万円を超えず、または記載、記録されたのが市場価格のある有価証券であったことにより、検査役の調査が免除された場合（33条10項1号、2号）に、価額が相当であること（93条1項1号）

② 現物出資、財産引受けについて定款に記載、記録された価額が相当であることについて弁護士、弁護法人、公認会計士等の証明を受けて検査役の調査が免除される場合（33条10項3号）にその証明が相当であること（93条1項2号）

③ 発起人による出資の履行および設立時募集株式の引受人による払込みが完了していること（3号）

④ 設立手続に定款または法令の違反がないこと（4号）

第94条（設立時取締役等が発起人である場合の特則）　C

1　❶設立時取締役（設立しようとする株式会社が監査役設置会社である場合にあっては、設立時取締役及び❷設立時監査役）の全部又は一部が発起人である場合には、❸創立総会においては、その決議によって、前条第1項各号に掲げる事項（設立時取締役等が調査すべき事項）を調査する者を選任することができる。

2　前項の規定により選任された者は、必要な調査を行い、当該調査の結果を❸創立総会に報告しなければならない。

❶38条1項
❷38条3項2号
❸65条1項

設立時の取締役、設立時の監査役の全部または一部が発起人である場合には、検査役調査が免除される変態設立事項や出資の完了等を調査する者を創

→試験対策4章2節[4]【2】(3)

立総会における決議によって選任することができます。選任された者は、必要な調査を行い、その結果を創立総会に報告しなければなりません。

1 趣旨

　設立時取締役、設立時監査役が発起人である場合は、設立手続の調査、報告が形式的になり、お手盛りを強行したり、自画自賛になったりするおそれがあるので、公平な第三者的な者による調査を認めたものである。

2 条文クローズアップ

検査役の資格

　立法趣旨から、検査役は、発起人および財産引受けの財産提供者等、調査の対象となる事項の当事者以外のものにかぎるべきである。

■第6款　定款の変更

> **第95条（発起人による定款の変更の禁止）　C**
> 第57条第1項の募集〔設立時発行株式を引き受ける者の募集〕をする場合には、発起人は、第58条第1項第3号の期日〔募集株式の払込期日〕又は同号の期間〔募集株式の払込期間〕の初日のうち最も早い日以後は、第33条第9項〔変態設立事項変更決定を受けた発起人の総意による当該事項の廃止〕並びに第37条第1項及び第2項の規定〔発起人による発行可能株式総数の設定および変更〕にかかわらず、定款の変更をすることができない。

　募集設立の場合には、発起人は、設立時募集株式と引換えにする金銭の払込みの期日またはその期間のうちもっとも早い日以後は、裁判所の決定により変更された変態設立事項についての定めを廃止する定款変更、発行可能株式総数の定めを設けあるいは変更する定款変更をすることができません。

1 趣旨

　設立中の定款変更については、発起設立において3つの場合に限定されている（33条9項、37条1項および2項）。他方で募集設立においては、更に創立総会の決議による定款変更が認められている（96条）。そこで、両者の変更方法の関係が問題となるため、本条は、一定時後は発起設立の場合の変更方法を否定することで調整した。

司H22-37-4。書H23-27-オ

> **第96条（創立総会における定款の変更）　B⁻**
> 第30条第2項の規定〔定款認証後の定款変更の原則禁止〕にかかわらず、

❶創立総会においては、その決議によって、定款の変更をすることができる。

❶65条1項

　株式会社の成立前は、変態設立事項についての裁判所の変更決定があった場合、発行可能株式総数の定めをする場合にのみ、定款の変更ができますが（30条2項）、募集設立の場合には、これらの場合に加えて、創立総会の決議によって定款を変更できます。

→試験対策4章2節④【3】(2)(a)

1 趣旨

　発起設立における定款変更では定款の内容等をめぐる紛争の発生を防止するため公証人の認証が必要とされる。一方、創立総会決議による場合には創立総会の議事録によって定款変更の内容を確認できるため、上記認証制度の趣旨を損なわない。そこで、公証人の認証なく、創立総会の決議での定款変更を認めたことに本条の意義がある。

第97条（設立時発行株式の引受けの取消し）　C

❶創立総会において、第28条各号に掲げる事項〔変態設立事項〕を変更する定款の変更の決議をした場合には、当該創立総会においてその変更に反対した❷設立時株主は、当該決議後2週間以内に限り、その❸設立時発行株式の引受けに係る意思表示を取り消すことができる。

❶65条1項

❷65条1項
❸25条1項1号

　募集設立の場合に、創立総会における変態設立事項（28条各号）に関わる定款変更決議に反対した設立時株主は、当該決議後2週間以内にかぎり、設立時発行株式の引受けに関わる意思表示を取り消すことができます。

→試験対策4章2節④【3】(2)(a)

1 趣旨

　本条は、変態設立事項の定款変更決議をした場合に、反対した設立時株主の引受けの取消しを認める。これにより、設立時株主が自己の意思をふまえた会社の運営を求める権利と、投下資本の回収により退出する権利との調和を図ったものである。

司 H20-37-オ、H18-39-1

第98条（創立総会の決議による発行可能株式総数の定め）　B

第57条第1項の募集〔設立時発行株式を引き受ける者の募集〕をする場合において、❶発行可能株式総数を定款で定めていないときは、株式会社の成立の時までに、❷創立総会の決議によって、定款を変更して発行可能株式総数の定めを設けなければならない。

❶37条1項
❷65条1項

株式会社は、設立時発行株式の引受人を募集する際に、発行可能株式総数を定款で定めていない場合には、会社成立時までに、創立総会の決議で定款を変更して発行可能株式総数を決める必要があります。

→試験対策4章2節[2]【1】(2)

趣旨

設立手続の進捗状況および出資状況の考慮を必要とする発行可能株式総数について、定款規定の新設または変更を可能とすることで、発行可能株式総数について特別な配慮を定めた。

第99条（定款の変更の手続の特則）　C

設立しようとする会社が種類株式発行会社である場合において、次の各号に掲げるときは、当該各号の種類の❶設立時発行株式の❷設立時種類株主全員の同意を得なければならない。

① ある種類の株式の内容として第108条第1項第6号に掲げる事項（取得条項付種類株式についての事項）についての定款の定めを設け、又は当該事項についての定款の変更（当該事項についての定款の定めを廃止するものを除く。）をしようとするとき。

② ある種類の株式について第322条第2項の規定による定款の定め（種類株主総会の拒否権を廃止する旨の定款の定め）を設けようとするとき。

❶25条1項1号
❷84条

設立しようとする会社が種類株式発行会社である場合には、ある種類の株式を取得条項付株式とする定款の定めの創設またはその変更、および会社の一定の行為について種類株主総会の決議を要しない旨の定款の定めの創設には、その種類の設立時発行株式の設立時種類株主全員の同意が必要です。

趣旨

定款に種類株式を発行する定めのある場合も設立手続中に定款の変更は可能であるが、定款変更が設立時種類株主の固有の利害に影響するならば、当該種類株式の設立時種類株主の同意を得る必要がある。種類株式に関する定款変更（111条1項、322条4項）と合わせたものである。

第100条　C

1　設立しようとする株式会社が種類株式発行会社である場合において、定款を変更してある種類の株式の内容として第108条第1項第4号又は第7号に掲げる事項（譲渡制限種類株式または全部取得条項付種類株式に関する事項）についての定款の定めを設けるときは、当該定款の変更は、次に掲げる❶設立時種類株主を構成員とする❷種類創立総会（当該設立時種類株主に係る❸設立時発行株式の種類

❶84条
❷84条
❸25条1項1号

第99条〜第100条 /125/

> が2以上ある場合にあっては、当該2以上の設立時発行株式の種類別に区分された設立時種類株主を構成員とする各種類創立総会。以下この条において同じ。)の決議がなければ、その効力を生じない。ただし、当該種類創立総会において議決権を行使することができる設立時種類株主が存しない場合は、この限りでない。
> ① 当該種類の設立時発行株式の設立時種類株主
> ② 第108条第2項第5号ロの他の株式(取得請求権付株式の取得対価である他の株式)を当該種類の株式とする定めがある取得請求権付株式の設立時種類株主
> ③ 第108条第2項第6号ロの他の株式(取得条項付株式の取得対価である他の株式)を当該種類の株式とする定めがある取得条項付株式の設立時種類株主
> 2 前項に規定する❷種類創立総会において当該定款の変更に反対した❶設立時種類株主は、当該種類創立総会の決議後2週間以内に限り、その❸設立時発行株式の引受けに係る意思表示を取り消すことができる。

　種類株式発行会社を設立する場合、譲渡制限株式あるいは全部取得条項付株式とする定款の定めを創設するには、その種類の株式の設立時種類株主、取得対価をその種類の株式とする定めがある取得請求権付株式または取得条項付株式の設立時種類株主を構成員とする種類創立総会の決議が必要です。そして、その決議に反対した種類株主は2週間以内にかぎり、設立時発行株式の引受けにかかる意思表示を取り消すことができます。

1 趣旨

　1項は、成立後の種類株式発行会社において、譲渡制限条項がつけられる種類株式の種類株主総会決議が要求されている(111条2項)ことと合わせたものである。100条2項は、設立中の会社においては権利株であるので株式買取請求を認めることはできないから、株式の引受けの意思表示を取り消すことができるとした。

第101条　C

1 設立しようとする株式会社が種類株式発行会社である場合において、次に掲げる事項についての定款の変更をすることにより、ある種類の❶設立時発行株式の❷設立時種類株主に損害を及ぼすおそれがあるときは、当該定款の変更は、当該種類の設立時発行株式の設立時種類株主を構成員とする❸種類創立総会(当該設立時種類株主に係る設立時発行株式の種類が2以上ある場合にあっては、当該2以上の設立時発行株式の種類別に区分された設立時種

❶25条1項1号
❷84条

❸84条

類株主を構成員とする各種類創立総会)の決議がなければ、その効力を生じない。ただし、当該種類創立総会において議決権を行使することができる設立時種類株主が存しない場合は、この限りでない。
① 株式の種類の追加
② 株式の内容の変更
③ ❹発行可能株式総数又は❺発行可能種類株式総数(株式会社が発行することができる1の種類の株式の総数をいう。以下同じ。)の増加

❹37条1項
❺定

2 前項の規定は、単元株式数についての定款の変更であって、当該定款の変更について第322条第2項の規定による定款の定め〔種類株主総会の拒否権を廃止する旨の定款の定め〕がある場合における当該種類の❶設立時発行株式の❷設立時種類株主を構成員とする❸種類創立総会については、適用しない。

種類株式発行会社を設立する場合、株式の種類の追加、株式の内容の変更、または発行可能株式総数・発行可能種類株式総数の増加により、ある種類の設立時発行株式の設立時種類株主に損害を及ぼすおそれがあるときは、その種類の設立時発行株式の設立時種類株主を構成員とする種類創立総会の決議が必要です。ただし、単元株式数についての定款の変更であって、それについて種類株主総会の決議を要しない旨の定款の定めがある場合は不要です。

1 趣旨

1項は、損害を受ける可能性のある種類株主が、種類株主の総意である種類株主総会決議により種類株主相互の利害を調整しながら定款変更をすることができるようにした。2項は、単元株式数の変更については、株式の分割または併合(180条以下)と実質的に等しいため、種類株主総会決議を不要とする内容の定めを認めた。

■第7款 設立手続等の特則等

H19-38-エ、H18-39-2
第102条（設立手続等の特則）　B

1 ❶設立時募集株式の引受人は、発起人が定めた時間内は、いつでも、第31条第2項各号に掲げる請求〔定款の閲覧、謄・抄本交付等請求〕をすることができる。ただし、同項第2号又は第4号に掲げる請求〔謄・抄本交付等請求〕をするには、発起人の定めた費用を支払わなければならない。

❶58条1項

2 ❶設立時募集株式の引受人は、株式会社の成立の時に、第63条第1項の規定による払込み〔設立時募集株式の払込金額の払込み〕を行っ

た❷設立時発行株式の株主となる。　　　　　　　　　　　　　❷25条1項1号

3 　❶設立時募集株式の引受人は、第63条第1項の規定による払込み〔設立時募集株式の払込金額の払込み〕を仮装した場合には、次条第1項〔払込みを仮装した設立時募集株式引受人の払込金額支払義務〕又は第103条第2項〔払込みの仮装に関与した発起人・設立時取締役の責任〕の規定による支払がされた後でなければ、払込みを仮装した❷設立時発行株式について、❸設立時株主及び株主の権利を行使することができない。　❸65条1項

4 　前項の❷設立時発行株式又はその株主となる権利を譲り受けた者は、当該設立時発行株式についての❸設立時株主及び株主の権利を行使することができる。ただし、その者に悪意又は重大な過失があるときは、この限りでない。

5 　民法第93条ただし書〔相手方が悪意有過失である場合の心裡留保による無効〕及び第94条第1項〔虚偽表示の無効〕の規定は、❶設立時募集株式の引受けの申込み及び割当て並びに第61条の契約〔総数引受契約〕に係る意思表示については、適用しない。

6 　❶設立時募集株式の引受人は、株式会社の成立後又は❹創立総会若しくは❺種類創立総会においてその議決権を行使した後は、錯誤を理由として❷設立時発行株式の引受けの無効を主張し、又は詐欺若しくは強迫を理由として設立時発行株式の引受けの取消しをすることができない。　❹65条1項　❺84条

　募集設立の場合、引受人は、発起人が定めた時間内は、定款の閲覧等の請求をすることができます。また、引受人は、株式会社が成立した時に払込みを行った設立時発行株式の株主となることができます。さらに、設立時募集株式の引受けの申込みおよび割当て等の一定の事項につき、民法の規定の一部は適用されません。　→試験対策4章2節②【2】(2)

1 趣旨

　1項は、定款内容をよく理解する機会を与えることで請求権者の利益を保護するための規定である。2項は、株主となる時期を明示した。3項は、払込みの仮装において、払込みがなされたときの引受人の地位を明確にした。4項は、設立時発行株式の譲受人の権利行使を明確にした。5項は、設立における法律関係の早期安定のために規定された。6項は、登記により公示される株式の引受けに対する公衆の信頼を保護すべきであり、また、設立時株主の権利行使後における引受けの無効または取消しの主張が禁反言となるために設けられた。

2 条文クローズアップ

1 　設立時株主・株主の権利行使の制限（3項）　→平成26年改正

仮装による金銭の支払を行った設立時募集株式の引受人は、当該引受人の払込義務または仮装払込みに関与した発起人・設立時募集株式の支払義務が履行された後でなければ、払込みを仮装した設立時発行株式について、設立時株主および株主権を行使することができない。

2　譲受人による権利行使（4項）

払込みが仮装された設立時発行株式またはその株主となる権利の譲受人は、設立時発行株主および株主の権利を行使することが可能である。ただし、その者に悪意または重大な過失があるときは、このかぎりではない。

> **i 第102条の2　（払込みを仮装した設立時募集株式の引受人の責任）　B⁺**
> 1　❶設立時募集株式の引受人は、前条第3項に規定する場合〔設立時募集株式の払込金額の払込みを設立時募集株式の引受人が仮装した場合〕には、株式会社に対し、払込みを仮装した払込金額の全額の支払をする義務を負う。
> 2　前項の規定により❶設立時募集株式の引受人の負う義務は、総株主の同意がなければ、免除することができない。

❶58条1項

→試験対策4章4節②【2】(2)(b)

募集設立の場合において、設立時募集株式の引受人は、設立時募集株式の出資にかかる金銭の払込みを仮装したときには、株式会社に対し、払込みを仮装した払込金額の全額を支払う義務を負います。

1 趣旨

設立時募集株式の払込みが仮装された場合には、本来会社に拠出されるべき財産が拠出されていないにもかかわらず、拠出されたように扱われるため、会社や他の株主が不利益を被ることになる。そこで、会社・株主を保護するために、払込みを仮装した引受人に対して払込みを仮装した払込金額の全額の支払義務を課した（1項）。

2 条文クローズアップ

総株主の同意による責任の免除（2項）

1項の支払義務は、総株主の同意がなければ、免除することができない（2項）。これは、仮装払込み等が取締役等との通謀により行われた際に、取締役等が仮装払込みをした者の支払義務を免除するといった馴れ合い行為を防ぐための規定である。

司H22-37-1、H21-37-2。予H27-16-2

第103条（発起人の責任等）　B⁺

1　第57条第1項の募集〔設立時募集株式を引き受ける者の募集〕をした場合における第52条第2項〔現物出資財産等の不足額支払義務を発起人等が負わない場合〕の規定の適用については、同項中「次に」とあるのは、「第1号に」とする。

2　第102条第3項に規定する場合〔設立時募集株式の払込金額の払込みを設立時募集株式の引受人が仮装した場合〕には、払込みを仮装することに関与した発起人又は❶設立時取締役として法務省令で定める者は、株式会社に対し、前条第1項の引受人〔払込みを仮装した設立時募集株式の引受人〕と連帯して、同項に規定する支払をする義務を負う。ただし、その者（当該払込みを仮装したものを除く。）がその職務を行うについて注意を怠らなかったことを証明した場合は、この限りでない。　❶38条1項

3　前項の規定により発起人又は❶設立時取締役の負う義務は、総株主の同意がなければ、免除することができない。

4　第57条第1項の募集〔設立時募集株式を引き受ける者の募集〕をした場合において、当該募集の広告その他当該募集に関する書面又は❷電磁的記録に自己の氏名又は名称及び株式会社の設立を賛助する旨を記載し、又は記録することを承諾した者（発起人を除く。）は、発起人とみなして、前節〔発起人等の責任等〕及び前3項の規定を適用する。　❷26条2項

→試験対策4章4節②【2】

　募集設立の場合において、現物出資・財産引受けについて検査役の調査を経たときには、発起人および設立時取締役は、現物出資財産等について責任を負いません。また、擬似発起人は、発起人とみなされ、現物出資・財産引受けの目的物填補責任、任務懈怠に基づく会社・第三者に対する責任および会社不成立の場合の責任を負います。設立時募集株式の引受人による払込みの仮装に関与した発起人等は、株式会社に対し、引受人と連帯して、払込みを仮装した払込金額の全額についての支払義務を負います（2項本文）。

1　趣旨

　1項は、現物出資財産等の給付または譲渡を行った発起人以外の発起人・設立時取締役の責任を無過失責任とすることにより、設立事務に関われない設立時募集株式の引受人の保護をするためにある。2項は、仮装払込みを抑止するため、発起人または設立時取締役に責任を課した。3項は、仮装払込みが発起人等との通謀の場合、責任追及がされないおそれがあるので、責任の免除などの行為を防止するためにある。4項は、発起人らしい外観を信頼した者を保護するためにある。

2 条文クローズアップ

1 現物出資・財産引受けの不足額支払義務（不足額填補責任）（1項）

　募集設立の場合であっても、発起人・設立時取締役および証明者は、不足額支払義務を負う。しかし、発起人・設立時取締役は、現物出資者と財産の譲渡人でなくても、その職務を行うについて注意を怠らなかったことを証明して責任を免れることができない（1項における52条2項の読み替え）。募集設立では、現物出資財産等の価額が定款に記載・記録された価額に著しく不足すると、設立時募集株式の引受人が実質的な拠出額の不公平により損害を被ることになるから、発起人・設立時取締役の全員に無過失の連帯責任を負わせたものである。

2 出資の履行を仮装した場合の責任（2項）

　設立時募集株式の引受人の金銭の払込みの仮装に関与した発起人・設立時取締役は、会社に対して払込みを仮装した引受人と連帯して、払込みを仮装した払込金額について支払義務を負う（2項本文、会社施規18条の2）。ただし、金銭の支払を仮装した引受人以外の者（発起人・設立時取締役）は、その職務を行うについて注意を怠らなかったことを証明した場合は、このかぎりではない（103条2項ただし書）。

3 総株主の同意による責任の免除（3項）

　上記の責任は、株主が責任追及の訴え（代表訴訟）を提起できること（847条）との関係から、総株主の同意がなければ、免除することができない（103条3項）。

4 擬似発起人の責任（4項）

(1) 擬似発起人

　擬似発起人とは、定款に発起人として署名をしていないため発起人でないが（形式説）、募集設立の場合において、募集に関する書面または電磁的記録に自己の氏名または名称および株式会社の設立を賛助する旨を記載または記録することを承諾した者をいう。擬似発起人は、発起人と同様の責任を負う（4項・52条以下）。

(2) 擬似発起人の任務懈怠に基づく損害賠償責任

　擬似発起人も任務懈怠責任に基づく損害賠償責任を負う（103条4項・53条以下）。

(3) 擬似発起人の責任免除および株主代表訴訟

　擬似発起人の責任免除および株主の代表訴訟については発起人の場合と同様である（103条4項・55条、847条）。

第2章

株　式

■総　説

1 株式

1　定義

株式とは、細分化された均等な割合的単位のかたちをとる株式会社の社員たる地位をいう。

株主とは、株式会社の社員をいう。

→試験対策5章1節①

2　株式の意義

株式会社において、社員の地位が**細分化**された均等な単位で表されるのは、個性のない多数の者が株式会社に参加できるようにするためである。

→神田[17版]65頁

すなわち、まず、社員の地位を細分化するのは、多数の者が自己の資力に応じて会社に出資し、容易に会社の社員となることができるようにするためである。次に、社員の地位を均等化する（**均一性**）のは、株主の会社に対する法律関係を明確にし、株主の権利行使や会社から株主に対する各種の通知や配当の支払等を容易にして、会社と株主との法律関係の処理を簡明にするためである。そして、社員の地位を**単位化**するのは、社員の個性を喪失させるためである。

3　株式の多様化

各株式の権利の内容は原則として同一であることを要求しつつ（**株主平等原則**〔109条1項〕）、その例外として一定の範囲と条件のもとで、①全部の株式の内容として特別なものを定めることと（特別な内容の株式〔107条〕）、②権利の内容の異なる複数の種類の株式を発行することを認めている（**種類株式制度**〔108条〕）。

これらの株式の発行を認める趣旨は、一定の範囲と条件のもとで株式の多様化を認めることにより、株式会社に対し、株式による資金調達の多様化と支配関係の多様化の機会を与えるためである。

2 株主の権利・義務

→試験対策5章1節②

1　株主の権利

(1)　自益権と共益権

株主の権利は講学上、自益権と共益権とに分類される。

(a)自益権

自益権とは、会社から経済的な利益を受ける権利をいう。

その代表例は、剰余金配当請求権（105条1項1号）と残余財産分配請

求権(105条1項2号)である。そのほか株式買取請求権等も含まれる。
(b)共益権
共益権とは、会社の経営に参与する権利をいう。

その代表例は、株主総会における**議決権**(105条1項3号)である。そのほか、株主総会決議取消訴権や取締役等の違法行為差止請求権等のように会社運営を監督是正する権利(**監督是正権**)が含まれる。監督是正権が共益権に含まれる理由は、株主には議決権だけを認め、経営の監督は取締役会や監査役等による監督・是正と取締役の責任に委ねられるのでは不十分であり、株主にもある程度、監督是正権を与えたほうが合理的であると考えたためである。

(2) 単独株主権と少数株主権

株主の権利には、1株の株主でも行使できる権利(**単独株主権**)と、発行済株式総数の一定割合以上または総株主の議決権の一定割合以上・一定数以上を有する株主のみが行使できる権利(**少数株主権**)とがある。自益権はすべて単独株主権であり、共益権のうちでも議決権は単独株主権であるが、監督是正権には単独株主権であるものと、少数株主権であるものとがある。

自益権・共益権と単独株主権・少数株主権の関係

単独株主権	自益権	剰余金配当請求権・残余財産分配請求権等
	共益権	議決権
少数株主権		監督是正権

単独株主権の行使要件

	議決権数または株式数の要件	6か月以上の保有期間	具体例
①		×	設立無効等の訴え(828Ⅱ①等)、累積投票請求権(342Ⅰ)、募集株式発行差止請求権(210)等
②		○	株主代表訴訟(847、847の2)、取締役・執行役の違法行為差止請求権(360、422)

少数株主権の行使要件

	議決権数または株式数の要件			6か月以上の保有期間	具体例
	1/100or300個以上	3/100以上	1/10以上		
①	議決権数1/100以上 議決権300個以上			○	提案権(303Ⅰ、Ⅱ、Ⅲ、305Ⅰ、Ⅱ)

②	議決権数1/100以上		○	総会検査役選任権(306)
③	議決権数1/100以上 発行済株式数1/100以上		○	多重代表訴訟提起権(847の3)
④	議決権数3/100以上 発行済株式数3/100以上		×	帳簿閲覧権(433Ⅰ柱書)、検査役選任請求権(358Ⅰ)
⑤	議決権数3/100以上		×	取締役の責任軽減への異議権(426Ⅶ)
⑥	議決権数3/100以上 発行済株式数3/100以上		○	取締役等の解任請求権(854Ⅰ、Ⅱ、479Ⅱ、Ⅲ)
⑦	議決権数3/100以上		○	総会招集権(297Ⅰ、Ⅱ)
⑧	議決権数1/10以上		×	一定の募集株式発行等における株主総会決議要求権(206の2Ⅳ)
⑨	議決権数1/10以上 発行済株式数1/10以上		×	解散判決請求権(833Ⅰ柱書)
⑩	法務省令(会社施規197等)で定める以上の議決権数		×	簡易合併等への反対権(796Ⅲ等)

注1　議決権数と株式数とが両方記載されているものは、いずれかをみたせば足りる
注2　発行済株式数は、自己株式を除く
注3　公開会社以外の株式会社(非公開会社)においては、6か月の保有要件は不要である
注4　少数株主権については、すべての株式会社において、定款で要件の緩和や単独株主権化が可能である
注5　提案権(1)については、取締役会非設置会社では単独株主権であり、保有期間の要件も必要ない

(3)　固有権と非固有権

　講学上、株主総会の多数決によっても奪うことができない株主の権利を**固有権**という。株主総会の多数決によって奪うことができる株主の権利を非固有権という。

　固有権の概念は、株主総会における多数決の濫用を防止する機能を有している。しかし、今日では、総会の多数決で決定できる事項は法で明定されている場合が多く(たとえば783条10項)、また、多数決の濫用があったような場合についても他の理論で処理するのが通常であって、固有権の概念の有用性はそれほど大きくない。

→神田[17版]70頁

2　株主の義務

　株主はその引受価額を限度とする責任を負うだけであって(104条)、定款または株主総会の決議でもって、これ以上の責任を負わせることはできない。これを**株主有限責任の原則**という。

■第1節 総　則

> 📖H19-36-1
> **第104条（株主の責任）　B⁺**
> 株主の責任は、その有する株式の引受価額を限度とする。

株主の責任は、所有している株式の引き受けた価額にかぎられます。

→試験対策3章1節③、5章1節②【2】

1 趣旨

本条は、株主の責任を有限責任とした。社員の個性をなくすことで公衆が安心かつ容易に会社に資本参加しうるようにする必要性と、会社財産の確保、情報開示、役員等の責任によって一定程度の会社債権者保護を図ったという許容性があるためである。

2 条文クローズアップ

株主有限責任の原則

株主有限責任の原則とは、株式会社の出資者は、出資額を超えて会社の債務について会社債権者に対して責任を負わないことをいう。

株主有限責任の原則は、株式会社の本質的なものであって定款や株主総会の決議によっても、株主に引受価額以上の給付義務を課すことはできないが、具体的な場合につき各株主の同意があれば差し支えない。

> 📖H23-30-エ
> **第105条（株主の権利）　A**
> 1　株主は、その有する株式につき次に掲げる権利その他この法律の規定により認められた権利を有する。
> 　①　剰余金の配当を受ける権利
> 　②　残余財産の分配を受ける権利
> 　③　株主総会における議決権
> 2　株主に前項第1号及び第2号に掲げる権利の全部を与えない旨の定款の定めは、その効力を有しない。

株主は、剰余金の配当を受ける権利、残余財産の分配を受ける権利、株主総会における議決権、その他会社法で認められた権利をもっています。また、株主に剰余金の配当を受ける権利および残余財産の分配を受ける権利の全部を与えないと定款で定めても効果がありません。

→試験対策5章1節②【1】

1 趣旨

1項は、453条で定められる剰余金配当請求権について1号で、504条

3項で定められる残余財産分配請求権について2号で、308条1項で定められる株主総会における議決権について3号で別途定めることにより、これら3つの権利が株主に原則として認められる権利であると示している。2項は、剰余金の配当、残余財産の分配については定款で別段の定めを設けることが認められている(108条1項1号、2号)が、それら双方をまったく与えないとすることは株式会社の営利性に反することから、そのような定款の定めの効力を否定するものである。

2 語句の意味

剰余金とは、446条1号から4号までに掲げる額の合計額から5号から7号までに掲げる額の合計額を減じて得た額をいう。

残余財産とは、会社財産の清算により残った積極財産をいう。

議決権とは、株主総会が決議をなすについて、その表決をなす権利をいう。

3 条文クローズアップ

1 「その他この法律の規定により認められた権利」(1項柱書)   →本章総説 2 1(1)

株式買取請求権、代表訴訟提起権等がこれにあたる。

2 「第1号及び第2号に掲げる権利の全部を与えない旨の定款の定め」(2項)

会社法は、剰余金配当・残余財産分配を制限する種類株式の発行を認めている(108条1項1号、2号)。そして105条2項を反対解釈すると、少なくとも剰余金配当請求権(1項1号)か、残余財産分配請求権(1項2号)のいずれかさえ与えていれば、どのような定款の定めをおくことも可能であるということになりそうである。しかし、1項が1号から3号までに規定する3つの権利(剰余金配当請求権・残余財産分配請求権・議決権)を備える株式を原則として定めている以上、例外を認めるに足りる合理的理由がある場合にのみ、株主の権利を制限する定款の定めが許されると解すべきである。

判例セレクト

1 剰余金配当請求権の性質とその譲渡性

株主の利益配当〔剰余金配当〕請求権は、総会決議により利益配当〔剰余金配当〕の金額が確定したときにはじめて独立の請求権を発生するもので、それ以前にあっては株主権に包含され、その一内容をなすにすぎず、これを株主権から分離して譲渡できない(大判大8・1・24民録25-30)。

2 定款による剰余金配当請求権の行使期間の制限

定款に利益配当〔剰余金配当〕請求権の行使期間を定めたときは、株主はその制限下で権利を行使すべきである(大判昭2・8・3民集6-484)。

3 株主権のうち共益権だけを対象とする信託契約の効力

本件信託契約は、株式配当請求権、残余財産分配請求権は委託者に帰属するとされ、信託の対象から除外されているが、共益権のみの信託は許されないものと解されるから、本件信託契約は無効である（大阪高判昭58・10・27会社法百選35事件）。

司H22-40-3、H21-38-ア。予H27-18-ア・イ・エ・オ
第106条（共有者による権利の行使） B⁺
株式が２以上の者の共有に属するときは、共有者は、当該株式についての権利を行使する者１人を定め、株式会社に対し、その者の氏名又は名称を通知しなければ、当該株式についての権利を行使することができない。ただし、株式会社が当該権利を行使することに同意した場合は、この限りでない。

　株式を２人以上が共有するときは、権利を行使する者１人を決めて、株式会社にその者の氏名・名称を通知しなければ、権利を行使できません。ただし、株式会社がその権利行使に同意した場合は、上記制限が及びません。

→試験対策５章１節①【5】

1 趣旨
　株式が共有の場合において、権利を行使する者１人を決め、その者の氏名等を通知させることにより、会社の事務処理の便宜を図っている。他方で、このような趣旨を前提にすると、会社側から権利行使を認めることは何ら問題ないためこれを認めている。

2 条文クローズアップ
1　権利行使者の選任（本文）
　株式が共有されているときは、権利行使の要件として、権利行使者を定めるだけでは足りず、その者の氏名または名称を会社に通知することが要求されている。
　権利行使者の選任方法について、判例は、共有株主がその持分の価額に従いその過半数で決めるとする。

→判例セレクト２

2　会社の同意による議決権行使（ただし書）
　権利行使者を定め、通知することが要求される理由は、会社の事務処理上の便宜のためである。したがって、このような定めや通知を欠く場合でも、会社が自己のリスクにおいて同意していれば権利行使を認めて差し支えない。ただし、会社の同意は、共有者間で権利行使者が定められていない権利行使を適法とするまでの効果は有しない。すなわち、他の共有株主からの損害賠償請求等のリスクは会社が負うこととなる。
　共有者間での協議・意思統一を欠く議決権行使について、裁判例は、会社の同意があっても、議決権行使は不適法になるとしている。

→判例セレクト５

1 権利を行使すべき者の指定と利益相反行為

株式が未成年の子とその親権者を含む数人の共有に属する場合において、親権者が未成年の子を代理して、〔旧〕商法203条2項〔会社法106条本文〕にいう株主の権利を行使すべき者を指定する行為は、これを親権者自身と指定するときであっても、民法826条にいう利益相反行為にあたらない（最判昭52・11・8民集31-6-847）。

2 権利行使すべき者の決定方法

持分〔株式〕の準共有者間において権利行使者を定めるには、持分の価額に従いその過半数をもってこれを決することができるものと解するのが相当である（最判平9・1・28判例シリーズ11事件）。　　　　　→会社法百選10事件

3 総会決議不存在確認の訴えの原告適格

(1) 原則

株式を相続により準共有するにいたった共同相続人は、「株主ノ権利ヲ行使スベキ者」〔当該株式についての権利を行使する者〕の指定およびその旨の会社に対する通知を欠く場合には、特段の事情がないかぎり、株主総会決議不存在確認の訴えにつき原告適格を有しない（最判平2・12・4判例シリーズ10事件）。　　→会社法百選9事件

(2) 例外

株式を準共有する共同相続人間において「株主ノ権利ヲ行使スベキ者」〔当該株式についての権利を行使する者〕の指定およびその旨の会社に対する通知を欠く場合であっても、上記株式が会社の発行済株式の全部に相当し、共同相続人のうちの1人を取締役に選任する旨の株主総会決議がされたとしてその旨登記されているときは、他の共同相続人は、上記決議の不存在確認の訴えにつき原告適格を有する（最判平2・12・4判例シリーズ10事件）。　　→会社法百選9事件

4 権利を行使すべき者の権限

共有者間で総会における個々の決議事項について逐一合意を要するとの取決めがされ、ある事項について共有者間に意見の相違がある場合であっても、被選定者は、自己の判断に基づき議決権を行使しうると解すべきである（最判昭53・4・14民集32-3-601）。

5 権利行使者の指定を欠く場合

共有者間で何ら協議が行われておらず意思統一がされていない場合には、会社の同意があったとしても会社法106条ただし書は適用されず、各共有者は他の共有者の意思に反して準共有株式について議決権の行使をすることはできない（東京高判平24・11・28平25重判・商法2事件）。

6 指定と通知なくして権利行使した場合の株式会社による同意の効果

共有に属する株式について106条本文の規定に基づく指定および通知を欠いたまま当該株式についての権利が行使された場合において、当該権利の行使が民法の共有に関する規定（民264条・252条）に従ったものでないときは、株式会社が会社法106条ただし書の同意をしても、当該権利の行使は、適法とはならない。

そして、共有に属する株式についての議決権の行使は、当該議決権の行使をもってただちに株式を処分し、または株式の内容を変更すること

になるなど特段の事情のないかぎり、株式の管理に関する行為として、民法252条本文により、各共有者の持分の価格に従い、その過半数で決せられる(最判平27・2・19民集69-1-25)。

司H22-42-5、H20-38-2。書H24-28-エ・オ
第107条（株式の内容についての特別の定め） B+

1　株式会社は、その発行する全部の株式の内容として次に掲げる事項を定めることができる。
　① 譲渡による当該株式の取得について当該株式会社の承認を要すること。
　② 当該株式について、株主が当該株式会社に対してその取得を請求することができること。
　③ 当該株式について、当該株式会社が一定の事由が生じたことを条件としてこれを取得することができること。
2　株式会社は、全部の株式の内容として次の各号に掲げる事項を定めるときは、当該各号に定める事項を定款で定めなければならない。
　① 譲渡による当該株式の取得について当該株式会社の承認を要すること　次に掲げる事項
　　イ　当該株式を譲渡により取得することについて当該株式会社の承認を要する旨
　　ロ　一定の場合においては株式会社が第136条又は第137条第1項の承認をしたものとみなすときは、その旨及び当該一定の場合
　② 当該株式について、株主が当該株式会社に対してその取得を請求することができること　次に掲げる事項
　　イ　株主が当該株式会社に対して当該株主の有する株式を取得することを請求することができる旨
　　ロ　イの株式1株を取得するのと引換えに当該株主に対して当該株式会社の社債(新株予約権付社債についてのものを除く。)を交付するときは、当該社債の❶種類(第681条第1号に規定する種類(募集社債の利率、償還方法および期限、利息支払方法等)をいう。以下この編において同じ。)及び種類ごとの各社債の金額の合計額又はその算定方法
　　ハ　イの株式1株を取得するのと引換えに当該株主に対して当該株式会社の新株予約権(新株予約権付社債に付されたものを除く。)を交付するときは、当該新株予約権の内容及び数又はその算定方法
　　ニ　イの株式1株を取得するのと引換えに当該株主に対して当

❶定

該株式会社の新株予約権付社債を交付するときは、当該新株予約権付社債についてのロに規定する事項及び当該新株予約権付社債に付された新株予約権についてのハに規定する事項
　　ホ　イの株式1株を取得するのと引換えに当該株主に対して当該株式会社の❷株式等（株式、社債及び新株予約権をいう。以下同じ。）以外の財産を交付するときは、当該財産の内容及び数若しくは額又はこれらの算定方法
　　ヘ　株主が当該株式会社に対して当該株式を取得することを請求することができる期間
　③　当該株式について、当該株式会社が一定の事由が生じたことを条件としてこれを取得することができること　次に掲げる事項
　　イ　一定の事由が生じた日に当該株式会社がその株式を取得する旨及びその事由
　　ロ　当該株式会社が別に定める日が到来することをもってイの事由とするときは、その旨
　　ハ　イの事由が生じた日にイの株式の一部を取得することとするときは、その旨及び取得する株式の一部の決定の方法
　　ニ　イの株式1株を取得するのと引換えに当該株主に対して当該株式会社の社債（新株予約権付社債についてのものを除く。）を交付するときは、当該社債の種類及び種類ごとの各社債の金額の合計額又はその算定方法
　　ホ　イの株式1株を取得するのと引換えに当該株主に対して当該株式会社の新株予約権（新株予約権付社債に付されたものを除く。）を交付するときは、当該新株予約権の内容及び数又はその算定方法
　　ヘ　イの株式1株を取得するのと引換えに当該株主に対して当該株式会社の新株予約権付社債を交付するときは、当該新株予約権付社債についてのニに規定する事項及び当該新株予約権付社債に付された新株予約権についてのホに規定する事項
　　ト　イの株式1株を取得するのと引換えに当該株主に対して当該株式会社の株式等以外の財産を交付するときは、当該財産の内容及び数若しくは額又はこれらの算定方法

　株式会社は、発行する全部の株式の内容として、譲渡による株式の取得につき株式会社の承認を必要とすること、株主が株式会社に対し株式を取得するよう請求できるとすること、株式会社が一定の事由の発生を条件として株式を取得できるとすることを定めることができます。その際、これらのことができる旨や、これに関する事項を定款で定めなければなりません。

1　趣旨

→試験対策5章2節①、②、③

❷定

株式会社が、全部の株式の内容として一定の内容を定めることができるとしているのは、一定の範囲と条件のもとで株式の多様化を認め、株式による資金調達の多様化と支配関係の多様化の機会を株式会社に与えるためである。

2 条文クローズアップ
1 譲渡制限株式（1項1号）
(1) 趣旨
　会社法は、原則として株式の自由譲渡性を認めるが（127条）、同族会社その他の閉鎖的な株式会社においても株式譲渡の絶対的な自由を保障することは、会社運営の安定を害し、会社乗っ取り等のおそれがある。そこで、株式の譲渡による取得に株式会社の承認を必要とすることによって、会社運営にとって好ましくない者が株主となることを防止できるようにしている。

(2) 制限の方法
　すべての株式を、譲渡制限株式とする場合は、107条2項1号が掲げる事項を定款で定めなければならない。
　設立時の原始定款によるほか、会社成立後に、定款を変更して譲渡制限の定めをおくこともできるが、そのような定款変更のための株主総会の決議要件は、厳格である（特殊決議、309条3項1号）。

(3) 制限の公示
　定款で譲渡制限を定めた場合には、公示のためその事項を登記し（911条3項7号）、かつ、株券に記載することを要する（216条3号）。これを怠ると、善意の第三者に対抗することができない（登記を怠った場合については908条1項により、株券の記載を怠った場合については争いがある）。

→神田[17版]96頁

(4) 制限の内容
　譲渡制限がある場合についても、株主に投下資本の回収を保障する（136条以下）。
　株式の譲渡の承認機関は、原則として、取締役会が設置されている会社にあっては取締役会、それ以外の会社にあっては株主総会であるが、定款の定めにより他の機関とすることもできる（139条1項）。
　譲渡人たる株主、または譲受人は、会社に対して譲渡の承認を求め（136条、137条）、会社が譲渡を承認しない場合にはその株式の会社による買取り、または指定買取人による買取りを求めることができる（138条1号ハ、2号ハ）。

(5) 制限の範囲
　投下資本の回収の必要性からみて、たとえば譲渡による取得の全面的禁止のように、会社法が明示的に認めている以上に制限を強化することは許されないと解される。
　これに対して、たとえば現在の株主以外の者、会社従業員以外の者、または外国人に株式を譲渡する場合において会社の承認を必要とする

→神田[17版]97頁

等、会社法が定める制限を限定・軽減することは、投下資本の回収を容易にするものであるから、原則として許されると解される。
(6) 譲渡制限株式の譲渡の効力

→139条[2](4)(a)

判例は、会社の承認のない譲渡は、会社との関係では効力がなく、その結果、会社は、必ず譲渡前の株主を株主として取り扱わなければならないとする。

→139条判例セレクト2(2)

もっとも、会社の承認がない場合にも、譲渡当事者間では、譲渡は有効であるとするのが判例・通説であった。そこで、会社法においては、譲渡制限株式の定義として、「譲渡について当該株式会社の承認を要すること」ではなく、「譲渡による当該株式の取得について当該株式会社の承認を要すること」という表現を用いることとしている。

→139条判例セレクト2(1)

2 取得請求権付株式(1項2号)
(1) 趣旨
全部取得請求権付株式を発行する場合には、定款により、固定の配当が確保されるかたちで当該株式を発行する方法が主に考えられる。

これによって、当該株式の株主は、固定の配当を確実に得られるとともに、株式の譲渡を望んだ場合に、株式の譲渡が制限されている非公開会社であっても、株式の取得請求権を行使することで、投下資本の回収を確保することができる。一方で、会社は、そのような株式を発行することで、設立後まもなく、信用が乏しい状況のもとでも、当座の資金を確保することができる。

(2) 制限の方法
すべての株式を取得請求権付株式とする場合は、2項2号が掲げる事項を定款で定めなければならない。

定款を変更して、全部の株式を取得請求権付株式とするには、特別決議が必要である(466条、309条2項11号)。

(3) 請求権の行使方法
株主は、株券を提出して取得請求権を行使する(166条1項本文、2項、3項)。ただし、財源規制に反する場合は請求できない(166条1項ただし書)。

3 取得条項付株式(1項3号)
(1) 趣旨
取得条項付株式が発行される主な場合は、一定の期限の到来によって解散することを予定した会社が、清算手続を簡便なものとする目的で当該株式を利用する場合である。種類株式として発行される取得条項付株式(108条1項6号)とは異なり、本条によって発行される取得条項付株式の用途は、きわめて限定的である。

たとえば、数年後に鉱脈が尽きることが判明している鉱山会社や、あるイベントを実施することを目的に設立された会社が当該株式を発行することが考えられる。

(2) 制限の方法

すべての株式を取得条項付株式とする場合は、107条が掲げる事項を定款で定めなければならない。定款を変更してすべての株式を取得条項付株式とする場合は、株主全員の同意を得なければならない(110条)。

(3) 取得の手続
取得条項付株式の取得手続は、168条から170条までに定められている。

4 定款の定め(2項各号)

(1) 趣旨
特殊な内容をもつ株式の発行にあたって、重要な事項を定款で定めることを求めたのが2項である。

(2) 2項1号
1項1号に従い、株式を譲渡制限株式とするためには、2項1号に掲げる事項を定款で定めなければならない。具体的には、①株式の譲渡による取得について会社の承認を要する旨(1号イ)、②一定の場合に会社が承認したとみなすときは、その旨およびその場合(1号ロ)である。

(3) 2項2号
1項2号に従い、株式を取得請求権付株式とするためには、2項2号に掲げる事項を定款で定めなければならない。具体的には、①取得請求権付株式である旨(2号イ)、②取得の対価(2号ロからホまで)、③請求期間(2号ヘ)である。

取得の対価としては、社債(2号ロ)、新株予約権(2号ハ)、新株予約権付社債(2号ニ)、その他の財産(2号ホ)に区別される。

(4) 2項3号
1項3号に従い、株式を取得条項付株式とするためには、2項3号に掲げる事項を定款で定めなければならない。具体的には、①取得条項付株式である旨と取得事由(3号イ)、②別に定めた日の到来を取得事由とする場合はその旨(3号ロ)、③取得事由が生じた際に株式の一部を取得する場合は、その旨と取得の対象となる株式の決定方法(3号ハ)、④取得の対価(3号ニからトまで)である。

取得の対価としては、取得請求権付株式と同様、社債(3号ニ)、新株予約権(3号ホ)、新株予約権付社債(3号ヘ)、その他の財産(3号ト)に区別される。

司H25-38-イ(予)、H23-39-5(予)、H23-41-オ、H21-39-3・4、H20-38-2、H18-38-3、H18-41-ウ。予H27-17-3

第108条(異なる種類の株式) A
1 株式会社は、次に掲げる事項について異なる定めをした内容の異なる2以上の種類の株式を発行することができる。ただし、指名委員会等設置会社及び公開会社は、第9号に掲げる事項についての定めがある種類の株式を発行することができない。
① 剰余金の配当

② 残余財産の分配
③ 株主総会において議決権を行使することができる事項
④ 譲渡による当該種類の株式の取得について当該株式会社の承認を要すること。
⑤ 当該種類の株式について、株主が当該株式会社に対してその取得を請求することができること。
⑥ 当該種類の株式について、当該株式会社が一定の事由が生じたことを条件としてこれを取得することができること。
⑦ 当該種類の株式について、当該株式会社が株主総会の決議によってその全部を取得すること。
⑧ 株主総会(取締役会設置会社にあっては株主総会又は取締役会、❶清算人会設置会社(第478条第8項に規定する清算人会設置会社をいう。以下この条において同じ。)にあっては株主総会又は清算人会)において決議すべき事項のうち、当該決議のほか、当該種類の株式の種類株主を構成員とする種類株主総会の決議があることを必要とするもの ❶定
⑨ 当該種類の株式の種類株主を構成員とする種類株主総会において❷取締役(監査等委員会設置会社にあっては、監査等委員である取締役又はそれ以外の取締役。次項第9号及び第112条第1項において同じ。)又は監査役を選任すること。 ❷定

2 株式会社は、次の各号に掲げる事項について内容の異なる2以上の種類の株式を発行する場合には、当該各号に定める事項及び❸発行可能種類株式総数を定款で定めなければならない。 ❸101条1項3号
① 剰余金の配当 当該種類の株主に交付する配当財産の価額の決定の方法、剰余金の配当をする条件その他剰余金の配当に関する取扱いの内容
② 残余財産の分配 当該種類の株主に交付する残余財産の価額の決定の方法、当該残余財産の種類その他残余財産の分配に関する取扱いの内容
③ 株主総会において議決権を行使することができる事項 次に掲げる事項
　イ 株主総会において議決権を行使することができる事項
　ロ 当該種類の株式につき議決権の行使の条件を定めるときは、その条件
④ 譲渡による当該種類の株式の取得について当該株式会社の承認を要すること 当該種類の株式についての前条第2項第1号に定める事項
⑤ 当該種類の株式について、株主が当該株式会社に対してその取得を請求することができること 次に掲げる事項
　イ 当該種類の株式についての前条第2項第2号に定める事項

ロ　当該種類の株式1株を取得するのと引換えに当該株主に対して当該株式会社の他の株式を交付するときは、当該他の株式の種類及び種類ごとの数又はその算定方法
　⑥　当該種類の株式について、当該株式会社が一定の事由が生じたことを条件としてこれを取得することができること　次に掲げる事項
　　イ　当該種類の株式についての前条第2項第3号に定める事項
　　ロ　当該種類の株式1株を取得するのと引換えに当該株主に対して当該株式会社の他の株式を交付するときは、当該他の株式の種類及び種類ごとの数又はその算定方法
　⑦　当該種類の株式について、当該株式会社が株主総会の決議によってその全部を取得すること　次に掲げる事項
　　イ　第171条第1項第1号に規定する取得対価の価額の決定の方法
　　ロ　当該株主総会の決議をすることができるか否かについての条件を定めるときは、その条件
　⑧　株主総会 (取締役会設置会社にあっては株主総会又は取締役会、❶清算人会設置会社にあっては株主総会又は清算人会) において決議すべき事項のうち、当該決議のほか、当該種類の株式の種類株主を構成員とする種類株主総会の決議があることを必要とするもの　次に掲げる事項
　　イ　当該種類株主総会の決議があることを必要とする事項
　　ロ　当該種類株主総会の決議を必要とする条件を定めるときは、その条件
　⑨　当該種類の株式の種類株主を構成員とする種類株主総会において❷取締役又は監査役を選任すること　次に掲げる事項
　　イ　当該種類株主を構成員とする種類株主総会において取締役又は監査役を選任すること及び選任する取締役又は監査役の数
　　ロ　イの定めにより選任することができる取締役又は監査役の全部又は一部を他の種類株主と共同して選任することとするときは、当該他の種類株主の有する株式の種類及び共同して選任する取締役又は監査役の数
　　ハ　イ又はロに掲げる事項を変更する条件があるときは、その条件及びその条件が成就した場合における変更後のイ又はロに掲げる事項
　　ニ　イからハまでに掲げるもののほか、法務省令で定める事項
3　前項の規定にかかわらず、同項各号に定める事項 (剰余金の配当について内容の異なる種類の種類株主が配当を受けることができる額その他法務省令で定める事項に限る。) の全部又は一部につ

> いては、当該種類の株式を初めて発行する時までに、株主総会(取締役会設置会社にあっては株主総会又は取締役会、❶清算人会設置会社にあっては株主総会又は清算人会)の決議によって定める旨を定款で定めることができる。この場合においては、その内容の要綱を定款で定めなければならない。

　株式会社は、剰余金の配当、残余財産の分配、議決権などについて、内容の異なる2つ以上の種類の株式を発行することができます。種類株式を発行する際には、各種類の株式の発行可能総数や内容について、定款で定めなければなりません。

→試験対策5章2節①

1 趣旨

　会社が資金を調達する際、多様な投資者のニーズに応えるため、そのニーズに応じた内容の株式を発行できることは非常に便宜であり、かつ、投資者層の拡大、調達資金の増大をめざすことができる。そこで、内容の異なる2つ以上の種類の株式を発行することができるとした。
　107条が、全部の株式の内容として特別な定めを認めている規定であるのに対し、本条は内容の異なる複数の種類の株式を発行することを認めた規定である。

2 語句の意味

　清算人会設置会社とは、清算人会をおく清算株式会社またはこの法律の規定により清算人会をおかなければならない会社をいう。

→478条8項参照

3 条文クローズアップ

1 種類株式発行会社の意義

　種類株式発行会社の定義は、「内容の異なる2以上の種類の株式を発行する」株式会社とあるが、その意味するところは、株式会社の定款において内容の異なる2以上の種類の株式の内容が規定されているということであって、現実に2以上の種類の株式を発行していることを意味するものではない。このことは、現実に2以上の種類の株式を発行している場合には、そのことを端的にさし示すために異なる表現を用いている(184条2項括弧書「現に2以上の種類の株式を発行しているもの」)ことからも明らかである。

2 優先株式・劣後株式(1項1号、2号)

(1) 定義

　普通株式とは、剰余金の配当・残余財産の分配またはその双方について、標準となる株式をいう。
　優先株式とは、剰余金の配当・残余財産の分配またはその双方について、他の種類の株式よりも優先的な地位が与えられる株式をいう。

→試験対策5章2節④

劣後株式とは、剰余金の配当・残余財産の分配またはその双方について、劣後的な地位を与えられる株式をいう。

(2) 趣旨

業績の不振な会社は、優先株式を発行することによって資金調達が容易となる。他方、利益の多い会社は、劣後株式を発行することによって、資金調達を行うことができる。

(3) 内容

配当優先株式は、ある期につき一定額の配当を普通株式への配当に優先して受けるが、この優先配当を受けた後の残余の配当について、普通株式とともにこれにあずかれるかどうかにより**参加的優先株式**と**非参加的優先株式**とに分類される。

また、ある期における配当金が所定の優先配当金額に達しない事態が生じた場合において、その不足額が累積し、次期以降の利益からその累積した分が優先的に支払われるかどうかにより、**累積的優先株式**と**非累積的優先株式**とに分類される。

(4) 定款の定め(2項1号、2号)

優先株式・劣後株式を発行するには、①発行可能種類株式総数、②配当財産、または残余財産の価額の決定方法、配当する条件、その他配当に関する取扱いの内容を定款で定めなければならない。このような事項を定款変更して定める場合は、通常の手続に従い、株主総会の特別決議による(466条、309条2項11号)。108条1項3号以下も同様である。

3 議決権制限種類株式(1項3号)

→試験対策5章2節⑤

(1) 定義

議決権制限種類株式とは、株主総会の全部または一部の事項について議決権を行使することができない株式をいう。

(2) 趣旨

議決権制限種類株式は、配当等に期待し議決権の行使には関心のない株主と、従来の支配関係に影響を与えず資金調達をしたい会社のニーズに応えた制度である。すなわち、株主としては、議決権を行使できない株式を手にする代わりに、通常よりも安く手に入れるか、配当優先等の付加価値のある株式を手にすることができる。一方で、会社としても、配当優先株式を議決権制限種類株式とすれば、このような株式を債権債務関係しか生じない社債の代替物として発行して資金調達することができる。さらに、総会のすべての事項について議決権を有しない株式(完全無議決権株式)を発行すれば、出席できない株主に対する総会の招集通知等の費用を節約することもできる。

(3) 内容

株主総会において、議決権を行使することができる事項について異なる内容を定めることができる。ただし、議決権はあり・なしのいずれかしか認められず、1株の議決権を0.7や2などと定めることはできない。

議決権制限種類株式の株主は、議決権が制限される事項については、

その議決権の存在を前提とする権利(たとえば、株主提案権〔303条以下〕など)は有しないが、それ以外の権利は認められる。議決権制限種類株式の株主も種類株主総会においては議決権を有する。

(4) 定款の定め(2項3号)

議決権制限種類株式を発行するには、①発行可能種類株式総数、②議決権行使事項・条件を定款で定めなければならない。

4 譲渡制限株式(1項4号)

→試験対策5章2節②、4節④

(1) 定義

譲渡制限株式とは、株式会社がその発行する全部または一部の株式の内容として譲渡による当該株式の取得について当該株式会社の承認を要する旨の定めを設けている場合における当該株式をいう。

(2) 趣旨

一般に、大規模な会社では株主の個性は問題とならないため、株式の譲渡を制限する必要はない。しかし、わが国の株式会社は、同族会社のように株主の個性が問題となる閉鎖的会社も多く存在する。このような会社では、株式の譲渡が制限できないとすると、株式会社にとって好ましくない者が株主となって、株式会社の運営を妨害したり、乗っ取りを図ったりして、会社経営の安定性が害されるおそれがある。

そこで本条は、こうした株式会社の需要に応えて、定款で定めることを条件として、株式の譲渡を制限することを認めたものである。

(3) 内容

譲渡を承認するか否かを判断する権限は、原則として取締役会にある。もっとも、定款に別段の定めをおくことにより、譲渡承認機関を代表取締役や取締役とすることもできる(139条1項)。

譲渡制限株式については、株主が投下資本を回収する機会を害するおそれがある。そこで会社法は、譲渡承認請求(136条、137条1項)、株式会社による買取請求または指定買取人による買取請求(138条1号ハ、2号ハ)などの制度によって、投下資本回収の機会を保障している。

(4) 定款の定め(2項4号)

譲渡制限株式を発行するには、①発行可能種類株式総数、②株式の譲渡による取得について会社の承認を要する旨、③一定の場合に会社が承認をしたとみなすときは、その旨および当該一定の場合を定款で定めなければならない。

(5) 種類株主総会決議

種類株式の発行後に譲渡制限の定めを設ける場合には、通常の定款変更の手続に加えて、①譲渡制限を定める株式の種類株主、②譲渡制限株式を取得の対価とする取得請求権付株式の種類株主、③譲渡制限株式を取得の対価とする取得条項付株式の種類株主を構成員とする種類株主総会の決議を要する(111条2項)。

この場合の決議は、議決権を行使することができる株主の議決権の過半数を有する株主が出席し、出席した株主の議決権の3分の2以上にあ

たる多数をもって行う(324条2項1号)。

5　取得請求権付株式(1項5号)

(1) 定義
取得請求権付株式とは、株主が会社に対してその株式の取得(買取り)を請求することができる株式をいう。

(2) 趣旨
株主が、その選択に応じて保有する株式を決定することができる。たとえば、普通株式を対価とする取得請求権付株式(非参加的配当優先株式)が発行された場合、株主は、会社の収益が比較的少ない間は優先株主として安定した配当を受け、会社の収益が向上して普通株式のほうが多くの配当を受けられるようになれば取得請求権を行使して普通株式を対価として得るということが可能になる。

(3) 内容
取得の対価は金銭にかぎられず、その株式会社の社債、新株予約権、新株予約権付社債などを対価とすることもできる。一部の株式のみを取得請求権付とする場合には、当該株式会社の他の株式を対価とすることもできる。

(4) 定款の定め(2項5号)
取得請求権付株式を発行するには、①発行可能種類株式総数、②株主が有する株式を取得することを請求できる旨、③対価の内容または算定方法、④取得を請求できる期間を定款で定めなければならない。

6　取得条項付株式(1項6号)

(1) 定義
取得条項付株式とは、会社が、一定の事由が生じたことを条件としてその株式を取得することができる株式をいう。

(2) 趣旨
将来的に会社が発行済株式を自己取得することを前提に、柔軟に株式を発行することができる。たとえば、配当優先株式である取得条項付株式を発行して資金を調達し、配当の負担を免れるため、一定期間経過後に普通株式を対価として会社が取得権を行使するということができる。

(3) 内容
取得請求権付株式(1項5号)の場合と同様に、取得の対価は金銭にかぎられず、その株式会社の社債、新株予約権、新株予約権付社債などを対価とすることもできる。一部の株式のみを取得条項付とする場合には、当該株式会社の他の株式を対価とすることもできる。

(4) 定款の定め(2項6号)
取得条項付株式を発行するには、①発行可能種類株式総数、②一定の事由が生じた日に会社が株式を取得する旨およびその事由、③株式を一部取得する場合はその旨および取得する株式の一部の決定方法、④対価の内容または算定方法を定款で定めなければならない。

7　全部取得条項付種類株式(1項7号)

(1) 定義
　全部取得条項付種類株式とは、株主総会の特別決議により会社がその全部を取得することができるような種類株式をいう。
(2) 趣旨
　全部取得条項付種類株式は、当初、債務超過に陥った会社の円滑な事業再建のための仕組みとして創設された。もっとも、現在では、債務超過会社における利用にとどまらず、とりわけキャッシュ・アウト(現金を対価とする少数派株主からの株式取得)の手段として盛んに利用されるにいたっている。
(3) 定款の定め(2項7号)
　全部取得条項付種類株式を発行するには、①発行可能種類株式総数、②取得対価の決定方法、③条件を付すときはその条件を、定款で定めなければならない。
(4) 種類株主総会決議
　種類株式の発行後に全部取得条項の定めを設ける場合には、通常の定款変更の手続に加えて、①全部取得条項を定める株式の種類株主、②全部取得条項付株式を取得の対価とする取得請求権付株式の種類株主、③全部取得条項付株式を取得の対価とする取得条項付株式の種類株主を構成員とする種類株主総会の決議を要する(111条2項)。
　この場合の決議は、議決権を行使することができる株主の議決権の過半数を有する株主が出席し、出席した株主の議決権の3分の2以上にあたる多数をもって行う(324条2項1号)。
(5) 取得手続
　取得手続としては、取締役が取得を必要とする理由を説明したうえで(171条3項)、株主総会の特別決議(1項各号、309条2項3号)により、取得対価・その割当てに関する事項・取得日(171条1項各号)を定める。
　反対株主には取得価格の決定の申立権が認められる(172条)。

8　拒否権付種類株式(1項8号)

→試験対策5章2節⑦

(1) 定義
　拒否権付種類株式とは、株主総会、取締役会、清算人会において決議すべき事項のうち、当該決議のほか、当該種類の株式の種類株主を構成員とする種類株主総会の決議があることを必要とする株式をいう。
(2) 趣旨
　定款で種類株主総会決議を必要とすることによって、拒否権付種類株式を、少数株主や経営に関わらない株主が自己の利益を防衛する手段とすることができる。従来は株主間契約によってなされていたが、これを制度的に実現したものである。
(3) 内容
　拒否権付種類株式を発行した場合には、その定款記載の内容に従って、問題となる事項については、株主総会などの決議に加えて、その種類の株式の種類株主を構成員とする種類株主総会の決議が必要となる

(323条本文)。
　ただし、当該種類株主総会において議決権を行使することができる種類株主がいない場合には決議は不要である(323条ただし書)。なお、会社設立に際して拒否権付種類株式を発行する場合について、84条において、323条本文・ただし書と対応するかたちで、決議の要不要についての定めがある。
(4) 定款の定め(2項8号)
　拒否権付種類株式を発行するには、①発行可能種類株式総数、②株主総会、取締役会、清算人会の決議事項のうち、拒否権付種類株式の種類株主総会の決議があることを必要とするもの、③拒否権付種類株式の種類株主総会の決議を必要とする条件を定めるときは、その条件を定款で定めなければならない。

9　取締役・監査役選任権付株式(1項9号)

→試験対策5章2節⑧

(1) 定義
　取締役・監査役選任権付株式とは、当該種類の株式の種類株主を構成員とする種類株主総会において取締役または監査役を選任することができる株式をいう。
(2) 趣旨
　複数の企業が共同で連帯して一定の事業を行う場合など、各出資企業が出資の割合や事業への関与の度合いに応じて取締役・監査役を選任できるようにする株主間契約を制度的に保障しようとするものである。
(3) 内容
　この株式を発行することが許容されるのは、委員会設置会社および公開会社以外の会社にかぎられる。
(4) 定款の定め(2項9号)
　取締役・監査役選任権付株式を発行するには、①発行可能種類株式総数、②取締役・監査役選任権付株式の種類株主総会において取締役または監査役を選任すること、および選任できる取締役・監査役の数、③他の種類株主と共同して取締役・監査役を選任するときは、他の株式の種類および共同して選任する数、④これら②または③の事項を変更する条件があるときは、その条件およびその条件が成就した場合における変更後の②または③の事項、⑤その他法務省令(会社施規19条)で定める事項を定款で定めなければならない。

10　種類株式の内容の委任(3項)

→試験対策5章2節④【3】

(1) 趣旨
　定款で種類の株式の内容を定めてから、実際にその株式を発行するまでの間の事情(市場の情勢など)に応じて、後の取締役会で具体的な細目を定め、機動的な発行ができるようにしたものである。
(2)「内容の要綱」
　内容の細目については後の取締役会で定めることができるとはいえ、「内容の要綱」は、あらかじめ定款で定めておかなければならない(3項

後段)。これは、株主が定款変更に賛成すべきかどうかの判断材料を与えることを目的とするものである。

取得条項付株式の取得と会社が発行する株式総数
　会社が発行する株式の総数すなわち授権資本の枠は、定款の必要的記載事項として、その変更は必ず定款変更の手続を必要としているため、償還〔取得条項付・取得請求権付〕株式を償還〔取得〕した一事でその枠が変更されるものではない(最判昭40・3・18判時413-75)。

司H22-42-5。予H27-17-全。書H27-29-ア、H23-30-エ

第109条(株主の平等)　A

1. 株式会社は、株主を、その有する株式の内容及び数に応じて、平等に取り扱わなければならない。
2. 前項の規定にかかわらず、公開会社でない株式会社は、第105条第1項各号に掲げる権利〔剰余金の配当・残余財産の分配を受ける権利、株主総会における議決権〕に関する事項について、株主ごとに異なる取扱いを行う旨を定款で定めることができる。
3. 前項の規定による定款の定めがある場合には、同項の株主が有する株式を同項の権利に関する事項について内容の異なる種類の株式とみなして、この編〔株式会社〕及び第5編〔組織変更、合併、会社分割、株式交換および株式移転〕の規定を適用する。

　株主は、その所有する株式の内容・数に応じて平等に取り扱われなければなりません(1項)。ただし、非公開会社は、剰余金の配当を受ける権利、残余財産の分配を受ける権利、株主総会における議決権について、株主ごとに異なる扱いを定款で定めることができます(2項)。その場合、株式の内容の異なる株式とみなされます(3項)。

→試験対策5章1節③

1 趣旨

　株主平等原則は、株式が均等な割合的単位の形式をとる株式会社の社員たる地位であることを裏から表現したものであると解される。すなわち、株主を平等に取り扱うという原則がないと、株主と会社との法律関係や株式の譲渡等を合理的に処理できなくなり、ひいてはだれも安心して株式会社に株主として出資できなくなって、株式会社制度が成り立たなくなる。そこで、このような技術的な要請に基づいて株主平等原則が規定された。

2 条文クローズアップ

1 意義

株主平等原則とは、株主としての資格に基づく法律関係について、会社は、株主をその有する株式の内容および数に応じて平等に取り扱わなければならないという原則をいう（1項参照）。

2 株主平等原則の内容

株主平等原則の内容は、**株式の内容が異なる種類の株式が発行されている場合には株式の内容に応じて異なる取扱いをすることを許容し、株式の数が異なる場合には株式数に応じて平等に取り扱うべき**ということである。

そして、2項に定める、**非公開会社**における異なる取扱いは、株主平等原則（1項参照）の例外である。非公開会社においては、株主の異動が乏しく、株主相互の関係が緊密であるのが通常であることから、株主に着目して異なる取扱いをすることを認める必要があるとともに、これを認めても特段の不都合がない。そこで、このような例外が設けられた。

なお、2項の規定により株主ごとに異なる取扱いをすることにした場合、本来その異なる取扱いが株式に着目したものではないため各株主が有している株式は種類株式（108条）に該当するものではないが、実質上は種類株式と異なるところはない。そこで、各株主が有している株式を種類株式とみなして、第2編と第5編の規定を適用する（109条3項）。

3 株主平等原則の機能

株主平等原則は、多数決の濫用や取締役等による恣意的な権限行使から、少数派株主を保護する機能を有する。

4 株主平等原則違反の効果

株主平等原則は強行法規的性格を有し、この原則に反する会社の行為（総会決議、取締役会決議、代表取締役・執行役の行為等）は無効となる。

5 株主平等原則に関する諸問題

(1) 株主優待制度

(a) 定義

株主優待制度とは、一定数以上の株式を有する株主に対して、自己の事業上の特別の便益を与えて株主を優待する制度をいう。

(b) 株主平等原則の適用の有無

株主優待制度においては、株主平等原則の適用があるか否かについて、会社の営業上のサービスを要求する権利は株主権のなかには含まれないから、株主平等原則の適用外とする見解がある。しかし、株主優待制度は、株主の資格と無関係であると解することはできないから、株主平等原則の適用があると考えるべきである。

(c) 株主平等原則違反の有無

株主平等原則の適用があるとして、株主優待制度が株主平等原則に反しないかが問題となるが、現在の多数説は、優待的取扱いの程度が軽微であれば、実質的にみて株主平等原則に反しないとしたり、個人株主の増大、顧客の拡大などの株式会社の経営政策上の合理的必要性がある場合には株主平等原則に反しないとしたりして、株主優待制度

→**論**
→試験対策5章1節③【5】(1)Q₁

→江頭[6版]133頁

を有効としている。
(2) 剰余金の配当
株主に対する配当財産の割当てに関する事項についての定めは、原則として、株主の有する株式の数に応じて配当財産を割り当てることを、内容とするものでなければならない。

これに関連して、会社が一般株主には無配としながら、特定の大株主に対して歳暮・中元等のかたちで、金銭を贈与すると約した贈与契約が株主平等原則に反しないかが問題となる。 →判例セレクト1

判例は、このような契約は、無配による大株主の投資上の損失を填補する意味を有し、大株主のみを特別有利に優遇し、利益を与えるものであるから、株主平等原則に反し、無効であるとしている。

(3) 総会の運営
株式会社は、同じ株主総会に出席する株主に対しては、合理的な理由のないかぎり、同一の取扱いをすべきと解される。これに関連して、判例は、会社が従業員株主らを他の株主よりも先に会場に入場させて株主席の前方に着席させる措置をとることは適切ではないが、株主が動議の提出等、株主権の行使を妨げられていない場合には、株主の法的利益は侵害されていないとしている。 →判例セレクト2、831条判例セレクト3(1)

1　剰余金の配当と株主平等原則
会社が、一般株主には無配としながら、特定の大株主に対し月額8万円、中元および歳暮として各5万円を贈与することを約した贈与契約は、特定の大株主を特別に有利に優遇し、利益を与えるものであるから、株主平等原則に違反し、商法293条本文〔会社法454条3項〕の規定の趣旨に徴して無効である（最判昭45・11・24判例シリーズ13事件）。 →454条判例セレクト

2　従業員株主を株主席の前方に座らせた措置
株式会社は、同じ株主総会に出席する株主に対しては、合理的な理由のないかぎり、同一の扱いをするべきであって、従業員株主らを他の株主よりも先に入場させて株主席の前方に着席させる措置は適切なものではないが、具体的に株主の権利行使が妨げられていない場合には株主の法的利益が侵害されたということはできない（最判平8・11・12判例シリーズ39事件）。 →831条判例セレクト3(1)

第110条（定款の変更の手続の特則）　C
定款を変更してその発行する全部の株式の内容として第107条第1項第3号に掲げる事項(取得事項)についての定款の定めを設け、又は当該事項についての定款の変更(当該事項についての定款の定めを廃止するものを除く。)をしようとする場合(株式会社が種類株式発行会社である場合を除く。)には、株主全員の同意を得なければな

らない。

　種類株式発行会社以外の会社が、定款を変更してその発行する全部の株式を取得条項付株式とする旨の定めを設け、またはそれについての定款の変更をしようとする場合には、株主全員の同意を得なければなりません。

1 趣旨

　会社が、その発行する全部の株式について、取得条項付株式(107条1項3号)とする定款変更をし、または、そのような定款の定めを変更する場合、通常の定款変更手続(466条、309条2項11号)によるのではなく、株主全員の同意を要する。このような同意が必要なのは、株式に取得条項が付されると、株主は同意なしにその株式を会社によって取得されるという重大な影響を受けるからである。

司H25-38-ア(予)、H18-41-ウ。書H24-28-ア

第111条　B

1　種類株式発行会社がある種類の株式の発行後に定款を変更して当該種類の株式の内容として第108条第1項第6号に掲げる事項(取得条項付種類株式に関する事項)についての定款の定めを設け、又は当該事項についての定款の変更(当該事項についての定款の定めを廃止するものを除く。)をしようとするときは、当該種類の株式を有する株主全員の同意を得なければならない。

2　種類株式発行会社がある種類の株式の内容として第108条第1項第4号又は第7号に掲げる事項(譲渡制限種類株式または全部取得条項付種類株式に関する事項)についての定款の定めを設ける場合には、当該定款の変更は、次に掲げる種類株主を構成員とする種類株主総会(当該種類株主に係る株式の種類が2以上ある場合にあっては、当該2以上の株式の種類別に区分された種類株主を構成員とする各種類株主総会。以下この条において同じ。)の決議がなければ、その効力を生じない。ただし、当該種類株主総会において議決権を行使することができる種類株主が存しない場合は、この限りでない。

①　当該種類の株式の種類株主

②　第108条第2項第5号ロの他の株式(取得請求権付株式の取得対価である他の株式)を当該種類の株式とする定めがある取得請求権付株式の種類株主

③　第108条第2項第6号ロの他の株式(取得条項付株式の取得対価である他の株式)を当該種類の株式とする定めがある取得条項付株式の種類株主

種類株式発行会社が、ある種類の株式の発行後に、その種類の株式を取得条項付株式とする定款の定めを設け、またはそれについての定款の変更をしようとするときは、その種類株主全員の同意が必要です（1項）。また、種類株式発行会社が、ある種類の株式を譲渡制限株式または全部取得条項付種類株式とする定款の定めを設ける場合、その種類の株式の種類株主、その種類の株式を取得対価とする定めのある取得請求権付株式および取得条項付株式の種類株主を構成員とする種類株主総会の決議が必要です（2項）。

1 趣旨

1項は、110条と同様に、株主保護のため、ある種類の株式を取得条項付株式とする定款変更にはその種類の株式を有する株主全員の同意を要求した。2項は、取得条項付株式においてはそのうちの一部の株式が取得されうるのに対して、ある種類の株式を譲渡制限株式または全部取得条項付種類株式とする場合には、当該種類の株式全部に関わるので、種類株主相互間に不平等は生じないため、種類株主全員の同意ではなく、当該種類の株主総会の決議が要件とされた。

2 条文クローズアップ

1 ある種類の株式に取得条項を付す場合（1項）

種類株式発行会社（2条13号）が、ある種類の株式を発行した後でその種類の株式を取得条項付株式（108条1項6号）とする定款変更をし、または、そのような定款の定めを変更する場合には、その種類の株式を有する株主全員の同意を要する（111条1項）。このような同意が必要とされるのは、株式に取得条項が付されると、株主は同意なしにその株式を会社によって取得されるという重大な影響を受けるからである。

2 ある種類の株式に譲渡制限、全部取得条項を付す場合（2項）

必要とされる種類株主総会決議について、譲渡制限を付す場合にはそれらの種類株主総会の特殊決議を要し（324条3項1号）、全部取得条項を付す場合には特別決議を要する（111条2項1号）。

第112条（取締役の選任等に関する種類株式の定款の定めの廃止の特則） C

1　第108条第2項第9号に掲げる事項（❶取締役に関するものに限る。）〔種類株主総会での取締役選任につき定款で定めるべき事項〕についての定款の定めは、この法律又は定款で定めた取締役の員数を欠いた場合において、そのために当該員数に足りる数の取締役を選任することができないときは、廃止されたものとみなす。
2　前項の規定は、第108条第2項第9号に掲げる事項（監査役に関するものに限る。）〔種類株主総会における監査役選任につき定款で定める

❶108条1項9号

べき事項)についての定款の定めについて準用する。

　ある種類株主総会において取締役・監査役を選任する旨の定款の定めは、会社法または定款で定めた取締役・監査役の員数を欠いた場合に、当該種類株主総会がその員数に足りる数の取締役・監査役を選任することができないときは、廃止されたものとみなされます。

1 趣旨

　取締役・監査役の選任に関する種類株式の定めがあるにもかかわらず、会社法または定款の定める員数を欠いた場合などに、新たな取締役・監査役の選任が不可能となる事態が生じるのは不都合である。本条は、その状態を解消するために、取締役・監査役の選任等に関する定款の定めは廃止されたものとみなすこととした。

2 条文クローズアップ

取締役・監査役を選任することができない場合（1項、2項）

　本条における取締役・監査役を選任することができない場合としては、種類株式が取得請求権付株式または取得条項付株式であって、その全部を会社が自己株式として取得した場合（308条2項）、または相互保有株式である場合（1項本文括弧書参照）などにより、議決権制限のため種類株式について議決権を行使可能な株主が存在しなくなった場合が想定される。

第113条（発行可能株式総数）　B⁺

1　株式会社は、定款を変更して❶発行可能株式総数についての定めを廃止することができない。
2　定款を変更して❶発行可能株式総数を減少するときは、変更後の発行可能株式総数は、当該定款の変更が効力を生じた時における発行済株式の総数を下ることができない。
3　次に掲げる場合には、当該定款の変更後の❶発行可能株式総数は、当該定款の変更が効力を生じた時における発行済株式の総数の4倍を超えることができない。
　①　公開会社が定款を変更して発行可能株式総数を増加する場合
　②　公開会社でない株式会社が定款を変更して公開会社となる場合
4　新株予約権（第236条第1項第4号の期間〔新株予約権行使期間〕の初日が到来していないものを除く。）の新株予約権者が第282条第1項〔株主となる時期〕の規定により取得することとなる株式の数は、❶発行可能株式総数から発行済株式（❷自己株式（株式会社が

❶37条1項

❷定

有する自己の株式をいう。以下同じ。)を除く。)の総数を控除して得た数を超えてはならない。

　定款を変更して発行可能株式総数の定めを廃止することはできません。また、定款を変更して発行可能株式総数を減少するときは、当該定款の変更が効力を生じた時における発行済株式を下回ることはできません。他方、公開会社が定款を変更して発行可能株式総数を増加する場合および非公開会社が定款を変更して公開会社となる場合、発行済株式の総数の4倍を超えることはできません。さらに、新株予約権者が取得することとなる株式の数が、発行可能株式総数から発行済株式の総数を控除して得た数を超えてはなりません。

→試験対策5章1節[2]【3】

1 趣旨

　本条は、新株発行による機動的な資金調達を可能にするとともに、これにより既存の株主が受けることになる持株比率の低下という不利益の限界を画するために、授権資本制度を定めたものである。

→37条[2]

2 条文クローズアップ

1　定款の発行可能株式総数の定めの削除禁止（1項）
　発行可能株式総数は、定款の絶対的記載事項に該当する（37条、98条）ため、この記載を欠くことは定款の無効原因にもあたり、設立無効原因にもなりうる。

2　発行可能株式総数の減少（2項）
　定款を変更して発行可能株式総数を減少する場合において、変更後の発行可能株式総数が発行済株式の総数を下回るときは、理論的には、当該定款の変更が無効となるとする解釈と、発行されている株式の一部が無効となるとする解釈とがありうるところ、2項は当該定款の変更が無効となることを明らかにした。

3　発行可能株式総数の数量制限（3項）
　1号は、会社が定款の変更により発行可能株式総数を増加しても、その数が発行済株式の総数の4倍を超えることができないとすることにより、取締役会が授権資本制度のもとで株式の発行権限を濫用するのを防ぎ、既存の株主の持株比率の希釈化に限界を設けた。
　2号は、非公開会社が定款を変更して公開会社となる場合に、かりに発行可能株式総数を増加していなくても、発行可能株式総数に1号と同様の数量制限を設けることにより、1号の制限の潜脱を防止するために設けられた規定である。従前は、非公開会社では、取締役会の決議による株式の発行が認められない（199条2項等参照）ので、発行可能株式総数の規律が適用されなかった（37条3項ただし書、改正前113条3項ただし書）ためである。

→平成26年改正

4　新株予約権者がいる場合（4項）

　新株予約権を発行している会社は、新株予約権の行使によって新株予約権者が取得することとなる株式（潜在株式）との関係で、一定の数の株式数を留保しておかなければならないため、4項が規定された。

　なお、新株予約権の行使期間の初日が到来していない場合には、当該新株予約権については4項の適用はない。また、行使期間が終了している場合は、新株予約権者が存在しないため、やはり4項の適用はない。

発行可能株式総数の増加

　会社が発行する株式総数中に未発行部分がある場合でも、株式総数を増加する旨の定款変更をすることはできる。また、再評価積立金の資本組入による一部有償交付新株の発行を条件とする株式総数増加の定款変更決議も違法とはいえない（最判昭37・3・8民集16-3-473）。

第114条（発行可能種類株式総数）　C

1　定款を変更してある種類の株式の❶発行可能種類株式総数を減少するときは、変更後の当該種類の株式の発行可能種類株式総数は、当該定款の変更が効力を生じた時における当該種類の発行済株式の総数を下ることができない。

2　ある種類の株式についての次に掲げる数の合計数は、当該種類の株式の❶発行可能種類株式総数から当該種類の発行済株式（❷自己株式を除く。）の総数を控除して得た数を超えてはならない。

①　取得請求権付株式（第107条第2項第2号への期間（取得請求期間）の初日が到来していないものを除く。）の株主（当該株式会社を除く。）が第167条第2項（効力の発生）の規定により取得することとなる同項第4号に規定する他の株式（取得請求権付株式の取得対価である他の株式）の数

②　取得条項付株式の株主（当該株式会社を除く。）が第170条第2項（効力の発生）の規定により取得することとなる同項第4号に規定する他の株式（取得条項付株式の取得対価である他の株式）の数

③　新株予約権（第236条第1項第4号の期間（新株予約権行使期間）の初日が到来していないものを除く。）の新株予約権者が第282条第1項（株主となる時期）の規定により取得することとなる株式の数

❶101条1項3号

❷113条4項

　定款を変更して発行可能種類株式総数を減少する場合、変更後の発行可能種類株式総数は、発行済種類株式の総数より下回ることはできません。また、取得請求権付株式の株主が取得することになる株式等の合計数は、発行可能

種類株式総数から発行済種類株式の総数を控除した数を超えてはなりません。

1 趣旨

1項は、発行可能種類株式総数を減少する定款変更によって、発行可能株式総数が発行済種類株式を下回り、定款違反の事態が生ずるのを防ぐことを趣旨とする。2項は、定款等の定めで種類株式を交付または発行しなければならない場合に、その種類株式の総数と発行済株式の総数の和が、定款の定める発行可能株式総数を超えて定款違反になりうる状態になるのを防ぐ趣旨である。

2 条文クローズアップ

1 1項の制限に違反する場合の効果

1項の制限に違反する定款変更が行われ、発行可能種類株式総数が発行済みの株式の総数を下回ることになったとしても、発行済みの株式の一部が無効になることはなく、当該定款の変更が無効となる。

2 2項の制限に違反する場合の効果

2項の制限に違反する株式の発行が行われた場合、違反行為をした取締役らは刑事罰に処せられ(966条)、また、新株発行無効事由にもなる。もっとも、このような効力が生ずるのは、取得請求権付株式、取得条項付株式または新株予約権の発行をした段階ではなく、取得請求権の行使、取得条項の取得事由の発生または新株予約権の行使により、会社が発行可能種類株式総数を超えて種類株式を交付または発行した段階になったときである。

📖H24-28-ウ
第115条（議決権制限株式の発行数）　B⁻

種類株式発行会社が公開会社である場合において、株主総会において議決権を行使することができる事項について制限のある種類の株式(以下この条において「議決権制限株式」という。)の数が発行済株式の総数の2分の1を超えるに至ったときは、株式会社は、直ちに、議決権制限株式の数を発行済株式の総数の2分の1以下にするための必要な措置をとらなければならない。

公開会社において、議決権制限株式の数が発行済株式の総数の2分の1を超えた場合には、すぐにその割合を2分の1以下とする措置をとらなければなりません。

→試験対策5章2節5【2】

1 趣旨

議決権制限株式(株主総会において、株主総会の決議事項の全部または一部について議決権を行使することができない株式)の発行済株式総数に占め

る割合があまりに高くなりすぎると、少数の株式を有する者が実質的に株式会社を支配することになり、株式会社支配の状況として好ましくない状況が生じるため、これを防止しようとする規定である。

2 条文クローズアップ

非公開会社の場合

非公開会社では、経営に好ましくない者を排斥するために、株式の取得を承認しないことさえ可能であるので、株式の取得を認めたうえで議決権を制限することについて、規制を加える必要性が乏しい。そこで、議決権制限株式の発行数の制限は、非公開会社には課されていない。

📖H24-28-イ

第116条（反対株主の株式買取請求）　B⁺

1 次の各号に掲げる場合には、反対株主は、株式会社に対し、自己の有する当該各号に定める株式を公正な価格で買い取ることを請求することができる。
　① その発行する全部の株式の内容として第107条第１項第１号に掲げる事項〔譲渡制限〕についての定めを設ける定款の変更をする場合　全部の株式
　② ある種類の株式の内容として第108条第１項第４号又は第７号〔譲渡制限種類株式または全部取得条項付種類株式に関する事項〕に掲げる事項についての定めを設ける定款の変更をする場合　第111条第２項各号に規定する株式〔当該定款変更に種類株主総会の決議を要する株式〕
　③ 次に掲げる行為をする場合において、ある種類の株式（第322条第２項の規定による定款の定め〔種類株主総会による法定の拒否権を緩和する定款の定め〕があるものに限る。）を有する種類株主に損害を及ぼすおそれがあるとき　当該種類の株式
　　イ　株式の併合又は株式の分割
　　ロ　第185条〔株式無償割当て〕に規定する株式無償割当て
　　ハ　単元株式数についての定款の変更
　　ニ　当該株式会社の株式を引き受ける者の募集（第202条第１項各号に掲げる事項〔募集株式の株主割当発行に関する事項〕を定めるものに限る。）
　　ホ　当該株式会社の新株予約権を引き受ける者の募集（第241条第１項各号に掲げる事項〔募集新株予約権の株主割当発行に関する事項〕を定めるものに限る。）
　　ヘ　第277条に規定する新株予約権無償割当て
2 前項に規定する「❶反対株主」とは、次の各号に掲げる場合における当該各号に定める株主をいう。

① 前項各号の行為をするために株主総会(種類株主総会を含む。)の決議を要する場合　次に掲げる株主
　イ　当該株主総会に先立って当該行為に反対する旨を当該株式会社に対し通知し、かつ、当該株主総会において当該行為に反対した株主(当該株主総会において議決権を行使することができるものに限る。)
　ロ　当該株主総会において議決権を行使することができない株主
② 前号に規定する場合以外の場合　すべての株主
3　第1項各号の行為をしようとする株式会社は、<u>当該行為が効力を生ずる日</u>(以下この条及び次条において「❷効力発生日」という。)の20日前までに、同項各号に定める株式の株主に対し、当該行為をする旨を通知しなければならない。　❷定
4　前項の規定による通知は、公告をもってこれに代えることができる。
5　<u>第1項の規定による請求</u>(以下この節において「❸株式買取請求」という。)は、❷効力発生日の20日前の日から効力発生日の前日までの間に、その株式買取請求に係る株式の数(種類株式発行会社にあっては、株式の種類及び種類ごとの数)を明らかにしてしなければならない。　❸定
6　株券が発行されている株式について❸株式買取請求をしようとするときは、当該株式の株主は、株式会社に対し、当該株式に係る株券を提出しなければならない。ただし、当該株券について第223条の規定による請求〔株券喪失登録の請求〕をした者については、この限りでない。
7　❸株式買取請求をした株主は、株式会社の承諾を得た場合に限り、その株式買取請求を撤回することができる。
8　株式会社が第1項各号の行為を中止したときは、❸株式買取請求は、その効力を失う。
9　第133条〔株式取得者による株主名簿記載事項の記載または記録の請求〕の規定は、❸株式買取請求に係る株式については、適用しない。

　株式会社が、譲渡による株式の取得について株式会社の承認を要する旨の定款変更をする場合に、株主総会に先立って反対する旨を株式会社に対し通知し、かつ、株主総会において反対した株主等は、株式会社に対し、自己の所有する株式を公正な価格で買い取ることを請求できます。

1　趣旨

　株式に譲渡制限を付することに反対する株主や、株式に全部取得条項を付することに反対する株主等に対して、投下資本の回収を可能にして

経済的救済を与えるものである。

2 条文クローズアップ

1 株式買取請求権の行使要件
2 株式買取請求権の行使手続
3 株式買取請求権の買取価格

→5編5章総説①
2(3)(c)参照
→5編5章総説①
2(3)(d)参照
→5編5章総説①
2(3)(e)参照

第117条（株式の価格の決定等） C

1 ❶株式買取請求があった場合において、株式の価格の決定について、株主と株式会社との間に協議が調ったときは、株式会社は、❷効力発生日から60日以内にその支払をしなければならない。
2 株式の価格の決定について、❷効力発生日から30日以内に協議が調わないときは、株主又は株式会社は、その期間の満了の日後30日以内に、裁判所に対し、価格の決定の申立てをすることができる。
3 前条第7項〔株式買取請求の撤回の制限〕の規定にかかわらず、前項に規定する場合において、❷効力発生日から60日以内に同項の申立てがないときは、その期間の満了後は、株主は、いつでも、❶株式買取請求を撤回することができる。
4 株式会社は、裁判所の決定した価格に対する第1項の期間の満了の日後の年6分の利率により算定した利息をも支払わなければならない。
5 株式会社は、株式の価格の決定があるまでは、株主に対し、当該株式会社が公正な価格と認める額を支払うことができる。
6 ❶株式買取請求に係る株式の買取りは、❷効力発生日に、その効力を生ずる。
7 ❸株券発行会社（その株式（種類株式発行会社にあっては、全部の種類の株式）に係る株券を発行する旨の定款の定めがある株式会社をいう。以下同じ。）は、株券が発行されている株式について❶株式買取請求があったときは、株券と引換えに、その株式買取請求に係る株式の代金を支払わなければならない。

❶116条5項

❷116条3項

❸定

買取請求がなされた株式の価格について、株主と株式会社との間に協議が調ったときは、株式会社は、その支払をしなければなりません。協議が調わないときには、株主または株式会社は、裁判所に対して、価格決定の申立てをすることができます。

1 趣旨

本条は、株式の内容に譲渡制限や全部取得条項が付されることなどに反対する株主が株式買取請求権（116条）を行使した場合に、買取価格に

ついて当事者間で協議を行うことを前提としつつ、協議が整わない場合に裁判所が価格決定をすると定めることにより、公正な買取価格が決定され、当該株主が投下資本の回収を十分できるよう手続上担保した規定である。

2 条文クローズアップ

株式買取請求権行使の効果

→5編5章総説①
2(3)(f)参照

第118条（新株予約権買取請求）　B⁻

1　次の各号に掲げる定款の変更をする場合には、当該各号に定める新株予約権の新株予約権者は、株式会社に対し、自己の有する新株予約権を公正な価格で買い取ることを請求することができる。
　①　その発行する全部の株式の内容として第107条第1項第1号に掲げる事項〔譲渡制限〕についての定めを設ける定款の変更　全部の新株予約権
　②　ある種類の株式の内容として第108条第1項第4号又は第7号に掲げる事項〔譲渡制限種類株式または全部取得条項付種類株式に関する事項〕についての定款の定めを設ける定款の変更　当該種類の株式を目的とする新株予約権
2　新株予約権付社債に付された新株予約権の新株予約権者は、前項の規定による請求(以下この節において「❶新株予約権買取請求」という。)をするときは、併せて、新株予約権付社債についての社債を買い取ることを請求しなければならない。ただし、当該新株予約権付社債に付された新株予約権について別段の定めがある場合は、この限りでない。
3　第1項各号に掲げる定款の変更をしようとする株式会社は、当該定款の変更が効力を生ずる日(以下この条及び次条において「❷定款変更日」という。)の20日前までに、同項各号に定める新株予約権の新株予約権者に対し、当該定款の変更を行う旨を通知しなければならない。
4　前項の規定による通知は、公告をもってこれに代えることができる。
5　❶新株予約権買取請求は、❷定款変更日の20日前の日から定款変更日の前日までの間に、その新株予約権買取請求に係る新株予約権の内容及び数を明らかにしてしなければならない。
6　新株予約権証券が発行されている新株予約権について❶新株予約権買取請求をしようとするときは、当該新株予約権の新株予約権者は、株式会社に対し、その新株予約権証券を提出しなければならない。ただし、当該新株予約権証券について非訟事件手続法

（平成23年法律第51号）第114条に規定する公示催告の申立て〔有価証券無効宣言公示催告に関する申立て〕をした者については、この限りでない。

7 ❸新株予約権付社債券（第249条第2号に規定する新株予約権付社債券〔証券発行新株予約権付社債にかかる社債券〕をいう。以下この項及び次条第8項において同じ。）が発行されている新株予約権付社債に付された新株予約権について❶新株予約権買取請求をしようとするときは、当該新株予約権の新株予約権者は、株式会社に対し、その新株予約権付社債券を提出しなければならない。ただし、当該新株予約権付社債券について非訟事件手続法第114条に規定する公示催告の申立て〔有価証券無効宣言公示催告に関する申立て〕をした者については、この限りでない。

8 ❶新株予約権買取請求をした新株予約権者は、株式会社の承諾を得た場合に限り、その新株予約権買取請求を撤回することができる。

9 株式会社が第1項各号に掲げる定款の変更を中止したときは、❶新株予約権買取請求は、その効力を失う。

10 第260条〔新株予約権取得者による新株予約権原簿記載事項の記載または記録の請求〕の規定は、❶新株予約権買取請求に係る新株予約権については、適用しない。

❸定

株式会社が、譲渡による株式の取得について株式会社の承認を要する旨の定款変更をする場合、新株予約権者は株式会社に対し、自己の有所する新株予約権を公正な価格で買い取ることを請求することができます。

1 趣旨

新株予約権の目的である株式の内容に一定の変更が加えられる場合には、当該新株予約権を行使した場合に交付される株式の内容が、新株予約権者が想定していたものと異なることになるから、買取りの請求を認めることによって、新株予約権者の利益を保護することを趣旨とする。

2 条文クローズアップ

新株予約権買取請求権の行使要件・行使手続
株式買取請求権の行使要件・行使手続（116条）と同趣旨の規定である。

→116条②

第119条（新株予約権の価格の決定等）　C

1 ❶新株予約権買取請求があった場合において、❷新株予約権（当該新株予約権が新株予約権付社債に付されたものである場合において、当該新株予約権付社債についての社債の買取りの請求があっ

❶118条2項
❷定

たときは、当該社債を含む。以下この条において同じ。）の価格の決定について、新株予約権者と株式会社との間に協議が調ったときは、株式会社は、❸定款変更日から60日以内にその支払をしなければならない。

❸118条3項

2　新株予約権の価格の決定について、❸定款変更日から30日以内に協議が調わないときは、新株予約権者又は株式会社は、その期間の満了の日後30日以内に、裁判所に対し、価格の決定の申立てをすることができる。

3　前条第8項〔新株予約権買取請求の撤回の制限〕の規定にかかわらず、前項に規定する場合において、❸定款変更日から60日以内に同項の申立てがないときは、その期間の満了後は、新株予約権者は、いつでも、❶新株予約権買取請求を撤回することができる。

4　株式会社は、裁判所の決定した価格に対する第1項の期間の満了の日後の年6分の利率により算定した利息をも支払わなければならない。

5　株式会社は、新株予約権の価格の決定があるまでは、新株予約権者に対し、当該株式会社が公正な価格と認める額を支払うことができる。

6　❶新株予約権買取請求に係る新株予約権の買取りは、❸定款変更日に、その効力を生ずる。

7　株式会社は、新株予約権証券が発行されている❷新株予約権について❶新株予約権買取請求があったときは、新株予約権証券と引換えに、その新株予約権買取請求に係る新株予約権の代金を支払わなければならない。

8　株式会社は、❹新株予約権付社債券が発行されている新株予約権付社債に付された新株予約権について❶新株予約権買取請求があったときは、その新株予約権付社債券と引換えに、その新株予約権買取請求に係る❷新株予約権の代金を支払わなければならない。

❹118条7項

　買取請求がなされた新株予約権の価格について、新株予約権者と株式会社との間に協議が調ったときは、株式会社は、その支払をしなければなりません。協議が調わないときには、新株予約権者または株式会社は、裁判所に対して、価格決定の申立てをすることができます。

1　趣旨

　本条は、117条と同様に、一定の定款変更に反対する株主が新株予約権買取請求（118条）を行使する場合に、公正な価格を決定する手続を定めることにより、売主である新株予約権者の利益を保護することを趣旨とする。

2 条文クローズアップ

新株予約権買取請求権行使の効果
株式買取請求権行使の効果(117条)と同趣旨の規定である。

→117条[2]

司 H25-39-ア〜エ、H24-45-オ(予)、H19-42-ウ、H18-40-イ

第120条（株主等の権利の行使に関する利益の供与） A

1　株式会社は、何人に対しても、株主の権利、当該株式会社に係る❶適格旧株主（第847条の2第9項に規定する適格旧株主〔提訴請求が可能となる旧株主〕をいう。）の権利又は当該株式会社の❷最終完全親会社等（第847条の3第1項に規定する最終完全親会社等〔当該株式会社の完全親会社等であり、その完全親会社等がないもの〕をいう。）の株主の権利の行使に関し、❸財産上の利益の供与（当該株式会社又はその子会社の計算においてするものに限る。以下この条において同じ。）をしてはならない。

2　株式会社が特定の株主に対して無償で❸財産上の利益の供与をしたときは、当該株式会社は、株主の権利の行使に関し、財産上の利益の供与をしたものと推定する。株式会社が特定の株主に対して有償で財産上の利益の供与をした場合において、当該株式会社又はその子会社の受けた利益が当該財産上の利益に比して著しく少ないときも、同様とする。

3　株式会社が第1項の規定に違反して❸財産上の利益の供与をしたときは、当該利益の供与を受けた者は、これを当該株式会社又はその子会社に返還しなければならない。この場合において、当該利益の供与を受けた者は、当該株式会社又はその子会社に対して当該利益と引換えに給付をしたものがあるときは、その返還を受けることができる。

4　株式会社が第1項の規定に違反して❸財産上の利益の供与をしたときは、当該利益の供与をすることに関与した取締役（指名委員会等設置会社にあっては、執行役を含む。以下この項において同じ。）として法務省令で定める者は、当該株式会社に対して、連帯して、供与した利益の価額に相当する額を支払う義務を負う。ただし、その者（当該利益の供与をした取締役を除く。）がその職務を行うについて注意を怠らなかったことを証明した場合は、この限りでない。

5　前項の義務は、総株主の同意がなければ、免除することができない。

❶定
❷定
❸定

株式

　株式会社は、だれに対してであっても、株主等の権利の行使に関して、財産上の利益の供与をしてはなりません。株式会社がこれに違反して、財産上

→試験対策5章1節[4]

第120条／167／

の利益の供与をしたときは、当該利益の供与を受けた者は、その利益を株式会社に返還しなければなりません。

1 趣旨

本条は、従来は株主総会の公正を害する総会屋の排除を目的としてきたが、現代においては、株主等の権利の行使に関して利益の供与を禁止することで、会社資産の浪費の防止、株主の権利行使の公正の確保、一般株主が経営に参画する機会を確保し、企業経営の公正に対する国民の信頼を確保することなどを主に趣旨とする。

2 条文クローズアップ

1 株式会社による利益供与の禁止（1項）

(1)「何人に対しても」

株主であることが通常であるが、株主以外も含まれる。これは、利益供与の受領者を株主に限定すると、総会屋の妻、知人などに利益を供与させて規制を免れる可能性があるからである。

(2)「権利の行使に関し」　　　　　　　　　　　　　　　　　　→判例セレクト1
　　　　　　　　　　　　　　　　　　　　　　　　　　　　　　　　～3
「権利の行使に関し」とは、通常、共益権や監督是正権が中心となり、権利の行使・不行使、行使の態様・方法等も広く含まれる。

平成26年改正によって株主の権利行使に加えて、適格旧株主の権利行　→平成26年改正
使および最終完全親会社等の株主の権利行使に関する利益供与も規制の対象とされた。この規制が設けられたのは、旧株主による責任追及等の訴え（847条の2）および最終完全親会社等の株主による特定責任追及の訴え（847条の3）の各制度が創設されたことに伴い、当該株式会社等の取締役等がこれらの責任追及等の訴えの提起を防ぐべく利益供与をするおそれがあるため、また、利益供与によって適正な権利行使を期待することができなくなるためである。

(3)「財産上の利益の供与」

現金・商品券・有価証券・物品はもとより、役務・施設利用の便宜、債務免除、情報の提供も含まれる。

2 利益供与の推定（2項）

株式会社が特定の株主に対して無償で財産上の利益を供与した場合、有償でも対価が著しく少ない場合は、財産上の利益を供与したものと推定される。これは、利益の供与が権利の行使に関してなされたという事実の立証の困難なことが多いためである。この推定は供与先が株主である場合のみはたらく。

なお、適格旧株主または最終完全親会社等の株主の権利の行使に関しては、2項の推定は適用されない。これらの株主は、当該株式会社の親会社社員としての権利（31条3項参照）をもつ場合がある（たとえば、株式会社の会計帳簿の閲覧等の請求権〔433条3項〕）。そのため、株式会社の適格旧株主または最終完全親会社等の株主への無償の利益供与を適格旧株

主または最終完全親会社等の株主の権利の行使に関する利益供与と推定するのは不相当であるので120条2項の推定を排除した。

3　受領者の利益返還義務(3項)

株式会社が1項に違反して財産上の利益を供与したときは、当該利益の供与を受けた者はこれを株式会社または子会社に返還しなければならない(3項前段)。

この規定の趣旨は以下の点にある。すなわち、株式会社が1項の規定に違反して財産上の利益の供与をした場合には、その行為は刑罰規定(970条)の対象となる行為であるから、私法上は、公序良俗に反し無効となる(民90条)。そうすると、財産上の利益の供与を受けた者は、法律上の原因なくして利益を得たことになるから、不当利得としてこれを株式会社に返還すべき義務を負う(703条、704条)。しかし、これを不当利得で処理しようとすると、債務の不存在を知ってした弁済(705条)、あるいは不法原因給付(708条)ということになり、財産上の利益の供与を受けた者がこれにより返還を拒むことになりかねない。そこで、会社法は、120条1項の実効性を図るべく、財産上の利益の供与を受けた者は、これを株式会社またはその子会社に返還しなければならないとして法定の返還義務を認めた。

なお、会社またはその子会社に対して引換えに給付したものがあるときは、供与を受けた者はその返還を求めることができる(3項後段)。

4　取締役・執行役の責任(4項)

(1)　「利益の供与をすることに関与した取締役……として法務省令で定める者」(4項、会社施規21条)

①利益の供与に関する職務を行った取締役・執行役

②利益の供与が取締役会の決議に基づいて行われたときは、(a)取締役会の決議に賛成した取締役、および(b)取締役会に利益の供与に関する議案を提案した取締役をいう。

③利益の供与が株主総会の決議に基づいて行われたときは、(a)株主総会に利益の供与に関する議案を提案した取締役、(b)その議案の提案が取締役会の決議に基づいて行われたときは、取締役会において提出に賛成した取締役、および(c)株主総会において利益の供与に関する事項について説明をした取締役も含む。

(2)　取締役・執行役の責任

違法な利益供与に関与した取締役・執行役は、その供与した利益の額について、会社に対して連帯して支払う義務を負う(4項本文)。利益供与した取締役・執行役は、無過失責任を負う(4項ただし書括弧書)が、それ以外の者は、職務を行うについて注意を怠らなかったことを立証したときには責任を免れる(過失責任〔4項ただし書〕)。

会社は、利益の受領者に対して返還を請求できる(3項)が、取締役に対して利益の返還を請求できる(4項本文)から、そのいずれに対しても返還を請求できることになる。両者は不真正連帯債務の関係にあり、一

方から満足を受ければ他方に対する請求をすることはできない。

(3) 代表訴訟

違法な利益供与を受けた者に対して、会社またはその子会社が返還請求しない場合や、株式会社またはその子会社が取締役の支払義務を追及しない場合には、株式会社またはその子会社の株主は、責任追及の訴え（代表訴訟）・特定責任追及の訴え（多重代表訴訟）によって、株式会社に代わって、株式会社に対する支払を求めることができる（847条、847条の2、847条の3）。

→847条、847条の2、847条の3

(4) 刑事罰

違法な利益供与をした取締役等は、刑事罰を受ける（970条）。

5 総株主による責任免除（5項）

会社の利益供与に関与した取締役の支払義務は、総株主の同意がなければ免除することができない。

1 従業員持株会に対する奨励金の支出と「株主の権利の行使に関し」

会社が（その従業員およびその全額出資の子会社の従業員で組織されている）持株会会員に対してなす奨励金の支出については、従業員に対する福利厚生の一環等の目的をもってしたものと認められるから、株主の権利行使に関してなしたものとの推定は覆るものというべきである（福井地判昭60・3・29判タ559-275）。

2 議決権行使阻止工作と利益供与

会社が、経営陣に敵対的な株主に対し総会において議決権を行使させない意図・目的で、株式譲渡の対価もしくは株式譲渡を断念する対価として利益を供与する行為は、株主の権利行使を止めさせる究極的手段として行われたものであるから、〔旧〕商法294条の2第1項〔会社法120条1項〕にいう「株主ノ権利ノ行使」〔「株主の権利の行使」〕にあたる（東京地判平7・12・27判時1560-140）。

3 株式の譲渡と利益供与

会社から見て好ましくない株主が議決権等の株主の権利を行使することを回避する目的で、その株主から株式を譲り受けるための対価を供与する行為は、「株主の権利の行使に関し」利益を供与する行為にあたる（最判平18・4・10判例シリーズ14事件）。

→423条判例セレクト1(2)

→会社法百選12事件

■第2節　株主名簿

H23-28-ア

第121条（株主名簿）　B

株式会社は、株主名簿を作成し、これに次に掲げる事項（以下「❶株主名簿記載事項」という。）を記載し、又は記録しなければならない。

① 株主の氏名又は名称及び住所

❶定

> ② 前号の株主の有する株式の数(種類株式発行会社にあっては、株式の種類及び種類ごとの数)
> ③ 第1号の株主が株式を取得した日
> ④ 株式会社が❷株券発行会社である場合には、第2号の株式(株券が発行されているものに限る。)に係る株券の番号

❷117条7項

株式会社は株主名簿という帳簿を作り、これに株主の氏名や住所等、一定の事項を記載しなくてはなりません。

→試験対策5章6節①

1 趣旨

多数の絶えず変動しうる株主に対する会社からの各種の通知や株主の権利行使をスムーズに行えるよう株主名簿の制度が採用されている。

2 語句の意味

株主名簿とは、株主および株券に関する事項を明らかにするため、会社法の規定により作成される帳簿または電磁的記録をいう。

3 条文クローズアップ

1 記載事項
(1) 株主の氏名または名称および住所(1号)
(2) 株主の有する株式の数(2号)
(3) 株主が株式を取得した日(3号)
(4) 株式会社が株券発行会社である場合には、株式の株券の番号(4号)

2 効力
株主名簿への各事項の記載は、株式の移転、登録質における会社等への対抗要件としての効果(130条、147条)、会社の株主に対する通知先としての役割(126条)、名簿への株券不発行事項の記載による当該株券の無効化(217条)、利益または利息の配当の支払場所としての役割(457条)といった重要な意義を有する。

> 書H27-28-ウ
> **第122条(株主名簿記載事項を記載した書面の交付等) C**
> 1 前条第1号の株主〔株主名簿記載株主〕は、株式会社に対し、当該株主についての株主名簿に記載され、若しくは記録された❶株主名簿記載事項を記載した書面の交付又は当該株主名簿記載事項を記録した❷電磁的記録の提供を請求することができる。
> 2 前項の書面には、株式会社の❸代表取締役(指名委員会等設置会社にあっては、代表執行役。次項において同じ。)が署名し、又は記名押印しなければならない。

❶121条

❷26条2項
❸47条1項

3　第1項の❷電磁的記録には、株式会社の❸代表取締役が法務省令で定める署名又は記名押印に代わる措置をとらなければならない。
4　前3項の規定は、❹株券発行会社については、適用しない。

❹117条7項

→試験対策5章6節②【1】(2)

株主名簿に記載・記録されている株主は、その記載事項を書面等により提供することを会社に対して請求できます。そして、これらの情報を書面で提供する場合には、代表取締役等はこの書面に署名・記名押印をしなければなりません。なお、これらの規定は株券発行会社には適用されません。

1　趣旨

株券不発行会社の株主は、株券を用いて自己が株主であることを証明できないため、そのような株主に、自己の株主名簿記載事項についての証明を会社に対し請求する権利を認めることにより、その者が、会社または第三者に対し自己の権利を証明することを可能にする趣旨である。

2　条文クローズアップ

1　書面の交付等を請求できる株主・書面の交付等（1項）

株主名簿にその氏名（または名称）・住所が記載・記録された株主（1項・121条1号）は、122条に基づき株主名簿記載事項を記載した書面の交付、当該事項を記録した電磁的記録の提供を請求することができる。

本条の請求に対して、会社が正当な理由なく書面の交付等を拒んだときは、過料の制裁がある（976条4号）。

2　書面・電磁的記録に記載・記録すべき事項（2項、3項）

会社が書面を交付する場合には、代表取締役がこれに署名・記名押印しなければならず（2項）、会社が電磁的記録を提供する場合には、代表取締役が電子署名をしなければならない（3項、会社施規225条1項2号）。

3　株券発行会社についての適用除外（4項）

株券発行会社の株主は、本条の請求権を有しない。株券発行会社の株主は、株券によって自分が株主であることを証明できるからである（131条1項参照）。

H27-28-エ、H23-28-エ

第123条（株主名簿管理人）　C

株式会社は、❶株主名簿管理人（株式会社に代わって株主名簿の作成及び備置きその他の株主名簿に関する事務を行う者をいう。以下同じ。）を置く旨を定款で定め、当該事務を行うことを委託することができる。

❶定

→試験対策5章6節①【3】

株式会社は、株主名簿の作成やその事務を会社の代わりに行う者をおくこ

とを定款で定めることができます。その場合、名簿に関する事務をその者に行わせることができます。

1 趣旨

株式事務の合理化と費用の節約のため、定款で第三者に株主名簿の作成・備置き・名義書換え等の株式事務の代行を委託することができるとした。

2 条文クローズアップ

株主名簿管理人の事務

株主名簿管理人は、株主名簿の作成・備置きその他の株主名簿に関する事務(株主名簿の閲覧・謄写事務〔125条2項〕、質権の登録〔148条〕、株券発行会社における株券発行〔215条〕、株主総会の招集通知〔299条1項〕、配当財産の交付〔457条1項〕などの株式事務)を行う。さらに、株券発行会社においては株券喪失登録簿の事務も行い〔222条〕、会社が新株予約権を発行している場合には、新株予約権原簿の事務も行う〔251条〕。

司H22-38-3。書H27-28-イ

第124条（基準日）　B⁺

1　株式会社は、一定の日(以下この章において「❶基準日」という。)を定めて、基準日において株主名簿に記載され、又は記録されている株主(以下この条において「❷基準日株主」という。)をその権利を行使することができる者と定めることができる。
2　❶基準日を定める場合には、株式会社は、❷基準日株主が行使することができる権利(基準日から3箇月以内に行使するものに限る。)の内容を定めなければならない。
3　株式会社は、❶基準日を定めたときは、当該基準日の2週間前までに、当該基準日及び前項の規定により定めた事項を公告しなければならない。ただし、定款に当該基準日及び当該事項について定めがあるときは、この限りでない。
4　❷基準日株主が行使することができる権利が株主総会又は種類株主総会における議決権である場合には、株式会社は、当該基準日後に株式を取得した者の全部又は一部を当該権利を行使することができる者と定めることができる。ただし、当該株式の基準日株主の権利を害することができない。
5　第1項から第3項までの規定は、第149条第1項(株主名簿の記載事項を記載した書面の交付)に規定する❸登録株式質権者について準用する。

❶定
❷定
❸149条1項

→試験対策5章6節①【5】

株式会社は、一定の日を基準日と定め、基準日に株主名簿に記載されてい

る者を、その権利を行使できる者とすることができるか、基準日を定めるときは、同時にその時の株主がどのような内容の権利を行使できるかを定めたうえで、株主にその内容を基準日の2週間前までに知らせなくてはなりません。もっとも、会社は基準日における株主の権利を害しなければ、株主総会等での議決権については、基準日後に株主となった者にその権利の行使を認めることができます。

1 趣旨

　議決権の行使や配当を受ける等の権利を有する株主は、その時点における名簿上の株主である。しかし、株主が多数いる会社では、だれがその時点における名簿上の株主かを把握することが容易ではない。そこで、このように一定の期日において登録されている者を、権利を行使できる株主として扱うために基準日が設けられた。

2 語句の意味

　基準日とは、一定の日において株主名簿に記載され、または記録されている株主をその権利を行使することができる者と定めた場合における当該一定の日をいう（1項）。

3 条文クローズアップ

1　基準日、基準日株主の定め（1項）

　基準日の制度は、会社が一定の日を定め、その時点の株主名簿上の株主（基準日株主）に権利行使をさせる制度であるから、会社が基準日を定め、基準日株主が確定されると、その後に名義書換えを受けた者は、原則として、名簿上の株主となったとしても株主として権利行使できない。

2　基準日の例

　剰余金の配当については、基準日における株主は、その有する株式の発行時期にかかわらず、同一に配当を受ける（454条3項、日割配当の禁止）。他方、基準日株主が行使することができる権利が、株主総会等における議決権である場合には、会社は、その基準日後に株式を取得した者の全部または一部を、議決権を行使することができる者と定めることができる。

→454条

3　基準日株主の行使できる権利の内容（2項）

　基準日の制度は、一定時点においてだれが株主かを会社が把握することが困難であるという事情を考慮した会社の便宜のための制度であるから、基準日株主が行使できる権利の内容は、議決権、剰余金配当請求権のように集団的に行使される権利にかぎられると解される。また、当該権利が基準日から3か月以内に行使されるものにかぎられる（2項括弧書）のは、権利行使時点の実際の株主と権利行使をする株主との乖離を大きくしないためである。

4 基準日および基準日株主の権利内容についての公告（3項）

　公告方法（2条33号）として、会社は、官報に掲載する方法、時事に関する日刊新聞紙に掲載する方法、電子公告のいずれかを、定款により定めることができる。定款に定めがない場合には、官報に掲載する方法による（939条1項、4項）。

5 基準日後の名義書換え（4項）

　4項は、基準日後に株式を取得した者であっても、会社側からその者に議決権の行使を認めることができる旨定めている。これは、基準日後に組織再編が行われた結果、新たに株主になった者等に議決権行使を認める機会を与えようとする実務のニーズに対応するものである。

　そして、4項には議決権行使を認める基準や要件が定められておらず、その決定は基本的には会社の裁量に委ねられている。

　しかし、会社法においては、会社は株主を、その有する株式の内容、数に応じ、平等に取り扱わなければならない（109条1項）。そこで124条4項の規定も、この株主平等の原則の例外を定めたものではなく、この原則への配慮が当然必要である。具体的には、同一の新株発行により株主になった者のうち、一部の者だけに基準日後の名義書換えを認める等の行為はこの原則に反するものと解される。

→109条

　また、その株式の基準日株主の権利を害することもできない（4項ただし書）。たとえば、経営者が自己の会社支配権維持を主要目的として、基準日後に新株発行を行った場合等に議決権の行使を認めることは基準日株主の権利を害するものと評価される。

6 登録株式質権者への準用（5項）

　登録株式質権者の権利行使の方法も、株主と同様である。

1 名義書換失念と新株引受権の帰属

　株主総会の決議に基づき、一定時の株主に新株引受権が付与された場合、新株についてその時期より以前に譲渡行為がなされていても、株主総会決議において、上記一定時現在の株主というのは、その日時において実質上株主であるか否かを問わず、会社が法的な立場において株主として所遇することのできる者、すなわち株主名簿に登録されていて会社に対抗できる株主という意味である。したがって、その日時までに譲受人の失念により名義書換手続がなされていなければ、譲受人は新株引受権を取得するものではない（最判昭35・9・15判例シリーズ17事件）。

2 失念株と剰余金配当

　株式譲渡人が、名義書換えがなされるまでの間に、株主名簿上の株主として交付を受けた剰余金配当および無償交付の新株は不当利得として、譲受人に返還すべきである（最判昭37・4・20民集16-4-860）。

3 失念株と株式分割

　名義書換えを失念している間に株式分割が行われ、譲渡人である親株式の名義上の株主に対して新株が交付された事例において、失念株主の

名簿上の株主に対する不当利得返還請求を認めた。その際、名義上の株主がすでに交付された株式を売却していれば、売却後の株価の変動にかかわらず、売却代金を基準とする額の返還義務を負う（最判平19・3・8会社法百選16事件）。

4 議決権の基準日設定公告を欠いた場合の種類株主総会

基準日設定公告制度の趣旨は名義書換えの機会を確保する点にあるところ、このような基準日設定公告制度の趣旨および124条3項ただし書が定款に公告事項について定めがあるときは同項本文の2週間前までの公告を要しないと規定していることからすると、公告事項に関する定款の定めは、基準日の2週間前までに存在することが必要であり、このことは種類株主総会の議決権行使にかかる基準日についても同様である。

したがって、基準日の2週間前までに種類株主総会の議決権行使にかかる基準日を設定する旨の公告をしていなかった場合には、同種類株主総会の議決権行使にかかる基準日の公告は124条3項に違反し、当該基準日を前提として行われた種類株主総会には、招集手続の法令違反という取消事由がある（東京地判平26・4・17平26重判・商法1事件）。

H27-28-オ

第125条（株主名簿の備置き及び閲覧等）　B

1　株式会社は、株主名簿をその本店（❶株主名簿管理人がある場合にあっては、その営業所）に備え置かなければならない。

2　株主及び債権者は、株式会社の営業時間内は、いつでも、次に掲げる請求をすることができる。この場合においては、当該請求の理由を明らかにしてしなければならない。
　①　株主名簿が書面をもって作成されているときは、当該書面の閲覧又は謄写の請求
　②　株主名簿が❷電磁的記録をもって作成されているときは、当該電磁的記録に記録された事項を法務省令で定める方法により表示したものの閲覧又は謄写の請求

3　株式会社は、前項の請求があったときは、次のいずれかに該当する場合を除き、これを拒むことができない。
　①　当該請求を行う株主又は債権者（以下この項において「❸請求者」という。）がその権利の確保又は行使に関する調査以外の目的で請求を行ったとき。
　②　請求者が当該株式会社の業務の遂行を妨げ、又は株主の共同の利益を害する目的で請求を行ったとき。
　③　請求者が株主名簿の閲覧又は謄写によって知り得た事実を利益を得て第三者に通報するため請求を行ったとき。
　④　請求者が、過去2年以内において、株主名簿の閲覧又は謄写によって知り得た事実を利益を得て第三者に通報したことがあ

❶123条

❷26条2項

❸定

> 　るものであるとき。
> 4　株式会社の❹親会社社員は、その権利を行使するため必要があるときは、裁判所の許可を得て、当該株式会社の株主名簿について第2項各号に掲げる請求をすることができる。この場合においては、当該請求の理由を明らかにしてしなければならない。
> 5　前項の❹親会社社員について第3項各号のいずれかに規定する事由があるときは、裁判所は、前項の許可をすることができない。

❹31条3項

→試験対策5章6節①【3】

　株式会社は、株主名簿を会社の本店等に備え置かなければならず、株主や会社債権者は、その名簿の閲覧・謄写を請求することができます。そして、株主等がその権利の確保・行使に関する調査以外の目的で請求した場合等の一定の条件にあたる場合でなければ、会社はその請求を拒むことはできません。また、以上の請求や会社の拒否事由の規定は、その会社の親会社社員が名簿の閲覧等を請求する際にも適用されます。

1　趣旨

　株主名簿の閲覧・謄写権が株主等に認められている趣旨は、直接には株主または会社債権者の利益保護を目的とし、間接には会社の機関を監視することにより会社の利益を保護しようとする点にある。4項、5項は、企業結合が進展し親子会社が増加した結果、親会社株主が親会社取締役の子会社への支配・管理責任を追及する等、株主権を行使する必要がある場合が生じたことに対応したものである。

2　条文クローズアップ

1　株主名簿の備置き（1項）
2　株主および債権者の請求（2項）

　株主・債権者は、会社の営業時間内であれば、株主名簿の書面（株主名簿が電磁的記録により作成されている場合には、記録された事項を紙面または映像面に表示したもの〔会社施規226条6号〕）の閲覧・謄写を請求できる。この場合、会社がその請求に拒絶事由（会社125条3項）があるか判断できるよう、当該請求をする理由を明らかにしなければならない。なお、単元未満株主は株主として、新株予約権者は債権者として、閲覧等請求権を有する。

3　閲覧・謄写請求の拒絶理由（3項）

　会社は、株主および株式会社の債権者による株主名簿の閲覧・謄写請求について、一定の事由がある場合には、これを拒絶することができる（3項）。これは、閲覧・謄写請求については、いわゆる名簿屋が名簿の入手により経済的な利益を得るために利用しているという弊害があるほか、プライバシー保護の必要性があることから会社法で明文化されたも

のである。具体的には以下の場合がある。
　①株主または債権者としての権利行使のためでない場合
　　e.g.会社との取引に基づくとき
　②会社の業務の遂行を妨げ、または株主の共同の利益を害する場合
　　e.g.会社荒らし
　③知りえた事実を利益を得て第三者に通報する目的で株主名簿の閲覧・謄写を求める場合
　　e.g.名簿屋が名簿の入手により経済的な利益を得るために利用する場合
　④過去2年以内に4項に該当する行為を行ったことがある者である場合

　なお、平成26年改正前125条3項3号では、閲覧等請求者が会社と競業関係にある場合が拒絶事由とされていたが、改正で同号の拒絶事由は削除された。これは、㋐競業者に株主名簿の閲覧等をされたからといって、会社にどのような不利益が生じるのかが明白でなく、また、㋑買収目的で委任状勧誘戦を仕掛けようとする者は、競業者であることが多く、株主名簿の閲覧等請求が否定されるとすれば、敵対的買収が封殺されることにもなりかねないという批判があったからである。

　新株予約権原簿の閲覧等の請求につき、改正前125条3項3号と同様の拒絶事由を定める改正前252条3項3号も同様の理由から削除された。

4　親会社社員の請求（4項）
　親会社社員もまた、権利行使のため必要があるときは、裁判所の許可を得て閲覧等の請求ができる。この場合も、2項と同様当該請求をする理由を明らかにしなければならない。

5　裁判所の不許可事由（5項）
　親会社社員の請求に3項各号の拒絶事由がある場合には、裁判所は請求の許可ができない。

6　違反の場合の制裁
　会社の取締役等が本条に違反した場合、過料の制裁がある（備置義務違反については976条8号、正当な理由なき閲覧・謄写等の拒否は976条4号）。

1　株主名簿閲覧・謄写請求権の行使と権利濫用
　株主の株主名簿の閲覧謄写請求が不当な意図・目的によるものである等、その権利を濫用するものと認められる場合には、会社は株主の請求を拒絶することができる（最判平2・4・17判時1380-136）。

2　125条3項1号に該当する場合
　株主が金融商品取引法上の損害賠償請求訴訟を提起する原告を募集するために閲覧謄写請求をした場合には、125条3項1号に該当するため、会社は請求を拒絶できる（名古屋高決平22・6・17資料版商事法務316-198。なお、最決平22・9・14資料版商事法務321-58により抗告棄却）。

3　125条3項1号に該当しない場合

敵対的買収をしようとする株主が、他の株主に対して公開買付けおよび委任状の勧誘をする目的で株主名簿の閲覧謄写請求をした場合には、125条3項1号に該当しないため、会社は請求を拒絶できない(東京地決平24・12・21平25重判・商法1事件)。

予 H27-18-ウ

第126条（株主に対する通知等）　B⁻

1　株式会社が株主に対してする通知又は催告は、株主名簿に記載し、又は記録した当該株主の住所(当該株主が別に通知又は催告を受ける場所又は連絡先を当該株式会社に通知した場合にあっては、その場所又は連絡先)にあてて発すれば足りる。
2　前項の通知又は催告は、その通知又は催告が通常到達すべきであった時に、到達したものとみなす。
3　株式が2以上の者の共有に属するときは、共有者は、株式会社が株主に対してする通知又は催告を受領する者1人を定め、当該株式会社に対し、その者の氏名又は名称を通知しなければならない。この場合においては、その者を株主とみなして、前2項の規定を適用する。
4　前項の規定による共有者の通知がない場合には、株式会社が株式の共有者に対してする通知又は催告は、そのうちの1人に対してすれば足りる。
5　前各項の規定は、第299条第1項(第325条〔種類株主総会への準用〕において準用する場合を含む。)の通知〔総会招集通知〕に際して株主に書面を交付し、又は当該書面に記載すべき事項を電磁的方法により提供する場合について準用する。この場合において、第2項中「到達したもの」とあるのは、「当該書面の交付又は当該事項の電磁的方法による提供があったもの」と読み替えるものとする。

株式会社が株主に対してする通知等は、株主名簿に記載、または記録されている住所に発送すれば足ります。その通知は実際に到達したかを問わず、通常到達するであろう時期に到達したものとされます。また、株式が共有されている場合は、共有者のほうで、会社からの通知を受ける者を定めたうえで、その者を会社に通知しなくてはならず、共有者が特定の者を定めない場合は、共有者のいずれか1人に通知をすればよいとされます。以上の規定は、株主総会の招集の通知等にも準用されます。

→試験対策5章6節①【4】

1　趣旨

会社には多数の株主がいるため、会社から株主に対する通知または催

告が必ず株主に到達しなければ手続を履践したことにならないとすると、事務処理が困難になるだけではなく、集団的法律関係を簡易・迅速に処理することができなくなる。そこで、会社から株主に通知または催告する場合は株主名簿の記載または電磁的記録に従って行えば足りるとして、到達主義の原則(民97条1項)の例外を認めた。

2 条文クローズアップ

1 通知・催告の宛先(1項)
集団的な法律関係を簡易・迅速に処理することができるよう、株主に対する会社の通知・催告は、株主名簿に記載・記録した当該株主の住所宛(会社121条1号)に発すれば足りる。

2 通知・催告の到達の擬制(2項)
会社がする通知・催告は、通常到達すべきであった時に到達したものとみなされる(2項)が、これは、民法における到達主義(民97条1項)の例外を認めたものである。これにより、通知・催告が到達したかの危険について会社は免責される。

3 共有の場合の通知・催告(3項、4項)
株式の共有者は、会社からの通知・催告を受領する者を共有者のなかから選び、その者の氏名・名称を特定して会社に通知しなければならない(3項前段)。会社に選定された通知・催告の受領者の通知がある場合には、会社は、その者の住所等宛に通知・催告をすれば免責される(3項後段)。これに対して、上記通知がない場合には、会社は、共有者の1人の住所宛に通知・催告をすれば、免責される(4項)。

4 株主総会の招集通知に際しての書面交付等(5項)
株主総会・種類株主総会の招集通知に際してする株主総会参考書類・議決権行使書面等の交付等についても、集団的な法律関係の簡易・迅速な処理という本条の趣旨は妥当する。そのため、招集通知における書面交付等についても、株主に対する通知・催告に関する規定(1項から4項まで)を準用して同様に規律している。

判例セレクト

1 少数株主権行使の際の個別株主通知の要否および時期
個別株主通知は、少数株主権等を行使する際に自己が株主であることを会社に対抗するための要件であると解されるから、会社が裁判所における株式価格決定申立て事件の審理において申立人が株主であることを争った場合、その審理終結までの間に個別株主通知がされることを要する(最決平22・12・7会社法百選17事件)。

2 振替株式の買取請求と個別株主通知
振替株式について株式買取請求を受けた株式会社が、買取価格の決定の申立てにかかる事件の審理において、同請求をした者が株主であることを争った場合には、その審理終結までの間に個別株主通知がされるこ

とを要し、これは、当該会社が同請求をした者が株主であることを争った時点ですでに当該株式について振替期間の取扱いが廃止されていた場合でも異ならない(最決平24・3・28平24重判・商法3事件)。

■第3節　株式の譲渡等

■総　　説

1　株式の譲渡の意義

→試験対策5章4節①【1】

株式の譲渡とは、法律行為によって株主の地位を移転することをいう。

株式の譲渡によって、株主が会社に対して有するすべての法律関係(自益権・共益権)が、包括的に移転すると解されている(通説)。もっとも、すでに具体的に発生した剰余金配当請求権等は、株主の地位から分離独立した個別の権利であるから、株式の譲渡とともに当然に移転するわけではなく、別途、債権譲渡の手続が必要となる。

2　振替株式制度

振替株式制度とは、株券不発行会社において、株式に関する権利の帰属は、振替機関(社債株式振替2条2項)・口座管理機関(社債株式振替2条4項)が作成する振替口座簿の記載または記録により定まる制度をいう。

同制度で取り扱われる株式を**振替株式**という(社債株式振替128条1項)。

振替株式制度については、会社法ではなく「社債、株式等の振替に関する法律」に規定されており、この法律は、平成21年1月5日から施行されている。

従前は、取引の迅速な決済を図るために、株券保管振替制度が行われてきた。この制度では、株主が証券会社等に株券を委託し、株券を実際に移動させずに、譲渡人の口座から譲受人の口座に一定株式数を振り替えることによって株券の交付があったと同一の効力を発生させることができた。

振替株式制度は、株券保管振替制度を発展させたものであるが、振替株式制度の特色として、次の3点があげられる。

第1に、振替株式制度は、株券不発行会社の株式を対象とする。

第2に、振替株式制度では、株主の意思にかかわらず、振替株式の発行者(振替株式となる株式を発行する株式会社)のすべての株式(あるいは、振替株式となる種類株式のすべて)についての権利関係が振替口座簿に記載される。

第3に、振替株式制度の振替機構は、機構の頂点にいる振替機関のもとに、口座管理機関が何層にも存在できる構造(多重構造)になる。

なお、会社法331条2項ただし書、332条2項等は、振替機関について

適用されない(社債株式振替6条の2)。
　また、振替株式、振替新株予約権および振替新株予約権付社債について適用されない会社法の条文についても、「社債、株式等の振替に関する法律」に定められている(社債株式振替145条6項、146条6項、147条3項、154条1項、161条、190条、224条)。

■第1款　株式の譲渡

> 司 H26-40-エ(予)
> **第127条（株式の譲渡）　A**
> 株主は、その有する株式を譲渡することができる。

　株主はもっている株式を自由に譲渡することで、株式を引き受ける際に出資した資金を回収することができます。

→試験対策5章4節①

1 趣旨

　会社の債務について有限責任しか負わない株主は(104条参照)、原則として会社に対して出資の返還を求める権利を有しない。そのため、株主は、株式の引受けにより会社に出資した資金については、株式を自由に譲渡することにより回収をすることが認められている。これにより、一方で会社の財産的基盤を確保しつつ、他方で株主に投下資本の回収をするルートを保証することができる。

→試験対策5章4節②

2 条文クローズアップ

1　株式譲渡自由の原則
(1)　意義
　株主は、原則として、株式を自由に譲渡することができる。これを、**株式譲渡自由の原則**という。
(2)　株式譲渡自由の必要性
　株主は、経営手腕を用いて投下資本に対する危険の回避をすることができないうえ、払戻しを伴う退社制度がないから、そのようなかたちで投下資本に対するリスクを限定することができない。したがって、株式譲渡による投下資本回収を保障する必要がある。
(3)　株式譲渡自由の許容性
　株主は、みずから企業経営に携わることを欲しないことが多く、また、すべての株主が経営に携わることは事実上不可能である。そこで、株式会社においては、専門家としての取締役(指名委員会等設置会社では取締役・執行役)に企業経営を委ねることとされている(326条1項)。このように、株式会社では、理念的には所有と経営とが分離し、経営は経営者によって行われるので、株式が譲渡されても、通常会社経営に影響を及ぼさない。また、株主は会社に事前に出資をしているから、だれが株

主になっても（どんな資力状態でも）、会社や会社債権者は悪影響を受けない。しかも、株主は有限責任しか負わないから、他の株主の資力の大小によってみずからの損失負担の大きさが左右されることはない。

(4) 株式譲渡の制限
株式譲渡自由は株式会社にとって本質的要請であるが、例外として、以下のような、法律による制限、定款による制限、契約による制限が認められている。

2 法律による譲渡制限

→試験対策5章4節③

(1) 時期による制限
(a) 権利株の譲渡制限
権利株とは、会社成立前または新株発行前の株式引受人の地位をいう。権利株の譲渡は、当事者間では有効だが、会社には対抗できない（35条、50条2項、63条2項、208条4項）。その趣旨は、株主名簿の整備、株券発行事務の渋滞防止を図る点に求められる。

他方で、このような制限をしても、引受けから効力発生までの期間はさほど長期ではないから、投下資本回収に及ぼす悪影響は少ない。また、権利株が厳密には株式でないこと、円滑な事務が結局株主の利益になることも、譲渡制限を許容する理由になる。

(b) 株券発行前の譲渡
株券発行会社においては、株券発行前の株式譲渡は、会社との関係では効力を生じない（128条2項）。なお、判例は、株券発行前の株式譲渡は、当事者間では有効と解している。また、公開会社である株券発行会社が、株券の発行を不当に遅滞している場合の処理についても争いがある。詳しくは、128条のところで述べる。

→128条判例セレクト2

(2) 子会社による親会社株式の取得の制限
子会社は、原則としてその親会社である株式会社の株式（親会社株式）を取得してはならない（135条1項、会社施規3条4項）。もっとも、いくつかの例外がある。詳しくは、会社法135条のところで述べる。

→135条

3 定款による譲渡制限

→試験対策5章4節④
→神田[17版]95頁

(1) 総説
一般に大規模な会社では株主の個性は問題とならず、したがって株式の譲渡を制限する必要はない。しかし、わが国の株式会社は、同族会社のように株主の個性が問題となる閉鎖的会社が多く、このような会社では、株式の自由譲渡性を認めると、好ましくない者が会社の株主となって、会社の運営を妨害し、また、会社の乗っ取りを図る危険があって、会社経営の安定性が害される。

そこで、会社法は、こうした会社の需要に応えて、定款で定めることを条件として、すべての株式または一部の種類の株式の譲渡について会社の承認を必要とするというかたちで株式の譲渡を制限することを認めている（107条1項1号、108条1項4号）。

すべての株式を譲渡制限株式とする場合は、①株式の譲渡による取得

について会社の承認を要する旨、②一定の場合に会社が承認をしたとみなすときは、その旨および当該一定の場合(136条、137条1項参照)を定款で定める(107条2項1号イ、ロ)。

一部の種類株式を譲渡制限とする場合は、①その発行可能種類株式総数と、②株式の譲渡による取得について会社の承認を要する旨を定款で定める(108条2項4号)。

設立時の原始定款によるほか、会社成立後に定款を変更して譲渡制限の定めをおくこともできる。しかし、そのような定款変更のための株主総会決議要件はきわめて厳格である(特殊決議〔309条3項1号。なお、種類株式発行会社につき111条2項、324条3項〕)。

(2) **譲渡制限の態様**

(a)譲渡承認機関

譲渡制限の態様は、原則として、取締役会設置会社では取締役会の承認を必要とするかたちをとり、取締役会設置会社以外の会社では株主総会の承認を必要とするというかたちをとる(139条1項本文)。ただし、定款で別段の定めをすることが認められるから(139条1項ただし書)、会社法のもとでは、定款で譲渡承認機関を代表取締役等と定めることもできる。

(b)公示

定款でこのような譲渡制限の定めを設けたときは、その旨を登記しなければならず(911条3項7号、商登62条)、これを怠ると善意の第三者に対抗できない(会社908条1項前段)。また、株券にも譲渡による取得について会社の承認を要する旨が記載される(216条3号)。

なお、株券への記載を怠った場合については会社法上規定はなく解釈によるが、たとえ譲渡制限に関する登記がなされていても、「正当な事由によってその登記があることを知らなかったとき」(908条1項後段)にあたり、善意の譲受人に対し譲渡制限の効果を対抗することができないと解される。

(c)制限の範囲

投下資本の回収の必要性からみて、たとえば譲渡による取得の全面的禁止のように、会社法が明示的に認めている以上に制限を強化することは許されないと解される(なお、174条)。

これに対して、たとえば現在の株主以外の者、会社の従業員以外の者、または外国人が株式を譲渡により取得する場合において会社の承認を必要とするように、会社法が定める制限を限定・軽減することは、投下資本の回収を容易にするものであるから、原則として許されると解される。もっとも、譲渡人に着目した軽減は、株主間の平等を害することから許されないとすべきである。

(3) **株主の投下資本の回収**

会社法は、(2)(b)のように、定款による譲渡制限を認めるが、同時に、そのような譲渡制限がある場合についても、株式の譲渡を希望する株主

に投下資本の回収を保障している(136条以下)。

たとえば、株主Aが譲渡制限株式をBに譲渡したいと希望したとする。株主Aは、会社に対しその譲渡による取得の承認を求め(136条)、会社が譲渡による取得を承認しない場合には、その株式の会社または指定買取人(先買権者)による買取りを求めることができる(140条1項)。

会社が譲渡による取得を承認せず、たとえばCを買取人と指定したような場合には、CがAに対してその株式の買取りを通知すると(142条1項)、AC間で売買契約が成立すると解されている。なお、Cが通知するまでの間は、Aは会社に対する譲渡承認・買取人指定請求を撤回することができる(143条2項)。

AC間で売買価格の合意ができない場合には、当事者の申立てにより、裁判所がいっさいの事情を考慮して売買価格を決定する(144条2項以下、7項)。いったん成立した売買契約をその後一方的に撤回または解除することは認められない(143条2項)。

以上のことは、会社自身が買い取る場合もほぼ同様である(141条、143条1項、144条1項から6項まで)。

(4) 譲渡制限株式の譲渡の効力

4 契約による株式譲渡の制限

関係者が契約により株式譲渡を制限することはできるだろうか。実務上、従業員持株制度との関係等においてそのような需要があるといわれている。

契約による株式譲渡の制限は、①会社以外の者と株主との間(株主相互間を含む)の契約による制限と、②会社と株主との間の契約による制限とに分類することができる。

(1) 会社以外の者と株主との間の契約による制限

通説は、債権的効力のみを有し、個別的に設定される制限である以上、127条が直接に関知するところではないから、契約自由の原則に委ねられていると解し、原則として有効である。もっとも、会社が契約当事者となる契約の潜脱手段と認められる場合には、例外的に無効となるとしている。

(2) 会社と株主との間の契約による制限

通説は、127条の脱法手段となりやすく原則として無効であるが、その契約内容が株主の投下資本の回収を不当に妨げない合理的なものであるときは、例外的に有効となるとする。

これに対して、有力説は、127条の狙う株主の投下資本回収を不当に妨げる等公序良俗(民90条)に反すると評価される場合を除き、有効であるとする。会社以外の者と株主との間の契約による制限と同様に考えるものといえよう。

たしかに、会社法107条1項1号および108条1項4号は、投下資本回収の要請と譲渡制限の必要性との均衡を図るため、定款の定めによる株式取得の制限を認めている。そうすると、法は、契約により107条1項

1号および108条1項4号が定めるのと異なるかたちで譲渡等を制限することを禁止しているものとも思われる。しかし、定款による制限は、株主の個別的意思にかかわらず全株主に及び、第三者に対しても主張することができるのに対し、契約による制限は、個々の株主の現実の同意を要するから個々の株主が不測の損害を被ることはないし、第三者に対してはその効果を主張できないから、取引の安全が害されることはない。そうであれば、法が、契約により107条1項1号および108条1項4号が定めるのと異なるかたちで譲渡等を制限することを禁止するものとは考えられない。したがって、有力説を採用してもよい。

(3) 従業員持株制度

従業員持株制度とは、会社の従業員が、自社株を買い付け、または保有することを会社が推進する制度をいい、自社株の取得について奨励金の支給等特別の便宜を会社が図るものをいう。

→弥永[14版]71頁

このような制度において、譲渡の相手方を会社または持株会(会社以外の者)に限定すること、譲渡価額を額面額等の一定の金額と定めること等の譲渡制限が127条に反しないかが問題となる。

この点について判例は、閉鎖会社の従業員持株制度において、従業員が会社に対し自己の取得価額と同額で株式を譲渡する義務を負う条項の有効性が争われた事案において、従業員が自由な意思で制度趣旨を了解して株主になった以上、当該条項は有効であるとしている。

→判例セレクト(1)、(2)

従業員持株制度により退職時に株式を譲渡する旨の合意の有効性
(1) 従業員持株制度に基づいて、会社の株式を額面額で取得し、退職に際して、同制度に基づいて取得した株式を額面額で取締役会の指定する者に譲渡する旨の株主と会社の合意は、従業員が、上記制度の趣旨、内容を了解したうえで株式を取得し、毎年100分の8から100分の30までの割合による配当を受けていた場合には、〔旧〕商法204条1項〔会社法127条〕にも、公序良俗にも反しないため有効である(最判平7・4・25判例シリーズ21事件)。
(2) 従業員が持株会から譲り受けた株式を個人的理由により売却する必要が生じた場合には持株会が額面額でこれを買い戻す旨の合意は、107条および127条に規定に反するものではなく、公序良俗にも反しないから有効というべきである(最判平21・2・17判時2038-144)。

→139条判例セレクト4

→会社法百選21事件

司H20-38-3。書H25-29-オ

第128条(株券発行会社の株式の譲渡) B⁺

1 ❶株券発行会社の株式の譲渡は、当該株式に係る株券を交付しなければ、その効力を生じない。ただし、❷自己株式の処分による株式の譲渡については、この限りでない。

❶117条7項
❷113条4項

> 2 株券の発行前にした譲渡は、❶株券発行会社に対し、その効力を生じない。

　株券を発行している株式会社において、その株式の譲渡が会社の所有する自社の株式の譲渡以外の場合、その株券を渡さなければ譲渡したことにはなりません。また、株券発行前の株式の譲渡は、会社に対してその効力を主張できません。

→試験対策5章4節①【2】

1 趣旨

　1項本文は、株券不発行会社が原則となった会社法においても、株券の保有をもって株式の帰属が決まることを前提に、株式の譲渡には、株券の占有移転を伴う必要があるとする商慣習法および商法規定を維持することを明確にしたものである。1項ただし書は、本来自己株式の処分は会社と処分の相手方との間の譲渡行為であるところ、これを新株発行と同様に扱うこととして(209条1項参照)、株券交付を効力要件にしない旨を定めている。128条2項は、株券発行前に株主が自由に株式を譲渡できるとすると、株券の発行を円滑かつ正確に行うことが困難となることから、株券発行までは株主はその有する株式を譲渡できないものとした。

2 条文クローズアップ

1 譲渡方法(1項)

(1) 株券発行会社の場合

　株券発行会社では、株式の譲渡は譲受人に「株券を交付」するだけで足りる(裏書は不要)。株券の引渡しは、権利移転自体の要件であり、かつ対抗要件でもある。しかし、株式会社に対しては、株主名簿の名義書換えをしなければ対抗できない(130条1項、2項)。ただし、自己株式の譲渡の場合は、株券の交付がなくとも会社との関係においては譲渡の効力が生じる。

(2) 株券不発行会社の場合

　(a) 振替株式でない株式

　　株券不発行会社(定款に株券発行の定めがない会社)においては、意思表示のみによって株式を譲渡することができ(128条1項本文の反対解釈)、株主名簿の名義書換えが会社その他第三者に対する対抗要件となる(130条1項、147条1項)。

　(b) 振替株式である株式

　　振替株式の譲渡は、譲渡人の振替えの申請により、譲受人がその口座における保有欄に、当該譲渡にかかる数の増加の記載または記録を受けなければ、その効力を生じない(社債株式振替140条)。

(3) 株券未発行または株券不所持の場合

→217条②5参照

2 株券発行前の株式譲渡(2項)
(1) 意義
　株券発行会社においては、株券発行前の株式譲渡は、会社との関係では効力を生じない(2項)。その趣旨は、株券発行事務の円滑を図る点に求められる。この制約によって、会社は当初の株式引受人を株券発行時点での株主と一律に考えて発券事務を進めることが可能になる。

　他方で、このような制限をしても、公開会社である株券発行会社は、株式を発行した日以後、遅滞なく株券を発行することを義務づけられているから(215条1項)、譲渡制限期間は短く、投下資本回収に及ぼす悪影響は少ない。

(2) 株券発行前の譲渡の当事者間での効力
　株券発行前の譲渡の当事者間での効力が問題になるところ、128条2項の趣旨は、株券発行事務の円滑を図る点に求められるから、会社との関係でのみ無効と解すれば、その趣旨は損なわれない。そこで、2項を反対解釈し、株券の発行前にした譲渡は、当事者間では有効と解するべきである(判例)。

→判例セレクト2

　この場合、株券が発行されていないのであるから、株券の交付(1項本文)によることはできないので私法の一般原則に戻って意思表示のみによってなしうる。そして、この場合の第三者に対する対抗要件については、株券不発行会社の株式譲渡の対抗要件(130条1項)を類推して、株主名簿の名義書換えであると解するべきである。

(3) 会社が株券の発行を遅滞している場合

→論
→試験対策5章4節③【1】(2)(b) Q₁

　会社が株券の発行を遅滞している場合には、株券の発行がないかぎり株式の譲渡はできないので、公開会社は会社成立後、または新株の払込期日後、遅滞なく株式を発行しなければならない(215条1項)。それにもかかわらず、会社がこの株券発行を合理的期間をすぎても遅滞している場合において、株式譲渡がなされたとき、このような株式譲渡の会社に対する効力をいかに解すべきだろうか。

→判例セレクト2

　この点について判例は、会社が株券の発行を不当に遅滞し、信義則に照らしても株式譲渡の効力を否定するのが相当でない状態になったときは、株主は意思表示のみによって有効に株式を譲渡することができるし、会社は、株券発行前であることを理由としてその効力を否定できず、株式譲受人を株主として扱わなければならないとしている。

　これに対して、学説は大きく2説存在する。まず、信義則説は、会社が遅滞なき株券発行の義務を負いながら(215条1項)、株券の発行を遅滞し、株券の発行のないことを理由に株式譲渡の効力を否定することは信義則(民1条2項)に反し、この場合には株式譲受人は、会社に対し株主としての権利行使ができるとする。一方、合理的期間説は、会社法128条2項の「株券の発行前にした譲渡」の意味を、会社が株券を発行するために通常必要な合理的期間内の株式譲渡と解し、その期間を経過すれば、会社が株券を発行しない場合でも同条項の適用はなく、株式譲渡

は会社に対する関係でも有効であり、譲受人は株式譲渡の事実を立証して会社に株主としての権利を主張できるとする。

　128条2項の趣旨は、株券発行事務の円滑を図る点にある。そうであれば、株券発行事務の円滑の要請の限度内でのみ株式の自由譲渡性の制約を認めれば足りる。そのため、株式の譲渡を会社との関係では合理的期間説で処理すべきである。もっとも、上記判例が合理的期間説と信義則説のいずれに立っているかは明らかでない。

> **判例セレクト**
>
> **1 株券の没収は株主権に及ぶか**
> 株券没収の効力は、その株券に表章される株主権に及ぶ（最判昭37・4・20民集16-4-860）。
>
> **2 株券発行前の株式譲渡**
> 〔旧〕商法204条2項〔会社法128条2項〕は、会社が株券を遅滞なく発行することを前提とし、その発行が円滑かつ正確に行われるようにするために会社に対する関係において株券発行前における株式譲渡の効力を否定するものであり、会社が株券の発行を不当に遅滞し、信義則に照らして、株式譲渡の効力を否定するのを相当としない状況にいたったときは、株券発行前であっても、株主は、意思表示のみにより、会社に対する関係においても有効に株式を譲渡することができる（最大判昭47・11・8判例シリーズ18事件）。
>
> **3 株券発行前の株式の差押え**
> 株券発行前においても株式譲渡が可能な場合があり、株券未発行株式について株券交付請求権のみでなく株式自体の差押えを求めることは理由があり、民事執行法167条によりこれを認容すべきである（東京地決平4・6・26判タ794-255）。

→会社法百選14事件

第129条（自己株式の処分に関する特則）　C

1　❶株券発行会社は、❷自己株式を処分した日以後遅滞なく、当該自己株式を取得した者に対し、株券を交付しなければならない。
2　前項の規定にかかわらず、公開会社でない❶株券発行会社は、同項の者から請求がある時までは、同項の株券を交付しないことができる。

❶117条7項
❷113条4項

　株券発行会社は、自己株式を譲渡した場合は、遅滞なくその相手方に株券を渡さなくてはなりません。ただし、株券発行会社であっても公開会社でない株式会社は、相手方から請求があるまで株券を発行しないことができます。

1　趣旨

　自己株式の処分は、会社と処分の相手方との間の譲渡行為ということができるが、会社法は、新株発行と同様の扱いをする。そのため、株券

発行会社においても、自己株式の処分は、払込期日または払込期間の中で出資の履行をした日に効力を生じる(209条)。これは、株券発行会社における株式譲渡に株券の交付を要求する規制の例外(128条1項ただし書)である。これでは、自己株式の処分の相手方に株券が必ずしも交付されるとはかぎらないため、本条は、会社の株券発行義務を規定した(129条1項)。

2 条文クローズアップ

1 自己株式処分における株券の交付(1項)

会社は自己株式を処分した日以後遅滞なく、当該株式についての株券を発行しなければならない。「処分した日」とは、自己株式の処分が効力を生じ、相手方が株主となる日である。そして、「遅滞なく」とは、株券発行のために合理的に要求される期間内を意味する。

2 非公開会社についての例外(2項)

非公開会社では株式の譲渡は頻繁ではないため、必要もないのに株券を発行させる理由に乏しい。そのため、非公開会社では、株主からの請求がある時まで株券を発行しないことができる。

司 H22-40-2、H21-38-ウ、H18-40-ア

第130条(株式の譲渡の対抗要件)　B⁺

1　株式の譲渡は、その株式を取得した者の氏名又は名称及び住所を株主名簿に記載し、又は記録しなければ、株式会社その他の第三者に対抗することができない。
2　❶株券発行会社における前項の規定の適用については、同項中「株式会社その他の第三者」とあるのは、「株式会社」とする。

❶117条7項

株式の譲渡は、その株式を取得した者の氏名等を株主名簿に記載・記録しなくては、株券発行会社でない会社においては株式会社その他の第三者に対し、株券発行会社においては株式会社に対し、株式の譲渡を対抗することはできません。

→試験対策5章4節①【2】

1 趣旨

株主名簿の名義書換えが対抗要件になっている趣旨は、①会社に対する関係では、絶えず株式取引により株主が変動する会社において、株主名簿に記載・記録された者を株主と確定することで、会社の便宜のため会社関係の集団的法律関係の画一的処理をすることにある。一方で、②第三者に対する関係では、株券不発行会社において株式の譲渡による取得と両立しえない法的地位に立つ者が現れた場合、どちらが優先するかについて株主名簿への名義書換えという明確な基準を提供することで紛争の画一的解決を図ることにある。

2 条文クローズアップ

1 対抗要件
(1) 株券不発行会社の場合（1項）
株主名簿の名義書換えが、株式会社および第三者に対する対抗要件となる。
(2) 株券発行会社の場合（2項）
株主名簿の名簿書換えは、株式会社に対する対抗要件となる（2項）。一方、株券の交付が第三者に対する対抗要件となる（民178条）。

2 名義書換えの手続
(1) 株券発行会社の場合
株券発行会社において、株券の占有者は、適法な所持人と推定されるので（会社131条1項）、会社に対して株券を呈示して、単独で株主名簿の名義書換えを請求することができる（133条2項、会社施規22条2項1号）。

(2) 株券不発行会社の場合
(a) 振替株式でない株式
株券不発行会社の場合には、利害関係人の利益を害するおそれがないものとして会社法施行規則22条1項各号で定める場合を除き、名簿上の株主と株式取得者が共同して請求しなければならない（会社133条2項）。

(b) 振替株式である株式
振替株式についても、原則として130条の適用がある。もっとも、振替株式については、口座への記載または記録が株式譲渡の第三者に対する対抗要件となるため、株主名簿の名義書換えは、株式譲渡の会社に対する対抗要件となる（社債株式振替161条3項）。

振替機関は、基準日等一定の日において、その日の株主に関する事項を、会社に対し一斉に通知し（社債株式振替151条1項。これを「総株主通知」という）、会社は、その総株主通知に従って株主名簿の記載または記録を行う（社債株式振替152条1項前段）。

(3) 名義書換えの不当拒絶
株券発行会社の場合、株式譲受人が会社に対して株券を呈示して名義書換えを請求してきた場合には、①会社法134条柱書にあたるとき、②実質的権利者でないことを立証したとき、③株券喪失登録がなされているときを除き、会社は、名義書換えに応じなければならず、名義書換えを拒絶した場合、原則として不当拒絶となる。問題は、会社が名義書換えを不当拒絶した場合の効果である。

この点について判例・多数説は、株主名簿の確定的効力は、集団的法律関係を画一的に処理するための会社の便宜を目的とする制度にすぎないから、名義書換えを怠った会社がその不利益を株式譲受人に負わせるのは信義則（民1条2項）に反することを理由に、株式会社が名義書換えを不当に拒絶した場合には、名義書換請求者は、会社に対して名義書換

→試験対策5章6節②【1】
→神田[17版]109頁

→論
→試験対策5章6節②【4】Q₂

→判例セレクト1
→神田[17版]110頁、江頭[6版]207頁

第130条 /191/

えなしに株主であることを主張できるとしている。
　　e.g.所持人が総会屋であることを理由とする拒絶、盗難届が提出されていることを理由とする拒絶は不当拒絶とされる。

3　名義書換えをした場合の効果
(1) 資格授与的効力
名簿上の株主は、記載・記録によってのみ権利行使が可能になる。
(2) 免責的効力
会社も名簿上の者を株主として扱えば免責される。
(3) 確定的効力
(a)定義
確定的効力とは、株主として名簿上に記載・記録されている者を会社との関係で株主として確定する効力である。
(b)名義書換え未了の株式譲受人を株主として取り扱うことの可否
　会社が名簿上に記載・記録されていない者を株主として取り扱うことができるかについては争いがある。

→論
→試験対策5章6節②【3】Q₁

　この点について、これを許すと、名簿上の株主である譲渡人と実質上の譲受人である譲受人のいずれに権利行使を認めるかの裁量を会社に認めることになり不当であるとして、否定する見解がある。
　しかし、株主名簿の確定的効力は、集団的法律関係を画一的に処理することで会社の便宜を図るための制度にすぎないから、会社が、自己の危険のもとで名義書換え未了の譲受人を株主として取り扱うことも許されると解する(任意説)。判例もこれを認めている。

→神田[17版]110頁、江頭[6版]211頁

→判例セレクト3
→試験対策5章6節②【5】

4　失念株の問題
(1) 定義
　狭義の**失念株**とは、株式の譲受人が株式を譲り受けた後、株主名簿の書換えを失念したところ、会社から株主割当てによる新株発行があった場合に、株主名簿上の株式譲渡人に割り当てられた新株をいう。
　これに対して、広義の失念株とは、新株発行にかぎらず、配当金・交付金・精算金等について所定の期日までに名義書換えをすることを失念していた株式そのもののことである。ここでは、狭義の失念株について検討する。
　新株引受権と実際に発行された新株は譲渡人・譲受人のいずれに帰属するかが問題となる。

→神田[17版]111頁

(2) 会社に対する関係
　(a)譲受人は名義書換えをしていない以上、会社に対し自己が新株引受権者であることを主張できない(会社130条)。
　(b)会社も株主名簿上の譲渡人を新株引受権者として扱えば足りる(免責的効力、手40条3項類推)。
(3) 譲渡当事者間に対する関係
　(a)名義書換えを失念した株主(譲受人)は名簿上の株主(譲渡人)対してなんらかの権利を主張できるかが問題となる。

→論
→試験対策5章6節②【5】(3)Q₃、Q₄

この点について判例は、新株を引き受ける権利を与える具体的方法は、取締役会等で任意に決める事項であり、これを株主名簿上の株主に限定することは適法であることを理由に、譲受人は、譲渡人に何らの権利も主張できないとしている。これに対して、学説の多数説は、譲受人の譲渡人に対する権利主張を肯定する。その理由は、①抽象的な新株を引き受ける権利は、株式の譲渡とともに移転し、また、具体的な新株を引き受ける権利は独立の権利であるが、株主たる地位に基づく一種の支分権であって、特約のないかぎり、株主権の移転とともに実質的な権利者である譲受人に移転すること、②募集株式の発行等が決定されると旧株の市場価値は上昇し、譲渡人は増資含みの高値で株式を譲渡して利得を得たうえ、更に募集株式の割当て等を受けて二重にプレミアムを利得することになると公平を欠くことである。

(b)譲受人は譲渡人に対してなんらかの権利を主張できるとして、具体的にどのような権利を主張できるかが問題となる。

　この点について、準事務管理の概念を認め、事務管理の規定の類推適用が請求の根拠となるという見解も存する。しかし、不当利得（民703条）に基づき、払込金額と新株発行直後の株価との差額を請求できるとする見解が一般的である。すなわち、名簿上の株主である譲渡人が、募集株式の割当てを受ける権利等を行使して株式を取得することは、形式的には正当であるが、実質的には不当である。そうだとすれば、譲渡人がそのような利益を保有することは、法律上の原因なくして譲受人に帰属すべき財産により利益を受けたものと考える。

→江頭[6版]212頁
→124条判例セレクト1

→弥永[14版]93頁

判例セレクト

1　会社の過失による名義書換えの未了と株式譲渡人の地位
　会社が正当の理由なく名義書換えを拒絶した場合は、名義書換えがないことを理由としてその株式譲渡を否認できず、株主名簿上の株主である譲渡人に新株割当ての通知をなし新株の申込みがなされても、無効である（最判昭41・7・28判例シリーズ16事件）。

2　株券の失効と名義書換え
　昭和56年改正前商法350条1項〔会社法219条1項〕所定の株券提出期間経過前に株主となっていた者は、上記期間を徒過したため旧株券が無効となった後であっても、会社に旧株券を呈示し、株券提出期間経過前に上記旧株券の交付を受けて株式を譲り受けたことを証明し、名義書換えを請求できる（最判昭60・3・7会社法百選27事件）。

3　名義書換えの効力
　記名株式の譲渡があったにもかかわらず株主名簿の名義書換えが会社の都合で遅れていても、会社が上記譲渡を認め譲受人を株主として取り扱うことは妨げないと解するのが相当である（最判昭30・10・20民集9-11-1657）。

→会社法百選15事件

> **第131条（権利の推定等）　B**
> 1　株券の占有者は、当該株券に係る株式についての権利を適法に有するものと推定する。
> 2　株券の交付を受けた者は、当該株券に係る株式についての権利を取得する。ただし、その者に悪意又は重大な過失があるときは、この限りでない。

株券の占有者は、適法にその株式の権利をもっていると推定されます。また、株券の交付を受けた者は、悪意・重過失がないかぎりその株式の権利を取得することができます。

1　趣旨

株券発行会社では株式の譲渡は株券の交付によって行われる（128条1項）ので、株券の占有者は株券の交付により株式の譲渡を受けて、株式についての権利を適法に有している可能性が高い。本条1項はこの可能性の大きさに着目して株券の占有者を適法な権利者と推定する。2項は1項と同様に、株券の交付を受けた者は適法な権利者であるとの信頼を基礎として、その者が悪意・重過失でないかぎり権利者となる（善意取得）として、株式の流通の促進を図る規定である。

2　条文クローズアップ

1　「権利を適法に有するものと推定する」の意味（1項）
①株券の占有者は他に立証を要せず権利行使できる。
②会社は株券の占有者が無権利者であることを立証しないかぎり、これを拒否できない。

2　善意取得の要件

(1)　有効な株券の存在
株券の善意取得は、株券とともに株券に表章される株式を善意取得することを意味するためである。

(2)　前主が無権利者であること
株券の占有者が適法な権利者と推定されることを前提として（1項）、この権利取得は認められるので、株券の盗取者等の無権利者から取得した場合にかぎる。

(3)　譲渡契約に基づき占有を取得
善意取得は株式取引を保護するものだからである。

(4)　悪意または重過失のないこと（2項ただし書）

3　振替株式の権利推定・善意取得
振替株式の場合、加入者（社債株式振替2条3項）は、その口座に記載された振替株式についての権利を適法に有するものと推定される（社債株式振替143条）。

このことを前提に、振替えの申請によりその口座において特定の銘柄の振替株式についての増加の記載を受けた加入者は、悪意または重大な過失がないかぎり、当該銘柄の振替株式についての当該増加の記載にかかる権利を取得する（社債株式振替144条）。

> **1　権利取得の例外**
> 　取締役が予備株券を利用することにより、ほしいままに重ねて発行した二重株券を取得した者については、商法229条〔会社法131条2項〕の適用はない（東京地判昭36・10・23判タ124-72）。
>
> **2　株券の受寄者の返還請求権**
> 　窃取された株券の所持人に善意取得が成立しない場合には、株券の受寄者は民法193条の趣旨により盗品の被害者として株券の返還を求めることができる（最判昭59・4・20判時1122-113）。

第132条（株主の請求によらない株主名簿記載事項の記載又は記録）　B⁻

1　株式会社は、次の各号に掲げる場合には、当該各号の株式の株主に係る❶株主名簿記載事項を株主名簿に記載し、又は記録しなければならない。
　① 　株式を発行した場合
　② 　当該株式会社の株式を取得した場合
　③ 　❷自己株式を処分した場合
2　株式会社は、株式の併合をした場合には、併合した株式について、その株式の株主に係る❶株主名簿記載事項を株主名簿に記載し、又は記録しなければならない。
3　株式会社は、株式の分割をした場合には、分割した株式について、その株式の株主に係る❶株主名簿記載事項を株主名簿に記載し、又は記録しなければならない。

❶121条

❷113条4項

　株式会社は、株式の発行、自社の株式の取得、または自己株式の処分をした場合は、株主名簿に記載・記録しなくてはなりません。また、株式の併合や分割があった場合にも、その株式について、株主名簿に記載・記録しなくてはなりません。

1　趣旨

　1項各号に定める場合には、会社自身の行為によって株主名簿の記載事項に変更が生じたもので、株主の請求によらずに株主名簿への記載・記録が行われても利害関係者が害されることはない。そこで、本条は、

会社に株主の請求によらず、株主名簿記載事項を株主名簿に記載・記録することを義務づけることにより、できるだけ早く実態を株主名簿に反映させて、株主名簿を閲覧したものに不測の損害を与えることのないよう配慮した規定である。

2 条文クローズアップ

1 株式の発行・自己株式の取得・自己株式の処分（1項）

会社は、株式を発行した場合、当該会社の株式を取得した場合、自己株式を処分した場合には、株主の請求によらず、当該株式の株主についての株主名簿記載事項を株主名簿に記載・記録しなければならない。

2 株式併合（2項）・株式の分割（3項）

会社は、株式の併合または分割をした場合、株主の請求によらず、当該株式の株主についての株主名簿記載事項を株主名簿に記載・記録しなければならない。

3 振替株式

振替株式については、特定銘柄の振替株式の発行があった場合には、その振替株式の発行者たる株式会社はみずから新株主について株主名簿に株主情報を記載・記録する（1項1号。社債株式振替161条1項参照）。

その後の名義書換えについては、発行者たる株式会社以外の者が振替株式を取得する場合だけでなく、振替株式が発行者に取得される場合、または発行者が保有している（自己）振替株式が処分される場合にも、株主名簿の名義書換えに関する会社法上の規定（会社132条および133条）は適用されない（社債株式振替161条1項）。株主名簿の名義書換えは、総株主通知により行われる（社債株式振替151条、152条）。

第133条（株主の請求による株主名簿記載事項の記載又は記録） B⁻

1　株式を当該株式を発行した株式会社以外の者から取得した者（当該株式会社を除く。以下この節において「❶株式取得者」という。）は、当該株式会社に対し、当該株式に係る❷株主名簿記載事項を株主名簿に記載し、又は記録することを請求することができる。

2　前項の規定による請求は、利害関係人の利益を害するおそれがないものとして法務省令で定める場合を除き、その取得した株式の株主として株主名簿に記載され、若しくは記録された者又はその相続人その他の一般承継人と共同してしなければならない。

❶定
❷121条

株式を発行した株式会社以外の者から株式を取得した者は、会社に対して、名義書換えを請求することができます。その際は、一定の場合を除き、その取得した株式の株主として株主名簿に記載または記録されている者等と共同

して、名義書換えの請求を行わなくてはなりません。

1 趣旨

1項は、株主名簿記載事項の記載・記録の請求権およびその行使の際の要件が従前は十分に規定されていなかったため、これらの事項について明文化したものである。もっとも、株式を譲り受けたと偽って名義書換請求をする者が現れ、真の株主を害するおそれもあるため、原則として、株式の譲受人は、当該株式の名義株主またはその一般承継人と共同で請求する必要がある（2項）。

2 条文クローズアップ

1 原則

株式を発行した株式会社以外の者から株式を譲り受けた者は、株式会社に株主名簿の名義書換えを請求することができる（1項）。もっとも、その請求をするには、その取得した株式の株主として株主名簿の記載・記録された者またはその相続人その他の一般承継人と共同してしなければならない（2項）のが原則である。

2 単独で名義書換えを請求できる場合

利害関係人の利益を害するおそれがないものとして法務省令（会社施規22条）で定める場合には、単独で名義書換えを請求できる（会社133条2項）。株券発行会社において、株式譲受人が株式会社に対し株券を提示して名義書換えを請求する場合（会社施規22条2項1号）がその一例となる。

司 H25-38-ウ（予）

第134条　B

前条〔株主の請求による株主名簿記載事項の記載または記録〕の規定は、❶株式取得者が取得した株式が譲渡制限株式である場合には、適用しない。ただし、次のいずれかに該当する場合は、この限りでない。

① 当該株式取得者が当該譲渡制限株式を取得することについて第136条の承認〔株主からの請求による譲渡の承認〕を受けていること。

② 当該株式取得者が当該譲渡制限株式を取得したことについて第137条第1項の承認〔株式取得者からの請求による取得の承認〕を受けていること。

③ 当該株式取得者が第140条第4項〔指定買取人の指定〕に規定する指定買取人であること。

④ 当該株式取得者が相続その他の一般承継により譲渡制限株式を取得した者であること。

❶133条1項

譲渡制限株式の譲渡の承認を受けている場合等を除いては、譲渡制限株式を取得した者は、会社に対して株主名簿の書換えを請求できません。

1 趣旨

譲渡制限株式を譲り受けた者が会社から譲渡の承認を受けていないときは、会社との関係では譲渡の効力は生じていない。そのため、名義書換えの前提を欠く以上、譲受人は名義書換えを請求することはできないという当然のことを本条は定めている。なお、この場合は株式譲渡の効力が生じていない以上、会社も譲受人を株主として扱ってはならない。

2 条文クローズアップ

1 譲渡制限株式の名義書換請求（柱書本文）

株式取得者が取得した株式が譲渡制限株式である場合には、原則として133条は適用されない。その場合、株式の取得者は、会社に対して、当該株式についての株主名簿の名義書換えを請求することができないことになる。

2 名義書換請求が例外的にできる場合（柱書ただし書）

本条各号に定められるいずれかの場合には、例外的に133条が適用される。すなわち、①株式取得者が、当該譲渡制限株式を取得することについて、譲渡承認（136条）を受けている場合（1号）、②株式取得者が、当該譲渡制限株式を取得したことについて、取得承認（137条1項）を受けている場合（2号）、③株式取得者が、指定買取人（140条4項）である場合（3号）、株式取得者が、一般承継によって譲渡制限株式を取得した者である場合（4号）には、株式の取得者は、会社対して、当該株式についての株主名簿の名義書換えを請求することができる。

司H24-38-イ、H23-49-オ、H21-38-イ。書H25-29-ウ・エ

第135条（親会社株式の取得の禁止） B⁺

1 子会社は、その親会社である株式会社の株式(以下この条において「❶親会社株式」という。)を取得してはならない。
2 前項の規定は、次に掲げる場合には、適用しない。
　① 他の会社（外国会社を含む。）の事業の全部を譲り受ける場合において当該他の会社の有する❶親会社株式を譲り受ける場合
　② 合併後消滅する会社から親会社株式を承継する場合
　③ 吸収分割により他の会社から親会社株式を承継する場合
　④ 新設分割により他の会社から親会社株式を承継する場合
　⑤ 前各号に掲げるもののほか、法務省令で定める場合
3 子会社は、相当の時期にその有する❶親会社株式を処分しなければならない。

❶定

子会社は、他の会社からその事業全部の譲渡を受ける場合、合併・会社分割による場合等を除いて、その親会社の株式を取得することができません。また、これらの理由により例外的に取得が許される場合にも、相当の時期にその株式は処分しなければなりません。

→試験対策5章4節3【3】

1 趣旨

　子会社は、親会社から出資を受け、さらに、株式の保有により親会社の支配を受けているため、親会社の株式の取得を自由にすると、自己株式の取得と同様の弊害が生じる可能性がある。そのため、1項は、子会社がその親会社の株式を取得することを禁止する。なお、自己株式の取得の規制が、手続・取得限度額等に制約をしつつその取得を認めているにもかかわらず、なお子会社による親会社の株式取得が禁止されているのは、分配可能額の規制を設けようとすると複雑になりすぎるため、規制を課すのが法技術的に難しいからである。

→本章4節総説1 2

2 条文クローズアップ

1 親会社・子会社

　子会社とは、会社がその総株主の議決権の過半数を有する株式会社その他の当該会社がその経営を支配している法人として法務省令(会社施規3条1項、3項、4項)で定めるものをいう(会社2条3号)。
　親会社とは、株式会社を子会社とする会社その他の当該株式会社の経営を支配している法人として法務省令(会社施規3条2項、3項)で定めるものをいう(会社2条4号)。
　なお、親会社株式とは、親会社である株式会社の株式をいう。

2 親子関係の判断基準

　親子関係の判断基準について、従来は発行済株式総数または出資口数を基準として定義していたのを、平成13年改正により総株主または総社員の議決権を基準とする定義に改められた。これは単元株制度(188条参照)の導入に伴うものであるが、単元未満株式だけでなく、議決権制限株式のうち、まったく議決権を認められない株式、すなわち完全無議決権株式の数は、「議決権の過半数」の算定からは除かれる。逆にいえば、一部の事項についてでも議決権が与えられている株式はこの過半数の算定に含まれることになる。経営権に対する支配力の有無、その大小を議決権を与えられた事項によって判断することは困難だからである。もっとも、完全無議決権株式には議決権復活条項の定められているものも含まれ、そのような種類の株式の数も過半数の算定から除かれる。
　次に、相互保有株式に該当するため議決権を行使できない株式の数は、「議決権の過半数」に算入されることになる。たとえば、A会社がB会社の株式を100分の60、B会社がA会社の株式の100分の60を保有している場合に、この相互保有株式を親子会社の判断にあたって算入しないとすると、A会社もB会社も相互に相手方に対する実質的支配権を有し

ていながら親子関係が認められないことになり、いずれの会社も子会社の親会社株式の取得禁止の規制が適用されないことになって不都合だからである。

3 親会社株式の取得禁止
(1) 原則

子会社は、原則としてその親会社である株式会社の株式(親会社株式)を取得してはならない(135条1項、会社施規3条4項)。

親会社は、主として株主総会における取締役の選任を通じて子会社の活動を支配する。ところが、子会社株式は親会社の資産に含まれるから、子会社による親会社株式の取得は、会社財産の確保という観点から問題がある。また、親会社が子会社に対する支配力を行使して、子会社に親会社株式を取得させることにより親会社株式について不当な株価操作や投機的行為を行い、または、親会社の経営者の支配的地位の固定化を図る等の弊害が生ずるおそれがある。また、このような制限を行っても、株券発行会社(親会社)は子会社以外の者を探す必要があるにすぎず、投下資本の回収に対する影響は少ない。

そこで、子会社が親会社株式を取得することは、原則、禁止される。

(2) 例外

第1に、子会社は、①他の会社(外国会社を含む)の事業の全部を譲り受ける場合で当該他の会社の有する親会社株式を譲り受ける場合、②合併後消滅する会社から親会社株式を承継する場合、③吸収分割により他の会社から親会社株式を承継する場合、④新設分割により他の会社から親会社株式を承継する場合、⑤その他法務省令(会社施規23条)で定める場合には、例外的に親会社株式の取得が認められる(会社135条2項)。

第2に、吸収合併の場合の消滅会社の株主または社員・吸収分割会社・株式交換の完全子会社の株主に対して、存続会社・完全親会社の株式を交付することが認められ、その場合には、その存続会社等は、交付する親会社株式の総数を超えない範囲において、親会社株式を取得することが認められる(800条1項。保有につき800条2項)。

このように、子会社が例外的に親会社株式を適法に取得した場合には、取得した親会社株式を相当の時期に処分しなければならないが(135条3項。ただし、800条2項、802条2項)、親会社がこれを取得することもできる(155条3号、156条1項、163条)。

4 違反の効果
(1) 刑事制裁

本条に違反して親会社株式を取得した場合は、子会社の役員に過料の制裁が科される(976条10号前段)。

(2) 私法上の効果

子会社による違法な親会社株式取得については、譲受人が子会社であることにつき譲渡人が悪意である場合にかぎり、その取得は無効と解するのが、通説である。

5　保有中の親会社株式の地位
(1)　共益権
　議決権については、明文で否定されている(308条1項括弧書、325条・308条1項括弧書)。これを認めると、事実上親会社の総会で、親会社自身の意思で議決権を行使することを認めることになり、議決権行使の公正が害されるからである。
　議決権以外の共益権は、総会招集権(297条)、株主提案権(303条)等議決権が前提になっている権利は別として、株主総会・取締役会議事録の閲覧権(318条4項、125条2項、252条2項、371条2項)等は子会社も株主としてこれを有する。

(2)　自益権
　子会社に固有の株主・会社債権者の利益を確保する必要があるから、剰余金配当請求権、残余財産分配請求権その他の自益権は、保有中の親会社の株式にも認められる。

6　親会社株式の処分
　子会社が例外的に許容される事由により親会社の株式を取得した場合であっても、子会社はその親会社の株式を相当の時期に処分しなければならない(135条3項)。
　子会社がその保有中の親会社の株式を処分しないときは、子会社の役員に過料が科される(976条10号後段)。

■第2款　株式の譲渡に係る承認手続

> **第136条（株主からの承認の請求）　B$^+$**
> 譲渡制限株式の株主は、その有する譲渡制限株式を他人(当該譲渡制限株式を発行した株式会社を除く。)に譲り渡そうとするときは、当該株式会社に対し、当該他人が当該譲渡制限株式を取得することについて承認をするか否かの決定をすることを請求することができる。

　譲渡制限株式の株主は、その株式を他人に譲渡しようとするときは、株式会社に対して、その他人が譲渡により株式を取得することについて承認を求めることができます。

→試験対策5章4節[4]【3】

|1　趣旨
　株式の譲渡について定款による譲渡制限がある場合にも、株式の譲渡を希望する株主に、投下資本の回収を保障する必要がある。そこで、株式譲渡を希望する者が、会社に対して、その譲渡の承認を求めることができることを明示した。

|2　条文クローズアップ

「請求することができる」

「請求することができる」とは、株式の譲受人(138条1号ロ)が当該譲渡制限株式を取得することについて承認するか否かを会社が決定するよう求めることをいう。この請求があっても、当該取得を承認するか否かを会社が決定するよう強制されるわけではない。しかし、譲渡制限株式を譲り渡そうとする株主がなした上記請求の日から2週間以内に、会社が当該取得を承認するか否かについて株主に通知しなければ(139条)、会社と株主の間で別段の合意がある場合を除き、当該取得を会社が承認したものとみなされる(145条1項)。

H20-38-4
第137条（株式取得者からの承認の請求）　B⁺

1　譲渡制限株式を取得した❶株式取得者は、株式会社に対し、当該譲渡制限株式を取得したことについて承認をするか否かの決定をすることを請求することができる。

2　前項の規定による請求は、利害関係人の利益を害するおそれがないものとして法務省令で定める場合を除き、その取得した株式の株主として株主名簿に記載され、若しくは記録された者又はその相続人その他の一般承継人と共同してしなければならない。

❶133条1項

譲渡制限株式を取得した株式取得者は、株式会社に対し、取得したことについて承認するか否かの決定をすることを請求できます。この請求は、利害関係人の利益を害するおそれがない場合を除き、名簿上の株主またはその相続人その他の一般承継人と共同してしなければなりません。

1　趣旨

　定款による株式譲渡制限の趣旨は、会社にとって好ましくない者が株式を取得し、会社関係に入ってくることを防止する点にあり、株式の取得者が譲渡による取得の承認を求めうるとしても、本趣旨は害されない。また、139条の譲渡承認機関の承認を得ないでなされた株式譲渡は、少なくとも当事者間では有効と解されるから、株式の譲受人は有効に株式を取得しており、承認請求をなす資格があるといえる。さらに、すでに株式を譲渡した者には承認を求めるインセンティブがないのが普通であること、合併や相続の場合には消滅会社や被相続人が承認を求めることができないことからしても、取得者に承認請求を認める必要がある。そこで、取得者についても譲渡承認請求ができることを認めた。

→139条

2　条文クローズアップ

1　原則

　譲渡制限株式の株主およびその取得者とともに、会社に対し譲渡等承

認請求権が認められている(136条、137条1項)。もっとも、株主の譲渡承認請求は単独で行使しうるが、取得者の取得承認請求は、名簿上の株主またはその相続人その他の一般承継人と共同でなければこれを行うことができないのが原則である(2項)。

　これは、従来、取得者と称する者が、株式の真の権利者かどうかを確認する手続が設けられていなかったため、特に株券がない場合は真の権利者が不当に害されるおそれがあるなど、承認手続に関して問題が生じる可能性があったためである。

2　単独で取得承認を請求できる場合

　利害関係人の利益を害するおそれがないものとして法務省令(会社施規24条)で定める場合には、単独で取得承認を請求できる(会社137条2項)。株券発行会社において、株式譲受人が株式会社に対し株券を提示して取得承認を請求する場合(会社施規24条2項1号)がその一例となる。

競落人が取締役会の承認を得ない場合
　競落人が取締役会の承認の請求をしない場合は、譲渡人は競売前の株主に対してはなお株主としての地位を有する(最判昭63・3・15判時1273-124)。

→139条判例セレクト2(2)

第138条（譲渡等承認請求の方法）　B⁻

次の各号に掲げる請求(以下この款において「❶譲渡等承認請求」という。)は、当該各号に定める事項を明らかにしてしなければならない。
　① 　第136条の規定による請求〔株主の譲渡承認請求〕　次に掲げる事項
　　イ　当該請求をする株主が譲り渡そうとする譲渡制限株式の数（種類株式発行会社にあっては、譲渡制限株式の種類及び種類ごとの数）
　　ロ　イの譲渡制限株式を譲り受ける者の氏名又は名称
　　ハ　株式会社が第136条の承認〔株主の請求による譲渡承認〕をしない旨の決定をする場合において、当該株式会社又は第140条第4項〔指定買取人の指定〕に規定する指定買取人がイの譲渡制限株式を買い取ることを請求するときは、その旨
　② 　前条第1項の規定による請求〔株式取得者の取得承認請求〕　次に掲げる事項
　　イ　当該請求をする❷株式取得者の取得した譲渡制限株式の数（種類株式発行会社にあっては、譲渡制限株式の種類及び種類ごとの数）

❶定

❷133条1項

> ロ　イの株式取得者の氏名又は名称
> ハ　株式会社が前条第1項の承認〔株式取得者の請求による取得の承認〕をしない旨の決定をする場合において、当該株式会社又は第140条第4項〔指定買取人の指定〕に規定する指定買取人がイの譲渡制限株式を買い取ることを請求するときは、その旨

　譲渡制限がある株式を譲渡しようとする株主は、会社に対し、譲渡の相手方、譲渡しようとする株式の数、もし会社が譲渡による取得を承認しない場合においては会社や指定買取人に株式の買取りを請求する旨を明らかにして、他人が当該譲渡制限株式を取得することについて承認するかどうかの決定をすることを請求できます。取得者も同様の請求をすることができます。

1 趣旨

　本条は、譲渡制限株式の株主または株式取得者が会社に対して譲渡制限株式の取得の承認請求をする際に、譲渡しようとする株式およびその相手方を明示することを要求(1号イロ、2号イロ)することにして、会社が株式取得者を把握できるようにし、会社が譲渡制限株式の譲渡による取得者の選択をできるよう定めている。また、譲渡制限株式の株主または株式取得者に会社または指定買取人が対象譲渡制限株式を買い取ることの請求(1号ハ、2号ハ)を認めることにより、譲渡制限株式の株主の投下資本の回収を保障している。

2 条文クローズアップ

1　譲渡制限株式の取得の承認請求(1号イロ、2号イロ)

　譲渡制限株式の株主あるいは株式取得者からの、当該株式についての譲渡等承認請求(株主について136条、株式取得者について137条1項)は、①取得の対象である譲渡制限株式の数、および②対象譲渡制限株式を譲り受ける者の氏名・名称、あるいは対象譲渡制限株式を取得した者の氏名・名称、を明らかにしなければならない(138条1号イロ、2号イロ)。

　1号の請求をするには、株式の譲渡制限は譲渡制限株式の取得者を会社が承認するためのものであるから、株式を譲渡する具体的相手方が定まっていることが必要となる。2号の請求をするには、取得の承認請求が株主権の内容であるから、現に当該株式の取得がされていることが必要となる。

2　会社(指定買取人)が対象譲渡制限株式を買い取ることの請求(1号ハ、2号ハ)

　譲渡制限株式の株主あるいは株式取得者が、譲渡制限株式の取得の承認を請求する際に対象譲渡制限株式買取請求をするか否かは任意である。もっとも、対象譲渡制限株式買取請求をする場合には、当該譲渡制限株式の取得承認請求とともにしなければならない。これにより、対象

譲渡制限株式の買取請求のみをすることが否定される。

> 司 H25-38-オ（予）、H18-41-オ
> **第139条（譲渡等の承認の決定等）　B⁺**
> 1　株式会社が第136条又は第137条第1項の承認〔譲渡等承認〕をするか否かの決定をするには、株主総会（取締役会設置会社にあっては、取締役会）の決議によらなければならない。ただし、定款に別段の定めがある場合は、この限りでない。
> 2　株式会社は、前項の決定をしたときは、❶譲渡等承認請求をした者（以下この款において「❷譲渡等承認請求者」という。）に対し、当該決定の内容を通知しなければならない。

❶138条
❷定

→試験対策5章4節4【2】

　株式会社が株式譲渡等の承認請求の決定をする場合には、株主総会等の決議によらなければなりません。ただし、定款で別段の定めをすることができます。また、株式会社は、この決定の内容を譲渡等承認請求権者に通知しなければなりません。

1　趣旨

　1項の趣旨は、譲渡制限株式制度の目的を貫徹することにある。すなわち、同制度の趣旨は、もっぱら会社にとって好ましくない者が株主となることを防止し、もって株主の利益を保護することにあるので、1項は、原則として、株主の総意を決する株主総会決議を要するものとした。2項の趣旨は、通知義務を規定し、これを怠った場合の承認擬制（145条参照）の不利益を会社に負わせることで、承認請求をした者の不安定な地位を早期に確定させることにある。

2　条文クローズアップ

定款による制限

(1)　制限の公示

　定款で譲渡制限を定めた場合には、公示のためその事項を登記し（911条3項7号）、かつ、株券に記載することを要する（216条3号）ので、その登記または株券の記載を怠れば、善意の第三者には対抗することができない（908条1項前段）。

(2)　譲渡制限の態様

　譲渡制限の態様は、取締役会設置会社では株式の譲渡による取得につき取締役会の承認を必要とするというかたちをとり、取締役会設置会社以外の会社では株主総会の承認を必要とするというかたちが原則であるが、定款で別段の定めをすることが認められる（139条1項）。したがって、定款で承認権者を代表取締役等の機関と定めることも認められる。

(3)　制限の手続

株式の譲渡制限は株主に重大な影響を与えるので、譲渡制限の定めを定款変更によってなす場合、①通常の定款変更手続よりも厳重な要件が定められ(309条3項1号)、かつ、②反対株主に株式買取請求権が認められている(116条1項1号、2号)。

(4) 制限違反の効果
(a) 譲渡制限に違反した株式譲渡の効力
(ⅰ) 譲渡制限に違反した株式譲渡の当事者間における効力

→論
→試験対策5章4節④【4】(1)Q₂

譲渡制限株式の譲渡が株主総会(取締役会)の承認を得ないでなされた場合、当該譲渡が会社との関係では無効である。もっとも、当事者間における譲渡の効力については争いがある。この点について、判例・通説は、譲渡制限の趣旨はもっぱら会社にとって好ましくない者が株主となることを防止して会社経営の安定を図ることにある以上、会社に対して無効とすれば足りることを理由に、当事者間では有効であるとしている。

→判例セレクト2(1)
→神田[17版]97頁

(ⅱ) 一人会社における取締役会の承認を得ないでした株式譲渡の効力

判例は、一人会社において株主総会(取締役会)の承認を得ないでなした株式譲渡の効力について、139条1項の趣旨は、もっぱら会社にとって好ましくないものが株主となるのを排除することにあり、譲渡人以外の株主の利益保護が問題にならない以上、株式譲渡に承認を要求する必要はないから、会社に対する関係でも有効であるとしている。

→試験対策5章4節④【4】(1)
→判例セレクト1(2)

(b) 会社に対して株主としての地位を有する者

会社の承認を得ずに譲渡制限株式が譲渡された場合において、会社はなお譲渡人を株主として取扱う義務があるか。換言すれば、譲渡人は会社に対してなお株主としての地位を有する者といえるか。

判例は、会社の承認のない譲渡による取得は、会社に対する関係では効力を生じないと解すべきであるから、会社は譲渡人を株主として取り扱う義務があるものというべきであり、その反面として、譲渡人は会社に対してなお株主の地位を有するとしている。

→判例セレクト2(2)

たしかに、この場合には、譲渡人(従前の株主)は、すでに株主としての権利を行使すべき実質的理由を失っている。しかし、譲渡人が株主としての権利を行使しえないとすると、ある株式について権利を行使できる者が存在しないという権利の空白が生じるところ、会社が権利行使の空白を作り出せるとすべき理由はない。また、譲渡による取得の制限がなされている場合には、承認がなされるまでは、従来の持株比率を維持することが譲渡による取得の制限の趣旨に合致する。したがって、譲渡人は、譲受人(新株主)が会社との関係で権利を行使することができないことの反射的効果として、株主として権利行使をすることができると解すべきである。すなわち、譲渡人は、会社に対してなお株主の地位を有する者といえると考える。

(c) 株式の譲渡担保

株式を譲渡担保に供することも会社の承認を要する譲渡による取得に該当するかについて、判例は、傍論においてではあるが、これに該当するとしている。

→判例セレクト3

　しかし、このように解すると、担保権設定者が被担保債務を弁済して当該株式の返却を求めた場合にも、再度会社の承認を求める必要があることになり(しかも、承認が得られない可能性もある)、不都合である。そこで、譲渡担保権者がいったん名義書換えを受けようとするのであれば格別(その場合には、承認を受ける必要がある)、そうでない場合には、譲渡担保権者が株主として権利行使することはないから、会社の承認を要する譲渡による取得に該当しないと解すべきである。したがって、譲渡担保の場合にも、担保権実行時に取得者が承認請求をすれば十分である(137条1項)。

1　承認がなくても有効とされた場合
(1)　譲渡人以外の社員全員がこれを承認していたときは、その譲渡が、社員総会(株主総会)の承認がなくしてなされていても、譲渡当事者以外の者に対する関係においても有効である(最判平9・3・27民集51-3-1628)。
(2)　一人会社の株主がその保有する株式を他に譲渡した場合は、定款所定の取締役会の承認がなくても、その譲渡は、会社に対する関係においても有効である(最判平5・3・30判例シリーズ19事件)。

→会社法百選18事件

2　株主総会(取締役会)の承認を得ずになされた譲渡の効力
(1)　〔旧〕商法204条1項ただし書〔会社法107条1項1号、108条1項4号〕は、株式の譲渡につき、定款をもって取締役会の承認を要する旨定めることを妨げないと規定し、株式の譲渡性の制限を許しているが、その立法趣旨は、もっぱら会社にとって好ましくない者が株主となることを防止することにあると解される。そして、上記のような譲渡制限の趣旨と、一方株式の譲渡が本来自由であるべきことにかんがみると、定款に前述のような定めがある場合に取締役会の承認を得ずになされた株式の譲渡は、会社に対する関係では効力を生じないが、譲渡当事者間においては有効であると解するのが相当である(最判昭48・6・15判例シリーズ20事件)。

→会社法百選19事件

→137条判例セレクト

(2)　定款に株主譲渡につき取締役会の承認を要する定めがある場合に、取締役会の承認を得ないでなされた株式の譲渡は、譲渡の当事者間においては有効であるが、会社に対する関係では効力を生じないと解すべきであるから、会社は譲渡人を株主として取り扱う義務があると解すべきであり、その反面として、譲渡人は、会社に対してはなお株主の地位を有するものというべきである(最判昭63・3・15判時1273-124)。

3　譲渡担保の設定と譲渡制限
　株式を譲渡担保に供することは、〔旧〕商法204条1項〔会社法127条〕の株式の譲渡にあたるから、株式の譲渡につき定款による制限のある場合に、譲渡担保につき取締役会の承認を得ていなくても、当事者間では株

式移転の効力を生じる（最判昭48・6・15判例シリーズ20事件）。
4　従業員持株制度により退職時に株式を譲渡する旨の合意の有効性

→会社法百選19事件
→127条判例セレクト(1)

> 書H26-29-エ
> **第140条（株式会社又は指定買取人による買取り）　B⁻**
> 1　株式会社は、第138条第1号ハ又は第2号ハの請求（譲渡等不承認時の買取請求）を受けた場合において、第136条又は第137条第1項の承認（譲渡等承認）をしない旨の決定をしたときは、当該❶譲渡等承認請求に係る譲渡制限株式（以下この款において「❷対象株式」という。）を買い取らなければならない。この場合においては、次に掲げる事項を定めなければならない。
> 　①　対象株式を買い取る旨
> 　②　株式会社が買い取る対象株式の数（種類株式発行会社にあっては、対象株式の種類及び種類ごとの数）
> 2　前項各号に掲げる事項の決定は、株主総会の決議によらなければならない。
> 3　❸譲渡等承認請求者は、前項の株主総会において議決権を行使することができない。ただし、当該譲渡等承認請求者以外の株主の全部が同項の株主総会において議決権を行使することができない場合は、この限りでない。
> 4　第1項の規定にかかわらず、同項に規定する場合には、株式会社は、❸対象株式の全部又は一部を買い取る者（以下この款において「❹指定買取人」という。）を指定することができる。
> 5　前項の規定による指定は、株主総会（取締役会設置会社にあっては、取締役会）の決議によらなければならない。ただし、定款に別段の定めがある場合は、この限りでない。

❶138条
❷定
❸139条2項
❹定

　譲渡等を承認しない決定をしたときは、会社は当該譲渡制限株式を買い取るか、対象株式の全部または一部を買い取る者を指定しなければなりません。前者の場合、買い取る旨と買い取る株式数についての決定は株主総会の特別決議による必要があります。

1　趣旨

　1項および4項は、譲渡等承認請求者（139条2項）が対象株式の買取りを請求（138条1号ハ、2号ハ）した場合に、取得不承認を決定した会社もしくは会社が定める指定買取人が買い取るよう規定することにより、譲渡制限株式の株主の投下資本の回収を保障する規定である。また、当該譲渡制限株式の買取事項は、会社にとっては自己株式の取得（155条2号）となるため、株主総会の特別決議が要求される（140条2項・309条2

項1号)とともに、分配可能額による規制(461条1項1号)が生じる(指定買取人の指定は取締役会設置会社においては取締役会決議で定めることも可能〔本条5項〕)。なお、譲渡等承認請求者は、2項の株主総会決議に不当な影響を与えないよう、原則として議決権を行使することができない(3項)。

2 条文クローズアップ

1 株式会社による買取り(1項)

1項にいう「買い取らなければならない」とは、会社が一定期間内に買取りのための手続をしなければ、会社が指定した指定買取人が買取りのための手続をした場合あるいは会社と当該譲渡等承認請求者との合意によって別段の定めがなされた場合を除き、取得を承認する旨の会社の決定が擬制される(145条)という不利益を受けることを意味するにとどまる。すなわち、会社は買取りが強制されるわけではない。

2 株主総会決議による買取事項の定め(2項、3項)

会社が譲渡制限株式を買い取る場合には、特定の株主からの自己株式の有償取得になるため、1項の買取事項を株主総会の特別決議で定めなければならない(2項、309条2項1号)。また、同様の理由から会社は分配可能額による規制を受ける(461条1項1号)。

また、譲渡等承認請求者が投下資本を十分に回収できるよう、会社は、取得承認を求められた譲渡制限株式(138条1号イまたは2号イ)の全部を買い取らなければならない。会社が分配可能額超過などにより、対象譲渡制限株式の一部しか買い取ることができない場合には、指定買取人を指定しなければならない。この場合、当該指定買取人が上記株式の全部を買い取ることになる。

そして、買取事項を定める株主総会では、譲渡等承認請求者は、不当な影響力を及ぼさないよう、原則として議決権を行使することができない(140条3項)。

3 指定買取人の指定(4項、5項)

譲渡制限株式の買取請求に対して、取得不承認を決定した会社は、みずから買い取るのとは別に、譲渡制限株式の全部または一部を買い取る指定買取人を指定することもできる(4項)。この指定は、定款に別段の定めがある場合を除き、株主総会特別決議によって行われなければならない(5項、309条2項1号。なお、取締役会設置会社では取締役会決議)。なお、指名委員会等設置会社においては、指定買取人の指定の決定を執行役に委任することはできない(416条4項1号)。

司H20-38-1。書H26-29-ア

第141条(株式会社による買取りの通知)　B⁻

1　株式会社は、前条第1項各号に掲げる事項〔株式会社の対象株式の

買取り、その数)を決定したときは、❶譲渡等承認請求者に対し、これらの事項を通知しなければならない。
2　株式会社は、前項の規定による通知をしようとするときは、❷1株当たり純資産額(1株当たりの純資産額として法務省令で定める方法により算定される額をいう。以下同じ。)に前条第1項第2号の❸対象株式の数(株式会社が買い取る数)を乗じて得た額をその本店の所在地の供託所に供託し、かつ、当該供託を証する書面を❶譲渡等承認請求者に交付しなければならない。
3　❸対象株式が❹株券発行会社の株式である場合には、前項の書面の交付を受けた❶譲渡等承認請求者は、当該交付を受けた日から1週間以内に、前条第1項第2号の対象株式(株式会社が買い取る対象株式)に係る株券を当該株券発行会社の本店の所在地の供託所に供託しなければならない。この場合においては、当該譲渡等承認請求者は、当該株券発行会社に対し、遅滞なく、当該供託をした旨を通知しなければならない。
4　前項の❶譲渡等承認請求者が同項の期間内に同項の規定による供託をしなかったときは、❹株券発行会社は、前条第1項第2号の❸対象株式(株式会社が買い取る対象株式)の売買契約を解除することができる。

❶139条2項

❷定

❸140条1項

❹117条7項

　株式会社は、譲渡制限株式の譲渡による取得や、取得したことについて承認しない場合において、対象株式を買い取る旨と買い取る株式の数を決定したときは、その内容を承認を請求した者に通知しなければなりません。

1 趣旨

　本条は、会社が譲渡制限株式について株式買取りの内容を決定した場合には、買取価格分の供託証明書の交付(2項)とともに、その内容の通知(1項)をしなければならないことを定め(これにより当該株式の売買契約が成立する)、この通知がなければ会社による譲渡制限株式取得の承認が擬制される(145条参照)とすることで、その株式の株主に確実に対価を取得させ、投下資本を回収できるように保障する。一方で、本条は、株券発行会社において、譲渡等承認請求者が対価の取得後に株券の引渡しを拒む余地を与えないよう、株券の供託を義務づけ(141条3項)、供託しなければ会社が上記売買契約を解除できるよう定めている(4項)。

2 条文クローズアップ

1　株式買取りの内容の通知(1項)
2　会社の供託(2項)
　会社は、譲渡等承認請求者に通知をするにあたって、株式の売買代金に相当する金銭(1株あたりの純資産額として会社法施行規則25条で定める

方法により算定される額に、買取りの対象となる株式の数を乗じた額）を供託所に供託し、供託を証する書面を交付しなくてはならない。これは、会社にみずから売買代金を支払う資力があることを示すためのものである。

3 譲渡等承認請求者の供託（3項、4項）

対象株式が株券発行会社の株式である場合には、会社から供託を証する書面を交付された譲渡等承認請求者は、1週間以内に対象株式にかかる株券を供託所に供託し、その旨を会社に通知しなければならない。期間内に供託がなされない場合、会社は対象株式の売買契約を解除することができる。

📖 H26-29-オ

第142条（指定買取人による買取りの通知） C

1 ❶指定買取人は、第140条第4項の規定による指定（指定買取人の指定）を受けたときは、❷譲渡等承認請求者に対し、次に掲げる事項を通知しなければならない。
　① 指定買取人として指定を受けた旨
　② 指定買取人が買い取る❸対象株式の数（種類株式発行会社にあっては、対象株式の種類及び種類ごとの数）

2 ❶指定買取人は、前項の規定による通知をしようとするときは、❹1株当たり純資産額に同項第2号の❸対象株式の数を乗じて得た額を株式会社の本店の所在地の供託所に供託し、かつ、当該供託を証する書面を❷譲渡等承認請求者に交付しなければならない。

3 ❸対象株式が❺株券発行会社の株式である場合には、前項の書面の交付を受けた❷譲渡等承認請求者は、当該交付を受けた日から1週間以内に、第1項第2号の対象株式（指定買取人が買い取る対象株式）に係る株券を当該株券発行会社の本店の所在地の供託所に供託しなければならない。この場合において、当該譲渡等承認請求者は、❶指定買取人に対し、遅滞なく、当該供託をした旨を通知しなければならない。

4 前項の❷譲渡等承認請求者が同項の期間内に同項の規定による供託をしなかったときは、❶指定買取人は、第1項第2号の対象株式（指定買取人が買い取る対象株式）の売買契約を解除することができる。

❶140条4項
❷139条2項
❸140条1項
❹141条2項
❺117条7項

株式会社が、みずから株式を買い取るのではなく、指定買取人を指定した場合、指定買取人は、指定買取人に指定された旨および買い取る対象株式の数を、譲渡等承認請求権者に通知しなければなりません。

→試験対策5章4節4【3】

1 趣旨

本条は、前条と同様、譲渡等承認請求者が投下資本の回収をできるよ

う定めるとともに、株券発行会社において、譲渡等承認請求者が株券の引渡しを拒んで紛争になるのを防止するための規定を定めている。この手続について、会社が定めた指定買取人（140条4項）が会社と同様の権利義務を負うことが定められているが、会社が選んだ指定買取人の責任については、少なくとも譲渡等承認請求者には帰責性はないため、会社に帰責される結論となる（145条3号、会社施規26条2号参照）。

2 条文クローズアップ

1 指定買取人のなすべき通知（1項）

指定買取人は、譲渡等承認請求者に対して、①指定買取人として指定を受けた旨（1号）、および、②みずから買い取る対象株式数（2号）を通知しなければならない。

2 指定買取人の供託（2項）

指定買取人は、譲渡等承認請求者への通知にあたって、株式の売買代金に相当する金銭を供託所に供託し、供託を証する書面を交付しなくてはならない。

3 譲渡等承認請求者の供託（3項）

対象株式が株券発行会社の株式である場合には、供託を証する書面を交付された譲渡等承認請求者は、1週間以内に対象株式にかかる株券を供託所に供託し、その旨を指定買取人に通知しなければならない。期間内に供託がなされない場合、指定買取人は対象株式の売買契約を解除することができる。

4 指定買取人による買取りの解除（4項）

株券発行会社において譲渡等承認請求者が、2項の供託を証する書面の交付を受けた日から1週間以内に株券の供託（3項）をしなければ、譲渡制限株式の売買契約の解除権が指定買取人に発生する（4項）。この場合、会社の取得承認決定は擬制されない（145条参照）ため、譲渡承認請求者は、原則として対象となる譲渡制限株式について投下資本を回収する機会を失う。

司H20-38-5。書H26-29-1

第143条（譲渡等承認請求の撤回） B⁻

1　第138条第1号ハ又は第2号ハの請求〔譲渡等が承認されなかった時の買取請求〕をした❶譲渡等承認請求者は、第141条第1項の規定による通知〔株式会社による買取通知〕を受けた後は、株式会社の承諾を得た場合に限り、その請求を撤回することができる。　　❶139条2項

2　第138条第1号ハ又は第2号ハの請求〔譲渡等が承認されなかった時の買取請求〕をした❶譲渡等承認請求者は、前条第1項の規定による通知〔指定買取人による買取通知〕を受けた後は、❷指定買取人の承諾を得た場合に限り、その請求を撤回することができる。　　❷140条4項

譲渡等承認請求者、すなわち譲渡制限株式の譲渡による取得や、取得したことについて承認するよう請求した者は、会社や指定買取人が株式の買取りを通知した後は、会社や指定買取人が認めないかぎり承認請求を撤回できなくなります。

→試験対策5章4節④【3】

1 趣旨

譲渡制限株式を譲渡または取得した者が、何ら制限なく承認請求を撤回できるとすると、買取りのための資金の準備など、会社や指定買取人側で行われた準備がすべて無駄になってしまう。そこで、請求の撤回を制限する規定がおかれた。

2 条文クローズアップ

1 会社による買取通知後の撤回（1項）

株式会社が当該株主に株式の買取りを通知した場合（141条1項）には、会社の承諾を得た場合にかぎり、承認請求を撤回できる（143条1項）。

2 指定買取人による買取通知後の撤回（2項）

指定買取人が当該株式取得者に株式の買取りを通知した場合（142条1項）には、指定買取人の承諾がある場合にかぎり、承認請求を撤回できる（143条2項）。

📖H26-29-ウ
第144条（売買価格の決定）　C

1　第141条第1項の規定による通知〔株式会社による買取通知〕があった場合には、第140条第1項第2号の❶対象株式〔株式会社が買取る対象株式〕の売買価格は、株式会社と❷譲渡等承認請求者との協議によって定める。

❶140条1項
❷139条2項

2　株式会社又は❷譲渡等承認請求者は、第141条第1項の規定による通知〔株式会社による買取通知〕があった日から20日以内に、裁判所に対し、売買価格の決定の申立てをすることができる。

3　裁判所は、前項の決定をするには、❸譲渡等承認請求の時における株式会社の資産状態その他一切の事情を考慮しなければならない。

❸138条

4　第1項の規定にかかわらず、第2項の期間内に同項の申立てがあったときは、当該申立てにより裁判所が定めた額をもって第140条第1項第2号の❶対象株式〔株式会社が買取る対象株式〕の売買価格とする。

5　第1項の規定にかかわらず、第2項の期間内に同項の申立てがないとき（当該期間内に第1項の協議が調った場合を除く。）は、❹1株当たり純資産額に第140条第1項第2号の❶対象株式〔株式会社が買取る対象株式〕の数を乗じて得た額をもって当該対象株式の売

❹141条2項

買価格とする。
6　第141条第2項〔株式会社の暫定買取代金の供託〕の規定による供託をした場合において、第140条第1項第2号の❶対象株式〔株式会社が買取る対象株式〕の売買価格が確定したときは、株式会社は、供託した金銭に相当する額を限度として、売買代金の全部又は一部を支払ったものとみなす。
7　前各項の規定は、第142条第1項の規定による通知〔指定買取人による買取通知〕があった場合について準用する。この場合において、第1項中「第140条第1項第2号」とあるのは「第142条第1項第2号」と、「株式会社」とあるのは「❺指定買取人」と、第2項中「株式会社」とあるのは「指定買取人」と、第4項及び第5項中「第140条第1項第2号」とあるのは「第142条第1項第2号」と、前項中「第141条第2項」とあるのは「第142条第2項」と、「第140条第1項第2号」とあるのは「同条第1項第2号」と、「株式会社」とあるのは「指定買取人」と読み替えるものとする。

❺140条4項

　譲渡等承認請求者が通知を受け取った場合には、対象株式の売買価格は、株式会社と譲渡等承認請求者との協議によって定めます。また、株式会社または譲渡等承認請求者は、請求者通知があった日から20日以内に、裁判所に対し、売買価格の決定の申立てをすることができます。

→試験対策5章4節④【3】

1 趣旨

　本条は、会社・指定買取人による譲渡制限株式の買取りにおける売買価格の決定方法について、当事者間の協議が成立した場合にはその価格による（1項、7項）と、協議が成立しなかった場合にはその価格に不満をもった当事者が裁判所に価格決定の申立て（2項、7項）をして、価格決定をさせる（3項、4項、7項）という手段を用意することで、適切な価格決定がなされるよう定められたものである。

2 条文クローズアップ

1 当事者による売買価格の決定
　株式の売却価格は、原則として会社（指定買取人）と譲渡等承認請求者との協議によって決定される（1項、7項）。

2 裁判所による売買価格の決定
　会社（指定買取人）または譲渡等承認請求者は、買取りの通知から20日以内に裁判所に売買価格の決定を申し立てることができる（2項、7項）。申立てがあった場合、1項の協議の有無にかかわらず、裁判所が売買価格を定める（4項、7項）。この場合、裁判所は、譲渡承認等請求時における会社の資産状態などのいっさいの事情を考慮して売買価格を決定する（3項、7項）。

なお、当事者間の協議が調わず、裁判所への売買価格決定の申立てもないまま買取りの通知から20日が経過した場合には、1株あたり純資産額に対象株式数を乗じて得た額、すなわち会社(指定買取人)が供託した額が売却価格となる(5項、7項)。

3　供託分の支払みなし

会社(指定買取人)が、株式の売買代金に相当する金銭を供託(141条2項)した場合に、その株式の売買価格が確定したときは、その供託をした額の分については、全部または一部支払ったものとみなされる(144条6項、7項)。

第145条（株式会社が承認をしたとみなされる場合）　B⁺

次に掲げる場合には、株式会社は、第136条又は第137条第1項の承認〔譲渡等承認〕をする旨の決定をしたものとみなす。ただし、株式会社と❶譲渡等承認請求者との合意により別段の定めをしたときは、この限りでない。

① 株式会社が第136条又は第137条第1項の規定による請求〔譲渡等承認請求〕の日から2週間(これを下回る期間を定款で定めた場合にあっては、その期間)以内に第139条第2項の規定による通知〔譲渡等を承認するか否かの通知〕をしなかった場合

② 株式会社が第139条第2項の規定による通知〔譲渡等を承認するか否かの通知〕の日から40日(これを下回る期間を定款で定めた場合にあっては、その期間)以内に第141条第1項の規定による通知〔株式会社の買取通知〕をしなかった場合(❷指定買取人が第139条第2項の規定による通知〔譲渡等を承認するか否かの通知〕の日から10日(これを下回る期間を定款で定めた場合にあっては、その期間)以内に第142条第1項の規定による通知〔指定買取人の買取通知〕をした場合を除く。)

③ 前2号に掲げる場合のほか、法務省令で定める場合

❶139条2項
❷140条4項

株式会社が譲渡等承認請求者への通知を怠った場合等においては、原則として、譲渡を承認する決定をしたものとみなされます。

1　趣旨

本条は、株式の譲渡等承認請求者らの法的地位が不安定な状態におかれ、投下資本の回収が奪われることを防ぐため、株式会社・指定買取人のなすべき各手続の期間制限を設け、各手続がそれぞれの制限期間内になされなかった場合、および法務省令(会社施規26条)で定める場合には、会社と譲渡等承認請求者との間に別段の合意がないかぎり、会社が譲渡等を承認したものとみなすこととしている。

2 条文クローズアップ

株式会社が株式譲渡を承認したとみなされる場合
①株主(136条)または株式取得者(137条1項)からの譲渡承認請求の日から2週間(これを下回る期間を定款で定めた場合にあっては、その期間)以内に会社が譲渡承認等の決定に関する通知をしなかった場合がこれにあたる(145条1号)。
②株式会社が、譲渡等の承認の決定に関する通知(139条2項)の日から40日(これを下回る期間を定款で定めた場合にあっては、その期間)以内に、譲渡制限株式の譲渡による取得や、取得したことについて承認しない場合の承認請求者に対する通知をしなかった場合もこれにあたる。ただし、指定買取人が、譲渡等承認の決定の規定による通知の日から10日(これを下回る期間を定款で定めた場合にあっては、その期間)以内に、買取りの通知をした場合を除く(145条2号)。
③①②の場合のほか、法務省令(会社施規26条)で定める場合(会社145条3号)。

■第3款 株式の質入れ

📖H25-29-ア
第146条（株式の質入れ）　C
1　株主は、その有する株式に質権を設定することができる。
2　❶株券発行会社の株式の質入れは、当該株式に係る株券を交付しなければ、その効力を生じない。

❶117条7項

株主は、株式に質権を設定することができます。株券発行会社の株式を質入れする場合には、株券を交付しなければ効力が生じません。

→試験対策5章4節6

1 趣旨

株式は換金性も高く、担保の対象としては適切なものである。これを担保にとっておけば、いざというときには債権者はその株式を売却して、その代金を債権弁済にあてることがきわめて容易である。そこで、株式が質権の目的物となることを認めている。

2 条文クローズアップ

1　総説
本条は、①株主は株式に質権を設定でき(1項)、②株券発行会社の株式の質入れが効力を生じるには株券の交付を要する(2項)と規定する。
そして、会社法は、株式担保として**略式質**と**登録質**という2つの方法を認めている。また、会社法に明文の規定はないが、その他に**譲渡担保**という方法もある。

2　略式質

　略式質とは、株券発行会社において、当事者間の質権設定の合意と株券の交付を効力要件とし、かつ、株券の占有継続を第三者対抗要件とする質権をいう（2項、147条2項）。株券不発行会社の株式で振替株式であるものについては、総株主通知の際に質権設定者のみに通知されるものが略式質である。振替株式を発行していない株券不発行会社では、株式の質権者は、その氏名・名称および住所を株主名簿に記載・記録しなければ質権を会社その他の第三者に対抗することができないから、略式質は認められず、登録質を利用することになる（149条参照）。

3　登録質

　登録質とは、株券発行会社においては、略式質の要件に加えて、質権設定者である株主の請求によって会社が株主名簿に質権者の氏名・名称および住所を記載・記録する質権をいう。すなわち、株券不発行会社の株式で振替株式でないものについては、当事者間の質権設定の合意に加えて、質権設定者である株主の請求によって会社が株主名簿に質権者の氏名・名称および住所を記載・記録したものが登録質である。振替株式については、総株主通知の際に加入者（社債株式振替2条3項）の申出に基づき、質権者の氏名・名称および住所が会社に通知され、会社が株主名簿にそれを記載したものが登録質である。

4　譲渡担保

　譲渡担保とは、債務者が自己の有する株券の所有権を債権担保の目的で債権者に移転し、債権者が弁済を受けたときは目的物を返還し、期日に弁済されないときは目的物を処分してその代金をもって債権の回収にあてるものをいう。

　振替株式についても、譲渡担保権者の口座の保有欄に、当該譲渡担保にかかる数の増加の記載・記録を受けることによって、譲渡担保権が設定される（社債株式振替140条）。

5　略式質と譲渡担保の区別

　略式質であるか、それとも譲渡担保であるかは、外形的な区別はつかないので、当事者の合意によって決せられる。しかし、当事者の合意が明確でない場合もある。そこで、そのような場合に両者のいずれと解するかが問題となる。この点、譲渡担保のほうが、略式質よりも、換価方法が競売によらず自由でよい等、担保権者にとって有利である。そこで、当事者の意思が質権か譲渡担保か明確でないときは、当事者意思の合理的解釈により、担保権者により有利な譲渡担保と推定すべきである。

6　振替株式の質入れの効力要件

　振替株式の質入れは、当事者が質入れについて合意をし、かつ振替機関等への申請に基づき、当該質権者の振替口座の質権欄に、当該質入れにかかる数の増加の記載・記録を受けることにより効力を生じる（社債株式振替141条）。

第147条（株式の質入れの対抗要件） C

1. 株式の質入れは、その質権者の氏名又は名称及び住所を株主名簿に記載し、又は記録しなければ、株式会社その他の第三者に対抗することができない。
2. 前項の規定にかかわらず、❶株券発行会社の株式の質権者は、継続して当該株式に係る株券を占有しなければ、その質権をもって株券発行会社その他の第三者に対抗することができない。
3. 民法第364条〔指名債権を目的とする質権の対抗要件〕の規定は、株式については、適用しない。

❶117条7項

→試験対策5章4節⑥

　株式の質入れは、質権者の氏名または名称および住所を株主名簿に記載または記録しなければ、株式会社その他の第三者に対抗することができません。ただし、株券発行会社においては、質権者が株券を継続して占有しなければ、株券発行会社その他の第三者に対抗することができません。

1 趣旨

　本条は、株式の質入れについて、株券不発行会社と株券発行会社に分けて対抗要件について規定することによって、それぞれの場合についての権利帰属主体を明確にし、紛争を未然に防止することを意図して定められた規定である。

2 条文クローズアップ

1 株式の質入れの対抗要件（1項）

　およそ株式に質権を設定する場合に、質権者の氏名等および住所を株主名簿に記載・記録しなければ会社およびその他の第三者に対して対抗できない。

2 株券発行会社の場合の対抗要件についての特則（2項）

　特に、株券発行会社が発行する株式に質権を設定する場合には、当該株券の継続占有が株券発行会社およびその他の第三者に対する対抗要件となる。

3 民法の指名債権質の対抗要件の不適用（3項）

　指名債権質について、第三者への通知・承諾を対抗要件とする民法364条は株式質には適用されない。

第148条（株主名簿の記載等） C

株式に質権を設定した者は、株式会社に対し、次に掲げる事項を株主名簿に記載し、又は記録することを請求することができる。
① 質権者の氏名又は名称及び住所
② 質権の目的である株式

株式に質権を設定した者は、株式会社に対して、質権者の氏名または名称、住所および質権の目的となっている株式を、株主名簿に記載・記録することを請求することができます。

1 趣旨

本条においては、株主名簿への記載・記録を請求できるのは質権設定者のみとされているが、それは、質権設定者との間で株主名簿登録が合意される必要があり、また、略式質にするか登録株式質にするかの選択を質権設定者に委ねるためと考えられている。

なお、質権者と設定者との間に、本条の請求を行うとの合意があるにもかかわらず、設定者が合意に反して本条の請求を行わず、あるいは、遅延させた場合には、損害を被った質権者に対して設定者は損害賠償責任を負う可能性がある。

2 条文クローズアップ

148条の適用範囲

本条は、株券発行会社の株式および株券不発行会社の株式で振替株式でない株式について適用される。振替株式については、本条は適用されない(社債株式振替161条1項)。振替株式については、総株主通知の制度(社債株式振替151条)により、株主名簿への記載・記録がなされる。

第149条（株主名簿の記載事項を記載した書面の交付等）　C

1　前条各号に掲げる事項が株主名簿に記載され、又は記録された質権者(以下「❶登録株式質権者」という。)は、株式会社に対し、当該登録株式質権者についての株主名簿に記載され、若しくは記録された同条各号に掲げる事項を記載した書面の交付又は当該事項を記録した❷電磁的記録の提供を請求することができる。

2　前項の書面には、株式会社の❸代表取締役(指名委員会等設置会社にあっては、代表執行役。次項において同じ。)が署名し、又は記名押印しなければならない。

3　第1項の❷電磁的記録には、株式会社の❸代表取締役が法務省令で定める署名又は記名押印に代わる措置をとらなければならない。

4　前3項の規定は、❹株券発行会社については、適用しない。

❶定
❷26条2項
❸47条1項
❹117条7項

→試験対策5章4節[6]

株券不発行会社においては、登録株式質権者は、会社に対し、その登録株式質権者についての株主名簿に記載・記録された事項を記載した書面の交付または記録した電磁的記録の提供を請求することができます。

1 趣旨

株券不発行会社では、質権者が株券を用いて自己の質権者としての資格を証明することができない。そこで本条は、株主名簿記載事項を記載・記録した書面・記録の交付等の請求を認めることにより、自己の質権者としての地位を証明できるよう定められたものである。このような趣旨から、1項から3項までの規定は、株券発行会社については適用されない（4項）。

2 語句の意味

登録株式質権者とは、148条各号に掲げる事項（質権者の氏名や質権の目的である株式等）が株主名簿に記載され、または記録された質権者をいう（149条1項）。

3 条文クローズアップ

1 株主名簿記載事項の提出請求（1項）

登録株式質権者は、株主名簿に記載された書面の交付請求に加えて、電磁的記録の提供の請求もすることができる。

2 署名、記名押印とそれに代わる措置（2項、3項）

株主名簿記載事項が付されているものが書面である場合には、代表取締役は、署名または記名押印し（2項）、電磁的記録の場合には、電子署名を付さなければならない（3項、会社施規225条1項3号）。

3 株券発行会社についての適用除外（4項）

株券発行会社の場合、質権者は、株券を用いて自己の質権者としての資格を証明することができるため、本条の定めは適用されない。

第150条（登録株式質権者に対する通知等）　C

1　株式会社が❶登録株式質権者に対してする通知又は催告は、株主名簿に記載し、又は記録した当該登録株式質権者の住所（当該登録株式質権者が別に通知又は催告を受ける場所又は連絡先を当該株式会社に通知した場合にあっては、その場所又は連絡先）にあてて発すれば足りる。
2　前項の通知又は催告は、その通知又は催告が通常到達すべきであった時に、到達したものとみなす。

❶149条1項

登録株式質権者に対する通知・催告は、株主名簿に記載し、または記録した当該登録株式質権者の住所宛に発送すれば足ります。この通知・催告は、これが通常到達すべきであった時に、到達したものとみなされます。

1 趣旨

会社には多数の株主およびその質権者がいるため、会社から質権者に対する通知・催告が必ず株主に到達しなければ手続を履践したことにな

らないとすると、事務処理が困難になるだけでなく、集団的法律関係を簡易・迅速に処理することができなくなる。そこで、会社から質権者に通知または催告する場合は株主名簿の記載または電磁的記録に従って行えば足りるとして、到達主義の原則（民97条1項）の例外を認めた。これは、会社法126条と同趣旨である。

→126条①

2 条文クローズアップ

株主、登録株式質権者に対する通知等

本条は、株主に対する通知等について定める126条1項、2項と同旨の規定を、登録株式質権者との関係で規律するものである。すなわち、株主だけでなく、登録株式質権者に対しても、通知・催告は株主名簿に記載・記録された住所宛に発すれば足り、たとえ到達しなくても、通常到達すべきであった時に到達したものとみなされる。

株式

第151条（株式の質入れの効果）　C

1　株式会社が次に掲げる行為をした場合には、株式を目的とする質権は、当該行為によって当該株式の株主が受けることのできる❶金銭等（金銭その他の財産をいう。以下同じ。）について存在する。
　①　第167条第1項（取得請求権付株式の取得）の規定による取得請求権付株式の取得
　②　第170条第1項（取得条項付株式の取得）の規定による取得条項付株式の取得
　③　第173条第1項（全部取得条項付種類株式の全部取得）の規定による第171条第1項に規定する全部取得条項付種類株式〔108条1項7号に掲げる事項に関して定めがある種類の株式〕の取得
　④　株式の併合
　⑤　株式の分割
　⑥　第185条（株式無償割当て）に規定する株式無償割当て
　⑦　第277条（新株予約権無償割当て）に規定する新株予約権無償割当て
　⑧　剰余金の配当
　⑨　残余財産の分配
　⑩　組織変更
　⑪　合併（合併により当該株式会社が消滅する場合に限る。）
　⑫　株式交換
　⑬　株式移転
　⑭　株式の取得（第1号から第3号までに掲げる行為を除く。）
2　❷特別支配株主（第179条第1項に規定する特別支配株主〔株式会社の総株主の議決権の10分の9以上を当該株式会社以外の者および当該者が発行済株式の全部を有する株式会社その他これに準ずるものとして法務省令で

❶定

❷定

第151条 /221/

定める法人が有している場合における当該者)をいう。第154条第3項において同じ。)が❸株式売渡請求(第179条第2項に規定する株式売渡請求をいう。)により❹売渡株式(第179条の2第1項第2号に規定する売渡株式(株式売渡請求の対象株式)をいう。以下この項において同じ。)の取得をした場合には、売渡株式を目的とする質権は、当該取得によって当該売渡株式の株主が受けることのできる金銭について存在する。

❸定
❹定

　質権は、取得請求権付株式の取得、取得条項付株式の取得、全部取得条項付種類株式の取得、株式の併合・分割、株式・新株予約権無償割当て、剰余金の配当、残余財産の分配、組織変更、合併、株式交換、株式移転、その他の株式の取得により株主が受けることができる金銭その他の財産に対しても存在します。

→試験対策5章4節⑥【2】

1 趣旨

　本条は、1項各号および2項により、網羅的に株式質権者の物上代位権が及ぶ金銭等を列挙することにより、当該株式の株式質権者の物上代位権が及ぶ範囲についての利害関係者の予測可能性を一定程度高めることを趣旨とする。

2 条文クローズアップ

1 株式担保の効力

　質権の効力としては、優先弁済権(154条1項)、留置権(民362条2項・347条)、転質権(民362条2項・348条)があり、譲渡担保についても同様の効力が認められる。
　質権者は、取得請求権付株式の取得、取得条項付株式の取得、全部取得条項付種類株式の取得、株式の併合・分割、株式・新株予約権無償割当て、剰余金の配当、残余財産の分配、組織変更、合併(合併によりその会社が消滅する場合にかぎる)、株式交換、株式移転、その他の株式の取得により株主が受けることができる金銭等(金銭その他の財産)に対しても、物上代位権を有する。もっとも、これらの列挙に限定されず、設立無効・合併無効・会社分割無効・株式交換無効・株式移転無効により支払われる金銭にも物上代位権は及ぶと解される。

2 物上代位権の行使

　略式質の場合には、これを行使するために、質権者は金銭の払渡しまたは株券の引渡しがある前にその差押えをしなければならない(民362条2項・350条・304条1項ただし書)。
　これに対して、登録質の場合には、質権者の氏名・名称および住所は株主名簿に記載されているから、株券発行会社では、登録株式質権者への株券の引渡し(会社153条)、株券不発行会社では、株主が受けること

ができる株式、併合した株式、分割した株式についての、株主名簿への質権者の氏名等の記載・記録をしなければならない(152条)。

登録株式質権者は、151条の金銭等(金銭にかぎる)を受領し、他の債権者に先立って、自己の債権の弁済にあてることができる(154条1項)。

振替株式の併合、分割および合併・株式交換・株式移転により振替株式が発行される場合には、差し押さえる必要はない(社債株式振替136条3項、4項、137条3項、4項、138条3項、4項)。

→平成26年改正

3 売渡株式における物上代位

平成26年改正による株式等売渡請求制度(179条以下)の創設に伴い規定された。株式売渡請求(179条1項、2項)により売渡株式等が取得された場合には、売渡株式等に設定されていた質権は、物上代位により、取得の対価として株主に交付される金銭について存在することを明確にした(151条2項)。

第152条 C

1 ❶株式会社(❷株券発行会社を除く。以下この条において同じ。)は、前条第1項第1号から第3号までに掲げる行為(取得請求権付株式・取得条項付株式等の取得)をした場合(これらの行為に際して当該株式会社が株式を交付する場合に限る。)又は同項第6号に掲げる行為(株式無償割当て)をした場合において、同項の質権の質権者が❸登録株式質権者(第218条第5項の規定による請求(株券を発行するとの定款を廃止する際の質権者による株主名簿記載請求)により第148条各号に掲げる事項(質権者の氏名または名称および住所、質権の目的である株式)が株主名簿に記載され、又は記録されたものを除く。以下この款において同じ。)であるときは、前条第1項の株主(質権の目的である株式の株主)が受けることができる株式について、その質権者の氏名又は名称及び住所を株主名簿に記載し、又は記録しなければならない。

2 株式会社は、株式の併合をした場合において、前条第1項の質権(株式を目的とする質権)の質権者が❸登録株式質権者であるときは、併合した株式について、その質権者の氏名又は名称及び住所を株主名簿に記載し、又は記録しなければならない。

3 株式会社は、株式の分割をした場合において、前条第1項の質権(株式を目的とする質権)の質権者が❸登録株式質権者であるときは、分割した株式について、その質権者の氏名又は名称及び住所を株主名簿に記載し、又は記録しなければならない。

❶定
❷117条7項

❸定・149条1項

株券不発行会社は、取得請求権付株式の取得、株式無償割当て、株式併合、株式分割等をした場合には、株主が受け取ることができる株式、併合した株式、分割した株式について、登録株式質権者の氏名・名称および住所を、株

→試験対策5章4節⑥

式名簿に記載・記録しなければなりません。

1 趣旨

　本条は、株券不発行会社の株式についての登録株式質との関係で、物上代位の対象となる取得請求権付株式の取得、株式無償割当て、株式併合や株式分割などによって株式が発行される場合には、質権者からの請求がなくても会社は株式を質権者に引き渡し、その旨を株主名簿に記載・記録しなければならないとすることで、質権者の保護を図る規定である。これは、物上代位権の行使に関する民法304条の特則を設けたものである。

2 条文クローズアップ

　株券不発行会社は、次の各場合に交付される株式について、株主名簿に、登録株式質権者の氏名または名称および住所を記載・記録しなければならない。

1　151条1項1号から3号までの行為をした場合（1項）

(1)　**取得請求権付株式の取得**（151条1項1号、167条1項、167条2項4号）

　株主が取得請求権付株式の取得を株式会社に請求（166条1項）し、株式会社がその取得請求権付株式を取得するとき（167条1項）であって、当該株主がその対価として株式を取得する場合（167条2項4号）に交付される株式。

(2)　**取得条項付株式の取得**（151条1項2号、170条1項、170条2項4号）

　株式会社が取得条項付株式を取得する日および取得する株式を決定（168条、169条）し、それにより会社が取得条項付株式を取得したとき（170条1項）であって、当該株主がその対価として株式を取得する場合（170条2項4号）に交付される株式。

(3)　**全部取得条項付種類株式の取得**（151条1項3号、173条1項）

　株式会社が全部取得条項付種類株式を取得（173条1項）したことにより、当該株式がその対価として171条1項1号により株式を取得する場合に交付される株式。

(4)　**株式無償割当て**（151条1項6号、185条）

　株主に株式の無償割当てがなされる場合（185条）に交付される株式。

2　株式の併合をした場合（2項）

　株式の併合によって182条により当該株主に割り当てられた株式。

3　株式の分割をした場合（3項）

　株式の分割によって184条により当該株主が取得する株式。

第153条　C

1　❶株券発行会社は、前条第1項に規定する場合（取得請求権付株式・取得条項付株式・全部取得条項付種類株式の取得または株式無償割当てをし

❶117条7項

> た場合〕には、第151条第１項の株主〔質権の目的である株式の株主〕が受ける株式に係る株券を❷登録株式質権者に引き渡さなければならない。
> 2 ❶株券発行会社は、前条第２項に規定する場合〔株式併合をした場合〕には、併合した株式に係る株券を❷登録株式質権者に引き渡さなければならない。
> 3 ❶株券発行会社は、前条第３項に規定する場合〔株式分割をした場合〕には、分割した株式について新たに発行する株券を❷登録株式質権者に引き渡さなければならない。

❷149条１項、152条１項

　株券発行会社において、取得請求権付株式の取得、株式無償割当て、株式併合、株式分割等をした場合には、株主が受け取ることができる株式、併合した株式、分割した株式について、登録株式質権者に株券を引き渡さなければなりません。

→試験対策５章４節6

1 趣旨

　本条は、登録質の場合について、取得請求権付株式・取得条項付株式・全部取得条項付種類株式の取得、株式の併合・分割、株式無償割当てにより株式が発行される場合には、質権者からの請求がなくても株券を質権者に引き渡さなければならないとして、質権者の保護を図る規定である。これは、152条と同趣旨の規定を定めたものである。

2 条文クローズアップ

　株券発行会社は、次の各場合に交付される株式について、原則として、これを表章する株券を登録株式質権者に引き渡さなければならない。

→152条2

1　152条１項の場合（１項）
(1)　取得条項付株式の取得（151条１項１号、167条１項、167条２項４号）
　株主が取得請求権付株式の取得を株式会社に請求（166条１項）し、その効果として株式会社が当該取得請求権付株式を取得するとき（167条１項）であって、当該株主がその対価として株式を取得する場合（167条２項４号）に交付される株式。
(2)　取得条項付株式の取得（151条１項２号、170条１項、170条２項４号）
　株式会社が取得条項付株式の取得にかかる日および取得する株式を決定（168条、169条）し、それにより会社が取得条項付株式を取得したとき（170条１項）であって、当該株主がその株式として株式を取得する場合（170条２項４号）に交付される株式。
(3)　全部取得条項付種類株式の取得（151条１項３号、173条１項）
　株式会社が全部取得条項付種類株式を取得（173条１項）したことにより、当該株主がその対価として171条１項１号に従って株式を取得する

場合に交付される株式。
　(4)　**株式無償割当て**(151条1項6号、185条)
　　株主に対して株式の無償割当てがなされる場合(185条)に交付される株式。
2　152条2項の場合(2項)
　　株式の併合によって182条により当該株主に割り当てられた株式。
3　152条3項の場合(3項)
　　株式の分割によって184条により当該株主に割り当てられた株式。

第154条　C

1　❶登録株式質権者は、第151条第1項の❷金銭等(株式会社の所定の行為によって当該株式の株主が受ける金銭等)(金銭に限る。)又は同条第2項の金銭(特別支配株主が売渡株式の株主が受けることのできる金銭)を受領し、他の債権者に先立って自己の債権の弁済に充てることができる。

2　株式会社が次の各号に掲げる行為をした場合において、前項の債権の弁済期が到来していないときは、❶登録株式質権者は、当該各号に定める者に同項に規定する❷金銭等に相当する金額を供託させることができる。この場合において、質権は、その供託金について存在する。
　① 第151条第1項第1号から第6号まで、第8号、第9号又は第14号に掲げる行為(取得請求権付株式の取得、取得条項付株式の取得、全部取得条項付種類株式の取得、株式の併合、株式の分割、株式無償割当て、剰余金の配当、残余財産の分配、151条1号から3号までに掲げる行為以外の株式の取得)　当該株式会社
　② 組織変更　第744条第1項第1号(株式会社の組織変更計画)に規定する組織変更後持分会社
　③ 合併(合併により当該株式会社が消滅する場合に限る。)　第749条第1項(吸収合併契約)に規定する吸収合併存続会社又は第753条第1項(新設合併契約)に規定する新設合併設立会社
　④ 株式交換　第767条(株式交換契約)に規定する株式交換完全親会社
　⑤ 株式移転　第773条第1項第1号(株式移転契約)に規定する株式移転設立完全親会社

3　第151条第2項に規定する場合(特別支配株主が株式売渡請求により売渡株式の取得をした場合)において、第1項の債権の弁済期が到来していないときは、❶登録株式質権者は、当該❸特別支配株主に同条第2項の金銭に相当する金額を供託させることができる。この場合において、質権は、その供託金について存在する。

❶149条1項、152条1項
❷151条

❸151条2項

登録株式質権者は、直接会社から剰余金の配当、残余財産の分配等の支払を受け、これを自己の債権の優先弁済にあてることができます。自己の債権の弁済期が到来していないときは相当する金額を供託させることができます。

→試験対策5章4節⑥

1 趣旨

民法304条を適用して物上代位に差押えが必要とすると、質権者の地位が不安定になるため、登録を条件に、差押えなく直接請求できるとしてその地位を強化した。

2 条文クローズアップ

1 登録株式質権者が得られる優先弁済（1項）

株券発行会社・不発行会社のどちらであっても、株主が151条各項により金銭を受けることができる場合、登録株式質権者は当該金銭を株主その他債権者等に先立って受領し、自己の被担保債権の優先弁済を受けることができる。

2 供託の請求および質権の効力が及ぶ範囲（2項）

株式会社が次に掲げる行為をした場合において、被担保債権の弁済期がいまだ到来していない場合には、登録株式質権者は、次に掲げる者に1項に定める金銭に相当する金額を供託させることができる。この場合、その供託金の上に質権の効力が及ぶ。平成26年改正は、株主が金銭の交付を受けることとなる可能性がある行為を各号に限定した規定とするとともに、当該株式会社以外の者が金銭の交付義務者となる場合にはその者が供託の主体となることを明確にした。

①取得請求権付株式の取得、取得条項付株式の取得、全部取得条項付種類株式の取得、株式の併合、株式の分割、株式無償割当て、剰余金の配当、残余財産の分配、取得請求・取得条項以外による株式の取得行為の場合、当該株式会社（1号）
②組織変更行為の場合、組織変更後持分会社（2号）
③合併（合併により当該株式会社が消滅する場合にかぎる）行為の場合、吸収合併存続会社または新設合併設立会社（3号）
④株式交換行為の場合、株式交換完全親会社（4号）
⑤株式移転行為の場合、株式移転設立完全親会社（5号）

3 特別支配株主が売渡株式を取得した場合における特則（3項）

特別支配株主が売渡株式を取得した場合において、被担保債権の弁済期が到来していないときは、登録株式質権者は当該特別支配株主に売渡株式の取得対価である金銭に相当する金額を供託させることができる。この場合、その供託金の上に質権の効力が及ぶ。

■第4款 信託財産に属する株式についての対抗要件等

第154条の2　C

1　株式については、当該株式が信託財産に属する旨を株主名簿に記載し、又は記録しなければ、当該株式が信託財産に属することを株式会社その他の第三者に対抗することができない。
2　第121条第1号の株主〔株主名簿記載株主〕は、その有する株式が信託財産に属するときは、株式会社に対し、その旨を株主名簿に記載し、又は記録することを請求することができる。
3　株主名簿に前項の規定による記載又は記録がされた場合における第122条第1項〔株主名簿記載事項を記載した書面の交付請求等〕及び第132条〔株主の請求によらない株主名簿記載事項の記載・記録〕の規定の適用については、第122条第1項中「記録された❶株主名簿記載事項」とあるのは「記録された株主名簿記載事項(当該株主の有する株式が信託財産に属する旨を含む。)」と、第132条中「株主名簿記載事項」とあるのは「株主名簿記載事項(当該株主の有する株式が信託財産に属する旨を含む。)」とする。
4　前3項の規定は、❷株券発行会社については、適用しない。

❶121条

❷117条7項

　信託財産に属している株式は、株式名簿に記載・記録をしていないと第三者に対して権利を主張することができません。信託財産に含まれる株式を持っている株主は、株式会社に対して株式名簿に記載・記録をするように請求ができます。ただし、これらの規定は株券発行会社には適用されません。

1 趣旨

　信託財産に属する株式の対抗要件に関して明文化することにより、取引の安全を図っている。

2 条文クローズアップ

1 信託財産に属する株式についての対抗要件(1項)

　株券不発行会社の発行する株式に信託を設定した場合、会社および第三者に対する対抗要件は、株主名簿に当該株式が信託財産に帰属する旨を記載・記録することである。

2 株主名簿への記載・記録(2項)

　株主名簿への記載・記録を請求できるのは、株主名簿上の株主(121条)である。

3 株式が信託財産に属する場合の特則(3項)

　株式に信託が設定されている場合、その旨の株主名簿に記載・記録された株主は、122条1項により、その旨を含む株主名簿記載事項を記載した書面等の交付を会社に請求することができる。また、会社が132条により、株主の請求によらずに株主名簿記載事項を記載・記録するとき、当該株式が信託財産に属する旨を含むものとして記載・記録すべき

ことになる。

■第4節　株式会社による自己の株式の取得

■総　　説

→試験対策5章5節

1 自己株式の取得

1　定義
自己株式の取得とは、会社が自社の発行した株式を取得することをいい、法が定める一定の場合にかぎって認められる（155条以下）。

2　自己株式取得による弊害と規制
従前、自己株式の取得を制限する根拠としては、以下の4点が指摘されてきた。しかし、剰余資金のある会社で適当な投資機会がないときに、株主にその資金を返却するなど、自己株式取得が必要とされる場合がある。一方で、自己株式取得に伴う弊害は、それぞれに必要な対策を設けることで対処できる。そこで、法が定める一定の場合には、自己株式の取得を認めることにした。

(1)　**会社債権者保護**
　(a)弊害
　　自己株式の有償取得が行われると、株主に対する出資の払戻しとなり（実質上の減資に等しい）、会社債権者を害するおそれがある。
　(b)対策
　　金銭による剰余金の配当と自己株式の取得との間には、経済的な差異がないことから、会社債権者保護のための会社財産維持は、剰余金の配当規制によって図ることができる。

(2)　**株主間の公平確保**
　(a)弊害
　　多数の株主が投資の回収を望んでいるときに、会社が恣意的にそのうちの一部からだけ株式を買い受けたり、会社が一部の株主から市場価格などよりも高い価格で買い受けたりすると、株主間に不平等をもたらすおそれがある。
　(b)対策
　　特定株主からの取得には、特別決議を要求し、かつ売主追加請求を認めて、株主間の公平に配慮する。

(3)　**会社支配権をめぐる不公正な取引の禁止**
　(a)弊害
　　会社が自己株式を取得した分だけ議決権は減少し、株主総会で多数を占めるのに必要な株式が少なくてすむため、会社経営者等が間接的に支配を強化するおそれがある。
　(b)対策
　　自己株式について議決権を認めないことで、会社支配の不公正を防

止する。
(4) 不公正な株式取引の禁止
(a)弊害
　自己株式の売買によって相場が操縦されたり、会社自身はその株式の価格に影響を与える情報をよく知っているため、インサイダー取引が行われるおそれがある。
(b)対策
　証券取引規制による。

3　自己株式の取得が可能となる場合
　会社が、自己株式を取得できる場合は、155条に列挙されている。　→155条

4　取得手続規制
(1)　株主全員から譲渡の申込みを受ける場合　→156条から159条まで、164条
(a)株主総会による授権
　株主総会(臨時株主総会でもよい)の**普通決議**によって、①取得する株式の数(種類株式発行会社では株式の種類および種類ごとの数)、②取得と引換えに交付する金銭等(金銭その他の財産〔151条柱書括弧書〕。当該会社の株式を除く)の内容およびその総額、取得することができる期間(最長1年まで)を定めて(156条1項)、取締役会(取締役会設置会社の場合)に株主との合意による自己株式の取得を授権する(授権決議)。

(b)取得価格等の決定
　会社(取締役会設置会社では取締役会の決議〔157条2項〕)は、株主総会における授権決議に従い株式を取得しようとする場合には、そのつど、①取得する株式の数(種類株式発行会社では株式の種類および数)、②株式1株を取得するのと引換えに交付する金銭等の内容および数・額またはこれらの算定方法、③株式を取得するのと引換えに交付する金銭等の総額、④株式の譲渡の申込みの期日を定めなければならない(157条1項)。また、この場合の株式の取得の条件は、均等でなければならない(157条3項)。
　これらの決議事項は、株主全員(取得する株式が種類株式である場合には、当該種類の株式の株主全員)に通知しなければならない(158条1項)。公開会社では公告をもって代えることも可能である(158条2項)。

(c)株主からの申込み
　会社は、株主からの申込みに応じてその株主の株式を取得するが、申込総数が取得総数を超えたときは按分で取得する(159条)。

(2)　特定の株主からの取得　→160条から162条まで、164条
　(1)の株主総会において、特定の株主からの取得を決議することができ、この場合には、その特定の株主に対し通知をする(160条1項、5項)。この株主総会の決議には、**特別決議**が要求される(156条1項、309条2項2号)。
　特定の株主だけが自己の所有する株式を会社に対し売却することができるとすると、株主間の公平を害するおそれがある。

そこで、次のような制度が設けられている。
(a) **売主の議決権制限**
　特定の株主(売主)は、上記の株主総会において議決権を行使することができない(160条4項本文)。
(b) **売主追加請求権**
　他の株主(取得する株式が種類株式である場合には、当該種類の株式の株主)は、その株主総会の決議の前で法務省令で定める時(会社施規28条、29条)までに、特定の株主に自己をも加えたものを株主総会の議案とすることを請求することができる(売主追加請求権〔会社160条2項、3項〕)。これは、株主総会での株主の議案提出権(304条)の特例と位置づけられる。

　ただし、市場価格ある株式で一定の要件をみたした場合(161条)、および株式相続人等から取得する場合で一定の場合(162条)には、売主追加請求権はない。また、売主追加請求権は、あらかじめ定款で排除することが認められる(164条1項)。

(3)　子会社からの株式の取得
→163条

　156条の授権決議は、取締役会設置会社では取締役会で行う(163条前段)。また、具体的な取得についての業務を執行する者が、適宜の方法により子会社から自己株式を取得することができる(163条後段)。

(4)　市場取引等による株式の取得
→165条

　自己株式の取得を、市場において行う取引または金融商品取引法27条の2第6項に規定する公開買付けにより取得する場合には、会社は、株主総会の決議(会社156条1項)だけで自己株式を取得することができる(165条1項)。取締役会設置会社においては、定款の定めにより、取得についての授権決議を取締役会において行うことができる(165条2項、3項)。

5　財源規制

(1)　剰余金の分配可能額規制
　自己株式の取得は、会社の財産を会社債権者に先立って株主に払い戻すものであるから、剰余金の配当と同様の規制に服する。具体的には、自己株式の取得により株主に対して交付する金銭等(その株式会社の株式を除く)の帳簿価額の総額が、取得の効力発生日における分配可能価額を超えてはならないとされている(461条1項)。

(2)　業務執行者の期末の欠損填補義務
　株式買取請求権に応じて会社が株式を取得し(116条1項)、株主に支払った金銭の額が支払日における分配可能額を超えるときは、その株式の取得に関する職務を行った業務執行者は、その者が職務を行うについて注意を怠らなかったことを証明した場合を除き、会社に対し連帯してその超過額を支払う義務を負う(過失責任〔464条1項〕)。この義務は、総株主の同意がなければ、免除することができない(464条2項)。

6　規制違反の効果

(1) 私法上の効果
　(a) 取得手続規制に違反した場合
　　(i) 相対的無効説
　　　会社が、取得手続規制に違反して自己株式を取得したときの私法上の効果については争いがある。この点、株主の保護と取引の安全との調和を図るため、原則として無効であるが、他人名義で取得した場合は譲渡人が悪意でないかぎり、有効であると解する（相対的無効説）。
　　(ii) 主張権者
　　　無効の主張は本来何人からでも主張できるはずであるが、自己株式の取得規制の趣旨からみて、保護されるべき者は、会社、会社債権者、一般株主等であって、インサイダー取引や相場操縦の場合を除き、譲渡人（売主）の側に無効の主張を認めるべきではないと解する。なぜなら、譲渡人は相手方が発行会社であっても株式譲渡によって自己の欲する結果を得たはずであり、その後の株価上昇を利用する投機の機会を譲渡人に与える必要はないからである。
　(b) 財源規制に違反した場合
　　財源規制に違反した自己株式の取得は、有効と解される。463条1項において「効力を生じた日における」という表現が用いられていることも、財源規制に違反した自己株式の取得自体は有効であることを前提としているといえる。また、無効とすると、その後の財産の返還は、不当利得返還請求権（民703条、704条）の問題となるところ、この場合には、株主と会社との間の2つの不当利得返還請求権が同時履行の関係に立つと解されることになるから（民533条類推適用）、株主が、みずから交付した株式またはこれに相当する金銭が会社から返還されるまでは、交付を受けた金銭等の返還をしないという主張をすることを許すことになってしまうからである。
　　なお、取得請求権付株式・取得条項付株式の取得対価（自己株式を除く）の帳簿価額が分配可能額を超えるときは、「取得することを請求することができる」（会社166条1項本文）、「取得する」（170条1項）という規定の適用がないので、無効と解するのが自然である。
(2) 取締役等の対会社責任
　違法な自己株式の取得により会社に損害が生じれば、取締役等の対会社責任が生じる（423条1項）。

2 自己株式の保有

1 自己株式の法的地位
(1) 共益権
　会社は、その保有する自己株式について議決権を有しない（308条2項）。その他の共益権（各種の監督是正権）も有しないと解されている。会社自身が自己株式について共益権を行使するのは背理だからである。な

お、会社以外の者の名義で取得した場合には、会社も名義人も議決権（およびその他の共益権）を有しないと解されている。

(2) **自益権**

会社は、その保有する自己株式について剰余金配当請求権を有しない（453条括弧書）。さらに、残余財産分配請求権も有しない（504条3項括弧書）。このほか、募集株式の割当てを受ける権利（202条2項）、募集新株予約権の割当てを受ける権利（241条2項）、株式の無償割当てを受ける権利（186条2項）、新株予約権無償割当てを受ける権利（278条2項）なども認められていない。

これに対して、株式併合・株式分割を受ける権利は認められている（182条、184条1項参照）。

2　保有期間

会社は、取得した自己株式を特に期間の制限なく保有できる。

■**第1款　総　則**

H25-29-ウ

第155条　B⁺

株式会社は、次に掲げる場合に限り、当該株式会社の株式を取得することができる。

① 第107条第2項第3号イの事由〔取得条項付株式の取得事由〕が生じた場合

② 第138条第1号ハ又は第2号ハの請求〔譲渡等不承認時の買取請求〕があった場合

③ 次条第1項の決議〔株主との合意による自己株式有償取得の総会決議〕があった場合

④ 第166条第1項の規定による請求〔取得請求権付株式の取得の請求〕があった場合

⑤ 第171条第1項の決議〔全部取得条項付種類株式の取得の総会決議〕があった場合

⑥ 第176条第1項の規定による請求〔相続人等に対する売渡請求〕をした場合

⑦ 第192条第1項の規定による請求〔単元未満株式の買取請求〕があった場合

⑧ 第197条第3項各号に掲げる事項を定めた場合〔所在不明株主の株式を会社が買い取る場合〕

⑨ 第234条第4項各号（第235条第2項〔株式分割・株式併合により1株未満の端数が生じる場合への準用〕において準用する場合を含む。）に掲げる事項を定めた場合〔1株未満の端数処理時に会社が買い取る場合〕

⑩ 他の会社（外国会社を含む。）の事業の全部を譲り受ける場合

において当該他の会社が有する当該株式会社の株式を取得する場合
⑪　合併後消滅する会社から当該株式会社の株式を承継する場合
⑫　吸収分割をする会社から当該株式会社の株式を承継する場合
⑬　前各号に掲げる場合のほか、法務省令で定める場合

取得請求権付株式や全部取得条項付種類株式、株式買取請求、単元未満株、組織再編行為の場合等一定の場合には、株式会社は自己株式を取得できます。

1 趣旨

本条は、株式会社が自己株式を取得できる場合を網羅的に規定し、この列挙事由で定められる株主の利益を保護するための手続規制と債権者保護のための財源規制を守るかぎり、原則として自己株式を自由に取得・保有できるものと定めたものである。そして、列挙事由以外の場合には自己株式を取得できない点を明確化している。

2 条文クローズアップ

自己株式を取得できるものとして法務省令で定める場合(13号、会社施規27条)は、以下のとおりである。
①無償の取得(会社施規27条1号)
②剰余金の配当または残余財産の分配としての取得(会社施規27条2号)
③株式・持分等の対価としての取得(会社施規27条3号)
④新株予約権等の対価としての取得(会社施規27条4号)
⑤株式買取請求に応じる取得(会社施規27条5号)
⑥合併により消滅する法人等からの取得(会社施規27条6号)
⑦他の法人等の事業全部の譲受に伴う取得(会社施規27条7号)
⑧その権利の実行にあたり目的を達成するために当該株式会社の株式を取得することが必要かつ不可欠である場合(会社施規27条8号)

■第2款　株主との合意による取得

■第1目　総　　則

司H20-39-4
第156条（株式の取得に関する事項の決定）　B+
1　株式会社が株主との合意により当該株式会社の株式を有償で取得するには、あらかじめ、株主総会の決議によって、次に掲げる事項を定めなければならない。ただし、第3号の期間は、1年を超えることができない。

> ① 取得する株式の数(種類株式発行会社にあっては、株式の種類及び種類ごとの数)
> ② 株式を取得するのと引換えに交付する❶金銭等(当該株式会社の❷株式等を除く。以下この款において同じ。)の内容及びその総額
> ③ 株式を取得することができる期間
> 2　前項の規定は、前条第1号及び第2号並びに第4号から第13号までに掲げる場合には、適用しない。

❶定・151条1項
❷107条2項2号ホ

株式会社が株主との合意により当該株式会社の株式を有償で取得するには、事前に株主総会の決議によって、取得する株式の数等を定めなければなりません。

→試験対策5章5節③【2】

1 趣旨

　株主との合意による自己株式取得につき、あらかじめ株主総会の決議によって、取得する株式数、株式取得と引換えに交付する金銭等の内容およびその総額、株式を取得することができる期間を定めることにより、株主の保護を図る規定である。

2 条文クローズアップ

1 自己株式の有償取得の際に必要な株主総会決議事項(1項)

　本条の適用があるのは、株主との合意に基づく自己株式の有償取得であり、売買のほか、交換、消費貸借、代物弁済、強制執行による取得等が含まれる。そのような株式を取得するにあたっては、取得する株式の数(1項1号)、株式を取得するのと引き換えに交付する金銭等の内容およびその総額(1項2号)、株式を取得することができる期間(1項3号)について、株主総会の決議により定めなければならない(特定の株主から取得する場合には特別決議〔160条1項、309条2項2号〕)。それ以外では、普通決議〔309条1項〕)。そして、156条の決議をする際には、取得の方法が、子会社からの取得(163条)、市場取引等による取得(165条)であれば、財源規制(461条1項2号)が及ぶ。

2 適用除外(2項)

　本条の株主総会決議を必要とする定めは、155条各号に列挙されている取得許容事由のうち、本条に基づく取得以外の場合には、適用されない。

第157条（取得価格等の決定）C

1　株式会社は、前条第1項の規定による決定〔自己株式の合意取得に関する事項の株主総会決議による決定〕に従い株式を取得しようとする

ときは、その都度、次に掲げる事項を定めなければならない。
① 取得する株式の数(種類株式発行会社にあっては、株式の種類及び数)
② 株式1株を取得するのと引換えに交付する❶金銭等の内容及び数若しくは額又はこれらの算定方法
③ 株式を取得するのと引換えに交付する金銭等の総額
④ 株式の譲渡しの申込みの期日
2 取締役会設置会社においては、前項各号に掲げる事項の決定は、取締役会の決議によらなければならない。
3 第1項の株式の取得の条件は、同項の規定による決定ごとに、均等に定めなければならない。

❶151条1項、156条1項2号

前条(156条)の決定に従って実際に株式を取得しようとするときは、そのつど取締役等が、取得する株式数、1株を取得するために交付する金銭等の内容・数・額・算定方法、対価の総額、譲渡の申込みの期日を定めなければなりません。

→試験対策5章5節③【2】(1)

1 趣旨

株主総会による授権決議の後の具体的な手続の内容を明確化し、株主全員に株式を譲渡する機会を与える趣旨である。

2 条文クローズアップ

1 取得対価(1項2号)

会社が一部の種類株主から株式を取得する際に、対価が不当に高額に定められた場合、取得対価は会社財産から支出されるため、取得の対象となっていない種類株主は必然的に損害を被ることになる。よって、このような場合には、高額な価格を定めた取締役の責任(423条1項)が生じることがある。

一方、全株主を取得の対象とする場合(156条から159条まで、165条)には、対価が市場価格等に比して高額であっても、このような取締役の責任は生じない。

2 取得対価の総額(1項3号)

対価の総額は、分配可能額を超えないように定めなくてはならない(461条1項3号)。

第158条 (株主に対する通知等)　C

1 株式会社は、株主(種類株式発行会社にあっては、取得する株式の種類の種類株主)に対し、前条第1項各号〔取得株式数、1株あたりの取得価格、取得価格総額、申込期日〕に掲げる事項を通知しなけ

> ればならない。
> 2　公開会社においては、前項の規定による通知は、公告をもってこれに代えることができる。

→試験対策5章5節③【2】(1)

　株主との合意による取得に際し、株主に対して取得の条件等の通知をすることを会社に要求しています。

1 趣旨

　株主との合意による取得に際し、株式会社が株主に対して通知をすることを要求することにより、株主に対して平等に譲渡しの機会を与える趣旨である。

2 条文クローズアップ

違法な手続による取得の効果

　本条の通知によって、株主は自己株式の取得の詳細を知ることができ、自己の保有株式の会社への譲渡を申し込むか否か(159条)の判断が可能となる。判例は、通知を欠いた場合、会社による株式取得は当然に無効になるとする。もっとも、相手方が違法な取得であることについて善意の場合には、取引の安全を図る必要があるので、会社側から無効を主張することはできない。

→最判昭43・9・5民集22-9-1846

> ### 第159条（譲渡しの申込み）　C
> 1　前条第1項の規定による通知〔取得株式数、1株あたりの取得価格、取得価格総額、申込期日の通知〕を受けた株主は、その有する株式の譲渡しの申込みをしようとするときは、株式会社に対し、その申込みに係る株式の数（種類株式発行会社にあっては、株式の種類及び数）を明らかにしなければならない。
> 2　株式会社は、第157条第1項第4号の期日〔株式譲渡しの申込期日〕において、前項の株主が申込みをした株式の譲受けを承諾したものとみなす。ただし、同項の株主が申込みをした株式の総数（以下この項において「申込総数」という。）が同条第1項第1号の数（以下この項において「取得総数」という。）を超えるときは、取得総数を申込総数で除して得た数に前項の株主が申込みをした株式の数を乗じて得た数（その数に1に満たない端数がある場合にあっては、これを切り捨てるものとする。）の株式の譲受けを承諾したものとみなす。

　前条(158条)による通知または公告を受けた場合、株主は、対象となる株式数を明示したうえで、譲渡しの申込みをすることができます。

→試験対策5章5節③【2】(1)

1 趣旨

2項本文は申込みに対する承諾を擬制することで、承諾に関する取締役等の裁量を排除し株主平等原則を維持するための規定である。また、2項ただし書も、申込総数が授権された数または総額、会社が決定した取得する株式の数を超える場合には会社は按分して株式の譲受けを承諾したものと擬制することで株主平等原則を維持するための規定である。

2 条文クローズアップ

159条の適用対象

本条は、株主との合意による株式の取得（次の①から④まで）のうち、①会社がすべての株主を対象とした株式取得をする場合（156条以下）、②特定の株主を対象とした株式取得をする場合（160条1項）の取得申込手続について定めた規定である。③子会社からの取得（163条）や、④市場取引による取得（165条1項）の際には159条は適用されない。

■第2目　特定の株主からの取得

> 書 H23-30-ウ
>
> **第160条（特定の株主からの取得）　B⁺**
> 1　株式会社は、第156条第1項各号に掲げる事項〔自己株式の合意取得について株主総会決議より定める事項〕の決定に併せて、同項の株主総会の決議によって、第158条第1項の規定による通知〔取得株式数・1株あたりの取得価格・取得価格総額・申込期日の株主に対する通知〕を特定の株主に対して行う旨を定めることができる。
> 2　株式会社は、前項の規定による決定をしようとするときは、法務省令で定める時までに、株主（種類株式発行会社にあっては、取得する株式の種類の種類株主）に対し、次項の規定による請求をすることができる旨を通知しなければならない。
> 3　前項の株主は、第1項の特定の株主に自己をも加えたものを同項の株主総会の議案とすることを、法務省令で定める時までに、請求することができる。
> 4　第1項の特定の株主は、第156条第1項の株主総会〔自己株式の合意取得についての事項を決定する株主総会〕において議決権を行使することができない。ただし、第1項の特定の株主以外の株主の全部が当該株主総会において議決権を行使することができない場合は、この限りでない。
> 5　第1項の特定の株主を定めた場合における第158条第1項〔取得株式数・1株あたりの取得価格・取得価格総額・申込期日の株主に対する通知〕の規定の適用については、同項中「株主（種類株式発行会社にあっては、取得する株式の種類の種類株主）」とあるのは、「第160

条第 1 項〔特定の株主からの取得〕の特定の株主」とする。

自己株式取得のための株主総会の決議の際に、特定の株主のみに具体的な取得の通知をすることを定めることができます。そして、その決議に際しては、他の株主が当該特定の株主に自己をも加えたものを株主総会の議案とすることを請求することができます。

→試験対策 5 章 5 節③【2】(2)

1 趣旨

特定の株主から会社が自己株式を取得する必要がある場合が考えられるが、特定の株主だけが自己の所有する株式を会社に売却できるというのでは、特定の株主だけが特に有利な価格で会社に売り渡す可能性があり、株主間の公平を害するおそれがある。そこで、株主間の公平を害しないように、特定の株主からの自己株式取得の際の厳格な規制を設けたものである。

2 条文クローズアップ

1 他の株主への通知（2項）

1 項の規定により特定の株主から自己株式を取得する旨の株主総会決議をする場合には、他の株主に対して、自己を売主に加えることを請求できる旨の通知を、株主総会の日の 2 週間前までに（会社施規28条）しなければならない。

2 売主追加請求権（3項）

2 項の通知を受けた他の株主は株主総会決議の前で、株主総会の日の 5 日（定款でこれを下回る期間を定めた場合にあっては、その期間）前までに（会社施規29条）、自己を株式の取得をしてもらえる特定株主に追加するよう議案の修正を請求できる。

3 特定の株主の議決権行使の制限（4項）

自己株式取得のための株主総会決議においては、取得の対象となる特定の株主は特別利害関係人（831条1項3号参照）であるため、決議の公正を確保する必要があるので、議決権を行使することはできない。

第161条（市場価格のある株式の取得の特則）　B⁻

前条第 2 項〔売主追加請求ができる旨の通知〕及び第 3 項〔売主追加請求〕の規定は、取得する株式が市場価格のある株式である場合において、当該株式 1 株を取得するのと引換えに交付する❶金銭等の額が当該株式 1 株の市場価格として法務省令で定める方法により算定されるものを超えないときは、適用しない。

❶151条1項、156条1項2号

市場価格のある株式について、対価を市場価格を超えない範囲内とする場合には、他の株主への通知を不要とし、他の株主に議案修正の請求権を認め

→試験対策 5 章 5 節③【2】(2)

ていません。

1 趣旨

市場価格のある株式について、取得対価を市場価格を超えない範囲内としておくならば、他の株主は市場で売却すればよく、特に不利益を被らないため株主間の公平を害しないといえる。そこで、このような場合には他の株主への通知を不要とし、また売主追加請求権を認めないこととした。

2 条文クローズアップ

市場価格の意義

本条にいう「市場価格」は、具体的には次のように算定される（会社施規30条）。株式取得の株主総会決議の前日を基準日として、証券取引所等で取引された価格（会社施規30条1号）と、公開買付け等の契約価格（会社施規30条2号）を比して、いずれか高い額が「市場価格」となる。

> **第162条（相続人等からの取得の特則）　B⁻**
> 第160条第2項〔売主追加請求ができる旨の通知〕及び第3項〔売主追加請求〕の規定は、株式会社が株主の相続人その他の一般承継人からその相続その他の一般承継により取得した当該株式会社の株式を取得する場合には、適用しない。ただし、次のいずれかに該当する場合は、この限りでない。
> ①　株式会社が公開会社である場合
> ②　当該相続人その他の一般承継人が株主総会又は種類株主総会において当該株式について議決権を行使した場合

非公開会社が、相続人その他の一般承継人から相続その他の一般承継により取得した株式を自己株式として取得する場合には、他の株主への通知は不要です。また、他の株主の売主追加請求権も認められません。

→試験対策5章5節③【2】(2)

1 趣旨

非公開会社において株式を譲渡するには、通常会社の承認が必要となる。しかし、相続等の一般承継の場合には会社の意思に関わりなく地位が移転するため、会社にとって好ましくない者が株主となる可能性がある。そして、このような場合において、当該株主の株主たる地位を解消することは、会社の利益となり、ひいては他の株主の利益となるため、他の株主に売主追加請求権を認める必要はない。

そこで、本条は株式会社が株主の相続人その他の一般承継人からその相続その他の一般承継により取得した当該株式会社の株式を取得する場合には、他の株主に売主追加請求権を認めないこととした。

2 条文クローズアップ

一般承継人からの合意による取得の特則

本条によって、他の株主への通知義務(160条2項)および他の株主の売主追加請求(160条3項)が適用除外となるのは、①から③までの要件をみたす場合である。

①相続その他の一般承継による取得であること(162条柱書本文)

相続のほか、合併がこれに含まれる。事業譲渡は特定承継であり、本条は適用除外となる。

②非公開会社であること(1号)

公開会社の場合には、そもそも株式は自由に譲渡できるため、株主を人的な信頼関係のある者にかぎるという要請ははたらかず、本条は適用除外となる。

③相続人その他の一般承継人が株主総会等で承継した株式の議決権を行使していないこと(2号)

相続人等が承継した株式について議決権を行使した場合には、当該相続人は、株式を手放さずに株主としてとどまることを選択したと考えられるため、本条は適用除外となる。

> **第163条（子会社からの株式の取得） B⁻**
> 株式会社がその子会社の有する当該株式会社の株式を取得する場合における第156条第1項(自己株式の合意取得に関する事項の総会決議による決定)の規定の適用については、同項中「株主総会」とあるのは、「株主総会(取締役会設置会社にあっては、取締役会)」とする。この場合においては、第157条から第160条までの規定(自己株式取得の総会決議に基づく取得実施手続に関する規定)は、適用しない。

　株式会社が、子会社から自己株式を取得する場合においては、自己株式取得のための手続規定(157条から160条まで)が適用されません。また、この場合において、取締役会設置会社では、取締役会決議によって取得に関する事項を決定することができます。

→試験対策5章5節③【2】(3)

1 趣旨

　子会社による親会社の株式の取得は原則として禁止され、例外的に子会社が取得した親会社株式は、相当の時期に処分することとされている(135条)。しかし、親会社株式に市場価格がない場合には、事実上その処分は困難である。また、市場価格があっても、処分すべき株式が大量である場合には、市場に与える影響の大きさ等から、事実上その処分が困難となる場合もある。そこで、本条は親会社が簡単な手続によって子会社が有する親会社株式を取得することを認め、子会社による親会社株

式の保有の早期解消を図ったものである。

2 条文クローズアップ

親会社による子会社からの自己株式取得

取締役会設置会社における子会社からの自己株式取得については、株主総会決議ではなく、取締役会決議によって自己株取得に関する事項を決定することができる(163条前段括弧書)。また、取締役会非設置会社の場合は、本来、株主総会の特別決議(156条1項、309条2項2号)を要するが、本条の場合、普通決議(309条1項)で足りる(163条前段)。

子会社からのみ自己株式を取得する場合は、本来であれば特定の株主からの取得にあたり、自己株式の取得規制(157条から160条まで)が適用されるが、これらの適用は除外され、156条1項所定の事項について決議すれば足りる(163条後段)。

第164条（特定の株主からの取得に関する定款の定め）　B⁻

1　株式会社は、❶株式(種類株式発行会社にあっては、ある種類の株式。次項において同じ。)の取得について第160条第1項の規定による決定〔自己株式を特定の株主から取得する旨の総会決議による決定〕をするときは同条第2項〔売主追加請求ができる旨の通知〕及び第3項〔売主追加請求〕の規定を適用しない旨を定款で定めることができる。
2　❶株式の発行後に定款を変更して当該株式について前項の規定による定款の定めを設け、又は当該定めについての定款の変更(同項の定款の定めを廃止するものを除く。)をしようとするときは、当該株式を有する株主全員の同意を得なければならない。

❶定

160条が規定する売主追加請求権をあらかじめ定款で排除することが認められます。もっとも、株式の発行後に定款で排除するには株主全員の同意が必要となります。

→試験対策5章5節③【2】(2)

1 趣旨

株主全員の同意する定款に基づくものであれば、特定の株主のみから取得することを認めても、他の株主に不測の損害を与えるおそれは少ないため、他の株主への通知や売主追加請求権を認めないこととした。

2 条文クローズアップ

通知義務・売主追加請求権の定款の定めによる排除

種類株式が発行されている場合には、株式の種類ごとに、定款の定めによって株主への通知義務・売主追加請求を適用しないことができる(1項括弧書)。

定款変更によってこのような定めをおくためには、株主全員の同意が必要である（2項）。ただし、株主への通知義務・売主追加請求の適用除外を定めた定款を廃止する場合には、株主全員の同意は必要とせず、通常の定款変更の手続（466条、309条2項11号）による（164条2項括弧書）。定款廃止の場合に決議要件が緩和されているのは、このような定款廃止が株主保護に資するためである。

■第3目　市場取引等による株式の取得

> 司 H20-39-2
> ### 第165条　B⁻
> 1　第157条から第160条までの規定〔自己株式取得の総会決議に基づく取得実施手続に関する規定〕は、株式会社が市場において行う取引又は金融商品取引法第27条の2第6項に規定する公開買付けの方法（以下この条において「❶市場取引等」という。）により当該株式会社の株式を取得する場合には、適用しない。
> 2　取締役会設置会社は、❶市場取引等により当該株式会社の株式を取得することを取締役会の決議によって定めることができる旨を定款で定めることができる。
> 3　前項の規定による定款の定めを設けた場合における第156条第1項の規定〔自己株式の合意取得についての事項の総会決議による決定〕の適用については、同項中「株主総会」とあるのは、「株主総会（第165条第1項に規定する場合にあっては、株主総会又は取締役会）」とする。

❶定

→試験対策5章5節③【2】(4)

　市場取引等による自己株式の取得の場合には、取得価格などの決定等自己株式の取得規制の規定は適用されず、株主総会の決議だけで自己株式を取得できます。また、取締役会設置会社においては、市場取引等による自己株式の取得を取締役会の決議で決定できることを定款で定めることができます。

1　趣旨

　市場取引等による自己株式の取得の場合は、すべての株主が市場において株式を売却する機会を与えられているため、特に株主を保護する必要がない。そこで、市場取引等による自己株式取得の場合は、157条から160条までの自己株式の取得規制を適用しないこととした。

2　条文クローズアップ

1　不適用となる取得規制（1項）

　取得価格等の決定（157条）、株主に対する通知等（158条）、譲渡しの申込み（159条）、特定の株主からの取得（160条）における規制の適用を、市場取引等の場合に排除している。これは、市場での取得、公開買付けに

よる取得は、全株主に売却の機会を与えるためものであり、株主平等原則は問題とならないからである。

2 定款の定め（2項）

機動的な自己株式の取得を認めるために、事前に定款による授権がある場合に市場、公開買付けの方法で、取締役会による自己株式の取得を認めるものである。

3 読替え規定（3項）

2項の定款の定めを設けた場合に、156条1項の自己株式取得の決定をする機関に取締役会も含むよう読み替えをする規定である。

■第3款　取得請求権付株式及び取得条項付株式の取得

■第1目　取得請求権付株式の取得の請求

司 H23-39-1、H21-39-5、H20-39-1

第166条（取得の請求）　B⁺

1　取得請求権付株式の株主は、株式会社に対して、当該株主の有する取得請求権付株式を取得することを請求することができる。ただし、当該取得請求権付株式を取得するのと引換えに第107条第2項第2号ロからホまでに規定する財産〔取得対価としての社債、新株予約権、新株予約権付社債、その他の財産〕を交付する場合において、これらの財産の帳簿価額が当該請求の日における第461条第2項〔剰余金分配規制〕の分配可能額を超えているときは、この限りでない。

2　前項の規定による請求〔取得請求権付株式の取得請求〕は、その請求に係る取得請求権付株式の数 (種類株式発行会社にあっては、取得請求権付株式の種類及び種類ごとの数) を明らかにしてしなければならない。

3　❶株券発行会社の株主がその有する取得請求権付株式について第1項の規定による請求〔取得請求権付株式の取得請求〕をしようとするときは、当該取得請求権付株式に係る株券を株券発行会社に提出しなければならない。ただし、当該取得請求権付株式に係る株券が発行されていない場合は、この限りでない。

❶117条7項

取得請求権付株式の株主は、株式会社に対して、取得請求権付株式を取得することを請求できます。この請求をする場合には、取得請求権付株式の数を明らかにしてしなければなりません。また、株券発行会社において株券が発行されている場合は株券を株券発行会社に提出しなければなりません。

→試験対策5章5節③【3】(1)

1 趣旨

1項は、取得請求権付株式の取得について定めている。取得請求権付

株式の取得は定款の定めに基づくところ、定款の定めによって、債権者保護のための財源規制が潜脱されるのは不合理である。そこで、1項ただし書は、取得請求権付株式の取得にも財源規制を課すこととした。

2 条文クローズアップ

1 取得請求できない場合（1項）

取得請求権付株式を取得するのと引換えに、社債（107条2項2号ロ）、新株予約権（107条2項2号ハ）、新株予約権付社債（107条2項2号ニ）、株式等以外の財産（107条2項2号ホ）を交付する場合において、これらの財産の帳簿価額が取得請求の日における461条2項の分配可能額を超えているときには、取得請求できない（166条1項ただし書）。

2 1項の請求の際に会社に対して明らかにすべき事項（2項）

請求の対象となる株式を特定させるための規定である。また、1項ただし書の財源規制によって、取得の効力が発生するか否かを確定させる意味もある。なお、2項は、取得請求が書面によることを要求していないが、会社の定款の定め等により書面によらなければならないとされているのが通常である。

3 株券の提出（3項）

株券発行会社における取得請求権付株式の株主が、会社に対して、当該株式を取得するよう請求（1項）した場合には、株券を会社に提出しなければならない（3項）。これは、株券提出を取得請求の効力発生要件とし、取得請求に株券提出を要求することで、会社が株主の権利を確認できるようにするとともに、株主が二重に株主権を取得・行使して会社を混乱させるのを防ぐための規定である。

司 H23-39-2

第167条（効力の発生）　B⁻

1　株式会社は、前条第1項の規定による請求（取得請求権付株式の取得請求）の日に、その請求に係る取得請求権付株式を取得する。
2　次の各号に掲げる場合には、前条第1項の規定による請求（取得請求権付株式の取得請求）をした株主は、その請求の日に、第107条第2項第2号（種類株式発行会社にあっては、第108条第2項第5号）に定める事項（取得請求権付株式の取得対価等の事項）についての定めに従い、当該各号に定める者となる。
　①　第107条第2項第2号ロに掲げる事項についての定めがある場合（取得対価が社債の場合）　同号ロの社債の社債権者
　②　第107条第2項第2号ハに掲げる事項についての定めがある場合（取得対価が新株予約権の場合）　同号ハの新株予約権の新株予約権者
　③　第107条第2項第2号ニに掲げる事項についての定めがある

> 場合〔取得対価が新株予約権付社債の場合〕　同号ニの新株予約権付社債についての社債の社債権者及び当該新株予約権付社債に付された新株予約権の新株予約権者
> ④　第108条第2項第5号ロに掲げる事項についての定めがある場合〔取得対価が他の株式の場合〕　同号ロの他の株式の株主
> 3　前項第4号に掲げる場合〔取得対価が他の株式の場合〕において、同号に規定する他の株式の数に1株に満たない端数があるときは、これを切り捨てるものとする。この場合においては、株式会社は、定款に別段の定めがある場合を除き、次の各号に掲げる場合の区分に応じ、当該各号に定める額にその端数を乗じて得た額に相当する金銭を前条第1項の規定による請求〔取得請求権付株式の取得請求〕をした株主に対して交付しなければならない。
> ①　当該株式が市場価格のある株式である場合　当該株式1株の市場価格として法務省令で定める方法により算定される額
> ②　前号に掲げる場合以外の場合　❶1株当たり純資産額　　　　❶141条2項
> 4　前項の規定は、当該株式会社の社債及び新株予約権について端数がある場合について準用する。この場合において、同項第2号中「❶1株当たり純資産額」とあるのは、「法務省令で定める額」と読み替えるものとする。

　株式会社は取得請求権付株式の取得請求があった日に、その株式を取得します。取得請求権付株式の対価として社債・新株予約権・新株予約権付社債・株式を交付する場合には、請求をした株主は、それぞれ、請求の日に、社債権者・新株予約権者・新株予約権付社債権者・株主となります。また、株式等が対価である場合において1株に満たない端数が生じるときは、これを切り捨てるものとされ、取得の請求をした株主に対してその端数分の金銭を交付することとしています。

1 趣旨

　株主の取得請求権は、一方的な意思表示で行使できる形成権の性質を有しているため、請求日に会社が取得請求権付株式を取得するという効果を定めた1項は当然のことを定めたものである。2項は、対価柔軟化の観点から株式から転換される権利が株式だけでなく社債等にも拡大されたので、交付後の権利ごとに分けて規定をおいた。また、会社の一定の行為に際して株式または社債もしくは新株予約権が交付される場合における端数の取扱いについては、234条1項から4項まで、および6項に規定されているが、取得請求権付株式の取得は個々の株主の請求により行われ、同じ扱いはできないので、167条3項と4項をおいた。

2 条文クローズアップ

1　法務省令で定める内容（3項1号）　　　　　　　　→会社施規31条
2　法務省令で定める方法（4項・3項1号）　　　　　→会社施規32条
3　法務省令で定める額（4項・3項2号）　　　　　　→会社施規33条

■第2目　取得条項付株式の取得

> 書H24-28-エ
> **第168条（取得する日の決定）　C**
> 1　第107条第2項第3号ロに掲げる事項（株式会社が別に定める日の到来による取得）についての定めがある場合には、株式会社は、同号ロの日（取得日）を株主総会（取締役会設置会社にあっては、取締役会）の決議によって定めなければならない。ただし、定款に別段の定めがある場合は、この限りでない。
> 2　第107条第2項第3号ロの日（取得日）を定めたときは、株式会社は、取得条項付株式の株主（同号ハに掲げる事項（一部取得条項および取得株式の一部の決定方法）についての定めがある場合にあっては、次条第1項（取得株式の決定）の規定により決定した取得条項付株式の株主）及びその❶登録株式質権者に対し、当該日の2週間前までに、当該日を通知しなければならない。
> 3　前項の規定による通知は、公告をもってこれに代えることができる。

❶149条1項

　取得条項付株式の取得の条件を、株式会社が別に定める日とした場合、その日は株主総会等で決定します。株式会社が、その日を決定したときは、その2週間前までに取得条項付株式の株主およびその株式の登録株式質権者に対して当該日を通知・公告しなければなりません。

1　趣旨

　取得条項付株式の取得事由について、会社が別に定める日の到来を取得の日と決定した場合（107条2項3号ロ）、当該日の2週間前までに当該日を通知しなければならないとされるのは、取得条項付株式の取得が、当該株式の株主の投資判断等に影響するからである。

2　条文クローズアップ

1　取得日の決定（1項）

　取得条項付株式は、原則として一定の取得事由が発生すると取得の効果が発生するもの（107条2項3号イ）であるが、株式会社が別に定める日をもって取得事由としている場合（107条2項3号ロ）においては、その別に定める日の決定は、取締役会非設置会社においては株主総会、取締役会設置会社においては取締役会、定款に別段の定めがある場合にはその定めによることができると定める。

2　取得日の通知・公告（2項、3項）

　1項により会社が取得日を定めたときには、その旨を取得条項付株式の株主およびその登録質権者に知らせるため、その日の2週間前までに通知しなければならない（2項）。この通知は公告をもって代えることができる（3項）。

> 📖H24-28-オ
> **第169条（取得する株式の決定等）　C**
> 1　株式会社は、第107条第2項第3号ハに掲げる事項〔一部取得条項および取得株式の一部の決定方法〕についての定めがある場合において、取得条項付株式を取得しようとするときは、その取得する取得条項付株式を決定しなければならない。
> 2　前項の取得条項付株式は、株主総会（取締役会設置会社にあっては、取締役会）の決議によって定めなければならない。ただし、定款に別段の定めがある場合は、この限りでない。
> 3　第1項の規定による決定をしたときは、株式会社は、同項の規定により決定した取得条項付株式の株主及びその❶登録株式質権者に対し、直ちに、当該取得条項付株式を取得する旨を通知しなければならない。
> 4　前項の規定による通知は、公告をもってこれに代えることができる。

❶149条1項

　取得条項付株式について株式の全部ではなく一部を取得するとされている場合、取得する株式を株主総会の決議等で決定します。取得する株式を決定した場合は、取得条項付株式の株主とその株式の登録株式質権者に対してただちに通知または公告をしなければなりません。

1　趣旨

　取得条項付株式の一部を取得する場合には、どの株式を取得するかを特定することが必要となるため1項が定められた。
　また、取得条項付株式が取得されることは、当該株式の株主の投資判断や登録質権者の利益等に影響することになる。そこで、取得については株主および登録質権者への通知・広告が要求された（2項、3項）。

2　条文クローズアップ

1　取得する株式の決定（1項、2項）

　取得条項付株式に関して、定款に、会社による取得事由が生じた日に、取得条項付株式の一部を取得することとする定め（107条2項3号ハ）がある場合には、会社が取得する一部の株式を決定しなければならない（169条1項）。この場合、取得する一部の株式の決定は、取締役会非設

置会社においては株主総会、取締役会設置会社においては取締役会、定款に別段の定めがある場合にはその定めによることができると定められている（2項）。

2　取得する株式の通知（3項）

1項および2項により、会社が取得する株式を定めたときには、その旨を取得条項付株式の株主およびその登録質権者に知らせるため、ただちに通知しなければならない。

3　通知を公告で代えることができる旨の定め（4項）

3項の通知は公告をもって代替できる。通知または公告の懈怠については、過料の制裁がある（976条2号）。

4　株主の取扱い

定款の定めに従うかぎりにおいて、当該取得条項付株式の株主を平等に扱う必要はない。なぜなら、取得条項付株式の定款（107条2項3号ハ参照）を発行前に定めた場合には取得条項付株式の株主はその条項を知って株主となっており、また、発行後に定めた場合には取得条項株主の全員の同意を得ているからである（110条、111条1項）。しかし、決定の方法が定款で具体的に定められておらず、後からその実質を決定する場合には、株主平等の原則により、株主を平等に取り扱う方法によらなければならない。

なお、取得条項付株式の設計によっては、一部の取得をした後に残りの株式について更に取得をすることもできる。たとえば、株式会社がAという取得事由が発生した場合に取得条項付株式の半分を取得し、Bという取得事由が発生した場合に残りを取得するというような内容とすることもできる。

第170条（効力の発生等）　C

1　株式会社は、❶第107条第2項第3号イの事由（取得条項付株式の取得事由）が生じた日（同号ハに掲げる事項（一部取得条項および取得株式の一部の決定方法）についての定めがある場合にあっては、第1号に掲げる日又は第2号に掲げる日のいずれか遅い日。次項及び第5項において同じ。）に、❷取得条項付株式（同条第2項第3号ハに掲げる事項（一部取得条項および取得株式の一部の決定方法）についての定めがある場合にあっては、前条第1項（取得株式の決定）の規定により決定したもの。次項において同じ。）を取得する。

① 第107条第2項第3号イの事由（取得条項付株式の取得事由）が生じた日

② 前条第3項の規定による通知（取得する旨の通知）の日又は同条第4項の公告（通知に代えた公告）の日から2週間を経過した日

2　次の各号に掲げる場合には、❷取得条項付株式の株主（当該株式会社を除く。）は、❶第107条第2項第3号イの事由（取得条項付株式

の取得事由)が生じた日に、同号(種類株式発行会社にあっては、第108条第2項第6号)に定める事項(取得条項付株式の取得対価等の事項)についての定めに従い、当該各号に定める者となる。
① 第107条第2項第3号ニに掲げる事項についての定めがある場合(取得対価が社債の場合) 同号ニの社債の社債権者
② 第107条第2項第3号ホに掲げる事項についての定めがある場合(取得対価が新株予約権の場合) 同号ホの新株予約権の新株予約権者
③ 第107条第2項第3号ヘに掲げる事項についての定めがある場合(取得対価が新株予約権付社債の場合) 同号ヘの新株予約権付社債についての社債の社債権者及び当該新株予約権付社債に付された新株予約権の新株予約権者
④ 第108条第2項第6号ロに掲げる事項についての定めがある場合(取得対価が他の株式の場合) 同号ロの他の株式の株主

3 株式会社は、第107条第2項第3号イの事由(取得条項付株式の取得事由)が生じた後、遅滞なく、❷取得条項付株式の株主及びその❸登録株式質権者(同号ハに掲げる事項(一部取得条項および取得株式の一部の決定方法)についての定めがある場合にあっては、前条第1項(取得株式の決定)の規定により決定した取得条項付株式の株主及びその登録株式質権者)に対し、当該事由が生じた旨を通知しなければならない。ただし、第168条第2項の規定による通知(取得日の通知)又は同条第3項の公告(通知に代えた公告)をしたときは、この限りでない。

4 前項本文の規定による通知は、公告をもってこれに代えることができる。

5 前各項の規定は、❷取得条項付株式を取得するのと引換えに第107条第2項第3号ニからトまでに規定する財産(取得対価たる社債、新株予約権、新株予約権付社債等、その他の財産)を交付する場合において、これらの財産の帳簿価額が❶同号イの事由が生じた日における第461条第2項(剰余金分配規制)の分配可能額を超えているときは、適用しない。

❸149条1項

取得条項付株式については、原則として、取得事由が生じた日に当然に取得の効力が生じます。また、会社には、その効果が生じた旨を株主等利害関係人へ通知・公告する義務があります。

1 趣旨

取得条項付株式が取得されるか否かは株主や登録質権者に大きな影響を与えるが、取得事由が生じたか否かは必ずしも明らかではない。そこで、会社は、取得事由が生じた後遅滞なく、当該事項が生じた旨を通

知・公告しなければならない（3項、4項）。

　また、取得請求権付株式の取得は定款の定めに基づくところ、定款の定めによって、債権者保護のための財源規制が潜脱されるのは不合理である。そこで、5項は、取得請求権付株式の取得にも財源規制を課すこととした。

2 条文クローズアップ

1 取得の効力が発生する日（1項）
　原則として、取得事由が生じた日に当然に取得の効力が生じる。
　例外として、一部株式の取得の場合には、①取得事由発生日と②169条3項の通知または4項の公告の2週間後のうち、遅いほうに取得の効力が生じる。なぜなら、取得する対象となった取得条項付株式を通知・公告して株主に周知せしめる必要があるからである。

2 取得条項付株式の株主の地位（2項）
　取得条項付株式の株主は、効力発生日に一定の対価を取得する。

3 通知または公告義務（3項、4項）
　原則として、取得の効力が発生したことは、①取得条項付株式の株主、②その株式の登録株式質権者に対して、通知・公告しなくてはならない（3項本文、4項）。
　例外として、取得日の通知・公告（168条2項、3項）をした場合には、重ねて通知・公告をする必要はない（170条3項ただし書）。

4 財源規制（5項）
　取得条項付株式の取得により交付すべき対価の帳簿価額が分配可能額（461条2項）を超えているときは、取得の効力は発生しない。
　取得条項付株式の取得による対価の交付が株主に対する払戻しであり、分配可能額を超えて対価を交付することとなるのは不適当であるため、そもそも取得の効力が生じないこととされている。

→試験対策5章5節③【3】(1)

■第4款　全部取得条項付種類株式の取得

第171条（全部取得条項付種類株式の取得に関する決定）　C

1 ❶全部取得条項付種類株式（第108条第1項第7号に掲げる事項〔総会決議で会社が全部取得しうる種類株式の事項〕についての定めがある種類の株式をいう。以下この款において同じ。）を発行した種類株式発行会社は、株主総会の決議によって、全部取得条項付種類株式の全部を取得することができる。この場合においては、当該株主総会の決議によって、次に掲げる事項を定めなければならない。
　① 全部取得条項付種類株式を取得するのと引換えに❷金銭等を交付するときは、当該金銭等（以下この条において「❸取得対価」という。）についての次に掲げる事項

❶定
❷151条1項
❸定

イ　当該取得対価が当該株式会社の株式であるときは、当該株式の❹種類及び種類ごとの数又はその数の算定方法
ロ　当該取得対価が当該株式会社の社債(新株予約権付社債についてのものを除く。)であるときは、当該社債の種類及び種類ごとの各社債の金額の合計額又はその算定方法
ハ　当該取得対価が当該株式会社の新株予約権(新株予約権付社債に付されたものを除く。)であるときは、当該新株予約権の内容及び数又はその算定方法
ニ　当該取得対価が当該株式会社の新株予約権付社債であるときは、当該新株予約権付社債についてのロに規定する事項及び当該新株予約権付社債に付された新株予約権についてのハに規定する事項
ホ　当該取得対価が当該株式会社の❺株式等以外の財産であるときは、当該財産の内容及び数若しくは額又はこれらの算定方法
②　前号に規定する場合には、全部取得条項付種類株式の株主に対する取得対価の割当てに関する事項
③　株式会社が全部取得条項付種類株式を取得する日(以下この款において「❻取得日」という。)
2　前項第2号に掲げる事項についての定めは、株主(当該株式会社を除く。)の有する❶全部取得条項付種類株式の数に応じて❸取得対価を割り当てることを内容とするものでなければならない。
3　取締役は、第1項の株主総会において、❶全部取得条項付種類株式の全部を取得することを必要とする理由を説明しなければならない。

❹107条2項2号ロ

❺107条2項2号ホ

❻定

→試験対策5章2節⑥

　全部取得条項付種類株式を発行した種類株式発行会社は、株主総会の決議によって、全部取得条項付種類株式の全部を取得することができます。その際、取得対価等を定めなければなりません。

1 趣旨

　全部取得条項付種類株式は、当初、債務超過に陥った会社の円滑な事業再建のための仕組みとして創設された。もっとも、現在では、債務超過会社における利用にとどまらず、とりわけキャッシュ・アウト(現金を対価とする少数派株主からの株式取得)の手段として盛んに利用されるにいたっている。

2 条文クローズアップ

1　全部取得条項付種類株式の取得(1項)

　全部取得条項付種類株式を発行した種類株式発行会社は、株主総会特

別決議(1項、309条2項3号)により、全部取得条項付種類株式の全部を取得することができる旨、この取得にかかる株主総会決議において定めるべき事項について規定する。

2　株主に対する取得対価の割当て(2項)

1項2号に基づいて株主総会が定める全部取得条項付種類株式の株主に対する取得対価の割当ての定めは、株主の有する全部取得条項付種類株式の数に応じて取得対価を割り当てることを内容としなければならない。もっとも、取得対価の総額は、分配可能額の範囲内でなければならない(461条1項4号)。

3　取得を必要とする理由の説明(3項)

全部取得条項付種類株式の全部取得は、株主に株式を喪失させるという重大な効果を伴うものであり、会社の株主構成にも重大な変更をもたらすので、取締役は株主総会で取得を必要とする理由を説明しなければならない。

第171条の2（全部取得条項付種類株式の取得対価等に関する書面等の備置き及び閲覧等）　B+

1　❶全部取得条項付種類株式を取得する株式会社は、次に掲げる日のいずれか早い日から❷取得日後6箇月を経過する日までの間、前条第1項各号に掲げる事項その他法務省令で定める事項を記載し、又は記録した書面又は❸電磁的記録をその本店に備え置かなければならない。
　①　前条第1項の株主総会の日の2週間前の日（第319条第1項〔株主全員の同意による総会決議の省略〕の場合にあっては、同項の提案があった日）
　②　第172条第2項の規定による通知〔全部取得条項付種類株式を全部取得する旨の通知〕の日又は同条第3項の公告〔通知に代えた公告〕の日のいずれか早い日

2　❶全部取得条項付種類株式を取得する株式会社の株主は、当該株式会社に対して、その営業時間内は、いつでも、次に掲げる請求をすることができる。ただし、第2号又は第4号に掲げる請求をするには、当該株式会社の定めた費用を支払わなければならない。
　①　前項の書面の閲覧の請求
　②　前項の書面の謄本又は抄本の交付の請求
　③　前項の❸電磁的記録に記録された事項を法務省令で定める方法により表示したものの閲覧の請求
　④　前項の電磁的記録に記録された事項を電磁的方法であって株式会社の定めたものにより提供することの請求又はその事項を記載した書面の交付の請求

❶171条1項
❷171条1項3号
❸26条2項

全部取得条項付種類株式を取得する場合に、事前開示を行うことで、キャッシュ・アウトにより株式を失うこととなる株主に十分な情報を開示し、その内容についての判断材料を提供するものです。

1 趣旨

全部取得条項付種類株式の取得は、実務上、キャッシュ・アウトの手段として用いられることが多い。しかし、多数の株主がその地位を失う可能性があるにもかかわらず、全部取得条項付種類株式の取得にあたっての株主に対する情報開示が不十分であるとの指摘がされていた。

そこで、全部取得条項付種類株式の取得に際し、組織再編の場合と同程度の情報開示を保障して、株主が価格決定の申立て（172条）や差止請求（171条の3）をすることについて妥当な判断ができるように、当該取得に際して開催される株主総会の前に情報開示を行う事前開示手続（171条の2）を設けることとした。

2 条文クローズアップ

全部取得条項付株式の取得の事前開示手続

(1) 株主総会特別決議事項等の記載書面等の本店への備置き（1項）

①全部取得条項付株式を全部取得することについての株主総会の日の2週間前の日または②全部取得条項付種類株式の全部取得株主に対する通知の日もしくは公告の日のいずれか早い日から、取得日後6か月を経過する日までの間、全部取得条項付種類株式の取得にかかる株主総会において決議すべき事項（取得対価に関する事項、取得対価の割当てに関する事項、取得日）その他法務省令（会社施規33条の2）で定める事項を記載した書面等を本店に備え置くこととした。

ここでいう「その他法務省令で定める事項」とは、㋐取得対価の相当性に関する事項、㋑取得対価について参考となるべき事項、㋒計算書類等に関する事項、㋓備置開始日（1項各号に掲げる日のいずれか早い日をいう）後、株式会社が全部取得条項付株式を取得する日までの間に、㋐、㋑、㋒に掲げる事項に変更が生じたときは、変更後の当該事項をいう（会社施規33条の2第1項1号から4号まで）。

(2) 1項の書面・電磁的記録に関する閲覧等の請求（2項）

株主は、事前開示にかかる書面または法務省令（会社施規226条7号）で定められた電磁的記録の記録事項の閲覧等を請求することができる。

> **第171条の3（全部取得条項付種類株式の取得をやめることの請求） A**
> 第171条第1項の規定による❶全部取得条項付種類株式の取得が法令又は定款に違反する場合において、株主が不利益を受けるおそれがあるときは、株主は、株式会社に対し、当該全部取得条項付種類株

❶171条1項

式の取得をやめることを請求することができる。

全部取得条項付種類株式の取得が法令または定款に違反する場合において、株主が不利益を受けるおそれがあるときは、株主は、株式会社に対し、当該全部取得条項付種類株式の取得をやめることを請求することができます。

→試験対策5章2節⑥【2】

1 趣旨

いったん全部取得条項付種類株式の取得がなされた後は、その取得を前提に取引や会社の行為がなされ、事後的にその効力を否定すると法律関係が複雑・不安定となる可能性がある。そこで、事後的に株主総会決議の取消しの訴えで争うよりも（少数）株主の保護になると考えられる事前の救済手段として、差止請求が認められた。

2 条文クローズアップ

差止事由について

株主による会社に対する差止請求は、全部取得条項付種類株式の取得が、①法令・定款違反であり、②株主が不利益を受けるおそれがある場合に認められる。なお、略式組織再編の差止請求（784条の2第2号）と異なり、対価の不当性が差止事由とされなかったのは、全部取得条項付種類株式の取得については、多くの株主が株主総会決議（171条1項、309条2項3号）で対価も含めて承認しているため、一部の株主が対価に不満があるときは取得価格の決定の申立て（172条1項）を通じて保護を受けるべきであるからである。もっとも、取得対価が特別な利害関係を有する株主の議決権行使によって著しく不当に定められた場合（831条1項3号）には、差止事由となりうる。

ℹ 第172条（裁判所に対する価格の決定の申立て）　C

1　第171条第1項各号に掲げる事項（全部取得条項付種類株式の取得の総会決議事項）を定めた場合には、次に掲げる株主は、❶取得日の20日前の日から取得日の前日までの間に、裁判所に対し、株式会社による❷全部取得条項付種類株式の取得の価格の決定の申立てをすることができる。
　①　当該株主総会に先立って当該株式会社による全部取得条項付種類株式の取得に反対する旨を当該株式会社に対し通知し、かつ、当該株主総会において当該取得に反対した株主（当該株主総会において議決権を行使することができるものに限る。）
　②　当該株主総会において議決権を行使することができない株主
2　株式会社は、❶取得日の20日前までに、❷全部取得条項付種類株式の株主に対し、当該全部取得条項付種類株式の全部を取得する旨を通知しなければならない。

❶171条1項3号

❷171条1項

> 3　前項の規定による通知は、公告をもってこれに代えることができる。
> 4　株式会社は、裁判所の決定した価格に対する❶取得日後の年6分の利率により算定した利息をも支払わなければならない。
> 5　株式会社は、❷全部取得条項付種類株式の取得の価格の決定があるまでは、株主に対し、当該株式会社がその公正な価格と認める額を支払うことができる。

取得対価等を決定した株主総会で反対した株主と議決権が行使できなかった株主は、取得日の20日前の日から取得日の前日までの間に、裁判所に対し、全部取得条項付種類株式の取得価格の決定を申し立てることができます。

→試験対策5章2節⑥【2】

1　趣旨

　全部取得条項付種類株式の取得対価は、取得決定の株主総会特別決議(171条1項、309条2項3号)で定められるため、取得対価が公正である保障がなく、不当な取得対価により会社が株式を取得する危険がある。そのため、取得に反対する株主や、議決権を行使できない株主に対して取得対価の決定の申立ての権利を保障した。

2　条文クローズアップ

1　価格決定の申立期間(1項)

　取得日に会社は全部取得条項付種類株式を取得するので(173条1項)、いったん取得された株式の価格決定の申立てがなされた場合、株主に交付された対価の返還が必要とされる場合等があり、法律関係が複雑化するおそれがあった。そこで、新たに価格決定の申立期間を取得日の20日前から取得日の前日までと制限することで、従来しばしば生じていた価格決定の申立てよりも先に取得日が到来するという事態を防止し、法律関係の簡明化を図った。

2　価格決定の申立手続(1項1号)

　反対株主に、取得に反対する旨の会社に対する通知と、取得決議への反対を要求した目的は、会社に議題提出の再検討の余地を与える点にある。

3　通知・公告制度の導入(2項、3項)

　通知・公告制度が導入されたのは、価格決定の申立てができる株主には、株主総会で議決権を行使できない株主も含まれているところ、このような株主が取得の事実を知らないまま価格決定の申立期間が経過してしまうことを防止する点にある。

4　公正な価格と認める額の支払(5項)

　従来は、当時の市場金利等をふまえると、年6分の利率による利息(4項)が付くことで価格決定の申立ての濫用を招く原因となっていた。

また、実務上、早期の支払やそれによる会社の利息負担の軽減のため、裁判所による価格の決定前に反対株主と会社で一定の価格を支払う旨の合意をすることがあった。そこで、平成26年改正により、価格決定の申立ての濫用防止および会社の利息負担軽減の観点から、価格決定前に公正な価格と認める価格の支払を認めることで、弁済の提供を可能とし、会社の利息支払義務からの解放を図った。なお、公正な価格として支払った額が裁判所による決定額よりも低い場合は、更に差額および差額に対する利息を支払わなければならない。

1 裁判所が決定すべき取得価格の判断基準

裁判所が決定すべき取得価格とは、取得日における公正な価格をいい、取得日における当該株式の客観的価格に加えて、強制的取得により失われる今後の株価上昇に対する期待を評価した価額をも考慮し、かつ、取得価格の決定は裁判所の合理的な裁量に委ねられている(東京高決平20・9・12判例シリーズ83事件。最決平21・5・29金判1326-35により抗告棄却)。

→会社法百選89事件

2 基準日後に株式を取得した株主による価格決定の申立て

申立制度を濫用する目的のみ有している場合にあたらないかぎり、株主総会の基準日後に株式を取得した株主も172条1項2号に該当し、適法にかかる決定の申立てをすることができる(東京地決平25・9・17平25重判・商法3事件)。

第173条（効力の発生） C

1 株式会社は、❶取得日に、❷全部取得条項付種類株式の全部を取得する。

2 次の各号に掲げる場合には、当該株式会社以外の❷全部取得条項付種類株式の株主(前条第1項の申立てをした株主を除く。)は、❶取得日に、第171条第1項の株主総会の決議（全部取得条項付種類株式の取得決定の総会決議）による定めに従い、当該各号に定める者となる。

❶171条1項3号
❷171条1項

① 第171条第1項第1号イに掲げる事項についての定めがある場合（取得対価が他の株式の場合）　同号イの株式の株主
② 第171条第1項第1号ロに掲げる事項についての定めがある場合（取得対価が社債の場合）　同号ロの社債の社債権者
③ 第171条第1項第1号ハに掲げる事項についての定めがある場合（取得対価が新株予約権の場合）　同号ハの新株予約権の新株予約権者
④ 第171条第1項第1号ニに掲げる事項についての定めがある場合（取得対価が新株予約権付社債の場合）　同号ニの新株予約権付

社債についての社債の社債権者及び当該新株予約権付社債に付された新株予約権の新株予約権者

　全部取得条項付種類株式は、会社が株主総会の決議で定めた日にその取得の効果が生じ、その対価も株主に帰属します。

→試験対策5章2節⑥【2】

1 趣旨

　平成26年改正で2項括弧書が、取得対価を取得する株主から価格決定の申立て（172条1項）をした株主を除いた趣旨は、価格決定の申立てをした株主は取得対価にかかわらず金銭による解決が予定されており、そのような株主に対して取得日に取得対価が交付されるのは合理的でないからである。

2 条文クローズアップ

1　全部取得条項付種類株式の取得時期（1項）

　会社による取得は、取得日の到来により自動的に効力が生じるものであり、会社や株主による別個の意思表示は不要である。会社により取得された株式は、会社が消却するまで自己株式（113条4項）として保有される状態となる。

2　取得対価が株式等であった場合の株主の効力発生後の地位（2項）

　会社が全部取得条項付種類株式を取得する株主総会決議をした場合において、その株式の株主に交付する取得の対価が株式等であった場合には、それらの者は、会社の取得日に、株主、社債権者、新株予約権者等の権利者となる。

第173条の2（全部取得条項付種類株式の取得に関する書面等の備置き及び閲覧等）　B⁺

1　株式会社は、❶取得日後遅滞なく、株式会社が取得した❷全部取得条項付種類株式の数その他の全部取得条項付種類株式の取得に関する事項として法務省令で定める事項を記載し、又は記録した書面又は❸電磁的記録を作成しなければならない。

2　株式会社は、❶取得日から6箇月間、前項の書面又は❸電磁的記録をその本店に備え置かなければならない。

3　❷全部取得条項付種類株式を取得した株式会社の株主又は❶取得日に全部取得条項付種類株式の株主であった者は、当該株式会社に対して、その営業時間内は、いつでも、次に掲げる請求をすることができる。ただし、第2号又は第4号に掲げる請求をするには、当該株式会社の定めた費用を支払わなければならない。

❶171条1項3号
❷171条1項

❸26条2項

> ① 前項の書面の閲覧の請求
> ② 前項の書面の謄本又は抄本の交付の請求
> ③ 前項の❸電磁的記録に記録された事項を法務省令で定める方法により表示したものの閲覧の請求
> ④ 前項の電磁的記録に記録された事項を電磁的方法であって株式会社の定めたものにより提供することの請求又はその事項を記載した書面の交付の請求

　株式会社は、全部取得条項付種類株式を取得したときは、取得日後遅滞なく、取得した全部取得条項付種類株式の数その他の全部取得条項付種類株式の取得に関する事項を記載・記録した書面（または電磁的記録）を作成しなければなりません。株式会社の株主（または取得日に全部取得条項付種類株式の株主であった者）は、株式会社に対し、営業時間内は、いつでも、その書面等の閲覧等の請求ができます。

1 趣旨

　全部取得条項付種類株式の取得において、事後開示手続を導入することにより、全部取得条項付種類株式の取得の株主総会決議の取消しを求める訴え（831条1項）の提起を可能にするために情報を提供するものである。

2 条文クローズアップ

1　事後開示手続（1項、2項）

　取得日後遅滞なく、全部取得条項付種類株式の取得に関する事項として法務省令（会社施規33条の3）で定める事項を記載した書面等を作成し（会社173条の2第1項）、取得日から6か月間、本店に備え置かなければならない（2項）。ここでいう「法務省令で定める事項」とは、①株式会社が全部取得条項付種類株式の全部を取得した日、②差止請求の手続（171条の3）の経過、③価格決定の申立ての手続（172条）の経過、④株式会社が取得した全部取得条項付種類株式の数、⑤全部取得条項付種類株式の取得に関する重要な事項をいう（会社施規33条の3第1号から5号まで）。

2　書面等の閲覧の請求（3項）

　全部取得条項付種類株式の取得がキャッシュ・アウトに利用される場合には、キャッシュ・アウトにより株式を失った者も、閲覧等を請求することができる。株主だけでなく、取得日に株主であった者も、事後開示にかかる書類等の閲覧等を請求することができるからである。

3　株主総会決議取消しの訴えの原告（831条1項柱書後段）

　全部取得条項付種類株式の取得日に同株式の株主であった者は、その株主総会の決議の取消しの原告となることができる。つまり、全部取得条項付種類株式の取得日に同株式の株主であった者も、取得がなされる

と、その者はもはや「株主」ではなくなる。しかし、その者には、取得にかかる株主総会の決議を取り消して「株主」の地位を回復する利益がある。そのため、株主総会決議の取消しにより株主となる者は、株主総会の決議の取消しの原告となることができる。

■第5款 相続人等に対する売渡しの請求

> 司 H24-38-ア
> **第174条（相続人等に対する売渡しの請求に関する定款の定め） B**
> 株式会社は、相続その他の一般承継により当該株式会社の株式（譲渡制限株式に限る。）を取得した者に対し、当該株式を当該株式会社に売り渡すことを請求することができる旨を定款で定めることができる。

株式会社は、譲渡制限株式の相続人等に対して、その株式を当該株式会社に売り渡すよう請求できる旨を定款で定めることができます。

→試験対策5章4節④【5】

1 趣旨

非公開会社において、相続その他の一般承継により、株式会社にとって好ましくない者が株主となることを防止するため、定款の定めにより、その者に対して承継した株式の売渡請求をすることができるとしたものである。

2 条文クローズアップ

相続人等への売渡請求の要件

本条により、株主に対して売渡請求を行うには、①相続その他の一般承継による株式取得があったこと、②一般承継が譲渡制限株式について生じていること、③その場合に売り渡すことを請求することができる旨の定款の定めがあることが必要となる。そして、相続人に対する売渡請求によって取得するのは自己株式であるので、取得財源の規制もかかる（461条1項5号）。

> **第175条（売渡しの請求の決定） C**
> 1 株式会社は、前条の規定による定款の定めがある場合において、次条第1項の規定による請求〔売渡請求〕をしようとするときは、その都度、株主総会の決議によって、次に掲げる事項を定めなければならない。
> ① 次条第1項の規定による請求〔売渡請求〕をする株式の数（種類株式発行会社にあっては、株式の種類及び種類ごとの数）

> ② 前号の株式を有する者の氏名又は名称
> 2 前項第2号の者は、同項の株主総会において議決権を行使することができない。ただし、同号の者以外の株主の全部が当該株主総会において議決権を行使することができない場合は、この限りでない。

　株式会社は、相続人等に対する売渡しの請求に関する定款の定めがある場合において、売渡しの請求をしようとするときは、そのつど、株主総会の決議によって、売渡しの請求をする株式の数、株式を有する者の氏名等を定めなければなりません。

1 趣旨

　株式会社が、相続その他の一般承継により当該株式会社の株式を取得した者から株式を売り渡すよう請求する際に、特別決議で売渡請求に関する事項を決議することを要求することで、当該売渡請求の正当性を担保するための規定である（1項）。
　また、そのための決議についても、売渡請求の相手方となる株主が議決権を行使できないと定めることにより、その決議の公正も担保されている（2項）。

2 条文クローズアップ

1 売渡請求をする際に決議すべき事項（1項）

　174条の定款規定に基づき相続等によって株式を取得した者に対して、会社が株式の売渡請求を行う際には、株主総会において、その請求の対象となる株式の数（1項1号）、およびその株式を有する株主の氏名・名称（1項2号）を決議しなければならない旨を定めている。この決議は、特別決議によらなければならない（175条1項、309条2項3号）。

2 議決権排除（2項）

　1項の決議において、売渡請求の相手方である株主は、議決権を行使することはできない。本条の制度を利用して、大株主である相続人等が他の株主を出し抜いて投下資本の回収を図るという事態を防ぐためである。

> ### 第176条（売渡しの請求） C
> 1　株式会社は、前条第1項各号に掲げる事項（売渡請求の対象株式数および対象株主）を定めたときは、同項第2号の者（売渡請求対象株主）に対し、同項第1号の株式（売渡対象請求株式）を当該株式会社に売り渡すことを請求することができる。ただし、当該株式会社が相

> 続その他の一般承継があったことを知った日から1年を経過したときは、この限りでない。
> 2 前項の規定による請求は、その請求に係る株式の数（種類株式発行会社にあっては、株式の種類及び種類ごとの数）を明らかにしてしなければならない。
> 3 株式会社は、いつでも、第1項の規定による請求〔売渡請求〕を撤回することができる。

　株式会社は、相続人等に対する売渡しの請求をする株式の数、株式を有する者の氏名等を定めたときは、相続等を知った日から1年を経過するまで、株式の売渡しの請求をすることができます。株式会社は、いつでも、売渡しの請求を撤回することができます。

1 趣旨

　株式会社の売渡請求は、株式の売渡しに関する会社の意思を当該相続人等に対してはじめて明確にするという意義を有する（1項本文）。

　また、株式会社の売渡請求が、相続その他の一般承継があったのを知ってから1年に制限されているのは、株主の同意がなくともその株式を取得できる制度であり、売渡請求の相手方となる者の地位を長期間不安定にしないようにする必要があるからである（1項ただし書）。

2 条文クローズアップ

1 売渡請求および期間制限（1項）

　会社による相続人等に対する売渡請求権は形成権の行使とされており、この権利の行使により相続人の合意なくして株式の売買契約（民555条）が成立する。かりに、相続人が株式の売渡しに反対したとしても、形成権の行使により売買契約が成立している以上、自己株式の消却（178条）により、相続人等の株式は失効する。

2 請求の際に明らかにすべき事項（2項）

　種類株式発行会社にあっては、株式の種類および種類ごとの数を明らかにしなければならない。

3 請求の撤回（3項）

　会社は、いつでも売渡請求を撤回することができるため、一見すると、相続人等に不利な規定のように思えるが、会社の売渡請求の撤回により、相続人等は株式を保持することができるので、合理性を有する。

第177条（売買価格の決定）　C

> 1 前条第1項の規定による請求〔売渡請求〕があった場合には、第175条第1項第1号の株式〔売渡請求対象株式〕の売買価格は、株式会

> 社と同項第2号の者〔売渡対象株主〕との協議によって定める。
> 2　株式会社又は第175条第1項第2号の者〔売渡対象株主〕は、前条第1項の規定による請求〔売渡請求〕があった日から20日以内に、裁判所に対し、売買価格の決定の申立てをすることができる。
> 3　裁判所は、前項の決定をするには、前条第1項の規定による請求〔売渡請求〕の時における株式会社の資産状態その他一切の事情を考慮しなければならない。
> 4　第1項の規定にかかわらず、第2項の期間内〔売渡請求の日から20日以内〕に同項の申立てがあったときは、当該申立てにより裁判所が定めた額をもって第175条第1項第1号の株式〔売渡請求対象株式〕の売買価格とする。
> 5　第2項の期間内〔売渡請求の日から20日以内〕に同項の申立てがないとき(当該期間内に第1項の協議が調った場合を除く。)は、前条第1項の規定による請求〔売渡請求〕は、その効力を失う。

相続人等に対する売渡しの請求があった場合には、株式の売買価格は、原則として株式会社と請求を受けた者との協議によって定めますが、当事者は、裁判所に、売買価格の決定の申立てをすることができます。その場合には、裁判所が定めた価格が売買価格となります。

1 趣旨

本条は、売渡請求(176条1項)にかかる売買価格について、まずは当事者間での協議で決定するよう促し、協議が調わなかった場合には当事者の申立て(2項)により、裁判所が決定をする(3項)旨を規定することで、適切な売買価格が決定されるよう定められている。なお、売渡の請求から20日以内に裁判所への申立てがなければ当該請求が効力を失う(5項)ので、協議が調わなかった場合、裁判所への申立てを一定程度強制する効力も有しているといえる。

2 条文クローズアップ

1　売買価格の決定(1項、2項、4項)

相続等により株式を取得した者に対する株式の売渡請求(176条1項)があった場合には、その株式の売買価格は、①会社と相続人等の協議(177条1項)か、②売渡請求から20日以内に裁判所に売買価格決定の申立て(2項)をすることにより、裁判所が売買価格を定める(4項)かによって決められる。この場合、文言上、裁判所への価格決定の申立てに先立って協議を行うことを要求されておらず、会社または相続人等は協議を経ずに価格決定の申立てを行うことができる。なお、①協議中(1項)に、②価格決定の申立て(2項)があった場合には、裁判所が定めた額を売買価格とする(4項)。

2　裁判所の考慮事情（3項）

　売渡請求は、会社からの一方的な権利行使によって、株主の地位を奪う形成権であることから、支配権の移動が伴う場合には、いわゆる支配権プレミアムに相当する部分についても、積極的に考慮事情に取り入れるべきである。

3　売渡請求の失効（5項）

　売渡請求（176条1項）の日から20日以内に協議が調わず、かつ、裁判所に対する売買価格の決定の申立てがなされないときは、売渡請求は効力を失う。

■第6款　株式の消却

> 司H24-40-エ・オ(予)。予H26-23-2
> **第178条　B**
> 1　株式会社は、❶自己株式を消却することができる。この場合においては、消却する自己株式の数（種類株式発行会社にあっては、自己株式の種類及び種類ごとの数）を定めなければならない。
> 2　取締役会設置会社においては、前項後段の規定による決定〔消却する自己株式の数の決定〕は、取締役会の決議によらなければならない。

❶113条4項

　株式会社は、消却する自己株式の数等を定めて、自己株式を消却することができます。取締役会設置会社の場合は、取締役会の決議が必要になります。

→試験対策5章5節⑤【1】、7節①

|1　趣旨

　自己株式を取得する時点で株主保護の手続がふまれていることから、取締役会設置会社においては、取締役会の決議のみで株式の消却ができるとしている。

|2　条文クローズアップ

1　自己株式の消却手続

→神田[17版]117頁

　自己株式を消却するときは、消却する自己株式の数（種類株式発行会社では、自己株式の種類および種類ごとの数）を定めなければならない（1項後段）。その決定は、取締役会設置会社では、取締役会の決議によらなければならない（2項）。

2　自己株式の消却の効果

(1)　自己株式の数および発行済株式総数の減少

　自己株式の消却自体によっては、資本金の額は減少しないものの、自己株式の数および発行済株式総数は減少する。

(2)　自己株式の消却と発行可能株式総数

　発行可能株式総数が減少するという取扱いをするためには、定款変更

がなされるか、または定款変更したものとみなされる必要がある。

会社法上、定款変更を通常の手続と異なる手続により行うことができる場合や、定款変更されたものとみなされる場合には、その旨の明文の規定を設けるものとしている。しかし、会社法は、自己株式の取得の場合には、取得した自己株式の数に応じて発行可能株式総数を減少するという規定を特に設けていない。

したがって、自己株式を消却しても、発行可能株式総数は減少しないと解すべきである。

(3) 再度株式を発行することの可否

取締役は、自己株式の取得とその処分により、いわば発行可能株式総数の範囲内で株式を何度でも利用することができるものと考えられる。また、このように解しても、株主の保護は、自己株式の取得にかかる決議をする際に、株主総会の決議により発行可能株式総数を変更する機会が与えられることで十分である。

したがって、株式会社は、再度株式を発行することができると解すべきである。

(4) 株主名簿の修正等

株主名簿の修正・株券の廃棄手続を要する。

■第4節の2　特別支配株主の株式等売渡請求

第179条（株式等売渡請求）　A

1　株式会社の❶特別支配株主(株式会社の総株主の議決権の10分の9(これを上回る割合を当該株式会社の定款で定めた場合にあっては、その割合)以上を当該株式会社以外の者及び当該者が発行済株式の全部を有する株式会社その他これに準ずるものとして法務省令で定める法人(以下この条及び次条第1項において「❷特別支配株主完全子法人」という。)が有している場合における当該者をいう。以下同じ。)は、当該株式会社の株主(当該株式会社及び当該特別支配株主を除く。)の全員に対し、その有する当該株式会社の株式の全部を当該特別支配株主に売り渡すことを請求することができる。ただし、特別支配株主完全子法人に対しては、その請求をしないことができる。

2　❶特別支配株主は、前項の規定による請求(以下この章及び第846条の2第2項第1号において「❸株式売渡請求」という。)をするときは、併せて、その株式売渡請求に係る株式を発行している株式会社(以下「❹対象会社」という。)の新株予約権の新株予約権者(対象会社及び当該特別支配株主を除く。)の全員に対し、その有する対象会社の新株予約権の全部を当該特別支配株主に売り渡すことを請求することができる。ただし、❷特別支配株主完全子法人に

> 対しては、その請求をしないことができる。
> 3 ❶特別支配株主は、新株予約権付社債に付された新株予約権について前項の規定による請求(以下❺「新株予約権売渡請求」という。)をするときは、併せて、新株予約権付社債についての社債の全部を当該特別支配株主に売り渡すことを請求しなければならない。ただし、当該新株予約権付社債に付された新株予約権について別段の定めがある場合は、この限りでない。

❺定

　株式会社の特別支配株主は、株式会社(以下「対象会社」といいます)の株主(対象会社と特別支配株主自身を除きます)の全員に対し、その所有する対象会社の株式の全部を売り渡すことを請求することができます。

→試験対策5章8節①【1】

1 趣旨

　特別支配株主の株式等売渡請求の制度趣旨は、キャッシュ・アウト(現金を対価とする少数派株主からの株式取得)に関する法的手続を整備する点にある。すなわち、キャッシュ・アウトは長期的視野に立った柔軟な経営、株主総会に関する手続の省略による意思決定の迅速化、株主管理コストの削減等を実現するために行われる手続であるところ、従来のキャッシュ・アウトの主な手法であった全部取得条項付種類株式を用いる方法では時間的手続的な負担が大きかった。そこで、キャッシュ・アウトをより効率的かつ適正に行えるようにするため、特別支配株主の株式等売渡請求制度が設けられた。

→試験対策5章8節①【2】

2 語句の意味

　株式売渡請求とは、株式会社の総株主の議決権の10分の9以上を有する株主が、他の株主全員に対し、その有する当該株式会社の株式の全部を売り渡すことを請求することができるとする制度をいう(1項、2項)。
　新株予約権売渡請求とは、株式売渡請求にあわせてする、対象会社の新株予約権者の全員に対し、その有する対象会社の新株予約権の全部を当該特別支配株主に売り渡すことを請求することができる制度をいう(2項、3項)。
　株式等売渡請求とは、株式売渡請求にあわせて新株予約権売渡請求をする場合をいう(179条の3第1項括弧書)。

3 条文クローズアップ

1 株式等売渡請求の主体

　株式等売渡請求は、特別支配株主がすることができる。特別支配株主とは、自己および自己が支配する第三者(特別支配株主完全子法人)を通じて、当該株式会社の総株主の議決権の10分の9(これを上回る割合を定

款で定めた場合は、その割合)以上を有する者をいう(1項)。10分の9以上という基準は、略式組織再編(784条1項、796条1項)における「特別支配会社」の定義との均衡を図ったものである。

特別支配株主完全子法人とは、自己が発行済株式の全部を有する株式会社その他これに準ずるものとして法務省令で定める法人をいう。「法務省令で定める法人」とは、①特別支配株主がその持分の全部を有する法人(株式会社を除く)、②特別支配株主および特定完全子法人(特別支配株主が発行済株式の全部を有する株式会社および①の法人をいう)または特定完全子法人がその持分の全部を有する法人をいう(会社施規33条の4第1項1号、2号)。

2　請求の相手方
(1)　株式売渡請求(1項)
株式売渡請求は、対象会社の株主(対象会社および特別支配会社を除く)の全員に対して行わなければならない。ただし、特別支配株主完全子法人に対しては、その請求をしないことができる。これは、特別支配株主完全子法人の有する株式はすでに特別支配株主の支配下にあるため、株式売渡請求の対象とする必要がないからである。

(2)　新株予約権売渡請求(2項)
新株予約権売渡請求も、株式売渡請求と同様に、対象会社の株主(対象会社および特別支配会社を除く)の全員に対して行わなければならない。ただし、特別支配株主完全子法人に対しては、その請求をしないことができる。

3　対象となる株式
(1)　株式売渡請求
株式売渡請求は、売渡株主の有する対象会社の株式の全部についてなされなければならない(1項本文)。したがって、対象会社が、複数の種類の株式を発行している場合、株式売渡請求は全種類の株式に対してなされなければならない。

(2)　新株予約権売渡請求
新株予約権売渡請求も売渡新株予約権者の有する対象会社の新株予約権の全部についてなされなければならない(2項本文)。また、新株予約権付社債に付された新株予約権の売渡請求をする場合には、社債部分についても当該請求の対象としなければならない(3項本文)。ただし、別段の定めがあればその定めに従う(3項ただし書)。

ℹ第179条の2（株式等売渡請求の方法）　B⁺

1　❶株式売渡請求は、次に掲げる事項を定めてしなければならない。
　①　❷特別支配株主完全子法人に対して株式売渡請求をしないこととするときは、その旨及び当該特別支配株主完全子法人の名称

❶179条2項

❷179条1項

②　株式売渡請求によりその有する対象会社の株式を売り渡す株主（以下「❸売渡株主」という。）に対して当該株式（以下この章において「❹売渡株式」という。）の対価として交付する金銭の額又はその算定方法　　❸定
　　　　　　　　　　　　　　　　　　　　　　　　　　　　❹定
③　売渡株主に対する前号の金銭の割当てに関する事項
④　株式売渡請求に併せて❺新株予約権売渡請求（その新株予約権売渡請求に係る新株予約権が新株予約権付社債に付されたものである場合における前条第3項の規定による請求〔新株予約権売渡請求と同時にする新株予約権付社債についての社債の全部の売渡請求〕を含む。以下同じ。）をするときは、その旨及び次に掲げる事項　❺定・179条3項
　イ　特別支配株主完全子法人に対して新株予約権売渡請求をしないこととするときは、その旨及び当該特別支配株主完全子法人の名称
　ロ　新株予約権売渡請求によりその有する対象会社の新株予約権を売り渡す新株予約権者（以下「❻売渡新株予約権者」という。）に対して当該新株予約権（当該新株予約権が新株予約権付社債に付されたものである場合において、前条第3項の規定による請求〔新株予約権売渡請求と同時にする新株予約権付社債についての社債の全部の売渡請求〕をするときは、当該新株予約権付社債についての社債を含む。以下この編において「❼売渡新株予約権」という。）の対価として交付する金銭の額又はその算定方法　❻定
　　　　　　　　　　　　　　　　　　　　　　　　　　　　❼定
　ハ　売渡新株予約権者に対するロの金銭の割当てに関する事項
⑤　特別支配株主が売渡株式（株式売渡請求に併せて新株予約権売渡請求をする場合にあっては、売渡株式及び売渡新株予約権。以下「❽売渡株式等」という。）を取得する日（以下この節において「❾取得日」という。）　❽定
　　　　　　　　　　　　　　　　　　　　　　　　　　　　❾定
⑥　前各号に掲げるもののほか、法務省令で定める事項
2　❿対象会社が種類株式発行会社である場合には、⓫特別支配株主は、対象会社の発行する種類の株式の内容に応じ、前項第3号に掲げる事項〔売渡株主に対する金銭の割当てについての事項〕として、同項第2号の金銭〔売渡株主に対して売渡株式の対価として交付する金銭〕の割当てについて❹売渡株式の種類ごとに異なる取扱いを行う旨及び当該異なる取扱いの内容を定めることができる。　❿179条2項
　　　　　　　　　　　　　　　　　　　　　　　　　　　　⓫179条1項
3　第1項第3号に掲げる事項〔売渡株主に対する金銭の割当てについての事項〕についての定めは、❸売渡株主の有する❹売渡株式の数（前項に規定する定めがある場合にあっては、各種類の売渡株式の数）に応じて金銭を交付することを内容とするものでなければならない。

特別支配株主は、株式等売渡請求をする場合、一定の事項を定めなければなりません。

→試験対策 5 章 8 節②【 3 】、【 4 】

1 趣旨

株式等売渡請求について、対象会社に内容を通知し、承認を経なければならない（179条の3）。そこで、本条は、この承認をするかどうかの判断に必要な事項を定めた。

2 条文クローズアップ

1 対象会社に対する通知（1項、179条の3第1項）

特別支配株主は、株式等売渡請求をする場合、対象会社に対して、株式等売渡請求をする旨および以下の事項を定め（179条の2第1項各号）、通知する（179条の3第1項）。

①別支配株主完全子法人に対して株式売渡請求をしないこととするときは、その旨および当該特別支配株主完全子法人の名称（179条の2第1項1号）

②売渡株主に対して、売渡株式の対価として交付する金銭の額またはその算定方法（2号）

③売渡株主に対する②の金銭の割当てに関する事項（3号）

④株式売渡請求にあわせて新株予約権売渡請求をするときは、その旨および次に掲げる事項（4号）

　イ　特別支配株主完全子法人に対して新株予約権売渡請求をしないこととするときは、その旨および当該特別支配株主完全子法人の名称

　ロ　売渡新株予約権者に対して売渡新株予約権の対価として交付する金銭の額またはその算定方法

　ハ　売渡新株予約権者に対するロの金銭の割当てに関する事項

⑤特別支配株主が売渡株式等を取得する日（取得日）（5号）

⑥①から⑤までに掲げる事項のほか、法務省令（会社施規33条の5第1項1号、2号）で定める事項として、株式売渡対価の支払のための資金を確保する方法と、株式等売渡請求にかかる取引条件を定めるときは、その取引条件（会社179条の2第1項6号）

2 種類株式発行会社の特則（2項）

対象会社が種類株式発行会社である場合には、特別支配株主は、対象会社の発行する種類の株式の内容に応じ、売渡株主に対する金銭の割当ての事項として、売渡株主に対して売渡株式の対価として交付する金銭の割当てについて売渡株式の種類ごとに異なる取扱いを行う旨および当該異なる取扱いの内容を定めることができる。

3 売渡株式の数に応じた金銭の交付（3項）

> **第179条の3（対象会社の承認）　A**
>
> 1　❶特別支配株主は、❷株式売渡請求（株式売渡請求に併せて❸新株予約権売渡請求をする場合にあっては、株式売渡請求及び新株予約権売渡請求。以下「❹株式等売渡請求」という。）をしようとするときは、❺対象会社に対し、その旨及び前条第１項各号に掲げる事項〔株式売渡請求にあたり特別支配株主が定める所定の事項〕を通知し、その承認を受けなければならない。
> 2　❺対象会社は、❶特別支配株主が❷株式売渡請求に併せて❸新株予約権売渡請求をしようとするときは、新株予約権売渡請求のみを承認することはできない。
> 3　取締役会設置会社が第１項の承認をするか否かの決定をするには、取締役会の決議によらなければならない。
> 4　❺対象会社は、第１項の承認〔株式売渡請求の承認〕をするか否かの決定をしたときは、❶特別支配株主に対し、当該決定の内容を通知しなければならない。

❶179条１項
❷179条２項
❸179条３項、179条の２第１項４号
❹定
❺179条２項

特別支配株主は、株式等売渡請求をする場合、対象会社に対して、株式等売渡請求をする旨および一定の事項を通知します。

→試験対策５章８節②【5】

1　趣旨

株式等売渡請求がなされると、一定の株主はその意思にかかわらず、自己の株式を売り渡すことになる。そこで、取引の公正性を確保し、売渡株主等の利益を保護するために、対象会社の承認を要求した。

2　条文クローズアップ

1　対象会社の承認（１項、３項）
(1)　取締役会設置会社の場合
　対象会社が取締役会設置会社の場合には、１項の承認の決定は、取締役会の決議によらなければならない（３項）。もっとも、監査等委員会設置会社では、一定の場合に取締役に承認の決定を委任することができる（399条の13第５項、６項）。指名委員会等設置会社では、執行役に承認の決定を委任することができる（416条４項）。
(2)　取締役会非設置会社の場合
　対象会社が取締役会非設置会社の場合には、承認について取締役の過半数で決定する（348条２項）。
(3)　種類株式発行会社の場合
　種類株式発行会社において、売渡株主に対して株式の対価として交付する金銭の割当ての事項（179条の２第１項３号、２項）の定めがある種類の株式の種類株主に損害を及ぼすおそれがあるときは、対象会社の承認は、当該株主による種類株主総会の決議がなければ、効力は生じない

（322条1項1号の2）。

(4) 承認の考慮事項

対象会社の取締役(取締役会設置会社にあっては、取締役会)が、株式等売渡請求を承認するか否かを決定するにあたって、売渡株主等の利益を確保するために考慮すべき要素は、株式等売渡請求の条件全般にわたり、たとえば、売渡株主等に交付される対価の相当性や特別支配株主から売渡株主等に対する対価の交付の見込みを考慮する必要がある。

これらの条件等が適正でないにもかかわらず、承認をしたことによって売渡株主等に損害を被らせた場合は、取締役は、対象会社に対する善管注意義務違反を理由に売渡株主等に対する損害賠償責任（429条1項）を負うことがありうる。

2 承認の制限（2項）

対象会社は、特別支配株主が株式売渡請求にあわせて新株予約権売渡請求をした場合には、新株予約権売渡請求のみを承認することはできない。この場合、新株予約権売渡請求のみを認めても、キャッシュ・アウトの目的を達することができないからである。

3 承認の通知（4項）

対象会社は、1項の承認をしたときは、特別支配株主に対して、承認の決定の内容を通知しなければならない。

第179条の4（売渡株主等に対する通知等） B⁺

1 ❶対象会社は、前条第1項の承認(株式売渡請求の承認)をしたときは、❷取得日の20日前までに、次の各号に掲げる者に対し、当該各号に定める事項を通知しなければならない。
　① ❸売渡株主(❹特別支配株主が❺株式売渡請求に併せて❻新株予約権売渡請求をする場合にあっては、売渡株主及び売渡新株予約権者。以下この節において「❼売渡株主等」という。) 当該承認をした旨、特別支配株主の氏名又は名称及び住所、第179条の2第1項第1号から第5号までに掲げる事項(株式売渡請求にあたり特別支配株主が定める所定の事項)その他法務省令で定める事項
　② ❽売渡株式の❾登録株式質権者(特別支配株主が株式売渡請求に併せて新株予約権売渡請求をする場合にあっては、売渡株式の登録株式質権者及び売渡新株予約権の登録新株予約権質権者(第270条第1項に規定する登録新株予約権質権者〔新株予約権原簿に記載されまたは記録された質権者〕をいう。)) 当該承認をした旨
2 前項の規定による通知(❸売渡株主に対してするものを除く。)は、公告をもってこれに代えることができる。
3 ❶対象会社が第1項の規定による通知又は前項の公告をしたときは、❹特別支配株主から❼売渡株主等に対し、❿株式等売渡請求がされたものとみなす。

❶179条2項
❷179条の2第1項5号
❸179条の2第1項2号
❹179条1項
❺179条2項
❻179条3項、179条の2第1項4号
❼定
❽179条の2第1項2号
❾149条1項

❿179条の3第1項

4　第1項の規定による通知又は第2項の公告の費用は、❹特別支配株主の負担とする。

対象会社は、株式等売渡請求を承認した場合、取得日の20日前までに、売渡株主等および売渡株式質権者等へ通知を行います。

→試験対策5章8節②【6】

1 趣旨

不当な株式等売渡請求については、売渡株主等に、差止請求（179条の7）および売買価格決定の申立て（179条の8）等の救済手段が与えられている。もっとも、このような手段を適切に行使するためには、一定の情報が開示される必要がある。そこで、本条は、売渡株主等に売渡請求についての情報が提供されるようにすることで、売渡株主等が適切に上記救済手段を採ることができるようにした。

2 条文クローズアップ

1 売渡株主等に対する通知（1項）

対象会社は、株式等売渡請求を承認したときは、取得日の20日前までに、次の①および②の者に対し、当該①および②に記載の内容を通知しなければならない。

①売渡株主等（1号）

　　当該承認をした旨、特別支配株主の氏名または名称および住所、179条の2第1項1号から5号までに掲げる事項その他法務省令（会社施規33条の6、33条の5第1項2号）で定める事項（株式等売渡請求にかかる取引条件を定めるときは、その取引条件）

②売渡株式の登録株式質権者、売渡新株予約権の登録予約権質権者（会社179条の4第1項2号）

　　当該承認をした旨

2 売渡株主に対する公告（2項）

売渡株主を除く者への1項の規定による通知は公告をもって代えることができる（2項）が、売渡株主に対する通知は、公告をもって代えることができない（2項括弧書）。株主の地位を奪うという点で売渡株主が受ける影響が大きいからである。

もっとも、対象会社が振替株式を発行している場合には、株主名簿の記載と本当の株主の不一致がありうることをふまえ、当該振替株式の株主に対する通知については、公告による代替が強制されている（社債株式振替161条2項）。

3 売渡株主等への通知・公告の効果（3項）

株式等売渡請求の意思表示を特別支配株主から個別の売渡株主等に対してすると、時間的・手続的コストが増大するとともに、法律関係の画一的処理が損なわれるおそれが生じる。そこで、3項は、対象会社が、

売渡株主等への通知・公告をしたときは、特別支配株主から売渡株主等に対し、株式等売渡請求がされたものとみなすこととした。

4 費用（4項）

株式等売渡請求は、特別支配株主と売渡株主等との間の売買取引であるため、対象会社自身は取引の当事者とはならない。また、これらの通知・公告は、特別支配株主から売渡株主等に対する意思表示に代わる機能を有する。そのため、その費用は特別支配株主に負担させるべきであるから、通知・公告の費用は、特別支配株主の負担とされた。

> **第179条の5　（株式等売渡請求に関する書面等の備置き及び閲覧等）　B+**
> 1 ❶対象会社は、前条第1項第1号の規定による通知〔株式売渡請求の承認時になすべき売渡株主等に対する通知〕の日又は同条第2項の公告〔通知に代えた公告〕の日のいずれか早い日から❷取得日後6箇月（対象会社が公開会社でない場合にあっては、取得日後1年）を経過する日までの間、次に掲げる事項を記載し、又は記録した書面又は❸電磁的記録をその本店に備え置かなければならない。
> ① ❹特別支配株主の氏名又は名称及び住所
> ② 第179条の2第1項各号に掲げる事項〔株式売渡請求にあたり特別支配株主が定める所定の事項〕
> ③ 第179条の3第1項の承認〔株式売渡請求の対象会社による承認〕をした旨
> ④ 前3号に掲げるもののほか、法務省令で定める事項
> 2 ❺売渡株主等は、❶対象会社に対して、その営業時間内は、いつでも、次に掲げる請求をすることができる。ただし、第2号又は第4号に掲げる請求をするには、当該対象会社の定めた費用を支払わなければならない。
> ① 前項の書面の閲覧の請求
> ② 前項の書面の謄本又は抄本の交付の請求
> ③ 前項の❸電磁的記録に記録された事項を法務省令で定める方法により表示したものの閲覧の請求
> ④ 前項の電磁的記録に記録された事項を電磁的方法であって対象会社の定めたものにより提供することの請求又はその事項を記載した書面の交付の請求

❶179条2項
❷179条の2第1項5号
❸26条2項
❹179条1項
❺179条の4第1項1号

株式等売渡請求においては、事前開示制度が設けられています。

→試験対策5章8節②【7】

1 趣旨

株主の地位を失うことになる売渡株主等の利益に配慮するために、対象会社に対して事前の情報開示が要求されている。

2 条文クローズアップ

1 開示事項

対象会社は、売渡株主等に対する通知または公告の日のいずれか早い日から取得日後6か月(対象会社が公開会社でない場合にあっては、取得日後1年)を経過する日までの間、次に掲げる事項を記載・記録した書面(または電磁的記録)をその本店に備え置くことが必要である(1項)。

①特別支配株主の氏名または名称と住所
②特別支配株主完全子法人に対して株式売渡請求をしないときは、その旨および特別支配株主完全子法人の名称
③売渡株主に対し売渡株式の対価として交付する金銭の額(またはその算定方法)
④売渡株主に対する金銭の割当てに関する事項
⑤対象会社が株式等売渡請求の承認をした旨
⑥株式売渡請求にあわせて新株予約権売渡請求をするときは、その旨および一定の事項
⑦取得日
⑧その他法務省令で定める事項

その他法務省令で定める事項は、①株式売渡対価の相当性に関する事項、売渡対価の交付の見込みに関する事項、取引条件、対象会社が売渡株主の利益を害さないように留意した事項の相当性に関する事項、②①の事項に関する対象会社の取締役会の判断およびその理由等である(会社施規33条の7)。この趣旨は、特別支配株主が売渡株式の対価を交付しなかった場合等に売渡株主等が対象会社の取締役の損害賠償責任(会社429条1項)の追求等を支援する点にある。

2 請求できる行為(2項)

売渡株主等は、対象会社に対して、その営業時間内は、いつでも、①書面の閲覧請求、②謄本・抄本の交付請求、③電磁的記録事項の表示の閲覧・提供請求、④電磁的記録事項を記載した書面交付の請求をすることができる。

第179条の6 (株式等売渡請求の撤回)　A

1　❶特別支配株主は、第179条の3第1項の承認(株式売渡請求の対象会社による承認)を受けた後は、❷取得日の前日までに❸対象会社の承諾を得た場合に限り、❹売渡株式等の全部について❺株式等売渡請求を撤回することができる。
2　取締役会設置会社が前項の承諾をするか否かの決定をするには、取締役会の決議によらなければならない。
3　❸対象会社は、第1項の承諾(株式等売渡請求の撤回の承諾)をするか否かの決定をしたときは、❶特別支配株主に対し、当該決定の内

❶179条1項
❷179条の2第1項5号
❸179条2項
❹179条の2第1項5号
❺179条の3第1項

> 　容を通知しなければならない。
> 4　❸対象会社は、第1項の承諾〔株式等売渡請求の撤回の承諾〕をしたときは、遅滞なく、❹売渡株主等に対し、当該承諾をした旨を通知しなければならない。
> 5　前項の規定による通知〔株式等売渡請求の撤回の承諾の通知〕は、公告をもってこれに代えることができる。
> 6　❸対象会社が第4項の規定による通知〔株式等売渡請求の撤回の承諾の通知〕又は前項の公告〔通知に代えた公告〕をしたときは、❼株式等売渡請求は、❹売渡株式等の全部について撤回されたものとみなす。
> 7　第4項の規定による通知〔株式等売渡請求の撤回の承諾の通知〕又は第5項の公告〔通知に代えた公告〕の費用は、❶特別支配株主の負担とする。
> 8　前各項の規定は、❽新株予約権売渡請求のみを撤回する場合について準用する。この場合において、第4項中「❻売渡株主等」とあるのは、「❾売渡新株予約権者」と読み替えるものとする。

❻179条の4第1項1号

❼179条の3第1項

❽179条3項、179条の2第1項4号
❾179条の2第1項4号ロ

→試験対策5章8節②【8】

　特別支配株主は、対象会社の承認を受けた後においては、取得日の前日までに対象会社の承諾を得た場合にかぎり、株式等売渡請求を撤回することができます。

1　趣旨

　特別支配株主の財務状況が悪化した場合等に売渡対価の交付が困難となり、売主の利益に反するという不合理な結果が生じうる。その結果を避けるために、株式等売渡請求の撤回の余地が認められた。他方で、特別支配株主の一方的な意思表示による撤回を無制限に認めると、売渡株主等の予測可能性を害するといった不利益が売渡株主等に生じうる。そこで、売渡株主等の利益を保護するため、撤回に対象会社の承認が必要とされた。

2　条文クローズアップ

1　撤回の要件（1項、2項）

　特別支配株主が売渡株式等の全部について株式等売渡請求の撤回をするための要件は、対象会社による株式等売渡請求の承認後から取得日の前日までに対象会社の承諾を得ることである（1項）。対象会社が取締役会設置会社である場合には、取締役会が撤回の承諾をするか否かを決定する（2項）。対象会社が取締役会非設置会社である場合には、取締役が撤回の承諾の決定をする（348条1項）。

　対象会社の承諾が取得日の前日までとされた趣旨は、取得の効果発生後に撤回を認めると、売渡株式等についての法律関係が複雑化し、法的

安定性が害されることになるので、これを防ぐという点にある。

2 承諾等の通知等（3項から5項まで）

対象会社は撤回の承諾をするか否かの決定をした場合には、特別支配株主に当該決定の内容を通知しなければならない（3項）。

対象会社が撤回の承諾をした場合には、売渡株主等に対して承諾をした旨を通知しなければならない（4項）。売渡株主等に対する通知は、公告をもってこれに代えることができる（5項）。この通知は、本条が取得日の前日までに対象会社の承諾を要求する趣旨から、取得日の前日までにされなければならないものと解する。

3 効果（6項）

対象会社が撤回の承諾の通知または公告をしたときに、株式等売渡請求は、売渡株式等の全部について撤回されたものとみなされる。

4 費用（7項）

→179条の4②4

5 新株予約権売渡請求との関係（8項）

株式売渡請求にあわせて新株予約権売渡請求がされた場合、新株予約権売渡請求のみを撤回することはできるが、株式売渡請求のみを撤回することはできない（8項参照）。新株予約権売渡請求のみを維持しても、キャッシュ・アウトの目的を達成することはできないからである。

第179条の7（売渡株式等の取得をやめることの請求） A

1　次に掲げる場合において、❶売渡株主が不利益を受けるおそれがあるときは、売渡株主は、❷特別支配株主に対し、❸株式等売渡請求に係る❹売渡株式等の全部の取得をやめることを請求することができる。

① ❺株式売渡請求が法令に違反する場合
② ❻対象会社が第179条の4第1項第1号（売渡株主等に対する所定事項の通知）（売渡株主に対する通知に係る部分に限る。）又は第179条の5（株式等売渡請求についての書面等の備置きおよび閲覧等）の規定に違反した場合
③ 第179条の2第1項第2号（売渡株式の対価である金銭の額またはその算定方法）又は第3号（売渡株主に対する金銭の割当て）に掲げる事項が対象会社の財産の状況その他の事情に照らして著しく不当である場合

2　次に掲げる場合において、❼売渡新株予約権者が不利益を受けるおそれがあるときは、売渡新株予約権者は、❷特別支配株主に対し、❸株式等売渡請求に係る❹売渡株式等の全部の取得をやめることを請求することができる。

① ❽新株予約権売渡請求が法令に違反する場合
② ❻対象会社が第179条の4第1項第1号（売渡株主等に対する所定事項の通知）（売渡新株予約権者に対する通知に係る部分に限る。）

❶179条の2第1項2号
❷179条1項
❸179条の3第1項
❹179条の2第1項5号
❺179条2項
❻179条2項

❼179条の2第1項4号ロ

❽179条3項、179条の2第1項4号

> 又は第179条の5〔株式等売渡請求についての書面等の備置きおよび閲覧等〕の規定に違反した場合
> ③ 第179条の2第1項第4号ロ〔売渡新株予約権の対価である金銭の額またはその算定方法〕又はハ〔売渡新株予約権者に対する金銭の割当てについての事項〕に掲げる事項が対象会社の財産の状況その他の事情に照らして著しく不当である場合

一定の場合において、売渡株主等が不利益を受けるおそれがあるときは、売渡株主等は、特別支配株主に対し、株式等売渡請求にかかる売渡株式等の全部の取得をやめることを請求することができます。

→試験対策5章8節③【1】

1 趣旨

株式等売渡請求による売渡株式の取得により、売渡株主は株主の地位を失う一方で十分な対価を受けることができないなど重大な不利益を受けるおそれがある。しかしながら、株式等売渡請求による売渡株式等の取得について株主総会決議が要求されないため、株主が株主総会決議取消しの訴え(831条1項)により、その効力発生を事前に阻止する手段がない。そこで、株主を保護するために事前の救済制度として差止請求制度が設けられた。

2 条文クローズアップ

1 差止請求の要件(1項、2項)

次に掲げる場合において、売渡株主等が不利益を受けるおそれがあるときには、売渡株主等は、特別支配株主に対し、株式等売渡請求にかかる売渡株式等の全部の取得をやめることを請求することができる。

①株式等売渡請求が法令に違反する場合(1項1号、2項1号)
②対象会社が売渡株主等に対する通知義務または事前開示義務に違反した場合(1項2号、2項2号)
③売渡株主等に対して売渡株式等の対価として交付される金銭の額またはその算定方法、金銭の割当てに関する事項が対象会社の財産の状況その他の事情に照らして著しく不当である場合(1項3号、2項3号)

これらは、実質的には略式組織再編の差止請求と同様の要件である。新株予約権売渡請求においては、当該差止請求が売渡新株予約権者の保護を目的とした制度であるため、新株予約権売渡請求の手続違反等のみが差止事由とされ、株式売渡請求の手続違反等は差止事由とはならない。

2 差止請求の効果

売渡株主による差止請求の対象は、売渡株式等の全部の取得である。よって、差止請求の効果は、自己の売渡株式のみならず他の売渡株式を

も含めた売渡株式全体の取得に及ぶ。

第179条の8（売買価格の決定の申立て）　B⁺

1　❶株式等売渡請求があった場合には、❷売渡株主等は、❸取得日の20日前の日から取得日の前日までの間に、裁判所に対し、その有する❹売渡株式等の売買価格の決定の申立てをすることができる。
2　❺特別支配株主は、裁判所の決定した売買価格に対する❻取得日後の年6分の利率により算定した利息をも支払わなければならない。
3　❼特別支配株主は、❽売渡株式等の売買価格の決定があるまでは、❾売渡株主等に対し、当該特別支配株主が公正な売買価格と認める額を支払うことができる。

❶179条の3第1項
❷179条の4第1項1号
❸179条の2第1項5号
❹179条の2第1項5号
❺179条1項

　株式等売渡請求があった場合、売渡株主等は、取得日の20日前の日から取得日の前日までの間に、裁判所に対し、そのもっている売渡株式等の売買価格の決定の申立てをすることができます。

→試験対策5章8節③【2】

1　趣旨

　対象会社の取締役（会）が承認することとした売買価格に対して、売渡株主等が不服を有する場合もありうるから、これに配慮したものである。

2　条文クローズアップ

1　株式等売渡請求と価格決定の申立て（1項）

　株式等売渡請求があった場合、売渡株主等は、取得日の20日前の日から取得日の前日までの間に、裁判所に対し、売渡株式等の売買価格の決定の申立てをすることができる。

2　利息

　特別支配株主は、裁判所が決定した売買価格に対し、取得日後の年6分の利率により算定した利息も支払うことが必要である（2項）。この年6分の利率は、商事法定利率である年6分の利率と同率である（商514条）。しかし、現在の金利市場においては、年6分の利率は高率の利率であるため、特別支配株主は、売渡株主等に対し、売渡株式等の売買価格の決定がなされる前に、特別支配株主が公正な売買価格と認める額を支払うことができる（会社179条の8第3項）。

第179条の9（売渡株式等の取得）　B⁺

1　❶株式等売渡請求をした❷特別支配株主は、❸取得日に、❹売渡株

❶179条の3第1項
❷179条1項
❸179条の2第1項5号
❹179条の2第1項5号

式等の全部を取得する。
2　前項の規定により❸特別支配株主が取得した❹売渡株式等が譲渡制限株式又は譲渡制限新株予約権（第243条第2項第2号に規定する譲渡制限新株予約権をいう。）であるときは、❺対象会社は、当該特別支配株主が当該売渡株式等を取得したことについて、第137条第1項又は第263条第1項の承認〔株式取得者の請求または新株予約権取得者の請求による取得の承認〕をする旨の決定をしたものとみなす。

❺179条2項

株式等の売渡請求をした特別支配株主は、取得日に、売渡株式等の全部を取得します。また、売渡株式等に譲渡制限がついていた場合、対象会社は売渡株式等の譲渡を承認する旨の決定をしたものとみなされます。

→試験対策5章8節[2]【9】

1 趣旨

株式等売渡請求はキャッシュ・アウトの手法として創設されたものであって、集団的・画一的に株式の移転の効力を生じさせる必要があることから、売渡株式等の全部が取得日に一括して特別支配株主に移転することとしたものである。

2 条文クローズアップ

1　売渡株式等の取得の効果（1項）
2　譲渡制限株式等の取得（2項）

売渡株式等に譲渡制限が付されている場合には、対象会社は譲渡を承認したものとみなされるので、対象会社による譲渡の承認は不要となる。

i 第179条の10（売渡株式等の取得に関する書面等の備置き及び閲覧等）　B⁺

1　❶対象会社は、❷取得日後遅滞なく、❸株式等売渡請求により❹特別支配株主が取得した❺売渡株式等の数その他の株式等売渡請求に係る売渡株式等の取得に関する事項として法務省令で定める事項を記載し、又は記録した書面又は❻電磁的記録を作成しなければならない。
2　❶対象会社は、❷取得日から6箇月間（対象会社が公開会社でない場合にあっては、取得日から1年間）、前項の書面又は❻電磁的記録をその本店に備え置かなければならない。
3　❷取得日に❼売渡株主等であった者は、❶対象会社に対して、その営業時間内は、いつでも、次に掲げる請求をすることができる。ただし、第2号又は第4号に掲げる請求をするには、当該対

❶179条2項
❷179条の2第1項5号
❸179条の3第1項
❹179条1項
❺179条の2第1項5号
❻26条2項

❼179条の4第1項1号

> 象会社の定めた費用を支払わなければならない。
> ① 前項の書面の閲覧の請求
> ② 前項の書面の謄本又は抄本の交付の請求
> ③ 前項の❺電磁的記録に記録された事項を法務省令で定める方法により表示したものの閲覧の請求
> ④ 前項の電磁的記録に記録された事項を電磁的方法であって対象会社の定めたものにより提供することの請求又はその事項を記載した書面の交付の請求

取得日に売渡株主等であった者は、対象会社に対して、その営業時間内は、いつでも、これらの閲覧等の請求(書面の閲覧請求、謄本・抄本の交付請求、電磁的記録事項の表示の閲覧・提供請求、電磁的記録事項を記載した書面交付の請求)ができます。

→試験対策 5 章 8 節②【10】

1 趣旨

売渡株式等の取得に無効事由がある場合には、売渡株式等の取得の無効の訴え(846条の2)という事後的な救済手段が与えられている。そこで、本条はこのような手段が効果的に用いられるようにするため、事後の情報開示制度を設けた。

2 条文クローズアップ

1 事後開示(1項、2項)

対象会社は、取得日後遅滞なく、株式等売渡請求により特別支配株主が取得した売渡株式等の数その他の株式等売渡請求に係る売渡株式等の取得に関する事項として法務省令で定める事項(会社施規33条の8)を記載・記録した書面等を作成しなければならない(会社179条の10第1項)。この書面等は6か月間本店に備え置かなければならない(2項)。

2 閲覧等の請求(3項)

■第5節 株式の併合等

■第1款 株式の併合

司H22-42- 4、H18-47-オ。 予H26-23- 3

第180条（株式の併合） B⁺

1 株式会社は、株式の併合をすることができる。
2 株式会社は、株式の併合をしようとするときは、その都度、株主総会の決議によって、次に掲げる事項を定めなければならない。
① 併合の割合

> ②　株式の併合がその効力を生ずる日（以下この款において「❶効力発生日」という。）
> ③　株式会社が種類株式発行会社である場合には、併合する株式の種類
> ④　効力発生日における❷発行可能株式総数
> 3　前項第4号の❷発行可能株式総数は、❶効力発生日における発行済株式の総数の4倍を超えることができない。ただし、株式会社が公開会社でない場合は、この限りでない。
> 4　取締役は、第2項の株主総会において、株式の併合をすることを必要とする理由を説明しなければならない。

❶定

❷37条1項

　株式会社は、株主総会の決議により、株式の併合をすることができます。この株主総会決議では、株式併合の効力発生日における発行可能株式総数を定めなければなりませんが、公開会社の場合、この発行可能株式総数は、効力発生日における発行済株式総数の4倍を超えることができません。また、この株主総会決議において、取締役は株式を併合することを必要とする理由を説明しなければなりません。

→試験対策5章7節②

1　趣旨

　1株の単位を引き上げるために、株式の併合を認めた。なお、株式の併合は、株式の投資の対象としての単位を適正にするため等に利用されるが、合併の準備工作としてなされることもある。

　株式の併合は、株主の利益に重大な影響を及ぼす。そこで、株式の併合に株主総会の特別決議（2項、309条2項4号）を要求した。さらに、株式併合後に発行済株式総数が減少しなかったことよる不都合に対応するため、平成26年改正により本条が改正されることとなった。

→平成26年改正

2　語句の意味

　株式の併合とは、2株を1株に、3株を2株にというように、数個の株式を合わせてそれよりも少数の株式とする会社の行為をいう。

3　条文クローズアップ

1　株主総会の特別決議

　株式の併合は、それによって、1株あたりの株価が上がるため株式の譲渡性が低下したり、併合の比率によっては株主たる地位を失ったりするなど、株主の利益に重大な影響を与えるので、そのつど、株主総会の特別決議によって、①併合の割合、②併合の効力発生日、③種類株式の場合は併合する株式の種類、④効力発生日における発行可能株式総数を定め（2項、309条2項4号）、株主・登録株式質権者への通知または公告をして行う。この場合、取締役は、株主総会において、株式の併合を必

第180条

要とする理由を説明しなければならない(180条4項)。

2 株券提出手続

株券発行会社は、一定の期間(1か月以上)を定めて株主・登録株式質権者に個別に通知し、株券を提出させる(219条1項柱書本文2号)。株券は、株券提出日に無効となる(219条3項。株券の全部を発行していない会社では株券提出手続は不要である〔219条1項柱書ただし書〕)。この場合において、旧株券を提出できない者があるときは、株券発行会社は、その者の請求に基づき一定期間(3か月以上)を定めて利害関係人に異議申述の機会を与え、この期間経過後に金銭等を交付することができる(220条)。

3 端数処理手続

株主の投下資本の回収の観点から、株式の併合により1株に満たない端数が生じた場合には、競売して代金を分配するのが原則である(235条1項)。ただし、市場価格(会社施規52条)がある株式は市場価格で売却または買い取り、また市場価格がない株式でも裁判所の許可を得て競売以外の方法で売却または買い取り、代金を分配することも認められる(会社235条2項・234条2項から5項まで)。

4 効果

旧会社法下では、株式の併合を行うと発行済株式総数(911条3項9号)は減少するが、発行可能株式総数は当然には減少しなかった。そのため、株式の併合後に発行可能株式総数が発行済株式総数の4倍を超えることがあり得た。しかし、これを許容してしまうと、取締役会に株式発行についての過大な権限を与えることになり濫用のおそれが認められるだけでなく、新株発行により既存の株主が被る持株比率の低下の限界を画することが必要であるとする113条3項の趣旨を没却することとなる。

そこで、平成26年改正により、会社が株式の併合をしようとする場合には、非公開会社のときを除いて、株主総会の決議によって、その効力発生日における発行済株式総数の4倍を超えない範囲で、効力発生日における発行可能株式総数を定めなければならず(180条2項4号、3項)、この決議がなされると、当然に定款の発行可能株式総数の数が決議内容のとおりに変更されたものとみなされることとなった(182条2項)。もっとも、非公開会社の場合は、濫用のおそれが少ないため、4倍規制は適用されない(180条3項ただし書)。

第181条（株主に対する通知等） C

1 株式会社は、❶効力発生日の2週間前までに、❷株主(種類株式発行会社にあっては、前条第2項第3号の種類〔併合する株式の種類〕の種類株主。以下この款において同じ。)及びその❸登録株式質権者に対し、同項各号に掲げる事項（併合の割合、併合の効力発生日、併合する株式の種類）を通知しなければならない。

2 前項の規定による通知は、公告をもってこれに代えることがで

❶180条2項2号
❷定
❸149条1項

> きる。

　株式の併合を行おうとするときは、会社は、併合の割合や効力発生日、その日における発行可能株式総数等を、効力発生日の2週間前までに、株主・登録株式質権者に通知・公告しなければなりません。

1 趣旨

　株式の併合を行うと株主や登録株式質権者の利益に重大な影響を及ぼす。そこで、本条は株主に対して株式の併合のあることを周知させるために、株主等に対する通知について規定している。

2 条文クローズアップ

株式併合事項の通知・公告(1項、2項)

　株式を併合するときには、株主総会の特別決議で定められた株式併合の効力発生日の2週間前までに、会社は、株式併合事項(併合の割合、株式併合の効力発生日、種類株式発行会社である場合には併合する株式の種類、効力発生日における発行可能株式総数)を、株主(種類株式発行会社である場合には、併合する種類の種類株主)および登録株式質権者(149条1項括弧書)に対して通知しなければならない(181条1項)。この通知は、公告をもって代えることができる(2項)。

> **第182条（効力の発生）C**
> 1　❶株主は、❷効力発生日に、その日の前日に有する❸株式(種類株式発行会社にあっては、第180条第2項第3号の種類〔併合する株式の種類〕の株式。以下この項において同じ。)の数に同条第2項第1号の割合〔併合の割合〕を乗じて得た数の株式の株主となる。
> 2　株式の併合をした株式会社は、❷効力発生日に、第180条第2項第4号に掲げる事項〔効力発生日においての発行可能株式総数〕についての定めに従い、当該事項に係る定款の変更をしたものとみなす。

❶181条1項
❷180条2項2号
❸定

　株主は、効力発生日に、その日の前日にもっている株式の数に併合割合を乗じて得た数の株式の株主になります。また、株式併合の効力発生とそれに関する定款変更が同時となるようにしました。

1 趣旨

　株式併合の効力発生についての規定である。株式の併合後に発行可能株式総数が発行済株式総数の4倍を超えることを許容すると、取締役会に株式発行についての過大な権限を与えることになるうえ、新株発行により既存の株主が被る持分比率の低下の限界を画した113条3項の趣旨を没却することとなる。そこで、株式を併合する場合には、発行可能株

式総数が発行済株式総数の4倍を超えることができないとしたうえで、効力発生日に発行可能株式総数にかかる定款の変更をしたものとみなすこととした。

2 条文クローズアップ

1 併合による株式の変動(1項)

株主は、株式併合の効力発生日(180条2項2号)の前日に有する株式数に、株主総会の特別決議によって定められた株式併合の割合(180条2項1号)を乗じた数の株式および端数を、株式併合の効力発生日に有することになる(182条1項)。なお、端数の部分は金銭交付によって処理される(235条)。

2 定款変更のみなし規定(2項)

会社が株式の併合をしようとする場合には、非公開会社のときを除いて、株主総会の決議によって、その効力発生日における発行済株式総数の4倍を超えない範囲で、効力発生日における発行可能株式総数を定めなければならないが(180条2項4号、3項)、この決議がなされると、当然に定款の発行可能株式総数の数が決議内容のとおりに変更されたものとみなされる(182条2項)。

ℹ 第182条の2（株式の併合に関する事項に関する書面等の備置き及び閲覧等） B⁺

1 ❶株式の併合（単元株式数〔種類株式発行会社にあっては、第180条第2項第3号の種類〔併合する株式の種類〕の株式の単元株式数。以下この項において同じ。〕を定款で定めている場合にあっては、当該単元株式数に同条第2項第1号の割合〔併合の割合〕を乗じて得た数に1に満たない端数が生ずるものに限る。以下この款において同じ。）をする株式会社は、次に掲げる日のいずれか早い日から❷効力発生日後6箇月を経過する日までの間、同項各号に掲げる事項〔株式併合時の総会決議事項〕その他法務省令で定める事項を記載し、又は記録した書面又は❸電磁的記録をその本店に備え置かなければならない。

①　第180条第2項の❹株主総会〔株式併合についての事項を定める株主総会〕（株式の併合をするために種類株主総会の決議を要する場合にあっては、当該種類株主総会を含む。第182条の4第2項において同じ。）の日の2週間前の日（第319条第1項〔株主全員の同意による総会決議の省略〕の場合にあっては、同項の提案があった日）

②　第182条の4第3項の規定により読み替えて適用する第181条第1項〔株式併合に関する通知〕の規定による❺株主に対する通知の日又は第181条第2項の公告〔通知に代えた公告〕の日のいずれか早

❶定

❷180条2項2号

❸26条2項

❹定

❺181条1項

い日
2　❶株式の併合をする株式会社の❺株主は、当該株式会社に対して、その営業時間内は、いつでも、次に掲げる請求をすることができる。ただし、第2号又は第4号に掲げる請求をするには、当該株式会社の定めた費用を支払わなければならない。
　①　前項の書面の閲覧の請求
　②　前項の書面の謄本又は抄本の交付の請求
　③　前項の❸電磁的記録に記録された事項を法務省令で定める方法により表示したものの閲覧の請求
　④　前項の電磁的記録に記録された事項を電磁的方法であって株式会社の定めたものにより提供することの請求又はその事項を記載した書面の交付の請求

　株式の併合は、株主の利益に重大な影響を与えます。そのため、株式の併合をする株式会社は、株主総会の日の2週間前の日または株主・登録株式質権者に対する通知・公告の日のいずれか早い日から効力発生日後6か月を経過する日までの間、株式の併合に関する事項を記載した書面(それに代わる電磁的記録)を本店に備置き(182条の2第1項)、株主の閲覧等ができるようにしなければなりません。

1 趣旨

　株式の併合がMBO(取締役による会社の買取り)等に用いられる際に1株未満の端数になる部分が生じるが、平成26年改正前の制度では、この端数部分について適切な対価が交付されない懸念があった。そこで、平成26年改正により、反対株主による株式買取請求権等の制度が整備され、そのために必要な情報を株主に供する目的で、株式の併合に関する事項を記載した書面の備置きおよび閲覧請求手続の規定がおかれた。なお、この事前開示制度は、組織再編における株式買取請求についての事前開示制度と実質的に同様の制度である。

2 条文クローズアップ

1　事前開示事項(1項)
(1)　開示事項
　株式の併合をする株式会社が、株式の併合に関する事項を記載した書面の内容として、事前に開示しなければならない内容は、①併合の割合、②効力発生日、③種類株式発行会社である場合は、併合する株式の種類、④効力発生日における発行可能株式総数、⑤その他法務省令で定める事項(会社施規33条の9)である。
(2)　開示時期
　事前開示する時期は、次の日のうちのいずれか早い日から6か月を経

過する日までの間である。
　①株式の併合についての事項を定める株主総会の日の2週間前の日
　②株主に対する通知・公告の日のうち、いずれか早い日
2　閲覧等（2項）

第182条の3　（株式の併合をやめることの請求）　A
❶株式の併合が法令又は定款に違反する場合において、❷株主が不利益を受けるおそれがあるときは、株主は、株式会社に対し、当該株式の併合をやめることを請求することができる。

❶182の2第1項
❷181条1項

　株式の併合（単元未満株式以外からは1株未満の端数が生じない場合を除く）が法令・定款に違反する場合において、株主が不利益を受けるおそれがあるときは、株主は会社に対し、この株式の併合をやめることを請求することができます。

→試験対策5章7節②【4】(2)

1　趣旨
　平成26年改正前、株式の併合は企業買収後の残存少数株主の締出し等にも用いることができ、その際に1株未満の端数になる部分について既存の制度では適切な対価が交付されない懸念が顕在化していた。そこで、同改正により、端数株式の株主の保護を図るため、株式併合の差止請求制度を創設した。

→平成26年改正

第182条の4　（反対株主の株式買取請求）　A
1　株式会社が❶株式の併合をすることにより株式の数に1株に満たない端数が生ずる場合には、反対株主は、当該株式会社に対し、自己の有する株式のうち1株に満たない端数となるものの全部を公正な価格で買い取ることを請求することができる。
2　前項に規定する「反対株主」とは、次に掲げる❷株主をいう。
　①　第180条第2項の❸株主総会（株式併合についての事項を定める株主総会）に先立って当該株式の併合に反対する旨を当該株式会社に対し通知し、かつ、当該株主総会において当該株式の併合に反対した株主（当該株主総会において議決権を行使することができるものに限る。）
　②　当該株主総会において議決権を行使することができない株主
3　株式会社が❶株式の併合をする場合における❷株主に対する通知についての第181条第1項（株式併合に関する通知）の規定の適用については、同項中「2週間」とあるのは、「20日」とする。
4　第1項の規定による請求（以下この款において「❹株式買取請求」という。）は、❺効力発生日の20日前の日から効力発生日の前日ま

❶182の2第1項

❷181条1項
❸182の2第1項1号

❹定
❺180条2項2号

> での間に、その株式買取請求に係る株式の数(種類株式発行会社にあっては、株式の種類及び種類ごとの数)を明らかにしてしなければならない。
> 5　株券が発行されている株式について❶株式買取請求をしようとするときは、当該株式の❷株主は、株式会社に対し、当該株式に係る株券を提出しなければならない。ただし、当該株券について第223条の規定による請求〔株券喪失登録の請求〕をした者については、この限りでない。
> 6　❶株式買取請求をした❷株主は、株式会社の承諾を得た場合に限り、その株式買取請求を撤回することができる。
> 7　第133条の規定〔株式取得者による株主名簿記載事項の記載・記録の請求〕は、❶株式買取請求に係る株式については、適用しない。

→試験対策5章7節②【4】(1)

多くの端数が発生する株式の併合については、235条による通常の端数の取扱いによったのでは、市場価格の下落、売却先の確保の困難等から、端数について適切な対価が交付されないおそれがあるので、当該懸念をもつ反対株主に対し、別の救済を与える必要があります。そこで、株式の併合により1株未満の端数が生ずる場合(単元未満株式のみに生ずる場合を除く)には、反対株主は、効力発生日の20日前から効力発生日の前日までの間に、会社に対し、自己のもつ株式のうち1株に満たない端数となるものの全部を公正な価格で買い取ることを請求することができると定めました。

1　趣旨

株式の併合をすることにより株式の数に1株に満たない端数が生ずる場合に、当該株式の全部を公正な価格で買い取ることを請求できるとすることで、端数株式を有する反対株主に対して、投下資本の回収を可能にし、経済的救済を与えるものである。

2　語句の意味

株式買取請求とは、株式会社が株式の併合をすることにより株式の数に1株に満たない端数が生じる場合に、反対株主が当該株式会社に対し、自己の有する株式のうち1株に満たない端数となるものの全部を公正な価額で買い取ることを請求することをいう。

3　条文クローズアップ

1　株式買取請求権の行使要件
2　株式買取請求権の行使手続
3　株式買取請求権の行使価格

→5編5章総説①2(3)(c)参照
→5編5章総説①2(3)(d)参照
→5編5章総説①2(3)(e)参照

第182条の5（株式の価格の決定等）　B⁺

1　❶株式買取請求があった場合において、株式の価格の決定について、❷株主と株式会社との間に協議が調ったときは、株式会社は、❸効力発生日から60日以内にその支払をしなければならない。

2　株式の価格の決定について、❸効力発生日から30日以内に協議が調わないときは、❷株主又は株式会社は、その期間の満了の日後30日以内に、裁判所に対し、価格の決定の申立てをすることができる。

3　前条第6項〔株式買取請求の撤回制限〕の規定にかかわらず、前項に規定する場合において、❸効力発生日から60日以内に同項の申立てがないときは、その期間の満了後は、❷株主は、いつでも、❶株式買取請求を撤回することができる。

4　株式会社は、裁判所の決定した価格に対する第1項の期間〔効力発生日より60日〕の満了の日後の年6分の利率により算定した利息をも支払わなければならない。

5　株式会社は、株式の価格の決定があるまでは、❷株主に対し、当該株式会社が公正な価格と認める額を支払うことができる。

6　❶株式買取請求に係る株式の買取りは、❸効力発生日に、その効力を生ずる。

7　❹株券発行会社は、株券が発行されている株式について❶株式買取請求があったときは、株券と引換えに、その株式買取請求に係る株式の代金を支払わなければならない。

❶182条の4第4項
❷181条1項
❸180条2項2号

❹117条7項

　買取請求がなされた株式の価格について、株主と株式会社との間に協議が調ったときは、株式会社は、その支払をしなければなりません。協議が調わないときには、株主または株式会社は、裁判所に対して、価格決定の申立てをすることができます。

1　趣旨

　2項が、反対株主による株式買取請求(182条の4第1項)があった場合に裁判所に対する株式の売買価格決定の申立てを反対株主に認めた趣旨は、株式の併合にかかる株式の価格の公正さを裁判で争う権利を認めることで、反対株主の保護を図る点にある。

2　条文クローズアップ

1　株式買取請求権行使の効果
2　公正な価格と認める額の支払(5項)

→5編5章総説① 2(3)(f)参照
→172条②4

第182条の6（株式の併合に関する書面等の備置き及び閲覧等） B+

1. ❶株式の併合をした株式会社は、❷効力発生日後遅滞なく、株式の併合が効力を生じた時における発行済株式（種類株式発行会社にあっては、第180条第2項第3号の種類（併合する株式の種類）の発行済株式）の総数その他の株式の併合に関する事項として法務省令で定める事項を記載し、又は記録した書面又は❸電磁的記録を作成しなければならない。
2. 株式会社は、❷効力発生日から6箇月間、前項の書面又は❸電磁的記録をその本店に備え置かなければならない。
3. ❶株式の併合をした株式会社の❹株主又は❷効力発生日に当該株式会社の株主であった者は、当該株式会社に対して、その営業時間内は、いつでも、次に掲げる請求をすることができる。ただし、第2号又は第4号に掲げる請求をするには、当該株式会社の定めた費用を支払わなければならない。
   ① 前項の書面の閲覧の請求
   ② 前項の書面の謄本又は抄本の交付の請求
   ③ 前項の❸電磁的記録に記録された事項を法務省令で定める方法により表示したものの閲覧の請求
   ④ 前項の電磁的記録に記録された事項を電磁的方法であって株式会社の定めたものにより提供することの請求又はその事項を記載した書面の交付の請求

❶182条の2第1項
❷180条2項2号
❸26条2項
❹181条1項

株式の併合をした株式会社は、効力発生日後遅れることなく、株式の併合後の発行済株式総数その他の省務法令で定める事項を記載した書面、またはそれに代わる電子記録を作成し、効力発生日から6か月間、本店に備え置いて、株主または効力発生日に株主であった者に対して、閲覧等ができるようにしなければなりません。

1 趣旨

株主に、株式併合の効力を否定するための株主総会決議取消しの訴え等を提起するかどうかの判断材料を与えるため、株式の併合に関する書面等の備置きおよび閲覧等について規定した。

2 条文クローズアップ

事後開示事項

株式の併合をした株式会社が、株式の併合に関する事項を記載した書面の内容として、事後に開示しなければならない内容は、①株式の併合が効力を生じた時における発行済株式（種類株式発行会社にあっては、併合する種類株式の発行済株式）の総数、②その他の株式の併合に関する事

項として法務省令で定める事項(会社施規33条の10)である。

②の具体的な内容は、㋐株式の併合が効力を生じた日、㋑株式の併合の差止請求にかかる手続の経過、㋒反対株主の株式買取請求による手続の経過、㋓①および㋐から㋒までに掲げるもののほか、株式の併合に関する重要な事項である。

■第2款　株式の分割

> 司H23-40-1・3(予)、H22-42-4、H18-40-オ、H18-47-オ。予H26-23-4
>
> **第183条（株式の分割）　B⁺**
> 1　株式会社は、株式の分割をすることができる。
> 2　株式会社は、株式の分割をしようとするときは、その都度、株主総会(取締役会設置会社にあっては、取締役会)の決議によって、次に掲げる事項を定めなければならない。
> ①　株式の分割により増加する株式の総数の株式の分割前の発行済株式(種類株式発行会社にあっては、第3号の種類の発行済株式)の総数に対する割合及び当該株式の分割に係る基準日
> ②　株式の分割がその効力を生ずる日
> ③　株式会社が種類株式発行会社である場合には、分割する株式の種類

株式会社は、株主総会等の決議により株式の分割を行うことができます。

→試験対策5章7節③

1　趣旨

株主分割を行う場合、分割によって端数が生じないかぎり株主の実質的地位は影響を受けないし、資本金の増加も伴わない。そこで、取締役会設置会社では取締役会で決定できるものとした。

2　語句の意味

株式の分割とは、1株を2株に、あるいは2株を3株にというように、既存の株式を細分化して従来よりも多数の株式とすることをいうが、会社法では、同一の種類の株式について一定の割合で一律にその数を増加させることを意味する(株式の計数の増加)。

3　条文クローズアップ

1　意義

株式の分割は、会社の純資産額を変動させずに株式数を増加させるから、1株あたりの純資産額を減少させ株価を引き下げる効果をもつ。そのため、株式の分割は、株式の流通性を高めるために用いられる。

株式の分割は新株がいわば無償で発行されることになるので、既存の株主に対してその持株数に応じて交付されなければならない。

2　手続

　株式の分割は、既存株主の利益に実質的影響はないので、そのつど、株主総会(取締役会設置会社では取締役会)の決議によって、①分割の割合および分割の基準日、②分割の効力発生日、③種類株式の場合は分割する株式の種類を定めて行うことができる(2項。ただし、発行する新株数に相当する授権株式数〔発行可能株式総数〕の存在は必要である)。

　会社は、現に2以上の種類の株式を発行している場合を除き、株主総会の決議によらずに、分割に応じて授権株式数を比例的に増加させる定款の変更をすることができる(184条2項)。たとえば、授権株式数5万株、発行済株式総数2万株の会社が1株を2株に分割する場合は、取締役会の決議によって、分割後の授権株式数を10万株とすることができ、1株を3株に分割する場合は、これを15万株とすることができる。

　また、株式分割にかかる基準日と株式分割の効力発生日は区別されているが、これは、基準日における株主とその持株数を確定し、各株主に割り当てる株式数を確定するという作業に要する日数を考慮して効力発生日を定めることができるようにするためである。効力発生日は、基準日から3か月以内の日でなければならない(124条2項)が、株式分割にかかる基準日と株式分割の効力発生日は同一日であっても問題ない。

　なお、株主の利益を害さない一定の場合には、株式分割と同時に単元株制度を導入し、または単元株式数を増加する場合も、株主総会決議によらないで定款変更ができる(191条)。

3　効果

　株式の分割の効力は、基準日現在の株主について、分割効力日に生じ、株主はその日に分割による株式を取得しその株主となる(184条1項)。なお、株券提出手続はないが、株式分割により1株に満たない端数が生じた場合の処理は、前述した株式の併合の場合と同様である(235条1項、2項・234条2項から5項まで)。

→235条

株式分割の差止請求の可否
　株式分割は既存株主の権利の実質的変動をもたらすものではないので、〔旧〕商法280条の10〔会社法210条〕の類推適用はなく、株式分割の差止請求は認められない(東京地決平17・7・29判時1909-87)。

H23-40-4(予)、H21-38-エ、H18-42-ウ

第184条(効力の発生等)　B⁺

1　基準日において株主名簿に記載され、又は記録されている株主(種類株式発行会社にあっては、基準日において株主名簿に記載され、又は記録されている前条第2項第3号の種類〔分割株式の種

> 類)の種類株主)は、同項第2号の日〔分割の効力発生日〕に、基準日に有する株式(種類株式発行会社にあっては、同項第3号の種類〔分割株式の種類〕の株式。以下この項において同じ。)の数に同条第2項第1号の割合〔分割の割合〕を乗じて得た数の株式を取得する。
> 2　株式会社(現に2以上の種類の株式を発行しているものを除く。)は、第466条〔定款変更〕の規定にかかわらず、株主総会の決議によらないで、前条第2項第2号の日〔分割の効力発生日〕における❶発行可能株式総数をその日の前日の発行可能株式総数に同項第1号の割合〔分割の割合〕を乗じて得た数の範囲内で増加する定款の変更をすることができる。

❶37条1項

　基準日において名簿に記載・記録されている株主は、分割が効力を生ずる日に、基準日に所有している株式の数に一定の割合を乗じて得た数の株式を取得します。また、現に2つ以上の種類の株式を発行している会社を除き、株主総会の決議によらないで、分割に応じて授権株式数を比例的に増加させる定款の変更をすることができます。

1　趣旨

　株式の分割に応じて授権株式数を比例的に増加させたとしても既存株主が受ける持分割合には変更がなく株主の利益を害することはない。そこで、2項は、株式分割に応じて授権株式数を比例的に増加させる定款変更については株主総会による必要はないと規定した。

2　条文クローズアップ

1　分割による株式の変更(1項)

　基準日(124条1項)において株主名簿に記載・記録されている株主は、基準日に有する株式数に株式分割の割合(183条2項1号)を乗じて得た数の株式を、分割の効力発生日(183条2項2号)に取得する。

2　定款変更の定めの例外(2項)

　定款で定めた発行可能株式総数の意義は、取締役等による株式発行により既存株式の持株比率が低下する場合の限界を定め、既存株主を保護することにある。もっとも、発行可能株式総数に当該株式分割における分割の割合(183条2項1号)を乗じて得た数の範囲内での発行可能株式総数の増加であれば、既存株主の持株比率低下の限界への影響はなく、株主に不利益はないため、466条・309条2項11号の規定にかかわらず株主総会特別決議によらないで、株式分割の効力発生日の発行可能株式総数を増加する定款変更ができる(184条2項)。

■第3款　株式無償割当て

司 H23-41-ア、H22-38-2、H19-45-イ

第185条（株式無償割当て）　B⁺
株式会社は、株主(種類株式発行会社にあっては、ある種類の種類株主)に対して新たに払込みをさせないで当該株式会社の株式の割当て(以下この款において「❶株式無償割当て」という。)をすることができる。

❶定

→試験対策5章7節[4]

株式会社は、株主に対して無償で新株の割当てをすることができます。

1　趣旨

従来、株式の無償割当ては株式分割の一部とされていたが、他の種類の株式を無償で交付するものであるから、株式分割の概念には包摂されないとの疑問が生じていた。そこで、株式分割とは別に、無償で持株比率に応じて株式を割り当てる制度として無償割当てを復活させた。

2　条文クローズアップ

1　株式の分割との相違点
株式無償割当ての経済的実質は、株式分割と同じであるが、株式分割とは以下の点で異なる。
　①株式の分割では、同一種類の株式の数が増加するのに対し、株式無償割当てでは、同一または異種の種類の株式を交付することができる。
　②株式の分割では、自己株式の数も増加するのに対し、株式無償割当てでは、自己株式については割当てが生じない(186条2項)。
　③株式分割では、自己株式の交付は生じない(186条2項)のに対し、株式無償割当てでは、自己株式を交付することができる。

2　手続
株式無償割当ては、そのつど、株主総会(取締役会設置会社では取締役会)の決議によって(定款で別段の定め可)、①株主に割り当てる株式の数(種類株式の場合は種類および種類ごとの数)またはその数の算定方法、②株式無償割当ての効力発生日、③種類株式の場合は無償割当てを受ける株主の有する株式の種類を定めて行う(186条1項、3項)。

3　効果
無償割当ての効力は、効力発生日に生じ、株主はその日に無償割当てを受けた株式の株主となる(187条1項)。

なお、会社は、効力発生後遅滞なく、株主(または種類株主)・登録株式質権者に、株主が割当てを受けた株式の数(または株式の種類および種類ごとの数)を通知しなければならない(187条2項)。

第185条 /293/

📙 H23-40-1・3（予）、H22-38-2

第186条（株式無償割当てに関する事項の決定）　B⁻

1　株式会社は、❶株式無償割当てをしようとするときは、その都度、次に掲げる事項を定めなければならない。
　①　株主に割り当てる株式の数（種類株式発行会社にあっては、株式の種類及び種類ごとの数）又はその数の算定方法
　②　当該株式無償割当てがその効力を生ずる日
　③　株式会社が種類株式発行会社である場合には、当該株式無償割当てを受ける株主の有する株式の種類
2　前項第1号に掲げる事項〔株式無償割当ての株式数または株式数の算定方法〕についての定めは、当該株式会社以外の株主（種類株式発行会社にあっては、同項第3号の種類の種類株主）の有する株式（種類株式発行会社にあっては、同項第3号の種類の株式〔株式無償割当てをする種類株式〕）の数に応じて同項第1号の株式〔無償割当てをされる株式〕を割り当てることを内容とするものでなければならない。
3　第1項各号に掲げる事項〔無償割当て事項〕の決定は、株主総会（取締役会設置会社にあっては、取締役会）の決議によらなければならない。ただし、定款に別段の定めがある場合は、この限りでない。

❶185条

→試験対策5章7節④【3】

　株式会社は、株式無償割当てをしようとするときは、定款に別段の定めがある場合を除き、株主総会等の決議により、割り当てる株式の数、その数の算定方法、無償割当てがその効力を生ずる日等、一定の事項を定めなければなりません。割り当てる株式の数またはその数の算定方法についての定めは、当該株式会社以外の株主の有する株式の数に応じて割り当てることを内容とするものでなければなりません。

1 趣旨

　1項は、割り当てる株式の内容等についてあえて規制を設けず、無償割当てをするつどその内容等を定めることにすることで、株式会社が株式の無償割当てをするにあたり多様なニーズ（敵対的買収に対する防衛策やストック・オプションとしての用法等）に応えられるようにした。また、2項は、株主に割り当てる株式の数またはその算定方法については、持株数に比例して割り当てることを内容とするものでなければならないとして、株主平等原則に従っている。

2 条文クローズアップ

1　株式無償割当てをする場合に定めるべき事項（1項）

　株式無償割当てをする場合は、そのつど、株主に割り当てる株式の数

またはその算定方法（1号）、株式無償割当ての効力発生日（2号）、種類株式の場合は無償割当てを受ける株主の有する株式の種類（3号）を定めなければならない。

2　平等な割当て（2項）

株主に割り当てる株式の数またはその算定方法（1項1号）についての定めは、割当てを受ける株主の有する株式の数に応じて、平等に株式を割り当てることを内容とするものでなければならない。

3　決定機関（3項）

1項で定めるべき事項の決定は、取締役会設置会社では取締役会決議、取締役会非設置会社では株主総会決議（普通決議）によって行う。ただし、定款に別段の定めをおくことも許容される。

第187条（株式無償割当ての効力の発生等）　C

1　前条第1項第1号の株式の割当て〔株式無償割当て〕を受けた株主は、同項第2号の日〔株式無償割当ての効力発生日〕に、同項第1号の株式〔割り当てる株式〕の株主となる。

2　株式会社は、前条第1項第2号の日〔株式無償割当ての効力発生日〕後遅滞なく、株主（種類株式発行会社にあっては、同項第3号の種類の種類株主〔無償割当てを受ける種類株主〕）及びその❶登録株式質権者に対し、当該株主が割当てを受けた株式の数（種類株式発行会社にあっては、株式の種類及び種類ごとの数）を通知しなければならない。

❶149条1項

株式の無償割当てを受けた株主は、決議で定めた効力発生日に当該株式の株主となります。会社は、効力発生後遅滞なく、株主等および登録株式質権者に株主が割当てを受けた株式の数等を通知しなければなりません。

→試験対策5章7節④【4】

1　趣旨

本条2項は、株式会社に株式の無償割当ての効力発生日後遅滞なく、株主およびその登録株式質権者に当該株主が割当てを受けた株式の数を通知することを義務づけている。その理由は、株券不発行会社の場合、会社による株式無償割当てにより株主が有する株式が増加しても、通知がなければその事実を株主および登録質権者が知ることができないからである。

2　条文クローズアップ

1　株式無償割当ての効力発生（1項）

株式無償割当ての効力は、当該株式無償割当ての効力発生日（186条1項2号）に生じ、株主はその日に無償割当てを受けた株式の株主となる（187条1項）。

2　株主および登録質権者への通知（2項）

株式会社は、効力発生日（186条1項2号）後、遅滞なく株主・登録質権者に対して、株主が割当てを受けた株式の数を通知しなければならない（187条2項）。違反すると過料に処せられる（976条2号）。

■第6節　単元株式数

■第1款　総　則

司H26-39-ア・オ、H21-39-1、H19-40-オ。予H27-17-2

第188条（単元株式数）　B⁺

1　株式会社は、その発行する株式について、一定の数の株式をもって株主が株主総会又は種類株主総会において1個の議決権を行使することができる1単元の株式とする旨を定款で定めることができる。
2　前項の一定の数は、法務省令で定める数を超えることはできない。
3　種類株式発行会社においては、単元株式数は、株式の種類ごとに定めなければならない。

株式会社は、一定数の株式をもって株主総会等で1個の議決権を行使できる1単元の株式とする旨を定款で定めることができます。種類株式発行会社においては、株式の種類ごとに1単元の株式数を定めなければなりません。

→試験対策5章9節

1　趣旨

株主管理コストという観点からは株式の単位を大きくすべき要請があり、他方で株式の流動性という観点からは株式の単位を小さくすべき要請がある。そこで、これらの2つの要請を巧妙に調整するために、単元株制度が創設された。

2　条文クローズアップ

1　意義

株式の単位が小さい会社では、株主管理コストの観点から、1株しか有しない株主にも株主総会での議決権を認めて、総会の招集通知と添付書類を送付することは、不合理である。そこで、単元株制度を創設し、その採用は会社の自由に任せることとした。

2　単元株制度の意義

単元株制度とは、株式の一定数をまとめたものを1単元とし、株主の議決権は1単元に1個とする制度をいう。すなわち、単元株制度は、本来、完全な株式としての権利を有すべきところ、単元未満株式には、議決権を認めない（定款の定めによって、更に権利を制限することができる）と

いう点において、権利を縮小する制度である。

会社は、定款で、一定の数の株式を1単元の株式とすることを定めることができる（1項）。ただし、あまり大きな単位を認めると株主の利益を害するので、1単元の株式数（単元株式数）の上限を法務省令で定める（2項。会社施規34条で1000および発行済株式の総数の200分の1にあたる数とされている）。定款変更により単元株制度を導入する場合には、取締役は、株主総会において、その変更を必要とする理由を開示しなければならない（会社190条）。

株式の分割をする場合には、株主の利益を害さないときには、株式分割と同時に単元株制度を導入し、または単元株式数を増加する定款の変更が株主総会の決議によらないで認められる（191条）。また、単元株式数を減少または単元株制度を廃止する場合は、株主に利益をもたらすので、株主総会の決議によらず、取締役の決定（取締役会設置会社では取締役会の決議）で定款の変更・定款の定めの廃止をすることができる（195条1項）。定款変更後遅滞なく株主等に通知または公告する（195条2項、3項）。

会社が数種の株式を発行する場合は、株式の種類ごとに1単元の株式数を定めなければならない（188条3項）。

同 H26-39-イ、H24-38-ウ、H19-40-イ・ウ

第189条（単元未満株式についての権利の制限等）　B⁺

1　単元株式数に満たない数の株式（以下「❶単元未満株式」という。）を有する株主（以下「❷単元未満株主」という。）は、その有する単元未満株式について、株主総会及び種類株主総会において議決権を行使することができない。

2　株式会社は、❷単元未満株主が当該単元未満株式について次に掲げる権利以外の権利の全部又は一部を行使することができない旨を定款で定めることができる。
　①　第171条第1項第1号〔全部取得条項付種類株式の取得〕に規定する取得対価の交付を受ける権利
　②　株式会社による取得条項付株式の取得と引換えに❸金銭等の交付を受ける権利
　③　第185条〔株式無償割当て〕に規定する株式無償割当てを受ける権利
　④　第192条第1項〔単元未満株式の買取請求〕の規定により❶単元未満株式を買い取ることを請求する権利
　⑤　残余財産の分配を受ける権利
　⑥　前各号に掲げるもののほか、法務省令で定める権利

3　❹株券発行会社は、❶単元未満株式に係る株券を発行しないことができる旨を定款で定めることができる。

❶定
❷定
❸151条1項
❹117条7項

株主は、単元未満株式については、議決権を行使することができません。株式会社は、単元未満株式について、全部取得条項付種類株式の取得対価を受ける権利、取得条項付株式の取得と引換えに金銭等の交付を受ける権利、株式無償割当てを受ける権利、単元未満株式の買取請求権、残余財産の分配を受ける権利等以外の権利の全部または一部を行使できないと定款で定めることができます。

→試験対策5章9節②【1】

1 趣旨

1項は、株主管理コスト等の観点から制度設計するうえでどうしても必要なものとして、株主総会における議決権行使を排除することとした。2項は、定款によって単元未満株式についての株主権を制限できるとしたが、単元未満株式であっても株式であり、会社に対する持分としての性質を有することから、直接に持分の消長をきたす権利については、制限することができないとした。

2 条文クローズアップ

単元未満株主の権利等
(1) 単元未満株主の議決権等

単元株制度を採用した会社では、株主は1単元について1個の議決権を有し、単元未満株式については議決権を行使することができない（1項）ものの、単元未満株式だけを有する株主も、議決権の存在を前提とする権利（たとえば議題提案権〔303条〕等）を除いて、株主としての他の諸権利はすべて有するのが原則である。もっとも、定款で株主権の全部または一部を行使できないと定めることができる（189条2項柱書。ただし2項各号の権利を除く）。

(2) 単元未満株式についての株券の不発行

株券発行会社は、単元未満株式にかかる株券を発行しないことができる旨を定款で定めることができる（3項）。

(3) 単元未満株主の買取請求権（192条）
(4) 単元未満株主の売渡請求制度（194条）

> **第190条（理由の開示） C**
> 単元株式数を定める場合には、取締役は、当該単元株式数を定める定款の変更を目的とする株主総会において、当該単元株式数を定めることを必要とする理由を説明しなければならない。

定款変更により単元株制度を導入する場合には、取締役は、株主総会において、その変更を必要とする理由を説明しなければなりません。

→試験対策5章9節①【2】

1 趣旨

会社が成立後に定款を変更して単元株制度を採用し、またはすでに当該制度を採用している会社が定款を変更して単元株式数を増加させると、単元未満株主は、議決権を行使することができなくなる等（189条1項、2項）、大きな影響を受ける。そこで、本条は、株主保護のため、定款を変更する株主総会特別決議（466条、309条2項11号）において、取締役に当該単元株式数を定めることを必要とする理由を説明することを要求している。

2 条文クローズアップ

1 単元株式数を定める場合

「単元株式数を定める場合」には、新規に単元株制度を導入し単元株式数を定める場合だけでなく、すでに単元株制度を導入している会社において単元株式数を変更する場合のうち、株主に不利益が及ぶようなかたちで単元株式数が設定される場合、すなわち、新たに単元未満株主が発生する場合も含むと解される。株主に不利益を及ぼさない場合はこれに含まれない（191条、195条1項）。

2 「単元株式数を定めることを必要とする理由」

第1に、単元株式数を定めることを必要とする理由の説明は、単元株式数変更の必要性について株主が判断できるように具体的である必要がある。第2に、その必要性は、当該会社にとっての必要性（たとえば、株主管理コストを削減するため、あるいは株価を適正な水準に引き上げるため等）でなければならず、親会社や大株主にとっての必要性ではない。第3に、導入しようとする単元株式数の定めは、会社にとって客観的に合理的である必要はない。合理性については、部外者である裁判所が当事者に代わって最良の判断をできるものではなく、株主が最終的に判断すべき性質のものだからである。もっとも、多数派株主が少数派株主を単元未満株主にして締め出すことを主たる目的として、大きな単元株式数を1単元とする定款変更決議を成立させる等の事情がある場合には、多数決の濫用として株主総会決議の取消原因になりうる（831条1項3号）。

第191条（定款変更手続の特則）　C

株式会社は、次のいずれにも該当する場合には、第466条の規定（定款の変更）にかかわらず、株主総会の決議によらないで、❶単元株式数（種類株式発行会社にあっては、各種類の株式の単元株式数。以下この条において同じ。）を増加し、又は単元株式数についての定款の定めを設ける定款の変更をすることができる。

① 株式の分割と同時に単元株式数を増加し、又は単元株式数についての定款の定めを設けるものであること。
② イに掲げる数がロに掲げる数を下回るものでないこと。
　イ　当該定款の変更後において各株主がそれぞれ有する株式の

> 数を単元株式数で除して得た数
> ロ 当該定款の変更前において各株主がそれぞれ有する株式の数（単元株式数を定めている場合にあっては、当該株式の数を単元株式数で除して得た数）

株式分割と同時に、各株主のもつ議決権が減少しないような範囲で単元株式数の設定または単元株式数の増加を行う場合には、株主総会の決議を経ずに定款変更を行うことができます。

→試験対策5章9節①【2】

1 趣旨

株式分割と同時に、各株主の有する議決権が減少しないような範囲で単元株式数の設定または単元株式数の増加を行う場合には、株主の権利内容が縮減されず、簡易な手続で単元株式数の設定や増加が行われても株主を害することはない。そこで、株主総会の決議を経ずに定款変更を行うことができるものとした。

2 条文クローズアップ

191条適用のための要件

本条によって定款変更の株主総会特別決議（466条、309条2項11号）を経ずに単元株式数を設定・増加させようとする場合、株主に不利益を及ぼさないよう次の2つの要件をみたす必要がある。

(1) 単元株式数変更と株式分割を同時に行うこと（1号）

単元株式の変更が、株式分割と異なる時点で行われると、不利益を受ける株主が発生しうるため、両者は同時に行われる必要がある。

(2) 新単元株式数と株式分割比率の関係（2号）

定款変更後の各株主の所有株式数を変更後の単元株式数で除した数（2号イ）が、定款変更前の各株主の所有株式数（単元株式数を定めている場合にあっては、変更前の各株主の所有株式数を変更前の単元株式数で除した数）（2号ロ）を下回らないことが必要となる。なぜなら、これを下回らない場合には、新たに単元未満株主を発生させることはないため、原則として、株主に不利益を及ぼすことはないからである（株式の持株比率に影響は生じうる）。

■第2款 単元未満株主の買取請求

司H26-39-ウ、H19-40-ウ

第192条（単元未満株式の買取りの請求） B

1 ❶単元未満株主は、株式会社に対し、自己の有する❷単元未満株式を買い取ることを請求することができる。
2 前項の規定による請求〔単元未満株式の買取請求〕は、その請求に係

❶189条1項
❷189条1項

る❷単元未満株式の数(種類株式発行会社にあっては、単元未満株式の種類及び種類ごとの数)を明らかにしてしなければならない。
3　第1項の規定による請求(単元未満株式の買取請求)をした❶単元未満株主は、株式会社の承諾を得た場合に限り、当該請求を撤回することができる。

　単元未満株主は、株式会社に対して、単元未満株式を買い取るよう請求できます。この請求については、株式会社の承諾を得た場合にかぎり撤回することができます。

→試験対策5章9節[2]【3】

1 趣旨

　単元未満株式は、株式ではあるが、議決権行使ができない等、一般の株式に比して譲渡しが困難であることから、単元未満株主の投下資本の回収を保障するため、買取請求権が認められた(1項)。また、買取請求の撤回を自由に認めると、買取請求をしたうえで、株式会社の買取価格と市場価格とを比べ有利なほうを選ぶ等、不当に経済的利益を得るために利用されるおそれがあるため、株式会社の承諾がある場合のみ買取請求の撤回を認めることにした(3項)。

2 条文クローズアップ

単元未満株式の株主の買取請求権

(1) 手続

　単元未満株主は、会社に対し、自己の有する単元未満株式を買い取ることを請求することができる(1項。撤回の制限につき3項)。買取請求がなされた場合において、市場価格のある株式の場合には、法務省令(会社施規36条)で定める市場価格を売買価格とし(会社193条1項1号)、市場価格のない株式の場合には、当事者で売買価格を協議し(193条1項2号)、協議が調わないときは裁判所が決定する(193条2項から4項まで)。請求の日から20日以内に裁判所に価格決定の申立てがなされないときは、最終の貸借対照表上の純資産額を基準として単元未満株式の価格を決定する(193条5項)。株式の買取りは、単元未満株式代金の支払の時に、その効力を生ずる(193条6項)。

(2) 撤回

　株式会社の承諾を得た場合にかぎり当該請求を撤回することができる(192条3項)。

第193条(単元未満株式の価格の決定)　C

1　前条第1項の規定による請求(単元未満株式の買取請求)があった場合には、次の各号に掲げる場合の区分に応じ、当該各号に定める

額をもって当該請求に係る❶単元未満株式の価格とする。
① 当該単元未満株式が市場価格のある株式である場合　当該単元未満株式の市場価格として法務省令で定める方法により算定される額
② 前号に掲げる場合以外の場合　株式会社と前条第1項の規定による請求〔単元未満株式の買取請求〕をした❷単元未満株主との協議によって定める額
2　前項第2号に掲げる場合には、前条第1項の規定による請求〔単元未満株式の買取請求〕をした❷単元未満株主又は株式会社は、当該請求をした日から20日以内に、裁判所に対し、価格の決定の申立てをすることができる。
3　裁判所は、前項の決定をするには、前条第1項の規定による請求〔単元未満株式の買取請求〕の時における株式会社の資産状態その他一切の事情を考慮しなければならない。
4　第1項の規定〔単元未満株式の買取価格の規定〕にかかわらず、第2項の期間内〔単元未満株式の買取請求の日から20日以内〕に同項の申立てがあったときは、当該申立てにより裁判所が定めた額をもって当該❶単元未満株式の価格とする。
5　第1項の規定〔単元未満株式の買取価格の規定〕にかかわらず、同項第2号に掲げる場合〔単元未満株式が市場価格のある株式でない場合〕において、第2項の期間内〔単元未満株式の買取請求の日から20日以内〕に同項の申立て〔価格決定の申立て〕がないとき（当該期間内に第1項第2号の協議〔株式会社と単元未満株主との協議〕が調った場合を除く。）は、❸1株当たり純資産額に前条第1項の規定による請求〔単元未満株式の買取請求〕に係る❶単元未満株式の数を乗じて得た額をもって当該単元未満株式の価格とする。
6　前条第1項の規定による請求〔単元未満株式の買取請求〕に係る株式の買取りは、当該株式の代金の支払の時に、その効力を生ずる。
7　❹株券発行会社は、株券が発行されている株式につき前条第1項の規定による請求〔単元未満株式の買取請求〕があったときは、株券と引換えに、その請求に係る株式の代金を支払わなければならない。

❶189条1項

❷189条1項

❸141条2項

❹117条7項

買取価格の決定は、市場価格のあるものは一定の方法で算定した額、市場価格のないものは当事者の協議で定める額とします。協議の当事者は、裁判所に対して価格の決定の申立てをすることができます。

→試験対策5章9節②【3】

1 趣旨

本条は、単元未満株主が会社に対して自己の有する単元未満株式を買い取るよう請求した場合（192条1項参照）、適切な買取価格を設定するための手続を定めることにより、単元未満株主の十分な投下資本の回収を

可能にする規定である。

2 条文クローズアップ

1 市場価格がある場合の買取価格（1項1号）

買取請求の対象である単元未満株式に市場価格がある場合、その株式の買取価格は、市場価格として法務省令で定める方法によって算定される額（1項1号）であるところ、法務省令は、原則として、請求の日の最終市場価格であるとする（会社施規36条）。

2 市場価格がない場合の買取価格（1項2号、2項から5項まで）

買取請求の対象である単元未満株式に市場価格がない場合、その株式の買取価格は、まずは会社と単元未満株主との協議によって定めることとなるが、協議が調わない場合には、当事者は買取請求（192条1項）のあった日から20日以内に、裁判所に対し、買取価格の決定の申立てをすることができる（193条2項）。この期間に申立てがない場合（この期間内に協議が調った場合には、協議によって定められた額が買取価格となる）、1株あたりの純資産額（141条2項、会社施規25条）に買取請求のあった単元未満株式数を乗じて得た額が買取価格となる（会社193条5項）。

上記期間内に申立てがある場合には、裁判所の定める額が買取価格となる（4項）。単元未満株式の買取価格について、裁判所は、買取請求の時における会社の資産状態その他いっさいの事情を考慮して決定しなければならない（3項）。

→144条1項から5項まで、7項

3 買取の効力発生等（6項、7項）

買取請求の対象となる株式の買取は、当該株式の代金の支払時にその効力を生じる（6項）。なお、株券発行会社において、株券が発行されている株式について買取請求があった場合には、買取代金の支払は株券と引換えにしなければならない（7項）。

■第3款 単元未満株主の売渡請求

司 H19-40-エ

第194条 B⁻

1 株式会社は、❶単元未満株主が当該株式会社に対して❷単元未満株式売渡請求（単元未満株主が有する❸単元未満株式の数と併せて単元株式数となる数の株式を当該単元未満株主に売り渡すことを請求することをいう。以下この条において同じ。）をすることができる旨を定款で定めることができる。

2 ❷単元未満株式売渡請求は、当該❶単元未満株主に売り渡す❸単元未満株式の数（種類株式発行会社にあっては、単元未満株式の種類及び種類ごとの数）を明らかにしてしなければならない。

3 ❷単元未満株式売渡請求を受けた株式会社は、当該単元未満株式売渡請求を受けた時に前項の❸単元未満株式の数に相当する数の

❶189条1項
❷定
❸189条1項

株式を有しない場合を除き、❹自己株式を当該❶単元未満株主に売り渡さなければならない。
4　第192条第3項〔請求の撤回の制限〕及び前条第1項から第6項までの規定〔単元未満株式の価格決定〕は、❷単元未満株式売渡請求について準用する。

❹113条4項

　会社は、単元未満株主がその単元未満株式とあわせて単元株式となるような単元未満株式数を売り渡すことを会社に請求できる旨を定款で定めることができます（1項）。この場合、株式会社は、その請求があった時に会社が譲り渡すべき単元未満株式を所有していないときを除き、自己株式をその単元未満株主に売り渡さなければなりません（3項）。

→試験対策5章9節②【4】

1 趣旨

　単元未満株主に売渡請求権を認めることにより、単元未満株主が単元株主になる機会を広げている。定款で定めるべきとされたのは、募集株式の発行等の手続によらないで、自己株式を処分することを認めるという点で、例外的な制度だからである。

2 条文クローズアップ

単元未満株式の売渡請求制度

　単元未満株式の売渡請求制度を採用するかどうかは、定款自治に委ねられている（1項）。単元未満株主の株式買取請求権（192条1項）が、単元未満株主に投下資本の回収手段を確保するために不可欠であることから、定款によっても排除できないのに対して、単元未満株式の売渡請求制度は、単元未満株主保護に不可欠の制度とまではいえず、また、採用すれば会社は手間と費用を負担することになるため、会社が定款によって採用するか否かを選択できることとされた。
　また、株式会社の承諾を得た場合にかぎり当該請求を撤回することができる（4項・192条3項）。

→192条①

■第4款　単元株式数の変更等

司 H26-39-エ、H19-40-ア
第195条　B
1　株式会社は、第466条の規定〔定款変更の規定〕にかかわらず、取締役の決定（取締役会設置会社にあっては、取締役会の決議）によって、定款を変更して単元株式数を減少し、又は単元株式数についての定款の定めを廃止することができる。
2　前項の規定により定款の変更〔単元株式の数の減少または廃止の定款の変更〕をした場合には、株式会社は、当該定款の変更の効力が生

> じた日以後遅滞なく、その株主(種類株式発行会社にあっては、同項の規定により単元株式数を変更した種類の種類株主)に対し、当該定款の変更をした旨を通知しなければならない。
> 3 前項の規定による通知〔単元株式についての定款変更をした旨の通知〕は、公告をもってこれに代えることができる。

　株式会社は、取締役の決定等により、定款を変更して単元株式数を減少し、または単元株式数の定款の定めを廃止することができます。この場合、株式会社は株主等に定款の変更をした旨の通知・公告をしなければなりません。

→試験対策5章9節①【2】

1 趣旨

　1単元の株式の数を減少させる場合または単元株の定めを廃止する場合には、各株主の権利内容を実質的に拡大するため株主にとって不利益はないと考えられる。そこで、通常の定款変更と異なり、取締役の決定(取締役会設置会社では取締役会の決議)によって、定款変更をすることができると規定した。

2 条文クローズアップ

1 簡易な定款変更手続(1項)

　本条は、一定の場合には、各株主の権利内容を実質的に拡大し、株主にとって不利益はないため、通常の定款変更のような株主総会の特別決議(466条、309条2項11号)を要することなく、取締役の決定(取締役会設置会社では取締役会決議)での定款変更を認めた。

2 単元株式数の変更等についての通知・公告(2項、3項)

　1項の規定により定款変更をした場合には、会社は、当該定款変更の効力が生じた日以後遅滞なく、各株主に対し、当該定款変更をした旨を通知しなければならない(2項)。1項の規定により定款変更がされる場合には、株主総会は開かれないため、通知がなければ、変更があったことを各株主が知る機会がないからである。なお、この通知は、公告をもって代えることができる(3項)。

■第7節　株主に対する通知の省略等

> **第196条（株主に対する通知の省略）　C**
> 1　株式会社が株主に対してする通知又は催告が5年以上継続して到達しない場合には、株式会社は、当該株主に対する通知又は催告をすることを要しない。
> 2　前項の場合には、同項の株主に対する株式会社の義務の履行を行う場所は、株式会社の住所地とする。
> 3　前2項の規定は、❶登録株式質権者について準用する。

❶149条1項

5年間通知・催告が到達しなかった株主、登録株式質権者に対しては通知・催告をする必要がなくなります。この場合、その株主および登録株式質権者に対する義務の履行地は会社の住所地となります。

→試験対策 5 章 6 節①【4】

1 趣旨

所在が不明になった株主・登録株式質権者の管理コストを削減する方策のひとつとして、株主に対する通知の省略を規定している。

2 条文クローズアップ

1 通知・催告の省略(1項)

株主が所在不明のため、通知・催告が到達しないことが明白であるにもかかわらず、会社に引き続き通知・催告を行わせるのは、会社に無用の手間と費用を負担させることとなる。そこで、1項は、そのような負担から会社を解放するため、通知・催告が5年以上株主に到達しない場合は、会社は当該株主に対する通知・催告をすることを要しないこととされた。

2 義務の履行場所(2項)

1項は、会社の株式事務合理化のために認められる措置であり、これによって所在不明株主が権利を失うわけではないが、所在が不明であるため、2項において会社の義務履行地を会社の住所地と定めた。

3 登録株式質権者への準用(3項)

> **第197条（株式の競売） C**
> 1 株式会社は、次のいずれにも該当する株式を競売し、かつ、その代金をその株式の株主に交付することができる。
> ① その株式の株主に対して前条第1項〔通知・催告が5年間到達しない場合〕又は第294条第2項〔無記名式の新株予約権証券が提出されない場合〕の規定により通知及び催告をすることを要しないもの
> ② その株式の株主が継続して5年間剰余金の配当を受領しなかったもの
> 2 株式会社は、前項の規定による競売に代えて、市場価格のある同項の株式については市場価格として法務省令で定める方法により算定される額をもって、市場価格のない同項の株式については裁判所の許可を得て競売以外の方法により、これを売却することができる。この場合において、当該許可の申立ては、取締役が2人以上あるときは、その全員の同意によってしなければならない。
> 3 株式会社は、前項の規定により売却する株式の全部又は一部を買い取ることができる。この場合においては、次に掲げる事項を定めなければならない。

> ①　買い取る株式の数（種類株式発行会社にあっては、株式の種類及び種類ごとの数）
> ②　前号の株式の買取りをするのと引換えに交付する金銭の総額
> 4　取締役会設置会社においては、前項各号に掲げる事項の決定は、取締役会の決議によらなければならない。
> 5　第１項及び第２項〔株式の競売および売却〕の規定にかかわらず、❶登録株式質権者がある場合には、当該登録株式質権者が次のいずれにも該当する者であるときに限り、株式会社は、第１項の規定による競売又は第２項の規定による売却をすることができる。
> ①　前条第３項〔登録株式質権者への準用〕において準用する同条第１項〔通知・催告が５年間到達しない場合〕の規定により通知又は催告をすることを要しない者
> ②　継続して５年間第154条第１項〔登録株式質権者による金銭の受領〕の規定により受領することができる剰余金の配当を受領しなかった者

❶149条１項

　５年間通知・催告が到達せず通知・催告を要しないとされた株主のうち、５年間剰余金の配当を受領しなかった者の株式を競売に掛け、その代金を株主に交付することができます。競売に代えて、市場価格がある場合は市場価格で、市場価格がない場合には裁判所の許可を得れば競売以外の方法で売却することもできます。この場合、株式会社は売却される株式の全部または一部を買い取ることができます。

1　趣旨

　所在が不明になった株主の管理コストを削減する方策のひとつとして、株式を売却してその代金を株主に交付する方法について定めている。

2　条文クローズアップ

１　競売・売却対象株式の競売等（１項）

　会社は、①会社からの通知・催告が５年以上継続して到達しない196条１項の所在不明株主、あるいは294条２項により会社が通知・催告を要しない株主（197条１項１号）で、かつ、②５年以上継続して剰余金の配当を受領していない株主（１項２号）の株式について、競売をすることができる。

　もっとも、株券喪失登録がなされた株券にかかる株式について、１項に基づく競売をすることはできない（230条４項）。

２　競売に代わる売却（２項）

　会社は、競売に代えて、市場価格のある同項の株式について市場価格として法務省令（会社施規38条）で定める方法により算定される額をもっ

て、市場価格のない同項の株式については裁判所の許可を得て競売以外の方法により、これを売却することができる。

もっとも、株券喪失登録がなされた株券にかかる株式について、197条2項に基づく競売に代わる売却をすることはできない(230条4項)。

3 登録株質権者の付された競売・売却対象株式の競売等(5項)

所在不明株主の株式に登録株式質権者がある場合には、上記1①、②の要件に加えて、③当該登録株式質権者に対してなす会社の通知・催告が5年以上継続して到達しない場合で、かつ、④当該登録株式質権者が5年以上継続して剰余金の配当を受領していない場合(5項)には、会社は競売(競売に代わる売却)をすることができる(1項、2項)。

4 会社による買取り(3項)

会社は、2項の規定により売却する株式の全部または一部を買い取ることができる(3項)。もっとも、会社による自己株式の取得となるため、会社は、買い取る株式数(3項1号)および株式の買取りと引換えに交付する金額の総額(3項2号)について手続規制として定めなければならない(取締役会設置会社では、上記事項の決定は取締役会決議によらなければならない〔4項〕)。また、財源規制として、買取価格の総額は分配可能額の範囲内に限定される(461条1項6号)。

第198条(利害関係人の異議) C

1 前条第1項〔株式の競売〕の規定による競売又は同条第2項〔競売に代わる売却〕の規定による売却をする場合には、株式会社は、同条第1項の株式の株主〔所在不明株主〕その他の利害関係人が一定の期間内に異議を述べることができる旨その他法務省令で定める事項を公告し、かつ、当該株式の株主及びその❶登録株式質権者には、各別にこれを催告しなければならない。ただし、当該期間は、3箇月を下ることができない。

❶149条1項

2 第126条第1項〔株主名簿に記載・記録した株主の住所への通知・催告〕及び第150条第1項〔株主名簿に記載・記録した登録株式質権者の住所への通知・催告〕の規定にかかわらず、前項の規定による催告は、株主名簿に記載し、又は記録した当該株主及び❶登録株式質権者の住所(当該株主又は登録株式質権者が別に通知又は催告を受ける場所又は連絡先を当該株式会社に通知した場合にあっては、その場所又は連絡先を含む。)にあてて発しなければならない。

3 第126条第3項及び第4項の規定〔株式共有者の1人に対する通知・催告〕にかかわらず、株式が2以上の者の共有に属するときは、第1項の規定による催告は、共有者に対し、株主名簿に記載し、又は記録した住所(当該共有者が別に通知又は催告を受ける場所又は連絡先を当該株式会社に通知した場合にあっては、その場所又は連絡先を含む。)にあてて発しなければならない。

> 4 第196条第1項〔通知・催告が5年間到達しない場合における通知・催告の省略〕(同条第3項〔登録株式質権者への準用〕において準用する場合を含む。)の規定は、第1項の規定による催告については、適用しない。
> 5 第1項の規定による公告をした場合(前条第1項の株式〔競売する株式〕に係る株券が発行されている場合に限る。)において、第1項の期間内に利害関係人が異議を述べなかったときは、当該株式に係る株券は、当該期間の末日に無効となる。

　所在不明の株主・登録株式質権者の株式を競売等により売却する場合には、株主その他利害関係人に公告し、かつ、株主・登録株式質権者に対しては、各別に催告をしなければなりません。この催告は、株主名簿上の住所等に発送しなければなりません。公告に対して利害関係人が異議を述べなかった場合は、その株券は無効になります。

1 趣旨

　所在不明の株主・登録株式質権者の株式を売却する場合に、株主その他利害関係人に異議を述べる機会を与え、保護するための手続について定めている。

2 条文クローズアップ

1 異議を述べることができる旨の公告・催告(1項)

　1項、2項に基づいて所在不明株式の株式を競売・売却するには、会社は、当該所在不明株式その他の利害関係人に当該株式の競売等を拒絶するか否かの意思を確かめる最後の機会を与えるため、一定期間内に異議を述べることができる旨その他法務省令(会社施規39条)で定める事項を公告し、かつ、当該所在不明株主およびその登録株式質権者に各別にこれを催告しなければならない(会社198条1項)。この期間内に利害関係人が異議を述べた場合には、会社は、競売等をすることができない。

2 催告の宛先(2項)

　1項の催告は、株主名簿に登録されている当該株主・当該登録株式質権者の住所宛に発するだけでなく、この住所とは別にその者が通知・催告を受ける場所・連絡先を会社に通知していた場合には、重ねて当該別の場所・連絡先宛にも発しなければならない(2項)。これは、株主その他の利害関係人にとって当該株式の競売等処分を防止する最後の機会であるため、公告に加えて会社に手段を尽くさせる趣旨であり、126条1項および150条1項の一般原則の適用を除外したものである。

3 共有株式の場合(3項)

　競売等の対象となる株式が共有株式である場合には、共有者が会社に通知した者(通知がなければ共有者の1人)に対して通知・催告しても足り

ず(126条3項、4項参照)、共有者全員に対して、株主名簿上の住所にあてて発するとともに、この住所とは別に共有者が通知・催告を受ける場所・連絡先を会社に通知していた場合には、重ねて当該別の場所・連絡先にあてても発しなければならない(198条3項)。

4　通知・催告省略の禁止(4項)

この催告は、通知・催告が継続して5年以上株主に到達しないからといって、196条1項に基づいて省略することはできない(198条4項)。

5　株券の失効(5項)

1項の公告・催告で定められた期間内に、利害関係人が異議を述べなかった場合には、株券発行会社において当該株式にかかる株券が発行されていたとき、当該株券は無効となる(5項)。事前に株券を無効とすることで株券の交付による善意取得(131条2項)を防止し、会社が確実に競売等を実施できるようにするためである。

■第8節　募集株式の発行等

■第1款　募集事項の決定等

■総　　説

1　募集株式の意義

→試験対策6章2節①

1　定義

募集株式とは、募集に応じて株式会社の発行する株式または株式会社の処分する自己株式の引受けの申込みをした者に対して割り当てる株式をいう(199条1項柱書括弧書)。

2　会社設立時の株式発行との異同

(1) 共通点

募集株式の発行等(新株発行および自己株式の処分)と、設立時の株式発行とは、会社財産の確保が1つの大きな柱になっている点で共通する。通常、新株発行は、会社の人的・物的基礎の拡大をもたらし、会社の一部設立の面をもつし、自己株式の処分は、新株発行と同様の経済的効果を会社にもたらすからである。

(2) 相違点

会社法は、公開会社について、資金調達の機動性を図るため、**授権資本制度(授権株式制度)**を採用している。ここで、授権資本制度とは、会社が将来発行する予定の数(発行可能株式総数)を定款で定めておき(37条1項、2項)、その授権の範囲内で会社が取締役会の決議等により適宜株式を発行することを認める制度をいう。このような授権資本制度のもとでは、募集株式の発行等は、会社の人的・物的基礎の拡大をもたらすとはいえ、少なくとも**公開会社**においては、**会社の業務執行に準じるもの**と解することができる。

会社設立時の株式発行と募集株式の発行等との具体的な差異は、以下

のとおりである。
　①財産的基礎の確立(物的基礎)の有無
　②会社組織の成熟度(監視機構の整備状況―人的基礎)の有無
　③事務の簡易迅速な処理の要請の有無
　④既存株主の利益の保護の必要性の有無
3　既存株主の保護
　募集株式の発行等にあたっては、会社設立時と異なり、**会社の資金調達の利益**と、**既存株主の利益**とが衝突する。両者は、募集株式の発行等におけるさまざまな問題を解決する際の視点になりうる。

2　募集株式の発行等の手続

1　募集事項の決定と公示(199条から202条まで)
2　募集株式の申込み・割当て・引受け(203条から206条の2まで)
3　現物出資(199条1項3号、200条1項前段、201条1項、なお検査役の調査について207条)
4　出資の履行・募集株式の発行等の効力発生(208条、209条)
5　引受けの無効・取消しの制限(211条)

3　株式の発行の瑕疵

1　募集株式の発行等の差止め(210条)
2　新株発行・自己株式処分の無効・不存在(828条1項2号、3号)
3　募集株式の引受人・取締役等の責任(212条、213条、213条の2、213条の3)

4　株式会社の資金調達

1　各種の資金調達手段

(1)　資金調達の分類

　株式会社が事業活動を行っていくためには、適宜にその資金を調達していかなければならない。この資金の調達源に着目すると、一般的には、資金が内部から調達されるか外部から調達されるかによって、**内部資金**と**外部資金**とに区別することができる。

　成立後の株式会社は、事業活動によって得た収益を株主に配当しないで社内に留保し、事業活動のために新たな資金とすることもできるが(内部資金)、こうした内部資金では不足の場合等、必要があれば外部から資金を調達することになる(外部資金)。

(2)　資金調達方法

　内部資金の調達(自己金融)は、利益の内部留保(未処分利益、積立金、準備金等)と減価償却などによってなされる。

　これに対して、外部資金の調達は、大きく分けて、金融機関等からの借入金と、株式や社債を発行して直接に資本市場から資金を集める方法

→試験対策6章1節

→社債　676条以下

とがある。株式と社債による資金調達を行う理由は、①通常、金融機関等からの借入れよりも安上がりであること、②株式発行や社債発行のほうが広く多数の者から資金を調達することができ、その結果、通常、巨額の資金調達が可能となるからである。

なお、会社の資金は、会社が返還義務を負うか否かによって、**他人資金（他人資本）**と**自己資金（自己資本）**とに区別される。他人資金は、金融機関等からの借入金と社債発行であり、自己資金は会社成立後の株式発行（新株発行）・自己株式の処分と内部資金である。

2　金融機関等からの借入金

金融機関等からの金銭の借入れは、業務執行の一環として、取締役（取締役会設置会社では取締役会）または代表取締役（執行役）が決定する。ただし、意思決定の慎重さを確保するため、指名委員会等設置会社以外の取締役設置会社においては、「多額の借財」は、取締役会の専決事項とされている（362条4項2号。指名委員会等設置会社については、416条1項各号参照）。

司H23-41-エ、H22-40-4、H20-36-4、H19-39-ア。予H27-25-オ。書H25-28-イ

第199条（募集事項の決定）　A

1　株式会社は、その発行する株式又はその処分する❶自己株式を引き受ける者の募集をしようとするときは、その都度、❷募集株式(当該募集に応じてこれらの株式の引受けの申込みをした者に対して割り当てる株式をいう。以下この節において同じ。)について次に掲げる事項を定めなければならない。
　①　❸募集株式の数（種類株式発行会社にあっては、募集株式の種類及び数。以下この節において同じ。）
　②　募集株式の❹払込金額（募集株式1株と引換えに払い込む金銭又は給付する金銭以外の財産の額をいう。以下この節において同じ。）又はその算定方法
　③　金銭以外の財産を出資の目的とするときは、その旨並びに当該財産の内容及び価額
　④　募集株式と引換えにする金銭の払込み又は前号の財産の給付の期日又はその期間
　⑤　株式を発行するときは、増加する資本金及び資本準備金に関する事項
2　前項各号に掲げる事項（以下この節において「❺募集事項」という。）の決定は、株主総会の決議によらなければならない。
3　第1項第2号の❹払込金額が❷募集株式を引き受ける者に特に有利な金額である場合には、取締役は、前項の株主総会において、当該払込金額でその者の募集をすることを必要とする理由を説明しなければならない。

❶113条4項
❷定
❸定
❹定
❺定

> 4　種類株式発行会社において、第1項第1号の❷募集株式の種類が譲渡制限株式であるときは、当該種類の株式に関する❺募集事項の決定は、当該種類の株式を引き受ける者の募集について当該種類の株式の種類株主を構成員とする種類株主総会の決議を要しない旨の定款の定めがある場合を除き、当該種類株主総会の決議がなければ、その効力を生じない。ただし、当該種類株主総会において議決権を行使することができる種類株主が存しない場合は、この限りでない。
> 5　❺募集事項は、第1項の募集ごとに、均等に定めなければならない。

株式会社は、株式を引き受ける者の募集をしようとするときは、募集株式の数、募集株式の払込金額、金銭以外の財産を出資するときはその旨、払込・給付の期日等を株主総会決議で決定しなければなりません。払込金額が特に有利な金額である場合には、取締役は、株主総会でその理由を説明しなければなりません。

→試験対策5章5節⑤【2】、6章2節②

1　趣旨

　非公開会社においては、通常、各株主が持株比率の維持に関心を有しているため、株主の持株比率的利益を保護する必要がある。そこで、2項は、募集事項の決定には株主総会の特別決議(309条2項5号)を要求した。
　また、株主割当て以外の方法による募集株式の発行等において、募集株式の払込金額が募集株式を引き受ける者にとって特に有利な金額である場合には、既存株主は旧株式の価値の低下による経済的損失を被ることになる。そこで、取締役は株主総会において当該払込金額によることを必要とする理由を説明しなければならない(199条3項)。
　なお、募集事項は募集ごとに均等に定めなければならない(5項)ところ、これは、募集株式の引受人間の公平を確保する趣旨である。

2　語句の意味

　募集事項とは、募集株式の数、募集株式の払込金額、金銭以外の財産を出資の目的とする旨並びに財産の内容および価額(現物出資を受ける場合のみ)、募集株式と引換えにする金銭の払込みまたは金銭以外の財産の給付の期日またはその期間、株式を発行するときの増加する資本金および資本準備金に関する事項をいう(1項各号)。

3　条文クローズアップ

1　募集事項の決定
(1)　募集事項(1項)

株式会社は、募集株式の引受人を募集するときは、そのつど以下の募集事項を定めなければならない(1項柱書)。
①募集株式の数(1号)
②募集株式の払込金額またはその算定方法(2号)
③金銭以外の財産を出資の目的とするときは、その旨ならびに当該財産の内容および価額(3号)
④募集株式と引換えにする金銭の払込みまたは3号の財産の給付の期日またはその期間(4号)
⑤株式を発行するときは、増加する資本金および資本準備金に関する事項(5号)

(2) **決定機関**
　(a)**非公開会社**
　　(i)原則
　　　非公開会社では、既存株主は持株比率の維持に関心を有しているところ、募集株式の発行等により低下した持株比率を既存株式が株式の譲受けにより回復しようとしても、会社の承認を得られない可能性があるため、持株比率的利益を保護すべき要請が強い。そこで、非公開会社では、募集事項の決定は、原則として株主総会の特別決議(2項、309条2項5号)による。
　　(ii)例外
　　　非公開会社であっても、募集株式の発行による資金調達の迅速性・機動性を確保すべき要請もある。そこで、非公開会社では、株主総会の特別決議により、募集事項の決定を取締役(取締役設置会社にあっては、取締役会)に委任することができる(200条1項前段、309条2項5号)。
　(b)**公開会社**
　　(i)原則
　　　公開会社では、募集事項の決定の特則が定められている(201条1項)。したがって、公開会社における募集事項の決定は、原則として取締役会が行う(201条1項前段)。
　　(ii)例外
　　　公開会社における募集事項の決定の特則(201条)は、いわゆる有利発行の場合には適用されない(201条1項前段、199条3項)。したがって、有利発行の場合には、公開会社であっても株主総会の特別決議(201条1項前段、199条2項、309条2項5号)により募集事項の決定を行わなければならない。
　　　もっとも、有利発行の場合であれば、株主総会の特別決議により、募集事項の決定を取締役(取締役会設置会社にあっては、取締役会)に委任することができる(201条1項後段が規定する公開会社における200条の適用除外は、201条1項前段の「第199条第3項に規定する場合を除き」という有利発行を除外する旨の規定によって、公開会社であって

→200条②1(2)

も有利発行の場合は200条が適用されるため）。

2　有利発行（3項）
(1)　意義
「特に有利な金額」とは、公正な価額と比較して、特に低い金額をいう。そして、公正な価額とは、新株発行の場合は、旧株主の利益と株式会社が有利な資金調達を実現するという利益の調和の観点から、新株発行により企図される資金調達の目的が達せられる限度で既存株主にとりもっとも有利な価額をいうと解される（裁判例）。具体的には、市場価格のある株式については、公正な価額は、払込金額決定時の株式の市場価格を基準に、その株式の価格の騰落習性、売買出来高の実績、会社財産および収益状態、配当状況、発行済株式数、新たに発行される株式数、株式市況（市場）の動向などを勘案して判断される（判例）。

他方、市場価格のない株式については、公正な価額は、たとえば株式会社の資産および収益状態、配当状況を基礎に、業種または資本構成等の類似する株式会社の株式で市場価格のあるものの市場価格を勘案して判断される。

実務上の慣行からして、公正な価額を数パーセント下回る程度であれば、「特に有利な金額」ではないといちおう推定される。取締役会で払込金額を決定してから引受人が株券を入手するまでの間に株価が下落する可能性を考慮すると、この程度のディスカウントは妥当なものと解されるからである。裁判例にも、公正な価額（通常は時価）を基準として1割程度低くとも「特に有利」とはいえないと解したものがある。また、公正な発行価額というには、その価額が、原則として、発行価額決定直前の株価に近接していることが必要であるとした裁判例もある。

(2)　有利発行にあたる場合
有利発行にあたる場合には、既存株主は、旧株式の価値の低下による経済的損失を被ることになる。そこで、この場合、取締役は、株主総会において有利発行を行うことを必要とする理由を説明しなければならない（3項）。また、この場合には、同様の理由から前述のように公開会社においても募集事項の決定は株主総会の特別決議により行うことが要求される（201条1項前段、199条2項、309条2項5号）。

3　種類株式発行会社（4項）
(1)　原則
公開会社が種類株式発行会社であり、かつ募集株式として譲渡制限種類株式を発行・処分する場合や、非公開会社であっても種類株式発行会社である場合には、募集株式である譲渡制限種類株式の種類株主が有する支配的利益を保護する必要がある。そこで、4項は、募集事項の決定は、当該種類株主総会の決議を要しない旨の定款の定めがある場合を除き、当該種類株主総会の特別決議（4項、324条2項2号）がなければ無効であると規定した。
(2)　例外

→試験対策6章2節[2]【1】(1)(a)(ⅲ)

→東京高判昭46・1・28高民集24-1-1

→判例セレクト1

→東京高判昭46・1・28高民集24-1-1

→判例セレクト3

①種類株主総会の決議を要しない旨の定款の定めがある場合(4項本文)や、②種類株主総会において議決権を行使することができる種類株主が存しない場合(4項ただし書)には、種類株主総会の決議は必要ない。これらの場合には、種類株主の利益を保護する必要がないからである。

4 募集事項の均等性(5項)

募集株式の引受人間の公平を確保するため、募集事項は、その募集ごとに、均等に定めなければならない。

1 非上場会社についての有利発行該当性

　非上場会社が株主以外の者に新株を発行するに際し、取締役会が、新株発行当時、客観的資料に基づくいちおう合理的な算定方法によって発行価額を決定していたにもかかわらず、裁判所が、事後的に、他の評価手法等により改めて株価の算定を行ったうえ、その算定結果と現実の発行価額とを比較して「特に有利な金額」にあたるか否かを判断するのは、取締役らの予測可能性を害することともなり、相当ではない。したがって、客観的資料に基づくいちおう合理的な算定方法によって発行価額が決定されていた場合には、その発行価額は、特別の事情のないかぎり「特に有利な金額」にはあたらない(最判平27・2・19民集69-1-51)。

→212条判例セレクト(1)

→210条判例セレクト1

2 有利発行該当性──「著しく不公正な払込金額」

3 市場価格ある株式においてその市場価格を「著しく不公正な払込金額」の算定基礎から排除できる場合

　株式が、市場においてきわめて異常な程度にまで投機の対象とされ、その市場価格が企業の客観的価値よりはるかに高騰し、しかも、それが株式市場における一時的現象に止まるような場合にかぎっては、市場価格を新株発行における公正な発行価格〔払込金額〕の算定基礎から排除することができるというべきである(東京地決平元・7・25判時1317-28)。

4 防衛策としての第三者割当増資の払込金額

　〔旧〕商法280条ノ2第2項〔会社法199条3項〕にいう「特ニ有利ナル発行価額」〔「特に有利な金額」〕とは、公正な発行価額〔払込金額〕よりも特に低い価額をいうところ、公正な発行価額〔払込金額〕というには、その価額が、原則として、発行価額〔払込金額〕決定直前の株価に近接していることが必要である。違法な買占めを原因に株価が上昇したのではなく、株価の上昇が一時的なものであると認めることができない場合は、発行価額決定直前の株価が1010円であるところ発行価額〔払込金額〕393円とすることは、「特ニ有利ナル発行価額」〔「特に有利な金額」〕にあたる(東京地決平16・6・1判例シリーズ25事件)。

→会社法百選24事件

第200条（募集事項の決定の委任） B⁺

1　前条第2項(総会決議による決定)及び第4項(種類株主総会決議による決定)の規定にかかわらず、株主総会においては、その決議によって、❶募集事項の決定を取締役(取締役会設置会社にあっては、

❶199条2項

取締役会)に委任することができる。この場合においては、その委任に基づいて募集事項の決定をすることができる❷募集株式の数の上限及び❸払込金額の下限を定めなければならない。

❷199条1項1号
❸199条1項2号
❹199条1項

2 前項の❸払込金額の下限が❹募集株式を引き受ける者に特に有利な金額である場合には、取締役は、同項の株主総会において、当該払込金額でその者の募集をすることを必要とする理由を説明しなければならない。

3 第1項の決議は、前条第1項第4号の期日(払込みまたは給付の期日)(同号の期間を定めた場合にあっては、その期間の末日)が当該決議の日から1年以内の日である同項の募集についてのみその効力を有する。

4 種類株式発行会社において、第1項の❹募集株式の種類が譲渡制限株式であるときは、当該種類の株式に関する❶募集事項の決定の委任は、当該種類の株式について前条第4項の定款の定め(種類株主総会の決議を不要とする定款の定め)がある場合を除き、当該種類の株式の種類株主を構成員とする種類株主総会の決議がなければ、その効力を生じない。ただし、当該種類株主総会において議決権を行使することができる種類株主が存しない場合は、この限りでない。

募集事項の決定は、株主総会決議によって募集事項の決定を取締役等に委任することができます。ただし、この場合には、株主総会において、委任に基づいて募集事項の決定をすることができる募集株式の数の上限および払込金額の下限を定めなければなりません。

→試験対策6章2節[2]【1】

1 趣旨

非公開会社の場合であっても募集株式の発行等を行うたびごとに株主総会を招集するのは煩雑であり、かつ、迅速性にも欠ける。そこで、資金調達の便宜や迅速性を図るために、1項前段は、株主総会の特別決議(309条2項5号)によって募集事項の決定を取締役(取締役会設置会社では取締役会)に委任することを認めた。また、既存株主の持株比率的利益や経済的利益を保護するために、上記委任を行う場合には、募集株式の数の上限および払込金額の下限を定めなければならないこと(200条1項後段)、および、上記決議は払込期日が当該決議の日から1年以内の日である募集についてのみその効力を有することとされた(3項)。

2 条文クローズアップ

1 募集事項の決定の委任

(1) 非公開会社の場合

非公開会社の場合、募集事項の決定は株主総会特別決議を要する(199

条2項、309条2項5号)のが原則である。もっとも、200条1項により、募集事項の決定を株主総会特別決議(1項、309条2項5号)によって取締役(取締役会設置会社にあっては取締役会)に委任することができる。

(2) 公開会社の場合

公開会社の場合には、有利発行の場合を除き、201条1項前段により募集事項の決定は取締役会によって行われる。そして、この場合には、募集事項の決定の委任を定めた本条は適用されない(201条1項後段)。

もっとも、有利発行の場合には、201条1項は適用されず、募集事項の決定は、株主総会の特別決議により行われる(199条2項、309条2項5号)。そして、この場合には、200条1項により、募集事項の決定を取締役(取締役会設置会社にあっては、取締役会)に委任することができる。

2 委任の際の定め(1項後段)

委任の際には、委任に基づいて募集事項の決定をすることができる募集株式の数の上限および払込金額の下限を定めなければならない。これは、委任の範囲を無制限とすると、募集事項の決定権限が濫用され既存株主の持株比率的利益や経済的利益が害されるおそれがあるので、株式数の上限と払込金額の下限を定めることで取締役(取締役会設置会社においては、取締役会)の権限行使の適正を担保しようとするものである。

3 取締役による理由の説明(2項)

募集事項の決定をすることができる募集株式の払込金額の下限が、募集株式を引き受ける者にとって特に有利な金額である場合には、取締役は、委任をする際の株主総会決議において当該払込金額でその者の募集をすることを必要とする理由を説明しなければならない。特に有利な金額の意義および取締役の説明義務の趣旨は、199条3項の場合と同様である。

→199条

4 委任の有効期間(3項)

募集事項の決定の委任の決議は、当該株主総会の日から、募集株式の払込みまたは給付の期日(払込みまたは給付の期間を定めた場合にはその期間の末日)が、1年以内の日である募集についてのみその効力を有する。これは、委任期間に制限を設けて、取締役(取締役会設置会社にあっては、取締役会)の権限濫用を防止するための規定である。また、1年という期間は、定時株主総会ごとに委任が可能となるように配慮したものである。

5 種類株式発行会社(4項)

(1) 原則

種類株式発行会社においては、募集株式の種類が譲渡制限株式である場合には、当該種類の株式に関する募集事項の決定の委任は、当該種類株主総会の特別決議(4項、324条2項2号)がなければその効力を生じない。これは、募集株式である譲渡制限種類株式の種類株主が有する支配的利益を保護するための規定であり、199条4項と同趣旨である。

→199条③3

(2) 例外

①種類株主総会の決議を要しない旨の定款の定めがある場合(200条4項本文)や、②種類株主総会において議決権を行使することができる種類株主が存しない場合(4項ただし書)には、種類株主総会の決議は必要ない。これらの場合には、種類株主の利益を保護する必要がないからである。

> 司H20-36-4。予H27-25-オ。書H25-28-ア
> **第201条（公開会社における募集事項の決定の特則） A**
> 1　第199条第3項に規定する場合〔特に有利な金額での募集の場合〕を除き、公開会社における同条第2項〔募集事項の決定〕の規定の適用については、同項中「株主総会」とあるのは、「取締役会」とする。この場合においては、前条〔募集事項決定の委任〕の規定は、適用しない。
> 2　前項の規定により読み替えて適用する第199条第2項〔募集事項の決定〕の取締役会の決議によって❶募集事項を定める場合において、市場価格のある株式を引き受ける者の募集をするときは、同条第1項第2号に掲げる事項〔募集株式の払込金額またはその算定方法〕に代えて、公正な価額による払込みを実現するために適当な❷払込金額の決定の方法を定めることができる。
> 3　公開会社は、第1項の規定により読み替えて適用する第199条第2項〔募集事項の決定〕の取締役会の決議によって❶募集事項を定めたときは、同条第1項第4号の期日〔払込みまたは給付の期日〕(同号の期間を定めた場合にあっては、その期間の初日)の2週間前までに、株主に対し、当該❸募集事項(前項の規定により払込金額の決定の方法を定めた場合にあっては、その方法を含む。以下この節において同じ。)を通知しなければならない。
> 4　前項の規定による通知は、公告をもってこれに代えることができる。
> 5　第3項の規定は、株式会社が❸募集事項について同項に規定する期日の2週間前までに金融商品取引法第4条第1項から第3項までの届出〔有価証券の募集・売出しの届出〕をしている場合その他の株主の保護に欠けるおそれがないものとして法務省令で定める場合には、適用しない。

❶199条2項

❷199条1項2号

❸定

公開会社においては、払込金額が特に有利な金額である場合を除き、募集事項の決定は株主総会ではなく取締役会が行います。取締役会の決議によって募集事項を定めたときは、払込期日または払込期間の初日の2週間前までに株主に対して当該募集事項を通知し、または公告しなければなりません。

→試験対策6章2節[2]【1】

1　趣旨

第201条 /319/

公開会社では、株式の発行による迅速な資金調達が重要であることに加え、株主は市場から株式を取得することで、株主の持株比率的利益を容易に回復することができる。そこで、公開会社の場合、募集事項の決定は原則として取締役会決議によることとされた（1項前段）。

　ただし、株式の発行が特に有利な金額で行われる場合には、既存株主の利益を保護するために、公開会社であっても株主総会特別決議が要求される（201条1項前段、199条2項、3項、309条2項5号）。

2　条文クローズアップ

1　公開会社における募集事項の決定（1項）

(1)　原則

　公開会社においては、募集事項の決定は原則として株主総会決議ではなく取締役会決議によらなければならない（1項前段、199条2項）。

(2)　例外

　いわゆる有利発行の場合（199条3項）には、既存株主は、旧株式の価値の低下による経済的損失を被ることになる。そこで、この場合には募集事項の決定は、株主総会の特別決議により行わなければならない（201条1項前段、199条2項、309条2項5号）。

　もっとも、この場合であっても、募集事項の決定を株主総会特別決議によって取締役会へ委任することができる（200条1項前段、309条2項5号、有利発行においては201条1項後段が適用されないため）。

2　市場価格のある株式の払込金額の決定方法（2項）

　公開会社において、取締役会決議により募集事項を定める場合に、市場価格のある株式を引き受ける者の募集をするときは、払込金額またはその算定方法に代えて、公正な価額による払込みを実現するために適当な払込金額の決定の方法を定めることができる（2項）。これは、払込金額はできるだけ払込期日または期間における株価に近接していることが要請される一方、募集事項の決定は、募集事項の公示との関係で、払込期日（払込期間を定めた場合には、その期間の初日）の2週間前までにしなければならないという制約（3項、4項）に配慮した規定である。

　また、公正な価額による払込みを実現するために適当な払込金額の決定方法としては、たとえば、ブックビルディング方式があげられる。これは、証券会社が機関投資家などに需要状況調査を行って払込金額を決定する方式である。

3　募集事項の公示

(1)　通知・公告（3項、4項）

　募集株式の発行等は、既存株主の持株比率的利益や経済的利益に重大な影響を与えうる。もっとも、公開会社では、有利発行にあたらないかぎり、募集事項の決定は取締役会によりなされ、既存株主が募集株式の発行等に関与する機会がない。そこで、3項および4項は、既存株主に募集事項を知らせることで既存株主が自己の利益を確保する機会（たと

えば差止請求〔210条〕)を保障するために、払込期日(払込期間を定めた場合にはその期間の初日)の2週間前までに募集事項の通知・公告をすべきことを要求した。

(2) 通知・公告が不要な場合(5項)

公開会社が、払込期日(払込期間を定めた場合にはその期間の初日)の2週間前までに金融商品取引法4条1項から3項までの届出をしている場合その他の株主の保護に欠けるおそれがないものとして法務省令で定める場合には、通知・公告は不要である(会社201条5項)。

株主の保護に欠けるおそれがないものとして法務省令で定める場合は、会社法施行規則40条に規定されており、株式会社が、払込期日(払込期間を定めた場合にはその期間の初日)の2週間前までに、金融商品取引法の規定に基づき、有価証券届出書、発行登録書および発行登録追補書類、有価証券報告書、四半期報告書、半期報告書、臨時報告書(会社201条3項所定の募集事項に相当する事項をその内容とするものにかぎる。また、いずれも訂正書類を含む)の届出または提出をしている場合であって、内閣総理大臣が当該期日の2週間前の日から当該期日までに継続して金融商品取引法の規定に基づき当該書類を公衆の縦覧に供しているときとされている。

これらの場合には既存株主も一般投資家に対する情報開示手段によって、募集事項の内容を知ることができるからである。

公開会社で募集事項の通知・公告を怠った場合の新株発行の効力

新株発行に関する事項の公示(〔旧〕商法280条ノ3ノ2〔会社法201条3項、4項〕に定める公告または通知)は、株主が新株発行差止請求権(〔旧〕商法280条ノ10〔会社法210条〕)を行使する機会を保障することを目的として会社に義務付けられたものであるから、新株発行の公示を欠くことは、新株発行差止請求をしたとしても差止めの事由がないためこれが許容されないと認められる場合でないかぎり、新株発行の無効原因となると解するのが相当である(最判平9・1・28判例シリーズ27事件)。

→会社法百選28事件

司H21-38-オ、H20-39-3、H19-39-ア。予H27-17-1。書H25-28-イ

第202条(株主に株式の割当てを受ける権利を与える場合) A

1　株式会社は、第199条第1項の募集〔発行する株式または処分する自己株式の引受人の募集〕において、株主に株式の割当てを受ける権利を与えることができる。この場合においては、❶募集事項のほか、次に掲げる事項を定めなければならない。
　　① 株主に対し、次条第2項の申込み〔募集株式の引受けの申込み〕をすることにより当該株式会社の❷募集株式(種類株式発行会社にあっては、当該株主の有する種類の株式と同一の種類のもの)

❶199条2項201条3項

❷199条1項

の割当てを受ける権利を与える旨
　②　前号の募集株式の引受けの申込みの期日
2　前項の場合には、同項第1号の株主(当該株式会社を除く。)は、その有する株式の数に応じて❷募集株式の割当てを受ける権利を有する。ただし、当該株主が割当てを受ける❸募集株式の数に1株に満たない端数があるときは、これを切り捨てるものとする。

❸199条1項1号

3　第1項各号に掲げる事項〔株主に募集株式の割当てを受ける権利の付与、募集株式の引受けの申込期日〕を定める場合には、❶募集事項及び同項各号に掲げる事項は、次の各号に掲げる場合の区分に応じ、当該各号に定める方法によって定めなければならない。
　①　当該募集事項及び第1項各号に掲げる事項を取締役の決定によって定めることができる旨の定款の定めがある場合(株式会社が取締役会設置会社である場合を除く。)　取締役の決定
　②　当該募集事項及び第1項各号に掲げる事項を取締役会の決議によって定めることができる旨の定款の定めがある場合(次号に掲げる場合を除く。)　取締役会の決議
　③　株式会社が公開会社である場合　取締役会の決議
　④　前3号に掲げる場合以外の場合　株主総会の決議
4　株式会社は、第1項各号に掲げる事項〔株主に募集株式の割当てを受ける権利の付与、募集株式の引受けの申込期日〕を定めた場合には、同項第2号の期日〔募集株式の引受けの申込期日〕の2週間前までに、同項第1号の株主〔募集株式の割当てを受ける権利を付与される株主〕(当該株式会社を除く。)に対し、次に掲げる事項を通知しなければならない。
　①　❶募集事項
　②　当該株主が割当てを受ける❸募集株式の数
　③　第1項第2号の期日〔募集株式の引受けの申込期日〕
5　第199条第2項から第4項まで〔総会決議での募集事項の決定、特に有利な金額での募集の特則、種類株主総会決議での募集事項の決定〕及び前2条の規定〔募集事項の決定の委任、公開会社による募集事項の決定の特則〕は、第1項から第3項までの規定により株主に株式の割当てを受ける権利を与える場合には、適用しない。

　株式会社は、株主に株式の割当てを受ける権利を与えることができます。この場合においては、①募集事項のほか、②株主に割当てを受ける権利を与える旨、および③引受けの申込日を定めなければなりません。
　②の株主は、その所有する株式数に応じて募集株式の割当てを受ける権利をもちます。

→試験対策6章2節②【1】(2)

1 趣旨

非公開会社においては、既存株主の持株比率的利益や経済的利益を保護する必要があるため株主割当ての場合の募集事項の決定は、原則として株主総会の特別決議によることとされている（3項4号、309条2項5号）。ただし、迅速な手続を望む会社もありうることから、募集事項を取締役の決定（取締役会設置会社においては取締役会の決議）により定めることができる旨の定款の定めがある場合には、当該定めに従うことができる（202条3項1号、2号）。
　これに対して、公開会社の場合においては、資金調達の機動性が重視されるため、株主割当ての場合の募集事項の決定は取締役会決議によることとされている（3項3号）。

2　条文クローズアップ

1　決定事項（1項）
　株主割当てを行う場合においては、199条の募集事項のほか、①株主に対し、引受けの申込みをすることにより、当該株式（種類株式発行会社にあっては、当該株主の有する種類の株式と同一の種類のもの）の割当てを受ける権利を与える旨（202条1項1号）、②募集株式の引受けの申込みの期日（2号）を定めなければならない。

2　株主割当ての効果（2項）
　株主割当てを受けた株主は、その有する株式の数に応じて募集株式の割当てを受ける権利を有する。これにより、株主は自己の持株比率を維持することが可能となる。
　ただし、当該株主が割当てを受ける募集株式の数に1株に満たない端数があるときは、これを切り捨てるものとする。これは、1株未満の端数を付与することができない（株式不可分の原則）ので、株主平等原則の例外を定めたものである。

3　募集事項等の決定方法（3項）
(1)　非公開会社の場合
　非公開会社の場合、既存株主は通常、持株比率の維持に関心を有しているところ、株主割当ての場合であっても、株主が募集株式の引受けの申込み、および払込みをしなければ、持株比率の低下による不利益や旧株式の価値の低下による経済的損失を被るおそれがある。そこで、募集事項等の決定は、原則として株主総会の特別決議によることとされている（3項4号、309条2項5号）。
　もっとも、株主が迅速な手続による株式の発行を望むこともありうる。そこで、募集事項等の決定を取締役の決定（取締役会設置会社にあっては、取締役会決議）により定めることができる旨の定款の定めがある場合には、その定めに従うことが認められている（202条3項1号、2号）。

(2)　公開会社の場合
　公開会社においては、迅速かつ機動的な資金調達を可能にすべき要請が強い。そこで、募集事項等の決定は、取締役会決議によるとされてい

る(3項3号)。

4　株主への通知(4項)

株式会社は、1項各号に掲げる募集事項を定めた場合には、募集株式の引受けの申込期日の2週間前までに株主に対し、①募集事項、②当該株主が割当てを受ける募集株式の数、③引受けの申込期日を通知しなければならない(4項1号から3号まで)。これは、株主に申込みの機会を与えるための規定である。

5　適用除外(5項)

199条2項から4項まで、200条および201条の規定は、202条1項から3項までの規定により株主に株式の割当てを受ける権利を与える場合には、適用されない。

1　通知が必要な事項

〔旧〕商法280条ノ5第1項〔会社法202条4項〕の事項は、株主が新株引受権を行使するにつき必要とされる事項を列挙したものにすぎず、その行使につき株式申込証拠金に払込みという条件を付することも、同条項により通知を要する(最判昭45・11・12民集24-12-1901)。

2　失念株と株主の募集株主の割当てを受ける権利

株主総会決議により、一定の日現在の株主に新株引受権(募集株式の割当てを受ける権利)が与えられた場合、その株主とは、その日時において実質上株主であるか否かを問わず、株主名簿に登録されていて会社に対抗できる株主である(最判昭35・9・15判例シリーズ17事件)。

3　会社の過失による名義書換え未了と株主の募集株主の割当てを受ける権利

適法な名義書換請求にもかかわらず、会社の過失によって名義書換えをしなかった場合には、名義書換請求をした者を株主として取り扱うことを要し、譲渡人たる名簿上の株主が会社に対してした新株〔募集株式の〕引受申込みは無効である(最判昭41・7・28判例シリーズ16事件)。

→会社法百選15事件

■第2款　募集株式の割当て

第203条（募集株式の申込み）　B

1　株式会社は、第199条第1項の募集〔発行する株式または処分する自己株式の引受人の募集〕に応じて❶募集株式の引受けの申込みをしようとする者に対し、次に掲げる事項を通知しなければならない。
　①　株式会社の商号
　②　❷募集事項
　③　金銭の払込みをすべきときは、払込みの取扱いの場所
　④　前3号に掲げるもののほか、法務省令で定める事項
2　第199条第1項の募集〔発行する株式または処分する自己株式の引受人

❶199条1項

❷199条2項、201条3項

の募集)に応じて❶募集株式の引受けの申込みをする者は、次に掲げる事項を記載した書面を株式会社に交付しなければならない。
① 申込みをする者の氏名又は名称及び住所
② 引き受けようとする募集株式の数
3　前項の申込みをする者は、同項の書面の交付に代えて、政令で定めるところにより、株式会社の承諾を得て、同項の書面に記載すべき事項を電磁的方法により提供することができる。この場合において、当該申込みをした者は、同項の書面を交付したものとみなす。
4　第1項の規定は、株式会社が同項各号に掲げる事項を記載した金融商品取引法第2条第10項に規定する目論見書を第1項の申込みをしようとする者に対して交付している場合その他❶募集株式の引受けの申込みをしようとする者の保護に欠けるおそれがないものとして法務省令で定める場合には、適用しない。
5　株式会社は、第1項各号に掲げる事項について変更があったときは、直ちに、その旨及び当該変更があった事項を第2項の申込みをした者(以下この款において「❸申込者」という。)に通知しなければならない。
6　株式会社が❸申込者に対してする通知又は催告は、第2項第1号の住所(当該申込者が別に通知又は催告を受ける場所又は連絡先を当該株式会社に通知した場合にあっては、その場所又は連絡先)にあてて発すれば足りる。
7　前項の通知又は催告は、その通知又は催告が通常到達すべきであった時に、到達したものとみなす。

株式会社は、募集株式の引受けの申込みをしようとする者に対して、会社の商号、募集事項等を通知しなければなりません。引受けの申込みは、申込者の氏名および住所、引き受けようとする募集株式の数等を記載した書面を交付しなければなりません。

1 趣旨

1項は、引受けの申込みをしようとする者に対する情報提供のため、募集事項等の通知を義務づけている。また、通知義務さえ課しておけば、必ずしも方式を法律で強制する必要はないため、通知すべき事項のほかに特段の方式は定められていない。4項は、目論見書等により会社と株式に関する事項が開示されるのであれば、重ねて通知で開示する必要はないため、このような場合に通知義務を課さないこととしている。

2 条文クローズアップ

申込み

株式会社は、募集株式の引受けの申込みをしようとする者に対し、法が定める**事項**を通知し（1項。なお、5項から7項まで）、その申込みをする者は、一定事項を記載した書面を交付して申し込む（2項。電磁的方法でも可能である〔3項〕）。ただし、**総株引受け**（買取引受け〔1人が募集株式のすべてを引き受ける契約をする〕）の場合（205条）は、この手続は不要である。

> 📖 H25-28-ウ
> ### 第204条（募集株式の割当て）　B
> 1　株式会社は、❶申込者の中から❷募集株式の割当てを受ける者を定め、かつ、その者に割り当てる募集株式の数を定めなければならない。この場合において、株式会社は、当該申込者に割り当てる❸募集株式の数を、前条第2項第2号の数〔申込者が引き受ける予定の募集株式の数〕よりも減少することができる。
> 2　❷募集株式が譲渡制限株式である場合には、前項の規定による決定は、株主総会（取締役会設置会社にあっては、取締役会）の決議によらなければならない。ただし、定款に別段の定めがある場合は、この限りでない。
> 3　株式会社は、第199条第1項第4号の期日〔払込みまたは給付の期日〕（同号の期間を定めた場合にあっては、その期間の初日）の前日までに、❶申込者に対し、当該申込者に割り当てる❸募集株式の数を通知しなければならない。
> 4　第202条〔株主に株式の割当てを受ける権利を付与する場合〕の規定により株主に株式の割当てを受ける権利を与えた場合において、株主が同条第1項第2号の期日〔募集株式の引受けの申込期日〕までに前条第2項の申込み〔募集株式の引受けの申込み〕をしないときは、当該株主は、❷募集株式の割当てを受ける権利を失う。

❶203条5項
❷199条1項

❸199条1項1号

→試験対策6章2節②【2】(2)

株式会社は、申込者のなかから割当てを受ける者およびその者に割り当てる数を定めなければなりません。募集株式が譲渡制限株式の場合は、株主総会等の決議による必要があります。会社は払込み等の期日、または期間の初日の前日までに、申込者に対して割り当てる募集株式数を通知しなければなりません。株主割当ての場合、申込みの日までに株主が申込みをしないときは、その株主は割当ての権利を失います。

1　趣旨

本条は、だれに何株の募集株式を割り当てるかについて株式会社に裁量を与える（割当自由の原則）とともに、株主の割当てを受ける権利について規律することで、株式会社の株式の割当てについて適切な運用を図ることを趣旨としている。

2 条文クローズアップ

1 割当自由の原則

会社は、株主割当て(202条)および募集株式の総数を引き受ける旨の契約を締結した相手方(205条)を除き、申込者のうちだれを引受人とするか、何株引き受けさせるかの決定を裁量で行うことができる(204条1項)。会社を代表する取締役または執行役が、この割当てをする権限を有する。もっとも、募集株式が譲渡制限会社である場合には、割当自由の限界として、割当の決定権者は、定款に別段の定めがないかぎり、株主総会(取締役会設置会社にあっては、取締役会)である(2項)。

2 失権効

株主に株式の割当てを受ける権利を与えた場合において、株主が申込みの期日までに申込みをしないときは、当該株主は、募集株式の割当てを受ける権利を失う(4項)。これを**失権効**という。

第205条（募集株式の申込み及び割当てに関する特則）　B⁺

1　前2条の規定〔募集株式の申込みおよび割当て〕は、❶募集株式を引き受けようとする者がその総数の引受けを行う契約を締結する場合には、適用しない。
2　前項に規定する場合において、❶募集株式が譲渡制限株式であるときは、株式会社は、株主総会(取締役会設置会社にあっては、取締役会)の決議によって、同項の契約の承認を受けなければならない。ただし、定款に別段の定めがある場合は、この限りでない。

---

❶199条1項

募集株式を引き受けようとする者が、そのすべての引受けをする契約を締結した場合には、申込みの際の通知や、割当ての決議等の規定(203条、204条)は適用されません。もっとも、引受けの対象となる募集株式が譲渡制限株式であるときは、株主総会(取締役会)の決議で上記契約の承認を受ける必要があります。

→試験対策6章2節②【2】

1 趣旨

募集株式を引き受けようとする者がその総数の引受けを行う契約を締結する場合、あらかじめ特定の者との契約によって募集株式の総数の引受けがなされるので、申込手続(203条)や割当手続(204条)は必要ない。そこで、205条1項は、これらの規定が適用されないことを定めた。また、譲渡制限株式の場合、株式の譲渡について事前に株主総会決議(取締役会設置会社においては取締役会決議)による承認が必要とされていることから(139条1項)、譲渡制限株式の募集についても同様に制約をするのが相当である。そこで、改正会社法では205条2項で譲渡制限株式

の総数引受けについては株主総会決議(取締役会設置会社においては取締役会決議)による承認が必要であるとした。

2 条文クローズアップ

契約がある場合の募集株式の割当て

本条は、申込みおよび割当てによって引受人を定める方法以外に、募集株式を引き受けようとする者と株式会社との契約によって引受人を定める方法をも認めたものである。

この方法をとるためには、募集株式を引き受けようとする者が1人であることまでは必要ではなく、2人以上を相手方とする契約によって募集株式の総数が引き受けられる場合であっても、申込みおよび割当てに関する規定を適用しないこととすることができる(1項)。

また、平成26年改正により、募集株式が譲渡制限株式であるときは、総数引受契約が締結される場合であっても、株式会社は、株主総会決議(会社が取締役会設置会社の場合には、取締役会の決議)によって、総数引受契約の承認を受ける必要があるとされた(2項)。

もっとも、定款によって別段の定めをおけば、上記決議による承認を不要とすることができる(2項ただし書)。

第206条（募集株式の引受け）　B

次の各号に掲げる者は、当該各号に定める❶募集株式の数について❷募集株式の引受人となる。
① ❸申込者　株式会社の割り当てた募集株式の数
② 前条第1項の契約〔総数引受契約〕により募集株式の総数を引き受けた者　その者が引き受けた募集株式の数

❶199条1項1号
❷199条1項
❸203条5項

申込者は、会社が割り当てた募集株式の数について募集株式の引受人となり、募集株式の総数を引き受ける契約をした者は、その者が引き受けた募集株式の数について募集株式の引受人となります。

→試験対策6章2節[2]【2】

1 趣旨

本条1号は、募集株式について、承諾である割当てが申込みに対する変更を含んだものであっても、新たな申込みとみなされず(民528条参照)、割当てによって引受契約が成立するとした。民法上の意思表示の規定の例外を定めたものである。会社法206条2号は1号の例外として205条の規定による総数引受けの場合には、会社からの通知も割当ても必要ないため、引き受けるとただちに引受人となるとした。

第206条の2（公開会社における募集株式の割当て等の特則）　A

1　公開会社は、❶募集株式の引受人について、第1号に掲げる数の第2号に掲げる数に対する割合が2分の1を超える場合には、第199条第1項第4号の期日〔払込みまたは給付の期日〕（同号の期間を定めた場合にあっては、その期間の初日）の2週間前までに、株主に対し、当該引受人（以下この項及び第4項において「❷特定引受人」という。）の氏名又は名称及び住所、当該特定引受人についての第1号に掲げる数その他の法務省令で定める事項を通知しなければならない。ただし、当該特定引受人が当該公開会社の❸親会社等である場合又は第202条〔株主に株式の割当てを受ける権利を付与する場合〕の規定により株主に株式の割当てを受ける権利を与えた場合は、この限りでない。
　①　当該引受人（その❹子会社等を含む。）がその引き受けた募集株式の株主となった場合に有することとなる議決権の数
　②　当該募集株式の引受人の全員がその引き受けた募集株式の株主となった場合における総株主の議決権の数
2　前項の規定による通知は、公告をもってこれに代えることができる。
3　第1項の規定にかかわらず、株式会社が同項の事項について同項に規定する期日の2週間前までに金融商品取引法第4条第1項から第3項までの届出〔有価証券の募集・売出しの届出〕をしている場合その他の株主の保護に欠けるおそれがないものとして法務省令で定める場合には、第1項の規定による通知は、することを要しない。
4　総株主（この項の株主総会において議決権を行使することができない株主を除く。）の議決権の10分の1（これを下回る割合を定款で定めた場合にあっては、その割合）以上の議決権を有する株主が第1項の規定による通知又は第2項の公告の日（前項の場合にあっては、法務省令で定める日）から2週間以内に❷特定引受人（その❹子会社等を含む。以下この項において同じ。）による❶募集株式の引受けに反対する旨を公開会社に対し通知したときは、当該公開会社は、第1項に規定する期日の前日までに、株主総会の決議によって、当該特定引受人に対する募集株式の割当て又は当該特定引受人との間の第205条第1項の契約〔総数引受契約〕の承認を受けなければならない。ただし、当該公開会社の財産の状況が著しく悪化している場合において、当該公開会社の事業の継続のため緊急の必要があるときは、この限りでない。
5　第309条第1項〔総会の決議要件〕の規定にかかわらず、前項の株主総会の決議は、議決権を行使することができる株主の議決権の過半数（3分の1以上の割合を定款で定めた場合にあっては、そ

❶199条1項

❷定

❸2条4号の2

❹2条3号の2

の割合以上)を有する株主が出席し、出席した当該株主の議決権の過半数(これを上回る割合を定款で定めた場合にあっては、その割合以上)をもって行わなければならない。

　公開会社が募集株式の割当て等を行い、それにより、総株主の議決権の2分の1以上の議決権をもつ株主が出現する場合は、支配株主の異動があり、当該公開会社は、株主へ事前の通知・公告を行わなければなりません。

→試験対策6章2節[2]【1】(1)(a)(iv)

　また、総株主の議決権の10分の1以上の議決権をもつ株主が当該募集株式の割当て等に反対する旨を通知したときは、株主総会の承認を必要とします。ただし、当該会社の財産状況が著しく悪化している場合において、事業の継続のため緊急の必要があるときは、株主総会の承認は不要となります。

1 趣旨

　公開会社において募集株式の発行等により支配株主の異動が生じた場合、支配株主の異動は会社の経営のあり方にも重大な影響を及ぼすことになる。そこで、株主に対する情報開示を充実させる必要性があることから、通知・公告を要求している。

　また、支配株主の異動を伴う募集株式の発行等は、会社経営のあり方に重大な影響を及ぼすとともに会社の基礎を変更する行為といえる。そこで、株主の意思を問う必要性があることから、一定の場合には株式会社の承認を必要している。

　もっとも、公開会社においては、機動的な資金調達を可能とするために、原則として取締役会の決議により募集株式の発行等の決定を行うことができる(199条2項、201条1項)。この機動的な資金調達の確保という趣旨を害さないために、事業の継続のため緊急の必要性がある場合には株主総会の承認は不要とした。

2 語句の意味

　割当て等とは、204条1項により株式会社が申込者のなかから募集株式の割当てを受ける者を定めた場合および205条により募集株式を引き受けようとする者がその総数の引受けを行う契約(総数引受契約)を締結する場合をいう。

3 条文クローズアップ

1 支配株主の異動を伴う場合の株主への通知
(1) 通知・公告が要求される場合

　支配株主の異動を伴う場合には、株主に対する通知・公告が要求される。すなわち、「当該引受人(その子会社等を含む。)がその引き受けた募集株式の株主となった場合に有することとなる議決権の数」(1項1号)を分子とし、「当該募集株式の引受人の全員がその引き受けた募集株式

の株主となった場合における総株主の議決権の数」(1項2号)を分母として、議決権の保有割合を計算し、その割合が2分の1を超えるときには株主に対する通知・公告が要求される(1項)。

　分子となる引受人の保有議決権の数は、引受人がみずから保有する議決権に、その子会社等が有する議決権数を足したものとされている。これは、引受人が、その子会社の有する議決権を子会社等を通して間接的に行使することができることを理由としている。

$$\frac{\text{当該引受人(その子会社等を含む)がその引き受けた募集株式の株主となった場合に有することとなる議決権の数}}{\text{当該募集株式の引受人の全員がその引き受けた募集株式の株主となった場合における総株主の議決権の数}} > \frac{1}{2} \rightarrow 通知公告$$

　なお、特定引受人が①公開会社の親会社等である場合、または②202条の規定により株主に株式の割当てを受ける権利を与える場合には、通知・公告は要求されない。①の場合は、募集株式発行の前から特定引受人が当該会社を支配しているため、支配株主の異動が生じないことを理由としている。また、②の場合は、すべての株主に均等に募集株式を引き受ける権利が与えられていることから株主の保護が十分であると考えられることを理由としている。

(2)　**具体的な通知・公告内容**

　具体的な通知・公告内容としては、特定引受人の氏名または名称および住所、当該特定引受人がその引き受けた募集株式の株主となった場合に有することとなる議決権の数、その他法務省令で定める事項(会社施規42条の2)である。法務省令で定める事項は以下のとおりである。

　㋐特定引受人の氏名または名称および住所
　㋑特定引受人(その子会社等を含む。後記㋪および㋺において同じ)がその引き受けた募集株式の株主となった場合に有することとなる議決権の数
　㋒㋑の募集株式にかかる議決権の数
　㋓募集株式の引受人の全員がその引き受けた募集株式の株主となった場合における総株主の議決権の数
　㋔特定引受人に対する募集株式の割当てまたは特定引受人との間の総株引受契約(会社205条1項)の締結に関する取締役会の判断およびその理由
　㋕社外取締役をおく株式会社において、㋔の取締役会の判断が社外取締役の意見と異なる場合には、その意見
　㋖特定引受人に対する募集株式の割当てまたは特定引受人との間の総株引受け契約の締結に関する監査役、監査等委員会または監査委員会の意見

2　通知・公告

　株主に対する通知(206条の2第1項)は、公告をもって代えることができる(2項)。また、払込期日(または払込期間の初日)の2週間前までに金

融商品取引法4条1項から3項までの届出をしている場合その他の株主の保護に欠けるおそれがないものとして法務省令で定める場合（会社施規42条の3）には、通知を要しない（206条の2第3項）。法務省令で定める場合とは、払込期日（払込期間を定めた場合にはその期間の初日）の2週間前までに、金融商品取引法の規定に基づき会社法施行規則40条各号に掲げる書類（会社施規42条の2第1項各号に掲げる事項に相当する事項をその内容とするものにかぎる）の届出または提出をしている場合（当該書類に記載すべき事項を金融商品取引法の規定に基づき電磁的方法により提供している場合を含む）であって、内閣総理大臣が当該期日の2週間前の日から当該期日まで継続して同法の規定に基づき当該書類を公衆の縦覧に供しているときをいう。

→201条②3(2)

3 株主総会の承認を要する場合

(1) 総株主の議決権の10分の1以上の議決権を有する株主が、通知等の日から2週間以内に特定引受人による株式の引受けに反対する旨を、会社に通知したときは、当該会社は株主総会の決議によって募集株式の割当等の承認を受けなければならない（4項本文）。
　この承認の決議は、会社の経営を支配する者を決定するという点で、取締役の選任決議と類似する面があることから、取締役の選任決議と同様の決議要件（定足数にかかる特則が付された普通決議。341条参照）となっている（206条の2第5項）。

(2) 会社の財産の状況が著しく悪化している場合において、当該会社の事業の継続のため緊急の必要があるときには、株主総会の承認は要求されない（4項ただし書）。この要件は、倒産の危機が迫っている場合など、株主総会を開催していては公開会社の存立自体が危ぶまれるような緊急の事態が生じている場合にはじめて充足されると考えられている。

4 公開会社による募集株式の割当て等であること

本条は公開会社による募集株式の割当て等に適用される。非公開会社が本条の適用対象とされていない理由は、非公開会社が募集株式の割当て等を行う場合には、株式総会での特別決議を要するとされている（199条2項、309条2項5号）ため、本条を適用する必要性がないことにある。

■第3款　金銭以外の財産の出資

第207条　B

1　株式会社は、第199条第1項第3号〔金銭以外の財産の出資についての事項〕に掲げる事項を定めたときは、❶募集事項の決定の後遅滞なく、同号の財産（以下この節において「❷現物出資財産」という。）の価額を調査させるため、裁判所に対し、検査役の選任の申立てをしなければならない。

2　前項の申立てがあった場合には、裁判所は、これを不適法とし

❶199条2項、201条3項
❷定

て却下する場合を除き、検査役を選任しなければならない。
3 　裁判所は、前項の検査役を選任した場合には、株式会社が当該検査役に対して支払う報酬の額を定めることができる。
4 　第２項の検査役は、必要な調査を行い、当該調査の結果を記載し、又は記録した書面又は❸電磁的記録（法務省令で定めるものに限る。）を裁判所に提供して報告をしなければならない。

❸26条２項

5 　裁判所は、前項の報告について、その内容を明瞭にし、又はその根拠を確認するため必要があると認めるときは、第２項の検査役に対し、更に前項の報告を求めることができる。
6 　第２項の検査役は、第４項の報告をしたときは、株式会社に対し、同項の書面の写しを交付し、又は同項の❸電磁的記録に記録された事項を法務省令で定める方法により提供しなければならない。
7 　裁判所は、第４項の報告を受けた場合において、❷現物出資財産について定められた第199条第１項第３号の価額〔現物出資財産の価額〕（第２項の検査役の調査を経ていないものを除く。）を不当と認めたときは、これを変更する決定をしなければならない。
8 　❹募集株式の引受人（❷現物出資財産を給付する者に限る。以下この条において同じ。）は、前項の決定により現物出資財産の価額の全部又は一部が変更された場合には、当該決定の確定後１週間以内に限り、その❺募集株式の引受けの申込み又は205条第１項の契約〔総数引受契約〕に係る意思表示を取り消すことができる。

❹定

❺199条１項

9 　前各項の規定は、次の各号に掲げる場合には、当該各号に定める事項については、適用しない。
① 　❹募集株式の引受人に割り当てる株式の総数が発行済株式の総数の10分の１を超えない場合　当該募集株式の引受人が給付する現物出資財産の価額
② 　現物出資財産について定められた第199条第１項第３号の価額〔現物出資財産の価額〕の総額が500万円を超えない場合　当該現物出資財産の価額
③ 　現物出資財産のうち、市場価格のある❻有価証券について定められた第199条第１項第３号の価額〔現物出資財産の価額〕が当該有価証券の市場価格として法務省令で定める方法により算定されるものを超えない場合　当該有価証券についての現物出資財産の価額

❻33条10項２号

④ 　現物出資財産について定められた第199条第１項第３号の価額〔現物出資財産の価額〕が相当であることについて弁護士、弁護士法人、公認会計士、監査法人、税理士又は税理士法人の証明（現物出資財産が不動産である場合にあっては、当該証明及び不動産鑑定士の鑑定評価。以下この号において同じ。）を受けた

場合　当該証明を受けた現物出資財産の価額
⑤　現物出資財産が株式会社に対する金銭債権(弁済期が到来しているものに限る。)であって、当該金銭債権について定められた第199条第1項第3号の価額(現物出資財産の価額)が当該金銭債権に係る負債の帳簿価額を超えない場合　当該金銭債権についての現物出資財産の価額
10　次に掲げる者は、前項第4号に規定する証明(専門家の証明)をすることができない。
①　取締役、会計参与、監査役若しくは執行役又は支配人その他の使用人
②　❹募集株式の引受人
③　業務の停止の処分を受け、その停止の期間を経過しない者
④　弁護士法人、監査法人又は税理士法人であって、その社員の半数以上が第1号又は第2号に掲げる者のいずれかに該当するもの

　金銭以外の財産を出資の目的と定めた場合には、この財産(現物出資財産)の価額について裁判所の選任する検査役の調査を受けなければなりません。検査役は調査の結果を裁判所に報告し、裁判所は募集事項として定められた現物出資財産の価額を不当と認めたときは、変更する決定をしなければなりません。もっとも、現物出資財産の価額が少額であるとき、不当評価のおそれのないとき、および専門家による証明書があるときは、検査役の調査を必要としません。

→試験対策6章2節②【3】(3)

1 趣旨

　目的物を過大に評価して不当に多くの株式が与えられると、会社債権者を害するおそれがあることは設立時と変わりない。そこで、評価の適正性を担保するために、裁判所の選任した検査役による調査手続について規定した。もっとも、目的物の評価の適正性について特段の問題が生じない場合には、会社債権者を害するおそれが低いため、例外的に検査役による調査手続を不要としている。

2 条文クローズアップ

1　検査役の調査手続等(1項から4項まで)

　募集設立の際に現物出資を定めた株式会社は、原則として裁判所に対して検査役の選任の申立てをしなければならない(1項)。これを受けた裁判所は、検査役を選任し(2項)、検査役に支払う報酬を定める(3項)。選任された検査役は、必要な調査を行い、調査結果を裁判所に報告しなければならない(4項)。

2　裁判所の変更権(7項)

検査役の報告を受けた裁判所が、目的物の評価額が不当であると認めたときは、決定でこれを変更しなければならない。

3　現物出資者の引受取消権（8項）

裁判所による評価額の変更に不服がある現物出資者は、変更の決定の確定後1週間以内であれば引受けを取り消すことができる。

4　検査役による調査手続が不要である場合（9項）

募集株式の引受人に割り当てる株式の総数が発行済株式の総数の10分の1を超えない場合（1号）等には、検査役による調査手続が不要とされている。また、現物出資財産が株式会社に対する金銭債権である場合、一定の要件のもとに検査役による調査手続が不要とされている（5号）。

■第4款　出資の履行等

司H19-39-ウ・エ。書H23-28-イ

第208条（出資の履行）　B

1　❶募集株式の引受人（❷現物出資財産を給付する者を除く。）は、第199条第1項第4号の期日（払込みまたは給付の期日）又は同号の期間（払込みまたは給付の期間）内に、株式会社が定めた❸銀行等の払込みの取扱いの場所において、それぞれの募集株式の❹払込金額の全額を払い込まなければならない。

2　❶募集株式の引受人（❷現物出資財産を給付する者に限る。）は、第199条第1項第4号の期日（払込みまたは給付の期日）又は同号の期間（払込みまたは給付の期間）内に、それぞれの募集株式の❹払込金額の全額に相当する現物出資財産を給付しなければならない。

3　❶募集株式の引受人は、第1項の規定による払込み又は前項の規定による給付（以下この款において「❺出資の履行」という。）をする債務と株式会社に対する債権とを相殺することができない。

4　❺出資の履行をすることにより❶募集株式の株主となる権利の譲渡は、株式会社に対抗することができない。

5　❶募集株式の引受人は、❺出資の履行をしないときは、当該出資の履行をすることにより募集株式の株主となる権利を失う。

❶199条1項
❷207条1項
❸34条2項
❹199条1項2号
❺定

→試験対策6章2節②【4】

募集株式の引受人は、払込期日または払込期間内に払込取扱場所で払込金額の全額の払込みをし、現物出資全部の給付をしなければなりません。出資の履行により株主となる権利の譲渡は、株式会社に対抗することはできません。出資の履行をしないときはその引受人は株主となる権利を失います。

1　趣旨

1項は、株主の間接有限責任性を確保するため募集株式の引受人の、払込金額の全額払込み、現物出資財産の全部給付を要求している。4項は、株主名簿の整備、株券発行事務の渋滞防止を図るため、出資の履行

をすることにより募集株主の株主となる権利の譲渡は会社に対抗できないとしている。

2 条文クローズアップ

現物出資者

会社設立の際には、発起人のみが現物出資をなしうるが（58条1項3号。なお34条、63条参照）、募集株式の発行等の際には、現物出資財産を給付する者について制限はない（208条2項参照）。

1 現物出資の効力
新株発行に際し、不動産を現物出資する者が移転登記手続に必要な書類を払込期日までに会社に交付しなかったときは、現物出資は遡及して効力を失う（東京地判昭38・10・31判タ154-115）。

2 新株申込証拠金の適法性
会社が株主に新株引受権〔募集株式の割当てを受ける権利〕を付与するにあたり、その新株引受権の行使に条件を付することは、その条件が不法ないし不合理なものでなく、かつ、それが法定の期間内に各株主に通知されるかぎり、許されるものであり、会社がその資金計画を予定どおり達成するため、必要最小限度の期日を見込んで申込期間を定め、株式申込みの際に、払込金額と同額の申込証拠金を添えることを要求することはそれ自体不当または不合理とはいえない（最判昭45・11・12民集24-12-1901）。

3 見せ金と公正証書原本不実記載罪
増資の際、株式の払込みは、当初から真実の払込みとして会社資金を確保させる意図はなく、会社と名目的な引受人との合意に基づき、引受人が会社自身または他から一時借り入れた金員をもって単に払込みの外形を整えた後、会社においてただちに上記払込金を払い戻して、借入金の返済等にあて、あるいは払込金を会社名義の定期預金としたうえこれに質権を設定したものであり、会社が取得した引受人に対する債権および上記定期預金債権が会社の実質的な資産とは認められない本件事案のもとにおいては、上記払込みは、仮装のものであって、商業登記簿の原本に増資の記載をさせた行為は、公正証書原本不実記載罪（刑157条）にあたる（最決平3・2・28判例シリーズ8事件）。

→会社法百選102事件

第209条（株主となる時期等） B

1 ❶募集株式の引受人は、次の各号に掲げる場合には、当該各号に定める日に、❷出資の履行をした募集株式の株主となる。
  ① 第199条第1項第4号の期日〔払込みまたは給付の期日〕を定めた場合　当該期日
  ② 第199条第1項第4号の期間〔払込みまたは給付の期間〕を定めた場合　出資の履行をした日

❶199条1項
❷208条3項

2 ❶募集株式の引受人は、第213条の2第1項各号に掲げる場合〔払込みまたは給付の仮装の場合〕には、当該各号に定める支払若しくは給付又は第213条の3第1項〔出資の履行の仮装へ関与した取締役等の責任〕の規定による支払がされた後でなければ、❷出資の履行を仮装した募集株式について、株主の権利を行使することができない。

3 前項の❶募集株式を譲り受けた者は、当該募集株式についての株主の権利を行使することができる。ただし、その者に悪意又は重大な過失があるときは、この限りでない。

募集株式の引受人は、払込期日を定めた場合にはその期日に、払込期間を定めた場合には出資の履行をした日に、株主となります。

→試験対策6章2節[2]【4】(2)

1 趣旨

募集株式の引受人は、募集株式の払込金額の払込等を仮装した場合には、株式会社に対し、払込みを仮装した払込金額の全額の支払等をする義務を負う(213条の2第1項)。そして、これらの義務が履行されない間は、本来拠出されるべき財産が拠出されていない以上、募集株式の引受人に株主の権利の行使を認めるべきではない。そこで、209条2項はこれらの義務が履行された後でなければ、株主の権利を行使することができないとした。

→試験対策6章3節[5]

2 条文クローズアップ

1 出資の履行を仮装した株主の権利行使(2項)

出資の履行を仮装した募集株式の引受人は、213条の2第1項の義務を履行し、または取締役等が213条の3第1項の義務を履行した後でなければ、株主の権利を行使することができない。なお、ここにいう株主の権利には、配当受領等の自益権のみならず、株主総会における議決権等の共益権も含まれる。

→平成26年改正

2 株式譲受人の権利行使(3項)

募集株式の譲受人は、悪意または重大な過失がないかぎり、株主の権利を行使することができる。これは、出資の履行が仮装されたことを知らずに募集株式を譲り受けた者については株主の権利の行使を認めることで取引の安全を保護するための規定である。

■第5款 募集株式の発行等をやめることの請求

第210条　A

次に掲げる場合において、株主が不利益を受けるおそれがあるときは、株主は、株式会社に対し、第199条第1項の募集〔発行する株式または処分する自己株式の引受人の募集〕に係る株式の発行又は❶自己株式

❶113条4項

株式

> の処分をやめることを請求することができる。
> ① 当該株式の発行又は自己株式の処分が法令又は定款に違反する場合
> ② 当該株式の発行又は自己株式の処分が著しく不公正な方法により行われる場合

会社が法令・定款に違反し、または著しく不公正な方法で、募集にかかる株式の発行または自己株式の処分をし、株主が不利益を受けるおそれがある場合には、株主は会社に対してその差止めを請求することができます。

→試験対策6章3節②

1 趣旨

募集にかかる株式の発行または自己株式の処分が法令・定款に違反する場合や著しく不公正な方法による場合に、株主が不利益を受けるのを防止するため、事前の救済手段として株主に募集株式の発行等の差止請求を認めた。

2 条文クローズアップ

1 株主の取締役の行為に対する差止請求(360条)との異同

本条の**差止請求権**は、株主の取締役の行為に対する差止請求(360条)と似ているが、360条の差止請求が取締役の違法行為により不利益を受ける会社の利益保護のための制度であるのに対して、本条の差止請求は不利益を受ける株主自身の利益保護のための制度である点で異なる。

2 要件

(1) 法令・定款違反または著しく不公正な方法によること

(a)「法令又は定款に違反する場合」(1号)

法令とは、募集株式の発行等に関する具体的な義務を定める法令の規定を意味する。たとえば、株主総会または取締役会の決議あるいは取締役の決定(199条から201条まで)を欠く発行等や、払込金額その他募集事項が不均等な発行等(199条5項)、現物出資について検査役による調査等が必要とされる場合にそれを欠く発行等(207条)等がある。取締役・執行役の一般的義務(355条、419条2項、330条・民644条、会社402条3項・民644条)違反は、ここでいう法令違反に含まれない。

定款違反とは、授権の枠を超えたり、定款に定めていない種類の株式を発行したりする場合である。たとえば、発行可能株式総数(会社113条)を超える発行、定款に定めのない種類株式(108条)の発行または発行可能種類株式総数(114条)を超える発行、定款に別段の定めがないにもかかわらず株主総会(取締役会設置会社では取締役会)の決議(204条2項)によらずに行った譲渡制限株式の割当ての決定、定款に別段の定めがないにもかかわらず種類株主総会の決議(199条4項、200条4項。324条2項2号)を経ないでする譲渡制限株式の発行等、などがあ

る。

(b)「著しく不公正な方法」(2号)

「著しく不公正な方法」による募集株式の発行等とは、法令または定款の具体的規定には違反しないが、その発行等が著しく公正を欠く場合のことである。どのような場合に「著しく不公正な方法」による募集株式の発行等にあたるか争いがあるが、裁判例の多くは、資金調達の目的であっても、他方で、会社の支配権を強化・維持する目的がある場合には、主要な目的を基準として、「著しく不公正な方法」による募集株式の発行等にあたるかを判断すべきであるとしている（**主要目的ルール**）。すなわち、資金調達の目的があっても、主要な目的が、会社の支配権を強化・維持することにある場合には、「著しく不公正な方法」による募集株式の発行等にあたるとするものである。主要目的ルールで不公正発行か否かを判断するのは、休眠会社でもないかぎり、会社には資金需要が大なり小なり存在する以上、資金調達の必要がまったくないといえる場合は普通存在しないからである。

(2) 株主が不利益を受けるおそれがあるときであること

募集株式の発行等による株主の不利益には、経済的不利益（株価の値下がり、配当の減少等）と、会社支配に関する不利益（持株比率・議決権比率の低下）とがある。これらは、株主が株主たる資格において有する利益が害される場合をいい、第三者として不利益を受ける場合を含まない。

3 差止めの時期・方法

(1) 時期

募集株式の発行等の差止めは、違法または不公正な募集株式の発行等を事前に阻止する制度である。したがって、募集株式の発行等の差止めの請求は、募集株式の発行等の効力発生（払込期日または払込期間の初日）前までにすることを要する。

(2) 方法

裁判外で会社に対して直接差止めの請求をしてもよいが、この請求は訴訟で行うこともでき、その訴えを本案として発行差止めの仮処分を求めることができる（民保23条2項）。

4 新株発行の差止請求を無視する発行の効力

株主による差止請求を無視してなされた新株発行の効力、特に新株発行の差止請求の訴えが提起され、裁判所による差止めの仮処分または判決があったにもかかわらず、これに反して新株発行がなされた場合の効力につき争いがある。

たしかに、裁判外の差止請求は差止請求権の濫用も予想されるから、裁判外の差止請求の無視は、無効事由とする必要はないと考えられる。しかし、差止めの仮処分または判決がなされた場合は、裁判所の公権的判断が示されており、新株発行を有効とすることは、裁判による法秩序の維持という司法制度の目的に反し、また、株主保護のために差止めを

認めた立法趣旨にも反する。

したがって、差止めの仮処分または判決を無視して行われた新株発行は、無効事由になると解すべきである。判例も、仮処分命令に違反して新株発行がなされた場合において、無効原因になるとしている。

→判例セレクト2

1 著しく不公正な方法

(1) 株式会社においてその支配権につき争いがある場合に、従来の株主の持株比率に重大な影響を及ぼすような数の新株が発行され、それが第三者に割り当てられる場合、その新株発行が特定の株主の持株比率を低下させ現経営者の支配権を維持することを主要な目的としてされたものであるときは、その新株発行は不公正発行にあたるというべきであり、また、新株発行の主要な目的が上記のところにあるとはいえない場合であっても、その新株発行により特定の株主の持株比率が著しく低下されることを認識しつつ新株発行がされた場合、その新株発行を正当化させるだけの合理的な理由がないかぎり、その新株発行もまた不公正発行にあたるというべきである（東京地決平元・7・25判時1317-28）。

→199条判例セレクト2

(2) 会社法210条2号に規定される「著しく不公正な方法」による新株の発行とは、不当な目的を達成する手段として新株の発行が利用される場合をいうと解されるところ、会社の支配につき争いがあり、既存の株主の持株比率に重大な影響を及ぼすような数の新株が発行され、それが第三者に割り当てられる場合に、その新株の発行が既存の株主の持株比率を低下させ現経営者の支配権を維持することを主要な目的としてされたものであるときは、不当な目的を達成する手段として新株の発行が利用される場合にあたるというべきである。（東京地決平20・6・23金判1296-10）。

(3) 経営陣が予定する業務資本提携の内容等が現経営陣の地位確保に直結するものではなく、本件新株発行が資金調達および新たな事業パートナーの必要性等に裏づけられたひとつの経営判断といいうることからすると、ただちに、本件新株発行を、現経営陣が大株主らの影響力を排除し自己保身を図ることを目的としてしたものと断ずることはできず、仮にそのような目的があったとしても、本件新株発行に伴う副次的効用として意図した以上のものということは困難といわざるを得ない。したがって、本件新株発行は、「著しく不公正な方法」による発行であるとは認められない（仙台地決平26・3・26平26重判・商法2事件）。

2 発行差止仮処分違反の新株発行の効力

〔旧〕商法280条ノ10〔会社法210条〕に基づく新株発行差止請求訴訟を本案とする新株発行差止めの仮処分命令があるにもかかわらず、あえて上記仮処分命令に違反して新株発行がされた場合には、上記仮処分命令違反は、同法280条ノ15〔会社法828条1項2号〕に規定する新株発行無効の訴えの無効原因となるものと解するのが相当である（最判平5・12・16判例シリーズ28事件）。

→828条判例セレクト2(6)

→会社法百選100事件

■第6款　募集に係る責任等

> 書H25-28-オ
> **第211条（引受けの無効又は取消しの制限）　B**
> 1　民法第93条ただし書〔相手方が悪意・有過失の場合の心裡留保による無効〕及び第94条第１項〔虚偽表示の無効〕の規定は、❶募集株式の引受けの申込み及び割当て並びに第205条第１項の契約〔総数引受契約〕に係る意思表示については、適用しない。
> 2　❶募集株式の引受人は、第209条第１項〔株主になる時期〕の規定により株主となった日から１年を経過した後又はその株式について権利を行使した後は、錯誤を理由として募集株式の引受けの無効を主張し、又は詐欺若しくは強迫を理由として募集株式の引受けの取消しをすることができない。

❶199条１項

　心裡留保による無効(民93条ただし書)や虚偽表示による無効(民94条１項)の規定は、募集株式の引受けの申込み、割当て、総株引受けには適用されません。また、募集株式の引受人は、株主となった日から１年を経過した後や株式について権利を行使した後は錯誤無効や詐欺・強迫を理由とする取消しを主張することはできません。

→試験対策６章２節②【5】

1　趣旨

　法律関係の安定化を図るために、募集株式の引受けの申込み、割当て、総株引受けについては心裡留保・虚偽表示による無効を主張できないとし、錯誤による募集株式の引受けの無効または詐欺・強迫による取消しを主張できる期間を制限する旨を定めている。

2　条文クローズアップ

1　心裡留保・通謀虚偽表示の規定の不適用（１項）
　募集株式の引受けの申込み、割当て、総株引受契約においては、心裡留保・虚偽表示による無効はいっさい主張できない。

2　錯誤・詐欺・強迫を理由とした取消し・無効主張の期間制限（２項）
　募集株式の引受人は、株主となった日から１年経過後または株式についての権利行使後は錯誤無効・詐欺・強迫取消しを主張できない。

> **第212条（不公正な払込金額で株式を引き受けた者等の責任）　A**
> 1　❶募集株式の引受人は、次の各号に掲げる場合には、株式会社に対し、当該各号に定める額を支払う義務を負う。

❶199条１項

> ①　取締役(指名委員会等設置会社にあっては、取締役又は執行役)と通じて著しく不公正な❷払込金額で募集株式を引き受けた場合　当該払込金額と当該募集株式の公正な価額との差額に相当する金額
> ②　第209条第1項〔株主になる時期〕の規定により募集株式の株主となった時におけるその給付した❸現物出資財産の価額がこれについて定められた第199条第1項第3号の価額〔現物出資財産の価額〕に著しく不足する場合　当該不足額
> 2　前項第2号に掲げる場合において、❸現物出資財産を給付した❶募集株式の引受人が当該現物出資財産の価額がこれについて定められた第199条第1項第3号の価額〔現物出資財産の価額〕に著しく不足することにつき善意でかつ重大な過失がないときは、募集株式の引受けの申込み又は第205条第1項の契約〔総数引受契約〕に係る意思表示を取り消すことができる。

❷199条1項2号

❸207条1項

→試験対策6章3節④

　募集株式の引受人は、取締役等と通謀して著しく不公正な払込金額で引き受けた場合、または現物出資財産として給付した財産の価額が募集事項の決定において定めた価額に著しく不足する場合には、それぞれの差額を支払う義務を負います。ただし、給付した現物出資財産の価額が著しく不足することを知らず、かつ、知らないことについて重大な過失がないかぎり、申込みや総株引受けにかかる意思表示を取り消すことができます。

1　趣旨

　1項は、会社財産を確保するという見地から、取締役等と通謀して不公正な払込金額で引き受けた場合や給付された現物出資財産の価額が募集事項の決定において定めた価額に著しく不足する場合に引受人に責任を負わせたものである。2項は、現物出資財産の価額は出資の目的とする時点では必ずしも明らかでなく、また取締役と通謀していない場合が通常であって常に引受けを有効としたまま引受人に填補責任を負わせると酷な場合がありうることから、善意無重過失の場合は意思表示を取り消せるとしている。

2　条文クローズアップ

1　引受人の責任

(1)　取締役等と通じて著しく不公正な払込金額で引き受けた場合

　取締役(指名委員会等設置会社にあっては、取締役または執行役)と通じて著しく不公正な払込金額で募集株式を引き受けた場合は、当該払込金額と当該募集株式の公正な価額との差額に相当する金額を支払う義務を負う。

(2)　現物出資財産が募集事項の決定において定めた価額に著しく不足す

る場合

現物出資財産の価額が募集事項の決定において定めた価額に著しく不足する場合は、その不足額を支払う義務を負う。

(3) 代表訴訟

(1)(2)のような不当な引受けをなした株式引受人の責任追及については、株主代表訴訟が認められている(847条1項本文)。この責任追及は、本来、会社の代表取締役(349条4項)(指名委員会等設置会社では、代表執行役〔420条3項〕)によってなされるべきものである。しかし、引受人ととりわけ取締役・執行役と通謀して著しく不公正な払込金額で引き受けた引受人の責任の追及を取締役・執行役に期待することは、実際上困難な場合が少なくない。そこで、特に株主代表訴訟を認めた。

2 現物出資者の取消権

現物出資財産を給付した募集株式の引受人が、当該現物出資財産の価額が募集事項の決定において定めた価額に著しく不足することにつき善意無重過失であるときは、募集株式の引受けの申込みまたは総株引受契約にかかる意思表示を取り消すことができる。

「著しく不公正な払込金額」とは

(1) 価額決定にあたって発行価額〔払込金額〕決定前の当該会社の株価、株価の騰落習性、売買出来高の実績、会社の資産状態、収益状態、配当状況、発行済株式数、新たに発行される株式数、株式市況の動向、これから予測される新株の消化可能性等の諸事情が客観的資料に基づいて斟酌され、価額決定のためにとられた算定方法が合理的であるということができ、かつ、発行価額〔払込金額〕が価額決定直前の株価に近接している場合は、上記価額は、特別の事情がないかぎり、〔旧〕商法280条ノ11第1項〔会社法212条1項1号〕に定める「著シク不公正ナル発行価額」〔著しく不公正な払込金額〕にあたらない(最判昭50・4・8 判例シリーズ23事件)。

(2) 発行価額〔払込金額〕が、その決定時における発行会社の株式の市場価格、企業の資産状態および収益力、株式市況の見透し等を総合したうえ、さらに株式申込時までの株価変動の危険および新株式〔募集株式〕発行により生じる株式の需給関係の状況等をも考慮して決定されたときは、発行会社の有する企業の客観的価値を反映した公正かつ適正なものということができ、発行会社が上場されている場合には、株価は、企業の資産状況および収益力等を反映しその客観的価値を示すものであるから、新株式の発行価額〔募集株式の払込金額〕は、多くの場合、価額決定当時の時価の15パーセント減以内の価額となるべきものとすることも理由のないことではないが、株式市場もひとつの競争市場である以上、企業の客観的価値以外の投機的思惑その他の人為的な要素によって、株価が企業の客観的価値を反映することなく異常に騰落することもあるのであって、市場価格が1株145円であるときに、1株70円の発行価額〔払込金額〕で新株〔募集株式〕を発行することも、

→199条判例セレクト1

不公正な発行価額〔払込金額〕とはいえない（東京高判昭48・7・27判例シリーズ24事件）。

→会社法百選96事件

📖H25-28-エ
第213条（出資された財産等の価額が不足する場合の取締役等の責任）　A

1　前条第1項第2号に掲げる場合〔現物出資財産の価額が著しく不足する場合〕には、次に掲げる者(以下この条において「❶取締役等」という。)は、株式会社に対し、同号に定める額〔不足額〕を支払う義務を負う。

　①　当該募集株式の引受人の募集に関する職務を行った業務執行取締役(指名委員会等設置会社にあっては、執行役。以下この号において同じ。)その他当該業務執行取締役の行う業務の執行に職務上関与した者として法務省令で定めるもの

　②　❷現物出資財産の価額の決定に関する株主総会の決議があったときは、当該株主総会に議案を提案した取締役として法務省令で定めるもの

　③　現物出資財産の価額の決定に関する取締役会の決議があったときは、当該取締役会に議案を提案した取締役(指名委員会等設置会社にあっては、取締役又は執行役)として法務省令で定めるもの

2　前項の規定にかかわらず、次に掲げる場合には、❶取締役等は、❷現物出資財産について同項の義務を負わない。

　①　現物出資財産の価額について第207条第2項の検査役〔現物出資財産の検査役〕の調査を経た場合

　②　当該取締役等がその職務を行うについて注意を怠らなかったことを証明した場合

3　第1項に規定する場合には、第207条第9項第4号に規定する証明〔専門家の証明〕をした者(以下この条において「❸証明者」という。)は、株式会社に対し前条第1項第2号に定める額〔不足額〕を支払う義務を負う。ただし、当該証明者が当該証明をするについて注意を怠らなかったことを証明したときは、この限りでない。

4　❹募集株式の引受人がその給付した❷現物出資財産についての前条第1項第2号に定める額〔不足額〕を支払う義務を負う場合において、次の各号に掲げる者が当該現物出資財産について当該各号に定める義務を負うときは、これらの者は、連帯債務者とする。

　①　❶取締役等　第1項の義務
　②　❸証明者　前項本文の義務

❶定

❷207条1項

❸定

❹199条1項

給付した現物出資財産の価額が募集事項の決定において定めた価額に著しく不足する場合には、取締役等は、現物出資財産について検査役の調査を経た場合や任務懈怠がなかったことを証明した場合でなければ、差額を支払う義務を負います。また、証明者も、証明につき注意を怠らなかったことを証明しない場合は差額を支払う義務を負います。これらの者が負う責任と引受人の責任は連帯債務となります。

→試験対策6章3節④【2】(2)

1 趣旨

　本条は、取締役に差額支払義務という責任を負う危険を予告することによって、取締役に現物出資の評価を慎重にさせ、過大評価を未然に防ぐことを目的とするとともに、取締役がなお過大評価をした場合に、既存株主が被った損害の簡便な回復手段を与えることを目的としている。

2 条文クローズアップ

1 差額支払義務を負う者

(1) 取締役等

　募集株式の引受人の募集に関する職務を行った業務執行取締役(指名委員会等設置会社にあっては、執行役)、その他当該業務執行取締役の行う業務の執行に職務上関与した者として法務省令(会社施規44条各号)で定める者(会社213条1項1号)、現物出資財産の価額の決定に関する株主総会の決議があったときは、当該株主総会に議案を提案した取締役として法務省令(会社施規45条各号)で定める者(会社213条1項2号)、現物出資財産の価額の決定に関する取締役会の決議があったときは、当該取締役会に議案を提案した取締役(指名委員会等設置会社にあっては、取締役または執行役)として法務省令(会社施規46条)で定める者(会社213条1項3号)は差額支払義務を負う。

(2) 証明者

　現物出資財産の価額が相当であることについて証明した弁護士、弁護士法人、公認会計士、監査法人、税理士または税理士法人は差額支払義務を負う(3項)。

2 差額支払義務が免除される場合

(1) 取締役等

　取締役等は、現物出資財産の価額について検査役の調査を経た場合、または当該取締役等がその職務を行うについて注意を怠らなかったことを証明した場合には、差額支払義務を免れる(2項1号、2号)。

(2) 証明者

　証明者は証明をするについて注意を怠らなかったことを証明したときは、差額支払義務を免れる(3項ただし書)。

> **第213条の2（出資の履行を仮装した募集株式の引受人の責任） A**
>
> 1 ❶募集株式の引受人は、次の各号に掲げる場合には、株式会社に対し、当該各号に定める行為をする義務を負う。
>   ① 第208条第1項の規定による払込み〔募集株式の払込金額の全額の払込み〕を仮装した場合　払込みを仮装した❷払込金額の全額の支払
>   ② 第208条第2項の規定による給付〔現物出資財産の給付〕を仮装した場合　給付を仮装した❸現物出資財産の給付（株式会社が当該給付に代えて当該現物出資財産の価額に相当する金銭の支払を請求した場合にあっては、当該金銭の全額の支払）
> 2 前項の規定により❶募集株式の引受人の負う義務は、総株主の同意がなければ、免除することができない。

❶199条1項

❷199条1項2号

❸207条1項

募集株式の引受人は、募集株式にかかる金銭の払込みまたは現物出資財産の給付を仮装した場合には、株式会社に対して、払込みを仮装した払込金額の全額の支払または給付を仮装した現物出資の給付（株式会社が給付に代えて財産の価額に相当する金銭の支払を請求した場合には、その金銭の全額の支払）をする義務を負います。

→試験対策6章3節⑤

1 趣旨

出資の履行が仮装された場合には、本来会社に拠出されるべき財産が拠出されていないにもかかわらず、拠出されたように扱われることになるため、会社や他の株主が不利益を被ることになる。そこで、会社・株主を保護するために、出資の履行を仮装した引受人に対して支払義務を課した。

2 条文クローズアップ

1 募集株式引受人の責任（1項）

責任を負う者	仮装の対象	義務の内容
①募集株式の引受人（213の2Ⅰ①）	募集株式の払込金額の全額の払込み	払込みを仮装した払込金額の全額の支払
②募集株式の引受人（213の2Ⅰ②）	現物出資財産の給付	原則：給付を仮装した現物出資財産の給付 例外：株式会社が当該給付に代えて当該現物出資財産の価額に相当する金銭の支払を請求した場合には、当該金銭の全額の支払

2 総株主の同意による責任の免除（2項）

募集株式の引受人が負う支払や給付の義務は、総株主の同意がなけれ

ば免除することができない。これは、仮装払込み等が募集株式の引受人と取締役等との通謀により行われた際に、取締役等が仮装払込みをした者の支払義務を免除するといった馴れ合い行為を防ぐための規定である。

> ### 第213条の3（出資の履行を仮装した場合の取締役等の責任） A
>
> 1　前条第1項各号に掲げる場合（払込みまたは給付の仮装の場合）には、❶募集株式の引受人が出資の履行を仮装することに関与した取締役（指名委員会等設置会社にあっては、執行役を含む。）として法務省令で定める者は、株式会社に対し、当該各号に規定する支払をする義務を負う。ただし、その者（当該出資の履行を仮装したものを除く。）がその職務を行うについて注意を怠らなかったことを証明した場合は、この限りでない。
> 2　❶募集株式の引受人が前条第1項各号に規定する支払をする義務を負う場合において、前項に規定する者が同項の義務を負うときは、これらの者は、連帯債務者とする。

❶199条1項

→試験対策6章3節⑤【3】

出資の履行の仮装に関与した取締役・執行役として法務省令で定める者は、株式会社に対して引受人と同様の支払義務を連帯して負います。

1 趣旨

募集株式の引受人が出資の履行を仮装することに関与した取締役等は、出資の履行を仮装したことによる募集株式の発行等について責任を負うべき立場にある。そこで、出資の履行の仮装に関与した取締役等として法務省令で定める者にも、金銭の支払義務を課した。

2 条文クローズアップ

1　出資の履行の仮装に関与した取締役等の責任（1項本文、2項）

(1)　責任を負う者

募集株式の引受人が出資の履行を仮装することに関与した取締役（指名委員会等設置会社にあっては、執行役を含む）として法務省令で定める者が責任を負う。そして、会社法施行規則46条の2は、法務省令で定める者として以下の者を掲げている。

　①出資の履行の仮装に関する職務を行った取締役および執行役
　②出資の履行の仮装が取締役会の決議に基づいて行われたときは、次に掲げる者
　　㋐当該取締役会の決議に賛成した取締役
　　㋑当該取締役会に当該出資の履行の仮装に関する議案を提案した取締役および執行役

③出資の履行の仮装が株主総会の決議に基づいて行われたときは、次に掲げる者
　㋐当該株主総会に当該出資の履行の仮装に関する議案を提案した取締役
　㋑㋐の議案の提案の決定に同意した取締役(取締役会設置会社の取締役を除く)
　㋒㋐の議案の提案が取締役会の決議に基づいて行われたときは、当該取締役会の決議に賛成した取締役
　㋓当該株主総会において当該出資の履行の仮装に関する事項について説明をした取締役および執行役

(2) 金額
　出資の履行の仮装に関与した取締役等が支払うべき金銭の金額は、募集株式の引受人が金銭の支払義務を負う場合に支払うべき者とされる金額と同額である。具体的には、金銭出資の場合には払込みを仮装した払込金額の全額、現物出資の場合には現物出資財産の価額に相当する金銭の全額である。

(3) 連帯債務
　仮装に関与したとして責任を負う取締役等は、募集株式の引受人と連帯して債務を負担する(会社213条の3第2項)。

2　出資の履行の仮装に関与した取締役等の免責(1項ただし書)
　仮装に関与した取締役等のうち仮装の払込みをした取締役等以外の者は、その職務を行うについて注意を怠らなかったことを証明した場合には、その責任を負担しない(1項ただし書)。これに対して、仮装の払込みをした取締役等は、みずからが仮装払込み等を行ったといった行為態様に照らして、無過失責任を負う(1項ただし書括弧書)。

■第9節　株　　券
■総　　説

1 株券
→試験対策5章3節

1　定義
　株券とは、株式会社における社員の地位(株式)を表章する要式の有価証券をいう。
　会社法は、会社は原則として株券を発行しないものとし、株券の発行を定款に定めた場合にかぎって、例外的に株券を発行することとしている(214条)。

2　株券の特色
(1) 非設権証券性(要因証券性)
　株券はすでに存在している株式を表章するものであって、株券の作成によって、株式が発生するのではない(**非設権証券性**)。したがって、株

券は、株式が有効に存在しないかぎり、無効である。

(2) 無記名証券性
株券は、無記名証券である(**無記名証券性**)。すなわち、株券発行会社の株式は、意思表示と単なる交付(引渡し)によって移転される(128条1項本文)。

(3) 要式証券性
216条は、法定の記載事項を要求している(要式証券性)。ただし、このような法定の記載事項の記載が欠けていても、本質的事項が完全に記載されていれば株券は有効であると考えられ、要式証券性は厳格でない(**ゆるやかな要式証券性**)。

(4) 非文言証券性
株券が表章する権利である株式の内容は、定款・株主総会あるいは取締役会の決議によって定まり、株券上の記載によって定まるものではない(**非文言証券性**)。

■第1款 総 則

> 司H18-40-エ。書H23-28-ウ
> **第214条(株券を発行する旨の定款の定め) B⁻**
> 株式会社は、その株式(種類株式発行会社にあっては、全部の種類の株式)に係る株券を発行する旨を定款で定めることができる。

株式会社は、定款でその株式についての株券を発行する旨を定めることができます。

→試験対策5章3節①【1】

1 趣旨
中小企業においては、従来から株券を発行していない会社が多いことを勘案して、株券を発行しないことが原則であり、定款に株券を発行する旨の定めのある株式会社のみが株券を発行しなければならないとしている。

2 条文クローズアップ
種類株式発行会社における株券発行の定め(括弧書)
異なる種類の株式を発行している場合、定款で特定の種類の株式についてだけ株券発行の定めをすることはできず、すべての種類の株式について株券発行の定めをすることしかできない。

> 司H26-40-イ(予)、H20-38-3
> **第215条(株券の発行) B**
> 1 ❶株券発行会社は、株式を発行した日以後遅滞なく、当該株式に

❶117条7項

第214条〜第215条 /349/

> 係る株券を発行しなければならない。
> 2 ❶株券発行会社は、株式の併合をしたときは、第180条第2項第2号の日〔併合の効力発生日〕以後遅滞なく、併合した株式に係る株券を発行しなければならない。
> 3 ❶株券発行会社は、株式の分割をしたときは、第183条第2項第2号の日〔分割の効力発生日〕以後遅滞なく、分割した株式に係る株券(既に発行されているものを除く。)を発行しなければならない。
> 4 前3項の規定にかかわらず、公開会社でない❶株券発行会社は、株主から請求がある時までは、これらの規定の株券を発行しないことができる。

株券発行会社は、株式を発行したときや株式を併合・分割したときは、すみやかに株券を発行しなければなりません。もっとも、公開会社でない株券発行会社においては、株主から請求がある時まで株券を発行しないことができます。

→試験対策5章3節②【1】

1 趣旨

株券発行会社における株式の譲渡には、当該株式にかかる株券の交付が要求されている(128条1項)。そこで、本条は、株式譲渡自由の原則(127条)を維持するために、会社の株券発行義務を規定した(215条1項から3項まで)。また、非公開会社では株式の譲渡は頻繁ではないため、必要もないのに株券を発行させる理由に乏しい。そこで、非公開会社である株券発行会社は、株主からの請求がある時まで株券を発行しないことができる(4項)。

2 条文クローズアップ

1 株券発行時期(1項から3項まで)

本条では、株券発行会社が、株券を発行したとき(1項)、株式を合併したとき(2項)、株式を分割したとき(3項)における、それぞれの株券発行時期を定めている。

2 非公開会社における例外(4項)

非公開会社における株券発行会社では、株主から請求がある時までは、1項から3項までの株券の発行義務が生じない。

3 株券の効力の発生時期

→論
→試験対策5章3節②【3】Q₁

株券は、会社がこれを発行することによって効力を生じる。しかし、株券の発行といっても、まず株券の作成があり、次にこれを株主に交付するという手続が採られるから、効力が生ずるのがこの発行の手続のいつの時点かが問題となる。この問題は、株券は作成されたが、株主に交付する前に盗取された場合、その株券の善意取得(131条2項)が認められるかどうかといった場合や、株主に交付する前、会社に保管されてい

る作成段階の株券を、株主の債権者が差し押さえることができるかどうかといった場合において重要な意味をもつ。

　この点について判例は、株券はこれを作成して株主に交付することによってはじめて有価証券として成立するとする（交付時説）。これに対して、通説は、株主に対する株券の交付は権利者に対する引渡しにすぎないとみて、適法に作成され、どの株券がどの株主のものか確定したとき（すなわち、株主名が株券に記入されたとき）に効力が発生するとしている（作成時説）。

　通説である作成時説は、株式の流通の安全を図るべきであるとして、株券はその作成時（証券に必要事項を記載し、代表者が署名した時）に成立すると考える。しかしながら、上場株式については、平成21年1月に施行された「社債、株式等の振替に関する法律」が規定する社債、国債および株式をも含めた総合的な振替制度に参加するとともに、株券を廃止したため、現在上場株式の譲渡は、すべて同法の振替制度によって行われている。そのため、現在上記のような問題が起きるのは非上場会社だけであり、非上場株式の流通の安全を図る必要性は乏しく、元の株主を保護する判例法理を支持すべきであるとする学説が有力である。

→判例セレクト
→神田[17版]92頁、江頭[6版]178頁

→江頭[6版]178頁注2

株券の効力発生時期
　〔旧〕商法226条〔会社法215条〕にいう株券の発行とは、会社が〔旧〕商法225条〔会社法216条〕所定の形式を具備した文書を株主に交付することをいい、株主に交付したときはじめてその文書が株券となる（最判昭40・11・16判例シリーズ34事件）。

→会社法百選26事件

第216条（株券の記載事項）　C
株券には、次に掲げる事項及びその番号を記載し、❶株券発行会社の❷代表取締役(指名委員会等設置会社にあっては、代表執行役)がこれに署名し、又は記名押印しなければならない。
① 　株券発行会社の商号
② 　当該株券に係る株式の数
③ 　譲渡による当該株券に係る株式の取得について株式会社の承認を要することを定めたときは、その旨
④ 　種類株式発行会社にあっては、当該株券に係る株式の種類及びその内容

❶117条7項
❷47条1項

　株券には、株券発行会社の商号、当該株券にかかる株式の数、譲渡による当該株券にかかる株式の取得について株式会社の承認を要することを定めたときはその旨、種類株式発行会社にあっては当該株券にかかる株式の種類お

→試験対策5章3節②【2】

よびその内容を記載しなければなりません。そして、代表取締役等がこれに署名し、または記名押印しなければなりません。

1 趣旨

本条は、現に流通しうる株券について、その株券が表章する株式の内容を一定程度以上明示することを要求することによって、株式の譲受人が不測の損害を受けないよう定められた規定である。

2 条文クローズアップ

株券記載事項

法定記載事項のうち、本質的事項が完全に記載されていれば、その他の記載事項を欠いても株券は無効とはならない(ゆるやかな要式証券性)。また、事実と異なる記載がなされても記載どおりの効力が生じるのではなく、取締役の損害賠償責任(423条、429条)と罰則(976条15号)の問題になるにすぎない。

> **第217条（株券不所持の申出） C**
> 1 ❶株券発行会社の株主は、当該株券発行会社に対し、当該株主の有する株式に係る株券の所持を希望しない旨を申し出ることができる。
> 2 前項の規定による申出は、その申出に係る株式の数(種類株式発行会社にあっては、株式の種類及び種類ごとの数)を明らかにしてしなければならない。この場合において、当該株式に係る株券が発行されているときは、当該株主は、当該株券を❶株券発行会社に提出しなければならない。
> 3 第1項の規定による申出を受けた❶株券発行会社は、遅滞なく、前項前段の株式に係る株券を発行しない旨を株主名簿に記載し、又は記録しなければならない。
> 4 ❶株券発行会社は、前項の規定による記載又は記録をしたときは、第2項前段の株式に係る株券を発行することができない。
> 5 第2項後段の規定により提出された株券は、第3項の規定による記載又は記録をした時において、無効となる。
> 6 第1項の規定による申出をした株主は、いつでも、❶株券発行会社に対し、第2項前段の株式に係る株券を発行することを請求することができる。この場合において、第2項後段の規定により提出された株券があるときは、株券の発行に要する費用は、当該株主の負担とする。

❶117条7項

→試験対策5章3節③

株券発行会社の株主は、会社に対し、株券の所持を希望しないことを申し出ることができます。この申出は、申出にかかる株式の数等を明らかにしてしなければなりません。この場合においては、当該株主はその株券を会社に

提出しなければなりません。この申出を受けた株式会社は、すみやかに、当該株主の株式についての株券を発行しないことを株主名簿に記載・記録しなければなりません。

1 趣旨

株券は紛失すると善意取得（131条2項）によって他の者に権利を奪われてしまう危険があるので、この危険を回避し、株式を長期かつ、安全に保持することを望む株主のために、株券不所持制度を設けた。

2 条文クローズアップ

1 株券不所持の申出（1項）

株券不所持の申出をすることのできる株主とは、株主名簿に株主として記載された者をいい、株式を取得してもまだ名義書換えをしていない者は含まれない。

2 申出の際に明らかにすべき事項および株券提出の定め（2項）

申出をした株式についての株券がすでに発行済みの場合、株主は当該株券を会社に提出しなければならないところ、この株券の提出は、株券不所持の申出の効力要件である。そのため、当該株券の提出なく会社が株券を発行しない旨を株主名簿に記載・記録しても、当該株券は無効とならない。

3 株券不発行の記載・記録またはその効果（3項から5項まで）

株券不発行の申出を受けた株券発行会社は、遅滞なく、申出を受けた株式についての株券を発行しない旨を株主名簿に記載・記録しなければならない（3項）。そして、その記載・記録をすると、会社は申出を受けた株式についての株券を発行することができなくなり（4項）、株主が会社に提出した発行済みの株券は、株券不発行の記載・記録の時点で無効となる（5項）。

4 株券発行請求権（6項）

株式の譲渡その他株式を処分する場合には、株券発行会社では株券の交付が必要となるため、株券不所持の申出をした株主は、いつでも、株券発行会社に対して不所持を申し出た株式についての株券の発行を請求できる。もっとも、一度株券の提出をしている場合には、その再発行にかかる費用は株主が負担する。

5 株券不所持と株式譲渡

株券発行会社の株式を譲渡するには、株券を交付することが必要であるが（128条1項本文）、株券不所持の場合において、株主が、株券発行会社以外の者に対して株式を譲渡するにはどのような方法によるべきかが問題となる。

この点、128条1項本文の文言および**株券不所持制度**の趣旨にかんがみ、株主は、株券の発行を受けたうえでなければ、株券発行会社以外の者に対して、株式の譲渡をすることはできないと解する。

第218条(株券を発行する旨の定款の定めの廃止) C

1 ❶株券発行会社は、その株式(種類株式発行会社にあっては、全部の種類の株式)に係る株券を発行する旨の定款の定めを廃止する定款の変更をしようとするときは、当該定款の変更の効力が生ずる日の2週間前までに、次に掲げる事項を公告し、かつ、株主及び❷登録株式質権者には、各別にこれを通知しなければならない。
    ① その株式(種類株式発行会社にあっては、全部の種類の株式)に係る株券を発行する旨の定款の定めを廃止する旨
    ② 定款の変更がその効力を生ずる日
    ③ 前号の日において当該株式会社の株券は無効となる旨
2 ❶株券発行会社の株式に係る株券は、前項第2号の日に無効となる。
3 第1項の規定にかかわらず、株式の全部について株券を発行していない❶株券発行会社がその株式(種類株式発行会社にあっては、全部の種類の株式)に係る株券を発行する旨の定款の定めを廃止する定款の変更をしようとする場合には、同項第2号の日の2週間前までに、株主及び❷登録株式質権者に対し、同項第1号及び第2号に掲げる事項を通知すれば足りる。
4 前項の規定による通知は、公告をもってこれに代えることができる。
5 第1項に規定する場合には、株式の質権者(❷登録株式質権者を除く。)は、同項第2号の日の前日までに、❶株券発行会社に対し、第148条各号に掲げる事項〔質権者の氏名・名称および住所、質権の目的の株式〕を株主名簿に記載し、又は記録することを請求することができる。

❶ 117条1項

❷ 149条1項

株券を発行する旨の定款の定めを廃止しようとするときには、定款変更の効力発生日の2週間前までに、その定めを廃止する旨、定款の変更が効力を生じる日、その日に株券は無効となる旨を公告し、かつ、株主および登録株式質権者に通知しなければなりません。定款の変更がその効力を生ずる日に株券は無効になります。

1 趣旨

株式会社が株券発行会社となるか否かは定款自治に委ねられている(214条)。もっとも、株券を発行する場合、株券発行費用その他のコスト負担の問題があるため、本条は、株券を発行する旨の定款の廃止について定めている。そして、定款の変更が効力を生ずる日に株券は無効となるため、名義書換え未了の株主や略式株式質権者が名義書換え、株主名簿への記載・記録の請求をする機会を奪われないようにする必要があ

る。そこで、本条は、上記定款の定めを廃止する定款変更決議（466条、309条2項11号）を行う際に、これらの者に株券が無効になる旨等を通知、公告をするよう要求している。

2 条文クローズアップ

1 株券を不発行とする定款変更の通知・公告（1項）

株式会社が株券を発行する旨の定款の定め（214条）を廃止する定款変更決議（466条、309条2項11号）を行う場合には、株券発行会社は、当該定款変更の効力発生日の2週間前までに、株券を発行する旨の定款の定めを廃止する旨（218条1項1号）、定款変更の効力発生日（1項2号）、効力発生日に株券が無効となる旨（1項3号）を公告し、かつ株主および登録株式質権者に各別に通知しなければならない。

2 株券が無効となる日時（2項）

株券は、定款変更の効力発生日に無効となる。

3 株券のすべてを発行していない場合（3項、4項）

株式の全部について株券を発行していない株券発行会社が株券を発行する旨の定款の定めを廃止する定款変更をする場合には、定款変更の効力発生日の2週間前までに株主・登録株式質権者に対し、当該廃止の旨と当該効力発生日を通知すれば足りる（3項）。公告を当該通知に代えて行うこともできる（4項）。

4 株式質権者による、株主名簿の記載・記録の請求（5項）

1の公告・通知により株券が無効となることを知った略式株式質権者（登録株式質権者を除いた株式の質権者）は、定款変更の効力発生日の前日までに、会社に対して、質権者の氏名、名称、住所（148条1号）と質権の目的である株式（148条2号）を株主名簿に記載・記録するよう請求できる。

■第2款　株券の提出等

H27-34-ウ

第219条（株券の提出に関する公告等）　C

1　❶株券発行会社は、次の各号に掲げる行為をする場合には、当該行為の効力が生ずる日（第4号の2に掲げる行為をする場合にあっては、第179条の2第1項第5号に規定する取得日〔特別支配株主が売渡株式等を取得する日〕。以下この条において「❷株券提出日」という。）までに当該株券発行会社に対し当該各号に定める株式に係る株券を提出しなければならない旨を株券提出日の1箇月前までに、公告し、かつ、当該株式の株主及びその❸登録株式質権者には、各別にこれを通知しなければならない。ただし、当該株式の全部について株券を発行していない場合は、この限りでない。
① 第107条第1項第1号に掲げる事項〔譲渡制限についての事項〕に

❶117条7項

❷定

❸149条1項

第219条 /355/

ついての定款の定めを設ける定款の変更　全部の株式(種類株式発行会社にあっては、当該事項についての定めを設ける種類の株式)
② 株式の併合　全部の株式(種類株式発行会社にあっては、第180条第2項第3号の種類〔併合する株式の種類〕の株式)
③ 第171条第1項に規定する全部取得条項付種類株式の取得　当該全部取得条項付種類株式
④ 取得条項付株式の取得　当該取得条項付株式
④の2　第179条の3第1項の承認〔株式売渡請求の対象会社による承認〕　❹売渡株式
⑤ 組織変更　全部の株式
⑥ 合併(合併により当該株式会社が消滅する場合に限る。)　全部の株式
⑦ 株式交換　全部の株式
⑧ 株式移転　全部の株式

2　❶株券発行会社が次の各号に掲げる行為をする場合において、❷株券提出日までに当該株券発行会社に対して株券を提出しない者があるときは、当該各号に定める者は、当該株券の提出があるまでの間、当該行為(第2号に掲げる行為をする場合にあっては、❺株式売渡請求に係る❻売渡株式の取得)によって当該株券に係る株式の株主が受けることのできる❻金銭等の交付を拒むことができる。
① 前項第1号から第4号までに掲げる行為　当該株券発行会社
② 第179条の3第1項の承認〔株式売渡請求の対象会社による承認〕　❼特別支配株主
③ 組織変更　第744条第1項第1号に規定する組織変更後持分会社
④ 合併(合併により当該株式会社が消滅する場合に限る。)　第749条第1項に規定する吸収合併存続会社又は第753条第1項に規定する❽新設合併設立会社
⑤ 株式交換　第767条に規定する株式交換完全親会社
⑥ 株式移転　第773条第1項第1号に規定する株式移転設立完全親会社

3　第1項各号に定める株式に係る株券は、株券提出日に無効となる。

4　第1項第4号の2の規定による公告及び通知の費用は、❼特別支配株主の負担とする。

❹179条の2第1項2号

❺179条2項

❻151条1項

❼179条1項

❽753条1項

株券発行会社が、株式の併合、組織変更、株式交換等の行為を行う場合には、株券提出日までにその会社に対し一定の株式(その株式の全部について株

→試験対策5章7節②【2】(4)

券を発行していない場合を除く）にかかる株券を提出しなければならない旨を株券提出日の1か月前までに、公告し、かつ、その株式の株主およびその登録株式質権者には、各別にこれを通知しなければなりません。

1 趣旨

　株券発行会社が一定の行為をすることによって、存在する株式と株券記載内容が異なる株券が生ずることは、取引の安全上望ましくなく、また、悪用されやすい。そこで本条は、これを防ぐために株券の所持者に株券を提出させることとしている。そして、実効的に株券を提出させるため、株券の提出までは、会社は当該株券にかかる株式から株主が受け取ることのできる金銭等の交付を拒むことができるとしている。なお、平成26年改正で、株券を提出するよう求める原因となる株式発行会社の行為の類型が追加されたほか、当該株券にかかる株式に応じた金銭の交付を拒む主体も行為の類型に応じて明確化された。

2 条文クローズアップ

1　株券を提出しなければならない旨の公告・通知（1項）

　1項各号に列挙された行為について、株券発行会社は、株券提出日までに対象となる株式についての株券を提出しなければならない旨を、効力発生日の1か月前までに公告し、かつ、当該株式の株主・登録株式質権者に個別に通知しなければならない（1項本文）。ただし、当該株式の全部について株券を発行していない場合は、上記の公告・通知を要しない（1項ただし書）。

2　金銭の交付を拒むことができる場合（2項）

　2項各号に列挙された行為について、株券提出日までに株券を会社に提出しない者があるときは、当該行為によって当該株券の株主が受けられる金銭等があっても、当該株券の提出があるまでは、2項各号に列挙された会社等は当該金銭等の交付を拒むことができる。

3　株券が無効となる日時（3項）

　1項各号についての株券は、株券提出日に無効となる。

4　費用負担の特則（4項）

　1項4号の2の規定による公告・通知の費用は、特別支配株主の負担となる。

第220条（株券の提出をすることができない場合）　C

1　前条第1項各号に掲げる行為〔株券の提出を求める行為〕をした場合において、株券を提出することができない者があるときは、❶株券発行会社は、その者の請求により、利害関係人に対し異議があれば一定の期間内にこれを述べることができる旨を公告することができる。ただし、当該期間は、3箇月を下ることができない。

❶117条7項

> 2 ❶株券発行会社が前項の規定による公告をした場合において、同項の期間内に利害関係人が異議を述べなかったときは、前条第2項各号に定める者は、前項の請求をした者に対し、同条第2項の❷金銭等（提出すべき株券にかかる株式の株主が受けられる金銭等）を交付することができる。
> 3 第1項の規定による公告の費用は、同項の請求をした者の負担とする。

❷151条1項

→試験対策5章7節 ②【2】(4)

　株式の併合、組織変更、株式交換等の行為がなされた場合に、株券発行会社が、利害関係人に対して一定の期間（3か月以上）内に異議を述べることができる旨を公告し、その期間内に利害関係人が異議を述べなかったときは、会社は、株券を提出することができない者に対して、株式の併合等の行為によって株主が受けることができる金銭等を交付することができます。

1 趣旨

　本条は、219条1項による株券発行会社の株券を求める旨の通知・公告に対して株券を提出できなかった者が、会社に利害関係人に異議を述べることができる旨の公告をしてもらい、3か月を超える期間を経過して異議がなければ、当該金銭の交付を受けることができるとすることにより、株券を提出できなかった者の権利回復を図る制度である。そして、株券喪失登録制度を利用すると、権利回復に喪失登録から1年を要するところ、本条は3か月を超える期間内に異議がなければ権利行使を認めるため、権利回復・行使の期間を短縮されるところに独自の意味合いがあるといえる。

2 条文クローズアップ

1 利害関係人が異議申立てできる旨の公告（1項）

　219条1項各号の行為がなされた場合に、株券を提出できない者がいるときは、株券発行会社は、その者の請求により、利害関係人に対して異議があれば一定期間内（3か月を下ってはならない〔220条1項ただし書〕）にその異議を述べることができる旨を公告することができる（1項本文）。

2 異議がなかった場合の定め（2項）

　1項の公告がなされた場合に、利害関係人から1項の期間内に異議が述べられなかった場合には、219条2項各号に列挙された者は、1項の請求をした者に219条2項の金銭等を交付することができる。

3 費用負担（3項）

　1項の公告費用は、1項の請求をした者が負担する。

■第3款　株券喪失登録

■総　説

→試験対策5章3節4

1 意義

　株券喪失者の救済の実効性を確保し、喪失者にとってのコストの軽減を図るとともに、株券の所持人や株式を取得しようとする者の利益も図る必要がある。そこで、会社法は、株主名簿制度および名義書換えを前提とする株券失効制度を設けている(221条以下)。したがって、株券は、除権決定の対象とはならない(233条)。これに対して、株券以外の証券(たとえば、新株予約権証券〔291条〕、社債券〔699条〕)を喪失した場合には、除権決定の対象となる。

2 株券失効制度の概要

①株券を喪失した者は、株券発行会社(株主名簿管理人〔名簿書換代理人〕がある場合は、その者)に対し、株券喪失登録簿への記載・記録を請求し(221条から223条まで)、会社は、それを喪失登録して一般に閲覧させるとともに(231条)、株主名簿上の株主と登録質権者に通知する(224条1項)。なお、当該株券が権利行使のために会社に提出された場合には、提出者に喪失登録がなされている旨を通知する(224条2項)。

②喪失されている株券の株式については、名義書換えおよび議決権の行使等をすることはできない(230条。ただし、株券喪失登録者が名義人である場合は議決権行使が認められる〔230条3項参照〕)。

③当該株券を有する者は喪失登録に対して登録の抹消の申請ができ、これがなされると、会社は喪失登録者に対し通知し、2週間後に喪失登録を抹消しなければならない(225条)。

④喪失登録がなされた株券は、登録された日の翌日から1年後に失効し(無効となる)、登録者は、会社から株券の再発行を受けることができる(228条)。

3 株券喪失登録の手続が善意取得に及ぼす効果

　株券喪失登録後株券失効までの間に善意取得が成立するか。すなわち、株券喪失登録の手続が善意取得に及ぼす効果が問題となる。

　この点について、株券喪失登録者が株主たる地位を回復できないのでは、株券失効制度の存在意義が乏しいとして、登録異議申請により株券喪失登録の抹消をしなかった者は、実質的権利を喪失するとする見解がある。しかし、善意取得者が1年間(228条1項参照)権利行使をしないことにより実質的権利まで失うとするのは、酷である。

　株券失効制度は、株券に関する実質的権利の帰属を確定する効果はも

たないから、株券失効手続により株券が無効となる前に株券を善意取得していた者の実質的権利は影響を被らない。

したがって、株券喪失登録後株券失効までの間にも善意取得は成立すると解すべきである。すなわち、善意取得者は、株券失効手続により形式的資格を回復した者に対し、自己の有する実質的権利に基づいて新株券の引渡しを請求することができると考える。

第221条（株券喪失登録簿）　C

❶株券発行会社(株式会社がその株式(種類株式発行会社にあっては、全部の種類の株式)に係る株券を発行する旨の定款の定めを廃止する定款の変更をした日の翌日から起算して1年を経過していない場合における当該株式会社を含む。以下この款(第223条(株券喪失登録請求)、第227条(株券を発行する定款の定めの廃止における株券登録の抹消)及び第228条第2項(株券の再発行)を除く。)において同じ。)は、株券喪失登録簿を作成し、これに次に掲げる事項(以下この款において「❷株券喪失登録簿記載事項」という。)を記載し、又は記録しなければならない。

① 第223条の規定による請求(株券喪失登録請求)に係る❸株券(第218条第2項(株券を発行する旨の定款の定めの廃止による株券の無効)又は第219条第3項(株券の提出を求める行為の効力発生による株券の無効)の規定により無効となった株券及び株式の発行又は❹自己株式の処分の無効の訴えに係る請求を認容する判決が確定した場合における当該株式に係る株券を含む。以下この款(第228条(株券の無効)を除く。)において同じ。)の番号

② 前号の株券を喪失した者の氏名又は名称及び住所

③ 第1号の株券に係る株式の株主又は❺登録株式質権者として株主名簿に記載され、又は記録されている者(以下この款において「❻名義人」という。)の氏名又は名称及び住所

④ 第1号の株券につき前3号に掲げる事項を記載し、又は記録した日(以下この款において「❼株券喪失登録日」という。)

❶定・117条7項

❷定

❸定

❹113条4項

❺149条1項

❻定

❼定

→試験対策5章3節[4]

株券発行会社は、株券喪失登録簿をつくり、株券喪失登録の請求があったときは、株券喪失登録簿に、申請にかかる株券の番号、株券を喪失した者の氏名・名称および住所、株券にかかる株式の名義人の氏名・名称および住所、株券喪失登録日を記載、または記録しなければなりません。

1　趣旨

株券喪失登録簿の作成を株券発行会社の義務とし、何人も、これを閲覧または謄写することができるとして(231条)、これから株券を取得しようとする者が不測の損害を受けないよう便宜を図った。

2 条文クローズアップ

1 株券喪失登録簿記載事項

株券喪失登録簿には、①喪失登録請求(223条)にかかる株券の番号(221条1号)、②喪失登録を請求した喪失者の氏名または名称および住所(2号)、③喪失登録される株券にかかる株式の株主名簿上の株主・登録質権者の氏名または名称および住所(3号)、④①から③までを記載した日(4号)を記載しなければならない。

2 株券発行会社

(1) 株券発行会社の意義

本款の条文中の株券発行会社には、株式にかかる株券を発行する旨の定款の定めがある株式会社(117条7項参照)のみならず、本款の条文中の株券発行会社には株券を発行する旨の定款の定めを廃止する定款の変更をした日の翌日から起算して1年を経過していない場合における当該株式会社(以下「株券廃止会社」という)も含まれる(221条柱書括弧書)。

(2) 適用除外

223条、227条、228条2項については、株券発行会社に、株券廃止会社は含まれない(221条柱書括弧書後段中の括弧書)。

株券廃止会社の場合、株券はすでに無効となっているため、223条に基づき株券を無効とし、株券を再発行させる(228条2項)意味はない。したがって、223条、228条2項は適用除外とされている。また、株券廃止会社はすでに株券を廃止しているから、さらに株券の廃止の定款変更をすることはありえないので、227条も適用除外とされている。

第222条（株券喪失登録簿に関する事務の委託）　C

❶株券発行会社における第123条の規定〔株主名簿管理人〕の適用については、同条中「株主名簿の」とあるのは「株主名簿及び株券喪失登録簿の」と、「株主名簿に」とあるのは「株主名簿及び株券喪失登録簿に」とする。

---

❶117条7項、221条

株券発行会社は、株式会社に代わって株主名簿および株券喪失登録簿の作成および備置き、そのほかの株主名簿および株券喪失登録簿に関する事務を行う者をおく旨を定款で定め、当該事務を行うことを委託することができます。

→試験対策5章3節④【2】

1 趣旨

本条は、株主名簿と株券喪失登録簿とを一元的に管理することで、株券喪失登録制度の効率的運営を図ろうとする趣旨の規定である。

第223条（株券喪失登録の請求） C

❶株券を喪失した者は、法務省令で定めるところにより、❷株券発行会社に対し、当該株券についての❸株券喪失登録簿記載事項を株券喪失登録簿に記載し、又は記録すること(以下「❹株券喪失登録」という。)を請求することができる。

❶221条1号
❷117条7項
❸221条
❹定

→試験対策5章3節④【2】

　株券を喪失した者は、当該株券についての株券喪失登録簿記載事項を株券喪失登録簿に記載、または記録することを請求することができます。

1 趣旨

　本条は、株券喪失登録の請求により、一定の要件のもとで喪失した当該株券の効力を失わせ、株券の再発行を認めることで、株券喪失者の保護を図るための規定である。

2 条文クローズアップ

　本条による株券喪失登録請求は、会社法施行規則47条に定める手続により行わなければならない(会社施規47条1項)。

1 請求の際の手続(会社施規47条2項)

　株券喪失登録請求は、株券喪失登録請求者の氏名または名称および住所ならびに喪失した株券の番号を明らかにして行わなければならない。

2 請求の際の資料の提供(会社施規47条3項)

　株券喪失登録請求者が株券喪失登録請求をしようとするときは、以下の場合に応じて、次に掲げる資料を株式会社に提供しなければならない。すなわち、①株券喪失登録請求者が当該株券にかかる株式の株主または登録株式質権者として株主名簿に記載または記録がされている者である場合は、株券の喪失の事実を証する資料、②①に掲げる場合以外の場合は、(ｱ)株券喪失登録請求者が、株券喪失登録請求にかかる株券を当該株券にかかる株式につき、株主が株式取得日として株主名簿に記載または記録がされている日以後に所持していたことを証する資料、(ｲ)株券の喪失の事実を証する資料を、株券喪失登録請求者は株式会社に提供しなければならない。

第224条（名義人等に対する通知） C

1　❶株券発行会社が前条の規定による請求〔株券喪失登録の請求〕に応じて❷株券喪失登録をした場合において、当該請求に係る❸株券を喪失した者として株券喪失登録簿に記載され、又は記録された者(以下この款において「❹株券喪失登録者」という。)が当該株券に係る株式の❺名義人でないときは、株券発行会社は、遅滞なく、当該名義人に対し、当該株券について株券喪失登録をした旨並び

❶117条7項、221条
❷223条
❸221条1号
❹定
❺221条3号

> に第221条第1号、第2号及び第4号に掲げる事項（喪失株券の番号、喪失者の氏名・名称および住所、株券喪失登録日）を通知しなければならない。
> 2　株式についての権利を行使するために❸株券が❶株券発行会社に提出された場合において、当該株券について❷株券喪失登録がされているときは、株券発行会社は、遅滞なく、当該株券を提出した者に対し、当該株券について株券喪失登録がされている旨を通知しなければならない。

　株式発行会社が株券喪失登録をした場合に、株券喪失登録者と株式の名義人が異なるときは、会社は、遅滞なく、その名義人に対し、その株券につき株券喪失登録がされた旨等を通知しなければなりません。また、株券喪失登録がされた株券が、権利行使のために会社に提出されたときは、会社は、その株券を提出した者に対し、その株券につき株券喪失登録がされている旨を通知しなければなりません。

→試験対策5章3節④【2】

1 趣旨

　株券喪失登録の通知を要求することにより、その株券にかかる株式の名義人や、権利を行使しようとする株券の所持人に株券喪失登録の抹消を申請する機会を確保した。

2 条文クローズアップ

1　名義人への通知（1項）

　株券喪失登録簿への登録者が名義人ではない場合、会社は、①株券喪失登録をした旨および登録請求のあった株券の番号（221条1号）、②株券喪失者の氏名または名称および住所（221条2号）、③株券喪失登録日（221条4号）を登録後遅滞なく、名義人に通知しなければならない（224条1項）。

　これにより、名義人は、喪失登録抹消を申請し（225条）、その抹消により、その有する株券が無効とされることを防ぐことができる（228条1項括弧書）。

2　株券所持人への通知（2項）

　株券喪失登録された株券を所持する者が、当該株券にかかる株式についての権利行使のために株券を会社に提出したときは、会社は提出した所持人に対し、当該株券について喪失登録されていることを、遅滞なく通知しなければならない（2項）。これにより、所持人は株券喪失登録抹消を申請し（225条）、その抹消により、提出株券が無効とされることを防ぐことができる（228条1項括弧書）。

> **第225条（株券を所持する者による抹消の申請）　C**
>
> 1　①株券喪失登録がされた②株券を所持する者（その株券については③株券喪失登録者を除く。）は、法務省令で定めるところにより、④株券発行会社に対し、当該株券喪失登録の抹消を申請することができる。ただし、⑤株券喪失登録日の翌日から起算して1年を経過したときは、この限りでない。
> 2　前項の規定による申請をしようとする者は、④株券発行会社に対し、同項の②株券を提出しなければならない。
> 3　第1項の規定による申請を受けた④株券発行会社は、遅滞なく、同項の③株券喪失登録者に対し、同項の規定による申請をした者の氏名又は名称及び住所並びに同項の②株券の番号を通知しなければならない。
> 4　④株券発行会社は、前項の規定による通知の日から2週間を経過した日に、第2項の規定により提出された②株券に係る①株券喪失登録を抹消しなければならない。この場合においては、株券発行会社は、当該株券を第1項の規定による申請をした者に返還しなければならない。

①223条
②221条1号
③224条1項
④117条7項、221条
⑤221条4号

株券喪失登録がされた株券を所持する者(その株券についての株券喪失登録者を除く)は、株券発行会社に対し、その株券喪失登録の抹消を申請することができます。

→試験対策5章3節4【2】

1　趣旨

　1項は、株券所持者が、株券喪失登録末梢の請求により株券が無効となることを防ぐことで株券所持人の保護を図った規定である。また、3項が株券喪失登録者に対する通知を要求し、4項が当該通知から2週間の経過後に株券喪失登録の抹消を要求しているのは、株券喪失登録者が、株券の所持人を知り、提出された株券の返還を求める機会を与えるためである。

2　条文クローズアップ

1　株券喪失登録の抹消の申請

　株券喪失登録がされた株券を所持する者は、株券発行会社に対して株券喪失登録の抹消を申請できる（1項本文）。ただし、株券喪失登録の翌日から起算して1年を経過したときはその申請はできない（1項ただし書）。1年経過した時点でその株券は失効するからである（228条1項）。
　株券喪失登録の抹消の申請は、株券発行会社に対して、株券を提出してなさなければならない（225条2項）。

2　株券喪失登録者に対する通知

　申請を受けた株券発行会社は、遅滞なく1項の株券喪失登録者に対し

て一定事項を通知しなくてはならない（3項）。
3　株券喪失登録の抹消
　3項の通知の日から2週間を経過した日に、株券発行会社は2項の規定によって提出された株券にかかる株券喪失登録を抹消しなくてはならない（4項前段）。そして、この場合には、株券発行会社は1項の申請をした者に株券を返還しなくてはならない（4項後段）。

> **第226条（株券喪失登録者による抹消の申請）　C**
> 1　❶株券喪失登録者は、法務省令で定めるところにより、❷株券発行会社に対し、❸株券喪失登録(その株式(種類株式発行会社にあっては、全部の種類の株式)に係る❹株券を発行する旨の定款の定めを廃止する定款の変更をした場合にあっては、前条第2項の規定により提出された株券〔喪失登録がされた株券の所有者による喪失登録抹消申請時に提出された株券〕についての株券喪失登録を除く。)の抹消を申請することができる。
> 2　前項の規定による申請を受けた❷株券発行会社は、当該申請を受けた日に、当該申請に係る❸株券喪失登録を抹消しなければならない。

❶224条1項
❷117条7項、221条
❸223条
❹221条1号

　株券喪失登録者は、株券発行会社に対し、株券喪失登録の抹消を申請することができます。

1　趣旨
　株券喪失登録制度の目的は、株券喪失者のために、喪失した株券を失効させ、株券の再発行を認めることにあるが、その喪失登録者が株券の失効、再発行を不要として喪失登録の抹消を求め、喪失登録の効果を得ることを放棄する場合には、その意思を妨げる理由はないし、喪失登録された株券の所持者に不利益になることもない。そこで、本条は登録者による抹消請求を認めた。

2　条文クローズアップ
1　株券喪失登録者による抹消の請求（1項）
　喪失登録者は、法務省令（会社施規49条）で定めるところにより、登録の抹消を請求することができる（会社226条1項）。したがって、たとえば、喪失したと思っていた株券が発見された場合には、喪失登録者がみずから登録抹消を請求することができる。
2　法務省令の定める手続（会社施規49条）
　株券喪失登録者による抹消の申請は、当該申請をする株券喪失登録者の氏名または名称および住所ならびに当該申請にかかる株券喪失登録がされた株券の番号を明らかにしてしなければならない。

3 株券喪失登録者による抹消の申請の制限(1項括弧書)

株券を発行する旨の定款の定めを廃止する定款の変更があった場合において、喪失登録された株券を所持する者による喪失登録抹消申請に際して提出された株券については、喪失登録者がみずから登録抹消を請求することができない。

4 会社による株券喪失登録の抹消(2項)

株券喪失登録者による抹消の申請により喪失登録を抹消しても、登録株券の所持人に不利益をもたらすことはないのが通常である。そこで、喪失登録者による抹消の申請を受けた株券発行会社は、当該請求を受けた日に、当該申請にかかる株券喪失登録を抹消しなければならない。

第227条（株券を発行する旨の定款の定めを廃止した場合における株券喪失登録の抹消）　C

その株式(種類株式発行会社にあっては、全部の種類の株式)に係る❶株券を発行する旨の定款の定めを廃止する定款の変更をする場合には、❷株券発行会社は、当該定款の変更の効力が生ずる日に、❸株券喪失登録(当該株券喪失登録がされた株券に係る株式の❹名義人が❺株券喪失登録者であるものに限り、第225条第2項の規定により提出された株券(喪失登録がされた株券の所持者による喪失登録抹消申請時に提出された株券)についてのものを除く。)を抹消しなければならない。

❶221条1号
❷117条7項
❸223条
❹221条3号
❺224条1項

株式にかかる株券を発行する旨の定款の定めを廃止するという定款の変更をする場合には、株券発行会社は、その定款の変更の効力が生ずる日に、株券喪失登録を抹消しなくてはなりません。

1 趣旨

株券喪失登録制度の目的は、株券喪失者のために、喪失した株券を失効させ、株券の再発行を認めることにある。そして、株券を発行する旨の定款の定めを廃止した場合、その定款変更が効力を生ずる日に株券はすべて無効となり(218条1項2号、2項)、会社は、株券を発行できなくなるため、もはや株券喪失登録を利用する意味はなくなる。そこで、上記の場合には株券喪失登録を抹消することにした。

2 条文クローズアップ

1 原則(本文)

株券喪失登録がされた株式にかかる株券を発行する旨の定款の定めを廃止する定款の変更をする場合には、株券発行会社は、その定款の変更の効力が生ずる日に、株券喪失登録を抹消しなくてはならない。

2 例外(括弧書)

株券喪失登録がされた株券にかかる株式の名義人が株券喪失登録者で

あり、株券所持人が株券喪失登録の抹消を請求して提出した株券（225条2項）については株券喪失登録の抹消をしなくてよい（227条括弧書）。

> 司 H22-40-1
> **第228条（株券の無効）　B⁻**
> 1　❶株券喪失登録（抹消されたものを除く。）がされた株券は、❷株券喪失登録日の翌日から起算して1年を経過した日に無効となる。
> 2　前項の規定により株券が無効となった場合には、❸株券発行会社は、当該株券についての❹株券喪失登録者に対し、株券を再発行しなければならない。

❶223条
❷221条4号
❸117条7項
❹224条1項

→試験対策5章3節④【2】、【3】

　株券喪失登録がされた株券は、株券喪失登録日の翌日から起算して1年を経過した日に無効となります。そして、無効となった場合には、株券発行会社は、その株券についての株券喪失登録者に対して株券を再発行しなくてはなりません。

1 趣旨

　株式会社においては、1年に1回定時株主総会が開催されることから、その期間内に、株券を取得した者は、株主名簿の名義書換請求、その他、権利行使のために株券の提出をすることが考えられる。このため、株券喪失登録日の翌日から株券が無効とされるまで1年間という期間を確保すれば株券を取得した者には株券について権利確保の機会が担保されているといえる。そこで、本条は、喪失登録がなされた株券は登録日の翌日から起算して1年が経過した日に無効になると規定した。

2 条文クローズアップ

1　株券の無効（1項）

　株券喪失登録がされた株券は、株券喪失登録日の翌日から起算して1年を経過した日に無効となる（1項）。

　株式会社においては、1年に1回定時株主総会が開催されることなどから、株券を取得した者には、1年以内に株式について権利を行使するために株券を株券発行会社に提出することが期待できる。そして、株式についての権利を行使するために株券が株券発行会社に提出された場合において、当該株券について株券喪失登録がされているときは、株券発行会社は、当該株券を提出した者に対し、当該株券について株券喪失登録がされている旨を通知しなければならない（224条2項）。これにより、株券所持人には登録抹消申請（225条1項、4項）をすることによりその権利を確保する機会が十分に与えられることから、喪失登録期間は1年と設定されている。

2　株券の再発行（2項）

喪失登録がなされた株券が、喪失登録日の翌日から起算して1年を経過した日に無効となった場合には、会社は、無効となった日以後に喪失登録者に株券を再発行しなければならない(2項)。これは、株券喪失者のために、存在するかもしれない株券の効力を失わせたうえで(1項)、株券の再発行を認める(2項)という株券喪失登録制度の主たる目的を実現するための規定である。

> **第229条（異議催告手続との関係）　C**
> 1　❶株券喪失登録者が第220条第1項の請求〔株券を提出できない者による異議催告手続の請求〕をした場合には、❷株券発行会社は、同項の期間の末日が❸株券喪失登録日の翌日から起算して1年を経過する日前に到来するときに限り、同項の規定による公告をすることができる。
> 2　❷株券発行会社が第220条第1項の規定による公告〔異議催告〕をするときは、当該株券発行会社は、当該公告をした日に、当該公告に係る❹株券についての❺株券喪失登録を抹消しなければならない。

❶224条1項
❷117条7項、221条
❸221条4号

❹221条1号
❺223条

株券喪失登録者が、株券の提出をすることができない場合における異議催告手続の請求をするには、その異議催告手続の公告期間の末日が、株券喪失登録の翌日から起算して1年を経過する日の前に到来することが必要です。

1 趣旨

会社が、219条1項各号の行為を行ったときに、旧株券を喪失した株主等が、新株券等、219条2項にいう金銭等の交付を受けるために、異議催告制度と株券喪失登録制度の2つが用意されている。そこで、本条は、両者の調整を行うために、すでに株券喪失登録制度により喪失登録していた株主等が異議催告制度に移行できる場合について規制をし(本条1項)、異議催告に移行したときに株券喪失登録を抹消するよう定めた(2項)。

2 条文クローズアップ

1　株券喪失登録制度(221条以下)と異議催告手続(220条)との調整(1項)

229条1項は、異議催告期間の末日が、喪失登録日の翌日から起算して1年を経過する日前に到来するときにかぎり、すなわち、異議催告によるほうがより早く新株券を取得できうるときにかぎり、異議催告の公告ができると規定している。

2　異議催告移行後の株券喪失登録(2項)

喪失登録がなされている旧株券について、異議催告手続の公告をする

場合は、会社は、公告をした日に、公告にかかる株券についての喪失登録を抹消する（2項）。これは、旧株券を喪失した株主等を保護するための制度として、異議催告手続制度（220条）と株券喪失登録（223条）があるところ、株券の喪失者がみずからの権利を確保する方法として、異議催告手続によることを選択したことになるためである。

> **第230条（株券喪失登録の効力）　C**
> 1 ❶株券発行会社は、次に掲げる日のいずれか早い日(以下この条において「❷登録抹消日」という。)までの間は、❸株券喪失登録がされた❹株券に係る株式を取得した者の氏名又は名称及び住所を株主名簿に記載し、又は記録することができない。
> 　① 当該株券喪失登録が抹消された日
> 　② ❺株券喪失登録日の翌日から起算して1年を経過した日
> 2 ❶株券発行会社は、❷登録抹消日後でなければ、❸株券喪失登録がされた❹株券を再発行することができない。
> 3 ❻株券喪失登録者が❸株券喪失登録をした株券に係る株式の❼名義人でないときは、当該株式の株主は、❷登録抹消日までの間は、株主総会又は種類株主総会において議決権を行使することができない。
> 4 ❸株券喪失登録がされた❹株券に係る株式については、第197条第1項の規定による競売(所在不明株主等の株式の競売)又は同条第2項の規定による売却(競売に代わる売却)をすることができない。

❶117条7項、221条
❷定
❸223条
❹221条1号
❺221条4号
❻224条1項
❼221条3号

株券喪失登録がされると、登録抹消日または登録日から1年後までは、登録された株券を取得した者を株主名簿に記載・記録することができません。また、登録抹消日までは、株券発行会社は株券の再発行をすることができなくなり、株券喪失登録者が株券喪失登録をした株券にかかる株式の名義人でないときは、その株式の株主は、株主総会において議決権を行使することができなくなり、株券発行会社は株券喪失登録がされた株券にかかる株式について競売・売却をすることができなくなります。

→試験対策5章3節[4]【2】

1 趣旨

　株券喪失登録がなされている間は、その株券にかかる株式の権利者が、株券喪失者となるか、あるいは、その株券の所持者が現れるか不確定な期間となる。そのため、権利者が確定するまでは、株式の権利が存することを前提とする株主名簿への記載・記録（1項）や株券の再発行（2項）、議決権行使（3項）、197条による株券の競売・売却（230条4項）は認められない。

2 条文クローズアップ

株券喪失登録の効果

①株券喪失登録をすると当該株式についての名義書換えができなくなる（1項）。これは、株券喪失登録がされた株券の所持人は、株券喪失登録の抹消がなされなければ、名義書換えを受けることができないことを意味する。

②株券喪失登録者が株券喪失登録をした株券にかかる株式の名義人でないときは、その株式の株主は、登録抹消日までの間は、株主総会または種類株主総会において議決権を行使できない（3項）。株券喪失登録者が株式の名義人である場合に議決権行使が認められるのは、株券喪失登録をしなければ株主名簿上の株主として議決権行使が認められるにもかかわらず、株券喪失登録の請求をしたことによって議決権行使ができなくなるのは不当だからである。

③株券喪失登録日の翌日から1年を経過した日に登録が抹消されていない場合には、登録した株券が無効になる（228条1項）。

④無効となった日以降に株券喪失登録者に株券の再発行を行う（230条2項、228条2項）。

第231条（株券喪失登録簿の備置き及び閲覧等）　C

1　❶株券発行会社は、株券喪失登録簿をその本店（❷株主名簿管理人がある場合にあっては、その営業所）に備え置かなければならない。

2　何人も、❶株券発行会社の営業時間内は、いつでも、株券喪失登録簿（利害関係がある部分に限る。）について、次に掲げる請求をすることができる。この場合においては、当該請求の理由を明らかにしてしなければならない。
　①　株券喪失登録簿が書面をもって作成されているときは、当該書面の閲覧又は謄写の請求
　②　株券喪失登録簿が❸電磁的記録をもって作成されているときは、当該電磁的記録に記録された事項を法務省令で定める方法により表示したものの閲覧又は謄写の請求

❶117条7項、221条
❷123条
❸26条2項

→試験対策5章3節④【2】

　株券発行会社は、株券喪失登録簿をその本店等に備え置かなければなりません。利害関係を有する部分にかぎり、だれでも、閲覧・謄写の請求をすることができます。

1　趣旨

　これから株券を取得しようとする者の便宜のため、株券喪失登録簿の備置きおよび閲覧を株券発行会社の義務とするとともに、株券喪失登録簿について、一定の条件のもとに閲覧または謄写の請求ができる場合を定めている。

2 条文クローズアップ

1 株式喪失登録簿の備置き（1項）
株券発行会社は、株券喪失登録簿をその本店（株主名簿管理人がいる場合にあってはその営業所）に備え置かなくてはならない。

2 株式喪失登録簿の閲覧・謄写の請求（2項）
だれでも、株券発行会社の営業時間内において、株券喪失登録簿のうち利害関係がある部分につき、その請求の理由を明らかにしたうえで、以下の請求をできる。
① 株券喪失登録簿が書面で作成されているときは、その書面の閲覧・謄写の請求（1号）
② 株券喪失登録簿が電磁的記録で作成されているときは、その電磁的記録に記録された事項を法務省令（会社施規226条13号）で定める方法により表示したものの閲覧・謄写の請求（会社231条2項2号）

第232条（株券喪失登録者に対する通知等）　C
1　❶株券発行会社が❷株券喪失登録者に対してする通知又は催告は、株券喪失登録簿に記載し、又は記録した当該株券喪失登録者の住所（当該株券喪失登録者が別に通知又は催告を受ける場所又は連絡先を株券発行会社に通知した場合にあっては、その場所又は連絡先）にあてて発すれば足りる。
2　前項の通知又は催告は、その通知又は催告が通常到達すべきであった時に、到達したものとみなす。

❶117条7項、221条
❷224条1項

株券喪失登録者に対する通知・催告は、株券喪失登録簿に記載・記録されている住所等にあてて発送すれば足ります。また、その通知・催告は、これが通常到達すべきであった時に到達したものとみなされます。

1 趣旨
株券発行会社のなす株券喪失登録者に対する通知・催告を発すべき場所、および、その通知・催告についての到達時について、126条と同様に規定することで、株券喪失登録において、会計事務の簡易、迅速、画一化を図ったものである。

2 条文クローズアップ

1 通知または催告の発送先（1項）
株券喪失登録簿に記載・記録したその株券喪失登録者の住所が発送先である（1項）。なお、その株券喪失登録者が、株券喪失登録簿の記載とは別に通知・催告を受ける場所または連絡先を株券発行会社に通知した場合には、その場所・連絡先である（1項括弧書）。

2　通知または催告の到達時（2項）

1項の通知または催告は、その通知・催告が通常到達すべきであったときに到達したものとみなす。

> **第233条（適用除外）　C**
> 非訟事件手続法第4編〔公示催告事件〕の規定は、❶株券については、適用しない。

❶221条1号

株券については、非訟事件手続法第4編の公示催告手続が適用されないので、除権決定の対象となりません。

1 趣旨

株券喪失制度が導入される以前は、公示催告手続により株券を無効にしたうえで喪失者は株券の再発行を受けることが予定されていた。しかし、公示催告手続には経済的負担が大きいことや公知性が乏しいなどの問題点が存在した。そこで、会社法は株券喪失制度を導入し、それに伴い本条によって株券については公示催告手続が適用されないことを明らかにした。

■第10節　雑　則

司 H23-40-2（予）、H22-38-5

> **第234条（1に満たない端数の処理）　B**
> 1　次の各号に掲げる行為に際して当該各号に定める者に当該株式会社の株式を交付する場合において、その者に対し交付しなければならない当該株式会社の株式の数に1株に満たない端数があるときは、その端数の合計数（その合計数に1に満たない端数がある場合にあっては、これを切り捨てるものとする。）に相当する数の株式を競売し、かつ、その端数に応じてその競売により得られた代金を当該者に交付しなければならない。
> ①　第170条第1項〔取得条項付株式の取得〕の規定による株式の取得　当該株式会社の株主
> ②　第173条第1項〔全部取得条項付種類株式の全部の取得〕の規定による株式の取得　当該株式会社の株主
> ③　第185条〔株式無償割当て〕に規定する株式無償割当て　当該株式会社の株主
> ④　第275条第1項〔取得条項付新株予約権の取得〕の規定による新株予約権の取得　第236条第1項第7号イの新株予約権〔取得条項付新株予約権〕の新株予約権者
> ⑤　合併（合併により当該株式会社が存続する場合に限る。）　合

併後消滅する会社の株主又は社員
　⑥　合併契約に基づく❶設立時発行株式の発行　合併後消滅する会社の株主又は社員
　⑦　株式交換による他の株式会社の発行済株式全部の取得　株式交換をする株式会社の株主
　⑧　株式移転計画に基づく設立時発行株式の発行　株式移転をする株式会社の株主
2　株式会社は、前項の規定による競売に代えて、市場価格のある同項の株式については市場価格として法務省令で定める方法により算定される額をもって、市場価格のない同項の株式については裁判所の許可を得て競売以外の方法により、これを売却することができる。この場合において、当該許可の申立ては、取締役が2人以上あるときは、その全員の同意によってしなければならない。
3　前項の規定により第1項の株式を売却した場合における同項の規定の適用については、同項中「競売により」とあるのは、「売却により」とする。
4　株式会社は、第2項の規定により売却する株式の全部又は一部を買い取ることができる。この場合においては、次に掲げる事項を定めなければならない。
　①　買い取る株式の数(種類株式発行会社にあっては、株式の種類及び種類ごとの数)
　②　前号の株式の買取りをするのと引換えに交付する金銭の総額
5　取締役会設置会社においては、前項各号に掲げる事項の決定は、取締役会の決議によらなければならない。
6　第1項から第4項までの規定は、第1項各号に掲げる行為に際して当該各号に定める者に当該株式会社の社債又は新株予約権を交付するときについて準用する。

❶25条1項1号

→試験対策5章7節②【2】(5)、③【3】

　取得条項付株式の取得、全部取得条項付種類株式の取得、合併等に際して株式を交付する場合において、株式の数に1株に満たない端数があるときは、株式会社は、その端数の合計数に相当する数の株式を競売する等し、かつ、その端数に応じて得られた代金を交付しなければなりません。

1 趣旨

　交付すべき株式の数に1株に満たない端数が生じる場合、その端数を切り捨てることは、端数の交付を受けるべき者に不当な不利益を与えることになる。そこで、本条は、端数については金銭処理を行うことにより株主の保護を図った。

2 条文クローズアップ

1 競売（1項）
会社は、端数を1株単位にまとめて（その合計数に1株に満たない端数がある場合は、これを切り捨てる）競売して、その代金を交付する。

2 競売以外の方法（2項から4項まで）
市場価格のある株式については、市場価格として法務省令（会社施規50条）で定める方法により算定される額をもって、市場価格のない株式については、裁判所の許可を得て競売以外の方法により、売却できる（会社234条2項前段、3項）。さらに、会社は売却する株式の全部または一部を買い取ることが許されている（4項）。

3 社債および新株予約権への準用（6項）
社債や新株予約権についても同じく1株に満たない端数が生じることがあるので準用した。

司 H23-40-2（予）

第235条　B⁻
1 株式会社が株式の分割又は株式の併合をすることにより株式の数に1株に満たない端数が生ずるときは、その端数の合計数（その合計数に1に満たない端数が生ずる場合にあっては、これを切り捨てるものとする。）に相当する数の株式を競売し、かつ、その端数に応じてその競売により得られた代金を株主に交付しなければならない。
2 前条第2項から第5項までの規定〔競売に代わる売却・売却株式の会社による買取りの規定〕は、前項の場合について準用する。

株式会社が株式の分割または併合により株式の数に1株に満たない端数が生じるときには、その端数の合計数に相当する数の株式を競売し、かつ、その端数に応じて競売により得られた代金を株主に交付しなければなりません。

→試験対策5章7節②【2】(5)、③【3】

1 趣旨

株式の分割・併合によって株式に端数が生じるような場合、その端数すべてを切り捨てることは、投下した資本の回収が得られないという点で株主に不当な不利益を与える。そこで、本条は、株主の投下資本の回収を確保するために、端数の処理方法を定めた。

第3章
新株予約権

■第1節　総　則

■新株予約権総説

→試験対策7章1節①

　新株予約権とは、株式会社に対して行使することにより当該株式会社の株式の交付を受けることができる権利をいう(2条21号)。
　会社は、新株予約権を発行することができる。そして、新株予約権が行使された場合には、会社は、新株予約権者に対して株式を発行することもできるし、これに代えて会社の有する自己株式を移転することもできる。
　新株予約権は、これを行使できる期間が定められ(236条1項4号)、その期間内であれば、新株予約権者の判断で権利行使日が決定される(280条1項2号)。このように、新株予約権は、新株予約権者がその権利を行使することによって新株が発行されるのであるから、新株引受契約の予約完結権としての性質を有する。

司 H26-41-ウ(予)、H23-41-イ
第236条（新株予約権の内容）　B
1　株式会社が新株予約権を発行するときは、次に掲げる事項を当該新株予約権の内容としなければならない。
　① 当該新株予約権の目的である株式の数(種類株式発行会社にあっては、株式の種類及び種類ごとの数)又はその数の算定方法
　② 当該新株予約権の行使に際して出資される財産の価額又はその算定方法
　③ 金銭以外の財産を当該新株予約権の行使に際してする出資の目的とするときは、その旨並びに当該財産の内容及び価額
　④ 当該新株予約権を行使することができる期間
　⑤ 当該新株予約権の行使により株式を発行する場合における増加する資本金及び資本準備金に関する事項
　⑥ 譲渡による当該新株予約権の取得について当該株式会社の承認を要することとするときは、その旨
　⑦ 当該新株予約権について、当該株式会社が一定の事由が生じたことを条件としてこれを取得することができることとするときは、次に掲げる事項

イ　一定の事由が生じた日に当該株式会社がその新株予約権を取得する旨及びその事由
　ロ　当該株式会社が別に定める日が到来することをもってイの事由とするときは、その旨
　ハ　イの事由が生じた日にイの新株予約権の一部を取得することとするときは、その旨及び取得する新株予約権の一部の決定の方法
　ニ　イの新株予約権を取得するのと引換えに当該新株予約権の新株予約権者に対して当該株式会社の株式を交付するときは、当該株式の数（種類株式発行会社にあっては、株式の種類及び種類ごとの数）又はその算定方法
　ホ　イの新株予約権を取得するのと引換えに当該新株予約権の新株予約権者に対して当該株式会社の社債（新株予約権付社債についてのものを除く。）を交付するときは、当該社債の❶種類及び種類ごとの各社債の金額の合計額又はその算定方法
　ヘ　イの新株予約権を取得するのと引換えに当該新株予約権の新株予約権者に対して当該株式会社の他の新株予約権（新株予約権付社債に付されたものを除く。）を交付するときは、当該他の新株予約権の内容及び数又はその算定方法
　ト　イの新株予約権を取得するのと引換えに当該新株予約権の新株予約権者に対して当該株式会社の新株予約権付社債を交付するときは、当該新株予約権付社債についてのホに規定する事項及び当該新株予約権付社債に付された新株予約権についてのヘに規定する事項
　チ　イの新株予約権を取得するのと引換えに当該新株予約権の新株予約権者に対して当該株式会社の❷株式等以外の財産を交付するときは、当該財産の内容及び数若しくは額又はこれらの算定方法
⑧　当該株式会社が次のイからホまでに掲げる行為をする場合において、当該新株予約権の新株予約権者に当該イからホまでに定める株式会社の新株予約権を交付することとするときは、その旨及びその条件
　イ　合併（合併により当該株式会社が消滅する場合に限る。）　合併後存続する株式会社又は合併により設立する株式会社
　ロ　吸収分割　吸収分割をする株式会社がその事業に関して有する権利義務の全部又は一部を承継する株式会社
　ハ　新設分割　新設分割により設立する株式会社
　ニ　株式交換　株式交換をする株式会社の発行済株式の全部を取得する株式会社

❶107条2項2号ロ

❷107条2項2号ホ

> ホ　株式移転　株式移転により設立する株式会社
> ⑨　新株予約権を行使した新株予約権者に交付する株式の数に1株に満たない端数がある場合において、これを切り捨てるものとするときは、その旨
> ⑩　当該新株予約権(新株予約権付社債に付されたものを除く。)に係る新株予約権証券を発行することとするときは、その旨
> ⑪　前号に規定する場合において、新株予約権者が第290条の規定による請求の全部又は一部をすることができないこととするときは、その旨
> 2　新株予約権付社債に付された新株予約権の数は、当該新株予約権付社債についての社債の金額ごとに、均等に定めなければならない。

　新株予約権を発行する場合には、その目的である株式の数等や、その行使に際して出資される財産の内容、行使期間、取得条項付新株予約権であれば一定の事由、当該会社が合併等の組織再編をする場合に交付されるときにはその旨と条件を、新株予約権の内容として定めなければなりません。
　また、新株予約権付社債に付与された新株予約権の数は、社債の金額ごとに、均等に定めなければなりません。

→試験対策7章1節

1　趣旨

　会社法においては、新株予約権を引き受ける者を募集して新株予約権を発行する場合だけでなく、取得請求権付株式の取得対価として交付する場合等においても株式会社が新株予約権を創設することとなる。そこで、新株予約権の内容について独立の条文を設けることが適切であることから規定された。

2　条文クローズアップ

1　意義

　会社は、新株予約権を発行することができ、新株予約権が行使された場合には、新株予約権者に対して株式を発行することもできるし、これに代えて会社の有する自己株式を移転することもできる。
　新株予約権は、これを行使できる期間が定められ(1項4号)、その期間内であれば、新株予約権者の判断で権利行使日が決定される(280条1項2号)。

2　新株予約権の内容(1項、2項)

(1)　1項
　①当該新株予約権の目的である株式の数(種類株式の場合は種類および種類ごとの数)またはその数の算定方法(1号)
　「新株予約権の目的である株式の数(種類株式発行会社にあっては、

株式の種類及び種類ごとの数）又はその数の算定方法」とは、新株予約権を行使して、発行を受けることができる新株の種類と数のことである。たとえば、ストック・オプションとして、5名の取締役に1人あたり普通株100株、100名の使用人に1人あたり普通株10株の発行を受ける新株予約権を発行する場合には、ここでの種類および数は、普通株1500株となる。

②当該新株予約権の行使に際して出資される財産の価額またはその算定方法（2号）

③金銭以外の財産を当該新株予約権の行使に際してする出資の目的とするときは、その旨ならびに当該財産の内容および価額（3号）

④当該新株予約権を行使することができる期間（4号）（行使期間）

　新株予約権を行使できる期間内に行使しないと、新株予約権を失うことになる。

⑤当該新株予約権の行使により株式を発行する場合における増加する資本金および資本準備金に関する事項（5号）

⑥譲渡による当該新株予約権の取得について当該株式会社の承認を要することとするときは、その旨（6号）

　「譲渡による当該新株予約権の取得について当該株式会社の承認を要すること」が新株予約権の内容とされているのは、会社にとって好ましくない者が株主として参加することを拒否するためには、株式譲渡制限だけでは足りず、新株引受権についても譲渡制限をする必要があるためである。また、新株予約権の譲渡制限は株式の譲渡制限とは異なり、発行するときにその旨の規定を設けておかなければならず、発行後には譲渡制限を設けられない。

⑦当該新株予約権について、当該株式会社が一定の事由が生じたことを条件としてこれを取得することができることとするときは、法の定める一定の事項（7号）

　「一定の事由が生じたことを条件としてこれを取得することができる」旨を内容とする新株予約権を、取得条項付新株予約権という。種々のものがありうるが、取締役であることを条件にストック・オプションとして新株予約権を付与している場合、その者が取締役を退任したというような場面で利用される。

⑧当該株式会社が、当該会社が消滅する合併・吸収分割・新設分割・株式交換・株式移転をする場合において、当該新株予約権の新株予約権者に存続会社・新設会社等の新株予約権を交付することとするときは、その旨およびその条件（8号）（新株予約権の承継）

⑨新株予約権を行使した新株予約権者に交付する株式の数に1株に満たない端数がある場合において、これを切り捨てるものとするときは、その旨（9号）

⑩当該新株予約権（新株予約権付社債に付されたものを除く）にかかる新株予約権証券を発行することとするときは、その旨（10号）

⑪ 10号に規定する場合において、新株予約権者が記名式証券・無記名式証券間の転換請求の全部または一部をすることができないこととするときは、その旨（11号）

(2) 2項

新株予約権付社債に付された新株予約権の数は、当該新株予約権付社債についての社債の金額ごとに、均等に定められなければならない。

> 司 H22-40-3
> ### 第237条（共有者による権利の行使） B⁻
> 新株予約権が2以上の者の共有に属するときは、共有者は、当該新株予約権についての権利を行使する者1人を定め、株式会社に対し、その者の氏名又は名称を通知しなければ、当該新株予約権についての権利を行使することができない。ただし、株式会社が当該権利を行使することに同意した場合は、この限りでない。

新株予約権を2人以上が共有しているときは、共有者は、権利を行使する者1人を決めて、株式会社に対し、その者の氏名または名称を通知しなければ、権利を行使することができません。ただし、株式会社が当該権利を行使することに同意した場合は、このかぎりではありません。

1 趣旨

権利を行使する者1人を決め、その者の氏名等を通知させることにより、共有から生ずる煩雑な事務処理から会社を解放することで、会社の事務処理上の便宜を図っている。他方で、このような趣旨を前提にすると、会社側から権利行使を認めることは何ら問題ないため、これを認めている。

■第2節 新株予約権の発行

■第1款 募集事項の決定等

> 司 H26-41-ア（予）、H22-39-ア、H22-40-4、H21-40-オ。書 H24-29-ア、H23-29-エ
> ### 第238条（募集事項の決定） A
> 1 株式会社は、その発行する新株予約権を引き受ける者の募集をしようとするときは、その都度、❶募集新株予約権（当該募集に応じて当該新株予約権の引受けの申込みをした者に対して割り当てる新株予約権をいう。以下この章において同じ。）について次に掲げる事項（以下この節において「❷募集事項」という。）を定めなければならない。
> ① 募集新株予約権の内容及び数

② 募集新株予約権と引換えに金銭の払込みを要しないこととする場合には、その旨
③ 前号に規定する場合以外の場合には、募集新株予約権の払込金額（募集新株予約権１個と引換えに払い込む金銭の額をいう。以下この章において同じ。）又はその算定方法
④ 募集新株予約権を割り当てる日（以下この節において「割当日」という。）
⑤ 募集新株予約権と引換えにする金銭の払込みの期日を定めるときは、その期日
⑥ 募集新株予約権が新株予約権付社債に付されたものである場合には、676条各号に掲げる事項〔募集社債に関する事項〕
⑦ 前号に規定する場合において、同号の新株予約権付社債に付された募集新株予約権についての第118条第１項〔譲渡制限をする場合〕、第179条第２項〔特別支配株主が新株予約権売渡請求をする場合〕、第777条第１項〔組織変更をする場合〕、第787条第１項〔吸収合併・吸収分割・株式交換をする場合〕又は第808条第１項〔新設合併・新設分割・株式移転をする場合〕の規定による請求〔新株予約権買取請求〕の方法につき別段の定めをするときは、その定め

2 募集事項の決定は、株主総会の決議によらなければならない。
3 次に掲げる場合には、取締役は、前項の株主総会において、第１号の条件又は第２号の金額で募集新株予約権を引き受ける者の募集をすることを必要とする理由を説明しなければならない。
① 第１項第２号に規定する場合において、金銭の払込みを要しないこととすることが当該者に特に有利な条件であるとき。
② 第１項第３号に規定する場合において、同号の払込金額が当該者に特に有利な金額であるとき。
4 種類株式発行会社において、募集新株予約権の目的である株式の種類の全部又は一部が譲渡制限株式であるときは、当該募集新株予約権に関する募集事項の決定は、当該種類の株式を目的とする募集新株予約権を引き受ける者の募集について当該種類の株式の種類株主を構成員とする種類株主総会の決議を要しない旨の定款の定めがある場合を除き、当該種類株主総会の決議がなければ、その効力を生じない。ただし、当該種類株主総会において議決権を行使することができる種類株主が存しない場合は、この限りでない。
5 募集事項は、第１項の募集ごとに、均等に定めなければならない。

株式会社は、新株予約権を引き受ける者の募集をしようとするときは、募集新株予約権の内容・数、払込金額、割当日、払込期日等を株主総会の決議

で決定しなければなりません。金銭の払込みを要しないとする場合、または払込金額が特に有利な条件もしくは金額である場合には、取締役は株主総会でその理由を説明しなければなりません。

1 趣旨

　新株予約権は、株式会社に対して行使することにより当該株式会社の株式の交付を受けることができる点で、潜在的な株式としての性質を有する。そこで、本条は募集新株予約権の発行手続について、おおむね募集株式の発行の手続に準じた規律を規定している。

2 条文クローズアップ

1 募集事項（1項）

　募集事項は、1項で法定されている。主なものは、
①募集新株予約権の内容および数（1号）
②募集新株予約権と引換えに金銭の払込みを要しないこととする場合には、その旨（2号）
③募集新株予約権の払込金額（募集新株予約権1個と引換えに払い込む金銭の額）またはその算定方法（3号）
④募集新株予約権を割り当てる日（「割当日」）（4号）
⑤募集新株予約権と引換えにする金銭の払込みの期日を定めるときは、その期日（5号）
である。

2 決定機関（2項）

　会社法では、募集新株予約権の発行手続を、非公開会社を基本として規定している。なお、以下は株主割当て以外の場合の説明であり、株主割当ての場合の決定機関は241条にて説明する。　　　　　　　　　　→241条

(1) 非公開会社

(a)原則

　非公開会社では、株主の持株比率を維持し、経済的利益を保護すべき要請が強い。そこで、238条2項は、募集事項の決定は株主総会の特別決議（309条2項6号）によると規定している。

(b)例外

　募集新株予約権の発行により資金調達を行う場合にはその迅速性・機動性を確保する必要がある。そこで、非公開会社では、株主総会の特別決議により、募集事項の決定を取締役に委任することができる（239条1項、309条2項6号）。　　　　　　　　　　　　　　→239条

(2) 公開会社

(a)原則

　240条は、公開会社における募集事項の決定の特則を定めている。したがって、公開会社では240条の特則が適用される場合には取締役会が募集事項の決定を行う（240条1項、238条2項）。なお、指名委　→240条

会等設置会社の取締役会は、その決議によって、指名委員会等設置会社の業務執行の決定を執行役に委任することができる(416条4項柱書本文)ので、新株予約権の募集事項の決定を執行役に委任することができる。

(b)**例外**

240条は、いわゆる有利発行の場合には適用されない。このような場合には、238条2項が適用され、公開会社であっても、株主総会の特別決議によって募集事項の決定を行わなければならない。なお、この場合であっても、株主総会の特別決議により、募集事項の決定を取締役会に委任することができる(239条1項)。

3　有利発行(3項)

「特に有利な条件」または「特に有利な金額」で新株予約権の発行がなされる場合とは、発行時点におけるその新株予約権の金銭的評価額を著しく下回る対価で会社が新株予約権を発行することをいう。

有利発行にあたる場合には、取締役が、これを決定する株主総会においてその必要な理由を説明しなければならない。この説明は、314条の場合と異なり、株主からの質問を待たずに自発的に行わなければならない。

また、有利発行の場合、株主総会の招集通知に議案の概要を記載しなければならない(会社施規63条7号)。

4　種類株式発行会社(4項)

(1) **原則**

種類株式発行会社(2条13号)においては、募集新株予約権の目的である株式の種類の全部または一部が譲渡制限株式であるときは、当該募集事項の決定は、その種類株主総会の特別決議(324条2項3号)を経る必要がある。これは、種類株主の利益を保護するためである。

(2) **例外**

種類株主総会の決議を要しない旨の定款の定めがある場合(238条4項本文)またはその種類株主総会において議決権を行使することができる種類株主が存しない場合(4項ただし書)には、種類株主総会決議は必要ない。

5　募集事項の均等性(5項)

募集事項は1項の募集ごとに均等に定めなければならない。これは、募集新株予約権の引受人間の公平を確保するためである。

有利発行にあたらないとした事例

新株予約権部分の払込価額を無償とする新株予約権付社債を発行した場合においては、「新株予約権の実質的対価」と「新株予約権の公正な価値」とを比較し、当該「新株予約権の実質的対価」が当該「新株予約権の公

正な価値」を大きく下回るときは、当該新株予約権付社債の発行は、238条3項1号所定の「特に有利な条件」による発行に該当する（名古屋地決平20・11・19金判1309-20）。

第239条（募集事項の決定の委任）　B⁺

1　前条第2項〔総会決議による決定〕及び第4項〔種類株主総会決議による決定〕の規定にかかわらず、株主総会においては、その決議によって、❶募集事項の決定を取締役（取締役会設置会社にあっては、取締役会）に委任することができる。この場合においては、次に掲げる事項を定めなければならない。
　①　その委任に基づいて募集事項の決定をすることができる❷募集新株予約権の内容及び数の上限
　②　前号の募集新株予約権につき金銭の払込みを要しないこととする場合には、その旨
　③　前号に規定する場合以外の場合には、募集新株予約権の❸払込金額の下限
2　次に掲げる場合には、取締役は、前項の株主総会において、第1号の条件又は第2号の金額で❷募集新株予約権を引き受ける者の募集をすることを必要とする理由を説明しなければならない。
　①　前項第2号に規定する場合において、金銭の払込みを要しないこととすることが当該者に特に有利な条件であるとき。
　②　前項第3号に規定する場合において、同号の❸払込金額の下限が当該者に特に有利な金額であるとき。
3　第1項の決議は、❹割当日が当該決議の日から1年以内の日である前条第1項の募集〔新株予約権を引き受ける者の募集〕についてのみその効力を有する。
4　種類株式発行会社において、❷募集新株予約権の目的である株式の種類の全部又は一部が譲渡制限株式であるときは、当該募集新株予約権に関する❶募集事項の決定の委任は、前条第4項の定款の定め〔種類株主総会の決議を要しない旨の定め〕がある場合を除き、当該種類株主総会の決議がなければ、その効力を生じない。ただし、当該種類株主総会において議決権を行使することができる種類株主が存しない場合は、この限りでない。

❶238条1項

❷238条1項

❸238条1項3号

❹238条1項4号

→試験対策7章2節①【1】

　株主総会の決議によって、割当日がその決議の日から1年以内の日である募集新株予約権の発行に関する募集事項の決定を取締役等に委任できます。この場合、株主総会において、委任に基づいて決定をすることができる募集新株予約権の内容・数の上限、払込金額の下限等を定めなければなりません。

1 趣旨

非公開会社の場合、募集新株予約権の発行を行うたび株主総会を招集することは煩雑であり、迅速性・機動性に欠ける。また、公開会社であっても有利発行の場合には、株主総会の特別決議を要する(240条1項、238条2項、309条2項6号)ところ、このような場合に株主総会をそのつど招集することにも同様の問題がある。そこで、会社法は、資金調達の迅速性・機動性を確保するために、募集事項の決定を取締役(取締役会設置会社においては取締役会)に委任することを認めた。

2 条文クローズアップ

1 募集事項の決定の委任の可否(1項前段)

(1) 非公開会社の場合

非公開会社の場合、募集新株予約権の募集事項を定めるには、株主総会の特別決議を要する(238条2項、309条2項6号)のが原則である。もっとも、239条1項により、株主総会の決議で募集事項の決定を取締役(取締役会設置会社にあっては取締役会)に委任することができる。

(2) 公開会社の場合

公開会社の場合には、特に有利な条件または金額で募集する場合を除き、240条1項が適用され、募集事項の決定は取締役会の決議により行われる。そして、この場合には、募集事項の決定の委任の規定は適用されない(1項後段)。もっとも、特に有利な条件または金額で募集する場合には、240条1項は適用されず(239条1項前段)、募集事項を定めるには、株主総会の特別決議(238条2項、309条2項6号)が要求されることになる。この場合には239条1項により、株主総会の決議で募集事項の決定を取締役会に委任することができる。

2 委任の際の定め(1項後段)

委任の際には①募集新株予約権の内容および数(1号)、②金銭の払込みを要しないこととする場合にはその旨(2号)、③金銭の払込みを要することとする場合には払込金額の下限(3号)を定めなければならない。

これは、委任の範囲を無限定にすると既存株主の利益を害するおそれがあるので、委任の範囲に限定を付し、取締役(取締役会設置会社では取締役会)の権限行使の適正を担保しようとした規定である。

3 取締役による理由の説明(2項)

有利発行の場合には、取締役は株主総会において有利発行を行う理由を説明しなければならない。

4 委任決議の有効期間(3項)

委任のための決議は、募集新株予約権の割当日が当該決議の日から1年以内の募集についてのみ有効である。これは、委任決議の有効期間を定め取締役(取締役会設置会社では取締役会)の権限濫用を防止しようとしたものである。

5　種類株式発行会社（4項）

　種類株式発行会社（2条13号）においては、募集新株予約権の目的である株式の種類の全部または一部が譲渡制限株式であるときは、当該募集事項の決定の委任は、その種類株主総会の特別決議（324条2項3号）を経る必要がある。もっとも、種類株主総会の決議を要しない旨の定款の定めがある場合（239条4項本文）またはその種類株主総会において議決権を行使することができる種類株主が存しない場合（4項ただし書）には、種類株主総会決議は必要ない。これは、238条4項と同趣旨である。

新株予約権の発行後に行使条件を変更する取締役会決議の効力

　非公開会社の株主総会特別決議によって委任を受けた取締役会が定めた新株予約権の行使条件を、新株予約権を発行した後に取締役会決議で変更することは、当該株主総会特別決議で取締役会において行使条件を変更することができる旨の明示の委任がされている場合を除き、原則として許されない。これを変更する取締役会決議は、株主総会決議による委任に基づき定められた新株予約権の行使条件の細目的な変更をするにとどまるものであるときを除き、無効と解する（最判平24・4・24平24重判・商法1事件）。

司 H22-39-ア、H21-40-オ

第240条（公開会社における募集事項の決定の特則）　A

1. 第238条第3項各号に掲げる場合〔特に有利な条件または金額で新株予約権の引受けを募集する場合〕を除き、公開会社における同条第2項〔募集事項の決定〕の規定の適用については、同項中「株主総会」とあるのは、「取締役会」とする。この場合においては、前条〔募集事項の決定の委任〕の規定は、適用しない。
2. 公開会社は、前項の規定により読み替えて適用する第238条第2項〔募集事項の決定〕の取締役会の決議によって❶募集事項を定めた場合には、❷割当日の2週間前までに、株主に対し、当該募集事項を通知しなければならない。
3. 前項の規定による通知は、公告をもってこれに代えることができる。
4. 第2項の規定は、株式会社が❶募集事項について❷割当日の2週間前までに金融商品取引法第4条第1項から第3項までの届出〔有価証券の募集または売出しの届出〕をしている場合その他の株主の保護に欠けるおそれがないものとして法務省令で定める場合には、適用しない。

❶238条1項
❷238条1項4号

→試験対策7章2節①【1】(1)

　公開会社においては、金銭の払込みを必要としないとすることや、払込金

額が特に有利な条件・金額である場合を除いて、募集事項の決定は、株主総会ではなく取締役会が行います。取締役会の決議によって募集事項を定めたときは、原則として、割当日の2週間前までに、株主に対し、当該募集事項を通知し、または公告しなければなりません。

1 趣旨

公開会社においては、機動的な資金調達を図るため、有利な金額・条件で発行される場合を除き、募集事項の決定は取締役会においてなされる。また、募集新株予約権の発行差止請求権の行使の機会を確保するため、株主に対し、募集事項の通知または公告を義務づけた。

2 条文クローズアップ

1 公開会社における募集事項の決定

(1) 原則

公開会社における募集事項の決定は、原則として株主総会決議ではなく取締役会決議によらなければならない(240条1項前段、238条2項)。

(2) 例外

いわゆる有利発行(238条3項各号)の場合、募集事項の決定は株主総会の特別決議を要する(238条2項、309条2項6号)。もっとも、この場合であっても、募集事項の決定を株主総会特別決議によって取締役会へ委任することができる(239条1項前段、309条2項6号)。

2 募集事項の公示

(1) 通知・公告(2項、3項)

募集新株予約権の発行は、株主の持株比率や経済的利益に重大な影響を与えうる。それにもかかわらず、公開会社の場合、有利発行に該当しないかぎり、募集事項の決定は取締役会決議によりなされ、募集事項の決定に株主が関与することはない。そこで、取締役会により募集事項が決定された場合には、これを既存株主に知らせることによって既存株主による差止請求(247条)等の機会を確保するために株主に対する募集事項の通知または公告を要求している(240条2項、3項)。

(2) 通知・公告が不要な場合(4項)

金融商品取引法4条1項から3項までの有価証券の募集または売出しの届出をしている場合その他の株主保護に欠けるおそれがないものとして法務省令(会社施規53条)で定める場合には、通知・公告は要求されない(会社240条4項)。これらの場合には既存の株主も一般投資家に対する情報開示手段によって募集事項の内容を知ることができるからである。

📖 H24-29-イ、H23-29-オ
第241条（株主に新株予約権の割当てを受ける権利を与える場合）A

1　株式会社は、第238条第1項の募集〔新株予約権を引き受ける者の募集〕において、株主に新株予約権の割当てを受ける権利を与えることができる。この場合においては、❶募集事項のほか、次に掲げる事項を定めなければならない。　❶238条1項
　①　株主に対し、次条第2項の申込み〔募集新株予約権引受けの申込み〕をすることにより当該株式会社の❷募集新株予約権（種類株式発行会社にあっては、その目的である株式の種類が当該株主の有する種類の株式と同一の種類のもの）の割当てを受ける権利を与える旨　❷238条1項
　②　前号の募集新株予約権の引受けの申込みの期日
2　前項の場合には、同項第1号の株主（当該株式会社を除く。）は、その有する株式の数に応じて❷募集新株予約権の割当てを受ける権利を有する。ただし、当該株主が割当てを受ける募集新株予約権の数に1に満たない端数があるときは、これを切り捨てるものとする。
3　第1項各号に掲げる事項〔株主に募集新株予約権の割当てを受ける権利を与える旨、募集新株予約権の引受けの申込期日〕を定める場合には、❶募集事項及び同項各号に掲げる事項は、次の各号に掲げる場合の区分に応じ、当該各号に定める方法によって定めなければならない。
　①　当該募集事項及び第1項各号に掲げる事項を取締役の決定によって定めることができる旨の定款の定めがある場合（株式会社が取締役会設置会社である場合を除く。）　取締役の決定
　②　当該募集事項及び第1項各号に掲げる事項を取締役会の決議によって定めることができる旨の定款の定めがある場合（次号に掲げる場合を除く。）　取締役会の決議
　③　株式会社が公開会社である場合　取締役会の決議
　④　前3号に掲げる場合以外の場合　株主総会の決議
4　株式会社は、第1項各号に掲げる事項〔株主に募集新株予約権の割当を受ける権利を与える旨、募集新株予約権の引受けの申込期日〕を定めた場合には、同項第2号の期日〔募集新株予約権の引受けの申込期日〕の2週間前までに、同項第1号の株主〔募集新株予約権の割当てを受ける権利を与えられる株主〕（当該株式会社を除く。）に対し、次に掲げる事項を通知しなければならない。
　①　❶募集事項
　②　当該株主が割当てを受ける❷募集新株予約権の内容及び数
　③　第1項第2号の期日〔募集新株予約権の引受けの申込期日〕
5　第238条第2項から第4項まで〔総会決議による募集事項の決定、特に有利な条件・金額による募集の特則、募集事項を決定する種類株主総会の決議〕及び前2条〔募集事項の決定の委任、公開会社における募集事項の決

> 定の特則)の規定は、第1項から第3項までの規定により株主に新株予約権の割当てを受ける権利を与える場合には、適用しない。

　株式会社は、株主に、その所有する株式数に応じて新株予約権の割当てを受ける権利を与えることができます。この場合は、株主総会の決議等で、募集事項のほか、株主に割当てを受ける権利を与える旨、引受けの申込日を定めなければなりませんが、定款で取締役の決定や取締役会の決議に委ねることができます。

→試験対策7章2節①【2】

1 趣旨

　株主に募集新株予約権の割当てを受ける権利を与える場合、既存株主は、当該権利を行使して募集新株予約権の割当てを受け、かつ当該新株予約権を行使すれば、株式の交付を受けることができ、持株比率的利益・経済的利益の双方を守ることができる。したがって、株主割当ての場合には既存株主の利益保護の必要性は低い。そこで、本条は、これらの観点から募集新株予約権の発行についての特則を定めている。

2 条文クローズアップ

1　決定事項（1項）

　株主は、新株予約権の発行にあたって割当てを受ける権利を当然には有せず、株式会社が、個々の新株予約権の発行に際して、割当てを受ける権利を与えるか否かを定めることとされている。株主割当てを行う場合においては、238条1項の募集事項のほか、①株主に対し募集新株予約権の申込みをすることによりその株式会社の募集新株予約権(種類株式発行会社にあっては、その目的である株式の種類がその株主の有する種類の株式と同一の種類のもの)の割当てを受ける権利を与える旨と、②引受けの申込みの期日を定めなければならない。

2　株主割当ての効果（2項）

　株主割当を受けた株主は、その有する株式の数に応じて募集新株予約権の割当てを受ける権利を有する。ただし、その株主が割当てを受ける募集新株予約権の数に端数が生じるときは、これを切り捨てる。

3　募集事項等の決定方法（3項）

(1) 非公開会社の場合

　非公開会社の場合、既存株主は通常、持株比率の維持に関心を有しているところ、株主割当ての場合であっても、株主が新株予約権の引受けの申込み、および払込みをしなければ持株比率の低下による不利益が生ずるおそれがあり、また株主の経済的利益が制約されうる。そこで、募集事項の決定は、原則として株主総会の特別決議によることとされている(241条3項4号、309条2項6号)。

　もっとも、株主が迅速な手続による新株予約権の発行を望むこともあ

りうる。そこで、募集事項等を取締役の決定(取締役会設置会社において は取締役会決議)により定めることができる旨の定款の定めがある場合に は、その定めに従うことが認められている(241条3項1号、2号)。

(2) 公開会社の場合

公開会社においては、機動的な資金調達の要請が強いので、募集事項 等の決定は、取締役会決議によるとされている(3号)。

4　株主への通知(4項)

株式会社は、1項各号に掲げる事項を定めた場合には、申込みの機会 を確保するため、募集新株予約権の引受けの申込みの期日の2週間前ま でに、割当てを受ける株主に対し、①募集事項、②その株主が割当てを 受ける募集新株予約権の内容および数、③引受けの申込みの期日を通知 しなければならない。

5　適用除外(5項)

238条2項から4項まで、239条および240条の規定は、241条1項から 3項までの規定により株主に新株予約権の割当てを受ける権利を与える 場合には、適用されない(5項)。

■第2款　募集新株予約権の割当て

第242条（募集新株予約権の申込み）　B

1　株式会社は、第238条第1項の募集(新株予約権を引き受ける者の募 集)に応じて❶募集新株予約権の引受けの申込みをしようとする者 に対し、次に掲げる事項を通知しなければならない。
　① 　株式会社の商号
　② 　❷募集事項
　③ 　新株予約権の行使に際して金銭の払込みをすべきときは、払 込みの取扱いの場所
　④ 　前3号に掲げるもののほか、法務省令で定める事項

2　第238条第1項の募集(新株予約権を引き受ける者の募集)に応じて ❶募集新株予約権の引受けの申込みをする者は、次に掲げる事項を 記載した書面を株式会社に交付しなければならない。
　① 　申込みをする者の氏名又は名称及び住所
　② 　引き受けようとする募集新株予約権の数

3　前項の申込みをする者は、同項の書面の交付に代えて、政令で 定めるところにより、株式会社の承諾を得て、同項の書面に記載 すべき事項を電磁的方法により提供することができる。この場合 において、当該申込みをした者は、同項の書面を交付したものと みなす。

4　第1項の規定は、株式会社が同項各号に掲げる事項を記載した 金融商品取引法第2条第10項に規定する目論見書を第1項の申込

❶238条1項

❷238条1項

みをしようとする者に対して交付している場合その他❶募集新株予約権の引受けの申込みをしようとする者の保護に欠けるおそれがないものとして法務省令で定める場合には、適用しない。

5　株式会社は、第1項各号に掲げる事項について変更があったときは、直ちに、その旨及び当該変更があった事項を第2項の申込みをした者(以下この款において「❸申込者」という。)に通知しなければならない。

6　❶募集新株予約権が新株予約権付社債に付されたものである場合には、❸申込者(募集新株予約権のみの申込みをした者に限る。)は、その申込みに係る募集新株予約権を付した新株予約権付社債の引受けの申込みをしたものとみなす。

7　株式会社が❸申込者に対してする通知又は催告は、第2項第1号の住所(当該申込者が別に通知又は催告を受ける場所又は連絡先を当該株式会社に通知した場合にあっては、その場所又は連絡先)にあてて発すれば足りる。

8　前項の通知又は催告は、その通知又は催告が通常到達すべきであった時に、到達したものとみなす。

❸定

→試験対策7章2節②【1】

　株式会社は、募集新株予約権の引受けの申込みをしようとする者に対して、商号、募集事項等を通知しなければなりません。引受けの申込みは、申込者の氏名、住所、引き受けようとする募集新株予約権の数等を記載した書面または電磁的方法によらなければなりません。

1 趣旨

　1項の趣旨は、募集新株予約権の申込みをしようとする者に対して一定の事項を通知することにより、合理的な判断を促す点にある。また、2項の趣旨は、一定の事項の記載のある書面を会社に交付することを要求することにより、申込者の意思を確認する点にある。

2 語句の意味

　申込者とは、新株予約権を引き受ける者の募集(238条1項)に応じて募集新株予約権の引受けの申込みをした者をいう。

3 条文クローズアップ

1　通知内容(1項)

①株式会社の商号(1号)
②募集事項(2号)
③新株予約権の行使に際して金銭の払込みをすべきときは、払込みの取扱いの場所(3号)
④法務省令で定める事項(4号、会社施規54条)

2　書面の記載事項（2項）
①申込みをする者の氏名または名称および住所（会社2項1号）
②引き受けようとする募集新株予約権の数（2号）

3　電磁的方法による交付（3項）
新株予約権の申込みをする者は、2項の書面の交付に代えて、政令で定めるところにより、株式会社の承諾を得て、2項の書面に記載すべき事項を電磁的方法により提供することができる。

4　通知義務の例外（4項）
会社が、1項に掲げる事項を記載した金融商品取引法2条10項に規定する目論見書を新株予約権の申込みをしようとする者に対して交付している場合、その他新株予約権の引受けの申込みをしようとする者の保護に欠けるおそれがないものとして法務省令で定める場合（会社施規55条）には、会社法242条1項の規定は適用されない。金融商品取引法上の目論見書による情報提供は証券情報に加えて企業内容開示の面で優れており、このような目論見書により1項の通知義務の代替を認めても、新株予約権の申込みをしようとする者の保護に欠けることがないと考えられるからである。

5　変更の通知（5項）
株式会社は1項各号に掲げる事項について変更があったときは、ただちに、その旨および変更があった事項を2項の申込みをした者に通知しなければならない。事後的に内容に変更を加えてもそれをただちに通知することを義務づけておけば、申込者の保護に欠けることはないからである。

6　新株予約権付社債の申込み（6項）
募集新株予約権が新株予約権付社債に付されたものである場合には、申込者は、その申込みにかかる募集新株予約権を付した新株予約権付社債の引受けの申込みをしたものとみなされる。

7　通知または催告の連絡先（7項）
株式会社が申込者に対してする通知または催告は、2項1号の住所（当該申込者が別に通知または催告を受ける場所または連絡先を当該株式会社に通知した場合にあっては、その場所または連絡先）にあてて発すれば足りる。

8　通知または催告の到達時（8項）
7項の通知または催告は、その通知または催告が通常到達すべきであった時に到達したものとみなされる。

📖H24-29-エ
第243条（募集新株予約権の割当て）　B
1　株式会社は、❶申込者の中から❷募集新株予約権の割当てを受ける者を定め、かつ、その者に割り当てる募集新株予約権の数を

❶242条5項
❷238条1項

定めなければならない。この場合において、株式会社は、当該申込者に割り当てる募集新株予約権の数を、前条第2項第2号の数〔申込者が引受けを申し出た募集新株予約権の数〕よりも減少することができる。
2　次に掲げる場合には、前項の規定による決定は、株主総会(取締役会設置会社にあっては、取締役会)の決議によらなければならない。ただし、定款に別段の定めがある場合は、この限りでない。
① ❷募集新株予約権の目的である株式の全部又は一部が譲渡制限株式である場合
② 募集新株予約権が❸譲渡制限新株予約権（新株予約権であって、譲渡による当該新株予約権の取得について株式会社の承認を要する旨の定めがあるものをいう。以下この章において同じ。）である場合

❸定

3　株式会社は、❹割当日の前日までに、❶申込者に対し、当該申込者に割り当てる❷募集新株予約権の数(当該募集新株予約権が新株予約権付社債に付されたものである場合にあっては、当該新株予約権付社債についての社債の❺種類及び各社債の金額の合計額を含む。)を通知しなければならない。

❹238条1項4号

❺107条2項2号ロ

4　第241条〔株主に新株予約権の割当てを受ける権利を与える場合〕の規定により株主に新株予約権の割当てを受ける権利を与えた場合において、株主が同条第1項第2号の期日〔募集新株予約権の引受けの申込期日〕までに前条第2項の申込み〔募集新株予約権の引受けの申込み〕をしないときは、当該株主は、❷募集新株予約権の割当てを受ける権利を失う。

→試験対策7章2節②【2】

　株式会社は、申込者のなかから割当てを受ける者等を定めなければなりません。募集新株予約権が譲渡制限新株予約権である場合、その目的である株式が譲渡制限株式の場合には、株主総会等の決議によらなければなりません。株主割当ての場合において、申込みの日までに株主が申込みをしないときは、その株主は割当ての権利を失います。

1 趣旨

　募集株式の割当てと同様に、だれにどれだけの募集新株予約権を割り当てるかについては、会社の経営上の裁量的判断に属する問題である。そこで、1項は割当自由の原則により原則として募集新株予約権をだれに何個引き受けさせるかを自由に決定することができると定めた。また、株式や新株予約権の譲渡制限制度との整合性や株主の利益に配慮する必要性から、2項は一定の場合に割当ての決定機関を株主総会(取締役会設置会社にあっては取締役会)とすることを定めた。

2 条文クローズアップ

1 募集新株予約権の割当て（1項）
　株式会社は、申込者に対して、割当てを受ける者およびその者に割り当てられる新株予約権の数を定めなければならない。この場合も、募集株式の割当てと同様、割当自由の原則が妥当する。

2 割当ての決定機関（2項）
(1)　1号
　募集新株予約権の目的である株式の全部または一部が譲渡制限株式である場合、定款に別段の定めがあるときを除いて、割当ての決定は株主総会（取締役会設置会社では取締役会）の決議による。これは、この場合の新株予約権の割当ては、潜在的な譲渡制限株式の発行としての意味を持ち、既存株主の持株比率や経済的利益に影響を与えるため、募集株式が譲渡制限株式である場合の割当て（204条2項）と同様の規制を施したものである。

(2)　2号
　募集新株予約権が譲渡制限新株予約権である場合、定款に別段の定めがあるときを除いて、割当ての決定は株主総会（取締役会設置会社では取締役会）の決議による。これは、譲渡制限新株予約権の譲渡承認の決定との整合性に配慮したものである。

3 割り当てる新株予約権の数の通知（3項）
　会社は割当日の前日までに、申込者に対して割り当てる新株予約権の数を通知しなければならない。

4 割り当てを受ける権利の失権（4項）
　株主割当ての場合には、期日までに申込みをしない株主は、募集新株予約権の割当てを受ける権利を失う。

第244条（募集新株予約権の申込み及び割当てに関する特則）　B⁺

1　前2条〔募集新株予約権の申込みおよび割当て〕の規定は、❶募集新株予約権を引き受けようとする者がその総数の引受けを行う契約を締結する場合には、適用しない。
2　❶募集新株予約権が新株予約権付社債に付されたものである場合における前項の規定の適用については、同項中「の引受け」とあるのは、「及び当該募集新株予約権を付した社債の総額の引受け」とする。
3　第1項に規定する場合において、次に掲げるときは、株式会社は、株主総会（取締役会設置会社にあっては、取締役会）の決議によって、同項の契約の承認を受けなければならない。ただし、定

❶238条1項

款に別段の定めがある場合は、この限りでない。
① ❶募集新株予約権の目的である株式の全部又は一部が譲渡制限株式であるとき。
② 募集新株予約権が❷譲渡制限新株予約権であるとき。

❷243条2項2号

募集新株予約権を引き受けようとする者がそのすべてを引き受ける契約を締結した場合、申込みの際の通知や割当ての決議等の規制は適用しません。

1 趣旨

特定の第三者が契約によって募集新株予約権の総数を引き受ける場合（いわゆる第三者割当ての場合）、あらかじめ会社と特定の第三者との契約によって引受けがなされるのであるから、申込み手続や割当て手続は必要ない。そこで、本条は、引受けの申込みを定めた242条および割当てを定めた243条が第三者割当てには適用されないことを規定した。

第244条の2（公開会社における募集新株予約権の割当て等の特則） A

1 公開会社は、❶募集新株予約権の割当てを受けた❷申込者又は前条第1項の契約により募集新株予約権の総数を引き受けた者（以下この項において「引受人」と総称する。）について、第1号に掲げる数の第2号に掲げる数に対する割合が2分の1を超える場合には、❸割当日の2週間前までに、株主に対し、当該引受人（以下この項及び第5項において「❹特定引受人」という。）の氏名又は名称及び住所、当該特定引受人についての第1号に掲げる数その他の法務省令で定める事項を通知しなければならない。ただし、当該特定引受人が当該公開会社の❺親会社等である場合又は第241条〔株主に新株予約権の割当てを受ける権利を与える場合〕の規定により株主に新株予約権の割当てを受ける権利を与えた場合は、この限りでない。
① 当該引受人（その❻子会社等を含む。）がその引き受けた募集新株予約権に係る交付株式の株主となった場合に有することとなる最も多い議決権の数
② 前号に規定する場合における最も多い総株主の議決権の数
2 前項第1号に規定する「交付株式」とは、❶募集新株予約権の目的である株式、募集新株予約権の内容として第236条第1項第7号ニ〔新株予約権の取得対価として株式を交付する場合〕に掲げる事項についての定めがある場合における同号ニの株式その他募集新株予約権の新株予約権者が交付を受ける株式として法務省令で定める株式をいう。

❶238条1項
❷242条5項

❸238条1項4号
❹定

❺2条4号の2

❻2条3号の2

❶2条3号の2

3　第1項の規定による通知は、公告をもってこれに代えることができる。
4　第1項の規定にかかわらず、株式会社が同項の事項について❸割当日の2週間前までに金融商品取引法第4条第1項から第3項までの届出〔有価証券の募集または売出しの届出〕をしている場合その他の株主の保護に欠けるおそれがないものとして法務省令で定める場合には、第1項の規定による通知は、することを要しない。
5　総株主(この項の株主総会において議決権を行使することができない株主を除く。)の議決権の10分の1(これを下回る割合を定款で定めた場合にあっては、その割合)以上の議決権を有する株主が第1項の規定による通知又は第3項の公告の日(前項の場合にあっては、法務省令で定める日)から2週間以内に❹特定引受人(その❺子会社等を含む。以下この項において同じ。)による❶募集新株予約権の引受けに反対する旨を公開会社に対し通知したときは、当該公開会社は、❸割当日の前日までに、株主総会の決議によって、当該特定引受人に対する募集新株予約権の割当て又は当該特定引受人との間の前条第1項の契約〔総数引受契約〕の承認を受けなければならない。ただし、当該公開会社の財産の状況が著しく悪化している場合において、当該公開会社の事業の継続のため緊急の必要があるときは、この限りでない。
6　第309条第1項〔総会決議の要件〕の規定にかかわらず、前項の株主総会の決議は、議決権を行使することができる株主の議決権の過半数(3分の1以上の割合を定款で定めた場合にあっては、その割合以上)を有する株主が出席し、出席した当該株主の議決権の過半数(これを上回る割合を定款で定めた場合にあっては、その割合以上)をもって行わなければならない

　公開会社が、募集新株予約権の割当てを行い、それにより支配株主が異動する場合、当該公開会社は、株主へ事前の通知・公告を行わなければなりません。また、総株主の議決権の10分の1以上の議決権をもつ株主が当該募集株式の割当て等に反対する旨を通知したときは、株主総会の承認を必要とします。ただし、当該会社の財産状況が著しく悪化している場合において、事業の継続のため緊急の必要があるときは、株主総会の承認は不要となります。

→試験対策7章2節①【1】(1)

1　趣旨

　募集株式の割当て等に関しては、206条の2により一定の場合に株主に対する通知・公告や株主総会の承認が要求される。もっとも、募集新株予約権の割当て等についても同様の規制を要求しなければ、206条の2の規制は容易に潜脱されてしまう。そこで、本条は、募集新株予約権の割当て等についても募集株式の割当て等と同様の規律を及ぼしてい

る。

2 語句の意味

割当て等とは、243条1項により会社が申込者の中から募集新株予約権の割当てを受ける者を定めた場合および244条1項により募集新株予約権を引き受けようとする者がその総数の引受けを行う契約(総数引受契約)をした場合いう。

3 条文クローズアップ

1 支配株主の異動を伴う場合の株主への通知(1項)

公開会社による募集新株予約権の割当て等により、支配株主の異動を伴う場合には、株主への通知・公告が要求される。すなわち、「当該引受人(その子会社等を含む。)がその引き受けた募集新株予約権に係る交付株式の株主となった場合に有することとなる最も多い議決権の数」(1号)を分子とし、その「場合における最も多い総株主の議決権の数」(2号)を分母として計算される議決権の保有割合が2分の1を超える場合には、株主への通知・公告が要求される(1項柱書本文)。なお、分子となる引受人の保有議決権の数は、引受人がみずから保有する議決権に、その子会社等が有する議決権数を足したものとされているのは、引受人が、その子会社の有する議決権を子会社等を通して間接的に行使することができることを理由としている。

$$\frac{\text{当該引受人(その子会社等を含む)がその引き受けた募集新株予約権にかかる交付株式の株主となった場合に有することとなるもっとも多い議決権の数}}{\text{その場合におけるもっとも多い総株主の議決権の数}} > \frac{1}{2} \rightarrow \text{通知・公告}$$

2 通知・公告(3項、4項)

株主に対する通知は、公告をもって代えることができる(3項)。また、割当日の2週間前までに金融商品取引法4条1項から3項までの届出をしている場合、その他の株主の保護に欠けるおそれがないものとして法務省令で定める場合には、通知を要しない(会社244条の2第4項)。

3 株主総会の承認を要する場合(5項)

総株主の議決権の10分の1以上の議決権を有する株主が、通知等の日から2週間以内に特定引受人による株式の引受けに反対する旨を、会社に通知・公告したときは、当該会社は株主総会の決議によって募集新株予約権の割当て等の承認を受けなければならない(5項本文)。

会社の財産の状況が著しく悪化している場合において、当該会社の事業の継続のため緊急の必要があるときには、株主総会の承認は要求されない(5項ただし書)。この要件は、倒産の危機が迫っている場合など、株主総会を開催していては公開会社の存立自体が危ぶまれるような緊急の事態が生じている場合に初めて充足されると考えられている。

4 公開会社による募集新株予約権の割当て等であること

244条の2は公開会社による募集新株予約権の割当て等に適用される。非公開会社が244条の2の適用対象とされていない理由は、非公開会社が募集新株予約権の割当て等を行う場合には、株式総会での特別決議を要するとされている（238条2項、309条2項6号）ため、244条の2を適用する必要性がないことにある。

> 司H22-39-イ。書H23-29-ウ
> **第245条（新株予約権者となる日）　B⁻**
> 1　次の各号に掲げる者は、❶割当日に、当該各号に定める❷募集新株予約権の新株予約権者となる。
> ①　❸申込者　株式会社の割り当てた募集新株予約権
> ②　第244条第1項の契約〔総数引受契約〕により募集新株予約権の総数を引き受けた者　その者が引き受けた募集新株予約権
> 2　❷募集新株予約権が新株予約権付社債に付されたものである場合には、前項の規定により募集新株予約権の新株予約権者となる者は、当該募集新株予約権を付した新株予約権付社債についての社債の社債権者となる。

❶238条1項4号
❷238条1項
❸242条5項

　割当日に、申込者は、会社が割り当てた募集新株予約権の新株予約権者となり、募集新株予約権のすべてを引き受ける契約をした者は、その者が引き受けた募集新株予約権の新株予約権者となります。

→試験対策7章2節[2]【2】

1　趣旨

　一定の金銭等を出資することにより株式の交付を受けることができる権利が設定されている場合には、事業報告、登記等により、そのことが第三者に対して開示されることが望ましい。そこで、有償で発行する場合であっても、払込みがあったかどうかにかかわらず、新株予約権の割当てを受けた者をすべて新株予約権者として取り扱うこととし、事業報告における開示等を及ぼすべきこととした。

2　条文クローズアップ

1　新株予約権者となる者（1項）
①申込者は、割当日に株式会社の割り当てた募集新株予約権の新株予約権者となる（1号）。
②総数引受けをした者は、その者が引き受けた募集新株予約権の新株予約権者となる（2号）。

2　募集新株予約権が新株予約権付社債に付されたものである場合（2項）
　募集新株予約権が新株予約権付社債に付されたものである場合には、1項の規定により募集新株予約権の新株予約権者となる者は、当該募集

新株予約権を付した新株予約権付社債についての社債の社債権者となる。

■第3款　募集新株予約権に係る払込み

> 司H21-40-ア。書H24-29-オ
>
> ### 第246条　B⁻
>
> 1　第238条第1項第3号に規定する場合〔募集新株予約権と引換えに金銭の払込みを要することとする場合〕には、新株予約権者は、❶募集新株予約権についての第236条第1項第4号の期間〔新株予約権行使期間〕の初日の前日（第238条第1項第5号に規定する場合〔募集新株予約権と引換えにする金銭の払込期日を定めるとき〕にあっては、同号の期日。第3項において「❷払込期日」という。）までに、株式会社が定めた❸銀行等の払込みの取扱いの場所において、それぞれの募集新株予約権の❹払込金額の全額を払い込まなければならない。
> 2　前項の規定にかかわらず、新株予約権者は、株式会社の承諾を得て、同項の規定による払込みに代えて、❹払込金額に相当する金銭以外の財産を給付し、又は当該株式会社に対する債権をもって相殺することができる。
> 3　第238条第1項第3号に規定する場合〔募集新株予約権と引換えに金銭の払込みを要することとする場合〕には、新株予約権者は、❶募集新株予約権についての❷払込期日までに、それぞれの募集新株予約権の❹払込金額の全額の払込み（当該払込みに代えてする金銭以外の財産の給付又は当該株式会社に対する債権をもってする相殺を含む。）をしないときは、当該募集新株予約権を行使することができない。

❶238条1項

❷定

❸34条2項

❹238条1項3号

→試験対策7章2節②【3】

　新株予約権者は、払込期日までに、払込取扱場所において、払込金額の全額の払込みをしなければなりません。新株予約権者は、会社の承諾を得て、払込みに代えて払込金額に相当する金銭以外の財産を給付し、またはその株式会社に対する債権をもって相殺することができます。払込期日までに、それぞれの募集新株予約権の払込金額の全額の払込み等をしないときは、その募集新株予約権を行使することができません。

1　趣旨

　新株予約権における払込みは、出資と異なり、新株予約権者にとっては株式会社に対する債務の履行という意味にすぎず、代物弁済や相殺をすることができるのは本来当然である。しかし、新株予約権が株式に関連する権利であり代物弁済等をすることができるのか争いが生じうることから、確認的に代物弁済等ができる旨の規定を設けた（2項）。

■第4款　募集新株予約権の発行をやめることの請求

🗾H26-41-オ（予）、H21-40-イ。📖H24-29-ウ

> **第247条　A**
> 次に掲げる場合において、株主が不利益を受けるおそれがあるときは、株主は、株式会社に対し、第238条第1項の募集（新株予約権を引き受ける者の募集）に係る新株予約権の発行をやめることを請求することができる。
> ① 当該新株予約権の発行が法令又は定款に違反する場合
> ② 当該新株予約権の発行が著しく不公正な方法により行われる場合

会社が法令もしくは定款に違反し、または著しく不公正な方法により新株予約権の発行をし、株主が不利益を受けるおそれがある場合には、株主は、会社に対してその差止めを請求することができます。

→試験対策7章2節⑩【1】

1 趣旨

新株予約権の発行が法令・定款に違反する場合や著しく不公正な方法による場合に、株主が不利益を受けるのを防止するため、株主に発行の差止請求を認めた。

2 条文クローズアップ

新株予約権の発行の差止め

①新株予約権の発行が法令もしくは定款に違反する場合または著しく不公正な方法により行われる場合には、株主は、株式会社に対し、新株予約権の発行をやめることを請求することができる。

②法令違反には、権限ある機関の決定を経ない場合、特に有利な条件で発行する場合において株主総会決議を欠くとき、株主の新株予約権の割当てを受ける権利を無視される場合、株主割当てにおいて株主に対し権利内容の通知がない場合、新株予約権の内容が違法な場合などが考えられる。

③募集株式の発行等の場合と異なり、新株予約権の発行に資金調達の必要性は要求されないと解されている。また、支配権の争いがある場合になされる特定の者への新株予約権の発行が「著しく不公正な方法」による発行にあたるか否かについては、具体的事例ごとに判断するしかない。

→神田[17版]168頁
→判例セレクト1

1　**第三者割当てによる新株予約権発行の差止め**
現に経営支配権争いが生じている場面において、経営支配権の維持・

確保を目的とした新株予約権の発行がされた場合には、原則として、不公正な発行として差止請求が認められるべきであるが、株主全体の利益の保護という観点から新株予約権の発行を正当化する特段の事情があること、具体的には、敵対的買収者が真摯に合理的な経営をめざす者ではなく、敵対的買収者による支配権取得が会社に回復しがたい損害をもたらす事情があることを会社が疎明、立証した場合には、会社の経営支配権の帰属に影響を及ぼすような新株予約権の発行を差し止めることができない（東京高決平17・3・23判例シリーズ31事件）。

→会社法百選98事件

2　新株予約権の発行差止めが認められた事例

敵対的買収に対する事前の対抗策としての新株予約権の発行は、それが債務者の株価の低迷を招き、買収と無関係な株主に不測の損害を与えるおそれがある場合には、「著シク不公正ナル方法」による新株予約権の発行にあたる（東京高決平17・6・15判例シリーズ32事件）。

3　株式公開買付けに対抗するための新株予約権の発行

YがXの株式公開買付けを開始したところ、Xは買収対抗策として新株予約権の無償割当てを決定し、株主総会の8割を超える賛成で可決されたが、この新株予約権は、Yにかぎって、新株予約権を行使できず金員の交付を受けるにとどまるといった差別的条件が付されていた。最高裁は、以下のように判示して、Yによる差止めを認めなかった。

会社法109条1項に定める株主平等原則の趣旨は、新株予約権無償割当ての場合にも及ぶが、経営支配権の移動により株式会社の企業価値が毀損され、株主の共同の利益が害されることになるような場合に、その防止のために特定の株主を差別的に取り扱うことは、衡平の理念に反し、相当性を欠くものでないかぎり、株主平等原則の趣旨に反しない。株主の共同の利益が害されることになるか否かの判断は最終的には株主自身により判断されるべきもので、それに重大な瑕疵がないかぎり、その判断が尊重されるべきである。

本件では、ほとんどの株主の賛成によって、可決されているのであるから、本件新株予約権無償割当ては株主平等原則の趣旨に反せず、法令等に違反しない。

また、株主平等の原則に反せず、かつ、株主総会における判断により行われた緊急の事態に対処するための措置で、Xらには対価が支払われていること、経営支配権の維持を目的とするものではないことなどから、著しく不公正な方法によるものともいえない（最決平19・8・7判例シリーズ33事件）。

→会社法百選99事件

■第5款　雑　則

第248条　C

第676条から第680条まで〔募集社債に関する事項の決定、募集社債の申込み、募集社債の割当て等〕の規定は、新株予約権付社債についての社債を引き受ける者の募集については、適用しない。

募集社債に関する事項の決定、募集社債の申込み・割当て等の規定は、新株予約権付社債についての社債を引き受ける者の募集には適用しません。

1 趣旨

新株予約権付社債を発行する手続については、新株予約権の発行についての規定が適用されるため、募集社債の発行手続の規定を適用除外とした。

■第3節　新株予約権原簿

第249条（新株予約権原簿）　C

株式会社は、新株予約権を発行した日以後遅滞なく、新株予約権原簿を作成し、次の各号に掲げる新株予約権の区分に応じ、当該各号に定める事項(以下「❶新株予約権原簿記載事項」という。)を記載し、又は記録しなければならない。

① 無記名式の新株予約権証券が発行されている新株予約権(以下この章において「❷無記名新株予約権」という。)　当該新株予約権証券の番号並びに当該無記名新株予約権の内容及び数

② 無記名式の❸新株予約権付社債券(❹証券発行新株予約権付社債(新株予約権付社債であって、当該新株予約権付社債についての社債につき社債券を発行する旨の定めがあるものをいう。以下この章において同じ。)に係る社債券をいう。以下同じ。)が発行されている新株予約権付社債(以下この章において「❺無記名新株予約権付社債」という。)に付された新株予約権　当該新株予約権付社債券の番号並びに当該新株予約権の内容及び数

③ 前2号に掲げる新株予約権以外の新株予約権　次に掲げる事項

　イ　新株予約権者の氏名又は名称及び住所

　ロ　イの新株予約権者の有する新株予約権の内容及び数

　ハ　イの新株予約権者が新株予約権を取得した日

　ニ　ロの新株予約権が❻証券発行新株予約権(新株予約権(新株予約権付社債に付されたものを除く。)であって、当該新株予約権に係る新株予約権証券を発行する旨の定めがあるものをいう。以下この章において同じ。)であるときは、当該新株予約権(新株予約権証券が発行されているものに限る。)に係る新株予約権証券の番号

　ホ　ロの新株予約権が❹証券発行新株予約権付社債に付されたものであるときは、当該新株予約権を付した新株予約権付社債(新株予約権付社債券が発行されているものに限る。)に係る❸新株予約権付社債券の番号

株式会社は、新株予約権を発行した日以後遅滞なく、新株予約権原簿を作成し、その区分に応じて、新株予約権証券の番号、新株予約権者の氏名、住所、新株予約権の内容、数、新株予約権を取得した日等の事項を記載・記録しなければなりません。

→試験対策7章2節4【1】

1 趣旨

会社が発行する新株予約権等に関する情報を入手する手段を株主等に提供し、また会社と新株予約権者との関係を迅速に処理するために、会社に新株予約権原簿の作成を義務づけている。

2 語句の意味

新株予約権原簿とは、新株予約権、新株予約権証券（新株予約権付社債券）、および新株予約権者（記名式証券が発行されている場合）に関する事項を記載・記録するものをいう。

> **第250条（新株予約権原簿記載事項を記載した書面の交付等）**
> C
> 1 前条第3号イの新株予約権者〔記名新株予約権者〕は、株式会社に対し、当該新株予約権者についての新株予約権原簿に記載され、若しくは記録された❶新株予約権原簿記載事項を記載した書面の交付又は当該新株予約権原簿記載事項を記録した❷電磁的記録の提供を請求することができる。
> 2 前項の書面には、株式会社の❸代表取締役（指名委員会等設置会社にあっては、代表執行役。次項において同じ。）が署名し、又は記名押印しなければならない。
> 3 第1項の❷電磁的記録には、株式会社の❸代表取締役が法務省令で定める署名又は記名押印に代わる措置をとらなければならない。
> 4 前3項の規定は、❹証券発行新株予約権及び❺証券発行新株予約権付社債に付された新株予約権については、適用しない。

❶249条
❷26条2項

❸47条1項

❹249条3号ニ
❺249条2号

新株予約権原簿上の新株予約権者は、証券発行新株予約権および証券発行新株予約権付社債に付された新株予約権に関するものを除き、株式会社に対し、当該新株予約権者についての新株予約権原簿記載事項を記載した書面の交付、または当該新株予約権原簿記載事項を記録した電磁的記録の提供を請求することができます。

→試験対策7章2節4【2】

1 趣旨

本条は、新株予約権者が自己の権利を証明することを可能にするために設けられた規定である。

2 条文クローズアップ

「法務省令で定める署名又は記名押印に代わる措置」（3項）
電子署名がこれにあたる（会社施規225条1項4号）。

📖H27-28-エ
第251条（新株予約権原簿の管理）　C
株式会社が新株予約権を発行している場合における第123条（株主名簿管理人）の規定の適用については、同条中「株主名簿の」とあるのは「株主名簿及び新株予約権原簿の」と、「株主名簿に」とあるのは「株主名簿及び新株予約権原簿に」とする。

　株式会社は、株主名簿および新株予約権原簿の作成やその事務を会社の代わりに行う者をおくことを定款で定めることができます。そして、その場合、名簿に関する事務をその者に行わせることができます。

→試験対策7章2節④【3】

1 趣旨

　株式会社が取得条項付株式を取得してその対価として新株予約権を交付し（107条2項3号ホ）、または取得条項付新株予約権を取得してその対価として株式を交付すること（236条1項7号ニ）が可能であること等にかんがみ、株主名簿を管理する者と新株予約権原簿を管理する者は同一の者であることが適当であるから、「株主名簿管理人」が株主名簿および新株予約権原簿に関する事務を共通して行うこととした。

📖H27-28-オ
第252条（新株予約権原簿の備置き及び閲覧等）　C
1　株式会社は、新株予約権原簿をその本店（❶株主名簿管理人がある場合にあっては、その営業所）に備え置かなければならない。
2　株主及び債権者は、株式会社の営業時間内は、いつでも、次に掲げる請求をすることができる。この場合においては、当該請求の理由を明らかにしてしなければならない。
　①　新株予約権原簿が書面をもって作成されているときは、当該書面の閲覧又は謄写の請求
　②　新株予約権原簿が❷電磁的記録をもって作成されているときは、当該電磁的記録に記録された事項を法務省令で定める方法により表示したものの閲覧又は謄写の請求
3　株式会社は、前項の請求があったときは、次のいずれかに該当する場合を除き、これを拒むことができない。
　①　当該請求を行う株主又は債権者（以下この項において「請求

❶123条

❷26条2項

者」という。）がその権利の確保又は行使に関する調査以外の目的で請求を行ったとき。
② 請求者が当該株式会社の業務の遂行を妨げ、又は株主の共同の利益を害する目的で請求を行ったとき。
③ 請求者が新株予約権原簿の閲覧又は謄写によって知り得た事実を利益を得て第三者に通報するため請求を行ったとき。
④ 請求者が、過去2年以内において、新株予約権原簿の閲覧又は謄写によって知り得た事実を利益を得て第三者に通報したことがあるものであるとき。
4 株式会社の❸親会社社員は、その権利を行使するため必要があるときは、裁判所の許可を得て、当該株式会社の新株予約権原簿について第2項各号に掲げる請求をすることができる。この場合においては、当該請求の理由を明らかにしてしなければならない。
5 前項の❸親会社社員について第3項各号のいずれかに規定する事由があるときは、裁判所は、前項の許可をすることができない。

❸31条3項

株式会社は、新株予約権原簿を会社の本店等に備え置かなければならず、株主や債権者は、その名簿の閲覧・謄写を請求することができます。会社は、株主等がその権利の確保・行使に関する調査以外の目的で請求した場合等の一定の条件にあたる場合でなければ、その請求を拒むことはできません。

→試験対策7章2節④【3】

1 趣旨

本条の趣旨は、新株予約権原簿の備置きおよび公示義務を会社に負わせることで、一次的には株主等の権利の確保または行使に関する調査を可能にし、株主等の保護を図る点にある。また、二次的には、個別の公示を通じて、株主や債権者に新株予約権の発行状況等について会社の状態を監視させ会社の利益を保護しようとする点にある。

2 条文クローズアップ

1 「債権者」（2項柱書）
新株予約権者は会社の債権者であるから、閲覧等の請求権者としての「債権者」には、新株予約権者も含まれる。

2 「法務省令で定める方法」（2項2号）
電磁的記録に記録された事項を紙面または出力装置に表示する方法をさす（会社施規226条8号）。

3 改正前252条3項3号（閲覧等請求者が会社と競業関係にある場合）の削除理由

→125条②3

> **第253条（新株予約権者に対する通知等）　C**
> 1　株式会社が新株予約権者に対してする通知又は催告は、新株予約権原簿に記載し、又は記録した当該新株予約権者の住所(当該新株予約権者が別に通知又は催告を受ける場所又は連絡先を当該株式会社に通知した場合にあっては、その場所又は連絡先)にあてて発すれば足りる。
> 2　前項の通知又は催告は、その通知又は催告が通常到達すべきであった時に、到達したものとみなす。
> 3　新株予約権が2以上の者の共有に属するときは、共有者は、株式会社が新株予約権者に対してする通知又は催告を受領する者1人を定め、当該株式会社に対し、その者の氏名又は名称を通知しなければならない。この場合においては、その者を新株予約権者とみなして、前2項の規定を適用する。
> 4　前項の規定による共有者の通知がない場合には、株式会社が新株予約権の共有者に対してする通知又は催告は、そのうちの1人に対してすれば足りる。

　株式会社が新株予約権者に対してする通知等は、新株予約権原簿に記載・記録されている住所に発送すれば足ります。新株予約権が2人以上の者によって共有されている場合は、共有者のほうで、会社からの通知を受ける者を定めたうえで、その者を会社に通知しなくてはなりません。共有者のほうが特定の者を定めない場合には、会社は共有者のいずれか1人に通知をすればよいとされます。

→試験対策7章2節4【3】

1　趣旨

　会社のする通知等は、本来、新株予約権者の真の住所宛になすべきであるが、そうすると集団的な法律関係を簡易・迅速に処理することができない。そこで、本条は会社の便宜を図り通知等に関する会社の免責を認めることとした。

■第4節　新株予約権の譲渡等

■第1款　新株予約権の譲渡

司H21-40-ウ
> **第254条（新株予約権の譲渡）　B⁻**
> 1　新株予約権者は、その有する新株予約権を譲渡することができる。
> 2　前項の規定にかかわらず、新株予約権付社債に付された新株予約権のみを譲渡することはできない。ただし、当該新株予約権付

> 社債についての社債が消滅したときは、この限りでない。
> 3 新株予約権付社債についての社債のみを譲渡することはできない。ただし、当該新株予約権付社債に付された新株予約権が消滅したときは、この限りでない。

新株予約権者は新株予約権を自由に譲渡できます。ただし、新株予約権付社債の場合には、新株予約権または社債が消滅した場合を除き、新株予約権と社債の一方のみを譲渡することはできません。

→試験対策7章2節5【1】

1 趣旨

本条1項は、会社に解散や剰余金分配等の場合以外にも投下資本回収の道を開く手段として、新株予約権の自由譲渡の原則を定めている。

2 条文クローズアップ

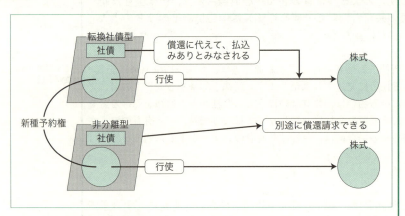

新株予約権付社債の類型

新株予約権付社債には、新株予約権を行使すると、社債全額の償還に代えて払込みがあったものとみなされるもの(転換社債型)と、そうでないもの(非分離の新株引受権付社債型)とがあり、後者のなかには、新株予約権者が請求した場合には、社債全額の償還に代えて払込みがあったものとするものがある。

第255条（証券発行新株予約権の譲渡） C

1 ❶証券発行新株予約権の譲渡は、当該証券発行新株予約権に係る新株予約権証券を交付しなければ、その効力を生じない。ただし、❷自己新株予約権(株式会社が有する自己の新株予約権をいう。以下この章において同じ。)の処分による証券発行新株予約権の譲渡については、この限りでない。

❶249条3号ニ

❷定

> 2 ❸証券発行新株予約権付社債に付された新株予約権の譲渡は、当該証券発行新株予約権付社債に係る❹新株予約権付社債券を交付しなければ、その効力を生じない。ただし、❺自己新株予約権付社債(株式会社が有する自己の新株予約権付社債をいう。以下この条及び次条において同じ。)の処分による当該自己新株予約権付社債に付された新株予約権の譲渡については、この限りでない。

❸249条2号
❹249条2号
❺定

→試験対策7章2節⑤【1】(1)

　証券発行新株予約権・証券発行新株予約権付社債に付与された新株予約権の譲渡は、それぞれ新株予約権証券・新株予約権付社債券を交付しなければ、その効力を生じません。ただし、自己新株予約権・自己新株予約権付社債の処分による譲渡は、新株予約権証券・新株予約権付社債券の交付がなされなくても有効です。

1 趣旨

　新株予約権証券は、新株予約権を表章したものであり、証券にすることで新株予約権に関する権利関係を明確にし、その流通性を高めることができる。そして、新株予約権の譲渡(権利移転)は、当事者の意思に基づく法律行為であるから、その効力発生要件として、当事者間の有効な意思表示に加えて、新株予約権証券の交付が必要とされる。本条はこれを明文化したものである。

2 語句の意味

　新株予約権証券とは、新株予約権を表章する有価証券をいう。

> ### 第256条(自己新株予約権の処分に関する特則)　C
> 1　株式会社は、❶自己新株予約権(❷証券発行新株予約権に限る。)を処分した日以後遅滞なく、当該自己新株予約権を取得した者に対し、新株予約権証券を交付しなければならない。
> 2　前項の規定にかかわらず、株式会社は、同項の者から請求がある時までは、同項の新株予約権証券を交付しないことができる。
> 3　株式会社は、❸自己新株予約権付社債(❹証券発行新株予約権付社債に限る。)を処分した日以後遅滞なく、当該自己新株予約権付社債を取得した者に対し、❺新株予約権付社債券を交付しなければならない。
> 4　第687条(社債券を発行する場合の社債の譲渡)の規定は、❻自己新株予約権付社債の処分による当該自己新株予約権付社債についての社債の譲渡については、適用しない

❶255条1項
❷249条3号ニ

❸255条2項
❹249条2号

❺249条2号

→試験対策7章2節⑤【1】(1)(a)

　株式会社は、証券発行新株予約権である自己新株予約権・証券発行新株予

約権付社債である自己新株予約権付社債を処分したときは、遅滞なく、これを取得した者に対し、新株予約権証券・新株予約権付社債券を交付しなければなりません。

1 趣旨

1項の趣旨は、自己新株予約権の譲渡を受けた取得者が更なる譲渡を行う際の便宜を図ることにある。また、自己新株予約権の取得者が譲渡を行う意思がないにもかかわらず、会社に新株予約権交付の負担を負わせるという不合理な事態を防ぐために、2項が設けられている。

> 司 H23-40-2
> **第257条（新株予約権の譲渡の対抗要件）　B⁻**
> 1　新株予約権の譲渡は、その新株予約権を取得した者の氏名又は名称及び住所を新株予約権原簿に記載し、又は記録しなければ、株式会社その他の第三者に対抗することができない。
> 2　記名式の新株予約権証券が発行されている❶証券発行新株予約権及び記名式の❷新株予約権付社債券が発行されている❸証券発行新株予約権付社債に付された新株予約権についての前項の規定の適用については、同項中「株式会社その他の第三者」とあるのは、「株式会社」とする。
> 3　第1項の規定は、❹無記名新株予約権及び❺無記名新株予約権付社債に付された新株予約権については、適用しない。

❶249条3号ニ
❷249条2号
❸249条2号

❹249条1号
❺249条2号

→試験対策7章2節⑤【1】(1)(b)

新株予約権の譲渡は、名義書換えをしなければ会社および第三者に対抗することができません。もっとも、記名式の新株予約権証券が発行されている証券発行新株予約権および記名式の社債券が発行されている新株予約権付社債に付与された新株予約権の譲渡については、名義書換えをしなければ、会社にのみ対抗することができません。無記名新株予約権および無記名新株予約権付社債に付与された新株予約権の譲渡については、名義書換えは対抗要件とはなりません。

1 趣旨

新株予約権原簿の名義書換えが対抗要件になっている趣旨は、①会社に対する関係では、会社の便宜のため会社関係の集団的法律関係の画一的処理をする点にある。また、②第三者に対する関係では、譲渡による株式の取得と両立しえない法的地位に立つ者が現れた場合、どちらが優先するかについて新株予約権原簿への名義書換えという明確な基準を提供することで紛争の画一的解決を図ることにある点にある。

2 条文クローズアップ

1 新株予約権証券の種類
　株券とは異なり、新株予約権証券には記名式のものと無記名式のものがある。
2 記名式の新株予約権証券が発行されている証券発行新株予約権
　予約権および記名式の社債券が発行されている新株予約権付社債に付された新株予約権の譲渡について、対会社対抗要件は名義書換えであるが、対第三者対抗要件は新株予約権証券および新株予約権付社債券の占有移転となる（2項、1項）。
3 無記名新株予約権・無記名新株予約権付社債の譲渡の対抗要件
　会社および第三者に対する対抗要件は、新株予約権証券および新株予約権付社債券の占有移転となる（3項、民178条）。

新株予約権の譲渡の方法と対抗要件

		証券不発行	証券発行	
			記名式	無記名式
譲渡の方法		当事者の意思表示	当事者の意思表示＋証券の交付（255Ⅰ）	
対抗要件	会　社	名義書換え＊（257Ⅰ）	名義書換え＊（257Ⅰ）	証券の所持
	第三者		証券の所持	
善意取得制度		×	○（258）	

＊　名義書換え：新株予約権原簿の名義書換えをさす。

第258条（権利の推定等）　C
1　新株予約権証券の占有者は、当該新株予約権証券に係る❶証券発行新株予約権についての権利を適法に有するものと推定する。
2　新株予約権証券の交付を受けた者は、当該新株予約権証券に係る❶証券発行新株予約権についての権利を取得する。ただし、その者に悪意又は重大な過失があるときは、この限りでない。
3　❷新株予約権付社債券の占有者は、当該新株予約権付社債券に係る❸証券発行新株予約権付社債に付された新株予約権についての権利を適法に有するものと推定する。
4　❷新株予約権付社債券の交付を受けた者は、当該新株予約権付社債券に係る❸証券発行新株予約権付社債に付された新株予約権についての権利を取得する。ただし、その者に悪意又は重大な過失があるときは、この限りでない。

❶249条3号ニ
❷249条2号
❸249条2号

　新株予約権証券・新株予約権付社債券の占有者は、当該新株予約権・新株予約権付社債を適法に有するものと推定されます。そして、悪意または重大な過失なく新株予約権証券等の交付を受けた者は、当該新株予約権等につい

ての権利を善意取得します。

1 趣旨

本条 1 項は新株予約権の占有に資格授与的効力、すなわち、証券を占有することによっていちおう真の新株予約権者であると認められる効力を与えるものである。また、2 項は本条 1 項による権利の推定を前提に、新株予約権証券の占有者から新株予約権の譲渡のために新株予約権証券の交付を受けた者を保護する趣旨で設けられた。

第259条（新株予約権者の請求によらない新株予約権原簿記載事項の記載又は記録）　C

1　株式会社は、次の各号に掲げる場合には、当該各号の新株予約権の新株予約権者に係る❶新株予約権原簿記載事項を新株予約権原簿に記載し、又は記録しなければならない。
① 当該株式会社の新株予約権を取得した場合
② ❷自己新株予約権を処分した場合
2　前項の規定は、❸無記名新株予約権及び❹無記名新株予約権付社債に付された新株予約権については、適用しない。

❶249条

❷255条1項
❸249条1号
❹249条2号

無記名新株予約権および無記名新株予約権付社債に付された新株予約権を除き、株式会社が当該会社の新株予約権を取得した場合または自己新株予約権を処分した場合には、新株予約権原簿に記載・記録しなければなりません。

→試験対策7章2節4【1】

1 趣旨

会社は、その会社の新株予約権を取得した場合（1項1号）や自己新株予約権を処分した場合（1項2号）には、新株予約権者を把握している。そこで、1項は、これらの場合には新株予約権者の請求を待たず、会社みずからが新株予約権原簿の記載事項の書換えをしなければならないと規定した。

第260条（新株予約権者の請求による新株予約権原簿記載事項の記載又は記録）　C

1　新株予約権を当該新株予約権を発行した株式会社以外の者から取得した者（当該株式会社を除く。以下この節において「❶新株予約権取得者」という。）は、当該株式会社に対し、当該新株予約権に係る❷新株予約権原簿記載事項を新株予約権原簿に記載し、又は記録することを請求することができる。
2　前項の規定による請求は、利害関係人の利益を害するおそれがないものとして法務省令で定める場合を除き、その取得した新株

❶定
❷249条

予約権の新株予約権者として新株予約権原簿に記載され、若しくは記録された者又はその相続人その他の一般承継人と共同してしなければならない。
3　前2項の規定は、❸無記名新株予約権及び❹無記名新株予約権付社債に付された新株予約権については、適用しない。

❸249条1号
❹249条2号

　無記名新株予約権および無記名新株予約権付社債に付された新株予約権を除き、新株予約権取得者は、当該株式会社に対して名簿書換えを請求することができます。そして、その請求は、新株予約権原簿に記載・記録された者等と共同してしなければなりません。

→試験対策7章2節④【1】

1　趣旨

　本条は、新株予約権原簿への記載・記録が、会社およびその他の第三者に対する対抗要件であるなど新株予約権の取得者の権利実現に重要な機能を果たしていることにかんがみて、新株予約権者取得者が新株予約権原簿の名義書換請求権を有することを明示し、その要件を明らかにしたものである。

第261条　C

前条〔新株予約権者の請求による新株予約権原簿記載事項の記載・記録〕の規定は、❶新株予約権取得者が取得した新株予約権が❷譲渡制限新株予約権である場合には、適用しない。ただし、次のいずれかに該当する場合は、この限りでない。
　①　当該新株予約権取得者が当該譲渡制限新株予約権を取得することについて次条の承認〔新株予約権者からの請求による取得の承認〕を受けていること。
　②　当該新株予約権取得者が当該譲渡制限新株予約権を取得したことについて第263条第1項の承認〔新株予約権取得者からの請求による取得の承認〕を受けていること。
　③　当該新株予約権取得者が相続その他の一般承継により譲渡制限新株予約権を取得した者であること。

❶260条1項
❷243条2項2号

　譲渡制限新株予約権を取得した者は、新株予約権取得者が当該譲渡制限新株予約権を取得することの承認を受けている等の一定の場合を除き、新株予約権原簿への記載・記録の請求の規定は適用されません。

→試験対策7章2節④【1】

1　趣旨

　譲渡制限新株予約権を譲り受けた者が会社から譲渡の承認を受けていないときは、会社との関係では譲渡の効力は生じていない。そのため、名義書換えの前提を欠く以上、本条は、譲受人は名義書換えを請求する

ことはできないと定めている。

■第2款　新株予約権の譲渡の制限

第262条（新株予約権者からの承認の請求）　B⁻

❶譲渡制限新株予約権の新株予約権者は、その有する譲渡制限新株予約権を他人（当該譲渡制限新株予約権を発行した株式会社を除く。）に譲り渡そうとするときは、当該株式会社に対し、当該他人が当該譲渡制限新株予約権を取得することについて承認をするか否かの決定をすることを請求することができる。

❶243条2項2号

譲渡制限新株予約権の新株予約権者は、会社に対し、譲渡を承認するか否かの決定をすることを請求することができます。

→試験対策7章2節⑤【1】(3)

1 趣旨

新株予約権に譲渡制限を付した趣旨は、当該会社にとって好ましくない者を排除する点にある。そして、新株予約権の譲渡人が当該会社に対して承認請求するだけでは、このような趣旨を害するとは考えにくい。そこで、本条は、譲渡人による会社に対する承認請求を認めた。

2 条文クローズアップ

新株予約権の譲渡およびその制限

新株予約権の譲渡は原則として自由であるが（254条1項）、会社は、新株予約権の発行に際して、当該新株予約権の譲渡につき、会社の承認を要する旨を定めることができる。この場合には、譲渡制限新株予約権者および譲渡制限新株予約権の取得者は、会社に承認の請求をすることができる（262条、263条）。

第263条（新株予約権取得者からの承認の請求）　B⁻

1　❶譲渡制限新株予約権を取得した❷新株予約権取得者は、株式会社に対し、当該譲渡制限新株予約権を取得したことについて承認をするか否かの決定をすることを請求することができる。
2　前項の規定による請求は、利害関係人の利益を害するおそれがないものとして法務省令で定める場合を除き、その取得した新株予約権の新株予約権者として新株予約権原簿に記載され、若しくは記録された者又はその相続人その他の一般承継人と共同してしなければならない。

❶243条2項2号
❷260条1項

譲渡制限新株予約権を取得した新株予約権取得者は、会社に対し、その取得を承認するか否かの決定をすることを請求することができます。ただ、こ

→試験対策7章2節⑤【1】(3)

の請求は、利害関係人の利益を害するおそれがない場合を除き、新株予約権原簿に記載・記録された者、相続人、その他の一般承継人と共同してしなければなりません。

1 趣旨

譲渡人からしか譲渡承認請求(262条1項)ができないとすると、譲渡承認請求をしたい場合に譲受人はなす術がなく、譲り受けた新株予約権を会社に対して行使できなくなるという問題が生じる。そこで、譲受人による承認請求を認め、株式の場合(137条)と規律をそろえた。

第264条（譲渡等承認請求の方法） C

次の各号に掲げる請求(以下この款において「❶譲渡等承認請求」という。)は、当該各号に定める事項を明らかにしてしなければならない。
　① 第262条(新株予約権者からの譲渡承認請求)の規定による請求　次に掲げる事項
　　イ　当該請求をする新株予約権者が譲り渡そうとする❷譲渡制限新株予約権の内容及び数
　　ロ　イの譲渡制限新株予約権を譲り受ける者の氏名又は名称
　② 前条第1項の規定による請求〔新株予約権取得者からの取得承認請求〕　次に掲げる事項
　　イ　当該請求をする❸新株予約権取得者の取得した譲渡制限新株予約権の内容及び数
　　ロ　イの新株予約権取得者の氏名又は名称

❶定
❷243条2項2号
❸260条1項

新株予約権者からの承認請求、新株予約権取得者からの承認請求をするには、その譲渡制限新株予約権の内容および数、取得する者の氏名・名称を明らかにする必要があります。

1 趣旨

本条は、新株予約権者または新株予約権取得者が会社に対して譲渡制限株式の取得の承認請求をする際に、譲渡しようとする新株予約権およびその相手方を明示することを要求(1号イロ、2号イロ)することにして、会社が新株予約権取得者を把握できるようにし、会社が譲渡制限新株予約権の譲渡による取得者の選択をできるよう定めている。

第265条（譲渡等の承認の決定等） B⁻

1　株式会社が第262条又は第263条第1項の承認(譲渡等の承認)をするか否かの決定をするには、株主総会(取締役会設置会社にあっ

> ては、取締役会）の決議によらなければならない。ただし、新株予約権の内容として別段の定めがある場合は、この限りでない。
> 2　株式会社は、前項の決定をしたときは、❶譲渡等承認請求をした者に対し、当該決定の内容を通知しなければならない。

❶264条

譲渡等の承認の決定は、新株予約権の内容として別段の定めがないかぎり、株主総会等の決議によらなければなりません。そして、株主総会がその決議をしたときには、譲渡等承認請求をした者に対して、その内容を通知しなければなりません。

→試験対策7章2節⑤【1】(3)

1 趣旨

譲渡制限新株予約権制度の趣旨は、もっぱら会社にとって好ましくない者が株主となることを防止し、もって株主の利益を保護することにある。そこで、本条1項は、このような制度の趣旨を貫徹するために、原則として譲渡等の承認にあたっては株主総会の普通決議を要するものとした。

2項の趣旨は、通知義務を規定し、これを怠った場合の承認擬制（266条参照）の不利益を会社に負わせることで、承認請求をした者の不安定な地位を早期に確定させることにある。

2 条文クローズアップ

不承認の場合の買取請求または指定買取人の指定請求

株式譲渡制限の場合とは異なり、不承認の買取請求または指定買取人の指定請求は認められていない（140条参照）。新株予約権者としては、譲渡が承認されないときは、新株予約権を行使して株式を取得し、その株式を譲渡すればよい。

	証券発行新株予約権以外の新株予約権＊	証券発行新株予約権	
譲渡方法	意思表示のみで可能	・証券の交付（255Ⅰ本文） ・ただし、自己新株予約権の処分による場合は、処分後遅滞なく交付すれば足りる（256Ⅰ）	
対抗要件	新株予約権原簿への記載・記録（257Ⅰ）	対株式会社	対第三者
		・記名式証券では、新株予約権原簿への記載・記録（257Ⅰ、Ⅱ） ・無記名式証券の場合は、証券の占有移転（257Ⅲ、民178）	占有移転（民178）
新株予約権に譲渡制限がある場合	・定款に別段の定めがないかぎり、株主総会（取締役会設置会社の場合は取締役会）の承認が必要（265Ⅰ） ・株式会社が、譲渡人への承認・不承認の通知を怠った場合のみなし規定（266本文）		

＊　振替新株予約権を除く。

第266条（株式会社が承認をしたとみなされる場合） B⁻

株式会社が❶譲渡等承認請求の日から2週間（これを下回る期間を定款で定めた場合にあっては、その期間）以内に前条第2項の規定による通知（譲渡等の承認をするか否かの決定の通知）をしなかった場合には、第262条又は第263条第1項の承認（譲渡等の承認）をしたものとみなす。ただし、当該株式会社と当該譲渡等承認請求をした者との合意により別段の定めをしたときは、この限りでない。

❶264条

会社が譲渡等承認請求の日から2週間以内に承認・不承認の通知をしなかった場合には、会社と譲渡等承認請求者との合意により別段の定めをしたときを除き、承認したものとみなされます。

→試験対策7章2節⑤【1】(3)

1 趣旨

譲渡制限新株予約権につき新株予約権者が会社に対して譲渡の承認請求をしたにもかかわらず会社が長期に渡って判断を留保すると、新株予約権者の地位が著しく不安定になる。本条は、このような事態を防ぐために請求から一定期間が経過することで譲渡等の承認をしたとみなすとしている。

■第3款 新株予約権の質入れ

第267条（新株予約権の質入れ） C

1 新株予約権者は、その有する新株予約権に質権を設定することができる。
2 前項の規定にかかわらず、新株予約権付社債に付された新株予約権のみに質権を設定することはできない。ただし、当該新株予約権付社債についての社債が消滅したときは、この限りでない。
3 新株予約権付社債についての社債のみに質権を設定することはできない。ただし、当該新株予約権付社債に付された新株予約権が消滅したときは、この限りでない。
4 ❶証券発行新株予約権の質入れは、当該証券発行新株予約権に係る新株予約権証券を交付しなければ、その効力を生じない。
5 ❷証券発行新株予約権付社債に付された新株予約権の質入れは、当該証券発行新株予約権付社債に係る❸新株予約権付社債券を交付しなければ、その効力を生じない。

❶249条3号ニ

❷249条2号
❸249条2号

新株予約権者は、新株予約権を質入れすることができます。もっとも、新株予約権付社債については、当該新株予約権部分のみ、または新株予約権が消滅した場合を除き、当該社債部分のみの質入れは許されません。また、証券発行新株予約権または証券発行新株予約権付社債の質入れは、新株予約

→試験対策7章2節⑤【2】(1)

証券または新株予約権付社債券を交付しなければ、質入れの効力が生じません。

1 趣旨

新株予約権は財産的価値のある権利であり、譲渡性もある（254条1項）ため、権利質の一種として質権の目的となりうる（民343条参照）。そこで、267条1項は、新株予約権に質権を設定することが可能であると規定した。

> **第268条（新株予約権の質入れの対抗要件）　C**
> 1　新株予約権の質入れは、その質権者の氏名又は名称及び住所を新株予約権原簿に記載し、又は記録しなければ、株式会社その他の第三者に対抗することができない。
> 2　前項の規定にかかわらず、❶証券発行新株予約権の質権者は、継続して当該証券発行新株予約権に係る新株予約権証券を占有しなければ、その質権をもって株式会社その他の第三者に対抗することができない。
> 3　第1項の規定にかかわらず、❷証券発行新株予約権付社債に付された新株予約権の質権者は、継続して当該証券発行新株予約権付社債に係る❸新株予約権付社債券を占有しなければ、その質権をもって株式会社その他の第三者に対抗することができない。

❶249条3号ニ

❷249条2号

❸249条2号

新株予約権の質入れは、質権者の氏名または名称および住所を新株予約権原簿に記載・記録しなければ株式会社その他の第三者に対抗できません。ただし、証券発行新株予約権・証券発行新株予約権付社債については、質権者がそれぞれ新株予約権証券・新株予約権付社債券を継続して占有しなければ、株式会社その他の第三者に対抗できません。

→試験対策7章2節⑤【2】(2)

1 趣旨

本条が新株予約権の質入れの対抗要件を定める趣旨は、証券の発行されない新株予約権の質入れ、および証券の発行される新株予約権や新株予約権付社債の質入れについて、それぞれの権利帰属主体を明確にし、紛争を未然に防止する点にある。

2 条文クローズアップ

振替新株予約権の質入れの対抗要件

振替新株予約権の質入れは、質権設定者の振替の申請により、質権者が自己の口座の質権欄に、当該質入れにかかる数の増加の記載または記録を受けることにより効力を生ずる（社債株式振替175条）。

第269条（新株予約権原簿の記載等）　C

1　新株予約権に質権を設定した者は、株式会社に対し、次に掲げる事項を新株予約権原簿に記載し、又は記録することを請求することができる。
　① 　質権者の氏名又は名称及び住所
　② 　質権の目的である新株予約権
2　前項の規定は、❶無記名新株予約権及び❷無記名新株予約権付社債に付された新株予約権については、適用しない。

❶249条1号
❷249条2号

　新株予約権に質権を設定した者は、株式会社に対し、質権者の氏名または名称、住所および質権の目的である新株予約権を新株予約権原簿に記載・記録することを請求することができます。もっとも、無記名新株予約権および無記名新株予約権付社債に付された新株予約権については、この請求をすることができません。

1　趣旨

　本条が、新株予約権設定者による新株予約権原簿への記載等の請求を認める趣旨は、略式質（当事者間の質権設定の合意と株券の交付を効力発生要件とし、かつ株券の占有継続を第三者対抗要件とする質権）にするか登録質（略式質の要件に加えて、質権設定者である株主の請求によって会社が株主名簿に質権者の氏名・名称および住所を記載・記録する質権）にするかの選択を質権設定者に委ねる点にある。

第270条（新株予約権原簿の記載事項を記載した書面の交付等）　C

1　前条第1項各号に掲げる事項（質権者の氏名や質権の目的である新株予約権等）が新株予約権原簿に記載され、又は記録された質権者（以下「❶登録新株予約権質権者」という。）は、株式会社に対し、当該登録新株予約権質権者についての新株予約権原簿に記載され、若しくは記録された同項各号に掲げる事項を記載した書面の交付又は当該事項を記録した❷電磁的記録の提供を請求することができる。
2　前項の書面には、株式会社の❸代表取締役（指名委員会等設置会社にあっては、代表執行役。次項において同じ。）が署名し、又は記名押印しなければならない。
3　第1項の❷電磁的記録には、株式会社の❸代表取締役が法務省令で定める署名又は記名押印に代わる措置をとらなければならない。
4　前3項の規定は、❹証券発行新株予約権及び❺証券発行新株予

❶定
❷26条2項
❸47条1項
❹249条3号ニ
❺249条2号

約権付社債に付された新株予約権については、適用しない。

　登録新株予約権質権者は、株式会社に対し、その記載・記録事項が記載された書面の交付の請求および、記録された電磁的記録の提供の請求ができます。そして、その書面には代表取締役が署名・記名押印をし、その電磁的記録には署名・記名押印に代わる措置をとらなければなりません。

1 趣旨

　本条の趣旨は、新株予約権原簿の記載事項を記載した書面の交付等を受けることで、登録新株予約権質権者による自己の権利の証明を可能にすることにある。

第271条（登録新株予約権質権者に対する通知等）　C

1　株式会社が❶登録新株予約権質権者に対してする通知又は催告は、新株予約権原簿に記載し、又は記録した当該登録新株予約権質権者の住所(当該登録新株予約権質権者が別に通知又は催告を受ける場所又は連絡先を当該株式会社に通知した場合にあっては、その場所又は連絡先)にあてて発すれば足りる。
2　前項の通知又は催告は、その通知又は催告が通常到達すべきであった時に、到達したものとみなす。

❶270条1項

　株式会社が登録新株予約権質権者に対してする通知や催告は、新株予約権原簿に記載・記録した住所宛に発送すれば足ります。もっとも、当該登録新株予約権質権者が、別途発送先を株式会社に通知していた場合にはその場所に発送すれば足ります。その発送した通知は、通常到達するであろうと思われる時に到達したとみなされます。

1 趣旨

　本条は、集団的な法律関係を画一的に処理したいという会社の事務処理上の便宜に配慮し、本来質権者の真の住所にあてて行うべき通知・催告に関する免責を定めたものである。

第272条（新株予約権の質入れの効果）　C

1　株式会社が次に掲げる行為をした場合には、新株予約権を目的とする質権は、当該行為によって当該新株予約権の新株予約権者が受けることのできる❶金銭等について存在する。
①　新株予約権の取得
②　組織変更
③　合併(合併により当該株式会社が消滅する場合に限る。)

❶151条1項

④　吸収分割
　　⑤　新設分割
　　⑥　株式交換
　　⑦　株式移転
2　❷登録新株予約権質権者は、前項の❶金銭等（金銭に限る。）を受領し、他の債権者に先立って自己の債権の弁済に充てることができる。

❷270条1項

3　株式会社が次の各号に掲げる行為をした場合において、前項の債権の弁済期が到来していないときは、❷登録新株予約権質権者は、当該各号に定める者に同項に規定する❶金銭等に相当する金額を供託させることができる。この場合において、質権は、その供託金について存在する。
　　①　新株予約権の取得　　当該株式会社
　　②　組織変更　　第744条第1項第1号に規定する組織変更後持分会社〔組織変更後の持分会社〕
　　③　合併（合併により当該株式会社が消滅する場合に限る。）　　第749条第1項に規定する吸収合併存続会社又は第753条第1項に規定する新設合併設立会社
4　前3項の規定は、❸特別支配株主が❹新株予約権売渡請求により❺売渡新株予約権の取得をした場合について準用する。この場合において、前項中「当該各号に定める者」とあるのは、「当該特別支配株主」と読み替えるものとする。

❸179条1項
❹179条3項、179条の2第1項4号
❺179条の2第1項4号ロ

5　新株予約権付社債に付された新株予約権（第236条第1項第3号の財産〔新株予約権行使時の出資の目的とされた金銭以外の財産〕が当該新株予約権付社債についての社債であるものであって、当該社債の償還額が当該新株予約権についての同項第2号の価額〔新株予約権行使時に出資される財産の価額〕以上であるものに限る。）を目的とする質権は、当該新株予約権の行使をすることにより当該新株予約権の新株予約権者が交付を受ける株式について存在する。

　株式会社が新株予約権の取得、組織変更、合併（合併によりその会社が消滅する場合にかぎる）、吸収分割、新設分割、株式交換、株式移転をした場合には、新株予約権を目的とする質権は、その行為によってその新株予約権の新株予約権者が受けることのできる金銭等について存在します。また、登録新株予約権質権者は、そのような金銭を受領し、他の債権者に先立って自己の債権の弁済にあてることができ、ある一定の行為をした場合において、債権の弁済期が到来してないときは、会社にその金銭に相当する金額を供託させることができます。この場合には、質権は、その供託金について存在します。

1　趣旨

本条は、1項各号および2項により、網羅的に新株予約権質権者の物上代位権が及ぶ金銭等を列挙することで利害関係人の予測可能性を一定程度高めることを趣旨とする。

■第4款　信託財産に属する新株予約権についての対抗要件等

第272条の2　C

1　新株予約権については、当該新株予約権が信託財産に属する旨を新株予約権原簿に記載し、又は記録しなければ、当該新株予約権が信託財産に属することを株式会社その他の第三者に対抗することができない。

2　第249条第3号イの新株予約権者〔記名新株予約権者〕は、その有する新株予約権が信託財産に属するときは、株式会社に対し、その旨を新株予約権原簿に記載し、又は記録することを請求することができる。

3　新株予約権原簿に前項の規定による記載又は記録がされた場合における第250条第1項〔新株予約権原簿記載事項を記載した書面の交付請求等〕及び第259条第1項〔新株予約権者の請求によらない新株予約権原簿記載事項の記載・記録〕の規定の適用については、第250条第1項中「記録された❶新株予約権原簿記載事項」とあるのは「記録された新株予約権原簿記載事項(当該新株予約権者の有する新株予約権が信託財産に属する旨を含む。)」と、第259条第1項中「新株予約権原簿記載事項」とあるのは「新株予約権原簿記載事項(当該新株予約権者の有する新株予約権が信託財産に属する旨を含む。)」とする。

4　前3項の規定は、❷証券発行新株予約権及び❸証券発行新株予約権付社債に付された新株予約権については、適用しない。

❶249条
❷249条3号ニ
❸249条2号

　信託財産に属している新株予約権は、新株予約権原簿に記載・記録をしていないと第三者に対して権利を主張することができません。信託財産に含まれる新株予約権をもっている新株予約権者は、株式会社に対して新株予約権原簿に記載・記録をするように請求ができます。ただし、これらの規定は証券発行新株予約権および証券発行新株予約権付社債に付された新株予約権については適用されません。

1　趣旨

　本条は、平成18年の信託法の改正に伴い規定された。証券が発行されない信託財産に属する新株予約権の対抗要件に関して明文化することにより、取引の安全を図っている。

■第5節　株式会社による自己の新株予約権の取得

■第1款　募集事項の定めに基づく新株予約権の取得

> 司 H21-40-エ
>
> ### 第273条（取得する日の決定）　B⁻
>
> 1　❶取得条項付新株予約権(第236条第1項第7号イ〔一定の事由の発生による取得条項〕に掲げる事項についての定めがある新株予約権をいう。以下この章において同じ。)の内容として同号ロに掲げる事項〔一定の日の到来による取得条項〕についての定めがある場合には、株式会社は、同号ロの日〔取得日〕を株主総会(取締役会設置会社にあっては、取締役会)の決議によって定めなければならない。ただし、当該取得条項付新株予約権の内容として別段の定めがある場合は、この限りでない。
> 2　第236条第1項第7号ロの日〔取得日〕を定めたときは、株式会社は、❶取得条項付新株予約権の新株予約権者(同号ハに掲げる事項〔一部取得条項および取得する新株予約権の決定方法〕についての定めがある場合にあっては、次条第1項〔取得する新株予約権の決定〕の規定により決定した取得条項付新株予約権の新株予約権者)及びその❷登録新株予約権質権者に対し、当該日の2週間前までに、当該日を通知しなければならない。
> 3　前項の規定による通知は、公告をもってこれに代えることができる。

❶定

❷270条1項

→試験対策7章2節⑦【1】

　株式会社が定める日が到来することをもって取得の条件とする取得条項付新株予約権については、別段の定めがある場合を除き、株主総会の決議等で定めなければなりません。また、株式会社は定められた日を取得条項付新株予約権の新株予約権者等に通知しなければなりません。

1　趣旨

　1項本文の趣旨は、自己新株予約権を取得するか否かの選択権を会社に与える点にある。また、新株予約権の取得の日が決定された場合、新株予約権者や登録新株予約質権者が取得に備えていかなる対応をとるかを判断するうえで、取得日を知らせることが必要不可欠である。そこで、2項および3項は、新株予約権者等に対する取得日の通知・公告を義務づけた。

2　条文クローズアップ

自己新株予約権の取得

　会社法は、株式会社による自己新株予約権の取得に関し、取得条項付

新株予約権について規定しているが(273条から275条まで)、それ以外の場合にも自己新株予約権を取得することができる。これは、会社法が、株式会社が新株予約権を取得して自己新株予約権とすることができる場合について、株式のように列挙(155条参照)していないからである。

そして、会社が自己新株予約権を有償で取得したとしても、株主に対する払戻しにはならないから、手続規制や財源規制は存在しない。そのため、通常の債権と同様に、業務執行の一環として自己新株予約権を取得することができる。

> **第274条（取得する新株予約権の決定等）　C**
> 1　株式会社は、新株予約権の内容として第236条第1項第7号ハに掲げる事項〔一部取得条項および取得する新株予約権の決定方法〕についての定めがある場合において、❶取得条項付新株予約権を取得しようとするときは、その取得する取得条項付新株予約権を決定しなければならない。
> 2　前項の❶取得条項付新株予約権は、株主総会(取締役会設置会社にあっては、取締役会)の決議によって定めなければならない。ただし、当該取得条項付新株予約権の内容として別段の定めがある場合は、この限りでない。
> 3　第1項の規定による決定をしたときは、株式会社は、同項の規定により決定した❶取得条項付新株予約権の新株予約権者及びその❷登録新株予約権質権者に対し、直ちに、当該取得条項付新株予約権を取得する旨を通知しなければならない。
> 4　前項の規定による通知は、公告をもってこれに代えることができる。

❶273条1項
❷270条1項

→試験対策7章2節⑦【1】

　株式会社は、取得条項付新株予約権の一部を取得することとしている場合には、新株予約権の内容として別段の定めがある場合を除き、その取得によりどの取得条項付新株予約権を取得するかを株主総会の決議等で決定しなければなりません。

1　趣旨

　1項および2項は、取得条項付新株予約権の「一定の事由」(236条1項7号イ)が生じた日に新株予約権の一部を取得する場合(236条1項7号ハ)について、取得する新株予約権を決定する手続を定めたものである。そして、その決定をした取得条項付新株予約権の新株予約権者には、その旨を知らせることが不可欠であるから、274条3項および4項は、新株予約権者等に対する取得日の通知・公告を義務づけた。

2　条文クローズアップ

取得の対象となる新株予約権の決定方法
①取得の対象となる新株予約権は、株主総会(取締役会設置会社にあっては、取締役会)で決定する(2項本文)。
②決定の方法について取得条項付新株予約権の内容として具体的な定めがある場合(236条1項7号ハ参照)には、それによる(274条2項ただし書)。

第275条 (効力の発生等) C

1 株式会社は、❶第236条第1項第7号イの事由(取得条項付新株予約権の所定の取得事由)が生じた日(同号ハに掲げる事項(一部取得条項および取得する新株予約権の決定方法)についての定めがある場合にあっては、第1号に掲げる日又は第2号に掲げる日のいずれか遅い日。次項及び第3項において同じ。)に、❷取得条項付新株予約権(同条第1項第7号ハに掲げる事項(一部取得条項および取得する新株予約権の決定方法)についての定めがある場合にあっては、前条第1項(取得する新株予約権の決定)の規定により決定したもの。次項及び第3項において同じ。)を取得する。
  ① 第236条第1項第7号イの事由(取得条項付新株予約権の所定の取得事由)が生じた日
  ② 前条第3項の規定による通知(取得する旨の通知)の日又は同条第4項の公告(取得する旨の公告)の日から2週間を経過した日
2 前項の規定により株式会社が取得する❷取得条項付新株予約権が新株予約権付社債に付されたものである場合には、株式会社は、❶第236条第1項第7号イの事由(取得条項付新株予約権の所定の取得事由)が生じた日に、当該新株予約権付社債についての社債を取得する。
3 次の各号に掲げる場合には、❷取得条項付新株予約権の新株予約権者(当該株式会社を除く。)は、❶第236条第1項第7号イの事由(取得条項付新株予約権の所定の取得事由)が生じた日に、同号に定める事項についての定めに従い、当該各号に定める者となる。
  ① 第236条第1項第7号ニに掲げる事項についての定めがある場合(取得対価として株式を交付する場合) 同号ニの株式の株主
  ② 第236条第1項第7号ホに掲げる事項についての定めがある場合(取得対価として社債を交付する場合) 同号ホの社債の社債権者
  ③ 第236条第1項第7号ヘに掲げる事項についての定めがある場合(取得対価として他の新株予約権を交付する場合) 同号ヘの他の新株予約権の新株予約権者
  ④ 第236条第1項第7号トに掲げる事項についての定めがある場合(取得対価として新株予約権付社債を交付する場合) 同号トの新株予約権付社債についての社債の社債権者及び当該新株予約権

❶定

❷定・273条1項

付社債に付された新株予約権の新株予約権者
4　株式会社は、第236条第1項第7号イの事由〔取得条項付新株予約権の所定の取得事由〕が生じた後、遅滞なく、❷取得条項付新株予約権の新株予約権者及びその❸登録新株予約権質権者(同号ハに掲げる事項〔一部取得条項および取得する新株予約権の決定方法〕についての定めがある場合にあっては、前条第1項〔取得する新株予約権の決定〕の規定により決定した取得条項付新株予約権の新株予約権者及びその登録新株予約権質権者)に対し、当該事由が生じた旨を通知しなければならない。ただし、第273条第2項の規定による通知〔取得日の通知〕又は同条第3項の公告〔取得日の広告〕をしたときは、この限りでない。
5　前項本文の規定による通知は、公告をもってこれに代えることができる。

❸270条1項

　株式会社は、一定の事由が生じた日に当該株式会社がその新株予約権を取得する旨およびその事由の定めがあった場合については、その事由が発生した日に新株予約権を取得します。

→試験対策7章2節⑦【1】

1 趣旨

　会社が新株予約権の一部を取得する場合には、会社は、取得事由(236条1項7号イ)が生じた日と274条3項、4項に基づく通知・公告の日から2週間を経過した日のいずれか遅い日に、274条1項の手続により決定した新株予約権の一部を取得する(275条1項1号、2号)。この趣旨は、当該新株予約権者および登録新株予約権質権者に対して、新株予約権が取得されることを前提にいかなる対処をするか熟慮するための期間を与える点にある。

2 条文クローズアップ

1　効力発生日
　効力発生日には、取得条項付新株予約権を株式会社が取得し、その対価は新株予約権者に帰属する。
(1)　原則(1項)
　原則として、取得事由が生じた日が効力発生日となる。
(2)　取得条項付新株予約権の一部を取得する場合(236条1項7号ハ)の例外(275条1項1号、2号)
　取得事由(236条1項7号イ)が生じた日、または取得する対象となる新株予約権を通知・公告した(274条3項、4項)後2週間経過した日のいずれか遅いほうが効力発生日となる。

2　取得手続
(1)　原則(4項本文、5項)

取得事由が生じたか否かは新株予約権者にとって必ずしも明らかでないため、株式会社は、効力発生日から遅滞なく、取得条項付新株予約権の新株予約権者およびその登録新株予約権質権者に対して、当該事由が生じたことを通知・公告しなければならない。

(2) 例外（4項ただし書）

株式会社が別に定めた日の到来を取得事由としており、当該日を定めて通知・公告をした場合（273条2項、3項）には、これによりすでに株主に対して知らせる手続が行われているので、この通知・公告は不要である。

■第2款　新株予約権の消却

> **第276条　C**
> 1　株式会社は、❶自己新株予約権を消却することができる。この場合においては、消却する自己新株予約権の内容及び数を定めなければならない。
> 2　取締役会設置会社においては、前項後段の規定による決定は、取締役会の決議によらなければならない。

❶255条1項

→試験対策7章2節⑦【2】

株式会社は、消却する自己新株予約権の内容および数を定めて、自己新株予約権を消却することができます。取締役会設置会社の場合には、取締役会の決議で定めます。

1　趣旨

自己新株予約権を消却する場面においては、もはや新株予約権者の利益を考慮する必要はない。そこで、自己新株予約権の消却は、取締役会の決議（取締役会非設置会社の場合には取締役の決定）で行うことができるとされた。

2　語句の意味

新株予約権の消却とは、株式会社存続中に特定の新株予約権を絶対的に消滅させることをいう。

3　条文クローズアップ

消却の手続

①消却する新株予約権の内容および数を定めなければならない（1項後段）。

②消却の手続は、取締役会非設置会社では取締役の決定により、取締役会設置会社では、取締役会の決議による（2項）。

■第6節　新株予約権無償割当て

第277条（新株予約権無償割当て）　C
株式会社は、株主(種類株式発行会社にあっては、ある種類の種類株主)に対して新たに払込みをさせないで当該株式会社の新株予約権の割当て(以下この節において「❶新株予約権無償割当て」という。)をすることができる。

❶定

→試験対策7章2節⑧【1】

　株式会社は、株主等に対して、新たに払込みをさせないでその株式会社の新株予約権の割当てをすることができます。

1　趣旨
　従来の新株引受権制度の廃止に伴い、新株引受権証書によって株式の割当てを受ける権利を譲渡する方法がとれなくなった。そこで、これに代わる制度として、譲渡新株予約権を無償で発行し、その譲渡は新株予約権証券の交付により行うことができる新株予約権無償割当ての制度が導入された。

2　条文クローズアップ

新株予約権無償割当てと株式無償割当て(185条)
　新株予約権無償割当ては、株式無償割当ての制度(185条以下)と同様、株主に対して、申込みを必要とせず自動的に新株予約権を割り当てることとするものである。
　株主の有する株式(種類株式発行会社にあっては、ある種類の種類株式)の数に応じて新株予約権を割り当てる点や、株主総会(取締役会設置会社においては取締役会)の決議により割当てを行うという点も、株式無償割当ての場合と同様の規律がなされている。

第278条（新株予約権無償割当てに関する事項の決定）　C
1　株式会社は、❶新株予約権無償割当てをしようとするときは、その都度、次に掲げる事項を定めなければならない。
　①　株主に割り当てる新株予約権の内容及び数又はその算定方法
　②　前号の新株予約権が新株予約権付社債に付されたものであるときは、当該新株予約権付社債についての社債の❷種類及び各社債の金額の合計額又はその算定方法
　③　当該新株予約権無償割当てがその効力を生ずる日
　④　株式会社が種類株式発行会社である場合には、当該新株予約権無償割当てを受ける株主の有する株式の種類
2　前項第1号及び第2号に掲げる事項についての定めは、当該株

❶277条

❷107条2項2号ロ

> 式会社以外の株主(種類株式発行会社にあっては、同項第4号の種類の種類株主)の有する株式(種類株式発行会社にあっては、同項第4号の種類の株式)の数に応じて同項第1号の新株予約権及び同項第2号の社債を割り当てることを内容とするものでなければならない。
> 3　第1項各号に掲げる事項の決定は、株主総会(取締役会設置会社にあっては、取締役会)の決議によらなければならない。ただし、定款に別段の定めがある場合は、この限りでない。

　株式会社は、新株予約権無償割当てをしようとするときは、定款に別段の定めがある場合を除き、株主総会等の決議により、割り当てる新株予約権の内容、数、無償割当てがその効力を生ずる日等、一定の事項を定めなければなりません。割り当てる新株予約権の内容は、当該株式会社以外の株主の所有する株式の数に応じて割り当てるものでなければなりません。

→試験対策7章2節⑧【2】

1 趣旨

　1項は、割り当てる新株予約権の内容等についてあえて規制を設けず無償割当てをする都度それらを定めることにすることで、株式会社が新株予約権の無償割当てをするにあたり多様なニーズ(敵対的買収に対する防衛策やストック・オプションとしての用法等)に応えられるようにした。また、2項は、株主に割り当てる新株予約権の数またはその算定方法については、持株数に比例して割り当てることを内容とするものでなければならないとして、株主平等原則に従っている。

2 条文クローズアップ

新株予約権無償割当ての独自の意義

　通常の新株予約権の発行手続によっても、株主割当て(241条)により無償で新株予約権を発行することは可能である。しかし、この場合には、会社の通知、株主の申込み、会社による割当てといった手続が必要になる(242条、243条、245条1項1号)。これに対して、新株予約権無償割当てによれば、発行決議さえあれば、そこで定めた効力発生日に株主は新株予約権者となる(279条1項)。また、株主割当ての場合は、取締

	新株予約権無償割当て(277)	株主割当てによる新株予約権発行(241)
手続	あらかじめ株主総会(取締役会設置会社では取締役会)の発行決議をしておけば、出資者は効力発生日に新株予約権者となる(279Ⅰ)	株式会社の通知、株主の申込み、株式会社による割当てといった手続が必要になる(242、243、245Ⅰ①)
新株予約権発行の決定権限	定款で定めれば、取締役に決定させることができる(278Ⅲただし書)	取締役会設置会社においては、定款によっても取締役に発行権限を付与できない(241Ⅲ①括弧書)

役会設置会社においては定款によっても取締役に発行権限を付与することはできないが(241条3項1号括弧書)、新株予約権無償割当てによれば、これが認められる(278条3項ただし書)。これらの点に、新株予約権無償割当ての独自の意義が認められる。

> **第279条（新株予約権無償割当ての効力の発生等）　C**
> 1　前条第1項第1号〔株主無償割当て〕の新株予約権の割当てを受けた株主は、同項第3号の日〔無償割当ての効力発生日〕に、同項第1号の新株予約権の新株予約権者(同項第2号に規定する場合〔新株予約権付社債の無償割当ての場合〕にあっては、同項第1号の新株予約権の新株予約権者及び同項第2号の社債の社債権者)となる。
> 2　株式会社は、前条第1項第3号の日〔無償割当ての効力発生日〕後遅滞なく、株主(種類株式発行会社にあっては、同項第4号の種類〔無償割当てを受ける株主の有する株式の種類〕の種類株主)及びその❶登録株式質権者に対し、当該株主が割当てを受けた新株予約権の内容及び数(同項第2号に規定する場合〔新株予約権付社債の無償割当ての場合〕にあっては、当該株主が割当てを受けた社債の❷種類及び各社債の金額の合計額を含む。)を通知しなければならない。
> 3　前項の規定による通知がされた場合において、前条第1項第1号〔株主無償割当て〕の新株予約権についての第236条第1項第4号の期間〔当該新株予約権を行使できる期間〕の末日が当該通知の日から2週間を経過する日前に到来するときは、同号の期間は、当該通知の日から2週間を経過する日まで延長されたものとみなす。

❶149条1項

❷107条2項2号ロ

新株予約権の無償割当てを受けた株主は、決議で定めた効力発生日に新株予約権者になります。株式会社は、効力発生日後遅滞なく株主および登録株式質権者に対して、その者が割当てを受けた新株予約権の内容および数を通知しなければなりません。また、新株予約権の行使期間の末日が当該通知の日から2週間を経過する日より前に到来するときは、当該行使期間が、当該通知の日から2週間を経過する日まで延長されたものとみなされます。

→試験対策7章2節⑧【2】

1　趣旨

2項が割当ての通知を要求した趣旨は、新株予約権の無償割当てにより、新株予約権者となった株主および登録株式質権者に対して、その内容を知らせることで新株予約権行使の準備の機会を与える点にある。

また、新株予約権の行使の準備をする時間的余裕を与えるために、新株予約権の行使期間の末日が当該通知の日から2週間を経過する日より前に到来するときは、当該行使期間が、当該通知の日から2週間を経過する日まで延長されたものとみなされる(3項)。

2 条文クローズアップ

　新株予約権の行使期間の末日が当該通知の日から2週間を経過する日より前に到来するときは、当該行使期間が、当該通知の日から2週間を経過する日まで延長されたものとみなされる（3項）。このような期間延長の効果が及ぶのは、割当ての通知が新株予約権の行使期間の末日の2週間前より遅れてなされた当該株主にかぎられる。なぜなら、2週間という準備期間が、新株予約権の行使の準備をする時間的余裕を確保するために与えられていることからすれば、当該株主にかぎって行使期間の延長を認めれば足り、それ以外の株主についてまで行使期間の延長を認める必要はないからである。

■第7節　新株予約権の行使

■第1款　総　則

司H26-41-エ（予）
第280条（新株予約権の行使）　B⁻
1　新株予約権の行使は、次に掲げる事項を明らかにしてしなければならない。
　① その行使に係る新株予約権の内容及び数
　② 新株予約権を行使する日
2　❶証券発行新株予約権を行使しようとするときは、当該証券発行新株予約権の新株予約権者は、当該証券発行新株予約権に係る新株予約権証券を株式会社に提出しなければならない。ただし、当該新株予約権証券が発行されていないときは、この限りでない。
3　❷証券発行新株予約権付社債に付された新株予約権を行使しようとする場合には、当該新株予約権の新株予約権者は、当該新株予約権を付した新株予約権付社債に係る❸新株予約権付社債券を株式会社に提示しなければならない。この場合において、当該株式会社は、当該新株予約権付社債券に当該証券発行新株予約権付社債に付された新株予約権が消滅した旨を記載しなければならない。
4　前項の規定にかかわらず、❷証券発行新株予約権付社債に付された新株予約権を行使しようとする場合において、当該新株予約権の行使により当該証券発行新株予約権付社債についての社債が消滅するときは、当該新株予約権の新株予約権者は、当該新株予約権を付した新株予約権付社債に係る❸新株予約権付社債券を株式会社に提出しなければならない。
5　第3項の規定にかかわらず、❷証券発行新株予約権付社債についての社債の償還後に当該証券発行新株予約権付社債に付された

❶249条3号ニ

❷249条2号

❸249条2号

新株予約権を行使しようとする場合には、当該新株予約権の新株予約権者は、当該新株予約権を付した新株予約権付社債に係る❸新株予約権付社債券を株式会社に提出しなければならない。
6　株式会社は、❹自己新株予約権を行使することができない。

❹255条1項

→試験対策7章2節⑥

　新株予約権を行使するときは、その行使にかかる新株予約権の内容および数、新株予約権を行使する日を明らかにして行使しなければなりません。新株予約権証券が発行されている証券発行新株予約権を行使するときは、更に証券を提出しなければならず、証券発行新株予約権付社債に付与された新株予約権を行使するときは、社債券を提示しなければなりません。

1 趣旨

　1項から5項までは、新株予約権を行使する際の手続について定めている。1項は、新株予約権は原則として1個ずつ行使されることも可能である点、および多様な用途で用いられる点にかんがみて、行使の際にはその用途にあった新株予約権の内容・数・行使日を明示することを義務づけており、これを明示しない場合には新株予約権行使の効力(282条)は認められない。280条2項は、証券発行新株予約権を行使しようとする場合に、新株予約権証券の提出を要求することで、会社が新株予約権者の権利を確認するとともに、新株予約権者が二重に利益を受けることなどを防止するための規定である。また、3項から5項までも同趣旨の規定である。6項は会社が自己に出資することは資本の空洞化を招くとともに、自己株式の取得と異なり、これを認める必要性が乏しいため、自己新株予約権の行使を禁止している。

2 条文クローズアップ

1　新株予約権の行使

　新株予約権者による新株予約権の行使がなされると、会社が株式の交付を行うことになるが、その株式の交付の際には、募集株式の発行等のような手続はとられない。新株予約権の行使により、新株予約権の内容に従って当然に株式の交付がなされることになるからである。したがって、その目的である種類および数の株式は、新株予約権の行使期間中は留保しておかなければならない(113条4項参照)。

2　新株予約権の行使方法

(1)　新株予約権の行使(1項)

　新株予約権を行使するときには、行使にかかる新株予約権の内容および数、行使する日を明らかにしてしなければならない。

(2)　証券発行新株予約権の行使(2項)

　証券発行新株予約権を行使しようとするときは、新株予約権証券が発行されている場合は、新株予約権者は、新株予約権証券を株式会社に提

出しなければならない。
(3) 証券発行新株予約権付社債に付された新株予約権の行使（3項、4項）
　証券発行新株予約権付社債に付された新株予約権を行使しようとする場合には、その新株予約権者は、新株予約権付社債券を株式会社に提示しなければならない（3項前段）。この場合、株式会社は、新株予約権付社債券に証券発行新株予約権付社債に付された新株予約権が消滅したことを記載しなければならない（3項後段）。また、新株予約権の行使によりその証券発行新株予約権付社債についての社債が消滅するときは、新株予約権者は、社債券を株式会社に提出しなければならない（4項）。
(4) 証券発行新株予約権付社債についての社債の償還後の新株予約権行使（5項）
　証券発行新株予約権付社債についての社債の償還後にその証券発行新株予約権付社債に付された新株予約権を行使しようとする場合には、その新株予約権者は、社債券を株式会社に提出しなければならない。
(5) 自己新株予約権行使の禁止（6項）
　株式会社は自己新株予約権を行使することができない。

司H23-41-ウ。予H26-23-5
第281条（新株予約権の行使に際しての払込み）　B
1　金銭を新株予約権の行使に際してする出資の目的とするときは、新株予約権者は、前条第1項第2号の日〔新株予約権行使日〕に、株式会社が定めた❶銀行等の払込みの取扱いの場所において、その行使に係る新株予約権についての第236条第1項第2号の価額〔新株予約権行使価額〕の全額を払い込まなければならない。
2　金銭以外の財産を新株予約権の行使に際してする出資の目的とするときは、新株予約権者は、前条第1項第2号の日〔新株予約権行使日〕に、その行使に係る新株予約権についての第236条第1項第3号の財産〔新株予約権行使時に出資される財産〕を給付しなければならない。この場合において、当該財産の価額が同項第2号の価額〔新株予約権行使価額〕に足りないときは、前項の払込みの取扱いの場所においてその差額に相当する金銭を払い込まなければならない。
3　新株予約権者は、第1項の規定による払込み又は前項の規定による給付をする債務と株式会社に対する債権とを相殺することができない。

❶34条2項

→試験対策7章2節⑥【2】

　金銭を出資の目的とした場合は、新株予約権者は、行使日に、払込取扱場所において、全額を払い込まなければなりません。金銭以外を出資の目的とした場合は、行使日に、財産を給付しなければなりません。この財産の価額が、新株予約権の行使に際して出資される財産の価額に足りないときは、差

額に相当する金銭を払い込まなければなりません。新株予約権者は、払込み・給付をする債務と会社に対する債権とを相殺することはできません。

1 趣旨

　1項は、払込取扱場所への払込みを強制することによって、新株予約権者に現実の払込みを徹底させ、払込みの仮装を防止するための規定である。2項は、出資する金銭以外の財産の価額と出資されるべき財産の価額との間に差額がある場合でもその差額の払込みをすべきとすることによって、現物出資されるべき財産の評価額が変動するような場合に対応するための規定である。3項は、相殺を禁止することによって、会社の資本の充実を図る規定である。

2 条文クローズアップ

1　金銭を出資の目的とする場合（1項）

　金銭を新株予約権の行使に際してする出資の目的とするときは、新株予約権者は、新株予約権行使の日に、株式会社が定めた銀行等の払込取扱場所において募集事項として定められた出資価額の全額を払い込まなければならない。

2　金銭以外の財産を出資の目的とする場合（2項）

　金銭以外の財産を新株予約権の行使に際してする出資の目的とするときも、新株予約権者は、新株予約権行使の日に、行使する新株予約権について募集事項において定められた出資財産を給付しなければならない（2項前段）。この場合において、給付する財産の価額が出資される財産の価額として募集事項として定められた価額に足りないときは、株式会社が定めた銀行等の払込取扱場所において、その差額に相当する金銭を払い込まなければならない（2項後段）。

3　給付債務と株式会社に対する債権との相殺（3項）

　新株予約権者は、会社の承諾なくして株式会社に対する債権を自働債権として払込みまたは給付する債務を相殺することはできない。これは資本の充実を図るためである。

第282条（株主となる時期等）　C

1　新株予約権を行使した新株予約権者は、当該新株予約権を行使した日に、当該新株予約権の目的である株式の株主となる。

i 2　新株予約権を行使した新株予約権者であって第286条の2第1項各号に掲げる者〔新株予約権にかかる払込み等を仮装した者〕に該当するものは、当該各号に定める支払若しくは給付又は第286条の3第1項〔新株予約権にかかる払込み等の仮装に関与した取締役等の責任〕の規定による支払がされた後でなければ、第286条の2第1項各号の払込み又は給付が仮装された新株予約権の目的である株式につ

いて、株主の権利を行使することができない。
3 前項の株式を譲り受けた者は、当該株式についての株主の権利を行使することができる。ただし、その者に悪意又は重大な過失があるときは、この限りでない。

　新株予約権を行使した新株予約権者は、その新株予約権を行使した日に株主となります。新株予約権を行使した新株予約権者が払込み等を仮装した場合は、その仮装についての支払義務が履行されなければ、その新株予約権の目的である株式について株主の権利を行使できません。ただ、その株式を譲り受けた者は、払込み等の仮装について悪意または重過失でないかぎり、株主の権利を行使できます。

→試験対策7章2節⑥

1 趣旨

　新株予約権は、当該新株予約権の目的である株式の時価が権利行使価額（236条1項2号）を上回っている場合にのみ行使する意味を有するものであるから、282条1項は、新株予約権行使日にただちに目的である株式の株主になると定めた。また、払込み等の仮装がなされた場合に、そのような仮装にかかる支払義務が履行されない間は、本来拠出されるべき財産が拠出されていない以上、払込み等の仮装がなされた新株予約権の目的である株式について、株主の権利を行使させるべきではない。そこで2項は、新株予約権の目的である株式に関する権利行使に制限を設けた。そして3項は、取引の安全を図るために、払込み等の仮装について悪意または重過失でないかぎり、株式の譲受人による権利行使を認めた。

→平成26年改正

2 条文クローズアップ

→試験対策7章2節⑩【4】

1 払込み等を仮装した新株予約権者の権利行使の制限（2項）

　払込み等を仮装した新株予約権者等は、仮装に関わる義務が履行された後でなければ、新株予約権の目的である株式について株主の権利を行使することができない。

2 新株予約権譲受人の権利行使（3項）

　新株予約権の目的である株式の譲受人は、払込み等の仮装について悪意または重過失でないかぎり、株主の権利を行使することができる。

第283条（1に満たない端数の処理）　C

新株予約権を行使した場合において、当該新株予約権の新株予約権者に交付する株式の数に1株に満たない端数があるときは、株式会社は、当該新株予約権者に対し、次の各号に掲げる場合の区分に応じ、当該各号に定める額にその端数を乗じて得た額に相当する金銭を交付しなければならない。ただし、第236条第1項第9号に掲げ

第283条 /433/

> る事項についての定めがある場合は、この限りでない。
> ① 当該株式が市場価格のある株式である場合　当該株式1株の市場価格として法務省令で定める方法により算定される額
> ② 前号に掲げる場合以外の場合　❶1株当たり純資産額

❶141条2項

　新株予約権を行使した新株予約権者に交付する株式の数に1株に満たない端数があるときには、株式会社は、原則としてその新株予約権者に対し、その株式が市場価格のある株式である場合には株式1株の市場価格、それ以外の場合には1株あたりの純資産額にその端数を乗じて得た額に相当する金銭を交付しなければなりません。

1 趣旨

　従前は、新株予約権を行使することで生じた1株に満たない端数については、これを合計して株式として売却するか、会社が自己株式として取得してその代金を新株予約権者に交付するしかなく、端数部分の金銭の交付を実現することは困難であった。そこで、このような不便を解決するために本条が定められた。

2 条文クローズアップ

1　端株に対して金銭を交付する場合
(1)　端株が市場価格のある株式である場合（1号）
　株式会社は株主に対し、その株式1株の市場価格として法務省令（会社施規58条）で定める方法により算定される額に端数を乗じて得た額に相当する金額を支払わなければならない。
(2)　(1)以外の場合（2号）
　株式会社は株主に対し、1株あたりの純資産額に端数を乗じて得た額に相当する金額を支払わなければならない。

→236条

2　端株に対して金銭を交付しない場合
　新株予約権を行使した新株予約権者に交付する株式に端株が生じた場合、これを切り捨てるものとすることを新株予約権の内容としたとき（236条1項9号）には、金銭を交付する必要はない（283条柱書ただし書）。

■第2款　金銭以外の財産の出資

> ### 第284条　C
> 1　株式会社は、第236条第1項第3号に掲げる事項（金銭以外の財産の出資にかかる事項）についての定めがある新株予約権が行使された場合には、第281条第2項の規定による給付（新株予約権行使時の現物出資財産の給付）があった後、遅滞なく、同号の財産（以下この節において「❶現物出資財産」という。）の価額を調査させるため、裁

❶定

判所に対し、検査役の選任の申立てをしなければならない。
2　前項の申立てがあった場合には、裁判所は、これを不適法として却下する場合を除き、検査役を選任しなければならない。
3　裁判所は、前項の検査役を選任した場合には、株式会社が当該検査役に対して支払う報酬の額を定めることができる。
4　第2項の検査役は、必要な調査を行い、当該調査の結果を記載し、又は記録した書面又は❷電磁的記録(法務省令で定めるものに限る。)を裁判所に提供して報告をしなければならない。　❷26条2項
5　裁判所は、前項の報告について、その内容を明瞭にし、又はその根拠を確認するため必要があると認めるときは、第2項の検査役に対し、更に前項の報告を求めることができる。
6　第2項の検査役は、第4項の報告をしたときは、株式会社に対し、同項の書面の写しを交付し、又は同項の❷電磁的記録に記録された事項を法務省令で定める方法により提供しなければならない。
7　裁判所は、第4項の報告を受けた場合において、❶現物出資財産について定められた第236条第1項第3号の価額(現物出資財産の価額)(第2項の検査役の調査を経ていないものを除く。)を不当と認めたときは、これを変更する決定をしなければならない。
8　第1項の新株予約権の新株予約権者は、前項の決定により❶現物出資財産の価額の全部又は一部が変更された場合には、当該決定の確定後1週間以内に限り、その新株予約権の行使に係る意思表示を取り消すことできる。
9　前各項の規定は、次の各号に掲げる場合には、当該各号に定める事項については、適用しない。
① 行使された新株予約権の新株予約権者が交付を受ける株式の総数が発行済株式の総数の10分の1を超えない場合　当該新株予約権者が給付する❶現物出資財産の価額
② 現物出資財産について定められた第236条第1項第3号の価額(現物出資財産の価額)の総額が500万円を超えない場合　当該現物出資財産の価額
③ 現物出資財産のうち、市場価格のある❸有価証券について定められた第236条第1項第3号の価額(現物出資財産の価額)が当該有価証券の市場価格として法務省令で定める方法により算定されるものを超えない場合　当該有価証券についての現物出資財産の価額　❸33条10項2号
④ 現物出資財産について定められた第236条第1項第3号の価額(現物出資財産の価額)が相当であることについて弁護士、弁護士法人、公認会計士、監査法人、税理士又は税理士法人の証明(現物出資財産が不動産である場合にあっては、当該証明及び

不動産鑑定士の鑑定評価。以下この号において同じ。）を受けた場合　当該証明を受けた現物出資財産の価額
　⑤　現物出資財産が株式会社に対する金銭債権（弁済期が到来しているものに限る。）であって、当該金銭債権について定められた第236条第1項第3号の価額〔現物出資財産の価額〕が当該金銭債権に係る負債の帳簿価額を超えない場合　当該金銭債権についての現物出資財産の価額
10　次に掲げる者は、前項第4号に規定する証明〔専門家の証明〕をすることができない。
　①　取締役、会計参与、監査役若しくは執行役又は支配人その他の使用人
　②　新株予約権者
　③　業務の停止の処分を受け、その停止の期間を経過しない者
　④　弁護士法人、監査法人又は税理士法人であって、その社員の半数以上が第1号又は第2号に掲げる者のいずれかに該当するもの

→試験対策7章2節⑥【2】

　新株予約権の行使に際して、金銭以外の財産を出資の目的と定めた場合には、この財産（現物出資財産）の価額について裁判所の選任する検査役の調査を受けなければなりません。検査役は、調査の結果を裁判所に報告し、裁判所は新株予約権の内容として定められた現物出資財産の価額を不当と認めたときは、変更する決定をしなければなりません。また、現物出資財産の価額が少額であるとき、不当評価のおそれのないとき、および専門家による証明書があるときは、検査役の調査を必要としません。

1　趣旨

　金銭以外の財産を過大に評価して、取得する株式に見合う財産が給付されないと、会社債権者を害するおそれがある。そこで、評価の適正性を担保するために、裁判所の選任した検査役による調査手続を受けることを義務づけている。もっとも、目的物の評価の適正性について特段の問題が生じない場合には会社債権者を害するおそれが低いため、9項では、例外的に検査役による調査手続を不要としている。

2　条文クローズアップ

1　検査役の調査（1項から8項まで）
(1)　検査役選任の申立て
　株式会社は、新株予約権の行使に際して金銭以外の財産を給付する定めがある新株予約権が行使された場合には、給付があった後、遅滞なく、現物出資財産の価額を調査させるため、裁判所に対し、検査役の選任の申立てをしなければならない（1項）。

(2) 検査役の選任

検査役選任の申立てがあった場合には、裁判所は、これを不適法として却下する場合を除いて、検査役を選任しなければならない（2項）。この場合、裁判所は、株式会社が検査役に対して支払う報酬の額を定めることができる（3項）。

(3) 検査役の調査・報告

検査役は、必要な調査を行い、調査の結果を記載・記録した書面または電磁的記録を裁判所に提供して報告をしなければならない（4項）。検査役は、調査結果を報告したときは、株式会社に対し、書面の写しを交付し、または電磁的記録に記録された事項を提供しなければならない（6項）。裁判所は、検査役の報告について、その内容を明瞭にし、またはその根拠を確認するため必要があると認めるときは、検査役に対し、更に報告を求めることができる（5項）。

(4) 現物出資財産の価額の変更

裁判所は、検査役の報告を受けた場合において、現物出資財産の価額を不当と認めたときは、これを変更する決定をしなければならない（7項）。新株予約権者は、その決定により現物出資財産の価額が変更された場合には、決定の確定後1週間以内にかぎり、新株予約権の行使にかかる意思表示を取り消すことができる（8項）。

2 検査役の調査が不要な場合（9項）

(1) 1号

行使された新株予約権の新株予約権者が交付を受ける株式の総数が発行済株式の総数の10分の1を超えない場合には、新株予約権者が給付する現物出資財産の価額について、検査役の調査は不要となる。

(2) 2号

現物出資財産について定められた価額の総額が500万円を超えない場合には、現物出資財産の価額について検査役の調査は不要となる。

(3) 3号

現物出資財産のうち、市場価格のある有価証券について定められた価額が当該有価証券の市場価格として法務省令（会社施規59条）で定める方法により算定されるものを超えない場合には、その有価証券についての現物出資財産の価額について検査役の調査は不要となる（会社284条9項3号）。

法務省令で定める方法により算定されるものを超えない場合とは、①行使日における当該有価証券を取引する市場における最終の価格（当該行使日に売買取引がない場合または当該行使日が当該市場の休業日にあたる場合にはその後最初になされた売買取引の成立価格）、②行使日において当該有価証券が公開買付け等の対象であるときは、当該行使日における当該公開買付け等にかかる契約における当該有価証券の価格をいう（会社施規59条）。

(4) 4号

第284条 / 437 /

現物出資財産の価額が相当であることについて弁護士等の証明を受けた場合には、証明を受けた現物出資財産の価額について検査役の調査は不要となる。

もっとも、取締役、会計参与、監査役もしくは執行役または支配人その他の使用人等は、上記証明をすることができない(10項各号)。

(5) 5号

現物出資財産が、株式会社に対する弁済期が到来している金銭債権であって、金銭債権の価額が金銭債権にかかる負債の帳簿価額を超えない場合には、金銭債権についての現物出資財産の価額について検査役の調査は不要である。これは、弁済期が到来している場合には、株式会社が弁済しなければならない価額は確定しており、評価の適正性について特段の問題は生じないと考えられるためである。

(6) その他の検査役の調査が不要な場合

(a) 取得条項付新株予約権

取得条項付新株予約権を取得して、その対価として株式を交付する場合は、新株予約権の行使による払込みとは無関係であるから、検査役による調査は不要である。

(b) 新株予約権付社債

転換社債型の新株予約権付社債にかかる新株予約権の行使にも、検査役の調査に関する規定は適用される。もっとも、1個の新株予約権の行使に対して発行済株式総数の10分の1以上の数の株式が交付されること(1号参照)は通常考えがたいため、検査役の調査は通常不要といえる。また、かりに発行済株式総数の10分の1以上の数の株式が交付される場合であっても、社債の給付は金銭債権の現物出資に相応することから、社債の期限の利益を債務者たる会社が放棄したうえで、社債にかかる債務額以下の価額で出資させることとすれば、社債の給付についての検査役の調査は不要となる(5号)。

■第3款　責　　任

> **第285条（不公正な払込金額で新株予約権を引き受けた者等の責任）　B⁻**
> 1　新株予約権を行使した新株予約権者は、次の各号に掲げる場合には、株式会社に対し、当該各号に定める額を支払う義務を負う。
> ①　第238条第1項第2号に規定する場合（募集新株予約権と引換えに金銭の払込みを不要とする場合）において、❶募集新株予約権につき金銭の払込みを要しないこととすることが著しく不公正な条件であるとき(取締役(指名委員会等設置会社にあっては、取締役又は執行役。次号において同じ。)と通じて新株予約権を引き受けた場合に限る。)　当該新株予約権の公正な価額
> ②　第238条第1項第3号に規定する場合（募集新株予約権と引換えに

❶238条1項

> 金銭の払込みを必要とする場合)において、取締役と通じて著しく不公正な❷払込金額で新株予約権を引き受けたとき　当該払込金額と当該新株予約権の公正な価額との差額に相当する金額
>
> ③　第282条第1項(株主となる時期)の規定により株主となった時におけるその給付した❸現物出資財産の価額がこれについて定められた第236条第1項第3号の価額(現物出資財産の価額)に著しく不足する場合　当該不足額
>
> 2　前項第3号に掲げる場合において、❸現物出資財産を給付した新株予約権者が当該現物出資財産の価額がこれについて定められた第236条第1項第3号の価額(現物出資財産の価額)に著しく不足することにつき善意でかつ重大な過失がないときは、新株予約権の行使に係る意思表示を取り消すことができる。

❷238条1項3号
❸284条1項

　新株予約権を行使した新株予約権者は、取締役等と通謀して著しく不公正な条件・払込金額で引き受けた場合、または現物出資財産として給付した財産の価額が新株予約権の内容として定めた現物出資財産の価額に著しく不足する場合には、それぞれの差額を支払う義務を負います。ただし、給付した現物出資財産の価額が著しく不足する場合については、善意無重過失であるかぎり、新株予約権の行使にかかる意思表示を取り消すことができます。

→試験対策7章2節⑥【2】

1 趣旨

　1項は、会社財産を確保するという見地から取締役等と通謀して不公正な条件・払込金額で新株予約権を引き受けた場合や、給付された現物出資財産の価額が新株予約権の内容として定めた価額に著しく不足する場合において、新株予約権を行使した新株予約権者に責任を負わせた。2項は、現物出資財産の価額はそれを出資の目的とする時点では必ずしも明らかでなく、また取締役と通謀していない場合が通常であって、常に新株予約権の行使を有効としたまま填補責任を負わせると酷な場合がありうることから、善意無重過失の場合は意思表示を取り消せるとした。

2 条文クローズアップ

1　不公正な払込金額で新株予約権を引き受けた者等の責任(1項)

(1)　1号

　募集新株予約権につき金銭の払込みを要しないこととする場合(238条1項2号)で、著しく不公正な条件であるときには、取締役等と通じて新株予約権を引き受けた場合にかぎって、当該新株予約権の公正な価額を支払う義務を負う。新株予約権者の差額支払義務につき、無償発行が著しく不公正な条件である場合も含むことに注意すべきである。

(2) 2号

募集新株予約権につき金銭の払込みを要する場合(238条1項3号)で、取締役等と通じて著しく不公正な払込金額で新株予約権を引き受けたときは、払込金額と当該新株予約権の公正な価額との差額に相当する金額を支払う義務を負う。

(3) 3号

新株予約権を行使して株主となった日(282条)における現物出資財産の価額が、募集事項に定められた財産価額(236条1項3号)に著しく不足する場合には、当該不足額を支払う義務を負う。

2 新株予約権者の取消権(2項)

不公正な払込金額で新株予約権を引き受けた者等が責任を負う場合において、現物出資財産を給付した新株予約権者が当該現物出資財産の価額がこれについて定められた募集事項に定められた財産価額(236条1項3号)に著しく不足することにつき、善意無重過失であれば、新株予約権の行使にかかる意思表示を取り消すことができる。

第286条（出資された財産等の価額が不足する場合の取締役等の責任） B⁻

1 前条第1項第3号〔出資された財産の価額が著しく不足する場合〕に掲げる場合には、次に掲げる者(以下この条において「❶取締役等」という。)は、株式会社に対し、同号に定める額〔不足額〕を支払う義務を負う。

① 当該新株予約権者の募集に関する職務を行った業務執行取締役(指名委員会等設置会社にあっては、執行役。以下この号において同じ。)その他当該業務執行取締役の行う業務の執行に職務上関与した者として法務省令で定めるもの

② ❷現物出資財産の価額の決定に関する株主総会の決議があったときは、当該株主総会に議案を提案した取締役として法務省令で定めるもの

③ 現物出資財産の価額の決定に関する取締役会の決議があったときは、当該取締役会に議案を提案した取締役(指名委員会等設置会社にあっては、取締役又は執行役)として法務省令で定めるもの

2 前項の規定にかかわらず、次に掲げる場合には、❶取締役等は、❷現物出資財産について同項の義務を負わない。

① 現物出資財産の価額について第284条第2項の検査役〔現物出資財産の検査役〕の調査を経た場合

② 当該取締役等がその職務を行うについて注意を怠らなかったことを証明した場合

3 第1項に規定する場合には、第284条第9項第4号に規定する

❶定

❷284条1項

> 証明(専門家の証明)をした者(以下この条において「❸証明者」という。)は、株式会社に対し前条第1項第3号に定める額(不足額)を支払う義務を負う。ただし、当該証明者が当該証明をするについて注意を怠らなかったことを証明したときは、この限りでない。
> 4　新株予約権者がその給付した❷現物出資財産についての前条第1項第3号に定める額(不足額)を支払う義務を負う場合において、次に掲げる者が当該現物出資財産について当該各号に定める義務を負うときは、これらの者は、連帯債務者とする。
> ①　❶取締役等　第1項の義務
> ②　❸証明者　前項本文の義務

❸定

→試験対策7章2節⑥【2】

給付した現物出資財産の価額が新株予約権の内容として定めた現物出資財産の価額に著しく不足する場合には、取締役等は、現物出資財産について検査役の調査を経た場合や任務懈怠がなかったことを証明したときでなければ、差額を支払う義務を負います。また、検査役の調査免除の条件である証明をした者も、証明につき注意を怠らなかったことを証明しない場合は差額を支払う義務を負います。これらの者が負う責任と新株予約権者の責任は連帯債務となります。

1　趣旨

本条の趣旨は、現物出資財産の価額が著しく不足する場合に取締役等に過失責任を負わせることで、取締役等に現物出資の価額の決定を慎重に行わせることにある。

2　条文クローズアップ

1　取締役等の差額支払義務(1項)

以下の取締役等は、現物出資財産の価額が、払込金額に著しく不足する場合の不足額(285条1項3号)を支払う義務を負う(286条1項柱書)。

(1)　1号

新株予約権者の募集に関する職務を行った業務執行取締役(指名委員会等設置会社にあっては、執行役)、現物出資財産の価額の決定に関する職務を行った取締役および執行役、現物出資財産の価額の決定に関する株主総会の決議があったときは、当該株主総会において当該現物出資財産の価額に関する事項について説明をした取締役および執行役、現物出資財産の価額の決定に関する取締役会の決議があったときは、当該取締役会の決議に賛成した取締役が、差額支払義務を負う(1項1号、会社施規60条)。

(2)　2号

現物出資財産の価額の決定に関する株主総会の決議があったときは、現物出資財産の価額の決定に関する議案を提案した取締役、その議案の

決定に同意した取締役（取締役会設置会社の取締役を除く）、議案の提案が取締役会の決議に基づいて行われたときは、当該取締役会の決議に賛成した取締役が、差額支払義務を負う（2号、会社施規61条）。

(3) 3号

現物出資財産の価額の決定に関する取締役会の決議があったときは、当該取締役会に現物出資財産の価額の決定に関する議案を提案した取締役および執行役が、差額支払義務を負う（3号、会社施規62条）。

2 取締役等が差額支払義務を負わない場合（2項）

現物出資財産の価額について284条2項の検査役の調査を経た場合と（286条2項1号）、取締役等がその職務を行うについて注意を怠らなかったことを証明した場合（2号）には、取締役等は、現物出資財産について1項の義務を負わない。

第286条の2（新株予約権に係る払込み等を仮装した新株予約権者等の責任） A

1 新株予約権を行使した新株予約権者であって次の各号に掲げる者に該当するものは、株式会社に対し、当該各号に定める行為をする義務を負う。

① 第246条第1項の規定による払込み〔募集新株予約権の払込み〕（同条第2項の規定により当該払込みに代えてする金銭以外の財産の給付を含む。）を仮装した者又は当該払込みが仮装されたことを知って、若しくは重大な過失により知らないで❶募集新株予約権を譲り受けた者　払込みが仮装された❷払込金額の全額の支払（当該払込みに代えてする金銭以外の財産の給付が仮装された場合にあっては、当該財産の給付（株式会社が当該給付に代えて当該財産の価額に相当する金銭の支払を請求した場合にあっては、当該金銭の全額の支払））

② 第281条第1項〔新株予約権行使時の新株予約権行使価格の払込み〕又は第2項後段〔新株予約権行使時の現物出資出資不足額の払込み〕の規定による払込みを仮装した者　払込みを仮装した金銭の全額の支払

③ 第281条第2項前段の規定による給付〔新株予約権行使時の現物出資財産の給付〕を仮装した者　給付を仮装した金銭以外の財産の給付（株式会社が当該給付に代えて当該財産の価額に相当する金銭の支払を請求した場合にあっては、当該金銭の全額の支払）

2 前項の規定により同項に規定する新株予約権者の負う義務は、総株主の同意がなければ、免除することができない。

❶238条1項
❷238条1項3号

新株予約権の発行時における金銭の払込み等が仮装された新株予約権が行使された場合や新株予約権の行使時における金銭の払込み等が仮装された場

合には、募集株式につき払込み等が仮装された場合と同様に、新株予約権者等は一定の支払義務を課されます。

1 趣旨

払込み等が仮装された場合には、本来会社に拠出されるべき財産が拠出されていないにもかかわらず、拠出されたように扱われることになるため、会社や他の株主が不利益を被ることになる。そこで、会社・株主を保護するために、払込み等を仮装した新株予約権者等に対して支払義務を課した。

2 条文クローズアップ

1 募集新株予約権の発行時における払込み等が仮装された場合（1項1号）

新株予約権の発行時の払込金額の払込み（246条1項）が仮装された場合には、仮装を行った新株予約権者は株式会社に対し払込みが仮装された払込金額の全額の支払をする義務を負う。また、発行時における払込みが仮装された募集新株予約権を譲り受けた者が、これを行使した場合も、払込みを仮装した者と同様の義務を負う（1号）。ただし、当該募集新株予約権の譲受人は、払込みの仮装について悪意または重過失がある場合にかぎって、上記の義務を負う。これは、譲受人の取引の安全を図るためである。

2 新株予約権の行使時における払込み等が仮装された場合（1項2号、3号）

新株予約権の行使時における払込み等が仮装された場合には、新株予約権を行使した新株予約権者が、株式会社に対して、金銭の支払等をする義務を負う。具体的には、①金銭の払込みが仮装された場合には、当該金銭の全額の支払、②金銭以外の財産の給付が仮装された場合には、当該財産の給付（株式会社が当該給付に代えて当該財産の価額に相当する金銭の支払を請求した場合にあっては当該金銭の全額の支払）義務を負う。

3 総株主の同意による責任の免除（2項）

新株予約権を行使した新株予約権が負う義務（1号から3号まで）は、総株主の同意がなければ免除することはできない。これは、仮装払込み等が新株予約権の譲受人と取締役等との通謀により行われた際に、取締役等が仮装払込みをした者の支払義務を免除するといった馴れ合い行為を防ぐための規定である。

> **第286条の3（新株予約権に係る払込み等を仮装した場合の取締役等の責任） A**
>
> 1 新株予約権を行使した新株予約権者であって前条第1項各号に掲げる者〔新株予約権の払込み等を仮装した者〕に該当するものが当該

各号に定める行為をする義務を負う場合には、当該各号の払込み又は給付を仮装することに関与した取締役（指名委員会等設置会社にあっては、執行役を含む。）として法務省令で定める者は、株式会社に対し、当該各号に規定する支払をする義務を負う。ただし、その者（当該払込み又は当該給付を仮装したものを除く。）がその職務を行うについて注意を怠らなかったことを証明した場合は、この限りでない。
2　新株予約権を行使した新株予約権者であって前条第1項各号に掲げる者に該当するものが当該各号に規定する支払をする義務を負う場合において、前項に規定する者が同項の義務を負うときは、これらの者は、連帯債務者とする。

　新株予約権にかかる払込み等の仮装に関与した取締役等は、株式会社に対し、払込みを仮装した払込金額の全額の支払義務または給付を仮装した現物出資財産の給付義務を負います。

1　趣旨

　新株予約権にかかる払込み等の仮装に関与した取締役等は、払込み等を仮装したことによる責任を負うべき立場にある。そこで、払込み等の仮装に関与した取締役等として法務省令で定める者にも、金銭の支払義務を課した。

2　条文クローズアップ

1　支払義務（1項）

　その払込み・給付の仮装に関与した取締役等として法務省令（会社施規62条の2）で定める者は、株式会社に対し、新株予約権を行使した新株予約権者が金銭の支払義務を負う場合に支払うべき者とされる金額と同額の金銭を支払う義務を負う（会社286条の3第1項本文）。

　ただし、仮装に関与した取締役等のうち、自己が払込み・給付を仮装した取締役等以外の者は、その職務を行うについて注意を怠らなかったことを証明した場合には、責任を免れる（1項ただし書）。

2　連帯債務（2項）

　仮装に関与した取締役等は、上記の支払義務につき、新株予約権者と連帯して債務を負う。

■第4款　雑　　則

H22-39-ウ
第287条　B⁻

第276条第1項（自己新株予約権の消却）の場合のほか、新株予約権者が

> その有する新株予約権を行使することができなくなったときは、当該新株予約権は、消滅する。

株式会社が自己新株予約権を消却した場合のほか、新株予約権者がその所有する新株予約権を行使することができなくなったときは、当該新株予約権は消滅します。

→試験対策7章2節[7]【3】

1 趣旨

従前は、新株予約権を行使することができなくなった場合に、当該新株予約権が法的に存在し続けるのかについて規定がなかった。そこで、本条は、消却の手続によらずして当該新株予約権が消滅することを定め、新株予約権を行使することができなくなった場合の効果を明確化した。

2 条文クローズアップ

1 具体的な適用場面

従業員が退職した場合には権利が行使できなくなるという内容の新株予約権を付与しているような場合には、従業員が退職して権利を行使することができなくなった時点で新株予約権は消滅することになる。

2 自己新株予約権

株式会社は、自己の発行する新株予約権を行使することができない(280条6項)。しかし、自己新株予約権の消却の制度が別に定められている(276条)ことから、自己新株予約権は本条によって消滅するものではない。

■第8節 新株予約権に係る証券

■第1款 新株予約権証券

> **第288条（新株予約権証券の発行）　C**
> 1　株式会社は、❶証券発行新株予約権を発行した日以後遅滞なく、当該証券発行新株予約権に係る新株予約権証券を発行しなければならない。
> 2　前項の規定にかかわらず、株式会社は、新株予約権者から請求がある時までは、同項の新株予約権証券を発行しないことができる。

❶249条3号ニ

株式会社は、証券発行新株予約権を発行したときは、すみやかにその権利についての新株予約権証券を発行しなければなりません。ただし、新株予約権者からの請求があるまでは、その発行をしないことができます。

→試験対策7章2節[3]【2】

1 趣旨

　証券発行新株予約権を譲渡する場合（255条1項本文）と新株予約権行使の場合（280条2項本文）に新株予約権証券が必要となるため、証券発行新株予約権発行会社は、その発行後、遅滞なく新株予約権証券を発行しなければならないとした（288条1項）。もっとも、振替制度の利用により新株予約権証券を発行しない場合もあることや、会社のコスト削減の観点から、新株予約権者からの請求がある時まで新株予約権証券を発行しないことも認められている（2項）。

2 語句の意味

　新株予約権証券とは、新株予約権を表章する有価証券をいう。

第289条（新株予約権証券の記載事項）　C

新株予約権証券には、次に掲げる事項及びその番号を記載し、株式会社の❶代表取締役(指名委員会等設置会社にあっては、代表執行役)がこれに署名し、又は記名押印しなければならない。
　①　株式会社の商号
　②　当該新株予約権証券に係る❷証券発行新株予約権の内容及び数

❶47条1項

❷249条3号ニ

　新株予約権証券には、その発行会社の商号およびその新株予約権証券によって表章される予約権の内容とその数を記載し、代表取締役等が署名・記名押印しなければなりません。

1 趣旨

　当該新株予約権証券をどの会社が発行したのか、どのような内容の新株予約権であるか等について当該新株予約権の取得者が知ることができるように、本条は新株予約権証券の記載事項を定めた。

第290条（記名式と無記名式との間の転換）　C

❶証券発行新株予約権の新株予約権者は、第236条第1項第11号に掲げる事項についての定め（記名式・無記名式間の転換請求の全部または一部を禁止する定め）によりすることができないこととされている場合を除き、いつでも、その記名式の新株予約権証券を無記名式とし、又はその無記名式の新株予約権証券を記名式とすることを請求することができる。

❶249条3号ニ

→試験対策7章2節③【3】

　証券発行新株予約権の予約権者は、新株予約権の内容として転換請求をす

ることができないとされていないかぎり、いつでも、記名式の新株予約権証券と無記名式の新株予約権証券との間の転換を請求することができます。

1 趣旨

新株予約権証券は、記名式証券と無記名式証券とで、譲渡の際の対抗要件具備の手続に違いがある。そこで、証券発行新株予約権の新株予約権者に、記名式と無記名式との間の転換を請求する権利を与えた。

> 司 H22-40-1
> **第291条（新株予約権証券の喪失） B⁻**
> 1 新株予約権証券は、非訟事件手続法第100条に規定する公示催告手続によって無効とすることができる。
> 2 新株予約権証券を喪失した者は、非訟事件手続法第106条第1項に規定する除権決定を得た後でなければ、その再発行を請求することができない。

新株予約権証券は、非訟事件手続法の定める公示催告手続によって無効とすることができます。また、新株予約権証券を喪失した者は、非訟事件手続法の定める除権決定を得た後でなければ、新株予約権証券を再発行してもらうことができません。

→試験対策7章2節③【5】

1 趣旨

証券発行新株予約権を譲渡するには、新株予約権証券の交付が必要であるところ（255条1項本文）、新株予約権証券を喪失した場合には、新株予約権証券は善意取得がなされうるから（258条2項）、これを防ぐために喪失者は公示催告手続をとることができるとした（291条1項）。公示催告の申立てに基づき除権決定手続がなされると当該新株予約権証券は無効となる。無効となれば、新株予約権の二重発行の危険はないので、喪失者はその再発行を請求することができ（2項）、新株予約権者は新株予約権証券の所持を回復できることとなる。

■第2款　新株予約権付社債券

> **第292条　C**
> 1 ❶証券発行新株予約権付社債に係る❷新株予約権付社債券には、第697条第1項〔社債券の記載事項〕の規定により記載すべき事項のほか、当該証券発行新株予約権付社債に付された新株予約権の内容及び数を記載しなければならない。
> 2 ❶証券発行新株予約権付社債についての社債の償還をする場合において、当該証券発行新株予約権付社債に付された新株予約権が

❶249条2号
❷249条2号

> 消滅していないときは、株式会社は、当該証券発行新株予約権付社債に係る❷新株予約権付社債券と引換えに社債の償還をすることを請求することができない。この場合においては、株式会社は、社債の償還をするのと引換えに、当該新株予約権付社債券の提示を求め、当該新株予約権付社債券に社債の償還をした旨を記載することができる。

　証券発行新株予約権付社債にかかる新株予約権付社債券には、社債について記載しなければならない事項のほか、新株予約権の内容および数を記載しなければなりません。社債の払戻しをする場合において、当該新株予約権付社債に付された新株予約権が消滅していないときは、株式会社は、当該新株予約権付社債券の提示を求めたうえで、当該新株予約権付社債券に社債の払戻しをした旨を記載することができます。

1 趣旨

　新株予約権付社債は、新株予約権と社債が一体化したものである。そして、新株予約権付社債は、新株予約権証券は発行されず社債券のみが発行されるが、その両方を表章する証券であるから、1項は、新株予約権付社債券上に、社債券の記載事項(697条1項)のほか、社債に付された新株予約権の内容および数を記載するものとした。また、新株予約権付社債にかかる社債を償還する場合、当該新株予約権付社債に付された新株予約権が消滅していないときに新株予約権付社債券を株式会社に提出してしまうと新株予約権を表章する証券が新株予約権者の手元に残らなくなってしまう。そこで、292条2項前段は、このような場合に新株予約権付社債券と引換えに社債の償還を請求することはできないと規定している。

2 条文クローズアップ

新株予約権付社債券の記載事項
　①社債発行会社の商号(697条1項1号)
　②当該社債券にかかる社債の金額(697条1項2号)
　③当該社債券にかかる社債の種類(697条1項3号)
　④当該新株予約権付社債に付された新株予約権の内容および数(292条1項)

■第3款　新株予約権証券等の提出

第293条（新株予約権証券の提出に関する公告等）　C

1　株式会社が次の各号に掲げる行為をする場合において、❶当該各号に定める新株予約権に係る新株予約権証券(当該新株予約権

❶定

が新株予約権付社債に付されたものである場合にあっては、当該新株予約権付社債に係る❷新株予約権付社債券。以下この款において同じ。)を発行しているときは、当該株式会社は、当該行為の効力が生ずる日(第1号に掲げる行為をする場合にあっては、第179条の2第1項第5号に規定する取得日〔特別支配株主による売渡株式等の取得日〕。以下この条において「❸新株予約権証券提出日」という。)までに当該株式会社に対し当該新株予約権証券を提出しなければならない旨を新株予約権証券提出日の1箇月前までに、公告し、かつ、当該新株予約権の新株予約権者及びその❹登録新株予約権質権者には、各別にこれを通知しなければならない。

❷249条2号

❸定

❹270条1項

i① 第179条の3第1項の承認〔対象会社による株式売渡請求の承認〕 ❺売渡新株予約権

❺179条の2第1項4号ロ
❻273条1項

①の2 ❻取得条項付新株予約権の取得 当該取得条項付新株予約権
② 組織変更 全部の新株予約権
③ 合併(合併により当該株式会社が消滅する場合に限る。) 全部の新株予約権
④ 吸収分割 第758条第5号イに規定する吸収分割契約新株予約権〔吸収分割承継会社の新株予約権を交付される吸収分割会社の新株予約権者が有するもの〕
⑤ 新設分割 第763条第1項第10号イに規定する新設分割計画新株予約権〔新設分割設立会社の新株予約権を交付される分割会社の新株予約権者が有するもの〕
⑥ 株式交換 第768条第1項第4号イに規定する株式交換契約新株予約権〔株式交換完全親会社の新株予約権を交付される株式交換完全子会社の新株予約権者が有するもの〕
⑦ 株式移転 第773条第1項第9号イに規定する株式移転計画新株予約権〔株式移転設立完全親会社の新株予約権を交付される株式移転完全子会社の新株予約権者が有するもの〕

i2 株式会社が次の各号に掲げる行為をする場合において、❸新株予約権証券提出日までに当該株式会社に対して新株予約権証券を提出しない者があるときは、当該各号に定める者は、当該新株予約権証券の提出があるまでの間、当該行為(第1号に掲げる行為をする場合にあっては、❼新株予約権売渡請求に係る❺売渡新株予約権の取得)によって当該新株予約権証券に係る新株予約権の新株予約権者が交付を受けることができる❽金銭等の交付を拒むことができる。

❼179条3項

❽151条1項

① 第179条の3第1項の承認〔対象会社による株式売渡請求の承認〕 ❾特別支配株主

❾179条1項

② ❻取得条項付新株予約権の取得 当該株式会社

第293条 /449/

③ 組織変更　第744条第1項第1号に規定する組織変更後持分会社
④ 合併（合併により当該株式会社が消滅する場合に限る。）　第749条第1項に規定する吸収合併存続会社又は第753条第1項に規定する新設合併設立会社
⑤ 吸収分割　第758条第1号に規定する吸収分割承継株式会社
⑥ 新設分割　第763条第1項第1号に規定する新設分割設立株式会社
⑦ 株式交換　第768条第1項第1号に規定する株式交換完全親株式会社
⑧ 株式移転　第773条第1項第1号に規定する株式移転設立完全親会社

3　第1項各号に定める新株予約権に係る新株予約権証券は、❽新株予約権証券提出日に無効となる。

4　第1項第1号の規定による公告及び通知の費用は、❾特別支配株主の負担とする。

5　第220条（株券の提出をすることができない場合）の規定は、第1項各号に掲げる行為をした場合において、新株予約権証券を提出することができない者があるときについて準用する。この場合において、同条第2項中「前条第2項各号」とあるのは、「第293条第2項各号」と読み替えるものとする。

　株式会社は、株式売渡請求の承認、取得条項付新株予約権の取得、組織変更等の行為の効力が生じる日までに新株予約権証券を提出しなければならない旨を、当該日の1か月前までに公告し、その新株予約権者および登録新株予約権質権者には、各別に通知しなければなりません。株式会社は、新株予約権証券を提出しない者には、当該行為によって受けられる金銭等の交付を拒むことができます。新株予約権証券は、新株予約権証券提出日に無効となります。

1　趣旨

　本条は、新株予約権証券の提出手続について定めたものである。
　同制度の趣旨は、①取得条項付新株予約権の取得などにより無効となった新株予約権証券の流通を防ぎ、②取得条項付新株予約権の取得の対価を交付する際などに当該対価の算定の資料を得ることにある。

2　条文クローズアップ

1　新株予約権証券等の提出を要することとなる行為（1項）

①特別支配株主の新株予約権売渡請求　売渡新株予約権の提出（1号）
②取得条項付新株予約権の取得　当該取得条項付新株予約権の提出

（1号の2）
③組織変更　全部の新株予約権の提出（2号）
④当該株式会社が消滅する合併　全部の新株予約権の提出（3号）
⑤吸収分割　758条5号イに規定する吸収分割契約新株予約権の提出（4号）
⑥新設分割　763条1項10号イに規定する新設分割計画新株予約権の提出（5号）
⑦株式交換　768条1項4号イに規定する株式交換契約新株予約権の提出（6号）
⑧株式移転　773条1項9号イに規定する株式移転計画新株予約権の提出（7号）

2　新株予約権証券を提出することができない場合

新株予約権証券を提出することができない者の請求により、利害関係人に対し異議があれば一定の期間内にこれを述べることができる旨を公告することができ、利害関係人が異議を述べなかった場合は金銭等を交付することができる。

第294条（無記名式の新株予約権証券等が提出されない場合）C

1　第132条（株主の請求によらない株主名簿記載事項の記載・記録）の規定にかかわらず、前条第1項第1号の2に掲げる行為（取得条項付新株予約権の取得）をする場合（株式会社が新株予約権を取得するのと引換えに当該新株予約権の新株予約権者に対して当該株式会社の株式を交付する場合に限る。）において、同項の規定により❶新株予約権証券（無記名式のものに限る。以下この条において同じ。）が提出されないときは、株式会社は、当該新株予約権証券を有する者が交付を受けることができる株式に係る第121条第1号に掲げる事項（株主の氏名または名称および住所）を株主名簿に記載し、又は記録することを要しない。

2　前項に規定する場合には、株式会社は、前条第1項（新株予約権証券の提出の公告および通知）の規定により提出しなければならない新株予約権証券を有する者が交付を受けることができる株式の株主に対する通知又は催告をすることを要しない。

3　第249条（新株予約権原簿）及び第259条第1項（新株予約権者の請求によらない新株予約権原簿記載事項の記載・記録）の規定にかかわらず、前条第1項第1号の2に掲げる行為（取得条項付新株予約権の取得）をする場合（株式会社が新株予約権を取得するのと引換えに当該新株予約権の新株予約権者に対して当該株式会社の他の新株予約権（新株予約権付社債に付されたものを除く。）を交付する場合に限る。）において、同項の規定により新株予約権証券が提出されない

ときは、株式会社は、当該新株予約権証券を有する者が交付を受けることができる当該他の新株予約権(❷無記名新株予約権を除く。)に係る第249条第3号イに掲げる事項〔新株予約権者の氏名または名称および住所〕を新株予約権原簿に記載し、又は記録することを要しない。

❷249条1号

4　前項に規定する場合には、株式会社は、前条第1項〔新株予約権証券の提出の公告および通知〕の規定により提出しなければならない❶新株予約権証券を有する者が交付を受けることができる新株予約権の新株予約権者に対する通知又は催告をすることを要しない。

5　第249条〔新株予約権原簿〕及び第259条第1項〔新株予約権者の請求によらない新株予約権原簿記載事項の記載・記録〕の規定にかかわらず、前条第1項第1号の2に掲げる行為〔取得条項付新株予約権の取得〕をする場合(株式会社が新株予約権を取得するのと引換えに当該新株予約権の新株予約権者に対して当該株式会社の新株予約権付社債を交付する場合に限る。)において、同項の規定により❶新株予約権証券が提出されないときは、株式会社は、当該新株予約権証券を有する者が交付を受けることができる新株予約権付社債(❸無記名新株予約権付社債を除く。)に付された新株予約権に係る第249条第3号イに掲げる事項〔新株予約権者の氏名または名称および住所〕を新株予約権原簿に記載し、又は記録することを要しない。

❸249条2号

6　前項に規定する場合には、株式会社は、前条第1項〔新株予約権証券の提出の公告および通知〕の規定により提出しなければならない❶新株予約権証券を有する者が交付を受けることができる新株予約権付社債に付された新株予約権の新株予約権者に対する通知又は催告をすることを要しない。

取得条項付新株予約権の取得、組織変更、合併等の行為がなされた際の、新株予約権証券等の提出に関する公告等に応じて無記名式の新株予約権証券の提出がない場合には、これらの行為により会社が新株予約権を取得するのと引換えに交付した株式についての株主の氏名・名称および住所を株主名簿に記載することや、その者に対する通知・催告は、必要がありません。また、会社が新株予約権を取得するのと引換えに交付した新株予約権・新株予約権付社債についても同様です。

1　趣旨

1項および2項が、株式会社の株主名簿への記載義務および通知・催告義務を免除しているのは、293条1項各号の行為の対価として、株式が交付される場合において、無記名式の証券の提出がないときには、無記名式の新株予約権についての新株予約権者の氏名等は新株予約権原簿に記載がないことから(249条1号参照)、株式会社はだれを新たな株主と

して扱えばよいか知ることができないからである。また、対価が新株予約権、新株予約権付社債の場合も同様である。

2 条文クローズアップ

132条、249条、259条の例外

　このような扱いを認めることにより、株主名簿に株主の氏名等が記載されない株式が例外的に存在することになる。

第4章

機 関

■総　説

1　会社の機関

1　機関の意義

　会社は、法人であり（3条）、自然人と異なる観念的存在であるから、みずから意思を有し行為をすることはできない。そこで、一定の自然人または会議体のする意思決定や一定の自然人のする行為を、会社自体の意思や行為とすることが必要になる。このように、その者の行為が、法律上、会社自体の意思決定や行為と認められる、会社の組織上の一定の地位にある者を**機関**という。

2　会社法の規律

　会社法は、コーポレート・ガバナンス（企業統治）のあり方について、旧有限会社と株式会社とを1つの会社類型（株式会社）に統合することにし、あわせて機関設計についての規整を大幅に見直した。会社法は、最低限度の機関設計だけを要求することとし、一定のルールのもとで、原則としてそれぞれの会社が、任意に各機関（取締役会、監査役・監査役会、会計参与、会計監査人、監査等委員会、指名委員会等〔指名委員会・監査委員会・報酬委員会〕・執行役）を設置できるとした。

2　会社と機関構成者との関係

1　取締役・監査役等の役員等

　取締役・監査役等の役員等のように、第三者として特に選任されて機関の地位につく場合には、その者と会社との実質関係は**委任関係**であって（330条）、もっぱら会社のためにその権限を行使することとなる。

2　株主

　株主が議決権や監督是正権を行使するような場合には、株主は会社の機関として行動するものの、その者と会社との実質関係は**社員関係**であって、本来からいえば、自己の利益に基づいてそのような権利を有し、行使することが認められる。もっとも、たとえば1人の株主が提起した株主総会の決議の取消しの訴えによって決議が取り消される場合のように、株主の権利行使の効果は、その者自身の固有の利益を超えて全体に及ぶ。したがって、株主の権利行使も、他の株主の利益を不当に害するような場合には認められるべきではないが、取締役や監査役等の役員等のように、最初から自分の利益でなく会社の利益のために行動すべき者とは、制約のあり方が異なる（433条2項参照）。

→試験対策8章1節

→本章2節総説1

■第1節　株主総会及び種類株主総会

■第1款　株主総会

> 司 H25-43-オ(予)
> **第295条（株主総会の権限）　A**
> 1　株主総会は、この法律に規定する事項及び株式会社の組織、運営、管理その他株式会社に関する一切の事項について決議をすることができる。
> 2　前項の規定にかかわらず、取締役会設置会社においては、株主総会は、この法律に規定する事項及び定款で定めた事項に限り、決議をすることができる。
> 3　この法律の規定により株主総会の決議を必要とする事項について、取締役、執行役、取締役会その他の株主総会以外の機関が決定することができることを内容とする定款の定めは、その効力を有しない。

株主総会は、会社法に規定する事項、株式会社に関するいっさいの事項について決議できます。ただし、取締役会設置会社においては、株主総会で決議できるのは、会社法に規定する事項、定款で定めた事項にかぎります。会社法の規定により、株主総会の決議を必要とする事項について、株主総会以外の機関が決定することができると定款で定めても、それは効力がありません。

→試験対策 8 章 2 節 2【1】

1　趣旨

取締役会非設置会社では、株主の数もごく少数であり、その人的な繋がりも強い場合が想定されている。そこで、株主総会の権限を広く認めることが適切であることから、1項は、取締役会非設置会社における株主総会は株式会社に関するいっさいの事項について決議することができると規定した。一方、取締役会設置会社では、株主が相当数存在し、その個性が希薄化する場合が想定されている。そこで、2項は、取締役会設置会社においては、基本的事項以外の決定については会社経営の専門家である取締役が構成する取締役会に委ね、所有と経営の分離を図った。また、3項が、権限移譲の定款の効力を否定した趣旨は、権限移譲の当否について、株主に合理的な判断を期待することが困難な点にある。

→試験対策 8 章 2 節 1【1】
→試験対策 1 章 2 節 1【4】

2　条文クローズアップ

1　株主総会の特色
①株主総会は、**株主により構成**される機関である。
②株主総会は、**会社の意思決定**をなす**合議制**の機関である。

→試験対策 8 章 2 節 1【2】

機関

第295条 /455/

株主総会が適法に決議をなせば、その決議は会社の他の機関を内部的に拘束し、株主自身もその決議に拘束されることになる。また、株主総会が活動するためには、原則として会議としての株主総会が開催されなければならない。

③株主総会は、法定の必要的機関である。

株主総会は、定款でなく、法律で備えなければならないことが定められているという意味で、法定の機関である。また、会社法が株主総会の備わらない株式会社を認めていないという意味において、**必要的機関**である。

2　株主総会の権限

(1) 法定の権限

(a)取締役会非設置会社の場合

権限は、株式会社に関する**いっさいの事項**に及ぶ。そこで、取締役会設置会社の株主総会は万能機関であるといえる。

→試験対策8章2節[2]【2】
→神田[17版]182頁、江頭[6版]314頁

(b)取締役会設置会社の場合

権限は、①取締役・監査役などの機関の選任・解任に関する事項、②会社の基礎的変更に関する事項(定款変更、合併・会社分割等、解散等)、③株主の重要な利益に関する事項(株式併合、剰余金分配当等)、④取締役に委ねたのでは株主の利益が害されるおそれが高いと考えられる事項(取締役の報酬の決定等)である。それ以外の事項の決定は、取締役会に委ねられる(362条2項1号、4項、5項参照)。

(2) 定款所定の権限

→試験対策8章2節[2]【3】

(a)取締役会非設置会社の場合

権限は、株式会社に関するいっさいの事項に及ぶから(295条1項)、定款所定の権限について特に問題とする必要はない。

(b)取締役会設置会社の場合

権限は、法定の事項および定款で定めた事項にかぎられるから(2項)、定款の定めによりどこまで株主総会の権限を拡大させることができるかが問題となる。

(i) 取締役会の決定事項を株主総会の権限とすること

ⅰ 取締役会の決定事項を株主総会の決定事項とすることで、法定事項よりも株主総会の権限を拡大することができると解される。そこで、株式会社の本質または強行法規に反しないかぎりにおいて、取締役会の決定事項を定款で株主総会の決定事項とすることができる。

ⅱ 立法担当者は、「株式会社に関する一切の事項」(1項)が株主総会の権限となりうることを前提とし、取締役会設置会社において、定款で株主総会の決議事項とすることができる事項については、特に制限はないとする。

(ⅱ) 株主総会の招集を株主総会の権限とすること

株主総会の招集(296条3項)は、事柄の性質上、株主総会の権限

とすることはできないと解される。

　なぜなら、株主総会みずからが招集することは現実的に不可能だからである。

(ⅲ) 代表取締役の選定を株主総会の権限とすることの可否

　代表取締役の選定（362条3項）については争いがある。

　この点について、株主総会が選定した代表取締役に関しては解職権も株主総会にあることになり、取締役会の代表取締役に対する命令監督の権限が実質的な裏づけを失うことになるので、代表取締役の選定を定款で株主総会の権限とすることはできないとする説がある（否定説）。

　しかし、取締役会はこれによって命令監督の権限を失うわけではなく、代表取締役の選定・解職が株主総会の決議事項とされても取締役会はその解職を議題として株主総会を招集することができるため、代表取締役の選定を定款で株主総会の権限とすることはできると解する（肯定説）。

(ⅳ) 立法担当者の見解

　「株式会社に関する一切の事項」（295条1項）が株主総会の権限となりうることを前提とし、取締役会設置会社において、定款で株主総会の決議事項とすることができる事項については、特に制限はない。そのため、代表取締役の選定を、各会社の実情に合わせて、定款で株主総会の権限としても差し支えないとしている。

→論
→試験対策8章2節②【3】
→江頭［6版］316頁

機関

(3) **株主総会から取締役等への権限の委譲の禁止**

　株主総会の法定の権限について、取締役、執行役、取締役会その他の株主総会以外の機関が決定することができることを内容とする定款の定めは、その効力を有しない（3項）。

株主総会の権限および権限の移譲

		権　限	権限の移譲（制限）
非公開会社	取締役会非設置会社	株主総会は、会社法に規定する事項および株式会社の組織、運営、管理その他株式会社に関する「一切の事項」について決議をすることができる（295Ⅰ　※1）。	会社法の規定により株主総会の決議を必要とする事項（※2）について、取締役、執行役、取締役会その他の株主総会以外の機関が決定することができることを内容とする定款の定めは、その効力を有しない（295Ⅲ）。
	取締役会設置会社	株主総会は、「会社法に規定する事項」および「定款で定めた事項」にかぎり、決議をすることができる（295Ⅱ　※1）。	
公開会社	取締役会設置会社		

※1　取締役会非設置会社の株主総会は、万能機関である。これに対し、取締役会設置会社の株主総会の決議事項は、会社の基本的事項に限定されている。これは、会社企業の経営に関する株主の合理的意思を反映させたものである。

※2　会社の根本に関わる変更、会社の機関の選任および解任に関する事項、株主の利害に大きく影響を与える事項に分類することができる。

第295条

> **第296条（株主総会の招集）　B⁺**
> 1　定時株主総会は、毎事業年度の終了後一定の時期に招集しなければならない。
> 2　株主総会は、必要がある場合には、いつでも、招集することができる。
> 3　株主総会は、次条第4項（株主による招集）の規定により招集する場合を除き、取締役が招集する。

　定時株主総会は、毎事業年度の終了後一定の時期に招集しなければなりません。臨時株主総会は、必要があればいつでも、招集することができます。株主総会は、株主による株主総会招集の場合を除き、取締役が招集します。

→試験対策8章2節③

1　趣旨

　1項は、定期的な株主総会の開催によって、株主総会を通じた株主による監視・監督の実効性を担保する規定である。2項は、臨時株主総会の開催によって、機動的な会社運営を図ることを可能にするための規定である。また、株主が集合して会議をしている場合、それが株主総会なのか、単なる会合にすぎないかは当然にはわからない。そこで、3項は、他の招集手続に関する規定とあいまって、どの集会が株主総会かという点についての紛争を防いでいる。

2　条文クローズアップ

定時株主総会の決議事項

　定時株主総会は、本来は年度決算に関する決議をするために開かれるが（438条参照）、その機会に他の事項（取締役の選任・定款変更・合併等）を決議することもできる。

司H26-44-イ、H25-42-ア。予H27-17-4。書H27-29-イ、H25-30-ア

> **第297条（株主による招集の請求）　B⁺**
> 1　総株主の議決権の100分の3（これを下回る割合を定款で定めた場合にあっては、その割合）以上の議決権を6箇月（これを下回る期間を定款で定めた場合にあっては、その期間）前から引き続き有する株主は、取締役に対し、株主総会の目的である事項（当該株主が議決権を行使することができる事項に限る。）及び招集の理由を示して、株主総会の招集を請求することができる。
> 2　公開会社でない株式会社における前項の規定の適用については、同項中「6箇月（これを下回る期間を定款で定めた場合にあっては、その期間）前から引き続き有する」とあるのは、「有する」とする。

3 第1項の株主総会の目的である事項について議決権を行使することができない株主が有する議決権の数は、同項の総株主の議決権の数に算入しない。
4 次に掲げる場合には、第1項の規定による請求〔総会招集請求〕をした株主は、裁判所の許可を得て、株主総会を招集することができる。
① 第1項の規定による請求の後遅滞なく招集の手続が行われない場合
② 第1項の規定による請求があった日から8週間(これを下回る期間を定款で定めた場合にあっては、その期間)以内の日を株主総会の日とする株主総会の招集の通知が発せられない場合

総株主の議決権の100分の3以上の議決権を6か月前から引き続き所有する株主は、取締役に対し、株主総会の招集を請求することができます。公開会社でない株式会社では、保有期間要件は課されません。

招集の請求後に招集の手続が行われないなどの場合には、請求をした株主は、裁判所の許可を得て招集できます。

→試験対策8章2節3【2】

1 趣旨

本条が、少数株主のイニシアティブによる株主総会の招集を認めたのは、取締役が自己に不利益な議案の決議や不祥事の追及をおそれるあまり、招集手続をとらない場合に対処できるようにすることで、会社・株主の利益を保護するためである。他方、株主総会の招集権の株主による濫用を防止するため、権利を行使しうる株主を限定し、更に手続上の制約を課している。

2 条文クローズアップ

1 招集請求の要件

(1) 保有期間要件

当該議決権を、6か月(これを下回る期間を定款で定めた場合にあっては、その期間)前から引き続き有すること。
なお、非公開会社では、このような保有期間要件はない。

(2) 持株要件

総株主の議決権の100分の3(これを下回る割合を定款で定めた場合にあっては、その割合)以上の議決権を有すること。

(3) 株主総会の目的である事項(当該株主が議決権を行使することができる事項にかぎる)および招集の理由を示すこと。

2 少数株主みずからによる招集(4項)

少数株主による株主総会の招集の請求がされた場合において、①遅滞なく招集の手続が行われない場合、または②招集請求がされた日から8

週間以内の日を株主総会の日とする株主総会の招集通知が発せられない場合は、裁判所の許可を得て、招集請求をした少数株主みずからが総会の招集をすることができる。

そして、裁判所が招集許可を与えた場合は、少数株主は、株主総会に招集すべき株主を確知する権利を有し、株主名簿および基準日現在の株主を確知することができる書類の閲覧・謄写をすることができると解されている（裁判例）。

→判例セレクト

株主による株主総会の招集(297)

		株主の要件	招集の要件
非公開会社	取締役会非設置会社	①総株主の議決権（※1）の100分の3（※2）以上の議決権を有する株主であること ②上記①の株主が、取締役に対し、株主総会の目的である事項（※3）および招集の理由を示すこと	①株主総会の招集の請求の後、遅滞なく、招集手続が行われない場合 ②株主総会の招集の請求があった日から8週間（※2）以内の日を株主総会の日とする株主総会の招集の通知が発せられない場合 ③裁判所の許可
	取締役会設置会社		
公開会社	取締役会設置会社	①総株主の議決権（※1）の100分の3（※2）以上の議決権を6か月（※2）前から引き続き有する株主であること ②上記①の株主が、取締役に対し、株主総会の目的である事項（※3）および招集の理由を示すこと	

※1 株主が請求した株主総会の目的である事項について議決権を行使することができない株主が有する議決権の数は、総株主の議決権の数に算入しない(297Ⅲ)。
※2 定款で軽減できる。
※3 当該株主が議決権を行使することができる事項にかぎる。

少数株主による基準日現在の株主を確知する書類の閲覧権

少数株主による株主総会が裁判所により許可された場合には、当該少数株主に対し株主招集権が付与されるのであるから、その当然の効果として、少数株主は、総会に招集すべき株主を確知する権利を有するというべきである。その確知のためには、株主名簿を閲覧・謄写することができるのはもちろんのこと、基準日現在の株主を最終的に確定した株主名簿の作成を待っていては裁判所の定めた期限までの総会招集が事実上不可能になるような場合には、株主名簿に代わり、基準日現在の株主を確知することができる書類の閲覧・謄写をすることもできるものと解するのが相当である（東京地決昭63・11・14判時1296-146）。

司H24-41-ア(予)、H24-43-ウ、H23-42-イ(予)、H21-41-エ、H18-49-1・4。予H27-19-エ。
書H27-29-ウ

第298条（株主総会の招集の決定）　A

1 ❶取締役（前条第4項〔株主による招集〕の規定により株主が株主総

❶定

会を招集する場合にあっては、下線当該株主。次項本文及び次条から302条までにおいて同じ。)は、株主総会を招集する場合には、次に掲げる事項を定めなければならない。
① 株主総会の日時及び場所
② 株主総会の目的である事項があるときは、当該事項
③ 株主総会に出席しない株主が書面によって議決権を行使することができることとするときは、その旨
④ 株主総会に出席しない株主が電磁的方法によって議決権を行使することができることとするときは、その旨
⑤ 前各号に掲げるもののほか、法務省令で定める事項

2 ❶取締役は、❷株主(株主総会において決議をすることができる事項の全部につき議決権を行使することができない株主を除く。次条から第302条までにおいて同じ。)の数が1000人以上である場合には、前項第3号に掲げる事項(書面投票により議決権行使しうる旨)を定めなければならない。ただし、当該株式会社が金融商品取引法第2条第16項に規定する金融商品取引所に上場されている株式を発行している株式会社であって法務省令で定めるものである場合は、この限りでない。

3 取締役会設置会社における前項の規定の適用については、同項中「株主総会において決議をすることができる事項」とあるのは、「前項第2号に掲げる事項」とする。

4 取締役会設置会社においては、前条第4項(株主による招集)の規定により株主が株主総会を招集するときを除き、第1項各号に掲げる事項(総会招集の決定事項)の決定は、取締役会の決議によらなければならない。

❷定

機関

取締役等が株主総会を招集する場合には、株主総会の日時・場所、株主総会の目的、書面・電磁的方法によって議決権を行使できる旨等、一定の事項を定めなければなりません。取締役は、株主が1000人以上である場合には、書面によって議決権を行使できる旨を定めなければなりません。

→試験対策8章2節[3]【2】

1 趣旨

株主数が多い会社では、通常株主が分散していることが多く、直接株主総会に出席することができない株主も多いとみられる。このような株主にも議決権行使の機会を与え、できるだけ多くの株主の意思を株主総会の決議に反映させる必要がある。そこで、大会社以外の株式会社であっても、議決権を有する株主数が1000人以上のものについては、原則として書面投票制度を義務づけた。

2 条文クローズアップ

第298条

1　1項5号（法務省令で定める事項）

　定時株主総会の日が前事業年度にかかる定時株主総会の日に応当する日と著しく離れた日である場合や、招集する株式会社が公開会社であって、同一の日において定時株主総会を開催する他の公開会社が著しく多い場合には、その日時を決定した理由等を定めなければならない（会社施規63条1号イ、ロ）。

2　全員出席総会

→試験対策8章2節③
→判例セレクト

　株主全員が株主総会開催に同意して出席してなされる、いわゆる全員出席総会における決議は、招集通知がなされていなくても有効である（会社300条本文）。なぜなら、株主が準備の期間を放棄するのは自由であり、出席の機会も実質的に確保されており、招集通知を要求した法の趣旨に反しないからである。

一人会社の場合の招集手続
　いわゆる一人会社の場合には、その1人の株主が出席すればそれで株主総会は成立し、招集の手続を要しない（最判昭46・6・24民集25-4-596）。

同 H26-42-イ（予）、H25-41-ア（予）、H23-42-ウ（予）、H21-41-イ・ウ、H20-40-ア。予 H27-19-ア・イ・ウ。書 H27-29-オ、H25-30-イ・ウ

第299条（株主総会の招集の通知）　A

1　株主総会を招集するには、❶取締役は、株主総会の日の2週間（前条第1項第3号又は第4号に掲げる事項〔書面投票または電子投票によりうる旨〕を定めたときを除き、公開会社でない株式会社にあっては、1週間〔当該株式会社が取締役会設置会社以外の株式会社である場合において、これを下回る期間を定款で定めた場合にあっては、その期間〕）前までに、❷株主に対してその通知を発しなければならない。

2　次に掲げる場合には、前項の通知は、書面でしなければならない。
　①　前条第1項第3号又は第4号に掲げる事項〔書面投票または電子投票によりうる旨〕を定めた場合
　②　株式会社が取締役会設置会社である場合

3　❶取締役は、前項の書面による通知の発出に代えて、政令で定めるところにより、❷株主の承諾を得て、電磁的方法により通知を発することができる。この場合において、当該取締役は、同項の書面による通知を発したものとみなす。

4　前2項の通知には、前条第1項各号に掲げる事項〔総会招集の決

❶298条1項

❷298条2項

定事項)を記載し、又は記録しなければならない。

　取締役が株主総会を招集するには、公開会社では株主総会の日の2週間前までに、非公開会社では1週間前までに、株主に対して招集通知を発しなければなりません。取締役会非設置会社においては、定款によりその期間を更に短縮できます。

→試験対策8章2節③【3】

　また、取締役は、株主の承諾を得て、電磁的方法により株主総会の招集を通知をすることができます。

1 趣旨

　株主総会の招集の通知を要求する趣旨は、株主に出席の機会と準備の期間を与える点にある。非公開会社においては、株主と会社との関係が緊密であることを考慮して、通知期間を1週間前と短縮している。この場合であっても、書面投票や電磁的方法による投票を採用するときは、参考書類等の書面だけの情報により議決権を行使させることにかんがみ、十分な考慮期間として、2週間を設けることとした。

2 条文クローズアップ

招集通知の方法
(1) **取締役会設置会社**

　取締役は、書面または電磁的方法によって、株主に対して、株主総会の招集を通知しなければならない(2項2号、3項)。招集通知には、議題(298条1項2号)などを記載・記録しなければならない(299条4項)。

　また、定時株主総会招集通知に際して、計算書類と事業報告のほか、監査役(監査の範囲が会計監査に限定されている者を含む)または会計監査人を設置している会社では、監査報告・会計監査報告を提供しなければならない(437条括弧書)。

(2) **取締役会非設置会社**

　特に制限がなく、口頭による通知など適宜の方法によれば足りる(299条2項2号参照)。取締役会非設置会社においては、株主と会社との関係が特に緊密であり、総会の目的である事項について通知を要しないためである。

　ただし、書面投票・電磁的方法による投票を採用する場合には、取締役会非設置会社であっても、招集通知は書面または電磁的方法により送付しなければならない(2項1号、3項)。なぜなら、このような場合には、株主に対して株主総会参考書面・議決権行使書面を交付しなければならないところ、招集通知についてのみ様式を要求しないこととしても特に意味はないからである。

株主総会の招集通知の方法

非公開会社	取締役会非設置会社	原則：書面のほか口頭など適宜の方法でよい。 例外：書面または電磁的方法によって議決権を行使することができるときは、書面によりまたは電磁的方法（政令〔会社施令2〕で定めるところにより、株主の承諾を得て）によってする。
	取締役会設置会社	書面によりまたは電磁的方法（政令〔会社施令2〕で定めるところにより、株主の承諾を得て）によってする。
公開会社	取締役会設置会社	

1 特定の株主に対する招集通知の欠如
　株主総会開催にあたり株主に招集の通知を行うことが必要とされるのは、会社の最高の意思決定機関である株主総会における公正な意思形成を保障するとの目的にでるものであることから、ある株主に対する招集通知の欠如は、すべての株主に対する関係において取締役の職務上の義務違反を構成する（最判平9・9・9判時1618-138）。

2 累積投票と招集通知の記載
　定款で累積投票の請求を排除していない会社において、招集通知に「取締役全員任期満了につき改選の件」と記載され、選任される取締役の数に関する記載がない場合には、特段の事情のないかぎり、従前の取締役と同数の取締役を選任する旨の記載があると解することができ、総会でそれより少ない者が付議された場合であっても、株主から累積投票の請求がなく、またその不一致が株主に格別の不利益を及ぼすものでないときは、招集通知は不適法とはならない（最判平10・11・26会社法百選31事件）。

第300条（招集手続の省略）　B

前条〔株主総会の招集通知〕の規定にかかわらず、株主総会は、❶株主の全員の同意があるときは、招集の手続を経ることなく開催することができる。ただし、第298条第1項第3号又は第4号に掲げる事項〔書面投票または電子投票によりうる旨〕を定めた場合は、この限りでない。

❶298条2項

　株主総会は、書面や電磁的方法によって議決権を行使することができる旨の定めがある場合を除いて、株主全員の同意があるときは、招集の手続を経ることなく開催することができます。

→試験対策8章2節③

1 趣旨
　株主に対する招集通知が必要とされる趣旨は、株主に出席の機会と準備の期間を与えるものであるから、個々の株主が同意しその利益を放棄

することは可能である。そこで、株主全員の同意があるときには、招集手続を経ることなく株主総会を開催できることとした。

また、書面や電磁的方法によって議決権を行使することができる旨の定めがある場合には、株主に株主総会参考書類と議決権行使書面を交付する必要があるので、招集手続を不要とする利点はない。そこで、このような場合には招集手続を経ることが要求されている。

> 書 H25-30-エ
> **第301条（株主総会参考書類及び議決権行使書面の交付等）　B**
> 1 ❶取締役は、第298条第1項第3号に掲げる事項（書面投票によりうる旨）を定めた場合には、第299条第1項の通知（総会招集通知）に際して、法務省令で定めるところにより、❷株主に対し、議決権の行使について参考となるべき事項を記載した書類（以下この款において「❸株主総会参考書類」という。）及び株主が議決権を行使するための書面（以下この款において「❹議決権行使書面」という。）を交付しなければならない。
> 2 ❶取締役は、第299条第3項の承諾（電子招集通知によることの承諾）をした❷株主に対し同項の電磁的方法による通知を発するときは、前項の規定による❸株主総会参考書類及び❹議決権行使書面の交付に代えて、これらの書類に記載すべき事項を電磁的方法により提供することができる。ただし、株主の請求があったときは、これらの書類を当該株主に交付しなければならない。

❶298条1項

❷298条2項

❸定

❹定

→試験対策8章2節④【3】(2)

取締役は、書面による議決権行使ができることを定めた場合には、招集通知に際して、議決権の行使について参考となるべき事項を記載した書類（株主総会参考書類）および株主が議決権を行使するための書面（議決権行使書面）を交付しなければなりません。電磁的方法による通知を発するときは、株主の請求がないかぎり、これらの書類の交付に代えて、これらの書類に記載すべき事項を電磁的方法により提供することができます。

1 趣旨

書面投票制度が採用されている場合（298条1項3号、2項）に株主総会参考書類の交付を本条1項で義務づけた趣旨は、株主みずからまたはその代理人が総会に出席することが想定されていないので、株主が議事を通じて議案への賛否の判断材料が得られない点を株主総会参考書類という判断材料の交付によって補う点にある。株主総会参考書類などの交付に代えて、電磁的方法による提供を2項で認めた趣旨は、招集通知を電磁的方法により受領することを承諾した株主に対してまで、株主総会参考書類などの交付を一律に義務づける必要はない点にある。

2 条文クローズアップ

1 株主総会参考書類記載事項

　株主総会参考書類には、議案および議案の提案の理由等を記載することになる(会社施規65条1項、73条以下)。なお、株主総会参考書類につき、ウェブサイトで開示することにより、一定の要件のもと、書面による提供の省略が可能となる(会社施規94条)。

　公開会社が社外取締役等を選任する場合の選任議案の参考書類には、当該候補者が当該会社の特定関係事業者である会社等の業務執行者や当該会社の業務執行者の配偶者、3親等以内の親族であること、過去5年間に当該株式会社の特定関係事業者の業務執行者となったことがあること等を株式会社が知っているときに、その旨を記載することとしている(会社施規74条4項6号)。

2 議決権行使書面

　議決権行使書面には、議案ごとに、株主が賛否を記載する欄を設けなければならない。役員等の選任(解任)に関する議案において、2人以上の候補者(役員等)が提案されているときは、株主が候補者(役員)ごとに賛否の記載をすることができるように記載しなければならない(会社施規66条1項1号)。

3 株主総会参考書類および議決権行使書面の、電磁的方法による提供(2項)

　招集通知を電磁的方法により発することを承諾した株主に対しては、株主総会参考書類および議決権行使書面に記載すべき事項を、電磁的方法により提供できる。たとえば、株主参考書類に記載すべき事項を、会社の設置するウェブサイトに掲出する方法が考えられる。また、議決権行使書面については、株主に電磁的記録を発出し、株主は受領した電磁的記録をプリントアウトすることにより、書面投票を行うこととなる。

第302条　B

1. ❶取締役は、第298条第1項第4号に掲げる事項〔電子投票により議決権行使しうる旨〕を定めた場合には、第299条第1項の通知〔総会招集通知〕に際して、法務省令で定めるところにより、❷株主に対し、❸株主総会参考書類を交付しなければならない。
2. ❶取締役は、第299条第3項の承諾〔電子招集通知によることの承諾〕をした❷株主に対し同項の電磁的方法による通知を発するときは、前項の規定による❸株主総会参考書類の交付に代えて、当該株主総会参考書類に記載すべき事項を電磁的方法により提供することができる。ただし、株主の請求があったときは、株主総会参考書類を当該株主に交付しなければならない。
3. ❶取締役は、第1項に規定する場合には、第299条第3項の承諾

❶298条1項
❷298条2項
❸301条1項

〔電子招集通知によることの承諾〕をした❷株主に対する同項の電磁的方法による通知に際して、法務省令で定めるところにより、株主に対し、❹議決権行使書面に記載すべき事項を当該電磁的方法により提供しなければならない。

4 ❶取締役は、第1項に規定する場合において、第299条第3項の承諾〔電子招集通知によることの承諾〕をしていない❷株主から株主総会の日の1週間前までに❹議決権行使書面に記載すべき事項の電磁的方法による提供の請求があったときは、法務省令で定めるところにより、直ちに、当該株主に対し、当該事項を電磁的方法により提供しなければならない。

❹301条1項

→試験対策8章2節4【3】(3)

　取締役は、電磁的方法による議決権行使(電子投票)ができることを定めた場合には、招集通知に際して、株主に対し、株主総会参考書類を交付しなければなりません。電磁的方法による通知(電子招集通知)を発するときは、株主の請求がないかぎり、この書類の交付に代えて、この書類に記載すべき事項を電磁的方法により提供することができます。

1 趣旨

　1項が、株主総会参考書類の交付を義務づけた趣旨は、書面による議決権行使の場合と同じく、株主が議事を通して議案への賛否の判断材料を得られない点を補う点にある。2項が、株主総会参考書類の交付に代えて電磁的方法による提供を認めた趣旨は、招集通知を電磁的方法により受領することを承諾した株主に対してまで、株主総会参考書類の交付を一律に義務づける必要はない点にある。

2 条文クローズアップ

1　株主総会参考書類の交付(1項、2項)

　電子投票制度(298条1項4号)を定めた場合は、法務省令(会社施規65条、73条から94条まで)で定めるところにより、株主総会参考書類を書面で交付しなければならない(会社302条1項)。もっとも、招集通知を電磁的方法により発することを承諾した株主に対しては、株主総会参考書類に記載すべき事項を、電磁的方法により提供できる(2項)。

2　電磁的方法による議決権行使書面の提供(3項、4項)

　電子投票制度を定めた場合は、議決権行使は電磁的方法による。そのため、招集通知を電磁的方法により発することを承諾した株主に対しては、法務省令(会社施規66条)で定めるところにより、議決権行使書面に記載すべき事項を、電磁的方法により提供しなければならない(会社302条3項)。たとえば、株主に対してIDとパスワードを交付し、これをウェブサイトの所定欄に入力することで、電子投票画面を表示させるといった方法が考えられる。

また、招集通知を電磁的方法により発することを承諾していない株主についても、請求があった場合は、法務省令（会社施規66条）で定めるところにより、ただちに、議決権行使書面に記載すべき事項を電磁的方法により提供しなければならない（会社302条4項）。

> 司 H25-42-イ・ウ、H19-40-イ
> **第303条（株主提案権）　A**
> 1　株主は、取締役に対し、❶一定の事項（当該株主が議決権を行使することができる事項に限る。次項において同じ。）を株主総会の目的とすることを請求することができる。
> 2　前項の規定にかかわらず、取締役会設置会社においては、総株主の議決権の100分の1（これを下回る割合を定款で定めた場合にあっては、その割合）以上の議決権又は300個（これを下回る数を定款で定めた場合にあっては、その個数）以上の議決権を6箇月（これを下回る期間を定款で定めた場合にあっては、その期間）前から引き続き有する株主に限り、取締役に対し、❶一定の事項を株主総会の目的とすることを請求することができる。この場合において、その請求は、株主総会の日の8週間（これを下回る期間を定款で定めた場合にあっては、その期間）前までにしなければならない。
> 3　公開会社でない取締役会設置会社における前項の規定の適用については、同項中「6箇月（これを下回る期間を定款で定めた場合にあっては、その期間）前から引き続き有する」とあるのは、「有する」とする。
> 4　第2項の❶一定の事項について議決権を行使することができない株主が有する議決権の数は、同項の総株主の議決権の数に算入しない。

❶定

株主は、一定の事項を株主総会の目的として提案することができます。これにかかわらず、取締役会設置会社においては、総株主の議決権の100分の1以上の議決権または300個以上の議決権を6か月前から所有するといった一定の要件を具備する少数株主にかぎり、提案する権利があります。ただし、公開会社でない取締役会設置会社では保有期間要件は課されません。

→試験対策8章2節③【4】

1 趣旨

株主が株主総会に積極的に参加し、株主の意思が会社経営に反映するような状況をつくるため、株主に総会の目的を提案することを認めた規定である。取締役会設置会社においては、濫用防止のため、一定の条件をみたす株主のみ行使できる。取締役会非設置会社においては、招集通知で総会の目的である事項を通知する必要はなく、事前に通知していな

い事項も決議できる(309条5項本文、298条1項2号参照)ことにかんがみ、株主はいつでも行使することができる。

2 条文クローズアップ

→試験対策8章2節③【4】

1 株主の提案権
(1) 意義
　株主の**提案権**とは、株主がみずから総会を招集しなくとも、株式会社が招集する機会を利用して、一定の事項を会議の目的とすることを求め、または提案する権利をいう。株主に提案権を認めることで、株主が株主総会に積極的に参加し、株主の意思が会社経営に反映されることとなり、株主総会の活性化を図ることができる。

(2) 種類
　株主の提案権には、以下の3種類がある。
- (a) **議題提案権**(議題追加権)(1項)とは、一定の事項を会社が招集する株主総会の会議の目的(議題)とすることを請求する権利をいう(たとえば、「取締役選任の件」、「定款変更の件」を議題とする)。
- (b) **議案要領の通知請求権**(305条1項)とは、株主が、株主総会に先立って、取締役に対し、株主総会の目的である事項につき、当該株主が提出しようとする議案の要領を、株主に通知することを請求することができる権利をいう。議案とは、当該議題について決議の対象となる具体的な提案のことである(たとえば、「Aを取締役に選任する件」を議案とする)。
- (c) **議案提出権**(304条本文)とは、株主が、株主総会において、株主総会の目的である事項(その株主が議決権を行使することができる事項にかぎる)につき議案を提出する権利をいう。

2 議題提案権の保有期間要件・持株要件
(1) 保有期間要件
　議決権を6か月(これを下回る期間を定款で定めた場合にあっては、その期間)前から引き続き有すること(303条2項)。なお、取締役会非設置会社および非公開会社ではこのような保有期間要件はない(3項)。

(2) 持株要件
　総株主の議決権の100分の1以上の議決権または300個(これを下回る数を定款で定めた場合にあっては、その個数)以上の議決権を有すること(2項)。なお、取締役会非設置会社ではこのような持株要件はない(2項参照)。

3 行使方法
　議題提案権は、株主総会の日の8週間前までに行使しなければならない(2項)。なお、取締役会非設置会社ではこのような期間制限はない(2項参照)。また、議題提案権は、その株主が議決権を行使することができる事項にかぎられる(1項括弧書)。

4 違反の効果

議題提案権については、当該事項がその株主総会の目的となっていない以上、これが無視されても、特段の事情のないかぎり、株主総会の招集手続に違法があるとはいえない(裁判例)。この場合には、取締役の過料(976条19号)や損害賠償請求が問題となるにすぎない。

→判例セレクト2

1 株主提案権の濫用
株主提案権といえども、これを濫用することが許されないことは当然であって、その行使が、主として、当該株主の私怨を晴らし、あるいは特定の個人や会社を困惑させるなど、正当な株主提案権の行使とは認められないような目的にでたものである場合には、株主提案権の行使が権利の濫用として許されない場合がある(東京高決平24・5・31資料版商事法務340-30)。

2 議題提案権を無視された場合の決議取消しの効力
可決された議案とは別に、株主が適法に一定の事項を株主総会の目的とすることを請求したが株主総会において取り上げられなかったものがあっても、そのことは、原則として当該決議の取消しの事由にはあたらず、例外的に、①当該事項が株主総会の目的である事項と密接な関連性があり、株主総会の目的である事項に関し可決された議案を審議するうえで株主が請求した事項についても株主総会において検討、考慮することが必要、かつ、有益であったと認められるときであって、②上記の関連性のある事項を株主総会の目的として取り上げると現経営陣に不都合なため、会社が現経営陣に都合のよいように議事を進行させることを企図して当該事項を株主総会において取り上げなかったときにあたるなど、特段の事情が存在する場合にかぎり、株主総会決議の取消しの訴えの対象に該当する(東京高判平23・9・27資料版商事法務333-39)。

司H25-42-エ、H23-42-エ(予)、H20-40-エ

第304条　B⁺

株主は、株主総会において、❶株主総会の目的である事項(当該株主が議決権を行使することができる事項に限る。次条第1項において同じ。)につき議案を提出することができる。ただし、当該議案が法令若しくは定款に違反する場合又は実質的に同一の議案につき株主総会において総株主(当該議案について議決権を行使することができない株主を除く。)の議決権の10分の1(これを下回る割合を定款で定めた場合にあっては、その割合)以上の賛成を得られなかった日から3年を経過していない場合は、この限りでない。

❶定

株主は、株主総会において、株主総会の目的である事項につき議案を提出することができます。ただし、当該議案が法令・定款に違反する場合や、実質的に同一の議案につき総株主の議決権の10分の1の賛成を得られなかった

→試験対策8章2節③【4】

日から3年を経過していない場合は、提出することができません。

1 趣旨

　本条が定める議案提出権は、株主総会の意思決定につき株主に主導権を与えるとともに、株主の意思や希望を取締役や他の株主にアピールする手段としての意義を有する。株主が株主総会の会場において議案を提出できることは、会議体の構成員として当然といえるところ、本条はこれを確認した規定である。本条ただし書は、ほとんど可決の見込みのない提案の繰り返しの提出を禁止することで、株主の議案提案権の濫用を防止する規定である。

2 条文クローズアップ

1 会社が拒絶できる場合（ただし書）
①提案された議案が法令または定款に違反する場合
②提案された議案と実質的に同一の議案が総会において議決権の10分の1以上の賛成を得られなかった日から3年を経過していない場合

2 不当拒絶となる場合
株主の適法な議案提出を会社が正当な理由なく無視した場合

3 違反の効果
　本条本文における株主総会での議案提出権については、その株主総会の目的である事項に関する権利であるから、これが無視された場合には、株主総会の決議の方法に違法があるものとして、株主総会の決議の取消しの訴えの対象となる（831条1項1号前段）。

司 H18-49-5

第305条　A

1　株主は、取締役に対し、株主総会の日の8週間（これを下回る期間を定款で定めた場合にあっては、その期間）前までに、❶株主総会の目的である事項につき当該株主が提出しようとする議案の要領を株主に通知すること（第299条第2項又は第3項の通知（書面による通知または電子招集通知）をする場合にあっては、その通知に記載し、又は記録すること）を請求することができる。ただし、取締役会設置会社においては、総株主の議決権の100分の1（これを下回る割合を定款で定めた場合にあっては、その割合）以上の議決権又は300個（これを下回る数を定款で定めた場合にあっては、その個数）以上の議決権を6箇月（これを下回る期間を定款で定めた場合にあっては、その期間）前から引き続き有する株主に限り、当該請求をすることができる。

2　公開会社でない取締役会設置会社における前項ただし書の規定の適用については、同項ただし書中「6箇月（これを下回る期間を

❶304条

定款で定めた場合にあっては、その期間)前から引き続き有する」とあるのは、「有する」とする。
3　第1項の❶株主総会の目的である事項について議決権を行使することができない株主が有する議決権の数は、同項ただし書の総株主の議決権の数に算入しない。
4　前3項の規定は、第1項の議案が法令若しくは定款に違反する場合又は実質的に同一の議案につき株主総会において総株主(当該議案について議決権を行使することができない株主を除く。)の議決権の10分の1(これを下回る割合を定款で定めた場合にあっては、その割合)以上の賛成を得られなかった日から3年を経過していない場合には、適用しない。

株主は、取締役に対し、会議の目的たる事項につき株主が提出する議案の要領を、会社が招集通知を書面等で行う場合にはその書面に記載等をすることを、そうでない場合には株主に通知することを、請求することができます。ただし、取締役会設置会社においては、総株主の議決権の100分の1以上または300個以上の議決権を6か月前から引き続き所有する株主にかぎられます。

→試験対策8章2節③【4】

1　趣旨

株主が株主総会に積極的に参加し、株主の意思が会社経営に反映するような状況をつくるため、株主に議案の招集通知への記載の請求を認めた規定である。取締役会設置会社においては、濫用防止のため、一定の条件をみたす株主のみ行使できる。

2　語句の意味

議案要領の通知請求権とは、会議の目的たる事項につき、株主が提出する議案の要領を、会社が招集通知を書面あるいは電磁的方法で行う場合には、記載・記録することを、そうでない場合には株主に通知することを、それぞれ、請求する権利をいう(1項)。
たとえば、「Aを取締役に選任する件」等がある。

3　条文クローズアップ

1　議案要領の通知請求権の保有期間要件・持株要件
(1)　保有期間要件
議決権を6か月(これを下回る期間を定款で定めた場合にあっては、その期間)前から引き続き有すること。なお、取締役会非設置会社や非公開会社ではこのような保有期間要件はない。
(2)　持株要件
総株主の議決権の100分の1(これを下回る割合を定款で定めた場合にあっては、その割合)以上の議決権または300個(これを下回る数を定款で定め

た場合にあっては、その個数)以上の議決権を有すること。なお、取締役会非設置会社ではこのような持株要件はない。

2 行使方法
議案要領の通知請求権は、株主総会の日の8週間前までに行使しなくてはならない。また、その議案が法令・定款に違反する等、4項の規定する一定の場合には、認められない。

3 違反の効果
議案要領の通知請求権が無視された場合には、株主総会の招集手続に違法があるものとして、株主総会の決議の取消しの訴えの対象となる(831条1項1号前段)。

	持株要件・保有期間要件	行使方法の制限
議題提案権(303Ⅰ)	・取締役会非設置会社 →制限なし 　(303Ⅰ、305Ⅰ本文) ・取締役会設置会社 →少数株主のみ 　(303Ⅱ、305Ⅰただし書) ・少数株主とは、6か月前から総株主の議決権の100分の1以上または300個以上の議決権を有してきた者をいう(ただし、これらの要件は定款で緩和可) ・なお、非公開会社の場合、6か月の要件はない(303Ⅲ、305Ⅱ)	取締役会非設置会社の場合は提案期間の制限なし(303Ⅱ参照)
議案提出権 議案の要領の通知請求権(305Ⅰ)		取締役会設置会社の場合は、株主総会の日の8週間(定款でこれを下回る期間を定めたときは、その期間)前まで(303Ⅱ後段)
		議案が法令・定款に違反する場合、または、同一の議案が10分の1以上の賛成を得られなかった総会から3年を経ていない場合は、議案を提出できない(304ただし書、305Ⅳ)
株主総会での議案提出権(304本文)		(制限なし)

議案提出権の侵害と損害賠償

正当な理由なく株主提案にかかる議案が招集通知に記載されない等により株主提案権が侵害された場合には、取締役等は、これにより生じた損害に対して損害賠償責任を負う(東京地判平26・9・30金判1455-8)。

司 H25-42-オ、H20-40-イ

第306条(株主総会の招集手続等に関する検査役の選任)　B

1　株式会社又は総株主(株主総会において決議をすることができる事項の全部につき議決権を行使することができない株主を除く。)の議決権の100分の1(これを下回る割合を定款で定めた場合にあっては、その割合)以上の議決権を有する株主は、株主総会に係る招集の手続及び決議の方法を調査させるため、当該株主総

会に先立ち、裁判所に対し、検査役の選任の申立てをすることができる。
2　公開会社である取締役会設置会社における前項の規定の適用については、同項中「株主総会において決議をすることができる事項」とあるのは「第298条第1項第2号に掲げる事項〔株主総会の目的事項〕」と、「有する」とあるのは「6箇月（これを下回る期間を定款で定めた場合にあっては、その期間）前から引き続き有する」とし、公開会社でない取締役会設置会社における同項の規定の適用については、同項中「株主総会において決議をすることができる事項」とあるのは、「第298条第1項第2号に掲げる事項〔株主総会の目的事項〕」とする。
3　前2項の規定による検査役の選任の申立てがあった場合には、裁判所は、これを不適法として却下する場合を除き、検査役を選任しなければならない。
4　裁判所は、前項の検査役を選任した場合には、株式会社が当該検査役に対して支払う報酬の額を定めることができる。
5　第3項の検査役は、必要な調査を行い、当該調査の結果を記載し、又は記録した書面又は❶電磁的記録（法務省令で定めるものに限る。）を裁判所に提供して報告をしなければならない。

❶26条2項

6　裁判所は、前項の報告について、その内容を明瞭にし、又はその根拠を確認するため必要があると認めるときは、第3項の検査役に対し、更に前項の報告を求めることができる。
7　第3項の検査役は、第5項の報告をしたときは、株式会社（検査役の選任の申立てをした者が当該株式会社でない場合にあっては、当該株式会社及びその者）に対し、同項の書面の写しを交付し、又は同項の❶電磁的記録に記録された事項を法務省令で定める方法により提供しなければならない。

株式会社または総株主の議決権の100分の1以上の議決権を所有する株主は、総会招集の手続および決議の方法を調査させるため、総会に先立ち、検査役の選任を裁判所に請求することができます。なお、公開会社で取締役会設置会社等である場合には、1項の選任を請求できる株主の条件に、株式を6か月前から保有する株主であること等の一定の修正が加えられています。

→試験対策8章2節⑤【3】

1　趣旨

本条は、検査役の選任請求や検査役の報告義務を定めているところ、総会検査役は、事前に違法な決議がなされることを防止し、事後に招集手続・決議方法の違法性が問題となった場合のための証拠保全制度である。すなわち、総会検査役は、株主総会の招集手続・決議方法の適法性を担保するとともに、将来争いが生じたときに事実関係を明らかにする

ことを目的とする制度といえる。

2 条文クローズアップ

1 株主による選任請求の要件
(1) 保有期間要件
議決権を6か月（これを下回る期間を定款で定めた場合にあっては、その期間）前から引き続き有すること（2項、1項）。なお、取締役会非設置会社や非公開会社ではこのような保有期間要件はない（1項）。
(2) 持株要件
総株主の議決権の100分の1（これを下回る割合を定款で定めた場合にあっては、その割合）以上の議決権を有すること（1項）。
(3)
総会招集手続および決議方法を調査させるため、総会に先立ち裁判所に申立てをすることが必要である。

2 会社による選任請求
一部の株主が株主総会を混乱させるおそれがある場合に、株主総会の公正な運営を図り紛争を防止するために、株式会社も総会検査役の選任を申し立てることが認められる（1項）。

3 総会検査役と会社との関係
会社と総会検査役との関係は、準委任契約であって、民法の委任の規定が適用される（民656条・643条）。

📖H25-30-オ
第307条（裁判所による株主総会招集等の決定）　C
1　裁判所は、前条第5項の報告〔総会検査役による報告〕があった場合において、必要があると認めるときは、取締役に対し、次に掲げる措置の全部又は一部を命じなければならない。
　①　一定の期間内に株主総会を招集すること。
　②　前条第5項の調査〔総会検査役による調査〕の結果を株主に通知すること。
2　裁判所が前項第1号に掲げる措置を命じた場合には、取締役は、前条第5項の報告〔総会検査役による報告〕の内容を同号の株主総会において開示しなければならない。
3　前項に規定する場合には、取締役（監査役設置会社にあっては、取締役及び監査役）は、前条第5項の報告〔総会検査役による報告〕の内容を調査し、その結果を第1項第1号の株主総会に報告しなければならない。

裁判所は、株主総会の招集手続等に関する検査役の報告があった場合において、必要があれば、取締役に株主総会の招集、検査役の調査結果の株主への通知を命じなければなりません。そして、株主総会が開かれた場合には、

→試験対策8章2節⑤【3】(1)

取締役は、検査役の報告の内容等を総会で開示しなければなりません。

1 趣旨

　裁判所は、必要があると認めるときに取締役に命じて株主総会を招集させ再度決議を行わせることができる（1項1号）。これは再度、決議をさせることにより、株主総会の決議の瑕疵を治癒させるための規定である。また、裁判所は、会社に対して調査結果の内容を総株主に対して通知するように命ずるにとどめる措置もとることができる（2号）。これは、株主総会を招集させることは、株主数が多数にのぼる会社においては、総会招集に多大な費用や手間を要することになるため、そのような無用な費用や手間を避けるための規定である。

2 条文クローズアップ

1 裁判所の命令（1項）

　裁判所は、招集手続および決議の方法についての総会検査役の報告を受けて、総会決議に取消事由または不存在事由があると判断し、会社にその是正措置を講じさせるのが妥当と考えられる場合には、総会招集命令（1号）を発する。
　また、総会の招集に多大な費用と時間がかかる場合には、調査結果を株主に通知する命令を発する（2号）。

2 取締役の株主総会における開示・報告（2項、3項）

　裁判所の総会招集命令を受けた取締役は、総会検査役の報告内容を株主総会で開示するとともに（2項）、報告内容を調査した結果を、株主総会において報告しなければならない（3項）。

司 H24-40-ア（予）、H18-42-イ
第308条（議決権の数）　B⁺

1　株主（株式会社がその総株主の議決権の4分の1以上を有することその他の事由を通じて株式会社がその経営を実質的に支配することが可能な関係にあるものとして法務省令で定める株主を除く。）は、株主総会において、その有する株式1株につき1個の議決権を有する。ただし、単元株式数を定款で定めている場合には、1単元の株式につき1個の議決権を有する。
2　前項の規定にかかわらず、株式会社は、❶自己株式については、議決権を有しない。

❶113条4項

　株主は、株主総会において、原則として1株につき1個の議決権があります。株式会社は、自己株式については議決権がありません。

→試験対策8章2節4【2】

1 趣旨

1項本文は、株主はその取得する株式数に応じてそれぞれ会社資本へ寄与しており、それに応じた発言権を与えるべきであることから、1株につき1議決権としている。また、4分の1以上の議決権を保有された会社による議決権の行使を認めることは、当事会社の経営者が相互に支配権を支持し合うなど議決権行使の歪曲化のおそれがあることから、公正を保つため相互保有株式の規制をしている。2項が、自己株式については議決権を有しないとするのは、会社自身が自己の意思を決定する株主総会に参加して自己株式について共益権を行使するのは背理であるからである。

2 条文クローズアップ

1 議決権の意義

議決権とは、株主総会が決議をなすについて、その表決をなす権利をいう。

株主は、原則として、株主総会に出席して議題について質問し、意見を述べ、動議を提出し、決議に加わる権利を有する(経営参与権)。これらのなかで、株主総会の決議に加わる権利のことを議決権という。

2 1株1議決権の原則

個々の株主の株主総会における議決権の数は、1株について1個の議決権である(1項本文)。これを**1株1議決権の原則**という。この例外は、法が定めた以下の場合にだけ認められる。

3 1株1議決権の例外

(1) 単元未満株式

単元株制度が採用されている場合には、1単元について1個の議決権が与えられ(1項ただし書)、単元未満の株式は議決権を有しない(189条1項)。これは、株主管理コストの軽減という単元株制度の目的を達成するためである。

(2) 議決権制限株式

議決権制限株式は、制限された事項につき議決権を行使することができない(108条1項3号)。

なお、種類株主総会は、株主総会と異なるものであって、議決権制限株式についても議決権が認められる。

(3) 取締役・監査役の選任株式

取締役・監査役の選任について内容の異なる数種の株式を発行すると(108条1項9号、347条)、取締役・監査役の選任は株主総会では行われず種類株主総会で行われる。

(4) 自己株式

会社が保有する自己株式は、議決権を有しない(308条2項)。

(5) 相互保有株式

(a)会社がその総株主の議決権の4分の1以上を有することその他の事由を通じて、株式会社がその経営を実質的に支配することが可能な

第308条 / 477 /

関係にあるものとして法務省令(会社施規67条1項)に定める株主は、議決権を有しない(会社308条1項本文括弧書)。

(b) **趣旨**

株式の相互保有は、事業間の協調、株主の安定化などに用いられるが、①会社財産の裏づけのない資本の形成により、会社債権者が害されるおそれ、②当事会社の経営者が相互に相手方の支配権を支持しあうという議決権行使の歪曲化、③市場の不当支配や株価操作のおそれなどの弊害を有するからである。

(c) **法務省令で定める株主**

308条1項本文括弧書は、議決権を行使することができない株主の範囲を、より実質的に定めることができるよう、法務省令に委任している。

法務省令(会社施規67条1項)は、株式会社およびその子会社が、株式会社だけでなく、持分会社、民法上の組合、有限責任事業組合その他これに準じる事業体(会社施規2条3項2号)の議決権の4分の1以上を有する場合も議決権の行使を許さないものとした。

(6) **特別利害関係を有する株主が有する株式**

会社が自己株式を取得する一定の場合には、取得の相手方となる株主は、自己株式取得を承認する株主総会の決議において、議決権を行使することができない(会社140条3項本文、160条4項本文、175条2項本文)。

(7) **基準日後に発行された株式**

議決権行使に関する基準日後に発行された株式については、その株主総会で議決権は有しない(124条1項参照)。

原則		1株1議決権
例外	議決権の行使が限定される場合	議決権制限株式(108Ⅰ③) →制限された事項につき議決権行使不可
		取締役・監査役の選解任株式(108Ⅰ⑨、347) →これらの種類株式の株主以外の株主に選解任の議決権なし
		特別利害関係を有する株主が有する株式(140Ⅲ本文、160Ⅳ本文、175Ⅱ本文) →株主はその株主総会で議決権行使不可
		基準日後に発行された株式(124Ⅰ参照) →株主はその株主総会では議決権行使不可
	議決権自体が否定される場合	・単元未満株(189Ⅰ) ・株式会社の保有する自己株式(308Ⅱ) ・相互保有株式(308Ⅰ本文括弧書)

司H26-42-ウ（予）、H25-38-ア（予）、H24-41-イ（予）、H23-38-オ（予）、H23-39-2（予）、H23-47-3、H23-49-ア、H22-39-ア、H22-42-全、H21-40-オ、H21-42-ウ、H20-36-4、H20-43-エ、H19-36-3、H19-39-ア、H19-44-イ、予H27-25-オ、H27-22-オ、書H27-29-エ、H27-31-ア、H26-29-エ、H26-30-ウ、H24-28-ア、H23-30-全

第309条（株主総会の決議）　A

1　株主総会の決議は、定款に別段の定めがある場合を除き、議決権を行使することができる株主の議決権の過半数を有する株主が出席し、出席した当該株主の議決権の過半数をもって行う。

2　前項の規定にかかわらず、次に掲げる株主総会の決議は、当該株主総会において議決権を行使することができる株主の議決権の過半数（3分の1以上の割合を定款で定めた場合にあっては、その割合以上）を有する株主が出席し、出席した当該株主の議決権の3分の2（これを上回る割合を定款で定めた場合にあっては、その割合）以上に当たる多数をもって行わなければならない。この場合においては、当該決議の要件に加えて、一定の数以上の株主の賛成を要する旨その他の要件を定款で定めることを妨げない。

①　第140条第2項及び第5項の株主総会〔譲渡制限株式の譲渡不承認時の、会社による買取事項を決定する株主総会および指定買取人を指定する株主総会〕

②　第156条第1項の株主総会〔自己株式の合意取得に関する事項を決定する株主総会〕（第160条第1項〔特定の株主からの取得〕の特定の株主を定める場合に限る。）

③　第171条第1項〔全部取得条項付種類株式の取得に関する事項〕及び第175条第1項〔相続人に対する売渡請求に関する事項〕の株主総会

④　第180条第2項〔株式併合に関する事項〕の株主総会

⑤　第199条第2項、第200条第1項、第202条第3項第4号、第204条第2項及び第205条第2項の株主総会〔募集株式に関する事項、募集譲渡制限株式の総数引受契約の承認をする株主総会〕

⑥　第238条第2項、第239条第1項、第241条第3項第4号、第243条第2項及び第244条第3項の株主総会〔募集新株予約権に関する事項、募集譲渡制限新株予約権の総数引受契約締結の承認をする株主総会〕

⑦　第339条第1項の株主総会〔役員を解任する株主総会〕（第342条第3項から第5項までの規定により選任された取締役〔累積投票により選任された取締役〕(❶監査等委員である取締役を除く。)を解任する場合又は監査等委員である取締役若しくは監査役を解任する場合に限る。）

❶38条2項

⑧　第425条第1項の株主総会〔役員等の責任の一部を免除する株主総会〕

⑨　第447条第1項〔資本金額の減少に関する事項を定める株主総会〕の株

主総会(次のいずれにも該当する場合を除く。)
　　イ　定時株主総会において第447条第１項各号に掲げる事項〔資本金額の減少に関する事項〕を定めること。
　　ロ　第447条第１項第１号の額〔減少する資本金の額〕がイの定時株主総会の日(第439条前段に規定する場合〔定時株主総会における計算書類等の承認を省略する場合〕にあっては、第436条第３項の承認〔取締役会における計算書類等の承認〕があった日)における欠損の額として法務省令で定める方法により算定される額を超えないこと。
　⑩　第454条第４項の株主総会〔現物配当を定める株主総会〕(配当財産が金銭以外の財産であり、かつ、株主に対して同項第１号〔金銭分配請求の選択権の付与〕に規定する金銭分配請求権を与えないこととする場合に限る。)
　⑪　第６章から第８章まで〔定款の変更、事業の譲渡等、解散〕の規定により株主総会の決議を要する場合における当該株主総会
　⑫　第５編〔組織変更等〕の規定により株主総会の決議を要する場合における当該株主総会
３　前２項の規定にかかわらず、次に掲げる株主総会(種類株式発行会社の株主総会を除く。)の決議は、当該株主総会において議決権を行使することができる株主の半数以上(これを上回る割合を定款で定めた場合にあっては、その割合以上)であって、当該株主の議決権の３分の２(これを上回る割合を定款で定めた場合にあっては、その割合)以上に当たる多数をもって行わなければならない。
　①　その発行する全部の株式の内容として譲渡による当該株式の取得について当該株式会社の承認を要する旨の定款の定めを設ける定款の変更を行う株主総会
　②　第783条第１項の株主総会〔消滅株式会社等における吸収合併契約等を承認する株主総会〕(合併により消滅する株式会社又は株式交換をする株式会社が公開会社であり、かつ、当該株式会社の株主に対して交付する❷金銭等の全部又は一部が譲渡制限株式等(同条第３項に規定する譲渡制限株式等〔譲渡制限株式その他これに準ずるものとして法務省令で定めるもの〕をいう。次号において同じ。)である場合における当該株主総会に限る。)　　❷151条１項
　③　第804条第１項の株主総会〔消滅株式会社等における新設合併契約等を承認する株主総会〕(合併又は株式移転をする株式会社が公開会社であり、かつ、当該株式会社の株主に対して交付する金銭等の全部又は一部が譲渡制限株式等である場合における当該株主総会に限る。)
４　前３項の規定にかかわらず、第109条第２項の規定による定款

の定め〔剰余金の配当・残余財産の分配・議決権について不平等に取扱う定款の定め〕についての定款の変更（当該定款の定めを廃止するものを除く。）を行う株主総会の決議は、総株主の半数以上（これを上回る割合を定款で定めた場合にあっては、その割合以上）であって、総株主の議決権の4分の3（これを上回る割合を定款で定めた場合にあっては、その割合）以上に当たる多数をもって行わなければならない。
5　取締役会設置会社においては、株主総会は、第298条第1項第2号に掲げる事項〔株主総会の目的事項〕以外の事項については、決議をすることができない。ただし、第316条第1項若しくは第2項に規定する者の選任〔株主総会の総会提出資料調査者の選任もしくは少数株主の請求により招集された総会の会社業務財産状況調査者の選任〕又は第398条第2項の会計監査人の出席を求めること〔定時株主総会の決議により会計監査人の出席を求めること〕については、この限りでない。

　株主総会の決議は、定款に別段の定めがある場合を除き、議決権の過半数を所有する株主が出席し、出席した株主の議決権の過半数をもって行います。もっとも、議決権の過半数をもつ株主が出席し、出席した株主の議決権の3分の2以上の賛成をもって行わなければならない場合や、議決権を行使できる株主の半数以上であって、議決権の3分の2以上の賛成をもって行わなければならない場合、更に総株主の半数以上であって、議決権の4分の3以上の賛成をもって行わなければならない場合もあります。

1　趣旨

　1項から4項までは、決議内容が株主の権利利益に与える影響の重大さに応じて、普通決議・特別決議・特殊決議という異なる3つの決議の定足数、必要賛成数およびこれらを定款の定めによって変更できる範囲を定めている。5項は、原則として、株主総会の目的として招集通知に記載された議題（298条1項2号）のみ株主総会で決議できるとする。なぜなら、株主が招集通知に記載された議題を見て出欠を判断しており、招集通知に記載されていない議題を株主総会で決議することは、株主の議決権行使の機会を不意に奪うことになるからである。

2　条文クローズアップ

1　決議要件
(1)　普通決議（1項）
　普通決議とは、特別の要件が法律または定款で定められていない場合の決議で、議決権を行使することができる株主の議決権の過半数を有する株主が出席し、出席株主の議決権の過半数の多数をもって行う決議をいう。

この定足数は、定款で軽減・排除することができ、多くの会社では、定足数を完全に排除し、単に出席株主の議決権の過半数を決めることとしている。

ただし、例外として、公開会社における支配株主の異動をもたらす募集株式の発行等の決議と、役員の選任・解任の決議については、定足数の定款による引下げは、議決権を行使することができる株主の議決権の3分の1までにしかできない(206条の2第5項、341条)。

(2) **特別決議**(2項)

特別決議とは、その株主総会において議決権を行使できる株主の議決権の過半数を有する株主が出席し、出席株主の議決権の3分の2以上の多数により行われる決議をいう。

定足数は、定款で3分の1以上の割合を定めることができ(2項柱書前段第1括弧書)、他方、決議要件である3分の2基準は定款で引き上げることが認められるうえ(2項柱書前段第2括弧書)、一定数以上の株主の賛成を要する旨等を定款で定めてもよい(2項柱書後段)。

(3) **特殊決議**(3項、4項)

特殊決議は、特別決議以上に厳重な要件の決議である。①その株主総会において議決権を行使できる株主の半数以上(これを上回る割合を定款で定めることもできる)であって、その株主の議決権の3分の2(これを上回る割合を定款で定めることもできる)以上の多数をもって行う決議(3項)、および②総株主の半数以上(これを上回る割合を定款で定めることもできる)であって、総株主の議決権の4分の3(これを上回る割合を定款で定めることもできる)以上にあたる多数をもって行う決議(4項)をいう。

2 特別決議事項

(1) 自己株式の取得に関するもの
　(a)譲渡制限株式の譲渡不承認の場合の会社による買受け(140条2項、5項、309条2項1号)
　(b)特定の株主からの自己株式買受け(160条1項、156条1項、309条2項2号)
　(c)全部取得条項付種類株式の取得(171条1項、309条2項3号)
　(d)相続人等に対する売渡請求(175条1項、309条2項3号)

(2) 株式の発行等に関するもの
　(a)株式の併合(180条2項、309条2項4号)
　(b)公開会社以外の株式会社における募集株式の発行等についての事項の決定および公開会社における募集株式の有利発行についての事項の決定(199条2項、201条1項、309条2項5号)
　(c)公開会社以外の株式会社における募集株式の発行等についての事項の決定の委任(200条1項、309条2項5号)
　(d)定款の定めがない場合に株主に割当てを受ける権利を与えてする公開会社以外の株式会社における募集株式の発行等についての事項の決定(202条3項4号、309条2項5号)

(e)募集株式が譲渡制限株式である場合の募集株式の割当て(204条2項、205条2項、309条2項5号)
　　(f)株主に対して金銭分配請求権を与えないこととする場合の現物配当(454条4項、309条2項10号)
　(3) 新株予約権に関するもの
　　(a)公開会社以外の株式会社における新株予約権の募集事項の決定および公開会社における新株予約権の有利発行についての募集事項の決定(238条2項、240条1項、309条2項6号)
　　(b)公開会社以外の株式会社における新株予約権の募集事項の決定の委任(239条1項、309条2項6号)
　　(c)定款の定めがない場合に株主に割当てを受ける権利を与えてする公開会社以外の株式会社における新株予約権の募集事項の決定(241条3項4号、309条2項6号)
　　(d)募集新株予約権の目的である株式の全部または一部が譲渡制限株式である場合または募集新株予約権が譲渡制限新株予約権である場合の募集新株予約権の割当て(243条2項、244条3項、309条2項6号)
　(4) 他の機関に関するもの
　　(a)累積投票によって選任された取締役、監査等委員である取締役および監査役の解任(339条1項、342条3項から5項まで、309条2項7号)
　　(b)株主総会の決議による役員等の対会社責任の一部免除(425条1項、309条2項8号)
　(5) 会社の基礎的な変更に関するもの
　　(a)資本金の額の減少(447条1項、309条2項9号)
　　(b)定款の変更(466条、309条2項11号)
　　(c)事業の譲渡(467条1項1号、2号、309条2項11号)
　　(d)解散(471条3号、309条2項11号)
　　(e)合併契約および会社分割契約(783条1項、795条1項、804条1項、309条2項12号。ただし、3項2号、3号)
　　(f)株式交換契約(783条1項、795条1項、309条2項12号。ただし、3項2号)
　　(g)株式移転計画の承認(804条1項、309条2項12号。ただし、3項3号)

3　特殊決議事項
(1) 当該株主総会で議決権を行使できる株主数の半数以上、かつ議決権の3分の2以上の多数で決定すべき事項(3項)
　(a)決議事項
　　(i)全部の株式につき譲渡制限をする旨の定款変更(1号)
　　(ii)譲渡制限の付されていない株式と引換えに譲渡制限の付された株式等が交付される合併、株式交換、株式移転(783条1項、804条1項、309条3項2号、3号)
　(b)理由
　　厳格な要件が要求されている理由は、公開会社が非公開会社になる

と、取締役会を設置しないという機関設計を採用することが可能となるが(327条1項1号参照)、株主数につき制限がなく、不特定多数の株主が存することになりうる株式会社においてそのような機関設計を容易に選択できるようにすることは問題であるという点にある。

(2) 総株主の半数以上、かつ、議決権の4分の3以上の多数で決定すべき事項(4項)

(a) 決議事項

　非公開会社が、剰余金の配当、残余財産分配、および議決権につき、株主ごとに異なる扱いをする旨を定款で定める場合(109条2項)

(b) 理由

　厳格な要件が要求される理由は、剰余金の配当、残余財産の分配、議決権に関して株主ごとに異なる取扱いを定款で定めることができるとする制度は、株主平等原則の例外であり、当該定款の定めの新設または変更は、株主の権利内容に重大な影響を及ぼすことが考えられるという点にある。

4　決議事項(5項)

　取締役会設置会社においては、株主総会は、招集する場合に定められた株主総会の目的である事項以外の事項については、原則として決議することができない。

5　多数決とその限界・修正

→試験対策8章2節⑤【4】

(1) 多数決原理

　各株主は、単元株制度が採用されている場合を除き、株主総会において、原則として1株について1個の議決権を有し(308条1項本文)、かつ、株主総会では、原則として、議決権を行使することができる株主の議決権の過半数を有する株主が出席し、その議決権の過半数で決議する(309条1項)。

(2) 多数決原理の限界

　株主総会の権限に属する事項であっても、その内容が強行法規に違反する決議をすることはできないし、多数決といっても、株主平等原則に違反したり、固有権を侵害したりする決議をすることはできないと解されている。そのほか、一定の場合には、著しく不当な決議も違法な決議となる(831条1項3号)。

(3) 多数決の修正

　特別決議(309条2項)、特殊決議(3項、4項)は、多数決原理を修正するものである。また、種類株主総会も多数決原理を修正するものといえる。そのほか、反対株主の株式買取請求権制度(116条等)、累積投票制度(342条)、取締役・監査役・会計参与の解任制度・解任の訴え(339条1項、854条1項、3項)、および解散判決請求権(833条1項)は、多数決を修正する機能がある。

司 H23-42-ア(予)、H18-43-全

第310条（議決権の代理行使）　B⁺

1　株主は、代理人によってその議決権を行使することができる。この場合においては、当該株主又は代理人は、代理権を証明する書面を株式会社に提出しなければならない。
2　前項の代理権の授与は、株主総会ごとにしなければならない。
3　第1項の株主又は代理人は、代理権を証明する書面の提出に代えて、政令で定めるところにより、株式会社の承諾を得て、当該書面に記載すべき事項を電磁的方法により提供することができる。この場合において、当該株主又は代理人は、当該書面を提出したものとみなす。
4　株主が第299条第3項の承諾〔電子招集通知によることの承諾〕をした者である場合には、株式会社は、正当な理由がなければ、前項の承諾をすることを拒んではならない。
5　株式会社は、株主総会に出席することができる代理人の数を制限することができる。
6　株式会社は、株主総会の日から3箇月間、代理権を証明する書面及び第3項の電磁的方法により提供された事項が記録された❶電磁的記録をその本店に備え置かなければならない。
7　❷株主（前項の株主総会において決議をした事項の全部につき議決権を行使することができない株主を除く。次条第4項及び第312条第5項において同じ。）は、株式会社の営業時間内は、いつでも、次に掲げる請求をすることができる。
①　代理権を証明する書面の閲覧又は謄写の請求
②　前項の❶電磁的記録に記録された事項を法務省令で定める方法により表示したものの閲覧又は謄写の請求

❶26条2項
❷定

機関

　株主は、代理人によって議決権を行使することができます。この場合、その株主または代理人は代理権を証明する書面等を提出しなければなりません。代理権を証明する書面等は、会社の本店に備え置かれ、株主は、閲覧・謄写を請求することができます。また、株式会社は、代理人の数を制限することができます。

→試験対策8章2節④【3】(1)

1　趣旨

　株主が議決権を行使する場合において、常に株主みずからが株主総会に出席することを要求するのは、多数の株主が各地に分散しているときには困難なことがあり、また、株主にとって不便である。そこで、会社法は、議決権の代理行使を認め、議決権行使の機会を実質的に保障した。また、5項が代理人の数を制限することができるとしているのは、いわゆる総会屋等によって議事の円滑な運営を害されることを防止する

第310条 /485/

ためである。

2 条文クローズアップ

1 議決権代理行使の方法

株主または代理人は会社に代理権を証明する書面（委任状）を提出しなければならず（1項後段。電磁的方法も可能である〔3項、4項〕）、代理権の授与は、株主総会ごとにしなければならない（2項）。これにより、現経営陣等が議決権の代理行使の制度を会社支配の手段として濫用するのを防止することができる。

2 代理人の数

株式会社は、株主総会に出席できる代理人の数を制限することができる（5項）。これにより、いわゆる総会屋や多数の代理人の出席によって株主総会の円滑な運営が害されることを防止している。

3 議決権の代理行使の制限の可否

株主に議決権行使の機会を保障する必要があるので、定款により議決権の代理行使を禁止することは認められない。もっとも、多くの株式会社では、議決権の代理行使の場合において、その代理人の資格を株主にかぎる旨の定款の規定を設けている。そこで、そのような定款規定の効力が問題となる。

→論
→試験対策8章2節④【3】(1)(c)Q₁

この点について、株主のなかに適当な代理人を見出せない者が、株主の固有権たる議決権行使の機会を事実上奪われるとして、当該定款規定は、1項前段に反し、無効となるとする見解がある。しかし、株主以外の第三者によって株主総会がかく乱されると、株主が自己の意思を会社経営に十分反映できないおそれがあるので、代理人資格を株主に限定する必要がある。また、当該定款規定が相当程度の制限であれば、なお株主の固有権たる議決権行使の機会は保障されているものとはいえ、1項前段に反しない。

したがって、当該定款規定は、合理的な理由による相当程度の制限であれば、1項前段に違反せず、有効であると解すべきである（判例）。

→判例セレクト1

もっとも、この定款規定は株主の固有権たる議決権行使の機会を事実上制限するものであるから、制限の範囲は、株主総会のかく乱防止のため必要な限度に絞る必要がある。

そこで、株式会社が、代理人資格を株主にかぎる旨の定款規定を設けたとしても、①その代理人を用いることが議決権の行使にとって自然かつ必要である場合や、②代理人に対する株主のコントロールが十分である場合には、上記定款規定は適用されないと解すべきである。

判例セレクト

1 代理人資格を株主にかぎる旨の定款の効力

代理人は株主にかぎる旨の定款規定は、株主総会が、株主以外の第三

者によりかく乱されることを防止し、会社の利益を保護する趣旨にでたものと認められ、合理的理由による相当程度の制限ということができるから有効である（最判昭43・11・1判例シリーズ37事件）。

→会社法百選34事件

2 地方公共団体等の議決権行使

定款で議決権行使の代理人の資格を会社の株主にかぎる旨を定めた場合において、株主である県、市、株式会社がその職員または従業員を代理人として総会に出席させ、議決権を行使させても、それらの者が組織の一員として上司の命令に服する義務を負い、議決権行使にあたっても法人である株主の代表者の意思に反することができないようになっている事実関係のもとでは、上記定款の規定に反しない（最判昭51・12・24判例シリーズ42事件）。

→会社法百選39事件

3 代理人が弁護士の場合

総会へ出席を委任された者が弁護士である場合には、受任者である弁護士が本人たる株主の意図に反する行為をすることは通常考えられず、株主総会を混乱させるおそれがあるとは一般的には認めがたいから、弁護士の代理人としての出席を拒否することは、本件総会がこの者の出席によってかく乱されるなどの特段の事情がないかぎり、合理的な理由による相当程度の制限ということはできず、定款の規定の解釈運用を誤ったものというべきである（神戸地尼崎支判平12・3・28判タ1028-288）。

司 H19-43-ア
第311条（書面による議決権の行使） B⁺

1 書面による議決権の行使は、❶議決権行使書面に必要な事項を記載し、法務省令で定める時までに当該記載をした議決権行使書面を株式会社に提出して行う。
2 前項の規定により書面によって行使した議決権の数は、出席した株主の議決権の数に算入する。
3 株式会社は、株主総会の日から3箇月間、第1項の規定により提出された❶議決権行使書面をその本店に備え置かなければならない。
4 ❷株主は、株式会社の営業時間内は、いつでも、第1項の規定により提出された❶議決権行使書面の閲覧又は謄写の請求をすることができる。

❶301条1項

❷310条7項

書面投票制度が採用されている場合には、株主総会に出席しない株主も、書面に必要事項を記載し、期限までに株式会社に提出すれば、議決権を行使することができます。この書面による議決権の行使の数は、出席した株主の議決権の数に加えられることになります。また、この書面は、総会後3か月間本店に備え置かれ、株主は閲覧・謄写を請求できます。

→試験対策8章2節 4【3】(2)

1 趣旨

株主の議決権行使を容易にすることで、株主の意思を確実に反映させるとともに、定足数の確保を図るため、書面による議決権行使が認められている。3項と4項が、書面の備置きを義務づけ、株主にその閲覧・謄写請求を認めているのは、賛否の票数を株主が調査できるようにし、また決議取消しの訴えを提起できるようにするためである。

第312条（電磁的方法による議決権の行使）　B⁺

1　電磁的方法による議決権の行使は、政令で定めるところにより、株式会社の承諾を得て、法務省令で定める時までに❶議決権行使書面に記載すべき事項を、電磁的方法により当該株式会社に提供して行う。
2　株主が第299条第3項の承諾〔電子招集通知によることの承諾〕をした者である場合には、株式会社は、正当な理由がなければ、前項の承諾をすることを拒んではならない。
3　第1項の規定により電磁的方法によって行使した議決権の数は、出席した株主の議決権の数に算入する。
4　株式会社は、株主総会の日から3箇月間、第1項の規定により提供された事項を記録した電磁的記録をその本店に備え置かなければならない。
5　❷株主は、株式会社の営業時間内は、いつでも、前項の❸電磁的記録に記録された事項を法務省令で定める方法により表示したものの閲覧又は謄写の請求をすることができる。

❶301条1項
❷310条7項
❸26条2項

→試験対策8章2節4【3】(3)

電子投票制度が採用されている場合において株主総会に出席しない株主は、法務省令（会社施規70条）で定める時までに、電磁的方法で議決権を行使することができ、その議決権の数は、出席した株主の議決権の数に算入されます。この電磁的記録は、総会の日から3か月間、本店に備え置かれ、株主は閲覧・謄写を請求することができます。

1　趣旨

株主が議決権を行使する機会を拡大するために、電磁的方法による議決権行使（298条1項4号参照）について定めている。312条4項と5項が、電磁的記録の備置きを義務づけ、株主にその閲覧・謄写請求を認めているのは、株主が賛否の票数を調査できるようにし、また決議取消しの訴えを提起できるようにするためである。

2　条文クローズアップ

書面投票制度と電子投票制度の比較

(1) 制度の採用

書面投票制度	議決権を有する株主数が1000人以上の会社	Ⅰ 原則 　招集者は、書面により議決権を行使できる旨を定めなければならない（298Ⅱ本文・Ⅰ③）。 Ⅱ 例外 　金融商品取引所に上場されている株式を発行している株式会社であって、法務省令（会社施規64）で定めるものである場合には、このかぎりでない（298Ⅱただし書）。
	上記以外の会社	招集者は、書面により議決権を行使できる旨を定めることができる（298Ⅰ③）。
電子投票制度		招集者は、電磁的方法により議決権を行使できる旨を定めることができる（298Ⅰ④）。

(2) 行使の方法

書面投票制度	①議決権行使書面（書面による議決権の行使における投票用紙）に必要な事項を記載し、法務省令（会社施規69）で定める時（※）までに当該記載をした議決権行使書面を株式会社に提出して行う（311Ⅰ）。 ②書面によって行使した議決権の数は、出席した株主の議決権の数に算入される（311Ⅱ）。 ③書面によって議決権を行使した後、本人が株主総会に出席して議決権を行使した場合には、後から直接行使したものが優先される。
電子投票制度	①政令（会社施令1Ⅰ⑦）で定めるところにより、株式会社の承諾を得て、法務省令（会社施規70）で定める時（※）までに議決権行使書面に記載すべき事項を、電磁的方法により当該株式会社に提供して行う（312Ⅰ）。 ②電磁的方法によって行使した議決権の数は、出席した株主の議決権の数に算入される（312Ⅱ）。 ③電磁的方法によって議決権を行使した後、本人が株主総会に出席して議決権を行使した場合には、後から直接行使したものが優先される。

※　株主総会の日時の直前の営業時間の終了時、または、招集者が招集通知を発した時から2週間を経過した時以後の特定の時を議決権行使の期限と定めたときは、当該特定の時。

第313条（議決権の不統一行使）　B⁺

〔H25-41-ウ（予）〕

1　株主は、その有する議決権を統一しないで行使することができる。
2　取締役会設置会社においては、前項の株主は、株主総会の日の3日前までに、取締役会設置会社に対してその有する議決権を統一しないで行使する旨及びその理由を通知しなければならない。
3　株式会社は、第1項の株主が他人のために株式を有する者でないときは、当該株主が同項の規定によりその有する議決権を統一しないで行使することを拒むことができる。

　株主は、2個以上の議決権をもつ場合には、その一部で賛成し、残りで反対することもできます。取締役会設置会社においては、株主は、株主総会の日の3日前までに、会社に対してこのような不統一行使をする旨とその理由を通知する必要があります。株式会社は、その株主が他人のために株式を所有する者でないときは、不統一行使を拒むことができます。

→試験対策8章2節④【3】(4)

1 趣旨

株式の信託等の場合、形式上は1人の株主になっていても、実質上は複数の株主に権利は属しているため、実質上の株主の意向に従って議決権を行使するためには、不統一行使を認める必要がある。そこで、議決権の不統一行使を認めた。

2 条文クローズアップ

1 2項

議決権の**不統一行使**は、本来、株主が自由に行いうるものであるところ、会社の事務処理上の便宜を図るため、それについての事前通知を要するものとされている。しかし、株主総会の権限の強い会社類型である取締役会非設置会社ではそのような便宜を考慮することはない。そこで、会社法では、取締役会設置会社においてのみ、議決権の不統一行使についての事前通知を要することとしている。

2 3項

議決権の不統一行使は、株主総会の現場において、投票の集計等を混乱させる要素となりうることから、信託の引受け、組合による保有等、他人のために株式を有する者以外の株主が議決権を不統一行使しようとする場合は、それを拒むことができることとされている。

司 H23-42-オ（予）、H20-40-オ

第314条（取締役等の説明義務） A

取締役、会計参与、監査役及び執行役は、株主総会において、株主から特定の事項について説明を求められた場合には、当該事項について必要な説明をしなければならない。ただし、当該事項が株主総会の目的である事項に関しないものである場合、その説明をすることにより株主の共同の利益を著しく害する場合その他正当な理由がある場合として法務省令で定める場合は、この限りでない。

取締役・会計参与・監査役・執行役は、株主総会において、株主から特定の事項について説明を求められた場合には、説明する義務を負います。ただし、その事項が総会の目的事項と関係がない場合、説明することが株主共同の利益を多大に損なう場合や正当な理由がある場合には、説明を拒否することができます。

→試験対策8章2節5【1】(2)

1 趣旨

株主が決議事項について賛否の判断をするために株主が必要な範囲で説明を求め、それに対して取締役等には説明する義務があることは当然である。そこで、株主に質問の機会を与えなかったり、質問に会社側が

答えなかった場合には、説明の拒否事由がないかぎり総会決議が違法となることを注意的に明らかにし、取締役等の自覚を促した。

2 条文クローズアップ

1 取締役等の説明義務

取締役・会計参与・監査役・執行役は、株主総会において、株主から特定の事項について説明を求められた場合には、原則として説明する義務を負う(本文。したがって、取締役等は、株主総会に出席する義務がある)。なお、一括説明は適法であるが、それだけで不十分な場合には補足説明を求めることができると解される(裁判例)。　　　　　→判例セレクト1

会計監査人においては、定時総会で出席を求める決議がされたときには、出席して意見を述べなければならない(398条2項)。

2 説明を拒むことができる場合

(1) その事項が総会の目的事項(決議事項と報告事項を含む)と関係がない場合

e.g.役員のプライバシーに関する質問等

(2) 説明することが株主共同の利益を著しく害する場合

e.g.企業秘密を害するとき等

(3) その他正当な理由があると法務省令(会社施規71条)で定める場合

①株主が説明を求めた事項について説明をするために調査をすることが必要である場合(会社施規71条1号。除外事由あり)

②株主が説明を求めた事項について説明をすることにより株式会社その他の者(当該株主を除く)の権利を侵害することとなる場合(会社施規71条2号)

③実質的に同一の事項について繰り返し説明を求める場合等(会社施規71条3号)

3 説明義務違反の効果

質問の機会をまったく与えなかった場合、不当に説明を拒絶した場合、不実の説明をした場合、正当な事由がないのに不十分な説明しかなかった場合には、いずれも決議の方法が法令に違反することになるので(裁判例)、株主総会の決議の取消しの訴えの事由となる(会社831条1項1号前段)。また、他の株主から打切りの動議がだされても、客観的に十分な説明がされないかぎり、説明義務違反となる(罰則につき976条9号)。　　　　　→判例セレクト2

1 取締役の説明義務と一括回答

説明方法については、株主が会議の目的事項を合理的に判断するのに客観的に必要な範囲の説明であれば足り、一括説明がただちに違法になるものではない。また、一括説明をする場合に、質問者を明らかにしなかったことは、説明義務違反にはならない(東京高判昭61・2・19判例シ　　　　　→会社法百選37事件

リーズ38事件)。

2 退職慰労金贈呈議案に関する説明義務
　株主総会決議において個別の額や総額を決定しない場合には、会社に現実に一定の確定された基準が存在し、その基準を株主が容易に知りうること、その内容が支給額を一義的に算出できるものであること等について説明する必要があるというべきである(東京地判昭63・1・28民集46-7-2592)。

3 意見表明に対する説明義務の有無
　発言の内容が、「総会のあり方」や「取締役の責任問題について」のように抽象的であり、意見表明にすぎないと認められるときは、取締役に説明義務はない(東京地判昭62・1・13判時1234-143)。

4 説明の方法
　取締役の説明の方法については、株主が会議の目的事項につき合理的に判断するのに客観的に必要な範囲で説明すれば足りる(福岡地判平3・5・14判時1392-126)。

第315条（議長の権限）　B
1　株主総会の議長は、当該株主総会の秩序を維持し、議事を整理する。
2　株主総会の議長は、その命令に従わない者その他当該株主総会の秩序を乱す者を退場させることができる。

　株主総会の議長は、総会での議事が問題なく進められるよう努め、議事を取りまとめる役目を負います。そして、議長には命令に従わない者等を退場させる権限が与えられています。

→試験対策8章2節[5]【1】(1)

1 趣旨
　本条が、議長としての当然の権限をあえて明文化したのは、明文の規定がない場合、総会屋による株主総会の運営妨害に対して議長が臆病になることが懸念されたからである。議長の権限を本条で明記することで、議長が総会屋に対して堂々とその権限を行使して秩序ある決議・議事運営を可能となる。

2 条文クローズアップ

株主総会の議事と議長
(1) 議事
　株主総会の議事の方法については、会社法は特に定めていないので、定款または慣習による。株主総会の議事の運営は議長が行う(1項)。議題は招集通知に記載された事項にかぎられるが、延期・続行の決議はすることができる(317条)。議事については議事録を作成しなければなら

ないが(318条、電磁的記録も可)、議事録は証拠のためのものであって、決議の効力とは関係がない。

(2) **議長**

株主総会の議長は、通常は定款で定められるが、その定めがない場合には株主総会で選任される。少数株主が招集した総会では、定款に定めがあったとしても、株主総会で別に議長を定めることができると解されている。

株主総会の議長は、株主総会の秩序を維持し、議事を整理するとともに(315条1項)、その命令に従わない者その他株主総会の秩序を乱す者を退場させることができる(2項)。

質問権の制限
議長は、他の株主に質問の機会を与え、また、合理的な時間内に会議を終結できるように、各株主の質問時間や質問数を制限することができる(福岡地判平3・5・14判時1392-126)。

司H24-41-ウ(予)。書H27-29-エ
第316条(株主総会に提出された資料等の調査) B⁻
1 株主総会においては、その決議によって、取締役、会計参与、監査役、監査役会及び会計監査人が当該株主総会に提出し、又は提供した資料を調査する者を選任することができる。
2 第297条〔株主による招集請求〕の規定により招集された株主総会においては、その決議によって、株式会社の業務及び財産の状況を調査する者を選任することができる。

株主総会においては、その決議で株主総会に提出された資料等を調査する者を選任することができます。また、少数株主が招集した株主総会においては、その決議によって、会社の業務および財産の状況を調査する者を選任することができます。

→試験対策8章2節⑤【3】(2)

1 趣旨

1項は、会社業務の適正化を担保するために、会社と特別な利害関係のない調査者を選任できる旨規定し、調査者による中立公正な調査とその結果に基づく適切な事後措置を期待したものである。また、2項は、かつて存在した、監査役が必要に応じて臨時株主総会を招集したうえで会社の業務および会社財産の状況を調査する検査役を選任できる旨の規定が削除されるのに伴って、調査役の選任という監査役の機能の一部を少数株主に承継させたものである。

> 司H24-41-エ（予）。書H27-29-オ
> **第317条（延期又は続行の決議）　B⁻**
> 株主総会においてその延期又は続行について決議があった場合には、第298条〔株主総会の招集決定〕及び第299条〔株主総会の招集通知〕の規定は、適用しない。

株主総会においては、総会の延期・続行の決議をすることができます。

→試験対策8章2節⑤【1】

1 趣旨

本条の趣旨は、かりに本条がなければ、株主総会の議事を後日に持ち越す必要がある場合においても、あらかじめ招集通知に議事を持ち越す旨の記載がない以上、議事を持ち越すことは許されないという解釈や、あらためて招集手続を必要とするという解釈が生じうるところ、このような解釈の余地をなくし、議事を後日に持ち越さなければならない必要が生じた場合に対処する点にある。

2 条文クローズアップ

総会の延期・続行

延期とは、議事に入らないで総会を延期することをいい、続行とは、議事に入ったが審議が終わらないで総会を後日に継続することをいう。いずれも同一の総会が日を分けて開催されるだけであって、別々の総会ではない。延期・続行は議事運営の問題なので、あらかじめ招集通知になくてもその場の必要に応じて普通決議で決定でき、次の日時・場所をその決議で決定したときは改めて招集通知をする必要はない。

> 司H19-43-イ
> **第318条（議事録）　B⁻**
> 1　株主総会の議事については、法務省令で定めるところにより、議事録を作成しなければならない。
> 2　株式会社は、株主総会の日から10年間、前項の議事録をその本店に備え置かなければならない。
> 3　株式会社は、株主総会の日から5年間、第1項の議事録の写しをその支店に備え置かなければならない。ただし、当該議事録が❶電磁的記録をもって作成されている場合であって、支店における次項第2号に掲げる請求に応じることを可能とするための措置として法務省令で定めるものをとっているときは、この限りでない。
> 4　株主及び債権者は、株式会社の営業時間内は、いつでも、次に掲げる請求をすることができる。

❶26条2項

> ①　第1項の議事録が書面をもって作成されているときは、当該書面又は当該書面の写しの閲覧又は謄写の請求
> ②　第1項の議事録が❶電磁的記録をもって作成されているときは、当該電磁的記録に記録された事項を法務省令で定める方法により表示したものの閲覧又は謄写の請求
> 5　株式会社の❷親会社社員は、その権利を行使するため必要があるときは、裁判所の許可を得て、第1項の議事録について前項各号に掲げる請求をすることができる。

❷31条3項

　株主総会の議事については、議事録を作成しなければなりません。議事録は、本店に10年間、その写しを支店に5年間備え置き、株主・会社債権者の閲覧・謄写等に応じなければなりません。

→試験対策8章2節⑤【1】

1 趣旨

　株主総会の議事録は、議事の経過や結果の記録であるため、株主や会社債権者が決議の成否を知ったうえで権利行使または取締役の責任追及をするにあたり重要な資料となる。そこで、株主総会の議事録の作成、備置き、閲覧・謄写について規定した。

2 条文クローズアップ

1　法務省令で定めるもの
(1)　1項(会社施規72条)
　書面または電磁的記録で作成しなければならない(会社施規72条2項)。また、①株主総会が開催された日時・場所、②株主総会の議事の経過の要領・結果等をその内容として記載・記録しなければならない(会社施規72条3項)。
(2)　3項ただし書(会社施規227条2号)
　会社が使用する電子計算機を電気通信回線で接続した電子情報処理組織を使用する方法であって、その電子計算機に備えられたファイルに記録された情報の内容を電気通信回線を通じて、会社の支店において使用される電子計算機に備えられたファイルに当該情報を記録する方法である。
(3)　4項2号(会社施規226条17号)
　電磁的記録に記録された事項を紙面・映像面に表示する方法による。

2　取締役会等の議事録との違い
　株主総会の議事録は、取締役会、監査役会、監査等委員会、指名委員会等の議事録と異なり、その記載に特別の法的効果(369条5項、393条4項、399条の10第5項、412条5項)が生ずるわけではなく、単なる記録・証拠の意味を有するにとどまる。

3 議事録の比較

		株主総会議事録	取締役会議事録	監査役会議事録	指名委員会等議事録	監査等委員会議事録
備置	本店	10年間 (318Ⅱ)	10年間 (371Ⅰ)	10年間 (394Ⅰ)	10年間 (413Ⅰ)	10年間 (399の11Ⅰ)
	支店	5年間 (318Ⅲ)	―	―	―	―
閲覧または謄写の請求	株主	可能 (318Ⅳ)	可能 (371ⅡⅢ)	可能 (裁判所の許可) (394ⅡⅢ)	可能 (裁判所の許可) (413ⅢⅣ)	可能 (裁判所の許可) (399の11ⅡⅢ)
	会社債権者		可能 (裁判所の許可) (371ⅣⅤ)			
	親会社社員	可能 (裁判所の許可) (318Ⅴ)				

司 H23-45-1

第319条（株主総会の決議の省略）　B

1　取締役又は株主が株主総会の目的である事項について提案をした場合において、当該提案につき株主(当該事項について議決権を行使することができるものに限る。)の全員が書面又は❶電磁的記録により同意の意思表示をしたときは、当該提案を可決する旨の株主総会の決議があったものとみなす。

2　株式会社は、前項の規定により株主総会の決議があったものとみなされた日から10年間、同項の書面又は❶電磁的記録をその本店に備え置かなければならない。

3　株主及び債権者は、株式会社の営業時間内は、いつでも、次に掲げる請求をすることができる。
　① 前項の書面の閲覧又は謄写の請求
　② 前項の❶電磁的記録に記録された事項を法務省令で定める方法により表示したものの閲覧又は謄写の請求

4　株式会社の❷親会社社員は、その権利を行使するため必要があるときは、裁判所の許可を得て、第2項の書面又は❶電磁的記録について前項各号に掲げる請求をすることができる。

5　第1項の規定により定時株主総会の目的である事項のすべてについての提案を可決する旨の株主総会の決議があったものとみなされた場合には、その時に当該定時株主総会が終結したものとみなす。

❶26条2項
❷31条3項

　取締役または株主が株主総会の目的である事項について提案をした場合において、その事項について議決権を行使することができる株主の全員が、その提案につき同意の意思表示をしたときは、その提案を可決する旨の株主総会の決議があったものとみなされます。また、定時株主総会の目的である事

→試験対策8章2節⑤【2】(4)

項のすべてについて可決する旨の決議があったものとみなされた場合には、その時に株主総会は終結したものとみなされます。

1 趣旨

株主総会において討議したり、取締役等の説明を求めたりすることは株主の権利であるから、株主全員が合意するのであれば、そのような機会を放棄することを認めてよい。また、すでに実質的に意見が一致しているような場合には、わざわざ株主総会を開催し費用と時間をかける必要はない。そこで、株主総会の決議の省略について規定した。

2 条文クローズアップ

法務省令（会社施規226条18号）で定める方法（会社319条3項2号）
3項2号の電磁的記録に記録された事項を紙面または映像面に表示する方法とする。

司H23-45-2
第320条（株主総会への報告の省略） B⁻
取締役が株主の全員に対して株主総会に報告すべき事項を通知した場合において、当該事項を株主総会に報告することを要しないことにつき株主の全員が書面又は❶電磁的記録により同意の意思表示をしたときは、当該事項の株主総会への報告があったものとみなす。

❶26条2項

取締役が全株主に対して株主総会に報告すべき事項を通知した場合において、全株主がその事項を株主総会に報告する必要がないと同意の意思表示をしたときは、その事項の株主総会への報告があったものとみなされます。

→試験対策8章2節[5]【2】(4)

1 趣旨

会社法設立前から、みなし決議だけでなく、これを補充するものとして報告事項についても同様の制度導入の要望があったところから、株主総会への報告の省略の制度が新設された。

■第2款　種類株主総会

司H24-38-オ
第321条（種類株主総会の権限） B⁻
種類株主総会は、この法律に規定する事項及び定款で定めた事項に限り、決議をすることができる。

種類株主総会の決議事項は、会社法に規定する事項、定款で定めた事項にかぎられます。

1 趣旨

種類株主総会には、2つの意義がある。1つ目は、種類株式発行会社においては、会社の決定がある種類株主には利益になるが、他方の種類株主には損害を及ぼすという事態が生じうる場合に、不利益を受ける種類株主だけで構成される種類株主総会の多数決による決議を要求することで、種類株主間の各種の権利利益を調整する点にある。2つ目は、拒否権付き株式（108条1項8号）や、取締役等選任種類株式（108条1項9号）を発行し、これらの種類株式を有する種類株主の総会により、拒否権の行使の可否や取締役等の選任を可能にする点にある。

第322条（ある種類の種類株主に損害を及ぼすおそれがある場合の種類株主総会） B⁻

1　種類株式発行会社が次に掲げる行為をする場合において、ある種類の株式の種類株主に損害を及ぼすおそれがあるときは、当該行為は、当該種類の株式の種類株主を構成員とする❶種類株主総会（当該種類株主に係る株式の種類が2以上ある場合にあっては、当該2以上の株式の種類別に区分された種類株主を構成員とする各種類株主総会。以下この条において同じ。）の決議がなければ、その効力を生じない。ただし、当該種類株主総会において議決権を行使することができる種類株主が存しない場合は、この限りでない。

① 次に掲げる事項についての定款の変更（第111条第1項又は第2項に規定するもの〔取得条項付種類株式に関する定めを設けもしくはそれを変更または譲渡制限株式もしくは全部取得条項付種類株式についての定めを設けるもの〕を除く。）

　イ　株式の種類の追加
　ロ　株式の内容の変更
　ハ　❷発行可能株式総数又は❸発行可能種類株式総数の増加

①の2　第179条の3第1項の承認〔株式売渡請求の対象会社による承認〕
② 株式の併合又は株式の分割
③ 第185条に規定する株式無償割当て
④ 当該株式会社の株式を引き受ける者の募集（第202条第1項各号に掲げる事項を定めるもの〔株主に株式の割当てを受ける権利を与えてなす募集〕に限る。）
⑤ 当該株式会社の新株予約権を引き受ける者の募集（第241条第1項各号に掲げる事項を定めるもの〔株主に新株予約権の割当てを受ける権利を与えて行う募集〕に限る。）
⑥ 第277条に規定する新株予約権無償割当て

❶定

❷37条1項
❸101条1項3号

⑦　合併
　⑧　吸収分割
　⑨　吸収分割による他の会社がその事業に関して有する権利義務の全部又は一部の承継
　⑩　新設分割
　⑪　株式交換
　⑫　株式交換による他の株式会社の発行済株式全部の取得
　⑬　株式移転
2　種類株式発行会社は、ある種類の株式の内容として、前項の規定による❶種類株主総会の決議を要しない旨を定款で定めることができる。
3　第1項の規定は、前項の規定による定款の定めがある種類の株式の種類株主を構成員とする❶種類株主総会については、適用しない。ただし、第1項第1号に規定する定款の変更（単元株式数についてのものを除く。）を行う場合は、この限りでない。
4　ある種類の株式の発行後に定款を変更して当該種類の株式について第2項の規定による定款の定めを設けようとするときは、当該種類の種類株主全員の同意を得なければならない。

ある種類の種類株主に損害を及ぼすおそれがあるとされる一定の場合には、種類株主総会の決議がなければその効力を生じません。

→試験対策5章2節①【3】(2)(a)、(b)

1　趣旨

　本条の趣旨は、定款の変更その他の行為によりある種類の種類株主に損害を及ぼすおそれがある場合に、損害が及ぶおそれのある種類株主を保護するため、当該種類株主による種類株主総会の決議を要する事項を明確化し、種類株式間の利害を調整する点にある。

2　条文クローズアップ

1　種類株主総会の決議が必要な場合

　種類株式発行会社が以下に掲げる行為をする場合において、ある種類の株式の種類株主に損害を及ぼすおそれがあるときは、その行為をするためには、その種類の株式の種類株主を構成員とする種類株主総会（その種類株主に関する株式の種類が2つ以上ある場合は、2つ以上の種類別に区分された種類株主を構成員とする各種類株主総会）の決議が必要である（1項柱書本文）。ただし、その種類株主総会において議決権を行使することができる種類株主がいない場合は、この決議は不要である（1項柱書ただし書）。

(1)　定款変更の範囲に関わるもの（1項1号イからハまで）
　①株式の種類の追加（イ）

②株式の内容の変更(ロ)
　③発行可能株式総数(113条)または発行可能種類株式総数(114条)の増加(322条1項1号ハ)
(2) **定款変更以外の行為に関わるもの(1項1号の2から13号まで)**
　①179条の3第1項の承認(1号の2)
　②株式の併合または株式の分割(2号)
　③185条の株式無償割当て(3号)
　④株式を引き受ける者の募集(202条1項の事項を定めるものにかぎる)(4号)
　⑤新株予約権を引き受ける者の募集(241条1項の事項を定めるものにかぎる)(5号)
　⑥277条の新株予約権無償割当て(6号)
　⑦合併(7号)
　⑧吸収分割(8号)
　⑨吸収分割による他の会社がその事業に関して有する権利義務の全部または一部の承継(9号)
　⑩新設分割(10号)
　⑪株式交換(11号)
　⑫株式交換による他の株式会社の発行済株式全部の取得(12号)
　⑬株式移転(13号)

2　種類株主総会の決議が例外的に不要な場合

(1) **2項、3項**

　種類株式発行会社はある種類株式について、種類株主総会の決議を要しない旨を定款で定めることができる(2項)。その旨の定款の定めがあれば、種類株主総会の決議は不要である(3項本文)。

　ただし、種類株主総会の決議を要しない旨を定款で定められるのは、①単元株式数についての定款の変更に関する事項、②1項1号の2から13号までに関する事項についてである(3項ただし書)。すなわち、1項1号イからハまでの3事項については、定款の定めをもってしても種類株主総会の決議を不要とすることはできない。

(2) **4項**

　ある種類の株式を発行した後に定款を変更して、その種類の株式について前記①②の事項について種類株主総会の決議を不要とする旨の定款の定めを設けようとするときは、その種類株主全員の同意が必要である(4項)。

　なぜなら、種類株式の発行後にこの定款の定めを設ける場合には、予測可能性を失わせ、その種類の株主の利益を損なうことがありうるからである。

(3) **種類株式の買取請求権**

　2項の規定により定款の定めをおいたときには、種類株主総会の決議を要しないものとした行為によって損害が及ぶおそれがあるときは、種

類株主には、その有する種類株式の買取請求権が与えられる（116条1項3号）。

3　その他種類株主総会の決議を要する場合

①その種類の株式に譲渡制限を新設する定款変更（111条2項、108条1項4号）
②その種類の株式を全部取得条項付種類株式とする定款変更（111条2項、108条1項7号）
③譲渡制限種類株式の追加発行またはその授権（199条4項、200条4項）
④譲渡制限種類株式を新株予約権の目的とする新株予約権の発行またはその授権（238条4項、239条4項）
⑤選解任種類株主による取締役等の選解任（347条）
⑥消滅会社等における吸収合併等の承認（783条3項）
⑦存続会社等における吸収合併等の承認（795条4項）
⑧消滅会社等における新設合併等の承認（804条3項）

4　種類の意味

種類株主総会との関係では、種類株式というのは実質的に判断されなければならない。すなわち、たとえば参加的・非累積的配当優先株式と非参加的・累積的配当優先株式との2つのタイプの株式が発行されている場合には、種類株主総会との関係では、それぞれが別個の株式であるということになる。

> **第323条（種類株主総会の決議を必要とする旨の定めがある場合）　C**
>
> 種類株式発行会社において、ある種類の株式の内容として、株主総会（取締役会設置会社にあっては株主総会又は取締役会、第478条第8項に規定する清算人会設置会社〔清算人会をおく清算株式会社またはこの法律の規定により清算人会をおく必要のある清算株式会社〕にあっては株主総会又は清算人会）において決議すべき事項について、当該決議のほか、当該種類の株式の種類株主を構成員とする種類株主総会の決議があることを必要とする旨の定めがあるときは、当該事項は、その定款の定めに従い、株主総会、取締役会又は清算人会の決議のほか、当該種類の株式の種類株主を構成員とする種類株主総会の決議がなければ、その効力を生じない。ただし、当該種類株主総会において議決権を行使することができる種類株主が存しない場合は、この限りでない。

拒否権付種類株式を発行した場合において、決議事項の決議の効力を生じさせるためには、株主総会等の決議に加えて、その種類の株式の種類株主を構成員とする種類株主総会の決議が必要となります。

→試験対策5章2節①【3】(3)

1 趣旨

本条は、拒否権付株式が会社法上認められたことを受けて、拒否権事項につき、拒否権付株式を有する株主による種類株主総会の決議を経なければ、当該事項についてその効力を生じないとし、拒否権の実効性を図った規定である。

2 条文クローズアップ

1 原則（本文）

拒否権付種類株式を発行した場合において、その定款記載の内容に従って、問題となる事項については、①株主総会等の決議に加えて、②その種類の株式の種類株主を構成員とする種類株主総会の決議が必要となる。

2 例外（ただし書）

当該種類株主総会において議決権を行使することができる種類株主がいない場合には、決議は不要である。

同 H25-38-ア（予）、H18-41-ウ
第324条（種類株主総会の決議）　B
1　種類株主総会の決議は、定款に別段の定めがある場合を除き、その種類の株式の総株主の議決権の過半数を有する株主が出席し、出席した当該株主の議決権の過半数をもって行う。
2　前項の規定にかかわらず、次に掲げる種類株主総会の決議は、当該種類株主総会において議決権を行使することができる株主の議決権の過半数（3分の1以上の割合を定款で定めた場合にあっては、その割合以上）を有する株主が出席し、出席した当該株主の議決権の3分の2（これを上回る割合を定款で定めた場合にあっては、その割合）以上に当たる多数をもって行わなければならない。この場合においては、当該決議の要件に加えて、一定の数以上の株主の賛成を要する旨その他の要件を定款で定めることを妨げない。
①　第111条第2項の種類株主総会〔譲渡制限株式または全部取得条項付種類株式に関して定款で定める事項についての種類株主総会〕（ある種類の株式の内容として第108条第1項第7号に掲げる事項〔全部取得条項付種類株式について定款で定めるべき事項〕についての定款の定めを設ける場合に限る。）
②　第199条第4項及び第200条第4項の種類株主総会〔譲渡制限株式の募集事項を決定する種類株主総会およびその決定を委任する種類株主総会〕
③　第238条第4項及び第239条第4項の種類株主総会〔募集新株予

約権の目的である株式の種類の全部または一部が譲渡制限株式である場合の募集事項を決定する種類株主総会およびその決定を委任する種類株主総会〕
　④　第322条第1項の種類株主総会〔種類株主に損害を及ぼすおそれがある場合の種類株主総会〕
　⑤　第347条第2項の規定により読み替えて適用する第339条第1項の種類株主総会〔種類株主総会で選任された監査役を解任する種類株主総会〕
　⑥　第795条第4項の種類株主総会〔存続会社等が種類株式発行会社の場合に、存続株式会社等の譲渡制限株式を対価とする組織再編の際の存続株式会社等における種類株主総会〕
3　前2項の規定にかかわらず、次に掲げる種類株主総会の決議は、当該種類株主総会において議決権を行使することができる株主の半数以上（これを上回る割合を定款で定めた場合にあっては、その割合以上）であって、当該株主の議決権の3分の2（これを上回る割合を定款で定めた場合にあっては、その割合）以上に当たる多数をもって行わなければならない。
　①　第111条第2項の種類株主総会〔譲渡制限株式または全部取得条項付種類株式に関して定款で定める事項についての種類株主総会〕(ある種類の株式の内容として第108条第1項第4号に掲げる事項についての定款の定めを設ける場合に限る。)
　②　第783条第3項及び第804条第3項の種類株主総会〔吸収合併消滅会社または株式交換完全子会社、新設合併消滅会社、株式移転完全子会社が種類株式発行会社の場合に、合併対価等の全部または一部が譲渡制限株式等であるときの種類株主総会〕

種類株主総会での決議における定足数と決議要件について定めています。

→試験対策5章2節①【3】(4)

1　趣旨

本条は、1項から3項までに分けて、決議内容が株主の権利利益に与える影響の重大さに応じて、普通決議・特別決議・特殊決議という異なる3つの決議の定足数と必要賛成数を定めている。

2　条文クローズアップ

1　普通決議（1項）

当該種類の総株主の議決権の過半数が定足数で、出席した株主の議決権の過半数の賛成が決議要件である。
なお、定款で別段の定めもできる。

2　特別決議（2項）

議決権を行使できる株主の議決権の過半数が定足数で、出席した株主の議決権の3分の2以上の賛成が決議要件である。

なお、①定足数は、定款で3分の1まで引き下げることができ、②決議要件は、定款で、それよりも上回る割合を定めたり、一定数以上の株主の賛成を要すると定めたりすることができる。

3 特殊決議（3項）

議決権を行使できる株主の半数以上が定足数で、当該株主の議決権の3分の2以上にあたる賛成が決議要件である。

なお、①定足数は、定款でより厳格にすることができ、②決議要件も、定款でより厳格にすることができる。

> **第325条（株主総会に関する規定の準用） C**
>
> 前款(第295条第1項及び第2項〔株主総会の権限〕、第296条第1項〔定時総会の招集〕及び第2項〔臨時総会の招集〕並びに第309条〔総会決議〕を除く。)の規定は、種類株主総会について準用する。この場合において、第297条第1項中「総株主」とあるのは「❶総株主(ある種類の株式の株主に限る。以下この款(第308条第1項を除く。)において同じ。)」と、「株主は」とあるのは「❷株主(ある種類の株式の株主に限る。以下この款(第318条第4項〔総会議事録の閲覧等の請求〕及び第319条第3項〔同意書面等の閲覧等の請求〕を除く。)において同じ。)は」と読み替えるものとする。

❶定
❷定

株主総会に関する規定は、権限、定時株主総会等の開催、決議要件を除いて、種類株主総会に準用されます。

1 趣旨

種類株主総会は、株主の構成する会議体としての機関という点において、株主総会と同様の性質を有するといえる。そのため、本条は、原則的に前款の株主総会に関する規定を準用している。

■第2節 株主総会以外の機関の設置

■総　説

→試験対策8章1節③

1 機関設計に関する規律

1 会社法の規律

→試験対策8章1節③【1】

機関設計に関する基本的な規律は、以下のとおりである。
①すべての株式会社には、株主総会と取締役とが必要である(295条、326条1項)。
②公開会社では、取締役会が必要である(327条1項1号)。
③取締役会を設置した場合には、監査役（監査役会を含む）、監査等委員会、指名委員会等（指名委員会・監査委員会・報酬委員会）・執行役

のいずれかが必要である(327条2項本文、328条1項)。ただし、例外として、非公開会社(株式譲渡制限会社)において、会計参与を設置した場合は必要的ではない(327条2項ただし書)。

なお、(i)監査役(監査役会を含む)と監査等委員会、監査役(監査役会を含む)と指名委員会等・執行役の両方を設置することができない(327条4項)。また、(ii)監査等委員会設置会社でも指名委員会等設置会社でもない大会社で公開会社である会社は、監査役会が必要である(328条1項)。

④取締役会を設置しない場合は、監査役会や監査等委員会、指名委員会等・執行役を設置することはできない(327条1項2号から4号まで参照)。

⑤大会社で公開会社でない会社は、会計監査人が必要である(328条2項)。

⑥会計監査人を設置するためには、監査役(監査役会を含む)、監査等委員会、指名委員会等・執行役(大会社かつ公開会社では、監査役会、監査等委員会、指名委員会等・執行役)のいずれかが必要である(327条3項、5項参照)。

⑦会計監査人を設置しない場合は、監査等委員会、指名委員会等・執行役をおくことはできない(327条5項参照)。

⑧指名委員会等・執行役をおく会社は、監査等委員会をおくことはできない(327条6項)。

選択可能な機関設計は、次頁の表のとおりである。なお、選択した機関設計は定款で定め(326条2項)、登記をしなければならない(911条3項15号から23号まで。また、平成26年改正により、監査役の権限を会計監査に限定したことも登記事項となった〔17号イ〕)。

2 規律違反の効果

→試験対策8章1節③【2】

会社法の定める機関設計の規律に違反した場合には、定款変更などの法律上要求される手続をとらないことによる任務懈怠責任と、過料(976条22号)という法的効果が生じる。

なお、会社法では、ある機関を設置する旨の定款の定めを設けなければならないとされている会社は、実際に定款の定めがなくても、当該機関を設置する会社とされる。そのため、会社法の定める機関設計の規律に違反したことにより、当該機関設計が認められないという法的効果は生じない。たとえば、公開会社であれば、取締役会を設置する旨の定款の定めがなくても取締役会設置会社とされるので、ある公開会社が、会社法に違反して取締役会を設置する旨の定款の定めをおかなかったとしても、それによって公開会社として認められないという法的効果は生じないことになる。

		取締役	取締役会	監査役	監査役会	会計参与	監査等委員会	指名委員会等	会計監査人
株式譲渡制限中小会社	1	○	—	—	—	△(注2)	—	—	—
	2	○	—	○(注1)	—	△	—	—	—
	3	○	—	○	—	△	—	—	○
	4	○	○	—	—	△	—	—	—
	5	○	○	○(注1)	—	△	—	—	—
	6	○	○	○	—	△	—	—	—
	7	○	○	○	○	△	—	—	—
	8	○	○	○	○	△	—	—	○
	9	○	—	—	—	△	○	—	○
	10	○	—	—	—	△	—	○	○
株式譲渡制限大会社	11	○	—	○	—	△	—	—	○
	12	○	○	○	—	△	—	—	○
	13	○	○	○	○	△	—	—	○
	14	○	○	—	—	△	○	—	○
	15	○	○	—	—	△	—	○	○
公開中小会社	16	○	○	○	—	△	—	—	—
	17	○	○	○	—	△	—	—	○
	18	○	○	○	○	△	—	—	—
	19	○	○	○	○	△	—	—	○
	20	○	○	—	—	△	○	—	○
	21	○	○	—	—	△	—	○	○
公開大会社	22	○	○	○	○	△	—	—	○
	23	○	○	—	—	△	○	—	○
	24	○	○	—	—	△	—	○	○

(注1) 定款により、監査役の権限を会計に関する事項に限定することもできる。
(注2) 会計参与は、原則として、いずれの機関設計においても任意に設置可能(そのため、株式会社の機関設計は全47[24×2-1]通りとなる)。

H21-44-ア、H19-41-1
第326条(株主総会以外の機関の設置) B⁺
1 株式会社には、1人又は2人以上の取締役を置かなければならない。
2 株式会社は、定款の定めによって、取締役会、会計参与、監査役、監査役会、会計監査人、監査等委員会又は指名委員会等を置くことができる。

株式会社には1人または2人以上の取締役を設置しなければなりません。また、定款によって、取締役会、会計参与、監査役、監査役会、会計監査人、監査等委員会または指名委員会等を設置することができます。

→試験対策8章1節3【1】

1 趣旨

株式会社の機関設計について自由に選択することを認めている。もっとも、機関設計は、株主総会を含む各機関の権限に影響を与える結果、株主の権利にも大きな影響を与える。そこで、機関の設計には、定款の定めを要するものとして、株主が、機関設計につき、株主総会の決議を通じたコントロールを及ぼせるようにしたものである。

> 司 H22-41-ア・イ・エ、H21-44-エ、H19-41-2〜5。予 H27-19-ウ
> **第327条（取締役会の設置義務等）　A**
> 1　次に掲げる株式会社は、取締役会を置かなければならない。
> 　①　公開会社
> 　②　監査役会設置会社
> 　③　監査等委員会設置会社
> 　④　指名委員会等設置会社
> 2　取締役会設置会社（監査等委員会設置会社及び指名委員会等設置会社を除く。）は、監査役を置かなければならない。ただし、公開会社でない会計参与設置会社については、この限りでない。
> 3　会計監査人設置会社（監査等委員会設置会社及び指名委員会等設置会社を除く。）は、監査役を置かなければならない。
> 4　監査等委員会設置会社及び指名委員会等設置会社は、監査役を置いてはならない。
> 5　監査等委員会設置会社及び指名委員会等設置会社は、会計監査人を置かなければならない。
> 6　指名委員会等設置会社は、監査等委員会を置いてはならない。

→試験対策8章1節③【1】

公開会社、監査役会設置会社、監査等委員会設置会社および指名委員会等設置会社は、取締役会を設置しなければならない等、一定の株式会社について、一定の機関を設置することが義務づけられています。

1 趣旨

本条は、定款の定めを通じた株主の意思決定を基盤として特定の機関設計を強制することで、326条によって認められた機関設計についての定款自治の範囲を制限するものである。

2 条文クローズアップ

1 取締役会の設置義務（1項）

株式会社のうち、公開会社、監査役会設置会社、監査等委員会設置会社および指名委員会等設置会社は、取締役会を設置しなければない。

⑴ 公開会社について

公開会社は株主の変動が頻繁であるため、会社経営への継続的かつ積極的関与を株主に期待することが困難である。そこで、取締役会の設置

を義務づけ、取締役会に会社経営を委ねることとしている。
(2) **監査役会設置会社について**
　経営組織が簡素な取締役会を設けない会社に、監査役についてのみ監査役会という複雑な仕組みをおくニーズがあるとは考えがたい。そこで、監査役会設置会社には、取締役会の設置を義務づけている。
(3) **監査等委員会設置会社について**　→平成26年改正
　監査等委員会設置会社が新設された目的は、取締役会の監督機能を強化することにある。そのため、監査等委員会設置会社は、取締役会と密接不可分の関係にある（399条の4、399条の13等参照）。そこで、監査等委員会設置会社に取締役会の設置が義務づけられた。
(4) **指名委員会等設置会社について**
　指名委員会等設置会社の必須機関である指名委員会・監査委員会・報酬委員会の構成およびその権限行使は、取締役会と密接不可分である（400条、401条、406条等参照）。そこで、指名委員会等設置会社には、取締役会の設置を義務づけている。

2　監査役の設置義務（2項、3項）
　取締役会設置会社においては、業務に関する意思決定および業務執行者の監視・監督機能の多くが、株主・株主総会から取締役会に委ねられる。そこで、株主に代わって取締役を監督する専門機関が必要となり、その機関として監査役の設置を義務づけている（2項本文）。また、会計監査人設置会社においても、監査役は必要的設置機関である（3項）。

3　監査役の設置禁止（4項）
　監査等委員会設置会社では監査等委員、指名委員会等設置会社においては監査委員が業務監査・会計監査を行うことを予定している。そのため、監査等委員・監査委員と権限が大幅に重複することとなる監査役の設置を禁止している。

4　会計監査人の設置義務（5項）
　監査等委員会設置会社では代表取締役、指名委員会等設置会社では執行役に、広範な業務執行権限が付与されているため、監査等委員、監査委員は業務執行者に対する業務監査を充実させる必要がある。そのため、会計監査については会計監査人による専門的監査が不可欠であると考えられ、会計監査人の設置が義務づけられている。

5　監査等委員会の設置禁止（6項）
　指名委員会等設置会社においては、監査委員が業務監査・会計監査を行うことを予定している。そのため、監査委員と権限が大幅に重複することとなる監査等委員の設置を禁止している。

第327条の2（社外取締役を置いていない場合の理由の開示）
A
　事業年度の末日において監査役会設置会社（公開会社であり、かつ、

> 大会社であるものに限る。)であって金融商品取引法第24条第１項の規定によりその発行する株式について有価証券報告書を内閣総理大臣に提出しなければならないものが❶社外取締役を置いていない場合には、取締役は、当該事業年度に関する定時株主総会において、社外取締役を置くことが相当でない理由を説明しなければならない。

❶2条15号

→試験対策8章4節③【3】(1)

事業年度の末日に社外取締役のいない一定の要件をみたす会社には、定時株主総会において社外取締役を設置することが相当でない理由を説明することが義務づけられています。

1 趣旨

社外取締役には、業務執行者とは独立した立場から取締役会の適切な監督を行うことを期待することができるため、より積極的に活用することが望まれる。もっとも、社外取締役の設置を義務づけることは、会社の機関設計の柔軟性を奪うことになる等の弊害も予想され、必ずしも適切とはいえない。そこで、平成26年改正では、社外取締役の監督機能を期待しつつ社外取締役の義務づけによる弊害を避けるために、社外取締役を設置しない場合の説明義務を課すにとどめた。

2 条文クローズアップ

1 対象となる会社

本条により定時株主総会において取締役が「社外取締役を置くことが相当でない理由」を説明する義務を負うのは、以下の２点をみたす会社である。
　①公開会社であり、大会社である監査役会設置会社であること
　②金融商品取引法24条１項によって発行株式につき有価証券報告書を
　　内閣総理大臣に提出する義務を負っていること
①の場合には、類型的に監督の必要性が高く、かつ社外取締役を設置するコストを負担する能力が認められるからである。また、②は一般に上場会社を想定した要件であり、類型的に不特定多数の株主が存在することから監督の必要性が特に高いためである。

2 「社外取締役を置くことが相当でない理由」

社外取締役を設置しない会社がどのような理由から社外取締役を設置しないかは各会社の個別的な事情による。そこで、「社外取締役を置くことが相当でない理由」があるといえるかは、当該会社の個別具体的な事情に照らして判断されることになる。

> 司H22-41-ウ・エ、H21-44-ア、H19-41-5
>
> **第328条（大会社における監査役会等の設置義務）　A**
> 1　大会社（公開会社でないもの、監査等委員会設置会社及び指名委員会等設置会社を除く。）は、監査役会及び会計監査人を置かなければならない。
> 2　公開会社でない大会社は、会計監査人を置かなければならない。

　監査等委員会設置会社でも指名委員会等設置会社でもない大会社で公開会社である株式会社は、監査役会と会計監査人をおかなければなりません。また、公開会社でない大会社は、会計監査人をおかなければなりません。

→試験対策8章1節③【1】

1 趣旨

　大会社は、その規模が大きく、計算関係が複雑になるうえ、債権者等の利害関係者も多数になることが多い。したがって、会計監査に関する独立した専門家による監査を通じて、会社の会計処理の適正さを担保することが必要になる。そこで、大会社には、会計監査人の設置が義務づけられている。また、公開大会社においては、株主が多数になることも多く、かつ、株主が頻繁に変動することから、株主による会社経営への監視が及びにくいといえる。そうすると、業務執行および会計に関する専門機関による監督が重要になる。そこで、公開大会社であって監査等委員会設置会社または指名委員会等設置会社でない株式会社については、監査役会の設置が義務づけられている。

■第3節　役員及び会計監査人の選任及び解任

■第1款　選　任

> 司H25-43-オ(予)、H23-46-ウ(予)。書H24-31-エ
>
> **第329条（選任）　B**
> 1　❶役員（取締役、会計参与及び監査役をいう。以下この節、第371条第4項（債権者による取締役会議事録の閲覧、謄写等請求）及び第394条第3項（債権者による監査役会議事録の閲覧、謄写等請求）において同じ。）及び会計監査人は、株主総会の決議によって選任する。
> 2　監査等委員会設置会社においては、前項の規定による取締役の選任は、❷監査等委員である取締役とそれ以外の取締役とを区別してしなければならない。
> 3　第1項の決議をする場合には、法務省令で定めるところにより、❶役員（監査等委員会設置会社にあっては、❷監査等委員である取締役若しくはそれ以外の取締役又は会計参与。以下この項に

❶定

❷38条2項

> おいて同じ。)が欠けた場合又はこの法律若しくは定款で定めた役員の員数を欠くこととなるときに備えて補欠の役員を選任することができる。

　役員および会計監査人は、株主総会によって選任されます。監査等委員会設置会社においては、監査等委員である取締役とそれ以外の取締役が存在しますが、これらは株主総会によって区別して選任されます。また、役員が欠けた場合や、定員数を欠くこととなる場合に備えて、あらかじめ補欠の役員を選任することができます。

→試験対策 8 章 3 節 6 【1】

1 趣旨

　株式会社の株主は、株主総会で議決権を行使することで会社の基本的事項についての意思決定をするところ、株式会社の業務執行や計算書類の共同作成、業務執行および計算書類等の監査を株主みずから行うことはできず、株主総会で取締役・会計参与・監査役・会計監査人を選任して、これらに委ねざるをえない。そこで、1項は、役員・会計監査人・監査等委員会設置会社における取締役の選任を株主総会決議によるものとした。2項は、監査等委員である取締役について、それ以外の取締役からの独立性を確保する趣旨で設けられた。3項は、任期中の役員に欠員が生じた際に、会社経営に支障をきたすおそれを防止するため、補欠役員制度を規定した。

2 条文クローズアップ

1 役員および会計監査人の選任と終任
(1) 選任
　役員および会計監査人の選任は、株主総会の普通決議で行う（1項）。
(a) 定足数
　普通決議については、原則として法律の定める定足数を定款によって完全に排除することができるはずである（309条1項参照）。
　しかし、役員の選任決議（解任決議が普通決議の場合も同じ）の定足数は、少なくとも議決権を行使することができる株主の議決権の3分の1以上が必要である（341条）。
(b) 累積投票
　2人以上の取締役を同じ株主総会で選任する場合において、少数派株主にもその持株数に応じて取締役を選任する可能性を与えるための制度が、**累積投票制度**である（342条）。各株主は、1株（単元株制度採用会社では1単元）につき選任される取締役の数と同数の議決権を有し、その議決権を全部1人に集中して投票することも認められる。

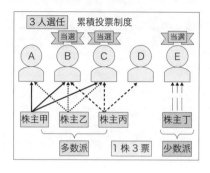

(c)**選任の効果**

株主総会で選任された者が承諾すれば、その者は取締役等の地位につく。

なお、取締役等の氏名は登記事項であるから(911条3項13号、16号、17号、19号)、会社が取締役等を選任したときは、その登記をなすことを要する。また、その変更が生じたときも、変更の登記をしなければならない(915条1項)。

(d)**監査役の選任に関する監査役の同意等**

取締役が、監査役の選任に関する議案を株主総会に提出するには、監査役(監査役会設置会社では監査役会)の同意を得なければならない(343条1項、3項)。また、監査役(監査役会設置会社では監査役会)は、取締役に対し、監査役の選任を株主総会の目的とすること、または監査役の選任に関する議案を株主総会に提出することを請求することができる(343条2項、3項)。

(e)**会計監査人の選任等に関する監査役の議案の内容の決定**

監査役設置会社においては、監査役(監査役会設置会社では監査役会)が会計監査人の選任等に関する議案の内容を決定する(344条1項、3項)。

(2) **終任**

(a)**終任事由**

会社と役員および会計監査人との関係は、委任に関する規定に従う(330条)。したがって、役員と会計監査人は、任期満了のほか、民法の規定に従って委任終了の原因(民651条、653条等)があれば終任する。

(b)**解任**

役員および会計監査人は、いつでも、株主総会の決議によって解任することができる(会社339条1項)。解任された者は、その解任について「正当な理由」がある場合を除き、会社に対し、解任によって生じた損害の賠償を請求することができる。

(3) **株主総会での意見陳述等**

会計参与・監査役は、株主総会において、それぞれ、会計参与・監査役の選任・解任・辞任について意見を述べることができる(345条1項、

4項・1項)。また、会計監査人は、会計監査人の選任・解任・不再任・辞任について、株主総会に出席して意見を述べることができる(345条5項・1項)。

(4) 選解任種類株式がある場合の特例

取締役・監査役の選任について、内容の異なる株式がある場合には(108条1項9号)、そのような種類株式についての定款の定めに従って、取締役・監査役の選解任等が行われる。

	取締役	会計参与	監査役	会計監査人
選任決議の要件	普通決議(329Ⅰ・309Ⅰ)定足数の軽減可。ただし、定足数を1/3未満に下すことは不可(341)	同左	同左	普通決議(329Ⅰ・309Ⅰ)なお、定足数の軽減に制限なし(309Ⅰ)
累積投票	あり(342Ⅰ)	なし	なし	なし
意見陳述権の有無	なし	選任・解任・辞任の意見陳述権あり(345Ⅰ)なお、345Ⅱ	あり(345Ⅳ・Ⅰ)なお、監査役の同意につき343Ⅰ、監査役会の同意につき同Ⅲを参照	あり(345Ⅴ・Ⅰ)なお、不再任にも意見陳述権あり。その他、監査役の同意につき344参照
補欠選任の可否	可(329Ⅲ)	可(329Ⅲ)	可(329Ⅲ)	不可
種類株主総会による選任	可(108Ⅰ⑨参照)	不可	可(108Ⅰ⑨参照)	不可

2 監査等委員である取締役の選任と終任

(1) 選任

監査等委員である取締役は、それ以外の取締役と区別して株主総会で選任される(329条2項)。

(2) 終任

監査等委員である取締役は、監査等委員でない取締役と同様に、任期満了のほか、民法の規定に従って委任終了の原因(民651条、653条等)があれば終任する。また、監査等委員でない取締役を解任する場合は株主総会の普通決議(会社339条1項・309条1項)であるのに対し、監査等委員である取締役を解任する場合には、株主総会の特別決議(339条1項・309条2項7号)が必要である。これは、監査等委員である取締役の独立性を確保するためである。

なお、監査等委員でない取締役から意に反する辞任を強制されないようにするため、監査等委員である取締役が辞任した場合、当該取締役は辞任後最初に招集される株主総会に出席して、辞任した旨とその理由を述べることができる(342条の2第2項)。

> 司 H21-45-1
> ## 第330条（株式会社と役員等との関係）　A
> 株式会社と❶役員及び会計監査人との関係は、委任に関する規定に従う。

❶329条1項

株式会社と役員および会計監査人との関係は、委任に関する規定（民643条から656条まで）に従います。

→試験対策8章1節②

1 趣旨

役員等は、会社から委任または準委任を受けて職務執行をしていると考えられているため、329条に基づき株主総会で選出されたとしても、それは株式会社内部の意思決定にすぎず、役員等がその地位を取得するためには株式会社との間で委任契約を締結する必要がある。そのため、330条は、役員等と会社との間の関係は委任契約に関する規定に従うという当然のことを定め、役員等と株式会社との間での委任契約の締結を要求したものである。

2 条文クローズアップ

委任に関する規定に従うとする330条により、取締役は善管注意義務（民644条）を負う。この一般的な規定としての善管注意義務のうち、判例・学説で承認されてきたものに、以下の2つの義務が重要である。

1　監視義務

代表取締役はもちろん、一般の取締役も、他の代表取締役または取締役の行為が法令（善管注意義務・忠実義務の一般的規定を含む）・定款を遵守し、適法かつ適正になされていることを監視する義務を負うと解されている。

→神田[17版]226頁

2　内部統制システムの構築義務

→348条②3(4)、362条②2(1)

> **判例セレクト**
>
> #### 1　会社の破産手続開始決定と役員の地位
> 会社につき破産手続開始の決定がされても、会社の組織に関する事項といった破産管財人の権限に属しない事務が存在するから、ただちに会社と取締役または監査役との委任関係は終了しないと解される。そのため、破産手続開始当時の取締役らは、破産手続開始によりその地位を当然には失わず、会社組織にかかる行為等については取締役らとしての権限を行使しうる（最判平21・4・17判時2044-74）。
> #### 2　取締役の監視義務
> #### 3　リスク管理体制を構築すべき義務等

→362条判例セレクト5(1)

→362条判例セレクト5(2)

司 H22-45-4、H20-45-ア、H18-44-1・4

第331条（取締役の資格等）　B⁺

1　次に掲げる者は、取締役となることができない。
　①　法人
　②　成年被後見人若しくは被保佐人又は外国の法令上これらと同様に取り扱われている者
　③　この法律若しくは一般社団法人及び一般財団法人に関する法律（平成18年法律第48号）の規定に違反し、又は金融商品取引法第197条、第197条の2第1号から第10号の3まで若しくは第13号から第15号まで、第198条第8号、第199条、第200条第1号から第12号の2まで、第20号若しくは第21号、第203条第3項若しくは第205条第1号から第6号まで、第19号若しくは第20号の罪、民事再生法（平成11年法律第225号）255条、第256条、第258条から第260条まで若しくは第262条の罪、外国倒産処理手続の承認援助に関する法律（平成12年法律第129号）第65条、第66条、第68条若しくは第69条の罪、会社更生法（平成14年法律第154号）266条、第267条、第269条から第271条まで若しくは第273条の罪若しくは破産法（平成16年法律第75号）第265条、第266条、第268条から第272条まで若しくは第274条の罪を犯し、刑に処せられ、その執行を終わり、又はその執行を受けることがなくなった日から2年を経過しない者
　④　前号に規定する法律の規定以外の法令の規定に違反し、禁錮以上の刑に処せられ、その執行を終わるまで又はその執行を受けることがなくなるまでの者（刑の執行猶予中の者を除く。）
2　株式会社は、取締役が株主でなければならない旨を定款で定めることができない。ただし、公開会社でない株式会社においては、この限りでない。
3　❶監査等委員である取締役は、監査等委員会設置会社若しくはその子会社の業務執行取締役若しくは支配人その他の使用人又は当該子会社の会計参与（会計参与が法人であるときは、その職務を行うべき社員）若しくは執行役を兼ねることができない。
4　指名委員会等設置会社の取締役は、当該指名委員会等設置会社の支配人その他の使用人を兼ねることができない。
5　取締役会設置会社においては、取締役は、3人以上でなければならない。
6　監査等委員会設置会社においては、❶監査等委員である取締役は、3人以上で、その過半数は、❷社外取締役でなければならない。

❶38条2項

❷2条15号

→試験対策8章3節②【1】、【2】

法定の欠格事由がある者は、取締役になることはできません。また、非公

開会社を除き、会社は、定款で取締役が株主でなければならない旨を定めることはできません。さらに、監査等委員会設置会社および指名委員会等設置会社の取締役は、その会社の支配人その他使用人を兼ねることはできません。そして、取締役会設置会社では、取締役の員数は3人以上でなければなりません。加えて、監査等委員会設置会社では、監査等委員である取締役は、3人以上でその過半数は、社外取締役でなければなりません。

1 趣旨

取締役の地位が社内・社外において重要であることから、取締役としての適格性が認められる人材が取締役になることや取締役が自己の職務を適切に行える形態が必要となる。そこで、本条は、取締役の欠格事由や資格制限、監査等委員会設置会社や指名委員会等設置会社における兼任制限、取締役会設置会社における取締役の最低人数、監査等委員会設置会社における社外取締役の最低人数について規定している。

2 条文クローズアップ

1 取締役の欠格事由（1項）

取締役はその職務の性質上、自然人にかぎられるため、法人は取締役となることができない（1号）。成年被後見人・被保佐人は、自己の財産の管理能力を制限されており、会社財産の管理・運用を委ねることが適切とは考えづらいため、欠格事由とされる（2号）。会社法制に関わる刑事罰を受けた者は、法令を遵守して経営を行うべき取締役としての資質を欠くため、欠格事由となる（3号）。また、一般的に刑事罰を受けて収容されている者は、現実に会社の管理ができないため、欠格事由となっている（4号）。

2 取締役を株主に限定する旨の定款規定の効力（2項）

株式会社の取締役については、その適材を広く求めることが適切であるため、定款において取締役の資格を株主にかぎることは認められない（2項本文）。ただし、非公開会社においては、広く経営者の人材を求めるよりも、固定された株主仲間による経営を希望することも考えられるため、定款による取締役の資格制限を認めている（2項ただし書）。

3 監査等委員会設置会社、指名委員会等設置会社における兼任規制（3項、4項）

監査等委員である取締役は、代表取締役等の業務執行を監督する職責を有する。また、指名委員会等設置会社では、取締役の職務は執行役の監督が中心である。監督者の独立性を確保するため、監査等委員である取締役、指名委員会等設置会社の取締役は、使用人との兼務を禁止されている。

4 取締役の員数（5項）

取締役会設置会社においては、3人以上である。取締役会を設置する会社の規模から考えて、最低3人が適切と考えられたことによる。もっ

とも、取締役会非設置会社では、小規模閉鎖会社であることから、最低人数の規制は存在しない。

5 監査等委員である取締役の員数（6項）

指名委員会等設置会社における監査委員会と同様、監査等委員会を構成する取締役の員数は3人以上とされた。監査等委員会という会議体であるため、1人では会議とはいえず、2人では意見が割れる危険性がある。そのため3人以上とし、多角的な意見を期待した。

司H24-43-イ、H20-41-ウ。書H26-30-ア・イ

第332条（取締役の任期） B

1 取締役の任期は、選任後2年以内に終了する事業年度のうち最終のものに関する定時株主総会の終結の時までとする。ただし、定款又は株主総会の決議によって、その任期を短縮することを妨げない。

2 前項の規定は、公開会社でない株式会社（監査等委員会設置会社及び指名委員会等設置会社を除く。）において、定款によって、同項の任期を選任後10年以内に終了する事業年度のうち最終のものに関する定時株主総会の終結の時まで伸長することを妨げない。

3 監査等委員会設置会社の取締役（❶監査等委員であるものを除く。）についての第1項の規定の適用については、同項中「2年」とあるのは、「1年」とする。

4 ❶監査等委員である取締役の任期については、第1項ただし書の規定は、適用しない。

5 第1項本文の規定は、定款によって、任期の満了前に退任した❶監査等委員である取締役の補欠として選任された監査等委員である取締役の任期を退任した監査等委員である取締役の任期の満了する時までとすることを妨げない。

6 指名委員会等設置会社の取締役についての第1項の規定の適用については、同項中「2年」とあるのは、「1年」とする。

7 前各項の規定にかかわらず、次に掲げる定款の変更をした場合には、取締役の任期は、当該定款の変更の効力が生じた時に満了する。
　① 監査等委員会又は指名委員会等を置く旨の定款の変更
　② 監査等委員会又は指名委員会等を置く旨の定款の定めを廃止する定款の変更
　③ その発行する株式の全部の内容として譲渡による当該株式の取得について当該株式会社の承認を要する旨の定款の定めを廃止する定款の変更（監査等委員会設置会社及び指名委員会等設置会社がするものを除く。）

❶38条2項

取締役の任期は、原則として2年です。ただし、定款または株主総会の決議でその任期を短縮することができます。例外として、非公開会社においては定款によって10年に伸長することができます。また、監査等委員会設置会社の監査等委員でない取締役の任期は、指名委員会等設置会社の取締役の任期と同様に1年となります。なお、監査等委員である取締役の任期は2年ですが、短縮はできません。

→試験対策8章3節[2]【3】

1 趣旨

　取締役の任期は原則として2年だが、非公開会社については、株主が変動することが少ないため、株主に対して取締役の信任を頻繁に問う必要性が乏しい。そこで、10年まで任期を伸長できることとした（2項）。
　また、監査等委員である取締役の任期（2年）を、監査等委員でない取締役の任期（1年）より長期間とすることで、監査等委員である取締役の独立性を確保することとした（3項、1項）。なお、監査等委員である取締役の任期を監査役設置会社の監査役の任期（4年）より短期間としている理由は、監査等委員である取締役も取締役会の構成員として株式会社の経営の決定に関与しており、株主に対して信任を問う必要性が高い点にある。

2 条文クローズアップ

1　原則（1項）
　取締役の任期は、2年である。また、定款または株主総会の決議により任期を短縮することができる。

2　非公開会社の例外（2項）
　非公開会社は、定款によって、取締役の任期を10年まで伸長できる。

3　監査等委員会設置会社、指名委員会等設置会社の例外（3項、4項、6項）
　監査等委員会設置会社における監査等委員でない取締役、指名委員会等設置会社における取締役は、任期が1年となる。
　また、監査等委員会設置会社における監査等委員である取締役は、任期が2年であり、これを定款で変更することはできない。
　なお、2と3の両方をみたす場合は、3が優先適用される。

4　定款変更がなされた場合の任期満了（7項）
　①監査等委員会、指名委員会等に関する定款変更（1号、2号）、②非公開会社から公開会社へ移行する定款変更（3号）、がなされた場合は、その定款変更の効力が生じたときに、取締役の任期は満了する。

H22-45-5、H20-44-ア・ウ。H24-31-イ

第333条（会計参与の資格等）　B

1　会計参与は、公認会計士若しくは監査法人又は税理士若しくは

税理士法人でなければならない。
2　会計参与に選任された監査法人又は税理士法人は、その社員の中から会計参与の職務を行うべき者を選定し、これを株式会社に通知しなければならない。この場合においては、次項各号に掲げる者を選定することはできない。
3　次に掲げる者は、会計参与となることができない。
① 株式会社又はその子会社の取締役、監査役若しくは執行役又は支配人その他の使用人
② 業務の停止の処分を受け、その停止の期間を経過しない者
③ 税理士法（昭和26年法律第237号）第43条の規定により同法第2条第2項に規定する税理士業務を行うことができない者

　会計参与は、公認会計士・監査法人または税理士・税理士法人でなければなりません。そして、会計参与に選任された監査法人または税理士法人は、その社員のなかから会計参与の職務を行うべき者を選定し、会社に通知しなければなりません。なお、法定の欠格事由のある者は、会計参与または職務を行うべき社員となることができません。

→試験対策8章3節③【1】

1 趣旨

　本条が、取締役と共同して計算書類等を作成する機関である会計参与（374条1項）に会計に関する専門的な資格を保有していることを要求した趣旨は、資格の有無によって容易に当該人物が信頼に足る適正な計算関係書類等を作成できる者か否かを判断できるだけでなく、資格者としての職業倫理により取締役や執行役から独立した存在であり続けることが期待される点にある。

2 条文クローズアップ

1　会計参与の資格
　税務に関する顧問契約は、通常、委任契約であり、その契約により会計参与の独立性が害されるわけではない。したがって、株式会社の顧問税理士は、3項の欠格事由に該当しないかぎり、顧問税理士のままで会計参与となることができる。

2　会計参与の員数
　取締役、監査役と異なり、特に規制はない。

第334条（会計参与の任期）　C
1　第332条（第4項及び第5項を除く。次項において同じ。）〔取締役の任期〕の規定は、会計参与の任期について準用する。
2　前項において準用する第332条〔取締役の任期〕の規定にかかわら

> ず、会計参与設置会社が会計参与を置く旨の定款の定めを廃止する定款の変更をした場合には、会計参与の任期は、当該定款の変更の効力が生じた時に満了する。

会計参与の任期は、取締役の任期と同じです。

→試験対策8章3節③【3】

1 趣旨

　1項の趣旨は、会計参与は取締役と共同して計算書類等を作成する（374条1項）ため、会計参与の任期と取締役の任期とを合わせられると便利であると考えられる点にある。334条2項の趣旨は、定款変更により会計参与を設置することができなくなるため、それに伴って既存の会計参与の任期も満了するという当然の帰結を示した点にある。

> 司H22-45-4・5、H20-43-ア・イ。予H27-22-イ
> **第335条（監査役の資格等）　B⁺**
> 1　第331条第1項及び第2項（取締役の資格等）の規定は、監査役について準用する。
> 2　監査役は、株式会社若しくはその子会社の取締役若しくは支配人その他の使用人又は当該子会社の会計参与（会計参与が法人であるときは、その職務を行うべき社員）若しくは執行役を兼ねることができない。
> 3　監査役会設置会社においては、監査役は、3人以上で、そのうち半数以上は、❶社外監査役でなければならない。

❶2条16号

監査役の資格は、法定の欠格事由、定款による資格制限の点において、取締役の場合と同様です。また、監査役は、その会社の取締役等を兼ねることができません。そして、監査役の員数は、監査役会設置会社においては、3人以上で、その半数以上は社外監査役でなければなりません。

→試験対策8章3節④

1 趣旨

　1項が監査を委ねるのにふさわしくない者を欠格者とした趣旨は、あらかじめそのような者の資格を否定することが会社の利益になると考えられる点にある。2項が兼任禁止規定を設けた趣旨は、自己監査を防止するとともに、監査役の地位の独立性を確保し、もって監査の公正を図る点にある。3項が監査役の員数を定めた趣旨は、監査役会の設置が義務づけられている大会社（328条1項）等では、株主数が多いうえに日々変動し、株主による会社経営の監視を期待できないから、複数人の専門機関による実効性のある監査を確保する点にある。半数以上を社外監査役としたのは、監査役の独立性をいっそう強化するためである。

2 条文クローズアップ

1 横すべり監査役の未就任期間の監査

監査役の兼任禁止（2項）に関連して、いわゆる横すべり監査役の未就任期間の監査という問題がある。すなわち、事業年度の途中で招集された株主総会において、それまで取締役であった者が監査役に選任されることがある。そのような監査役は、自己が取締役であった期間の業務執行を監査することについて、監査適格を欠いているのではないかが問題となる。

この点について判例は、取締役であった者が事業年度の途中で監査役に選任された場合であっても、その選任は違法ではなく、その者が取締役であった期間について監査適格を欠くとはいえないとしている。2項が、取締役が監査役を兼任することを禁ずるが、取締役を監査役に選任することを禁止していないこと、また、336条1項は監査役の任期と監査対象期間とが完全に一致することを要求していないことなどから、判例の立場を支持してよいであろう。

→論
→試験対策8章3節[4]【1】
→神田[17版]204頁

→判例セレクト2

2 顧問弁護士による監査役の兼任

会社から特殊な仕事を委任された者、たとえば顧問弁護士等が監査役を兼任することができるか、すなわち顧問弁護士が335条2項の「使用人」にあたるかが問題となる。

この点、顧問弁護士は、会社の使用人と異なり、みずからの職業として自己の責任のもとに職務を遂行する者であり、取締役の指揮・命令に服する者ではなく、独立性を有する立場にあるから、特段の事情がないかぎり、「使用人」にはあたらないと解すべきである。

判例は、会社の顧問弁護士が継続的に監査役を兼任できるか否かについては明らかにしていないが、弁護士である監査役が特定の訴訟事件について会社の訴訟代理人となることは、2項に反しないとしている。

→論
→試験対策8章3節[4]【1】Q₁
→神田[17版]204頁

→判例セレクト1

3 株主総会の監査役選任決議の効力発生要件

判例は、監査役に選任される者が2項により兼任が禁止される地位を辞任することは、株主総会決議の効力発生要件ではないとしている。

→判例セレクト3

判例セレクト

1 弁護士たる監査役が会社の訴訟代理人となることの可否

〔旧〕商法276条〔会社法335条2項〕の規定は、弁護士の資格を有する監査役が特定の訴訟事件につき会社から委任を受けてその訴訟代理人となることまで禁止するものではない（最判昭61・2・18会社法百選75事件）。

2 横すべり監査役の適否

取締役であった者が事業年度の途中で監査役に選任された場合であっても、その選任は違法ではなく、監査適格を欠くとはいえない（最判昭62・4・21商事法務1110-79）。

3 2項違反の効力

〔旧〕商法276条〔会社法335条2項〕は、監査役の欠格事由を定めたものではなく、監査役に選任される者が、兼任を禁止される地位を事実上辞任しなかったとしても、株主総会の選任決議の効力に影響はない（最判平元・9・19判時1354-149）。

🔲H23-46-ア(予)、H19-44-オ。📖H26-30-ア・イ

第336条（監査役の任期）　B

1　監査役の任期は、選任後4年以内に終了する事業年度のうち最終のものに関する定時株主総会の終結の時までとする。
2　前項の規定は、公開会社でない株式会社において、定款によって、同項の任期を選任後10年以内に終了する事業年度のうち最終のものに関する定時株主総会の終結の時まで伸長することを妨げない。
3　第1項の規定は、定款によって、任期の満了前に退任した監査役の補欠として選任された監査役の任期を退任した監査役の任期の満了する時までとすることを妨げない。
4　前3項の規定にかかわらず、次に掲げる定款の変更をした場合には、監査役の任期は、当該定款の変更の効力が生じた時に満了する。
　①　監査役を置く旨の定款の定めを廃止する定款の変更
　②　監査等委員会又は指名委員会等を置く旨の定款の変更
　③　監査役の監査の範囲を会計に関するものに限定する旨の定款の定めを廃止する定款の変更
　④　その発行する全部の株式の内容として譲渡による当該株式の取得について当該株式会社の承認を要する旨の定款の定めを廃止する定款の変更

　監査役の任期は4年です。例外として、非公開会社の場合には取締役の場合と同様に、定款によって10年まで伸長することができます。また、補欠監査役の任期は、定款によって、退任した監査役の任期が満了する時までとすることが認められています。

→試験対策8章3節4【3】

1　趣旨

　1項の趣旨は、監査役の任期を取締役等より長くすることで監査役の地位の安定と独立性確保を図る必要性と、任期の長期化による経営者との癒着の防止を図る必要性との調和を確保する点にある。2項の趣旨は、非公開会社は株主の変動がまれで、監査役の信任を株主に頻繁に問う必要がない点にある。3項の趣旨は、任期満了前に退任した監査役の補欠として選任された監査役の退任時期と、在任中の監査役の退任時期

のずれを調整してそろえる点にある。4項の趣旨は、各号の定款変更が行われた際に監査役の任期をそのままにすることで生じる不都合を回避する点にある。

2 条文クローズアップ

1 任期
(1) 原則
選任後4年以内に終了する事業年度のうち最終のものに関する定時株主総会の終結の時までである(1項)。
(2) 例外
(a)すべての株式会社
定款によって、任期の満了前に退任した監査役の補欠として選任された監査役の任期を退任した監査役の任期の満了する時までとすることができる(3項)。
(b)非公開会社
定款により選任後10年以内に終了する事業年度のうち最終のものに関する定時株主総会の終結の時まで伸長することができる(2項)。
(3) 一定の定款変更に伴う任期満了(4項)
①監査役を設置する旨の定款の定めを廃止した場合(1号)および②監査等委員会または指名委員会等を設置する旨の定款変更をした場合(2号)には、当該会社は監査役を設置することができなくなるため、定款変更の効力発生時に監査役の任期は満了する。
③監査役の監査の範囲を会計に関するものに限定する旨の定款の定めを廃止した場合(3号)には、監査役の権限が拡大するため、監査役にふさわしい者が異なりうる。そこで、改めて株主に監査役の信任を問う機会を与えるため、定款変更の効力発生時に監査役の任期は満了する。
また、非公開会社が監査役の任期を伸長している場合(2項)には、当該会社が公開会社になった後もこれを維持することは1項の趣旨を潜脱することにつながる。そこで、この潜脱を防ぐため、④非公開会社が公開会社となる旨の定款変更を行った場合(4項4号)には定款変更の効力発生時に監査役の任期が満了するものとされている。

2 補欠の役員の選任
株式会社において、役員(取締役・会計参与・監査役)が定員数を欠く場合に備えるため、あらかじめ補欠の役員を選任できる(329条3項)。これは、欠員に備えて定員数より多く役員を選任することは、人件費の負担の増加を招くことに基づく。

司 H22-45-4・5
第337条（会計監査人の資格等）　B⁻
1　会計監査人は、公認会計士又は監査法人でなければならない。

2　会計監査人に選任された監査法人は、その社員の中から会計監査人の職務を行うべき者を選定し、これを株式会社に通知しなければならない。この場合においては、次項第2号に掲げる者を選定することはできない。
3　次に掲げる者は、会計監査人となることができない。
① 公認会計士法の規定により、第435条第2項に規定する計算書類（貸借対照表、損益計算書その他法務省令で定めるもの）について監査をすることができない者
② 株式会社の子会社若しくはその取締役、会計参与、監査役若しくは執行役から公認会計士若しくは監査法人の業務以外の業務により継続的な報酬を受けている者又はその配偶者
③ 監査法人でその社員の半数以上が前号に掲げる者であるもの

　会計監査人は、公認会計士または監査法人でなければなりません。そして、会計監査人に選任された監査法人は、その社員のなかから会計監査人の職務を行うべき者を選定し、これを株式会社に通知しなければなりません。また、法定の欠格事由がある者は、会計監査人になることができません。

→試験対策8章3節⑤【1】

1 趣旨

　会計監査人による監査の意義は、①会計専門職による監査であること、②経営者から独立した者による意見表明であることという点にある。そこで、①1項で、会計監査人の資格を会計専門職（公認会計士・監査法人）の者とし、②3項で、会計監査人の独立性を害するような関係にある者や会社と著しい利害関係にある者は会計監査人になることができないとして、会計監査人の独立性の客観的な確保を図った。また、2項は、監査法人における職務分担と責任の在りかを明らかにするために職務担当者の選定について定めたものである。

司H26-45-イ(予)
第338条（会計監査人の任期）　B⁻

1　会計監査人の任期は、選任後1年以内に終了する事業年度のうち最終のものに関する定時株主総会の終結の時までとする。
2　会計監査人は、前項の定時株主総会において別段の決議がされなかったときは、当該定時株主総会において再任されたものとみなす。
3　前2項の規定にかかわらず、会計監査人設置会社が会計監査人を置く旨の定款の定めを廃止する定款の変更をした場合には、会計監査人の任期は、当該定款の変更の効力が生じた時に満了する。

会計監査人の任期は1年です。そして、事業年度の最終の定時株主総会で別段の決議がなければ、その総会で再任されたものとみなされます。また、会計監査人をおく旨の定めを廃止する定款変更があった場合は、その効力発生時に任期満了になります。

→試験対策8章3節⑤【3】

1 趣旨

　会計監査人の監査の実効性を確保するためには、任期を長期化して地位の安定を図り、経営者からの独立性を担保するべきである。他方、長い任期の途中で交代させるためには、解任という過激な手段を採らねばならず、その後の円滑な交代を妨げるおそれがあるほか、任期の長期化による会社と癒着のおそれもある。そこで、会計監査人の地位の安定・独立と円滑な交代との調和の観点から、1項および2項で任期期間を比較的短期としたうえで、当然再任制を採用した。3項は、定款変更により会計監査人を設置することができなくなるため、それに伴って既存の会計監査人の任期も満了するという当然の帰結を示したものである。

2 条文クローズアップ

任期
(1) 原則(1項)

　選任後1年以内に終了する事業年度のうち、最終のものに関する定時株主総会の終結のときまで。なお、任期の伸長や短縮はできない。

(2) 当然再任制(2項)

　定時株主総会において特段の決議がされなかったときは、当該定時株主総会において再任されたものとみなされる。

■第2款 解　任

司H22-42-1、H20-41-エ、H20-43-エ、H19-44-イ、H18-44-5。予H27-21-オ、H27-22-オ

第339条（解任）A
1　❶役員及び会計監査人は、いつでも、株主総会の決議によって解任することができる。
2　前項の規定により解任された者は、その解任について正当な理由がある場合を除き、株式会社に対し、解任によって生じた損害の賠償を請求することができる。

❶329条1項

　株主総会の決議によって、いつでも役員および会計監査人を解任することができます。解任された者は、その解任について正当な理由がある場合を除き、会社に対し、解任によって生じた損害の賠償を請求することができます。

→試験対策8章3節⑥【2】(2)

1 趣旨

　役員および会計監査人の解任について規定している。累積投票によっ

て選任された者を除く取締役の解任については、取締役の地位の安定を確保するため、従前は特別決議事項としていたが、会社法は株主の信任が重要と考えて普通決議とした。

2 条文クローズアップ

1 役員および会計監査人の終任
(1) 終任事由

→試験対策8章3節⑥【2】(1)

会社と役員および会計監査人との関係は、委任に関する規定に従う(330条)。したがって、役員と会計監査人は、任期満了のほか、民法の規定に従って委任終了の原因があれば終任する。すなわち、役員と会計監査人は、いつでも辞任することができるし(民651条)、また、役員と会計監査人の死亡・破産・成年被後見・会社の破産手続開始の決定(民653条)も終任事由となる。このほか、解任・資格の喪失(会社331条1項、335条1項・331条1項、333条3項、337条3項)・会社の解散によっても地位を失う。

(2) 解任

→試験対策8章3節⑥【2】(2)

(a) 総説

役員および会計監査人は、いつでも、株主総会の決議によって解任することができるが(339条1項)、解任された者は、その解任について「正当な理由」がある場合を除き、会社に対し、解任によって生じた損害の賠償を請求することができる(2項)。

(b) 解任の決議要件

→341条②

取締役の解任の決議要件は、選任決議と同様に、普通決議(ただし定足数要件は定款によっても議決権の3分の1を下回ることはできない)とした(341条)。

ただし、累積投票制度によって選任された取締役、監査等委員である取締役については、その解任決議の要件は、特別決議である(309条2項7号、342条6項、344条の2第3項)。このようにした理由は、前者については、少数派株主の意向を取締役の選任に反映させるという累積投票制度の趣旨を重視する点に、後者については、監査等委員である取締役の独立性を重視する点にある。

また、監査役については、その独立性を重視し、解任の決議要件を特別決議としている(309条2項7号、343条4項)。

(c) 解任の訴え

解任決議が成立しなかった場合(拒否権付種類株主総会による拒否の場合を含む)であっても、その役員が不正の行為(会社財産を私的に使用する等)をしたとき、または法令・定款に違反する重大な事実があったときは、少数株主(6か月前から引き続き総株主の議決権の100分の3以上を有する株主)または発行済株式の100分の3以上を有していた株主(公開会社でない株式会社では6か月の株式保有要件なし)は、株主総会の日から30日以内に、訴えをもってその役員の解任を請求することが

できる（解任の訴え〔854条〕）。
　解任の訴えは、株主総会で多数が得られず解任決議が成立しなかった場合に、少数株主がその修正を求める制度である。したがって、通常は株主提案権を行使し、または株主総会の招集を求め、株主総会で成立しなかったときに、この訴えを提起することになる。
　なお、被告は、会社と取締役である（855条）。
　(d) 監査役等による会計監査人の解任　　　　　　　　　　→340条
(3)　欠員の場合の措置　　　　　　　　　　　　　　　　　→346条
2　株主総会での意見陳述権等　　　　　　　　　　　　　　→345条
3　選解任種類株式がある場合の特例　　　　　　　　　　　→347条

1　取締役解任決議の効力
議長資格のない者によって採決された取締役解任の株主総会決議は、議決としての外観が存在するとしても、法的には不存在である。そして、決議不存在の場合、追認決議の効力を遡及させることは、これによって第三者の法律関係を害さない等の特段の事情がないかぎり認めることはできない（東京地判平23・1・26判タ1361-218）。

2　2項の正当な理由
代表取締役Xの持病が悪化したので、その有する会社の株式全部を取締役Aに譲渡して代表取締役の地位を交替した後、Aが経営陣の一新を図るため臨時株主総会を招集し、その決議によりXを取締役から解任した場合には、〔旧〕商法257条1項ただし書〔会社法339条2項〕の正当な事由〔正当な理由〕がある（最判昭57・1・21判例シリーズ50事件）。　　　　　　　　　　　　　　　　　　　　　　　　　　　　→会社法百選46事件

司 H25-43-イ（予）、H21-44-イ
第340条（監査役等による会計監査人の解任）　B
1　監査役は、会計監査人が次のいずれかに該当するときは、その会計監査人を解任することができる。
　①　職務上の義務に違反し、又は職務を怠ったとき。
　②　会計監査人としてふさわしくない非行があったとき。
　③　心身の故障のため、職務の執行に支障があり、又はこれに堪えないとき。
2　前項の規定による解任は、監査役が2人以上ある場合には、監査役の全員の同意によって行わなければならない。
3　第1項の規定により会計監査人を解任したときは、監査役（監査役が2人以上ある場合にあっては、監査役の互選によって定めた監査役）は、その旨及び解任の理由を解任後最初に招集される株主総会に報告しなければならない。
4　監査役会設置会社における前3項の規定の適用については、第

1項中「監査役」とあるのは「監査役会」と、第2項中「監査役が2人以上ある場合には、監査役」とあるのは「監査役」と、前項中「監査役（監査役が2人以上ある場合にあっては、監査役の互選によって定めた監査役）」とあるのは「監査役会が選定した監査役」とする。

5　監査等委員会設置会社における第1項から第3項までの規定の適用については、第1項中「監査役」とあるのは「監査等委員会」と、第2項中「監査役が2人以上ある場合には、監査役」とあるのは「❶監査等委員」と、第3項中「監査役（監査役が2人以上ある場合にあっては、監査役の互選によって定めた監査役）」とあるのは「監査等委員会が選定した監査等委員」とする。

❶38条2項

6　指名委員会等設置会社における第1項から第3項までの規定の適用については、第1項中「監査役」とあるのは「監査委員会」と、第2項中「監査役が2人以上ある場合には、監査役」とあるのは「監査委員会の委員」と、第3項中「監査役（監査役が2人以上ある場合にあっては、監査役の互選によって定めた監査役）」とあるのは「監査委員会が選定した監査委員会の委員」とする。

監査役等の全員の合意により、任務懈怠・非行・心身障害のある会計監査人を解任することができます。この場合には、解任することおよび解任の理由を株主総会に報告しなければなりません。

→試験対策8章3節⑥【2】(2)(d)

1　趣旨

　会計監査人を設置するような大規模な会社において、会計監査人の解任を目的とした臨時株主総会の開催は容易でない。そこで、臨時の対応策として、一定の重大な事由がある場合にかぎって監査役等が会計監査人を解任できることとした（1項、4項、5項、6項）。その手続として、慎重に解任事由の存否の判断をするため、監査役全員の同意が要求された（2項）。また、解任した側とされた側（345条5項参照）の主張を明らかにすることで監査役等による解任権の濫用的行使をけん制するために、340条3項が設けられた。

■第3款　選任及び解任の手続に関する特則

司 H25-43-ア(予)、H18-44- 2
第341条（役員の選任及び解任の株主総会の決議）　B

第309条第1項〔総会決議の要件〕の規定にかかわらず、❶役員を選任し、又は解任する株主総会の決議は、議決権を行使することができる株主の議決権の過半数（3分の1以上の割合を定款で定めた場合にあっては、その割合以上）を有する株主が出席し、出席した当該

❶329条1項

> 株主の議決権の過半数(これを上回る割合を定款で定めた場合にあっては、その割合以上)をもって行わなければならない。

　役員の選任・解任の株主総会の決議は、議決権を行使することができる株主の議決権の過半数(定款で3分の1以上の割合を定めた場合は、その割合)を所有する株主が出席し、出席した株主の議決権の過半数(定款で過半数以上の割合を定めた場合は、その割合)以上の賛成がなければなりません。

→試験対策8章2節⑤【2】(1)

1 趣旨

　通常決議については、定足数も決議要件も自由に緩和することができるのに対して、会社経営者たる取締役またはその他の役員の選任・解任の場合については、選任・解任に慎重を期すために、定足数や決議要件を緩和できる度合いを制限した。

2 条文クローズアップ

解任の決議要件
(1) 原則
　普通決議による(341条。ただし定款で定足数を3分の1以上にすること、および決議に必要な議決権の割合を加重することができる)。
(2) 例外
　累積投票制度によって選任された取締役、監査等委員である取締役については、その解任決議の要件は、特別決議である(342条6項、344条の2第3項、309条2項7号)。このようにした理由は、前者については、少数派株主の意向を取締役の選任に反映させるという累積投票制度の趣旨を重視する点に、後者については、監査等委員である取締役の独立性を重視する点にある。
　また、監査役については、その独立性を重視し、解任の決議要件を特別決議としている(343条4項、309条2項7号)。

→試験対策8章3節⑥【2】(2)(b)
→339条②1(2)(b)

同 H18-44-3。書 H26-30-ウ、H24-31-ウ
第342条（累積投票による取締役の選任）　B⁻
1　株主総会の目的である事項が2人以上の❶取締役(監査等委員会設置会社にあっては、❷監査等委員である取締役又はそれ以外の取締役。以下この条において同じ。)の選任である場合には、❸株主(取締役の選任について議決権を行使することができる株主に限る。以下この条において同じ。)は、定款に別段の定めがあるときを除き、株式会社に対し、第3項から第5項までに規定するところにより取締役を選任すべきことを請求することができる。
2　前項の規定による請求〔累積投票による取締役選任請求〕は、同項の

❶定
❷38条2項
❸定

> 株主総会の日の5日前までにしなければならない。
> 3　第308条第1項〔1株1議決権〕の規定にかかわらず、第1項の規定による請求〔累積投票による取締役選任請求〕があった場合には、❶取締役の選任の決議については、❸株主は、その有する株式1株（単元株式数を定款で定めている場合にあっては、1単元の株式）につき、当該株主総会において選任する取締役の数と同数の議決権を有する。この場合においては、株主は、1人のみに投票し、又は2人以上に投票して、その議決権を行使することができる。
> 4　前項の場合には、投票の最多数を得た者から順次❶取締役に選任されたものとする。
> 5　前2項に定めるもののほか、第1項の規定による請求〔累積投票による取締役選任請求〕があった場合における❶取締役の選任に関し必要な事項は、法務省令で定める。
> 6　前条〔役員解任決議の要件〕の規定は、前3項に規定するところにより選任された❶取締役の解任の決議については、適用しない。

株主総会の目的が2人以上の取締役の選任である場合に、取締役の選任の決議について、株主は、累積投票制度により、取締役を選任すべきことを請求することができます。

→試験対策8章3節⑥【1】(2)

1　趣旨

少数派株主にもその持株数に応じて取締役を選出する可能性を与えるため、累積投票制度を設けた。

2　語句の意味

累積投票とは、同じ株主総会で2人以上の取締役を選任する場合には、その取締役全員の選任を一括し、その代わりに各株主に1株（単元株制度採用会社では1単元）につき選任される取締役の数と同数の議決権（3人選任のときは1株につき3票）を認め、各株主にはその議決権を全部1人に集中して投票するか、または数人に分散して投票するかの自由を認め、投票の結果最多数を得た者から順次その員数までを当選者とする投票の方法をいう。

3　条文クローズアップ

累積投票——取締役選任の場合の特例

2人以上の取締役を同じ株主総会で選任する場合において、通常は、1人ずつ別々に選任の決議をするので、その全部が多数派株主から選ばれることになる。これに対して、少数派株主にもその持株数に応じて取締役を選出する可能性を与える制度が**累積投票制度**である。一種の比例代表制度ともいえる。

→神田[17版]206頁

会社法は、2人以上の取締役を同時に選任する場合には、株主（1株の株主でもよい）から株主総会の5日前までに会社に書面で（電磁的方法も可）請求（1項、2項）があった場合にだけ累積投票の方法（3項から5項まで、会社施規97条）によることとし、請求がなければ通常の決議方法による。もっとも、累積投票制度は、取締役会内部に利害の対立をもち込み、迅速かつ効率的な会社事業の運営を阻害する危険があるから、定款の別段の定めをもって完全に排除することができる（1項）。

2名の取締役の選任を別個の総会で決議することが決議取消事由にあたるとした事例
　任期満了取締役の後任取締役として2名を選任する場合において、株主の累積投票請求の機会を失わせる目的から、あえてこれを1名宛各別の総会において選任することを議案として取締役1名を選任した株主総会の決議は、その採決方法が違法のものとして決議取消原因となる（大阪高判昭38・6・20高民16-4-270）。

i 第342条の2（監査等委員である取締役等の選任等についての意見の陳述）　B⁺

1　❶監査等委員である取締役は、株主総会において、監査等委員である取締役の選任若しくは解任又は辞任について意見を述べることができる。
2　❶監査等委員である取締役を辞任した者は、辞任後最初に招集される株主総会に出席して、辞任した旨及びその理由を述べることができる。
3　取締役は、前項の者に対し、同項の株主総会を招集する旨及び第298条第1項第1号に掲げる事項〔株主総会の日時および場所〕を通知しなければならない。
4　監査等委員会が選定する❶監査等委員は、株主総会において、監査等委員である取締役以外の取締役の選任若しくは解任又は辞任について監査等委員会の意見を述べることができる。

❶38条2項

　監査等委員である取締役は、その選任等について意見を述べることができます。また、監査等委員は、監査等委員でない取締役の選任等について監査等委員会の意見を述べることができます。監査等委員である取締役を辞任した者は、辞任後最初の株主総会で辞任した旨およびその理由を述べることができます。取締役は、その者に対して株主総会を招集する旨および招集事項について通知しなければなりません。

1 趣旨

本条の趣旨は345条4項における監査役についての定めと同様に監査等委員である取締役の独立性を確保しようとすることにある。そのために、342条の2第1項、4項で監査等委員または監査等委員会による取締役の選任等への意見陳述を認め、2項では監査等委員である取締役の辞任について意見陳述を認めることで、その取締役が辞任を強制されることのないようにけん制することとした。

2 条文クローズアップ

1 取締役の選解任または辞任についての意見陳述（1項、4項）

監査等委員である取締役は、監査等委員である取締役の選解任または辞任について、株主総会での意見陳述権が認められる（1項）。また、監査等委員会から選定された監査等委員である取締役は、監査等委員である取締役以外の選解任または辞任について、株主総会での意見陳述権が認められる（4項）。

2 辞任した者の意見陳述（2項、3項）

監査等委員である取締役を辞任した者は、辞任後最初に招集される株主総会に出席し、自己の辞任について、辞任した旨とその理由を述べることができる（2項）。また、取締役は、辞任した者の出席を可能にするために、その者に招集事項を通知しなければならない（3項、298条1項1号）。

司H25-46-ウ（予）、H23-46-イ（予）。予H27-22-オ。書H26-30-エ

第343条（監査役の選任に関する監査役の同意等）　B+

1　取締役は、監査役がある場合において、監査役の選任に関する議案を株主総会に提出するには、監査役（監査役が2人以上ある場合にあっては、その過半数）の同意を得なければならない。
2　監査役は、取締役に対し、監査役の選任を株主総会の目的とすること又は監査役の選任に関する議案を株主総会に提出することを請求することができる。
3　監査役会設置会社における前2項の規定の適用については、第1項中「監査役（監査役が2人以上ある場合にあっては、その過半数）」とあるのは「監査役会」と、前項中「監査役は」とあるのは「監査役会は」とする。
4　第341条（役員選解任決議の要件）の規定は、監査役の解任の決議については、適用しない。

取締役が監査役の選任に関する議案を株主総会に提出するには、監査役等の同意を得なければなりません。また、監査役等は、取締役に対し、監査役

→試験対策8章3節6【1】(4)

の選任を株主総会の目的とすることまたは監査役の選任に関する議案を株主総会に提出することを請求することができます。

1 趣旨

監査役の選任に関して監査役の同意等を要求して、監査役の地位の独立性の強化を図る点にある。

2 条文クローズアップ

1 監査役選任に関する議案に対する同意権（1項、3項）

役員は株主総会の決議により選任されるが（329条1項）、役員の選任に関する議案を作成するのは、原則として取締役である。そのため、取締役による監査役の恣意的な人事を防止する観点から、監査役選任に関する議案については、これを株主総会に提出するにあたり監査役、監査役会の同意が必要とされている。

2 監査役選任に関する議案等の提案権（2項、3項）

監査役・監査役会が、監査役人事について主導権を握れるように、監査役選任に関する議題および議案の提案権を、監査役・監査役会に認めている。

3 監査役の解任決議（4項）

4項により、役員の選解任についての株主総会決議を定める341条は排除される。なぜなら、監査役については、その独立性を重視し、解任決議は特別決議によるものとされているからである（309条2項7号、339条1項）。

選任に関する監査役の同意権と株主総会の決議取消し

監査役を1名選任する旨の会社提案の議案を可決する株主総会決議に、その付議につき、監査役3名のうち1名の招集および出席を欠く監査役会における同意があっても、監査役会の同意としては無効であり、同株主総会の議案の決議には、その付議につき、監査役会の同意を欠くという取消事由（招集手続または決議方法の法令違反）がある（東京地判平24・9・11金判1404-52）。

📘H24-31-オ
第344条（会計監査人の選任等に関する議案の内容の決定）
B⁺

1 監査役設置会社においては、株主総会に提出する会計監査人の選任及び解任並びに会計監査人を再任しないことに関する議案の内容は、監査役が決定する。

> 2　監査役が2人以上ある場合における前項の規定の適用については、同項中「監査役が」とあるのは、「監査役の過半数をもって」とする。
> 3　監査役会設置会社における第1項の規定の適用については、同項中「監査役」とあるのは、「監査役会」とする。

　監査役設置会社においては、株主総会に提出する会計監査人の選任・解任ならびに会計監査人を再任しないことに関する議案の内容は、監査役が決定します。監査役が2人以上ある場合は過半数で決定し、監査役会設置会社では監査役会が決定します。

→試験対策8章3節⑥【1】(5)

1 趣旨

　従来は、監査役設置会社においては、監査役・監査役会に会計監査人の選任・解任等に関する議案等についての同意権が付与されていたものの、これだけでは、会計監査人の独立性を確保して厳正な会計監査を保持する観点からは不十分との意見があった。そこで、平成26年改正により、独立性の確保の観点から、監査役または監査役会に、会計監査人の選任・解任等の議案内容の決定権を付与することとした。

2 条文クローズアップ

会計監査人の報酬等の決定
　会計監査人の選任等については監査役・監査役会に決定権があるのに対して、会計監査人の報酬等の決定については、財務に関する経営判断であること、監査役等が同意権(399条1項)を有することを理由に、監査役・監査役会の権限とされていない。

> **第344条の2（監査等委員である取締役の選任に関する監査等委員会の同意等）　B+**
> 1　取締役は、監査等委員会がある場合において、❶監査等委員である取締役の選任に関する議案を株主総会に提出するには、監査等委員会の同意を得なければならない。
> 2　監査等委員会は、取締役に対し、❶監査等委員である取締役の選任を株主総会の目的とすること又は監査等委員である取締役の選任に関する議案を株主総会に提出することを請求することができる。
> 3　第341条〔役員選解任決議要件の特則〕の規定は、❶監査等委員である取締役の解任の決議については、適用しない。

❶38条2項

　取締役が監査等委員である取締役の選任に関する議案を株主総会に提出す

→試験対策8章3節⑥【1】(6)

るには、監査等委員会の同意を得なければなりません。また、監査等委員会は、取締役に対し、監査委員である取締役の選任を株主総会の目的とすることまたは監査等委員の選任に関する議案を株主総会に提出することを請求することができます。

1 趣旨

　監査等委員である取締役の選任に関して監査等委員会の同意等を要求して、監査等委員である取締役の地位の独立性を図る点にある。

2 条文クローズアップ

1 監査等委員である取締役の選任に関する議案に対する同意権（1項）

　役員は株主総会の決議により選任されるが（329条1項）、役員の選任に関する議案を作成するのは、原則として取締役である。そのため、取締役による監査等委員である取締役の恣意的な人事を防止する観点から、監査等委員である取締役の選任に関する議案については、これを株主総会に提出するにあたり監査等委員会の同意が必要とされている。

2 監査等委員である取締役の選任に関する議案等の提案権（2項）

　監査等委員会が、監査等委員である取締役の人事について主導権を握れるように、監査等委員である取締役の選任に関する議題および議案の提案権を、監査等委員会に認めている。

3 監査等委員である取締役の解任決議（3項）

　監査等委員である取締役については、その独立性を重視し、解任決議は特別決議によるものとする（3項、339条1項、309条2項7号）。

司 H23-46-エ（予）、H22-44-エ

第345条（会計参与等の選任等についての意見の陳述）　B

1　会計参与は、株主総会において、会計参与の選任若しくは解任又は辞任について意見を述べることができる。
2　会計参与を辞任した者は、辞任後最初に招集される株主総会に出席して、辞任した旨及びその理由を述べることができる。
3　取締役は、前項の者に対し、同項の株主総会を招集する旨及び第298条第1項第1号に掲げる事項（株主総会の日時および場所）を通知しなければならない。
4　第1項の規定は監査役について、前2項の規定は監査役を辞任した者について、それぞれ準用する。この場合において、第1項中「会計参与の」とあるのは、「監査役の」と読み替えるものとする。
5　第1項の規定は会計監査人について、第2項及び第3項の規定

は会計監査人を辞任した者及び第340条第1項（監査役等による会計監査人の解任）の規定により会計監査人を解任された者について、それぞれ準用する。この場合において、第1項中「株主総会において、会計参与の選任若しくは解任又は辞任について」とあるのは「会計監査人の選任、解任若しくは不再任又は辞任について、株主総会に出席して」と、第2項中「辞任後」とあるのは「解任後又は辞任後」と、「辞任した旨及びその理由」とあるのは「辞任した旨及びその理由又は解任についての意見」と読み替えるものとする。

会計参与は、会計参与の選任・解任・辞任について、株主総会に出席して意見を述べることができ、辞任した場合は辞任した理由を述べることができます。監査役・会計監査人についても同様です。

→試験対策8章3節⑥【3】

1 趣旨

本条は、会計参与・監査役・会計監査人の独立性の確保を図っている。すなわち、これらの者の選任等について、これらの者に意見陳述を認めることで、株主総会での審議の慎重を期すだけでなく、不当な解任・不再任、および取締役等と密接な関係にある者の選任の防止を図っている。辞任の場合も同様に意見陳述を認めて、取締役等からの辞任の強制を抑止するとともに、自発的な辞任においてもその背後の取締役との意見対立を株主に知らせる機会を確保している。

2 条文クローズアップ

1 会計参与等の選解任または辞任についての意見陳述

会計参与または監査役は、それぞれ会計参与または監査役の選解任または辞任について、株主総会での意見陳述権が認められる（1項、4項）。

会計監査人は、会計監査人の選解任、不再任または辞任について、株主総会での意見陳述権が認められる（1項、5項）。

2 会計参与等を辞任した者の意見陳述

会計参与または監査役を辞任した者は、辞任後最初に招集される株主総会に出席し、自己の辞任について、辞任した旨とその理由を述べることができる（2項、4項）。

会計監査人を辞任・解任された者は、辞任・解任後最初に招集される株主総会に出席し、自己の辞任または解任について、辞任した旨とその理由または解任についての意見を述べることができる（2項、5項）。

なお、辞任・解任された者が株主総会に出席する機会を確保するために、取締役は、その者に招集事項を通知しなければならない（3項、4項、5項）。

司H26-45-ウ(予)、H21-49-5。書H26-30-オ
第346条（役員等に欠員を生じた場合の措置）　B

1　❶役員（監査等委員会設置会社にあっては、❷監査等委員である取締役若しくはそれ以外の取締役又は会計参与。以下この条において同じ。）が欠けた場合又はこの法律若しくは定款で定めた役員の員数が欠けた場合には、任期の満了又は辞任により退任した役員は、新たに選任された役員（次項の一時役員の職務を行うべき者を含む。）が就任するまで、なお役員としての権利義務を有する。

2　前項に規定する場合において、裁判所は、必要があると認めるときは、利害関係人の申立てにより、一時❶役員の職務を行うべき者を選任することができる。

3　裁判所は、前項の一時❶役員の職務を行うべき者を選任した場合には、株式会社がその者に対して支払う報酬の額を定めることができる。

4　会計監査人が欠けた場合又は定款で定めた会計監査人の員数が欠けた場合において、遅滞なく会計監査人が選任されないときは、監査役は、一時会計監査人の職務を行うべき者を選任しなければならない。

5　第337条（会計監査人の資格等）及び340条（監査役等による会計監査人の解任）の規定は、前項の一時会計監査人の職務を行うべき者について準用する。

6　監査役会設置会社における第4項の規定の適用については、同項中「監査役」とあるのは、「監査役会」とする。

i 7　監査等委員会設置会社における第4項の規定の適用については、同項中「監査役」とあるのは、「監査等委員会」とする。

8　指名委員会等設置会社における第4項の規定の適用については、同項中「監査役」とあるのは、「監査委員会」とする。

❶329条1項
❷38条2項

終任により法定または定款所定の役員の員数が欠ける結果になった場合には、後任の役員を選任しなければなりません。任期満了・辞任により退任した役員は、後任者が就任するまで引き続き役員の権利義務があります。

→試験対策8章3節⑥【2】(3)

1　趣旨

後任の役員が選ばれるまでには、一定程度の時間を要するが、取締役等の役員がいないことを理由に会社の業務に差し支えては困る。そこで、特に終任した役員に対して留任義務を課した。

2　条文クローズアップ

1　欠員の場合の処置（1項）

終任により法定または定款所定の役員の員数が欠ける結果になった場

第346条 /537/

合には、後任の役員を選任しなければならない(976条22号参照)。しかも、その後任が選ばれるまでの間、任期満了・辞任により退任した役員は、後任者が就任するまで、なお役員としての権利義務を有する(留任義務〔346条1項〕)。「なお役員としての権利義務を有する」との文言は、役員の任期は伸長されるわけではないが、役員としての資格が継続するという意味と解すべきである。その間退任の登記はできない(判例)。　→判例セレクト

2 一時役員等の選任(2項、3項)

法定または定款所定の役員の員数が欠けた場合において、裁判所は、必要と認めるときは、利害関係人の申立てにより、一時役員としての職務を行うべき者(仮取締役等)を選任することができる(2項)。「前項に規定する場合」(2項)とは、役員の定員が欠けた場合という意味であり、必ずしも任期満了・辞任の場合にかぎられない。

裁判所が一時役員等を選任した場合は、一時役員等と会社との間に直接の契約がなされていないため、一時役員等に報酬が支払われない危険が生じる。これを回避するために、裁判所が報酬額を定めることができる(3項)。

3 一時会計監査人の選任(4項から8項まで)

会計監査人が欠けた場合に、遅滞なく会計監査人が選任されない場合は、一時会計監査人が選任されなければならない(4項)。この一時会計監査人に選任される者の資格等や解任については、会計監査人についての規定が準用される(5項)。一方で、この一時会計監査人の選任は、監査役設置会社では監査役、監査役会設置会社では監査役会、監査等委員会設置会社では監査等委員会、指名委員会等設置会社では監査委員会によってなされる(4項、6項から8項まで)。

		取締役	会計参与	監査役	会計監査人
職務執行停止・職務代行者		あり(民保23Ⅱ、24)			なし
役員等に欠員が生じた場合(※)	権利義務を有する者	取締役等に欠員が生じた場合には、欠員が補充されるまで、任期満了または辞任により退任した取締役等は、なお権利義務を有する(346Ⅰ)。その間、退任の登記ができない(最判昭43・12・24)。			会計監査人に欠員が生じた場合でも、任期満了または辞任により退任した会計監査人は、権利義務を有しない。
	一時その職務を行うべき者の選任	利害関係人の申立てにより、裁判所が選任する(346Ⅱ)。登記は嘱託による(937Ⅰ②イ)。			監査役、監査役会、監査等委員会または監査委員会は、遅滞なく、一時会計監査人の職務を行うべき者を選任しなければならない(346Ⅳ Ⅵ Ⅶ Ⅷ)。登記申請が必要(911Ⅲ⑳)。

※ 346条は、役員等につき欠員を生じた場合の措置について定めている。その他にも、①代表取締役につき351条1項、2項、②指名委員会等設置会社における、(ア)各委員会の委員につき401条2項、3項、(イ)執行役につき403条3項・401条2項、3項、(ウ)代表執行役につき420条3項・401条2項、3項に同様の定めがある。

役員の権利義務を有する者と退任登記

株式会社の取締役または監査役の任期満了または辞任による退任があっても、〔旧〕商法258条1項、280条1項〔会社法346条1項〕により、なお取締役または監査役の権利義務を有する場合には、その者が取締役または監査役の権利義務を有することを公示する必要があるから、登記事項の変更を生じないと解するのが相当である（最判昭43・12・24総則・商行為百選11事件）。

第347条（種類株主総会における取締役又は監査役の選任等）
B⁻

1　第108条第1項第9号に掲げる事項〔種類株主総会における取締役・監査役の選任に関する事項〕（取締役（監査等委員会設置会社にあっては、❶監査等委員である取締役又はそれ以外の取締役）に関するものに限る。）についての定めがある種類の株式を発行している場合における第329条第1項〔株主総会決議による役員等の選任〕、第332条第1項〔取締役の始期・終期、任期の短縮〕、第339条第1項〔総会決議による役員等の解任〕、第341条〔役員の選解任決議要件の特則〕並びに第344条の2第1項及び第2項〔監査等委員である取締役の選任に関する監査等委員会の同意等〕の規定の適用については、第329条第1項中「株主総会」とあるのは「株主総会（取締役（監査等委員会設置会社にあっては、監査等委員である取締役又はそれ以外の取締役）については、第108条第2項第9号に定める事項についての定款の定めに従い、各種類の株式の種類株主を構成員とする種類株主総会）」と、第332条第1項及び第339条第1項中「株主総会の決議」とあるのは「株主総会（第41条第1項の規定により又は第90条第1項の❷種類創立総会若しくは第347条第1項の規定により読み替えて適用する第329条第1項の種類株主総会において選任された取締役（監査等委員会設置会社にあっては、監査等委員である取締役又はそれ以外の取締役。以下この項において同じ。）については、当該取締役の選任に係る種類の株式の種類株主を構成員とする種類株主総会（定款に別段の定めがある場合又は当該取締役の任期満了前に当該種類株主総会において議決権を行使することができる株主が存在しなくなった場合にあっては、株主総会））の決議」と、第341条中「第309条第1項」とあるのは「第309条第1項及び第324条」と、「株主総会」とあるのは「株主総会（第347条第1項の規定により読み替えて適用する第329条第1項及び第339条第1項の種類株主総会を含む。）」と、第344条の2第1項及び第2項中「株主総会」とあるのは「第347条第1項の規定により読み替えて適用する

❶ 38条2項

❷ 84条

第329条第1項の種類株主総会」とする。
2　第108条第1項第9号に掲げる事項〔種類株主総会における取締役・監査役の選任に関する事項〕（監査役に関するものに限る。）についての定めがある種類の株式を発行している場合における第329条第1項〔株主総会決議による役員等の選任〕、第339条第1項〔総会決議による役員等の解任〕、第341条〔役員の選解任決議要件の特則〕並びに第343条第1項〔監査役選任議案を株主総会に提出する場合の監査役の同意〕及び第2項〔監査役の選任議題・議案の監査役による提案〕の規定の適用については、第329条第1項中「株主総会」とあるのは「株主総会（監査役については、第108条第2項第9号に定める事項についての定款の定めに従い、各種類の株式の種類株主を構成員とする種類株主総会）」と、第339条第1項中「株主総会」とあるのは「株主総会（第41条第3項において準用する同条第1項の規定により又は第90条第2項において準用する同条第1項の❷種類創立総会若しくは第347条第2項の規定により読み替えて適用する第329条第1項の種類株主総会において選任された監査役については、当該監査役の選任に係る種類の株式の種類株主を構成員とする種類株主総会（定款に別段の定めがある場合又は当該監査役の任期満了前に当該種類株主総会において議決権を行使することができる株主が存在しなくなった場合にあっては、株主総会））」と、第341条中「第309条第1項」とあるのは「第309条第1項及び第324条」と、「株主総会」とあるのは「株主総会（第347条第2項の規定により読み替えて適用する第329条第1項の種類株主総会を含む。）」と、第343条第1項及び第2項中「株主総会」とあるのは「第347条第2項の規定により読み替えて適用する第329条第1項の種類株主総会」とする。

非公開会社において、定款の定めに従って、取締役・監査役の選任について内容の異なる株式を発行する場合には、種類株主総会で、取締役・監査役の選任・解任などが行われます。

→試験対策8章3節6【5】

1 趣旨

本条は、取締役または監査役の選任にかかる種類株式を発行している会社における、取締役または監査役の選任等についての規定を、種類株式の性質上必要な範囲で読み替えたものである。この読替えにより、取締役または監査役の選解任を通常の株主総会で行うのではなく、当該種類株式の種類株主による種類株主総会で行うことを義務づけた。

2 条文クローズアップ

1　取締役の選任に関する種類株式が発行されている場合（1項）

以下のものが、読替えの対象となっている。
① 取締役の選解任についての規定(329条1項、339条1項)
② 取締役の任期の短縮についての規定(332条1項)
③ 取締役の選解任の決議についての定足数の規定(341条1項)
④ 監査等委員会である取締役の選任に関する議案等についての同意権・提案権の規定(344条の2第1項、第2項)

2　監査役の選任に関する種類株式が発行されている場合(2項)
以下のものが、読替えの対象となっている。
① 監査役の選解任についての規定(329条1項、339条1項)
② 監査役の選解任の決議についての定足数の規定(341条1項)
③ 監査役の選任に関する議案等についての同意権・提案権の規定(343条1項、2項)

■第4節　取　締　役

■総　　説

→試験対策8章4節①

　取締役(機関の場合と取締役会の一構成員にすぎない場合とがある)・取締役会・代表取締役について説明するが、その前提として、会社の業務執行と代表について、取締役会非設置会社、取締役会設置会社、指名委員会等設置会社、監査等委員会設置会社に分けて概観する。

1　取締役会非設置会社の場合

→試験対策8章4節①【1】

(1)　会社の業務執行
　各取締役が業務を執行するのが原則であるが(348条1項。定款で別段の定めをすることができる)、取締役が2人以上ある場合には、会社の業務は、取締役の過半数をもって決定する(348条2項。定款で別段の定めをすることができる。なお3項、4項)。

(2)　会社の代表
　各取締役が単独で会社を代表するのが原則(**各自代表の原則**)であるが(349条1項本文、2項。全員が代表取締役になる)、ほかに代表取締役その他会社を代表する者を定めることができ、その場合には、その者が会社を代表する(349条1項ただし書)。代表取締役を定める場合は、取締役のなかから、定款、定款の定めに基づく取締役の互選または株主総会の決議によって定めることができる(349条3項)。

2　取締役会設置会社の場合

→試験対策8章4節①【2】

(1)　会社の業務執行
　取締役は、その全員で取締役会を構成し、取締役会が会社の業務執行その他株主総会の権限以外の事項について会社の意思を決定する(362条2項1号)。したがって、取締役は、取締役会の一構成員にすぎない。

(2)　会社の代表
　取締役会は、取締役のなかから代表取締役を選定し(362条2項3号、3項)、代表取締役が、業務の執行をし、対外的に会社を代表する。

日常の業務(会社事業の通常の経過から生ずる事項)の決定は、取締役会から代表取締役に委ねることが認められるし、取締役会が招集に応じて会合する機関にすぎないことから、代表取締役に当然委任されたものと推定すべきである。また、一般の取締役に業務執行を委ねることもできる。この場合には、その取締役はそのかぎりで業務執行をすることになるが、業務執行権限はあくまで対内的な関係で付与されるにすぎない。

3　指名委員会等設置会社の場合

→試験対策 8 章 4 節①【3】

　指名委員会等設置会社の取締役は、会社法または会社法に基づく命令に別段の定めがある場合を除き、指名委員会等設置会社の業務を執行することができない(415条)。その趣旨は、監督と執行とを制度的に分離する点にある。このような趣旨にかんがみ、業務執行取締役や使用人兼務取締役は認められない(331条4項)。ただし、取締役が執行役を兼任することは認められる(402条6項)。

　取締役会の機能は監督が中心となるため、取締役会の権限も、原則として基本事項の決定、委員会メンバーの選任監督、執行役の選任監督等に限定され(400条2項、402条2項、416条1項)、一定事項を除いて、業務決定の権限を執行役に委譲することができる(416条4項)。取締役会は基本的事項の決定と業務執行の監督を行い、執行役が業務を執行し(418条2号)、代表執行役が会社を代表する(420条3項・349条4項)。

4　監査等委員会設置会社の場合

→試験対策 8 章 4 節①【4】
→平成26年改正

　監査等委員会設置会社も取締役会設置会社であるから、指名委員会等設置会社とは異なり、原則として、取締役会が、会社の業務執行その他株主総会の権限以外の事項について会社の意思を決定し(399条の13第1項、第2項)、代表取締役が、業務の執行をし(363条1項1号)、対外的に会社を代表する(349条1項ただし書、4項)。

　ただし、社外取締役が過半数である場合(399条の13第5項)または定款で定めた場合(399条の13第6項)には、監督と執行を分離することが認められる。すなわち、その場合には、取締役会の権限を基本的事項の決定に限定し、一定事項を除いて、業務執行の権限を取締役に委譲することができる。

5　会社・取締役間の訴訟における会社代表者

　1から**4**までの例外として、会社・取締役間の訴訟において会社を代表する者は、株主総会で定めることができる(353条。取締役会設置会社では、株主総会の定めがある場合を除き、取締役会で代表する者を定めることができる〔364条〕)。

　ただし、監査役設置会社においては監査役が代表し(386条)、監査等委員会設置会社では監査等委員会が選定する監査等委員または取締役会が定める者等が代表し(399条の7)、指名委員会等設置会社では監査委員会が選定する監査委員または取締役会が定める者が代表する(408条)。

	取締役会設置会社以外の会社	取締役会設置会社	指名委員会等設置会社	監査等委員会設置会社
会社の業務執行	・原則：各取締役（348Ⅰ） ・2人以上いる場合は、過半数で決定（348Ⅱ） ・それぞれについて、定款で別段の定めをすることができる（348Ⅰ、Ⅱ）	・取締役会が意思決定し（362Ⅱ①）、代表取締役が執行（363Ⅰ①）。なお、② ・代表取締役への決定委任に、一定の制限（362Ⅳ各号）	・執行役（418②） ・業務執行の決定は取締役会（416Ⅰ①）、執行役への委任には一定の制限（416Ⅳ）	・取締役会が意思決定し（399の13Ⅰ、Ⅱ）、代表取締役が執行（363Ⅰ①）。なお、② ・代表取締役への決定委任に、一定の制限（399の13Ⅳ各号） ・ただし、一定の場合（399の13Ⅴ、Ⅵ）には一定の制限（399の13Ⅴ各号）を除き、取締役に業務執行の決定を委任可能
会社の代表	・原則：各取締役（349条Ⅰ本文、Ⅱ） ・代表取締役等を定めた場合はその者（349Ⅰただし書）	・代表取締役（349Ⅰただし書、Ⅳ、362Ⅱ③、Ⅲ）	・代表執行役（420Ⅲ・349Ⅳ）	・代表取締役（349Ⅰただし書、Ⅳ、399の13Ⅰ③、Ⅲ）

司 H24-43-ウ
第348条（業務の執行）　B⁺

1　取締役は、定款に別段の定めがある場合を除き、❶株式会社（取締役会設置会社を除く。以下この条において同じ。）の業務を執行する。
2　取締役が2人以上ある場合には、❶株式会社の業務は、定款に別段の定めがある場合を除き、取締役の過半数をもって決定する。
3　前項の場合には、取締役は、次に掲げる事項についての決定を各取締役に委任することができない。
　① 支配人の選任及び解任
　② 支店の設置、移転及び廃止
　③ 第298条第1項各号（第325条〔種類株主総会への準用〕において準用する場合を含む。）に掲げる事項〔株主総会を招集する場合の決定事項〕
　④ 取締役の職務の執行が法令及び定款に適合することを確保するための体制その他株式会社の業務並びに当該株式会社及びその子会社から成る企業集団の業務の適正を確保するために必要なものとして法務省令で定める体制の整備
　⑤ 第426条第1項の規定による定款の定め〔取締役等による免除に関する定款の定め〕に基づく第423条第1項の責任〔役員等の株式会社に対する損害賠償責任〕の免除
4　大会社においては、取締役は、前項第4号に掲げる事項を決定しなければならない。

❶定

取締役会設置会社以外の会社の業務執行は各取締役が行うのが原則ですが、定款で別段の定めをおくこともできます。取締役が2人以上いるならば取締役の過半数で業務を決します。

→試験対策8章4節[2]【2】(2)

1 趣旨

機関設計を基本的に自由とする観点から、公開会社でない株式会社等一定の場合には取締役会の設置を任意とし、設置しない場合には各取締役が業務執行を行うこととした。

2 条文クローズアップ

1 会社の業務執行(1項)

(1) 業務の執行
　各取締役が業務執行を行う。定款で別段の定めをおくこともできる。

(2) 取締役会非設置会社の場合
　取締役会非設置会社の取締役は、会社の業務を執行し、原則として会社を代表することを任務とし、常時活動状態にある独任制の法定の必要的機関である。
　このように取締役会非設置会社の取締役は、取締役会設置会社の代表取締役と同様に独任制の機関であり、複数の取締役で構成される合議制の機関である取締役会とは異なる。たとえ複数の取締役が選任される場合であっても、その1人1人が別個の取締役という機関を構成する。

2 取締役が2人以上いる場合(2項)

取締役が2人以上いる場合には、会社の業務は取締役の過半数で決する。定款で別段の定めをおくこともできる。

3 各取締役に委任できない事項(3項)

(1) 支配人の選任・解任(1号)
(2) 支店の設置・移転・廃止(2号)
(3) 株主総会の招集決定(3号)
(4) 内部統制システムの構築(4号)
　4号の「株式会社の業務並びに……企業集団の業務の適正を確保する……体制」とは、以下のものをいう。
　①取締役の職務の執行にかかる情報の保存および管理に関する体制(会社施規98条1項1号)
　②損失の危険の管理に関する規程その他の体制(会社施規98条1項2号)
　③取締役の職務の執行が効率的に行われることを確保するための体制(会社施規98条1項3号)
　④使用人の職務の執行が法令および定款に適合することを確保するための体制(会社施規98条1項4号)
　⑤会社法施行規則98条1項5号イからニまでの体制その他の当該株式会社ならびにその親会社および子会社からなる企業集団における業

務の適正を確保するための体制

　また、近年、株式会社とその子会社からなる企業集団による経営が普及したことを受けて、⑤のうち、当該株式会社ならびにその子会社からなる企業集団に関する内部統制システムの構築については、法務省令である会社法施行規則のみならず法律である会社法においても規定することとなった(会社348条3項4号)。

　株式会社のうち、大会社については、その活動が社会に与える影響が大きいことから、適切なガバナンス(企業統治の仕組み)の確保が特に重要であると考えられる。また、最近の企業不祥事の事例にかんがみても、各会社において自社の適正なガバナンスを確保するための体制を整備することの重要性はいっそう増しているといえる。そこで、大会社については内部統制システムの構築を義務とした(4項)。

(5) **損害賠償責任の免除(5号)**

　取締役等による免除に関する定款の定め(426条1項)に基づいて、役員等の株式会社に対する損害賠償責任(423条1項)を免除することができる。

司 H25-44-オ、H22-44-ウ、H21-45-4、H18-45-ア

第349条（株式会社の代表）　A

1　取締役は、株式会社を代表する。ただし、他に❶代表取締役その他株式会社を代表する者を定めた場合は、この限りでない。
2　前項本文の取締役が2人以上ある場合には、取締役は、各自、株式会社を代表する。
3　株式会社(取締役会設置会社を除く。)は、定款、定款の定めに基づく取締役の互選又は株主総会の決議によって、取締役の中から❶代表取締役を定めることができる。
4　❶代表取締役は、株式会社の業務に関する一切の裁判上又は裁判外の行為をする権限を有する。
5　前項の権限に加えた制限は、善意の第三者に対抗することができない。

❶47条1項

　取締役は、ほかに代表取締役その他株式会社を代表する者を定めた場合を除き、株式会社を代表します。取締役が複数いる場合には、各自が株式会社を代表します。代表取締役は、株式会社の業務に関するいっさいの裁判上または裁判外の行為をする権限をもち、この権限に制限を加えても善意の第三者に対抗することができません。

→試験対策8章4節⑤

1　趣旨

　取締役の業務執行は対内的なものと対外的なものがある。そして、取締役の対外的業務執行が当該会社の行為とされるためには、取締役の行

為が会社の代表権を有する機関による行為となる必要がある。そこで、本条は、会社の代表権の帰属（1項、2項）とその範囲（4項）を定め、取締役が会社の代表となるという株式会社の原則（1項本文）と例外（1項ただし書、3項）を定めた。そして、代表権の範囲を内部的に制限した場合に、この制限を知らない取引の相手方を保護する必要が生じるため、第三者保護規定を設けた（5項）。

2 条文クローズアップ

1 株式会社の代表

(1) 各自代表の原則

取締役会設置会社以外の会社では、各取締役が会社を代表する（1項本文、2項）。

(2) 例外

「他に代表取締役その他株式会社を代表する者を定めた場合」は、その者が会社を代表する（1項ただし書）。この「場合」とは、①取締役会設置会社以外の会社において、3項に従い特に代表取締役を定めた場合、②取締役会設置会社において代表取締役を選定した場合（362条2項3号、取締役会設置会社では代表取締役の選定は義務である）、③裁判所が、「一時代表取締役の職務を行うべき者」（351条2項）や「代表取締役の職務を代行する者」を定めた場合（352条1項）をいう。

→362条③参照

2 権限

(1) 代表権

(a) 原則

代表取締役は、株式会社の業務に関するいっさいの裁判上または裁判外の行為をする権限を有する（349条4項）。その権限に加えた制限は善意の第三者に対抗することができない（5項）。

→試験対策8章4節⑤【4】(1)(a)

(b) 代表権の濫用

（i）意義

代表取締役の代表権の範囲は、取引の安全を確保するため、客観的抽象的に判断される。そして、そのような代表権の範囲内で、代表取締役が、自己または第三者の経済的利益を図るために代表行為をした場合を代表権の濫用という。

（ii）代表権の濫用の効力

代表取締役が代表権を濫用してなした行為の効力をいかに解すべきかについては争いがある。この点について、代表行為自体は株式会社の行為として有効であるが、ただ、相手方が権限濫用の事実について悪意であることを株式会社が立証した場合に、その行為によって取得した権利を株式会社に対して主張することは、信義則（民1条2項）に反し、または権利濫用（民1条3項）として許されないとする説（権利濫用説）がある。

→論
→試験対策8章4節⑤【4】(1)(a)Q₂
→神田[17版]220頁

しかし、判例は、代表取締役が自己の利益のために表面上株式会

→362条判例セレクト1

社の代表者として法律行為をした場合において、相手方が代表取締役の真意(重過失は悪意と同視)を知り、または知りうべきものであったときは、民法93条ただし書の規定を類推して、その行為は無効としている(心裡留保説)。

(c) 代表取締役の不法行為
　代表取締役が職務を行うについてなした不法行為については、代表取締役が個人としての責任を負う(判例)ほか、会社も責任を負う(会社350条)。

(d) 会社・取締役間の訴訟における会社代表者
　(i) 業務監査権限を有する者が存する会社
　　会社と取締役との間の訴訟における会社の代表者について、監査役設置会社においては、監査役が代表し(386条1項)、監査等委員会設置会社においては、監査等委員会が選定する監査等委員または取締役会が定める者等が代表し(399条の7第1項)、指名委員会等設置会社では、監査委員会が選定する監査委員または取締役会が定める者等が代表する(408条1項)。
　(ii) 業務監査権限を有する者が存しない会社
　　業務監査権限を有する者が存しない会社においては、原則として、会社と取締役との間の訴訟についても通常の訴訟と同様に代表取締役が会社を代表することとし、ただし、取締役会非設置会社においては株主総会(取締役会設置会社では株主総会または取締役会)において特に会社を代表する者を定めることができることとしている(353条、364条)。

(2) 決議に基づかない代表取締役の行為の効力
　株主総会または取締役会の決議に基づかないでなした代表取締役の行為の効力をどのように解すべきかが問題となる(瑕疵ある決議を含む。なお、決議が不存在・無効の場合も同じである)。
　この問題は、その行為を無効とすることによって守られる会社の利益と、代表取締役の行為を代表行為として有効であると信じて行為をした第三者の利益とを比較衡量して決すべきである。結局は、事項ごとに個別的に検討していくしかない。

(a) 株主総会の決議に基づかない代表取締役の行為の効力
　法令によって株主総会の決議事項とされているものについてみると、この事項は、第三者にとっては決議が法律上必要なことは当然知るべき事項であると考えられる。そして、法令によって株主総会の決議事項とされているのだから、当然会社にとっては重要事項であると考えられる。そこで、株主総会の決議に基づかない代表取締役の行為は、会社の利益にかんがみ、原則として無効と解すべきである。たとえば、①事業の譲渡(467条1項1号、2号)や②事後設立(467条1項5号)などは無効と解されている。
　しかし、⑦公開会社における株主総会の特別決議を欠く第三者に対

する募集株式の有利発行(199条3項、201条1項、199条2項、309条2項5号)は有効と解すべきである(判例)。また、④新株予約権(新株予約権付社債)についても、有効と解される。

→最判昭40・10・8民集19-7-1745
→828条判例セレクト2(4)(a)

これに対して、定款によって株主総会の決議事項とされたが決議を欠く場合には、法令によって株主総会の決議事項とされた場合とは異なり、代表権の内部的制限(349条5項)に対する違反として処理すべきである。

(b) **取締役会の決議に基づかない代表取締役の行為の効力**
　(i) 株式会社の内部行為の場合
　　①株主総会の招集(298条4項)、②支配人の選任(362条4項3号)等は、会社内部の業務執行あるいは会社とその期間との間の行為であるから取引の安全を考慮する必要がなく、取締役会の決議に基づかない代表取締役の行為は当然に無効であると解される。無効と解しても、支配人等の行為について、善意の相手方の保護は不実の登記の効力(908条2項)、表見支配人(13条)の規定により図られうる。
　(ii) 公開会社における募集株式の発行
　　公開会社における取締役会の決議を欠く募集株式の発行等については、取引の安全を図るためにも有効と解すべきである(判例)。

→828条判例セレクト2(2)

　(iii) 取締役会の決議を欠く代表取締役の取引行為
　　取締役会の決議を欠く代表取締役の(個別的)取引行為、特に「重要な財産の処分及び譲受け」(362条4項1号)、「多額の借財」(362条4項2号)の効力については争いがある。

→論
→試験対策8章4節⑤【4】(2)(b)Q_3
→神田[17版]222頁

　　この点について、代表取締役は、代表権限の範囲内では有効に株式会社を代表して行為できるのであって、取締役会の決議は内部的意思決定の手続であるから、その手続を欠いても代表行為の効力に影響はない。ただし、相手方が手続を欠いていることに悪意の場合には、悪意の第三者がその権利を主張することは信義則(民1条2項)違反または権利濫用(民1条3項)であって、株式会社は一般悪意の抗弁をもって権利行使を拒否できるとする説がある。
　　しかし、判例は、民法93条ただし書を類推適用し、取締役会の決議を経ない代表取締役の業務執行行為は、内部的意思決定を欠くにとどまるから、原則として有効であるが、相手方が決議を経ていないことを知りまたは知りうべかりしときは無効であるとしている(心裡留保説)。そして、無効の主張は、原則として株式会社のみが可能である(判例)。

→362条判例セレクト2(1)

(3) **業務執行**
　代表取締役は、会社内外の業務執行をし(会社363条1項1号)、株主総会・取締役会(取締役会設置会社の場合)の決議を実行に移すとともに、日常の事務等、取締役会から委譲された事項を決定し、執行する。

→362条判例セレクト2(2)
→神田[17版]222頁

> 判例セレクト
> 1　代表権の濫用
> 2　株式会社の代表取締役が取締役会の決議を経ないでした対外的な個々的取引行為の効力

→362条判例セレクト1
→362条判例セレクト2(1)

第350条（代表者の行為についての損害賠償責任）　B⁺
株式会社は、❶代表取締役その他の代表者がその職務を行うについて第三者に加えた損害を賠償する責任を負う。

❶47条1項

株式会社は、代表取締役その他の代表者がその職務を行うことで第三者に与えた損害の損害賠償責任を負います。

→試験対策8章4節⑤【4】(1)(b)

1　趣旨

本条は、代表者の行為による会社の責任（報償責任）を定めたものである。すなわち、代表取締役その他代表者が民法709条の不法行為責任を負う場合には、会社の第三者に対する損害賠償責任が認められることとなる。このとき、代表者と会社は不真正連帯債務の関係になるため、損害を受けた第三者は代表者の資力の有無に関係なく、会社に責任を追及することができる。よって、本条は第三者の保護を図る規定といえる。

2　条文クローズアップ

1　代表取締役の不法行為
代表取締役が職務を行うについてなした不法行為については、代表取締役が個人としての責任を負う（判例）ほか、会社も責任を負う（350条）。

→362条判例セレクト7

2　使用者責任（民715条）との関係
会社法350条は、代表取締役その他の代表者がその職務を行うについて第三者に損害を与えた場合には、会社がその第三者に対して損害賠償責任を負うことを定めた規定である。他方、民法715条は、他人に使用される者（被用者）が、その他人（使用者）の事業を執行するにつき、第三者に損害を加えた場合、使用者またはこれに代わる代理監督者もその第三者に対して損害賠償責任を負うことを定めた規定である。
会社法350条と民法715条が他人の行為による責任という点で共通するため、両者の関係が問題となるところ、会社法350条は、代表者の行為による会社の責任であり、被用者の行為による使用者の責任である民法715条とは区別される。すなわち、会社法350条は、代表者の行為による責任であるが、会社自体が民法709条により直接責任を負う場合（企業責任）もありうるのであり、その意味でも使用者責任とは区別されるのである。そのため、損害を受けた第三者は、会社法350条によっても、民

法715条によっても、会社に対して損害賠償を請求することができる。

> 📖H24-43-オ、H18-45-オ。📗H26-30-オ
> **第351条（代表取締役に欠員を生じた場合の措置） B**
> 1 ❶代表取締役が欠けた場合又は定款で定めた代表取締役の員数が欠けた場合には、任期の満了又は辞任により退任した代表取締役は、新たに選定された代表取締役（次項の一時代表取締役の職務を行うべき者を含む。）が就任するまで、なお代表取締役としての権利義務を有する。
> 2 前項に規定する場合において、裁判所は、必要があると認めるときは、利害関係人の申立てにより、一時❶代表取締役の職務を行うべき者を選任することができる。
> 3 裁判所は、前項の一時❶代表取締役の職務を行うべき者を選任した場合には、株式会社がその者に対して支払う報酬の額を定めることができる。

❶47条1項

代表取締役に欠員を生じた場合には、任期の満了または辞任によって退任した代表取締役は新たに選定された代表取締役が就任するまで、なお代表取締役としての権利義務があります。

→試験対策8章4節⑤【3】

1 趣旨

後任の代表取締役が選ばれるまでには一定程度の時間を要するが、代表取締役に欠員が生じたことを理由に会社の業務に差し支えては困る。そこで、特に終任した代表取締役に対して留任義務を課した。

2 条文クローズアップ

1 欠員の場合の処置（1項）

代表取締役に欠員が出た場合の処置は、役員等に欠員を生じた場合の処置（346条1項）と同様である。

→346条②1

2 一時代表取締役の選任（2項、3項）

一時代表取締役の選任は、一時役員等の選任（346条2項、3項）と同様である。

→346条②2

> **第352条（取締役の職務を代行する者の権限） B**
> 1 民事保全法（平成元年法律第91号）第56条に規定する仮処分命令〔法人代表者等の職務代行者選任に関する仮処分命令〕により選任された取締役又は❶代表取締役の職務を代行する者は、仮処分命令に別段の定めがある場合を除き、株式会社の常務に属しない行為をするには、裁判所の許可を得なければならない。

❶47条1項

> 2　前項の規定に違反して行った取締役又は❶代表取締役の職務を代行する者の行為は、無効とする。ただし、株式会社は、これをもって善意の第三者に対抗することができない。

取締役の職務を代行する者の権限は、裁判所の許可がある場合を除いて、株式会社の通常の業務に属する行為のみにかぎられます。

→試験対策 8 章 3 節⑥【4】

1　趣旨

取締役選任決議の取消しの訴え等が提起された場合に当該取締役が職務を執行し続けることは適当でないため、仮処分命令によって取締役や代表取締役の職務を代行する者(職務代行者)を選任する制度(民保23条2項、56条)が設けられている。本条は、職務代行者が暫定的な地位であることから、その権限を原則として常務に属する行為に限定した(会社352条1項)。また、職務代行者の行為の常務該当性や権限の許可の有無につき、第三者には判断が困難なため、第三者保護規定を設けた(2項)。

2　条文クローズアップ

1　常務の意義

常務とは、株式会社として日常行われるべき通常の業務をいう。たとえば、製造会社がその製品を製造・販売することはもちろん、適量な原料の購入、従業員の雇用等は常務にあたるといえる。しかし、支店の設置・廃止、多額の借財・貸付・投資等は常務とはいえないと解される。

2　常務に属さない行為

職務代行者は、常務に属さない行為は裁判所の許可なくしては行うことができない(1項)。ただし、1項の規定に反して職務代行者が職務を行った場合には、株式会社は善意の第三者に対抗できない(2項)。

1　職務執行停止仮処分の効力

仮処分により代表取締役の職務の執行を停止された者が代表者としてなした行為は無効であって、後に仮処分が取り消されても、さかのぼって有効となるものではない(最判昭39・5・21民集18-4-608)。

2　株式会社の取締役に対する職務執行停止代行者選任の仮処分後、その取締役が辞任し後任の取締役が選任された場合における代表取締役の選任および代表取締役の権限の行使

株式会社の取締役全員の職務の執行を停止しその代行者を選任する仮処分の裁判があった後、その取締役全員が辞任し、後任の取締役が選任された場合において、代表取締役が欠けているときは、その後任取締役が構成する取締役会の決議をもって代表取締役を定めることができるが、その代表取締役は、仮処分の存続中は、その権限を行使することが

第352条

できない(最判昭45・11・6判例シリーズ51事件)。

→会社法百選48事件

3 少数株主の請求に基づく取締役解任を目的とする臨時総会の招集と〔旧〕商法271条〔会社法352条〕の会社の常務

取締役の解任を目的とする臨時総会の招集は、少数株主による招集請求に基づくときでも、〔旧〕商法271条〔会社法352条〕にいう会社の常務に属さない(最判昭50・6・27会社法百選49事件)。

4 代表取締役の職務執行停止および職務代行者選任の仮処分がされた場合にその本案訴訟において会社を代表すべき者

株主総会における取締役選任決議の無効確認請求訴訟を本案とする代表取締役の職務執行停止および職務代行者選任の仮処分がされた場合に、本案訴訟において会社を代表すべき者は、職務の執行を停止された代表取締役ではなく、代表取締役職務代行者である(最判昭59・9・28民集38-9-1121)。

📖 H27-30-オ

第353条(株式会社と取締役との間の訴えにおける会社の代表) B⁺

第349条第4項の規定〔代表権の範囲の規定〕にかかわらず、株式会社が取締役(取締役であった者を含む。以下この条において同じ。)に対し、又は取締役が株式会社に対して訴えを提起する場合には、株主総会は、当該訴えについて株式会社を代表する者を定めることができる。

→試験対策8章4節①【5】

代表取締役は、株式会社の業務に関するいっさいの裁判上の行為をする権限をもっていますが、会社と取締役との間の訴訟については、株主総会は、会社を代表する者を代表取締役とは別に定めることができます。

1 趣旨

会社と取締役との間の訴訟においては、訴訟の相手方が同僚の取締役であることから、代表取締役が、会社の利益よりも相手方取締役の利益を優先させる馴れ合い訴訟により会社の利益を害するおそれがあり、これを防止する必要がある。そこで、株主総会において、会社を代表する者を代表取締役とは別に定めることができることとした。

2 条文クローズアップ

1 業務監査権限を有する者が存しない場合の会社の代表

会社の業務に関する裁判については、原則として代表取締役が会社を代表する(349条4項)。もっとも、会社と取締役との間の訴訟については、馴れ合い訴訟防止のため、株主総会が会社を代表する者を定めることができる(353条)。なお、取締役会設置会社において、株主総会で会

社を代表する者を定めなかった場合には、取締役会が会社を代表する者を定めることができる(364条)。

2 業務監査権限を有する者が存する場合の会社の代表

349条4項、353条および364条の規定にかかわらず、会社と取締役との間の訴訟における会社の代表者について、監査役設置会社においては、監査役が代表し(386条1項)、監査等委員会設置会社においては、監査等委員会が選定する監査等委員または取締役会が定める者等が代表し(399条の7第1項)、指名委員会等設置会社では、監査委員会が選定する監査委員または取締役会が定める者等が代表する(408条1項)。

司H25-44-ア・イ。予H26-20-全

第354条（表見代表取締役）　A

株式会社は、❶代表取締役以外の取締役に社長、副社長その他株式会社を代表する権限を有するものと認められる名称を付した場合には、当該取締役がした行為について、善意の第三者に対してその責任を負う。

❶47条1項

会社は、代表取締役以外の取締役に社長等の会社を代表する権限があると誤認させる名称を与えた場合には、その取締役がした行為につき、善意の第三者に責任を負わなければなりません。

→試験対策8章4節⑤【5】

1 趣旨

代表取締役の氏名および住所は登記事項である(911条3項14号)。しかし、代表取締役としての登記がなされていなくても、代表権が与えられていることがありうる。また、社長、副社長等の、通常代表取締役に付されている名称が付された取締役は、たとえ代表取締役でなくても、外部の者が代表取締役であると誤認しやすい。そこで、このような外観を信頼した者を保護するため、表見代表取締役の行為について、会社は善意の第三者に対して責任を負うこととした。

→試験対策8章4節⑤【5】(1)

2 条文クローズアップ

1 意義

表見代表取締役とは、社長、副社長その他株式会社を代表する権限を有するものと認められる名称を付されているが、代表権を有しない取締役をいう。

2 要件

(1) 外観の表示(外観の存在)

本条に列挙されている名称のほか、「その他株式会社を代表する権限を有するものと認められる名称」には、総裁、副総裁、頭取、副頭取、理事長、代表取締役代行者(判例)等が含まれる。取締役会長がこれに含

→試験対策8章4節⑤【5】(2)(a)

→判例セレクト1(2)

まれるか若干の争いがあるが、実際上社長と並んで取締役会長を代表取締役とする事例もまれでないから、これに含まれると解する(裁判例)。

本条は、取締役の地位を前提とする(「代表取締役以外の取締役に」)ので、会社の使用人には直接適用できない。しかし、外観への信頼を保護するという本条の趣旨に照らし、会社の使用人にも類推適用されると解すべきである(判例)。

→判例セレクト1 (1)

→判例セレクト4 (1)

(2) **会社の帰責原因(外観への寄与)――「付した」**
会社がその名称使用を許諾したことをさす。もっとも、その許諾は明示的でなくてもよく、会社が黙示的に認めた場合も含まれる(判例・通説)。黙示的に認めた場合とは、代表取締役の少なくとも1人が知っていることを意味すると解すべきである。会社に帰責原因があるというためには、会社の事業に関する包括的な業務執行権を有する代表取締役が知っていることが必要であると解するのが自然だからである。

なお、当該行為者が勝手に名称を使用した場合は含まれない。

→試験対策8章4節⑤【5】(2)(b)
→最判昭42・4・28民集21-3-796

(3) **外観の信頼(外観への信頼)――「善意」・無重過失**
「善意」とは、代表行為をした表見代表取締役につき代表権限のないことを知らないことをいう。そして、判例は、第三者は善意であれば足りその無過失は不要であるとする。商取引の大量・迅速性に基づく取引安全強化の要請により、外観を信頼した者の主観的要件を緩和する必要があるからである。

→論
→試験対策8章4節⑤【5】(2)(c)
→神田[17版]220～221頁
→判例セレクト2 (1)

もっとも、重過失は悪意と同視できるため、相手方は重過失がないことが必要であると解すべきである。判例も、重過失により、その代表権の不存在を知らない第三者に対して株式会社は責任を負わないとする。そして、相手方の悪意・重過失の存在は、株式会社が立証しなければならないと解する。

→判例セレクト2 (2)

代表取締役か否かは登記簿を調べればわかるが(911条3項14号参照)、第三者が登記簿の閲覧・調査を怠っても重過失があるとはいえない。商取引の性質上、そのつど登記簿の調査を要求するのは、妥当でないからである。しかし、代表取締役かどうかを疑うに足りる相当の理由がある場合には、登記簿の調査・株式会社への確認を怠るならば、重過失があるものとして354条による保護を受けない。

3 効果「その責任を負う」

「その責任を負う」とは、表見代表取締役の行為があたかも代表権のある取締役の行為と同様に会社に対して効果が生じ、これにより会社が義務を負うと同時に権利をも取得するということである。

→試験対策8章4節⑤【5】(3)

4 354条と908条1項との関係

354条では、通常代表取締役に付される名称を付された取締役の行為について、善意の第三者に対して責任を負うとされるが、代表取締役の氏名は登記事項とされるので(911条3項14号)、908条1項により悪意が擬制され、会社は代表取締役でないことをすべての第三者に対抗できそうである。そこで、表見代表取締役に関する354条と908条1項との関係

→論
→試験対策8章4節⑤【5】(4)Q₄
→908条②2(2)(b)

が問題となる。

　この点について、354条と908条1項とは次元の異なる規定であるとする見解もあるが、異なる次元という意味は明確ではない。通説は、354条は908条1項の例外規定であり、908条1項の登記がなされていても、第三者の悪意は擬制されないと解する（例外説）。

1　「代表する権限を有するもの」と認められるべき名称
(1)　取締役会長は表見代表取締役にあたる（東京地判昭48・4・25判時709-90）。
(2)　代表取締役代行者なる名称は、〔旧〕商法262条〔会社法354条〕にいう会社を代表する権限を有するものと認めるべき名称に該当する（最判昭44・11・27民集23-11-2301）。

2　主観的要件
(1)　表見代表取締役の行為につき会社が責任を負うためには、第三者が善意であれば足り、その無過失を要しない（最判昭41・11・10民集20-9-1771）。
(2)　会社は、〔旧〕商法262条〔会社法354条〕所定の表見代表取締役の行為につき、重大な過失によりその代表権の欠缺を知らない第三者に対しては、責任を負わない（最判昭52・10・14判例シリーズ52事件）。

→会社法百選50事件

3　適用範囲
(1)　会社名義で振り出された約束手形につき、手形面上に会社代表者として表示されている者に代表権はあるが、上記代表者の記名押印をした者に代表権がない場合であっても、会社が後者に対して常務取締役等会社を代表する権限を有するものと認められる名称を与えており、かつ、手形受取人が後者の代表権の欠缺につき善意であるときは、後者が自己の氏名を手形面上に表示した場合と同様、会社は手形金支払の責めを負う（最判昭40・4・9民集19-3-632）。
(2)　民法109条、〔旧〕商法262条〔会社法354条〕は、取引の相手方を保護するための規定であるから、訴訟手続において会社を訴訟上代表する権限を有する者を定めるにあたっては、適用されない（最判昭45・12・15民事訴訟法百選18事件）。

4　類推適用
(1)　会社の使用人が社長の承認のもとに会社の金員借入れの交渉につき常務取締役の名称を使用している場合には、会社は〔旧〕商法262条（会社法354条）の類推適用により、上記の者のした金員借入れにつき善意の第三者に対してその責めを負う（最判昭35・10・14民集14-12-2499）。
(2)　代表取締役に通知しないで招集された取締役会で代表取締役に選任〔選定〕された取締役が、その選任〔選定〕決議に基づいて代表取締役の職務を行ったときは、上記選任〔選定〕決議が無効な場合でも、会社は、〔旧〕商法262条〔会社法354条〕の類推適用によって、善意の第三者に対してその責めに任ずる（最判昭56・4・24判時1001-110）。

第355条（忠実義務）　A
取締役は、法令及び定款並びに株主総会の決議を遵守し、株式会社のため忠実にその職務を行わなければならない。

取締役は、法令および定款ならびに株主総会の決議をよく守り、株式会社のため忠実にその職務を行わなければなりません。

→試験対策8章4節⑥【1】

1 趣旨

本条の趣旨は、善管注意義務(民644条)を会社法上の強行規定とすることを明らかにする点にある。また、この忠実義務に違反する場合は、取締役は会社法423条1項の任務懈怠に基づく損害賠償責任を負うことから、これを回避しようと取締役が忠実に職務を全うすることで、会社経営の健全性を確保することができる。

2 条文クローズアップ

1 善管注意義務と忠実義務との関係

本条は、取締役の一般義務として**忠実義務**を規定する。一方、会社・取締役間の関係は委任に関する規定に従うから、取締役は受任者として会社に対し善管注意義務を負う(330条、民644条)。そこで、この**善管注意義務**と忠実義務との関係が問題となる。この点、忠実義務は取締役に課される善管注意義務を敷えんし、かつ、明確化したものにすぎないと解するのが判例・通説である。

→論
→試験対策8章4節⑥【1】(1)Q₅

→判例セレクト1
→神田[17版]224頁

2 善管注意義務、忠実義務の具体化規定

会社法は、善管注意義務、忠実義務の一般規定だけでは十分ではないと考え、以下のような特別の規制を設けている。
①競業禁止義務(会社356条1項1号、365条1項)
②利益相反取引の制限(356条1項2号、3号、365条1項)
③取締役の報酬等(361条)

→356条②1
→356条②2
→361条②

判例セレクト

1 忠実義務の性質──善管注意義務との関係
　(旧)商法254条ノ2〔会社法355条〕の規定は、〔旧〕商法254条3項〔会社法330条〕、民法644条に定める善管義務を敷えんし、かつ、いっそう明確にしたにとどまり、通常の委任関係に伴う善管義務とは別個の、高度な義務を規定したものではない(最大判昭45・6・24判例シリーズ2事件〈八幡製鉄政治献金事件〉)。

→会社法百選2事件

2 政治献金と忠実義務
(1) 取締役が会社を代表して政治資金を寄附することは、その会社の規模、経営実績その他社会的経済的地位および寄附の相手方等諸般の事情を考慮して、合理的な範囲内においてなされるかぎり、取締役の忠

実義務に違反するものではない(最大判昭45・6・24判例シリーズ2事件〈八幡製鉄政治献金事件〉)。

→会社法百選2事件

(2) 少なくとも会社に欠損が生じて以降の政治資金の寄附に関しては、3事業年度の継続という政治資金規正法の禁止要件に該当しないときであっても会社においてその可否・範囲・数額・時期等につき厳格な審査を行い、欠損の解消にどの程度の影響があるか、株主への配当に優先して寄附を行う必要性があるかを慎重に判断することが求められ、寄附金が法の定める上限に達しないかぎり、そのような判断を経ることなく寄附することが許されると解すべきではない(福井地判平15・2・12判時1814-151)。

3 取締役による従業員引抜きと忠実義務違反

(1) 人材派遣会社における人材は重要な資産であって、その取締役が自己の利益のためにその人材についていわゆる引抜き行為をすることは、会社に対する重大な忠実義務違反である(東京高判平元・10・26判例シリーズ58事件)。

(2) 取締役が競業会社に移籍する際に、秘密裏に会社の中核人材である部下に対して虚偽を含む事実を告げて勧誘し、競業会社に移籍させた場合、取締役の従業員に対する移籍の勧誘は、取締役としての善管注意義務や忠実義務に違反し、社会的相当性を欠くものであって、不法行為を構成する(東京地判平22・7・7判タ1354-176)。

機関

司 H25-44-エ、H24-43-ア、H22-44-1、H21-42-全、H19-42-イ、H18-38-5、H18-45-エ。
予 H25-21-ウ〜オ。書 H24-30-全

第356条(競業及び利益相反取引の制限) A

1 取締役は、次に掲げる場合には、株主総会において、当該取引につき重要な事実を開示し、その承認を受けなければならない。
① 取締役が自己又は第三者のために株式会社の事業の部類に属する取引をしようとするとき。
② 取締役が自己又は第三者のために株式会社と取引をしようとするとき。
③ 株式会社が取締役の債務を保証することその他取締役以外の者との間において株式会社と当該取締役との利益が相反する取引をしようとするとき。
2 民法第108条(自己契約および双方代理)の規定は、前項の承認を受けた同項第2号の取引については、適用しない。

取締役が、競業取引または利益相反取引をする場合には、その取引について重要な事実を開示して株主総会の承認を得なければなりません。承認を受けた場合には、自己契約および双方代理について定めた民法108条の規定は適用されません。

→試験対策8章4節⑥【2】

1 趣旨

　取締役は、会社の業務執行に関する強大な権限を有し、営業機密にも通じているから、競業を自由にできるとすれば、会社との信頼関係に反して会社の利益を犠牲にし、自己または第三者の利益を図る危険があるため、これを防止しようとした。また、取締役に会社と利益の相反する取引を自由にさせておくと、会社の犠牲において自己または第三者の利益を図るおそれがあるので、これを防止しようとした。

2 条文クローズアップ

1　競業取引（1項1号）
(1)　競業取引規制の内容
(a) 自己または第三者の「ために」の意義

　自己または第三者の「ために」の意義については争いがある。具体的には、自己または第三者の名において（自己または第三者が主体となる）の意味か、自己または第三者の計算において（自己または第三者に実質的な損益が帰属する）の意味かにつき争いがある。本条の趣旨からすれば、自己または第三者の計算においてと解すべきである。また、このように解するほうが競業取引の承認を怠ることの効果が取締役・第三者の得た利益の額を会社の損害額と推定すること（423条2項）であるため、会社の計算において行われない行為を適用対象とすることに規制の意味があるという点からも妥当である。

(b) 「会社の事業の部類に属する取引」

　「会社の事業の部類に属する取引」の意義についても、本条の趣旨からすれば、会社の事業の目的である取引よりも広く、それと同種または類似の商品・役務を対象とする取引であって、会社の実際に行う事業と市場において取引が競合し、会社と取締役との間に利益衝突をきたす可能性のある取引をいうと解される。したがって、定款所定の会社の目的である事業でも、完全に廃業している事業は含まれないが、一時的に休止している事業は含まれる。また、事業地域が異なる場合には、会社の利益を図るべき競業関係は生じないから、原則として「会社の事業の部類に属する取引」にはあたらないが、会社が、当該地域への進出を決意し、開業準備行為に着手している場合には、「会社の事業の部類に属する取引」にあたるとした裁判例がある。

　また、同種の事業を目的とする他の会社の無限責任社員や取締役になること自体は、代表取締役等にならないかぎり、競業取引による規制の対象とはならない。ただし、競争政策の観点から、独占禁止法が、他社の役員との兼任を禁止している（独禁13条）。

　なお、「事業の部類に属する取引」と規定しているのは、競業行為に営利性ないし商業的性格を要求していると解すべきであるから、非営利的性質の取引は、規制の対象とならない。

→論
→試験対策・8章4節⑥【2】(b)(i)
→神田[17版]227頁、江頭[6版]434頁

→江頭[6版]435頁

→江頭[6版]434頁

→判例セレクト1

(c)「重要な事実」(1項柱書)

「重要な事実」とは、その取引の内容のうち、株式会社の利益と相反する可能性のある重要部分、たとえば、取引の相手方、株式会社の事業の種類、性質、規模、取引範囲、取引期間などをいう。

(d)株主総会(取締役会設置会社にあっては取締役会)の承認

(i)「承認」は、原則として具体的な取引について個別的になされなければならないが、株主総会等で承認につき具体的な判断ができる限度(事前に具体的な判断ができる限度)であれば包括的承認もなしうる。

(ii)「承認」に事後的承認(追認)まで含まれるかについては争いがあるが、事後的承認は含まれないと解すべきである(通説)。

(iii)取締役会設置会社においては、取引をなした場合は、遅滞なく重要な事項を取締役会に報告しなければならない(会社365条2項)。

→365条②3(i)

(2) 違反の効果

(a)違反行為の私法上の効力

356条1項1号に違反して株主総会等の承認を得ずになされた競業取引の効力は、相手方が悪意であっても有効である。なぜなら、取引の効力を否定することによって、規制の対象されていない相手方が不利益を受けることになるのは、不都合だからである。

→試験対策8章4節⑥【2】(1)(d)

(b)会社に対する損害賠償責任

株主総会(取締役会設置会社においては取締役会)の承認を得ずに競業取引をした取締役は、会社に対して損害賠償責任を負う(過失責任〔423条1項〕)。そして、その取引によって取締役または第三者が得た利益の額は、会社に生じた損害の額と推定される(423条2項)。

→423条②2

(c)取締役の解任

株主総会(取締役会設置会社においては取締役会)の承認を得ずに競業取引をしたことは、取締役解任の正当事由になりうるし(339条2項)、法令に違反する事実として取締役解任の訴えの事由(854条1項)にもなりうる。

要件	自己または第三者の「ために」	・自己または第三者の計算で取引すれば足りる(裁判例)
	「会社の事業の部類に属する取引」	・株式会社と同種または類似の商品・役務を対象とし、株式会社の実際の事業と市場で競合し、株式会社と取締役との間に利益衝突のおそれがある取引 ・一時的な休止中、または開業準備中の事業も含む ・他の株式会社の無限責任社員や平取締役になることは含まない
	承認機関の承認がないこと	・取締役会設置会社では取締役会、取締役会非設置会社では株主総会が承認を行う(356Ⅰ①、365Ⅰ) ・承認は原則として具体的な取引について個別的に得る必要 ・承認は事前に得る必要(解釈) ・取締役会設置会社では、取引をした取締役に取引についての重要な事実を取引役会に報告する義務(365Ⅱ)

→大阪高判平2・7・18判時1378-113

承認がない場合の効果	私法上の効果	・有効
	会社に対する損害賠償責任	・過失責任(423 I) ・取締役・第三者が取引で得た利益の額が、株式会社の損害と推定される(423 II)
	取締役の解任	・解任の正当事由(339 II 参照) ・取締役解任の訴えにおける法令違反の事実(854 I)

2 利益相反取引

(1) 規制対象

承認を受けるべき「取引」とは、取締役・会社間のいっさいの財産法上の法律行為をさし、必ずしも有償行為にかぎられない。ただし、本条の趣旨から当事者間に利害の対立が生じるおそれのあるものにかぎられる(判例)。

→試験対策8章4節⑥【2】(2)

→判例セレクト2(1)(b)、(c)、(d)

たとえば、会社の取締役に対する債務の免除は「取引」にあたるが、運送、保険、預金契約等の普通契約約款による定型的取引や、会社に対する無償贈与、履行行為、相殺、株式の引受け、現物出資の履行行為等、行為の性質上利害衝突のおそれのない行為は、「取引」にはあたらない。

(2) 「取引」の態様

(a) 直接取引(1項2号)

取締役が自己または第三者のために会社とした取引をいう。自己または第三者の「ために」とは、競業取引と異なり、自己または第三者の名義において(権利義務の帰属が基準)という意味であると解される。

(b) 間接取引(1項3号)

会社が取締役以外の第三者との間でした取引であって、会社と取締役との利益が相反するものをいう。

e.g. 会社が取締役個人の債務の保証や担保の提供をなし、あるいは取締役個人の債務を引き受ける場合等

(c) 手形の振出し

会社が取締役に対して手形を振り出した場合、その手形行為が本条の「取引」に含まれるかについては争いがある。この点、手形の振出しにより会社は原因関係よりもいっそう厳格な支払債務を負担することになるから、このような手形行為も、原則として株主総会(取締役会)の承認が必要な「取引」にあたると解すべきである(判例、通説)。

→神田[17版]230頁

→判例セレクト2(1)(a)

(3) 株主総会の承認((1項2号、3号)取締役会設置会社では取締役会の承認〔365条1項、356条1項2号、3号〕)

(a) 「承認」の個別性

「承認」個々の取引について与えられることを要し、漠然と包括的に与えられることは許されない。もっとも、反復してなされる同種、同型の取引につき、種類、期間、限度等を合理的範囲で定めて包括的に承認を与えることは許されると解すべきである。

→江頭[6版]442頁

(b) 一人会社の場合の承認

一人会社は株主が1人しかいないため、「承認」を要するかが問題と

→論
→試験対策8章4節⑥【2】(2)(c)(i)

なる。判例は、一人会社の場合において、取締役の1人である株主が取締役会の承認を得ないで行った利益相反取引につき、一人会社の利害得失は実質的には個人株主の利害得失であり、その間に利益相反関係はないとして、取締役会の承認を不要としている。 →判例セレクト2(2)(c)

(c) **株主全員の合意のある場合**
判例は、取締役と会社間の利益相反取引につき、株主全員の合意があるときは取締役会の承認は不要としている。 →判例セレクト2(2)(b)

(4) **違反の効果**

→論
→試験対策8章4節【2】(2)(d)

(a) 本条違反の行為の効果をいかに解するべきかについては、明文がなく、争いがある。この点、会社は当該取締役に対してはその取引の無効を主張しうるが、第三者に対しては、当該取引につき株主総会(取締役会)の承認がないこと、および相手方が承認のないことについて悪意であることを主張、立証しないかぎり、無効を主張しえないとするのが、判例・通説である(相対的無効説)。

→判例セレクト2(3)(a)(i)(ii)
→神田［17版］231頁、江頭［6版］443頁

(b) 本条違反の行為がなされた場合、取引の相手方である取締役・第三者が会社に対してその事実を援用して無効を主張することは認められない(判例)。

→判例セレクト2(3)(b)

(c) 本条違反の行為により会社に損害が生じた場合は、その取締役は会社に対して損害賠償責任を負うが(過失責任〔423条1項、なお3項〕)、自己のために直接取引をした取締役は、過失の有無にかかわらず、損害賠償責任を負う(無過失責任〔428条1項〕)。ただし、みずからに「任務を怠ったこと」がないことを主張することはできる。

→423条②3
→428条②

なお、423条1項の責任は、総株主の同意による免除が認められ(424条)、株主総会の特別決議による一部免除が認められる場合もある(425条1項、309条2項8号)。

→424条②
→425条②

(d) 取締役が株主総会(取締役会)の承認を得ずに利益相反取引をしたことは、取締役解任の正当事由になりうるし(339条2項)、また、法令に違反する事実として取締役解任の訴えの事由(854条1項)ともなりうる。

(e) 取締役会設置会社においては、取引をなした場合は、遅滞なく重要な事項を取締役会に報告しなければならない(365条2項)。

→365条②3(2)

(f) **会社による追認の可否**

→論
→試験対策8章4節【6】【2】(2)(c)(iii)

本条違反の行為は必ずしも会社の利益を害するわけではなく、場合によっては会社にとって有利なことがある。そこで、このような行為を事後的に承認(追認)することができるか、「承認」に追認も含まれるかが問題となる。本条は会社の利益保護の規定であるから、会社が当該取引を有利と判断する場合には、追認することも認めてもよいと解される(裁判例)。

→判例セレクト2(2)(a)

1 競業取引の制限

A社が一定の地域への進出を決意し、すでに具体的に市場調査を進めていたにもかかわらず、A社の代表取締役がその地域において他の競業会社Bの代表取締役として経営することは、第三者BのためにAの営業の部類に属する取引をしたことになる(東京地判昭56・3・26判例シリーズ59事件)。

→会社法百選55事件

2 利益相反取引の制限

(1) 本条の「取引」にあたるか

(a)約束手形の振出は、単に売買、消費貸借等の実質的取引の決済手段としてのみ行われるものではなく、簡易かつ有効な信用授受の手段としても行われ、また、約束手形の振出人は、その手形の振出しにより、原因関係におけるとは別個の新たな債務を負担し、しかも、その債務は、挙証責任の加重、抗弁の切断、不渡処分の危険等を伴うことにより、原因関係上の債務よりもいっそう厳格な支払義務であるから、会社がその取締役宛に約束手形を振り出す行為は、原則として、〔旧〕商法265条〔会社法356条〕にいう取引にあたる(最大判昭46・10・13判例シリーズ61事件)。

→会社法百選57事件

(b)会社のその取締役に対する債務の履行行為は、〔旧〕商法265条〔会社法356条〕の取引にあたらない(大判大9・2・20民録26-184)。

(c)株式会社に対し、その取締役が無利息、無担保で金銭を貸し付ける行為は、〔旧〕商法265条〔会社法356条〕にいう取引にあたらない(最判昭38・12・6民集17-12-1664)。

(d)会社が約束手形を取締役に裏書譲渡するに際し、取締役から手形金額と同額の金員の交付を受けた場合においては、上記手形裏書は、〔旧〕商法265条〔会社法356条〕の取引に該当しない(最判昭39・1・28民集18-1-180)。

(2) 取締役会設置会社──取締役会の承認

(a)承認は事後の承認でもよい(東京高判昭34・3・30東高民10-3-68)。

(b)取締役と会社との取引が株主全員の合意によってされた場合には、上記取引につき取締役会の承認を要しない(最判昭49・9・26判例シリーズ60事件)。

→会社法百選56事件

(c)会社と取締役間に〔旧〕商法265条〔会社法356条〕所定の取引がなされる場合でも、上記取締役が会社の全株式を所有し、会社の営業〔事業〕が実質上取締役の個人経営のものにすぎないときは、上記取引によって両者の間に実質的に利害相反する関係を生ずるものでなく、上記取引については、同条所定の取締役会の承認を必要としない(最判昭45・8・20民集24-9-1305)。

(3) 違反行為の効力

(a)第三者の悪意の主張・立証の必要(相対的無効)

(i)会社は、〔旧〕商法265条〔会社法356条〕に違反する取引のうち、取締役と会社との間に直接成立すべき取引については、上記取締役に対して、その無効を主張することができるが、取締役が会社を代表して自己のためにした会社以外の第三者との間の取引につい

ては、第三者が取締役会の承認を受けていなかったことについて悪意であるときにかぎり、その無効を主張することができる(最大判昭43・12・25判例シリーズ62事件)。

→会社法百選58事件

(ⅱ)手形が本来不特定多数人の間を転々流通する性質を有するものであることにかんがみれば、取引の安全の見地より、善意の第三者を保護する必要があるから、会社がその取締役宛に約束手形を振り出した場合においては、会社は、当該取締役に対しては、取締役会の承認を受けなかったことを理由として、その手形の振出の無効を主張することができる。しかし、いったんその手形が第三者に裏書譲渡されたときは、その第三者に対しては、その手形の振出しにつき取締役会の承認を受けなかったことのほか、当該手形は会社からその取締役宛に振り出されたものであり、かつ、その振出しにつき取締役会の承認がなかったことについて上記の第三者が悪意であったことを会社が主張し、立証するのでなければ、その振出しの無効を主張して手形上の責任を免れえない(最大判昭46・10・13判例シリーズ61事件)。

→会社法百選57事件

(b)取締役からの主張

会社が取締役に貸し付けた金員の返還を求めた場合に、その取締役は、〔旧〕商法265条〔会社法356条〕違反を理由としてその貸付けの無効を主張することができない(最判昭48・12・11民集27-11-1529)。

機関

📖H25-31-ウ
第357条（取締役の報告義務）　B
1　取締役は、株式会社に著しい損害を及ぼすおそれのある事実があることを発見したときは、直ちに、当該事実を株主(監査役設置会社にあっては、監査役)に報告しなければならない。
2　監査役会設置会社における前項の規定の適用については、同項中「株主(監査役設置会社にあっては、監査役)」とあるのは、「監査役会」とする。
i 3　監査等委員会設置会社における第1項の規定の適用については、同項中「株主(監査役設置会社にあっては、監査役)」とあるのは、「監査等委員会」とする。

取締役は、株式会社に著しい損害を及ぼすおそれのある事実があることを発見したときは、その事実を株主に、監査役設置会社においては監査役に、監査役会設置会社においては監査役会に、監査等委員会設置会社においては監査等委員会に、すぐに報告しなければなりません。

1　趣旨

本条が取締役に報告義務を課した趣旨は、会社に著しい損害が生じることを未然に防止して会社利益の保護を図る点にある。

2 条文クローズアップ

取締役の報告義務

「著しい損害を及ぼすおそれのある事実」の発生原因は問わないので、それが違法な行為に基づくものである必要はなく、取締役の行為に基づくものでなくともよい。また、この報告の形式は、特に制限はない。

司 H26-44-ア
第358条（業務の執行に関する検査役の選任） B-

1　株式会社の業務の執行に関し、不正の行為又は法令若しくは定款に違反する重大な事実があることを疑うに足りる事由があるときは、次に掲げる株主は、当該株式会社の業務及び財産の状況を調査させるため、裁判所に対し、検査役の選任の申立てをすることができる。
　① 総株主（株主総会において決議をすることができる事項の全部につき議決権を行使することができない株主を除く。）の議決権の100分の3（これを下回る割合を定款で定めた場合にあっては、その割合）以上の議決権を有する株主
　② 発行済株式（❶自己株式を除く。）の100分の3（これを下回る割合を定款で定めた場合にあっては、その割合）以上の数の株式を有する株主　　　　　　　　　　　　　　❶113条4項
2　前項の申立てがあった場合には、裁判所は、これを不適法として却下する場合を除き、検査役を選任しなければならない。
3　裁判所は、前項の検査役を選任した場合には、株式会社が当該検査役に対して支払う報酬の額を定めることができる。
4　第2項の検査役は、その職務を行うため必要があるときは、株式会社の子会社の業務及び財産の状況を調査することができる。
5　第2項の検査役は、必要な調査を行い、当該調査の結果を記載し、又は記録した書面又は❷電磁的記録（法務省令で定めるものに限る。）を裁判所に提供して報告をしなければならない。　　❷26条2項
6　裁判所は、前項の報告について、その内容を明瞭にし、又はその根拠を確認するため必要があると認めるときは、第2項の検査役に対し、更に前項の報告を求めることができる。
7　第2項の検査役は、第5項の報告をしたときは、株式会社及び検査役の選任の申立てをした株主に対し、同項の書面の写しを交付し、又は同項の❷電磁的記録に記録された事項を法務省令で定める方法により提供しなければならない。

　株式会社の業務の執行に関して、不正の行為または法令もしくは定款の定めに違反する重大な事実があると疑うに足りる事由があるときは、一定の少

数株主は、会社の業務および財産の状況を調査させるため、裁判所に対し検査役の選任の申立てをすることができます。選任された検査役は、必要があるときは、子会社の業務等の状況の調査をすることができます。

1 趣旨

株主の権利の適切な行使のためには、株主に会社の業務および財産の状況を調査する機会を与えることが必要である。しかし、このような会社の業務等を調査する権利は強力なものであるだけに、濫用の危険も大きい。そこで、会社法は、一定の要件のもとに業務・財産調査のための検査役選任請求権を認めている。

2 条文クローズアップ

1 要件

①この権利は「株式会社の業務の執行に関し、不正の行為又は法令若しくは定款に違反する重大な事実があることを疑うに足りる事由があるとき」にのみ認められる（1項柱書）。

②会社の業務および財産の状況の調査は、株主自身がするのではなく、裁判所の選任した検査役がするものであり、株主は、裁判所に対し、検査役の選任申立てをすることができることになる（1項柱書）。

③上記検査役の選任請求ができるのは、総株主の議決権の100分の3（定款で軽減することができる）以上の議決権を有する株主（1項1号）、または発行済株式（自己株主を除く）の100分の3（定款で軽減することができる）以上の数の株式を有する株主である（1項2号）。

2 子会社調査権

選任された検査役は、株式会社の子会社の業務および財産の状況を調査することができる（4項）。

3 調査結果の報告等

検査役は、必要な調査を行い、当該調査の結果を記録し、または記録した書面または電磁的記録を裁判所に提供して報告をしなければならない（5項。なお6項）。さらに、その報告をしたときは、株式会社および検査役の選任の申立てをした株主に対し、その書面の写しを交付しなければならない（7項）。

1 株式保有要件の存続期間

株式保有要件は、選任につき確定判決があるまで存続することを要する（大決大10・5・20民録27-947）。

2 株式保有要件の基準

株主が検査役選任の申請をした時点で、議決権の100分の3以上を保有していたとしても、その後の新株発行により、議決権の100分の3未

満しか保有しないものとなった場合には、当該下位者が当該株主の申請を妨害する目的で新株を発行したなどの特段の事情のないかぎり、選任申請は適格を欠くものとして不適法となる(最決平18・9・28判例シリーズ63事件)。

→会社法百選59事件

> **第359条（裁判所による株主総会招集等の決定）　C**
> 1　裁判所は、前条第5項の報告〔裁判所への検査役による報告〕があった場合において、必要があると認めるときは、取締役に対し、次に掲げる措置の全部又は一部を命じなければならない。
> ①　一定の期間内に株主総会を招集すること。
> ②　前条第5項の調査〔検査役による調査〕の結果を株主に通知すること。
> 2　裁判所が前項第1号に掲げる措置を命じた場合には、取締役は、前条第5項の報告〔裁判所への検査役による報告〕の内容を同号の株主総会において開示しなければならない。
> 3　前項に規定する場合には、取締役（監査役設置会社にあっては、取締役及び監査役）は、前条第5項の報告〔裁判所への検査役による報告〕の内容を調査し、その結果を第1項第1号の株主総会に報告しなければならない。

裁判所は、業務の執行に関する検査役が裁判所に対する報告をした場合において、必要があると認めるときは、取締役に対し、一定の期間内に株主総会を招集することや、調査の結果を株主に通知することを命じなければなりません。

1　趣旨

業務の執行に関する検査役による調査結果の報告を受けて行われる、裁判所による株主総会招集の命令や調査結果の株主への通知の命令についての規定である。従前は、総会招集命令については、実際上、上場会社のような株主数が多数に上る会社については総会招集に多大な費用や時間がかかることから、利用される例が少ないといわれていた。そこで、1項2号では総会招集命令に加え、株主に対して通知するという開示制度を認めた。

司H26-44-エ、H23-43-ア。書H25-31-ア

> **第360条（株主による取締役の行為の差止め）　B⁺**
> 1　6箇月(これを下回る期間を定款で定めた場合にあっては、その期間)前から引き続き株式を有する株主は、取締役が株式会社の目的の範囲外の行為その他法令若しくは定款に違反する行為を

> し、又はこれらの行為をするおそれがある場合において、当該行為によって当該株式会社に著しい損害が生ずるおそれがあるときは、当該取締役に対し、当該行為をやめることを請求することができる。
> 2　公開会社でない株式会社における前項の規定の適用については、同項中「6箇月(これを下回る期間を定款で定めた場合にあっては、その期間)前から引き続き株式を有する株主」とあるのは、「株主」とする。
> i3　監査役設置会社、監査等委員会設置会社又は指名委員会等設置会社における第1項の規定の適用については、同項中「著しい損害」とあるのは、「回復することができない損害」とする。

　公開会社において6か月前から引き続き株式を保有している株主、公開会社ではない株式会社におけるすべての株主は、取締役が会社の目的の範囲外の行為その他法令もしくは定款に反する行為をし、またはこれらの行為をするおそれがある場合において、その行為により会社に著しい損害、監査役設置会社、監査等委員会設置会社または指名委員会等設置会社においては回復することができない損害が生じるおそれがあるときは、取締役に対しその行為をやめることを請求することができます。

→試験対策8章12節②

1　趣旨

　取締役がその任務を怠ったときは、これによって会社に生じた損害を賠償する責任を負うが(423条)、これではすでに違法行為がなされた後における救済手段にすぎず、そのような行為を事前に阻止できるのであれば、それが望ましい。この点、取締役の違法行為を差し止める権利は本来会社にあるが、取締役が会社の業務執行を担当しているため、取締役に自己または他の取締役の違法行為を抑止することは期待しにくい。そこで、会社ひいては株主の利益を守るために、株主に取締役の違法行為差止請求権が認められている。

→422条①

2　条文クローズアップ

1　差止めの要件
(1)　取締役が「会社の目的の範囲外の行為その他法令若しくは定款に違反する行為をし」または「これらの行為をするおそれがある」こと

　法令・定款違反行為には、法令・定款の具体的な規定に違反する行為のみならず、取締役(または執行役)の一般的な善管注意義務(330条、402条3項、民644条)や忠実義務(会社355条、419条2項)に違反する行為が含まれる。

　「会社の目的の範囲外の行為」の判断基準については争いがあるが、客観的には目的の範囲外の行為であっても、主観的には目的の範囲内の行

為(たとえば、会社の事業資金と偽って、自己の遊行費のための資金借入れをすること等)であれば差止めの対象になると解すべきである(主観説)。差止請求は、対内的な株主の保護のみに関係するものであり、会社外の第三者の安全とは関係がないからである。

(2) 会社に「著しい損害」が生ずるおそれがあること

監査役設置会社、監査等委員会設置会社または指名委員会等設置会社では、「著しい損害」では足りず、会社に「回復することができない損害」が生ずるおそれがあるときに限定される(360条3項)。

これは、「著しい損害」が生ずるおそれのある場合は、監査役、監査等委員または監査委員が差止請求をする権限を有するからである(385条、399条の6、407条)。

(3) 6か月前から引き続き株式を有する株主

6か月という要件は定款で短縮することができる(360条1項括弧書)。非公開会社においては、6か月の要件は課されない(2項)。

2 差止めの時期

対象行為が行われてしまえば差し止めることができなくなる。行為の私法上の効力が無効な場合には履行前に、有効な場合には法律行為前に差し止めなければならない。

3 差止めの手続・効果

(1) 手続

差止請求は裁判外でもできる。差止めの訴えは、代表訴訟の一種と解することができるから、専属管轄(848条)、訴訟参加(849条)、弁護士報酬等の請求(852条)等に関する代表訴訟の規定は差止めの訴えにも必要に応じて類推適用されるべきものと解される。

(2) 効果

差止めの訴えの判決の効力は、勝訴・敗訴にかかわらず会社に及ぶ(民訴115条1項2号)。差止めの訴えを無視して行われた行為は、無効な行為であれば仮処分に関係なく無効であるが、それ以外の行為の効力については争いがある。この点、仮処分違反につき、悪意の取引の相手方に対しては会社は無効を主張することができるという見解や、仮処分は、取締役に不作為義務を課すにとどまるから、行為の効力には影響しないという見解がある。

→江頭[6版]497頁

違法行為差止請求が棄却された事例

原子炉施設を設置・運転する会社の代表取締役は、その業務の執行にあたり原子炉施設が通産省令で定める技術基準に適合するようにこれを維持すべき義務を、代表取締役の善管注意義務または忠実義務の一態様として電力会社に対して負うが、他方、原子炉施設の安全性・健全性に関する評価・判断は、きわめて高度の専門的・技術的事項にわたる点が多いから、代表取締役としては、特段の事情のないかぎり、会社内外の

専門家等の評価・判断に依拠することができ、また、そうすることが相当というべきであり、諸検査の終了、合格という結果を信頼して、本件原子炉施設に技術基準に適合しない状態はないと判断して原子炉の運転の継続を命じることは、代表取締役としての会社に対する善管注意義務または忠実義務に違反するものではないというべきである（東京高判平11・3・25判例シリーズ64事件）。

司 H24-42-エ(予)、H20-41-イ、H18-46-1～3・5

第361条（取締役の報酬等）　A

1　取締役の報酬、賞与その他の職務執行の対価として株式会社から受ける財産上の利益(以下この章において「❶報酬等」という。)についての次に掲げる事項は、定款に当該事項を定めていないときは、株主総会の決議によって定める。
　①　報酬等のうち額が確定しているものについては、その額
　②　報酬等のうち額が確定していないものについては、その具体的な算定方法
　③　報酬等のうち金銭でないものについては、その具体的な内容
2　監査等委員会設置会社においては、前項各号に掲げる事項は、❷監査等委員である取締役とそれ以外の取締役とを区別して定めなければならない。
3　❷監査等委員である各取締役の❶報酬等について定款の定め又は株主総会の決議がないときは、当該報酬等は、第1項の報酬等の範囲内において、監査等委員である取締役の協議によって定める。
4　第1項第2号又は第3号に掲げる事項を定め、又はこれを改定する議案を株主総会に提出した取締役は、当該株主総会において、当該事項を相当とする理由を説明しなければならない。
5　❷監査等委員である取締役は、株主総会において、監査等委員である取締役の❶報酬等について意見を述べることができる。
6　監査等委員会が選定する❷監査等委員は、株主総会において、監査等委員である取締役以外の取締役の❶報酬等について監査等委員会の意見を述べることができる。

❶定

❷38条2項

→試験対策8章4節⑥【2】(3)

取締役の報酬は、①確定金額を報酬とする場合にはその金額、②不確定金額を報酬とする場合にはその具体的な算定方法、③金銭以外を報酬等とする場合にはその具体的な内容を定款または株主総会で定めなければなりません。監査等委員会設置会社では、①から③までについて監査等委員である取締役とそれ以外の取締役を区別して定めなければなりません。各監査等委員の報酬等が定められていない場合は、定款または株主総会で定められた報酬等の総額の範囲内で監査等委員である取締役の協議によって定められます。

1 趣旨

取締役の報酬等は、委任契約で定められる対価である(330条・民648条)。取締役の任用契約も業務執行行為となるから、取締役の報酬等の決定も、業務執行行為の性質を有するものとして取締役らで決めると不必要に高い報酬等になるおそれがある。そこで、このようなお手盛りを防止するため、報酬等の決定は株主総会の決議事項とした。

監査等委員会設置会社では、監査役の報酬の規定(会社387条1項)と同様に、監査等委員の独立性を確保すべく、監査等委員以外の取締役の報酬等と区別して、株主総会の決議で定めることとした。

2 条文クローズアップ

1 「報酬等」の意義および範囲(1項)

報酬等は、その名目や支給形態、あるいは金銭か否かを問わない。インセンティブ報酬としての新株予約権(いわゆるストック・オプション)の付与も報酬等としての決議(1項)が必要と解される。ストック・オプションは、「報酬等のうち額が確定しているもの」(1項1号)かつ「金銭でないもの」(1項3号)と解されるからである。

もっとも、次の場合に「報酬等」に含まれるかについて争いがある。

(1) 退職慰労金が「報酬等」にあたるか

取締役退職時に支払われる退職慰労金が「報酬等」(1項)にあたるか否かについては争いがある(取締役の死亡の場合に支払われる死亡弔慰金についても同様である)。

→論
→試験対策8章4節⑥【2】(3)(b)(i)

この点について、判例は、退職慰労金は、役員の在職中における職務執行の対価として支給されるものであるかぎり、「報酬等」に含まれるとする。なぜなら、報酬規制がお手盛り防止の政策目的をもつ以上、その対象は取締役の任用契約に基づく給付にかぎられるべきではなく、その政策目的を確保するために必要なかぎりは報酬規制の対象に含めて解すべきだからである。

→判例セレクト5(1)

また、判例は、従業員にも共通に適用される退職金支給規定に基づき勤続年数と退職時の報酬額を基礎として算定すべきものとされている場合であっても、退職慰労金は、1項の「報酬等」にあたるとしている。さらに、近時の判例は、株主総会の決議を経て内規に従い支給されることとなった退職慰労金につき、集団的、画一的な処理が制度上要請されているという理由のみから、内規の廃止により未支給の退職慰労年金債権を失わせることはできないとしている。

→最判昭56・5・11判時1009-124

→判例セレクト5(5)

(2) 使用人兼務取締役の使用人分の給与が「報酬等」にあたるか

使用人兼務取締役とは、取締役の地位と使用人の地位を兼ねる者をいう。指名委員会等設置会社以外の会社において、使用人兼務取締役が使用人として受ける給与が「報酬等」に含まれるかについては争いがある。

→論
→試験対策8章4節⑥【2】(3)(b)(ii)

使用人分の給与は、使用人としての職務執行の対価であって、取締役

の職務執行の対価である取締役の報酬とは本来別物である。しかし、使用人分給与は取締役の報酬等とは異なるとして、取締役会で自由に決定できるとすると、取締役の報酬等を少額に定め、使用人分の給与を多額に定めることによって、お手盛り防止という、1項の趣旨が没却されるおそれがある。そこで、使用人分の給与も「報酬等」に含めるべきではないかが問題となる。

この点について判例は、使用人の給与体系が明確に確立しており、かつ、使用人分は別に支払う旨を明示すれば、1項の適用はないとする。給与体系が確立していればお手盛りのおそれは少ないし、また、使用人分を含まないことを明示すれば、株主の意思決定を誤導しないから判例に賛成してよい。

→判例セレクト2

2　決定および配分の方法

(1) 取締役(取締役会)への報酬額の決定の一任の可否

報酬額の決定および支払を無条件に取締役(取締役会)に一任する旨の株主総会決議は無効である(裁判例)。しかし、個々の取締役について支給額を個別的に決める必要はなく、取締役全員に対する報酬の総額または最高限度額を定めることで足りる。この場合において、個々の取締役に対する配分は取締役(取締役会)に一任されたものと解される。なぜなら、報酬の総額または最高限度額を定めればお手盛りの弊害は防止できるので、株式会社ひいては、株主の利益は害されないからである。

→東京地判昭26・4・28下民集2-4-566

(2) 個々の取締役への配分の決定を更に代表取締役等に一任することの可否

取締役会が、個々の取締役に対する配分の決定を更に取締役(社長等)に一任することができるかについては争いがある。この点について、判例は、肯定する。しかし、多数説は、取締役会における討議の機会を奪う結果になるとして、取締役全員の同意がある場合にかぎり、これを認めている。

→論
→試験対策8章4節⑥【2】(3)(c)(i)

→最判昭31・10・5集民23-409

(3) 退職慰労金の決定につき総会決議で取締役会に一任することの可否

株主総会では、退職慰労金については一般の報酬とは異なり、その総額ないし最高限度額が明らかにされず、その金額、時期、支給方法を取締役会に一任する旨の決議がなされている。その理由は、退職慰労金は、退任者が1人のこともあるので、金額を明らかにして決議すると、特定の退任者に支払われる金額が明らかになってしまうためである。

→論
→試験対策8章4節⑥【2】(3)(c)(ii)

もっとも、退職慰労金が、1項の「報酬等」にあたるとなると、上記のような決議は、1項に違反し、無効ではないかが問題となる。この点について、判例は、退職慰労金支給決議が無条件に一任する趣旨ではなく、株式会社の業績、退職役員の勤続年数、担当業務、功績の軽重等から算定した一定の基準により退職慰労金を決定する方法が慣行となっており、この慣行によって定めるべきことを黙示してなされたときは、有効な決議であるとしている。すなわち、①慣行および内規によって一定の支給基準が確立されており、②その支給基準が株主にも推知できるも

→判例セレクト5(2)

ので、③決議が黙示的にその支給基準によって決まる額をもって限度とする範囲内において相当な金額を支給すべきものとする趣旨である場合には、決議は無効とはいえないとする。

3 株主総会決議により一方的に無報酬とすることの可否

取締役の報酬を無報酬に変更する旨の株主総会決議によって、取締役が報酬請求権を失うかについて争いがある。この点について判例は、取締役の報酬が定款・株主総会決議によって具体的に定められた場合には、その報酬額は、株主総会は、会社と取締役との間の契約内容となり契約当事者となるから、その後に株主総会が当該取締役を無報酬とする旨の決議をしたとしても、当該取締役はこれに同意しないかぎり、報酬請求権を失わないとしている。

→論
→試験対策8章4節⑥【2】(3)(a)
→判例セレクト4

1 本条の立法趣旨

〔旧〕商法269条〔会社法361条〕の趣旨は取締役の報酬額について取締役ないし取締役会によるいわゆるお手盛りの危険にあるから、株主総会の決議で取締役全員の報酬の総額を定め、その具体的な配分は取締役会の決定に委ねることができる(最判昭60・3・26判時1159-150)。

2 使用人兼務取締役の報酬

使用人として受ける給与の体系が明確に確立されており、かつ、使用人として受ける給与がそれによって支給されているかぎり、別に使用人として給与を受けることを予定しつつ、取締役として受ける報酬額のみを株主総会で決議しても、〔旧〕商法269条〔会社法361条〕の脱法行為にあたることはない(最判昭60・3・26判時1159-150)。

3 報酬の決定

(1) 定款または株主総会の決議によって報酬の金額が定められていない場合に、取締役は会社に対して報酬請求権を有しない(最判平15・2・21判例シリーズ66事件)。

(2) 株主総会の決議を経ずに役員報酬が支払われた場合であっても、事後的に株主総会の決議を経れば、報酬規制の趣旨目的は達せられるから、特段の事情がないかぎり、役員報酬の支払は適法有効なものとなる(最判平17・2・15判時1890-143)。

4 任期中の報酬請求権の否定

総会決議により取締役の報酬総額の上限が定められ、取締役会において各取締役に、期間を定めず毎月定額の報酬を支給する旨定められた場合は、その報酬額は、会社と取締役間の契約内容となり、契約当事者である会社と取締役の双方を拘束するから、その後総会が当該取締役の報酬につきこれを無報酬とする旨の決議をしたとしても、当該取締役は、これに同意しないかぎり、上記報酬の請求権を失うものではない(最判平4・12・18判例シリーズ67事件)。

→会社法百選63事件

5 退職慰労金

(1) 退職慰労金は、その在職中における職務執行の対価として支給されるものであるかぎり、〔旧〕商法269条〔会社法361条〕にいう報酬〔報酬等〕に含まれる(最判昭39・12・11判例シリーズ65事件)。

→会社法百選62事件

(2) 株式会社役員に対する退職慰労金支給に関する「金額、支給期日、支払方法を取締役会に一任する」との株主総会決議をした場合でも、上記決議は、当該会社において慣例となっている一定の支給基準によって支給すべき趣旨であるときは、〔旧〕商法269条〔会社法361条〕の趣旨に反して無効であるということはできない(最判昭39・12・11判例シリーズ65事件)。

→会社法百選62事件

(3) 株主総会決議により内規を基準として退職取締役に贈呈する退職慰労金の金額等の決定を一任された取締役会が上記の決定を更に取締役会長および取締役社長に一任することは、無効といえない(最判昭58・2・22判時1076-140)。

(4) 株式会社が退任取締役に対して株主総会の決議等を経ることなく支給された退職慰労金相当額の金員について不当利得返還請求をする場合に、発行済株式総数の99パーセント以上を保有する会社代表者が当該支給を事実上黙認していると評価できること、退任取締役が従前退職慰労金を支給された取締役と同等以上の業績をあげてきたこと等の事情のもとでは、退職慰労金を不支給とすべき合理的な理由があるなど特段の事情がないかぎり、会社が退職慰労金相当額の返還を請求することは、信義則に反し、権利の濫用として許されないというべきである(最判平21・12・18判時2068-151)。

(5) 株主総会決議を経て内規に従って支給されることとなった361条1項にいう取締役の報酬等にあたる退職慰労年金について、集団的、画一的処理が制度上要請されているという理由のみから当該内規の廃止の効力をすでに退任した取締役に及ぼすことは許されず、未支給の退職慰労年金債権は失わせることはできない(最判平22・3・16判時2078-155)。

機関

■第5節 取締役会

■第1款 権限等

司H26-43-ア・エ・オ(予)、H25-44-ウ、H23-37-ア(予)、H20-42-オ、H20-48-5、H18-45-イ・ウ

第362条（取締役会の権限等） A

1 取締役会は、すべての取締役で組織する。
2 取締役会は、次に掲げる職務を行う。
 ① 取締役会設置会社の業務執行の決定
 ② 取締役の職務の執行の監督
 ③ ❶代表取締役の選定及び解職
3 取締役会は、取締役の中から❶代表取締役を選定しなければならない。
4 取締役会は、次に掲げる事項その他の重要な業務執行の決定を取締役に委任することができない。

❶47条1項

① 重要な財産の処分及び譲受け
② 多額の借財
③ 支配人その他の重要な使用人の選任及び解任
④ 支店その他の重要な組織の設置、変更及び廃止
⑤ 第676条第1号に掲げる事項〔募集社債の総額〕その他の社債を引き受ける者の募集に関する重要な事項として法務省令で定める事項
⑥ 取締役の職務の執行が法令及び定款に適合することを確保するための体制その他株式会社の業務並びに当該株式会社及びその子会社から成る企業集団の業務の適正を確保するために必要なものとして法務省令で定める体制の整備
⑦ 第426条第1項の規定による定款の定め〔取締役等による責任免除に関する定款の定め〕に基づく第423条第1項の責任〔株式会社に対する役員等の損害賠償責任〕の免除

5 大会社である取締役会設置会社においては、取締役会は、前項第6号に掲げる事項を決定しなければならない。

取締役会は、取締役全員で構成し、取締役会設置会社の業務執行の決定、取締役の職務の執行の監督、代表取締役の選定および解職などといったような重要な職務を行います。

→試験対策8章4節④【2】

1 趣旨

本条は、取締役会の一般的権限を明確化するとともに、取締役会の専属的決議事項を定めている。法令・定款で定められた株主総会の権限事項（295条2項）以外のすべての経営に関する事項について取締役会が決定権限を有することとなるが、このように広範な経営決定権限を取締役会に帰属させた理由は、原則としてすべての取締役で構成される合議体での審理を経て経営決定をすることがより適切であると考えられるからである。362条は、このような重要な役割を果たす取締役会の構成や権限等の基本的な事項を定めており、企業統治の観点から大きな意義を有している。

2 語句の意味

選任とは、会社法上の一定の地位を有しない者にこれが付与される場合をいい、その対義語は**解任**である。**選定**とは、選任された機関のなかから更に選出行為がされる場合をいい、その対義語は**解職**である。

3 条文クローズアップ

1 取締役会の特色

取締役会設置会社においては、取締役は3人以上でなければならず

(331条5項)、それらの取締役は、常に取締役会の構成員となる。したがって、取締役会は、複数の取締役によって構成される合議制の機関である。

また、公開会社、監査役会設置会社、監査等委員会設置会社、指名委員会等設置会社においては、取締役会は、定款の定めによっても、廃止したり、その権限を原則的に剥奪してしまったりすることは許されないので(327条1項参照)、法定の必要的機関である。

2　取締役会の権限
(1)　業務執行の決定(2項1号)

取締役会は、取締役会設置会社の業務執行の決定を行う(1号)。「業務執行の決定」とは、法令・定款で定められた株主総会の権限事項(295条2項)以外のすべての経営決定事項をさす。

具体的な「業務執行の決定」の方法については、代表取締役や業務執行取締役に委任することも可能である。しかし、362条4項各号列挙事由や、その他の重要な業務執行の決定は、定款によっても取締役に委任することはできない(4項)。

①重要な財産の処分および譲受け(4項1号)
②多額の借財(4項2号)

　　4項1号、2号は、「重要」な財産あるいは「多額」の借財であることを要件としている。これらの概念は、相対的なものであって、すべての会社にとって共通な画一的基準であるわけではなく、会社の規模、業種によって異なり、また、取引に関する事項であれば、取引の種類または取引の相手方等により、具体的個別的に決するほかないと解されている。

　　判例も、重要な財産の処分に該当するかどうかは、(a)当該財産の価額、(b)会社の総資産に占める割合、(c)保有目的、(d)処分の態様、(e)従来の取扱い等の事情、を総合的に考慮して判断されるとする。　→判例セレクト6

③支配人その他の重要な使用人の選任および解任(4項3号)
④支店その他の重要な組織の設置、変更および廃止(4項4号)
⑤社債の募集(676条1号の事項その他の社債を引き受ける者の募集に関する重要な事項として法務省令〔会社施規99条〕で定める事項)(会社362条4項5号)
⑥取締役の職務の執行が法令および定款に適合することを確保するための体制その他株式会社の業務ならびに当該株式会社およびその子会社からなる企業集団の業務の適正を確保するために必要なものとして法務省令〔会社施規100条〕で定める体制の整備(内部統制システムの構築〔会社362条4項6号〕)

　　4項6号は、348条3項4号の改正を受けて、株式会社の業務ならびに当該会社およびその子会社からなる企業集団の業務の適正を確保するための体制の整備の決定について、取締役会は取締役に委ねることはできないとした。

また、株式会社のうち、大会社については、その活動が社会に与える影響が大きいことから適切なガバナンス（企業統治の仕組み）の確保が特に重要であると考えられる。そして、最近の企業不祥事の事例にかんがみても、各会社において自社の適正なガバナンスを確保するための体制を整備することの重要性はいっそう増しているといえる。そこで、大会社については内部統制システムの構築を義務とした（362条5項）。

　⑦定款規定に基づく取締役等の責任の一部免除（4項7号〔426条1項参照〕）

(2)　取締役の職務の執行の監督（2項2号）

　取締役会で意思決定された事項は代表取締役等の業務執行取締役によって執行されるが、その執行は、取締役会の意思に反するものであってはならない。そのため、取締役会は、代表取締役等の業務執行を監督する権限を有する。取締役会の監督機能の実効性を確保するため、代表取締役および選定業務執行取締役は、3か月に1回以上職務執行の状況を取締役会に報告しなければならない（363条2項、省略不可〔372条2項〕）。

(3)　代表取締役の選定および解職（2項3号）

　取締役会設置会社は取締役のなかから代表取締役を選定しなくてはならない（2項3号、3項）。

　取締役会は、その決議で代表取締役を解職することができる。

　判例は、取締役会における代表取締役の解職決議は、代表取締役の会社代表機関たる地位を剥奪するもので、この決議によって機関の地位が失われる結果、代表権限も消滅し、当該代表取締役にその旨の告知をしなければ解職の効力が生じないものではないとする。また、代表取締役が取締役にとどまりながら代表取締役を辞任することもできる。

→判例セレクト3(1)

1　代表権の濫用
　株式会社の代表取締役が自己の利益のため会社の代表者名義でなした法律行為は、相手方が上記代表取締役の真意を知るか知りうべきものであったときは、その効力を生じない（最判昭38・9・5民集17-8-909）。

2　取締役会の決議を経ない代表取締役の効力
(1)　株式会社の代表取締役が、取締役会の決議を経てすることを要する対外的な個々取引行為を、上記決議を経ないでした場合でも、上記取引行為は、相手方において上記決議を経ていないことを知りまたは知ることができたときでないかぎり、有効である（最判昭40・9・22判例シリーズ69事件）。

→会社法百選65事件

(2)　362条4項の趣旨が会社の利益の保護にあると解されることから、株式会社の代表取締役が取締役会決議を経ないで重要な業務執行に該当する取引をした場合、取締役会の決議を経ていないことを理由とする同取引の無効は、原則として会社のみが主張することができ、会社以外の者は、当該会社の取締役会が上記無効を主張する旨の決議をし

ていることなどの特段の事情がないかぎり、これを主張することはできないと解するのが相当である(最判平21・4・17民集63-4-535)。

3 代表取締役の退任
(1) 退任の効力発生時期
　株式会社の代表取締役の解任〔解職〕の効果は、取締役会の解任〔解職〕決議によって生じ、当該代表取締役であった者に対する告知があってはじめて生ずるものではない(最判昭41・12・20民集20-10-2160)。
(2) 対抗関係
　代表取締役の退任および代表権の喪失は登記事項とされているのであるから、これについてはもっぱら〔旧〕商法12条〔会社法908条〕のみが適用され、上記登記後は同条所定の「正当事由」がないかぎり、善意の第三者にも対抗しえ、別に民法112条を適用および類推適用する余地はない(最判昭49・3・22判例シリーズ90事件)。

→総則・商行為百選7事件

4 株式会社の取締役に対する職務執行停止代行者選任の仮処分後、その取締役が辞任し後任の取締役が選任された場合における代表取締役の選任および上記代表取締役の権限の行使

→352条判例セレクト2

5 取締役の監視義務
(1) 監視義務
　取締役会は会社の業務執行につき監査する地位にあるから、取締役会を構成する取締役は、会社に対し、取締役会に上程された事柄についてだけ監視するにとどまらず、代表取締役の業務執行一般につき監視し、必要があれば、取締役会をみずから招集しあるいは招集することを求め、取締役会を通じて業務執行が適正に行われるようにする職務を有する(最判昭48・5・22判例シリーズ76事件)。
(2) リスク管理体制を構築すべき義務等
　取締役は、取締役会の構成員として、また、代表取締役または業務担当取締役として、リスク管理体制を構築すべき義務を負い、さらに、代表取締役および業務担当取締役がリスク管理体制を構築すべき義務を履行しているか否かを監視する義務を負うのであり、これもまた、取締役としての善管注意義務および忠実義務の内容をなす(大阪地判平12・9・20判例シリーズ57事件)。

→330条判例セレクト2

→会社法百選72事件

6 重要な財産の処分(〔旧〕商法260条2項1号〔会社法362条4項1号〕)に該当するかどうかの判断基準
　〔旧〕商法260条2項1号〔会社法362条4項1号〕にいう重要な財産の処分に該当するかどうかは、当該財産の価額、その会社の総資産に占める割合、当該財産の保有目的、処分行為の態様および会社における従来の取扱い等の事情を総合的に考慮して判断すべきものと解する(最判平6・1・20判例シリーズ68事件)。

→会社法百選64事件

7 代表取締役の不法行為責任
　株式会社の代表取締役が、その職務を行うにつき不法行為をして他人に損害を加えたため、会社がその賠償の責めに任ずる場合には、上記代表取締役も個人として不法行為責任を負う(最判昭49・2・28判時735-97)。

8 内部統制システム構築義務
　株式会社の従業員らが営業成績をあげる目的で架空の売上げを計上し

第362条 / 577

たため有価証券報告書に虚偽の記載がされ、同事実が公表されたことによって株価が下落して株主が損害を被ったことについて、通常想定される不法行為を防止しうる程度の管理体制は整えられていたこと、通常容易に想定しがたい方法による巧妙な不正行為であったこと、以前に同様の手法による不正行為が行われたことはなかったこと等の事情を考慮すると、代表取締役に、従業員らによる架空売上げの計上等の不正行為を防止するためのリスク管理体制を構築すべき義務に違反した過失があるということはできない(最判平21・7・9会社法百選54事件)。

予H27-21-イ
第363条（取締役会設置会社の取締役の権限）　B
1　次に掲げる取締役は、取締役会設置会社の業務を執行する。
　① ❶代表取締役
　②　代表取締役以外の取締役であって、取締役会の決議によって取締役会設置会社の業務を執行する取締役として選定されたもの
2　前項各号に掲げる取締役は、3箇月に1回以上、自己の職務の執行の状況を取締役会に報告しなければならない。

❶47条1項

取締役会設置会社の業務を執行する者は、代表取締役、または代表取締役以外の取締役であって、取締役会の決議によって取締役会設置会社の業務を執行する取締役として選定されたものです。これらのものは3か月に1度は自己の職務の状況を取締役会に報告しなければなりません。

→試験対策8章4節①【2】

1　趣旨

　取締役会設置会社における取締役は、業務執行権限を有しない(362条2項1号参照)。そのため、363条1項は、取締役会が決定した業務を執行する機関を定めた。また、2項は、1項各号の取締役に定期的な報告義務を課しているが、これにより当該取締役が適切に経営決定を執行しているかにつき取締役会が適正に監督することができる。

2　条文クローズアップ

1　意義
　代表取締役以外の取締役であって、取締役会の決議によって取締役会設置会社の業務を執行する取締役として選定されたもの(1項2号)を、**選定業務執行取締役**という。

2　業務執行権限を有する者(1項)
　①代表取締役、②選定業務執行取締役である。
　ただし、②以外の取締役に業務執行権限を付与することが禁止されるわけではない。

3　報告義務（2項）

取締役会の監督機能の実効性を確保するため、代表取締役および選定業務執行取締役は、3か月に1回以上職務執行の状況を取締役会に報告しなければならない（省略不可〔372条2項〕）。

> **第364条（取締役会設置会社と取締役との間の訴えにおける会社の代表）　B**
> 第353条〔株式会社と取締役との間の訴えにおける会社の代表〕に規定する場合には、取締役会は、同条の規定による株主総会の定めがある場合を除き、同条の訴えについて取締役会設置会社を代表する者を定めることができる。

取締役会設置会社と取締役との間の訴えにおける会社の代表は、株主総会によって代表する者が定められた場合（353条）を除いて、取締役会で会社を代表する者を定めることができます。

→試験対策8章4節①【5】

1　趣旨

会社と取締役との間の訴訟においては、訴訟の相手方が同僚の取締役であることから、代表取締役が、会社の利益よりも相手方取締役の利益を優先させる馴れ合い訴訟により会社の利益を害するおそれがあり、これを防止する必要がある。そこで、株主総会で定められている場合を除き、取締役会において会社を代表する者を定めることができるとし、その場合には、その者が訴訟につき会社を代表することとした。

2　条文クローズアップ

株式会社と取締役との間の訴えにおける会社の代表

→353条②

> 📖 H24-30-ア・ウ
> **第365条（競業及び取締役会設置会社との取引等の制限）　A**
> 1　取締役会設置会社における第356条〔競業および利益相反取引〕の規定の適用については、同条第1項中「株主総会」とあるのは、「取締役会」とする。
> 2　取締役会設置会社においては、第356条第1項各号〔競業取引、自己取引、利益相反取引〕の取引をした取締役は、当該取引後、遅滞なく、当該取引についての重要な事実を取締役会に報告しなければならない。

取締役が競業取引および利益相反取引をしようとする場合には、取締役会設置会社においては株主総会ではなく取締役会において、重要事実の開示を

→試験対策8章4節⑥【2】

して承認を得なければなりません。そして、取締役会設置会社では競業取引あるいは利益相反取引をした取締役は、その取引をした後、ただちにその取引についての重要事実を取締役会に報告しなければなりません。

1 趣旨

　1項が競業取引・利益相反取引を取締役会の承認を必要とした趣旨は、①これらの取引が会社の利益を害するおそれが高く、適切に取締役会の監督機能を発揮させる点、および②この承認は業務執行の意思決定（362条2項1号参照）としての性質も有する点にある。2項が事後的な報告義務を課している趣旨は、取締役に対する責任追及や取引の無効の主張をすべきか否かの判断材料を取締役会に与える点にある。

2 条文クローズアップ

1　取締役会設置会社における競業取引、利益相反取引規制（1項）　→356条②1、2

2　取締役会設置会社における重要事実の開示、承認（1項）
(1)　競業取引
　取締役会設置会社では競業取引を行おうとする取締役は、その取引について重要な事実を開示し、その承認を受けなければならない。
(2)　利益相反取引
　取締役会設置会社では、利益相反取引をしようとするときには、競業取引の場合と同様に、取締役会に、その取引について重要な事実を開示し、その承認を受けなければならない。

3　競業取引または利益相反取引をした取締役の重要事実の報告義務（2項）
(1)　競業取引
　取締役会設置会社では、競業取引をした取締役は、遅滞なく、その取引についての重要な事実を取締役会に報告しなければならない。
　「重要な事実」とは、その取引の内容のうち、会社の利益と相反する可能性のある重要部分をいう。たとえば取引の相手方、会社の事業の種類、性質、規模、取引範囲、取引機関等である。
(2)　利益相反取引
　取締役会設置会社においては、利益相反取引をした取締役は、競業取引の場合と同様に、遅滞なく、その取引についての重要な事実を取締役会に報告しなければならない。

■第2款　運　　営

予 H27-20-イ
第366条（招集権者）　B⁺
　1　取締役会は、各取締役が招集する。ただし、取締役会を招集す

> る取締役を定款又は取締役会で定めたときは、その取締役が招集する。
> 2　前項ただし書に規定する場合には、同項ただし書の規定により定められた取締役（以下この章において「❶招集権者」という。）以外の取締役は、招集権者に対し、取締役会の目的である事項を示して、取締役会の招集を請求することができる。
> 3　前項の規定による請求があった日から5日以内に、その請求があった日から2週間以内の日を取締役会の日とする取締役会の招集の通知が発せられない場合には、その請求をした取締役は、取締役会を招集することができる。

❶定

→試験対策8章4節④【3】

　取締役会の招集権者は、原則として各取締役です。ただし、定款または取締役会の決議によって招集権者を指定することもできます。招集権者以外の取締役も法定の要件に従ってみずから取締役会を招集することができます。

1 趣旨

　取締役会の招集権者は、原則として各取締役であるが、定款または取締役会の決議によって招集権者を指定することも可能であるとされている。これは、各取締役が各自勝手に取締役会を招集し、取締役会の議事が混乱するような事態を避けるためである。また、招集権者以外の取締役も法定の要件に従ってみずから取締役会を招集することができるとされている。これは、代表取締役等に対する監督機能の実効性を確保するためである。

2 条文クローズアップ

1　取締役会の招集権者（1項）

　招集権は原則として各取締役が有するが、定款の定めまたは取締役会の決議をもって特定の取締役のみに招集権を認めることもできる。

2　招集権限をもたない取締役の取締役会招集（2項、3項）

　招集権者以外の取締役も会議の目的事項を示して、取締役会の招集を請求することができる（2項）。
　この請求の日から5日以内に、請求日より2週間以内の日を開催日とする取締役会の招集通知が発せられないときは、請求をした取締役は、取締役会を招集することができる（3項）。

予H27-20-オ
第367条（株主による招集の請求）　B

1　取締役会設置会社（監査役設置会社、監査等委員会設置会社及び指名委員会等設置会社を除く。）の株主は、取締役が取締役会設置会社の目的の範囲外の行為その他法令若しくは定款に違反する

> 行為をし、又はこれらの行為をするおそれがあると認めるときは、取締役会の招集を請求することができる。
> 2　前項の規定による請求〔取締役会の招集請求〕は、取締役〔前条第1項ただし書に規定する場合〔招集権者を定めた場合〕にあっては、❶招集権者）に対し、取締役会の目的である事項を示して行わなければならない。
> 3　前条第3項の規定〔請求者による招集が認められる場合〕は、第1項の規定〔取締役会の招集請求〕による請求があった場合について準用する。
> 4　第1項の規定〔取締役会の招集請求〕による請求を行った株主は、当該請求に基づき招集され、又は前項において準用する前条第3項の規定〔請求を行った取締役による招集が認められる場合〕により招集した取締役会に出席し、意見を述べることができる。

❶366条2項

取締役会設置会社の株主（監査役設置会社および指名委員会等設置会社を除く）は、取締役が会社の目的の範囲外の行為その他法令・定款に違反する行為をし、またはそのおそれがあるときには、取締役会の招集を請求し、一定の場合にはみずから招集することができます。株主は、その取締役会に出席し、意見を述べることができます。

→試験対策8章4節④【3】

1 趣旨

業務監査権限を有する監査役や執行機関から分離された委員会による監督がなされない会社においては、株主による経営監督が期待される。そこで、株主による取締役会の招集が可能とされている。

2 条文クローズアップ

1 株主による取締役会招集の要件

①取締役会設置会社（監査役設置会社、監査等委員会設置会社および指名委員会等設置会社を除く）において、取締役が会社の目的外の行為その他法令もしくは定款違反の行為を行い、または行うおそれがあると認められること（1項）。
②取締役（招集をなすべき取締役が特定されている場合はその者）に対して会議の目的事項を示すこと（2項）。

2 株主による取締役会招集の効果

この請求の日から5日以内に、請求日より2週間以内の日を開催日とする取締役会の招集通知が発せられないときは、請求をした株主は、取締役会を招集することができる（3項・366条3項）。

請求した株主は、当該請求に基づき招集され、または367条3項の規定により招集した取締役会に出席し、意見を述べることができる（4項）。

> 予H27-20-ア・ウ
> ### 第368条（招集手続）　B⁺
> 1　取締役会を招集する者は、取締役会の日の1週間 (これを下回る期間を定款で定めた場合にあっては、その期間) 前までに、各取締役 (監査役設置会社にあっては、各取締役及び各監査役) に対してその通知を発しなければならない。
> 2　前項の規定にかかわらず、取締役会は、取締役 (監査役設置会社にあっては、取締役及び監査役) の全員の同意があるときは、招集の手続を経ることなく開催することができる。

取締役会は、原則として招集権者が各取締役等に通知して招集しますが、その全員が同意すれば招集手続なしで開催できます。

→試験対策8章4節④【3】

1　趣旨

取締役会は、必要に応じて開かれる。そこで、すべての取締役・監査役に出席の機会を与えるため、招集手続について規定された。もっとも、経営の機動性の要請もあることから、招集手続を省略することが認められている。

2　条文クローズアップ

1　招集通知の時期

取締役会の招集通知は、開催日の1週間前(定款で短縮することができる)に発する必要がある(1項)。

2　招集通知の方法

通知の方法には制限がなく、口頭(電話も含む)でも書面でもよい。また、通知には議題等を示す必要はない(299条4項、298条1項2号対照)。なぜなら、取締役会の場合には、業務執行に関するさまざまな事項が付議されることは当然予想されるべきだからである。したがって、定款または取締役会規則で取締役会の招集通知に議題を記載することを定めていたとしても、各取締役は、通知された議題に拘束されることはなく、いかなる事項についても決議することができる(裁判例)。

→名古屋高判平12・1・19金判1087-18

3　手続の省略

(1)　経営の機動性を図るため、取締役・監査役の全員が同意すれば、招集手続を経ることなく取締役会を開催することができる(368条2項)。たとえば、あらかじめ取締役・監査役の全員で定めた定例日に開く場合には、いちいち招集手続を行う必要はない。

なお、判例は取締役および監査役全員の同意は、明示であるか黙示であるかを問わないとしている。

→最判昭31・6・29民集10-6-774

(2)　一部の取締役に対する招集通知を欠いた場合の取締役会決議の効力

取締役会の決議に手続または内容上の瑕疵がある場合については、会

→論
→試験対策8章4節④【4】(5)

社法は、株主総会の決議の場合のような特別の訴えの制度(831条等)を用意していない。そのため、手続または内容上の瑕疵がある取締役会の決議は、民法の一般原則により当然無効と解すべきである。したがって、無効の主張ができる者、無効の主張ができる時期、無効の主張の方法に制限はないと解する。

　もっとも、一部の取締役に対する招集通知を欠いた場合の取締役会決議の効力については争いがある。判例は、取締役会の開催にあたり、取締役の一部の者に対する招集通知を欠くことにより、その招集手続に瑕疵があるときは、特段の事情がないかぎり取締役会の決議は無効であるが、その取締役が出席してもなお決議の結果に影響がないと認められるべき特段の事情があるときは、その瑕疵は決議の効力に影響を及ぼさないとして、決議は有効になるとする。これに対して学説の多くは、取締役会では、株主総会の場合と異なり、個々人の出席・発言が重要であり、決議を有効とすべき特段の事情を認めるべきではないと批判している。

→判例セレクト

(3) 監査役に対する招集通知を欠いた場合

　監査役に対する通知がなされず、その監査役が欠席した場合の決議の効力についても争いがある。この点、監査役に対する通知がなされず、その監査役が欠席した場合の取締役会決議は無効になると解するべきである。なぜならば、①監査役に業務監査を有効適切に行う機会を与えるという監査役の取締役会出席権の趣旨からすれば、その出席は単なる権限ではなく、義務とも解されるからである。また、②監査役の取締役会における意見の陳述や報告(383条1項)により決議の結果が影響を受けないと断定することはできないからである。

→論
→弥永[14版]187頁

	取締役会	株主総会
招集権者	・原則：各取締役(366Ⅰ本文) ・定款・取締役会で取締役会を招集する取締役を定めた場合は、その者(366Ⅰただし書。ただし、それ以外の取締役も法定の要件に従い招集可〔366Ⅱ、Ⅲ〕) ・監査役(383ⅡからⅣまで)、および取締役に不正行為や法令・定款違反等がある場合の、監査役・監査等委員会・指名委員会等を設置しない取締役会設置会社における株主(367Ⅰ)	・原則：取締役(296Ⅲ。ただし、取締役会設置会社では、株主総会に関する事項は取締役会で決定しなければならない〔298Ⅳ〕) ・少数株主(6か月以上前〔定款で緩和可、非公開会社では不要〕から総株主の議決権の100分の3以上〔定款で緩和可〕の株式を有する者)は、取締役に招集を請求したが招集手続がとられない場合、裁判所の許可を得てみずから招集できる(297Ⅳ)
招集通知	・開催の1週間前までにする必要(368Ⅰ。ただし、定款で短縮可) ・議題等を示す必要なし ・書面または口頭	・開催の2週間前までにする必要(299Ⅰ。ただし非公開会社では1週間に、また取締役会非設置会社では定款でそれ以下に短縮可) ・必要事項(298Ⅰ各号)を示す必要あり(299Ⅳ) ・書面もしくは電磁的方法または口頭(299Ⅱ、Ⅲ)
手続省略の要件	取締役(および監査役)の全員の同意(368Ⅱ)	株主全員の同意(300本文。なお、300ただし書)

招集手続の瑕疵

取締役会の開催にあたり、取締役の一部の者に対する招集通知を欠くことにより、その招集手続に瑕疵があるときは、特段の事情のないかぎり、上記瑕疵のある招集手続に基づいて開かれた取締役会の決議は無効になると解すべきであるが、この場合においても、その取締役が出席してもなお決議の結果に影響がないと認めるべき特段の事情があるときは、上記の瑕疵は決議の効力に影響がないものとして、決議は有効になると解するのが相当である（最判昭44・12・2 判例シリーズ70事件）。

→369条判例セレクト6

→会社法百選66事件

司H26-43-イ・ウ(予)、H25-43-ウ・エ(予)、H20-42-ア・イ・エ。予H27-20-エ。書H27-30-ウ

第369条（取締役会の決議）　A

1　取締役会の決議は、議決に加わることができる取締役の過半数（これを上回る割合を定款で定めた場合にあっては、その割合以上）が出席し、その過半数（これを上回る割合を定款で定めた場合にあっては、その割合以上）をもって行う。
2　前項の決議について特別の利害関係を有する取締役は、議決に加わることができない。
3　取締役会の議事については、法務省令で定めるところにより、議事録を作成し、議事録が書面をもって作成されているときは、出席した取締役及び監査役は、これに署名し、又は記名押印しなければならない。
4　前項の議事録が❶電磁的記録をもって作成されている場合における当該電磁的記録に記録された事項については、法務省令で定める署名又は記名押印に代わる措置をとらなければならない。
5　取締役会の決議に参加した取締役であって第3項の議事録に異議をとどめないものは、その決議に賛成したものと推定する。

❶26条2項

取締役会の決議は、原則として議決に加わることができる取締役の過半数が出席し、その過半数をもって行います。決議について特別の利害関係を有する取締役は、議決に加わることができません。取締役会の議事については、議事録を作成し、出席した取締役および監査役は、これに署名・記名押印しなければなりません。取締役会の決議に参加した取締役が、議事録に異議をとどめていない場合は、その決議に賛成したものと推定されます。

→試験対策8章4節[4]【4】

1　趣旨

1項の趣旨は、経営の専門的知識に対する株主の信頼を基礎に選任された各取締役が意見を交換してよりよい取締役会決議を成立させる点にある。2項の趣旨は、取締役の会社に対する忠実義務違反（355条）を事

前に防止し、決議の公正さを担保する点にある。369条3項と4項は、決議内容を明確にして利害関係者の閲覧請求に備える点、5項は、決議に参加した取締役の賛否の事後的な立証の困難性から、異議をとどめない者は賛成したものと推定する点に趣旨がある。

2 条文クローズアップ

1 決議方法（1項）

定足数は、議決に加わることができる取締役の過半数の出席とされ、決議要件は出席取締役の過半数とされる。定足数および決議要件は定款で加重することはできるが、軽減することはできない。

なお、取締役は、個人的信頼に基づき選任され、1人1議決権が認められるので、株主の場合(310条、313条)と異なり、議決権の代理行使や、議決権の不統一行使は認められない。

2 特別利害関係を有する取締役（2項）

(1) 特別利害関係人の意義

→試験対策8章4節4【4】(3)

決議の公正を期すため、決議について特別の利害関係を有する取締役は、議決に加わることができない。上述の趣旨にかんがみ、「特別の利害関係」とは、取締役の忠実義務違反をもたらすおそれのある、株式会社の利益と衝突する取締役の個人的利害関係をいうと解される。たとえば、株式会社・取締役間の取引の承認(356条1項、365条1項)における当該取締役と会社との関係である(裁判例)。

(2) 代表取締役解職の取締役決議と特別利害関係

→東京地判平7・9・20判時1572-131
→論
→試験対策8章4節4【4】(3)Q₁

代表取締役の解職決議の対象となる代表取締役が、その決議について「特別の利害関係を有する取締役」（特別利害関係人）にあたるかについては争いがある。たしかに、代表取締役の解職については、取締役間の利害が対立するとしても株式会社・取締役間の利害が対立しているとはいえず、代表取締役の解職決議の対象となる代表取締役は特別利害関係人にはあたらないとも思える。しかし、代表取締役がみずから解職の対象となる場合においては、その代表取締役に対し、いっさいの私心を去って、株式会社に対して負担する忠実義務に従い公正に議決権を行使することは必ずしも期待しがたく、かえって自己個人の利益を図って行動することすらありうる。したがって、代表取締役の解職決議の対象となる代表取締役は、特別利害関係人にあたると解すべきである(判例)。

→判例セレクト5

これに対して、代表取締役の選定決議の対象となる取締役は特別利害関係人にあたらないと解されている。選定はすべての取締役に共通する利害だからである。

3 議事録の作成（3項、4項）

→試験対策8章4節4【5】

取締役会の議事については、法務省令(会社施規101条)に定める事項を記載し、かつ、出席した取締役・監査役が署名した議事録を作成しなければならない(会社369条3項)。

取締役会の議事録が電磁的記録をもって作成されている場合には、法

務省令(会社施規225条)で定める電子署名の措置をとらなければならない(会社369条4項)。なお、議事録等は、取締役会の日から10年間、本店に備え置かなければならない(371条1項)。

4　議事録に異議をとどめない場合(5項)
　議事録に異議をとどめない出席取締役は、決議に賛成したものと推定する。

5　決議の瑕疵
　決議無効の確認の訴え(判例)や決議不存在の確認の訴えも認められると解されている。ただ、これらの訴えの判決に対世効があるかどうかについては争いがある。この点については、代表取締役の選定決議や中間配当の決議等においては、会社をめぐる法律関係の画一的要請があり、対世効を認めるべきと解する(838条類推適用)。

→最大判昭47・11・8 判例シリーズ18事件

6　取締役会・株主総会の比較

	取締役会	株主総会
原則的な決議方法	・議決権を行使できる取締役の過半数の出席のもとで、出席者の過半数により決定するのが原則(369Ⅰ。ただし定足数および割合の加重のみ定款で可)	・議決権を行使できる株主の議決権の過半数を有する株主の出席のもとで、出席者の過半数により決定するのが原則(309Ⅰ。ただし定足数のみ定款で加減・排除可)
議決権の行使方法	・議決に加わることのできる取締役の全員が書面または電磁的記録により議案たる提案に同意した場合、取締役会の承認があったものとみなす(370。ただし監査役が異議を述べた場合を除く〔370括弧書〕) ・代理行使・不統一行使は不可	・代理行使、書面による行使、電磁的方法による行使、および不統一行使が認められる ・取締役・株主の提案事項に対し、その事項について議決権を行使できる株主の全員が書面または電磁的記録により同意した場合は、株主総会の承認があったものとみなす(319Ⅰ)
特別利害関係人の参加	・認められない(369Ⅱ)	・自己株式取得の相手方の場合(140Ⅲ本文、160Ⅳ本文、175Ⅱ本文)を除き、認められる(決議が著しく不当な場合に取消原因となるにすぎない)
決議要件等の特例	・取締役の数が6人以上、かつうち1人以上が社外取締役の場合は、3人以上の取締役を特別取締役に選定できる(373Ⅰ) →重要な財産の処分・譲受けと多額の借財は、議決に加わることができる特別取締役の過半数の出席のもと、その過半数により決定	・特別決議(309Ⅱ)、特殊決議(309Ⅲ、Ⅳ) →(定足数：過半数、割合：3分の2〔309Ⅳの場合は4分の3〕以上) ・定足数は、定款で、特別決議は3分の1以上、特殊決議は2分の1以上に変更可 ・割合は、定款で、3分の2(4分の3)を上回る割合に変更可
決議無効の主張の制限	・なし	・あり(決議の取消しの訴え〔831〕)

1 特別の利害関係を有する取締役と取締役会の定足数の算定（1項）
株式会社の取締役会の定足数は、原則として、当該会社に現存する全取締役の員数を基礎としてこれを算定すべく、当該決議について特別の利害関係を有する取締役の員数を控除して算定すべきものではない（最判昭41・8・26民集20-6-1289）。

2 定足数の充足時期（1項）
定足数は、討議、議決の全過程を通じて維持されるべきであって、開会の始めにみたされていればよいというものではない。けだし、法律は、一定数以上の取締役が会議に出席することを要請し、その協議と意見の交換により取締役の英知が結集されて一定の結論が生みだされることを期待しているものと解せられるからである（最判昭41・8・26民集20-6-1289）。

3 可否同数の場合は議長が決する旨の取締役会の規定
「可否同数のときは議長が決するところによる」という取締役会規定は、〔旧〕商法260条ノ2第1項〔会社法369条1項〕に反して決議要件を緩和するものであって許されない（大阪地判昭28・6・19下民4-6-886）。

4 定足数を欠いた決議の効力（1項）
定足数を欠く取締役会の決議は無効と解すべきである（最判昭41・8・26民集20-6-1289）。

5 「特別の利害関係を有する取締役」（2項）
代表取締役の解任〔解職〕に関する取締役会の決議については、当該取締役は、〔旧〕商法260条ノ2第2項により準用される同法239条5項〔会社法369条2項〕にいう特別の利害関係を有する者にあたると解すべきである（最判昭44・3・28判例シリーズ71事件）。

→会社法百選67事件
→368条判例セレクト

6 一部の取締役に対する招集通知を欠く場合の決議の有効性
取締役会の開催にあたり、取締役の一部の者に対する招集通知を欠くことにより、その招集手続に瑕疵があるときは、特段の事情のないかぎり、取締役会の決議は無効になると解すべきであるが、この場合においても、その取締役が出席してもなお決議の結果に影響がないと認めるべき特段の事情があるときは、決議は有効になると解するのが相当である（最判昭44・12・2判例シリーズ70事件）。

→会社法百選66事件

7 決議の方法
取締役会の決議の方法については、挙手、起立、投票等の採決の手続がとられなくとも、必要な議決権数に達したことが明白になれば、その時に表決が成立する（東京地判平24・9・11金判1404-52）。

同 H23-45-3、H21-44-ウ

第370条（取締役会の決議の省略） B
取締役会設置会社は、取締役が取締役会の決議の目的である事項について提案をした場合において、当該提案につき取締役（当該事項について議決に加わることができるものに限る。）の全員が書面又は

❶電磁的記録により同意の意思表示をしたとき(監査役設置会社にあっては、監査役が当該提案について異議を述べたときを除く。)は、当該提案を可決する旨の取締役会の決議があったものとみなす旨を定款で定めることができる。

❶26条2項

取締役の全員が、書面等により決議事項に賛成の意思を表示した場合は、取締役会の開催を省略することができます。

→試験対策8章4節④【4】(2)

1 趣旨

決議事項の内容や審議状況等から会議を開く必要がない場合があることや、企業活動の国際化に伴い外国に居住する取締役も多くなっていることにかんがみ、機動的な会社経営を実現するため、会議を開催せずに書面または電磁的記録によって決議をすることを認めた。

2 条文クローズアップ

要件
①当該事項について議決に加わることができる取締役の全員の同意があること
　これは取締役の監督権限の形骸化を防止するためである。
②監査役が特に異議を述べないこと
　これは監査役の監査権限の形骸化を防止するためである。なお、この異議の対象は、取締役が提案した議案の内容についてであり、取締役会を省略することではない。
③定款の定めがあること
　取締役がどのような方法で意思決定をするかは株主にとっても重大な関心事であり、会社経営上の基本的事項だからである。

司H19-43-ウ。書H27-30-エ
第371条（議事録等）　B

1　取締役会設置会社は、取締役会の日(前条の規定により取締役会の決議があったものとみなされた日を含む。)から10年間、第369条第3項の議事録又は前条の意思表示(取締役全員の同意の意思表示)を記載し、若しくは記録した書面若しくは❶電磁的記録(以下この条において「❷議事録等」という。)をその本店に備え置かなければならない。
2　株主は、その権利を行使するため必要があるときは、株式会社の営業時間内は、いつでも、次に掲げる請求をすることができる。
　①　前項の❷議事録等が書面をもって作成されているときは、当該書面の閲覧又は謄写の請求

❶26条2項
❷

② 前項の議事録等が❶電磁的記録をもって作成されているときは、当該電磁的記録に記録された事項を法務省令で定める方法により表示したものの閲覧又は謄写の請求
3 監査役設置会社、監査等委員会設置会社又は指名委員会等設置会社における前項の規定の適用については、同項中「株式会社の営業時間内は、いつでも」とあるのは、「裁判所の許可を得て」とする。
4 取締役会設置会社の債権者は、❸役員又は執行役の責任を追及するため必要があるときは、裁判所の許可を得て、当該取締役会設置会社の❷議事録等について第2項各号に掲げる請求をすることができる。
5 前項の規定は、取締役会設置会社の❹親会社社員がその権利を行使するため必要があるときについて準用する。
6 裁判所は、第3項において読み替えて適用する第2項各号に掲げる請求又は第4項(前項において準用する場合を含む。以下この項において同じ。)の請求に係る閲覧又は謄写をすることにより、当該取締役会設置会社又はその親会社若しくは子会社に著しい損害を及ぼすおそれがあると認めるときは、第3項において読み替えて適用する第2項の許可又は第4項の許可をすることができない。

❸329条1項

❹31条3項

取締役会設置会社は、取締役会の日から10年間、その議事録等をその本店に備え置かなければなりません。株主は、議事録の閲覧・謄写を請求することができます。

→試験対策8章4節④【5】

1 趣旨

取締役会の議事録は株主や会社債権者が権利行使または取締役の責任追及をするにあたり重要な意義を有する。そこで、取締役会の議事録の備え置き、閲覧・謄写について1項および2項で規定した。また、監査役設置会社等では、株主の情報収集権および監視権を特別に強化する必要はない一方、閲覧請求権の濫用や企業秘密の漏えいといった会社の不利益が危惧される。そこで、閲覧請求に際して裁判所の許可が必要とされる(3項)。会社債権者も債権が弁済されなかった場合に取締役等の責任を追及するため(429条)、議事録等の閲覧請求が認められる(371条4項)。

2 条文クローズアップ

1 備置き

議事録等は、取締役会の日から10年間、本店に備え置かなければならない(1項)。

2 株主の閲覧・謄写

①取締役会設置会社の株主は、②の場合を除き権利行使に必要であれば、営業時間内はいつでも閲覧・謄写できる（2項）。

②監査役設置会社、監査等委員会設置会社または指名委員会等設置会社の株主は、権利行使に必要であれば、裁判所の許可を得て、閲覧・謄写できる（3項）。

③取締役会設置会社の債権者は、役員等の責任追及のため必要あるときは、裁判所の許可を得て、閲覧・謄写できる（4項）。

④取締役会設置会社の親会社社員（親会社の株主その他の社員〔31条3項〕）は、権利行使に必要であれば、裁判所の許可を得て、閲覧・謄写できる（371条5項）。

3 閲覧・謄写の制限

監査役設置会社・監査等委員会設置会社・指名委員会等設置会社の株主、取締役会設置会社の債権者・親会社社員からの閲覧・謄写請求により会社、親会社または子会社に著しい損害が生じるおそれがある場合は、裁判所は許可を与えることができない（6項）。

取締役会議事録		
内容	施行規則101条3項、4項を参照（会社369Ⅲ）	
備置	本店	取締役会の日から10年間（371Ⅰ）
	支店	不要
閲覧または謄写の請求	監査役設置会社・監査等委員会設置会社・指名委員会等設置会社の株主	裁判所の許可（※）を得て、請求可（371Ⅲ）
	上記以外の会社の株主	営業時間内は、いつでも、請求可（371Ⅱ）
	会社債権者	役員等の責任を追及するため必要があるときは、裁判所の許可（※）を得て、請求可（371Ⅳ）
	親会社社員	その権利を行使するため必要があるときは、裁判所の許可（※）を得て、請求可（371Ⅴ）

※ 裁判所は、当該取締役会設置会社またはその親会社もしくは子会社に著しい損害を及ぼすおそれがあると認めるときは、許可をすることができない（371Ⅵ）。

H27-21-イ

第372条（取締役会への報告の省略） B⁻

1 取締役、会計参与、監査役又は会計監査人が取締役（監査役設置会社にあっては、取締役及び監査役）の全員に対して取締役会に報告すべき事項を通知したときは、当該事項を取締役会へ報告することを要しない。

2 前項の規定は、第363条第2項の規定による報告〔業務執行取締役による職務執行状況の報告〕については、適用しない。

3 指名委員会等設置会社についての前2項の規定の適用について

> は、第1項中「監査役又は会計監査人」とあるのは「会計監査人又は執行役」と、「取締役（監査役設置会社にあっては、取締役及び監査役）」とあるのは「取締役」と、前項中「第363条第2項」とあるのは「第417条第4項」とする。

取締役会決議の省略の場合と同様、取締役全員に対し取締役会に報告すべき事項を通知した場合には、取締役会への報告は必要ありません。

→試験対策8章4節④【4】(2)

1 趣旨

取締役会のなかでもっとも重要な報告である業務執行取締役による定期的な職務執行状況報告の簡略化は認められないが（2項）、それ以外の報告については取締役会への報告を簡略化しても取締役の全員が報告を受ければ、取締役会へ報告をするのと同じ目的を達成することができる上、会社運営の簡易化・弾力化を図ることができる。そこで、取締役会への報告を簡略化した。

2 条文クローズアップ

1 報告の省略（1項）

取締役、会計参与、監査役または会計監査人が取締役（監査役設置会社では取締役および監査役）全員に対して、取締役会へ報告すべき事項を通知したときは、その事項を取締役会へ報告する必要はない。

	取締役会の招集手続の省略	取締役会の決議の省略	取締役会への報告の省略
可否	可能（368Ⅱ）	可能（370）	可能（372Ⅰ）
要件	取締役（監査役設置会社の場合は取締役および監査役）の全員の同意	①定款の定め ②取締役全員の書面または電磁的記録による同意 ③当該提案について監査役の異議なし	取締役（監査役設置会社の場合は取締役および監査役）の全員に対し、取締役会に報告すべき事項を通知

2 報告を要する場合（2項）

3か月に1回以上なすべき代表取締役等による取締役会への業務執行状況の報告（363条2項）については、現に開催する取締役会に報告することを要する。これは、取締役会の形骸化を防ぎ、取締役・執行役の職務執行の取締役会による監督の実効性を確保するためである。

3 指名委員会等設置会社の場合（3項）

指名委員会等設置会社においては、取締役、会計監査人または執行役が取締役の全員に対して、取締役会へ報告すべき事項を通知したときは、その事項を取締役会へ報告する必要はない。3か月に1回以上なすべき代表執行役による取締役会への業務執行状況の報告（417条4項）については、現に開催する取締役会に報告することを要する。

司H21-43-ア・イ・エ、H20-42-ウ。予H27-21-ア

第373条（特別取締役による取締役会の決議） B⁺

1 　第369条第1項〔取締役会決議の要件〕の規定にかかわらず、取締役会設置会社（指名委員会等設置会社を除く。）が次に掲げる要件のいずれにも該当する場合（監査等委員会設置会社にあっては、第399条の13第5項に規定する場合〔過半数が社外取締役の監査等委員会設置会社が重要な業務執行の決定を取締役に委任する場合〕又は同条第6項の規定による定款の定め〔重要な業務執行の決定につき取締役への委任を可能にする旨の定款の定め〕がある場合を除く。）には、取締役会は、第362条第4項第1号及び第2号又は第399条の13第4項第1号及び第2号に掲げる事項〔重要な財産の処分および譲受け、多額の借財〕についての取締役会の決議については、あらかじめ選定した3人以上の取締役（以下この章において「❶特別取締役」という。）のうち、議決に加わることができるものの過半数（これを上回る割合を取締役会で定めた場合にあっては、その割合以上）が出席し、その過半数（これを上回る割合を取締役会で定めた場合にあっては、その割合以上）をもって行うことができる旨を定めることができる。
　① 　取締役の数が6人以上であること。
　② 　取締役のうち1人以上が❷社外取締役であること。
2 　前項の規定による❶特別取締役による議決の定めがある場合には、特別取締役以外の取締役は、第362条第4項第1号及び第2号又は第399条の13第4項第1号及び第2号に掲げる事項〔重要な財産の処分および譲受け、多額の借財〕の決定をする取締役会に出席することを要しない。この場合における第366条第1項本文〔各取締役による取締役会の招集〕及び第368条〔招集手続〕の規定の適用については、第366条第1項本文中「各取締役」とあるのは「各特別取締役（第373条第1項に規定する特別取締役をいう。第368条において同じ。）」と、第368条第1項中「定款」とあるのは「取締役会」と、「各取締役」とあるのは「各特別取締役」と、同条第2項中「取締役（」とあるのは「特別取締役（」と、「取締役及び」とあるのは「特別取締役及び」とする。
3 　❶特別取締役の互選によって定められた者は、前項の取締役会の決議後、遅滞なく、当該決議の内容を特別取締役以外の取締役に報告しなければならない。
4 　第366条〔招集権者〕（第1項本文を除く。）、第367条〔株主による招集請求〕、第369条第1項〔取締役会決議の要件〕、第370条〔取締役会の決議の省略〕及び第399条の14〔監査等委員会による取締役会の招集〕の規定は、第2項の取締役会については、適用しない。

❶定

❷2条15号

指名委員会等設置会社を除く取締役会設置会社においては、取締役会の専決事項のうち、重要な財産の処分および譲受け、多額の借財については、特別取締役による取締役会決議が認められています。

→試験対策8章4節④【4】(4)

1 趣旨

多数の取締役を有する、指名委員会等設置会社以外の取締役会設置会社の機動的な経営に資するため、重要財産の処分および譲受けと多額の借財に関する決定について、特別取締役による取締役会決議制度を設けたものである。

2 条文クローズアップ

1 特別取締役による決議の要件（1項）

以下の2つの要件をみたすときは、取締役会の専決事項のうち、重要な財産の処分および譲受け、多額の借財についての取締役会決議は、あらかじめ選定した3人以上の特別取締役のうち、決議に参加できる者の過半数が出席し、その過半数で行うことができる。
①その会社における取締役の数が6人以上であること
②取締役のうち1人以上が社外取締役であること
このように要件が限定されているのは、取締役会による監督機能を確保し、取締役会の形骸化を防止するためである。

2 特別取締役以外の取締役（2項）

特別取締役による議決の定めがある場合には、それ以外の取締役は重要な財産の処分および譲受け、多額の借財を決定する取締役会決議に出席しなくてよい。

3 特別取締役以外の取締役への情報提供（3項）

特別取締役のうち互選で定められた者は、特別取締役による取締役会決議の内容を特別取締役以外の取締役に報告しなければならない。取締役会による監督機能を確保するためである。

4 特別取締役による取締役会の招集（4項）

機動的な業務決定を可能にするため、特別取締役による取締役会においては、特定された招集権者以外の取締役や株主による招集請求の規定は適用されない。したがって、特別取締役はだれでも特別取締役による取締役会を招集することができる。また、書面決議も認められない。

■第6節 会計参与

■総　説

→試験対策8章5節①【1】

会計参与とは、取締役（指名委員会等設置会社では執行役）と共同して、計算書類等を作成する者をいい（374条1項前段、6項参照）、定款により会計参与をおくと定めた会社を**会計参与設置会社**という（2条8号）。この制度は、会社法のもとで新しく認められた制度であり、会社の計算書

類等の正確性を担保することを目的とするものである。

その設置は、会社の任意である。すなわち、株式会社は、その規模や機関設計にかかわらず、会計参与の設置を義務づけられることはなく、定款によって、設置する旨を任意に定めることができる(326条2項)。ただし、監査等委員会設置会社および指名委員会等設置会社でない取締役会設置会社であって、公開会社でも大会社でもないものは、監査役をおかない場合には、会計参与をおかなければならない(327条2項ただし書)。なお、持分会社では、会計参与をおくことはできない。

会計参与は、計算書類の作成にあたる**会社の内部機関**と位置づけられており、作成された計算書類が、会計基準に照らして正確に作成されているかを外部からチェックする役割をもった会計監査人とは異なる。会計監査人は、法的意味からの計算書類の正確性に関しても、外部的に保証・担保するものであるのに対し、会計参与は、計算書類の正確性を事実上担保するものにすぎない。したがって、会計監査人を設置している会社が、更に会計参与を設置することもできる。

→宮島[4版補正版]260頁

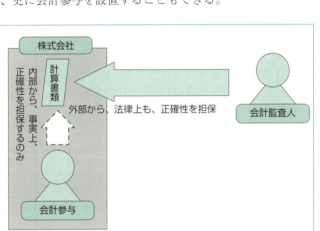

第374条(会計参与の権限) B

1 会計参与は、取締役と共同して、❶計算書類(第435条第2項に規定する計算書類(貸借対照表、損益計算書その他法務省令で定めるもの)をいう。以下この章において同じ。)及びその附属明細書、❷臨時計算書類(第441条第1項に規定する臨時計算書類(臨時決算日における貸借対照表等)をいう。以下この章において同じ。)並びに❸連結計算書類(第444条第1項に規定する連結計算書類(企業集団の財産および損益の状況を示すために必要かつ適当なものとして法務省令で定めるもの)をいう。第396条第1項(会計監査人の監査対象)において同じ。)を作成する。この場合において、会計参与は、法務省令で定めると

ころにより、会計参与報告を作成しなければならない。
2　会計参与は、いつでも、次に掲げるものの閲覧及び謄写をし、又は取締役及び支配人その他の使用人に対して会計に関する報告を求めることができる。
　① 会計帳簿又はこれに関する資料が書面をもって作成されているときは、当該書面
　② 会計帳簿又はこれに関する資料が❹電磁的記録をもって作成されているときは、当該電磁的記録に記録された事項を法務省令で定める方法により表示したもの

❹26条2項

3　会計参与は、その職務を行うため必要があるときは、会計参与設置会社の子会社に対して会計に関する報告を求め、又は会計参与設置会社若しくはその子会社の業務及び財産の状況の調査をすることができる。
4　前項の子会社は、正当な理由があるときは、同項の報告又は調査を拒むことができる。
5　会計参与は、その職務を行うに当たっては、第333条第3項第2号又は第3号に掲げる者（業務停止処分を受けている者または税理士法により税理士業務を行うことができない者）を使用してはならない。
6　指名委員会等設置会社における第1項及び第2項の規定の適用については、第1項中「取締役」とあるのは「執行役」と、第2項中「取締役及び」とあるのは「執行役及び取締役並びに」とする。

　会計参与は、取締役（委員会設置会社では執行役）と共同して、計算書類および附属明細書、臨時計算書類、連結計算書類を作成します。また、会計参与は、会計帳簿等の閲覧・謄写請求権、子会社の業務・財産の状況の調査をする権限をもっています。

→試験対策8章5節②

1 趣旨

　1項の趣旨は、取締役と共同して計算書類等を作成することで、中小規模の会社の計算の適正を図る点にある。2項から4項までは、会計参与の権限について規定し、1項の趣旨を実効化するものである。5項は、会計参与の職務遂行の廉潔性の維持および名義貸しにより333条3項2号および3号の規制の潜脱を防止するものである。

2 条文クローズアップ

1　計算書類等の取締役との共同作成

　会計参与は、取締役（指名委員会等設置会社では執行役）と共同して、計算書類およびその附属明細書、臨時計算書類ならびに連結計算書類を作成する（1項前段、6項）。計算書類を「共同して」作成するとは、取締役・執行役と会計参与との共同の意思に基づいて計算書類を作成すると

いうことである。したがって、両者の意見が一致しなければ、その株式会社における計算書類を作成することができず、計算書類の承認のための株主総会を開催することもできない。両者の意見が一致しない場合は、会計参与は、辞任するか、辞任せずに、意見を異にした事項等について株主総会において意見を述べる（377条）ことによって対処することになる。

→377条

2　会計参与報告の作成

会計参与は、計算書類等を作成する場合には、法務省令（会社施規102条）で定めるところにより、会計参与報告を作成しなければならない（会社374条1項後段）。**会計参与報告**は、計算書類の共同作成に関して会計参与にその作成が義務づけられる報告であって、株主・会社債権者に対する情報提供を目的とするものである。その記載事項は、①会計参与が職務を行う際に会社と合意した事項のうち主なもの、②計算書類作成のために採用した会計方針、③計算書類作成に用いた資料の種類や作成過程および方法等である。

3　会計帳簿・資料の閲覧・謄写権

会計参与は、いつでも、①会計帳簿またはこれに関する資料の閲覧および謄写をし、②取締役（指名委員会等設置会社では取締役・執行役）および支配人その他の使用人に対して会計に関する報告を求めることができる（2項、6項）。

4　子会社調査権

会計参与は、その職務を行うため必要があるときは、会計参与設置会社もしくはその子会社の業務および財産の状況の調査をすることができる（3項）。もっとも、その子会社は、正当な理由があるときは、報告または調査を拒むことができる（4項）。

司 H20-44-イ
第375条（会計参与の報告義務）　B⁻
1　会計参与は、その職務を行うに際して取締役の職務の執行に関し不正の行為又は法令若しくは定款に違反する重大な事実があることを発見したときは、遅滞なく、これを株主（監査役設置会社にあっては、監査役）に報告しなければならない。
2　監査役会設置会社における前項の規定の適用については、同項中「株主（監査役設置会社にあっては、監査役）」とあるのは、「監査役会」とする。
3　監査等委員会設置会社における第1項の規定の適用については、同項中「株主（監査役設置会社にあっては、監査役）」とあるのは、「監査等委員会」とする。
4　指名委員会等設置会社における第1項の規定の適用については、同項中「取締役」とあるのは「執行役又は取締役」と、「株主（監査

役設置会社にあっては、監査役）」とあるのは「監査委員会」とする。

　会計参与は、その職務で、取締役等の職務の執行に関し、不正の行為または法令もしくは定款に違反する重大な事実があることを発見したときには、ただちに株主等に報告しなければなりません。

→試験対策8章5節③【1】

1 趣旨

　会計参与は取締役とともに計算書類を作成する（374条1項）機会に、取締役の不正行為等を発見することがある。そこで、本条は、この不正行為等を是正するために、会計参与に報告義務を課した。

2 条文クローズアップ

1　原則（1項）
　会計参与が、株主に報告する。
2　監査役設置会社の場合（1項括弧書）
　監査役設置会社においては、報告すべきものは、取締役の職務執行に関する不正行為であり、報告の相手方は監査役である。
3　監査役会設置会社の場合（2項）
　監査役会設置会社においては、報告すべきものは、取締役の職務執行に関する不正行為であり、報告の相手方は監査役会である。
4　監査等委員会設置会社の場合（3項）
　監査等委員会設置会社においては、報告すべきものは、取締役の職務執行に関する不正行為であり、報告の相手方は監査等委員会である。
5　指名委員会等設置会社の場合（4項）
　指名委員会等設置会社においては、報告すべきものは、執行役・取締役の職務執行に関する不正行為であり、報告の相手方は監査委員会となる。

第376条（取締役会への出席）　C

1　取締役会設置会社の会計参与（会計参与が監査法人又は税理士法人である場合にあっては、その職務を行うべき社員。以下この条において同じ。）は、第436条第3項、第441条第3項又は第444条第5項の承認（計算書類等、臨時計算書類または連結計算書類の承認）をする取締役会に出席しなければならない。この場合において、会計参与は、必要があると認めるときは、意見を述べなければならない。
2　会計参与設置会社において、前項の取締役会を招集する者は、当該取締役会の日の1週間（これを下回る期間を定款で定めた場合にあっては、その期間）前までに、各会計参与に対してその通

知を発しなければならない。
3 会計参与設置会社において、第368条第2項〔全員の同意による招集手続の省略〕の規定により第1項の取締役会を招集の手続を経ることなく開催するときは、会計参与の全員の同意を得なければならない。

取締役会設置会社の会計参与は、計算書類および事業報告ならびにこれらの附属明細書、臨時計算書類、連結計算書類等の承認をする取締役会に出席しなければならず、必要なときは意見を述べなければなりません。

→試験対策8章5節③【2】

1 趣旨

計算関係書類を承認する決算取締役会では計算関係書類の内容についての議論がなされるため、当該書類を作成した会計参与に決算取締役会への出席義務および意見陳述義務を課した。

2 条文クローズアップ

1 取締役会出席義務

取締役会設置会社の会計参与(監査法人または税理士法人である場合にはその職務を行うべき社員)は、計算書類および事業報告ならびにこれらの附属明細書、臨時計算書類、連結計算書類等の承認をする取締役会に出席しなければならない(1項前段)。

2 意見陳述義務

出席した取締役会で必要があるときは、会計参与は、意見を陳述しなければならない(1項後段)。

3 招集通知

会計参与設置会社において、1項の取締役会を招集する者は、当該取締役会の日の1週間(これを下回る期間を定款で定めた場合にあっては、その期間)前までに、各会計参与に対してその通知を発しなければならない(2項)。この場合、取締役全員の同意により、招集手続を省略して開催する場合(368条2項)には、会計参与全員の同意を得なければならない(376条3項)。

司H20-44-オ
第377条(株主総会における意見の陳述)　B⁻

1 第374条第1項に規定する書類〔計算関係書類〕の作成に関する事項について会計参与が取締役と意見を異にするときは、会計参与(会計参与が監査法人又は税理士法人である場合にあっては、その職務を行うべき社員)は、株主総会において意見を述べることができる。
2 指名委員会等設置会社における前項の規定の適用については、

同項中「取締役」とあるのは、「執行役」とする。

　計算書類および附属明細書、臨時計算書類、連結計算書類の作成に関する事項について、会計参与が取締役等と意見を異にするときは、会計参与等は株主総会において意見を陳述することができます。

→試験対策8章5節③【2】

1 趣旨

　計算関係書類の作成に関する事項について会計参与が取締役と意見を異にするときは、取締役と共同して計算関係書類を作成することはできない（374条1項前段参照）。そこで、この問題の解決を、取締役と会計参与の選任・解任する権限を有する株主総会に委ねることとし、その株主総会において会計参与はみずから積極的に意見を述べることができるとした。

第378条（会計参与による計算書類等の備置き等）　C

1　会計参与は、次の各号に掲げるものを、当該各号に定める期間、法務省令で定めるところにより、当該会計参与が定めた場所に備え置かなければならない。
　① 　各事業年度に係る❶計算書類及びその附属明細書並びに会計参与報告　定時株主総会の日の1週間（取締役会設置会社にあっては、2週間）前の日（第319条第1項（株主全員の同意による総会決議の省略）の場合にあっては、同項の提案があった日）から5年間
　② 　❷臨時計算書類及び会計参与報告　臨時計算書類を作成した日から5年間
2　会計参与設置会社の株主及び債権者は、会計参与設置会社の営業時間内（会計参与が請求に応ずることが困難な場合として法務省令で定める場合を除く。）は、いつでも、会計参与に対し、次に掲げる請求をすることができる。ただし、第2号又は第4号に掲げる請求をするには、当該会計参与の定めた費用を支払わなければならない。
　① 　前項各号に掲げるものが書面をもって作成されているときは、当該書面の閲覧の請求
　② 　前号の書面の謄本又は抄本の交付の請求
　③ 　前項各号に掲げるものが❸電磁的記録をもって作成されているときは、当該電磁的記録に記録された事項を法務省令で定める方法により表示したものの閲覧の請求
　④ 　前号の電磁的記録に記録された事項を電磁的方法であって会計参与の定めたものにより提供することの請求又はその事項を

❶374条1項

❷374条1項

❸26条2項

> 　記載した書面の交付の請求
> 3　会計参与設置会社の❹親会社社員は、その権利を行使するため必要があるときは、裁判所の許可を得て、当該会計参与設置会社の第1項各号に掲げるものについて前項各号に掲げる請求をすることができる。ただし、同項第2号又は第4号に掲げる請求をするには、当該会計参与の定めた費用を支払わなければならない。

❹31条3項

　会計参与は、計算書類等を一定期間、会計参与が定めた場所に備え置かなければなりません。また、会計参与設置会社の株主および債権者は、会計参与に対し、計算書類等の閲覧・交付等の請求をすることができます。また、会計参与設置会社の親会社社員も、裁判所の許可を得て、計算書類等の閲覧・交付等の請求をすることができます。

→試験対策8章5節③【3】

1　趣旨

　会社とは別に会計参与が計算書類等を備え置くことで、計算書類等が事後的に改ざんされることを防止できるだけでなく、株主および債権者は会社がただちに閲覧等請求に応じない場合にも会計参与に対して閲覧等請求をすることができる。

2　条文クローズアップ

1　計算書類の備置き

　会計参与は、計算書類等を一定の期間、法務省令(会社施規103条)で定めるところにより、その会計参与が定めた場所に備え置かなければならない。すなわち、①各事業年度における計算書類およびその附属明細書ならびに会計参与報告については定時株主総会の日の1週間(取締役会設置会社にあっては、2週間)前の日(開催省略〔会社319条1項〕の場合は、提案があった日)から5年間、②臨時計算書類および会計参与報告については臨時計算書類を作成した日から5年間備え置かなければならない(378条1項)。

　なお、計算書類等を備え置く場所は、会計参与の裁量で定めることができるが、その場所で株主・会社債権者に対して開示することになるので、開示に適した場所、たとえば会計参与等の事務所等が適当であると考えられている。この場所は、株主・会社債権者に知らせる必要があるため、登記事項とされている(911条3項16号)。

→911条

2　株主・会社債権者による閲覧等(会計参与の開示義務)

　会計参与設置会社の株主および会社債権者は、会計参与設置会社の営業時間内(会計参与が請求に応ずることが困難な場合として法務省令で定める場合を除く〔378条2項本文括弧書・会社施規104条〕)は、いつでも、会計参与に対し、前述の①②の閲覧、謄本・抄本の交付、電磁的提供等を請求することができる(会社378条2項本文)。この場合、閲覧以外について

第378条

は会計参与が定めた費用を支払わなければならない(2項ただし書)。

なお、開示義務は説明義務ではないので、会計参与が備置き・開示する計算書類等について、開示請求時に株主・会社債権者から質問を受けたとしても、会計参与にその説明をすべき義務はない。もっとも、開示の実質を確保するために、会計参与が任意に質問に答えることは差し支えない。

3 親会社社員による閲覧等

会計参与設置会社の親会社社員は(親会社の株主その他の社員〔31条3項括弧書〕)、その権利を行使するため必要があるときは、裁判所の許可を得て、①②の閲覧、謄本・抄本の交付、電磁的提供等の請求をすることができる(378条3項本文)。この場合、閲覧以外については会計参与が定める費用を支払わなければならない(3項ただし書)。

第379条(会計参与の報酬等)　C
1　会計参与の❶報酬等は、定款にその額を定めていないときは、株主総会の決議によって定める。
2　会計参与が2人以上ある場合において、各会計参与の❶報酬等について定款の定め又は株主総会の決議がないときは、当該報酬等は、前項の報酬等の範囲内において、会計参与の協議によって定める。
3　会計参与(会計参与が監査法人又は税理士法人である場合にあっては、その職務を行うべき社員)は、株主総会において、会計参与の❶報酬等について意見を述べることができる。

❶361条1項

会計参与の報酬等は、定款または株主総会の決議によって定めます。そして、会計参与が2人以上いる場合において、各会計参与の報酬等について定めがないときは、定められた報酬の範囲内において、会計参与の協議によって定められます。また、会計参与は、株主総会において会計参与の報酬等について意見を述べることができます。

→試験対策8章5節④【1】

1 趣旨

会計参与の地位の独立性を担保するため、会計参与の報酬決定の手続・方法について定めている。

第380条(費用等の請求)　C
会計参与がその職務の執行について会計参与設置会社に対して次に掲げる請求をしたときは、当該会計参与設置会社は、当該請求に係る費用又は債務が当該会計参与の職務の執行に必要でないことを証明した場合を除き、これを拒むことができない。

> ① 費用の前払の請求
> ② 支出した費用及び支出の日以後におけるその利息の償還の請求
> ③ 負担した債務の債権者に対する弁済(当該債務が弁済期にない場合にあっては、相当の担保の提供)の請求

　会計参与は、その職務の執行について、会計参与設置会社に対して、費用の前払請求、支出した費用等の償還の請求、負担した債務の債権者に対する弁済等の請求をすることができます。請求を受けた会計参与設置会社は、請求された費用・債務が職務の執行に必要でないことを証明した場合を除き、これを拒むことができません。

→試験対策8章5節④【2】

1 趣旨

　本条は、会計参与の職務執行に必要な費用を確保させ、その地位の独立性を担保するために、費用等の請求に関する立証責任を転換したものである。

■第7節　監 査 役

■総　説

→試験対策8章6節①

監査役および監査役会

　監査役は、任意の機関であるが(326条2項)、取締役会設置会社(公開会社でない会計参与設置会社を除く)または会計監査人設置会社であって、かつ、監査等委員会設置会社および指名委員会等設置会社以外の会社では、必要的機関である(327条2項から4項まで)。
　また、監査役は**独任制**の機関である。すなわち、監査役という機関は、1人の構成員をもって構成され、たとえ数人の監査役がいる場合であっても、各自が独立して監査権限を行使する。監査役は、原則として**会計監査**を含めた**業務監査**を行う。
　次に、監査役をおく株式会社(その監査役の監査の範囲を会計に関するものに限定する旨の定款の定めがあるものを除く)または会社法の規定により監査役をおかなければならない株式会社を**監査役設置会社**という(2条9号)。
　そして、監査等委員会設置会社および指名委員会等設置会社以外の大会社で公開会社である会社は、**監査役会**をおかなければならないが(328条1項)、それ以外の会社(監査等委員会設置会社および指名委員会等設置会社を除く)は、定款の定めによって監査役会を任意に設置することができる(326条2項)。監査役会をおく株式会社または会社法の規定により監査役会をおかなければならない株式会社を**監査役会設置会社**という(2条10号)。

司 H25-46-オ(予)、H22-44-オ、H19-44-エ

第381条（監査役の権限）　B+

1　監査役は、取締役(会計参与設置会社にあっては、取締役及び会計参与)の職務の執行を監査する。この場合において、監査役は、法務省令で定めるところにより、監査報告を作成しなければならない。
2　監査役は、いつでも、取締役及び会計参与並びに支配人その他の使用人に対して事業の報告を求め、又は監査役設置会社の業務及び財産の状況の調査をすることができる。
3　監査役は、その職務を行うため必要があるときは、監査役設置会社の子会社に対して事業の報告を求め、又はその子会社の業務及び財産の状況の調査をすることができる。
4　前項の子会社は、正当な理由があるときは、同項の報告又は調査を拒むことができる。

監査役は、取締役等の職務執行を監査することを権限とします。また、監査役は、監査報告を作成しなければなりません。

→試験対策8章6節②【2】

1　趣旨

1項は、監査役の職務内容を明確にし、2項は、1項の職務を遂行するために必要な権限を監査役に付与したものである。3項は、監査役に調査等の権限を与えている。これは、親会社の監査役が当該会社の取締役の職務執行を監査するためには、子会社の業務・財産等の状況を把握する必要がある点にある。また、子会社に対する監査役の権限行使が不適法な場合には、子会社が報告・調査を拒むことができるのは当然であるから、4項はこの旨を明記している。

2　条文クローズアップ

監査役の権限

(1) 原則(業務全般の監査)

監査役は、取締役の職務を監査する機関であるから(1項前段)、その職務と権限は、会計監査を含む会社の業務全般の監査に及ぶ。

(a)会計監査
　監査役は、計算書類ならびに附属明細書(一定の会社では更に連結計算書類)および臨時計算書類を監査し(436条、441条2項、444条4項)、監査報告を作成する(437条、442条参照)。

(b)業務監査
　監査役が、取締役の職務執行が法令および定款に適合しているかどうかを監査すること(適法性監査)は当然であるが、その妥当性についての監査(妥当性監査)をすることができるかについては争いがある。

→論
→試験対策8章6節②【2】(1)(b)Q1

この点について、取締役会設置会社においては、業務執行に関する決定は、取締役会の決議でなされ、この決議は取締役の過半数をもって決し（369条1項）、監査役は参加できない。そうだとすれば、取締役会の決議が妥当かどうかの判断も取締役会に委ねられていると解すべきである。また、監査役の権限は、同時に義務でもあるから、妥当性監査の権限を与えると監査役の負担が重くなりすぎる。したがって、監査役は、妥当性監査をすることはできないと考えるべきである（消極説）。ただし、業務執行が「著しく不当」（382条、384条後段）で、そのようなことをすれば株式会社に損害が生ずることが明らかな場合には、そのような業務執行をすることは善管注意義務違反として法令違反（違法）になると解することができる（330条、民644条）。よって、監査役の権限は「著しく不当」場合を含む意味での適法性監査にかぎられると解するのが妥当である。

(c) **公開会社でない株式会社における例外**

→389条

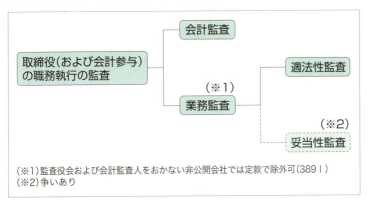

(※1) 監査役会および会計監査人をおかない非公開会社では定款で除外可（389Ⅰ）
(※2) 争いあり

(2) **監査報告の作成**
　監査役は、会計の監査を含む会社の業務全般の監査について、法務省令（会社施規105条）で定めるところにより、監査報告を作成しなければならない（会社381条1項後段）。

(3) **調査権**
　監査役は、いつでも、取締役・会計参与・支配人その他の使用人に対して、事業の報告を求め、またはみずから会社の業務および財産の状況の調査をする権限を有する（2項）。

(4) **子会社調査権**
　監査役は、その職務を行うため必要があるときは、監査役設置会社の子会社に対して事業の報告を求め、またはその子会社の業務および財産の状況の調査をすることができる（3項）。もっとも、その子会社は、正当な理由があるときは、報告または調査を拒むことができる（4項）。

> 司H26-44-オ。書H25-31-エ
>
> **第382条（取締役への報告義務）　B**
> 監査役は、取締役が不正の行為をし、若しくは当該行為をするおそれがあると認めるとき、又は法令若しくは定款に違反する事実若しくは著しく不当な事実があると認めるときは、遅滞なく、その旨を取締役（取締役会設置会社にあっては、取締役会）に報告しなければならない。

監査役は、取締役が不正な行為をし、もしくは不正な行為をするおそれがあると認めるとき、または法令もしくは定款に違反する事実もしくは著しく不当な事実があると認めるときは、ただちにその旨を取締役等に報告しなければなりません。

→試験対策8章6節②【3】(1)

1 趣旨

取締役の法令・定款違反行為等について監視をするという取締役等の権限を有効に機能させるために、監査役が知りえた情報を、取締役等に報告しなければならないとした。

2 条文クローズアップ

1 「不正の行為」
不正の行為とは、法令・定款違反には該当しないが社会的に不当な行為をさす。

2 「法令もしくは定款に違反する事実」
法令・定款違反には、善管注意義務（330条、民644条）または忠実義務（会社355条）のような一般的規定をはじめ、個別具体的な規定や、会社ごとの定款の規定が含まれる。

3 「著しく不当な事実」
著しく不当な事実とは、法令・定款違反には該当しないが、それを決定すること、行うことが妥当でない場合をさす。監査役の監査権限は妥当性監査には及ばないが、これを発見した場合は報告義務が課されるという点で、監査役の職務が拡充されたといえる。

> 司H22-45-3、H21-43-ウ。書H25-31-エ
>
> **第383条（取締役会への出席義務等）　B**
> 1　監査役は、取締役会に出席し、必要があると認めるときは、意見を述べなければならない。ただし、監査役が2人以上ある場合において、第373条第1項〔特別取締役による議決の定め〕の規定による❶特別取締役による議決の定めがあるときは、監査役の互選によって、監査役の中から特に同条第2項の取締役会〔特別取締役が

❶373条1項

重要財産の処分等の決定をする取締役会)に出席する監査役を定めることができる。
2　監査役は、前条〔取締役への報告義務〕に規定する場合において、必要があると認めるときは、取締役(第366条第1項ただし書に規定する場合(招集権者を定めた場合)にあっては、❷招集権者)に対し、取締役会の招集を請求することができる。
3　前項の規定による請求があった日から5日以内に、その請求があった日から2週間以内の日を取締役会の日とする取締役会の招集の通知が発せられない場合は、その請求をした監査役は、取締役会を招集することができる。
4　前2項の規定は、第373条第2項の取締役会〔特別取締役による取締役会〕については、適用しない。

❷366条2項

→試験対策8章6節②【3】(2)

監査役は、取締役会に出席し、必要があると認めるときは、意見を述べなければなりません。ただし、例外として、特別取締役による取締役会には、全員出席する必要はなく、互選により出席する監査役を定めることができます。監査役は、必要があると認めるときは、取締役・招集権者に対し、取締役会の招集を求めることができ、請求したにもかかわらず招集されないときはみずから招集することもできます。

1 趣旨

監査役の業務監査権限の行使の実効化の観点から、監査役に、取締役会に出席し意見を述べる義務を課し、また、382条の報告の機会を与えるために取締役会の招集に関する一定の権限を与えた。

2 条文クローズアップ

1 原則
監査役は、取締役会に出席し、必要があると認めるときは、意見を述べなければならない(1項本文)。

2 例外
特別取締役による取締役会(373条1項)には全員出席する必要はなく、互選により出席する監査役を定めることができる(383条1項ただし書)。

3 招集
監査役は、382条に規定する場合で、必要があると認めるときは、招集権者に対して取締役会の招集を求めることができ、招集されないときは、みずから招集することができる(383条2項、3項)。

第384条（株主総会に対する報告義務）　B
監査役は、取締役が株主総会に提出しようとする議案、書類その他

> 法務省令で定めるものを調査しなければならない。この場合において、法令若しくは定款に違反し、又は著しく不当な事項があると認めるときは、その調査の結果を株主総会に報告しなければならない。

監査役は、取締役が株主総会に提出しようとする議案・書類その他法務省令(会社施規106条)で定めるものを調査しなければなりません。この場合において、法令もしくは定款に違反し、または著しく不当な事項があると認めるときは、その調査の結果を株主総会に報告しなければなりません。

→試験対策8章6節②【3】(3)

1 趣旨

株主総会に提出する議案等の調査義務および株主総会に対する報告義務を監査役に課すことで、違法または不当な議案等が株主総会に提出されて決議が成立するのを防止することを趣旨とする。

> 司H22-44-イ。予H27-21-エ。書H23-31-オ
> **第385条（監査役による取締役の行為の差止め）　B⁺**
> 1　監査役は、取締役が監査役設置会社の目的の範囲外の行為その他法令若しくは定款に違反する行為をし、又はこれらの行為をするおそれがある場合において、当該行為によって当該監査役設置会社に著しい損害が生ずるおそれがあるときは、当該取締役に対し、当該行為をやめることを請求することができる。
> 2　前項の場合において、裁判所が仮処分をもって同項の取締役に対し、その行為をやめることを命ずるときは、担保を立てさせないものとする。

監査役は、取締役が違法行為などをし、またはするおそれがある場合において、その行為によって会社に著しい損害が生じるおそれがあるときは、その取締役に対し、その行為をやめることを請求することができます。この場合において、裁判所が仮処分をもってその行為をやめるよう命じるときは、監査役は担保を立てなくてよいものとされます。

→試験対策8章6節②【4】(1)

1 趣旨

取締役の業務執行の適正を期するための、もっとも強力な監査権限として、監査役に差止請求権を認めたものである。なお、監査役の仮処分申請に対して、裁判所は、監査役に担保を立てさせないものとしたのは、監査役の会社に対する監査費用をめぐって問題が紛糾し、差止めが困難となることを避けるためである。

司 H25-50-ア、H21-45-4、H19-42-オ

第386条（監査役設置会社と取締役との間における会社の代表等）　B⁺

1　第349条第4項〔代表権の範囲〕、第353条〔株式会社と取締役との間の訴えにおける会社の代表〕及び第364条〔取締役会設置会社と取締役との間の訴えにおける会社の代表〕の規定にかかわらず、次の各号に掲げる場合には、当該各号の訴えについては、監査役が監査役設置会社を代表する。

① 　監査役設置会社が❶取締役（取締役であった者を含む。以下この条において同じ。）に対し、又は取締役が監査役設置会社に対して訴えを提起する場合

② 　❷株式交換等完全親会社（第849条第2項第1号に規定する株式交換等完全親会社をいう。次項第3号において同じ。）である監査役設置会社がその❸株式交換等完全子会社（第847条の2第1項に規定する株式交換等完全子会社をいう。次項第3号において同じ。）の取締役、❹執行役（執行役であった者を含む。以下この条において同じ。）又は❺清算人（清算人であった者を含む。以下この条において同じ。）の責任（第847条の2第1項各号に掲げる行為〔完全親会社の株式の取得〕の効力が生じた時までにその原因となった事実が生じたものに限る。）を追及する訴えを提起する場合

③ 　❻最終完全親会社等（第847条の3第1項に規定する最終完全親会社等をいう。次項第4号において同じ。）である監査役設置会社がその❼完全子会社等（同条第2項第2号に規定する完全子会社等をいい、同条第3項の規定により当該完全子会社等とみなされるものを含む。次項第4号において同じ。）である株式会社の取締役、執行役又は清算人に対して特定責任追及の訴え（同条第1項に規定する特定責任追及の訴え〔最終完全親会社等の株主による特定責任追及の訴え〕をいう。）を提起する場合

2　第349条第4項〔代表権の範囲〕の規定にかかわらず、次に掲げる場合には、監査役が監査役設置会社を代表する。

① 　監査役設置会社が第847条第1項〔責任追及等の訴え〕、第847条の2第1項若しくは第3項（同条第4項及び第5項において準用する場合を含む。）〔旧株主による責任追及等の訴え〕又は第847条の3第1項〔最終完全親会社等の株主による特定責任追及の訴え〕の規定による請求（❶取締役の責任を追及する訴えの提起の請求に限る。）を受ける場合

② 　監査役設置会社が第849条第4項の訴訟告知〔株主代表訴訟提起時の会社への訴訟告知〕（取締役の責任を追及する訴えに係るもの

❶定
❷定
❸定
❹定
❺定
❻定
❼定

機関

第386条／609／

に限る。)並びに第850条第2項の規定による通知及び催告〔会社に対する株主代表訴訟に関する和解の内容の通知・異議の催告〕(取締役の責任を追及する訴えに係る訴訟における和解に関するものに限る。)を受ける場合

③ ❷株式交換等完全親会社である監査役設置会社が第847条第1項の規定による請求〔責任追及等の訴えの提起の請求〕(前項第2号に規定する訴えの提起の請求に限る。)をする場合又は第849条第6項の規定による通知〔株式交換等完全親会社に対する訴えの提起または訴訟告知を受けた旨の通知〕(その❸株式交換等完全子会社の取締役、❹執行役又は❺清算人の責任を追及する訴えに係るものに限る。)を受ける場合

④ ❻最終完全親会社等である監査役設置会社が第847条第1項の規定による請求〔責任追及等の訴えの提起の請求〕(前項第3号に規定する特定責任追及の訴えの提起の請求に限る。)をする場合又は第849条第7項の規定による通知〔特定責任追及等にかかる訴えの提起または訴訟告知を受けた旨の最終完全親会社等に対する通知〕(その❼完全子会社等である株式会社の取締役、執行役又は清算人の責任を追及する訴えに係るものに限る。)を受ける場合

監査役設置会社における監査役は、①取締役と監査役設置会社との間の訴訟の場合、②監査役設置会社が取締役の責任を追及する訴えの提起の請求を受ける場合、③監査役設置会社が株主代表訴訟の訴訟告知および和解に関する通知および催告を受ける場合には、会社を代表します。また、④監査役設置会社が株主による責任追及等の訴え、旧株主による責任追及等の訴え、最終完全親会社等の株主による特定責任追及の訴え提起の請求を受ける場合、⑤監査役設置会社が株主代表訴訟の訴訟告知および和解に関する告知および催告を受ける場合、⑥株式交換等完全親会社である監査役設置会社が取締役等の責任を追及する訴え提起の請求をする場合またはこれについての訴訟告知に関する通知を受ける場合、⑦最終完全親会社等である監査役設置会社が取締役等の責任を追及する訴え提起の請求をする場合またはこれについての訴訟告知に関する通知を受ける場合に、会社を代表します。

→試験対策8章6節②【4】(2)

1 趣旨

会社・取締役間の訴訟において代表取締役に会社を代表することを認めると、仲間意識から馴れ合い訴訟になって会社利益が害されるおそれがある。そこで、中立的な監査役に会社を代表させて、会社の利益の十分な確保を図った。

2 条文クローズアップ

1 株式会社と取締役との間の訴えにおける会社の代表

→353条②

2 監査役が監査役設置会社を代表する場合

(1) 監査役設置会社が訴訟当事者となる場合（1項）
　(a) 監査役設置会社と取締役が訴訟当事者である場合（1号）
　(b) 株式交換等完全親会社である監査役設置会社が、その株式交換等完全子会社の取締役・執行役・清算人の責任を追及する訴えを提起する場合（2号）
　(c) 最終完全親会社等である監査役設置会社が、その完全子会社等である株式会社の取締役・執行役・清算人の責任を追及する訴えを提起する場合（3号）

　　これらの場合に会社代表を代表取締役とすると、取締役等の仲間意識から馴合訴訟を行われ、会社の利益が害される危険があるため、監査役が会社代表となる。

(2) その他の場合（2項）
　(a) 監査役設置会社が、株主による責任追及等の訴え、旧株主による責任追及等の訴え、最終完全親会社等の株主による特定責任追及の訴え提起の請求を受ける場合（1号）
　(b) 監査役設置会社が、株主代表訴訟の訴訟告知または和解の通知・催告を受ける場合（2号）
　(c) 株式交換等完全親会社または最終完全親会社等が、株主として、その株式交換等完全子会社または完全子会社等である株式会社に提訴請求をする場合（3号前段、4号前段）
　(d) 株式交換等完全親会社または最終完全親会社等が、その株式交換等完全子会社または完全子会社等である株式会社の株主代表訴訟の訴訟告知を受ける場合（3号後段、4号後段）

　　これらの場合も、当該会社が取締役等に対して責任追及の訴えを提起するか否か、またはこれに参加するか否かを判断する者が代表取締役であると、適切な判断が期待できないことから、監査役が会社代表となる。

司 H18-46-4

第387条（監査役の報酬等）　B⁺

1　監査役の❶報酬等は、定款にその額を定めていないときは、株主総会の決議によって定める。
2　監査役が2人以上ある場合において、各監査役の❶報酬等について定款の定め又は株主総会の決議がないときは、当該報酬等は、前項の報酬等の範囲内において、監査役の協議によって定める。
3　監査役は、株主総会において、監査役の❶報酬等について意見を述べることができる。

❶361条1項

監査役の報酬等は、定款または株主総会決議によって、その額を定めなければなりません。そして、監査役が2人以上いる場合において、各監査役の報酬等について定款の定めまたは株主総会の決議がないときは、その報酬等は、定款または株主総会決議で定めた範囲内において、監査役の協議によって定めます。監査役には、株主総会における報酬等についての意見陳述権が認められています。

→試験対策8章6節2【5】(1)

1 趣旨

　監査役の報酬等を定款または株主総会決議によって決定すべきこととしているのは、監査役の地位の独立性を確保して、適正な監査を期するためである。また、監査役の株主総会での意見陳述権も、株主総会における監査役の報酬の決定の適正を期し、あわせて監査役の地位の独立性を確保するためである。

2 条文クローズアップ

1 協議（2項）

　<u>監査役の協議</u>とは、監査役の全員一致の決定をいう。協議が不調であれば、会社は報酬を支払えない。

2 賞与

　監査役の賞与については、会社法上、その支給を禁止する規定はなく、むしろ取締役と同様に、賞与を含む「報酬等」が支給されうることが明文で規定されているから、株主総会の決議により、賞与を支給することができると解される。

> **第388条（費用等の請求）　B**
> 　監査役がその職務の執行について監査役設置会社（監査役の監査の範囲を会計に関するものに限定する旨の定款の定めがある株式会社を含む。）に対して次に掲げる請求をしたときは、当該監査役設置会社は、当該請求に係る費用又は債務が当該監査役の職務の執行に必要でないことを証明した場合を除き、これを拒むことができない。
> 　① 費用の前払の請求
> 　② 支出した費用及び支出の日以後におけるその利息の償還の請求
> 　③ 負担した債務の債権者に対する弁済（当該債務が弁済期にない場合にあっては、相当の担保の提供）の請求

　監査役は、監査に必要な費用等を会社に対して請求できます。これに対して、会社は、その費用等が監査役の職務執行に必要でないことを立証しないかぎり、拒むことはできません。

→試験対策8章6節2【5】(2)

1 趣旨

監査役の監査に必要な費用を確保させ、その地位の独立性を担保するために、監査費用の請求に関する立証責任を転換したものである。

> 📖H27-30-ア・ウ
> **第389条（定款の定めによる監査範囲の限定） B**
> 1　公開会社でない株式会社(監査役会設置会社及び会計監査人設置会社を除く。)は、第381条第1項〔監査役の監査の範囲〕の規定にかかわらず、その監査役の監査の範囲を会計に関するものに限定する旨を定款で定めることができる。
> 2　前項の規定による定款の定めがある株式会社の監査役は、法務省令で定めるところにより、監査報告を作成しなければならない。
> 3　前項の監査役は、取締役が株主総会に提出しようとする会計に関する議案、書類その他の法務省令で定めるものを調査し、その調査の結果を株主総会に報告しなければならない。
> 4　第2項の監査役は、いつでも、次に掲げるものの閲覧及び謄写をし、又は取締役及び会計参与並びに支配人その他の使用人に対して会計に関する報告を求めることができる。
> 　①　会計帳簿又はこれに関する資料が書面をもって作成されているときは、当該書面
> 　②　会計帳簿又はこれに関する資料が❶電磁的記録をもって作成されているときは、当該電磁的記録に記録された事項を法務省令で定める方法により表示したもの
> 5　第2項の監査役は、その職務を行うため必要があるときは、株式会社の子会社に対して会計に関する報告を求め、又は株式会社若しくはその子会社の業務及び財産の状況の調査をすることができる。
> 6　前項の子会社は、正当な理由があるときは、同項の規定による報告又は調査を拒むことができる。
> 7　第381条から第386条までの規定〔監査役の権限および義務等〕は、第1項の規定による定款の定めがある株式会社については、適用しない。

❶26条2項

→試験対策8章6節②【2】(1)(c)

　監査役会設置会社および会計監査人設置会社を除く非公開会社では、定款をもって、監査役の権限の範囲を、会計に関するものに限定する旨を定めることができます。

1 趣旨

従前から、会計監査権限のみを有する監査役の制度が、多くの小規模な会社において利用されてきた状況にかんがみ、定款をもって監査役の権限の範囲を会計に関するものに限定する旨を定めることができるとしたものである。

　なお、平成26年改正により、監査役の監査の範囲を会計に関するものに限定する旨の定款の定めがある株式会社について、当該定款の定めが登記事項に追加された（911条3項17号イ）。

→平成26年改正
→911条②2

■第8節　監査役会
■第1款　権限等

司H25-46-ア（予）、H20-43-オ。予H27-22-ア

第390条　B+
1　監査役会は、すべての監査役で組織する。
2　監査役会は、次に掲げる職務を行う。ただし、第3号の決定は、監査役の権限の行使を妨げることはできない。
　①　監査報告の作成
　②　常勤の監査役の選定及び解職
　③　監査の方針、監査役会設置会社の業務及び財産の状況の調査の方法その他の監査役の職務の執行に関する事項の決定
3　監査役会は、監査役の中から常勤の監査役を選定しなければならない。
4　監査役は、監査役会の求めがあるときは、いつでもその職務の執行の状況を監査役会に報告しなければならない。

　監査役会は、すべての監査役で組織され、監査報告の作成、常勤の監査役の選定および解職、監査方針・業務および財産の状況の調査方法その他の職務執行に関する事項の決定等を行います。また、監査役は、監査役会の求めに応じて、いつでもその職務の執行の状況を監査役会に報告しなければなりません。

→試験対策8章6節③

1　趣旨

　監査役会の組織、職務、権限について法定することで、監査役会設置会社における監査役の独立性を確保するとともに、社外監査役を含めたすべての監査役間での役割分担に基づく調査・情報交換・監査意見形成といった監査業務が適切かつ実効的になされることを図っている。

2　条文クローズアップ

1　監査役会の組織（1項、3項）
　監査役会は、すべての監査役で組織される（1項）。監査役会設置会社

においては、監査役は3人以上で、そのうち半数以上（過半数ではない）は、**社外監査役**でなければならない（335条3項）。監査役会は、監査役のなかから、**常勤監査役**を選定しなければならない（390条3項）。

2　監査役会の職務（2項）

監査役会は、①監査報告の作成（会社施規105条、会社計算規123条、128条）、②常勤の監査役の選定および解職、③監査の方針、監査役会設置会社の業務および財産の状況の調査の方法その他の監査役の職務の執行に関する事項の決定を行う（会社390条2項各号）。ただし、③の決定は、監査役の権限の行使を妨げることはできない（**独任制**〔2項柱書ただし書〕）。

3　監査役の監査役会への報告義務（4項）

監査役は、監査役会の求めがあるときは、いつでもその職務の執行の状況を監査役会に報告しなければならない（4項）。なお、取締役、会計参与、監査役または会計監査人が、監査役の全員に対して監査役会に報告すべき事項を通知したときは、その事項を監査役会へ報告することを要しない（395条）。

■第2款　運　営

> **第391条（招集権者）　B**
> 監査役会は、各監査役が招集する。

監査役会の招集は、各監査役が行います。

→試験対策8章6節③【2】(1)

1　趣旨

①監査役間の連絡調整が監査役会の主な機能であるため、各監査役に招集権限を付与しても実務が混乱しにくいこと、②監査役間の緊密な連携のために各監査役に招集権限を付与する必要性があること、③それぞれが対等で独立した機関としての業務遂行が各監査役に求められるところ（390条2項柱書ただし書参照）、特定の監査役にかぎり招集権限を認めると監査役間で上下関係が生じうること等の理由から、各監査役に監査役会の招集権限を認めた。

2　条文クローズアップ

招集権者

取締役会で招集権者たる取締役を定めた場合に関する366条は準用されていない。また、監査役会の決議や定款をもってしても、特定の監査役に排他的な招集権を認め、他の監査役の招集権を奪うことはできない。したがって、監査役会の招集権は、各監査役が有することとなる。

> 司 H21-44-ウ
> **第392条（招集手続）　B**
> 1　監査役会を招集するには、監査役は、監査役会の日の１週間（これを下回る期間を定款で定めた場合にあっては、その期間）前までに、各監査役に対してその通知を発しなければならない。
> 2　前項の規定にかかわらず、監査役会は、監査役の全員の同意があるときは、招集の手続を経ることなく開催することができる。

　監査役会を招集するには、監査役は、監査役会の日の１週間（これを下回る期間を定款で定めた場合にはその期間）前までに、各監査役に対して招集通知をしなければなりません。監査役全員の同意がある時には、招集手続を省略することができます。

→試験対策8章6節③【2】(1)

1 趣旨

　１項の趣旨は、監査役会は比較的少人数であるから、取締役会のように３か月に１回以上開催しなければならないという規定（363条２項参照）は監査役会の場合にはなく、各監査役が適宜招集して、弾力的に運営されるほうがよいという点にある。また、392条２項の趣旨は、①適法な招集手続による監査役会の開催が、各監査役の権利であるとすれば、任意の権利放棄は許されること、②招集手続をとる余裕のない緊急事態に対応する必要がある点にある。

2 条文クローズアップ

1　招集（１項、２項）
(1)　原則
　監査役会は、招集権者が個々の監査役に通知して招集される（１項）。
(2)　例外
　監査役の全員が同意すれば、招集の手続を経ることなく監査役会を開催することができる（２項）。
　したがって、監査役の全員があらかじめ同意して定めた定例日に開催する場合には、招集手続は不要である。

2　招集通知（１項）
　招集通知は、書面でも口頭でもよく、会日の１週間（定款でこれを下回る期間を定めた場合にはその期間）前までに発しなければならない（１項）。しかし、取締役会の場合と同様に、通知に議題等を示す必要はない（299条４項・298条１項２号参照）。なぜなら、監査役は、監査に関するさまざまな事項が付議されることを当然予想すべきだからである。

→299条②

> 司H23-46-オ(予)。予H27-22-ウ
> ## 第393条（監査役会の決議）　B
> 1　監査役会の決議は、監査役の過半数をもって行う。
> 2　監査役会の議事については、法務省令で定めるところにより、議事録を作成し、議事録が書面をもって作成されているときは、出席した監査役は、これに署名し、又は記名押印しなければならない。
> 3　前項の議事録が❶電磁的記録をもって作成されている場合における当該電磁的記録に記録された事項については、法務省令で定める署名又は記名押印に代わる措置をとらなければならない。
> 4　監査役会の決議に参加した監査役であって第2項の議事録に異議をとどめないものは、その決議に賛成したものと推定する。

❶26条2項

→試験対策8章6節③【2】(2)

監査役会の決議は、監査役の過半数をもって行います。監査役会の議事については、議事録を作成し、出席した監査役は、これに署名または記名押印等をしなければなりません。監査役会の決議に参加した監査役が、議事録に異議をとどめない場合には、その決議に賛成したものと推定されます。

1　趣旨

監査役は個人的資質に基づき選任されているため、決議では1人1議決権が認められている（1項）。なお、取締役会と異なり（370条）、393条1項が書面決議を認めていないと解されるのは、監査役会の決議事項は多くないこと、書面決議を認めると、独任制機関の各監査役が密接に情報を共有して組織的かつ効率的に監査をすることができなくなるからである。2項と3項の趣旨は、決議内容を明確し、利害関係者の閲覧請求に備える点、4項の趣旨は、決議に参加した監査役の賛否の事後的な立証の困難性から、異議をとどめない者は賛成したものと推定し、その困難性を回避する点にある。

2　条文クローズアップ

1　決議（1項）

監査役会の決議は、監査役の過半数をもって行う。すなわち、1人1議決権である。また、監査役は、個人的信頼に基づき選任されているため、議決権の代理行使は認められない。監査役会の決議に手続または内容上の瑕疵がある場合には、一般原則により当然無効となる。

2　議事録（2項から4項まで）

監査役会の議事については、法務省令（会社施規109条）で定めるところにより、議事録を作成し、議事録が書面をもって作成されているときは、出席した監査役は、これに署名・記名押印しなければならない（会社393条2項）。電磁的記録により作成される場合には法務省令（会社施規

225条1項7号）で定める署名または記名押印に代わる措置をとらなければならない（会社393条3項）。監査役会の決議に参加した監査役であって、議事録に異議をとどめない者は、その決議に賛成したものと推定される（4項）。

> 司 H23-43-イ
> **第394条（議事録） B⁻**
> 1 監査役会設置会社は、監査役会の日から10年間、前条第2項の議事録〔監査役会の議事録〕をその本店に備え置かなければならない。
> 2 監査役会設置会社の株主は、その権利を行使するため必要があるときは、裁判所の許可を得て、次に掲げる請求をすることができる。
>   ① 前項の議事録が書面をもって作成されているときは、当該書面の閲覧又は謄写の請求
>   ② 前項の議事録が❶電磁的記録をもって作成されているときは、当該電磁的記録に記録された事項を法務省令で定める方法により表示したものの閲覧又は謄写の請求
> 3 前項の規定は、監査役会設置会社の債権者が❷役員の責任を追及するため必要があるとき及び❸親会社社員がその権利を行使するため必要があるときについて準用する。
> 4 裁判所は、第2項（前項において準用する場合を含む。以下この項において同じ。）の請求に係る閲覧又は謄写をすることにより、当該監査役会設置会社又はその親会社若しくは子会社に著しい損害を及ぼすおそれがあると認めるときは、第2項の許可をすることができない。

❶26条2項

❷329条1項
❸31条3項

監査役会設置会社は、監査役会の日から10年間、議事録を本店に備え置かなければなりません。株主または会社債権者は、必要があるときに、裁判所の許可を得て議事録の閲覧・謄写を請求することができます。ただし、閲覧・謄写により監査役会設置会社等に著しい損害を及ぼすおそれがあるときは、裁判所は閲覧・謄写を許可することはできません。

→試験対策8章6節③【2】(3)

1 趣旨

監査役会の議事録は株主や会社債権者が権利行使または役員等の責任追及をするにあたり重要な意義を有する。そこで、監査役会の議事録の備置き・閲覧・謄写について規定した。また、監査役会設置会社では、株主の情報収集権および監視権を特別に強化する必要はない一方、閲覧請求権の濫用や企業秘密の漏えいといった会社の不利益が危惧される。そこで、閲覧請求に際して裁判所の許可が必要とされる（2項）。会社債権者も債権が弁済されなかった場合に役員等の責任を追及するため（429

条)、議事録等の閲覧請求が認められる(394条3項)。

2 条文クローズアップ

1 議事録の備置き(1項)
監査役会設置会社は、監査役会の日から10年間議事録を本店に備え置かなければならない。

2 閲覧・謄写請求

(1) 株主による閲覧・謄写請求(2項)
監査役会設置会社の株主は、権利行使に必要があるときは、裁判所の許可を得て議事録の閲覧・謄写を請求することができる。

(2) ①監査役会設置会社の債権者または②親会社社員による閲覧・謄写請求(3項)

(a) ①監査役会設置会社の債権者
監査役会設置会社の債権者が役員の責任を追及するため必要があるときは、裁判所の許可を得て議事録の閲覧・謄写を請求することができる。

(b) ②親会社社員
親会社社員がその権利を行使するため必要があるときは、裁判所の許可を得て議事録の閲覧・謄写を請求することができる。

(3) 裁判所が許可しえない場合(4項)
監査役会の議事録を閲覧・謄写させることにより、監査役会設置会社またはその親会社・子会社に著しい損害を及ぼすおそれがあるときには、裁判所は閲覧・謄写を許可することができない。

監査役会議事録		
内容	施行規則109条3項、4項を参照(393Ⅱ)	
備置	本店	監査役会の日から10年間(394Ⅰ)
	支店	不要
閲覧または謄写の請求	株主	その権利を行使するため必要があるときは、裁判所の許可(※)を得て、請求可(394ⅡⅢ)
	親会社社員	
	会社債権者	役員等の責任を追及するため必要があるときは、裁判所の許可(※)を得て、請求可(394Ⅲ)

※ 裁判所は、当該監査役会設置会社またはその親会社もしくは子会社に著しい損害を及ぼすおそれがあると認めるときは、許可をすることができない(394Ⅳ)。

H23-45-5、H21-44-オ

第395条(監査役会への報告の省略) B
取締役、会計参与、監査役又は会計監査人が監査役の全員に対して監査役会に報告すべき事項を通知したときは、当該事項を監査役会へ報告することを要しない。

取締役、会計参与、監査役または会計監査人が監査役の全員に対して監査役に報告すべき事項を通知したときは、その事項を監査役会へ報告する必要はありません。

→試験対策8章6節③【1】(2)

1 趣旨

取締役等は、ある一定の事項について監査役会に対して報告する義務を負っている（357条1項、2項、375条1項、2項、390条4項、397条1項、3項）。このとき、監査役会を構成するすべての監査役に対して報告すべき事項を通知した場合に重ねて監査役会への報告を要するとするのは、機動性に欠ける。そこで、本条は、このような場合の報告の省略を規定した。

■第9節　会計監査人

第396条（会計監査人の権限等）　B

1　会計監査人は、次章〔計算等〕の定めるところにより、株式会社の❶計算書類及びその附属明細書、❷臨時計算書類並びに❸連結計算書類を監査する。この場合において、会計監査人は、法務省令で定めるところにより、会計監査報告を作成しなければならない。

❶374条1項
❷374条1項
❸374条1項

2　会計監査人は、いつでも、次に掲げるものの閲覧及び謄写をし、又は取締役及び会計参与並びに支配人その他の使用人に対し、会計に関する報告を求めることができる。
①　会計帳簿又はこれに関する資料が書面をもって作成されているときは、当該書面
②　会計帳簿又はこれに関する資料が❹電磁的記録をもって作成されているときは、当該電磁的記録に記録された事項を法務省令で定める方法により表示したもの

❹26条2項

3　会計監査人は、その職務を行うため必要があるときは、会計監査人設置会社の子会社に対して会計に関する報告を求め、又は会計監査人設置会社若しくはその子会社の業務及び財産の状況の調査をすることができる。

4　前項の子会社は、正当な理由があるときは、同項の報告又は調査を拒むことができる。

5　会計監査人は、その職務を行うに当たっては、次のいずれかに該当する者を使用してはならない。
①　第337条第3項第1号〔公認会計士法の規定により計算書類について監査をすることができない者〕又は第2号に掲げる者〔株式会社の子会社もしくはその取締役、会計参与、監査役もしくは執行役から公認会計士もしくは監査法人の業務以外の業務により継続的な報酬を受けている者またはその配偶者〕

> ② 会計監査人設置会社又はその子会社の取締役、会計参与、監査役若しくは執行役又は支配人その他の使用人である者
> ③ 会計監査人設置会社又はその子会社から公認会計士又は監査法人の業務以外の業務により継続的な報酬を受けている者
> 6 指名委員会等設置会社における第2項の規定の適用については、同項中「取締役」とあるのは、「執行役、取締役」とする。

　会計監査人は、会社の計算書類等の監査をし、会計監査報告を作成しなければなりません。また、会計監査人には、会計帳簿等の閲覧・謄写請求権、取締役等に対して会計に関する報告を求める権限、子会社の業務・財産の状況の調査をする権限が与えられています。

→試験対策8章7節②

1 趣旨

　1項は、会計監査人の職務内容を明確にし、2項は、1項の職務を遂行するために必要な権限を会計監査人に付与したものである。3項の趣旨は、親会社の会計監査人が監査をするためには、子会社の業務・財産等の状況を把握する必要がある点にある。子会社に対する会計監査人の権限行使が不適法な場合には、子会社が報告・調査を拒むことができるのは当然であるから、4項はこの旨を明記した。5項は、欠格事由を規定し、会計監査人の独立性を担保している。

2 条文クローズアップ

1 総説
(1) 意義
　大会社ならびに監査等委員会設置会社および指名委員会等設置会社は、会計監査人をおかなければならないが(327条5項、328条2項)、それ以外の会社では、その設置は会社の任意である(326条2項)。

→329条② 1

(2) 資格と選任等
2 権限
(1) 計算書類等の監査(1項)
　会計監査人は、会社の計算書類(435条2項)およびその附属明細書、臨時計算書類(441条1項)ならびに連結計算書類(444条1項)を監査する(396条1項前段)。
(2) 会計監査報告(1項)
　会計監査人は、計算書類等の監査について、法務省令(会社施規110条、会社計算規126条)で定めるところにより、会計監査報告を作成しなければならない(会社396条1項後段)。
　会計監査人は、監査役等に対する会計監査報告の内容の通知に際して、会計監査人の職務の遂行に関する事項を通知しなければならない(会社計算規131条)。そして、これを受けた監査役は、会計監査人の職務

の遂行が適正に実施されることを確保するための体制に関する事項を内容とした監査報告を作成しなければならない（会社計算規127条4号）。

(3) **会計帳簿の閲覧等**（2項、6項）

会計監査人は、いつでも、①会計帳簿またはこれに関する資料の閲覧および謄写をし、②取締役（指名委員会等設置会社では執行役・取締役）・会計参与ならびに支配人その他の使用人に対して会計に関する報告を求めることができる。

(4) **子会社調査権**（3項、4項）

会計監査人は、その職務を行うため必要があるときは、子会社に対して会計に関する報告を求め、また、会社またはその子会社の業務および財産の状況の調査をすることができる（3項）。

ただし、その子会社は、正当な理由があるときは、同項の報告または調査を拒むことができる（4項）。

(5) **その他**

会計監査人は、その職務を行うにあたっては、欠格事由のある者を使用することはできない（5項）。

司 H26-45-エ（予）
第397条（監査役に対する報告）　B

1　会計監査人は、その職務を行う際して取締役の職務の執行に関し不正の行為又は法令若しくは定款に違反する重大な事実があることを発見したときは、遅滞なく、これを監査役に報告しなければならない。
2　監査役は、その職務を行うため必要があるときは、会計監査人に対し、その監査に関する報告を求めることができる。
3　監査役会設置会社における第1項の規定の適用については、同項中「監査役」とあるのは、「監査役会」とする。
i 4　監査等委員会設置会社における第1項及び第2項の規定の適用については、第1項中「監査役」とあるのは「監査等委員会」と、第2項中「監査役」とあるのは「監査等委員会が選定した❶監査等委員」とする。
5　指名委員会等設置会社における第1項及び第2項の規定の適用については、第1項中「取締役」とあるのは「執行役又は取締役」と、「監査役」とあるのは「監査委員会」と、第2項中「監査役」とあるのは「監査委員会が選定した監査委員会の委員」とする。

❶38条2項

会計監査人は、その職務を行うに際して、取締役の職務の執行に関して不正の行為または法令もしくは定款に違反する重大な事実があることを発見したときは、ただちに監査役等に報告しなければなりません。

→試験対策8章7節③【1】

1 趣旨

本条の趣旨は、会計監査を行うことにより取締役の不正な業務執行を発見しやすい立場にある会計監査人に、重大な違法行為の是正権限のある監査役等に対して不正業務執行事実を報告させることによって、会社および株主の利益を図る点にある。

2 条文クローズアップ

不正行為の報告義務

(1) 会計監査人は、その職務を行うに際して、取締役の職務の執行に関する①不正の行為または②法令もしくは定款に違反する重大な事実があることを発見したときは、遅滞なく、これを監査役(監査役会設置会社では監査役会)に報告しなければならない(1項、3項)。

　なお、監査等委員会設置会社においては、取締役の職務執行に関して前述の①または②の事実がないかについて、監査等委員会に報告することになる(4項)。また、指名委員会等設置会社においては、執行役または取締役の職務執行に関して前述の①または②の事実がないかについて、監査委員会に報告することになる(5項)。

(2) 監査役は、その職務を行うために必要があるときは、会計監査人に、その監査の報告を求めることができる(2項)。

　なお、監査等委員会設置会社においては、監査等委員会が選定した監査等委員が、その報告を求めることができる(4項)。また、指名委員会等設置会社においては、監査委員会が選定した監査委員会の委員が、その報告を求めることができる(5項)。

司H24-41-オ(予)、H21-45-2
第398条（定時株主総会における会計監査人の意見の陳述）　B

1　第396条第1項に規定する書類(計算書類等)が法令又は定款に適合するかどうかについて会計監査人が監査役と意見を異にするときは、会計監査人(会計監査人が監査法人である場合にあっては、その職務を行うべき社員。次項において同じ。)は、定時株主総会に出席して意見を述べることができる。

2　定時株主総会において会計監査人の出席を求める決議があったときは、会計監査人は、定時株主総会に出席して意見を述べなければならない。

3　監査役会設置会社における第1項の規定の適用については、同項中「監査役」とあるのは、「監査役会又は監査役」とする。

i 4　監査等委員会設置会社における第1項の規定の適用については、同項中「監査役」とあるのは、「監査等委員会又は❶監査等委員」とする。

❶38条2項

> 5 指名委員会等設置会社における第1項の規定の適用については、同項中「監査役」とあるのは、「監査委員会又はその委員」とする。

計算書類等の書類が法令または定款に適合するかどうかについて、会計監査人と監査役等とが意見を異なるときは、会計監査人等は、定時株主総会に出席して意見を述べることができます。

→試験対策8章7節③【2】

1 趣旨

本条は、計算書類等の作成について監査役等と意見を異にした会計監査人に、定時株主総会における意見陳述権を認めることで、会計監査人の意見を審議に反映させるだけでなく、会計監査人に反論の機会を与えて会計監査人の独立性の確保を図る規定である。

2 条文クローズアップ

定時株主総会での意見陳述
(1) 会計監査人の意見陳述権限（1項、3項から5項まで）

計算書類等の書類が法令または定款に適合するかどうかについて、会計監査人が監査役（監査役設置会社では監査役会または監査役、監査等委員会設置会社では監査等委員会または監査等委員、指名委員会等設置会社では監査委員会またはその委員）と意見を異にするときは、会計監査人（会計監査人が監査法人である場合はその職務を行うべき社員）は、定時株主総会に出席して意見を述べることができる。

(2) 会計監査人の意見陳述義務（2項）

定時株主総会において、会計監査人の出席を求める決議があったときは、会計監査人は定時株主総会に出席して意見を述べなければならない。

> 司 H26-45-ア（予）、H21-45-3・5、H20-43-ウ
>
> ## 第399条（会計監査人の報酬等の決定に関する監査役の関与）
> B⁺
>
> 1 取締役は、会計監査人又は一時会計監査人の職務を行うべき者の❶報酬等を定める場合には、監査役（監査役が2人以上ある場合にあっては、その過半数）の同意を得なければならない。
> 2 監査役会設置会社における前項の規定の適用については、同項中「監査役（監査役が2人以上ある場合にあっては、その過半数）」とあるのは、「監査役会」とする。
> 3 監査等委員会設置会社における第1項の規定の適用については、同項中「監査役（監査役が2人以上ある場合にあっては、その

❶361条1項

> 過半数)」とあるのは、「監査等委員会」とする。
> 4　指名委員会等設置会社における第１項の規定の適用については、同項中「監査役(監査役が２人以上ある場合にあっては、その過半数)」とあるのは、「監査委員会」とする。

　取締役は、会計監査人または一時会計監査人の職務を行うべき者の報酬等(報酬、賞与その他の職務執行の対価として株式会社から受ける財産上の利益)を定める場合には、監査役(監査役が２人以上ある場合はその過半数)の同意を得なければなりません。なお、監査役会設置会社では監査役会、監査等委員会設置会社では監査等委員会、指名委員会等設置会社では監査委員会の同意が必要となります。

→試験対策８章７節③【3】

1　趣旨

　会計監査人の報酬等の決定にあたり、監査役(監査役会、監査等委員会、監査委員会)の同意を得ることが要求される。これは、株式会社の計算書類の監査という会計監査人の職務の性質上、当該職務の適切な遂行には、会計監査人に業務執行者から一定程度独立した地位を与える必要があるからである。一方で、会計監査人の報酬等の決定は、財務に関する経営判断であること、監査役等が同意権を適切に行使すれば会計監査人の独立性を確保することが可能であることを理由に、監査役・監査役会の権限ではなく、取締役の権限とされている。

2　条文クローズアップ

会計監査人の報酬等

　取締役は、会計監査人(一時会計監査人の職務を行うべき者を含む)の報酬等を定める場合には、監査役(監査役が２人以上ある場合はその過半数)の同意を得なければならない(１項)。これは、報酬が適正な額であるかを監査役の立場から判断させるためである。なお、監査役会設置会社では監査役会、監査等委員会設置会社では監査等委員会、指名委員会等設置会社では監査委員会の同意が必要となる(２項から４項まで)。

■第９節の２　監査等委員会

■総　　説

1　監査等委員会設置会社制度

　監査等委員会設置会社とは、監査等委員会を設置する株式会社をいう(２条11号の２)。監査等委員会設置会社は、平成26年改正により新しく創設された。監査役会設置会社とも、指名委員会等設置会社とも異なる、第三類型としての機関設計である。

→試験対策８章８節①

→平成26年改正

監査等委員会設置会社制度の趣旨は、社外取締役（2条15号）の導入を促進する点にある。すなわち、社外取締役は、社外取締役ではない取締役と比較して経営全般の監督機能のほか、株式会社と経営者または利害関係人との間の利益相反の監督機能を果たすことが期待できる。このように、社外取締役の導入は、取締役会の監督機能を充実させ、企業不祥事の発生防止に資することになる。もっとも、①監査役会設置会社には社外監査役がいるため、重ねて社外取締役を設置しにくいこと、②指名委員会等設置会社は、取締役の過半数が社外取締役でなければならない指名委員会と報酬委員会を設置しなければならないことなどから、社外取締役を設置するには負担が大きく社外取締役の導入が進まなかった。
　そこで、平成26年改正により、社外取締役の負担を軽減しつつ社外取締役を積極的に活用するために、この制度が創設された。

2　監査等委員会設置会社の選択

1　定款の定め
　監査等委員会設置会社になるためには、その旨を定款で定めなければならない（326条2項。登記につき911条3項22号）。

2　必要な機関
　監査等委員会設置会社は、①監査等委員会、②取締役会、③代表取締役、④会計監査人を必要的機関としておかなければならない（327条1項3号、5項、399条の13第3項）。会計監査人の設置が強制される理由は、監査等委員会設置会社制度のように取締役会の監査監督機能を重視するモニタリング・モデルにおいては計算書類の適正性が前提となるからである。なお、監査役をおくことができない（327条4項）うえ、指名委員会・監査委員会・報酬委員会をおくこともできない（327条6項参照）。しかし、任意の委員会として指名委員会・報酬委員会をおくことは禁止されていない。

■第1款　権限等

> **第399条の2（監査等委員会の権限等）　A**
> 1　監査等委員会は、全ての監査等委員で組織する。
> 2　❶監査等委員は、取締役でなければならない。
> 3　監査等委員会は、次に掲げる職務を行う。
> 　①　取締役（会計参与設置会社にあっては、取締役及び会計参与）の職務の執行の監査及び監査報告の作成
> 　②　株主総会に提出する会計監査人の選任及び解任並びに会計監査人を再任しないことに関する議案の内容の決定
> 　③　第342条の2第4項及び第361条第6項に規定する監査等委員会の意見の決定〔監査等委員でない取締役の選任等および報酬等についての意見〕

❶38条2項

4 ❶監査等委員がその職務の執行(監査等委員会の職務の執行に関するものに限る。以下この項において同じ。)について監査等委員会設置会社に対して次に掲げる請求をしたときは、当該監査等委員会設置会社は、当該請求に係る費用又は債務が当該監査等委員の職務の執行に必要でないことを証明した場合を除き、これを拒むことができない。
① 費用の前払の請求
② 支出をした費用及び支出の日以後におけるその利息の償還の請求
③ 負担した債務の債権者に対する弁済(当該債務が弁済期にない場合にあっては、相当の担保の提供)の請求

監査等委員会はすべての監査等委員で組織し、すべての監査等委員は取締役でなければなりません。監査等委員会は、取締役の職務の執行の監査および監査報告の作成等を行います。また、監査等委員は、監査等委員会の職務の執行に関する費用の前払請求や利息の償還請求等を会社に対して請求することができます。

→試験対策8章8節4、5

1 趣旨

監査等委員会が取締役会の内部組織として業務執行の監視・監督を行う存在であることを前提に、監査等委員の資格に取締役であることを求めている。また、監査等委員の職務権限、職務に関する費用の前払請求や利息の償還請求について定め、監査等委員会設置会社における監査等委員の独立性を確保し、監査等委員会の監督機能の大幅な強化を図っている。

2 条文クローズアップ

1 構成(1項、2項)

監査等委員会はすべての監査等委員で組織し、監査等委員は取締役でなければならない(1項、2項)。監査等委員である取締役は、3人以上で、その過半数は社外取締役でなければならない(331条6項)。

2 基本的権限(3項)

(1) 監査および監査報告の作成(1号)

監査等委員会は、取締役(会計参与設置会社の場合は、取締役および会計参与)の職務の執行の監査および監査報告の作成を行う。監査等委員会は、監査等委員である取締役から構成される。そのため、監査の対象は、指名委員会等設置会社の監査委員会と同様に、適法性監査のみならず妥当性監査にも及ぶと解される。

→試験対策8章8節5【1】(1)

(2) 会計監査人の選解任・再任に関する議案の内容の決定(2号)

監査等委員会は、株主総会に提出する会計監査人の選任および解任な

→試験対策8章8節5【1】(2)

らびに会計監査人を再任しないことに関する議案の内容の決定を行う。

(3) 監査等委員でない取締役の選解任・辞任および報酬等に関する意見の決定（3号）

→試験対策8章8節[5]【1】(3)

監査等委員会は、342条の2第4項（監査等委員でない取締役の選任もしくは解任または辞任についての監査等委員会の意見陳述）および361条6項（監査等委員でない取締役の報酬等についての監査等委員会の意見陳述）に規定する監査等委員会の意見の決定を行う（399条の2第3項3号）。

監査等委員会が選定する監査等委員は、株主総会において、監査等委員でない取締役の選解任・辞任および報酬等について監査等委員会の意見を述べることができる（342条の2第4項、361条6項）。これは、監査等委員でない取締役の選解任や報酬等についても、社外取締役が過半数を占める監査等委員会が影響を及ぼすことができるようにすることで指名委員会等設置会社における指名委員会や報酬委員会に準じる機能をもたせるためである。

第399条の3（監査等委員会による調査）　A

1　監査等委員会が選定する❶監査等委員は、いつでも、取締役（会計参与設置会社にあっては、取締役及び会計参与）及び支配人その他の使用人に対し、その職務の執行に関する事項の報告を求め、又は監査等委員会設置会社の業務及び財産の状況の調査をすることができる。
2　監査等委員会が選定する❶監査等委員は、監査等委員会の職務を執行するため必要があるときは、監査等委員会設置会社の子会社に対して事業の報告を求め、又はその子会社の業務及び財産の状況の調査をすることができる。
3　前項の子会社は、正当な理由があるときは、同項の報告又は調査を拒むことができる。
4　第1項及び第2項の❶監査等委員は、当該各項の報告の徴収又は調査に関する事項についての監査等委員会の決議があるときは、これに従わなければならない。

❶38条2項

監査等委員会が選定する監査等委員は、取締役や子会社に対して事業の報告を求め、または業務・財産の状況の調査をすることができます。この場合、報告の徴収・調査に関する事項についての監査等委員会の決議があるときは、監査等委員会が選定する監査等委員は当該決議に従わなければなりません。

→試験対策8章8節[5]【2】(1)

1　趣旨

監査等委員会設置会社またはその子会社の業務や財産の状況の調査等の権限を監査等委員会が選定する監査等委員に付与した趣旨は、監査委員会による監査権限（399条の2第3項1号）の行使が十分になされるよう

にする点にある。

なお、監査等委員会の調査権限に関する規律は、指名委員会等設置会社の監査委員会の調査権限に関する規律（405条）と同様である。

2 条文クローズアップ

1 監査等委員会による調査（399条の3第1項から3項まで）

監査等委員会が選定する監査等委員は、次の調査をすることができる。

①いつでも、取締役（会計参与設置会社にあっては、取締役および会計参与）および支配人その他の使用人に対し、その職務の執行に関する事項の報告を求め、または監査等委員会設置会社の業務および財産の状況の調査をすることができる（1項）。

②監査等委員会の職務を執行するため必要があるときは、監査等委員会設置会社の子会社に対して事業の報告を求め、またはその子会社の業務および財産の状況の調査をすることができる（2項）。ただし、当該子会社は、正当な理由があるときは、報告または調査を拒むことができる（3項）。

2 調査をする前にすべきこと

399条の3は「監査等委員会が選定する監査等委員は」（1項、2項、4項）と規定しているため、399条の3の調査権限を行使するためには、まず、監査等委員会が、当該権限を有する監査等委員を選定しなければならない。

ℹ 第399条の4（取締役会への報告義務） A

❶監査等委員は、取締役が不正の行為をし、若しくは当該行為をするおそれがあると認めるとき、又は法令若しくは定款に違反する事実若しくは著しく不当な事実があると認めるときは、遅滞なく、その旨を取締役会に報告しなければならない。

❶38条2項

→試験対策8章8節[5]【2】(2)

監査等委員は、①取締役が不正の行為をし、もしくは当該行為をするおそれがあると認めるとき、または②法令・定款に違反する事実もしくは著しく不当な事実があると判明したときには、すみやかにその旨を取締役会に報告しなければなりません。

1 趣旨

取締役の法令・定款違反行為等について監視をするという取締役等の権限を有効に機能させるために、監査等委員が知りえた情報を、取締役会に報告しなければならないとした。

なお、監査等委員会の取締役会への報告義務に関する規律は、指名委員会等設置会社の監査委員会の取締役会への報告義務に関する規律（406

条）と同様である。

2 条文クローズアップ

1 報告すべき場合
監査等委員は、以下のいずれかの場合、遅滞なく、その旨を取締役会に報告しなければならない。
① 取締役が不正の行為をし、もしくは当該行為をするおそれがあると認める場合
② 法令もしくは定款に違反する事実もしくは著しく不当な事実があると認める場合

2 報告義務者
各監査等委員が報告義務を負う。そのため、399条の3とは異なり、監査等委員会が報告義務者を選定する手続は要しない。

ℹ 第399条の5（株主総会に対する報告義務） A
❶監査等委員は、取締役が株主総会に提出しようとする議案、書類その他法務省令で定めるものについて法令若しくは定款に違反し、又は著しく不当な事項があると認めるときは、その旨を株主総会に報告しなければならない。

❶38条2項

→試験対策8章8節5【2】(3)

監査等委員は、取締役が株主総会に提出しようとする議案、書類等について法令・定款に違反し、または著しく不当な事項があると判明したときは、その旨を株主総会に報告しなければなりません。

1 趣旨
監査等委員会設置会社は、指名委員会等設置会社と比較すると、指名委員会および報酬委員会がないため、取締役会の経営者からの独立性が不十分である。そこで、監査役設置会社（384条）と同様に、法令・定款違反等の事項について、株主総会に対して監査等委員が直接報告する制度を設けた。

ℹ 第399条の6（監査等委員による取締役の行為の差止め） A
1 ❶監査等委員は、取締役が監査等委員会設置会社の目的の範囲外の行為その他法令若しくは定款に違反する行為をし、又はこれらの行為をするおそれがある場合において、当該行為によって当該監査等委員会設置会社に著しい損害が生ずるおそれがあるときは、当該取締役に対し、当該行為をやめることを請求することができる。
2 前項の場合において、裁判所が仮処分をもって同項の取締役に

❶38条2項

> 対し、その行為をやめることを命ずるときは、担保を立てさせないものとする。

　各監査等委員は、取締役が監査等委員会設置会社の目的の範囲外の行為その他法令もしくは定款に違反する行為をするか、そのおそれがある場合において、当該行為によって監査等委員会設置会社に著しい損害が生ずるおそれがあるときは、取締役に対し、当該行為をやめることを請求することができます。この場合において、裁判所が仮処分をもってその行為をやめるよう命じるときは、監査等委員は担保を立てなくてよいものとされます。

→試験対策8章8節⑤【4】(2)

1 趣旨

　取締役の業務執行の適正を期するための、もっとも強力な監査権限として、監査等委員に差止請求権を認めたものである。なお、監査等委員の仮処分申請に対して、裁判所は、監査等委員に担保を立てさせないものとしたのは、監査等委員の会社に対する監査費用をめぐって問題が紛糾し、差止めが困難となることを避けるためである。
　これらは、監査役設置会社（385条）および指名委員会設置会社（407条）と同様の規定である。

機関

i 第399条の7（監査等委員会設置会社と取締役との間の訴えにおける会社の代表等）　A

1　第349条第4項〔代表権の範囲〕、第353条〔株式会社と取締役との間の訴えにおける会社の代表〕及び第364条〔取締役会設置会社と取締役との間の訴えにおける会社の代表〕の規定にかかわらず、監査等委員会設置会社が❶取締役（取締役であった者を含む。以下この条において同じ。）に対し、又は取締役が監査等委員会設置会社に対して訴えを提起する場合には、当該訴えについては、次の各号に掲げる場合の区分に応じ、当該各号に定める者が監査等委員会設置会社を代表する。
　①　❷監査等委員が当該訴えに係る訴訟の当事者である場合　取締役会が定める者（株主総会が当該訴えについて監査等委員会設置会社を代表する者を定めた場合にあっては、その者）
　②　前号に掲げる場合以外の場合　監査等委員会が選定する監査等委員
2　前項の規定にかかわらず、❶取締役が監査等委員会設置会社に対して訴えを提起する場合には、❷監査等委員（当該訴えを提起する者であるものを除く。）に対してされた訴状の送達は、当該監査等委員会設置会社に対して効力を有する。
3　第349条第4項〔代表権の範囲〕、第353条〔株式会社と取締役との間の

❶定

❷38条2項

第399条の7 /631/

訴えにおける会社の代表）及び第364条〔取締役会設置会社と取締役との間の訴えにおける会社の代表〕の規定にかかわらず、次の各号に掲げる株式会社が監査等委員会設置会社である場合において、当該各号に定める訴えを提起するときは、当該訴えについては、監査等委員会が選定する❷監査等委員が当該監査等委員会設置会社を代表する。

① ❸株式交換等完全親会社（第849条第2項第1号に規定する株式交換等完全親会社をいう。次項第1号及び第5項第3号において同じ。）その❹株式交換等完全子会社（第847条の2第1項に規定する株式交換等完全子会社をいう。第5項第3号において同じ。）の取締役、❺執行役（執行役であった者を含む。以下この条において同じ。）又は❻清算人（清算人であった者を含む。以下この条において同じ。）の責任（第847条の2第1項各号に掲げる行為〔完全親会社の株式の取得〕の効力が生じた時までにその原因となった事実が生じたものに限る。）を追及する訴え

② ❼最終完全親会社等（第847条の3第1項に規定する最終完全親会社等をいう。次項第2号及び第5項第4号において同じ。）その❽完全子会社等（同条第2項第2号に規定する完全子会社等をいい、同条第3項の規定により当該完全子会社等とみなされるものを含む。第5項第4号において同じ。）である株式会社の取締役、執行役又は清算人に対する特定責任追及の訴え（同条第1項に規定する特定責任追及の訴え〔最終完全親会社等の株主による特定責任追及の訴え〕をいう。）

4 　第349条第4項〔代表権の範囲〕の規定にかかわらず、次の各号に掲げる株式会社が監査等委員会設置会社である場合において、当該各号に定める請求をするときは、監査等委員会が選定する❷監査等委員が当該監査等委員会設置会社を代表する。

① ❸株式交換等完全親会社　第847条第1項の規定による請求〔責任追及等の訴えの提起の請求〕（前項第1号に規定する訴えの提起の請求に限る。）

② ❼最終完全親会社等　第847条第1項の規定による請求〔責任追及等の訴えの提起の請求〕（前項第2号に規定する特定責任追及の訴えの提起の請求に限る。）

5 　第349条第4項〔代表権の範囲〕の規定にかかわらず、次に掲げる場合には、❷監査等委員が監査等委員会設置会社を代表する。

① 　監査等委員会設置会社が第847条第1項〔責任追及等の訴え〕、第847条の2第1項若しくは第3項（同条第4項及び第5項において準用する場合を含む。）〔旧株主による責任追及等の訴え〕又は第847条の3第1項〔最終完全親会社等の株主による特定責任追及の訴え〕の規定による請求（取締役の責任を追及する訴えの提起の請求

に限る。）を受ける場合（当該監査等委員が当該訴えに係る訴訟の相手方となる場合を除く。）
② 監査等委員会設置会社が第849条第4項の訴訟告知〔株主代表訴訟提起時の会社に対する訴訟告知〕（取締役の責任を追及する訴えに係るものに限る。）並びに第850条第2項の規定による通知及び催告〔会社に対する株主代表訴訟に関する和解内容の通知・異議の催告〕（取締役の責任を追及する訴えに係る訴訟における和解に関するものに限る。）を受ける場合（当該監査等委員がこれらの訴えに係る訴訟の当事者である場合を除く。）
③ ❷株式交換等完全親会社である監査等委員会設置会社が第849条第6項の規定による通知〔株式交換等完全親会社に対する特定責任追及等にかかる訴えの提起または訴訟告知を受けた旨の通知〕（その❸株式交換等完全子会社の❶取締役、❺執行役又は❻清算人の責任を追及する訴えに係るものに限る。）を受ける場合
④ ❼最終完全親会社等である監査等委員会設置会社が第849条第7項の規定による通知〔特定責任追及等にかかる訴えの提起または訴訟告知を受けた旨の最終完全親会社等に対する通知〕（その❽完全子会社等である株式会社の取締役、執行役又は清算人の責任を追及する訴えに係るものに限る。）を受ける場合

→試験対策8章8節⑤【4】(3)

　監査役等委員会設置会社と取締役（取締役であった者を含む）との間の訴えについては、①監査等委員が当該訴えにかかる訴訟の当事者である場合には取締役会が定める者（株主総会が当該訴えについて監査等委員会設置会社を代表する者を定めた場合は、その者）、②①以外の場合には、監査等委員会が選定する監査等委員が、監査等委員会設置会社を代表します。

1 趣旨

　監査等委員会設置会社と取締役間の訴訟において代表取締役に会社代表権を認めると、代表取締役と当該訴えの当事者たる取締役との間の仲間意識から訴訟が馴れ合いになり、会社利益が害されるおそれがある。そこで、原則として中立的な監査等委員会が選任する監査等委員に監査等委員会設置会社を代表させて、監査等委員会設置会社の利益の十分な確保を図った。これは、監査役設置会社（386条）、指名委員等設置会社（408条）と同様の規定である。

2 条文クローズアップ

1 監査等委員会設置会社と取締役との間の訴え（1項）

　会社の業務に関する裁判については、原則として代表取締役が会社を代表する（349条4項）が、会社と取締役との間の訴訟については、馴れ合い訴訟防止のため、株主総会が会社を代表する者を定めることができ

る(353条)。なお、取締役会設置会社において、株主総会で会社を代表する者を定めなかった場合には、取締役会が会社を代表する者を定めることができる(364条)。

　しかし、349条4項、353条および364条の規定にかかわらず、監査等委員会設置会社と取締役(取締役であった者も含む)との間の訴えにおいては、監査等委員である取締役が訴訟の当事者である場合は取締役会で定める者(株主総会で代表者を定めた場合はその者)、それ以外の場合は監査等委員会で選定する監査等委員が会社を代表する(399条の7第1項)。

2　訴状の送達(2項)

　取締役が監査等委員会設置会社に対して訴えを提起する場合には、監査等委員に対してなした訴状の送達は、監査等委員会設置会社に対して効力が生じる。

3　責任追及の訴えの提起(3項)

　以下の場合には、監査等委員が会社を代表する。
①株式交換等完全親会社がその株式交換等完全子会社の取締役・執行役・清算人の責任を追及する訴えを提起する場合(1号)
②最終完全親会社等がその完全子会社等である株式会社の取締役・執行役・清算人に対する特定責任追及の訴えを提起する場合(2号)

4　責任追及の訴えの提起の請求(4項)

　以下の場合には、監査等委員が会社を代表する。
①株式交換等完全親会社がその株式交換等完全子会社の取締役・執行役・清算人の責任を追及する訴えの提起を請求する場合(1号)
②最終完全親会社等がその完全子会社等である株式会社の取締役・執行役・清算人に対する特定責任追及の訴えの提起を請求する場合(2号)

5　責任追及の訴え、訴訟告知、和解に関する通知催告の受領(5項)

　以下の場合には、監査等委員が会社を代表する。
①会社が株主による責任追及等の訴え、旧株主による責任追及等の訴え、最終完全親会社等の株主による特定責任追及の訴え提起の請求を受ける場合(1号)
②株主代表訴訟の訴訟告知および和解に関する告知および催告を受ける場合(2号)
③株式交換等完全親会社である監査等委員会設置会社が、その株式交換等完全子会社の取締役等の責任を追及する訴えについての訴訟告知に関する通知を受ける場合(3号)
④最終完全親会社等である監査等委員会設置会社が、その完全子会社等の取締役等の責任を追及する訴えについての訴訟告知に関する通知を受ける場合(4号)

■第2款 運　営

第399条の8（招集権者）　A
> 監査等委員会は、各❶監査等委員が招集する。

❶38条2項

監査等委員会の招集は、各監査等委員が行います。

1 趣旨
　必要に応じたすみやかな監査等委員会の開催を実現するとともに、社外取締役である監査等委員の委員会招集権を実質的に保障する規定である。これは、指名委員会等設置会社(410条)と同様の規定である。

2 条文クローズアップ
招集権者
　監査等委員会の招集権者は各監査等委員であって、特定の監査等委員のみを招集権者とすることはできない。

第399条の9（招集手続等）　B⁺
> 1　監査等委員会を招集するには、❶監査等委員は、監査等委員会の日の1週間（これを下回る期間を定款で定めた場合にあっては、その期間）前までに、各監査等委員に対してその通知を発しなければならない。
> 2　前項の規定にかかわらず、監査等委員会は、❶監査等委員の全員の同意があるときは、招集の手続を経ることなく開催することができる。
> 3　取締役（会計参与設置会社にあっては、取締役及び会計参与）は、監査等委員会の要求があったときは、監査等委員会に出席し、監査等委員会が求めた事項について説明をしなければならない。

❶38条2項

　監査等委員会を招集するには、監査等委員は、原則として監査等委員会の日の1週間前までに、各監査等委員に対してその通知を発しなければなりません。ただし、監査等委員会は、監査等委員の全員の同意があるときは、招集の手続を経ることなく開催することができます。また、取締役は、監査等委員会の要求があったときは、監査等委員会に出席し、監査等委員会が求めた事項について説明しなければなりません。

→試験対策8章8節⑥【1】

→試験対策8章8節⑥【3】

1 趣旨
　取締役等に説明義務を課したのは、各監査等委員がその権限を行使す

るためには、取締役等の説明を求める必要が生ずると予想されるためである。これは、指名委員会等設置会社における指名委員会等の運営の規定(411条3項)と同様である。

2 条文クローズアップ

招集通知を発すべき時期の短縮（1項）

定款によって、招集通知を発した日から監査等委員会の日までの期間を短縮することができる（1項括弧書）。

第399条の10（監査等委員会の決議）　A

1　監査等委員会の決議は、議決に加わることができる❶監査等委員の過半数が出席し、その過半数をもって行う。
2　前項の決議について特別の利害関係を有する❶監査等委員は、議決に加わることができない。
3　監査等委員会の議事については、法務省令で定めるところにより、議事録を作成し、議事録が書面をもって作成されているときは、出席した❶監査等委員は、これに署名し、又は記名押印しなければならない。
4　前項の議事録が❷電磁的記録をもって作成されている場合における当該電磁的記録に記録された事項については、法務省令で定める署名又は記名押印に代わる措置をとらなければならない。
5　監査等委員会の決議に参加した監査等委員であって第3項の議事録〔監査等委員会の議事録〕に異議をとどめないものは、その決議に賛成したものと推定する。

❶38条2項

❷26条2項

→試験対策8章8節⑥【2】

監査等委員会の決議は、議決に加わることができる監査等委員の過半数が出席し、その過半数をもって行います。ただし、決議について特別の利害関係を有する監査等委員は、議決に加わることができません。

1 趣旨

1項の趣旨は、監査等委員会の決議が会議運営の一般原則に従って、合理的に運営されることを規定した点にある。2項の趣旨は、監査等委員の会社に対する忠実義務違反(355条)を事前に防止し、決議の公正さを担保する点にある。3項と4項は、決議内容を明確にし、利害関係者の閲覧請求に備える点、5項は、決議に参加した委員の賛否の事後的な立証の困難性から、異議をとどめない者は賛成したものと推定し、その困難性を回避する点に趣旨がある。なお、この規定は、指名委員会等設置会社における指名委員会等の運営の規定(412条5項)と同様である。

2 条文クローズアップ

1　決議方法（1項）

定足数は、議決に加わることができる委員の過半数の出席とされ、決議要件は、出席委員の過半数とされる。

2　特別利害関係を有する委員（2項）

決議の公正を期すため、決議について特別の利害関係を有する委員は、議決に加わることはできないとされる。

3　議事録の作成（3項、4項）

監査等委員会の議事については、法務省令（会社施規110条の3）に定める事項を記載し、かつ、出席した委員が署名または記載押印した議事録を作成しなければならない（会社399条の10第3項）。

なお、監査等委員会の議事録が電磁的記録をもって作成されている場合には、法務省令（会社施規225条1項8号）で定める電子署名の措置をとらなければならない（会社399条の10第4項）。

4　議事録に異議をとどめない場合（5項）

監査等委員会の決議に参加した委員であって、議事録に異議をとどめないものは、決議に賛成したものと推定される。

第399条の11（議事録）　B+

1　監査等委員会設置会社は、監査等委員会の日から10年間、前条第3項の議事録（監査等委員会の議事録）をその本店に備え置かなければならない。

2　監査等委員会設置会社の株主は、その権利を行使するため必要があるときは、裁判所の許可を得て、次に掲げる請求をすることができる。
　① 前項の議事録が書面をもって作成されているときは、当該書面の閲覧又は謄写の請求
　② 前項の議事録が❶電磁的記録をもって作成されているときは、当該電磁的記録に記録された事項を法務省令で定める方法により表示したものの閲覧又は謄写の請求

3　前項の規定は、監査等委員会設置会社の債権者が取締役又は会計参与の責任を追及するため必要があるとき及び❷親会社社員がその権利を行使するため必要があるときについて準用する。

4　裁判所は、第2項（前項において準用する場合を含む。以下この項において同じ。）の請求に係る閲覧又は謄写をすることにより、当該監査等委員会設置会社又はその親会社若しくは子会社に著しい損害を及ぼすおそれがあると認めるときは、第2項の許可をすることができない。

❶26条2項
❷31条3項

→試験対策8章8節⑥【4】

監査等委員会設置会社は、監査等委員会の日から10年間、議事録をその本店に備え置かなければなりません。そして、委員会設置会社の株主、債権者、

親会社社員は、裁判所の許可を得て、議事録の閲覧および謄写の請求をすることができます。裁判所は、議事録の閲覧・謄写により会社に著しい損害を及ぼすおそれがあると認めるときは許可できません。

趣旨

監査等委員会の議事録は株主が権利行使をするにあたり重要な意義を有する。そこで、監査等委員会の議事録の備置き・閲覧・謄写について規定した。なお、監査等委員会の議事録には会社の機密情報が含まれるおそれがあるため、2項から4項までにおいて、裁判所の許可を条件とした。これは、指名委員会等設置会社の規定(413条3項から5項まで)と同様である。

第399条の12（監査等委員会への報告の省略） B⁺

取締役、会計参与又は会計監査人が❶監査等委員の全員に対して監査等委員会に報告すべき事項を通知したときは、当該事項を監査等委員会へ報告することを要しない。

❶38条2項

取締役、会計参与または会計監査人が、監査等委員会に報告すべき事項を監査等委員の全員に対して通知したときは、当該事項を監査等委員会に報告する必要はありません。

趣旨

取締役等は、ある一定の事項について監査等委員および監査等委員会に対して報告する義務を負っている(357条1項、3項、375条1項、3項、397条1項、4項)。このとき、当該監査等委員会を構成するすべての監査等委員に対して報告すべき事項を通知した場合であっても重ねて監査等委員会への報告を要するとするのは、機動性に欠ける。そこで、本条は、このような場合の報告の省略を規定した。

■第3款 監査等委員会設置会社の取締役会の権限等

第399条の13（監査等委員会設置会社の取締役会の権限） A

1 監査等委員会設置会社の取締役会は、第362条〔取締役会の権限等〕の規定にかかわらず、次に掲げる職務を行う。
　① 次に掲げる事項その他監査等委員会設置会社の業務執行の決定
　　イ 経営の基本方針
　　ロ 監査等委員会の職務の執行のため必要なものとして法務省令で定める事項
　　ハ 取締役の職務の執行が法令及び定款に適合することを確保

するための体制その他株式会社の業務並びに当該株式会社及びその子会社から成る企業集団の業務の適正を確保するために必要なものとして法務省令で定める体制の整備
　　② 取締役の職務の執行の監督
　　③ ❶代表取締役の選定及び解職

❶47条1項

2　監査等委員会設置会社の取締役会は、前項第1号イからハまでに掲げる事項を決定しなければならない。
3　監査等委員会設置会社の取締役会は、取締役（❷監査等委員である取締役を除く。）の中から❶代表取締役を選定しなければならない。

❷38条2項

4　監査等委員会設置会社の取締役会は、次に掲げる事項その他の重要な業務執行の決定を取締役に委任することができない。
　　① 重要な財産の処分及び譲受け
　　② 多額の借財
　　③ 支配人その他の重要な使用人の選任及び解任
　　④ 支店その他の重要な組織の設置、変更及び廃止
　　⑤ 第676条第1号に掲げる事項〔募集社債の総額〕その他の社債を引き受ける者の募集に関する重要な事項として法務省令で定める事項
　　⑥ 第426条第1項の規定による定款の定め〔取締役等による責任免除に関する定款の定め〕に基づく第423条第1項の責任〔役員等の株式会社に対する損害賠償責任〕の免除
5　前項の規定にかかわらず、監査等委員会設置会社の取締役の過半数が❸社外取締役である場合には、当該監査等委員会設置会社の取締役会は、その決議によって、重要な業務執行の決定を取締役に委任することができる。ただし、次に掲げる事項については、この限りでない。

❸2条15号

　　① 第136条又は第137条第1項の決定〔譲渡制限株式の譲渡等の承認をするか否かの決定〕及び第140条第4項の規定による指定〔指定買取人の指定〕
　　② 第165条第3項〔市場取引等による自己株式取得の決定を取締役会に授権する定款の定めを設けた場合の読替え〕において読み替えて適用する第156条第1項各号に掲げる事項〔自己株式取得に関する事項〕の決定
　　③ 第262条又は第263条第1項の決定〔譲渡制限新株予約権の譲渡等の承認をするか否かの決定〕
　　④ 第298条第1項各号に掲げる事項の決定〔株主総会の招集事項の決定〕
　　⑤ 株主総会に提出する議案（会計監査人の選任及び解任並びに会計監査人を再任しないことに関するものを除く。）の内容の決

定
⑥　第365条第1項〔取締役会設置会社における読替え〕において読み替えて適用する第356第1項の承認〔競業および利益相反取引の承認〕
⑦　第366条第1項ただし書の規定による取締役会を招集する取締役の決定
⑧　第399条の7第1項第1号〔監査等委員会設置会社と取締役との間の訴えにおける会社代表者〕の規定による監査等委員会設置会社を代表する者の決定
⑨　前項第6号に掲げる事項〔役員等の株式会社に対する損害賠償責任の免除〕
⑩　第436条第3項、第441条第3項及び第444条第5項の承認〔計算書類等、臨時計算書類および連結計算書類の承認〕
⑪　第454条第5項〔中間配当をすることを取締役会に授権する定款の定めを設けた場合の読替え〕において読み替えて適用する同条第1項の規定により定めなければならないとされる事項〔剰余金の配当に関する事項〕の決定
⑫　第467条第1項各号に掲げる行為〔事業譲渡等〕に係る契約（当該監査等委員会設置会社の株主総会の決議による承認を要しないものを除く。）の内容の決定
⑬　合併契約（当該監査等委員会設置会社の株主総会の決議による承認を要しないものを除く。）の内容の決定
⑭　吸収分割契約（当該監査等委員会設置会社の株主総会の決議による承認を要しないものを除く。）の内容の決定
⑮　新設分割計画（当該監査等委員会設置会社の株主総会の決議による承認を要しないものを除く。）の内容の決定
⑯　株式交換契約（当該監査等委員会設置会社の株主総会の決議による承認を要しないものを除く。）の内容の決定
⑰　株式移転計画の内容の決定
6　前2項の規定にかかわらず、監査等委員会設置会社は、取締役会の決議によって重要な業務執行（前項各号に掲げる事項を除く。）の決定の全部又は一部を取締役に委任することができる旨を定款で定めることができる。

　監査等委員会設置会社の取締役会は、経営の基本方針等の決定、内部統制システムの決定、その他の業務執行の決定、取締役の職務の執行の監督、代表取締役の選定・解職を主な職務とします。また、原則として、監査等委員会設置会社の取締役会は、重要な財産の処分および譲受け等の事項その他の重要な業務執行の決定について取締役に委任することができませんが、一定の重要な事項を除き、取締役の過半数が社外取締役である場合は委任することができるとされています。

→試験対策8章8節[7]【1】、【2】

1 趣旨

業務執行を行う取締役（代表取締役および選定業務執行取締役）と、過半数が社外取締役によって構成される監査等委員に分けることで、可能なかぎりで業務執行と監督を分離し、業務執行に対する監督を充実化した。また、取締役会から取締役に対し一定事項の決定権限を委譲させることにより、迅速で機動的な業務決定を行うことができるようにした。

2 条文クローズアップ

業務執行の決定

監査等委員会設置会社では、取締役会が業務執行を決定し（1項1号）、重要な財産の処分および譲受け等の事項その他の重要な業務執行の決定について取締役に委任することができない（4項）。

しかし、監査等委員会設置会社の取締役の過半数が社外取締役である場合には社外取締役の監査機能にかんがみて、取締役会は、一定の重要な事項（399条の13第5項各号）を除いて業務執行の決定権限を大幅に取締役に委ねることができる（5項柱書）。加えて、定款で定めた場合にも、取締役会は重要な業務執行の決定の全部または一部を取締役に委ねることができる（6項）。

> **i 第399条の14（監査等委員会による取締役会の招集）　A**
> 監査等委員会設置会社においては、❶招集権者の定めがある場合であっても、監査等委員会が選定する❷監査等委員は、取締役会を招集することができる。

❶366条2項
❷38条2項

監査等委員会設置会社では、監査等委員会がその監査等委員のなかから選定した者は、取締役会を招集することができます。

→試験対策8章8節⑦【3】

1 趣旨

監査等委員会は、取締役会の内部機関としての性質を有すると考えられる（399条の2第2項参照）。そこで、監査等委員会がその監査等委員のなかから選定した者には、取締役会の招集権が与えられている。

■第10節　指名委員会等及び執行役

■総　説

→試験対策8章9節

1 指名委員会等設置会社制度

指名委員会等設置会社制度は、基本的にアメリカ型の機関制度（ただし、それとまったく同じではない）を採用しようとするものである。これ

は、監査・監督機関と職務執行機関を明確に分離することこそ会社の健全かつ持続的な発展に貢献することになるという理念から、採用された制度である。なお、従前は、「委員会設置会社」という名称であったが、平成26年改正により、「指名委員会等設置会社」に名称を改めた。

→平成26年改正

取締役会と会計監査人とを設置する会社は、定款により、指名委員会等設置会社となることを任意に選択することができる。会社法がこのような選択制を認めた趣旨は、ガバナンス（企業統治の仕組み）として何がベストかは必ずしも明確ではないことから、その選択を各会社の判断に委ねる点にある。

2 制度のガバナンス規整

指名委員会等設置会社は、監査・監督の仕組みと業務執行の仕組みについて、一般の会社と大きく異なるガバナンス規整に服する。

具体的には、①取締役会の役割は、基本事項の決定と委員会の委員および執行役の選任等の監督機能が中心となり、**指名委員会**、**監査委員会**、**報酬委員会**の三委員会（各委員会の委員の過半数が**社外取締役**であることを要する）が、監査・監督というガバナンスの重要な位置を占める（監査役はなく監査委員会がその役割を果たす）。

また、②**監督と執行が制度的に分離**され、業務執行は**執行役**が担当し（取締役は原則として業務執行ができない）、業務の意思決定も大幅に執行役に委ねられるほか、会社を代表する者も**代表執行役**となる。

3 指名委員会等設置会社の選択

1 定款の定め

指名委員会等設置会社となるためには、その旨を定款で定めなければならない（326条2項。登記につき911条3項23号）。

2 必要な機関

指名委員会等設置会社は、①指名委員会、②監査委員会、③報酬委員会、④1人または数人の執行役を設置しなければならない（2条12号、402条1項）。このほか、指名委員会等設置会社では、取締役会と会計監査人を必要的機関として設置しなければならない（327条1項4号、5項）。なお、監査役を設置することはできない（327条4項）。

■第1款　委員の選定、執行役の選任等

司H22-44-ア、H22-45-4、書H23-31-ア
第400条（委員の選定等）　B

i 1　指名委員会、監査委員会又は報酬委員会の各委員会（以下この条、次条及び第911条第3項第23号ロ（設立登記事項の規定）において単に「❶**各委員会**」という。）は、委員3人以上で組織する。

2　❶各委員会の委員は、取締役の中から、取締役会の決議によって

❶定

選定する。
　3　❶各委員会の委員の過半数は、❷社外取締役でなければならない。
　4　　監査委員会の委員（以下「❸監査委員」という。）は、指名委員会等設置会社若しくはその子会社の執行役若しくは業務執行取締役又は指名委員会等設置会社の子会社の会計参与（会計参与が法人であるときは、その職務を行うべき社員）若しくは支配人その他の使用人を兼ねることができない。

❷2条15号
❸定

→試験対策8章9節③【3】(2)

　指名委員会等設置会社の各委員会は、委員3人以上で組織し、委員は取締役のなかから取締役会の決議によって選定されます。各委員会の委員の過半数は、社外取締役でなければなりません。また、監査委員は、指名委員会等設置会社・その子会社の執行役・業務執行取締役、または指名委員会等設置会社の子会社の会計参与・支配人その他の使用人と兼任することができません。

1 趣旨

　1項は、多角的な意見を期待して3名以上で各委員会を組織することとしている。2項は、委員会が取締役会の内部組織として業務執行の監視・監督を行う存在であることを前提に、各委員会の委員の資格に取締役であることを求めている。3項は、業務執行と業務監査の分離の徹底を図るため、各委員会の委員の過半数は社外取締役であることを要求している。4項は、取締役の職務を監査すべき監査委員が、取締役の影響を受けて監査が歪むことを防止すべく兼任禁止を規定している。

2 条文クローズアップ

1　各委員会の委員共通の選定条件（1項から3項まで）
　各委員会は、委員3人以上で組織され（1項）、委員は、取締役のなかから取締役会の決議によって選定される（2項）。また、各委員会につき、その委員の過半数は、社外取締役でなければならない（3項）。

2　監査委員（4項）
　監査委員は、①指名委員会等設置会社もしくはその子会社の執行役もしくは業務執行取締役、または②指名委員会等設置会社の子会社の会計参与（会計参与が法人であるときは、その職務を行うべき社員）もしくは支配人その他の使用人を兼ねることができない。

第401条（委員の解職等）　B
　1　❶各委員会の委員は、いつでも、取締役会の決議によって解職することができる。
　2　　前条第1項に規定する❶各委員会の委員の員数（3人以上）（定款

❶400条1項

> で4人以上の員数を定めたときは、その員数)が欠けた場合には、任期の満了又は辞任により退任した委員は、新たに選定された委員(次項の一時委員の職務を行うべき者を含む。)が就任するまで、なお委員としての権利義務を有する。
> 3　前項に規定する場合において、裁判所は、必要があると認めるときは、利害関係人の申立てにより、一時委員の職務を行うべき者を選任することができる。
> 4　裁判所は、前項の一時委員の職務を行うべき者を選任した場合には、指名委員会等設置会社がその者に対して支払う報酬の額を定めることができる。

→試験対策8章9節3【2】(1)

　各委員会の委員は、いつでも、取締役会の決議によって解職することができます。員数(3人以上。定款で員数を4人以上と定めた場合はその員数)が欠けた場合には、退任した委員は、新たに選定された委員が就任するまで、委員の権利義務があります。また、裁判所は必要があるときは一時委員の職務を行うべき者を選任することができます。

1　趣旨

　1項は、各委員会の委員が当該会社と委任関係(民651条1項)にあることを前提にして、当該関係を自由に解除できることを確認している。会社法401条2項および3項は、委員の定数が欠けた場合に新しい委員を選任するまで会社経営を中断させないために、権利義務委員や一時委員の選定について規定している。4項は、一時委員と会社との間に委任関係がないことを前提に、一時委員の報酬を会社ではなく裁判所が決定するものとしている。

2　条文クローズアップ

1　解職(1項)

　各委員会の委員は、取締役会の決議によって、いつでも解職することができる。

2　委員が欠けた場合(2項から4項まで)

　各委員会の委員が欠けた場合には、前職の各委員会の委員は、新たに各委員会の委員が選任されるまでなお各委員会の委員としての権利義務を有する(2項)。そして、その場合には、裁判所は、必要があると認めるときは、利害関係人の申立てにより、一時各委員会の委員の職務を行う者を選任することができる(3項)。この場合、裁判所はその者に対して支払う報酬の額を定めることができる(4項)。

司H20-45-ア・イ。書H23-31-イ

第402条（執行役の選任等）　B

1　指名委員会等設置会社には、1人又は2人以上の執行役を置かなければならない。
2　執行役は、取締役会の決議によって選任する。
3　指名委員会等設置会社と執行役との関係は、委任に関する規定に従う。
4　第331条第1項〔取締役の資格〕の規定は、執行役について準用する。
5　株式会社は、執行役が株主でなければならない旨を定款で定めることができない。ただし、公開会社でない指名委員会等設置会社については、この限りでない。
6　執行役は、取締役を兼ねることができる。
7　執行役の任期は、選任後1年以内に終了する事業年度のうち最終のものに関する定時株主総会の終結後最初に招集される取締役会の終結の時までとする。ただし、定款によって、その任期を短縮することを妨げない。
8　前項の規定にかかわらず、指名委員会等設置会社が指名委員会等を置く旨の定款の定めを廃止する定款の変更をした場合には、執行役の任期は、当該定款の変更の効力が生じた時に満了する。

機関

指名委員会等設置会社には、1人または2人以上の執行役をおかなければならず、執行役は、取締役会の決議によって選任されます。執行役と会社は委任の規定に従います。取締役の欠格事由は執行役にも準用されます。また、公開会社でない指名委員会等設置会社を除いて、執行役の資格を株主にかぎることはできません。執行役の任期は1年です。

→試験対策8章9節４【1】

1　趣旨

　2項の趣旨は、403条1項とあわせて、執行役を監督する取締役会が、監督権限を十分に行使して、業務担当執行役の適宜の入れ替えを可能にする点にある。402条4項の趣旨は、会社の経営を委ねるのにふさわしくない者を除外する点にある。5項本文は、広く人材を得る必要性から執行役を株主に限る定款規定を禁止するが、ただし書は、非公開会社の閉鎖性から、例外を認めた。6項の趣旨は、監督機関である取締役会構成員が執行役を兼任するほうが、適切な監督権限を行使しうる点にある。7項は、新たに選任された取締役で構成される取締役会により執行役も新たに選任されることが適切であるため、任期を1年とした。8項は、指名委員会等設置会社でなくなった場合には執行役の設置は許容されないため、定款変更と同時に任期も満了するとした。

2 条文クローズアップ

1 選任(1項、2項)

指名委員会等設置会社には、1人または2人以上の執行役をおかなければならない(1項)。執行役は、取締役会の決議で選任される(2項)。

なお、執行役が複数いる場合に、取締役会から委任された業務決定をし、業務執行をするために、執行役会とでもいうべき会議体を設けて対応することは差し支えない。

2 資格(4項、6項)

人材確保の観点から、執行役が取締役を兼任することはできる(6項)。そして、取締役との職務権限の類似性から、取締役の欠格事由の規定が準用される(4項・331条1項)。また、非公開会社である指名委員会等設置会社を除き、執行役の資格を株主にかぎることはできない(402条5項)。

3 任期(7項、8項)

執行役の任期は1年(選任後1年以内の最終の事業年度に関する定時総会が終結した後最初に開催される取締役会の終結の時まで)である(7項本文)。ただし、これを定款で短縮することもできる(7項ただし書)。また、指名委員会等設置会社が委員会をおく旨の定款の定めを廃止する定款の変更をした場合には、執行役の任期は、その定款の変更の効力が生じた時に満了する(8項)。

4 会社との関係(3項)

執行役と会社の関係は、委任関係(3項)であり、民法の委任に関する規定の準用を受ける(民643条以下)。

第403条（執行役の解任等）　B

1　執行役は、いつでも、取締役会の決議によって解任することができる。
2　前項の規定により解任された執行役は、その解任について正当な理由がある場合を除き、指名委員会等設置会社に対し、解任によって生じた損害の賠償を請求することができる。
3　第401条第2項から第4項まで(委員の員数が欠けた場合)の規定は、執行役が欠けた場合又は定款で定めた執行役の員数が欠けた場合について準用する。

執行役は、取締役会の決議によっていつでも解任することができます。正当な理由なく解任された執行役は、会社に対し、解任によって生じた損害の賠償を請求できます。執行役が欠けた場合の処理は、各委員の解職の場合と同様です。

→試験対策8章9節4【1】(2)

1 趣旨

1項が402条2項とあわせて取締役会に執行役の選解任権を認めた趣旨は、取締役会が監督権限を適切に行使して執行役を適宜入れ替えることができるようにする点にある。そして、403条1項により解任された執行役の利益への配慮として、2項は、一定の場合に被解任者による損害賠償請求を認めた。3項は、執行役が欠けた場合に新しい執行役を選任するまで会社経営を中断させないために、401条2項から4項までを準用している。

2 条文クローズアップ

1 解任（1項、2項）

執行役は、取締役会の決議によっていつでも解任することができる（1項）。解任された執行役は、解任について正当な理由がない場合、会社に対し解任によって生じた損害の賠償を請求することができる（2項）。

2 執行役が欠けた場合（3項）

執行役が欠けた場合には、前職の執行役は、新たに執行役が選任されるまでなお執行役としての権利義務を有する（3項・401条2項）。

そして、その場合には、裁判所は、必要があると認めるときは、利害関係人の申立てにより、一時執行役の職務を行う者を選任することができる（403条3項・401条3項）。この場合、裁判所はその者に対して支払う報酬の額を定めることができる（403条3項・401条4項）。

■第2款　指名委員会等の権限等

司H20-45-イ・オ、H19-42-ア。書H23-31-オ

第404条（指名委員会等の権限等）　B

1　指名委員会は、株主総会に提出する取締役（会計参与設置会社にあっては、取締役及び会計参与）の選任及び解任に関する議案の内容を決定する。
2　監査委員会は、次に掲げる職務を行う。
① ❶執行役等（執行役及び取締役をいい、会計参与設置会社にあっては、執行役、取締役及び会計参与をいう。以下この節において同じ。）の職務の執行の監査及び監査報告の作成
② 株主総会に提出する会計監査人の選任及び解任並びに会計監査人を再任しないことに関する議案の内容の決定
3　報酬委員会は、第361条第1項（取締役の報酬）並びに第379条第1項及び第2項（会計参与の報酬）の規定にかかわらず、❶執行役等の個人別の❷報酬等の内容を決定する。執行役が指名委員会等設置会社の支配人その他の使用人を兼ねているときは、当該支配人そ

❶定

❷361条1項

> の他の使用人の報酬等の内容についても、同様とする。
> 4　委員がその職務の執行(当該委員が所属する指名委員会等の職務の執行に関するものに限る。以下この項において同じ。)について指名委員会等設置会社に対して次に掲げる請求をしたときは、当該指名委員会等設置会社は、当該請求に係る費用又は債務が当該委員の職務の執行に必要でないことを証明した場合を除き、これを拒むことができない。
> ①　費用の前払の請求
> ②　支出をした費用及び支出の日以後におけるその利息の償還の請求
> ③　負担した債務の債権者に対する弁済(当該債務が弁済期にない場合にあっては、相当の担保の提供)の請求

　指名委員会は、株主総会に提出する取締役の選任および解任に関する議案の内容を決定します。監査委員会は、執行役等の職務の執行の監査および監査報告の作成等を行います。報酬委員会は、執行役等の個人別の報酬等の内容を決定します。また、委員はその所属する委員会の職務の執行に関する費用の前払請求や利息の償還請求等を会社に対して請求することができます。

→試験対策8章9節③【3】(1)

1　趣旨

　指名委員会等の職務権限、職務に関する費用の前払請求や利息の償還請求について定めることで、指名委員会等設置会社における取締役の独立性を確保し、取締役会の監督機能の大幅な強化を図っている。

2　条文クローズアップ

1　権限(1項から3項まで)

(1)　指名委員会等設置会社においては、取締役会の役割は、基本事項の決定と各委員会の委員および執行役の選任等の監督機能が中心となり、指名委員会・監査委員会・報酬委員会の三委員会(各委員会の委員の過半数は社外取締役でなければならない〔400条3項〕)が監査・監督というガバナンスの重要な位置を占める(なお、指名委員会等設置会社には監査役はおかれず監査委員会がその役割を果たす)。

(2)　指名委員会(1項)

　指名委員会は、株主総会に提出する取締役(会計参与設置会社にあっては、取締役および会計参与)の選任および解任に関する議案の内容を決定する。

(3)　監査委員会(2項)

　監査委員会は、①執行役等の職務の執行の監査および監査報告の作成、②株主総会に提出する会計監査人の選任および解任ならびに会計監査人を再任しないことに関する議案の内容の決定を行う。

監査委員会は、監査委員である取締役から構成され、監査委員は取締役会における議決権を有する。そのため、監査の対象は、適法性監査のみならず妥当性監査にも及ぶと解される。

(4) 報酬委員会（3項）

報酬委員会は、執行役等の個人別の報酬等の内容を決定する（3項前段）。執行役が指名委員会等設置会社の支配人その他の使用人を兼ねているときは、その支配人その他の使用人の報酬等の内容についても、同様である（3項後段）。

2 使用人兼務執行役の使用人分給与

従前は、執行役が受ける個人別の報酬の内容を報酬委員会が、使用人の給与等を原則として執行役が定めていた。すなわち、執行役が使用人を兼任する場合には、報酬委員会は執行役の報酬のみを決定し、使用人分の給与等については、執行役がみずから定めることとされていた。しかし、執行役が受けるあらゆる報酬を、独立性の高い報酬委員会で定めるとすることによって、取締役会全体としての監督機能を強化しようとする指名委員会等設置会社制度の趣旨に照らして、会社法は、指名委員会等設置会社においては、報酬委員会が、使用人兼執行役の使用人として受ける給与等をも決定することとした（3項後段）。

3 費用前払請求等（4項各号）

委員は、その所属する委員会の職務の執行について、指名委員会等設置会社に対し、①費用前払請求、②支出をした費用および支出の日以後におけるその利息の償還の請求、③負担した債務の弁済（債務が弁済期にない場合は、相当の担保の提供）の請求をすることができる。この場合、会社は、請求にかかる費用または債務が当該委員の職務の執行に必要でないことを証明したときを除き、請求を拒むことができない。

司 H22-44-オ、H20-45-ウ

第405条（監査委員会による調査） B

1 監査委員会が選定する❶監査委員は、いつでも、❷執行役等及び支配人その他の使用人に対し、その職務の執行に関する事項の報告を求め、又は指名委員会等設置会社の業務及び財産の状況の調査をすることができる。

2 監査委員会が選定する❶監査委員は、監査委員会の職務を執行するため必要があるときは、指名委員会等設置会社の子会社に対して事業の報告を求め、又はその子会社の業務及び財産の状況の調査をすることができる。

3 前項の子会社は、正当な理由があるときは、同項の報告又は調査を拒むことができる。

4 第1項及び第2項の❶監査委員は、当該各項の報告の徴収又は調査に関する事項についての監査委員会の決議があるときは、こ

❶400条4項
❷404条2項1号

れに従わなければならない。

監査委員会が選定する監査委員は、いつでも、執行役等(「執行役、取締役、会計参与」をいう。以下同じ)に対し、その職務の執行に関する事項の報告を求めることによって、さらに、職務の執行のため必要があるときは子会社に対して事業の報告を求めることによって、会社や子会社の業務および財産の状況の調査をすることができます。

1 趣旨

指名委員会等設置会社またはその子会社の業務や財産の状況の調査等の権限を監査委員会が選定する監査委員に付与した趣旨は、監査委員会による監査権限(404条2項1号)の行使が十分になされるようにする点にある。

2 条文クローズアップ

1 監査委員会による調査(1項から3項まで)

監査委員会が選定する監査委員は、以下の調査をすることができる。
①いつでも、執行役等および支配人その他の使用人に対し、その職務の執行に関する事項の報告を求め、または指名委員会等設置会社の業務および財産の状況の調査をすることができる(1項)。
②監査委員会の職務を執行するため必要があるときは、指名委員会等設置会社の子会社に対して事業の報告を求め、またはその子会社の業務および財産の状況の調査をすることができる(2項)。ただし、当該子会社は、正当な理由があるときは、報告または調査を拒むことができる(3項)。

2 調査をする前にすべきこと

405条は「監査委員会が選定する監査委員は」(1項、2項、4項)と規定しているため、405条の調査権限を行使するためには、まず、監査委員会が、当該権限を有する監査委員を選定しなければならない。

第406条(取締役会への報告義務) B

❶監査委員は、執行役又は取締役が不正の行為をし、若しくは当該行為をするおそれがあると認めるとき、又は法令若しくは定款に違反する事実若しくは著しく不当な事実があると認めるときは、遅滞なく、その旨を取締役会に報告しなければならない。

❶400条4項

監査委員は、執行役または取締役が不正の行為をし、もしくはその行為をするおそれがあると認めるとき、または法令・定款に違反する事実もしくは著しく不当な事実があると認めるときは、遅滞なく、その旨を取締役会に報告しなければなりません。

1 趣旨

執行役や取締役の法令・定款違反行為等について監視をするという取締役等の権限を有効に機能させるために、監査委員が知りえた情報を、取締役会に報告しなければならないとした。

2 条文クローズアップ

取締役会に報告すべき場合
① 執行役または取締役が不正の行為をし、もしくはそのような不正の行為をするおそれがあると認めるとき
② 執行役または取締役が法令、もしくは定款に違反する事実、もしくは著しく不当な事実があると認めるとき

司 H22-44-イ

第407条（監査委員による執行役等の行為の差止め）　B

1　❶監査委員は、執行役又は取締役が指名委員会等設置会社の目的の範囲外の行為その他法令若しくは定款に違反する行為をし、又はこれらの行為をするおそれがある場合において、当該行為によって当該指名委員会等設置会社に著しい損害が生ずるおそれがあるときは、当該執行役又は取締役に対し、当該行為をやめることを請求することができる。
2　前項の場合において、裁判所が仮処分をもって同項の執行役又は取締役に対し、その行為をやめることを命ずるときは、担保を立てさせないものとする。

❶400条4項

監査委員は、執行役または取締役が会社の目的の範囲外の行為や法令・定款違反の行為をした場合等、その行為によって会社に著しい損害が生ずるおそれがあるときは、執行役または取締役に対してその行為の差止めを請求することができます。

1 趣旨

執行役および取締役の業務執行の適正を期するための、もっとも強力な監査権限として、監査委員に差止請求権を認めたものである。なお、監査委員の仮処分申請に対して、裁判所は、監査委員に担保を立てさせないものとしたのは、監査委員の会社に対する監査費用をめぐって問題が紛糾し、差止めが困難となることを避けるためである。

2 条文クローズアップ

1　差止請求しうる場合（1項）

① 執行役または取締役が、会社の目的の範囲外の行為その他法令もし

くは定款に違反する行為をした場合
　②執行役または取締役が、会社の目的の範囲外の行為その他法令もし
　　くは定款に違反する行為をするおそれがある場合
　なお、①②どちらの場合においても、当該行為によって会社に著しい
損害が生ずるおそれがあることが必要である。

2　仮処分と担保提供（2項）

　監査委員が取締役または執行役に行為の差止請求をした場合において、裁判所が、仮処分で行為の差止めを命じた場合には、担保の提供は不要である。

司 H22-44-ウ

第408条（指名委員会等設置会社と執行役又は取締役との間の訴えにおける会社の代表等）　B

1　第420条第3項〔代表執行役への準用〕において準用する第349条第4項〔代表権の範囲〕の規定並びに第353条〔株式会社と取締役との間の訴えでの会社の代表〕及び第364条〔取締役会設置会社と取締役との間の訴えでの会社の代表〕の規定にかかわらず、指名委員会等設置会社が❶執行役（執行役であった者を含む。以下この条において同じ。）若しくは❷取締役（取締役であった者を含む。以下この条において同じ。）に対し、又は執行役若しくは取締役が指名委員会等設置会社に対して訴えを提起する場合には、当該訴えについては、次の各号に掲げる場合の区分に応じ当該各号に定める者が指名委員会等設置会社を代表する。

　①　❸監査委員が当該訴えに係る訴訟の当事者である場合　取締役会が定める者（株主総会が当該訴えについて指名委員会等設置会社を代表する者を定めた場合にあっては、その者）

　②　前号に掲げる場合以外の場合　監査委員会が選定する監査委員

2　前項の規定にかかわらず、❶執行役又は❷取締役が指名委員会等設置会社に対して訴えを提起する場合には、❸監査委員（当該訴えを提起する者であるものを除く。）に対してされた訴状の送達は、当該指名委員会等設置会社に対して効力を有する。

i 3　第420条第3項〔代表執行役への準用〕において準用する第349条第4項〔代表権の範囲〕の規定並びに第353条〔株式会社と取締役との間の訴えでの会社の代表〕及び第364条〔取締役会設置会社と取締役との間の訴えでの会社の代表〕の規定にかかわらず、次の各号に掲げる株式会社が指名委員会等設置会社である場合において、当該各号に定める訴えを提起するときは、当該訴えについては、監査委員会が選定する❸監査委員が当該指名委員会等設置会社を代表する。

　①　❹株式交換等完全親会社（第849条第2項第1号に規定する株式

❶定
❷定

❸400条4項

❹定

交換等完全親会社をいう。次項第1号及び第5項第3号において同じ。）　その❺株式交換等完全子会社（第847条の2第1項に規定する株式交換等完全子会社をいう。第5項第3号において同じ。）の❷取締役、❶執行役又は❻清算人（清算人であった者を含む。以下この条において同じ。）の責任（第847条の2第1項各号に掲げる行為（完全親会社の株式の取得）の効力が生じた時までにその原因となった事実が生じたものに限る。）を追及する訴え

②　❼最終完全親会社等（第847条の3第1項に規定する最終完全親会社等をいう。次項第2号及び第5項第4号において同じ。）　その❽完全子会社等（同条第2項第2号に規定する完全子会社等をいい、同条第3項の規定により当該完全子会社等とみなされるものを含む。第5項第4号において同じ。）である株式会社の取締役、執行役又は清算人に対する特定責任追及の訴え（同条第1項に規定する特定責任追及の訴え（最終完全親会社等の株主による特定責任追及の訴え）をいう。）

❺定
❻定
❼定
❽定

4　第420条第3項（代表執行役への準用）において準用する第349条第4項（代表権の範囲）の規定にかかわらず、次の各号に掲げる株式会社が指名委員会等設置会社である場合において、当該各号に定める請求をするときは、監査委員会が選定する監査委員が当該指名委員会等設置会社を代表する。

①　❹株式交換等完全親会社　第847条第1項の規定による請求（責任追及等の訴え提起の請求）（前項第1号に規定する訴えの提起の請求に限る。）

②　❼最終完全親会社等　第847条第1項の規定による請求（責任追及等の訴え提起の請求）（前項第2号に規定する特定責任追及の訴えの提起の請求に限る。）

5　第420条第3項（代表執行役への準用）において準用する第349条第4項（代表権の範囲）の規定にかかわらず、次に掲げる場合には、❸監査委員が指名委員会等設置会社を代表する。

①　指名委員会等設置会社が第847条第1項（責任追及等の訴え）、第847条の2第1項若しくは第3項（同条第4項及び第5項において準用する場合を含む。）（旧株主による責任追及等の訴え）又は第847条の3第1項（最終完全親会社等の株主による特定責任追及の訴え）の規定による請求（❶執行役又は❷取締役の責任を追及する訴えの提起の請求に限る。）を受ける場合（当該監査委員が当該訴えに係る訴訟の相手方となる場合を除く。）

②　指名委員会等設置会社が第849条第4項の訴訟告知（株主代表訴訟提起時の会社への訴訟告知）（執行役又は取締役の責任を追及する訴えに係るものに限る。）並びに第850条第2項の規定による通知及び催告（会社に対する株主代表訴訟に関する和解内容の通知・異議

の催告) (執行役又は取締役の責任を追及する訴えに係る訴訟における和解に関するものに限る。) を受ける場合 (当該監査委員がこれらの訴えに係る訴訟の当事者である場合を除く。)
③ **❹株式交換等完全親会社**である指名委員会等設置会社が第849条第6項の規定による通知〔株式交換等完全親会社に対する訴えの提起または訴訟告知を受けた旨の通知〕(その**❺株式交換等完全子会社**の取締役、執行役又は**❻清算人**の責任を追及する訴えに係るものに限る。) を受ける場合
④ **❼最終完全親会社等**である指名委員会等設置会社が第849条第7項の規定による通知〔最終完全親会社等に対する特定責任追及等に関する訴えの提起または訴訟告知を受けた旨の通知〕(その**❽完全子会社等**である株式会社の取締役、執行役又は清算人の責任を追及する訴えに係るものに限る。) を受ける場合

　会社が執行役・取締役に対して訴えを提起する場合、または執行役・取締役が会社に対して訴えを提起する場合、監査委員が訴訟の当事者である場合を除き、監査委員が会社を代表します。会社が執行役・取締役の責任を追及する訴えを提起する場合、会社が執行役・取締役の責任を追及する訴えの提起の請求を受ける場合、または会社が執行役・取締役の責任を追及する訴えの訴訟告知を受ける場合、和解に関する通知催告を受ける場合には、監査委員が会社を代表します。

1 趣旨

　指名委員会等設置会社と執行役・取締役間の訴訟において代表執行役に会社代表権を認めると、代表執行役と当該訴えの当事者たる執行役または取締役との間の仲間意識から訴訟が馴れ合いになり、会社利益が害されるおそれがある。そこで、原則として中立的な監査委員会が選任する監査委員に指名委員会等設置会社を代表させて、指名委員会等設置会社の利益の十分な確保を図った。

2 条文クローズアップ

1　指名委員会等設置会社と執行役・取締役との間の訴え(1項)

　会社の業務に関する裁判については、原則として代表取締役・代表執行役が会社を代表する(420条3項・349条4項)。また、指名委員会等設置会社でない場合は、会社と取締役との間の訴えは、株主総会や取締役会で代表者を定めることができる(353条、364条)。

　しかし、349条4項、353条および364条の規定にかかわらず、指名委員会等設置会社と執行役・取締役(執行役・取締役であった者も含む)との間の訴えにおいては、監査委員であるが訴訟の当事者である場合は取締役会で定める者(株主総会で代表者を定めた場合はその者)、それ以外の場

合は監査委員会で選定する監査委員が会社を代表する(408条1項)。
2 訴状の送達(2項)
　執行役・取締役が指名委員会等設置会社に対して訴えを提起する場合には、監査委員に対してされた訴状の送達は、指名委員会等設置会社に対して効力が生じる。
3 責任追及の訴えの提起(3項)
　以下の場合には、監査委員が会社を代表する。
　①株式交換等完全親会社がその株式交換等完全子会社の取締役・執行役・清算人の責任を追及する訴えを提起する場合(1号)
　②最終完全親会社等がその完全子会社等である株式会社の取締役・執行役・清算人に対する特定責任追及の訴えを提起する場合(2号)
4 責任追及の訴えの提起の請求(4項)
　以下の場合には、監査委員が会社を代表する。
　①株式交換等完全親会社がその株式交換等完全子会社の取締役・執行役・清算人の責任を追及する訴えの提起を請求する場合(1号)
　②最終完全親会社等がその完全子会社等である株式会社の取締役・執行役・清算人に対する特定責任追及の訴えの提起を請求する場合(2号)
5 責任追及の訴え、訴訟告知、和解に関する通知催告の受領(5項)
　以下の場合には、監査委員が会社を代表する。
　①会社が株主による責任追及等の訴え、旧株主による責任追及等の訴え、最終完全親会社等の株主による特定責任追及の訴え提起の請求を受ける場合(1号)
　②株主代表訴訟の訴訟告知および和解に関する告知および催告を受ける場合(2号)
　③株式交換等完全親会社である指名委員会等設置会社が、その株式交換等完全子会社の取締役等の責任を追及する訴えについての訴訟告知に関する通知を受ける場合(3号)
　④最終完全親会社等である指名委員会等設置会社が、その完全子会社等の取締役等の責任を追及する訴えについての訴訟告知に関する通知を受ける場合(4号)

書 H24-31-ア
第409条(報酬委員会による報酬の決定の方法等)　B
1　報酬委員会は、❶執行役等の個人別の❷報酬等の内容に係る決定に関する方針を定めなければならない。
2　報酬委員会は、第404条第3項〔報酬委員会の権限〕の規定による決定をするには、前項の方針に従わなければならない。
3　報酬委員会は、次の各号に掲げるものを❶執行役等の個人別の

❶404条2項1号
❷361条1項

❷報酬等とする場合には、その内容として、当該各号に定める事項を決定しなければならない。ただし、会計参与の個人別の報酬等は、第1号に掲げるものでなければならない。
① 額が確定しているもの　個人別の額
② 額が確定していないもの　個人別の具体的な算定方法
③ 金銭でないもの　個人別の具体的な内容

　報酬委員会は、各々の執行役等（執行役、取締役、会計参与）の報酬等の内容にかかる決定に関する方針を定める必要があります。報酬委員会は、この方針に従って報酬を決定します。報酬額が確定しているもの、確定していないもの、報酬が金銭でないものに応じて、一定事項を決定しなければなりません。

→試験対策8章9節③【3】(1)(c)

1 趣旨

　過半数が社外取締役で構成されている報酬委員会に執行役等の個人別の報酬等に関する内容について決定させることで、取締役会構成員の経営者（代表執行役）からの独立性を確保して、実効的な監督を可能とした。

2 条文クローズアップ

執行役等の個人別の報酬等の決定（1項、3項）
　報酬委員会は、執行役等の個人別の報酬等の内容決定に関する方針を定め、それに従って報酬等を決定する（1項）。この場合、報酬額が確定しているものは個人別の額、報酬額が確定していないものは個人別の具体的な算定方法、報酬が金銭でないものは個人別の具体的な内容を定めなければならない（3項各号）。ただし、会計参与の個人別の報酬等は、報酬額が確定していなければならない（3項柱書ただし書）。

■第3款　指名委員会等の運営

第410条（招集権者）　C
指名委員会等は、当該指名委員会等の各委員が招集する。

　指名委員会等は、当該指名委員会等の各委員が招集します。

1 趣旨

　必要に応じたすみやかな指名委員会等の開催を実現するとともに、社外取締役である委員の委員会招集権を実質的に保障する規定である。

2 条文クローズアップ

招集権者

指名委員会等の招集権者は、各委員であって、特定の委員のみを招集権者とすることはできない。

> **第411条（招集手続等）　C**
> 1　指名委員会等を招集するには、その委員は、指名委員会等の日の１週間（これを下回る期間を取締役会で定めた場合にあっては、その期間）前までに、当該指名委員会等の各委員に対してその通知を発しなければならない。
> 2　前項の規定にかかわらず、指名委員会等は、当該指名委員会等の委員の全員の同意があるときは、招集の手続を経ることなく開催することができる。
> 3　❶執行役等は、指名委員会等の要求があったときは、当該指名委員会等に出席し、当該指名委員会等が求めた事項について説明をしなければならない。

❶404条2項

指名委員会等を招集するには、その１週間前までに当該委員会の各委員にその通知を発送しなければなりません。ただし、委員全員の同意により招集手続を経ずに委員会を開催できます。また、執行役等は、指名委員会等の要求があれば、当該委員会に出席し、当該委員会が求めた事項を説明しなければなりません。

1 趣旨

あえて定例会の定めを設けないことで、各委員が必要に応じて招集をして弾力的に指名委員会等を運営することができるため、１項は通知期間のみを制限した招集手続を規定した。さらに、機動性の要請から、２項は招集手続の省略を認めた。また、各委員がその権限を行使するためには、執行役等の説明を求める必要があるため、執行役等に指名委員会等における説明義務を課している。

2 条文クローズアップ

招集通知を発すべき時期の短縮（１項）

取締役会の決議によって、招集通知を発した日から指名委員会等の日までの期間を短縮することができる（１項括弧書）。

> **第412条（指名委員会等の決議）　C**
> 1　指名委員会等の決議は、議決に加わることができるその委員の過半数（これを上回る割合を取締役会で定めた場合にあっては、その割合以上）が出席し、その過半数（これを上回る割合を取締役会で定めた場合にあっては、その割合以上）をもって行う。

> 2　前項の決議について特別の利害関係を有する委員は、議決に加わることができない。
> 3　指名委員会等の議事については、法務省令で定めるところにより、議事録を作成し、議事録が書面をもって作成されているときは、出席した委員は、これに署名し、又は記名押印しなければならない。
> 4　前項の議事録が❶電磁的記録をもって作成されている場合における当該電磁的記録に記録された事項については、法務省令で定める署名又は記名押印に代わる措置をとらなければならない。
> 5　指名委員会等の決議に参加した委員であって第3項の議事録に異議をとどめないものは、その決議に賛成したものと推定する。

❶26条2項

　指名委員会等の決議は、原則として、委員の過半数が出席しその過半数をもって行います。ただし、特別の利害関係を有する委員は、議決に加わることができません。指名委員会等の議事については議事録を作成しなければならず、出席した委員はこれに署名・記名押印しなければなりません。指名委員会等の決議に参加した委員は、議事録に異議をとどめない場合、その決議に賛成したものと推定されます。

1　趣旨

　1項の趣旨は、指名委員会等の決議が会議運営の一般原則に従って、合理的に運営されることを規定した点にある。2項の趣旨は、委員の会社に対する忠実義務違反（355条）を事前に防止し、決議の公正さを担保する点にある。412条3項と4項は、決議内容を明確にし、利害関係者の閲覧請求に備える点、5項は、決議に参加した委員の賛否の事後的な立証の困難性から、異議をとどめない者は賛成したものと推定する点に趣旨がある。

2　条文クローズアップ

1　決議方法（1項）

　定足数は、議決に加わることができる委員の過半数の出席とされ、決議要件は、出席委員の過半数とされる。また、定足数および決議要件は、定款で加重することはできるが、軽減することはできない。

2　特別利害関係を有する委員（2項）

　決議の公正を期すため、決議について特別の利害関係を有する委員は、議決に加わることはできないとされる。

3　議事録の作成（3項、4項）

　指名委員会等の議事については、法務省令（会社施規111条）に定める事項を記載し、かつ、出席した委員が署名または記名押印した議事録を作成しなければならない（会社412条3項）。

なお、指名委員会等の議事録が電磁的記録をもって作成されている場合には、法務省令(会社施規225条1項9号)で定める電子署名の措置をとらなければならない(会社412条4項)。

4　議事録に異議をとどめない場合(5項)

指名委員会等の決議に参加した委員であって、議事録に異議をとどめないものは、決議に賛成したものと推定される。

司 H19-43-エ
第413条（議事録）　B⁻

1　指名委員会等設置会社は、指名委員会等の日から10年間、前条第3項の議事録(指名委員会等の議事録)をその本店に備え置かなければならない。
2　指名委員会等設置会社の取締役は、次に掲げるものの閲覧及び謄写をすることができる。
　①　前項の議事録が書面をもって作成されているときは、当該書面
　②　前項の議事録が❶電磁的記録をもって作成されているときは、当該電磁的記録に記録された事項を法務省令で定める方法により表示したもの　　　　　　　　　　　　　　　　　❶26条2項
3　指名委員会等設置会社の株主は、その権利を行使するため必要があるときは、裁判所の許可を得て、第1項の議事録について前項各号に掲げるものの閲覧又は謄写の請求をすることができる。
4　前項の規定は、指名委員会等設置会社の債権者が委員の責任を追及するため必要があるとき及び❷親会社社員がその権利を行使するため必要があるときについて準用する。　　　　　❷31条3項
5　裁判所は、第3項(前項において準用する場合を含む。以下この項において同じ。)の請求に係る閲覧又は謄写をすることにより、当該指名委員会等設置会社又はその親会社若しくは子会社に著しい損害を及ぼすおそれがあると認めるときは、第3項の許可をすることができない。

指名委員会等設置会社は、指名委員会等の日から10年間、議事録を本店に備え置かなければなりません。そして、取締役は、議事録の閲覧および謄写をすることができます。また、指名委員会等設置会社の株主、債権者、親会社社員は、裁判所の許可を得て、議事録の閲覧および謄写の請求をすることができます。裁判所は、議事録の閲覧・謄写により会社に著しい損害を及ぼすおそれがあると認めるときは許可できません。

1　趣旨

指名委員会等の議事録は、株主や会社債権者が権利行使または役員の

責任追及をするにあたり重要な意義を有する。そこで、指名委員会等の議事録の備置き・閲覧・謄写について規定した。また、2項が取締役に閲覧謄写を認めた趣旨は、指名委員会等は取締役会の内部機関であり、取締役会と指名委員会等の緊密な連携が求められることから、取締役会の構成員の取締役に指名委員会等の職務執行を監視する職務権限を認める点にある。3項から5項までの趣旨は、指名委員会等の議事録には会社の機密情報が含まれるおそれがあるため、裁判所の許可を条件とした点にある。

> **第414条（指名委員会等への報告の省略）　C**
> 執行役、取締役、会計参与又は会計監査人が委員の全員に対して指名委員会等に報告すべき事項を通知したときは、当該事項を指名委員会等へ報告することを要しない。

　執行役・取締役・会計参与または会計監査人が、指名委員会等に報告すべき事項を委員全員に対して通知したときは、当該事項を委員会に報告する必要はありません。

1 趣旨

　執行役等は、ある一定の事項について監査委員ないし監査委員会に対して報告する義務を負っている（375条1項、4項、397条1項、5項、419条1項）。このとき、当該指名委員会等を構成するすべての委員に対して報告すべき事項を通知した場合であっても重ねて指名委員会等への報告を要するとするのは、機動性に欠ける。そこで、414条は、このような場合の報告の省略を規定した。

■第4款　指名委員会等設置会社の取締役の権限等

■総　説

迅速で機動的な業務決定と実効的な監督

　指名委員会等設置会社においては、その業務を、取締役に決定させることはできないが、一定の事項を除き、会社の業務を執行役に決定させることができる。これは、**迅速で機動的な業務決定**を行うことを可能にするとともに、**適正な業務決定・執行がなされるよう実効的な監督**を行うことをも可能にする制度である。
　すなわち、従前の株式会社の機関制度によると、取締役会で決定すべき事項が多すぎるうえ、取締役会を構成する取締役の人数も多く取締役会を頻繁に開催することが困難であるため、実務界から業務決定権限を一部の者に委譲したいという要請があった。
　また、多くの場合、代表取締役がさまざまな事項の決定権限を握って

→試験対策8章9節[1]

いたため、部下であるその他の取締役がこれを監督することには無理があり、実効的な監督制度を設けるべきであるとの指摘もあった。
そこで、従来の機関制度とはまったく異なる指名委員会等設置会社を導入したのである。

> **第415条（指名委員会等設置会社の取締役の権限）　C**
> 指名委員会等設置会社の取締役は、この法律又はこの法律に基づく命令に別段の定めがある場合を除き、指名委員会等設置会社の業務を執行することができない。

指名委員会等設置会社の取締役は、会社法等に特に規定がないかぎりは、指名委員会等設置会社の業務を執行することはできません。

→試験対策8章9節③【1】

1 趣旨

指名委員会等設置会社では、取締役会は、業務執行の決定などを取締役に委任することができないとされていること（416条3項）とあいまって、取締役の地位と執行役の地位とを峻別するものであり、**監督と執行との制度的な分離**を図ることによって、取締役会の監督機能を高めようとするものである。

2 条文クローズアップ

監督と執行との制度的な分離

指名委員会等設置会社の取締役は、その指名委員会等設置会社の支配人その他の使用人を兼ねることはできない（331条4項）。もっとも、執行役が取締役を兼ねることはできるとされているので（402条6項）、監督と執行の徹底した分離はなされていない。

> 司 H26-46-全、H24-48-ウ、H22-47-1、H21-43-オ、H21-47-1
> **第416条（指名委員会等設置会社の取締役会の権限）　A**
> 1　指名委員会等設置会社の取締役会は、第362条〔取締役会の権限等〕の規定にかかわらず、次に掲げる職務を行う。
> 　①　次に掲げる事項その他指名委員会等設置会社の業務執行の決定
> 　　イ　経営の基本方針
> 　　ロ　監査委員会の職務の執行のため必要なものとして法務省令で定める事項
> 　　ハ　執行役が2人以上ある場合における執行役の職務の分掌及び指揮命令の関係その他の執行役相互の関係に関する事項
> 　　ニ　次条第2項〔執行役による取締役会の招集請求〕の規定による取

締役会の招集の請求を受ける取締役
　ホ　執行役の職務の執行が法令及び定款に適合することを確保するための体制その他株式会社の業務並びに当該株式会社及びその子会社から成る企業集団の業務の適正を確保するために必要なものとして法務省令で定める体制の整備
② ❶執行役等の職務の執行の監督

❶404条2項1号

2　指名委員会等設置会社の取締役会は、前項第1号イからホまでに掲げる事項を決定しなければならない。
3　指名委員会等設置会社の取締役会は、第1項各号に掲げる職務の執行を取締役に委任することができない。
4　指名委員会等設置会社の取締役会は、その決議によって、指名委員会等設置会社の業務執行の決定を執行役に委任することができる。ただし、次に掲げる事項については、この限りでない。
①　第136条又は第137条第1項の決定〔譲渡制限株式の譲渡等の承認をするか否かの決定〕及び第140条第4項の規定による指定〔指定買取人の指定〕
②　第165条第3項〔市場取引等による自己株式取得の決定を取締役会に授権する定款の定めを設けた場合の読替え〕において読み替えて適用する第156条第1項各号に掲げる事項〔自己株式取得に関する事項〕の決定
③　第262条又は第263条第1項の決定〔譲渡制限新株予約権の譲渡等の承認をするか否かの決定〕
④　第298条第1項各号に掲げる事項の決定〔株主総会の招集事項の決定〕
⑤　株主総会に提出する議案（取締役、会計参与及び会計監査人の選任及び解任並びに会計監査人を再任しないことに関するものを除く。）の内容の決定
⑥　第365条第1項〔取締役会設置会社における読替え〕において読み替えて適用する第356条第1項（第419条第2項〔執行役への準用およびその場合の読替え〕において読み替えて準用する場合を含む。）の承認〔競業および利益相反取引の承認〕
⑦　第366条第1項ただし書の規定〔取締役会を招集する取締役の決定〕による取締役会を招集する取締役の決定
⑧　第400条第2項〔各委員会の委員の選定〕の規定による委員の選定及び第401条第1項〔各委員会の委員の解職〕の規定による委員の解職
⑨　第402条第2項〔執行役の選任〕の規定による執行役の選任及び第403条第1項〔執行役の解任〕の規定による執行役の解任
⑩　第408条第1項第1号〔指名委員会等設置会社と監査委員との間の訴えでの会社代表者〕の規定による指名委員会等設置会社を代表す

る者の決定
⑪　第420条第1項前段〔代表執行役の選定〕の規定による代表執行役の選定及び同条第2項〔代表執行役の解職〕の規定による代表執行役の解職
⑫　第426条第1項の規定による定款の定め〔取締役等による責任免除に関する定款の定め〕に基づく第423条第1項の責任〔役員等の株式会社に対する損害賠償責任〕の免除
⑬　第436条第3項、第441条第3項及び第444条第5項の承認〔計算書類等、臨時計算書類および連結計算書類の承認〕
⑭　第454条第5項〔中間配当をすることを取締役会に授権する定款の定めを設けた場合の読替え〕において読み替えて適用する同条第1項の規定により定めなければならないとされる事項〔剰余金配当に関する事項〕の決定
⑮　第467条第1項各号に掲げる行為〔事業譲渡等〕に係る契約（当該指名委員会等設置会社の株主総会の決議による承認を要しないものを除く。）の内容の決定
⑯　合併契約（当該指名委員会等設置会社の株主総会の決議による承認を要しないものを除く。）の内容の決定
⑰　吸収分割契約（当該指名委員会等設置会社の株主総会の決議による承認を要しないものを除く。）の内容の決定
⑱　新設分割計画（当該指名委員会等設置会社の株主総会の決議による承認を要しないものを除く。）の内容の決定
⑲　株式交換契約（当該指名委員会等設置会社の株主総会の決議による承認を要しないものを除く。）の内容の決定
⑳　株式移転計画の内容の決定

　指名委員会等設置会社の取締役会は、経営の基本方針等の決定、会社の業務執行の決定、執行役等の職務の執行の監督を行います。これらの事項の執行を取締役に委任することはできません。また、指名委員会等設置会社の取締役会は、決議により、株主総会の招集事項の決定等の重要事項を除き、指名委員会等設置会社の業務執行の決定を執行役に委任することができます。

→試験対策8章9節③【2】

1 趣旨

　執行役・代表執行役にのみ業務執行権限を与えることにより、業務執行を行う執行役と業務執行を監督する取締役会とを分離し、**取締役会による業務執行に対する監督を実効化**した。また、取締役会から執行役に対し一定事項の決定権限を委譲させることにより、**迅速で機動的な業務決定**を行うことができるようにした。

2 条文クローズアップ

1　業務の決定と執行

　指名委員会等設置会社では、取締役は、業務の決定・執行を行うことができず(415条)、主として取締役会が業務を決定し(416条1項1号)、業務執行権限は、取締役会により選任された執行役・代表執行役(402条1項、420条1項)に専属する(418条)。さらに、取締役会は、一定の事項を除いて業務の決定権限を大幅に執行役に委ねることができる(416条4項)。なお、取締役が執行役を兼任することはできる(402条6項)。

2　本制度採用の手続等

　会社法では、**会社の規模にかかわらず**、取締役会と会計監査人をおくすべての株式会社が指名委員会等設置会社となることができる(326条2項、327条1項4号、5項)。この制度の採用は任意であるが、会社機関制度を抜本的に変更するものであるため定款変更が必要であり(326条2項、466条)、株主総会の特別決議が要求される(309条2項11号)。

第417条（指名委員会等設置会社の取締役会の運営）　C

1　指名委員会等設置会社においては、❶招集権者の定めがある場合であっても、指名委員会等がその委員の中から選定する者は、取締役会を招集することができる。

2　執行役は、前条第1項第1号ニの取締役〔執行役による取締役会の招集請求を受ける取締役〕に対し、取締役会の目的である事項を示して、取締役会の招集を請求することができる。この場合において、当該請求があった日から5日以内に、当該請求があった日から2週間以内の日を取締役会の日とする取締役会の招集の通知が発せられないときは、当該執行役は、取締役会を招集することができる。

3　指名委員会等がその委員の中から選定する者は、遅滞なく、当該指名委員会等の職務の執行の状況を取締役会に報告しなければならない。

4　執行役は、3箇月に1回以上、自己の職務の執行の状況を取締役会に報告しなければならない。この場合において、執行役は、代理人（他の執行役に限る。）により当該報告をすることができる。

5　執行役は、取締役会の要求があったときは、取締役会に出席し、取締役会が求めた事項について説明をしなければならない。

❶366条2項

→試験対策8章9節③【2】(2)

　指名委員会等設置会社では、指名委員会等がその委員のなかから選定した者は、取締役会を招集することができます。また、執行役は、特定の取締役に対し、取締役会の招集を請求することができます。この場合、執行役は、執行役から取締役会の招集の請求を受ける取締役に招集を請求し、一定の期間が経過したにもかかわらず、取締役会の招集通知が発せられないときは、みずから取締役会を招集できます。指名委員会等がその委員のなかから選定

した者、および執行役は、各々の職務の執行状況を取締役会に報告するなどの義務を負います。

1 趣旨

指名委員会等は、取締役会の内部機関としての性質を有すると考えられる(400条2項、417条3項参照)。そこで、指名委員会等がその委員のなかから選定した者には、取締役会の招集権が与えられている。また、執行役は、特定の取締役に対し、取締役会の招集を請求する等をすることができるとされている。これは、執行役が業務執行を行うにあたって、取締役会の決議を必要とする場合があり、また、取締役会に対して適時に報告する機会を確保する必要があるからである。

2 条文クローズアップ

1 指名委員会等が選定する委員による取締役会の招集(1項)

取締役会を招集する取締役が定められている場合(366条1項ただし書)には、招集権者たる取締役のみが取締役会を招集できる。しかし、指名委員会等設置会社では、指名委員会等が選定する者は、招集権者でなくても、取締役会の招集ができる(417条1項)。

2 執行役による取締役会の招集請求権(2項)

執行役は、招集権者が定められている場合の他の取締役と同様(366条2項、3項)、招集権者に対して、取締役会の招集を請求できる(417条2項)。

3 指名委員会等の職務状況の報告(3項)

指名委員会等がその委員のなかから選定するものは、遅滞なく、職務執行状況を取締役会に報告する義務を負う。

4 執行役の職務状況の報告と説明義務(4項、5項)

執行役は、3か月に1回以上の頻度で、自己の職務状況を取締役会に報告しなければならない(4項前段)。業務執行取締役の定期報告(363条2項)と同様の規定である。また、執行役は取締役会の要求に応じて、取締役会に出席し、説明する義務を負う(417条5項)。

■第5款 執行役の権限等

> **第418条（執行役の権限） C**
> 執行役は、次に掲げる職務を行う。
> ① 第416条第4項〔執行役への業務執行決定の委任〕の規定による取締役会の決議によって委任を受けた指名委員会等設置会社の業務の執行の決定
> ② 指名委員会等設置会社の業務の執行

執行役は、取締役会から委任を受けた業務執行の決定、および指名委員

→試験対策8章9節4【1】

等設置会社の業務の執行を行います。

1 趣旨

→416条②1

指名委員会等設置会社では、執行役・代表執行役にのみ業務執行権限を与えることにより、業務執行を行う執行役と業務執行を監督する取締役会を分離し、取締役会による**業務執行に対する監督を実効化**した。

> **第419条（執行役の監査委員に対する報告義務等）　C**
> 1　執行役は、指名委員会等設置会社に著しい損害を及ぼすおそれのある事実を発見したときは、直ちに、当該事実を❶監査委員に報告しなければならない。
> 2　第355条〔忠実義務〕、第356条〔競業および利益相反取引〕及び第365条第2項〔競業等に関する報告〕の規定は、執行役について準用する。この場合において、第356条第1項中「株主総会」とあるのは「取締役会」と、第365条第2項中「取締役会設置会社においては、第356条第1項各号」とあるのは「第356条第1項各号」と読み替えるものとする。
> 3　第357条〔取締役の報告義務〕の規定は、指名委員会等設置会社については、適用しない。

❶400条4項

執行役は、会社に著しい損害を及ぼすおそれのある事実を発見したときは、すぐに監査委員に報告しなければなりません。また、取締役の忠実義務、競業および利益相反取引の制限の規定は、執行役に準用されます。

→試験対策8章9節④【1】

1 趣旨

執行役に報告義務を課すことで、損害発生を防ぎ、会社および株主の保護を図る規定である。

2 条文クローズアップ

取締役に関する規定の準用（2項）

執行役については、その職務権限の類似性から、取締役に関する多くの規定の準用がなされている。

司H20-45-エ。書H23-31-エ
> **第420条（代表執行役）　B**
> 1　取締役会は、執行役の中から代表執行役を選定しなければならない。この場合において、執行役が1人のときは、その者が代表執行役に選定されたものとする。
> 2　代表執行役は、いつでも、取締役会の決議によって解職するこ

> とができる。
> 3　第349条第4項〔代表権の範囲〕及び第5項〔代表権に加えた制限〕の規定は代表執行役について、第352条〔取締役の職務を代行する者の権限〕の規定は民事保全法第56条に規定する仮処分命令〔法人代表者等の職務代行者選任の仮処分命令〕により選任された執行役又は代表執行役の職務を代行する者について、第401条第2項から第4項まで〔委員の員数が欠けた場合〕の規定は代表執行役が欠けた場合又は定款で定めた代表執行役の員数が欠けた場合について、それぞれ準用する。

取締役会は、執行役のなかから代表執行役を選定しなくてはなりません。また、取締役会は、いつでも、代表執行役をその決議に基づき解職することができます。代表取締役の権限およびその制限による第三者への対抗の可否、代表取締役の職務を代行する者などの権限、委員会の委員の解職後の手続等の各規定は、代表執行役などに準用されます。

→試験対策8章9節4【2】

1 趣旨

指名委員会等設置会社における取締役会は、業務執行の決定をするのみで業務執行権限を有しない。そのため、取締役会で決定された業務を執行する者が必要となるところ、業務執行には対外的に会社を代表する行為も含まれるため、代表権を有する業務執行者が必要となる。そこで、本条は、会社代表権を有する代表執行役の選定および解職（1項、2項）、代表権の範囲と代表執行役が欠けた場合（3項）について規定した。

2 条文クローズアップ

代表取締役に関する規定の準用（3項）

代表執行役については、その職務権限の類似性から、代表取締役に関する多くの規定の準用がなされている。

第421条（表見代表執行役）　B

指名委員会等設置会社は、代表執行役以外の執行役に社長、副社長その他指名委員会等設置会社を代表する権限を有するものと認められる名称を付した場合には、当該執行役がした行為について、善意の第三者に対してその責任を負う。

指名委員会等設置会社は、代表執行役以外の執行役に社長などの会社を代表する権限をもつと誤解させる名称を与えた場合には、その執行役がした行為につき、善意の第三者に対して責任を負わなくてはなりません。

→試験対策8章9節4【2】(2)

1 趣旨

本条の趣旨は、会社が代表権を有しない執行役に明示的・黙示的に付与した、いかにも代表権がありそうな名称により、当該執行役に代表権があると誤信して取引に応じた善意の相手方を保護する点にある。すなわち、外観信頼による取引保護を図った規定である。

> **第422条（株主による執行役の行為の差止め） B**
> 1　6箇月（これを下回る期間を定款で定めた場合にあっては、その期間）前から引き続き株式を有する株主は、執行役が指名委員会等設置会社の目的の範囲外の行為その他法令若しくは定款に違反する行為をし、又はこれらの行為をするおそれがある場合において、当該行為によって当該指名委員会等設置会社に回復することができない損害が生ずるおそれがあるときは、当該執行役に対し、当該行為をやめることを請求することができる。
> 2　公開会社でない指名委員会等設置会社における前項の規定の適用については、同項中「6箇月（これを下回る期間を定款で定めた場合にあっては、その期間）前から引き続き株式を有する株主」とあるのは、「株主」とする。

公開会社においては6か月前から引き続き株式を有する株主、非公開会社における株主は、執行役が会社の目的の範囲外の行為等をし、またはその行為をするおそれがある場合で、かつ、その行為により会社に回復することができない損害が生ずるおそれがあるときは、執行役に当該行為をやめるように請求することができます。

→試験対策8章9節[4]【2】(2)

1 趣旨

執行役がその任務を怠ったときは、これによって会社に生じた損害を賠償する責任を負うが（423条）、これではすでに違法行為がなされた後における救済手段にすぎず、そのような行為を事前に阻止できるほうが望ましい。この点、執行役の違法行為を差し止める権利は本来会社にあるが、執行役が会社の業務執行を担当しているため、執行役に自己または他の執行役の違法行為を抑止することは期待しにくい。そこで、会社ひいては株主の利益を守るために、株主に執行役の違法行為差止請求権が認められている。

→360条[2]

2 条文クローズアップ

差止めの要件、時期、手続・効果

これらは、指名委員会等設置会社ではない会社における、株主による取締役の行為差止め（360条）と、ほぼ同様である。もっとも、422条によ

→360条[2]

る差止めが、会社に「回復することができない損害」が生ずるおそれがあるときに限定される点のみ、異なる(360条1項、3項、422条1項)。

■第11節　役員等の損害賠償責任

> 同H24-45-ア(予)、H22-43-1・3、H21-42-エ、H20-44-エ。予H25-21-ア・イ。書H27-35-オ
>
> **第423条（役員等の株式会社に対する損害賠償責任）　A**
>
> 1　取締役、会計参与、監査役、執行役又は会計監査人(以下この節において「❶役員等」という。)は、その任務を怠ったときは、株式会社に対し、これによって生じた損害を賠償する責任を負う
>
> 2　取締役又は執行役が第356条第1項(競業および利益相反取引)(第419条第2項〔執行役への準用〕において準用する場合を含む。以下この項において同じ。)の規定に違反して第356条第1項第1号の取引(競業取引)をしたときは、当該取引によって取締役、執行役又は第三者が得た利益の額は、前項の損害の額と推定する。
>
> 3　第356条第1項第2号又は第3号(これらの規定を第419条第2項〔執行役への準用〕において準用する場合を含む。)の取引(自己取引、利益相反取引)によって株式会社に損害が生じたときは、次に掲げる取締役又は執行役は、その任務を怠ったものと推定する。
>
>   ①　第356条第1項(第419条第2項〔執行役への準用〕において準用する場合を含む。)の取締役又は執行役〔重要な事実を開示したうえで総会決議による事前承認を受けるべき取締役または執行役〕
>
>   ②　株式会社が当該取引をすることを決定した取締役又は執行役
>
>   ③　当該取引に関する取締役会の承認の決議に賛成した取締役(指名委員会等設置会社においては、当該取引が指名委員会等設置会社と取締役との間の取引又は指名委員会等設置会社と取締役との利益が相反する取引である場合に限る。)
>
> i 4　前項の規定は、第356条第1項第2号又は第3号に掲げる場合〔自己取引、利益相反取引をしようとする場合〕において、同項の取締役(❷監査等委員であるものを除く。)が当該取引につき監査等委員会の承認を受けたときは、適用しない。

❶定

機関

❷38条2項

→試験対策8章11節①

　役員等はその任務を怠ったときは、株式会社に対して、損害を賠償する責任を負います。取締役または執行役が競業取引の制限の規定に違反して取引をしたときは、その取引で取締役または執行役または第三者が得た利益の額は、損害の額と推定されます。利益相反取引によって株式会社に損害が生じたときは、取締役または執行役は、その任務を怠ったものと推定されます。

1　趣旨

　1項は、会社の健全な運営のために役員等に期待される役割の重要性にかんがみて、個別規定において役員等の任務を法定し、役員等の善管

注意義務（330条・民644条）は特約で軽減しえないことを前提に、役員等の委任事務処理にかかる善管注意義務違反による責任を厳格な法定責任である任務懈怠責任として統一的に規制するものである。会社法423条2項は、未承認の競業取引にかかる会社の損害額の立証の困難性ゆえの会社の損害額の推定規定である。3項は、独立当事者間取引でない取引の危険性にかんがみ、同取引に関係する取締役等に特に慎重な判断を要求する趣旨である。4項は、監査等委員会が十分に業務執行者を監督する機能を有することにかんがみ、**監査等委員会**が事前に利益相反取引を承認した場合には、3項の任務懈怠の推定規定を除外している。

→江頭[6版]468頁

2 条文クローズアップ

1 役員等の損害賠償責任の要件（1項）

(1) 要件

①任務を怠ったこと、②これに対する帰責性、③損害の発生、④①と③の因果関係が必要である。

役員等の損害賠償責任の要件としては、違法性を「任務を怠った」こと（1項）とし、無過失を「責めに帰することができない事由によるものであること」(428条1項)として区別していることから、任務を怠ったこととこれに対する過失の双方が必要となると解される（二元説）。立法担当者も二元説を採っている（任務懈怠と過失とを一元的に把握する見解もある）。

→神田[17版]256頁

(2) 任務懈怠

役員等は会社に対して委任または準委任の関係に立ち、善管注意義務を負い（330条・民644条、会社402条3項・民644条）、そして、取締役または執行役は会社に対して忠実義務を負う（会社355条、419条2項・355条）。

取締役または執行役は、「法令及び定款並びに株主総会の決議を遵守」しなければならないから（355条、419条2項・355条）、善管注意義務や忠実義務を定める規定に違背すれば法令違反である。そして、法令・定款に違反する行為は、任務懈怠にあたる。

判例は、改正前商法の266条1項5号（会社355条）の「法令」には、会社を名宛人とし、会社の営業〔事業〕に際して遵守すべきすべての法令が含まれるとしている。

→判例セレクト3

2 競業取引に対する損害賠償責任の特則（2項）

取締役または執行役が、競業取引についての規制（365条1項、356条1項1号）に違反した場合、当該取引によって取締役、執行役または第三者が得た利益の額は損害の額と推定される（423条2項）。

3 利益相反取引に対する損害賠償責任の特則（3項）

(1) 意義

利益相反取引により生じた取締役等の任務懈怠責任については、過失責任とされている。もっとも、利益相反取引については、当該行為が類型的に会社に損害を及ぼすおそれのある行為であることから、利益相反

取引が行われた結果、会社に損害が生じた場合には、取締役または執行役が任務を怠ったことを推定することとし、当該行為を慎重に行うことを求めている。

(2) 適用範囲

利益相反取引をすることによって、株式会社に損害が生じたときは、以下の取締役または執行役は、その任務を怠ったものと推定される。

(a)356条1項(419条2項)の取締役または執行役(423条3項1号)

①自己または第三者のために株式会社と取引した取締役または執行役、および②株式会社と第三者との間で行われる取引について会社と利益相反状況にある取締役または執行役

(b)株式会社が当該取引をすることを決定した取締役または執行役(2号)

(c)利益相反に関する取締役会の承認の決議に賛成した取締役(指名委員会等設置会社においては、直接取引の場合または指名委員会等設置会社と取締役との利益が相反する取引である場合にかぎる)(3号)

なお、3項には、2項と異なり、「違反して」という文言はないから、取締役会(株主総会)の承認を得てなされた取引であっても、任務懈怠が推定されることとなる。

(3) 効果

利益相反取引により会社に損害が生じた場合については、取締役または執行役の任務懈怠が推定され、取締役または執行役の側においてみずからに任務懈怠が存しないことを立証しなければならない。

4 利益相反取引について監査等委員会の承認を得た場合(4項)

4項により、取締役の任務懈怠の推定規定(3項)が適用されない場合には、訴訟において、取締役の責任を追及しようとする者が、当該取締役の任務懈怠を証明する必要がある。なお、監査等委員会が利益相反取引を承認した場合であっても、取締役会による利益相反取引の承認(365条1項、356条1項2号、3号)が不要となるわけではない。

→428条[2]

5 無過失責任

取締役・執行役が自己のために会社と利益相反の直接取引をした場合には、取締役会(株主総会)の承認を得てしたとき、その他過失がなかったときでも、損害賠償責任を負う(428条1項)。これは、当該行為の有する利益相反性の高さを考慮したものである。ただし、みずからに「任務を怠ったこと」がないことを主張することはできる。

6 経営判断の原則

取締役が会社の経営において経営者としての注意を欠いた場合、善管注意義務(民644条)違反となり、任務懈怠にあたる。しかし、経営には一定のリスクを伴うのが通常であるから、取締役に経営判断に際して将来の完全かつ正確な判断を要求することは困難である。それにもかかわらず、経営判断に誤りがあれば、常に取締役が善管注意義務違反の責任を問われるとするならば、経営は過度に萎縮してしまいかねない。そこ

で、取締役の経営判断が株式会社に損害を与える結果となっても、当該判断が誠実かつ合理的な範囲でなされた場合には注意義務違反とはならない、という法理(経営判断の原則)が主張されている。

この法理の母国はアメリカであるが、わが国でも、これに考慮した裁判例がみられる。　　　　　　　　　　　　　　　　　　　　　→判例セレクト4

1　故意・過失
(1)　故意・過失の要否

取締役が法令または定款に違反する行為をした〔任務を怠った〕として〔旧〕商法266条1項〔会社法423条1項〕によりその責任を追及するには、上記違反行為につき取締役の故意または過失を必要とする(最判昭51・3・23集民117-231)。

(2)　脅迫による利益供与　　　　　　　　　　　　　　　→120条判例セレクト3

株式を暴力団の関連会社に売却するなどと取締役らが脅迫された場合であっても、法令に従って警察に届け出るなどの適切な対応が期待できない状況にあったとはいえないから、脅迫に従って金員を交付した取締役の行為について、やむをえなかったものとしてその過失を否定することはできない(最判平18・4・10判例シリーズ14事件)。　→会社法百選12事件

2　取締役の善管注意義務の内容としてのMBO(完遂尽力義務)

MBOが、企業価値の維持、向上、さらには会社の存亡に関わる重大な会社経営上の問題であるうえ、その実施にあたっては巨額の出費を伴うのが通常であることなどにかんがみると、取締役は、MBOを行うにあたり、企業価値の向上に資する内容のMBOを立案・計画したうえ、その完遂に向け尽力すべき義務MBO完遂尽力義務を負う(神戸地判平26・10・16判時2245-98)。

※MBOとは、マネジメント・バイアウトの略称である。取締役等の経営陣による会社の買収のことをさす。取締役等と株主の利害が対立し、かつ両者間に「情報の非対称性」が存するため、株主の利益を守るため、さまざまな規制がおかれている。

3　法令違反が問題となった事例

〔旧〕商法266条1項5号〔会社法355条〕にいう「法令」には、善管注意義務、忠実義務などの一般的規定のほか、取締役がその職務遂行に際して遵守すべき義務を個別的に定める規定や会社を名宛人とし、会社がその業務を行うに際して遵守すべきすべての規定が含まれ、取締役が会社をして上記規定に違反させる行為をしたときは、当該行為が取締役の受任者としての義務を一般的に定める規定に違反することになるか否かを問うまでもなく、法令に違反する行為をしたときに該当する(最判平12・7・7判例シリーズ53事件)。　　　　　　　　　　　　　　　→会社法百選51事件

4　経営判断の原則

(1)　企業の経営に関する判断は、不確実かつ流動的で複雑多様な諸要素を対象にした専門的、予測的、政策的な判断能力を必要とする総合的判断であり、一定のリスクを伴う企業活動のなかで取締役が萎縮することなく経営に専念するためには、その権限の範囲で裁量権が認めら

れるべきであるから、取締役の業務についての善管注意義務または忠実義務違反の有無の判断にあたっては、取締役による行為がなされた当時における会社の状況および会社を取り巻く社会、経済、文化等の情勢のもとにおいて、当該会社の属する業界における通常の経営者の有すべき知見および経験を基準として、前提としての事実の認識に不注意な誤りがなかったか否か、およびその事実に基づく行為の選択決定に不合理がなかったか否かという観点から、当該行為をすることが著しく不合理と評価されるか否かによるべきである(東京地判平16・9・28判例シリーズ55事件)。

(2) 事業再編計画の策定は、完全子会社とすることのメリットの評価を含め、将来予測にわたる経営上の専門的判断に委ねられていると解される。そして、この場合における株式取得の方法や価格についても、取締役において、株式の評価額のほか、取得の必要性、財務上の負担、株式の取得を円滑に進める必要性の程度等をも総合考慮して決定することができ、その決定の過程、内容に著しく不合理な点がない限り、取締役としての善管注意義務に違反するものではないと解すべきである(最判平22・7・15会社法百選52事件)。

(3) 回収不能となるおそれがあったにもかかわらず銀行取締役がつなぎ融資・追加融資を決済・実行した場合、一定時期以降の同取締役による回収見込判断は著しく不合理であったとして、同取締役の善管注意義務違反が認められる(最判平21・11・27判時2063-138)。

(4) 債務超過の状態にある企業の経営者である取締役が、当該企業が行っている事業を整理すべきかの判断を行う場合、これは経営判断にほかならないから、取締役には一定の裁量判断が認められる。そして、その裁量判断を逸脱した場合に善管注意義務違反が認められる(高知地判平26・9・10平26重判・商法8事件)。

5　監査役の任務懈怠責任

社外監査役であった者が、リスク管理体制を新たに構築するようただちに勧告をせず、また代表取締役が一向に不適切な行為を止めようとしない状況であったのに代表取締役の解職と取締役解任決議を目的事項とする臨時株主総会の招集を勧告しなかった場合、当該社外監査役は任務懈怠責任を負うが、善管注意義務違反の程度が著しいと評価することは酷であり、重過失があったとは認められないから責任限定契約が適用される(大阪地判平25・12・26平26重判・商法3事件)。

6　親会社取締役の子会社監視義務

親会社取締役が完全子会社に対して救済融資を行ったが貸付債権が回収不能となった事例において、当該融資は親会社取締役の経営判断として合理性がなく、正当なものとはいえないとして、親会社取締役の善管注意義務違反を認め、子会社に対する親会社取締役の監視義務が広く認められた(福岡高判平24・4・13金判1399-24)。

7　任務懈怠に基づく遅延損害金の利率

取締役が会社に対して支払う損害賠償責任は、法によって加重された特殊な責任であって、商行為たる委任契約上の債務が単にその態様を変じたにすぎないものということはできないから、同責任に付すべき遅延損害金の利率は、民法所定の年5分と解するのが相当である(最判平26・

1・30平26重判・商法5事件)。

> 司H26-42-エ(予)、H24-45-ウ(予)、H24-49-エ(予)、H23-44-ア(予)、H18-38-2
> **第424条（株式会社に対する損害賠償責任の免除）　A**
> 前条第1項の責任〔役員等の株式会社に対する損害賠償責任〕は、総株主の同意がなければ、免除することができない。

　役員等の株式会社に対する損害賠償責任は、すべての株主の同意がなければ、免除することができません。

→試験対策8章11節②【1】

1 趣旨

　責任の免除は、債務免除の一種であるから、債権者である会社の単独行為でなしうるものであり(民519条)、業務執行行為であるから、本来は取締役会などの権限の範囲内の事柄である。しかし、取締役会等により簡単に責任の免除がなされては、せっかく会社法が重い責任を課していてもなんら実効性のないものとなり、株主の利益を害するおそれも高まる。そこで、総株主の同意がなければ免除することができないものとした。

2 条文クローズアップ

同意の方式

　「総株主の同意」とあるから、株主総会の決議という形式をとる必要はなく、個別的な同意であっても差し支えない。
　なお、平成26年改正により、会社に株式交換等完全親会社がある場合において、株式交換等完全子会社の役員等の責任が、適格旧株主による提訴請求の対象となる場合には、これを総株主の同意で免除するには、会社の総株主の同意のみならず、その会社の適格旧株主の全員の同意が必要である(会社847条の2第9項)。
　また、会社に最終完全親会社等がある場合において、特定責任追及の訴えの対象となる特定責任(847条の3第4項)を総株主の同意で免除するには、会社の総株主の同意のみならず、その会社の最終完全親会社等の総株主の同意も必要である(847条の3第10項)。

→平成26年改正
→847条の2③5

→847条の3③5

> 司H23-44-イ・ウ・エ(予)、H22-43-1
> **第425条（責任の一部免除）　B**
> 1　前条〔総株主の同意による株式会社に対する損害賠償責任の免除〕の規定にかかわらず、第423条第1項の責任〔役員等の株式会社に対する損害賠償責任〕は、当該❶役員等が職務を行うにつき善意でかつ重大な

❶423条1項

過失がないときは、賠償の責任を負う額から次に掲げる額の合計額(第427条第1項〔責任限定契約に関する規定〕において「❷最低責任限度額」という。)を控除して得た額を限度として、❸株主総会(株式会社に❹最終完全親会社等(第847条の3第1項〔最終完全親会社等の株主による特定責任追及の訴え〕に規定する最終完全親会社等をいう。以下この節において同じ。)がある場合において、当該責任が❺特定責任(第847条の3第4項に規定する特定責任〔多重代表訴訟における重要な完全子会社である株式会社の発起人等の責任〕をいう。以下この節において同じ。)であるときにあっては、当該株式会社及び当該最終完全親会社等の株主総会。以下この条において同じ。)の決議によって免除することができる。

① 当該役員等がその在職中に株式会社から職務執行の対価として受け、又は受けるべき財産上の利益の1年間当たりの額に相当する額として法務省令で定める方法により算定される額に、次のイからハまでに掲げる役員等の区分に応じ、当該イからハまでに定める数を乗じて得た額
　イ　❻代表取締役又は代表執行役　　6
　ロ　代表取締役以外の取締役(業務執行取締役等であるものに限る。)又は代表執行役以外の執行役　　4
　ハ　取締役(イ及びロに掲げるものを除く。)、会計参与、監査役又は会計監査人　　2

② 当該役員等が当該株式会社の新株予約権を引き受けた場合(第238条第3項各号に掲げる場合〔特に有利な条件または金額で募集する場合〕に限る。)における当該新株予約権に関する財産上の利益に相当する額として法務省令で定める方法により算定される額

2　前項の場合には、取締役(株式会社に❹最終完全親会社等がある場合において、同項の規定により免除しようとする責任が❺特定責任であるときにあっては、当該株式会社及び当該最終完全親会社等の取締役)は、同項の❸株主総会において次に掲げる事項を開示しなければならない。
① 責任の原因となった事実及び賠償の責任を負う額
② 前項の規定により免除することができる額の限度及びその算定の根拠
③ 責任を免除すべき理由及び免除額

3　監査役設置会社、監査等委員会設置会社又は指名委員会等設置会社においては、取締役(これらの会社に❹最終完全親会社等がある場合において、第1項の規定により免除しようとする責任が❺特定責任であるときにあっては、当該会社及び当該最終完全親会社等の取締役)は、第423条第1項の責任〔役員等の株式会社に対する

❷定
❸定
❹定

❺定

❻47条1項

機関

第425条／675

損害賠償責任)の免除(取締役(❼監査等委員又は❽監査委員であるものを除く。)及び執行役の責任の免除に限る。)に関する議案を❸株主総会に提出するには、次の各号に掲げる株式会社の区分に応じ、当該各号に定める者の同意を得なければならない。
① 監査役設置会社　監査役(監査役が2人以上ある場合にあっては、各監査役)
② 監査等委員会設置会社　各監査等委員
③ 指名委員会等設置会社　各監査委員
4　第1項の決議があった場合において、株式会社が当該決議後に同項の❶役員等に対し退職慰労金その他の法務省令で定める財産上の利益を与えるときは、❸株主総会の承認を受けなければならない。当該役員等が同項第2号の新株予約権を当該決議後に行使し、又は譲渡するときも同様とする。
5　第1項の決議があった場合において、当該❶役員等が前項の新株予約権を表示する新株予約権証券を所持するときは、当該役員等は、遅滞なく、当該新株予約権証券を株式会社に対し預託しなければならない。この場合において、当該役員等は、同項の譲渡について同項の承認を受けた後でなければ、当該新株予約権証券の返還を求めることができない。

❼38条2項
❽400条4項

　役員等の株式会社に対する損害賠償責任は、当該役員等が職務を行うにつき善意無重過失であるときは、株主総会の決議で賠償責任を負う額から最低責任限度額を控除して得た額を限度として、免除することができます。もっとも、監査役設置会社等においては、監査役等の同意を得なければ、株主総会に議案を提出することはできません。

→試験対策8章11節②【2】(1)

1 趣旨

　役員等の株式会社に対する損害賠償責任は莫大な金額であることも多く、経営の萎縮に結びつくことから、総株主の同意がなくても株主総会の特別決議によって責任の一部免除をできるようにした。

2 条文クローズアップ

株主総会の決議による事後の軽減
(1) 免除できる額(1項)
　役員等の株式会社に対する損害賠償責任(423条1項)は、その役員等に「職務を行うにつき善意でかつ重大な過失がないとき」は、賠償責任を負うべき額から次の金額の合計額(最低責任限度額)を控除した額を限度として、免除することができる(425条1項)。
　(a) その役員等がその在職中に会社から職務執行の対価として受け、または受けるべき財産上の利益の1年あたりの額に相当する額として

法務省令(会社施規113条)で定める方法により算定される額について代表取締役または代表執行役の場合は6年分、代表取締役以外の取締役(業務執行取締役等であるものにかぎる)または代表執行役以外の執行役は4年分、取締役(代表取締役または代表執行役、業務執行取締役等である取締役、代表執行役以外の執行役を除く)、会計参与、監査役または会計監査人の場合は2年分
    (b)その役員等が当該株式会社の新株予約権を引き受けた場合(会社238条3項の場合)における当該新株予約権に関する財産上の利益に相当する額として法務省令(会社施規114条)で定める方法により算定される額
(2) **一部免除の手続**(1項から5項まで)
    (a)役員等の責任の一部免除をするには、株主総会の特別決議が必要である(会社425条1項、309条2項8号)。
    (b)取締役は上記の株主総会において、①責任の原因となった事実および賠償の責任を負う額、②免除することができる額の限度およびその算定の根拠、③責任を免除すべき理由および免除額、を開示しなければいけない(425条2項)。
    (c)監査役設置会社、監査等委員会設置会社または指名委員会等設置会社においては、取締役(これらの会社に最終完全親会社がある場合で、免除しようとする責任が特定責任であるときは、当該会社および当該最終完全親会社の取締役)は、監査等委員または監査委員でない取締役および執行役の責任の免除に関する議案を株主総会に提出するには、監査役設置会社にあっては監査役全員、監査等委員会設置会社にあっては監査等委員全員、指名委員会等設置会社にあっては監査委員全員の同意が必要である(3項)。
    (d)上記決議後に役員等に対して退職慰労金その他の法務省令(会社施規115条)で定める財産上の利益を与えるときは、株主総会の承認が必要であり(会社425条4項前段)、また、その役員等がその決議後に新株予約権の行使・譲渡をするときも同様である(4項後段)。
    また、役員等が新株予約権証券を所持するときは、会社に遅滞なく預託しなければならず(5項前段)、その譲渡のため返還を求めるには上記の譲渡を承認する株主総会決議が必要である(5項後段)。
(3) **免除の対象**
    代表取締役以外の取締役以外の取締役の責任についての最低責任限度額を区別する基準を社外取締役であるかどうかでなく、業務執行取締役等(2条15号イ)であるかどうかによることとしている。その理由は、業務執行を行わず、もっぱら経営に対する監督を行うことを期待されている業務執行取締役等以外の取締役は、責任発生のリスクを十分にコントロールする立場にないため、社外取締役かどうかにかかわらず、業務執行取締役等よりも広い免責を認める余地を有するからである。

同 H23-44-エ（予）

第426条（取締役等による免除に関する定款の定め） B

1 　第424条〔総株主の同意による株式会社に対する損害賠償責任の免除〕の規定にかかわらず、監査役設置会社（取締役が2人以上ある場合に限る。）、監査等委員会設置会社又は指名委員会等設置会社は、第423条第1項の責任〔役員等の株式会社に対する損害賠償責任〕について、当該❶役員等が職務を行うにつき善意でかつ重大な過失がない場合において、責任の原因となった事実の内容、当該役員等の職務の執行の状況その他の事情を勘案して特に必要と認めるときは、前条第1項の規定により免除することができる額〔賠償責任を負う額から最低責任限度額を控除して得た額〕を限度として取締役（当該責任を負う取締役を除く。）の過半数の同意（取締役会設置会社にあっては、取締役会の決議）によって免除することができる旨を定款で定めることができる。　　　　　　　　　　　❶423条1項

2 　前条第3項の規定〔各監査役・監査委員の同意の要件〕は、定款を変更して前項の規定による定款の定め（取締役（❷監査等委員又は❸監査委員であるものを除く。）及び執行役の責任を免除することができる旨の定めに限る。）を設ける議案を株主総会に提出する場合、同項の規定による定款の定めに基づく責任の免除（取締役（監査等委員又は監査委員であるものを除く。）及び執行役の責任の免除に限る。）についての取締役の同意を得る場合及び当該責任の免除に関する議案を取締役会に提出する場合について準用する。この場合において、同条第3項中「取締役（これらの会社に❹最終完全親会社等がある場合において、第1項の規定により免除しようとする責任が❺特定責任であるときにあっては、当該会社及び当該最終完全親会社等の取締役）」とあるのは、「取締役」と読み替えるものとする。　❷38条2項　❸400条4項　❹425条1項　❺425条1項

3 　第1項の規定による定款の定めに基づいて❶役員等の責任を免除する旨の同意（取締役会設置会社にあっては、取締役会の決議）を行ったときは、取締役は、遅滞なく、前条第2項各号に掲げる事項〔責任原因事実、賠償責任額、免除可能額の限度等〕及び責任を免除することに異議がある場合には一定の期間内に当該異議を述べるべき旨を公告し、又は株主に通知しなければならない。ただし、当該期間は、1箇月を下ることができない。

4 　公開会社でない株式会社における前項の規定の適用については、同項中「公告し、又は株主に通知し」とあるのは、「株主に通知し」とする。

5 　株式会社に❹最終完全親会社等がある場合において、第3項の規定による公告又は通知（❺特定責任の免除に係るものに限る。）がされたときは、当該最終完全親会社等の取締役は、遅滞なく、前

条第2項各号に掲げる事項及び責任を免除することに異議がある場合には一定の期間内に当該異議を述べるべき旨を公告し、又は株主に通知しなければならない。ただし、当該期間は、1箇月を下ることができない。

6 公開会社でない❹最終完全親会社等における前項の規定の適用については、同項中「公告し、又は株主に通知し」とあるのは、「株主に通知し」とする。

7 総株主(第3項の責任を負う❶役員等であるものを除く。)の議決権の100分の3(これを下回る割合を定款で定めた場合にあっては、その割合)以上の議決権を有する株主が同項の期間内に同項の異議を述べたとき(株式会社に❹最終完全親会社等がある場合において、第1項の規定による定款の定めに基づき免除しようとする責任が❺特定責任であるときにあっては、当該株式会社の総株主(第3項の責任を負う役員等であるものを除く。)の議決権の100分の3(これを下回る割合を定款で定めた場合にあっては、その割合)以上の議決権を有する株主又は当該最終完全親会社等の総株主(第3項の責任を負う役員等であるものを除く。)の議決権の100分の3(これを下回る割合を定款で定めた場合にあっては、その割合)以上の議決権を有する株主が第3項又は第5項の期間内に当該各項の異議を述べたとき)は、株式会社は、第1項の規定による定款の定めに基づく免除をしてはならない。

8 前条第4項(責任一部免除後の退職慰労金等の支給制限・新株予約権行使等の制限)及び第5項(新株予約権証券の預託義務等)の規定は、第1項の規定による定款の定めに基づき責任を免除した場合について準用する。

監査役設置会社、監査等委員会設置会社、指名委員会等設置会社では、役員等の会社に対する損害賠償責任について、役員等が善意無重過失の場合において、特に必要と認めるときに、賠償責任を負う額から最低責任限度額を控除して得た額を限度として、取締役の過半数の同意等によって免除する旨を、定款で定めることができます。

→試験対策8章11節②【2】(2)

1 趣旨

株主総会決議による免除のみを認めるとすると、臨時株主総会の開催は費用や手続の面から困難であることや、定時株主総会まで責任を免除するか否か不明な時期が続くことで経営が萎縮するおそれがあることが問題となる。そこで、総株主の同意がなくても、取締役の過半数の同意(取締役会設置会社においては、取締役会決議)によって責任の制限または軽減をできるようにすることで、役員等の責任の一部免除を可能とした。

第426条 /679/

2 条文クローズアップ

定款規定と取締役の過半数の同意・取締役会の決議に基づく軽減
(1) 要件(1項)
　(a)株主総会決議によらない一部免除を行うことについては、取締役による恣意的な責任免除が行われることを防止する観点から、次の要件をみたす会社においてのみ認められる。
　　(i)取締役が2人以上の会社であること
　　　取締役が1人の会社において、当該取締役がみずからの責任の免除を判断することは妥当でないためである。
　　(ii)監査役設置会社、監査等委員会設置会社または指名委員会等設置会社であること
　　　取締役の判断による責任免除についてはたとえ事前の定款の定めによる授権があっても、恣意的な責任免除が行われる危険が強いため、業務監査権限を有する監査役の同意なしに責任の免除を認めることは妥当でないからである。
　(b)主観的要件、および免除の限度額については株主総会の特別決議による一部免除(425条)の場合と同様である。また、「責任の原因となった事実の内容、当該役員等の職務の執行の状況その他の事情を勘案して特に必要と認めるとき」にかぎられる(426条1項)。
　　　このように、株主総会の決議によらないで一部免除を行うためには、その旨を定款で定め、かつ、登記しなければならない(911条3項24号)。
(2) 手続(1項から8項まで)
　(a)当該責任を負う取締役を除く、取締役の過半数の同意(取締役会設置会社においては、取締役会の決議)が必要である(1項)。
　(b)監査役(監査等委員会設置会社では監査等委員、指名委員会等設置会社では監査委員)全員の同意は、①定款を変更して上記の定款の定めを設ける議案を株主総会に提出する場合、②定款の定めに基づく責任の免除についての取締役の同意を得る場合、および、③責任の免除に関する議案を取締役会に提出する場合に必要である(2項)。
　(c)(b)の定款の定めに基づき、⑦取締役の過半数の同意、あるいは、④取締役会の決議により責任の免除を行ったときは、遅滞なく、425条2項各号の事項および責任を免除することに異議があれば一定の期間内に述べるべき旨を公告し、または株主に通知しなければならない(426条3項)。公開会社でない株式会社では、公告では足りず、株主に通知しなければならない(4項)。
　　　なお、免除する責任が特定責任(847条の3第4項)である場合は、当該会社の最終完全親会社等の取締役は、遅滞なく、425条2項各号の事項および責任を免除することに異議があれば一定の期間内に述べるべき旨を公告し、または株主に通知しなければならない(426

条5項）。公開会社でない最終完全親会社等では、公告では足りず、株主に通知しなければならない（6項）。
　そして、上記期間内に総株主の議決権の100分の3以上を有する株主（特定責任の免除の場合は、最終完全親会社等の総株主の議決権の100分の3以上を有する株主）が異議を述べたときは、会社は責任を免除することはできない（7項）。
(d)免除後の退職慰労金の支給等の規制は425条の場合と同様である（8項・425条4項、5項）。

司 H22-45-1、H19-44-ウ

第427条（責任限定契約）　B

1　第424条〔総株主の同意による株式会社に対する損害賠償責任の免除〕の規定にかかわらず、株式会社は、取締役（業務執行取締役等であるものを除く。）、会計参与、監査役又は会計監査人（以下この条及び第911条第3項第25号において「❶非業務執行取締役等」という。）の第423条第1項の責任〔役員等の株式会社に対する損害賠償責任〕について、当該非業務執行取締役等が職務を行うにつき善意でかつ重大な過失がないときは、定款で定めた額の範囲内であらかじめ株式会社が定めた額と❷最低責任限度額とのいずれか高い額を限度とする旨の契約を非業務執行取締役等と締結することができる旨を定款で定めることができる。

❶定

❷425条1項

2　前項の契約を締結した❶非業務執行取締役等が当該株式会社の業務執行取締役等に就任したときは、当該契約は、将来に向かってその効力を失う。

3　第425条第3項〔各監査役・監査委員の同意の要件〕の規定は、定款を変更して第1項の規定による定款の定め（同項に規定する取締役（❸監査等委員又は❹監査委員であるものを除く。）と契約を締結することができる旨の定めに限る。）を設ける議案を株主総会に提出する場合について準用する。この場合において、同条第3項中「取締役（これらの会社に❺最終完全親会社等がある場合において、第1項の規定により免除しようとする責任が❻特定責任であるときにあっては、当該会社及び当該最終完全親会社等の取締役）」とあるのは、「取締役」と読み替えるものとする。

❸38条2項
❹400条4項

❺425条1項
❻425条1項

4　第1項の契約を締結した株式会社が、当該契約の相手方である❶非業務執行取締役等が任務を怠ったことにより損害を受けたことを知ったときは、その後最初に招集される株主総会（当該株式会社に❺最終完全親会社等がある場合において、当該損害が❻特定責任に係るものであるときにあっては、当該株式会社及び当該最終完全親会社等の株主総会）において次に掲げる事項を開示しなければならない。

> ① 第425条第2項第1号及び第2号に掲げる事項〔責任原因事実、賠償責任額、免除可能額の限度、その算定根拠〕
> ② 当該契約の内容及び当該契約を締結した理由
> ③ 第423条第1項の損害〔役員等の任務懈怠により生じた損害〕のうち、当該非業務執行取締役等が賠償する責任を負わないとされた額
>
> 5　第425条第4項〔責任一部免除後の退職慰労金等の支給制限・新株予約権行使等の制限〕及び第5項〔新株予約権証券の預託義務等〕の規定は、❶非業務執行取締役等が第1項の契約によって同項に規定する限度を超える部分について損害を賠償する責任を負わないとされた場合について準用する。

→試験対策8章11節②【2】(3)

　社外取締役・会計参与・社外監査役・会計監査人の株式会社に対する損害賠償責任については、当該社外取締役等が善意無重過失である場合は、定款で定めた額の範囲内であらかじめ株式会社が定めた額と最低責任限度額とのいずれか高い額を限度とする旨の契約を社外取締役等と締結することができる旨を定款で定めることができます。

1 趣旨

　1項は、役員等の対会社責任にかかる責任限定契約の対象者を、従来の「社外取締役等」から業務執行取締役以外の取締役・会計参与・監査役・会計監査人（「非業務執行取締役等」）とし、業務執行取締役等でない取締役および監査役を責任限定契約の対象としている。その趣旨は、みずからは業務執行に関与せずもっぱら経営者に対する監視・監督を行うことを期待されている者は、責任発生のリスクをみずからコントロールできる立場にないため賠償責任の限定を認める余地があり、また、かりに責任限定契約の締結を認めても任務懈怠を助長することにはならないという点にある。

2 条文クローズアップ

定款規定と責任限定契約に基づく事前の軽減
(1)　要件（1項、2項）

　主観的要件および免除の限度額については、株主総会の特別決議による一部免除（425条）の場合と同様である。

　定款で定めた額の範囲内で、①あらかじめ株式会社が定めた額と②最低責任限度額とのいずれか高い額を限度とする旨の契約を会社はこれらの非業務執行取締役等と締結することができる旨を定款で定めることができる（427条1項）。この定款の定めは登記事項である（911条3項25号）。

　なお、責任限定契約を締結した非業務執行取締役等が、当該株式会社またはその子会社の、業務執行取締役もしくは執行役または支配人その

他の使用人に就任したときは、その契約は、将来に向かってその効力を失う（427条2項）。

(2) **手続（3項から5項まで）**
　(a)定款を変更して上記の定めを設ける議案を株主総会に提出する場合には監査役全員の同意が必要である（3項・425条3項）。
　(b)責任限定契約をした会社がその非業務執行取締役等の任務懈怠により損害を受けたことを知ったときは、その後最初に招集された株主総会において、次の事項を開示しなければならない（427条4項各号）。
　　①責任の原因となった事実および賠償の責任を負う額（425条2項1号）、免除することができる額の限度およびその算定の根拠（2号）
　　②責任限定契約の内容とその契約を締結した理由
　　③その非業務執行取締役等が賠償する責任を負わないとされた額
　(c)行為後の退職慰労金の支給等は株主総会の特別決議による一部免除（425条）の場合と同様である（427条5項・425条4項、5項）。

> 司H23-44-オ（予）、H22-43-5、H19-42-エ、予H27-21-ウ
> **第428条（取締役が自己のためにした取引に関する特則）　A**
> 1　第356条第1項第2号（第419条第2項〔執行役への準用〕において準用する場合を含む。）の取引〔利益相反取引〕（自己のためにした取引に限る。）をした取締役又は執行役の第423条第1項の責任〔役員等の株式会社に対する損害賠償責任〕は、任務を怠ったことが当該取締役又は執行役の責めに帰することができない事由によるものであることをもって免れることができない。
> 2　前3条の規定〔責任の一部免除、責任免除に関する定款の定め、責任限定契約〕は、前項の責任については、適用しない。

→試験対策8章11節①【2】(4)

　取締役または執行役が自己のために株式会社と取引をした場合の株式会社に対する損害賠償責任は、任務を怠ったことについて過失がなかったとしても免れることはできません。また、この場合は、責任免除の各規定（425条から427条まで）は適用されません。

1 趣旨

　取締役または執行役が自己のために株式会社と取引を行った場合には、当該行為の利益相反性が著しく高いことから、株式会社に対する損害賠償責任を加重している。過失責任の例外を規定したものである。

2 条文クローズアップ

取締役が自己のためにした取引に関する特則（1項）

　428条の対象となる取締役等は、みずからに責めに帰すべき事由のないことを主張することはできない。ただし、みずからに任務懈怠がない

第428条／683

ことを主張することはできる。

> 司 H26-45-オ(予)、H24-45-イ(予)、H19-46-全
> **第429条（役員等の第三者に対する損害賠償責任）　A**
> 1　❶役員等がその職務を行うについて悪意又は重大な過失があったときは、当該役員等は、これによって第三者に生じた損害を賠償する責任を負う。
> 2　次の各号に掲げる者が、当該各号に定める行為をしたときも、前項と同様とする。ただし、その者が当該行為をすることについて注意を怠らなかったことを証明したときは、この限りでない。
> ①　取締役及び執行役　次に掲げる行為
> 　イ　株式、新株予約権、社債若しくは新株予約権付社債を引き受ける者の募集をする際に通知しなければならない重要な事項についての虚偽の通知又は当該募集のための当該株式会社の事業その他の事項に関する説明に用いた資料についての虚偽の記載若しくは記録
> 　ロ　❷計算書類及び事業報告並びにこれらの附属明細書並びに❸臨時計算書類に記載し、又は記録すべき重要な事項についての虚偽の記載又は記録
> 　ハ　虚偽の登記
> 　ニ　虚偽の公告（第440条第3項に規定する措置〔決算公告の電磁的公示の措置〕を含む。）
> ②　会計参与　計算書類及びその附属明細書、臨時計算書類並びに会計参与報告に記載し、又は記録すべき重要な事項についての虚偽の記載又は記録
> ③　監査役、❹監査等委員及び❺監査委員　監査報告に記載し、又は記録すべき重要な事項についての虚偽の記載又は記録
> ④　会計監査人　会計監査報告に記載し、又は記録すべき重要な事項についての虚偽の記載又は記録

❶423条1項

❷374条1項
❸374条1項

❹38条2項
❺400条4項

　役員等がその職務を行ううえで、悪意または重大な過失があったときは、当該役員等は、これによって第三者に生じた損害を賠償する責任を負います。また、取締役および執行役が虚偽の登記をした場合、会計参与が計算書類に虚偽の記載をした場合等、一定の場合は、これらの者が注意を怠らなかったことを証明しないかぎり、第三者に対して責任を負います。

→試験対策8章11節③

1　趣旨

　判例・通説は、1項の損害賠償責任の性質は特別の法定責任と解している（法定責任説）。すなわち、取締役等の任務は、株式会社に対して負担するものであるから、第三者に対しては、不法行為（民709条）の要件

→試験対策8章11節③【1】(1)Q₁
→判例セレクト1

をみたさないかぎり、原則として責任を負わないはずである。しかし、株式会社は、経済社会において重要な地位を占めており、しかも株式会社の活動は、その機関である取締役等の職務執行に依存している。そこで、第三者保護のため、株式会社に対する任務懈怠について悪意または重過失があれば(軽過失を除く)、第三者に対する権利侵害や故意過失を問題にしないで、損害賠償責任を負わせることにしたものと解するのである。

会社法429条2項は、情報を開示することの重要性と虚偽の情報開示によって取引相手や投資者等が受ける影響の重大性にかんがみ、1項とは別に厳重な責任を課したものである。

2 条文クローズアップ

1 法的性質・制度趣旨(1項)

役員等がその職務を行うについて悪意または重大な過失があったときは、その役員等は、これによって第三者に生じた損害を賠償する責任を負う(1項)。1項の規定は、その対象とする責任の性質等の内容が、文言上明確でないため、その解釈について争いがある。

→論
→試験対策8章11節③【1】(1)Q₁

1項の解釈上の主要な問題点は、①責任の性質、②悪意・重過失の対象、③損害の範囲、④「第三者」の範囲、⑤不法行為責任(民709条)との関係である。そのほか、⑥損害賠償請求権の時効期間、⑦損害賠償債務の履行遅滞となる時期も問題となる。

まず、会社法429条1項の責任の性質についてであるが、上述のとおり、判例・通説は、1項の責任の性質は特別の法定責任と解している(法定責任説)。

→判例セレクト1

法定責任説によると、②悪意・重過失の対象は会社に対する任務懈怠であり、⑤不法行為責任との競合を認めることになり(請求権競合)、⑥損害賠償請求権の時効期間は、一般の債権と同じく民法167条1項により10年とされ(判例)、⑦損害賠償債務の履行遅滞となる時期は、期限の定めのない債務として履行の請求を受けた時となる(判例。遅延損害金の利率は民法所定の年5分)。③損害の範囲、④「第三者」の範囲については後述する。

→判例セレクト2(2)
→判例セレクト2(3)

2 要件(1項)

(1) 「悪意又は重大な過失があったとき」

悪意または重過失の対象について、法定責任説からは、第三者は自己についての加害についてではなく、役員等の会社に対する任務懈怠につき悪意または重過失があったことを立証すれば足りると解される。

(2) 「第三者」に「損害」が発生したこと

(a)「損害」の範囲

第三者が被る損害については、取締役等の任務懈怠により会社財産が減少した結果生じる損害(**間接損害**)と、会社財産には無関係に生じる損害(**直接損害**)とがありうる。前者の例としては、取締役の放漫経

→論
→試験対策8章11節③【1】(3)Q₂

営などの任務懈怠により、会社に損害が生じて会社の資産状態が悪化した結果、会社債権者が被った損害等があり、後者の例としては、取締役が、支払見込みのない手形を振り出して商品を買い入れる等した場合に、その手形を受け取った第三者が被った損害等がある。

ここで、1項の「損害」の範囲(取締役等の責任の範囲)について争いがある。この点、判例・通説は、取締役等の任務懈怠と第三者の損害との間に相当因果関係が存在するかぎり、直接損害のみならず間接損害も含まれるとしている(両者包含説)。なぜならば、①1項の責任を不法行為の特則と解するべきではないし(法定責任説)、②直接損害の場合にのみ取締役等の責任を認めるのでは、第三者の保護として狭すぎるし、③そもそも間接損害・直接損害の区別が不明確だからである。

→判例セレクト1

(b)「第三者」の範囲

取締役等は「第三者」に対して損害賠償の責任を負う。会社債権者等が「第三者」に含まれることには問題がないが、株主が「第三者」に含まれるかどうか(特に会社財産の減少という間接損害を受けた株主が「第三者」に含まれるか)については争いがある。

→論
→試験対策8章11節③【1】(3)Q₃

この点について、間接損害の場合は会社が取締役等から損害賠償を受ければ、株主の損害も填補され、しかも取締役等の責任追及には代表訴訟(847条以下)が認められているから、株主に独立の損害賠償請求権を認める必要はないとして、直接損害にかぎって株主も「第三者」に含まれるという見解がある(否定説)。

他方、代表訴訟を提起するためには、公開会社の場合には6か月の株式保有期間の要件をみたさなくてはならないし(847条1項本文)、株主には担保提供が命じられることもある(847条の4第2項)。また、定款の定めによって、単元未満株主の代表訴訟提起権を奪うことができる(847条1項本文第2括弧書、189条2項)。さらに、株式会社に対する責任は、たとえば訴訟上の和解によって免除される可能性があるから(850条1項・民訴267条参照)、かりに代表訴訟を提起できたとしても、これによって株主の間接損害が完全に回復されない場合も十分に想定される。以上の点を重視して、間接損害を受けた株主も「第三者」に含まれると解する見解もある(肯定説)。

取締役等の第三者に対する責任(法定責任説を前提)

問題点	結論
悪意・重過失の対象	会社に対する任務懈怠
損害の範囲	直接損害＋間接損害(判例・通説)
「第三者」の範囲	株主も含む
不法行為責任(民709)との関係	競合する
時効期間	一般債権と同じく10年(判例。民167Ⅰ)
履行遅滞の時期	履行の請求を受けたとき(判例)

3 責任者

責任を負う者は、役員等(取締役、執行役、会計参与、監査役または会計監査人)である(1項)。責任を負うべき者が複数いる場合は**連帯責任**となる(430条)。

4 取締役の対第三者責任に関する問題点

(1) 代表取締役でない取締役の監視義務違反

 (a)判例・通説は、代表取締役はもちろん、代表取締役でない取締役も、他の代表取締役または取締役の行為が法令・定款を遵守し適法になされていることを監視する義務を負うとしている。　→判例セレクト5(2)

 (b)取締役会設置会社においては、各取締役は取締役会の構成員としての地位にある。そして、取締役会に上程された事項に関して監視義務があることについては異論はないが、取締役会に上程されていない事項に関してまで監視義務があるか否かについて争いがある。

 この点、取締役会に上程されなかった事項についても、取締役会招集権限を有する以上(366条1項)、取締役会を招集し、取締役会を通じて代表取締役に適正な業務執行をさせるべきであり、それをしなかった点に任務懈怠があるとして429条1項の責任を負うとするのが判例である。　→判例セレクト5(2)

(2) 名目的取締役

 名目的取締役とは、適法な選任決議はあるが、実際には取締役としての任務を遂行しなくてもよいという合意が会社とその取締役との間でなされている場合をいう。

 このような名目的取締役についても、「役員等」(1項)にあたり、第三者に対する損害賠償責任を肯定しうるとするのが判例である。　→判例セレクト7

 なお、裁判例のなかには、一般論としては名目的取締役の監視義務を肯定しながらも、具体的事案においてその任務違反が悪意重過失にあたらないとし、あるいは、任務懈怠と損害賠償の発生との間に相当因果関係がないことを理由として、責任を否定するものがある。たとえば、取締役会がまったく開催されず、または、会社業務にまったく関与しなかった場合である。　→大阪地判昭55・3・28判時963-96　→東京地判昭53・3・16下民32-5=8-511

 しかし、これらの事実が免責事由になるとすれば、取締役会が機能していなければいないほど、そして職務に怠慢な取締役ほど責任を問われないという不合理が生じるため、このように解するべきではない。

(3) 登記簿上の取締役の責任

 「役員等」(1項)とは、前述のように、創立総会または株主総会において取締役として適法に選任され、就任を承諾した者をいう。

 したがって、①適法な選任手続を経ないで、登記簿上において取締役(代表取締役)として登記されているにすぎないもの、②取締役の任期満了、辞任等によって取締役の地位を失ったが、退任登記が未了である辞任取締役も「役員等」にあたらない。辞任は意思表示のみによってなすことができ、退任登記の有無は問わないからである。

(a) **選任決議を欠く登記簿上の取締役**

「不実の事項を登記した者」(908条2項)とは、本来登記申請者(登記義務者)である会社のみをさすから、選任決議を欠く登記簿上の取締役には908条2項を直接適用することはできない。しかし、登記簿上の取締役が取締役の就任登記に承諾を与えたのであれば、同人もまた不実の登記の出現に加功した者といえ、同人に対する関係においても、善意の第三者を保護する必要がある。したがって、908条2項を類推適用して、取締役として就任の登記をされた本人も、同人に故意または過失があるかぎり、当該登記事項が不実であることをもって善意の第三者に対抗できないと解する(判例)。その結果として、このような登記簿上の取締役は、善意の第三者に対し429条1項にいう役員等としての責任を免れないことになる。

(b) **退任登記未了の辞任取締役**

判例は、退任登記が未了でも、辞任取締役は、原則として429条1項の責任を負わないとしつつ、辞任登記の申請をしないで不実の登記を残存させることにつき明示的に承諾を与えていた場合等の特段の事情が存在する場合には、908条2項の類推適用により、善意の第三者に対し取締役でないことをもって対抗することができず、その結果、429条1項の責任を負うとしている。不実の登記が残存するのを知りながら、あるいはこれと同視すべき程度の重大な過失によりその事実を知らずに、取締役の登記を放置した場合には、その外観作出に加功したといえるからである。なお、この判例は、908条2項の類推適用について、きわめて限定的な(明示的な承諾を与える)解釈をとっていることに注意すべきである。これに対しては、外観信頼の保護を重視すれば、限定的に解釈する必要はないという批判がある。

(4) **事実上の(代表)取締役の責任**

裁判例のなかには、登記簿上取締役になっていないが、対外的にも対内的にも重要事項についての決定権を有していた実質的経営者(事実上の代表取締役)にも、429条1項の類推適用により取締役と同様の責任を負わせたものがある。

また、親会社の代表取締役であり、その子会社の監査役である者が、子会社の実質的経営者として、事実上、子会社の業務執行を継続的に行い、これを支配している場合は、子会社の事実上の取締役にあたるとしたうえで、重過失により子会社の代表取締役の業務執行行為に対する監視義務を怠ったとして、1項による損害賠償を認めた裁判例がある。

5　2項の責任

取締役、執行役、監査役もしくは監査委員、会計参与、または会計監査人が、2項各号に該当する行為をした場合には、その行為をすることについて注意を怠らなかったことを証明した場合を除き、その行為によって第三者に生じた損害を賠償する責任を負う。

これらの責任は過失責任であるが、役員等の職務の重大性にかんが

み、職務を行うにつき注意を怠らなかったことの立証責任は役員等の側にある（立証責任の転換）。

　なお、不実の計算書類等（たとえば、会社の営業成績を示す「会社四季報」など）を第三者が単に見ただけで、取締役等が計算書類の虚偽記載をしたこととなり、その取締役等が2項の損害賠償責任を負うかということについては争いがある。裁判例のなかには、会社振出しの約束手形を割り引く際に、手形の経済価値の判定のため、会社四季報の当該会社に関する記載を閲読したにすぎない者は、虚偽記載のある書類を信頼して会社と直接取引関係に入ったわけではないし、公開市場における株式、社債の取得者とは著しく異なるから、2項の保護の範囲外にあるとするものがある。

→名古屋高判昭58・7・1会社法百選74事件

1　1項の趣旨
　会社法は、株式会社が経済社会において重要な地位を占めていること、しかも株式会社の活動はその機関である取締役の職務執行に依存するものであることを考慮して、第三者保護の立場から、取締役において悪意または重大な過失により善管注意義務および忠実義務に違反し、これによって第三者に損害を被らせたときは、取締役の任務懈怠の行為と第三者の損害との間に相当の因果関係があるかぎり、当該取締役が直接に第三者に対し損害賠償の責めに任ずべきことを規定したものである（最大判昭44・11・26判例シリーズ74事件）。

→判例セレクト5

2　責任の性質
(1)　一般不法行為との関係
　取締役がその職務を行うにつき、故意または過失により直接第三者に損害を加えた場合に、一般不法行為の規定によって、その損害を賠償する義務を負うことを妨げるものではない（最大判昭44・11・26判例シリーズ74事件）。

→会社法百選71事件

(2)　責任の消滅時効
　〔旧〕商法266条ノ3第1項前段〔会社法429条1項〕所定の第三者の取締役に対する損害賠償請求権の消滅時効期間は、10年と解すべきである（最判昭49・12・17民集28-10-2059）。

→会社法百選71事件

(3)　履行遅滞の時期、利率
　この損害賠償債務は法が取締役の責任を加重するために特に認めたもので、履行の請求を受けたときから遅滞に陥り、その遅延損害金の利率も民法所定の年5分の割合にとどまる（最判平元・9・21判時1334-223）。

(4)　過失相殺
　取締役が第三者に対して損害賠償の定めを負う場合において、その第三者にも過失があるときは、民法722条2項の類推適用により、過失相殺が認められる（最判昭59・10・4判時1143-143）。

3　因果関係
　旧有限会社〔株式会社〕の代表取締役が、経営のいっさいを他の取締役に一任しみずから会社の経営に関与しなかった場合において、損害が経営を一任された取締役の悪意または重大な過失による任務懈怠によって

生じたものでないときは、代表取締役の任務懈怠と損害との間には相当因果関係を欠き、代表取締役は、有限会社法30条ノ3第1項〔会社法429条1項〕に基づく損害賠償の義務を負うものではない（最判昭45・7・16民集24-7-1061）。

4 悪意・重過失
代表取締役が、会社の事業拡張による収益増加により約束手形金の支払が可能であると軽率に考え、約束手形を振り出して金融を受け、会社の資産等を顧慮せずに調査不十分な事業に多額の投資をして、その会社の破綻を招いた場合には、当該取締役は、上記手形の振出に関し、〔旧〕商法第266条ノ3第1項前段〔会社法429条1項〕にいう職務を行うについて重大な過失があると認めるのが相当である（最判昭41・4・15民集20-4-660）。

5 監視義務
(1) 代表取締役の監視義務

株式会社の代表取締役が、他の代表取締役その他の者に会社業務のいっさいを任せきりにし、それらの者の不正行為および任務懈怠を看過するにいたるような場合には、みずからもまた悪意または重大な過失により任務を怠ったものと解すべきである（最大判昭44・11・26判例シリーズ74事件）。　→判例セレクト1　→会社法百選71事件

(2) 取締役の監視義務

取締役会は会社の業務執行につき監査する地位にあるから、取締役会を構成する取締役は、取締役会に上程された事柄についてだけ監視するにとどまらず、代表取締役の業務執行一般につき、これを監視し、必要があれば、取締役会をみずから招集する等、取締役会を通じ業務執行が適正に行われるようにする職務を有するため、代表取締役が他の取締役に相談することなく行った行為により第三者が損害を被った場合は、取締役についても、上記職務を行うにつき重大な過失があり、損害賠償責任を負う（最判昭48・5・22判例シリーズ76事件）。　→会社法百選72事件

6 MBOにおける役員等の注意義務
MBOにおいて、株主は、取締役（およびこれを支援するファンド）が企業価値を適正に反映した公正な買収価格で会社を買収し、MBOに際して実現される価値を含めて適正な企業価値の分配を受けることについて、共同の利益を有するものと解されるから、取締役が企業価値を適正に反映しない安価な買収価格でMBOを行い、旧株主に帰属すべき企業価値を取得することは、善管注意義務に反するというべきである。したがって、取締役及び監査役は、善管注意義務の一環として、MBOに際し、公正な企業価値の移転を図らなければならない義務を負うと解するのが相当であり、MBOを行うこと自体が合理的な経営判断に基づいている場合でも、企業価値を適正に反映しない買収価格により株主間の公正な企業価値の移転が損なわれたときは、取締役および監査役に善管注意義務違反が認められる余地がある（東京高判平25・4・17平25重判・商法5事件）。

7 名目的取締役の責任
非常勤の社外重役として名目的に取締役に就任したものであっても、同会社の代表取締役の業務執行をまったく監視せず、取締役会の招集を

求めたりすることもなく、同人の独断専行に任せている間に、同人が代金支払いの見込みもないのに商品を買い入れて売主に対し代金相当額の損害を与えた場合には、〔旧〕商法266条ノ3第1項前段〔会社法429条1項〕所定の損害賠償責任がある(最判昭55・3・18判時971-101)。

8 登記簿上の取締役の責任

(1) 選任決議を欠く登記簿上の取締役

取締役でないのに取締役として就任の登記をされた者が故意または過失により当該登記につき承諾を与えていたときは、同人は、〔旧〕商法14条〔会社法908条2項〕の類推適用により、自己が取締役でないことをもって善意の第三者に対抗することができず、その結果、その第三者に対し、〔旧〕商法266条ノ3〔会社法429条1項〕の規定にいう取締役として、所定の責任を免れることができない(最判昭47・6・15判例シリーズ77事件)。

→908条判例セレクト3(1)

→総則・商行為百選9事件

(2) 退任登記未了の取締役

取締役を辞任した者が、登記申請権者である会社の代表取締役に対し、辞任登記を申請しないで不実登記を残存させることにつき明示的に承諾を与えていた等の特別の事情がある場合には、〔旧〕商法14条〔会社法908条2項〕の類推適用により、当該登記事項が不実であることを善意の第三者に対抗できない者は、〔旧〕商法266条ノ3〔会社法429条1項〕の取締役としての責任を免れない(最判昭62・4・16判例シリーズ78事件)。

→908条判例セレクト3(2)

→会社法百選73事件

9 事実上の取締役の責任

取締役にはなっていなかったものの、対外的にも対内的にも重要事項についての決定権を有する実質的経営者については、〔旧〕商法266条ノ3〔会社法429条1項〕の類推適用により責任を負う(東京地判平2・9・3判時1376-110)。

第430条（役員等の連帯責任） B

> ❶役員等が株式会社又は第三者に生じた損害を賠償する責任を負う場合において、他の役員等も当該損害を賠償する責任を負うときは、これらの者は、連帯債務者とする。

❶423条1項

役員等が株式会社または第三者に生じた損害を賠償する責任を負う場合において、他の役員等も当該損害を賠償する責任を負うときは、これらの者は、連帯債務者となります。

→試験対策8章11節3【1】(4)

1 趣旨

損害が発生する原因となったひとつの事実について複数の役員等が損害賠償責任を負う場合、これらの役員等が必ずしも連帯責任を負うとはいえない。そこで、本条は、連帯責任を法定し、会社または第三者に対する確実な損害賠償の実現を図った。

第5章

計算等

■総　説

→試験対策9章1節①

　会社の計算とは、会社の会計のことをいう。すなわち、会社の経済活動の成果を会計的に処理することである。このシステムは、会社の合理的経営という会社内部の必要から生じたものであるから、本来、法の規制の対象となるものではないはずである。

　それにもかかわらず、会社法は、株式会社の計算について、431条から465条にわたって詳細な規定を設けている。このように、会社法が株式会社の会計を規制するのは、①企業の経済的状況を知るべき立場にある利害関係人(株主・会社債権者)に会計情報を正しく開示するとともに、②株主と会社債権者との利害が対立する剰余金の分配について両者の調整を図るためである。

　すなわち、株式会社では、企業の実質的所有者である株主は、所有と経営の制度上の分離(326条1項参照)により経営に携わらないため、経営を委託した取締役等による会社経営の結果に重大な関心がある。また、会社債権者も、株式会社では株主は間接有限責任しか負わない(104条)から、自己の債権の唯一の担保となる会社の財産の状況に重大な関心がある。そこで、会社法は、これらの者が企業の経済的状況を知ることができるよう規定を設けた(①)。

　また、前述のように、株式会社では会社債権者の保護のため、会社財産を確保する必要がある。そこで、株主が目先の利益を優先して無理な配当を行うことにより会社財産を減少させることがないよう規制した(②)。

　なお、会社法は、持分会社の計算についても614条以下で規定しているが、株式会社の計算と比べると、作成が要求される書類の種類等の点で緩和されたものとなっている。

■第1節　会計の原則

> **第431条　C**
> 株式会社の会計は、一般に公正妥当と認められる企業会計の慣行に従うものとする。

　株式会社の会計は、一般に公正妥当とされる企業会計の慣行に従わなくてはなりません。

→試験対策9章1節②

1 趣旨

会計は慣行に従うものとしたのは、会社法やその委任を受けた法務省令に含まれる計算規定は必ずしも網羅的ではないこと、会社法の趣旨に反しないかぎり実務を尊重すべきであるからである。

2 条文クローズアップ

→弥永[14版]417頁

1 「公正妥当」
会社の財産および損益の状態を明らかにするのに適したということを意味する。

2 「慣行」
ある程度の実践を前提とすることを意味する。もっとも、新しい種類の取引等が現れる可能性を考えると、慣行となることが確実であれば足りると解すべきである。

会計基準が曖昧に変更された場合の公正な会計慣行

新決算経理基準が新たな基準としてただちに適用するには明確性に乏しく、従来の基準の考え方を排除すべきことも必ずしも明確であったとはいえなかったという過渡的な状況のもとでは、これまで公正な会計慣行として行われていた従来の基準の考え方によって資産査定を行うことをもって、ただちに違法であったとはいうことはできない（最判平20・7・18会社法百選77事件）。

■第2節　会計帳簿等

■総説

→弥永[14版]410頁

株式会社は、財産・取引を記録するために**会計帳簿**を作成・保存しなければならず（432条）、さらに、成立の日における**貸借対照表**を作成し（435条1項）、会計帳簿に継続的に記録された会計記録をもとに各事業年度にかかる**計算書類**（貸借対照表、損益計算書、株主資本等変動計算書、個別注記表）および**事業報告**ならびにこれらの**附属明細書**を作成しなければならない（435条2項、会社計算規59条1項）。

このように、営業上の財産や損益の状態を明らかにするために法律上作成が義務づけられている書類のことを**商業帳簿**とよぶことがある（商19条2項参照）。

■第1款　会計帳簿

第432条（会計帳簿の作成及び保存）　C

1 株式会社は、法務省令で定めるところにより、適時に、正確な会計帳簿を作成しなければならない。
2 株式会社は、会計帳簿の閉鎖の時から10年間、その会計帳簿及びその事業に関する重要な資料を保存しなければならない。

株式会社は、適切な時期に、正確な会計帳簿を作成しなければなりません。株式会社は、会計帳簿の閉鎖の時から10年間、会計帳簿とその事業に関する重要な資料を保存しなければなりません。

→試験対策9章1節4【1】

1 趣旨

適時性を欠いた会計帳簿の作成は、数字の改ざん等の不正の温床にもなりかねない。そこで、会計帳簿を適時に作成することを明文で要求したものである。また、正確性を欠いた会計帳簿の作成は、会計帳簿およびこれに基づいて作成される計算書類の適正性を害し、ひいては会社債権者等を害するおそれがある。そこで、会計帳簿を正確に作成することを明文で要求したものである。

2 語句の意味

会計帳簿とは、一定時期における会社の財産およびその価格ならびに取引その他財産に影響を及ぼすべき事項を記載・記録する帳簿をいう。

3 条文クローズアップ

会計帳簿の具体的内容

会計帳簿は、事業の動態を示すものであり、貸借対照表の作成の基礎となる商業帳簿である。典型的な会計帳簿としては、日記帳、仕訳帳、元帳などがある。

日記帳とは、日々の取引を網羅的に記録したものをいう。**仕訳帳**とは、日記帳に記載された会計上の事業を貸方・借方に分けて記載したものをいう。**元帳**とは、仕訳された会計上の事実を資産、株主資本その他の総資産、負債、費用または収益のいずれかに属させて、それまでの勘定を集合したものをいう。

第433条（会計帳簿の閲覧等の請求） C

1 総株主(株主総会において決議をすることができる事項の全部につき議決権を行使することができない株主を除く。)の議決権の100分の3 (これを下回る割合を定款で定めた場合にあっては、その割合)以上の議決権を有する株主又は発行済株式(❶自己株式を除く。)の100分の3 (これを下回る割合を定款で定めた場合にあっては、その割合)以上の数の株式を有する株主は、株式会社の営

❶113条4項

業時間内は、いつでも、次に掲げる請求をすることができる。この場合においては、当該請求の理由を明らかにしてしなければならない。
① 会計帳簿又はこれに関する資料が書面をもって作成されているときは、当該書面の閲覧又は謄写の請求
② 会計帳簿又はこれに関する資料が❷電磁的記録をもって作成されているときは、当該電磁的記録に記録された事項を法務省令で定める方法により表示したものの閲覧又は謄写の請求

❷26条2項

2 前項の請求があったときは、株式会社は、次のいずれかに該当すると認められる場合を除き、これを拒むことができない。
① 当該請求を行う株主(以下この項において「請求者」という。)がその権利の確保又は行使に関する調査以外の目的で請求を行ったとき。
② 請求者が当該株式会社の業務の遂行を妨げ、株主の共同の利益を害する目的で請求を行ったとき。
③ 請求者が当該株式会社の業務と実質的に競争関係にある事業を営み、又はこれに従事するものであるとき。
④ 請求者が会計帳簿又はこれに関する資料の閲覧又は謄写によって知り得た事実を利益を得て第三者に通報するため請求したとき。
⑤ 請求者が、過去2年以内において、会計帳簿又はこれに関する資料の閲覧又は謄写によって知り得た事実を利益を得て第三者に通報したことがあるものであるとき。

3 株式会社の❸親会社社員は、その権利を行使するため必要があるときは、裁判所の許可を得て、会計帳簿又はこれに関する資料について第1項各号に掲げる請求をすることができる。この場合においては、当該請求の理由を明らかにしてしなければならない。

❸31条3項

4 前項の❸親会社社員について第2項各号のいずれかに規定する事由があるときは、裁判所は、前項の許可をすることができない。

　総株主の議決権の100分の3以上をもつ等の少数株主は、会計帳簿等の閲覧・謄写の請求をすることができます。この請求があった場合、株式会社は、調査目的以外で請求されたとき等を除き、拒むことができません。また、株式会社の親会社社員も、裁判所の許可を得て同様の請求をすることができます。

→試験対策9章1節4【2】

1 趣旨

議決権・代表訴訟提起権・取締役の解任請求権等を有効に行使して取

締役の業務執行を是正するためには、会社の業務・財産の状況について詳細かつ正確な知識を有することが必要である。そこで、1項は、株主に会計帳簿・資料の閲覧または謄写請求権を認めた。また、株主の帳簿閲覧・謄写権濫用を防止し、企業秘密を保護するため、2項は、閲覧・謄写を拒否できる5つの事由を法定した。そして、企業結合が進展し、親子会社が増加した結果、親会社が子会社を巻き込んで経営状態の粉飾・隠蔽を行うおそれが増大していることから、3項は、親会社社員が調査するうえで必要な子会社の会計帳簿・資料等の閲覧・謄写請求権を規定した。

2 条文クローズアップ

1 会計帳簿等閲覧請求の要件(1項)

→試験対策9章1節4【2】(1)

(1) 主体

会計帳簿等の閲覧請求権の行使は、総株主の議決権の100分の3以上の議決権を有する株主のほか、発行済株式100分の3以上の株式を有する株主もできると規定されている。

これは、会社法においては、たとえば相互保有株式の議決権制限により議決権を行使できない者であっても、一定割合以上の出資をしている場合には会計帳簿の閲覧・謄写を認めることが相当であるという考え方に基づく。

会計帳簿の閲覧・謄写請求をする場合には、株式会社の営業時間内に、当該請求理由を明らかにしなければならない(1項柱書後段)。判例は、請求理由は具体的に記載する必要があるが、その記載された理由を基礎づける事実が客観的にあることまで証明する必要はないとしている。

→最判平16・7・1 会社法百選79事件

(2) 対象

裁判例は、「会計帳簿」とは、通常は会計上の仕訳帳、元帳および補助簿を意味し、「これに関する資料」とは、会計帳簿作成にあたり直接の資料となった書類、その他会計帳簿を実質的に補充する書類を意味するとしている。他方、有力説は、ここでいう会計帳簿・資料とは、会社の会計に関するいっさいの帳簿・資料をさすとしている。

→判例セレクト1

→江頭[6版]700頁

2 請求を拒むことができる場合(2項)

→試験対策9章1節4【2】(2)

1号、2号が基本となる。

(1) 請求者がその権利の確保または行使に関する調査以外の目的で請求した場合(1号)
 e.g.会社との取引に基づくとき
(2) 会社の業務の運営または株主の共同の利益を害する目的で請求した場合(2号)
 e.g.会社荒らし
(3) 請求者が当該株式会社の業務と実質的に競争関係にある事業を営む者等の場合(3号)

e.g. 会社の競業者等が、会社の営業上の機密を探り利益を得る場合
(4) 閲覧等から知りえた事実を利益を得て第三者に通報するため請求した場合（4号）
e.g. 会社の営業上の機密を、会社の競業者等に売り込む場合
(5) 過去2年以内に4項の規定に該当する行為を行った者である場合（5号）

3　親会社社員の会計帳簿等閲覧・謄写請求権（3項、4項）

→試験対策9章1節[4]【3】

株主の場合と異なり、この請求をするためには裁判所の許可が必要である（3項）。もっとも、請求権者である親会社社員について、2項各号の事由があるときは、裁判所は、許可をすることができない（4項）。

親会社社員がこの請求をする場合にも、①親会社の総株主の議決権の100分の3以上の議決権を有すること、または、②親会社の発行済株式の100分の3以上の数の株式を有すること、という要件をみたさなければならない。

1　本条の請求
433条で閲覧請求の対象となる「会計帳簿」とは、通常は会計上の仕訳帳・元帳・補助簿を意味し、「これに関する資料」とは、会計帳簿作成にあたって直接の資料となった書類、その他会計帳簿を実質的に補充する書類を意味する（横浜地判平3・4・19会社法百選78事件）。

2　請求拒絶事由
(1) 株式等の適正な価格を算定する目的でした請求は、特段の事情が存しないかぎり、株主等の権利の確保または行使に関して調査をするために行われたものであり、〔旧〕商法293条ノ7第1号〔会社法433条2項1号〕所定の拒絶事由に該当しないものと解するのが相当である（最判平16・7・1会社法百選79事件）。
(2) 〔旧〕商法293条ノ7第2号〔会社法433条2項3号〕の「会社ト競業ヲ為ス会社」〔実質的に競争関係にある事業を営み、またはこれに従事するもの〕には、現に競業を行う会社のみならず、近い将来競業を行う蓋然性が高い会社も含まれると解するのが相当である（東京地決平6・3・4判時1495-139）。
(3) 3号所定の「請求者が当該株式会社の業務と実質的に競争関係にある事業」を営む場合とは、請求者がその親会社と一体的に事業を営んでいると評価することができるような場合には、当該事業が相手方会社の業務と競争関係にあるときも含むものと解するのが相当である（東京地判平19・9・20判時1985-140）。
(4) 3号所定の拒絶事由があるというためには、当該株主が競業会社や、その株主等であるという客観的事実が認められれば足り、当該株主に会計帳簿等の閲覧謄写によって知りうる事実を自己の競業に利用するなどの主観的意図があることを要しない（最決平21・1・15会社法百選80事件）。

> **第434条（会計帳簿の提出命令）　C**
> 裁判所は、申立てにより又は職権で、訴訟の当事者に対し、会計帳簿の全部又は一部の提出を命ずることができる。

→試験対策9章1節4【4】

　裁判所は、申立てによりまたは職権で、訴訟の当事者に対して、会計帳簿の全部または一部の提出を命じることができます。

1 趣旨

　会計帳簿は、会社の取引について、規則的、機械的かつ継続的に記録したものである。そのため、会計帳簿は、会社の事業に関する重要な情報を含むうえ、恣意の入り込む余地が少なく、正確に記載されることが一般に期待できるので、訴訟上重要な証拠資料となる。
　そこで、本条は、当事者の有する会計帳簿について当然に提出義務を課し、当事者の申立てによらない職権による提出命令を認めた。

2 条文クローズアップ

提出命令に違反した場合

　本条の提出命令に違反した場合には、民事訴訟法の一般原則に従って、裁判所は会計帳簿に記載されたこと等に関する相手方の主張を真実と認めることができる（民訴224条）。

■第2款　計算書類等

司H22-46-1
> **第435条（計算書類等の作成及び保存）　B⁻**
> 1　株式会社は、法務省令で定めるところにより、その成立の日における貸借対照表を作成しなければならない。
> 2　株式会社は、法務省令で定めるところにより、各事業年度に係る❶計算書類(貸借対照表、損益計算書その他株式会社の財産及び損益の状況を示すために必要かつ適当なものとして法務省令で定めるものをいう。以下この章において同じ。)及び事業報告並びにこれらの附属明細書を作成しなければならない。
> 3　❶計算書類及び事業報告並びにこれらの附属明細書は、❷電磁的記録をもって作成することができる。
> 4　株式会社は、❶計算書類を作成した時から10年間、当該計算書類及びその附属明細書を保存しなければならない。

❶定
❷26条2項

→試験対策9章1節5【1】

　株式会社は、成立の日における貸借対照表を作成しなければなりません。また、株式会社は、各事業年度の計算書類、事業報告、およびこれらの附属明細書を作成しなければなりません。株式会社は、この計算書類と附属明細

書を、計算書類を作成した時から10年間保存しなければなりません。

1 趣旨

　計算書類などの作成および保存を株式会社に義務づけたのは、適正な会計処理による株式会社の合理的経営・企業維持を図り、会社の経済状況を適正に表示することで会社債権者等の関係者を保護する必要があるからである。

2 語句の説明

　貸借対照表とは、一定の時点(事業年度の末日)における企業の財産状態を明らかにする一覧表をいう。
　損益計算書とは、一定の期間(事業年度)に企業が獲得した利益または被った損失を算定する過程を収益と費用を示して、計算表示するものであって、企業の経営成績を明らかにするものをいう。
　事業報告とは、一定の事業年度中における会社または会社およびその子会社からなる企業集団の事業の状況の概要を文章のかたちで記載した報告書をいう。
　附属明細書とは、計算書類および事業報告の記載を補足する重要な事項の詳細を記載した文書をいう。

3 条文クローズアップ

1　計算書類等の作成(2項、3項)

　株式会社は、法務省令(会社施規116条2号、会社計算規59条)で定めるところにより、各事業年度の計算書類および事業報告ならびにこれらの附属明細書を作成しなければならない(会社435条2項)。
　そして、各事業年度の計算書類等の作成が義務づけられているので、それは結局、従前と同様に、各決算期終了後に直前の期の企業内容を明らかにする書類が作成されることを意味することになる。
　なお、これらの書類は、電磁的記録をもって作成することも可能である(3項)。

2　計算書類に含まれるもの(2項)

　計算書類は、①貸借対照表、②損益計算書、③株主資本等変動計算書、④個別注記表から構成される(2項括弧書、会社計算規51条1項)。

3　計算書類等の保存義務(4項)

　株式会社は、計算書類を作成した時から10年間、当該計算書類およびその附属明細書を保存しなければならない。4項は、計算書類等は会社の業務状況などを示す重要な資料であるため、後にその会社をめぐる紛争が発生した場合の証拠となることを期待している。

4　計算書類等の内容・様式

　貸借対照表、損益計算書、株主資本等変動計算書、個別注記表、事業報告、附属明細書等の内容・様式は、法務省令で定められる(事業報告

→試験対策9章1節5【7】

〔およびその附属明細書〕は計算書類ではないが、便宜上ここで触れておく）。

(1) 貸借対照表

貸借対照表とは、一定の時点(事業年度の末日)における企業の財産状態を明らかにする一覧表をいう。貸借対照表は、**資産**の部、**負債**の部、**純資産**の部に分かれる(会社計算73条)。貸借対照表の左側(**借方**という)は、企業に存在する経済的価値がある資産項目として表示され、右側(**貸方**という)は、企業の負債と純資産を表示する。貸借対照表は、左右のバランスがとれるかたちになっているため、**バランスシート**(B/S)ともいう。

(a) 資産の部

(i) 資産の区分

資産の部は、流動資産、固定資産、繰延資産の各部に区分される(会社計算規74条1項)。固定資産の部は、更に有形固定資産、無形固定資産、投資その他の資産の各部に区分される(会社計算規74条2項)。流動資産の各部は、現金および預金、受取手形等資産の性質を示す適当な名称を付した項目に細分されなければならない(会社計算規74条3項1号)。

流動資産とは、比較的短期間に現金化される性質の財産のことをいい、現金および預金はもちろん、販売代金のうちでまだ回収していない受取手形等がある。

固定資産とは、長期間にわたり生産や販売活動に使用されるものをいい、①建物・構築物、機械・装置等の**有形固定資産**、②特許権、工業所有権等の**無形固定資産**、③投資有価証券、子会社株式・出資金等の**投資その他の資産**がある。

繰延資産とは、すでに支出された費用を将来の収益に対応させるために貸借対照表上の資産項目として計上される金額をいう。繰延資産としては、旧商法施行規則では、創業費、開業準備費、試験研究費、開発費、新株発行費用、社債発行費用、社債発行差額、建設利息があったが、会社計算規則では限定列挙されていないので、すべて会計慣行に委ねられることになる。これらは、すでに支出された費用でありながら、いったん資産として計上することが認められ、翌期以降の損益計算書で費用処理することができるとされる事項である(会社計算規74条3項5号)。しかし、これらは売却して換金することができないので、資産と認めるには問題があり、支出時にすべて費用処理するほうが健全であるといわれている。

(ii) 資産の評価(会社計算規5条)

ⅰ 資産については、原則として会計帳簿にその取得価額を付さなければならない(会社計算規5条1項)として、**取得原価主義**を採用することを明らかにしている。

ⅱ 償却資産については、事業年度の末日(事業年度の末日以外の日において評価すべき場合にあっては、その日)において、相当の償

却をしなければならない（会社計算規5条2項）。
- iii 事業年度の末日における時価が取得原価より著しく低い資産（その資産の時価がその時の取得原価まで回復すると認められるものを除く）については、事業年度の末日における時価を付さなければならない（会社計算規5条3項1号）として、**強制的時価主義**を採用する。また、事業年度の末日において予測することができない減損が生じた資産または減損損失を認識すべき資産については、その時の取得原価から相当の減額をした額を付さなければならない（会社計算規5条3項2号）。
- iv 取立不能のおそれのある債権については、事業年度の末日においてその時に取り立てることができないと見込まれる額を控除しなければならない（会社計算規5条4項）。
- v 債権については、その取得価額が債権金額と異なる場合その他相当の理由がある場合には、適正な価格を付すことができる（会社計算規5条5項）。
- vi 次に掲げる資産については、事業年度の末日においてその時の時価または適正な価格を付すことができる（会社計算規5条6項）。
  - (ア) 事業年度の末日における時価がその取得原価より低い資産
  - (イ) 市場価格のある資産（子会社および関連会社の株式ならびに満期保有目的の債券を除く）
  - (ウ) (ア)(イ)に掲げる資産のほか、事業年度の末日においてその時の時価または適正な価格を付すことが適当な資産

(b) **負債の部**

(i) 負債の区分

負債の部は、流動負債、固定負債の各部に区分され、各部は、支払手形、買掛金、短期借入金、社債その他負債の性質を示す適当な名称を付した科目に細分しなければならない（会社計算規75条）。

流動負債とは、原則として決算期から1年以内に返済しなければならないものをいい、支払手形、買掛金、前受金等がある（会社計算規75条2項1号）。

固定負債とは、返済時期が長期にわたるものをいい、会社が発行した債券である社債、銀行等から借り入れた長期借入金等がある（会社計算規75条2項2号）。

(ii) 負債の評価（会社計算規6条）
- i 負債については、原則として会計帳簿に債務額を付さなければならない（会社計算規6条1項）。
- ii 次に掲げる負債については、例外的に事業年度の末日においてその時の時価または適正な価格を付すことができる（会社計算規6条2項）。
  - (ア) 次に掲げるもののほか、将来の費用または損失（収益の控除を

含む)の発生に備えて、その合理的な見積額のうち当該事業年度の負担に属する金額を費用または損失として繰り入れることにより計上すべき引当金(株主に対して役務を提供する場合において計上すべき引当金を含む)
　　　イ　退職給付引当金(使用人が退職した後に当該使用人に退職一時金、退職年金その他これらに類する財産の支給をする場合における事業年度の末日において繰り入れるべき引当金)
　　　ロ　返品調整引当金(常時、販売する棚卸資産につき、当該販売の際の価額による買戻しにかかる特約を結んでいる場合における事業年度の末日において繰り入れるべき引当金)
　　(イ)払込みを受けた金額が債務額と異なる社債
　　(ウ)(ア)(イ)に掲げる負債のほか、事業年度の末日においてその時の時価または適正な価格を付すことが適当な負債
　(c)純資産の部
　　純資産の部は、株主資本、評価・換算差額等、新株予約権に分類しなければならない(会社計算規76条1項1号)。
　　株主資本は、①資本金、②新株式申込証拠金、③資本剰余金、④利益剰余金、⑤自己株式、⑥自己株式申込証拠金、の各項目に分けられる(会社計算規76条2項)。③の資本剰余金は、資本準備金とその他資本剰余金とに区分し(会社計算規76条4項)、④の利益剰余金は、利益準備金とその他利益剰余金とに区分する(会社計算規76条5項)。
　　評価・換算差額等は、その他有価証券評価差額金、繰延ヘッジ損益、土地再評価差額金、その他適当な名称を付した項目に細分しなければならない(会社計算規76条7項)。
　　新株予約権にかかる項目は、自己新株予約権にかかる項目を控除項目として区分することができる(会社計算規76条8項)。
(2)　**損益計算書**
　(a)意義
　　損益計算書とは、一定の期間(事業年度)に企業が獲得した利益または被った損失を算定する過程を収益と費用を示して、計算表示するものであって、企業の経営成績を明らかにするものをいう。すなわち、損益計算書は、ある事業年度においてどれだけの費用を使ってどれだけの収益をあげたかについて、会社本来の事業活動によるものとそうでないものとに分けて表示することによって、当該事業年度における純損益を明らかにするものである。
　(b)**損益計算書の表示(会社計算規87条から94条まで)**
　　会社法には損益計算に関する詳細な規定はないが、会社計算規則には主として表示に関する規定がある(会社計算規87条から94条まで)ほか、一般には公正妥当と認められる会計慣行をしん酌する(会社計算規3条)。損益計算書は、①売上高、②売上原価、③販売費および一般管理費、④営業外収益、⑤営業外費用、⑥特別利益、⑦特別損失の

項目に区分して表示しなければならない(会社計算規88条1項)。
(3) 株主資本等変動計算書(会社計算規96条)

　会社法では、後述するように、利益の配当の回数に制限を設けることなく、年に何回でも利益の配当ができることとし、改正前商法にあった利益処分案の作成義務がなくなった。その代わり、決算期後決算確定時までの期中における純資産の部、特に剰余金額の変動を明らかにするために、**株主資本等変動計算書**を計算書類のひとつとして作成することが義務づけられることになった(会社計算規96条)。

　貸借対照表上の純資産の部には、①株主に帰属する純資産(株主資本)、②会計上の包括利益概念から生ずる純資産(評価・換算差額等)、③将来の株式というべき新株予約権の3つに区分して表示される(会社計算規76条1項1号)。そのため、株主資本等変動計算書においても、①株主資本(資本金、新株式申込証拠金、資本剰余金〔資本準備金、その他資本剰余金〕、利益剰余金〔利益準備金、その他利益剰余金〕、自己株式、自己株式申込証拠金)、②評価・換算差額等(その他有価証券評価差額金、繰延ヘッジ損益、土地再評価差額金、**為替換算調整勘定**、その他適当な名称を付した項目)、③新株予約権に分類して表示される(会社計算規96条2項1号、3項1号、4項、5項)。

(4) 個別注記表(会社計算規97条から116条まで)

　個別注記表は、①継続企業の前提に関する注記、②重要な会計方針にかかる事項に関する注記、③会計方針の変更に関する注記、④表示方法の変更に関する注記、⑤会計上の見積りの変更に関する注記、⑥誤びゅうの訂正に関する注記、⑦貸借対照表等に関する注記、⑧損益計算書に関する注記、⑨株主資本等変動計算書に関する注記、⑩税効果会計に関する注記、⑪リースにより使用する固定資産に関する注記、⑫金融商品に関する注記、⑬賃貸等不動産に関する注記、⑭持分法損益等に関する注記、⑮関連当事者との取引に関する注記、⑯1株あたり情報に関する注記、⑰重要な後発事象に関する注記、⑱連結配当規制適用会社に関する注記、⑲その他の注記に区分して表示しなければならない(会社計算規98条1項)。

(5) 計算書類の附属明細書(会社計算規117条)

　計算書類の附属明細書は、計算書類の記載を補足する重要な事項の詳細を記載した文書である。計算書類の附属明細書には、有形固定資産および無形固定資産の明細、引当金の明細、販売費および一般管理費の明細、計算規則112条1項ただし書の規定により省略した事項があるときは当該事項のほか、株式会社の貸借対照表、損益計算書、株主資本等変動計算書および個別注記表の内容を補足する重要な事項を表示しなければならない(会社計算規117条)。

(6) その他

　上記(1)から(5)までのほか、別記事業(会社計算規118条)、会社法以外の法令の規定による準備金等(会社計算規119条)、国際会計基準で作成する

連結計算書類(会社計算規120条)、米国基準で作成する連結計算書類(会社計算規120条の2)がある。

(7) 事業報告(およびその附属明細書)

事業報告とは、一定の事業年度中における株式会社または株式会社およびその子会社からなる企業集団の事業の状況の概要を文書のかたちで記載した報告書をいう。

事業報告の内容は、①当該株式会社の状況に関する重要な事項(計算書類およびその附属明細書ならびに連結計算書類の内容となる事項を除く)、②会社法348条3項4号、362条4項6号、416条1項1号ロ、ホに規定する体制の整備についての決定または決議があるときは、その決定または決議の内容である(会社施規118条1号、2号)。

ただし、公開会社である場合には、①②のほか、③株式会社の現況に関する事項、④株式会社の会社役員(直前の定時株主総会の終結の日の翌日以降に在任していたものであって、当該事業年度の末日までに退任したものを含む)に関する事項、⑤株式会社の株式に関する事項、⑥株式会社の新株予約権等に関する事項を事業報告の内容に含めなければならない(会社施規119条。③から⑥までの詳細は会社施規120条から124条まで)。

そのほか、会社法施行規則は、会計参与設置会社の特則(会社施規125条)、会計監査人設置会社の特則(会社施規126条)、事業報告の附属明細書(会社施規128条)について規定を設けている(事業報告等の監査については会社施規129条以下)。

司 H20-36-5
第436条(計算書類等の監査等) B⁻

1 監査役設置会社(監査役の監査の範囲を会計に関するものに限定する旨の定款の定めがある株式会社を含み、会計監査人設置会社を除く。)においては、前条第2項の❶計算書類及び事業報告並びにこれらの附属明細書〔株式会社が作成する各事業年度における書類〕は、法務省令で定めるところにより、監査役の監査を受けなければならない。

2 会計監査人設置会社においては、次の各号に掲げるものは、法務省令で定めるところにより、当該各号に定める者の監査を受けなければならない。
　① 前条第2項の❶計算書類及びその附属明細書〔株式会社が作成する各事業年度における書類〕 監査役(監査等委員会設置会社にあっては監査等委員会、指名委員会等設置会社にあっては監査委員会)及び会計監査人
　② 前条第2項の事業報告及びその附属明細書〔株式会社が作成する各事業年度における書類〕 監査役(監査等委員会設置会社にあっては監査等委員会、指名委員会等設置会社にあっては監査委員

❶435条2項

> 会)
>
> 3　取締役会設置会社においては、前条第2項の❶計算書類及び事業報告並びにこれらの附属明細書(株式会社が作成する各事業年度における書類)(第1項又は前項の規定の適用がある場合にあっては、第1項又は前項の監査を受けたもの)は、取締役会の承認を受けなければならない。

計算書類、事業報告およびそれぞれについての附属明細書は、監査役設置会社では監査役、会計監査人設置会社では監査役および会計監査人の監査を受けなければなりません。また、取締役会設置会社においては、上記の監査を受けた計算書類、事業報告およびそれぞれについての附属明細書について、取締役会の承認を得なければなりません。

→試験対策9章1節⑤【2】、【3】

1　条文クローズアップ

1　監査役設置会社における計算書類等の監査(1項)

監査役の監査の範囲を会計に関するものに限定する旨の定款の定めがある株式会社を含み、会計監査人設置会社を除く株式会社においては、監査役の監査を受けなければならない(1項、会社計算規122条から124条まで)。

2　会計監査人設置会社における計算書類等の監査(2項)

(1)　計算書類および附属明細書については、監査役(監査等委員会設置会社にあっては監査等委員会、指名委員会等設置会社にあっては監査委員会)および会計監査人の監査を受けなければならない(1号)。

なお、会計監査人の監査結果をふまえて、監査役・監査等委員会・監査委員会が監査をする。

(2)　事業報告およびその附属明細書については監査役(監査等委員会設置会社にあっては監査等委員会、指名委員会等設置会社にあっては監査委員会)の監査を受けなければならない(2号)。

3　取締役会設置会社における計算書類等の監査(3項)

計算書類の作成は重要な業務執行であるから、取締役会設置会社においては、取締役会の承認を受けなければならない(3項)。監査役等による監査がなされる場合には、先に監査を受ける必要がある。これは、取締役会が監査結果をふまえたうえで、計算書類の承認を決定するか否かを決定することができるようにするためである。

なお、監査期間の確保や監査報告の記載事項等は、法務省令で定められている(会社施規116条3号、会社計算規121条以下)。

4　計算書類等の監査期間

監査報告の通知期限として、法務省令で、計算書類を受領した日から「〇週間を経過した日」等と規定することにより、従前と同様の監査期間を各監査機関に確保しながら、監査役等による監査が早期に終了した場

合には、定時株主総会を早期に開催することを可能にしている（会社計算規124条1項、130条1項、132条1項等）。

また、監査役等と取締役の合意による監査期間の短縮も認めている。

> 司 H22-46-3
> **第437条（計算書類等の株主への提供）　B⁻**
> 取締役会設置会社においては、取締役は、定時株主総会の招集の通知に際して、法務省令で定めるところにより、株主に対し、前条第3項の承認（取締役会の承認）を受けた❶計算書類及び事業報告（同条第1項〔監査役の監査〕又は第2項〔会計監査人の監査〕の規定の適用がある場合にあっては、監査報告又は会計監査報告を含む。）を提供しなければならない。

❶435条2項

取締役会設置会社においては、定時株主総会の招集の通知に際して、取締役会の承認があった計算書類および事業報告を提供しなくてはなりません。また、監査役の監査または会計監査人の監査を要するとされている場合には、監査報告または会計監査報告をも提供しなくてはなりません。

→試験対策9章1節⑤【4】(1)

1 趣旨

本条の趣旨は、取締役会設置会社において、株主総会の招集通知とともに、計算書類と事業報告を直接株主へ提供することを求めることで、議決権などの株主の権利行使を実質化する点にある。

2 条文クローズアップ

1 「法務省令」

「法務省令」とは、会社法施行規則116条4号、117条3号、133条、会社計算規則133条をいう。

2 ウェブサイトによる開示

事業報告における記載事項の一部、計算書類に表示すべき事項（個別注記表にかかるものにかぎる）につき、ウェブサイトで開示することにより、書面による提供の省略が可能となる（会社施規133条3項、会社計算規133条4項）。

> **第438条（計算書類等の定時株主総会への提出等）　C**
> 1　次の各号に掲げる株式会社においては、取締役は、当該各号に定める❶計算書類及び事業報告を定時株主総会に提出し、又は提供しなければならない。
> 　①　第436条第1項に規定する監査役設置会社（取締役会設置会社を除く。）　第436条第1項の監査（監査役の監査）を受けた計算書

❶435条2項

類及び事業報告
　②　会計監査人設置会社（取締役会設置会社を除く。）　第436条第2項の監査〔会計監査人の監査〕を受けた計算書類及び事業報告
　③　取締役会設置会社　第436条第3項の承認〔取締役会の承認〕を受けた計算書類及び事業報告
　④　前3号に掲げるもの以外の株式会社　第435条第2項の計算書類及び事業報告〔株式会社が作成する各事業年度における書類〕
2　前項の規定により提出され、又は提供された❶計算書類は、定時株主総会の承認を受けなければならない。
3　取締役は、第1項の規定により提出され、又は提供された事業報告の内容を定時株主総会に報告しなければならない。

　取締役は計算書類等を定時株主総会へ提出・提供して、計算書類については株主総会の承認を受け、事業報告についてはその内容を報告しなければなりません。

→試験対策9章1節⑤【4】(2)

1　趣旨

　計算書類、事業報告の提出・提供を要求した趣旨は、計算書類の承認、事業報告の報告を受けるにあたり、株主の判断資料とするためである。
　定時株主総会における計算書類の承認を要求した趣旨は、剰余金の分配可能額の算出にあたり、確定された計算書類における各項目の金額が基準となり（446条、461条参照）、株主・会社債権者の利害に影響を及ぼす重要な事項であるためである。

2　条文クローズアップ

1　計算書類（1項、2項）

　取締役は、計算書類を定時株主総会に提出して（1項）、その承認を受けなければならない（2項、309条1項）。提出する計算書類は、会社の形態によって異なる（438条1項各号）。

2　事業報告（3項）

　事業報告は、取締役がその内容を定時株主総会に報告しなければならない。
　なお、株主総会の承認は、書類に記載された内容についての適否を判断してなすものである。そのため、単に記載が事実か否かという問題は株主総会の承認になじまない。したがって、判断ではなく事実の記載にすぎない事業報告については承認ではなく報告で足りるとされた。

第438条

計算書類承認に関する株主総会決議取消しの訴えがあった場合

→831条判例セレクト6(2)

第439条（会計監査人設置会社の特則） B⁻

司 H22-46-4

会計監査人設置会社については、第436条第3項の承認〔取締役会の承認〕を受けた❶計算書類が法令及び定款に従い株式会社の財産及び損益の状況を正しく表示しているものとして法務省令で定める要件に該当する場合には、前条第2項〔定時株主総会の承認〕の規定は、適用しない。この場合においては、取締役は、当該計算書類の内容を定時株主総会に報告しなければならない。

❶435条2項

会計監査人設置会社については、取締役会の承認を受けた計算書類が、法令および定款に従い株式会社の財産および損益の状況を正しく表示しているものとして法務省令（会社施規116条5号、会社計算規135条）で定める要件に該当する場合には、定時株主総会の承認は不要です。この場合、取締役は、計算書類の内容を定時株主総会に報告しなければなりません。

→試験対策9章1節⑤【4】(2)

1 趣旨

株主には複雑な計算書類の内容についての判断能力がないことが多いという実態がある。また、**会計監査人設置会社**においては、専門家である会計監査人の監査によって株主の保護を図ることができる。そこで、会計監査人設置会社では、計算書類を確定させて、利益処分案をめぐって総会が荒れることを防ぐという政策的配慮から、計算書類について一定の要件をみたせば定時株主総会への報告で足りるものとし、定時株主総会の承認は不要とした。

第440条（計算書類の公告） B⁻

司 H22-50-オ

1 株式会社は、法務省令で定めるところにより、定時株主総会の終結後遅滞なく、貸借対照表（大会社にあっては、貸借対照表及び損益計算書）を公告しなければならない。
2 前項の規定にかかわらず、その公告方法が第939条第1項第1号又は第2号に掲げる方法〔官報に掲載する方法または日刊新聞紙に掲載する方法〕である株式会社は、前項に規定する貸借対照表の要旨を公告することで足りる。
3 前項の株式会社は、法務省令で定めるところにより、定時株主総会の終結後遅滞なく、第1項に規定する貸借対照表の内容であ

る情報を、定時株主総会の終結の日後 5 年を経過する日までの間、継続して電磁的方法により不特定多数の者が提供を受けることができる状態に置く措置をとることができる。この場合においては、前 2 項の規定は、適用しない。
4 　金融商品取引法第24条第 1 項の規定により有価証券報告書を内閣総理大臣に提出しなければならない株式会社については、前 3 項の規定は、適用しない。

株式会社は定時株主総会の終結後遅滞なく、貸借対照表を、大会社では貸借対照表および損益計算書を公告しなければなりません。

→試験対策 9 章 1 節⑤【5】

1 趣旨

本条の趣旨は、すべての株式会社に計算書類の公告を義務づけることで、さまざまな利害関係人へ情報提供を行い、その保護を図る点にある。

2 条文クローズアップ

1 原則（ 1 項）

株式会社は、法務省令（会社施規116条 6 号、会社計算規136条）で定めるところにより、定時株主総会の終結後遅滞なく、貸借対照表（大会社にあっては、貸借対照表および損益計算書）を公告しなければならない（会社440条 1 項）。

2 例外（ 2 項から 4 項まで）

(1) 　2 項

定款で公告の方法を官報または時事に関する日刊新聞紙への掲載と定めている場合（939条 1 項 1 号、 2 号）には、公告費用の節約のためその要旨を公告することで足りる（440条 2 項。なお、会社計算規137条から146条まで、148条）。

(2) 　3 項

定款で公告の方法を官報または時事に関する日刊新聞紙への掲載と定めている場合（440条 2 項、939条 1 項 1 号、 2 号）は、公告に代えて、定時株主総会の終結後遅滞なく、貸借対照表の内容である情報を、定時株主総会の終結の日後 5 年を経過する日までの間、継続して電磁的方法により不特定多数の者が提供を受けることができる状態におく措置を採ることができる（440条 3 項、会社計算規147条）。

(3) 　4 項

有価証券報告書を提出している会社の場合には（金融商取24条 1 項）、この報告書のほうがより詳細な情報提供をしているため、公告は不要である（会社440条 4 項）。

第441条（臨時計算書類）　C

1　株式会社は、最終事業年度の直後の事業年度に属する一定の日（以下この項において「臨時決算日」という。）における当該株式会社の財産の状況を把握するため、法務省令で定めるところにより、次に掲げるもの（以下「❶臨時計算書類」という。）を作成することができる。
　① 臨時決算日における貸借対照表
　② 臨時決算日の属する事業年度の初日から臨時決算日までの期間に係る損益計算書
2　第436条第1項に規定する監査役設置会社又は会計監査人設置会社においては、❶臨時計算書類は、法務省令で定めるところにより、監査役又は会計監査人（監査等委員会設置会社にあっては監査等委員会及び会計監査人、指名委員会等設置会社にあっては監査委員会及び会計監査人）の監査を受けなければならない。
3　取締役会設置会社においては、❶臨時計算書類（前項の規定の適用がある場合にあっては、同項の監査を受けたもの）は、取締役会の承認を受けなければならない。
4　次の各号に掲げる株式会社においては、当該各号に定める❶臨時計算書類は、株主総会の承認を受けなければならない。ただし、臨時計算書類が法令及び定款に従い株式会社の財産及び損益の状況を正しく表示しているものとして法務省令で定める要件に該当する場合は、この限りでない。
　① 第436条第1項に規定する監査役設置会社又は会計監査人設置会社（いずれも取締役会設置会社を除く。）　第2項の監査を受けた臨時計算書類
　② 取締役会設置会社　前項の承認を受けた臨時計算書類
　③ 前2号に掲げるもの以外の株式会社　第1項の臨時計算書類

❶定

→試験対策9章1節⑤【6】

　臨時決算日に作成される臨時計算書類については、公告あるいは電磁的方法による公開が要求されないことを除けば、計算書類と同様に、監査役や会計監査人の監査・取締役会の承認・株主総会の承認が要求されます。

1　趣旨

　本条の趣旨は、臨時計算書類の作成は会社の任意とされているところ、臨時計算書類の作成により、最終の事業年度の終結後に生じた会計事象による影響を受けた期中の財産・損益状況を把握できるようにする点にある。

2　条文クローズアップ

1　計算書類の規定と同じ点

→436条、438条

①監査役や会計監査人等の監査（2項）、②取締役会の承認（3項）、③株主総会の承認（4項本文）。

2　計算書類の規定と異なる点
公告あるいは電磁的方法による公開が要求されない（440条参照）。

司 H23-36-2、H19-43-オ
第442条（計算書類等の備置き及び閲覧等）　B
1　株式会社は、次の各号に掲げるもの（以下この条において「❶計算書類等」という。）を、当該各号に定める期間、その本店に備え置かなければならない。
　①　各事業年度に係る❷計算書類及び事業報告並びにこれらの附属明細書（第436条第1項又は第2項の規定の適用がある場合〔監査役設置会社の場合または会計監査人設置会社の場合〕にあっては、監査報告又は会計監査報告を含む。）　定時株主総会の日の1週間（取締役会設置会社にあっては、2週間）前の日（第319条第1項の場合〔株主全員の同意による株主総会の決議の省略〕にあっては、同項の提案があった日）から5年間
　②　❸臨時計算書類（前条第2項〔監査役または会計監査人の監査〕の規定の適用がある場合にあっては、監査報告又は会計監査報告を含む。）　臨時計算書類を作成した日から5年間
2　株式会社は、次の各号に掲げる❶計算書類等の写しを、当該各号に定める期間、その支店に備え置かなければならない。ただし、計算書類等が❹電磁的記録で作成されている場合であって、支店における次項第3号及び第4号に掲げる請求に応じることを可能とするための措置として法務省令で定めるものをとっているときは、この限りでない。
　①　前項第1号に掲げる計算書類等　定時株主総会の日の1週間（取締役会設置会社にあっては、2週間）前の日（第319条第1項の場合〔株主全員の同意による株主総会の決議の省略〕にあっては、同項の提案があった日）から3年間
　②　前項第2号に掲げる計算書類等　同号の❸臨時計算書類を作成した日から3年間
3　株主及び債権者は、株式会社の営業時間内は、いつでも、次に掲げる請求をすることができる。ただし、第2号又は第4号に掲げる請求をするには、当該株式会社の定めた費用を支払わなければならない。
　①　❶計算書類等が書面をもって作成されているときは、当該書面又は当該書面の写しの閲覧の請求
　②　前号の書面の謄本又は抄本の交付の請求
　③　計算書類等が❹電磁的記録をもって作成されているときは、

❶定
❷435条2項
❸441条1項
❹26条2項

計算等

第442条 /711/

> 当該電磁的記録に記録された事項を法務省令で定める方法により表示したものの閲覧の請求
> ④　前号の電磁的記録に記録された事項を電磁的方法であって株式会社の定めたものにより提供することの請求又はその事項を記載した書面の交付の請求
> 4　株式会社の❺親会社社員は、その権利を行使するため必要があるときは、裁判所の許可を得て、当該株式会社の❶計算書類等について前項各号に掲げる請求をすることができる。ただし、同項第2号又は第4号に掲げる請求をするには、当該株式会社の定めた費用を支払わなければならない。

❺31条3項

→試験対策9章1節⑤【4】(1)

　株式会社は、一定期間、計算書類等を本店に、計算書類等の写しを支店に備え置かなければなりません。また、株主および会社債権者は、営業時間内はいつでもその閲覧等を請求できます。そして、親会社の社員も、その権利を行使するために必要があるときは、裁判所の許可を得たうえで、閲覧等を請求できます。

1 趣旨

　本条の趣旨は、株式会社における企業内容開示の一環として、計算書類等の備置き、閲覧・交付の請求を認めることで、株主や会社債権者への情報提供を行う点にある。

2 条文クローズアップ

1 備置き（1項、2項）
　取締役会非設置会社は、定時株主総会の1週間前、取締役会設置会社では、2週間前の日から、計算書類等を5年間本店に、計算書類の写しを3年間支店に備え置かければならない。

2 閲覧等の請求（3項、4項）
　株主および会社債権者は、株式会社の営業時間内は、いつでも、閲覧等を請求できる（3項柱書本文）。親会社の社員も、その権利を行使するために必要があるときは、裁判所の許可を得て、子会社の計算書類等について、閲覧等を請求できる（4項本文）。

> **第443条（計算書類等の提出命令）　C**
> 裁判所は、申立てにより又は職権で、訴訟の当事者に対し、❶計算書類及びその附属明細書の全部又は一部の提出を命ずることができる。

❶435条2項

　裁判所は、申立てによりまたは職権で、訴訟の当事者に対して、計算書類およびそれに関する附属明細書の全部または一部の提出を命ずることができ

ます。

1 趣旨

　計算書類等には、株主・会社債権者にとって重要な会社の事業についての情報が記載されているので、訴訟上重要な証拠資料となる。
　そこで、本条は、当事者の有する会計帳簿について提出義務を課し、当事者の申立てによらない職権による提出命令を認めた。

■第3款　連結計算書類

司H22-46-5。予H27-19-オ
第444条　B

1　会計監査人設置会社は、法務省令で定めるところにより、各事業年度に係る❶連結計算書類(当該会計監査人設置会社及びその子会社から成る企業集団の財産及び損益の状況を示すために必要かつ適当なものとして法務省令で定めるものをいう。以下同じ。)を作成することができる。
2　❶連結計算書類は、❷電磁的記録をもって作成することができる。
3　事業年度の末日において大会社であって金融商品取引法第24条第1項の規定により有価証券報告書を内閣総理大臣に提出しなければならないものは、当該事業年度に係る❶連結計算書類を作成しなければならない。
4　❶連結計算書類は、法務省令で定めるところにより、監査役(監査等委員会設置会社にあっては監査等委員会、指名委員会等設置会社にあっては監査委員会)及び会計監査人の監査を受けなければならない。
5　会計監査人設置会社が取締役会設置会社である場合には、前項の監査を受けた❶連結計算書類は、取締役会の承認を受けなければならない。
6　会計監査人設置会社が取締役会設置会社である場合には、取締役は、定時株主総会の招集の通知に際して、法務省令で定めるところにより、株主に対し、前項の承認を受けた❶連結計算書類を提供しなければならない。
7　次の各号に掲げる会計監査人設置会社においては、取締役は、当該各号に定める❶連結計算書類を定時株主総会に提出し、又は提供しなければならない。この場合においては、当該各号に定める連結計算書類の内容及び第4項の監査の結果を定時株主総会に報告しなければならない。
　①　取締役会設置会社である会計監査人設置会社　第5項の承認を受けた連結計算書類

❶定
❷26条2項

> ② 前号に掲げるもの以外の会計監査人設置会社　第4項の監査を受けた連結計算書類

　会計監査人設置会社では、各事業年度にかかる連結計算書類を作成することができます。事業年度の末日において、大会社であって金融商品取引法24条1項の規定により有価証券報告書を内閣総理大臣に提出しなければならないものは、事業年度に関する連結計算書類を作成しなければなりません。

→試験対策9章1節⑥

1 趣旨

　従来、連結計算書類を作成することができる株式会社が大会社にかぎられていたため、金融商品取引法上の連結財務諸表を作成している株式会社であっても、大会社でないかぎり、連結計算書類の作成・監査・報告手続に関する規定の適用を受けることができなかった。そこで、会計監査人設置会社であれば、連結計算書類を作成することができることとした。また、従来から連結計算書類の作成義務が課されている株式会社と同類型の株式会社(大会社かつ有価証券報告書提出会社)に、連結計算書類の作成義務を課すこととしたのは、企業のグループ化に伴い、個々の会社だけでなく企業集団全体の財産および損益に関する情報についても、株主や会社債権者に開示する重要性が高まっていることによる。

2 条文クローズアップ

1 連結計算書類の作成(1項、3項)

(1) 連結計算書類

　連結計算書類には、連結貸借対照表、連結損益計算書、連結株主資本等変動計算書、連結注記表の4つがある(会社施規116条8号、会社計算規2条2項19号、61条)。

(2) 会計監査人設置会社

　会計監査人設置会社では、法務省令(会社施規116条8号、会社計算規2条2項19号、61条)で定めるところにより、各事業年度にかかる連結計算書類を作成し、監査・承認・報告手続に関する規定の適用を受けることが可能である(会社444条1項)。連結計算書類の作成は原則として、義務的ではない。なお、連結計算書類を作成することができる株式会社を会計監査人設置会社に限定したのは、作成される連結計算書類を信頼に足りるものとするためには、連結計算書類についての専門知識を有する会計知識を有する会計監査人を設置していることが必要であると考えられたためである。

(3) 大会社で一定の場合

　事業年度の末日において大会社であって金融商品取引法24条1項の規定により有価証券報告書を内閣総理大臣に提出しなければならないものは、その事業年度にかかる連結計算書類を作成しなければならない(会

社444条3項)。

2 連結計算書類の監査・承認(4項、5項)

　連結計算書類は、法務省令(会社施規116条8号、会社計算規121条)で定めるところにより、監査役(監査等委員会設置会社にあっては監査等委員会、指名委員会等設置会社にあっては監査委員会)および会計監査人の監査を受けなければならない(会社444条4項)。また、会計監査人設置会社が取締役会設置会社である場合には、監査役、監査等委員会または監査委員会の監査を受けた連結計算書類は、取締役会の承認を受けなければならない(5項)。

3 株主への提供(6項)

　会計監査人設置会社が取締役会設置会社である場合には、取締役は、定時株主総会の招集の通知(299条)に際して、通知と同様の方法で(招集通知が書面であれば書面で、招集通知が電磁的記録による場合は電磁的記録による〔会社施規116条8号、会社計算規134条〕)、株主に対し、取締役会の承認を受けた連結計算書類を提供しなければならない(会社444条6項)。ただし、連結計算書類の全部につき、ウェブサイトで開示することにより、書面による提供の省略が可能である(会社計算規134条4項)。

4 株主総会への提出・提供、監査報告(7項)

　取締役は、取締役会設置会社である会計監査人設置会社では取締役会の承認を受けた連結計算書類を、それ以外の会計監査人設置会社では監査役(監査等委員会設置会社にあっては監査等委員会、指名委員会等設置会社にあっては監査委員会)・会計監査人の監査を受けた連結計算書類を定時株主総会に提出し、または提供しなければならない。さらに、これらの連結計算書類の内容および監査の結果を定時株主総会に報告しなければならない。

■第3節　資本金の額等

■総　説

→試験対策9章2節①

　株式会社の債権者にとっては、会社の財産だけが唯一の担保となるから、会社の財産で弁済しきれない場合には、最終的にその不足分は債権者の損失となってしまう。そこで、債権者の立場を安定させ保護するために設けられた制度が**資本金と準備金**の制度である。資本金とは、「資本金」という名義の具体的な財産ではなく、債権者に対する一定の責任財産を確保するための基準となる一定の金額(計算上の数額)である。

　会社法は、資本金という一定の金額を基準として、更に準備金という制度を設け、これらに対応する会社財産を維持することを求め、この額を超える部分にかぎって剰余金として株主に配当することを認める。したがって、資本金と準備金の制度は剰余金分配規制との関係で意味をもつ。そのため、資本金・準備金の額は、定款には記載しないが、登記と貸借対照表により公示・公開される(911条3項5号。なお、準備金の額に

ついては登記は不要であり、貸借対照表により公開される)。
　株式会社にかぎらず、持分会社においても、会社である以上は資本をもたなければならないのは企業として当然であるが、会社法は、特に株式会社について厳重な監督を行うことにより、多数の会社債権者の保護を図ろうとしている。

■第1款　総　則

> 司H20-46-5、H18-47-イ・オ。予H27-23-ウ
> **第445条（資本金の額及び準備金の額）　B⁺**
> 1　株式会社の資本金の額は、この法律に別段の定めがある場合を除き、設立又は株式の発行に際して株主となる者が当該株式会社に対して払込み又は給付をした財産の額とする。
> 2　前項の払込み又は給付に係る額の2分の1を超えない額は、資本金として計上しないことができる。
> 3　前項の規定により資本金として計上しないこととした額は、資本準備金として計上しなければならない。
> 4　剰余金の配当をする場合には、株式会社は、法務省令で定めるところにより、当該剰余金の配当により減少する剰余金の額に10分の1を乗じて得た額を資本準備金又は利益準備金 (以下「準備金」と総称する。) として計上しなければならない。
> 5　合併、吸収分割、新設分割、株式交換又は株式移転に際して資本金又は準備金として計上すべき額については、法務省令で定める。

　株式会社の資本金の額は、会社法に別の定めがある場合を除き、設立または株式の発行に際して株主となる者が株式会社に対して払込みまたは給付をした財産の額とします。払込みまたは給付した額の2分の1を超えない額は、資本金として計上しないことができ、この場合は資本準備金として計上されます。剰余金の配当をする場合には、配当により減少する剰余金の額に10分の1を乗じた額を準備金(資本準備金または利益準備金)として計上しなければなりません。

→試験対策9章2節②

1 趣旨

　資本金は、会社財産を確保するための基準となる一定の計算上の数額であり、会社の信用の基礎をなすので、一定の手続を経なければ、その額を変更できない(資本不変の原則)。資本不変の原則のもと、資本金の額を定めるとともに剰余金の配当時の準備金の計上と合併等の場合の取扱いについて定めたものが本規定である。

2 語句の意味

資本金とは、会社の財産を確保するための基準となる一定の計算上の数額をいう。

準備金とは、資本金額に相当する会社財産に加えて準備金額に相当する会社財産を確保しないかぎり、剰余金の配当を許さないことによって、企業経営に起因する会社財産の変動に対するクッションの役割を果たすものをいう。

資本準備金とは、事業外の原因によって得た収益、すなわち資本取引の結果生じた剰余金を財源とする準備金をいう。

利益準備金とは、利益を財源とする準備金をいう。

3 条文クローズアップ

1 資本金の額（1項）

株式会社の資本金の額は、原則として設立または株式の発行に際して株主となる者が株式会社に対して払込みまたは給付をした財産の額とする。「払込み又は給付をした財産の額」とは、株式の発行価額ではなく、実際に払込みまたは給付をした財産の額をいう。

2 準備金

準備金には資本準備金と利益準備金とがあり、その財源により区別されていたが、準備金として一本化されたため、取扱いに差異はない。

→弥永[14版]429頁

3 資本準備金（2項、3項）

設立または株式の発行に際して、株主となる者が株式会社に対して払込みまたは給付をした財産の額の2分の1を超えない額は、資本金として計上しないことができるが（2項）、資本準備金として計上しなければならない（3項）。

4 剰余金の配当時の準備金の計上（4項）

剰余金の配当をする場合には、株式会社は、当該剰余金の配当により減少する剰余金の額に10分の1を乗じて得た額を資本準備金または利益準備金（準備金）として計上しなければならない（4項、会社計算規22条）。この計上義務の具体的な規律は法務省令（会社施規116条9号、会社計算規2条2項20号、4条、22条）で定められている。

→試験対策9章2節[2]【3】

5 合併等の場合の取扱い（5項）

組織変更、合併、吸収分割、新設分割、株式交換または株式移転に際して資本金または準備金として計上すべき額については、法務省令（会社施規116条9号、会社計算規4条）で定められている（会社445条5項、会社計算規33条以下）。

ただし、平成26年改正法は、吸収分割株式会社が吸収分割の効力が生ずる前に、剰余金の配当（配当財産が吸収分割承継会社の株式または持分のみであるものにかぎる）をする場合等には、会社法445条4項の規定による準備金の計上を要しないものとした（792条、812条）。配当可能額の有無にかかわらず剰余金の配当が行われる人的分割の場合にまで、準備金の計上を義務づける必要はないと考えられるからである。

→平成26年改正

→792条、812条

司 H20-46-3

第446条（剰余金の額）　B

株式会社の剰余金の額は、第1号から第4号までに掲げる額の合計額から第5号から第7号までに掲げる額の合計額を減じて得た額とする。

① 最終事業年度の末日におけるイ及びロに掲げる額の合計額からハからホまでに掲げる額の合計額を減じて得た額
　　イ　資産の額
　　ロ　❶自己株式の帳簿価額の合計額　　　　　　　　　　❶113条4項
　　ハ　負債の額
　　ニ　資本金及び準備金の額の合計額
　　ホ　ハ及びニに掲げるもののほか、法務省令で定める各勘定科目に計上した額の合計額
② 最終事業年度の末日後に自己株式の処分をした場合における当該自己株式の対価の額から当該自己株式の帳簿価額を控除して得た額
③ 最終事業年度の末日後に資本金の額の減少をした場合における当該減少額（次条第1項第2号の額〔減少する資本金の額を準備金とする場合の準備金の額〕を除く。）
④ 最終事業年度の末日後に準備金の額の減少をした場合における当該減少額（第448条第1項第2号の額〔減少する資本金の額を準備金とする場合の準備金の額〕を除く。）
⑤ 最終事業年度の末日後に第178条第1項〔自己株式の消却〕の規定により自己株式の消却をした場合における当該自己株式の帳簿価額
⑥ 最終事業年度の末日後に剰余金の配当をした場合における次に掲げる額の合計額
　　イ　第454条第1項第1号の配当財産の帳簿価額の総額（同条第4項第1号に規定する金銭分配請求権〔配当財産に代えて金銭の交付を株式会社に請求する権利〕を行使した株主に割り当てた当該配当財産の帳簿価額を除く。）
　　ロ　第454条第4項第1号に規定する金銭分配請求権を行使した株主に交付した金銭の額の合計額
　　ハ　第456条〔基準株式数を定めた場合の処理〕に規定する基準未満株式の株主に支払った金銭の額の合計額
⑦ 前2号に掲げるもののほか、法務省令で定める各勘定科目に計上した額の合計額

株式会社の剰余金の額は、1号に掲げる額、すなわち資産の額と自己株式の帳簿価額の合計額から、負債の額、資本金および準備金の額等を減じた額

→試験対策9章3節②

に、2号から4号までに掲げる額を加えた額から最終事業年度の末日後に自己株式の消却をした場合における自己株式の帳簿価額等5号から7号までに掲げる額の合計額を減じて得た額とします。

1 趣旨

　資本金・準備金制度の趣旨からすると、貸借対照表上の純資産額から資本金と準備金の額を差し引いた額が剰余金となるはずであるが、剰余金配当規制との関係では、決算日後の剰余金の変動も考慮に入れるため、剰余金を特に定義した。

2 条文クローズアップ

1　1号から4号までの額の合計額

　1号は、最終事業年度の末日における貸借対照表上に計上されている額をいう。「法務省令」（1号ホ）とは、会社計算規則149条をさす。会社法446条2号は、自己株式処分差益の額、3号は、資本金減少差益の額、4号は、準備金減少差益の額を規定している。

2　5号から7号までの額の合計額

　5号は、自己株式を消却した場合の当該自己株式の帳簿価額、6号は、剰余金配当した場合の配当額を規定している。7号の「法務省令」とは、会社計算規則150条をさす。

■第2款　資本金の額の減少等

■第1目　資本金の額の減少等

司H23-47-ウ（予）

第447条（資本金の額の減少）　B⁻

1　株式会社は、資本金の額を減少することができる。この場合においては、株主総会の決議によって、次に掲げる事項を定めなければならない。
① 減少する資本金の額
② 減少する資本金の額の全部又は一部を準備金とするときは、その旨及び準備金とする額
③ 資本金の額の減少がその効力を生ずる日
2　前項第1号の額は、同項第3号の日における資本金の額を超えてはならない。
3　株式会社が株式の発行と同時に資本金の額を減少する場合において、当該資本金の額の減少の効力が生ずる日後の資本金の額が当該日前の資本金の額を下回らないときにおける第1項の規定の適用については、同項中「株主総会の決議」とあるのは、「取締役の決定（取締役会設置会社にあっては、取締役会の決議）」とする。

株式会社は、資本金の額を減少することができ、この場合、その額等の一定の事項を株主総会の決議で定めなければなりません。そして、減少する資本金の額は、その効力が生じる日における資本金の額を超えてはなりません。また、株式の発行と同時に資本金の額を減少する場合、減少後の資本金の額が以前の額を下回らないときには、取締役等の決定によってできます。

→試験対策9章2節③

1　趣旨

　資本金の額の減少が、会社の基礎的な事項の変更という重要な事柄であることにかんがみ、株主総会の特別決議を要するとしてその手続を定めるとともに、資本金の額の減少の限度をも定めた条文である。

2　語句の意味

　資本金の額の減少（減資）とは、剰余金の配当等にあたって会社に保留されるべき会社財産の基準額である資本金の額を引き下げることをいう。

3　条文クローズアップ

1　意義

　会社の財政が不振で、会社財政の建直しを図らなくてはならないとき、その手段として用いられるのが資本金の額の減少である。すなわち、減少した資本金の額について、資本の欠損（純資産額が資本金と準備金の合計額に満たないこと）の填補にあてるほか、準備金を増加したり（1項2号）、剰余金として株主への配当財源にあてたりすることによって（446条3号）、会社財政の建直しを図る。

→試験対策9章2節③【1】

2　手続

　資本金の額を減少するには、原則として株主総会の特別決議（447条1項、309条2項9号）と会社債権者異議手続（449条）が必要である。なぜなら、資本金の額の減少は会社の基礎的な事項の変更である以上、株主や会社債権者に重大な影響を与えるので、その保護を図る必要があるからである。

　ただし、減資後も剰余金が生じないときは、定時株主総会において普通決議で足りる（309条2項9号イ、ロ）。これは、欠損を填補する場合には将来の剰余金配当が容易になるだけであり、会社からの財産の流出にはただちにつながらないため、株主にとって不利益にはならないからである。また、定時株主総会の決議に限定したのは、欠損額をできるだけ正確に把握できるように、計算書類の確定する時点にかぎりこれを認めようとしたからである。

→試験対策9章2節③【2】
→弥永[14版]425頁

3　資本金の額の減少の無効の訴え

　総会決議の不存在・無効・取消し、会社債権者異議手続の不履行等、資本金の額の減少の手続または内容に瑕疵がある場合には、無効となる。しかし、民法の一般原則により、だれでもいつでもいかなる方法で

→試験対策9章2節③【2】(4)

も無効を主張できるとしたのでは、会社をめぐる法律関係の安定を保てない。そこで、法律関係の画一的安定と法的安定を図るために会社の組織に関する行為の無効の訴えのなかに制度を設けて、資本金の額の減少の無効は訴えによってのみ主張できるものとした(828条1項5号)。

> 司H19-45-ウ
> **第448条（準備金の額の減少）　B⁻**
> 1　株式会社は、準備金の額を減少することができる。この場合においては、株主総会の決議によって、次に掲げる事項を定めなければならない。
> 　① 減少する準備金の額
> 　② 減少する準備金の額の全部又は一部を資本金とするときは、その旨及び資本金とする額
> 　③ 準備金の額の減少がその効力を生ずる日
> 2　前項第1号の額は、同項第3号の日における準備金の額を超えてはならない。
> 3　株式会社が株式の発行と同時に準備金の額を減少する場合において、当該準備金の額の減少の効力が生ずる日後の準備金の額が当該日前の準備金の額を下回らないときにおける第1項の規定の適用については、同項中「株主総会の決議」とあるのは、「取締役の決定(取締役会設置会社にあっては、取締役会の決議)」とする。

　株式会社は、準備金の額を減少することができ、この場合、その額等の一定の事項を株主総会の決議で定めなければなりません。そして、減少する準備金の額は、その効力が生じる日における準備金の額を超えてはなりません。また、株式の発行と同時に準備金の額を減少する場合、減少後の準備金の額が以前の額を下回らないときには、取締役の決定等によってできます。

→試験対策9章2節[4]

1 趣旨

　準備金の額の減少が、資本金の額の減少と同様に会社の基礎的な事項の変更という重要な事柄であることにかんがみ、株主総会の特別決議を要するとしてその手続を定めるとともに、準備金の額の減少の限度をも定めた条文である。

2 条文クローズアップ

1 準備金の額の減少がなされる場合

　準備金の額は、使用されることにより減少する。使用される場合としては、①資本の欠損を填補する場合と、②資本に組み入れる場合とがある。
　①資本の欠損とは、会社の純資産額が資本金と準備金の合計額よりも

→試験対策9章2節[4]【1】

少ないことをいう。資本に欠損が生じているということは、単に貸借対照表上に損失が計上されているというだけでなく、任意積立金等あらゆる資産を使用しても足りないということである。資本の欠損があったからといって、必ずしもすぐに準備金で填補しなければならないわけではなく、繰越損失として次期に繰り越すこともできる。

②**資本組入れ**とは、準備金の全部または一部を資本に組み入れることをいう。従来は、準備金が多くなって資本との不均衡が生じる場合や、無償で新株を発行して高騰した株価を引き下げる場合等に用いられてきた。

2　手続

準備金の額の減少の場合にも、資本金の額の減少の場合と同様に、原則として株主総会の決議（1項）と会社債権者異議手続（449条）とが必要である。なぜなら、準備金の額の減少は会社の基礎的な事項の変更である以上、株主や会社債権者に重大な影響を与えるので、その保護を図る必要があるからである。この場合の株主総会の決議は、普通決議で足りる（309条1項）。

なお、準備金の額の減少の無効については、資本金の額の減少の無効とは異なり、訴えによることは要求されていない。

司 H25-47-イ（予）、H24-26-ア・ウ（予）、H20-46-2、H19-45-エ、H18-47-エ。 予 H27-23-オ。
書 H25-33-イ

第449条（債権者の異議）　A

1　株式会社が資本金又は準備金（以下この条において「❶資本金等」という。）の額を減少する場合（減少する準備金の額の全部を資本金とする場合を除く。）には、当該株式会社の債権者は、当該株式会社に対し、資本金等の額の減少について異議を述べることができる。ただし、準備金の額のみを減少する場合であって、次のいずれにも該当するときは、この限りでない。
　①　定時株主総会において前条第1項各号に掲げる事項〔準備金の額の減少に関する事項〕を定めること。
　②　前条第1項第1号の額〔減少する準備金の額〕が前号の定時株主総会の日（第439条前段に規定する場合〔定時株主総会における計算書類等の承認を省略できる特則〕にあっては、第436条第3項の承認〔取締役会の計算書類等についての承認〕があった日）における欠損の額として法務省令で定める方法により算定される額を超えないこと。
2　前項の規定により株式会社の債権者が異議を述べることができる場合には、当該株式会社は、次に掲げる事項を官報に公告し、かつ、知れている債権者には、各別にこれを催告しなければなら

ない。ただし、第3号の期間は、1箇月を下ることができない。
① 当該❶資本金等の額の減少の内容
② 当該株式会社の❷計算書類に関する事項として法務省令で定めるもの
③ 債権者が一定の期間内に異議を述べることができる旨

3　前項の規定にかかわらず、株式会社が同項の規定による公告を、官報のほか、第939条第1項の規定による定款の定め〔会社の公告方法についての定款の定め〕に従い、同項第2号又は第3号に掲げる公告方法〔日刊新聞紙に掲載する方法または電子公告による方法〕によりするときは、前項の規定による各別の催告は、することを要しない。

4　債権者が第2項第3号の期間内に異議を述べなかったときは、当該債権者は、当該❶資本金等の額の減少について承認をしたものとみなす。

5　債権者が第2項第3号の期間内に異議を述べたときは、株式会社は、当該債権者に対し、弁済し、若しくは相当の担保を提供し、又は当該債権者に弁済を受けさせることを目的として❸信託会社等（❹信託会社及び信託業務を営む金融機関（金融機関の信託業務の兼営等に関する法律（昭和18年法律第43号）第1条第1項の認可を受けた金融機関をいう。）をいう。以下同じ。）に相当の財産を信託しなければならない。ただし、当該❶資本金等の額の減少をしても当該債権者を害するおそれがないときは、この限りでない。

6　次の各号に掲げるものは、当該各号に定める日にその効力を生ずる。ただし、第2項から前項までの規定による手続が終了していないときは、この限りでない。
① 資本金の額の減少　第447条第1項第3号の日〔資本金額の減少が効力を生ずる日〕
② 準備金の額の減少　前条第1項第3号の日〔準備金の額の減少が効力を生ずる日〕

7　株式会社は、前項各号に定める日前は、いつでも当該日を変更することができる。

❷435条2項

❸定
❹34条2項

株式会社が資本金・準備金の額を減少する場合には、債権者は会社に対して異議を述べることができます。この場合、会社は、1か月を下らない一定の期間内に異議を述べることができる旨等を官報に公告し、かつ、知れている債権者には、個別に催告しなければなりません。債権者が異議を述べたときは、債権者の利益を損なうおそれがない場合を除き、当該債権者に対し、弁済、相当の担保の提供等をしなければなりません。

→試験対策9章2節4【2】(2)

1 趣旨

株式会社では、株主が間接有限責任しか負わないので、会社債権者は会社の財産的基礎の変更について大きな利害関係を有している。そこで、本条は、資本金等の額の減少に対する会社債権者異議手続、資本金等の額の減少の効力発生時期について規定した。

2 条文クローズアップ

1 会社債権者異議手続（1項から5項まで）

(1) 1項

定時株主総会において準備金の額のみを減少する場合であって、減少後なお配当可能な剰余金が生じないときは、会社債権者異議手続を要しない（1項柱書ただし書）。この場合には、実質的に会社からの財産の流出は生じないし、準備金の額が欠損填補のため減少することは会社債権者も覚悟すべきだからである。

(2) 2項および3項

株式会社は、①当該資本金等の額の減少の内容、②当該株式会社の計算書類に関する事項として法務省令（会社計算規152条）で定めるもの、③債権者が一定の期間内（1か月を下ることができない）に異議を述べることができる旨を官報に公告し、かつ、知れている債権者には各別にこれを催告しなければならない（会社449条2項）。ただし、公告を、官報のほか、939条1項の規定による定款の定めに従い、939条1項2号または3号に掲げる公告方法によるときは、各別の催告は不要である（449条3項）。

(3) 4項および5項

債権者の異議の申立てがなかった場合には、その債権者は資本金等の額の減少を承認したものとみなされる（4項）。

債権者が異議を述べた場合には、会社は、その債権者に対し、①弁済、②相当の担保の提供、③その債権者に弁済を受けさせることを目的とする信託会社・信託兼金融機関への相当の財産の信託のいずれかをしなければならない（5項本文）。ただし、資本金等の額の減少をしてもその債権者を害するおそれがない場合は、これらの措置は不要である（ただし書）。

2 資本金等の額の減少の効力発生時期（6項、7項）

資本金等の減少は、資本金等の額の減少が効力を生じる日として株主総会で定めた日に、効力が発生する（6項1号、2号）。ただし、会社債権者異議手続が完了していない場合は、すべて完了するまで効力は生じない（6項柱書ただし書）。そして、株式会社は、その定めた日より前は、いつでも当該日を変更することができる（7項）。

なお、資本金の額は登記事項であるから（911条3項5号）、変更登記が必要である。もっとも、判例は、これは資本金の額の減少の効力とは関

→判例セレクト1

係がないとする。また、判例は、資本金の額の減少の効力が発生する時点までは、株主総会の特別決議で資本金の額の減少を撤回することができるとしている。

→大判昭5・7・17民集9-868

1 資本金の額の減少の効力発生時期
資本金の額の減少の効力は、その資本金の額の減少手続が終了したときに発生し、登記はその効力発生要件ではない（最判昭42・2・17商登百選76事件）。

2 「知れている債権者」の意義
〔旧〕商法376条1項〔会社法449条2項〕にいう「知レタル債権者」〔知れている債権者〕とは、債権者がだれであるか、その債権がどのような原因に基づくどのような請求権であるかの大体を、会社が知っている債権者をいい、会社と訴訟継続中の債権者であってもこれに該当しないとはいえない（大判昭7・4・30会社法百選81事件）。

■第2目 資本金の額の増加等

書 H23-32-ア

第450条（資本金の額の増加） C
1 株式会社は、剰余金の額を減少して、資本金の額を増加することができる。この場合においては、次に掲げる事項を定めなければならない。
① 減少する剰余金の額
② 資本金の額の増加がその効力を生ずる日
2 前項各号に掲げる事項の決定は、株主総会の決議によらなければならない。
3 第1項第1号の額は、同項第2号の日における剰余金の額を超えてはならない。

株式会社は、剰余金の額を減少して資本金の額を増加することができます。この場合、株主総会の決議で、減少する剰余金の額および資本金の額の増加が効力を生じる日を定めなければなりません。なお、実際にある剰余金の額よりも多い額を資本金に組み入れることはできません。

→試験対策9章2節[5]【1】

1 趣旨

本条は、剰余金の額を減少したうえで、資本金の額を増額することを認めた規定である。その趣旨は、剰余金を配当に使用できないよう、資本への組入れを認めるとともに、その取崩しに厳格な手続を要するものとすることで、内部留保を充実させる点にある。

2 条文クローズアップ

資本金の額の増加に関する手続規定

①減少する剰余金の額（1項1号）および、②資本金の額の増加がその効力を生ずる日（1項2号）は、株主総会の普通決議で定める（2項、309条1項）。なお、①の額は、②の日における剰余金の額を超えることができない（450条3項）。

> 司 H24-46-エ（予）、H19-45-オ
> **第451条（準備金の額の増加）　B**
> 1　株式会社は、剰余金の額を減少して、準備金の額を増加することができる。この場合においては、次に掲げる事項を定めなければならない。
>   ①　減少する剰余金の額
>   ②　準備金の額の増加がその効力を生ずる日
> 2　前項各号に掲げる事項の決定は、株主総会の決議によらなければならない。
> 3　第1項第1号の額は、同項第2号の日における剰余金の額を超えてはならない。

株式会社は、剰余金の額を減少して準備金の額を増加することができます。この場合、株主総会の決議で、減少する剰余金の額および準備金の額の増加が効力を生じる日を定めなければなりません。なお、実際にある剰余金の額よりも多い額を準備金に組み入れることはできません。

→試験対策9章2節5【2】

1 趣旨

剰余金から法定準備金への組入れを認めた本条の趣旨は、剰余金と法定準備金の相違は、もっぱら配当拘束がかかるか否かという点のみであるから、これらの間の振替え自体は、一定の手続を前提とすれば、これを否定する理由はないという点にある。

2 条文クローズアップ

準備金の額の増加に関する手続規定

①減少する剰余金の額（1項1号）および、②資本金の額の増加がその効力生ずる日（1項2号）を株主総会の普通決議で定める（2項、309条1項）。なお、①の額は、②の日における剰余金の額を超えることができない（451条3項）。

■第3目　剰余金についてのその他の処分

> 司 H24-46-オ(予)
> **第452条　B⁻**
> 株式会社は、株主総会の決議によって、損失の処理、任意積立金の積立てその他の剰余金の処分(前目に定めるもの及び剰余金の配当その他株式会社の財産を処分するものを除く。)をすることができる。この場合においては、当該剰余金の処分の額その他の法務省令で定める事項を定めなければならない。

　株式会社は、株主総会の決議によって、損失の処理、任意積立金の積立てその他の剰余金の処分をすることができます。ただし、剰余金を減少させて資本金または準備金を増加させること、および剰余金の配当その他株式会社の財産を処分するものを除きます。

→試験対策9章2節⑥

1 趣旨

　本条の趣旨は、任意積立金の積立て・取消しなどの剰余金の処分が株主にとって重大な事項であることにかんがみて、株主総会の普通決議を要求したことにある。

2 語句の意味

　任意積立金とは、会社法が積立てを強制するものではないが、会社が定款の定めまたは株主総会の決議によって積み立てる積立金のことをいう。

3 条文クローズアップ

1　本条の射程範囲

　本条を根拠として行うことができる処分は、剰余金の処分のうち、①剰余金を減少させて資本金または準備金を増加させること(450条、451条)と、②株式会社から財産が流出するものとを除いたものであることから、結局、実財産の流出を伴わずに、剰余金を構成する各科目の間の計数を変更するものである。

2　「法務省令で定める事項」

→会社施規116条11号、会社計算規153条

■第4節　剰余金の配当

■総説

　会社の営利性は、対外的な営利活動によって利益を得ることにとどまらず、それを構成員である株主に分配することまで含む(105条1項1号、2号)。

→試験対策9章3節①

株主に対する利益の分配は、会社が解散すれば残余財産の分配として行われるが、通常、会社は存続期間を予定しないで永続的に事業を行うものであるため、会社の存続中に株主に利益を配当することが必要となる。そこで、会社法のもとでは、株式会社は、剰余金の配当というかたちでこれを行うことができる。

　剰余金の配当を受ける権利（1項1号）は、利益を目的として出資する株主にとって、もっとも重要な権利のひとつである。しかし、得られた利益を剰余金として無制限に配当すると、会社の財産的基盤を危うくし、会社債権者を害するおそれがある。そこで、会社法は、会社の財産を確保し、会社債権者の保護を図るため、剰余金の配当に関してさまざまな規制を設けている。すなわち、株主にいくらまでの剰余金の配当を認めるかという配当規制の問題は、会社債権者と株主との間の利害調整の問題であるといえる。これに関する規定は、会社法の計算のなかでもっとも中心的な規定である。

　なお、会社法は、株式会社の財産をめぐる会社債権者と株主との間の利害調整という観点から、自己株式の有償取得についても、剰余金の配当と区別することなく統一的に財源規制をかけている。株式会社が株主から有償で株式を取得するということは、株主に対して債権者よりも先に財産を払い出しているという点において、株主に対する剰余金の配当と異ならないからである。

1　剰余金配当請求権の性質とその譲渡性
2　定款による剰余金配当請求権の行使期間の制限

→105条判例セレクト1
→105条判例セレクト2

司H24-40-イ（予）、H18-38-4、H18-42-エ、書H24-29-イ

第453条（株主に対する剰余金の配当）　B⁺

株式会社は、その株主(当該株式会社を除く。)に対し、剰余金の配当をすることができる。

　株式会社は、その株主に対して、剰余金の配当をすることができます。しかし、当該会社の自己株式については、剰余金の配当はできません。

1　趣旨

　本条の趣旨は、①会社が存続中に株主に対して、その地位に基づき会社財産を交付する行為は、「剰余金の配当」という概念で把握されるべきこと、②剰余金の配当は時期を問わないでできること、および③自己株式への配当は行わないことを明らかにする点にある。

2　条文クローズアップ

自己株式

　本条は、株式会社は、当該会社を除く株主に対して、剰余金の配当をすることができるとしており、当該会社が保有する自己株式については剰余金の配当ができない。

　なお、括弧書が自己株式を除外したのは、自己株式に対する剰余金配当を肯定すると、自己株式に対する配当金の分だけ次年度の収益が増加して、実際には収益力が変わらない場合でもそれが増加したように誤解させる可能性があり、会社の収益力を正確に表示しようという会社の計算の目的に反することになるからである。

司H26-47-ウ(予)。書H27-28-ア、H23-32-ウ

第454条（剰余金の配当に関する事項の決定）　B⁻

1　株式会社は、前条の規定による剰余金の配当をしようとするときは、その都度、株主総会の決議によって、次に掲げる事項を定めなければならない。
　①　配当財産の種類(当該株式会社の❶株式等を除く。)及び帳簿価額の総額
　②　株主に対する配当財産の割当てに関する事項
　③　当該剰余金の配当がその効力を生ずる日
2　前項に規定する場合において、剰余金の配当について内容の異なる2以上の種類の株式を発行しているときは、株式会社は、当該種類の株式の内容に応じ、同項第2号に掲げる事項として、次に掲げる事項を定めることができる。
　①　ある種類の株式の株主に対して配当財産の割当てをしないこととするときは、その旨及び当該株式の種類
　②　前号に掲げる事項のほか、配当財産の割当てについて株式の種類ごとに異なる取扱いを行うこととするときは、その旨及び当該異なる取扱いの内容
3　第1項第2号に掲げる事項についての定めは、株主(当該株式会社及び前項第1号の種類の株式の株主を除く。)の有する株式の数(前項第2号に掲げる事項についての定めがある場合にあっては、各種類の株式の数)に応じて配当財産を割り当てることを内容とするものでなければならない。
4　配当財産が金銭以外の財産であるときは、株式会社は、株主総会の決議によって、次に掲げる事項を定めることができる。ただし、第1号の期間の末日は、第1項第3号の日以前の日でなければならない。
　①　株主に対して❷金銭分配請求権(当該配当財産に代えて金銭を交付することを株式会社に対して請求する権利をいう。以下この章において同じ。)を与えるときは、その旨及び金銭分配請求

❶107条2項2号ホ

❷定

> 　　権を行使することができる期間
> ②　一定の数未満の数の株式を有する株主に対して配当財産の割当てをしないこととするときは、その旨及びその数
> 5　取締役会設置会社は、一事業年度の途中において1回に限り取締役会の決議によって剰余金の配当(配当財産が金銭であるものに限る。以下この項において「中間配当」という。)をすることができる旨を定款で定めることができる。この場合における中間配当についての第1項の規定の適用については、同項中「株主総会」とあるのは、「取締役会」とする。

　株式会社は、剰余金の配当をしようとするときは、株主総会の決議によって、株主に対する配当財産の割当てに関する事項等を定めなければなりません。配当財産の割当てに関する事項についての定めは、株主の所有する株式の数に応じて配当財産を割り当てることを内容とするものでなければなりません。取締役会設置会社は、中間配当をすることができる旨を定款で定めることができます。

→試験対策9章3節③【2】

1 趣旨

　剰余金の配当を受ける権利(105条1項1号)は、株主にとって重要な権利のひとつであるが、これを無制限に認めると、会社の財産的基盤を危うくし、会社財産を唯一の担保とする会社債権者の利益を害するおそれがある。そこで、会社債権者の保護を図るために、剰余金の配当を行うときに必要とする手続について定めた。

2 条文クローズアップ

1　株主総会決議(1項)

　剰余金の配当は、株主総会の普通決議(309条1項。ただし、309条2項10号の場合は特別決議を要する)により、①配当財産の種類(当該会社の株式等〔株式・社債・新株予約権〕は配当できない)および帳簿価額の総額(454条1項1号)、②株主に対する配当財産の割当てに関する事項(2号)、③剰余金の配当の効力発生日(3号)、を定めることを要する(1項)。

2　剰余金配当に関する種類株式について(2項)

　剰余金の配当について内容の異なる2以上の種類の株式を発行しているときは、当該種類の株式の内容に応じて、上記1②の事項を定めることを要する。

3　持株数に応じた取扱い(3項)

　上記1②の事項は、株主間(株式間、種類株式の場合は種類株式間)で平等でなければならない(3項)。

　従来は、営業年度の途中で発行された新株について、利益配当をその払込期日から決算期までの日数によって日割計算して行うこと(日割配

当)が、解釈により認められていた。しかし、3項により、株主の有する株式の数に応じて配当財産を割り当てなければならないとされ、その例外は、株式の内容が異なる場合(2項2号)を除いて認められていない。よって、従来認められていた日割配当は禁止されることになった。

4　現物配当(4項)

配当財産を金銭以外の財産とすることも認められる(4項)。その場合には、株主に対して金銭分配請求権を与える旨およびその行使期間(1号)、一定数未満の数の株式を有する株主に対して配当財産の割当てをしないこととする旨およびその数(2号)を株主総会の決議で定めることができる。この際の株主総会決議は、株主に金銭分配請求権を与えないこととする場合には特別決議が必要とされ(309条2項10号)、それ以外の場合は普通決議で足りる。

5　中間配当(5項)

取締役会設置会社においては、中間配当をすることができる旨を定款で定めることができる。

判例セレクト

剰余金の配当と株主平等原則

→109条判例セレクト1

第455条（金銭分配請求権の行使）　C

1　前条第4項第1号に規定する場合〔株主に対して配当財産に代えて金銭交付を請求する権利〕には、株式会社は、同号の期間の末日の20日前までに、株主に対し、同号に掲げる事項を通知しなければならない。

2　株式会社は、❶<u>金銭分配請求権</u>を行使した株主に対し、当該株主が割当てを受けた配当財産に代えて、当該配当財産の価額に相当する金銭を支払わなければならない。この場合においては、次の各号に掲げる場合の区分に応じ、当該各号に定める額をもって当該配当財産の価額とする。
　① 当該配当財産が市場価格のある財産である場合　当該配当財産の市場価格として法務省令で定める方法により算定される額
　② 前号に掲げる場合以外の場合　株式会社の申立てにより裁判所が定める額

❶454条4項1号

金銭分配請求権を付与することを定めた場合、株式会社は、金銭分配請求権を行使できる期間を株主に通知しなければなりません。

また、会社は、金銭分配請求権を行使した株主には、その配当財産の価額に相当する金銭を支払わなければなりません。

1 趣旨

　1項の趣旨は、株主に金銭分配請求権を行使する機会を与えるとともに、同請求権を行使するかどうかを判断するための期間を与える点にある。本条2項の趣旨は、金銭分配請求権の行使により支払うべき金銭の額を算定する基礎となる配当財産の価額を画一的に定めることで、会社の事務処理上の便宜を図る点にある。

2 条文クローズアップ

「法務省令で定める方法」（2項1号）
　会社計算規則154条に定める方法をいう。

> **第456条（基準株式数を定めた場合の処理）　C**
> 第454条第4項第2号の数（一定数未満の数の株式を有する株主に対して配当財産の割当てをしない場合の、その数）（以下この条において「基準株式数」という。）を定めた場合には、株式会社は、基準株式数に満たない数の株式（以下この条において「基準未満株式」という。）を有する株主に対し、前条第2項後段（配当財産の価額の定め方）の規定の例により基準株式数の株式を有する株主が割当てを受けた配当財産の価額として定めた額に当該基準未満株式の数の基準株式数に対する割合を乗じて得た額に相当する金銭を支払わなければならない。

　基準株式数を定めた場合には、基準株式数に満たない数の株式を所有する株主に対し、その株式の価値に相当する金銭を支払わなければなりません。

1 趣旨

　現物配当を行う場合には、配当される財産の価値や単位によっては、1株について配当すべき財産を測定した場合に端数になってしまうような場合も考えられる。そこで、一定の数以上の株式を有する者に対しては現物の配当を行い、当該一定の数に満たない株式を有する者に対しては、その価値に相当する金銭を支払うこととする取扱いを認めた。

> **第457条（配当財産の交付の方法等）　C**
> 1　配当財産（第455条第2項の規定により支払う金銭（株主が金銭分配請求権を行使した場合に支払う金銭）及び前条の規定により支払う金銭（基準未満株式を有する株主に支払う金銭）を含む。以下この条において同じ。）は、株主名簿に記載し、又は記録した株主（❶登録株式質権者を含む。以下この条において同じ。）の住所又は株主が株式会社に通知した場所（第3項において「住所等」という。）において、

❶149条1項

これを交付しなければならない。
2　前項の規定による配当財産の交付に要する費用は、株式会社の負担とする。ただし、株主の責めに帰すべき事由によってその費用が増加したときは、その増加額は、株主の負担とする。
3　前2項の規定は、日本に住所等を有しない株主に対する配当財産の交付については、適用しない。

　配当財産等は、株主名簿に記載・記録した株主等の住所または株主が株式会社に通知した場所において、これを交付しなければなりません。この配当財産の交付に必要な費用は、株式会社の負担とします。ただし、株主の落ち度により費用が増加したときは、その増加分は株主の負担とします。

1　趣旨

　従来、配当金支払債務は取立債務として運用されていて、小規模株主にとって取立費用が負担となっていた。そこで、本条は、そのような実務を改めたものである。

第458条（適用除外）　B⁺
司 H20-36-1、H19-45-ア、H18-38-4、

第453条から前条まで〔剰余金配当、剰余金配当に関する事項の決定、金銭分配請求権の行使、基準株式数を定めた場合の処理、配当財産の交付方法等〕の規定は、株式会社の純資産額が300万円を下回る場合には、適用しない。

　純資産額が300万円を下回る株式会社については、剰余金の配当を行うことはできません。

→試験対策9章3節③【1】(1)

1　趣旨

　もし無条件に剰余金の配当を許せば、会社財産を唯一の担保とする債権者の利益を害するおそれがあることから、剰余金があっても、純資産額が300万円未満の場合は、株主に配当できないものとした。

2　条文クローズアップ

「純資産額」の意義

　「純資産額」とは、その算定方法についての規定が存在しないため、最終事業年度の末日における貸借対照表が基準になると解されている。

■第5節　剰余金の配当等を決定する機関の特則

司H24-46-オ（予）。書H23-32-オ
第459条（剰余金の配当等を取締役会が決定する旨の定款の定め）　B⁻

1　会計監査人設置会社（取締役（監査等委員会設置会社にあっては、❶監査等委員である取締役以外の取締役）の任期の末日が選任後1年以内に終了する事業年度のうち最終のものに関する定時株主総会の終結の日後の日であるもの及び監査役設置会社であって監査役会設置会社でないものを除く。）は、次に掲げる事項を取締役会（第2号に掲げる事項については第436条第3項〔計算書類等の承認〕の取締役会に限る。）が定めることができる旨を定款で定めることができる。

❶38条2項

①　第160条第1項〔特定の株主からの取得〕の規定による決定をする場合以外の場合における第156条第1項各号に掲げる事項〔自己株式の取得に関する事項〕
②　第449条第1項第2号に該当する場合〔準備金額の減少後、分配可能な剰余金が発生しない場合〕における第448条第1項第1号及び第3号に掲げる事項〔減少する準備金の額およびその減少の効力が発生する日〕
③　第452条後段の事項〔剰余金の処分の額その他の法務省令で定める事項〕
④　第454条第1項各号及び同条第4項各号に掲げる事項〔剰余金配当に関する事項および現物配当実施の際に定めうる事項〕。ただし、配当財産が金銭以外の財産であり、かつ、株主に対して❷金銭分配請求権を与えないこととする場合を除く。

❷454条4項1号

2　前項の規定による定款の定めは、最終事業年度に係る❸計算書類が法令及び定款に従い株式会社の財産及び損益の状況を正しく表示しているものとして法務省令で定める要件に該当する場合に限り、その効力を有する。

❸435条2項

3　第1項の規定による定款の定めがある場合における第449条第1項第1号の規定の適用については、同号中「定時株主総会」とあるのは、「定時株主総会又は第436条第3項の取締役会」とする。

　株式会社が、会計監査人設置会社であること、取締役の任期が1年を超えないこと、監査役会設置会社、監査等委員会設置会社または委員会設置会社であることの3点を条件として、会社は、剰余金の配当等の決定を取締役会の決議によって定めることができる旨を定款で定めることができます。

→試験対策9章3節③【2】(2)(b)

1　趣旨

株式会社において、利益が生じている場合に、トラッキング・ストックや各種の株式について確実かつタイムリーに配当を行うためには、取締役会に剰余金の配当の決定権限を与えることに実益がある。また、剰余金の配当や内部留保の決定は、多くの事情を考慮すべき経営判断であり、株主よりも取締役が適任者といえる。そこで、剰余金の配当を取締役会決議に委ねることを認めている。取締役の任期が1年以内とされている会社に限定しているのは、取締役会の決定した剰余金の配当の方針に反対の株主が取締役の不再任というかたちで自己の意思を次の事業年度以降に反映させることを可能にするためである。

2 条文クローズアップ

1 取締役会が決定する旨の定款の定めができる事項（1項）
①特定の株主からの取得（160条1項）の決定をする場合以外の場合における自己株式取得に関する事項（156条1項各号、459条1項1号）
②定時総会での準備金額減少の後、分配可能な剰余金が生じない場合（449条1項2号）における減少する準備金の額および準備金額減少の効力発生日（448条1項1号、3号、459条1項2号）
③剰余金の処分の額その他の法務省令（会社施規116条11号、会社計算規153条）で定める事項（会社452条後段、459条1項3号）
④剰余金の配当に関する事項および現物配当をする場合に定めうる事項（454条1項各号、4項各号、459条1項4号本文）
　　この場合は、現物配当も可能であるが、株主総会の特別決議が必要な場合は除かれる（ただし書）。株主にとって好ましくない財産が交付されることがあるからである。

2 2項
　1項のような定款の定めは、最終事業年度にかかる計算書類が法令および定款に従って、会社の財産および損益の状態を正しく表示しているものとして法務省令（会社施規116条12号、会社計算規155条）で定める要件に該当するかぎり効力を有する（会社459条2項）。

3 3項
　1項の規定による定めがある場合には、449条1項1号でいう「定時株主総会」という文言は、「定時株主総会又は第436条第3項の取締役会」と読み替えて適用する（459条3項）。

📖 H23-32-オ
第460条（株主の権利の制限）　C
1　前条第1項の規定による定款の定め〔剰余金配当等を取締役会が決定する旨の定款の定め〕がある場合には、株式会社は、同項各号に掲げる事項を株主総会の決議によっては定めない旨を定款で定めることができる。

2　前項の規定による定款の定めは、最終事業年度に係る❶計算書類が法令及び定款に従い株式会社の財産及び損益の状況を正しく表示しているものとして法務省令で定める要件に該当する場合に限り、その効力を有する。

❶435条2項

剰余金の配当等を取締役会が決定する旨の定款の定めがある場合において、それら剰余金の配当等を株主総会の決議によっては定めない旨を定款で定めることができます。このような定款の定めは、最終事業年度にかかる計算書類が、法令および定款に従って株式会社の財産および損益の状況を正しく表示している場合にかぎり、効力をもちます。

→試験対策9章3節③【2】(2)(b)

1 趣旨

剰余金の配当等を取締役会が決定する旨の定款の定めがある場合において、本来これらの事項を定める権限を有する株主総会の権限を制限するかどうかを定款の自治に委ねた。

2 条文クローズアップ

1　1項
459条1項各号の定款の定めがある場合には、それらの事項を株主総会の決議によっては定めない旨を定款で定めることができる。

2　2項
1項の定款の定めは、459条1項の定款の定めと同じく、最終事業年度にかかる計算書類が法令および定款に従って、会社の財産および損益の状況を正しく表示しているものとして、法務省令（会社施規116条13号、会社計算規155条）で定める要件に該当するかぎり効力を有する。

■第6節　剰余金の配当等に関する責任

司H20-36-3

第461条（配当等の制限）　A

1　次に掲げる行為により株主に対して交付する❶金銭等（当該株式会社の株式を除く。以下この節において同じ。）の帳簿価額の総額は、当該行為がその効力を生ずる日における❷分配可能額を超えてはならない。
① 第138条第1号ハ又は第2号ハの請求に応じて行う当該株式会社の株式の買取り〔譲渡承認しない場合の株式買取請求〕
② 第156条第1項の規定による決定〔自己株式の合意取得についての事項の決定〕に基づく当該株式会社の株式の取得（第163条〔子会社からの自己株式取得〕に規定する場合又は第165条第1項〔市場取引等による自己株式取得〕に規定する場合における当該株式会社によ

❶定・151条1項

る株式の取得に限る。）
　③　第157条第1項の規定による決定〔自己株式の合意取得の決定〕に基づく当該株式会社の株式の取得
　④　第173条第1項〔全部取得条項付種類株式の全部取得〕の規定による当該株式会社の株式の取得
　⑤　第176条第1項の規定による請求〔相続人等への売渡請求〕に基づく当該株式会社の株式の買取り
　⑥　第197条第3項〔所在が不明である株主の有する株式の買取り〕の規定による当該株式会社の株式の買取り
　⑦　第234条第4項〔1株に満たない端数を処理する場合の買取り〕（第235条第2項〔株式分割または株式併合で端数が発生する場合の準用〕において準用する場合を含む。）の規定による当該株式会社の株式の買取り
　⑧　剰余金の配当
2　前項に規定する「❷分配可能額」とは、第1号及び第2号に掲げる額の合計額から第3号から第6号までに掲げる額の合計額を減じて得た額をいう（以下この節において同じ。）。　　　　　　　　　　❷定
　①　剰余金の額
　②　❸臨時計算書類につき第441条第4項の承認〔臨時計算書類の株主総会による承認〕（同項ただし書に規定する場合にあっては、同条第3項の承認〔取締役会の承認〕）を受けた場合における次に掲げる額　　　　　　　　　　　　　　　　　　　　　　　❸441条1項
　　イ　第441条第1項第2号の期間〔臨時決算日の属する事業年度の初日から臨時決算日までの期間〕の利益の額として法務省令で定める各勘定科目に計上した額の合計額
　　ロ　第441条第1項第2号の期間〔臨時決算日の属する事業年度の初日から臨時決算日までの期間〕内に自己株式を処分した場合における当該自己株式の対価の額
　③　❹自己株式の帳簿価額　　　　　　　　　　　　　　❹113条4項
　④　最終事業年度の末日後に自己株式を処分した場合における当該自己株式の対価の額
　⑤　第2号に規定する場合における第441条第1項第2号の期間〔臨時決算日の属する事業年度の初日から臨時決算日までの期間〕の損失の額として法務省令で定める各勘定科目に計上した額の合計額
　⑥　前3号に掲げるもののほか、法務省令で定める各勘定科目に計上した額の合計額

剰余金の配当、自己株式の取得等の行為により株主に対して交付する金銭等の帳簿価額の総額は、当該行為がその効力を生じる日における分配可能額を超えてはなりません。　　　　　　　　　　　　　　→試験対策9章3節④【1】

計算等

第461条／737

1 趣旨

本条の趣旨は、株主が間接有限責任しか負わない株式会社において、配当等の制限を加えることで、株主に対する過剰な財産の払戻しを防止し、会社債権者を保護する点にある。

2 条文クローズアップ

1 株式会社が株主に対して金銭等を交付する場合(1項)

①譲渡等不承認時の買取請求に応じて行う当該株式会社の株式の買取り(138条1号ハまたは2号ハ、461条1項1号)
②自己株式の合意取得に関する事項の決定(156条1項)に基づく当該株式会社の株式の取得(461条1項2号)
　ただし、子会社からの自己株式の取得(163条)に規定する場合または市場取引等による自己株式の取得(165条1項)に規定する場合における当該株式会社による株式の取得にかぎる。
③自己株式の合意取得の決定(157条1項)に基づく当該株式会社の株式の取得(461条1項3号)
④全部取得条項付種類株式の全部の取得(173条1項)の規定による当該株式会社の株式の取得(461条1項4号)
⑤相続人等に対する売渡請求(176条1項)に基づく当該株式会社の株式の取得(461条1項5号)
⑥所在不明株主の株式の会社による買取り(197条3項)の規定による当該株式会社の株式の買取り(461条1項6号)
⑦1株未満の端数処理時における会社による買取り(234条4項)の規定による当該株式会社の株式の買取り(461条1項7号)
⑧剰余金の配当(8号)

2 分配可能額(2項)

(1) 分配可能額の算出方法

分配可能額とは、以下の①と②の合計額から③から⑥までの合計額を減じて得た額をいう。

①剰余金の額(1号)
②臨時計算書類につき441条4項の承認(同項ただし書に規定する場合にあっては、441条3項の承認)を受けた場合における以下の額(461条2項2号)
　㋐　441条1項2号の期間の利益の額として法務省令で(会社計算規156条)定める各勘定科目に計上した額の合計額
　㋑　441条1項2号の期間内に自己株式を処分した場合における当該自己株式の対価の額
③自己株式の帳簿価額(461条2項3号)
④最終事業年度の末日後に自己株式を処分した場合における当該自己株式の対価の額(4号)

⑤2号に規定する場合における441条1項2号の期間の損失の額として法務省令(会社計算規157条)で定める各勘定科目に計上した額の合計額(会社461条2項5号)
　⑥そのほか、法務省令(会社計算規158条)で定める各勘定科目に計上した額の合計額(会社461条2項6号)

(2) **違法な剰余金の配当**

　会社法のもとでは、上記のような分配可能額の制限に違反して剰余金の配当が行われた場合(①そもそも分配可能額がない場合と、②分配可能額があってもその分配可能額を超えた場合がある)であっても、その配当は有効と解される(無効とする見解もある)。

　なぜなら、463条1項においても「効力を生じた日」という表現が用いられており、このことは分配可能額の規制に違反した剰余金の配当自体は有効であることを前提としているからである。

　ただし、会社法は、株主・取締役をはじめとするさまざまな関係者に、**法定の特別の責任**を負わせている。

→神田[17版]305頁、江頭[6版]678頁

→試験対策9章3節[4]【2】

→462条

司H24-45-エ(予)。書H23-32-エ

第462条（剰余金の配当等に関する責任）　A

1　前条第1項〔配当等の制限〕の規定に違反して株式会社が同項各号に掲げる行為をした場合には、当該行為により❶金銭等の交付を受けた者並びに当該行為に関する職務を行った❷業務執行者(業務執行取締役(指名委員会等設置会社にあっては、執行役。以下この項において同じ。)その他当該業務執行取締役の行う業務の執行に職務上関与した者として法務省令で定めるものをいう。以下この節において同じ。)及び当該行為が次の各号に掲げるものである場合における当該各号に定める者は、当該株式会社に対し、連帯して、当該金銭等の交付を受けた者が交付を受けた金銭等の帳簿価額に相当する金銭を支払う義務を負う。
　①　前条第1項第2号に掲げる行為〔子会社からの自己株式取得、市場取引等での自己株式取得〕　次に掲げる者
　　イ　第156条第1項の規定による決定〔株主との合意による自己株式取得に関する事項の決定〕に係る株主総会の決議があった場合(当該決議によって定められた同項第2号の金銭等の総額〔取得対価の総額〕が当該決議の日における❸分配可能額を超える場合に限る。)における当該株主総会に係る❹総会議案提案取締役(当該株主総会に議案を提案した取締役として法務省令で定めるものをいう。以下この項において同じ。)
　　ロ　第156条第1項の規定による決定〔株主との合意による自己株式取得に関する事項の決定〕に係る取締役会の決議があった場合(当該決議によって定められた同項第2号の金銭等の総額〔取

❶151条1項、461条1項
❷定

❸461条2項
❹定

得対価の総額〕が当該決議の日における分配可能額を超える場合に限る。)における当該取締役会に係る❺取締役会議案提案取締役(当該取締役会に議案を提案した取締役(指名委員会等設置会社にあっては、取締役又は執行役)として法務省令で定めるものをいう。以下この項において同じ。)

❺定

② 前条第1項第3号に掲げる行為〔自己株式の合意取得事項決定に基づく自己株式取得〕 次に掲げる者
  イ 第157条第1項の規定による決定〔株主との合意による自己株式取得に関する事項の決定〕に係る株主総会の決議があった場合(当該決議によって定められた同項第3号の総額〔取得対価の総額〕が当該決議の日における分配可能額を超える場合に限る。)における当該株主総会に係る総会議案提案取締役
  ロ 第157条第1項の規定による決定〔株主との合意による自己株式取得に関する事項の決定〕に係る取締役会の決議があった場合(当該決議によって定められた同項第3号の総額〔取得対価の総額〕が当該決議の日における分配可能額を超える場合に限る。)における当該取締役会に係る取締役会議案提案取締役

③ 前条第1項第4号に掲げる行為〔全部取得条項付種類株式の全部取得〕 第171条第1項の株主総会〔全部取得条項付種類株式の取得の際の株主総会〕(当該株主総会の決議によって定められた同項第1号に規定する取得対価の総額が当該決議の日における分配可能額を超える場合における当該株主総会に限る。)に係る総会議案提案取締役

④ 前条第1項第6号に掲げる行為〔所在が不明である株主が有する株式の買取り〕 次に掲げる者
  イ 第197条第3項後段の規定による決定〔所在不明の株主の株式買取りに関する事項の決定〕に係る株主総会の決議があった場合(当該決議によって定められた同項第2号の総額〔買取対価の総額〕が当該決議の日における分配可能額を超える場合に限る。)における当該株主総会に係る総会議案提案取締役
  ロ 第197条第3項後段の規定による決定〔所在不明の株主の株式買取りに関する事項の決定〕に係る取締役会の決議があった場合(当該決議によって定められた同項第2号の総額〔買取対価の総額〕が当該決議の日における分配可能額を超える場合に限る。)における当該取締役会に係る取締役会議案提案取締役

⑤ 前条第1項第7号に掲げる行為〔1株に満たない端数の処理における会社の買取り〕 次に掲げる者
  イ 第234条第4項後段(第235条第2項〔株式分割または株式併合で端数が発生する場合の準用〕において準用する場合を含む。)の規定による決定〔1株に満たない端数の処理における会社の買取りにつ

いての事項の決定〕に係る株主総会の決議があった場合〔当該決議によって定められた第234条第4項第2号〔第235条第2項〔株式分割または株式併合で端数が発生する場合の準用〕において準用する場合を含む。〕の総額〔買取対価の総額〕が当該決議の日における分配可能額を超える場合に限る。〕における当該株主総会に係る総会議案提案取締役
　　ロ　第234条第4項後段〔株式分割または株式併合で端数が発生する場合の準用〕〔第235条第2項において準用する場合を含む。〕の規定による決定〔1株に満たない端数の処理における会社の買取りに関する事項の決定〕に係る取締役会の決議があった場合〔当該決議によって定められた第234条第4項第2号〔第235条第2項〔株式分割または株式併合で端数が発生する場合の準用〕において準用する場合を含む。〕の総額〔買取対価の総額〕が当該決議の日における分配可能額を超える場合に限る。〕における当該取締役会に係る取締役会議案提案取締役
　⑥　前条第1項第8号に掲げる行為〔剰余金配当〕　次に掲げる者
　　イ　第454条第1項の規定による決定〔剰余金配当に関する事項の決定〕に係る株主総会の決議があった場合〔当該決議によって定められた配当財産の帳簿価額が当該決議の日における分配可能額を超える場合に限る。〕における当該株主総会に係る総会議案提案取締役
　　ロ　第454条第1項の規定による決定〔剰余金配当に関する事項の決定〕に係る取締役会の決議があった場合〔当該決議によって定められた配当財産の帳簿価額が当該決議の日における分配可能額を超える場合に限る。〕における当該取締役会に係る取締役会議案提案取締役
2　前項の規定にかかわらず、❷業務執行者及び同項各号に定める者は、その職務を行うについて注意を怠らなかったことを証明したときは、同項の義務を負わない。
3　第1項の規定により❷業務執行者及び同項各号に定める者の負う義務は、免除することができない。ただし、前条第1項各号に掲げる行為〔財源規制にかかる行為〕の時における分配可能額を限度として当該義務を免除することについて総株主の同意がある場合は、この限りでない。

剰余金の配当等に関する規制に違反して違法配当が行われたときは、違法配当を受けた株主、業務執行者、剰余金の分配に関する議案を提出した取締役は、会社に対して交付された金銭等の帳簿価額に相当する金銭を支払う義務を負うことになります。

→試験対策9章3節④【2】

1 趣旨

違法配当がなされた場合に、株主に支払義務を負わせたとしても、実際には株主に対する支払請求は困難である。すなわち、多数の株主に対して、僅かな配当金について個々に支払請求をすることは、訴訟技術上困難であるだけでなく、採算も合わない。そこで、業務執行者、および、株主総会や取締役会に剰余金の分配に関する議案を提出した取締役に対して、交付した金銭等の帳簿価額に相当する金銭を支払う義務を負わせた。

2 条文クローズアップ

1 株主の支払義務(1項)

分配可能額を超えて剰余金の配当がなされた場合には、金銭等の交付を受けた株主は、善意・悪意を問わず、会社に対して、交付を受けた額でなく、交付を受けた金銭等の帳簿価額に相当する金銭を支払う義務を負う(無過失責任〔1項〕。なお、2項参照)。帳簿価額とは、財産の時価ではなく、交付された財産に分配時に付された帳簿価額のことをいう。

2 取締役・執行役の責任(2項、3項)

(1) 会社に対する責任

462条1項は、①業務執行者(業務執行取締役〔指名委員会等設置会社では執行役〕その他当該業務執行取締役の行う業務の執行に職務上関与したものとして法務省令〔会社計算規159条〕で定めるもの)、②株主総会や取締役会に剰余金の分配に関する議案を提出した取締役(会社462条1項各号)に対して、交付した金銭等の帳簿価額に相当する金銭を支払う義務を負わせている。

①②の者は、その職務を行うについて注意を怠らなかったことを証明したときは、このような義務を免れることができる(過失責任〔2項〕)。かかる義務は、総株主の同意によっても免除することができない(3項本文)。これは、会社債権者を保護するためである。ただし、総株主の同意がある場合は、分配可能額を限度として免除することができる(ただし書)。

(2) 第三者に対する責任

悪意または重大な過失により、違法な剰余金の配当をし、これによって第三者が損害を被ったときは、業務執行者等は連帯して損害賠償責任を負う(429条、430条)。たとえば、違法な剰余金の配当によって会社債権者の債権の回収が不可能になった場合等である。

3 会計参与、監査役の責任

違法な剰余金の配当について、任務懈怠があった会計参与、監査役、監査等委員および監査委員は、会社に対し、連帯して損害賠償責任を負う(423条1項)。任務懈怠があっても、過失のない者は責任を負わないから、過失責任である(428条1項参照)。

また、これに加えて、第三者に対する損害賠償責任を負うこともある（429条2項2号、3号）。

> 司 H26-47-オ（予）、H22-46-2
> **第463条（株主に対する求償権の制限等）　A**
> 1　前条第1項〔剰余金配当等に関する責任〕に規定する場合において、株式会社が第461条第1項各号に掲げる行為〔財源規制にかかる行為〕により株主に対して交付した❶金銭等の帳簿価額の総額が当該行為がその効力を生じた日における❷分配可能額を超えることにつき善意の株主は、当該株主が交付を受けた金銭等について、前条第1項の金銭（違法な配当金額）を支払った❸業務執行者及び同項各号に定める者〔違法配当等の議案を提案した取締役および執行役〕からの求償の請求に応ずる義務を負わない。
> 2　前条第1項〔剰余金配当等に関する責任〕に規定する場合には、株式会社の債権者は、同項の規定により義務を負う株主に対し、その交付を受けた❶金銭等の帳簿価額（当該額が当該債権者の株式会社に対して有する債権額を超える場合にあっては、当該債権額）に相当する金銭を支払わせることができる。

❶151条1項、461条1項
❷461条2項
❸462条1項

善意の株主は、交付を受けた金銭等について、支払義務を履行した業務執行者等からの求償の請求に応ずる義務を負いません。これに対して、会社債権者は、違法な剰余金配当について株主の善意・悪意であるかを問わず、株主に対し支払請求をすることができます。

→試験対策9章3節[4]【2】(1)

1　趣旨

1項は、みずから違法行為をなした業務執行者等が、善意の株主に対して求償することは不当であるということから、それら業務執行者に対して一種の制裁を課した規定である。2項は、会社債権者が会社財産維持に重大な利害を有することにかんがみ、民法の債権者代位権（民423条）の特則を定めた。

2　条文クローズアップ

1　1項

みずから違法な剰余金配当をなした業務執行者等に、善意の株主に対してまでも求償権行使を認めることは妥当ではない。そこで、会社法は、一種の制裁として、求償の対象を悪意の株主にのみ限定している。

2　2項

分配可能額を超えて剰余金の配当がなされた場合には、会社債権者が会社財産維持に重要な利害を有することにかんがみ、会社債権者は、株主に対し、その交付を受けた金銭等の帳簿価額（当該額が当該債権者の株

式会社に対して有する債権額を超える場合にあっては、当該債権額)に相当する金銭を支払わせることができる(2項)。

　これは、民法の債権者代位権(民423条)の特則として定められたものである。すなわち、債務者の無資力要件や期限前代位をする場合における裁判上の代位(非訟85条)を要しないという意味で特則といえる。なお、債権者代位権を行使する場合において、判例は債権者が直接給付を求めることができるとしているので、会社法463条2項もそのような判例法理に従うことになる。

→大判昭10・3・12民集14-482

第464条（買取請求に応じて株式を取得した場合の責任）　A

1　株式会社が第116条第1項又は第182条の4第1項の規定による請求（反対株主の株式買取請求）に応じて株式を取得する場合において、当該請求をした株主に対して支払った金銭の額が当該支払の日における❶分配可能額を超えるときは、当該株式の取得に関する職務を行った❷業務執行者は、株式会社に対し、連帯して、その超過額を支払う義務を負う。ただし、その者がその職務を行うについて注意を怠らなかったことを証明した場合は、この限りでない。

2　前項の義務は、総株主の同意がなければ、免除することができない。

❶461条2項
❷462条1項

　反対株主の株式買取請求において、当該請求をした株主に対して支払った金銭の額が当該支払の日における分配可能額を超えるときは、当該株式の取得に関する職務を行った業務執行者は、株式会社に対し、連帯して、その超過額を支払う義務があります。ただし、その者が職務を行うについて注意を怠らなかったことを証明した場合には義務を免れます。

→試験対策9章3節④【3】

1　趣旨

　株式買取請求に応じた場合の自己株式の取得については、自己株式の取得に関する規制(170条5項、461条1項)は適用されないところ、このことを悪用した濫用的な会社財産の分配を防止するために、一定の場合に業務執行者が分配可能額を超えて株主に支払った額を支払う責任を負うこととした。

司H23-39-4(予)
第465条（欠損が生じた場合の責任）　B

1　株式会社が次の各号に掲げる行為をした場合において、当該行為をした日の属する事業年度(その事業年度の直前の事業年度が最終事業年度でないときは、その事業年度の直前の事業年度)に

係る❶計算書類につき第438条第2項の承認〔定時株主総会における承認〕(第439条前段に規定する場合〔会計監査人設置会社において取締役会の承認を受けた計算書類が適正の場合〕にあっては、第436条第3項の承認〔取締役会の承認〕)を受けた時における第461条第2項第3号〔自己株式の帳簿価額〕、第4号〔最終事業年度末日後に自己株式を処分した場合の対価額〕及び第6号〔法務省令で定める各勘定科目に計上した額の合計額〕に掲げる額の合計額が同項第1号〔剰余金額〕に掲げる額を超えるときは、当該各号に掲げる行為に関する職務を行った❷業務執行者は、当該株式会社に対し、連帯して、その超過額(当該超過額が当該各号に定める額を超える場合にあっては、当該各号に定める額)を支払う義務を負う。ただし、当該業務執行者がその職務を行うについて注意を怠らなかったことを証明した場合は、この限りでない。

① 第138条第1号ハ又は第2号ハの請求〔譲渡が承認されない場合の株式買取請求〕に応じて行う当該株式会社の株式の買取り　当該株式の買取りにより株主に対して交付した❸金銭等の帳簿価額の総額

② 第156条第1項の規定による決定〔自己株式の合意取得に関する事項の決定〕に基づく当該株式会社の株式の取得 (第163条〔子会社からの自己株式取得〕に規定する場合又は第165条第1項〔市場取引等による自己株式取得〕に規定する場合における当該株式会社による株式の取得に限る。)　当該株式の取得により株主に対して交付した金銭等の帳簿価額の総額

③ 第157条第1項の規定による決定〔自己株式の合意取得の決定〕に基づく当該株式会社の株式の取得　当該株式の取得により株主に対して交付した金銭等の帳簿価額の総額

④ 第167条第1項〔取得請求権付株式の取得〕の規定による当該株式会社の株式の取得　当該株式の取得により株主に対して交付した金銭等の帳簿価額の総額

⑤ 第170条第1項〔取得条項付株式の取得〕の規定による当該株式会社の株式の取得　当該株式の取得により株主に対して交付した金銭等の帳簿価額の総額

⑥ 第173条第1項〔全部取得条項付種類株式の全部取得〕の規定による当該株式会社の株式の取得　当該株式の取得により株主に対して交付した金銭等の帳簿価額の総額

⑦ 第176条第1項〔相続人等への売渡請求〕の規定による請求に基づく当該株式会社の株式の買取り　当該株式の買取りにより株主に対して交付した金銭等の帳簿価額の総額

⑧ 第197条第3項〔所在が不明である株主の有する株式の買取り〕の規定による当該株式会社の株式の買取り　当該株式の買取りによ

❶435条2項

❷462条1項

❸151条1項・461条1項

り株主に対して交付した金銭等の帳簿価額の総額
⑨　次のイ又はロに掲げる規定による当該株式会社の株式の買取り　当該株式の買取りにより当該イ又はロに定める者に対して交付した金銭等の帳簿価額の総額
　　イ　第234条第4項〔1株に満たない端数の処理における買取り〕　同条第1項各号に定める者
　　ロ　第235条第2項〔株式分割または株式併合で端数が発生する場合の準用〕において準用する第234条第4項　株主
⑩　剰余金の配当（次のイからハまでに掲げるものを除く。）　当該剰余金の配当についての第446条第6号イからハまでに掲げる額〔配当財産の帳簿価額の総額、金銭分配請求権を行使した株主に交付した金銭の合計額、基準未満株式の株主に支払われた金銭の合計額〕の合計額
　　イ　定時株主総会（第439条前段に規定する場合〔会計監査人設置会社において取締役会の承認を受けた計算書類が適正の場合〕）にあっては、定時株主総会又は第436条第3項の取締役会〔計算書類等を承認する取締役会〕）において第454条第1項各号に掲げる事項〔剰余金配当に関する事項〕を定める場合における剰余金の配当
　　ロ　第447条第1項各号に掲げる事項〔資本金減少に関する事項〕を定めるための株主総会において第454条第1項各号に掲げる事項〔剰余金配当に関する事項〕を定める場合（同項第1号の額〔配当財産の帳簿価額総額〕（第456条〔基準株式数を定めた場合の処理〕の規定により基準未満株式の株主に支払う金銭があるときは、その額を合算した額）が第447条第1項第1号の額〔減少する資本金額〕を超えない場合であって、同項第2号に掲げる事項についての定め〔減少する資本金を準備金とする旨の定め〕がない場合に限る。）における剰余金の配当
　　ハ　第448条第1項各号に掲げる事項〔準備金額の減少に関する事項〕を定めるための株主総会において第454条第1項各号に掲げる事項〔剰余金配当に関する事項〕を定める場合（同項第1号の額〔配当財産の帳簿価額総額〕（第456条〔基準株式数を定めた場合の処理〕の規定により基準未満株式の株主に支払う金銭があるときは、その額を合算した額）が第448条第1項第1号の額〔減少する準備金額〕を超えない場合であって、同項第2号に掲げる事項についての定め〔減少する準備金額を資本金とする旨の定め〕がない場合に限る。）における剰余金の配当
2　前項の義務は、総株主の同意がなければ、免除することができない。

→試験対策9章3節④【4】

分配可能額規制を守っていた場合であっても、期末に欠損が生じたような

場合には、業務執行者は、会社に対し連帯して欠損の額を支払う義務があります。ただし、その者が職務を行うについて注意を怠らなかったことを証明した場合には、このような義務を免れます。なお、この義務は、総株主の同意がなければ免除することができません。

1 趣旨

　本条は、分配可能額規制を守っていた場合に、期末に欠損が生じたときの業務執行者の責任について定めている。その趣旨は、決算手続を経ない会社財産の分配によって翌期の分配可能額が失われる事態を防止し、将来の株主を保護する点にある。

2 条文クローズアップ

欠損填補責任

　分配可能額規制を守っていても、期末に欠損が生じた場合には、業務執行者は、会社に対し、連帯して、その欠損の額(分配額が上限となる)を支払う義務を負う(1項)。もっとも、その職務を行うについて注意を怠らなかったことを証明したときは、この責任を免れる(1項柱書ただし書)。そして、決算確定時に欠損が生じないように予測して分配行為をさせるという本条の目的、および分配行為への関与者を責任主体として列挙していることから、職務とは、分配行為自体をいうと考える。

　なお、この責任は、総株主の同意がなければ免除できない(2項)。なぜなら、欠損填補責任は株主保護のための制度であるからである。

■第6章
定款の変更

司H26-38-オ(予)、H19-36-3。書H24-28-ア

> **第466条　B⁺**
> 株式会社は、その成立後、株主総会の決議によって、定款を変更することができる。

株式会社成立後であっても、株主総会決議によって定款を変更することができます。

→試験対策10章1節

1 趣旨

株式会社の事情や経済的情勢の変化等に伴って、会社の組織・運営・管理を定めた根本規則たる定款の変更を認める必要がある。また、株式会社は社団法人であるから、構成員たる社員の総意によって、自主的に根本規則を変更させることが妥当である。そこで、株主総会決議によって定款変更ができることとした。

2 語句の意味

定款の変更とは、会社の組織・活動に関する根本規則である実質的意義における定款の内容の変更をいう。

3 条文クローズアップ

1 株主総会の決議

定款の変更は、原則として株主総会の特別決議によってすることができる(466条、309条2項11号)。ただし、発行可能株式総数の増加(184条2項)や単元株式数の変更(195条1項)等、例外的に取締役会の決議等でできる場合もある。また、定款変更に種類株主総会の決議を要することがある(322条1項1号)。

2 内容

定款の変更は自由であり、絶対的記載事項、相対的記載事項、または任意的記載事項のいずれについても変更することができる。もっとも、定款の内容は、強行法規または株式会社の本質に反することができず、また、株主の固有権、株主平等原則を侵害することはできない。

■第7章

事業の譲渡等

司H23-38-オ（予）、H22-42-2、H20-47-1・3・4、H18-48-2。書H24-32-オ

第467条（事業譲渡等の承認等） A

1 株式会社は、次に掲げる行為をする場合には、当該行為がその効力を生ずる日(以下この章において「❶効力発生日」という。)の前日までに、株主総会の決議によって、当該行為に係る契約の承認を受けなければならない。
① 事業の全部の譲渡
② 事業の重要な一部の譲渡(当該譲渡により譲り渡す資産の帳簿価額が当該株式会社の総資産額として法務省令で定める方法により算定される額の5分の1(これを下回る割合を定款で定めた場合にあっては、その割合)を超えないものを除く。)
②の2　その子会社の株式又は持分の全部又は一部の譲渡(次のいずれにも該当する場合における譲渡に限る。)
　イ　当該譲渡により譲り渡す株式又は持分の帳簿価額が当該株式会社の総資産額として法務省令で定める方法により算定される額の5分の1(これを下回る割合を定款で定めた場合にあっては、その割合)を超えるとき。
　ロ　当該株式会社が、効力発生日において当該子会社の議決権の総数の過半数の議決権を有しないとき。
③ ❷他の会社(外国会社その他の法人を含む。次条において同じ。)の事業の全部の譲受け
④ 事業の全部の賃貸、事業の全部の経営の委任、他人と事業上の損益の全部を共通にする契約その他これらに準ずる契約の締結、変更又は解約
⑤ 当該株式会社(第25条第1項各号に掲げる方法(発起設立、募集設立の方法)により設立したものに限る。以下この号において同じ。)の成立後2年以内におけるその成立前から存在する財産であってその事業のために継続して使用するものの取得。ただし、イに掲げる額のロに掲げる額に対する割合が5分の1(これを下回る割合を当該株式会社の定款で定めた場合にあっては、その割合)を超えない場合を除く。
　イ　当該財産の対価として交付する財産の帳簿価額の合計額
　ロ　当該株式会社の純資産額として法務省令で定める方法により算定される額
2 前項第3号に掲げる行為をする場合において、当該行為をする

> 株式会社が譲り受ける資産に当該株式会社の株式が含まれるときは、取締役は、同項の株主総会において、当該株式に関する事項を説明しなければならない。

　事業の全部または一部の譲渡、他の会社の事業全部の譲受け等をする場合には、それらの行為の効力発生日の前日までに株主総会の特別決議で承認を受けなければなりません。また、他の会社の事業の全部を譲り受ける場合に、譲り受ける資産に譲受会社の株式が含まれるときは、取締役は承認を受ける株主総会において、その株式に関する事項を説明しなければなりません。

→試験対策14章2節①【2】

1 趣旨

　株式会社が事業の全部または重要な一部を譲渡する場合、株主の利益に重大な影響が及ぶことにかんがみ、原則として、株主総会の特別決議による承認を必要とすることを規定している。

2 条文クローズアップ

1 事業譲渡等(1項)

　株式会社が、次の(1)から(5)までの行為をする場合には、原則として、株主総会の特別決議による承認が必要である(1項、309条2項11号)。

(1) 事業の全部または重要な一部の譲渡(1号、2号)

(a) 事業譲渡の意義

　事業の譲渡とは、会社が取引行為として、「事業」を他人に譲渡することである。ここでいう「事業の……譲渡」の意味については争いがある。判例は、①一定の営業目的のために組織化され有機的一体として機能する財産が譲渡され、これによって、②譲渡会社がそれまで当該財産によって営んでいた営業的活動を譲受人に受け継がせ、③譲渡会社がそれに応じて法律上当然に競業避止義務を負う結果を伴うものをいうとしている(形式説〔事業財産・地位承継説〕)。

→論
→試験対策14章2節①【2】(2)Q₁
→判例セレクト1

　これに対し、学説の多くは、事業譲渡とは、事業活動の承継・競業避止義務の負担の有無を問わず、機能的一体としての組織的財産の譲渡をいうと解している(有機的財産譲渡説)。

(b) 「重要な一部」の意義

　事業の「重要な一部」か否かは、株主の重大な利害に関わる事業再編か否かという観点から、量的および質的双方の側面で判断される。量的側面としては、譲渡資産の帳簿価額については形式的基準があるので、他の要素すなわち売上高・利益・従業員数等が問題となる。それらの諸要素が総合的にみて事業全体の10パーセント程度を超えなければ、通常、重要とは解されない。質的側面としては、譲渡対象部分が量的に小さくても、沿革等から会社のイメージに大きな影響がある場合等に問題となる。

(2) 子会社の株式の譲渡等（2号の2） →平成26年改正
→試験対策14章2節①【2】(3)

　子会社は、親会社にとって、実質的には事業の一部であるから、親会社が子会社の株式等を他に譲渡し、その支配権を手放す場合には、事業譲渡に等しい影響が親会社に及ぶ。しかし、法的には子会社の株式等の譲渡を事業の一部の譲渡とはいいにくい。そこで、平成26年改正により、2号の2が新設された。

　すなわち、子会社の株式または持分の全部または一部の譲渡が、①譲渡対象である株式・持分の帳簿価額が親会社の総資産額として法務省令で定める方法により算定される額の5分の1（定款で引き下げることができる）を超え、かつ、②効力発生日において当該子会社の議決権の総数の過半数を有しない結果となるときは、親会社は、株主総会の特別決議によりその契約の承認を受けなければならない。

(3) 他の会社の事業の全部の譲受け（3号）

　他の会社の事業の全部を譲り受ける場合、結果として簿外債務を含む譲渡会社の全債務を引き受ける可能性が高く、いわば吸収合併存続会社に近い立場に立つことから、原則として株主総会の承認が必要とされている（3号、309条2項11号）。

(4) 事業の全部の賃貸等（4号） →試験対策14章2節①【3】

　事業の全部の賃貸等も、会社にとって重要なことであり、事業の全部を他人の手に任せるようなことになるため、株主総会の特別決議が要求されている（4号、309条2項11号）。

(a)事業の全部の賃貸

　事業の賃貸とは、賃貸会社の事業財産の占有を賃借会社に移転し、賃借会社がその名義および計算において事業を経営し、賃貸会社が契約により定まる賃料を受けるものである。

(b)事業の全部の経営の委任

　経営の委任とは、会社が事業の経営を他の会社に委託し、委託会社の名義で行われるものである。

(c)利益共同契約

　利益共同契約とは、数個の企業が法律上の独立性を保ちながら、損益を共同計算する契約である。

(d)その他これらに準ずる契約

　その他これらに準ずる契約とは、事業の全部の賃貸、事業の全部の委任、利益共同契約と同等のものをさす。

(5) 事後設立 →試験対策14章2節①【2】(1)(c)

　会社の設立手続においては、開業準備行為の一種である現物出資（28条1号）、財産引受け（28条2号）は変態設立事項として、厳格な規制に服する（33条7項）。そして、会社の設立事務に携わる関係者が、契約締結時期を会社の設立登記後に延期して、これらの規制を潜脱する可能性がある。そこで、会社成立後2年以内に、成立前から存在する財産で事業のために継続して使用するものを会社の純資産額の5分の1にあたる対

価で取得する契約を締結する場合(**事後設立**)には、株主総会の特別決議による承認が要求されている(467条1項5号、309条2項11号)。

2 株式に関する事項の説明(2項)
3 手続違反の効果

　株主総会の特別決議を欠く事業の譲渡の効果について、通説は、単純に無効と解しているため、譲受人もまた、特段の事情のない場合にかぎり無効を主張することができる。この点について、判例には、特段の事情があるときに、譲受人が無効を主張することは、信義則(民1条2項)に反し許されないとしたものがある。

→判例セレクト2、3

→21条判例セレクト

→神田[17版]346頁

1 事業譲渡の意義

　〔旧〕商法245条1項1号〔会社法467条1項1号〕によって特別決議を経ることを必要とする営業〔事業〕の譲渡とは、〔旧〕商法24条以下〔会社法21条以下〕にいう営業〔事業〕の譲渡と同一意義であって、一定の営業〔事業〕目的のため組織化され、有機的一体として機能する財産の全部または重要な一部を譲渡し、これによって、譲渡会社がその財産によって営んでいた営業〔事業〕的活動の全部または重要な一部を譲受人に受け継がせ、譲渡会社がその譲渡の限度に応じ法律上当然に〔旧〕商法25条〔会社法21条〕に定める競業避止義務を負う結果を伴うものをいうものと解するのが相当である(最大判昭40・9・22判例シリーズ81事件)。

→会社法百選87事件

2 手続違反の効果(原則)

　株主総会の特別決議による承認手続の経由がない場合、営業〔事業〕譲渡契約は無効であり、しかも、その無効は、何人との関係においても常に無効であり、譲渡会社、譲渡会社の株主・債権者等の会社の利害関係人のほか、譲受会社もまたその無効を主張できる。譲受会社は、譲渡会社ないしその利害関係人が無効を主張するまで営業〔事業〕譲渡を有効なものと扱うことを余儀なくされるなど著しく不安定な立場におかれるからである。したがって、特段の事情のないかぎり、譲受会社も、本件営業〔事業〕譲渡契約についてその無効をいつでも主張できる(最判昭61・9・11判例シリーズ6事件)。

→会社法百選6事件

3 手続違反の効果(信義則上譲受会社が無効主張できないとされた事例)

　譲渡会社は本件営業〔事業〕譲渡契約に基づく債務をすべて履行ずみであり、他方、譲受会社はその履行について苦情を申し出たことがなく、また、本件営業〔事業〕譲渡契約が有効であることを前提に、譲渡会社に対し本件営業〔事業〕譲渡契約に基づく自己の債務を承認し、その履行として譲渡代金の一部を弁済し、かつ、譲り受けた製品・原材料等を販売または消費し、しかも株主総会の承認手続を経由してないことを理由とする無効事由については契約後約20年を経てはじめて主張するにいたったものである等の事情がある場合には、その無効を主張して本件営業〔事業〕譲渡契約に基づく自己の残債務の履行を拒むことは信義則に反し許されない(最判昭61・9・11判例シリーズ6事件)。

→会社法百選6事件

🗾H20-47-1・5。📘H26-34-ウ

第468条（事業譲渡等の承認を要しない場合） B⁺

1　前条〔事業譲渡等の承認等〕の規定は、同条第１項第１号から第４号までに掲げる行為（以下この章において「❶事業譲渡等」という。）に係る契約の相手方が当該事業譲渡等をする株式会社の❷特別支配会社（ある株式会社の総株主の議決権の10分の９（これを上回る割合を当該株式会社の定款で定めた場合にあっては、その割合）以上を❸他の会社及び当該他の会社が発行済株式の全部を有する株式会社その他これに準ずるものとして法務省令で定める法人が有している場合における当該他の会社をいう。以下同じ。）である場合には、適用しない。

2　前条〔事業譲渡等の承認等〕の規定は、同条第１項第３号に掲げる行為〔他の会社の事業の全部の譲受け〕をする場合において、第１号に掲げる額の第２号に掲げる額に対する割合が５分の１（これを下回る割合を定款で定めた場合にあっては、その割合）を超えないときは、適用しない。
① 当該❸他の会社の事業の全部の対価として交付する財産の帳簿価額の合計額
② 当該株式会社の純資産額として法務省令で定める方法により算定される額

3　前項に規定する場合において、法務省令で定める数の株式（前条第１項の株主総会〔事業譲渡等を承認する株主総会〕において議決権を行使することができるものに限る。）を有する株主が次条第３項の規定による通知〔事業譲渡等に関する通知〕又は同条第４項の公告〔通知に代えた公告〕の日から２週間以内に前条第１項第３号に掲げる行為〔他の会社の事業の全部の譲受け〕に反対する旨を当該行為をする株式会社に対し通知したときは、当該株式会社は、❹効力発生日の前日までに、株主総会の決議によって、当該行為に係る契約の承認を受けなければならない。

❶定
❷定
❸467条１項３号
❹467条１項

→試験対策14章２節[1]【２】(1)

事業譲渡等の契約の相手方が特別支配会社である場合には、株主総会の特別決議は不要です。また、事業譲受けにおいて、譲受会社の事業の全部の対価として交付される帳簿価額が一定の割合を超えない場合にも、株主総会の特別決議は不要です。ただし、通知・公告を受けた株主は、会社に対し、反対の通知をすることができ、反対が一定数に達した場合には、株主総会の特別決議が必要となります。

1 趣旨

事業譲渡等について、株主総会の特別決議が不要な場合として略式手続や簡易手続等を規定している。まず、事業譲渡の相手方が特別支配会

社である場合に株主総会の特別決議を不要とする略式手続が認められているのは、株主総会を開催しても承認される可能性が高く、開催を要求する意味が乏しいからである。また、事業譲渡にかかる資産が総資産の5分の1を超えない場合に株主総会の特別決議を不要とする簡易手続が認められているのは、このような事業譲渡が当事会社にとってインパクトが小さく基礎的変更とはいえないからである。

2 条文クローズアップ

株主総会特別決議が不要とされる場合

(1) 事業譲渡の場合

事業の全部の譲渡および事業の重要な一部の譲渡の場合には、すべての会社で、原則として株主総会の特別決議が必要であるが(467条1項1号、2号、309条2項11号)、例外的に株主総会の特別決議が不要とされる場合がある。すなわち、①事業の重要な一部の譲渡であって、当該譲渡により譲り渡す資産の帳簿価額が総資産額として法務省令(会社施規134条)で定める方法により算定される額の5分の1を超えない場合(会社467条1項2号括弧書)、②譲受会社が特別支配会社である場合(略式手続〔468条1項〕)の2つである。

(2) 事業譲受けの場合(1項から3項まで)

他の会社の事業の全部の譲受けの場合には、原則として株主総会の特別決議が必要であるが(467条1項3号、309条2項11号)、例外的に株主総会の特別決議が不要とされる場合がある。すなわち、①譲渡会社が特別支配会社である場合(略式手続〔468条1項〕)、②譲受会社の事業の全部の対価として交付される帳簿価額が譲受会社の純資産額として法務省令(会社施規137条)で定める方法により算定される額の5分の1(これを下回る割合を定款で定めた場合にあっては、その割合)を超えない場合(簡易手続〔会社468条2項〕)の2つである。

ただし、通知・公告(469条3項、4項)を受けた株主は、会社に対し、反対の通知をすることができ、反対が一定の数(会社施規138条)に達した場合には、株主総会の特別決議が必要となる(会社468条3項)。

(3) 事業の賃貸等の場合

①事業の全部の賃貸、②事業の全部の経営の委任、③他人と事業上の損益の全部を共通にする契約その他これらに準ずる契約の締結、変更または解約について、原則として株主総会の特別決議が必要である(467条1項4号、309条2項11号)。ただし、相手方が特別支配会社の場合には、例外的に株主総会の特別決議は不要である(467条1項4号、468条1項)。

司H20-47-5。書H24-32-エ

第469条（反対株主の株式買取請求） B⁺

1 ❶事業譲渡等をする場合(次に掲げる場合を除く。)には、反対株

❶468条1項

主は、事業譲渡等をする株式会社に対し、自己の有する株式を公正な価格で買い取ることを請求することができる。
　① 第467条第1項第1号に掲げる行為（事業の全部の譲渡）をする場合において、同項の株主総会の決議と同時に第471条第3号の株主総会の決議（解散決議）がされたとき。
　② 前条第2項に規定する場合（同条第3項に規定する場合を除く。）
2　前項に規定する「反対株主」とは、次の各号に掲げる場合における当該各号に定める株主をいう。
　① ❶事業譲渡等をするために株主総会（種類株主総会を含む。）の決議を要する場合　次に掲げる株主
　　イ　当該株主総会に先立って当該事業譲渡等に反対する旨を当該株式会社に対し通知し、かつ、当該株主総会において当該事業譲渡等に反対した株主（当該株主総会において議決権を行使することができるものに限る。）
　　ロ　当該株主総会において議決権を行使することができない株主
　② 前号に規定する場合以外の場合　全ての株主（前条第1項に規定する場合における当該❷特別支配会社を除く。）
3　❶事業譲渡等をしようとする株式会社は、❸効力発生日の20日前までに、その株主（前条第1項に規定する場合における当該❷特別支配会社を除く。）に対し、事業譲渡等をする旨（第467条第2項に規定する場合〔事業全部を譲り受ける際、譲受資産に譲受会社の株式が含まれる場合〕）にあっては、同条第1項第3号に掲げる行為〔他の会社の事業全部の譲受け〕をする旨及び同条第2項の株式〔譲受資産に含まれる自己株式〕に関する事項）を通知しなければならない。
4　次に掲げる場合には、前項の規定による通知は、公告をもってこれに代えることができる。
　① ❶事業譲渡等をする株式会社が公開会社である場合
　② 事業譲渡等をする株式会社が第467条第1項の株主総会の決議〔事業譲渡等を承認する旨の総会決議〕によって事業譲渡等に係る契約の承認を受けた場合
5　第1項の規定による請求（以下この章において「❹株式買取請求」という。）は、❸効力発生日の20日前の日から効力発生日の前日までの間に、その株式買取請求に係る株式の数（種類株式発行会社にあっては、株式の種類及び種類ごとの数）を明らかにしてしなければならない。
6　株券が発行されている株式について❹株式買取請求をしようとするときは、当該株式の株主は、❶事業譲渡等をする株式会社に対し、当該株式に係る株券を提出しなければならない。ただし、

❷468条1項
❸467条1項

❹定

事業の譲渡等

第469条／755

当該株券について第223条の規定による請求〔株券喪失登録する旨の請求〕をした者については、この限りでない。
7 ④株式買取請求をした株主は、①事業譲渡等をする株式会社の承諾を得た場合に限り、その株式買取請求を撤回することができる。
8 ①事業譲渡等を中止したときは、④株式買取請求は、その効力を失う。
9 第133条〔株式取得者による株主名簿記載事項の記載、記録請求〕の規定は、④株式買取請求に係る株式については、適用しない。

株式会社が事業譲渡等をする場合において、これに反対する株主は、株式買取請求権を行使することができます。この権利を行使する機会を与えるため、事業譲渡等をしようとする株式会社は、効力発生日の20日前までに、その株主に対し、事業譲渡等をする旨等を通知しなければなりません。また、株式買取請求権は会社の承諾を得ないかぎり撤回できません。

→試験対策14章2節①【2】(1)

1 趣旨

事業譲渡等の株主の利益に特に重大な関係のある決議が、多数決により成立した場合に、賛成しない株主に対してその投下資本の回収を可能にして経済的救済を与えるため、株式買取請求権を与えることとし、その行使手続等について規定した。

2 条文クローズアップ

1 株式買取請求権の行使要件
2 株式買取請求権の行使手続
3 株式買取請求権の行使価格

→5編5章総説①2(3)(c)参照
→5編5章総説①2(3)(d)参照
→5編5章総説①2(3)(e)参照

第470条（株式の価格の決定等）　B⁻

1 ①株式買取請求があった場合において、株式の価格の決定について、株主と②事業譲渡等をする株式会社との間に協議が調ったときは、当該株式会社は、③効力発生日から60日以内にその支払をしなければならない。
2 株式の価格の決定について、③効力発生日から30日以内に協議が調わないときは、株主又は前項の株式会社は、その期間の満了の日後30日以内に、裁判所に対し、価格の決定の申立てをすることができる。
3 前条第7項〔株式買取請求の撤回制限〕の規定にかかわらず、前項に規定する場合において、③効力発生日から60日以内に同項の申立てがないときは、その期間の満了後は、株主は、いつでも、①株

❶469条5項
❷468条1項
❸467条1項

式買取請求を撤回することができる。
4　第1項の株式会社は、裁判所の決定した価格に対する同項の期間の満了の日後の年6分の利率により算定した利息をも支払わなければならない。
5　第1項の株式会社は、株式の価格の決定があるまでは、株主に対し、当該株式会社が公正な価格と認める額を支払うことができる。
6　❶株式買取請求に係る株式の買取りは、❸効力発生日に、その効力を生ずる。
7　❹株券発行会社は、株券が発行されている株式について❶株式買取請求があったときは、株券と引換えに、その株式買取請求に係る株式の代金を支払わなければならない。

❹117条7項

　株式買取請求があった場合において、株式の価格の決定について株主と事業譲渡等をする株式会社との間に協議が調ったときは、株式会社は、一定期間内に支払をしなければなりません。なお、会社は、価格の決定があるまで、株主に対して会社が公正な価格と認める額を支払うこともできます。また、効力発生日から30日以内に協議が調わない場合、株主または株式会社は一定期間内に、裁判所に対し、価格の決定の申立てをすることができます。

→試験対策14章2節①【2】(1)

1 趣旨

　本条は、裁判所が公正な価格を決定することは困難であること、および鑑定費用が高額になりうることから、まずは当事者間の協議によって株式価格を決定することとしたうえで（1項）、その協議が調わない場合には、反対株主による濫用的な株式買取請求を制限することを主な目的として、反対株主のみならず当該会社からの価格決定の申立ても認めている（2項）。

2 条文クローズアップ

株式買取請求権行使の効果

→5編5章総説①2(3)(f)参照

株式買取価格決定の性質
　裁判所は、具体的事件につき、当事者の主張・立証に拘束されることなく、職権により諸般の事情を斟酌して迅速に株式買取価格を決定することが要請されるのであって、その決定の性質は、裁判所が、私人間の紛争に介入して、後見的立場から合目的の見地に立って裁量権を行使し、権利の具体的内容を形成するものということができる。してみれば、株式買取価格の決定が固有の司法権の作用に属しない非訟事件の裁判であることは明らかである（最決昭48・3・1民集27-2-161）。

第8章

解　散

■総　説

→試験対策11章1節①
→神田[17版]309頁

　解散とは、会社の法人格の消滅をきたすべき原因となる事実をいう。解散に続いて、法律関係の後始末をする手続である清算が行われる。**清算**とは、会社の法人格の消滅前に、会社の現務を結了し、債権を取り立て、債権者に対し債務を弁済し、株主に対し残余財産を分配する等の手続をいう。

　会社の法人格は、合併の場合以外については、解散によりただちに消滅するのではなく（476条、645条、破35条）、解散後に行われる清算・破産手続の結了の時に消滅する。

　このような清算の目的は、会社のすべての権利義務を処理して残余財産を株主に分配するところにある。したがって、会社は事業を継続することはできないし、事業を前提とする諸制度や諸規定は適用されないことになる。しかし、清算株式会社は、清算の目的の範囲内において、清算が結了するまではなお存続するものとみなされる（会社476条）。すなわち、清算株式会社は、解散前の会社と同一の会社がそのまま存続し、ただ、その権利能力の範囲が清算を目的とするものに縮小されると解される（同一会社説）。

司H24-47-イ（予）、H22-42-3、H19-36-4、書H27-31-ア

第471条（解散の事由）　B⁺

株式会社は、次に掲げる事由によって解散する。
① 定款で定めた存続期間の満了
② 定款で定めた解散の事由の発生
③ 株主総会の決議
④ 合併（合併により当該株式会社が消滅する場合に限る。）
⑤ 破産手続開始の決定
⑥ 第824条第１項〔会社の解散命令〕又は第833条第１項〔会社の解散の訴え〕の規定による解散を命ずる裁判

　株式会社は、定款で定めた存続期間の満了、定款で定めた解散の事由の発生、株主総会の決議等といった事由により解散します。

→試験対策11章1節②【1】(1)

1　趣旨

　株式会社の解散原因についての規定である。1号から4号までについ

ては株主の意思に基づく解散であり、5号は会社債権者の利益のために認められている。一方、6号の前者については公益確保の見地から認められ、後者については株主間での対立や会社財産の管理・処分が著しく失当であり、これを是正できない場合の解散手段として認められている。

2 条文クローズアップ

1 解散の事由（1号から6号まで）

本条のあげる解散原因には次のようなものがある。
①定款で定めた存続期間の満了（1号）
②定款で定めた解散の事由の発生（2号）
　　任意の解散事由を定めることができるが、実例はほとんどない。
③株主総会の決議（特別決議〔309条2項11号〕）（3号）
④合併（4号）
　　合併により当該株式会社が消滅する場合にかぎる。
⑤破産手続開始の決定（5号）
⑥解散を命ずる裁判（6号）
　　解散を命ずる裁判には、裁判所の解散命令（824条1項）と、少数株主の請求による解散判決（833条1項）とがある。　　→824条
　　　　　　　　　　　　　　　　　　　　　　　　　　　　　　　→833条

このほか、休眠会社のみなし解散の制度については、472条参照。

2 解散の効果

解散により、会社は、合併および破産手続開始の決定により解散した場合であって当該破産手続が終了していない場合を除いて、清算をしなければならない（475条1号）。なお、株式会社がいったん解散しても、一定の場合には、清算が結了するまで、株主総会の決議（特別決議〔309条2項11号〕）によって、株式会社を継続することができる（473条）。　　→473条

第472条（休眠会社のみなし解散）　C

1　休眠会社（株式会社であって、当該株式会社に関する登記が最後にあった日から12年を経過したものをいう。以下この条において同じ。）は、法務大臣が休眠会社に対し2箇月以内に法務省令で定めるところによりその本店の所在地を管轄する登記所に事業を廃止していない旨の届出をすべき旨を官報に公告した場合において、その届出をしないときは、その2箇月の期間の満了の時に、解散したものとみなす。ただし、当該期間内に当該休眠会社に関する登記がされたときは、この限りでない。

2　登記所は、前項の規定による公告があったときは、休眠会社に対し、その旨の通知を発しなければならない。

最後の登記から12年を経過した会社は、法務大臣がその会社に対し、本店

→試験対策11章1節②【5】

所在地を管轄する登記所に事業を廃止していない旨を届け出るように公告した場合において、公告の日から2か月以内にその届出をせず、登記もなされないときは、解散したものとみなされます。

1 趣旨

事実上事業を廃止している会社の登記が残存していると、商業登記簿上にその事実が反映されないことにより、登記の信頼性を失わせ、ひいては他の者による商号選択の範囲が狭められるばかりでなく、そのような会社はいわゆる会社売買の対象にされる等不当な目的に利用される危険がある。このような事態を防止するためには、休眠会社を解散したものとみなすことが合理的であることから、規定された。

2 条文クローズアップ

休眠会社のみなし解散

12年間に1度も登記をしていない会社は、法務大臣が事業を廃止していないことの届出をするように官報で公告し(1項)、登記所は、会社に対し、公告があった旨の通知をする(2項)。事業を廃止していないことの届出か、休眠会社に関する登記を、公告の日から2か月以内にすればよいが、どちらもせずに放置すると、2か月を経過した日にその会社は解散されたものとみなされる(1項)。

> 司H23-47-3。書H27-31-オ
> **第473条（株式会社の継続）　B⁻**
> 株式会社は、第471条第1号から第3号までに掲げる事由（定款所定の存続期間満了、定款所定の解散事由発生、総会決議）によって解散した場合（前条第1項〔休眠会社のみなし解散〕の規定により解散したものとみなされた場合を含む。）には、次章〔清算〕の規定による清算が結了するまで（同項〔休眠会社のみなし解散〕の規定により解散したものとみなされた場合にあっては、解散したものとみなされた後3年以内に限る。）、株主総会の決議によって、株式会社を継続することができる。

会社が存続期間の満了その他定款に定めた事由の発生または株主総会の決議によって解散した場合においても、清算が完結するまでは株主総会決議によって会社を継続することができます。

→試験対策11章1節2【1】(2)

1 趣旨

解散の前後を通じて会社は同一であることから、総会決議により株式会社の継続をすることを認めた。会社の継続を認めても弊害はなく、これを認めたほうが便利なためである。

2 語句の意味

会社の継続とは、解散した会社がその権利能力および行為能力を解散前の状態に復帰することをいう。

3 条文クローズアップ

会社の継続

会社が存続期間の満了その他定款に定めた事由の発生または株主総会の決議によって解散した場合においては、株主総会の特別決議によって会社を継続することができる(473条、309条2項11号)。休眠会社の整理によって解散したものとみなされた会社は、その後3年内にかぎり、株主総会の特別決議によって会社を継続することができる。

なお、会社の継続をするときは、その登記をしなければならないが(927条)、これは解散後の会社が存続中の会社となることは、将来に向かって第三者に種々の影響があるため、公示させることとしたのである。

→927条

> **第474条（解散した株式会社の合併等の制限） C**
> 株式会社が解散した場合には、当該株式会社は、次に掲げる行為をすることができない。
> ① 合併(合併により当該株式会社が存続する場合に限る。)
> ② 吸収分割による他の会社がその事業に関して有する権利義務の全部又は一部の承継

解散後の会社は、その会社が存続会社となる合併および吸収分割により権利義務の承継をすることはできません。

1 趣旨

本条の趣旨は、解散した会社は、法人格の消滅が予定されているので、このような会社の合併等につき制限を設けることで、法律関係が複雑になることを防止する点にある。

第9章

清　算

■総　説

1 清算の意義

→試験対策11章1節③【1】

　清算は、株主および会社債権者の利害に関係するため、法定の手続によることを要する（**法定清算**）。なお、持分会社のうち**合名会社**および**合資会社**は、社員間に人的信頼関係があり、かつ、社員が解散後も債権者に責任を負うことから(673条)、**任意清算**が認められる(668条以下)。

→668条

　法定清算は、裁判所の監督に服さない**通常清算**(475条から509条まで)と、裁判所の監督のある**特別清算**(510条から574条まで)とに分けられる。特別清算は、実質的には破産等と並ぶ倒産処理方法の一種である。

2 通常清算

→試験対策11章1節③【2】

(1) 清算人
(2) 清算事務
(3) 清算手続
(4) 清算の結了

→477条以下
→481条
→499条
→507条

3 特別清算

→510条以下
→試験対策11章1節③【3】

■第1節　総　則

■第1款　清算の開始

> 司 H20-37-エ
> **第475条（清算の開始原因）　B⁻**
> 株式会社は、次に掲げる場合には、この章の定めるところにより、清算をしなければならない。
> ① 解散した場合（第471条第4号に掲げる事由〔合併〕によって解散した場合及び破産手続開始の決定により解散した場合であって当該破産手続が終了していない場合を除く。）
> ② 設立の無効の訴えに係る請求を認容する判決が確定した場合
> ③ 株式移転の無効の訴えに係る請求を認容する判決が確定した場合

　株式会社は、解散した場合（合併により当該会社が消滅する場合等は除く）、

→試験対策11章1節②【1】(2)

設立無効の訴えの請求を認容する判決が確定した場合、株式移転の無効の訴えの請求を認容する判決が確定した場合には、清算をしなければなりません。

1 趣旨

　会社が解散すると、合併または破産の場合を除き、清算手続が行われる。清算は、株主間の利害が対立するうえに、会社財産だけを責任財産とする会社債権者にとっても重大な利害関係がある。そこで、多数株主の横暴を防ぎ、かつ会社債権者の利益を害しないために、解散した場合には「この章の定めるところによる清算（法定清算）」をすることを義務づけた。また、設立無効の訴え（2号）または株式移転無効の訴え（3号）の認容判決が確定した場合も、解散に準じた扱いがされるため、解散の場合と同様に法定清算を義務づけている。

2 語句の意味

　解散とは、会社の法人格の消滅をきたすべき原因となる事実をいう。
　清算とは、会社の法人格の消滅前に、会社の現務を結了し、債権を取り立て、債権者に対し債務を弁済し、株主に対して残余財産を分配する等の手続きをいう。

3 条文クローズアップ

1 「解散した場合」（1号）

　解散した場合は、原則として清算手続の開始原因となる。しかし、合併（471条4号）により消滅した場合は、消滅会社の権利義務はすべて存続会社に引き継がれるため、後始末の必要がない。また、破産手続開始（471条5号）により解散した場合は、破産手続によって後始末がなされるため、清算手続による必要がない。そのため、これらの場合は、清算手続の開始原因とはならない（475条1号括弧書）。

2 「設立無効の訴えに係る請求を認容する判決が確定した場合」（2号）

　設立を無効とする判決が確定した場合は、会社の設立は将来に向かってその効力を失う（839条）。そのため、解散の場合と同様に、清算が行われることとなる。

3 「株式移転の無効の訴えに係る請求を認容する判決が確定した場合」（3号）

　株式移転の無効の訴えにかかる請求を認容する判決が確定した場合も、株式移転は将来に向かってその効力を失う（839条）。そのため株式移転完全親会社は、解散の場合と同様に、清算が行われる。

H26-51-ア、H23-47-4
第476条（清算株式会社の能力）　B

> 前条（清算の開始原因）の規定により清算をする株式会社(以下「❶清算株式会社」という。)は、清算の目的の範囲内において、清算が結了するまではなお存続するものとみなす。

❶定

→試験対策11章1節①

清算株式会社は、清算の目的の範囲内において、清算が結了するまではなお存続するものとみなされます。

1 趣旨

解散後の清算株式会社は、現務の結了、債権の取立ておよび債務の弁済、残余財産の分配（481条各号）を行うために存在するにすぎず、解散前と同様の営業取引をすることはない。そこで本条は、清算株式会社の権利能力を、清算の目的の範囲内に制限したものである。

2 条文クローズアップ

清算株式会社の権利能力

清算の目的は、会社のすべての権利義務を処理して残余財産を株主に分配することにある。したがって、会社は事業を継続することはできず、事業を前提とする諸制度や諸規定は適用されないことになる。しかし、清算株式会社は、清算という目的の範囲内において、清算が結了するまではなお存続するものとみなされる。すなわち、清算株式会社は、解散前の会社と同一の会社がそのまま存続し、その権利能力は、清算を目的とするものに縮小されると解される（同一会社説）。

判例セレクト

1 清算未結了の場合の結了登記の効力
清算が結了した旨の登記がある場合でも、実際に清算が結了していないときは、その登記は実体上効力を生じることはなく、会社は消滅したということができない（大判大5・3・17民録22-364）。

2 貸付け等の継続
清算株式会社は、清算の目的の範囲内でのみ権利能力を有するにとどまり、したがって当然に貸付けなどを継続することはできず、それが清算事務の遂行に必要であることを明らかにしてはじめて、清算人として貸付けを行うことができるにすぎない（最判昭42・12・15民集25-7-962）。

■ 第2款　清算株式会社の機関

■ 第1目　株主総会以外の機関の設置

司H23-47-1 。書H27-31-イ
第477条　B⁻

> 1 ❶清算株式会社には、1人又は2人以上の清算人を置かなければならない。
> 2 ❶清算株式会社は、定款の定めによって、清算人会、監査役又は監査役会を置くことができる。
> 3 監査役会を置く旨の定款の定めがある❶清算株式会社は、清算人会を置かなければならない。
> 4 第475条各号〔清算の開始原因〕に掲げる場合に該当することとなった時において公開会社又は大会社であった❶清算株式会社は、監査役を置かなければならない。
> 5 第475条各号〔清算の開始原因〕に掲げる場合に該当することとなった時において監査等委員会設置会社であった❶清算株式会社であって、前項の規定の適用があるものにおいては、❷監査等委員である取締役が監査役となる。
> 6 第475条各号〔清算の開始原因〕に掲げる場合に該当することとなった時において指名委員会等設置会社であった❶清算株式会社であって、第4項の規定の適用があるものにおいては、❸監査委員が監査役となる。
> 7 第4章第2節〔株主総会以外の機関の設置〕の規定は、❶清算株式会社については、適用しない。

❶476条

❷38条2項

❸400条4項

→試験対策11章1節③【2】

清算株式会社には、1人または2人以上の清算人を設置しなくてはなりません。そのほか、定款の定めにより、清算人会、監査役または監査役会の設置ができ、一定の場合には設置が義務づけられます。

1 趣旨

清算株式会社は、営業を行わないので、解散前と同様の規模の取締役・監査役等の機関を必要としない。むしろ、解散前と同様の機関を維持すると、報酬等の費用の問題が生じるので、清算事務に必要な最低限度の機関を設けるのが合理的である。一方、清算手続中には財産換価につき会社と大株主・清算人との利益相反による会社の損害を防止するため、監査役を設置する必要もある。本条は、このような事情を考慮して清算株式会社の機関設計にかかる規律を設けた。

2 語句の意味

清算人とは、清算会社の清算事務執行機関をいう。

3 条文クローズアップ

1 清算人および清算人会（1項から3項まで）

(1) 清算人は1人でもよく（1項）、任期はない。清算事務は清算人が行うが、清算人は、定款で定める者または株主総会の決議によって選任

された者がある場合を除いて、解散時の取締役がそのまま清算人になる(**法定清算人**〔478条1項1号〕)。
(2) 清算株式会社は、定款の定めによって**清算人会**をおくことができる(477条2項)。ただし、監査役会をおく旨の定款の定めがある清算株式会社は清算人会をおかなくてはならない(3項)。

2 監査役(2項、4項から6項まで)

(1) 原則(2項)

清算株式会社では、監査役はそのまま存続する。また、定款で監査役または監査役会をおくことができる。

(2) 例外(4項から6項まで)

(a) 清算開始原因(475条各号)に該当することとなった時点において、清算株式会社が①公開会社または②大会社であった場合には、当該清算株式会社は監査役をおかなくてはならない(477条4項)。このように、監査役の設置が義務づけられたのは、公開会社や大会社であった株式会社をめぐる利害関係者が類型的に多数に上るものと考えられることによる。

(b) 清算開始原因(475条各号)に該当することとなった時点において、監査等委員会設置会社または指名委員会等設置会社であった清算株式会社であって477条4項の規定により監査役をおかなくてはならないとされる場合には、監査等委員または監査委員が監査役になる(5項、6項)。

(3) なお、清算株式会社には株主総会以外の機関の設置(326条から328条まで〔第4章第2節〕)の規定は適用されない(477条7項)。

■第2目 清算人の就任及び解任並びに監査役の退任

📖H27-31-ウ・エ

第478条(清算人の就任) C

1 次に掲げる者は、❶清算株式会社の清算人となる。
  ① 取締役(次号又は第3号に掲げる者がある場合を除く。)
  ② 定款で定める者
  ③ 株主総会の決議によって選任された者
2 前項の規定により清算人となる者がないときは、裁判所は、利害関係人の申立てにより、清算人を選任する。
3 前2項の規定にかかわらず、第471条第6号に掲げる事由〔解散を命ずる裁判〕によって解散した❶清算株式会社については、裁判所は、利害関係人若しくは法務大臣の申立てにより又は職権で、清算人を選任する。
4 第1項及び第2項の規定にかかわらず、第475条第2号又は第3号に掲げる場合〔設立無効・株式移転無効の訴えにかかる請求を認容す

❶476条

る判決が確定した場合〕に該当することとなった❶清算株式会社については、裁判所は、利害関係人の申立てにより、清算人を選任する。

5　第475条各号〔清算の開始原因〕に掲げる場合に該当することとなった時において監査等委員会設置会社であった❶清算株式会社における第1項第1号の規定の適用については、同号中「取締役」とあるのは、「❷監査等委員である取締役以外の取締役」とする。

❷38条2項

6　第475条各号〔清算の開始原因〕に掲げる場合に該当することとなった時において指名委員会等設置会社であった❶清算株式会社における第1項第1号の規定の適用については、同号中「取締役」とあるのは、「❸監査委員以外の取締役」とする。

❸400条4項

7　第335条第3項〔監査役会設置会社における監査役の人数と構成〕の規定にかかわらず、第475条各号〔清算の開始原因〕に掲げる場合に該当することとなった時において監査等委員会設置会社又は指名委員会等設置会社であった❶清算株式会社である監査役会設置会社においては、監査役は、3人以上で、そのうち半数以上は、次に掲げる要件のいずれにも該当するものでなければならない。

①　その就任の前10年間当該監査等委員会設置会社若しくは指名委員会等設置会社又はその子会社の取締役（❹社外取締役を除く。）、会計参与（会計参与が法人であるときは、その職務を行うべき社員。次号において同じ。）若しくは執行役又は支配人その他の使用人であったことがないこと。

❹2条15号

②　その就任の前10年内のいずれかの時において当該監査等委員会設置会社若しくは指名委員会等設置会社又はその子会社の社外取締役又は監査役であったことがある者にあっては、当該社外取締役又は監査役への就任の前10年間当該監査等委員会設置会社若しくは指名委員会等設置会社又はその子会社の取締役（社外取締役を除く。）、会計参与若しくは執行役又は支配人その他の使用人であったことがないこと。

③　第2条第16号ハからホまでに掲げる要件

8　第330条〔株式会社と役員等との関係〕及び第331条第1項〔取締役の資格等〕の規定は清算人について、同条第5項〔取締役会設置会社における取締役の人数〕の規定は❺清算人会設置会社（清算人会を置く❶清算株式会社又はこの法律の規定により清算人会を置かなければならない清算株式会社をいう。以下同じ。）について、それぞれ準用する。この場合において、同項中「取締役は」とあるのは、「清算人は」と読み替えるものとする。

❺定

　定款で定める者、株主総会の決議によって選任された者は、清算人となります。これらの者がいない場合は、取締役が清算人となります。また、この

→試験対策11章1節③【2】(1)(a)

第478条

方法で清算人となる者がいない場合は、裁判所が利害関係人の申立てにより清算人を選任します。株式会社と役員等との関係および取締役の資格等の規定は、清算人会設置会社について準用されます。

1 趣旨

解散前から業務を行ってきた者に、解散後の後始末もさせることが自然であることから、定款に別段の定めがある場合や株主総会における選任がある場合を除いて、解散前の会社の取締役が清算人となることを原則とした（1項）。このような原則があたらない場合には、公正な第三者としての裁判所が清算人を選任することとした（2項から4項まで）。

2 条文クローズアップ

1 原則（1項）

①定款で定める者（2号）、または②株主総会の決議によって選任された者（3号）がいないときは、解散時の取締役がそのまま清算人になる（**法定清算人**〔1項1号〕）。

2 例外（2項から4項まで）

①1項の規定により清算人となる者がいない場合には、裁判所が、利害関係人の申立てにより、清算人を選任する（2項）。

②解散を命じる裁判（824条1項、833条1項、471条6号）によって解散した清算株式会社については、裁判所は、㋐利害関係人、または、㋑法務大臣の申立てにより、あるいは㋒職権により、清算人を選任する（478条3項）。

③㋐設立無効の訴えにかかる請求を認容する判決が確定した場合（475条2号）、㋑株式移転の無効の訴えにかかる請求を認容する判決が確定した場合（475条3号）には、裁判所は利害関係人の申立てにより清算人を選任する（478条4項）。

判例セレクト

1 原則

会社の解散前すでに代表取締役としての任期は満了していたが、後任者の選任が行われず、〔旧〕商法258条〔会社法346条〕により依然取締役としての権限を有していたときは、解散と同時に同人が当然清算人になる（最判昭44・3・28判例シリーズ71事件）。

2 例外

会社が破産とともに同時破産廃止の決定を受けた場合において、なお残余財産があるときは、従前の取締役が当然に清算人となるものではなく、〔旧〕商法417条1項ただし書〔会社法478条1項2号、3号〕の場合を除き、2項〔会社法478条2項〕により、利害関係人の請求によって、裁判所が清算人を選任するべきである（最判昭43・3・15民集22-3-625）。

→会社法百選67事件

第479条（清算人の解任）　C

1　清算人（前条第 2 項から第 4 項まで〔裁判所による清算人の選任〕の規定により裁判所が選任したものを除く。）は、いつでも、株主総会の決議によって解任することができる。
2　重要な事由があるときは、裁判所は、次に掲げる株主の申立てにより、清算人を解任することができる。
① 総株主（次に掲げる株主を除く。）の議決権の100分の 3 （これを下回る割合を定款で定めた場合にあっては、その割合）以上の議決権を 6 箇月（これを下回る期間を定款で定めた場合にあっては、その期間）前から引き続き有する株主（次に掲げる株主を除く。）
イ　清算人を解任する旨の議案について議決権を行使することができない株主
ロ　当該申立てに係る清算人である株主
② 発行済株式（次に掲げる株主の有する株式を除く。）の100分の 3 （これを下回る割合を定款で定めた場合にあっては、その割合）以上の数の株式を 6 箇月（これを下回る期間を定款で定めた場合にあっては、その期間）前から引き続き有する株主（次に掲げる株主を除く。）
イ　当該❶清算株式会社である株主
ロ　当該申立てに係る清算人である株主
3　公開会社でない❶清算株式会社における前項各号の規定の適用については、これらの規定中「 6 箇月（これを下回る期間を定款で定めた場合にあっては、その期間）前から引き続き有する」とあるのは、「有する」とする。
4　第346条第 1 項から第 3 項まで〔役員等に欠員が生じた場合〕の規定は、清算人について準用する。

❶476条

→試験対策11章 1 節③【 2 】(1)(a)

　清算人は、裁判所が選任した場合を除いて、いつでも株主総会の決議によって解任することができます。また、重要な事由があるときには、裁判所は、一定の株主の申立てにより、清算人を解任することができます。

1　趣旨

　取締役は原則として法定清算人となることが予定されているが（478条 1 項）、取締役が常に清算人としては適当であるとはいえない。また、選任された清算人についても、清算事務の遂行能力が不十分な場合もありうる。そこで本条は、このような不適当と思われる清算人を解任する手段として、株主総会による解任（ 1 項）、裁判所による解任（ 2 項）を規定した。

2 条文クローズアップ

1 原則（1項）
裁判所が選任した清算人（478条2項から4項まで）以外の清算人は、株主総会の普通決議によっていつでも解任することができる（479条1項、309条1項）。

2 例外（2項、3項）
重要な事由があるときには、裁判所は、少数株主の申立てにより、清算人を解任することができる。

3 役員に欠員が生じた場合の措置の準用（4項）
清算人については、役員に欠員が生じた場合の措置についての規定（346条1項から3項まで）が準用される。

第480条（監査役の退任） C

1　❶清算株式会社の監査役は、当該清算株式会社が次に掲げる定款の変更をした場合には、当該定款の変更の効力が生じた時に退任する。
　① 監査役を置く旨の定款の定めを廃止する定款の変更
　② 監査役の監査の範囲を会計に関するものに限定する旨の定款の定めを廃止する定款の変更
2　第336条（監査役の任期）の規定は、❶清算株式会社の監査役については、適用しない。

❶476条

監査役は、監査役をおく旨の定款の定めを廃止する場合や、監査役の監査の範囲を会計に関するものに限定する旨の定款の定めを廃止する定款の変更をした場合には、当該定款の変更の効力が生じた時に退任します。

1 趣旨

清算株式会社の監査役については、監査役の任期についての規制（336条）を及ぼさず、一定の場合を除いて、清算の結了まで在任することを明らかにしている（2項）。また、監査役が退任する場合とは、監査役に関する定款を変更した場合であることを明らかにしている（1項各号）。

■第3目　清算人の職務等

第481条（清算人の職務） C

清算人は、次に掲げる職務を行う。
　① 現務の結了
　② 債権の取立て及び債務の弁済

③ 残余財産の分配

清算人は、現務の結了、債権の取立て、債務の弁済および残余財産の分配を行います。

→試験対策11章1節③【2】(2)

1 趣旨

会社が清算に入ると、本来の事業活動はできなくなるので、取締役はその地位を失い、代わって清算人が清算事務を遂行することになる。本条は、清算人の主要な職務を列挙した規定である。

2 条文クローズアップ

1 現務の結了（1号）

現務の結了とは、解散当時未了の状態にある事務を終了させることをいう。契約履行のため物品を購入するように、既存の債務を履行するために必要な新たな取引をすることも含む。

2 債権の取立ておよび債務の弁済（2号）

債権の取立てには、弁済受領のほか、訴え提起による強制履行や、和解、換価のための債権譲渡まで含む。

債務の弁済については特別の規定がある。すなわち、ただちに弁済すると早い者勝ちになり、債権の申立てが遅れた者が弁済を受けられなくなるおそれがある。そこで、清算人は債権者に対して一定の期間（2か月以上）内に債権の申出をするよう官報により公告し、また、知れている債権者には個別に催告しなければならない（499条）。清算人はこの債権申出期間内は、裁判所の許可を得ないかぎり債権者に対して弁済することはできない（500条）。

3 残余財産の分配（3号）

全債務の弁済後に、定款に別段の定めがなければ、原則として、持株数に応じて残余財産の分配を行うことになる。金銭以外の財産による残余財産の分配も認められている。

4 その他

本条は、主要な職務を列挙したにとどまり、列挙されたもののみに清算人の職務権限を制限する趣旨ではない。したがって、列挙されていないが、清算人は、当然、財産を換価することができる。

第482条（業務の執行） C

1 清算人は、❶清算株式会社（❷清算人会設置会社を除く。以下この条において同じ。）の業務を執行する。
2 清算人が2人以上ある場合には、❶清算株式会社の業務は、定款に別段の定めがある場合を除き、清算人の過半数をもって決定

❶定・476条1項
❷478条8項

する。
3　前項の場合には、清算人は、次に掲げる事項についての決定を各清算人に委任することができない。
　①　支配人の選任及び解任
　②　支店の設置、移転及び廃止
　③　第298条第1項各号（第325条において準用する場合〔種類株主総会に準用する場合〕を含む。）に掲げる事項〔株主総会招集の場合の決定事項〕
　④　清算人の職務の執行が法令及び定款に適合することを確保するための体制その他❶清算株式会社の業務の適正を確保するために必要なものとして法務省令で定める体制の整備
i 4　第353条から第357条（第3項を除く。）まで〔株式会社と取締役との間の訴えにおける会社代表、表見代表取締役、取締役の義務〕、第360条〔株主が行う取締役の行為の差止め〕並びに第361条第1項及び第4項〔取締役の報酬等〕の規定は、清算人（同条の規定については、第478条第2項から第4項まで〔裁判所による清算人の選任〕の規定により裁判所が選任したものを除く。）について準用する。この場合において、第353条中「第349条第4項〔代表取締役の代表権〕」とあるのは「第483条第6項〔代表清算人への準用〕において準用する第349条第4項」と、第354条中「❷代表取締役」とあるのは「代表清算人（第483第1項〔清算株式会社の代表〕に規定する代表清算人をいう。）」と、第360条第3項中「監査役設置会社、監査等委員会設置会社又は指名委員会等設置会社」とあるのは「監査役設置会社」と読み替えるものとする。

❶47条1項

→試験対策11章1節③【2】(2)

　清算人は、清算株式会社の業務を執行します。
　また、清算人が複数いる場合の清算株式会社の業務の執行は、定款に別段の定めがある場合を除き、清算人の過半数をもって決定します。この場合には、清算人は、その業務の決定を各清算人に委任できますが、支配人の選任・解任、支店の設置・移転・廃止、株主総会の招集、内部統制システムの整備に関しては委任することができません。

1　趣旨

　株式会社では、業務執行を行うのは取締役である（348条1項）。これと同様に、清算株式会社の業務執行を行うのは清算人であることを定めた（482条1項）。また清算人が複数いる場合は、その過半数で決定することとし、清算業務の迅速化を図っている（2項）。一方で、一定の重要な事項については、定款の定めまたは清算人の過半数によっても、特定の清算人に委任することができないとし、慎重な判断を要求している（3項）。

2 条文クローズアップ

1 業務の執行（1項）
清算人は清算株式会社（清算人会設置会社を除く。以下この条において同じ。）の業務を執行する。

2 業務の決定（2項）
清算人が2人以上ある場合には、清算株式会社の業務は、定款に別段の定めがあるときを除き、清算人の過半数で決定する。

3 清算人が2人以上ある場合の委任禁止事項（3項）
①支配人の選任・解任（1号）
②支店の設置・移転・廃止（2号）
③株主総会・種類株主総会の招集の決定（3号）
④清算人の職務の執行が法令および定款に適合することを確保するための体制その他清算株式会社の業務の適正を確保するために必要なものとして法務省令（会社施規140条）で定める体制の整備についての決定（会社482条3項4号）

4 取締役に関する規定の準用（4項）
忠実義務、競業または利益相反取引規制、清算人に対する違法行為差止請求、報酬については、取締役に関する規定が準用されている。

第483条（清算株式会社の代表）　C

1　清算人は、❶清算株式会社を代表する。ただし、他に❷代表清算人（清算株式会社を代表する清算人をいう。以下同じ。）その他清算株式会社を代表する者を定めた場合は、この限りでない。

2　前項本文の清算人が2人以上ある場合には、清算人は、各自、❶清算株式会社を代表する。

3　❶清算株式会社（❸清算人会設置会社を除く。）は、定款、定款の定めに基づく清算人（第478条第2項から第4項まで〔裁判所による清算人の選任〕の規定により裁判所が選任したものを除く。以下この項において同じ。）の互選又は株主総会の決議によって、清算人の中から❷代表清算人を定めることができる。

4　第478条第1項第1号の規定〔取締役がそのまま清算人となる場合〕により取締役が清算人となる場合において、❹代表取締役を定めていたときは、当該代表取締役が❷代表清算人となる。

5　裁判所は、第478条第2項から第4項まで〔裁判所による清算人の選任〕の規定により清算人を選任する場合には、その清算人の中から❷代表清算人を定めることができる。

6　第349条第4項〔代表取締役の代表権〕及び第5項〔代表取締役の代表権に関する制限〕並びに第351条〔代表取締役に欠員が生じた場合〕の規定は

❶476条
❷定

❸478条8項

❹47条1項

> ❷代表清算人について、第352条〔取締役の職務代行者の権限〕の規定は民事保全法第56条に規定する仮処分命令〔法人代表者の職務代行者選任に関する仮処分命令〕により選任された清算人又は代表清算人の職務を代行する者について、それぞれ準用する。

　清算株式会社を代表する清算人、その他清算株式会社を代表する者を定めた場合を除き、各清算人が清算株式会社を代表します。

1 趣旨

　解散前株式会社では、取締役が株式会社を代表する(349条1項本文)。これと同様に、清算株式会社では、清算人が単独で清算株式会社を代表するとした(483条1項本文)。一方で、代表清算人を定めることも可能とし、この場合には対外的な代表権は、代表清算人に集中することとした(1項ただし書)。

2 条文クローズアップ

代表清算人の選定
(1)　清算人会設置会社以外の清算株式会社では、清算人が1人の場合には、その者が、2人以上の場合には各自が代表する(1項、2項)。
(2)　また、定款、定款の定めに基づく清算人の互選または株主総会の決議によって、清算人のなかから**代表清算人**を定めることができる(3項)。定款で定める者も株主総会の決議により選任された者もないため、取締役が清算人となる場合(478条1項1号)に、代表取締役が定められていたときは、その代表取締役が代表清算人になる(483条4項)。
(3)　なお、裁判所が清算人を選任する場合には、その清算人のなかから代表清算人を定めることができる(5項)。

第484条（清算株式会社についての破産手続の開始）　C

> 1　❶清算株式会社の財産がその債務を完済するのに足りないことが明らかになったときは、清算人は、直ちに破産手続開始の申立てをしなければならない。
> 2　清算人は、❶清算株式会社が破産手続開始の決定を受けた場合において、破産管財人にその事務を引き継いだときは、その任務を終了したものとする。
> 3　前項に規定する場合において、❶清算株式会社が既に債権者に支払い、又は株主に分配したものがあるときは、破産管財人は、これを取り戻すことができる。

❶476条

　清算人は、清算株式会社の財産がその債務を完済するのに足りないことが

明らかになった場合には、破産手続開始の申立てをしなければなりません。そして、清算人が破産管財人にその事務を引き継いだときは、その任務を終了したものとされます。

1 趣旨

清算は、清算株式会社の財産を整理して債務の弁済や残余財産の分配を行う手続きであるから、債務超過状態にないことを前提にしている。しかし、清算手続中に債務超過が明らかになったときは破産手続による厳格な弁済を行う必要性があるため、本条が設けられた。

2 条文クローズアップ

1 破産手続開始の要件

清算株式会社の財産がその債務を完済するのに足りないことが明らかになったことが必要である（1項）。

2 破産手続開始の効果

清算人は、ただちに破産手続開始の申立てをしなければならない。そして、破産手続開始決定があれば清算手続から破産手続に移行し、清算人が破産管財人にその事務を引き継いだときは、その任務を終了したものとされる（2項）。また、この場合には、破産管財人は、清算株式会社がすでに債権者に支払い、または株主に分配したものを取り戻すことができる（3項）。

3 特別清算開始申立て義務との関係

本条により、清算人には破産手続開始申立義務がある（1項）一方で、債務超過の疑いがあるときは特別清算開始申立義務もある（511条2項）。このように2つの義務が競合した場合は、特別清算は破産手続に先行する制度であるから、清算人はまず特別清算開始申立てをすれば足りる。

第485条（裁判所の選任する清算人の報酬）　C

裁判所は、第478条第2項から第4項まで〔裁判所による清算人の選任〕の規定により清算人を選任した場合には、❶清算株式会社が当該清算人に対して支払う報酬の額を定めることができる。

❶476条

→試験対策11章1節③【2】(1)(b)

1 趣旨

業務を執行していた取締役等が清算人となる場合には、清算株式会社と清算人の間に個別の契約関係が生じるため、報酬についても当事者間に委ねられる。しかし、裁判所により清算人が選任された場合には、こ

解散当時に取締役が存在せず、定款の規定や株主総会の決議により清算人が指定されていない場合において、裁判所が選任した清算人の報酬は、裁判所が決定します。

のような契約関係が存在しないため、清算人に報酬が支払われない事態が生じる。本条の趣旨は、こうした不都合を回避することにある。

> **第486条（清算人の清算株式会社に対する損害賠償責任）　C**
> 1　清算人は、その任務を怠ったときは、❶清算株式会社に対し、これによって生じた損害を賠償する責任を負う。
> 2　清算人が第482条第4項〔清算人への準用規定〕において準用する第356条第1項〔競業取引規制および利益相反取引規制〕の規定に違反して同項第1号の取引〔競業取引〕をしたときは、当該取引により清算人又は第三者が得た利益の額は、前項の損害の額と推定する。
> 3　第482条第4項〔清算人への準用規定〕において準用する第356条第1項第2号又は第3号の取引〔利益相反取引〕によって❶清算株式会社に損害が生じたときは、次に掲げる清算人は、その任務を怠ったものと推定する。
> 　① 第482条第4項〔清算人への準用規定〕において準用する第356条第1項の清算人〔当該取引につき重要事実を開示し承認を受けるべき清算人〕
> 　② 清算株式会社が当該取引をすることを決定した清算人
> 　③ 当該取引に関する清算人会の承認の決議に賛成した清算人
> 4　第424条〔総株主の同意に基づく損害賠償責任の免除〕及び第428条第1項〔取締役が自己のためにした利益相反取引における特則〕の規定は、清算人の第1項の責任について準用する。この場合において、同条第1項中「第356条第1項第2号（第419条第2項において準用する場合を含む。）」とあるのは、「第482条第4項〔清算人への準用規定〕において準用する第356条第1項第2号〔利益相反直接取引〕」と読み替えるものとする。

❶476条

清算人がその任務を怠ったときは、清算株式会社に対して、損害を賠償する責任があります。

→試験対策11章1節③【2】(1)(b)

1 趣旨

清算人も、解散前の株式会社の役員等と同様に、その役割の重要性は高いため、任務を怠ったことで会社に損害が生じた場合には、会社に対して損害賠償責任を負うこととした。

2 条文クローズアップ

清算人の会社に対する責任と取締役の会社に対する責任

清算人の会社に対する責任は、取締役の会社に対する責任とほぼパラレルになっている。
(1)　1項

清算人が任務を怠ったときは、清算人は清算株式会社に対して損害賠償責任を負う。
(2) 2項
清算人が株主総会の承認を得ずに競業取引をしたときは、その取引によって清算人または第三者が得た利益を損害額と推定される。
(3) 3項
清算人の利益相反取引によって清算株式会社に損害が生じたときは、清算人はその任務を怠ったものと推定される。
(4) 4項
清算人の清算株式会社に対する損害賠償責任は総株主の同意によって免除できる。ただし、自己のために会社と直接に利益相反取引をした清算人は無過失責任を負う。

> **第487条（清算人の第三者に対する損害賠償責任）　C**
> 1　清算人がその職務を行うについて悪意又は重大な過失があったときは、当該清算人は、これによって第三者に生じた損害を賠償する責任を負う。
> 2　清算人が、次に掲げる行為をしたときも、前項と同様とする。ただし、当該清算人が当該行為をすることについて注意を怠らなかったことを証明したときは、この限りでない。
> ①　株式、新株予約権、社債若しくは新株予約権付社債を引き受ける者の募集をする際に通知しなければならない重要な事項についての虚偽の通知又は当該募集のための当該❶清算株式会社の事業その他の事項に関する説明に用いた資料についての虚偽の記載若しくは記録
> ②　第492条第1項に規定する財産目録等〈清算人が作成する財産目録等〉並びに第494条第1項の貸借対照表及び事務報告並びにこれらの附属明細書〈清算株式会社が作成する貸借対照表および事務報告ならびにこれらの附属明細書〉に記載し、又は記録すべき重要な事項についての虚偽の記載又は記録
> ③　虚偽の登記
> ④　虚偽の公告

❶476条

→試験対策11章1節③【2】(1)(b)

清算人がその職務を行うについて、悪意または重大な過失があったときは、その清算人は、これによって第三者に生じた損害を賠償する責任があります。

1 趣旨

清算人も、解散前の株式会社の役員等と同様に、その役割の重要性は高いため、第三者保護のため、損害賠償責任を負わせることとした。

2 条文クローズアップ

清算人の対第三者責任と取締役の対第三者責任

清算人の第三者に対する責任は、取締役の第三者に対する責任とほぼパラレルになっている。

(1) 1項

清算人がその職務を行うについて悪意または重大な過失があったときは、清算人はこれによって第三者に生じた損害を賠償する責任を負う。

(2) 2項

清算人が以下の行為をする際に注意を怠った場合も第三者に生じた損害を賠償する責任を負う。

① 株式、新株予約権、社債、もしくは新株予約権付社債の募集において、重要事項につき虚偽の通知、またはその募集のためのその清算株式会社の事業等に虚偽の記載もしくは記録をしたとき（1号）
② 清算人の作成する財産目録および清算株式会社の作成する貸借対照表等の重要な事項について、虚偽の記載もしくは記録をしたとき（2号）
③ 虚偽の登記（3号）
④ 虚偽の公告（4号）

第488条（清算人及び監査役の連帯責任）　C

1　清算人又は監査役が❶清算株式会社又は第三者に生じた損害を賠償する責任を負う場合において、他の清算人又は監査役も当該損害を賠償する責任を負うときは、これらの者は、連帯債務者とする。

2　前項の場合には、第430条〔役員等の連帯責任〕の規定は、適用しない。

❶476条

清算人または監査役が清算株式会社または第三者の損害賠償責任を負う場合に、他の清算人または監査役も同じく責任を負うときは、これらの者は連帯債務者になります。

1 趣旨

複数の清算人または監査役が、会社または第三者に対して損害賠償責任を負う場合には、その損害の填補を確実にするために、連帯責任を法定した。

■第4目　清算人会

第489条（清算人会の権限等）　C

1　清算人会は、すべての清算人で組織する。
2　清算人会は、次に掲げる職務を行う。
　①　❶清算人会設置会社の業務執行の決定
　②　清算人の職務の執行の監督
　③　❷代表清算人の選定及び解職
3　清算人会は、清算人の中から❷代表清算人を選定しなければならない。ただし、他に代表清算人があるときは、この限りでない。
4　清算人会は、その選定した❷代表清算人及び第483条第4項〔代表取締役がそのまま代表清算人となる場合〕の規定により代表清算人となった者を解職することができる。
5　第483条第5項〔裁判所が代表清算人を選定する場合〕の規定により裁判所が❷代表清算人を定めたときは、清算人会は、代表清算人を選定し、又は解職することができない。
6　清算人会は、次に掲げる事項その他の重要な業務執行の決定を清算人に委任することができない。
　①　重要な財産の処分及び譲受け
　②　多額の借財
　③　支配人その他の重要な使用人の選任及び解任
　④　支店その他の重要な組織の設置、変更及び廃止
　⑤　第676条第1号に掲げる事項〔募集社債の総額〕その他の社債を引き受ける者の募集に関する重要な事項として法務省令で定める事項
　⑥　清算人の職務の執行が法令及び定款に適合することを確保するための体制その他❸清算株式会社の業務の適正を確保するために必要なものとして法務省令で定める体制の整備
7　次に掲げる清算人は、❶清算人会設置会社の業務を執行する。
　①　❷代表清算人
　②　代表清算人以外の清算人であって、清算人会の決議によって清算人会設置会社の業務を執行する清算人として選定されたもの
8　第363条第2項〔業務執行取締役の取締役会への職務執行状況報告義務〕、第364条〔取締役会設置会社と取締役との間の訴えにおける会社代表〕及び第365条〔競業および取締役会設置会社との取引等の制限〕の規定は、❶清算人会設置会社について準用する。この場合において、第363条第2項中「前項各号」とあるのは「第489条第7項各号〔業務執行清算人〕」と、「取締役は」とあるのは「清算人は」と、「取締役会」とあるのは「清算人会」と、第364条中「第353条」とあるのは「第482条第4項〔清算人への準用〕において準用する第353条」と、「取締役会は」とあるのは「清算人会は」と、第365条第1項中「第356条」とあるのは「第482条第4項〔清算人への準用〕において準用する第356条」と、

❶478条8項

❷483条1項

❸476条

> 「取締役会」とあるのは「清算人会」と、同条第2項中「第356条第1項各号」とあるのは「第482条第4項〔清算人への準用〕において準用する第356条第1項各号」と、「取締役は」とあるのは「清算人は」と、「取締役会に」とあるのは「清算人会に」と読み替えるものとする。

清算人会は、すべての清算人で組織され、業務執行の決定・清算人の職務執行の監督・代表清算人の選定および解職をその職務とします。

1 趣旨

　解散前の株式会社であって取締役会設置会社は、取締役会において、業務執行の決定を行う（362条2項1号）。これと同様に、清算株式会社であって清算人会設置会社は、清算人会において、業務執行の決定を行うこととした（489条2項1号）。また、法定の事項については必ず清算人会で決定しなければならず、個々の清算人に委任することができないとし、慎重な判断を要求している（6項）。

2 条文クローズアップ

清算人会が設置された場合

　清算人会は、すべての清算人で組織され（1項）、清算人会は、業務執行の決定、清算人の職務執行の監督、代表清算人の選定および解職を行う（2項）。取締役会で決定すべき事項とパラレルに、清算人会は、重要な財産の処分・譲受け、多額の借財、支配人その他の重要な使用人の選任・解任、支店その他の重要な組織の設置・変更・廃止、募集社債に関する事項その他の社債を引き受ける者の募集に関する重要な事項として法務省令（会社施規141条）で定める事項、清算人の職務の執行が法令および定款に適合することを確保するための体制その他清算開始後の会社の業務の適正を確保するために必要なものとして法務省令（会社施規142条）で定める体制の整備その他の重要な業務執行の決定を清算人に委任することができない（会社489条6項）。

　他方、業務の執行には代表清算人および代表清算人以外の清算人であって、清算人会の決議によって清算株式会社の業務を執行する清算人として選定された者があたる（7項）。

第490条（清算人会の運営）　C

1　清算人会は、各清算人が招集する。ただし、清算人会を招集する清算人を定款又は清算人会で定めたときは、その清算人が招集する。

2　前項ただし書に規定する場合には、同項ただし書の規定により

定められた清算人(以下この項において「招集権者」という。)以外の清算人は、招集権者に対し、清算人会の目的である事項を示して、清算人会の招集を請求することができる。

3　前項の規定による請求があった日から5日以内に、その請求があった日から2週間以内の日を清算人会の日とする清算人会の招集の通知が発せられない場合には、その請求をした清算人は、清算人会を招集することができる。

i4　第367条〔株主の招集請求〕及び第368条〔招集手続〕の規定は、❶清算人会設置会社における清算人会の招集について準用する。この場合において、第367条第1項中「監査役設置会社、監査等委員会設置会社及び指名委員会等設置会社」とあるのは「監査役設置会社」と、「取締役が」とあるのは「清算人が」と、同条第2項中「取締役(前条第1項ただし書に規定する場合にあっては、招集権者)」とあるのは「清算人(第490条第1項ただし書に規定する場合にあっては、同条第2項に規定する招集権者)」と、同条第3項及び第4項中「前条第3項」とあるのは「第490条第3項」と、第368条第1項中「各取締役」とあるのは「各清算人」と、同条第2項中「取締役(」とあるのは「清算人(」と、「取締役及び」とあるのは「清算人及び」と読み替えるものとする。

❶478条8項

i5　第369条から第371条まで〔取締役会手続、議事録〕の規定は、❶清算人会設置会社における清算人会の決議について準用する。この場合において、第369条第1項中「取締役の」とあるのは「清算人の」と、同条第2項中「取締役」とあるのは「清算人」と、同条第3項中「取締役及び」とあるのは「清算人及び」と、同条第5項中「取締役であって」とあるのは「清算人であって」と、第370条中「取締役が」とあるのは「清算人が」と、「取締役(」とあるのは「清算人(」と、第371条第3項中「監査役設置会社、監査等委員会設置会社又は指名委員会等設置会社」とあるのは「監査役設置会社」と、同条第4項中「役員又は執行役」とあるのは「清算人又は監査役」と読み替えるものとする。

6　第372条第1項及び第2項〔取締役会への報告の省略〕の規定は、❶清算人会設置会社における清算人会への報告について準用する。この場合において、同条第1項中「取締役、会計参与、監査役又は会計監査人」とあるのは「清算人又は監査役」と、「取締役(」とあるのは「清算人(」と、「取締役及び」とあるのは「清算人及び」と、同条第2項中「第363条第2項」とあるのは「第489条第8項〔清算人会設置会社への準用〕において準用する第363条第2項」と読み替えるものとする。

清算人会は、各清算人が招集します。招集する清算人が定款または清算人

会で定められている場合にはその者が招集しますが、他の清算人も清算人会の招集を請求できます。

1 趣旨

　取締役会の招集手続(366条以下)と同様の規定である。清算人会の招集権者は原則として各清算人である(490条1項本文)が、定款または清算人会の決議により、招集権者を指定することができる(1項ただし書)。これは、招集権者を指定することで、各自が勝手に招集して、議事が混乱することを防ぐ趣旨である。また、招集権者が招集しない場合に備え、その他の清算人も、法定の要件に従ってみずから清算人会を招集できることとした(3項)。

2 条文クローズアップ

清算人会の運営

　取締役会の場合と同様、各清算人が清算人会の招集権を有するのが原則であるが、清算人会を招集する清算人を定款または清算人会で定めることもできる(1項)。そして、招集権者を定めた場合には、招集権者以外の清算人は、招集権者に対し、清算人会の目的である事項を示して、清算人会の招集を請求することができ(2項)、その請求があった日から5日以内に、その請求があった日から2週間以内の日を清算人会の日とする清算人会の招集の通知が発せられない場合には、その請求をした清算人は、清算人会を招集することができるものとされている(3項)。このほか、招集・議事・決議等については取締役会に関する規定が清算人会に準用されている(4項から6項まで)。

■第5目　取締役等に関する規定の適用

第491条　C

❶清算株式会社については、第2章〔株式〕(第155条〔株式会社による自己株式の取得〕を除く。)、第3章〔新株予約権〕、第4章第1節〔株主総会および種類株主総会〕、第335条第2項〔監査役の兼任禁止〕、第343条第1項〔監査役選任議案を株主総会に提出する場合の、監査役の同意〕及び第2項〔監査役選任議題・議案に関する監査役の提案〕、第345条第4項〔監査役辞任者への準用〕において準用する同条第3項〔辞任者への通知〕、第359条〔裁判所の株主総会招集等の決定〕、同章第7節〔監査役〕及び第8節〔監査役会〕並びに第7章〔事業譲渡等〕の規定中取締役、❷代表取締役、取締役会又は取締役会設置会社に関する規定は、それぞれ清算人、❸代表清算人、清算人会又は❹清算人会設置会社に関する規定として清算人、代表清算人、清算人会又は清算人会設置会社に適用があるものとする。

❶476条

❷47条1項
❸483条1項
❹478条8項

清算開始後の株式会社においては、株式・新株予約権・株主総会等の規定は、取締役等に関する規定が清算人等に関する規定として、適用されます。

→試験対策11章1節③【2】(1)(b)

1 趣旨

解散前の株式会社における取締役、代表取締役、取締役会に相当するのは、清算株式会社における清算人、代表清算人、清算人会である。そこで、本条は、これらの規定を清算株式会社の目的に反しない限度において、準用した。

2 条文クローズアップ

清算開始後の株式会社

清算人会を設けた場合の株主総会の権限等は、取締役会設置会社における株主総会の権限等とほぼ同様である。

■第3款 財産目録等

> **第492条（財産目録等の作成等） C**
> 1　清算人(❶清算人会設置会社にあっては、第489条第7項各号に掲げる清算人〔業務執行清算人〕)は、その就任後遅滞なく、❷清算株式会社の財産の現況を調査し、法務省令で定めるところにより、第475条各号に掲げる場合〔清算開始原因〕に該当することとなった日における財産目録及び貸借対照表(以下この条及び次条において「❸財産目録等」という。)を作成しなければならない。
> 2　❶清算人会設置会社においては、❸財産目録等は、清算人会の承認を受けなければならない。
> 3　清算人は、❸財産目録等(前項の規定の適用がある場合にあっては、同項の承認を受けたもの)を株主総会に提出し、又は提供し、その承認を受けなければならない。
> 4　❷清算株式会社は、財産目録等を作成した時からその本店の所在地における清算結了の登記の時までの間、当該❸財産目録等を保存しなければならない。

❶478条8項
❷476条

❸定

清算人等は、その就任後ただちに財産の現況を調査し、清算開始原因が生じた日における財産目録等を作成しなければなりません。そして、この財産目録等は、株主総会に提出してその承認を受けなければなりません。

1 趣旨

本条が財産目録等の作成を義務付けた趣旨は、会社財産の売却による債権者への弁済や株主への財産分配等を行う手続を円滑化すること、および基礎資料となる会計書類の作成を義務づけることで株主や債権者が清算手続を監視できるようにすることにある。

2 条文クローズアップ

1 財産目録等の作成義務（1項、2項）
清算人は、その就任後遅滞なく調査を開始し、財産目録等を作成しなければならない（1項）。清算人会設置会社においては、財産目録等は、清算人会の承認を受けなければならない（2項）。

2 株主総会の承認（3項）
財産目録等は、株主総会に提出され、承認を受けなければならない。

3 清算結了までの保存義務（4項）
清算株式会社は、財産目録等を作成した時からその本店の所在地における清算結了の登記までの間、その財産目録等を保存しなければならない。

第493条（財産目録等の提出命令） C

裁判所は、申立てにより又は職権で、訴訟の当事者に対し、❶財産目録等の全部又は一部の提出を命ずることができる。

❶492条1項

裁判所は、申立てまたは職権で、訴訟の当事者に対し、財産目録等の全部または一部の提出を命じることができます。

1 趣旨

本条は、清算財産目録等が、会社の財産を唯一の責任財産とする会社債権者や、残余財産の分配にあずかる株主の保護を図るうえで重要な意味をもつ文書であることにかんがみて、清算に関する紛争が訴訟に発展したときに、これらの書類を訴訟当事者が利用できるようにする趣旨である。民事訴訟法上の文書提出命令（民訴220条）の特別規定である。

第494条（貸借対照表等の作成及び保存） C

1 ❶清算株式会社は、法務省令で定めるところにより、各清算事務年度（第475条各号に掲げる場合（清算開始原因）に該当することとなった日の翌日又はその後毎年その日に応当する日（応当する日がない場合にあっては、その前日）から始まる各1年の期間をいう。）に係る貸借対照表及び事務報告並びにこれらの附属明細書を作成しなければならない。
2 前項の貸借対照表及び事務報告並びにこれらの附属明細書は、❷電磁的記録をもって作成することができる。
3 ❶清算株式会社は、第1項の貸借対照表を作成した時からその本店の所在地における清算結了の登記の時までの間、当該貸借対照表及びその附属明細書を保存しなければならない。

❶476条

❷26条2項

清算株式会社は、法務省令(会社施規146条、147条)で定めるところにより、各清算事務年度の貸借対照表・事務報告・これらの附属明細書を作成しなければなりません。これらは、電磁的記録で作成することもできます。

1 趣旨

　本条は、株主や会社債権者が清算人の事務遂行を監視するための資料として、貸借対照表等の作成および保存を義務づける。これにより、清算事務の適正さを担保する趣旨である。

2 条文クローズアップ

貸借対照表等の作成および保存

　清算株式会社は、その本店の所在地における清算結了の登記のときまで、**貸借対照表**およびその**附属明細書**を保存しなければならない(保存義務〔3項〕)。

> **第495条（貸借対照表等の監査等）　C**
> 1　監査役設置会社(監査役の監査の範囲を会計に関するものに限定する旨の定款の定めがある株式会社を含む。)においては、前条第1項の貸借対照表及び事務報告並びにこれらの附属明細書〔各清算事業年度にかかる書類〕は、法務省令で定めるところにより、監査役の監査を受けなければならない。
> 2　❶清算人会設置会社においては、前条第1項の貸借対照表及び事務報告並びにこれらの附属明細書〔各清算事業年度にかかる書類〕(前項の規定の適用がある場合にあっては、同項の監査を受けたもの)は、清算人会の承認を受けなければならない。

❶478条8項

　監査役設置会社においては、各清算事務年度の貸借対照表等は法務省令(会社施規148条)で定めるところにより、監査役の監査を受けなければなりません。また、清算人会設置会社においては、貸借対照表等は、清算人会の承認を受けなければなりません。

1 趣旨

　本条の趣旨は、貸借対照表等について監査役による監査や、清算人会による承認を要求することで、株主の清算手続の監視に関する専門能力の不足を補うことにある。

> **第496条（貸借対照表等の備置き及び閲覧等）　C**
> 1　❶清算株式会社は、第494条第1項に規定する各清算事務年度に係る貸借対照表及び事務報告並びにこれらの附属明細書(前条第

❶476条

1項の規定の適用がある場合〔監査役設置会社の場合〕にあっては、監査報告を含む。以下この条において「❷貸借対照表等」という。）を、定時株主総会の日の1週間前の日（第319条第1項の場合〔株主全員の同意によって提案可決の株主総会決議があったとみなす場合〕にあっては、同項の提案があった日）からその本店の所在地における清算結了の登記の時までの間、その本店に備え置かなければならない。
2　株主及び債権者は、❶清算株式会社の営業時間内は、いつでも、次に掲げる請求をすることができる。ただし、第2号又は第4号に掲げる請求をするには、当該清算株式会社の定めた費用を支払わなければならない。
　①　❷貸借対照表等が書面をもって作成されているときは、当該書面の閲覧の請求
　②　前号の書面の謄本又は抄本の交付の請求
　③　貸借対照表等が❸電磁的記録をもって作成されているときは、当該電磁的記録に記録された事項を法務省令で定める方法により表示したものの閲覧の請求
　④　前号の電磁的記録に記録された事項を電磁的方法であって清算株式会社の定めたものにより提供することの請求又はその事項を記載した書面の交付の請求
3　❶清算株式会社の❹親会社社員は、その権利を行使するため必要があるときは、裁判所の許可を得て、当該清算株式会社の❷貸借対照表等について前項各号に掲げる請求をすることができる。ただし、同項第2号又は第4号に掲げる請求をするには、当該清算株式会社の定めた費用を支払わなければならない。

❷定

❸26条2項

❹31条3項

清算事務年度の貸借対照表等については、本店で備え置く義務が課されます。そして、株主・債権者・親会社社員は、閲覧・交付の請求をすることができます。ただし、親会社社員の場合、裁判所の許可が必要です。

1　趣旨

本条は、貸借対照表等を株主・会社債権者に利用可能にすることで、清算手続の適正さを担保するために設けられた。

第497条（貸借対照表等の定時株主総会への提出等）　C

1　次の各号に掲げる❶清算株式会社においては、清算人は、当該各号に定める貸借対照表及び事務報告を定時株主総会に提出し、又は提供しなければならない。
　①　第495条第1項〔監査役による監査〕に規定する監査役設置会社

❶476条

> （❷清算人会設置会社を除く。）　同項の監査を受けた貸借対照表及び事務報告
>   ②　清算人会設置会社　第495条第2項の承認〔清算人会の承認〕を受けた貸借対照表及び事務報告
>   ③　前2号に掲げるもの以外の清算株式会社　第494条第1項の貸借対照表及び事務報告〔各清算事業年度にかかる書類〕
> 2　前項の規定により提出され、又は提供された貸借対照表は、定時株主総会の承認を受けなければならない。
> 3　清算人は、第1項の規定により提出され、又は提供された事務報告の内容を定時株主総会に報告しなければならない。

❷478条8項

各清算事業年度の貸借対照表等は、定時株主総会に提出し、その承認を得なければなりません。また、清算人は事務報告の内容を定時株主総会に報告しなければなりません。

1 趣旨

通常清算手続においては株主への残余財産の分配が予定されているため、手続を監視することへのインセンティブが株主に存在する。

そこで、本条は清算事務年度貸借対照表・事務報告を株主総会に提出し（1項）、清算年度貸借対照表については株主総会での承認を得なければならず（2項）、事務報告については内容の報告を行わなければならない（3項）とした。

第498条（貸借対照表等の提出命令）　C

> 裁判所は、申立てにより又は職権で、訴訟の当事者に対し、第494条第1項の貸借対照表及びその附属明細書〔各清算事業年度にかかる書類〕の全部又は一部の提出を命ずることができる。

裁判所は、申立てまたは職権で、訴訟の当事者に対し、各清算事務年度の貸借対照表等の全部または一部の提出を命じることができます。

1 趣旨

本条は、清算事務年度貸借対照表および附属明細書が清算手続の適正さを担保する重要書類であることにかんがみて、清算に関する紛争が訴訟に発展したときに、これらの書類を訴訟当事者が利用できるようにする趣旨である。民事訴訟法上の文書提出命令（民訴220条）の特別規定である。

■第4款　債務の弁済等

> 司H23-47-2。書H27-31-ア
> **第499条（債権者に対する公告等）　B⁻**
> 1　❶清算株式会社は、第475条各号に掲げる場合〔清算開始原因〕に該当することとなった後、遅滞なく、当該清算株式会社の債権者に対し、一定の期間内にその債権を申し出るべき旨を官報に公告し、かつ、知れている債権者には、各別にこれを催告しなければならない。ただし、当該期間は、2箇月を下ることができない。
> 2　前項の規定による公告には、当該債権者が当該期間内に申出をしないときは清算から除斥される旨を付記しなければならない。

❶476条

清算株式会社は清算開始原因(475条各号参照)が生じたときには、遅滞なく、当該清算株式会社の債権者に対し、一定の期間内にその債権を申し出るべき旨を官報に公告し、かつ、知れている債権者には、個別にこれを催告しなければなりません。そして、その公告には、当該債権者が当該期間内に申出をしないときには、清算から除斥される旨を付記しなければなりません。

→試験対策11章1節③【2】(3)

1　趣旨

清算人には、清算株式会社が債務超過であれば破産手続開始申立義務、および特別清算開始申立義務がある(484条1項、511条2項)。そこで、債権者による申出を行わせることで、債権者の情報を収集し、債務超過状態にあるか否かの判断を容易にすることで、清算事務の円滑な遂行を図る趣旨である。

2　条文クローズアップ

清算手続
(1)　通常清算手続の基本的な流れ
　①解散の時点で継続中の事務を完結し、取引関係も完結する(現務の結了)。
　②弁済期の到来した債権を取り立て、金銭以外の財産は換価し、債務の弁済をする(債権の取立ておよび債務の弁済)。その方法としては、2か月以上の一定の期間内に債権の申出をするように催告し(清算開始後遅滞なく官報で公告する)、この期間経過後に、申し出た債権者と知れている債権者の全員に弁済する(499条から501条まで)。それ以外の債権者は、清算から除斥される(503条1項)。
　③①②の結果、残余財産があれば、清算株式会社は、株主に対し、原則として持株数に比例して分配する(残余財産の分配〔504条から506条まで〕)。清算株式会社は、債務を弁済した後でなければ、残余財産を株主に分配することができないが(502条本文)、その存否または

額について争いのある債権にかかる債務については、弁済に必要な財産を留保して、残余財産を分配してもよい(502条ただし書)。

(2) 清算の結了

清算株式会社は、清算事務が終了したときは、遅滞なく、法務省令(会社施規150条)で定めるところにより、決算報告を作成し(会社507条1項)、清算人はそれを株主総会に提出して、その承認を求める(507条3項。登記につき929条1号)。

→507条

なお、清算人等は、清算株式会社の本店の所在地における清算結了の登記の時から10年間、帳簿資料を保存しなければならない(508条1項)。

→508条

1 債権申出の例外
〔旧〕商法421条〔会社法499条〕による催告前に会社に対して債権を有することを主張していた債権者は、上記催告に応じて重ねて債権の申出をする必要はなく、清算会社は、債権の申出のないことを理由として、このような債権者を清算から除斥することはできない(大阪高判昭36・9・14下民12-9-2281)。

2 債権申出による時効中断
清算人の催告に応じて債権者がその債権の申出をしたときは、これによってその債権の時効は中断される(大判大6・10・13民録23-1815)。

3 「知れている債権者」の意義

→449条判例セレクト2

司 H23-47-2

第500条（債務の弁済の制限） B⁻

1 ❶清算株式会社は、前条第1項の期間〔債権者による債権申出期間〕内は、債務の弁済をすることができない。この場合において、清算株式会社は、その債務の不履行によって生じた責任を免れることができない。
2 前項の規定にかかわらず、❶清算株式会社は、前条第1項の期間〔債権者による債権申出期間〕内であっても、裁判所の許可を得て、少額の債権、清算株式会社の財産につき存する担保権によって担保される債権その他これを弁済しても他の債権者を害するおそれがない債権に係る債務について、その弁済をすることができる。この場合において、当該許可の申立ては、清算人が2人以上あるときは、その全員の同意によってしなければならない。

❶476条

清算株式会社は債権者に対する公告(499条1項)の期間内には債務の弁済をすることができません。そして、この債権者に対する公告の期間の弁済遅延の責任は、清算株式会社にあります。ただし、少額の債権に関する債務等については、裁判所の許可を得て弁済をすることができます。それらの行為を

→試験対策11章1節3【2】(3)

第500条／789

する場合において、清算人が2人以上いるときは、その全員の同意がなければなりません。

1 趣旨

1項の趣旨は、一部の債権者に対して弁済をした後に、会社財産がその余の債務の弁済に不足するという自体を避けることにある。2項では、一定の債権者に対しては弁済を行っても、他の債権者を害するおそれがないことから、弁済禁止の例外を認めている。

2 条文クローズアップ

1 債務不履行の責任（1項）

本条は、総債権者に対して公平な弁済を保障しようとする趣旨であって、会社に弁済を免れさせたり、弁済の猶予を与える趣旨ではないことから、債務不履行責任は免れないとした。具体的には、遅延利息や損害賠償を支払う義務を負う。

2 弁済禁止の例外（2項）

(1) 少額債権者

債権の額が少額である者は、たとえば銀行に対する預金者などがあげられる。この場合には社会政策上、弁済を禁止すると、預金に対する信頼が損なわれること、また、このような少額の債権を弁済しても、他の債権者に対する弁済原資が足りなくなるということは生じにくいことから、弁済禁止の例外として認められた。

(2) 担保権付債権者

担保権のある債権は、もともと優先弁済を受ける権利があるので、担保のある範囲であれば優先して弁済しても他の一般債権者を害することにはならない。そのため、弁済禁止の例外として認められた。

第501条（条件付債権等に係る債務の弁済） C

1 ❶清算株式会社は、条件付債権、存続期間が不確定な債権その他その額が不確定な債権に係る債務を弁済することができる。この場合においては、これらの債権を評価させるため、裁判所に対し、鑑定人の選任の申立てをしなければならない。

2 前項の場合には、❶清算株式会社は、同項の鑑定人の評価に従い同項の債権に係る債務を弁済しなければならない。

3 第1項の鑑定人の選任の手続に関する費用は、❶清算株式会社の負担とする。当該鑑定人による鑑定のための呼出し及び質問に関する費用についても、同様とする。

❶476条

清算株式会社は、条件付債権等を弁済することができます。この場合には、それらの債権を評価させるため、裁判所に対し、鑑定人の選任の申立てをし

→試験対策11章1節③【2】(3)

なければなりません。その鑑定等の費用は、清算株式会社の負担となります。

1 趣旨

清算手続の結了には債務の完済が必要である。本条は、清算事務の迅速な完了のために、その処理方法を定めたものである。他方、本条に記載されていない期限付債権の期限前弁済については、民法の一般規定（民136条2項）に従う。

第502条（債務の弁済前における残余財産の分配の制限） C

❶清算株式会社は、当該清算株式会社の債務を弁済した後でなければ、その財産を株主に分配することができない。ただし、その存否又は額について争いのある債権に係る債務についてその弁済をするために必要と認められる財産を留保した場合は、この限りでない。

❶476条

清算株式会社は、債務を弁済した後でなければ、その財産を株主に分配することができません。ただし、存否または額について争いのある債権に関する債務について、その弁済をするために必要と認められる財産を留保した場合には、その財産を株主に分配することができます。

→試験対策11章1節③【2】(3)

1 趣旨

本条は、株主の残余財産分配請求権（105条1項2号）を具体化したものである。株主の残余財産分配請求権は、会社の債務を弁済してなお残余の財産がある場合にはじめてその分配にあずかるにとどまるため、株主が債権者に劣後することを定めた。

第503条（清算からの除斥） C

1 ❶清算株式会社の債権者（知れている債権者を除く。）であって第499条第1項の期間（債権者による債権申出期間）内にその債権の申出をしなかったものは、清算から除斥される。
2 前項の規定により清算から除斥された債権者は、分配がされていない残余財産に対してのみ、弁済を請求することができる。
3 ❶清算株式会社の残余財産を株主の一部に分配した場合には、当該株主の受けた分配と同一の割合の分配を当該株主以外の株主に対してするために必要な財産は、前項の残余財産から控除する。

❶476条

知れている債権者を除く清算株式会社の債権者であって、債権申出期間（499条1項）にその債権の申出をしなかった場合には、清算から除斥されます。清算から除斥された債権者は、分配がされていない残余財産についてのみ、清算株式会社に対して弁済を請求できます。

→試験対策11章1節③【2】(3)

1 趣旨

1項は、債権の申出をしなかった債権者に、除斥という不利益を与えることで、債権者に債権届出のインセンティブを与えるとともに、清算事務に必要な情報収集を容易化する趣旨である。また2項、3項は、残余財産の分配を待つ株主と債権申出期間内に申し出なかった会社債権者との利害調整を図り、清算事務における不平等な事態が生じないようにする趣旨である。

2 条文クローズアップ

1 知れている債権者（1項）

会社がすでにその存在を認識している債権者については、新たに情報収集する必要がないため、除斥をする必要がない。

→449条判例セレクト2

2 除斥された債権者の権利（2項、3項）

除斥された債権者であっても、そのことでいっさいの請求ができなくなるわけではなく、他の債権者への弁済後、残存した財産があれば、ここから弁済を受けることができる（2項）。ただし、残余財産を株主に分配し始めている場合には、すでに分配を受領した株主といまだ分配を受領していない株主との間で不公平が生じるおそれがある。そこでこの場合には、一部株主がすでに受領した財産分配と同じ割合の分配を他の株主にも行うのに必要な財産を、未分配の会社財産から差し引いたうえで、なお残余があればその残余財産に対してのみ、除斥された債権者の請求が及ぶ（3項）。

■第5款 残余財産の分配

> **第504条（残余財産の分配に関する事項の決定） C**
> 1 ❶清算株式会社は、残余財産の分配をしようとするときは、清算人の決定（❷清算人会設置会社にあっては、清算人会の決議）によって、次に掲げる事項を定めなければならない。
> ① 残余財産の種類
> ② 株主に対する残余財産の割当てに関する事項
> 2 前項に規定する場合において、残余財産の分配について内容の異なる2以上の種類の株式を発行しているときは、❶清算株式会社は、当該種類の株式の内容に応じ、同項第2号に掲げる事項として、次に掲げる事項を定めることができる。
> ① ある種類の株式の株主に対して残余財産の割当てをしないこととするときは、その旨及び当該株式の種類
> ② 前号に掲げる事項のほか、残余財産の割当てについて株式の種類ごとに異なる取扱いを行うこととするときは、その旨及び

❶476条
❷478条8項

> 当該異なる取扱いの内容
> 3　第1項第2号に掲げる事項についての定めは、株主(当該❶清算株式会社及び前項第1号の種類の株式の株主を除く。)の有する株式の数(前項第2号に掲げる事項についての定めがある場合にあっては、各種類の株式の数)に応じて残余財産を割り当てることを内容とするものでなければならない。

　清算開始後の会社は、残余財産の分配をしようとするときは、清算人等の決定によって、残余財産の種類や株主に対する残余財産の割当てに関する事項を定めなければなりません。残余財産の割当てに関する事項は、株主の持株数に応じて割り当てることを内容とするものでなければなりません。

→試験対策11章1節③【2】(3)

1　趣旨

　残余財産の分配に関する事項の決定について規定している。3項は、残余財産の分配について持株数に応じて割当てをしなければならないとして、株主平等原則について確認する規定をおいた。
　なお、3項括弧書が、自己株式を除外したのは、そのように扱わないといつまでも会社の清算が終了しないことになるからである。

2　条文クローズアップ

1　分配額の決定(1項)
　分配額は、清算人会設置会社であれば清算人会の決議によって、そうでなければ、清算人の決定によって、定められる。

2　残余財産分配の基準(2項、3項)
　残余財産の分配にあたっては、株主の有する株式の数に応じて平等に分配しなければならない(3項)。他方、残余財産の取扱いについて異なる種類株式が発行されている場合は、異なる取扱いをすることができる(2項)。

> **第505条（残余財産が金銭以外の財産である場合）　C**
> 1　株主は、残余財産が金銭以外の財産であるときは、❶金銭分配請求権(当該残余財産に代えて金銭を交付することを❷清算株式会社に対して請求する権利をいう。以下この条において同じ。)を有する。この場合において、清算株式会社は、清算人の決定(❸清算人会設置会社にあっては、清算人会の決議)によって、次に掲げる事項を定めなければならない。
> ①　金銭分配請求権を行使することができる期間
> ②　一定の数未満の数の株式を有する株主に対して残余財産の割当てをしないこととするときは、その旨及びその数

❶定
❷476条
❸478条8項

2　前項に規定する場合には、❷清算株式会社は、同項第１号の期間の末日の20日前までに、株主に対し、同号に掲げる事項を通知しなければならない。
3　❷清算株式会社は、❶金銭分配請求権を行使した株主に対し、当該株主が割当てを受けた残余財産に代えて、当該残余財産の価額に相当する金銭を支払わなければならない。この場合においては、次の各号に掲げる場合の区分に応じ、当該各号に定める額をもって当該残余財産の価額とする。
　①　当該残余財産が市場価格のある財産である場合　当該残余財産の市場価格として法務省令で定める方法により算定される額
　②　前号に掲げる場合以外の場合　清算株式会社の申立てにより裁判所が定める額

→試験対策11章1節③【２】(3)

　株主は、残余財産が金銭以外の財産であるときは、当該残余財産に代えて金銭を交付することを清算株式会社に対して請求する権利である金銭分配請求権を有します。この場合、会社は清算人等の決定によって、この請求権を行使できる期間、一定の数未満の数の株式を有する株主には残余財産の割当てをしない旨等を定めなければなりません。

1 趣旨

　本条は、残余財産が金銭以外の場合について、現物での分配を認めることで清算事務の円滑な遂行を図るとともに、他方で、分配を受ける株主が現物分配を望まないときは、金銭による配当をすることで、株主の利益保護も図る趣旨の規定である。

2 条文クローズアップ

金銭分配請求権（3項）

　金銭分配請求権を行使した株主に対しては、残余財産の価額に相当する金銭を支払うこととなるが、この場合の相当する金銭とは、市場価格のある財産の場合には、市場価格として法務省令（1号、会社施規149条）で定める方法で算定した額であり、それ以外の場合には会社の申立てにより裁判所が定めた額である（会社505条3項2号）。

第506条（基準株式数を定めた場合の処理）　C

前条第１項第２号の数（一定の数未満の数の株式を有する株主に残余財産の割当てをしないこととする場合の、その数）（以下この条において「基準株式数」という。）を定めた場合には、❶清算株式会社は、基準株式数に満たない数の株式（以下この条において「基準未満株式」という。）を有する株主に対し、前条第３項後段（残余財産価額の決定方法）の規定の

❶476条

例により基準株式数の株式を有する株主が割当てを受けた残余財産の価額として定めた額に当該基準未満株式の数の基準株式数に対する割合を乗じて得た額に相当する金銭を支払わなければならない。

基準株式数を定めた場合には、清算開始後の株式会社は、基準株式数に満たない株式を有する株主に対し、一定額の金銭を支払わなければなりません。

→試験対策11章1節③【2】(3)

1 趣旨

分配対象現物財産の価値が、清算会社株式の1株あたりと比較して大きい場合にも、現物分配を原則とすると、会社は現物を1単位未満で用意しなければならなくなり、無理が生じる。そこで、そのような場合に本条は、現金の分配請求権のみ認めることで、会社の換価コストを削減し、また株主間平等を図ろうとした規定である。

■第6款　清算事務の終了等

第507条　C

1　❶清算株式会社は、清算事務が終了したときは、遅滞なく、法務省令で定めるところにより、決算報告を作成しなければならない。
2　❷清算人会設置会社においては、決算報告は、清算人会の承認を受けなければならない。
3　清算人は、決算報告（前項の規定の適用がある場合にあっては、同項の承認を受けたもの）を株主総会に提出し、又は提供し、その承認を受けなければならない。
4　前項の承認があったときは、任務を怠ったことによる清算人の損害賠償の責任は、免除されたものとみなす。ただし、清算人の職務の執行に関し不正の行為があったときは、この限りでない。

❶476条

❷478条8項

清算株式会社は、清算事務が終了したときは、遅滞なく、決算報告を作成し、清算人は、それを株主総会に提出して、その承認を受けなければなりません。

→試験対策11章1節③【2】(4)

1 趣旨

本条は、清算事務の適正性を担保するために設けられた規定である。通常清算において、株主は残余財産があればその分配を請求できる立場にあるため、清算事務の適正さを監視するインセンティブがある。そのため、3項で株主総会の承認が必要とされている。また株主の専門能力不足を補うために、2項で清算人会の承認も必要とされている。

2 条文クローズアップ

清算の結了

清算株式会社は、清算事務が終了したときは、遅滞なく、法務省令(会社施規150条)で定めるところにより、決算報告を作成し(会社507条1項)、清算人はそれを株主総会に提出して、その承認を求める(3項。登記につき929条1号)。

なお、清算人等は、清算株式会社の本店の所在地における清算結了の登記の時から10年間、帳簿資料を保存しなければならない(508条1項)。

→508条

株主総会による決算報告書の承認と法人格消滅の時期

清算の結了により株式会社の法人格が消滅したというためには、〔旧〕商法430条1項・124条〔会社法481条〕所定の清算事務が終了しただけでは足りず、清算人が決算報告書を作成してこれを株主総会に提出し、その承認を得ることを要する(最判昭59・2・24刑集38-4-1287)。

■第7款　帳簿資料の保存

第508条　C

1　清算人(❶清算人会設置会社にあっては、第489条第7項各号に掲げる清算人〔業務執行清算人〕)は、❷清算株式会社の本店の所在地における清算結了の登記の時から10年間、清算株式会社の帳簿並びにその事業及び清算に関する重要な資料(以下この条において「❸帳簿資料」という。)を保存しなければならない。
2　裁判所は、利害関係人の申立てにより、前項の清算人に代わって❸帳簿資料を保存する者を選任することができる。この場合においては、同項の規定は、適用しない。
3　前項の規定により選任された者は、❷清算株式会社の本店の所在地における清算結了の登記の時から10年間、❸帳簿資料を保存しなければならない。
4　第2項の規定による選任の手続に関する費用は、❷清算株式会社の負担とする。

❶478条8項
❷476条

❸定

→試験対策11章1節③【2】(4)

清算人等は、清算開始後の株式会社の本店の所在地における清算結了の登記時から10年間、帳簿資料を保存しなければなりません。もっとも、利害関係人の申立てにより、裁判所が清算人に代わる者を選任することもできます。

1　趣旨

本条は、清算終了後に清算手続の適正さが問題となった場合に備え

て、証拠資料として重要性の高い帳簿資料を、一定期間保存することを定めたものである。またこの規定があることにより、清算人が清算手続を適正に行うインセンティブが強化されるという意義もある。

2 条文クローズアップ

1 原則（1項）

清算人（清算人会設置会社においては代表清算人、業務執行清算人）は、清算結了の登記の時から10年間、帳簿資料を保存しなければならない。

2 例外（2項）

裁判所の選任により、保存義務者を定めることができる（2項）。なお、この際の選任費用は清算株式会社の負担となる（4項）。

清算終了後の株式会社の利害関係人による帳簿・重要資料の閲覧・謄写請求の可否

清算の結了した株式会社の利害関係人は、〔旧〕商法429条〔会社法508条〕の規定に基づき、429条後段所定の保存者に対し、429条前段所定の帳簿および重要な資料の閲覧または謄写の請求をすることはできない（最判平16・10・4民集58-7-1771）。

■第8款　適用除外等

第509条　C

1 次に掲げる規定は、❶清算株式会社については、適用しない。
① 第155条〔株式会社による自己株式取得〕
② 第5章第2節第2款〔計算書類等〕（第435条第4項〔計算書類等の保存義務〕、第440条第3項〔決算公告の電磁的公示〕、第442条〔計算書類等の備置きおよび閲覧等〕及び第443条〔計算書類等の提出命令〕を除く。）及び第3款〔連結計算書類〕並びに第3節から第5節まで〔資本金額等、剰余金配当、剰余金配当等を決定する機関の特則〕
③ 第5編第4章〔株式交換および株式移転〕並びに第5章〔組織再編、株式交換、株式移転の手続〕中株式交換及び株式移転の手続に係る部分
2 第2章第4節の2〔特別支配株主の株式等売渡請求〕の規定は、❷対象会社が清算株式会社である場合には、適用しない。
3 ❶清算株式会社は、無償で取得する場合その他法務省令で定める場合に限り、当該清算株式会社の株式を取得することができる。

❶476条

❷179条2項

清算開始後の株式会社では、解散前の株式会社に関する規律のうち、剰余金の配当や、合併等、その他株式への譲渡制限や株式および社債の発行等の

規定については、適用されません。

1 趣旨

清算中の株式会社の権利能力は、清算の目的の範囲内に限定されている。本条は、会社法の規定中、類型的に清算株式会社の目的の範囲内から外れる行為を列挙し、清算株式会社に適用がないことを明らかにした。

2 条文クローズアップ

1 株式の残余権的性質に明白に反する行為（1項1号、2号）

清算会社における株主は、残余財産の分配を受けるという地位にある。そのため、残余財産の分配以外の方法による株主への払戻しは禁止される。そのため、剰余金配当（第5章第3節から第5節まで）や、有償での自己株式の取得（155条）の適用はない（1項1号、2号）。なお、無償での自己株式の取得や、法務省令（会社施規151条）で定める場合は、株主への払戻しとはいえないため、可能である（会社509条3項）。

2 継続企業を前提とした計算規定（1項2号）

継続企業における計算規定は、事業継続を前提とした計算書類になっているが、清算会社は事業継続せず、清算価値を前提とした計算書類を作成する必要がある。そのため、清算手続においては財産表示に特化した規定となっており（492条から498条まで）、通常の計算書類の規定は排除される（1項2号）。

3 清算手続を煩雑にする行為（1項3号）

474条において、清算会社が存続会社となる合併、清算会社が承継会社となる吸収分割ができないことが規定されている。さらに、株式交換または株式移転に関する規定の適用もされない（509条1項3号）。清算会社が他の会社の完全親会社となる株式交換は、存続会社となる合併と同様の行為であるし、清算会社が他の会社の完全子会社となる株式交換、株式移転は、清算方法として合理性を欠く。さらにどちらの場合も、株式交換等に伴い発生する株式買取請求権の取扱いが問題となることから、これを認めないこととした。

また、平成26年改正で新設された特別支配株主の株式等売渡請求についても、清算会社を対象会社とする場合はすることができない（2項）。これは清算会社が完全子会社となる株式交換に類似するからである。

→179条から179条の10まで

■第2節　特別清算

■第1款　特別清算の開始

第510条（特別清算開始の原因）　C

> 裁判所は、❶清算株式会社に次に掲げる事由があると認めるときは、第514条〔特別清算開始の命令〕の規定に基づき、申立てにより、当該清算株式会社に対し特別清算の開始を命ずる。
> ① 清算の遂行に著しい支障を来すべき事情があること。
> ② ❷債務超過(清算株式会社の財産がその債務を完済するのに足りない状態をいう。次条第2項において同じ。)の疑いがあること。

❶476条

❷定

→試験対策11章1節③【3】

　裁判所は、清算株式会社に、清算の遂行に著しい支障をきたすべき事情があるとき、または債務超過の疑いがあるときは、特別清算の手続の費用の予納がないときなどの場合(514条各号)を除き、申立てにより、その清算株式会社に対して特別清算の開始を命じます。

1 趣旨

　会社が解散すると、原則として通常清算手続によって残余財産の分配を行うが、通常清算を遂行することが困難である場合には、特別清算という裁判所が関与する厳格な手続下で、清算手続を行うこととした。

2 語句の意味

　特別清算とは、株式会社がすでに解散し清算に入ったが、清算の遂行に著しい支障をきたすべき事情があり、または、債務超過の疑いがあるときに、裁判所の特別清算開始命令によって、その厳重な監督のもとに行われる特殊な清算手続をいう。

3 条文クローズアップ

1 特別清算手続と破産手続との異同

　特別清算手続の目的は、**破産手続**と同様に清算であるが、以下の3点等において破産手続とは異なっている。
　①清算中の株式会社のみが利用することができる。
　②破産手続は、裁判所が選任した破産管財人が清算事務を遂行するのに対し、特別清算手続は、原則として、従前の清算人が清算事務を遂行する。
　③破産手続は債権額に比例して定められる配当額を法律で定められた手続きに従い債権者に配当するのに対し、特別清算手続は、債権者の多数決によって定められる協定に基づいて弁済が行われるなど、柔軟で手続にかかるコストも低廉である。

2 清算の遂行に著しい支障をきたすべき事情(1号)

　会社が支払不能に陥り、または支払が著しく渋滞するような場合をいう。

第511条(特別清算開始の申立て) C

1 債権者、清算人、監査役又は株主は、特別清算開始の申立てをすることができる。
2 ❶清算株式会社に❷債務超過の疑いがあるときは、清算人は、特別清算開始の申立てをしなければならない。

❶476条
❷510条2号

債権者・清算人・監査役または株主は、特別清算開始の申立てをすることができます。清算人は、清算株式会社について債務超過の疑いがあるときは、特別清算開始の申立てを裁判所にしなければなりません。

→試験対策11章1節③【3】(2)

1 趣旨

本条は、特別清算開始の申立権者を定めたものである。清算手続について利害関係を有する者に、申立権を認めている。また、清算株式会社の財産状態をもっともよく知り、かつ清算株式会社の清算方法について最終的な責任を負うべき清算人については、債務超過状態であることを把握した場合は、申立義務が課されている。

2 条文クローズアップ

1 債権者
債権者は、清算手続により迅速かつなるべく多くの弁済を受ける利益を有するため、特別清算の申立権が認められている。

2 清算人
清算人は、清算株式会社の財産状態等についてもっとも多くの情報をもっていることから、特別清算の申立権が認められると同時に、清算株式会社の清算について、最終的な責任を負っていることから、申立義務も課されている。

3 監査役
監査役も、清算人と同様に、会社の財産状態等についてもっとも多くの情報をもっていることから、申立権者とされた。他方、監査役は清算人と異なり、業務執行の決定権限を有しているわけではないため、特別清算の申立義務は課されていない。

4 株主
株主は、清算株式会社の財産状態あるいは協定における債権者の債権の変更等により、残余財産が生じ、その分配にあずかる可能性がある。そのため特別清算の申立権者とされている。

第512条(他の手続の中止命令等) C

1 裁判所は、特別清算開始の申立てがあった場合において、必要があると認めるときは、債権者、清算人、監査役若しくは株主の

申立てにより又は職権で、特別清算開始の申立てにつき決定があるまでの間、次に掲げる手続又は処分の中止を命ずることができる。ただし、第1号に掲げる破産手続については破産手続開始の決定がされていない場合に限り、第2号に掲げる手続又は第3号に掲げる処分についてはその手続の申立人である債権者又はその処分を行う者に不当な損害を及ぼすおそれがない場合に限る。
① ❶清算株式会社についての破産手続
② 清算株式会社の財産に対して既にされている強制執行、仮差押え又は仮処分の手続(一般の先取特権その他一般の優先権がある債権に基づくものを除く。)
③ 清算株式会社の財産に対して既にされている❷共助対象外国租税(租税条約等の実施に伴う所得税法、法人税法及び地方税法の特例等に関する法律(昭和44年法律第46号。第518条の2及び第571条第4項において「租税条約等実施特例法」という。)第11条第1項に規定する共助対象外国租税をいう。以下同じ。)の請求権に基づき国税滞納処分の例によってする処分(第515条第1項において「❸外国租税滞納処分」という。)
2 特別清算開始の申立てを却下する決定に対して第890条第5項の即時抗告(特別清算開始の申立てを却下した裁判への即時抗告)がされたときも、前項と同様とする。

❶476条

❷定

❸定

　裁判所は、特別清算開始の申立てがあった場合に、必要があると認めるときは、債権者・清算人・監査役もしくは株主の申立てによりまたは職権で、破産手続またはすでになされている会社財産に対する強制執行・仮差押え・仮処分手続の中止を命ずることができます。

1 趣旨

　特別清算手続が開始されると、債権者は債権の割合的弁済を受けることで債権者平等が達成されるが、特別清算手続の開始が予想されるのに、その直前に強制執行等の手続が開始されると、一部の債権者のみが債権の全額の満足を得て、債権者平等が害されるおそれがある。そこで本条は、裁判所に裁量的に他の手続の中止命令を発することを認め、債権者の平等を保護している。

→破コンメ95頁

第513条(特別清算開始の申立ての取下げの制限)　C

　特別清算開始の申立てをした者は、特別清算開始の命令前に限り、当該申立てを取り下げることができる。この場合において、前条の規定による中止の命令(破産手続等の中止命令)、第540条第2項の規定による保全処分(清算株式会社の財産の保全処分)又は第541条第2項の

> 規定による処分（株主名簿の記載または記録の禁止）がされた後は、裁判所の許可を得なければならない。

　特別清算開始の申立てをした者は、特別清算開始の命令前にかぎって、当該申立てを取り下げることができます。ただし、他の手続の中止命令（512条）、特別清算開始の決定前における特別清算会社に対する保全処分（540条2項）、または特別清算開始の決定前における株主名簿の記載等の禁止の処分（541条2項）がされた後は、裁判所の許可がなければ特別清算開始の申立てを取り下げることができません。

1 趣旨

　特別清算手続が開始されると、すべての利害関係人のために手続が進行することとなるため、申立人の一存による取下げを認めるべきではない。また、会社がその債務を一時的に免れるため、保全処分（540条2項）の発令のみを目的として特別清算手続の開始申立てを行い、保全処分発令後に申立てを取り下げる、という濫用的な申立てを防止するために、保全処分発令後の申立取下げには、裁判所の許可を必要とした。

> **第514条（特別清算開始の命令）　C**
> 裁判所は、特別清算開始の申立てがあった場合において、特別清算開始の原因となる事由があると認めるときは、次のいずれかに該当する場合を除き、特別清算開始の命令をする。
> ① 特別清算の手続の費用の予納がないとき。
> ② 特別清算によっても清算を結了する見込みがないことが明らかであるとき。
> ③ 特別清算によることが債権者の一般の利益に反することが明らかであるとき。
> ④ 不当な目的で特別清算開始の申立てがされたとき、その他申立てが誠実にされたものでないとき。

　裁判所は、特別清算開始の申立てがあった場合において、特別清算開始の原因となる事由（510条各号）があると認めるときは、①特別清算の手続の費用の予納がないとき、②特別清算によっても清算を結了する見込みがないことが明らかであるとき、③特別清算によることが債権者の一般の利益に反することが明らかであるとき、④不当な目的で特別清算開始の申立てがされたとき、⑤その他申立てが誠実にされたものでないときを除き特別清算開始の命令をします。

→試験対策11章1節③【3】(2)

1 趣旨

特別清算手続開始原因(510条)があったとしても、特別清算手続を行うことが不適当な場合は、特別清算手続を開始するべきではない。514条は、そのような場合を限定的に列挙したものである。

2 条文クローズアップ

1 費用の予納がない場合(1号)
2 清算の見込みがないことが明らかである場合(2号)

特別清算手続により清算を結了させるためには、債権者の同意が不可欠である(567条1項)が、これが得られないような場合は、債権者の同意が不要である破産手続に移行せざるをえない(574条1項1号、2号)。手続開始の時点ですでに債権者の同意が得られないことが明らかである場合には、特別清算手続を開始せず、破産手続による処理を行うべきことから、2号が設けられた。

3 債権者の一般の利益に反することが明らかな場合(3号)

特別清算手続は、破産手続に先行する手続であり、かつ裁判所の監督の程度が破産手続よりも薄い。このような規律のもとでの清算を正当化するためには、破産手続を行っていたとしたら得られたであろう満足以上の満足を、特別清算手続において債権者に保障する必要がある。このような満足を得させる見込みがない場合は、「債権者の一般の利益に反することが明らか」といえる。

4 申立てが不誠実である場合(4号)

たとえば、資産の隠匿等や、保全処分の発令のみを目的とした特別清算手続の申立てがあげられる。

第515条(他の手続の中止等) C

1 特別清算開始の命令があったときは、破産手続開始の申立て、❶清算株式会社の財産に対する強制執行、仮差押え、仮処分若しくは❷外国租税滞納処分又は財産開示手続(民事執行法(昭和54年法律第4号)第197条第1項の申立てによるものに限る。以下この項において同じ。)の申立てはすることができず、破産手続(破産手続開始の決定がされていないものに限る。)、清算株式会社の財産に対して既にされている強制執行、仮差押え及び仮処分の手続並びに外国租税滞納処分並びに財産開示手続は中止する。ただし、一般の先取特権その他一般の優先権がある債権に基づく強制執行、仮差押え、仮処分又は財産開示手続については、この限りでない。

2 特別清算開始の命令が確定したときは、前項の規定により中止した手続又は処分は、特別清算の手続の関係においては、その効力を失う。

3 特別清算開始の命令があったときは、❶清算株式会社の債権者

❶476条

❷512条1項3号

の債権（一般の先取特権その他一般の優先権がある債権、特別清算の手続のために清算株式会社に対して生じた債権及び特別清算の手続に関する清算株式会社に対する費用請求権を除く。以下この節において「❸協定債権」という。）については、第938条第1項第2号又は第3号に規定する特別清算開始の取消しの登記又は特別清算終結の登記の日から2箇月を経過する日までの間は、時効は、完成しない。

❸定

特別清算開始の命令があったときは強制執行等が中止し、その特別清算開始の命令が確定したときは、中止された手続の効力が失われ、特別清算開始の効力を受ける債権の消滅時効が停止します。

1 趣旨

1項、2項の趣旨は、特別清算開始の命令があった場合において、競合する諸手続について、無駄な進行を避けることにある。3項の趣旨は、特別清算開始の命令があると、強制執行等が中止する等会社債権者の権利の実行が大きな制限を受けることとなり、特に消滅時効の中断事由（民147条）も制限されることとなるから、権利不実行による損害を生じないように顧慮したことにある。

第516条（担保権の実行の手続等の中止命令） C

裁判所は、特別清算開始の命令があった場合において、債権者の一般の利益に適合し、かつ、担保権の実行の手続等（❶清算株式会社の財産につき存する担保権の実行の手続、企業担保権の実行の手続又は清算株式会社の財産に対して既にされている一般の先取特権その他一般の優先権がある債権に基づく強制執行の手続をいう。以下この条において同じ。）の申立人に不当な損害を及ぼすおそれがないものと認めるときは、清算人、監査役、債権者若しくは株主の申立てにより又は職権で、相当の期間を定めて、担保権の実行の手続等の中止を命ずることができる。

❶476条

特別清算開始の命令があった場合において、債権者の一般の利益に適合し、かつ、担保権の実行の手続等の申立人に不当な損害を及ぼすおそれがないものと認めるときは、清算人・監査役・債権者・株主の申立てにより、または職権で、相当の期間を定めて、担保権の実行の手続等の中止を命じることができます。

1 趣旨

担保権者は、本来他の債権者に優先するはずであるが、担保権者の担

保権実行により、清算株式会社の財産の換価に支障が生じ、他の債権者を害する場合がある。このような場合に、一時的に担保権の実行手続を中止することで、担保権者と清算株式会社の協議の時間を設け、担保権実行の取下げの機会を確保する趣旨である。

なお、本条はあくまで協議の時間的猶予を与える趣旨にとどまり、担保権者に協議に応ずる義務を課したり、担保権者の担保権実行手続の取下げを強制させる趣旨ではない。

2 条文クローズアップ

1 債権者の一般の利益の適合
中止命令をしない場合と比較して、担保権が実行されないことで、清算株式会社の財産の価値の向上を図ることができ、債権者により多くの弁済ができることをいう。

2 担保権実行手続の申立人に不当な損害のないこと
担保権実行手続中止命令により、最終的に担保権実行手続が行われるとしても、その時期が遅れることとなる。この遅れにより、担保権者自身の資金繰りの困難から破綻等のおそれが生じる場合や、担保目的物の性質から、一時の遅れが著しい減価につながるような場合は、「不当な損害」があるといえる。

第517条（相殺の禁止） C

1 ❶協定債権を有する債権者(以下この節において「❷協定債権者」という。)は、次に掲げる場合には、相殺をすることができない。
　① 特別清算開始後に❸清算株式会社に対して債務を負担したとき。
　② ❹支払不能(清算株式会社が、支払能力を欠くために、その債務のうち弁済期にあるものにつき、一般的かつ継続的に弁済することができない状態をいう。以下この款において同じ。)になった後に契約によって負担する債務を専ら協定債権をもってする相殺に供する目的で清算株式会社の財産の処分を内容とする契約を清算株式会社との間で締結し、又は清算株式会社に対して債務を負担する者の債務を引き受けることを内容とする契約を締結することにより清算株式会社に対して債務を負担した場合であって、当該契約の締結の当時、支払不能であったことを知っていたとき。
　③ 支払の停止があった後に清算株式会社に対して債務を負担した場合であって、その負担の当時、支払の停止があったことを知っていたとき。ただし、当該支払の停止があった時において支払不能でなかったときは、この限りでない。
　④ 特別清算開始の申立てがあった後に清算株式会社に対して債

❶515条3項
❷定
❸476条
❹定

務を負担した場合であって、その負担の当時、特別清算開始の申立てがあったことを知っていたとき。
2 　前項第2号から第4号までの規定は、これらの規定に規定する債務の負担が次に掲げる原因のいずれかに基づく場合には、適用しない。
① 　法定の原因
② 　❹支払不能であったこと又は支払の停止若しくは特別清算開始の申立てがあったことを❷協定債権者が知った時より前に生じた原因
③ 　特別清算開始の申立てがあった時より1年以上前に生じた原因

協定債権を有する債権者は、特別清算開始後に清算株式会社に対して債務を負担したとき等は、協定債権について相殺することができません。

1 趣旨

特別清算手続は、債権者平等を実現する手続ではあるが、相殺はその担保的機能により、債権の優先的満足を得ることができ、これに対する期待は特別清算手続においても保護される。しかし、ときにはその相殺を濫用的に用い、清算会社の破綻可能性が高くなった時点で、清算会社の有する債権について債務引受けを行い、これを受動債権として、みずからが清算会社に対して有する債権を自働債権として、相殺を行う場合がある。本条はこのような濫用的事例における相殺を認めないために、一定の要件のもと、相殺を禁じた規定である。

第518条　C

1 　❶清算株式会社に対して債務を負担する者は、次に掲げる場合には、相殺をすることができない。
① 　特別清算開始後に他人の❷協定債権を取得したとき。
② 　❸支払不能になった後に協定債権を取得した場合であって、その取得の当時、支払不能であったことを知っていたとき。
③ 　支払の停止があった後に協定債権を取得した場合であって、その取得の当時、支払の停止があったことを知っていたとき。ただし、当該支払の停止があった時において支払不能でなかったときは、この限りでない。
④ 　特別清算開始の申立てがあった後に協定債権を取得した場合であって、その取得の当時、特別清算開始の申立てがあったことを知っていたとき。
2 　前項第2号から第4号までの規定は、これらの規定に規定する

❶476条

❷515条3項

❸517条1項2号

❷協定債権の取得が次に掲げる原因のいずれかに基づく場合には、適用しない。
① 法定の原因
② ❸支払不能であったこと又は支払の停止若しくは特別清算開始の申立てがあったことを❶清算株式会社に対して債務を負担する者が知った時より前に生じた原因
③ 特別清算開始の申立てがあった時より1年以上前に生じた原因
④ 清算株式会社に対して債務を負担する者と清算株式会社との間の契約

　清算株式会社に対して債務を負担する者は、特別清算開始後に他人の協定債権を取得したとき等は、相殺をすることができません。

1 趣旨

　本条も、517条と同様に、濫用的な相殺を認めないために設けられた規定である。517条は、協定債権者が債務を負担した場合であるが、518条は、清算株式会社の債務者が、協定債権を取得した場合について規定している。

第518条の2（共助対象外国租税債権者の手続参加）　C

❶協定債権者は、❷共助対象外国租税の請求権をもって特別清算の手続に参加するには、租税条約等実施特例法第11条第1項に規定する共助実施決定を得なければならない。

❶517条1項
❷512条1項3号

　協定債権者が、共助対象外国租税の請求権をもって特別清算の手続に参加するためには、共助実施決定（租税条約等実施特例法11条1項）を得なければなりません。

1 趣旨

　外国法上の租税債権について、日本国内での行政手続や司法手続に基づいて回収するためには、租税条約等の実施に伴う所得税法、法人税法及び地方税法の特例等に関する法律の定める手続に基づいて行われなければならない。特別清算手続において債権者として手続参加する場合も、同様の手続に則る必要があることを規定したものである。

■第2款　裁判所による監督及び調査

第519条（裁判所による監督）　C

> 1 特別清算開始の命令があったときは、❶清算株式会社の清算は、裁判所の監督に属する。
> 2 裁判所は、必要があると認めるときは、❶清算株式会社の業務を監督する官庁に対し、当該清算株式会社の特別清算の手続について意見の陳述を求め、又は調査を嘱託することができる。
> 3 前項の官庁は、裁判所に対し、当該❶清算株式会社の特別清算の手続について意見を述べることができる。

❶476条

　特別清算開始の命令があったときは、清算株式会社の清算は裁判所の監督に属します。また、必要があると認めるときには、清算株式会社の業務を監督する官庁に対して、当該清算株式会社の特別清算の手続について意見の陳述を求め、または調査を嘱託することができます。そして、清算株式会社の業務を監督する官庁は、裁判所に対して、当該清算株式会社の特別清算の手続について意見を述べることができます。

1 趣旨

　特別清算手続は、通常清算手続と異なり、裁判上の倒産処理手続である。そこでは、債務超過状態にあることなどから、多数の債権者や関係者の利害対立が先鋭化する。そのため、特別清算手続が開始された場合は、裁判所の監督に服することとしている。また、株式会社にはその営業を行うについて特別な官公庁の監督に服するものもあるため、破綻処理においてもこうした監督官庁の意見を参考にする仕組みが設けられた。

第520条（裁判所による調査）　C

> 裁判所は、いつでも、❶清算株式会社に対し、清算事務及び財産の状況の報告を命じ、その他清算の監督上必要な調査をすることができる。

❶476条

　裁判所は、いつでも、清算株式会社に対し、清算事務および財産の状況の報告を命じ、その他清算の監督上必要な調査をすることができます。

1 趣旨

　裁判所が清算株式会社を監督するためには、情報を収集する必要がある。そこで裁判所は清算株式会社に対して報告を命じ、場合によってはみずから調査する権限を有している。

第521条（裁判所への財産目録等の提出）　C

> 特別清算開始の命令があった場合には、❶清算株式会社は、第492条

❶476条

第3項の承認(財産目録等に関する株主総会の承認)があった後遅滞なく、財産目録等(同項に規定する財産目録等をいう。以下この条において同じ。)を裁判所に提出しなければならない。ただし、財産目録等が❷電磁的記録をもって作成されているときは、当該電磁的記録に記録された事項を記載した書面を裁判所に提出しなければならない。

❷26条2項

　特別清算開始の命令があった場合には、清算株式会社は財産目録等についての株主総会の承認(492条3項)があった後遅滞なく、財産目録等を裁判所に提出しなければなりません。

1 趣旨

　裁判所が清算株式会社を監督するにあたっては、まず清算株式会社の財産状況を把握する必要がある。そして、財産目録および貸借対照表は、清算株式会社の財産状況を表す基本的な書類である。そのため、裁判所の求めがなくても、当然に提出を義務づけることとした。

第522条（調査命令） C

1　裁判所は、特別清算開始後において、❶清算株式会社の財産の状況を考慮して必要があると認めるときは、清算人、監査役、債権の申出をした債権者その他清算株式会社に知れている債権者の債権の総額の10分の1以上に当たる債権を有する債権者若しくは総株主(株主総会において決議をすることができる事項の全部につき議決権を行使することができない株主を除く。)の議決権の100分の3(これを下回る割合を定款で定めた場合にあっては、その割合)以上の議決権を6箇月(これを下回る期間を定款で定めた場合にあっては、その期間)前から引き続き有する株主若しくは発行済株式(❷自己株式を除く。)の100分の3(これを下回る割合を定款で定めた場合にあっては、その割合)以上の数の株式を6箇月(これを下回る期間を定款で定めた場合にあっては、その期間)前から引き続き有する株主の申立てにより又は職権で、次に掲げる事項について、調査委員による調査を命ずる処分(第533条〔調査委員の選任等〕において「❸調査命令」という。)をすることができる。
① 　特別清算開始に至った事情
② 　清算株式会社の業務及び財産の状況
③ 　第540条第1項の規定による保全処分(清算株式会社の財産の保全処分)をする必要があるかどうか。
④ 　第542条第1項の規定による保全処分(役員等の財産の保全処分)をする必要があるかどうか。

❶476条

❷113条4項

❸定

⑤　第545条第1項に規定する役員等責任査定決定〔役員等責任査定決定〕をする必要があるかどうか。
⑥　その他特別清算に必要な事項で裁判所の指定するもの
2　❶清算株式会社の財産につき担保権(特別の先取特権、質権、抵当権又はこの法律若しくは商法の規定による留置権に限る。)を有する債権者がその担保権の行使によって弁済を受けることができる債権の額は、前項の債権の額に算入しない。
3　公開会社でない❶清算株式会社における第1項の規定の適用については、同項中「6箇月(これを下回る期間を定款で定めた場合にあっては、その期間)前から引き続き有する」とあるのは、「有する」とする。

　裁判所は、特別清算開始後において、清算株式会社の財産の状況を考慮して必要があると認められるときには、清算人・監査役・一定の条件をみたす債権者・少数株主の申立てまたは職権で、特別清算開始にいたった事情等一定の清算株式会社に関する事項に関し、調査委員による調査を命じる処分をすることができます。

1　趣旨

　裁判所がみずから調査を行うことには限界があるため、裁判所選任にかかる調査機関である調査委員による調査を認めている。

2　条文クローズアップ

1　申立権者(1項柱書)
　調査命令は、職権で行うことができるほか、清算人、監査役、申出債権者、債権総額の10分の1以上を有する債権者、または議決権のうち100分の3以上を有する株主による申立てにより行うことができる。

2　調査事項(1項各号)
(1)　特別清算開始にいたった事情、清算株式会社の業務および財産の状況(1号、2号)
(2)　保全処分の必要性(3号、4号)
　清算株式会社の財産に対する保全処分(540条1項)および役員等の財産に対する保全処分(542条1項)の必要性の有無を調査させることができる。
(3)　役員等責任査定決定の必要性(5号)
(4)　その他特別清算に必要な事項で裁判所の指定するもの(6号)
　いわゆる受け皿規定であり、広く特別清算に必要な事項を調査させることができる。

■第3款　清算人

第523条（清算人の公平誠実義務）　C
特別清算が開始された場合には、清算人は、債権者、❶清算株式会社及び株主に対し、公平かつ誠実に清算事務を行う義務を負う。

❶476条

　特別清算が開始された場合には、清算人は、債権者・清算株式会社および株主に対し、公平かつ誠実に清算事務を行う義務があります。

1　趣旨

　特別清算手続では、清算人は清算株式会社との関係で善管注意義務・忠実義務を負う(478条8項・330条、民644条、会社482条4項・355条)一方で、総債権者の平等を図り、かつ、なるべく多くの債権の満足を得させるよう行動しなければならない。このような行動を義務づけるため、特別清算手続における清算人は、利害関係人に対して公平誠実義務を負うこととした。

2　条文クローズアップ

特別清算人の地位
①特別清算開始の場合、通常清算の清算人がそのまま特別清算における清算人となる。その趣旨は、手続の中断を避け、円滑に清算事務を処理する点にある。
②特別清算人は、会社の利益のためにのみ行動することは許されず、公平誠実義務違反によって、株主または債権者に損害を生ぜしめた場合は、これらの者に対して損害賠償責任を負う。
③特別清算人には、特別背任罪(960条2項1号)の適用がある。

→960条

第524条（清算人の解任等）　C
1　裁判所は、清算人が清算事務を適切に行っていないとき、その他重要な事由があるときは、債権者若しくは株主の申立てにより又は職権で、清算人を解任することができる。
2　清算人が欠けたときは、裁判所は、清算人を選任する。
3　清算人がある場合においても、裁判所は、必要があると認めるときは、更に清算人を選任することができる。

　裁判所は、清算人が清算事務を適切に行っていないとき等は、債権者もしくは株主の申立てによりまたは職権で、清算人を解任することができます。

1　趣旨

特別清算開始の場合、通常清算の清算人がそのまま特別清算における清算人となるところ、特別清算の清算人は、破産管財人に近い性格を有するので、通常清算の清算人がそのまま特別清算人として職務遂行するのに適しない場合も予想される。そこで、裁判所は、清算人が清算事務を適切に行っていないとき、その他重要な事由があるときは、清算人を解任できることとした。

2 条文クローズアップ

「重要な事由」(1項)

会社・株主および債権者に対し、公平かつ誠実になされるべき特別清算の遂行に支障が生ずるいっさいの事情を含む。たとえば、債権者に信用がなく協定成立が困難と見込まれるような場合や、清算人の数が多く報酬が債権者に対する弁済原資を不当に減少させるような場合も含まれる。

第525条（清算人代理）　C
1　清算人は、必要があるときは、その職務を行わせるため、自己の責任で1人又は2人以上の清算人代理を選任することができる。
2　前項の清算人代理の選任については、裁判所の許可を得なければならない。

清算人は、必要があるときは、その職務を行わせるため、裁判所の許可を得て、自己の責任で1人または2人以上の清算人代理を選任できます。

1 趣旨

特別清算手続における清算業務は、通常の清算手続よりも複雑であるから、清算人がその補助者を必要とする場合がありうる。そのような場合に備え、本条が設けられた。

第526条（清算人の報酬等）　C
1　清算人は、費用の前払及び裁判所が定める報酬を受けることができる。
2　前項の規定は、清算人代理について準用する。

清算人は、費用の前払および裁判所が定める報酬を受けることができます。

1 趣旨

通常清算では、清算人の報酬は株主総会の決議による（482条4項・361

条1項)。しかし、特別清算における清算人は、清算株式会社およびその株主のためのみならず債権者のためにも手続を遂行する。このような公平性を確保するために、その報酬については裁判所が定めることとされた。

■第4款　監督委員

> **第527条（監督委員の選任等）　C**
> 1　裁判所は、1人又は2人以上の監督委員を選任し、当該監督委員に対し、第535条第1項の許可〔裁判所の許可〕に代わる同意をする権限を付与することができる。
> 2　法人は、監督委員となることができる。

　裁判所は、1人または2人以上の監督委員を選任し、清算株式会社が財産の処分などを行う場合等に必要とされる裁判所の許可(535条1項)に代わる同意をする権限を、当該監督委員に対して付与することができます。また、法人も監督委員になることができます。

1　趣旨

　清算人は清算株式会社の取締役等である場合が多いため、その職務の執行の中立性を担保する必要がある。また、裁判所がみずから監督することは限界がある。そこで、裁判所により選任された公平中立な監督委員が、清算人の職務執行を監督することとした。

　監督委員が選任された場合は、535条1項各号に列挙されている裁判所の許可は、監督委員の同意で代えることができる。535条1項各号の要許可行為は、清算株式会社にとって大きな影響のある重要な行為を列挙したものであるが、これらについて逐一裁判所が許可の可否を判断することは限界がある。そこで、監督委員の同意事項とすることとし、裁判所の代わりに監督をすることとした。

→535条①

2　語句の意味

　監督委員とは、清算株式会社の業務および財産の管理の監督を行う権限を有する者をいう。

> **第528条（監督委員に対する監督等）　C**
> 1　監督委員は、裁判所が監督する。
> 2　裁判所は、監督委員が❶清算株式会社の業務及び財産の管理の監督を適切に行っていないとき、その他重要な事由があるときは、利害関係人の申立てにより又は職権で、監督委員を解任することができる。

❶476条

監督委員は裁判所が監督します。裁判所は、監督委員が清算株式会社の業務および財産の管理の監督を適切に行っていない等の事由があるときには、利害関係人の申立てまたは職権で、監督委員を解任することができます。

1 趣旨

監督委員は、裁判所に代わって清算人を監督する機関であり、その選任は裁判所の権限である。そのため、その解任権限も裁判所が有し、監督委員に対する監督も裁判所が行うことで、真に公平な監督委員に清算人を監督させる趣旨である。

第529条（2人以上の監督委員の職務執行） C
監督委員が2人以上あるときは、共同してその職務を行う。ただし、裁判所の許可を得て、それぞれ単独にその職務を行い、又は職務を分掌することができる。

2人以上監督委員がいるときは、共同してその職務を行うのが原則です。もっとも、裁判所の許可を得て、それぞれ単独にその職務を行い、または職務を分けて受けもつことができます。

1 趣旨

監督委員が2人以上選任された場合は、535条1項各号所定の要同意行為について、全員の同意が必要となる。しかし、それでは迅速な清算業務を害するため、1人の監督委員からの同意で足りることとするために、529条が設けられた。

第530条（監督委員による調査等） C
1　監督委員は、いつでも、❶清算株式会社の清算人及び監査役並びに支配人その他の使用人に対し、事業の報告を求め、又は清算株式会社の業務及び財産の状況を調査することができる。
2　監督委員は、その職務を行うため必要があるときは、❶清算株式会社の子会社に対し、事業の報告を求め、又はその子会社の業務及び財産の状況を調査することができる。

❶476条

監督委員は、いつでも、清算株式会社の清算人等に対して事業の報告を求め、清算株式会社の業務および財産の状況を調査することができます。そして、監督委員は、その職務を行うために必要があるときは、清算株式会社の子会社に対して事業の報告を求め、またはその子会社の業務および財産の状況を調査することができます。

1 趣旨

監督委員が同意権を適正に行使する前提として、清算株式会社の情報を収集できなければならない。そこで本条は、監督委員に調査権限を付与し、情報収集の権限を与えた。

> **第531条（監督委員の注意義務）　C**
> 1　監督委員は、善良な管理者の注意をもって、その職務を行わなければならない。
> 2　監督委員が前項の注意を怠ったときは、その監督委員は、利害関係人に対し、連帯して損害を賠償する責任を負う。

監督委員は、その職務を行うにつき、善管注意義務を負います。そして、監督委員はその善管注意義務に違反したときには、利害関係人に対して、連帯して損害賠償責任を負います。

1 趣旨

監督委員は、裁判所によって選任される機関であるが、委任における受任者と同様に、他人のために事務を処理する義務を負っている。そのため、この義務を誠実に遂行すべきものとして、本条が規定された。

2 条文クローズアップ

「善良な管理者の注意」（1項）

善管注意義務は、監督委員としての地位において要求される平均的な注意義務であり、受任者の義務（民644条）と同種のものと解されている。

> **第532条（監督委員の報酬等）　C**
> 1　監督委員は、費用の前払及び裁判所が定める報酬を受けることができる。
> 2　監督委員は、その選任後、❶清算株式会社に対する債権又は清算株式会社の株式を譲り受け、又は譲り渡すには、裁判所の許可を得なければならない。
> 3　監督委員は、前項の許可を得ないで同項に規定する行為をしたときは、費用及び報酬の支払を受けることができない。

❶476条

監督委員は、費用の前払および裁判所が定める報酬を受けることできます。そして、監督委員は、その選任後においては、清算株式会社に対する債権または清算株式会社の株式を譲り受け、または譲り渡すには、裁判所の許可を得なければなりません。なお、監督委員は、裁判所の許可を得ないで清算株

式会社に対する債権または清算株式会社の株式を譲り受け、または譲り渡した場合には、費用および報酬の支払を受けることができません。

1 趣旨

監督委員の報酬は、職務の公平性を担保するため、裁判所により定められる。また、2項、3項の趣旨は、監督委員が職務上知った特別清算株式会社の内部情報を利用して債権または株式の譲渡を行い不当な利益を得ることを防止する点にある。

■第5款 調査委員

> **第533条（調査委員の選任等） C**
> 裁判所は、❶調査命令をする場合には、当該調査命令において、1人又は2人以上の調査委員を選任し、調査委員が調査すべき事項及び裁判所に対して調査の結果の報告をすべき期間を定めなければならない。

❶522条1項

裁判所が調査命令をする場合には、1人または2人以上の調査委員を選任し、調査事項の報告および裁判所に調査結果の報告をなすべき期間を定めなければなりません。

1 趣旨

本条は、調査命令を定める522条を受けて、その具体的な内容を定める趣旨である。

2 語句の意味

調査委員とは、会社の財産の状況を考慮して必要と認められた場合に、裁判所は調査命令を発するが、これを受けて調査を行う者をいう。

> **第534条（監督委員に関する規定の準用） C**
> 前款（第527条第1項（監査委員の選任等）及び第529条ただし書（裁判所の許可を得た単独での職務遂行等）を除く。）の規定は、調査委員について準用する。

監督委員に関する規定は、原則として調査委員について準用されます。

1 趣旨

調査委員は、監督委員と同様に裁判所により選任され、裁判所の手足としての機関である。そこで、監督委員の規定を調査委員にも準用している。

2 条文クローズアップ

準用規定
監督委員に関する規定で、以下は調査委員に準用される。
① 法人も調査委員になることができる（534条・527条2項）
② 調査委員に対する裁判所の監督・解任（534条・528条）
③ 2人以上の調査委員の職務の共同執行（534条・529条本文）
④ 調査委員の調査権（534条・530条）
⑤ 調査委員の善管注意義務（534条・531条）
⑥ 調査委員の報酬等（534条・532条）

■第6款　清算株式会社の行為の制限等

第535条（清算株式会社の行為の制限）　C
1　特別清算開始の命令があった場合には、❶清算株式会社が次に掲げる行為をするには、裁判所の許可を得なければならない。ただし、第527条第1項（監督委員の選任等）の規定により監督委員が選任されているときは、これに代わる監督委員の同意を得なければならない。
　① 財産の処分（次条第1項各号に掲げる行為〔事業譲渡等〕を除く。）
　② 借財
　③ 訴えの提起
　④ 和解又は仲裁合意（仲裁法（平成15年法律第138号）第2条第1項に規定する仲裁合意をいう。）
　⑤ 権利の放棄
　⑥ その他裁判所の指定する行為
2　前項の規定にかかわらず、同項第1号から第5号までに掲げる行為については、次に掲げる場合には、同項の許可を要しない。
　① 最高裁判所規則で定める額以下の価額を有するものに関するとき。
　② 前号に掲げるもののほか、裁判所が前項の許可を要しないものとしたものに関するとき。
3　第1項の許可又はこれに代わる監督委員の同意を得ないでした行為は、無効とする。ただし、これをもって善意の第三者に対抗することができない。

❶476条

→試験対策11章1節③【3】(3)

特別清算開始の命令があった場合に、清算会社が財産の処分・借財・訴えの提起等一定の行為をするには、原則として裁判所の許可、または監督委員が選任されているときは監督委員の同意を得なければなりません。許可また

はこれに代わる同意のない行為は無効となりますが、無効を善意の第三者に対抗することはできません。

1 趣旨

清算株式会社に属する財産の処分や借財等の行為のうち重要なものについては、その処理の適正や公平を図り、特別清算手続における債権者の利益を保護するために、清算株式会社の一定の行為を規制して、裁判所または監督委員の監督を加えることにした。

2 条文クローズアップ

1 制限される行為(1項)

特別清算開始の命令があった清算会社が制限される行為は、以下のものである。

① 財産の処分(事業の全部の譲渡、事業の重要な一部の譲渡および子会社の株式等の譲渡を除く)(1号) →536条
② 借財(2号)
③ 訴えの提起(3号)
④ 和解または仲裁合意(仲裁2条1項に規定する仲裁合意をいう)(4号)
⑤ 権利の放棄(5号)
⑥ その他裁判所の指定する行為(6号)

これらの行為をするには、裁判所の許可または監督委員が選任されているときはこれに代わる監督委員の同意が必要である。

2 許可または同意が不要な場合(2項)

1項各号で定める行為をする場合でも、①最高裁判所規則で定める額(100万円〔会社非訟規33条〕)以下の価額を有するものに関するとき、②そのほか、裁判所が前項の許可を要しないものとしたものに関するときには、許可または同意は不要である。

3 許可または同意のない行為の効力(3項)

裁判所の許可または監督委員の同意を得ないでした行為は、無効である。ただし、この無効を善意の第三者に対抗することはできない。

第536条（事業の譲渡の制限等）　C

1　特別清算開始の命令があった場合には、❶清算株式会社が次に掲げる行為をするには、裁判所の許可を得なければならない。　❶476条
　①　事業の全部の譲渡
　②　事業の重要な一部の譲渡(当該譲渡により譲り渡す資産の帳簿価額が当該清算株式会社の総資産額として法務省令で定める方法により算定される額の5分の1(これを下回る割合を定款で定めた場合にあっては、その割合)を超えないものを除く。)
　③　その子会社の株式又は持分の全部又は一部の譲渡(次のいず

> れにも該当する場合における譲渡に限る。)
>   イ　当該譲渡により譲り渡す株式又は持分の帳簿価額が当該清算株式会社の総資産額として法務省令で定める方法により算定される額の5分の1(これを下回る割合を定款で定めた場合にあっては、その割合)を超えるとき。
>   ロ　当該清算株式会社が、当該譲渡がその効力を生ずる日において当該子会社の議決権の総数の過半数の議決権を有しないとき。
> 2　前条第3項〔裁判所の許可または監督委員の同意を得ない行為の効力〕の規定は、前項の許可を得ないでした行為について準用する。
> 3　第7章〔事業の譲渡等〕(第467条第1項第5号〔事後設立〕を除く。)の規定は、特別清算の場合には、適用しない。

特別清算開始の命令があった清算株式会社が、事業の全部または重要な一部、子会社の株式等を譲渡する場合には、裁判所の許可を得なければなりません。許可を得ないでした譲渡は無効ですが、この無効を善意の第三者に対抗することはできません。

→試験対策11章1節③【3】(3)

1　趣旨

535条の規律による場合には、裁判所の許可に代えて監督委員の同意によることや、裁判所の裁量によって許可を必要としないとすることも可能だが、事業譲渡については重要な行為であるため、別途536条1項を規定し、常に裁判所の許可を必要とすることにした。

また、特別清算の場合には、多くの場合債務超過であり、株主は分配金にあずかることは期待できず、会社に対する興味を失っていることが多いところ、事業譲渡にあたって株主総会の特別決議を要求すると、これをみたすことはほとんど不可能であり、事業譲渡の途を閉じることとなる。そこで、3項で、特別清算手続においては事業譲渡についての株主総会決議を不要とした。

2　条文クローズアップ

1　事業譲渡の制限(1項)

特別清算開始の命令があった場合には、①事業の全部の譲渡(1号)、②事業の重要な一部の譲渡(2号)、③子会社の株式等の譲渡(3号)につき、裁判所の許可を得なければならない。

2　「重要な一部」(1項2号)

1項2号にいう「重要な一部」とは、譲渡により譲り渡す資産の帳簿価額が特別清算株式会社の総資産額として会社法施行規則152条で定める方法、すなわち会社法492条1項により清算人が作成した貸借対照表の資産の部に計上した額を総資産の額とする方法により算定される額の5

分の1（これを下回る割合を定款で定めた場合にあっては、その割合）を超えないものを除いたものをいう。

3　裁判所の許可がない行為の効力（2項）

許可を得ないでした譲渡は無効であるが、この無効を善意の第三者に対抗することはできない。

4　事業譲渡に関する規定（3項）

事業譲渡に関する467条から470条までの規定は、特別清算の場合には適用されない。

> **第537条（債務の弁済の制限）　C**
> 1　特別清算開始の命令があった場合には、❶清算株式会社は、❷協定債権者に対して、その債権額の割合に応じて弁済をしなければならない。
> 2　前項の規定にかかわらず、❶清算株式会社は、裁判所の許可を得て、少額の❸協定債権、清算株式会社の財産につき存する担保権によって担保される協定債権その他これを弁済しても他の債権者を害するおそれがない協定債権に係る債務について、債権額の割合を超えて弁済をすることができる。

❶476条
❷517条1項

❸515条3項

特別清算開始の命令があった場合には、清算株式会社は、協定債権者に対して、その債権額の割合に応じて弁済をしなければなりません。裁判所の許可を得れば、少額の協定債権や担保付の協定債権等について債権額の割合を超えて弁済することができます。

→試験対策11章1節③【3】(3)

1　趣旨

1項は、清算株式会社の自由裁量による恣意的な弁済を認めないことで、協定債権者の間の平等や公正を確保した点にある。2項では、弁済をしても協定債権者の平等や公正を害しない場合には、弁済禁止の例外を認めている。

2　条文クローズアップ

1　少額債権者（2項）

少額債権者は、社会政策上の保護の要請が強く、また債権者の頭数を減らすことで協定案の作成を容易にするなど、特別清算手続の事務の円滑な遂行に役立つ場合もあるため、弁済禁止の例外として認められた。

2　担保権付債権（2項）

担保権が付いた債権は、もともと優先弁済を受ける権利があるので、担保の範囲であれば弁済しても債権者平等を害しない。また、その担保権を行使させるよりも被担保債権を弁済して担保権の解除を得るほうが、清算株式会社にとって有利な場合もありうるため、弁済禁止の例外

として認められた。

3　弁済しても他の債権者を害するおそれがない協定債権（２項）

　具体的には、他の債権者全員の同意がある場合、ガス・電力・水道・電話などの継続的給付による料金債権、協定案で予想されるよりも少ない弁済率による弁済などがある。

> **第538条（換価の方法）　C**
> 1　❶清算株式会社は、民事執行法その他強制執行の手続に関する法令の規定により、その財産の換価をすることができる。この場合においては、第535条第１項第１号〔財産処分に関する行為制限〕の規定は、適用しない。
> 2　❶清算株式会社は、民事執行法その他強制執行の手続に関する法令の規定により、第522条第２項に規定する担保権〔特別の先取特権、質権、抵当権または会社法もしくは商法の規定による留置権〕（以下この条及び次条において単に「❷担保権」という。）の目的である財産の換価をすることができる。この場合においては、当該担保権を有する者（以下この条及び次条において「❸担保権者」という。）は、その換価を拒むことができない。
> 3　前２項の場合には、民事執行法第63条〔差押不動産について剰余が生じる見込みのない場合の措置〕及び第129条〔差し押さえるべき動産について剰余が生じる見込みのない場合の差押禁止等〕（これらの規定を同法その他強制執行の手続に関する法令において準用する場合を含む。）の規定は、適用しない。
> 4　第２項の場合において、❸担保権者が受けるべき金額がまだ確定していないときは、❶清算株式会社は、代金を別に寄託しなければならない。この場合においては、❷担保権は、寄託された代金につき存する。

❶476条

❷定

❸定

　清算株式会社は、財産や担保権の目的物の換価をすることができます。担保権の目的物を換価する場合において、担保権者が受けるべき金額がまだ確定していないとき、清算会社は、代金を別に寄託しなければなりません。このとき、担保権は、寄託された代金について存在します。

1　趣旨

　会社の清算手続においては、最終的には会社のすべての財産を換価して債権者に分配することが予定されている。しかし、清算株式会社が所有する財産を任意売却することが困難な場合や、担保権が設定された財産について担保権者からの任意売却の同意が得られない場合がある。そこで本条は、特別清算の手続を円滑に遂行するため、競売手続による強制的な換価を認めた。

2 条文クローズアップ

1 財産の換価（1項）
　清算株式会社は、民事執行法その他強制執行の手続に関する法定の規定により、財産の換価ができる。この場合、財産の処分に裁判所の許可またはこれに代わる監督委員の同意が必要であるとする535条1項1号は適用されない。

2 担保目的物の換価（2項）
　清算株式会社は、民事執行法その他強制執行の手続に関する法定の規定により、担保目的物を換価することができる（2項前段）。この場合、担保権者は換価を拒むことができない（2項後段）。

3 剰余主義の排除（3項）
　剰余主義は、無益な競売の防止や優先債権者の保護などを目的とする民事執行手続の原則をいう。清算株式会社が1項または2項の規定に基づき、財産の換価を行う場合には、特別清算手続の円滑を図るために、剰余主義の適用を除外している。

4 代金の寄託（4項）
　2項に基づく換価の場合には、清算株式会社が売得金の全額を取得して、清算株式会社の手によって担保権者が優先弁済を受ける金額が確定していないときは、他の財産と区別することにより担保権者の利益を保護するため、寄託義務の規定を設けている。

第539条（担保権者が処分をすべき期間の指定）　C
1 ❶担保権者が法律に定められた方法によらないで❷担保権の目的である財産の処分をする権利を有するときは、裁判所は、❸清算株式会社の申立てにより、担保権者がその処分をすべき期間を定めることができる。
2 ❶担保権者は、前項の期間内に処分をしないときは、同項の権利を失う。

❶538条2項
❷538条2項
❸476条

　担保権者が法律に定められた方法によらないで担保権の目的物を処分する権限を有するときは、裁判所は清算会社の申立てにより、その処分をするべき期間を定めることができます。この期間内に処分しないときは、担保権者は処分権限を失います。

1 趣旨
　担保権のなかには、法定の方法ではなく当事者の契約によって、目的財産の処分方法が定められていることがある。このような場合は、538条によっても、清算株式会社はその財産を換価することはできない。しかし、担保権者がいつまでも財産を処分しない場合は、清算手続の円滑

な遂行に支障をきたす。そこで、裁判所が処分期間を定め、迅速な換価を実現するために、539条が設けられた。

2 条文クローズアップ

法定された方法以外の処分権を有する場合（1項）

流質契約がある場合（商515条）、譲渡担保、所有権留保、ファイナンスリース等の非典型担保が設定されている場合等をいう。

■第7款　清算の監督上必要な処分等

> **第540条（清算株式会社の財産に関する保全処分）　C**
> 1　裁判所は、特別清算開始の命令があった場合において、清算の監督上必要があると認めるときは、債権者、清算人、監査役若しくは株主の申立てにより又は職権で、❶清算株式会社の財産に関し、その財産の処分禁止の仮処分その他の必要な保全処分を命ずることができる。
> 2　裁判所は、特別清算開始の申立てがあった時から当該申立てについての決定があるまでの間においても、必要があると認めるときは、債権者、清算人、監査役若しくは株主の申立てにより又は職権で、前項の規定による保全処分をすることができる。特別清算開始の申立てを却下する決定に対して第890条第5項の即時抗告〔特別清算開始の申立てを却下した裁判への即時抗告〕がされたときも、同様とする。
> 3　裁判所が前2項の規定により❶清算株式会社が債権者に対して弁済その他の債務を消滅させる行為をすることを禁止する旨の保全処分を命じた場合には、債権者は、特別清算の関係においては、当該保全処分に反してされた弁済その他の債務を消滅させる行為の効力を主張することができない。ただし、債権者が、その行為の当時、当該保全処分がされたことを知っていたときに限る。

❶476条

裁判所は、特別清算開始の命令があった場合において、清算の監督上必要があると認めるときには、債権者・清算人・監査役・株主の申立てによりまたは職権で、清算株式会社の財産に関し、その処分の禁止の仮処分その他の必要な保全処分を命じることができます。そして、債権者は、その保全処分に違反して清算株式会社から弁済等を受けた場合には、原則としてその弁済等の効力を主張することができません。

1 趣旨

特別清算は、会社債権者に公平な分配をすることを最終目標としている。そのため、清算株式会社の財産の流出や隠匿のおそれがある場合

は、これを防止しなければならない。そして、このおそれは特別清算手続開始決定後のみならず、特別清算手続開始申立て後、開始決定前にも存するため、これを防止する趣旨で本条が設けられた。

2 条文クローズアップ

1　1項
　裁判所は、特別清算開始の命令があった場合において、清算の監督上必要があると認めるときには、債権者、清算人、監査役、もしくは株主の申立てにより、または職権で、清算株式会社の財産に関し、その処分の禁止の仮処分その他の必要な保全処分を命じることができる。

2　2項
　1項の保全処分は、必要があると認めるとき、特別清算開始の申立てがあった時から当該申立てについての決定がなされるまでの間にもすることができる（2項前段）。
　特別清算開始の申立てを却下した裁判に対する即時抗告（890条5項）がなされた場合も同様である（540条2項後段）。

3　3項
　保全処分がなされた場合には、債権者は、特別清算の関係においては、当該保全処分に反する弁済等の行為の効力を主張することができない（3項本文）。ただし、債権者が、弁済等を受ける当時において、保全処分がなされていたことを知っていたときにかぎる（3項ただし書）。

第541条（株主名簿の記載等の禁止）　C

1　裁判所は、特別清算開始の命令があった場合において、清算の監督上必要があると認めるときは、債権者、清算人、監査役若しくは株主の申立てにより又は職権で、❶清算株式会社が❷株主名簿記載事項を株主名簿に記載し、又は記録することを禁止することができる。

2　裁判所は、特別清算開始の申立てがあった時から当該申立てについての決定があるまでの間においても、必要があると認めるときは、債権者、清算人、監査役若しくは株主の申立てにより又は職権で、前項の規定による処分をすることができる。特別清算開始の申立てを却下する決定に対して第890条第5項の即時抗告（特別清算開始の申立てを却下した裁判への即時抗告）がされたときも、同様とする。

❶476条
❷121条

　裁判所は、特別清算開始の命令があった場合において、清算の監督上必要があると認めるときは、債権者・清算人・監査役・株主の申立てによりまたは職権で、清算株式会社が株主名簿記載事項を株主名簿に記載または記録することを禁止することができます。

1 趣旨

特別清算手続が予想される企業で、手続を妨害しようとする者や、協定を利用して不適切な投機的利益をあげようとする者、さらに、いわゆる整理屋といった者が、株式の取得によって特別清算手続に関与してくるおそれがある。そこで、このような者の不適切な関与を防止する趣旨で、本条が設けられた。

2 条文クローズアップ

1 1項

裁判所は、特別清算開始の命令があった場合において、清算の監督上必要があると認めるときには、債権者、清算人、監査役、株主の申立てによりまたは職権で、清算株式会社が株主名簿記載事項を株主名簿に記載・記録することを禁じることができる。

「清算の監督上必要があると認めるとき」とは、たとえば、会社の内紛により、株式の移転によって特別清算の妨害が図られるおそれのある場合や整理屋等の介入のおそれがある場合等である。

2 2項

裁判所は、特別清算開始の申立てがあった時から当該申立てについての決定があるまでの間においても、必要があると認めるときは、債権者等の申立てによりまたは職権で、1項の処分をすることができる（2項前段）。特別清算開始の申立てを却下した裁判に対する即時抗告（890条5項）がなされた場合も同様である（541条2項後段）。

第542条（役員等の財産に対する保全処分） C

1 裁判所は、特別清算開始の命令があった場合において、清算の監督上必要があると認めるときは、❶清算株式会社の申立てにより又は職権で、発起人、❷設立時取締役、❸設立時監査役、第423条第1項に規定する役員等〔取締役、会計参与、監査役、執行役または会計監査人〕又は清算人（以下この款において「❹対象役員等」という。）の責任に基づく損害賠償請求権につき、当該対象役員等の財産に対する保全処分をすることができる。

2 裁判所は、特別清算開始の申立てがあった時から当該申立てについての決定があるまでの間においても、緊急の必要があると認めるときは、❶清算株式会社の申立てにより又は職権で、前項の規定による保全処分をすることができる。特別清算開始の申立てを却下する決定に対して第890条第5項の即時抗告〔特別清算開始の申立てを却下した裁判への即時抗告〕がされたときも、同様とする。

❶476条
❷38条1項
❸38条3項2号
❹

裁判所は、特別清算開始の命令があった場合において、清算の監督上必要

があると認めるときは、清算株式会社の申立てによりまたは職権で、発起人や役員等の責任に基づく損害賠償請求権につき、当該対象役員等の財産に対する保全処分をすることができます。

1 趣旨

責任追及される可能性を察知した役員等が、査定決定が発令されて執行に着手される前に、自己の財産を隠匿・処分することで責任追及を免れることを防止する点にある。

2 条文クローズアップ

1 1項

裁判所は、特別清算開始命令の発令後に、清算の監督上必要があると認めるときは、清算株式会社の申立てまたは職権で、対象役員等の責任に基づく損害賠償請求権につき、対象役員等の財産に対する保全処分ができる(1項)。542条は、民事保全法の特則であるため、被保全債権である、対象役員等に対する損害賠償請求権の疎明(民保13条2項)が求められる。また、「清算の監督上必要がある」場合とは、強制執行をすることができなくなるおそれまたは著しい困難を生ずるおそれがある場合を指す(民保20条1項参照)。

2 2項

保全処分の時期を、特別清算手続開始の申立て後、特別清算手続開始決定前まで拡張した。「緊急の必要」とは、その場でただちに保全処分を発令しなければ財産の隠匿や費消が生じるおそれが特に強く、開始命令を待っていては回復困難な損害が生じる場合をさす。

第543条（役員等の責任の免除の禁止） C

裁判所は、特別清算開始の命令があった場合において、清算の監督上必要があると認めるときは、債権者、清算人、監査役若しくは株主の申立てにより又は職権で、❶対象役員等の責任の免除の禁止の処分をすることができる。

❶542条1項

裁判所は、特別清算開始の命令があった場合において、清算の監督上必要があると認めるときは、債権者等の申立てにより、または職権で対象役員等の責任の免除の禁止の処分をすることができます。

1 趣旨

一般に役員等の責任を免除することは、総株主の同意があれば可能である(424条)が、会社債権者になるべく多くの満足を得させるという要請がある特別清算の段階においてまで、これを自由に認めることは会社債権者を過度に害し妥当でない。そこで本条は、対象役員等の責任の免

除の禁止の処分を規定した。

> **第544条（役員等の責任の免除の取消し）　C**
> 1　特別清算開始の命令があったときは、❶清算株式会社は、特別清算開始の申立てがあった後又はその前１年以内にした❷対象役員等の責任の免除を取り消すことができる。不正の目的によってした対象役員等の責任の免除についても、同様とする。
> 2　前項の規定による取消権は、訴え又は抗弁によって、行使する。
> 3　第１項の規定による取消権は、特別清算開始の命令があった日から２年を経過したときは、行使することができない。当該❷対象役員等の責任の免除の日から20年を経過したときも、同様とする。

❶476条
❷542条１項

特別清算開始の命令があったときは、清算株式会社は、一定の期間内になされた対象役員等の責任の免除を取り消すことができます。また、不正の目的によってした対象役員等の免除についても同様に取り消すことができます。

1　趣旨

特別清算手続開始間際においては、責任免除によって損害を被るのは株主ではなく債権者である。そのため平時の株主総会等での免除が、債権者保護の要請から不適切な場合がありうる。一方で、一度免除された責任を事後的に回復させるのは対象役員等の期待を害するため、決定手続により行うのは妥当ではない。そこで本条は、清算株式会社に取消権を与え、かつそれを訴訟上で行使することとし、対象役員等の手続保障も図ったものである。

2　条文クローズアップ

1　1項

特別清算開始の命令があったときは、清算株式会社は特別清算開始の申立てがあった後、またはその命令が下される１年以内にされた対象役員等の責任の免除を取り消すことができる。そして、不正の目的によってなした対象役員等の責任の免除についても同様とする。

2　2項

清算株式会社は、対象役員等の責任の免除の取消権を訴えまたは抗弁によって行う。

3　3項

１項の規定による取消権は、特別清算開始の命令があった日から２年を経過したとき（３項前段）、または、対象役員等の責任の免除の日から20年を経過したとき（３項後段）には行使できない。

第545条（役員等責任査定決定）　C

1　裁判所は、特別清算開始の命令があった場合において、必要があると認めるときは、❶清算株式会社の申立てにより又は職権で、❷対象役員等の責任に基づく損害賠償請求権の査定の裁判(以下この条において「役員等責任査定決定」という。)をすることができる。
2　裁判所は、職権で役員等責任査定決定の手続を開始する場合には、その旨の決定をしなければならない。
3　第1項の申立て又は前項の決定があったときは、時効の中断に関しては、裁判上の請求があったものとみなす。
4　役員等責任査定決定の手続(役員等責任査定決定があった後のものを除く。)は、特別清算が終了したときは、終了する。

❶476条
❷542条1項

　裁判所は、特別清算開始の命令があった場合において、必要があると認めるときは、清算株式会社の申立てによりまたは職権で、対象役員等の責任に基づく損害賠償請求権の査定の決定をすることができます。

1　趣旨

　清算株式会社が役員等に対して損害賠償請求権を簡易迅速に実現し、役員等に対する責任追及を容易にするために、定められた規定である。

■第8款　債権者集会

第546条（債権者集会の招集）　C

1　債権者集会は、特別清算の実行上必要がある場合には、いつでも、招集することができる。
2　債権者集会は、次条第3項(債権者による招集)の規定により招集する場合を除き、❶清算株式会社が招集する。

❶476条

　債権者集会は、特別清算の実行上必要があると認められた場合にはいつでも招集することができます。その招集は原則として清算株式会社が行います。

1　趣旨

　特別清算の債権者集会は、総債権者が参加の機会を有する。各債権者にとっては、他の債権者とともに特別清算事務を監督し、また他の債権者を相互に監視する意義がある。また清算株式会社にとっても、個々の債権者に対する説明や交渉を省略し、清算事務についての説明や交渉を一括して行えるという意義がある。

2　語句の意味

債権者集会とは、会社債権者をもって構成され、会社債権団体の意思を決定する権限をもつ総債権者団体の議決機関をいう。

> ### 第547条(債権者による招集の請求)　C
> 1　債権の申出をした❶協定債権者その他❷清算株式会社に知れている協定債権者の❸協定債権の総額の10分の1以上に当たる協定債権を有する協定債権者は、清算株式会社に対し、債権者集会の目的である事項及び招集の理由を示して、債権者集会の招集を請求することができる。
> 2　❷清算株式会社の財産につき第522条第2項に規定する担保権(特別の先取特権、質権、抵当権または会社法もしくは商法の規定による留置権)を有する❶協定債権者がその担保権の行使によって弁済を受けることができる❸協定債権の額は、前項の協定債権の額に算入しない。
> 3　次に掲げる場合には、第1項の規定による請求(債権者集会の招集請求)をした❶協定債権者は、裁判所の許可を得て、債権者集会を招集することができる。
> ①　第1項の規定による請求(債権者集会の招集請求)の後遅滞なく招集の手続が行われない場合
> ②　第1項の規定による請求(債権者集会の招集請求)があった日から6週間以内の日を債権者集会の日とする債権者集会の招集の通知が発せられない場合

❶517条1項
❷476条
❸515条3項

　債権の申出をした協定債権者、清算株式会社に知れている協定債権者の協定債権総額の10分の1以上の協定債権を有する協定債権者は、債権者集会の目的事項、招集の理由を示して、債権者集会の招集を請求することができます。ただし、協定債権者が特別の先取特権、質権、抵当権または会社法もしくは商法の規定による留置権を有する場合、担保権の行使により弁済を受けることができる額は算入しません。

1　趣旨

　特別清算手続の進行において、債権者集会のタイミングや回数が清算中の会社の恣意に委ねられると債権者に不利益が生じるおそれがある。そこで一定の債権者にも、債権者集会の招集請求権・招集権を与えた。

2　条文クローズアップ

債権者集会の招集

　債権者集会は清算株式会社が招集するのが原則であるが(546条2項)、一定の場合に、裁判所の許可を得て、協定債権者がみずから招集することも認められている(547条3項)。

> **第548条（債権者集会の招集等の決定）　C**
>
> 1　債権者集会を招集する者(以下この款において「❶招集者」という。)は、債権者集会を招集する場合には、次に掲げる事項を定めなければならない。
> 　①　債権者集会の日時及び場所
> 　②　債権者集会の目的である事項
> 　③　債権者集会に出席しない❷協定債権者が電磁的方法によって議決権を行使することができることとするときは、その旨
> 　④　前3号に掲げるもののほか、法務省令で定める事項
> 2　❸清算株式会社が債権者集会を招集する場合には、当該清算株式会社は、各❹協定債権について債権者集会における議決権の行使の許否及びその額を定めなければならない。
> 3　❸清算株式会社以外の者が債権者集会を招集する場合には、その❶招集者は、清算株式会社に対し、前項に規定する事項を定めることを請求しなければならない。この場合において、その請求があったときは、清算株式会社は、同項に規定する事項を定めなければならない。
> 4　❸清算株式会社の財産につき第522条第2項に規定する担保権（特別の先取特権、質権、抵当権または会社法もしくは商法の規定による留置権）を有する❷協定債権者は、その担保権の行使によって弁済を受けることができる❹協定債権の額については、議決権を有しない。
> 5　❷協定債権者は、❺共助対象外国租税の請求権については、議決権を有しない。

❶定

❷517条1項

❸476条
❹515条3項

❺512条1項3号

招集者は、債権者集会を招集する場合、債権者集会の日時・場所・目的事項等を定めなければなりません。

1 趣旨

　債権者集会を開催するには、開催日時、場所、目的、手続、議決権等明確にしておかなければならない事項がある。そこで、本条は、債権者集会の招集に際して招集者が定めなければならない事項の規定（1項、2項）、議決権の行使の許否および議決権の額を定める手続（2項、3項）、および、議決権を有しない債権についての規定（4項、5項）をあらかじめ明確にした。

2 条文クローズアップ

1　招集事項（1項、2項）
　①債権者集会の日時および場所（1項1号）
　②債権者集会の目的事項（1項2号）
　③債権者集会に出席しない協定債権者が電磁的方法によって議決権を

行使することができる場合は、その旨（1項3号）
④議案、書面による議決権行使の期限等（1項4号、会社施規153条1項各号、154条1項2号）
⑤各協定債権についての議決権行使の許否および数（会社548条2項）

2　担保権を有する協定債権者（4項）

　特別の先取特権、質権、抵当権または会社法もしくは商法の規定による留置権（522条2項）を有する協定債権者は、担保権により弁済を受けることができるため、その限度において債権者集会における議決権が認められていない。

第549条（債権者集会の招集の通知）　C

1　債権者集会を招集するには、❶招集者は、債権者集会の日の2週間前までに、債権の申出をした❷協定債権者その他清算株式会社に知れている協定債権者及び❸清算株式会社に対して、書面をもってその通知を発しなければならない。
2　❶招集者は、前項の書面による通知の発出に代えて、政令で定めるところにより、同項の通知を受けるべき者の承諾を得て、電磁的方法により通知を発することができる。この場合において、当該招集者は、同項の書面による通知を発したものとみなす。
3　前2項の通知には、前条第1項各号に掲げる事項〔債権者集会の日時・場所・目的事項、電子投票ができるときはその旨、その他法務省令で定める事項〕を記載し、又は記録しなければならない。
4　前3項の規定は、債権の申出をした債権者その他❸清算株式会社に知れている債権者であって一般の先取特権その他一般の優先権がある債権、特別清算の手続のために清算株式会社に対して生じた債権又は特別清算の手続に関する清算株式会社に対する費用請求権を有するものについて準用する。

❶548条1項
❷517条1項
❸476条

　招集通知は、会日の2週間前までに、債権の申出をした協定債権者、その他知れている協定債権者および清算会社に対し、日時、場所、目的事項等を記載または記録した書面または電磁的方法をもって発しなければなりません。

1　趣旨

　本条は債権者集会にあたって、書面（1項）または電磁的記録（2項）により招集をすることができるとしている。また、債権者集会が債権者一般の利益に関わる情報の伝達の場であることから、議決権の有無にかかわらず、また協定債権者であるか否かにかかわらず、債権者には出席の機会を与えることとしている（4項）。

判例セレクト

「知れている債権者」の意義 　　　　　　　　　　　→449条判例セレクト2

> **第550条（債権者集会参考書類及び議決権行使書面の交付等） C**
> 1 ❶招集者は、前条第1項の通知〔債権者集会の招集通知〕に際しては、法務省令で定めるところにより、債権の申出をした❷協定債権者その他❸清算株式会社に知れている協定債権者に対し、当該協定債権者が有する❹協定債権について第548条第2項又は第3項の規定により定められた事項〔各協定債権についての議決権行使の許否およびその額〕及び議決権の行使について参考となるべき事項を記載した書類（次項において「❺債権者集会参考書類」という。）並びに協定債権者が議決権を行使するための書面（以下この款において「❻議決権行使書面」という。）を交付しなければならない。
> 2 ❶招集者は、前条第2項の承諾〔電子招集通知についての承諾〕をした❷協定債権者に対し同項の電磁的方法による通知を発するときは、前項の規定による❺債権者集会参考書類及び❻議決権行使書面の交付に代えて、これらの書類に記載すべき事項を電磁的方法により提供することができる。ただし、協定債権者の請求があったときは、これらの書類を当該協定債権者に交付しなければならない。

❶548条1項
❷517条1項
❸476条
❹515条3項

❺定
❻定

　招集者は、債権者集会の招集通知の際に、協定債権者に対し、債権者集会参考書類および議決権行使書面を交付しなければなりません。電磁的方法により通知する場合には、協定債権者の請求がないかぎり、債権者集会参考書類および議決権行使書面に記載すべき事項を電磁的方法により提供することができます。

1 趣旨

　招集通知に際して債権者集会参考書類を交付すべきことを定めるのは、協定債権者に自己の協定債権につき定められた議決権行使の許否とその額、議案の内容、およびその他の参考事項を債権者集会に先立って知らせることにより、協定債権者に異議の機会を与える（553条）とともに、議案に対する賛否に関する判断をする機会を与えるためである。

第551条　C
1 ❶招集者は、第548条第1項第3号に掲げる事項〔電子投票ができる

❶548条1項

旨)を定めた場合には、第549条第2項の承諾〔電子招集通知について
の承諾〕をした❷協定債権者に対する電磁的方法による通知に際し
て、法務省令で定めるところにより、協定債権者に対し、❸議決
権行使書面に記載すべき事項を当該電磁的方法により提供しなけ
ればならない。
2　❶招集者は、第548条第1項第3号に掲げる事項〔電子投票ができる
旨〕を定めた場合において、第549条第2項の承諾〔電子招集通知につ
いての承諾〕をしていない❷協定債権者から債権者集会の日の1週
間前までに❸議決権行使書面に記載すべき事項の電磁的方法によ
る提供の請求があったときは、法務省令で定めるところにより、
直ちに、当該協定債権者に対し、当該事項を電磁的方法により提
供しなければならない。

❷517条1項
❸550条1項

　債権者集会に出席しない協定債権者が電磁的方法によって議決権を行使す
ることができることを定めた場合、電磁的方法による招集通知に承諾した協
定債権者に対しては、その通知に際して、議決権行使書面に記載すべき事項
を当該電磁的方法により提供しなければなりません。承諾をしていない協定
債権者から会日の1週間前までにその提供の請求があったときも、議決権行
使書面に記載すべき事項をただちに当該電磁的方法により提供しなければな
りません。

1　趣旨

　電磁的方法により議決権を行使できる場合、議決権行使書面の記載事
項が電磁的方法で提供されれば、電磁的な記録方法で議決権行使書面へ
の記入ができ、それを送信等することで議決権行使ができ便利である。
そのため、本条が定められた。

2　条文クローズアップ

電磁的方法により提供する議決権行使書面に記載する事項（1項）
　各議案についての同意の有無、同意の有無について記載がない議決権
行使書面の取扱い、議決権行使の期限、当該協定債権者の氏名または名
称および議決権の額（1項、会社施規155条1項各号）。

第552条（債権者集会の指揮等）　C

1　債権者集会は、裁判所が指揮する。
2　債権者集会を招集しようとするときは、❶招集者は、あらかじ
め、第548条第1項各号に掲げる事項〔債権者集会の日時・場所・目的
事項、電子投票ができるときはその旨、その他法務省令で定める事項〕及び
同条第2項又は第3項の規定により定められた事項〔各協定債権に

❶548条1項

> ついての議決権行使の許否およびその額)を裁判所に届け出なければならない。

　債権者集会は裁判所が指揮します。債権者集会を招集する場合、招集者は、その日時・場所・目的事項、債権者集会における議決権行使の許否およびその額等をあらかじめ裁判所に届け出なければなりません。

1 趣旨

　債権者集会は、債権者と清算株式会社との間での自主的な会議体としての性質を有するにとどまる。そのため裁判所の指揮はあくまで後見的なものにとどまり、議事・議決の内容に干渉することはできない。もっとも、裁判所が清算の最終段階において協定の認可・不認可の決定をする際の審理を容易にするために、裁判所が指揮することとなっている。

> **第553条（異議を述べられた議決権の取扱い）　C**
> 債権者集会において、第548条第2項又は第3項〔各協定債権についての議決権行使の許否およびその額〕の規定により各❶協定債権について定められた事項〔議決権行使の許否およびその額〕について、当該協定債権を有する者又は他の❷協定債権者が異議を述べたときは、裁判所がこれを定める。

❶515条3項

❷517条1項

　債権者集会において、議決権の行使の許否およびその額について協定債権者が異議を述べたときは、裁判所がこれを定めます。

1 趣旨

　協定債権者は、自己の議決権の数のみならず、他の協定債権者の議決権の数についても、その多寡によりみずからの議決権の比率が影響を受けるため、異議を述べることができる。

> **第554条（債権者集会の決議）　C**
> 1　債権者集会において決議をする事項を可決するには、次に掲げる同意のいずれもがなければならない。
> 　①　出席した❶議決権者(議決権を行使することができる❷協定債権者をいう。以下この款及び次款において同じ。)の過半数の同意
> 　②　出席した議決権者の議決権の総額の2分の1を超える議決権を有する者の同意
> 2　第558条第1項〔議決権の不統一行使〕の規定によりその有する議決

❶定

❷517条1項

> 権の一部のみを前項の事項に同意するものとして行使した❶議決権者(その余の議決権を行使しなかったものを除く。)があるときの同項第１号の規定の適用については、当該議決権者１人につき、出席した議決権者の数に１を、同意をした議決権者の数に２分の１を、それぞれ加算するものとする。
> 3　債権者集会は、第548条第１項第２号に掲げる事項(債権者集会の目的事項)以外の事項については、決議をすることができない。

　債権者集会の決議は、出席した議決権者の過半数の同意があり、かつ、出席した議決権者の議決権の総額の２分の１を超える議決権をもつ者の同意により可決されます。また、決議事項は債権者集会の目的である事項にかぎられます。

1　趣旨

　少額の債権を有する債権者と、多額の債権を有する債権者の利害を調整するために、本条は議決権の総額の２分の１以上の賛成とともに、出席議決権者の過半数の同意(いわゆる頭数要件)を要求した。

2　条文クローズアップ

議決権の不統一行使(２項)

　議決権者が議決権の不統一行使をする場合、出席した議決権者の数に１を、同意をした議決権者の数に２分の１を加算して、１項１号を適用する。

第555条（議決権の代理行使）　C

1　❶協定債権者は、代理人によってその議決権を行使することができる。この場合においては、当該協定債権者又は代理人は、代理権を証明する書面を❷招集者に提出しなければならない。
2　前項の代理権の授与は、債権者集会ごとにしなければならない。
3　第１項の❶協定債権者又は代理人は、代理権を証明する書面の提出に代えて、政令で定めるところにより、❷招集者の承諾を得て、当該書面に記載すべき事項を電磁的方法により提供することができる。この場合において、当該協定債権者又は代理人は、当該書面を提出したものとみなす。
4　❶協定債権者が第549条第２項の承諾(電子招集通知についての承諾)をした者である場合には、❷招集者は、正当な理由がなければ、前項の承諾をすることを拒んではならない。

❶517条１項

❷548条１項

協定債権者は、議決権を代理行使することができます。この場合、代理権を証明する書面を招集者に提出しなければなりません。そして、代理権の授与は債権者集会ごとにしなければなりません。

1 趣旨

議決権は、代理人によって行使することができない権利ではないため、また、決議に参加できない債権者にも議決権行使の途を開くため、本条が設けられた。

2 条文クローズアップ

議決権の代理行使の要件（1項、2項）

協定債権者は代理人によって議決権を行使することができるが、代理人は、代理権を証する書面を招集者に提出することを要する（1項）。また、代理権の授与は集会ごとに授与しなければならない（2項）。これは、代理権行使においても議決権者の意思を尊重し、議決権者を保護するためである。

第556条（書面による議決権の行使）　C

1　債権者集会に出席しない❶協定債権者は、書面によって議決権を行使することができる。
2　書面による議決権の行使は、❷議決権行使書面に必要な事項を記載し、法務省令で定める時までに当該記載をした議決権行使書面を招集者に提出して行う。
3　前項の規定により書面によって議決権を行使した❸議決権者は、第554条第1項〔債権者集会の決議要件〕及び第567条第1項〔協定の可決要件〕の規定の適用については、債権者集会に出席したものとみなす。

❶517条1項
❷550条1項
❸554条1項1号

債権者集会に出席しない協定債権者は、書面によって議決権を行使することができます。この書面による議決権行使は、議決権行使書面に必要な事項を記載し、これを招集者に提出して行います。そして、書面による議決権を行使した者は、債権者集会における決議および協定の可決の規定の適用上出席していたものとみなされます。

1 趣旨

債権者集会に出席しない債権者にも、議決権行使への途を開くため、本条により書面による議決権行使を認めた。

2 条文クローズアップ

書面による議決権行使の期限（2項）

議決権行使の期限は、債権者集会招集事項で定められた期限である（2項、会社施規156条、153条2号）。

> **第557条（電磁的方法による議決権の行使） C**
> 1 電磁的方法による議決権の行使は、政令で定めるところにより、❶招集者の承諾を得て、法務省令で定める時までに❷議決権行使書面に記載すべき事項を、電磁的方法により当該招集者に提供して行う。
> 2 ❸協定債権者が第549条第2項の承諾〔電子招集通知についての承諾〕をした者である場合には、❶招集者は、正当な理由がなければ、前項の承諾をすることを拒んではならない。
> 3 第1項の規定により電磁的方法によって議決権を行使した❹議決権者は、第554条第1項〔債権者集会の決議要件〕及び第567条第1項〔協定の可決要件〕の規定の適用については、債権者集会に出席したものとみなす。

❶548条1項
❷550条1項

❸517条1項

❹554条1項1号

電磁的方法による議決権の行使は、招集者の承諾を得て、議決権行使書面に記載すべき事項を電磁的方法により招集者に提供して行います。そして、電磁的方法により議決権を行使した者は、債権者集会における決議および協定の可決の規定の適用上出席していたものとみなされます。

1 趣旨

電磁的方法についても、書面による議決権行使と同様に、債権者に議決権行使の途を開くものである。本条は、電磁的方法により議決権行使ができる旨を定める規定（548条1項3号）を受けて、その方法を定めた規定である。

2 条文クローズアップ

電磁的方法による議決権行使の期限（1項）

議決権行使の期限は、債権者集会招集事項に定められた期限である（1項、会社施規157条、153条5号イ）。

> **第558条（議決権の不統一行使） C**
> 1 ❶協定債権者は、その有する議決権を統一しないで行使することができる。この場合においては、債権者集会の日の3日前までに、❷招集者に対してその旨及びその理由を通知しなければならない。
> 2 ❷招集者は、前項の❶協定債権者が他人のために❸協定債権を有する者でないときは、当該協定債権者が同項の規定によりその有

❶517条1項

❷548条1項

❸515条3項

> する議決権を統一しないで行使することを拒むことができる。

　協定債権者は議決権の不統一行使をすることができます。この場合、会日の3日前までに招集者に対し、その旨およびその理由を通知しなければなりません。ただし、不統一行使をしようとする者が他人のために協定債権を有する者ではない場合、招集者はその不統一行使を拒むことができます。

1 趣旨

　ある協定債権者が、異なった意見をもつ複数の協定債権者から債権回収の委託を受けたような場合には、議決権行使の場面でも、複数の協定債権者の意見の相違を反映させる必要がある。本条は、これを可能にする規定である（1項）。同時に、他人のために協定債権を有する者でない場合は、議決権の不統一行使をする理由はないため、招集者はこれを拒むことができる（2項）。

第559条（担保権を有する債権者等の出席等）　C

> 債権者集会又は❶招集者は、次に掲げる債権者の出席を求め、その意見を聴くことができる。この場合において、債権者集会にあっては、これをする旨の決議を経なければならない。
> 　① 第522条第2項に規定する担保権〔特別の先取特権、質権、抵当権または会社法もしくは商法の規定による留置権〕を有する債権者
> 　② 一般の先取特権その他一般の優先権がある債権、特別清算の手続のために❷清算株式会社に対して生じた債権又は特別清算の手続に関する清算株式会社に対する費用請求権を有する債権者

❶548条1項

❷476条

　債権者集会または招集者は、担保権を有する債権者等の出席を求め、その意見を聴くことができます。この場合、債権者集会においては、これをする旨の決議を経なければなりません。

1 趣旨

　担保権を有する債権者等は、本来債権者集会における議決権を有しない（548条4項）。しかし、協定を結ぶにあたっては担保権者等に対して担保の放棄を求めたり、担保権実行を一定期間行わないなど、担保権者に協力を要請する場合がありうる。このような要請を行いやすくするために、担保権者等に対し、債権者集会への出席要請を認めた。

> **第560条（延期又は続行の決議）　C**
> 債権者集会においてその延期又は続行について決議があった場合には、第548条〔債権者集会の招集等の決定〕（第4項〔担保権を有する協定債権者に関する議決権の制限〕を除く。）及び第549条〔債権者集会の招集通知〕の規定は、適用しない。

　債権者集会において、その延期または続行について決議があった場合には、債権者集会の招集等の決定の規定および債権者集会の招集の通知の規定は適用されません。

1 趣旨

　債権者集会が延期または続行された場合は、改めて招集手続をとることは無駄であるため、省略できることとした。

2 語句の意味

　延期とは、議事に入らないで債権者集会を継続することをいう。
　続行とは、議事に入ったが審議が終わらないので債権者集会を後日に継続することをいう。

> **第561条（議事録）　C**
> 債権者集会の議事については、❶招集者は、法務省令で定めるところにより、議事録を作成しなければならない。

❶548条1項

　債権者集会の議事については、招集者は、法務省令（会社施規158条）で定めるところにより、議事録を作成しなければなりません。

1 趣旨

　株主総会における議事録と同様に、債権者集会においても、議事録という文書のかたちで記録を残すことで、後に紛争になったときに証拠力ある記録を確保する趣旨である。

2 語句の意味

　議事録とは、単に決議の結果のみを記載する決議録とは異なって、議事の経過の要領とその結果を記載した文書をいう。
　議事の経過の要領とは、債権者集会の会日と会場、出席債権者数、開会時刻、議案の提出、討議、議決方法、閉会等の要約をいう。
　議事の結果とは、債権者集会に提出された議題についての決議をいい、原案の可決あるいはその修正または否決等の表決の結果をいう。

第562条（清算人の調査結果等の債権者集会に対する報告）　C

特別清算開始の命令があった場合において、第492条第1項に規定する清算人〔財産目録等を作成すべき清算人、清算人会設置会社では業務執行清算人〕が❶清算株式会社の財産の現況についての調査を終了して財産目録等(同項に規定する財産目録等をいう。以下この条において同じ。)を作成したときは、清算株式会社は、遅滞なく、債権者集会を招集し、当該債権者集会に対して、清算株式会社の業務及び財産の状況の調査の結果並びに財産目録等の要旨を報告するとともに、清算の実行の方針及び見込みに関して意見を述べなければならない。ただし、債権者集会に対する報告及び意見の陳述以外の方法によりその報告すべき事項及び当該意見の内容を債権者に周知させることが適当であると認めるときは、この限りでない。

❶476条

特別清算開始の命令があった場合、清算人が清算株式会社の財産の現状についての調査を終了して財産目録等を作成した時は、清算株式会社はすみやかに債権者集会を招集し、当該会社の業務および財産の状況の調査の結果ならびに財産目録等の要旨を報告し、清算の実行の方針および見込みに関して意見を述べなければなりません。ただし、それ以外の方法により債権者に周知させることが適当であるときは、このかぎりではありません。

1 趣旨

特別清算においても、通常清算と同様に、清算人は迅速に財産目録等を作成しなければならない。そして特別清算においては、清算に利害関係を有するのは株主ではなくむしろ債権者であるため、清算人の調査の結果を債権者集会で提示させることとした。

■第9款　協　　定

第563条（協定の申出）　C

❶清算株式会社は、債権者集会に対し、協定の申出をすることができる。

❶476条

清算株式会社は、債権者集会に対して、協定の申出をすることができます。

→試験対策11章1節③【3】(3)

1 趣旨

協定制度が設けられたのは、財産状態の不良な会社の清算を行う場合に、種々の債権者の個別的事情、回収困難な債権の回収その他の清算事務の障害、清算に要する経費等を考慮するときは、会社と債権者団体との間で清算の方法についての同意が成立するのであれば、厳正な清算方法を法定しそれを厳守して行う破産手続によるよりも、むしろ、この自

主的合意に従って清算を遂行するほうが関係人全体にとって望ましいとの理由による。

2 語句の意味

協定とは、特別清算中の会社とその債権者との間で、清算遂行のためになされる、債務処理の方法についての和議をいう。

3 条文クローズアップ

1 協定の性質

協定は、債権者集会において法定の多数決で可決されれば、これに反対した少数債権者も拘束するから、一種の強制和議である。その性質については、特別清算手続に参加した債権者と会社との間でなされる清算を目的とする集団的和解契約であると考えるのが多数説である。

2 特別清算遂行の原則的方法

特別清算の遂行方法としては、必ずしも、協定をとる必要はない。

もっとも、実際には特別清算中の会社のほとんどすべてが、債務超過の状態ないし疑いのある状態なので、債権者からなんらかの譲歩を得なければ、会社は清算を結了できず、そうかといって、債権者からの個別の譲歩はそれほど期待できない。そこで、実際は、協定が原則的な特別清算の方法ということになる。

第564条（協定の条項）　C

1　協定においては、❶協定債権者の権利(第522条第2項に規定する担保権（特別の先取特権、質権、抵当権または会社法もしくは商法の規定による留置権）を除く。) の全部又は一部の変更に関する条項を定めなければならない。
2　❶協定債権者の権利の全部又は一部を変更する条項においては、債務の減免、期限の猶予その他の権利の変更の一般的基準を定めなければならない。

❶517条1項

→試験対策11章1節③【3】(3)

協定においては、協定債権者の権利の全部または一部の変更に関する条項を定めなければなりません。この条項においては、債務の減軽や免除、期限の猶予等権利の変更の一般的基準を定めなければなりません。

1 趣旨

協定は、清算株式会社と債権者との集団的和解であるから、債権の権利変更が生じる。これを必要的な条項と定めたのが1項である。また、特別清算手続では必ずしもすべての債権者の債権を確定するわけではないため、清算手続後に現れた債権者も含めて協定の効力を及ぼすことができるように、2項で一般的基準を定めるものとした。

2 条文クローズアップ

協定の対象外となる権利
(1) 清算株式会社の財産につき一般の先取特権その他一般の優先権がある債権(1項、515条)

これらは「協定債権」に含まれない(564条1項、515条3項括弧書)。

会社法では、協定の可決要件のうち、議決権額要件を従前に比べて緩和した(567条1項2号)ため、労働債権者等のように一般の先取特権その他一般の優先権がある債権を有する者が、多数決により不当な不利益を被ることがないように配慮する必要がある。そこで、一般の先取特権その他一般の優先権がある債権について、これを協定の対象外とした。

(2) 特別の先取特権、質権、抵当権、または会社法もしくは商法の規定による留置権(1項括弧書、522条2項)

第565条(協定による権利の変更) C

協定による権利の変更の内容は、❶協定債権者の間では平等でなければならない。ただし、不利益を受ける協定債権者の同意がある場合又は少額の❷協定債権について別段の定めをしても衡平を害しない場合その他協定債権者の間に差を設けても衡平を害しない場合は、この限りでない。

❶517条1項

❷515条3項

協定による権利の変更は、協定債権者の間で平等でなければなりません。ただし、不利益を受ける協定債権者の同意がある場合または少額の協定債権について別段の定めをしても不衡平でない場合等は除きます。

→試験対策11章1節3【3】(3)

1 趣旨

協定は、強制和議と同様、協定に不賛成な債権者をも強制的に拘束するものであるから、協定の条件が各債権者の間に平等であるべきことを定めている。

2 条文クローズアップ

1 平等原則(本文)
協定による権利の変更の内容は、協定債権者の間では平等でなければならない。また、会社債務の一部免除が協定の条件であるときは、分配率は平等でなければならない。

2 平等原則の例外(ただし書)
1のような形式的平等は、実質的平等に反する場合があるので、法は、協定における平等原則について、衡平を害しない場合には一定の例外を認めている。

(1) 不利益を受ける協定債権者の同意がある場合

債権者ごとに差異を設けても衡平を害しないといえるからである。
(2) 少額の協定債権について別段の定めをしても衡平を害しない場合
少額の債権について別段の定めをすることができるとしたのは、社会政策的考慮に基づく。
(3) その他協定債権者の間に差を設けても衡平を害しない場合
衡平を害しないか否かは、結局、協定可決後、裁判所の認可にあたって調査され、衡平を害すると認められるときは、認可をしないことになる(569条2項)。

第566条（担保権を有する債権者等の参加） C

❶清算株式会社は、協定案の作成に当たり必要があると認めるときは、次に掲げる債権者の参加を求めることができる。
① 第522条第2項に規定する担保権〔特別の先取特権、質権、抵当権または会社法もしくは商法の規定による留置権〕を有する債権者
② 一般の先取特権その他一般の優先権がある債権を有する債権者

❶476条

清算株式会社は、協定案の作成にあたり必要と認めるときは、清算株式会社の財産につき担保権等を有する債権者の参加を求めることができます。

→試験対策11章1節③【3】(3)

1 趣旨

清算株式会社の財産につき一般の先取特権その他一般の優先権がある債権、特別の先取特権、質権、抵当権、または会社法もしくは商法の規定による留置権は協定の対象外である(515条3項括弧書、564条1項、522条2項)。もっとも、これらの債権についても、一部免除、期限の猶予等が得られれば、特別清算の遂行上利益であることは疑いない。そこで清算株式会社が必要と認めるときは上記権利を有する債権者の参加を求めることができるとした。

第567条（協定の可決の要件） C

1 第554条第1項〔債権者集会の決議要件〕の規定にかかわらず、債権者集会において協定を可決するには、次に掲げる同意のいずれもがなければならない。
① 出席した❶議決権者の過半数の同意
② 議決権者の議決権の総額の3分の2以上の議決権を有する者の同意
2 第554条第2項〔議決権不統一行使による議決権の一部のみの同意〕の規定は、前項第1号の規定の適用について準用する。

❶554条1項1号

債権者集会において協定を可決するには、議決権者の議決権の総額の3分の2、かつ、出席した議決権者の過半数の同意が必要です。

→試験対策11章1節③【3】(3)

1 趣旨

　協定が債権者の利益に与える影響の重大性にかんがみ、一般の債権者集会の決議よりも重い要件とする一方で、特別清算をより利用しやすくするため、従前の可決要件に比べて緩和した。

2 条文クローズアップ

議決権不統一行使の取扱い
　協定の可決にあたって、議決権不統一行使がなされた場合の頭数要件は、出席議決権者の数に1を、同意した議決権者の数に2分の1を、それぞれ加える。

> **第568条（協定の認可の申立て） C**
> 　協定が可決されたときは、❶清算株式会社は、遅滞なく、裁判所に対し、協定の認可の申立てをしなければならない。

❶476条

　協定が可決されたときは、清算株式会社は、遅滞なく、裁判所に対して協定の認可の申立てをしなければなりません。

→試験対策11章1節③【3】(3)

1 趣旨

　裁判所の認可が必要とされるのは、多数者の意思で可決された協定条件を強制的に受け入れさせられる少数者の利益を保護するためである。

> **第569条（協定の認可又は不認可の決定） C**
> 1　前条の申立てがあった場合には、裁判所は、次項の場合を除き、協定の認可の決定をする。
> 2　裁判所は、次のいずれかに該当する場合には、協定の不認可の決定をする。
> 　①　特別清算の手続又は協定が法律の規定に違反し、かつ、その不備を補正することができないものであるとき。ただし、特別清算の手続が法律の規定に違反する場合において、当該違反の程度が軽微であるときは、この限りでない。
> 　②　協定が遂行される見込みがないとき。
> 　③　協定が不正の方法によって成立するに至ったとき。
> 　④　協定が債権者の一般の利益に反するとき。

　協定の認可の申立てがあった場合、裁判所は、特別清算の手続または協定が法律の規定に違反し、かつ、その不備を補正することができないものであ

→試験対策11章1節③【3】(3)

る場合等を除いて、協定の認可の決定をします。

1 趣旨

債権者集会で協定案が可決された以上、債権者自治を尊重し、協定に効力が与えられる。しかし、2項で列挙される不認可事由が認められる場合、たとえば、①公平な手続の保障、②少数債権者の利益の保護、③強行法規違反・公序良俗違反の回避のために、例外的に協定の法的拘束力を否定することを定めている。

2 条文クローズアップ

不認可の決定をする場合（2項）
①特別清算の手続または協定が法律の規定に違反し、かつ、その不備を補正することができないものであるとき（手続違反の場合は、違反の程度が軽微であるときを除く）（1号）
②協定が遂行される見込みがないとき（2号）
③協定が不正の方法によって成立するにいたったとき（3号）
　　協定申出を可決させるために買収、詐欺、強迫等が行われた場合をさす。
④協定が債権者の一般の利益に反するとき（4号）
　　債権者が協定によって得られる利益と、協定不認可により開始されるべき破産手続において得られるであろう利益を比較し、前者が後者より不当に少ない場合をさす。

第570条（協定の効力発生の時期）　C
協定は、認可の決定の確定により、その効力を生ずる。

協定は、裁判所の認可の決定の確定により、その効力を生じます。

→試験対策11章1節③【3】(3)

1 趣旨

協定は、清算株式会社および全協定債権者を拘束する強い効力を有している（571条）ため、その決定が確定したときにはじめてその効力を生じるとした。

第571条（協定の効力範囲）　C
1　協定は、❶清算株式会社及びすべての❷協定債権者のために、かつ、それらの者に対して効力を有する。
2　協定は、第522条第2項に規定する債権者が有する同項に規定する担保権〔特別の先取特権、質権、抵当権または会社法もしくは商法の規定による留置権〕、❷協定債権者が❶清算株式会社の保証人その他清

❶476条
❷517条1項

算株式会社と共に債務を負担する者に対して有する権利及び清算株式会社以外の者が協定債権者のために提供した担保に影響を及ぼさない。
3　協定の認可の決定が確定したときは、❷協定債権者の権利は、協定の定めに従い、変更される。
4　前項の規定にかかわらず、❸共助対象外国租税の請求権についての協定による権利の変更の効力は、租税条約等実施特例法第11条第1項の規定による共助との関係においてのみ主張することができる。

❸512条1項3号

　裁判所による協定認可の決定が確定すると、当該協定の内容に従い、債権者の権利が変更されます。協定は、清算株式会社の財産についての特別の先取特権、質権、抵当権、および会社法・商法の規定による留置権等には影響を及ぼしません。

→試験対策11章1節③【3】(3)

1 趣旨

　協定は、債権者との集団的和解であるため、協定に賛成したか否かにかかわらず、すべての協定債権者が拘束される。もっとも、債権者が有する担保権は、特別清算手続においても尊重されるため、権利変更の影響を受けないこととされている。

2 条文クローズアップ

協定の効力が及ばないもの（2項）

　協定は、担保権を有する債権者の担保権等、協定の対象とならない債権については当然及ばない。また、協定債権者が清算株式会社の保証人その他共同債務者、物上保証人に対して有する権利等にも及ばない。これらは、主たる債務者である会社の財産状態が不良となった場合をあらかじめ考慮して設けられたのであり、これらの者が、会社と同様に協定により債務の免除等を受けるとすると、これらの者をおいた利益が失われるからである。

第572条（協定の内容の変更）　C
協定の実行上必要があるときは、協定の内容を変更することができる。この場合においては、第563条から前条まで〔協定〕の規定を準用する。

　協定の実行上必要があるときは、協定の内容を変更することができます。

→試験対策11章1節③【3】(3)

1 趣旨

協定が可決され、それを実行に移した場合にさまざまな原因から協定の実行が予期に反して困難なことが明らかになったとき、これを放置すると、協定の実行の見込みがないとして破産手続開始の決定がなされることになる。そこで、このような状況を回避するため、協定の内容の変更を認めている。

■第10款　特別清算の終了

> **第573条（特別清算終結の決定）　C**
> 裁判所は、特別清算開始後、次に掲げる場合には、清算人、監査役、債権者、株主又は調査委員の申立てにより、特別清算終結の決定をする。
> ① 特別清算が結了したとき。
> ② 特別清算の必要がなくなったとき。

裁判所は、特別清算開始後、特別清算が結了したとき、特別清算の必要がなくなったときには、申立てまたは職権で特別清算終結の決定をします。

→試験対策・11章1節③【3】(4)

1 趣旨

本条は、特別清算手続が結了したとき（1号）、特別清算の必要がなくなったとき（2号）を特別清算手続の終結原因とした当然の規定である。

2 条文クローズアップ

1 特別清算が結了したとき（1号）

特別清算手続が本来の目的を達成して終了する場合をさす。具体的には、協定の実行が完了した時や、割合弁済によりすべての債務を完済した場合をさす。

2 特別清算の必要がなくなったとき（2号）

特別清算手続の開始後に、資産超過であることが発覚した場合をさす。このような場合は、債務超過であることが前提となる特別清算手続を利用する必要はなく、通常清算手続を行えば足りる。

> **第574条（破産手続開始の決定）　C**
> 1　裁判所は、特別清算開始後、次に掲げる場合において、❶清算株式会社に破産手続開始の原因となる事実があると認めるときは、職権で、破産法に従い、破産手続開始の決定をしなければならない。
> ① 協定の見込みがないとき。
> ② 協定の実行の見込みがないとき。
> ③ 特別清算によることが債権者の一般の利益に反するとき。

❶476条

2　裁判所は、特別清算開始後、次に掲げる場合において、❶清算株式会社に破産手続開始の原因となる事実があると認めるときは、職権で、破産法に従い、破産手続開始の決定をすることができる。
　①　協定が否決されたとき。
　②　協定の不認可の決定が確定したとき。
3　前2項の規定により破産手続開始の決定があった場合における破産法第71条第1項第4号並びに第2項第2号及び第3号、第72条第1項第4号並びに第2項第2号及び第3号、第160条(第1項第1号を除く。)、第162条(第1項第2号を除く。)、第163条第2項、第164条第1項(同条第2項において準用する場合を含む。)、第166条並びに第167条第2項(同法第170条第2項において準用する場合を含む。)の規定の適用については、次の各号に掲げる区分に応じ、当該各号に定める申立てがあった時に破産手続開始の申立てがあったものとみなす。
　①　特別清算開始の申立ての前に特別清算開始の命令の確定によって効力を失った破産手続における破産手続開始の申立てがある場合　当該破産手続開始の申立て
　②　前号に掲げる場合以外の場合　特別清算開始の申立て
4　第1項又は第2項の規定により破産手続開始の決定があったときは、特別清算の手続のために❶清算株式会社に対して生じた債権及び特別清算の手続に関する清算株式会社に対する費用請求権は、財団債権とする。

　特別清算開始後、協定の見込みがないとき、協定の実行の見込みがないとき、特別清算によることが債権者の一般の利益に反するときは、裁判所は職権で破産手続開始決定をしなければなりません。協定が否決されたとき、不認可の決定が確定したときは、職権で、破産手続開始の決定をすることができます。

1　趣旨

　特別清算手続における中心的な役割を果たす協定が破たんしたような場合は、破産手続によって清算する必要が生じる。そこで破産手続に移行する場合を定めたのが本条である。

2　条文クローズアップ

1　破産手続開始決定をすることが必要的な場合(1項)
①協定の見込みがないとき(1号)
②協定の実行の見込みがないとき(2号)
③特別清算によることが債権者の一般の利益に反するとき(3号)

2　破産手続開始決定をすることが任意的な場合（2項）
①協定が否決されたとき（1号）
②協定の不認可の決定が確定したとき（2号）

特別清算開始決定を却下すべき場合
　債権者の多数が、会社に財産隠匿、詐害行為等の不正があるとし、破産手続による厳格な清算を望んでおり、協定成立の見込みがないときは、特別清算開始の申立てを却下すべきである（横浜地決昭38・4・2下民14-4-656）。

第3編

持分会社
(575条〜675条)

第1章

設 立

■総　説

1 総説

→試験対策12章1節①

　会社法は、従来からある**合名会社**と**合資会社**に加えて、新たにすべての社員が有限責任社員である**合同会社**という会社類型を創設し、これら3つの種類の会社を**持分会社**として整理した(575条1項括弧書)。

　持分会社の特徴は、①内部関係(社員間および社員・会社間)の規律については、原則として定款自治が認められ、その設計が自由であること、②機関について株式会社のような規制がないこと(取締役といった機関の設置が強制されない)、および③社員の議決権は原則として1人1議決権であること等である。

2 株式会社との相違点

1　会社内部関係の規律の強行規定性

　株式会社では、社員の意思決定機関としての株主総会を設け、業務執行者として社員とは異なる取締役等の機関を設ける必要があるほか、株主の権利内容も原則として平等原則が適用され(109条1項)、これらの規律は強行規定とされている。

　これに対して、持分会社では、組合と同様に、広く契約自由の原則が妥当するため、機関設計や社員の権利内容等については強行規定がほとんど存在せず、広く定款自治に委ねられている。

2　持分の譲渡に関する規律

　株式会社では、社員たる株主の個性を問わないため、基本的に株式の譲渡自由の原則が採用されている(127条)。

　これに対して、持分会社では、社員間の人的つながりが強く、だれが社員となるかについて他の社員が重大な利害関係を有するため、持分の譲渡については、原則として他の社員の全員の一致が要求されている(585条)。

3 合名会社

→試験対策12章1節②

　合名会社とは、会社債権者に対して直接かつ連帯無限の責任を負う無限責任社員のみからなる会社をいう(576条2項、580条1項)。合名会社の特徴は、社員の全員が連帯無限の責任を負う点にある。これに対応して、各社員は、定款に別段の定めがある場合を除き、会社の業務執行権(590条1項)と代表の権限(599条1項本文)を有する。

4 合資会社

→試験対策12章1節③

合資会社とは、無限責任社員と有限責任社員とをもって組織される二元的な持分会社をいう(576条3項)。

合資会社には、少なくとも無限責任社員が1人存在しなければならない。無限責任社員の責任は、合名会社の社員の責任と同様である。また、有限責任社員も、少なくとも1人存在していなければならない。

5 合同会社

→試験対策12章1節④

合同会社とは、有限責任社員をもって組織される持分会社をいう(576条4項)。すなわち、合同会社は、出資者の全員が有限責任社員であり、内部関係については民法上の組合と同様の規律(原則として社員全員の一致でなければ定款変更その他会社のあり方を決定できず、各社員がみずから会社の業務執行にあたる)が適用される会社である。

合同会社では、全社員が有限責任しか負わないため、株式会社と同様に会社債権者の保護が重要な課題となる。そこで、会社と第三者との関係では、会社債権者異議手続や配当規制について、株式会社とほぼ同様の規制が適用される。

第575条（定款の作成）　B⁻

1　合名会社、合資会社又は合同会社(以下「持分会社」と総称する。)を設立するには、その社員になろうとする者が定款を作成し、その全員がこれに署名し、又は記名押印しなければならない。
2　前項の定款は、❶電磁的記録をもって作成することができる。この場合において、当該電磁的記録に記録された情報については、法務省令で定める署名又は記名押印に代わる措置をとらなければならない。

❶26条2項

持分会社を設立するには、社員になろうとする者が定款を作成し、全員が署名・記名押印をしなければなりません。
定款は、電磁的記録で作成することもできます。

→試験対策12章1節②【2】(1)

1 趣旨

持分会社は人的信頼関係が重視されるため、定款という会社の根本規則を作成し、その全員が署名等をしなければならないことを規定している。

2 条文クローズアップ

1　定款の作成義務

持分会社を設立するためには、株式会社と同様に定款を作成する必要がある。ただし、持分会社においては、作成した定款について公証人の認証は不要である。定款を作成しないときは、設立無効事由となる。

2 社員になろうとする者

また、持分会社の社員が1人となったことは会社の解散事由ではないので（641条参照）、社員となろうとする者が1人で定款の作成等を行うことができる。

司H24-53-ア、H23-48-ア・イ（予）、H21-46-5、H19-36-1。予H27-24-イ・ウ。書H24-33-ア・イ

第576条（定款の記載又は記録事項） A

1　持分会社の定款には、次に掲げる事項を記載し、又は記録しなければならない。
　①　目的
　②　商号
　③　本店の所在地
　④　社員の氏名又は名称及び住所
　⑤　社員が無限責任社員又は有限責任社員のいずれであるかの別
　⑥　社員の出資の目的（有限責任社員にあっては、❶金銭等に限る。）及びその価額又は評価の標準
2　設立しようとする持分会社が合名会社である場合には、前項第5号に掲げる事項として、その社員の全部を無限責任社員とする旨を記載し、又は記録しなければならない。
3　設立しようとする持分会社が合資会社である場合には、第1項第5号に掲げる事項として、その社員の一部を無限責任社員とし、その他の社員を有限責任社員とする旨を記載し、又は記録しなければならない。
4　設立しようとする持分会社が合同会社である場合には、第1項第5号に掲げる事項として、その社員の全部を有限責任社員とする旨を記載し、又は記録しなければならない。

❶151条1項

持分会社の定款には、会社の目的・商号・本店の所在地、社員の氏名または名称・住所やその責任についても記載または記録しなければなりません。

→試験対策12章1節②【2】(1)、③【2】(1)、④【1】

1 趣旨

本条は、株式会社の場合と同様に、持分会社の存立上不可欠な事項を、定款の絶対的記載事項として定めた。各号の趣旨は次のとおりである。目的（1号）は、会社の権利能力の範囲を明らかにする趣旨である。商号（2号）は、会社の同一性を示す趣旨である。本店の所在地（3号）は、当該会社の各種訴訟の管轄地や手続の履行地を明らかにする趣旨で

ある。社員の氏名等（4号）は、何人が当該会社の社員であるのかを明らかにする趣旨である。社員の責任（5号）は、持分会社の社員には有限責任社員と無限責任社員という責任の内容が異なる社員がいるため、これを明らかにする趣旨である。社員の出資の目的等（6号）は、会社財産を確保しその充実を図るために定める趣旨である。

2 条文クローズアップ

1 絶対的記載事項
絶対的記載事項とは、定款に必ず記載しなければならず、記載を欠くときは定款自体が無効となる事項をいう。1項各号に列挙される事項が絶対的記載事項となる。

2 目的（1項1号）
持分会社の営もうとする事業をいい、その記載は通常人が判別できる程度において記載することを要する。目的たる事業は、数個存在しても差し支えない。

3 商号（1項2号）
持分会社の種類を示す文字を用いることを要する。

4 本店の所在地（1項3号）
所在地とは、本店の存在する最小行政区画（区や市町村等）をいい、設立登記事項として要求される本店の所在場所とは異なる。これによって、会社の事業活動の範囲を大体推知できればよいからである。

5 社員の氏名または名称および住所（1項4号）
社員の氏名だけでなく、住所まで記載させるのは、無限責任を負う社員の同一性を明らかにする必要があるからと解されている。

6 社員の出資の目的およびその価額または評価の標準（1項6号）
出資の目的というのは、出資の客体をいい、その種類のみならず、その客体を具体的に記載することを要する。

出資の価額または評価の標準とは、金銭以外の出資を金銭に見積もった価額または労務・信用について金銭的見積りのない場合のその算定方法をいう。

無限責任社員は、金銭その他の財産のほか、労務または信用を出資の目的とすることも認められる。労務出資とは、社員が会社のために一定の労務に服することをもって出資の目的とすることをいい、信用出資とは、会社をして自己の信用を利用させることを目的とすることをいう。

これに対して、有限責任社員は、金銭その他の財産を出資の目的とすることができるだけである。

7 商号と社員の責任
2項から4項までは、設立しようとする持分会社の種類に応じ、社員の責任を書き分けなければならないこととしている。商号中に使用する会社の種類にかかる文字と社員の責任との間に齟齬がある場合や、会社成立後の商号変更により社員の責任との間に齟齬が生じた場合には、当

該定款の制定や商号の変更は法律に違反し（6条2項、3項）、無効となる。他方、社員の退社や責任の変更により商号と社員の責任との間に齟齬が生じた場合については、会社の種類が変更されるものとしている（638条）。このように、会社法では、商号中に使用される文字によってではなく、社員の責任状況によって会社の種類を区別するという考え方がとられている。

第577条　C
前条に規定するもの〔定款の絶対的記載事項〕のほか、持分会社の定款には、この法律の規定により定款の定めがなければその効力を生じない事項及びその他の事項でこの法律の規定に違反しないものを記載し、又は記録することができる。

持分会社の定款には、絶対的記載事項のほかに、定款に定めなければその効力を生じない事項、およびその他の事項で会社法の規定に違反しないものを記載または記録できます。

→試験対策12章1節②【2】(1)

1　趣旨
定款自治が認められるべき範囲について明確化を図った規定である。法律に規定されている事項について定款で別段の定めをおくことができる場合については、法的安定性を確保し、実務上の適切な運用を可能とするため、逐一、法律でこれを規定することとした。

2　条文クローズアップ
1　「この法律の規定により定款の定めがなければその効力を生じない事項」
法律の規定に基づき定款で定めをおくことを要する相対的記載事項を規定している。**相対的記載事項**とは、定款に記載しなくとも定款自体の効力に影響はないが、定款に定めないかぎりその効力が認められない事項をいう。上記趣旨から、解釈による相対的記載事項は認められない。

2　「その他の事項でこの法律の規定に違反しないもの」
法律に定めがない事項について、法律とは無関係に定款で一定の事項を定めるもの（たとえば、事業年度の定め）である任意的記載事項を規定している。**任意的記載事項**とは、定款に記載しなくとも定款自体の効力に影響はなく、かつ、定款外において定めても当事者を拘束する事項をいう。

司H19-36-1
第578条（合同会社の設立時の出資の履行）　B

> 設立しようとする持分会社が合同会社である場合には、当該合同会社の社員になろうとする者は、定款の作成後、合同会社の設立の登記をする時までに、その出資に係る金銭の全額を払い込み、又はその出資に係る金銭以外の財産の全部を給付しなければならない。ただし、合同会社の社員になろうとする者全員の同意があるときは、登記、登録その他権利の設定又は移転を第三者に対抗するために必要な行為は、合同会社の成立後にすることを妨げない。

合同会社を設立する場合に、その社員になろうとする者は、定款作成後、設立登記時までに金銭の全額を払い込み、または金銭以外の財産の全部を給付しなければなりません。

1 趣旨

合同会社の社員の責任を出資価額に限定させると同時に、社員の間接有限責任を確保するために、設立時に定款で定めた出資の全部を履行させることとした。

2 条文クローズアップ

適切な財産留保

有限責任社員しかいない合同会社においては、会社に適切に財産が留保されるようにするため、社員の出資について**全額払込制度**を採用している（**全額払込主義**〔本文〕。なお、加入時について604条3項、合名会社・合資会社からの移行時について640条参照）。

これに対して、合同会社以外の持分会社の社員は、設立時に定款で定めた出資の全部を履行する必要はない。

現物出資の目的物の所有権移転時期
人的会社たる合名会社にあっても、一定の物件につき現物出資する旨の記載のある定款が作成され、会社設立の登記がなされただけでは、現物出資の目的物件の所有権が会社財産に帰属する効果は生ぜず、出資義務者の履行があってはじめて所有権移転が生ずる（東京高判昭50・5・30判時791-117）。

第579条（持分会社の成立） B⁻

持分会社は、その本店の所在地において設立の登記をすることによって成立する。

持分会社は、その本店の所在地において設立の登記をすることによって成

立します。

1 趣旨

　会社設立の事実および内部的または外部的組織の根本規則を公示して、会社や多数の利害関係人が不測の損害を被ることのないように保護する趣旨である。

2 条文クローズアップ

　持分会社は、定款の作成および本店の所在地において設立の登記をすることにより成立する。各持分会社の登記事項については、912条以下を参照(合名会社について912条、合資会社について913条、合同会社について914条)。

→912条、913条、914条

第2章

社　員

■第1節　社員の責任等

> 司 H21-46-2、H19-36-1
>
> **第580条（社員の責任）　B**
> 1　社員は、次に掲げる場合には、連帯して、持分会社の債務を弁済する責任を負う。
> ①　当該持分会社の財産をもってその債務を完済することができない場合
> ②　当該持分会社の財産に対する強制執行がその効を奏しなかった場合（社員が、当該持分会社に弁済をする資力があり、かつ、強制執行が容易であることを証明した場合を除く。）
> 2　有限責任社員は、その出資の価額（既に持分会社に対し履行した出資の価額を除く。）を限度として、持分会社の債務を弁済する責任を負う。

→試験対策2章2節[2]【1】、12章1節[2]【3】(2)(b)、[3]【2】(2)(b)

　持分会社の債務が会社財産のみでは完済できなかった場合、無限責任社員は、そのすべてについて連帯して弁済の責任を負い、有限責任社員は、その出資の価額を限度として弁済の責任があります。

[1] 趣旨

　持分会社は、社員相互の人的信頼関係を基礎とする会社形態であり、会社と社員との結びつきが強いことから（590条参照）、社員の保証的責任を認めた。

→1編1章総説[2] 2(1)

[2] 条文クローズアップ

1　無限責任社員（1項）
(1)　責任の性質

　社員の責任は無限であって、社員は自己の財産をもって持分会社の全債務を弁済する責任を負う。この責任は会社債権者に対する直接責任であるから、会社の内部的な特約（定款、総社員の合意等）でこれを修正して定めても対外的効力はない。また、社員は、連帯して弁済責任を負う。この連帯性は、社員相互間に存在するものであって、社員と会社とが連帯債務者となるわけではない。

　社員の責任は、会社の財産をもって会社の債務を完済することができないとき、または会社財産に対する強制執行が功を奏しなかったときに

→判例セレクト1

責任を負う補充責任であり、保証債務に類似する従属的な責任である。
(2) 責任追及の要件
完済不能(1号)と強制執行の不奏功(2号)である。
2　有限責任社員(2項)
有限責任社員は、その出資の価額を限度として直接責任を負う(2項)。ただし、すでに履行した出資の価額については責任が消滅する(2項括弧書)。有限責任社員の出資額は、あらゆる関係において会社事業について負担すべき限度を示すものであるから、逆に、会社債権者に対して責任を履行したときはその額だけ出資義務がなくなる。

1　「完済することができない場合」
会社財産をもって会社の債務を完済できない場合とは、〔旧〕破産法127条1項〔現16条1項〕と同様いわゆる債務超過をさし、この事実が存在する以上、会社債務に対する社員の責任は当然発生し、しかもそれは債務の全額に対するもので、会社財産から弁済を受けることができない部分についてだけのものではない(大判大13・3・22民集3-185)。
2　社員の責任と消滅時効
〔旧〕商法63条〔会社法580条〕の社員の責任は、会社債務に付従する性質を有し、会社債務が時効その他の事由により消滅したときは、社員の責任も当然に消滅する(大判昭3・10・19民集7-801)。

司H25-48-ウ(予)
第581条（社員の抗弁）　B⁻
1　社員が持分会社の債務を弁済する責任を負う場合には、社員は、持分会社が主張することができる抗弁をもって当該持分会社の債権者に対抗することができる。
2　前項に規定する場合において、持分会社がその債権者に対して相殺権、取消権又は解除権を有するときは、社員は、当該債権者に対して債務の履行を拒むことができる。

持分会社の債務を弁済する責任を負う社員は、その持分会社の有する抗弁をもって債権者に対抗することができ、会社が債権者に対して相殺権等を有している場合には、その債権者に対して債務の履行を拒むことができます。

→試験対策12章1節②【3】(2)(b)

1　趣旨
持分会社の社員には保証的責任が認められるため(580条参照)、その責任は補充性および従属性を有する。本条は、これを明確にした。
2　条文クローズアップ

1 「持分会社が主張することができる抗弁」(1項)

社員の責任の従属性(付従性)から、会社債務が不発生・消滅の場合に自己の債務の不存在・消滅を主張できるのはもちろん、会社が債権者に対して有するすべての抗弁を援用することができる。また、期限の猶予等、社員の利益にもなるものは、社員にも及ぶ。

なお、会社が自己の抗弁を放棄しても、それによって社員に不利益を及ぼすことはできない。

2 持分会社に相殺権、取消権、解除権ある場合の履行拒絶権(2項)

会社がこれらの権利を有するときは、会社がみずからの判断によって権利行使するのが適当である。しかし、会社が権利を行使しない場合に、社員が何の抗弁も提出できず、履行を拒めないとすると、後に会社が権利を行使した場合に複雑な結果が生じることになる。

そこで、このような会社の権利行使の結果が明確になるまで、社員は債権者に対し債務の履行を拒むことができるとした。

第582条(社員の出資に係る責任)　B⁻

1　社員が金銭を出資の目的とした場合において、その出資をすることを怠ったときは、当該社員は、その利息を支払うほか、損害の賠償をしなければならない。
2　社員が債権を出資の目的とした場合において、当該債権の債務者が弁済期に弁済をしなかったときは、当該社員は、その弁済をする責任を負う。この場合においては、当該社員は、その利息を支払うほか、損害の賠償をしなければならない。

社員が金銭出資の履行を怠った場合は、その社員は、利息の支払のほかに、債務不履行として損害を賠償する責任があります。社員が債権を出資の目的とした場合に、その債権の債務者が弁済をしなかったときは、その社員は、債権の弁済のほか、利息の支払と損害の賠償をしなければなりません。

1 趣旨

会社財産を確保するため、社員に対して、出資にかかる責任を課す趣旨である。

2 条文クローズアップ

1 社員の債務不履行責任(1項)

社員が金銭出資の履行をしないときは、債務不履行として損害賠償の責任を負う。

2 社員の担保責任(2項)

社員が出資義務を履行するときは、債務の本旨に従ってしなければな

らない。債権を出資の目的とした社員は、その目的たる債権を会社に移転すれば出資義務を履行したことになるが、債務者が弁済期に弁済しないときは、社員は弁済についての担保責任を負い、その利息を支払うほか、損害賠償もしなければならない。

> 📖H27-32-ア
> **第583条（社員の責任を変更した場合の特則） B⁻**
> 1 有限責任社員が無限責任社員となった場合には、当該無限責任社員となった者は、その者が無限責任社員となる前に生じた持分会社の債務についても、無限責任社員としてこれを弁済する責任を負う。
> 2 有限責任社員（合同会社の社員を除く。）が出資の価額を減少した場合であっても、当該有限責任社員は、その旨の登記をする前に生じた持分会社の債務については、従前の責任の範囲内でこれを弁済する責任を負う。
> 3 無限責任社員が有限責任社員となった場合であっても、当該有限責任社員となった者は、その旨の登記をする前に生じた持分会社の債務については、無限責任社員として当該債務を弁済する責任を負う。
> 4 前2項の責任は、前2項の登記後2年以内に請求又は請求の予告をしない持分会社の債権者に対しては、当該登記後2年を経過した時に消滅する。

　有限責任社員が無限責任社員となった場合は、無限責任社員となる前に生じた持分会社の債務についても、弁済をする責任があります。また、有限責任社員が出資の価額を減少した場合であっても、その旨の登記をする前に生じた債務については、減少する前の出資の価額で責任を負います。
　無限責任社員が有限責任社員となった場合であっても、その旨の登記をするまでに生じた持分会社の債務については、無限責任社員としてその債務を弁済する責任を負うことになります。

1 趣旨
　社員の責任が変更した場合について、その責任の範囲を明確にし、社債権者を保護する趣旨である。

2 条文クローズアップ
1 有限責任社員が無限責任社員となった場合（1項）
　無限責任社員となる前に生じた債務についても、無限責任を負う。
2 有限責任社員が出資の価額を減少した場合（2項）
　債権者保護のため、出資減少後の有限責任社員の責任について、その

旨の登記をする前に生じた債務については、従前の責任を免れることができない（2項）。この責任は、登記後2年以内に請求または請求の予告をしない債権者に対しては、登記後2年を経過したときに消滅する（4項）。

3 無限責任社員が有限責任社員となった場合（3項、4項）

変更登記前に生じた会社債務については、なお無限責任を負う（3項）。この責任も、2項と同様の場合に消滅する（4項）。

> **第584条（無限責任社員となることを許された未成年者の行為能力） C**
> 持分会社の無限責任社員となることを許された未成年者は、社員の資格に基づく行為に関しては、行為能力者とみなす。

持分会社の無限責任社員となることを許された未成年者は、社員の資格に基づく行為に関して行為能力者とみなされます。

1 趣旨

民法の制限行為能力者の規定（民5条1項、6条1項）に対する特則である。

2 条文クローズアップ

1 無限責任社員である未成年者

無限責任社員となることを許された未成年者は、社員の資格に基づく行為に関しては、法定代理人の個別的な同意を要しない。

2 「社員の資格に基づく行為」

出資義務の履行や持分の譲渡、議決権の行使等、会社内部の行為をいい、外部に対して会社を代表する行為は含まれない。

もっとも、無限責任社員は、原則として会社を代表して行為する権利を有しており（599条1項本文）、代表行為はもともと制限行為能力者でもなしうる（民102条参照）。

■第2節　持分の譲渡等

司H21-46-4、H18-41-ア・イ。書H23-34-ア

> **第585条（持分の譲渡） B**
> 1 社員は、他の社員の全員の承諾がなければ、その持分の全部又は一部を他人に譲渡することができない。
> 2 前項の規定にかかわらず、業務を執行しない有限責任社員は、業務を執行する社員の全員の承諾があるときは、その持分の全部又は一部を他人に譲渡することができる。

> 3 第637条〔定款の変更〕の規定にかかわらず、業務を執行しない有限責任社員の持分の譲渡に伴い定款の変更を生ずるときは、その持分の譲渡による定款の変更は、業務を執行する社員の全員の同意によってすることができる。
> 4 前3項の規定は、定款で別段の定めをすることを妨げない。

　社員は、他の社員全員の承諾がなければ、その持分の全部または一部を他人に譲渡することができません。もっとも、業務を執行しない有限責任社員は、業務を執行する社員の全員の承諾があるときは、その持分の譲渡をすることができます。これに伴って定款の変更が生じるときは、業務を執行する社員の全員の同意によってすることができます。また、これらについては、定款で別段の定めをすることができます。

→試験対策12章1節[2]【4】(3)、[3]【2】(2)(c)、[4]【3】(2)(b)

1 趣旨

　1項は、持分会社においては社員相互の信頼関係が会社存立の基調となっていることから、社員がその持分を譲渡するためには、原則として他の社員全員の承諾を必要とすることとした。2項、3項は、業務を執行しない有限責任社員については、その他の社員と比べて会社との個人的な結びつきが希薄であるため、持分の譲渡についての制限を緩和している。

2 条文クローズアップ

1 無限責任社員および業務を執行する有限責任社員の持分の譲渡（1項）

　従来から無限責任社員の持分の譲渡については、業務執行の有無にかかわらず他の社員全員の承諾が要求されてきた。また、業務執行社員の変動は社員全員に影響を及ぼす可能性がある。そこで、無限責任社員および業務を執行する有限責任社員の持分の譲渡には、原則として、他の社員全員の承諾を要求することとした。

2 業務を執行しない有限責任社員の持分の譲渡（2項、3項）

　業務を執行しない有限責任社員の持分の譲渡は、業務を執行する社員の承諾で足りる（2項）。業務を執行しない有限責任社員の変動は、無限責任社員が負うべき責任の範囲には影響を与えないことから、無限責任社員全員の承諾は要求せず、業務執行社員の権限とした。

　持分の譲渡の結果、社員の氏名等定款の変更を必要とする場合においては、当該定款の変更は、業務執行社員の同意のみでできる（3項。通常、定款の変更には社員全員の同意が必要〔637条〕）。

> **第586条（持分の全部の譲渡をした社員の責任） B⁻**
> 1　持分の全部を他人に譲渡した社員は、その旨の登記をする前に生じた持分会社の債務について、従前の責任の範囲内でこれを弁済する責任を負う。
> 2　前項の責任は、同項の登記後2年以内に請求又は請求の予告をしない持分会社の債権者に対しては、当該登記後2年を経過した時に消滅する。

　持分の全部を他人に譲渡した社員は、その旨の登記をする前に生じた持分会社の債務について、従前の責任の範囲内で弁済する責任があります。

1 趣旨

　1項は、持分の全部を譲渡した社員は、債権者保護のために、その旨の登記をする前に生じた当該持分会社の債務について、従前の責任を負うこととした。2項は、社員の利益の保護のために、登記後2年以内に請求または請求の予告をしない債権者に対しては、登記後2年を経過した時に1項の責任が消滅するとした。

2 条文クローズアップ

持分全部譲渡をした社員の責任（1項）

　持分の全部を譲渡した社員は、譲渡人が社員としての地位を失う点で退社と同視できる。そして、会社債務について責任を負う社員が退社することは、会社の責任財産に変動があることを意味する。そこで、会社債権者を保護するため、持分の譲渡がされた旨の登記をする前に生じた持分会社の債務については、従前の責任の範囲内で弁済をすべきとした。

📖H24-33-ウ・エ、H23-34-ウ

> **第587条　C**
> 1　持分会社は、その持分の全部又は一部を譲り受けることができない。
> 2　持分会社が当該持分会社の持分を取得した場合には、当該持分は、当該持分会社がこれを取得した時に、消滅する。

　持分会社は、その持分を譲り受けることはできません。また、持分会社がその持分を取得した場合には、その持分は、持分会社が取得した時に消滅します。

1 趣旨

自己持分の取得を認めると、会社債権者を害するなど弊害が生じるおそれがあるので、これを防止する趣旨である。

■第3節 誤認行為の責任

> **第588条（無限責任社員であると誤認させる行為等をした有限責任社員の責任） B⁻**
> 1　合資会社の有限責任社員が自己を無限責任社員であると誤認させる行為をしたときは、当該有限責任社員は、その誤認に基づいて合資会社と取引をした者に対し、無限責任社員と同一の責任を負う。
> 2　合資会社又は合同会社の有限責任社員がその責任の限度を誤認させる行為(前項の行為を除く。)をしたときは、当該有限責任社員は、その誤認に基づいて合資会社又は合同会社と取引をした者に対し、その誤認させた責任の範囲内で当該合資会社又は合同会社の債務を弁済する責任を負う。

合資会社の有限責任社員が、自己を無限責任社員であると誤認させる行為をしたときは、誤認に基づき会社と取引をした者に対し、無限責任社員と同一の責任があります。合資会社または合同会社の有限責任社員が、責任の限度を誤認させる行為をしたときは、誤認させた責任の範囲内で責任を負います。

→試験対策12章1節③【2】(2)(a)、(b)

1 趣旨

有限責任社員が自己を無限責任社員のように誤認させたり、自己の責任の限度を誤認させたりしたときに、その誤認に基づいて取引した者に対して、不測の損害を被らせることを防止するための規定であり、禁反言の法理と趣旨を同じくするものである。

2 条文クローズアップ

1 自称無限責任社員の責任(1項)、責任の過大表示の責任(2項)の要件

(1) 自称行為

自己の責任を無限責任と誤認させるような行為(1項)、または自己の有限責任の限度を過大に誤認させる行為(2項)があることを要する。これは、法律行為であると、事実行為であると問わない。また、積極的に相手方に対し、自己の責任を誤認させようという目的意思は必要ない。

(2) 誤認に基づく会社の取引

第三者が社員と誤認し、この誤認に基づいて会社と取引をすることを要する。

(3) 会社に対する債権の取得

第三者がこの誤認に基づき会社に対する債権を取得したこと（因果関係）を要する。ただし、会社に対する債権は、当該社員が会社を代表する行為によって発生したことを要しない。

2 責任

自称無限責任社員は、会社債権者に対して、無限責任社員と同一の責任を負う。

責任の過大表示をした有限責任社員は、誤認させた責任の範囲内で会社債権者に対して債務を弁済する責任を負う。

> **第589条（社員であると誤認させる行為をした者の責任）　B⁻**
> 1　合名会社又は合資会社の社員でない者が自己を無限責任社員であると誤認させる行為をしたときは、当該社員でない者は、その誤認に基づいて合名会社又は合資会社と取引をした者に対し、無限責任社員と同一の責任を負う。
> 2　合資会社又は合同会社の社員でない者が自己を有限責任社員であると誤認させる行為をしたときは、当該社員でない者は、その誤認に基づいて合資会社又は合同会社と取引をした者に対し、その誤認させた責任の範囲内で当該合資会社又は合同会社の債務を弁済する責任を負う。

合名会社または合資会社の社員でない者が、自己を無限責任社員であると誤認させる行為をしたときは、誤認に基づいて会社と取引をした者に対し、無限責任社員と同一の責任があります。有限責任社員であると誤認させる行為をしたときは、誤認させた責任の範囲内で責任を負います。

1 趣旨

本来社員でない者は、社員としての責任を負うことはない。もっとも、社員と誤認させる行為が行われた場合に、これを誤信して取引した善意の第三者を保護する必要があるため、自称社員の責任を認めた規定である。禁反言の法理の一種といえる。

2 条文クローズアップ

1　自称社員責任の要件
(1)　自称行為

自己をその会社の社員であると誤認させるような行為があることを要する。法律行為であると事実行為であるとは問わない。また、積極的に、相手方に対し、自己が社員であると誤認させようという目的意思は必要ない。

(2)　誤認に基づく会社との取引

第三者が、社員と誤認し、この誤認に基づいて会社と取引をすること

を要する。
(3) 会社に対する債権の取得
　第三者がこの誤認に基づき会社に対する債権を取得したことを要する。ただし、会社に対する債権は、自称社員が会社を代表してした行為によって発生することを要しない。
2　自称社員の責任
　自称社員は、会社債権者に対して、社員と同一の責任を負う。すなわち、その取引について、会社と並んで責任を負う。

第3章

管 理

■第1節　総　則

> 司H19-36-2。書H24-33-イ、H23-34-イ
>
> **第590条（業務の執行）　B⁻**
> 1　社員は、定款に別段の定めがある場合を除き、持分会社の業務を執行する。
> 2　社員が2人以上ある場合には、持分会社の業務は、定款に別段の定めがある場合を除き、社員の過半数をもって決定する。
> 3　前項の規定にかかわらず、持分会社の常務は、各社員が単独で行うことができる。ただし、その完了前に他の社員が異議を述べた場合は、この限りでない。

定款に別段の定めがある場合を除いて、持分会社の社員は有限責任や無限責任という責任態様とは関わりなく、業務を執行し、社員が複数いる場合には、業務は、社員の過半数で決定します。この場合でも、持分会社の常務は、原則として各社員が単独で行うことができます。

→試験対策・12章
1節②【3】(1)(b)、
③【2】(2)(a)(ii)

1　趣旨

1項は、持分会社が社員相互の人的信頼関係を重んじる性質をもつ会社形態であることから、所有と経営の一致を認めるため規定した。2項は、社員が2人以上いる場合には業務を過半数で決定するとし、合議体の一般原則が妥当すること定めた。3項は、「常務」のような軽微な業務は、組合相互の信頼に任せることで、業務の度に決議を要する煩雑さを避ける趣旨である。

2　語句の意味

常務とは、会社の通常の経過に伴う業務行為をいう（3項）。

> 書H27-32-イ
>
> **第591条（業務を執行する社員を定款で定めた場合）　B⁻**
> 1　業務を執行する社員を定款で定めた場合において、業務を執行する社員が2人以上あるときは、持分会社の業務は、定款に別段の定めがある場合を除き、業務を執行する社員の過半数をもって決定する。この場合における前条第3項（各社員による常務執行）の規定の適用については、同項中「社員」とあるのは、「業務を執行

する社員」とする。
2　前項の規定にかかわらず、同項に規定する場合には、支配人の選任及び解任は、社員の過半数をもって決定する。ただし、定款で別段の定めをすることを妨げない。
3　業務を執行する社員を定款で定めた場合において、その業務を執行する社員の全員が退社したときは、当該定款の定めは、その効力を失う。
4　業務を執行する社員を定款で定めた場合には、その業務を執行する社員は、正当な事由がなければ、辞任することができない。
5　前項の業務を執行する社員は、正当な事由がある場合に限り、他の社員の一致によって解任することができる。
6　前2項の規定は、定款で別段の定めをすることを妨げない。

　業務を執行する社員を定款で複数定めた場合には、持分会社の業務は、原則としてその過半数の賛成で、支配人の選任・解任については、社員の過半数の賛成で決定します。業務を執行する社員は、原則として、正当な事由がなければ辞任することができません。また、この社員の解任は正当な事由がある場合に、他の社員全員の一致によってすることができます。

→試験対策12章1節[2]【3】(1)(b)(ⅲ)

1　趣旨

　業務執行社員を定めた場合の持分会社の業務決定や、支配人の選任・解任、業務執行社員の辞任・解任等について民法の規定を書き下したものである。すなわち、従前は、業務執行社員に関する規律の多くについて、組合に関する民法の規定を準用していたが、会社法では、これらの規定を設けている。

2　条文クローズアップ

	持分会社
590 （原　則）	Ⅰ　業務を執行する社員 　　各社員である（590Ⅰ）。 Ⅱ　業務の決定 　　社員が1人である場合、その社員が決定する。 　　社員が2人以上ある場合、定款に別段の定めがあるときを除き、社員の過半数をもって決定する（590Ⅱ）。ただし、持分会社の常務については、その完了前までに他の社員が異議を述べないときは、各社員が単独で行うことができる（590Ⅲ）。
591 （例　外） 業務を執行する者を定款で定めた場合	Ⅰ　業務の決定 　　業務執行社員が1人である場合、その業務執行社員が決定する。 　　業務執行社員が2人以上ある場合、定款に別段の定めがあるときを除き、業務執行社員の過半数をもって決定する（591Ⅰ前段）。ただし、持分会社の常務については、その完了前までに他の業務執行社員が異議を述べないときは、各業務執行社員が単独で行うことができる（591Ⅰ後段、590Ⅲ）。 　　定款で業務執行社員を定めた場合でも、定款に別段の定めがないか

ぎり、支配人の選任および解任については、社員の過半数をもって決定する(591Ⅱ)。
Ⅱ　業務執行社員の全員の退社
　業務執行社員の全員が退社したときは、業務執行社員を定めた定款の定めは、その効力を失う(591Ⅲ)。
Ⅲ　業務執行社員の辞任、解任
　業務執行社員は、定款に別段の定めがないかぎり、正当な事由がなければ、辞任することができない(591ⅣⅥ)。また、業務執行社員は、定款に別段の定めがある場合のほかは、正当な事由がある場合にかぎり、他の社員の一致によって解任することができる(591ⅤⅥ)。

第592条（社員の持分会社の業務及び財産状況に関する調査） C

1　業務を執行する社員を定款で定めた場合には、各社員は、持分会社の業務を執行する権利を有しないときであっても、その業務及び財産の状況を調査することができる。
2　前項の規定は、定款で別段の定めをすることを妨げない。ただし、定款によっても、社員が事業年度の終了時又は重要な事由があるときに同項の規定による調査をすることを制限する旨を定めることができない。

→試験対策12章1節[2]【3】(1)(b)(ⅳ)

業務を執行する社員を定款で定めた場合には、各社員は、業務執行権がなくても、会社の業務・財産の状況を調査することができます。この権利は、定款で別段の定めをすることで制限できますが、事業年度の終了時または重要な事由があるときは、この権利を制限することはできません。

1 趣旨

業務執行社員が、会社業務を適法・適正に行っているかどうか、また、計算が正確になされているかどうかについては、業務を執行しない社員にとっても、財産を出資している以上、重大な利害関係がある。そこで、これらの社員の利益を保護するために、業務執行権の有無に関わりなく、業務および財産の状況を調査する権限を与えている。

2 条文クローズアップ

	持分会社
原則	各社員は、持分会社の業務を執行するので、当然に、持分会社の業務および財産の状況を調査することができる。
業務を執行する者を定款で定めた場合	Ⅰ　原則 　各社員は、業務執行社員でなくても、持分会社の業務および財産の状況を調査することができる(592Ⅰ)。 Ⅱ　例外 　持分会社は、上記の調査権について、定款で別段の定めをすることができる(592Ⅱ本文)。もっとも、社員が事業年度の終了時または重要な事由があるときに、業務および財産の状況の調査をすることを制限する旨を定めることができない(592Ⅱただし書)。

■第2節　業務を執行する社員

> **第593条（業務を執行する社員と持分会社との関係）　B⁻**
> 1　業務を執行する社員は、善良な管理者の注意をもって、その職務を行う義務を負う。
> 2　業務を執行する社員は、法令及び定款を遵守し、持分会社のため忠実にその職務を行わなければならない。
> 3　業務を執行する社員は、持分会社又は他の社員の請求があるときは、いつでもその職務の執行の状況を報告し、その職務が終了した後は、遅滞なくその経過及び結果を報告しなければならない。
> 4　民法第646条から第650条まで〔受任者による受取物の引渡し等、受任者の金銭の消費についての責任、受任者の報酬等〕の規定は、業務を執行する社員と持分会社との関係について準用する。この場合において、同法第646条第1項、第648条第2項、第649条及び第650条中「委任事務」とあるのは「その職務」と、同法第648条第3項中「委任」とあるのは「前項の職務」と読み替えるものとする。
> 5　前2項の規定は、定款で別段の定めをすることを妨げない。

業務を執行する社員は、善管注意義務、忠実義務および報告義務を負います。その他、報酬や費用等については、民法の委任の規定が準用されます。

→試験対策12章1節②【3】(1)(d)、③【2】(2)(a)(ⅲ)

1　趣旨

1項から4項までは、業務を執行する社員と持分会社とが委任の関係に準ずることから、業務を執行する社員が負うべき義務を明らかにする趣旨である。5項は、1項および2項が強行規定であることを示すとともに、その他の義務については定款自治により自由に規定することが可能であることを明らかにしている。

2　条文クローズアップ

1　善管注意義務等の減免

会社法は、善管注意義務（1項）と忠実義務（2項）については、定款で別段の定めができる旨の規定をおいていない。

これらの義務は、民法645条以下の義務と違って、具体的な権利義務が生ずる旨を定めるものではなく、業務執行社員が、その任務を遂行するにあたり、善管注意義務等を欠いたことによって、会社に損害が生ずれば、その責任を賠償する義務を負うという性質のものである。

したがって、たとえば定款で「善管注意義務を負わない」旨定めたとしても、損害賠償責任の追及の問題として解決すれば足り、わざわざ善管注意義務等の減免として論じる必要がない。

2 準用される民法の条文（会社593条4項）
①受任者による受取物の引渡し等（民646条）
②受任者の金銭の消費についての責任（民647条）
③受任者の報酬（民648条）
④受任者による費用の前払請求（民649条）
⑤受任者による費用等の償還請求等（民650条）

> **第594条（競業の禁止） B⁻**
> 1 業務を執行する社員は、当該社員以外の社員の全員の承認を受けなければ、次に掲げる行為をしてはならない。ただし、定款に別段の定めがある場合は、この限りでない。
>   ① 自己又は第三者のために持分会社の事業の部類に属する取引をすること。
>   ② 持分会社の事業と同種の事業を目的とする会社の取締役、執行役又は業務を執行する社員となること。
> 2 業務を執行する社員が前項の規定に違反して同項第1号に掲げる行為をしたときは、当該行為によって当該業務を執行する社員又は第三者が得た利益の額は、持分会社に生じた損害の額と推定する。

　業務を執行する社員が、競業行為をするためには、定款に別段の定めがある場合を除いて、他の社員全員の承認が必要です。これに違反して競業行為を行った場合には、当該行為によって業務執行社員または第三者が得た利益の額が、持分会社に生じた損害の額と推定されます。

→試験対策12章1節②【3】(1)(d)、③【2】(2)(a)(ⅲ)

1 趣旨
　社員は、会社事業の秘密に通ずる立場にあり、この立場を利用して会社の利益を犠牲にして個人的利益を追求するおそれがある。そこで、1項では、他の社員全員の承認を原則必要とすることで、会社が不当な損害を被ることを防止しようとしたである。また2項で、損害額の推定規定を設けることで、損害賠償責任を追及する持分会社の証明の負担を軽減している。

2 条文クローズアップ
1 自己または第三者の「ために」（1項1号）
　自己または第三者の名義をもってという意味とする見解もあるが、立法趣旨からすれば、法律上の権利義務がだれに帰属するかではなく、その経済上の利益がだれに帰属するかが重要であるから、自己または第三者の計算においてという意味に解するべきである（裁判例）。

→大阪高判平2・7・18判時1378-113

2 「会社の事業の部類に属する取引」（1項1号）

会社の事業の目的である取引よりも広く、それと同種または類似の商品・役務を対象とする取引であって、会社の実際に行う事業と市場において取引が競合し、会社と業務執行社員との間に利益衝突をきたす可能性のある取引をいうと解される。

3 「承認」（1項柱書本文）
原則として、具体的な取引について個別的になされる必要があり、事後の承認は認められないと解するべきである。

4 違反の効果
本条に違反する行為自体の効力は否定されないと解されている。もっとも、社員が本条に違反する行為をして会社に損害を生じた場合、会社は社員に対して損害賠償を請求できる(596条)。この場合、社員または第三者が得た利益の額は、会社の損害の額と推定される(594条2項)。また、本条に違反することを理由に、当該社員の除名(859条2号)や業務執行権または代表権の消滅(860条1号、859条2号)を請求することができる。

📖H23-34-エ
第595条（利益相反取引の制限）　B⁻
1　業務を執行する社員は、次に掲げる場合には、当該取引について当該社員以外の社員の過半数の承認を受けなければならない。ただし、定款に別段の定めがある場合は、この限りでない。
　①　業務を執行する社員が自己又は第三者のために持分会社と取引をしようとするとき。
　②　持分会社が業務を執行する社員の債務を保証することその他社員でない者との間において持分会社と当該社員との利益が相反する取引をしようとするとき。
2　民法第108条〔自己契約および双方代理〕の規定は、前項の承認を受けた同項第1号の取引については、適用しない。

業務を執行する社員が利益相反取引をするためには、定款に別段の定めがある場合を除き、他の社員の過半数の承認が必要です。承認を受けた場合には、自己契約・双方代理について定めた民法108条の規定は適用されません。

→試験対策12章1節②【3】(1)(d)、③【2】(2)(a)(ⅲ)

1 趣旨
業務執行社員が、自己または第三者のために会社と取引をするときは、会社の利益を犠牲にして自己または第三者の利益を図るおそれがあるので、これを制約するために本条が規定された。

2 条文クローズアップ
1 直接取引（1項1号）

会社と業務執行社員との間の取引を**直接取引**といい、これには業務執行社員が、みずから当事者としてなす場合のみならず、代理人・代表者としてなす場合も含まれる。

(1) 自己または第三者の「ために」

自己または第三者の名義において(権利義務の帰属が基準)という意味であると解されている。

(2) 「取引」

会社に不利益を生ずるおそれがあるすべての法律行為が含まれると解される。もっとも、手形行為については争いがあるものの、判例は、原則として「取引」にあたるとしている。

→356条判例セレクト2(1)(a)

2　間接取引(1項2号)

会社が、業務執行社員の債務を保証し、その他業務執行社員以外の第三者と取引することを**間接取引**という。

3　「承認」(1項柱書本文)

判例は、合理的範囲を定めて、包括的に承認することは差し支えないとしている。事後の承認が認められるか否かについて、多数説は肯定している。

→356条判例セレクト2(2)(a)

4　違反の効果

本条に違反する行為の効力については、明文がなく争いがある。この点、会社の利益保護と取引の安全との調整として、会社は、当該社員に対してはその取引の無効を主張しうるが、第三者に対してはその悪意を主張・立証できる場合にかぎり無効を主張できると解される(相対的無効説)。

また、競業の禁止の場合と同様に、社員が、本条に違反する行為をして、会社に損害を生じた場合には、会社は、社員に対して、損害賠償を請求できる(596条)。さらに、本条に違反することを理由として、当該社員の除名(859条3号)や業務執行権または代表権の消滅(860条1号)を請求することができる。

第596条（業務を執行する社員の持分会社に対する損害賠償責任）　B⁻

業務を執行する社員は、その任務を怠ったときは、持分会社に対し、連帯して、これによって生じた損害を賠償する責任を負う。

業務を執行する社員は、その任務を怠ったときは、持分会社に対し、連帯して損害を賠償する責任があります。

→試験対策12章1節②【3】(1)(d)、③【2】(2)(a)(ⅲ)

1　趣旨

本条の趣旨は、株式会社における役員等の連帯責任について規定した430条と同様に、業務執行社員の責任を連帯責任とすることで、確実に

→430条

損害の回復を図り、利害関係人を保護するための規定である。

> **第597条（業務を執行する有限責任社員の第三者に対する損害賠償責任） B⁻**
> 業務を執行する有限責任社員がその職務を行うについて悪意又は重大な過失があったときは、当該有限責任社員は、連帯して、これによって第三者に生じた損害を賠償する責任を負う。

業務を執行する有限責任社員が、その職務を行ううえで悪意または重大な過失があったときは、その有限責任社員は、これによって第三者に生じた損害を賠償する責任があります。

→試験対策12章1節③【2】(2)(b)(iii)

1 趣旨

株式会社の取締役に関する429条1項と同様の規定である。有限責任社員は、自己の出資の価額を限度として責任を負うにとどまるため、会社財産が不足している状況でも、より慎重に事業を実施したり、損害の拡大を防ぐことに対するインセンティブがないといえる。そこで、持分会社の業務を執行する有限責任社員について、株式会社の取締役と同様の第三者責任を課すことによって、当該業務を執行する社員が、会社の債務につき有限責任社員であることの弊害を防止しようとした。

→429条

2 条文クローズアップ

「その職務」

「その職務」とは、業務を執行する有限責任社員が持分会社に対して負っている義務をいう。すなわち、善管注意義務および忠実義務のことである（593条1項、2項参照）。

なお、取締役会設置会社における取締役は会社に対して監視義務を負っている（362条2項2号、366条1項）が、持分会社における業務執行社員はこのような義務を会社に対して負っていない。したがって、597条は429条1項と同様の規定ではあるが、同規定にいう「その職務」とその内容が完全に一致しているわけではない。

→593条

→362条
→429条

司H23-48-エ（予）。書H27-32-ウ
> **第598条（法人が業務を執行する社員である場合の特則） B⁻**
> 1 法人が業務を執行する社員である場合には、当該法人は、当該業務を執行する社員の職務を行うべき者を選任し、その者の氏名及び住所を他の社員に通知しなければならない。
> 2 第593条から前条まで〔業務を執行する社員と持分会社との関係、競業の禁止、利益相反取引の制限等〕の規定は、前項の規定により選任さ

れた社員の職務を行うべき者について準用する。

　法人が業務を執行する社員である場合には、現実に社員の職務を行うこととなる者を選任し、その者の氏名と住所を他の社員に通知しなければなりません。

→試験対策12章1節②【3】(1)(d)、③【2】(2)(a)(ⅲ)

1 趣旨

　持分会社の業務執行にあたる自然人に、業務執行社員としての義務および責任を課すことで、規制の実効性を高める趣旨である。

2 条文クローズアップ

本条で準用される条文（2項）
　①業務を執行する社員と持分会社との関係(593条)
　②競業の禁止(594条)
　③利益相反取引の制限(595条)
　④業務を執行する社員の持分会社に対する損害賠償責任(596条)
　⑤業務を執行する有限責任社員の第三者に対する損害賠償責任(597条)

第599条（持分会社の代表）　B⁻

1　業務を執行する社員は、持分会社を代表する。ただし、他に持分会社を代表する社員その他持分会社を代表する者を定めた場合は、この限りでない。
2　前項本文の業務を執行する社員が2人以上ある場合には、業務を執行する社員は、各自、持分会社を代表する。
3　持分会社は、定款又は定款の定めに基づく社員の互選によって、業務を執行する社員の中から持分会社を代表する社員を定めることができる。
4　持分会社を代表する社員は、持分会社の業務に関する一切の裁判上又は裁判外の行為をする権限を有する。
5　前項の権限に加えた制限は、善意の第三者に対抗することができない。

　業務を執行する社員は、ほかに持分会社を代表する社員その他持分会社を代表する者を定めた場合を除き、持分会社を代表します。業務執行社員が複数いる場合には、各自が持分会社を代表します。持分会社を代表する社員は、持分会社の業務に関するすべての行為をする権限をもち、この権限に制限を加えても善意の第三者には対抗することができません。

→試験対策12章1節②【3】(2)(a)、③【2】(2)(b)(ⅰ)

1 趣旨

持分会社の代表権の帰属（1項、2項）とその範囲（4項）を定め、業務を執行する社員が会社の代表となる持分会社の原則（1項本文）と例外（1項ただし書き、3項）を規定した。5項は、持分会社を代表する社員は包括的な代表権を有することから、この代表権を信頼して利害関係をもった第三者を保護する趣旨である。

2 条文クローズアップ

1 代表機関の構成

会社は、代表機関を有し、その機関の行う行為は、法的に当然に会社の行為となる。会社代表は、業務執行の対外的側面を有するものであるから、業務執行権を有する社員は、原則として会社の代表権を有するし、業務執行権がないのに、代表権だけを有するということはありえない。ただし、業務執行社員のなかから持分会社を代表する社員を定めた場合には、その代表社員以外の社員は、代表権を有しない。

2 単独代表の原則

会社を代表する社員が2人以上いる場合でも、会社代表は、代表権のある業務執行社員が各自会社を代表する単独代表を原則とする。

3 代表社員の権限

(1) 権限の範囲

会社の代表機関である以上は、原則として、会社のなしうるすべての行為について代表権がある。具体的行為が、機関としての行為であるかどうかは、その社員の主観的意図ではなく、行為の抽象的・客観的性質を基準として決定される。

(2) 代表権の制限

代表社員の権限の範囲は、定款等によって制限することができるが、この制限を善意の第三者に対抗することはできない。この場合の善意の第三者は、過失がある場合にも保護される。ただし、重大な過失がある場合は、悪意に準じるものとして保護されない。

第600条（持分会社を代表する社員等の行為についての損害賠償責任）　B⁻

持分会社は、持分会社を代表する社員その他の代表者がその職務を行うについて第三者に加えた損害を賠償する責任を負う。

持分会社の代表者が、その職務を行ううえで、第三者に損害を加えた場合には、その持分会社は、その損害を賠償する責任があります。

1 趣旨

法人が不法行為能力を有するかについては争いがあるところ、代表機関である社員等が、その職務を行うについて、他人に損害を加えたとき

は、会社の不法行為となり、会社がその損害を賠償する責任を負うことを明らかにした。

2 条文クローズアップ

	合名会社	合資会社	合同会社
無限責任社員	持分会社を代表する社員その他の代表者がその職務を行うについて第三者に損害を与えた場合において、会社が負う損害賠償責任(600)について、無限責任社員は、当然に責任を負う(576Ⅱ、580Ⅰ)。		
有限責任社員		業務を執行する有限責任社員がその職務を行うについて悪意または重大な過失があったときは、当該有限責任社員は、連帯して、これによって第三者に生じた損害を賠償する責任を負う(597)。	

第601条（持分会社と社員との間の訴えにおける会社の代表） B⁻

第599条第4項〔持分会社の代表社員の権限〕の規定にかかわらず、持分会社が社員に対し、又は社員が持分会社に対して訴えを提起する場合において、当該訴えについて持分会社を代表する者（当該社員を除く。）が存しないときは、当該社員以外の社員の過半数をもって、当該訴えについて持分会社を代表する者を定めることができる。

持分会社と社員との間の訴えにおいて、会社を代表する者がいない場合には、他の社員の過半数で、その訴えについて臨時的に会社を代表する者を定めることができます。

1 趣旨

持分会社と社員との間の訴訟で、持分会社の唯一の代表社員がその訴訟における相手方当事者である等、代表社員と持分会社の間に利益相反が認められるとき、持分会社を代表する適当な社員がいない（民108条参照）。また、本来、代表社員（会社599条1項、4項）の選定は総社員の同意による定款変更(599条3項、637条)が必要であるが、利益相反関係にある社員が存すると、総社員の同意は期待できない。そこで、持分会社が原告または被告となる訴訟で、訴訟の相手方である社員を除くほかの社員の過半数をもって、持分会社の代表者を定めることを認めた。

第602条 B⁻

第599条第1項〔業務執行社員による持分会社の代表〕の規定にかかわらず、社員が持分会社に対して社員の責任を追及する訴えの提起を請求した場合において、持分会社が当該請求の日から60日以内に当該

> 訴えを提起しないときは、当該請求をした社員は、当該訴えについて持分会社を代表することができる。ただし、当該訴えが当該社員若しくは第三者の不正な利益を図り又は当該持分会社に損害を加えることを目的とする場合は、この限りでない。

社員が、持分会社に対して、社員の責任を追及する訴えの提起を請求した日から60日以内にその持分会社が訴えを提起しないときは、請求をした社員は、代表権の有無に関わりなく、当該請求について持分会社を代表することができます。ただし、訴えの目的が、当該社員の利益を図ること、または持分会社に損害を加えることにある場合には、代表権が認められません。

1 趣旨

社員の行為によって生じた持分会社の損害を、業務執行社員の利益相反等の事由によって、適切に回復することができない状況において、他の社員の主導による訴訟によって回復しようとする規定である。

2 条文クローズアップ

株主代表訴訟との違い

株主代表訴訟(847条)では株主が原告となるが、持分会社の場合には会社自身が原告となる。したがって、会社を代表して訴えを提起した社員が、訴訟係属中に退社等により持分を失った場合でも、訴訟が終結するわけではない。また、勝訴判決により債務名義を得た場合には、当該持分会社の名義での執行が可能となる。訴訟費用の点に関して、株主代表訴訟に規定される特則は持分会社の場合には設けられていない。

■第3節 業務を執行する社員の職務を代行する者

> **第603条 C**
> 1 民事保全法第56条に規定する仮処分命令〔法人の代表者等の職務代行者選任についての仮処分命令〕により選任された業務を執行する社員又は持分会社を代表する社員の職務を代行する者は、仮処分命令に別段の定めがある場合を除き、持分会社の常務に属しない行為をするには、裁判所の許可を得なければならない。
> 2 前項の規定に違反して行った業務を執行する社員又は持分会社を代表する社員の職務を代行する者の行為は、無効とする。ただし、持分会社は、これをもって善意の第三者に対抗することができない。

仮処分命令により選任された職務を代行する者は、仮処分命令に別段の定めがある場合を除き、持分会社の通常の業務ではない行為をするには、裁判所

の許可を得なければなりません。これに違反した場合は、無効な行為となります。ただし、持分会社は、無効であることをもって善意の第三者に対抗することはできません。

1 趣旨

1項は、業務代行者は暫定的に社員の業務を行う者であるから、その職務権限の範囲は、原則として会社の常務に限定されることを定めた。2項は、その範囲を超えて行為がなされた場合においても、善意の第三者を保護する必要があるから、会社に責任がある旨を定めた。

2 語句の意味

常務とは、会社の通常の経過に伴う業務行為をいう。

3 条文クローズアップ

常務に属しない行為（1項）

業務代行者は、①仮処分命令に定めがある場合、または②裁判所の許可を得た場合は、常務（会社の通常の経過に伴う業務行為）以外の行為をすることができる。この場合の裁判所の許可は、個々の行為について必要であり、包括的な許可は認められないと解されている。

第4章
社員の加入及び退社

■総　説　　　　　　　　　　　　　　　　　　　→試験対策12章1節②【4】

　社員の氏名は、定款の絶対的記載事項であるから(576条1項4号)、社員の変動は、定款変更の一場合である。会社法は、これについて特則を設けている。

1　加入
→試験対策12章1節②【4】(1)

　加入とは、会社成立後、原始的に社員資格を取得する場合をいう。加入は、加入しようとする者と会社との契約によるが、定款の変更にあたるから、その効力を生ずるためには総社員の同意が必要である(637条)。また、社員の加入は、登記事項(912条5号から7号まで、913条5号から9号まで、914条6号から8号まで)の変動を生じさせるから、変更登記を必要とする(915条1項)。加入によって、はじめて社員の地位を取得するが、責任については特則がある(605条)。

2　退社
→試験対策12章1節②【4】(2)

　退社とは、会社存続中に、特定の社員がその社員資格を喪失し、社員権自体が絶対的に消滅することをいう。

　個々の社員は、定款所定の事由の発生・総社員の同意がある場合はもちろん(607条1項1号、2号)、他の社員の意思にかかわらず、原則として一方的に退社することができる(606条)。その他、社員の死亡・破産手続開始の決定・後見開始の審判を受けたことは、当然の退社事由である(607条1項3号、5号、7号)。除名による場合には、他の社員の過半数の決議に基づき、訴えをもってしなければならない(8号、859条)。退社した社員は、持分の払戻しを受けることができる(611条1項本文)。

3　持分の変動
(1)　持分の譲渡
→試験対策12章1節②【4】(3)(a)

　持分の譲渡とは、持分、すなわち社員権または社員の地位の譲渡をいう。持分の譲渡は、当事者間の契約によってなされるが、その効力を生ずるためには、他の社員全員の承諾が必要である(585条1項。定款で別段の定めをすることはできる〔4項〕)。なお、持分の譲渡の結果、社員が脱退・加入する場合の責任関係は、入社・退社の場合と同じである。

(2)　持分の差押え
→試験対策12章1節②【4】(3)(b)

　社員の持分の差押えは、持分の払戻しを請求する権利に対してもその効力を有する(611条7項)。社員の持分を差し押さえた債権者は、事業年度の終了時において、その社員を退社させることができる(609条1項前段)。

(3)　相続
→試験対策12章1節②【4】(3)(c)

社員の死亡は、退社事由であり（607条1項3号）、相続人は、持分の払戻しを受けるのが原則であるが、定款で持分の承継を定めた場合には、相続人が承継するため（608条）、持分の払戻しはない（611条1項ただし書）。

■第1節　社員の加入

> 書H26-32-ア
> **第604条（社員の加入）　B⁻**
> 1　持分会社は、新たに社員を加入させることができる。
> 2　持分会社の社員の加入は、当該社員に係る定款の変更をした時に、その効力を生ずる。
> 3　前項の規定にかかわらず、合同会社が新たに社員を加入させる場合において、新たに社員となろうとする者が同項の定款の変更をした時にその出資に係る払込み又は給付の全部又は一部を履行していないときは、その者は、当該払込み又は給付を完了した時に、合同会社の社員となる。

→試験対策12章1節②【4】(1)

　持分会社は、新たに社員を加入させることができます。持分会社の社員の加入は、定款を変更することにより、その効力を生じます。ただし、合同会社においては、定款の変更だけでは加入の効力は生じず、払込み・給付を完了したときにはじめて加入の効力が生じます。

1　趣旨

→637条

　2項は、社員の氏名・名称および住所は、定款の絶対的記載事項であるから、加入の効力発生要件として定款の変更を要する旨を定めた。3項は、合同会社においては、全額払込主義が採用されているため、払込み・給付を完了したときにはじめて加入の効力が生じる旨を定めた。

2　条文クローズアップ

	合名会社	合資会社	合同会社
可否	持分会社は、新たに社員を加入させることができる（604Ⅰ）。		
効力発生時期	当該社員にかかる定款の変更（637）をしたときに社員となる（604Ⅱ なお、608Ⅱを参照）。		Ⅰ　当該社員にかかる定款の変更をした時に全部を出資しているとき 　　定款を変更したときに社員となる（604Ⅱ）。 Ⅱ　当該社員にかかる定款の変更をしたときに出資の全部または一部を履行していないとき 　　全部の出資を完了したときに社員となる（604Ⅲ）。

> **第605条（加入した社員の責任）　B⁻**
> 持分会社の成立後に加入した社員は、その加入前に生じた持分会社

> の債務についても、これを弁済する責任を負う。

　持分会社の成立後に加入した社員は、加入前に生じた持分会社の債務についても弁済の責任があります。

→試験対策12章1節②【4】(1)

1 趣旨

　加入した社員にも、加入前に生じた持分会社の債務につき、弁済責任を負わせることによって、会社債権者を保護する趣旨である。

2 条文クローズアップ

「加入」の意味

　会社に新たに入社し、原始的に持分を取得する場合および既存の社員から持分の全部または一部を承継的に譲り受けた場合のように、持分を取得した者も含むと解されている（多数説）。
　なお、相続や合併の場合にも持分をその承継人に取得させる旨の定款の定めがある場合には、本条の責任は生じないと解されている。この場合には、被相続人の地位を相続人は引き継ぐので、上記のように新たにその地位を取得した者とは異なるといえるからである。

■第2節　社員の退社

> H26-32-イ、H25-34-ア
> ### 第606条（任意退社）　B⁻
> 1　持分会社の存続期間を定款で定めなかった場合又はある社員の終身の間持分会社が存続することを定款で定めた場合には、各社員は、事業年度の終了の時において退社をすることができる。この場合においては、各社員は、6箇月前までに持分会社に退社の予告をしなければならない。
> 2　前項の規定は、定款で別段の定めをすることを妨げない。
> 3　前2項の規定にかかわらず、各社員は、やむを得ない事由があるときは、いつでも退社することができる。

　定款で持分会社の存続期間を定めなかった場合や、特定の社員の終身の間、持分会社が存続することを定めた場合は、各社員は、6か月前までに予告をすることにより、事業年度の終わりに退社することができます。ただし、やむをえない事由があるときは、いつでも退社できます。
　なお、これを別に定款で定めることができます。

→試験対策12章1節②【4】(2)

1 趣旨

　持分会社では、持分の譲渡は、原則として社員全員の同意が必要であるため（585条1項）、持分の譲渡だけでは、投下資本を十分に回収でき

ない。一方で、会社から脱退して持分の払戻しを受けることにより投下資本を回収する必要があるし、退社員は、退社登記をする前に生じた会社の債務については、従前の責任の範囲内で弁済する責任を負うので（612条１項）、会社債権者を害するおそれもない。そこで、一定の条件のもとで退社を認めている。

2 条文クローズアップ

1 「退社」（１項）
退社とは、持分会社において、会社の存続中に特定の社員の社員資格が絶対的に消滅することをいう。

2 任意退社
任意退社とは、社員みずからの意思でする退社をいう。

3 「やむを得ない事由」（３項）
「**やむを得ない事由**」とは、定款で任意退社の制限をすることが認められていることから（２項）、社員が単に当初の意思を変更したというだけでは足りず、定款規定を定めた時や、入社・設立時に前提としていた状況等が著しく変更され、もはや当初の合意どおりに社員を続けることができなくなった場合をいうと解すべきである。

📖H25-34-イ
第607条（法定退社） B⁻
1 社員は、前条（任意退社）、第609条第１項（持分の差押債権者による退社）、第642条第２項（持分会社を継続することについて同意しない社員の退社）及び第845条（持分会社の設立の無効または取消しの原因となった社員の退社）の場合のほか、次に掲げる事由によって退社する。
① 定款で定めた事由の発生
② 総社員の同意
③ 死亡
④ 合併（合併により当該法人である社員が消滅する場合に限る。）
⑤ 破産手続開始の決定
⑥ 解散（前２号に掲げる事由によるものを除く。）
⑦ 後見開始の審判を受けたこと。
⑧ 除名
2 持分会社は、その社員が前項第５号から第７号までに掲げる事由の全部又は一部によっては退社しない旨を定めることができる。

社員は、任意退社のほかに、定款に定めた事由の発生、総社員の同意、死亡、合併、破産手続開始の決定、解散、後見開始の審判を受けたこと、除名によって退社します。ただし、会社はその社員が社員の破産手続開始の決定、社員の解散、または社員についての後見開始の審判を受けたことによっては

→試験対策12章１節②【4】(2)

退社しない旨を定めることができます。

1 趣旨

1項は、持分会社が社員相互の信頼のもとに設立される会社形態であることから、その信頼関係が失われると客観的にみられる事項を、法定退社事由として定めた。2項は、1項の趣旨が社員相互の信頼の保護にあることから、社員間の人的関係を考慮して、その社員らの意思により定款に定めることで退社事由としないことを認めた。

2 条文クローズアップ

1 総社員の同意（1項2号）

総社員の同意とは、退社自体への同意という意味ではなく、606条の要件をみたさない退社申出に対して、それを容認することについての同意であるとされる。すなわち、事業年度の途中において、予告なく退社すると、会社の計算・持分の払戻しについての特別の措置を採る必要がある。そこで、そのような不利益を容認するにあたっては、総社員の同意を要求したのである。

2 破産手続開始の決定（1項5号）

社員が破産手続開始の決定を受けた場合には、当該社員を当然に退社をさせ、持分の払戻しを受けさせることにより、当該社員の債権者が債権の満足を得られるように図っている。

3 除名（1項8号）

除名とは、ある社員について、会社に対する重要な義務違反の法定事由（859条各号）がある場合に、その社員から社員としての資格をその意思に反して剥奪することをいう。

持分会社では、社員相互間の信頼関係が重視されるため、その信頼を裏切る行為をする社員を会社から排除することにより、会社の内部関係を強化し、その目的である事業の遂行を可能にするものである。

(1) **除名の要件**
  (a)法定の除名事由（859条各号）
  (b)除名されようとする社員を除く他の社員の過半数の決議
  (c)裁判所の除名判決

(2) **一括除名**

除名される社員が数人いる場合には、他の社員の過半数の決議は、一括した除名決議でよい。すなわち、除名の対象者の数が、他の社員の数よりも多くてよく、1人で数人の社員を除名することも可能である。除名事由のある社員同士が、通謀して容易に除名を免れるのを防ぐ必要があるし、除名には裁判所の判決を要する以上、不当な結果は生じないからである。

→弥永[14版]462頁

(3) **社員が2人の会社における除名**

社員が2人の会社においても、一方の社員が、他方の社員を除名でき

る。たしかに、社員が2人の会社では、「対象社員以外の社員の過半数の決議」(859条柱書)というのは論理的にはありえない。しかし、「対象社員以外の社員の過半数の決議」というのは、通常の場合を想定しての規定であるし、除名には裁判所の判決を要する以上、不当な結果は生じないからである。

(4) 有限責任社員のする無限責任社員の除名

有限責任社員のみで無限責任社員を除名できると解すべきである。法律の明文でそれを禁止するものはなく、また、このように解さないと無限責任社員については、法定の除名事由があっても、除名が不可能になりかねないからである。

> **合資会社の社員数名が同時退社の申出をした場合における総社員の同意**
> 退社申出をした社員も、退社の効力を生ずるまでは社員の地位にあるのであるから、定款で別段の定めをした場合を除き、数人が同時に退社の申出をした場合においても、その退社には各退社申出者自身を除く他のすべての社員の同意を要し、このように解することが、組合的結合である合資会社の本質に合致するものというべきである(最判昭40・11・11民集19-8-1953)。

第608条（相続及び合併の場合の特則） C

1. 持分会社は、その社員が死亡した場合又は合併により消滅した場合における当該社員の相続人その他の一般承継人が当該社員の持分を承継する旨を定款で定めることができる。
2. 第604条第2項(社員加入の効力発生)の規定にかかわらず、前項の規定による定款の定めがある場合には、同項の一般承継人(社員以外のものに限る。)は、同項の持分を承継した時に、当該持分を有する社員となる。
3. 第1項の定款の定めがある場合には、持分会社は、同項の一般承継人が持分を承継した時に、当該一般承継人に係る定款の変更をしたものとみなす。
4. 第1項の一般承継人(相続により持分を承継したものであって、出資に係る払込み又は給付の全部又は一部を履行していないものに限る。)が2人以上ある場合には、各一般承継人は、連帯して当該出資に係る払込み又は給付の履行をする責任を負う。
5. 第1項の一般承継人(相続により持分を承継したものに限る。)が2人以上ある場合には、各一般承継人は、承継した持分についての権利を行使する者1人を定めなければ、当該持分についての権利を行使することができない。ただし、持分会社が当該権利を

行使することに同意した場合は、この限りでない。

　会社は、社員が死亡した場合または社員たる法人が合併により消滅した場合に、その社員の相続人その他の一般承継人がその社員の持分を承継する旨を定款で定めることができます。

→試験対策12章1節[2]【4】(3)(c)

1　趣旨

　死亡・合併を退社事由(607条1項3号、4号)とし、社員たる資格の当然の相続を認めないのは、持分会社が社員相互の信頼のもとに設立される会社である以上、当然の相続を認めると他の社員の利害に影響があるためである。そこで、あらかじめ定款で別段の定めをすることを認めた。

2　条文クローズアップ

1　持分を承継する旨の定款の定め(1項)

　本条1項は、この場合にも定款で定めることにより、相続人その他の一般承継人が当該社員の持分を承継することを認めた。

2　持分の一般承継人が社員となる時期(2項)

　社員の加入は、定款の変更をした時にその効力を生ずる(604条2項)。本条は、この規定の例外として、一般承継人が持分を承継した時に当該持分を有する社員となる旨を定めた。

3　持分の共有(5項)

(1)　持分の共有状態における権利行使方法

　一般承継により共有状態となった持分の権利行使の方法について、株式会社の場合(106条)と同様に定めている。

(2)　一般承継以外の共有状態の発生原因

　持分会社は本条のように一般承継以外の場合の持分の共有状態について規定をおいていない。このような場合には、権利行使の方法などについて持分会社と社員との間で定款変更が行われることが想定されるため、その規定が設けられなかったのである。したがって、一般承継以外の持分の共有が認められていないわけではない。

H27-32-エ
第609条（持分の差押債権者による退社）　C

1　社員の持分を差し押さえた債権者は、事業年度の終了時において当該社員を退社させることができる。この場合においては、当該債権者は、6箇月前までに持分会社及び当該社員にその予告をしなければならない。

2　前項後段の予告は、同項の社員が、同項の債権者に対し、弁済し、又は相当の担保を提供したときは、その効力を失う。

3 第1項後段の予告をした同項の債権者は、裁判所に対し、持分の払戻しの請求権の保全に関し必要な処分をすることを申し立てることができる。

社員の持分を差し押さえた債権者は、会社および当該社員に予告をしたうえで、事業年度の終了時において、当該社員を退社させることができます。その予告をした債権者は、裁判所に対して、持分の払戻しの請求権の保全に関し必要な処分をすることを申し立てることができます。

→試験対策12章1節[2][4](3)(b)

1 趣旨

社員の債権者は、当該持分の差押えをしても、他の社員の同意のないかぎり換価をすることはできない(585条)。そこで、社員の持分の差押債権者に、その社員を一方的に退社させうる権利を与え、退社によって社員が受ける持分の払戻請求権により、債権者に満足を得させようとする規定である。

2 条文クローズアップ

1 強制退社請求権行使の効果

(1) 差押債権者の強制退社権は、一種の形成権である。予告期間を遵守して予告がなされると、事業年度の終了時に、当然に退社の効力が生じる。退社による持分払戻請求権に対しては、持分の差押えの効力が当然に及ぶから(611条7項)、差押債権者は、持分の払戻しにより満足を受けることができる。

(2) 予告してから退社の効果が生じるまで期間があることを考慮して、予告をした債権者は、裁判所に対し、持分払戻請求権の保全に関し必要な処分をすることを申し立てることができる(609条3項)。

2 弁済または担保の供与による予告の失効

予告は、社員が弁済をなし、または相当の担保を提供したときは、その効力を失う。社員を退社させて持分の払戻しをさせる必要がなくなるからである。

「相当の担保を提供したとき」

〔旧〕商法91条2項〔会社609条2項〕の相当の担保を提供したときとは、差押債権者との間で、担保物権を設定し、または保証契約を締結した場合をいい、差押債権者の承諾を伴わない担保物権設定または保証契約締結の単なる申込みはこれにあたらない(最判昭49・12・20会社法百選82事件)。

> **第610条（退社に伴う定款のみなし変更）　C**
> 第606条〔任意退社〕、第607条第1項〔法定退社〕、前条第1項〔持分の差押債権者による退社〕又は第642条第2項〔持分会社を継続することについて同意しない社員の退社〕の規定により社員が退社した場合（第845条〔持分会社の設立の無効または取消しの原因となった社員の退社〕の規定により社員が退社したものとみなされる場合を含む。）には、持分会社は、当該社員が退社した時に、当該社員に係る定款の定めを廃止する定款の変更をしたものとみなす。

持分会社は、社員が退社した場合には、その当該社員についての定款の定めを廃止するという定款の変更をしたものとみなします。

1　趣旨

社員の地位が定款規定の内容で定められることになる持分会社において、退社に伴い、定款規定の実質が変更されることとなる。しかし、退社の場合は入社等の場合と異なり、退社と同時に他の社員が原則総社員の同意（637条）によって社員に関する定款の定めを廃止する定款変更を行うことが可能とはかぎらないため、定款のみなし変更を認めている。

H25-34-ウ

> **第611条（退社に伴う持分の払戻し）　B⁻**
> 1　退社した社員は、その出資の種類を問わず、その持分の払戻しを受けることができる。ただし、第608条第1項及び第2項〔相続および合併の場合の持分承継〕の規定により当該社員の一般承継人が社員となった場合は、この限りでない。
> 2　退社した社員と持分会社との間の計算は、退社の時における持分会社の財産の状況に従ってしなければならない。
> 3　退社した社員の持分は、その出資の種類を問わず、金銭で払い戻すことができる。
> 4　退社の時にまだ完了していない事項については、その完了後に計算をすることができる。
> 5　社員が除名により退社した場合における第2項及び前項の規定の適用については、これらの規定中「退社の時」とあるのは、「除名の訴えを提起した時」とする。
> 6　前項に規定する場合には、持分会社は、除名の訴えを提起した日後の年6分の利率により算定した利息をも支払わなければならない。
> 7　社員の持分の差押えは、持分の払戻しを請求する権利に対しても、その効力を有する。

→試験対策12章1節[2]【4】(2)

　退社した社員は、その出資の種類を問わず、その持分を金銭により払戻しを受けることができます。この場合における退社した社員の持分と持分会社との計算は、退社の時における持分会社の財産状況に従って行います。

1 趣旨

　退社に伴う財産関係の後始末として、退社員に持分の払戻しを規定している。持分の払戻しが金銭によってなされるとしたのは、出資した現物をもって払戻しをしなければならないとすると、会社の事業に支障が生じることがありうるからである。

2 条文クローズアップ

「持分」

(1) 持分の意味

　持分とは、第1には、社員が社員たる資格において会社に対して有する権利義務の総体、すなわち社員たる地位を意味し、持分の譲渡の場合の持分はこの意味である。

　第2には、会社の純財産額に対して社員の有する分け前を示す計算上の数額を意味し、持分の払戻しの場合の持分はこの意味である。

　もっとも、これらは不可分の関係にあり、前者の経済的評価額が後者にほかならない。

(2) 持分の計算

　持分の払戻しの価額は、全出資額を基準に、利益があるときは、利益の分配の割合(622条)に応じて、退社する社員の出資額にこれを加えて、不利益があるときは、損失の分配の割合(622条)に応じてこれを差し引いて決定する。

1 払戻持分の計算

　退社による払戻持分の計算の基礎となる会社財産の価額の評価は、帳簿価額によるべきではなく、会社の事業の継続を前提として、なるべく有利にこれを一括譲渡する場合の価額を標準とすべきである(名古屋高判昭55・5・20判時975-110)。

2 出資義務の履行請求前の退社と持分払戻請求権の成否

　合資会社の社員の金銭出資義務は、その履行期が定められていないときは、会社の請求によりはじめてその履行期が到来し金銭債務として具体化されるものというべきであり、その前の出資義務は、社員たる地位と終始すべきものであって、社員が退社して社員たる地位を喪失するときは、出資義務も消滅するにいたるというべきであるから、退社員の持分払戻請求権は成立しない(最判昭62・1・22会社法百選83事件)。

> 📖 H25-34-エ
>
> **第612条（退社した社員の責任） B⁻**
> 1　退社した社員は、その登記をする前に生じた持分会社の債務について、従前の責任の範囲内でこれを弁済する責任を負う。
> 2　前項の責任は、同項の登記後2年以内に請求又は請求の予告をしない持分会社の債権者に対しては、当該登記後2年を経過した時に消滅する。

　退社した社員は、その登記をする前に生じた持分会社の債務について、従前の責任の範囲内で弁済する義務があります。その責任は、登記後2年以内に請求または請求の予告がない場合は消滅します。

1　趣旨

　退社は、会社債権者の意思とは無関係に、会社債権者異議手続なしに行われ、外部からは当然には知りえないから、会社債権者保護を図る必要がある。そこで、社員の変更の登記をするまでに会社に生じた債務については、従前の責任の範囲内で弁済する責任を負うとした。

2　条文クローズアップ

1　「登記」

　社員の退社は、登記事項の変更を生じるから(912条5号から7号まで、913条5号から9号まで、914条6号から8号まで)、本店の所在地において、変更の登記をなすことを要する(915条1項)。

2　弁済による求償

　退社した社員は、すでに社員ではなくなっているのであるから、退社後に生じた会社債務の弁済は、第三者としての弁済である。そこで、会社に対して求償権を有し、従前の負担部分を超える部分にかぎらず、全額について求償することができる。

3　責任の範囲

　「従前の責任の範囲」とは、580条の分類に基づく。　　　　　　→580条

(1)　死亡退社と相続人の責任

　退社が死亡を原因とするとき(607条1項3号)について、判例は、相続人に対する本条の責任の適用を否定する。　　→大判昭10・3・9民集14-291

(2)　悪意の債権者と退社した社員の責任

　判例は、法律関係の単純画一化の要請により、退社した社員の責任には、908条1項の適用はなく、したがって、登記の有無により一律に決められ、取引の相手方である第三者の善意・悪意によって影響しないとしている。　　→大判昭14・2・8民集18-54

> 📖 H25-34-オ
> ## 第613条（商号変更の請求）　C
> 持分会社がその商号中に退社した社員の氏若しくは氏名又は名称を用いているときは、当該退社した社員は、当該持分会社に対し、その氏若しくは氏名又は名称の使用をやめることを請求することができる。

　持分会社が商号のなかに退社した社員の氏、氏名、名称を用いているときは、その退社した社員はその使用をやめるように請求することができます。

1 趣旨

　会社の商号中に退社した社員の氏、氏名、名称を用いているときに商号を変更しないで放置していると、退社員には不作為による自称行為があるとして、社員であると誤認させる行為をした者の責任（589条）を負わせられる危険がある。そこで、退社した社員に、会社に対し、その使用をやめることを請求する権利を認めた（通説）。

第5章
計算等

■第1節　会計の原則

> **第614条　C**
> 持分会社の会計は、一般に公正妥当と認められる企業会計の慣行に従うものとする。

持分会社の会計は、一般に公正妥当と認められる企業会計の慣行に従うものとされます。

→試験対策9章1節②

1 趣旨

慣行に従うものとしたのは、会社法やその委任を受けた法務省令に含まれる計算規定は必ずしも網羅的ではないこと、会社法の趣旨に反しないかぎり実務を尊重すべきであることによる。

2 条文クローズアップ

1 「公正妥当」
会社の財産および損益の状態を明らかにするのに適したということを意味する。

2 「慣行」
ある程度の実践を前提とすることを意味する。もっとも、新しい種類の取引等が現れる可能性を考えると、慣行となる見込みがあれば足りると解すべきである。

■第2節　会計帳簿

> **第615条（会計帳簿の作成及び保存）　C**
> 1　持分会社は、法務省令で定めるところにより、適時に、正確な会計帳簿を作成しなければならない。
> 2　持分会社は、会計帳簿の閉鎖の時から10年間、その会計帳簿及びその事業に関する重要な資料を保存しなければならない。

持分会社は、適切な時期に、正確な会計帳簿を作成しなければなりません。持分会社は、会計帳簿の閉鎖の時から10年間、会計帳簿とその事業に関する重要な資料を保存しなければなりません。

1 趣旨

　適時性を欠いた会計帳簿の作成は、数字の改ざん等の不正の温床になりかねない。そこで、会計帳簿を適時に作成することを明文で規定した。また、正確性を欠いた会計帳簿の作成は、会計帳簿およびこれに基づいて作成される計算書類の適正性を害し、ひいては会社債権者等を害するおそれがある。そこで、会計帳簿を正確に作成することを明文で規定した。

	持分会社
作　成	法務省令（会社計算規4条以下）で定めるところにより、適時に、正確な会計帳簿を作成しなければならない（615Ⅰ）。
保　存	会計帳簿の閉鎖のときから10年間、その会計帳簿およびその事業に関する重要な資料を保存しなければならない（615Ⅱ）。
提出命令	616条参照

2 条文クローズアップ

会計帳簿の具体的内容

　会計帳簿とは、一定時期における会社の財産およびその価額ならびに取引その他財産に影響を及ぼすべき事項を記載または記録する帳簿をいう。会計帳簿は、事業の動態を示すものであり、貸借対照表の作成の基礎となる商業帳簿である。典型的な会計帳簿としては、仕訳帳、日記帳、総勘定元帳、各種の補助元帳等がある。

> **第616条（会計帳簿の提出命令）　C**
> 裁判所は、申立てにより又は職権で、訴訟の当事者に対し、会計帳簿の全部又は一部の提出を命ずることができる。

　裁判所は、申立てによりまたは職権で、訴訟の当事者に対して、会計帳簿の全部または一部の提出を命じることができます。

1 趣旨

　文書の提出義務については民事訴訟法220条が一般的に規定するが、さらに当事者の有する会計帳簿について裁判所が当事者に提出するよう命ずる広範な権限を認めている。すなわち、会計帳簿は持分会社の保有する財産について詳細に記載した帳簿であり、裁判における重要な証拠となるため、当事者に提出義務を課している。

2 条文クローズアップ

提出命令違反の効果

本条の提出命令に違反した場合については、民事訴訟法の一般原則に従って、裁判所は会計帳簿に記載されたこと等に関する相手方の主張を真実と認めることができる(民訴224条)。

■第3節　計算書類

> 予H27-24-エ
> **第617条（計算書類の作成及び保存）　B⁻**
> 1　持分会社は、法務省令で定めるところにより、その成立の日における貸借対照表を作成しなければならない。
> 2　持分会社は、法務省令で定めるところにより、各事業年度に係る❶計算書類(貸借対照表その他持分会社の財産の状況を示すために必要かつ適切なものとして法務省令で定めるものをいう。以下この章において同じ。) を作成しなければならない。
> 3　❶計算書類は、❷電磁的記録をもって作成することができる。
> 4　持分会社は、❶計算書類を作成した時から10年間、これを保存しなければならない。

❶定

❷26条2項

持分会社は、成立の日における貸借対照表を作成しなければなりません。また、各事業年度の計算書類を作成しなければなりません。持分会社は、この計算書類を作成した時から10年間保存しなければなりません。

1 趣旨

計算書類の作成および保存を持分会社に義務づけたのは、適正な会計処理による持分会社の合理的経営・企業維持を図り、会社の経済状況を適正に表示することで会社債権者等の関係者を保護する必要があるからである。

2 条文クローズアップ

計算書類の内容
(1) 計算書類
　(a)意義
　　計算書類とは、貸借対照表その他持分会社の財産の状況を示すために必要かつ適切なものとして法務省令(会社施規159条2号、会社計算規71条)で定めるものをいう(会社617条2項括弧書)。
　(b)合名会社、合資会社
　　合名会社等が、損益計算書、社員資本等変動計算書または個別注記表を作成するものと定めた場合には、損益計算書、社員資本等変動計算書または個別注記表の作成が要求される(会社計算規71条1項1号)。
　(c)合同会社
　　損益計算書、社員資本等変動計算書および個別注記表の作成が義務

づけられる(会社計算規71条1項2号)。

(2) 貸借対照表の意義

→435条③4(1)

貸借対照表とは、一定の時点(事業年度の末日)における企業の財産状態を明らかにする一覧表をいう。

> **第618条（計算書類の閲覧等） C**
> 1 持分会社の社員は、当該持分会社の営業時間内は、いつでも、次に掲げる請求をすることができる。
>   ① ❶計算書類が書面をもって作成されているときは、当該書面の閲覧又は謄写の請求
>   ② 計算書類が❷電磁的記録をもって作成されているときは、当該電磁的記録に記録された事項を法務省令で定める方法により表示したものの閲覧又は謄写の請求
> 2 前項の規定は、定款で別段の定めをすることを妨げない。ただし、定款によっても、社員が事業年度の終了時に同項各号に掲げる請求をすることを制限する旨を定めることができない。

❶617条2項

❷26条2項

　持分会社の社員は、その会社の営業時間内は、いつでも計算書類の閲覧または謄写の請求をすることができます。

1 趣旨

　業務財産状況の調査権(592条1項)と同様に、社員に計算書類の閲覧謄写請求権を認めることで、社員の権利の確保または行使に関する調査を実効的なものとする趣旨である。

2 条文クローズアップ

閲覧・謄写請求権の主体

　持分会社のうち合名会社・合資会社については、会社の社員にのみ計算書類の閲覧・謄写請求権が認められる。これに対して、持分会社のうち合同会社については、会社の社員のほかに、会社債権者にも計算書類の閲覧・謄写請求権が認められる(625条)。なぜなら、合同会社は合名会社・合資会社とは異なり、会社財産だけが唯一の担保であり、会社債権者を保護する要請が強いからである。

→625条

> **第619条（計算書類の提出命令） C**
> 裁判所は、申立てにより又は職権で、訴訟の当事者に対し、❶計算書類の全部又は一部の提出を命ずることができる。

❶617条2項

　裁判所は、申立てによりまたは職権で、訴訟の当事者に対して、計算書類

計算等

第618条〜第619条 /897/

の全部または一部の提出を命じることができます。

1 趣旨

　文書の提出義務については民事訴訟法220条が一般的に規定するが、更に当事者の有する計算書類について、裁判所が当事者に提出するよう命ずる広範な権限を認めている。すなわち、計算書類が持分会社の保有する財産について詳細に記載した帳簿であり、裁判における重要な証拠となるため、当事者に提出義務を課している。会社法616条と同様の趣旨である。

■第4節　資本金の額の減少

> 書H27-32-オ
> **第620条　C**
> 1　持分会社は、損失のてん補のために、その資本金の額を減少することができる。
> 2　前項の規定により減少する資本金の額は、損失の額として法務省令で定める方法により算定される額を超えることができない。

　持分会社は、損失の填補のために、その資本金の額を減少させることができます。ただし、減少する資本金の額は、損失の額を超えられません。

1 趣旨

　1項において、資本金の額の減少ができる場合の目的を限定し、2項において、減少することができる資本金の額の範囲を画している。その趣旨は、資本金が会社の責任財産の基準となるところ、持分会社の財産を確保することで債権者保護を図るところにある。

2 条文クローズアップ

「損失の額として法務省令で定める方法により算定される額」(2項)

　「損失の額として法務省令で定める方法により算定される額」とは、次に掲げる額のうち、いずれか少ない額をいう(会社計算規162条)。
　①「零」から「法第620条第1項の規定により資本金の額を減少する日における資本剰余金の額及び利益剰余金の額の合計額」を減じて得た額(ただし零未満である場合は零(会社計算規162条1号))
　②会社620条1項の規定により資本金の額を減少する日における資本金の額(会社計算規162条2号)

■第5節　利益の配当

> **第621条（利益の配当）　C**
> 1　社員は、持分会社に対し、利益の配当を請求することができる。
> 2　持分会社は、利益の配当を請求する方法その他の利益の配当に関する事項を定款で定めることができる。
> 3　社員の持分の差押えは、利益の配当を請求する権利に対しても、その効力を有する。

　社員は、持分会社に対し、利益の配当を請求することができます。また、持分会社は利益の配当を請求する方法等を定款で定めることができます。社員の持分に対する差押えは、利益の配当を請求する権利に対してもその効力を有します。

1 趣旨

　会社の営利法人の本質として当然に認められる請求を、明文化した規定である。すなわち、会社は、利益を出資者である社員に分配することを目的とする法人であるから、社員がその利益を請求するのを認められなければならない。これを明確にすることが、本条の趣旨である。

2 条文クローズアップ

1　「利益の配当」（1項）

　利益とは、持分会社の貸借対照表上の資産の額と負債の額の差額である純資産額と社員の出資財産の総額を比較した場合に、前者が後者を超えた額をいう。そして、**利益の配当**とは、このようにして計算される利益のうち、持分会社の内部に留保されたものを、各社員に分配された利益を払い戻す行為をいう。

2　利益の配当方法等（2項）

　利益の配当を請求する方法等については、その請求する時期、回数や当該事業年度において配当する財産の種類・額などを定款で定めることができる。

3　持分の差押えの効力（3項）

　社員の債権者は、利益の配当を請求する権利についても差押えの効力を及ぼすことができる。なお、持分の払戻請求権についての差押えの効力は611条7項に規定がある。

→611条

> **第622条（社員の損益分配の割合）　C**
> 1　損益分配の割合について定款の定めがないときは、その割合

> は、各社員の出資の価額に応じて定める。
> 2 利益又は損失の一方についてのみ分配の割合についての定めを定款で定めたときは、その割合は、利益及び損失の分配に共通であるものと推定する。

持分会社のあげた損益分配の割合について、定款の定めがないときには、その割合は各社員の出資の価額に応じて定めます。また、利益または損失の一方についてのみ分配の割合を定めたときは、その割合は利益および損失について共通であるものと推定されます。

1 趣旨

本条の趣旨は、定款自治を認めることで会社形態について当事者に裁量を認めることにある。また、利益または損失の一方についてのみ分配の割合を定めた場合の損益分配の割合について、共通して処理する旨の推定規定を定めることで、持分会社のあげた損益の分配について当事者の定款自治に沿うようにすることも趣旨とする。

第623条（有限責任社員の利益の配当に関する責任）　C

> 1 持分会社が利益の配当により有限責任社員に対して交付した❶金銭等の帳簿価額(以下この項において「❷配当額」という。)が当該利益の配当をする日における❸利益額(持分会社の利益の額として法務省令で定める方法により算定される額をいう。以下この章において同じ。)を超える場合には、当該利益の配当を受けた有限責任社員は、当該持分会社に対し、連帯して、当該配当額に相当する金銭を支払う義務を負う。
> 2 前項に規定する場合における同項の利益の配当を受けた有限責任社員についての第580条第2項(有限責任社員の責任)の規定の適用については、同項中「を限度として」とあるのは、「及び第623条第1項の配当額が同項の❷利益額を超過する額(同項の義務を履行した額を除く。)の合計額を限度として」とする。

❶151条1項
❷定
❸定

持分会社が有限責任社員に対して交付した配当額が、利益額を超える場合には、当該社員は持分会社に対して、連帯して配当額に相当する金銭を支払う義務があります。また、持分会社の債務については、出資額および配当額が利益額を超過する額の合計額を限度として責任を負います。

→試験対策12章1節③【2】(2)(a)(iv)

1 趣旨

持分会社の有限責任社員が違法配当を受けた場合の規律について規定することで、会社財産を確保し、債権者の保護を図る趣旨である。

2 語句の意味

利益額とは、持分会社の利益の額として法務省令（会社施規159条4号、会社計算規163条）で定める方法により算定される額をいう（会社623条1項括弧書）。

3 条文クローズアップ

有限責任社員の違法配当に関する責任
① 違法配当を受領した場合における持分会社に対する責任については、株式会社の株主の場合と同様に、受領した財産に相当する額の金銭を、持分会社に対して支払うべきこととしている（1項）。
② 債権者に対して直接負うべき責任については、違法配当の超過額から会社に支払義務を履行した額を控除した額の範囲内で責任を負うこととしている（2項）。
③ なお、合同会社の社員については、2項の債権者に対する責任規定は適用されず（630条3項）、株式会社の株主の場合と同様の責任規定が設けられている（630条2項）。

→630条

■第6節 出資の払戻し

司 H21-46-1
第624条 ・B⁻
1 社員は、持分会社に対し、既に出資として払込み又は給付をした❶**金銭等の払戻し**（以下この編において「❷**出資の払戻し**」という。）を請求することができる。この場合において、当該金銭等が金銭以外の財産であるときは、当該財産の価額に相当する金銭の払戻しを請求することを妨げない。
2 持分会社は、❷出資の払戻しを請求する方法その他の出資の払戻しに関する事項を定款で定めることができる。
3 社員の持分の差押えは、❷出資の払戻しを請求する権利に対しても、その効力を有する。

❶151条1項
❷定

持分会社の社員は出資の払戻しを受けることができます。そして、出資の払戻しを受ける方法等について、定款で定めることができます。社員の持分の差押えは、出資の払戻しを受ける権利についてもその効力があります。

1 趣旨

合名会社・合資会社の社員が、出資した財産の払戻しを受けられることを明確化する趣旨である（合同会社について632条1項参照）。合名会社・合資会社の社員は、会社の事業の状況に応じて出資すれば足りるので（合同会社の出資について578条本文参照）、本条において払戻しが認め

→632条

→578条

■第7節 合同会社の計算等に関する特則

■第1款 計算書類の閲覧に関する特則

> 書 H26-32-エ
> **第625条　C**
> 合同会社の債権者は、当該合同会社の営業時間内は、いつでも、その❶計算書類（作成した日から5年以内のものに限る。）について第618条第1項各号に掲げる請求（計算書類の閲覧請求または謄写請求）をすることができる。

❶617条2項

合同会社の債権者は、当該合同会社の営業時間内はいつでも作成した日から5年以内の計算書類について、閲覧・謄写等の請求をすることができます。

→試験対策12章1節④【2】(1)

1 趣旨

　間接有限責任社員しか存在しない合同会社の場合には、会社財産だけが債権の引当てとなるため、会社債権者保護の観点から、会社債権者に対し合同会社の財産状況を適切に開示させるための規定である。

■第2款 資本金の額の減少に関する特則

> **第626条（出資の払戻し又は持分の払戻しを行う場合の資本金の額の減少）　C**
> 1　合同会社は、第620条第1項〔損失填補のための資本金額の減少〕の場合のほか、❶出資の払戻し又は持分の払戻しのために、その資本金の額を減少することができる。
> 2　前項の規定により出資の払戻しのために減少する資本金の額は、第632条第2項に規定する出資払戻額から出資の払戻しをする日における剰余金額を控除して得た額を超えてはならない。
> 3　第1項の規定により持分の払戻しのために減少する資本金の額は、第635条第1項に規定する持分払戻額から持分の払戻しをする日における剰余金額を控除して得た額を超えてはならない。
> 4　前2項に規定する「❷剰余金額」とは、第1号に掲げる額から第2号から第4号までに掲げる額の合計額を減じて得た額をいう（第4款及び第5款において同じ。）。
> 　①　資産の額
> 　②　負債の額
> 　③　資本金の額

❶624条1項

❷定

④　前2号に掲げるもののほか、法務省令で定める各勘定科目に計上した額の合計額

　合同会社は、損失の填補のために行うほか、出資の払戻しまたは持分の払戻しのために資本金の額の減少をすることができます。この場合に減少する資本金の額は、出資払戻額・持分払戻額から剰余金額を控除して得た額を超えてはなりません。

1　趣旨

　合同会社は間接有限責任社員で構成される会社であるから、会社債権者を保護するために、会社財産を確保する必要性が高い。そして、資本金が会社の責任財産の基準となるため、本条は、出資の払戻し等で資本金の額を減少する場合には、一定の要件をみたす必要があることを規定し、会社財産の確保ひいては会社債権者の保護を図っている。

2　条文クローズアップ

合同会社の資本金額の減少

　合同会社は、株式会社において資本金額の減少の際に要求される会社債権者異議手続と同様の手続(627条)を経て、損失の填補のために資本金の額を減少することができる(620条1項)ほか、出資の払戻し・持分の払戻しのために、資本金の額を減少することができる(626条1項)。

第627条（債権者の異議）　C

1　合同会社が資本金の額を減少する場合には、当該合同会社の債権者は、当該合同会社に対し、資本金の額の減少について異議を述べることができる。

2　前項に規定する場合には、合同会社は、次に掲げる事項を官報に公告し、かつ、知れている債権者には、各別にこれを催告しなければならない。ただし、第2号の期間は、1箇月を下ることができない。
①　当該資本金の額の減少の内容
②　債権者が一定の期間内に異議を述べることができる旨

3　前項の規定にかかわらず、合同会社が同項の規定による公告を、官報のほか、第939条第1項の規定〔定款に定める会社の公告方法〕による定款の定めに従い、同項第2号〔日刊新聞紙に掲載する方法〕又は第3号〔電子公告〕に掲げる公告方法によりするときは、前項の規定による各別の催告は、することを要しない。

4　債権者が第2項第2号の期間内に異議を述べなかったときは、当該債権者は、当該資本金の額の減少について承認をしたものと

> 5 債権者が第２項第２号の期間内に異議を述べたときは、合同会社は、当該債権者に対し、弁済し、若しくは相当の担保を提供し、又は当該債権者に弁済を受けさせることを目的として❶信託会社等に相当の財産を信託しなければならない。ただし、当該資本金の額の減少をしても当該債権者を害するおそれがないときは、この限りでない。
> 6 資本金の額の減少は、前各項の手続が終了した日に、その効力を生ずる。

❶449条5項

　合同会社が資本金の額を減少する場合には、その合同会社の債権者は、その合同会社に対し、資本金の額の減少について異議を述べることができます。この場合、会社は、資本金の額の減少の内容と、1か月を下らない一定の期間内に異議を述べることができる旨等を官報に公告し、かつ、知れている債権者には、個別に催告しなければなりません。債権者が異議を述べたときは、債権者を害するおそれがないときを除き、当該債権者に対し、弁済、相当の担保の提供等をしなければなりません。

1 趣旨

　株式会社が資本金の額を減少する場合（449条）と同様に、合同会社の債権者も会社財産だけが債権の引当てとなることから、資本金の減少について会社債権者異議手続を要求することで、会社債権者を保護する趣旨である。

→449条

「知れている債権者」の意義

→449条判例セレクト2

■第3款　利益の配当に関する特則

> **第628条（利益の配当の制限）　C**
> 合同会社は、利益の配当により社員に対して交付する❶金銭等の帳簿価額（以下この款において「❷配当額」という。）が当該利益の配当をする日における❸利益額を超える場合には、当該利益の配当をすることができない。この場合においては、合同会社は、第621条第1項の規定による請求（社員の利益配当請求）を拒むことができる。

❶151条1項
❷定
❸623条1項

　合同会社は、配当額が利益配当日における利益額を超える場合には、利益の配当をすることができません。また、この場合において合同会社は、社員からの配当請求を拒むことができます。

→試験対策12章1節【4】【2】(2)

1 趣旨

　間接有限責任社員しか存在しない合同会社の場合には、会社財産だけが債権の引当てであり、特に会社財産を確保する必要性が高い。そこで、会社債権者保護のために、あらかじめ利益の配当を制限した。

> **第629条（利益の配当に関する責任）　C**
> 1　合同会社が前条〔利益配当の制限〕の規定に違反して利益の配当をした場合には、当該利益の配当に関する業務を執行した社員は、当該合同会社に対し、当該利益の配当を受けた社員と連帯して、当該❶配当額に相当する金銭を支払う義務を負う。ただし、当該業務を執行した社員がその職務を行うについて注意を怠らなかったことを証明した場合は、この限りでない。
> 2　前項の義務は、免除することができない。ただし、利益の配当をした日における❷利益額を限度として当該義務を免除することについて総社員の同意がある場合は、この限りでない。

❶628条

❷623条1項

　利益配当日における利益額を超えて利益の配当をした場合には、その利益の配当に関する業務を執行した社員は、その職務を行うについて注意を怠らなかったことを証明したときを除き、会社に対し、その利益配当を受けた社員と連帯して、その配当額に相当する金銭を支払う義務を負います。この義務は、利益配当日における利益額の範囲内でのみ、総社員の同意により免除することができます。

1 趣旨

　本条の趣旨は、628条に反する利益の配当に関する業務を執行した社員に、原則としてその責任を負わせることで、628条の趣旨を貫徹することにある。また連帯責任と規定し、責任強化を行うことで、確実な会社財産の回復を図っている。

> **第630条（社員に対する求償権の制限等）　C**
> 1　前条第1項に規定する場合〔違法配当〕において、利益の配当を受けた社員は、❶配当額が利益の配当をした日における❷利益額を超えることにつき善意であるときは、当該配当額について、当該利益の配当に関する業務を執行した社員からの求償の請求に応ずる義務を負わない。
> 2　前条第1項に規定する場合〔違法配当〕には、合同会社の債権者は、利益の配当を受けた社員に対し、❶配当額（当該配当額が当該債権者の合同会社に対して有する債権額を超える場合にあって

❶628条
❷623条1項

> は、当該債権額)に相当する金銭を支払わせることができる。
> 3　第623条第2項(違法配当における有限責任社員の債権者への直接責任)の規定は、合同会社の社員については、適用しない。

　利益額を超えて利益の配当がされた場合であっても、利益配当を受けた社員は、配当額が利益配当日における利益額を超えることにつき善意であるときは、その配当額について、その利益配当に関する業務を執行した社員からの求償の請求に応じる義務を負いません。もっとも、会社の債権者は、利益の配当を受けた社員に対し、配当額等に相当する金銭を支払わせることができます。

1　趣旨

　1項が、業務執行社員の求償権行使の対象を悪意の社員に限定したのは、みずから違法行為をした業務執行社員が善意の社員に対して求償することは不当であることにかんがみた一種の制裁である。
　2項は、会社債権者が会社財産維持に重大な利害を有することにかんがみ、民法の債権者代位権(民423条)の特則を定めたものである。

> ### 第631条（欠損が生じた場合の責任）　C
> 1　合同会社が利益の配当をした場合において、当該利益の配当をした日の属する事業年度の末日に❶欠損額(合同会社の欠損の額として法務省令で定める方法により算定される額をいう。以下この項において同じ。)が生じたときは、当該利益の配当に関する業務を執行した社員は、当該合同会社に対し、当該利益の配当を受けた社員と連帯して、その欠損額(当該欠損額が❷配当額を超えるときは、当該配当額)を支払う義務を負う。ただし、当該業務を執行した社員がその職務を行うについて注意を怠らなかったことを証明した場合は、この限りでない。
> 2　前項の義務は、総社員の同意がなければ、免除することができない。

❶定

❷628条

　合同会社が利益配当をした場合に、その利益配当日の属する事業年度の末日に欠損額が生じたときは、その利益配当に関する業務を執行した社員は、その職務を行うについて注意を怠らなかったことを証明した場合を除き、会社に対し、利益配当を受けた社員と連帯して、その欠損額等を支払う義務を負います。この義務は、総社員の同意がなければ免除することができません。

1　趣旨

　本条の趣旨は、配当をした事業年度の末日に欠損が生じた場合に、当

該業務を執行した社員および配当を受けた社員が連帯して支払う義務を規定することにより、会社財産を確保し、もって会社債権者の保護を図ることにある。

2 語句の意味

欠損額とは、合同会社の欠損の額として法務省令（会社計算規165条）で定める方法により算定される額をいう（会社631条1項）。

■第4款　出資の払戻しに関する特則

> 同H23-48-オ(予)。書H26-32-ウ
>
> **第632条（出資の払戻しの制限）　B⁻**
> 1　第624条第1項〔出資の払戻し〕の規定にかかわらず、合同会社の社員は、定款を変更してその出資の価額を減少する場合を除き、同項前段の規定による請求〔出資の払戻請求〕をすることができない。
> 2　合同会社が❶出資の払戻しにより社員に対して交付する❷金銭等の帳簿価額（以下この款において「❸出資払戻額」という。）が、第624条第1項前段の規定による請求〔出資の払戻請求〕をした日における❹剰余金額（第626条第1項の資本金の額の減少〔出資の払戻しのための資本金額の減少〕をした場合にあっては、その減少をした後の剰余金額。以下この款において同じ。）又は前項の出資の価額を減少した額のいずれか少ない額を超える場合には、当該出資の払戻しをすることができない。この場合においては、合同会社は、第624条第1項前段の規定による請求〔出資の払戻請求〕を拒むことができる。

❶624条1項
❷151条1項
❸定
❹定・626条4項

合同会社において出資の払戻しをする場合には、定款の変更による出資の価額の減少と同時に行うこととされ、出資払戻額が剰余金額と定款の変更によって行われた出資の減少額のうち少ないほうの額を超える場合には、出資の払戻しはできません。また、払戻請求を拒むことができます。

1 趣旨

合同会社の社員は間接有限責任を負うだけであることから、社員の自由な出資の払戻しを認めると、会社財産を唯一の引当てとする会社債権者の利益を害するおそれがある。そこで、本条は出資の払戻しの制限の規定をあらかじめ規定することで、会社財産を確保し会社債権者の保護を図っている。

2 条文クローズアップ

	合名会社	合資会社	合同会社
可否	可能 (624Ⅰ)		原則：不可(632Ⅰ) 例外：定款を変更してその出資の価額を減少する場合には可能(632Ⅰ) 例外の例外：出資払戻額が剰余金額または出資の価額を減少した額のいずれかを超える場合には不可(632Ⅱ)

第633条（出資の払戻しに関する社員の責任）　C

1　合同会社が前条〔出資の払戻制限〕の規定に違反して❶出資の払戻しをした場合には、当該出資の払戻しに関する業務を執行した社員は、当該合同会社に対し、当該出資の払戻しを受けた社員と連帯して、当該❷出資払戻額に相当する金銭を支払う義務を負う。ただし、当該業務を執行した社員がその職務を行うについて注意を怠らなかったことを証明した場合は、この限りでない。
2　前項の義務は、免除することができない。ただし、❶出資の払戻しをした日における❸剰余金額を限度として当該義務を免除することについて総社員の同意がある場合は、この限りでない。

❶624条1項

❷632条2項

❸626条4項、632条2項

出資の払戻しの制限規定に違反して出資の払戻しをした場合には、その出資の払戻しに関する業務を執行した社員は、出資の払戻しを受けた社員と連帯して合同会社に対して金銭を支払う義務を負うとされ、その義務のうち剰余金額を超える部分については免除することはできません。

1 趣旨

本条の趣旨は、632条に反する出資の払戻しに関する業務を執行した社員および配当を受けた社員が連帯して支払う義務を規定することにより、責任を強化し、632条の趣旨を貫徹するところにある。

第634条（社員に対する求償権の制限等）　C

1　前条第1項に規定する場合〔違法な出資の払戻しを行った場合〕において、❶出資の払戻しを受けた社員は、❷出資払戻額が出資の払戻しをした日における❸剰余金額を超えることにつき善意であるときは、当該出資払戻額について、当該出資の払戻しに関する業務を執行した社員からの求償の請求に応ずる義務を負わない。
2　前条第1項に規定する場合〔違法な出資の払戻しを行った場合〕には、合同会社の債権者は、❶出資の払戻しを受けた社員に対し、❷出資払戻額(当該出資払戻額が当該債権者の合同会社に対して有する債権額を超える場合にあっては、当該債権額)に相当する金銭を支払わせることができる。

❶624条1項
❷632条2項
❸626条4項、632条2項

出資の払戻しの制限規定に違反して出資の払戻しをした場合には、出資の払戻しを受けた社員は、出資の払戻しが、このような規定に違反していることにつき善意であるときは、その受け取った金額について、業務を執行した社員からの求償の請求に応ずる義務はありません。会社の債権者は、払戻しを受けた社員に対し、払戻額に相当する金銭を支払わせることができます。

1 趣旨

　1項が、業務執行社員の求償権行使の対象を悪意の社員に限定したのは、みずから違法行為をなした業務執行社員が善意の社員に対して求償することは不当であることにかんがみた一種の制裁である。2項は、会社債権者が会社財産維持に重大な利害を有すことにかんがみ、民法の債権者代位権(民423条)の特則を定めたものである。

■第5款　退社に伴う持分の払戻しに関する特則

第635条（債権者の異議）　C

1　合同会社が持分の払戻しにより社員に対して交付する❶金銭等の帳簿価額（以下この款において「❷持分払戻額」という。）が当該持分の払戻しをする日における❸剰余金額を超える場合には、当該合同会社の債権者は、当該合同会社に対し、持分の払戻しについて異議を述べることができる。
2　前項に規定する場合には、合同会社は、次に掲げる事項を官報に公告し、かつ、知れている債権者には、各別にこれを催告しなければならない。ただし、第2号の期間は、1箇月（❷持分払戻額が当該合同会社の純資産額として法務省令で定める方法により算定される額を超える場合にあっては、2箇月）を下ることができない。
　①　当該❸剰余金額を超える持分の払戻しの内容
　②　債権者が一定の期間内に異議を述べることができる旨
3　前項の規定にかかわらず、合同会社が同項の規定による公告を、官報のほか、第939条第1項〔定款に定める会社の公告方法〕の規定による定款の定めに従い、同項第2号〔日刊新聞紙に掲載する方法〕又は第3号〔電子公告〕に掲げる公告方法によりするときは、前項の規定による各別の催告は、することを要しない。ただし、❷持分払戻額が当該合同会社の純資産額として法務省令で定める方法により算定される額を超える場合は、この限りでない。
4　債権者が第2項第2号の期間内に異議を述べなかったときは、当該債権者は、当該持分の払戻しについて承認をしたものとみなす。
5　債権者が第2項第2号の期間内に異議を述べたときは、合同会

❶151条1項
❷定
❸626条4項

社は、当該債権者に対し、弁済し、若しくは相当の担保を提供し、又は当該債権者に弁済を受けさせることを目的として❸信託会社等に相当の財産を信託しなければならない。ただし、❷持分払戻額が当該合同会社の純資産額として法務省令で定める方法により算定される額を超えない場合において、当該持分の払戻しをしても当該債権者を害するおそれがないときは、この限りでない。

❸449条5項

　退社に伴う持分払戻額がその持分の払戻日における剰余金額を超える場合には、会社債権者は、会社に対し、持分の払戻しについて異議を述べることができます。このような異議を述べる機会を保障するため、会社債権者に対し公告、催告を必要としています。

1 趣旨

　合同会社においては、会社財産が会社債権者の唯一の引当てになるため、会社債権者は会社財産維持に重大な利害を有する。そこで、退社に伴う持分払戻額がその持分の払戻日における剰余金の額を超える場合には、会社債権者は異議を述べることができるとし、その保護を図った。

2 条文クローズアップ

1　公告と催告

　会社は、剰余金額を超える持分の払戻しの内容および債権者が異議申述期間内（1か月以上〔会社施規159条7号、会社計算規166条より算定される額を超える場合には2か月以上〕）に異議を述べることができる旨を官報に公告し、かつ、知れている債権者には、各別にこれを催告しなければならない（会社635条2項）。

2　催告が不要な場合

　持分払戻額が会社の純資産額として法務省令（会社施規159条7号、会社計算規166条）で定める方法により算定される額を超えない場合において、会社が、官報のほか、定款の定めに従い、時事を掲載する日刊新聞に掲げてする公告あるいは電子公告により公告するときは、各別に催告する必要はない（会社635条3項）。

3　会社債権者が異議申述期間内に異議を述べなかった場合

　会社債権者が異議申述期間内に異議を述べなかったときは、債権者は、持分の払戻しについて承認をしたものとみなされる（4項）。

4　会社債権者が異議申述期間内に異議を述べた場合

　会社債権者が異議申述期間内に異議を述べたときは、会社は、その債権者に対し、弁済し、もしくは相当の担保を提供し、またはその債権者に弁済を受けさせることを目的として信託会社等に相当の財産を信託しなければならない。ただし、持分払戻額が会社の純資産額として法務省

令(会社施規159条7号、会社計算規166条)で定める方法により算定される額を超えない場合に、その持分の払戻しをしてもその債権者を害するおそれがないときは除く(会社635条5項)。

「知れている債権者」の意義

→449条判例セレクト2

第636条(業務を執行する社員の責任) C

1 合同会社が前条(債権者による異議)の規定に違反して持分の払戻しをした場合には、当該持分の払戻しに関する業務を執行した社員は、当該合同会社に対し、当該持分の払戻しを受けた社員と連帯して、当該❶持分払戻額に相当する金銭を支払う義務を負う。ただし、持分の払戻しに関する業務を執行した社員がその職務を行うについて注意を怠らなかったことを証明した場合は、この限りでない。
2 前項の義務は、免除することができない。ただし、持分の払戻しをした時における剰余金額を限度として当該義務を免除することについて総社員の同意がある場合は、この限りでない。

❶635条1項

合同会社が会社債権者に対する公告、催告等の手続を経ないで、剰余金額を超える持分の払戻しをした場合には、その業務を執行した社員は、持分の払戻しを受けた社員と連帯して合同会社に対して金銭を支払う義務を負うとされ、その義務は、原則として免除することができません。

1 趣旨

本条の趣旨は、635条に反する持分の払戻しに関する業務を執行した社員および配当を受けた社員が連帯して支払う義務を規定することにより、責任を強化し、635条の趣旨を貫徹するところにある。

第6章
定款の変更

> 司H19-36-3。書H23-34-オ
> **第637条（定款の変更）　B⁻**
> 持分会社は、定款に別段の定めがある場合を除き、総社員の同意によって、定款の変更をすることができる。

持分会社は、定款に別段の定めがある場合を除いて、総社員の同意によって、定款の変更をすることができます。

→試験対策12章1節[2]【3】(1)(c)

1 趣旨

持分会社では、社員の個性を重視するから、社員にとって重大事項である定款変更に、原則として総社員の同意を必要としたものである。

2 条文クローズアップ

1 定款変更の決議要件の変更

定款変更の決議は、原則として総社員の一致により行う必要がある。ただし、これと異なる決議要件を定めることも、定款変更の決議として可能である。したがって、定款変更の決議について総社員の一致ではなく、「過半数で決める」「代表社員に一任する」というように定めることもできる。

2 定款変更の効力発生

定款は書面または電磁的記録で作成される（575条）ところ、定款変更の効力を発生させるには、決議だけで足りるのか、定款の内容について記された書面等を作成する必要があるのかが、条文上明らかではない。

これについては、決議のみで定款変更の効力が発生すると解するのが通説である。定款が書面等で作成することを要求される理由は、その変更内容を明確にすることや不正行為が行われることを防止することにある。しかし、定款変更をする際にはその議事録等が通常は存在する。したがって、定款変更の内容が不明等という事態に陥ることはないので、書面等で作成するまで定款変更の効力が発生しないと解さなければならない理由はないのである。

> **第638条（定款の変更による持分会社の種類の変更）　B⁻**
> 1　合名会社は、次の各号に掲げる定款の変更をすることにより、当該各号に定める種類の持分会社となる。

①　有限責任社員を加入させる定款の変更　合資会社
　　②　その社員の一部を有限責任社員とする定款の変更　合資会社
　　③　その社員の全部を有限責任社員とする定款の変更　合同会社
　2　合資会社は、次の各号に掲げる定款の変更をすることにより、当該各号に定める種類の持分会社となる。
　　①　その社員の全部を無限責任社員とする定款の変更　合名会社
　　②　その社員の全部を有限責任社員とする定款の変更　合同会社
　3　合同会社は、次の各号に掲げる定款の変更をすることにより、当該各号に定める種類の持分会社となる。
　　①　その社員の全部を無限責任社員とする定款の変更　合名会社
　　②　無限責任社員を加入させる定款の変更　合資会社
　　③　その社員の一部を無限責任社員とする定款の変更　合資会社

　定款の変更をすることにより、合名会社から合資・合同会社への種類の変更、合資会社から合名・合同会社への種類の変更、および合同会社から合名・合資会社への種類の変更をすることができます。

→試験対策12章1節③【2】(1)

1 趣旨

　合資会社から合同会社へ変更する場合など、従来からいた無限責任社員がいなくなるときは、これに伴い引当てとなる責任財産の状態も変わり、会社債権者の利益を害するおそれがある。そこで、本条では、持分会社の種類を変更する場合には、定款の変更を必要とし、その種類の変更を外部からも認識できるようにした。

2 条文クローズアップ

会社の種類の変更

　持分会社は、次に掲げる定款の変更をすることにより、異なった種類の持分会社となることができる（638条）。もっとも、これは組織変更（746条参照）ではない。持分会社の組織変更とは、持分会社が株式会社となる

	定款変更の内容	変更後の持分会社
合名会社	①有限責任社員を加入させる定款の変更	合資会社
	②その社員の一部を有限責任社員とする定款の変更	
	③その社員の全部を有限責任社員とする定款の変更	合同会社
合資会社	①その社員の全部を無限責任社員とする定款の変更	合名会社
	②その社員の全部を有限責任社員とする定款の変更	合同会社
合同会社	①その社員の全部を無限責任社員とする定款の変更	合名会社
	②無限責任社員を加入させる定款の変更	合資会社
	③その社員の一部を無限責任社員とする定款の変更	

場合であり、持分会社の種類の変更は定款の変更の一態様である。

> 予 H27-24-オ
> **第639条（合資会社の社員の退社による定款のみなし変更） B**
> 1　合資会社の有限責任社員が退社したことにより当該合資会社の社員が無限責任社員のみとなった場合には、当該合資会社は、合名会社となる定款の変更をしたものとみなす。
> 2　合資会社の無限責任社員が退社したことにより当該合資会社の社員が有限責任社員のみとなった場合には、当該合資会社は、合同会社となる定款の変更をしたものとみなす。

　合資会社の有限責任社員が退社したことにより、当該合資会社の社員が無限責任社員のみとなった場合には、当該合資会社は、合名会社となる定款の変更をしたものとみなされます。これに対して、合資会社の無限責任社員が退社したことにより当該合資会社の社員が有限責任社員のみとなった場合には、当該合資会社は、合同会社となる定款の変更をしたものとみなされます。

→試験対策12章1節③【2】(1)

1 趣旨

　合資会社は、有限責任社員と無限責任社員の両方の社員によって構成される会社である。従前は、そのどちらか一方の社員が存在しなくなった場合には、もはや合資会社としては存続しえないとして解散させていた。しかし、会社が解散となると多数の利害関係者に大きな影響を及ぼす。そこで本条は、どちらか一方の社員が存在しなくなったとしても、合名会社か合同会社に定款を変更したものとみなすことにより、利害関係者に及ぼす影響を抑制する趣旨で設けられた。

2 条文クローズアップ

みなし定款変更の効果

　みなし定款変更の効果は、638条2項の特則であるという意味にとどまり、商号変更等の効果が当然に生ずるわけではない。

> **第640条（定款の変更時の出資の履行） C**
> 1　第638条第1項第3号又は第2項第2号に掲げる定款の変更（社員全員を有限責任とする旨の定款変更）をする場合において、当該定款の変更をする持分会社の社員が当該定款の変更後の合同会社に対する出資に係る払込み又は給付の全部又は一部を履行していないときは、当該定款の変更は、当該払込み及び給付が完了した日に、その効力を生ずる。
> 2　前条第2項（合資会社の無限責任社員の退社に基づく定款のみなし変更）

> の規定により合同会社となる定款の変更をしたものとみなされた場合において、社員がその出資に係る払込み又は給付の全部又は一部を履行していないときは、当該定款の変更をしたものとみなされた日から１箇月以内に、当該払込み又は給付を完了しなければならない。ただし、当該期間内に、合名会社又は合資会社となる定款の変更をした場合は、この限りでない。

　合名・合資会社から合同会社への会社の種類の変更をするために、その社員の全部を有限責任とする旨の定款変更をする場合には、定款の変更は、払込みおよび給付が完了した日に、その効力を生じます。無限責任社員の退社によって合同会社となる定款の変更をしたものとみなされた場合、定款の変更をしたものとみなされた日から１か月以内に、当該払込みまたは給付を完了しなければなりません。

1 趣旨

　本条の趣旨は、他の種類の持分会社から間接有限責任社員のみで構成される合同会社に変更された場合にも、会社財産を確保するための規定をおくことで、会社債権者の保護を図ることにある。

第7章

解　散

> 司H25-48-エ（予）、H19-36-4。書H24-33-オ
> **第641条（解散の事由）　B**
> 持分会社は、次に掲げる事由によって解散する。
> ①　定款で定めた存続期間の満了
> ②　定款で定めた解散の事由の発生
> ③　総社員の同意
> ④　社員が欠けたこと。
> ⑤　合併（合併により当該持分会社が消滅する場合に限る。）
> ⑥　破産手続開始の決定
> ⑦　第824条第1項〔会社の解散命令〕又は第833条第2項〔会社の解散の訴え〕の規定による解散を命ずる裁判

持分会社は、定款で定めた存続期間の満了、総社員の同意、社員が欠けたこと等といった事由により解散します。

→試験対策12章1節②【5】(1)

1 趣旨

本条は、持分会社が解散をする事由について規定している。各号の趣旨は以下のとおりである。1号から3号までは、会社の設立を自由に行うことができることから、解散についても社員の自主的な判断を認めた。また、持分会社は社員の死亡を法定退社原因（607条1項3号）としていることから、持分は当然には相続人に承継されないため社員の死亡により持分会社に社員が存在しないという現象が発生しうる。そこで4号は、社員が欠けたことを会社の解散原因と規定する。5号は、当該会社が消滅する場合にかぎって解散するという当然のことを規定し、6号および7号は、公益上の見地から定められている。

2 語句の意味

解散とは、会社の法人格の消滅をきたすべき原因となる事実をいう。

→2編8章総説

> **第642条（持分会社の継続）　C**
> 1　持分会社は、前条第1号から第3号までに掲げる事由〔定款で定めた存続期間の満了、定款で定めた解散事由の発生、総社員の同意〕によって解散した場合には、次章〔清算〕の規定による清算が結了するまで、社員の全部又は一部の同意によって、持分会社を継続するこ

2　前項の場合には、持分会社を継続することについて同意しなかった社員は、持分会社が継続することとなった日に、退社する。

持分会社は、一定の解散事由の場合、社員の同意によって、清算が結了するまで継続することができます。この持分会社の継続に同意しなかった社員は、退社することになります。

→試験対策12章1節[2]【5】(1)

1 趣旨

一度持分会社が解散した場合でも、解散の前後を通じて会社が同一であれば、一定の要件のもと、会社が解散前の状態に戻り、再び会社としての権利能力を保有することを認めた。

2 語句の意味

会社の継続とは、解散した会社がその権利能力および行為能力を解散前の状態に復帰することをいう。

3 条文クローズアップ

会社を継続できる解散事由（1項）
所定の解散事由（641条1号から3号まで）による場合には、清算が結了するまで（667条参照）、社員の全部または一部の同意によって持分会社を継続することができる。なお、その他の解散事由（641条4号から7号まで）による場合には、その解散事由の性質上、持分会社を継続することが認められていない。

第643条（解散した持分会社の合併等の制限）　C
持分会社が解散した場合には、当該持分会社は、次に掲げる行為をすることができない。
① 合併（合併により当該持分会社が存続する場合に限る。）
② 吸収分割による他の会社がその事業に関して有する権利義務の全部又は一部の承継

解散後の持分会社は、その持分会社が存続会社となる合併および吸収分割により、権利義務の承継をすることができません。

1 趣旨

解散して、清算の目的で存続するものとされている会社が、他の会社の事業に関する権利義務の全部または一部を承継することには問題がある。そこで、解散した持分会社の合併等の制限について規定した。

第8章

清　算

■第1節　清算の開始

→2編9章総説

> **第644条（清算の開始原因）　C**
> 持分会社は、次に掲げる場合には、この章の定めるところにより、清算をしなければならない。
> ① 解散した場合（第641条第5号に掲げる事由〔合併〕によって解散した場合及び破産手続開始の決定により解散した場合であって当該破産手続が終了していない場合を除く。）
> ② 設立の無効の訴えに係る請求を認容する判決が確定した場合
> ③ 設立の取消しの訴えに係る請求を認容する判決が確定した場合

　持分会社は、解散した場合、設立の無効の訴えにかかる請求を認容する判決が確定した場合、設立の取消しの訴えにかかる請求を認容する判決が確定した場合には、清算をしなければなりません。

1　趣旨

　本条の趣旨は、株式会社の場合（475条参照）と同様に、持分会社についても、その清算時においては社員と会社債権者の利害対立が先鋭化することから、法定清算の開始原因を明確にすることで、多数の会社関係者の利害を調整するところにある。

→475条

2　語句の意味

　清算とは、会社の法人格の消滅前に、会社の現務を結了し、債権を取り立て、債権者に対し債務を弁済し、社員に対して残余財産を分配する等の手続をいう。

3　条文クローズアップ

1　「解散した場合」（1号） →475条③1
2　「設立の無効の訴えに係る請求を認容する判決が確定した場合」（2号） →475条③2
3　「設立の取消の訴えに係る請求を認容する判決が確定した場合」（3号）

第645条（清算持分会社の能力） C

前条〔清算の開始原因〕の規定により清算をする持分会社（以下「❶清算持分会社」という。）は、清算の目的の範囲内において、清算が結了するまではなお存続するものとみなす。

❶定

清算持分会社は、清算の目的の範囲内において、清算が結了するまではなお存続するものとみなされます。

1 趣旨

本条の趣旨は、清算持分会社が現務の結了などを行うために存在するにすぎず、解散前と同様の営業取引をすることはないことから、清算持分会社の能力を清算の目的の範囲内に限定することにある。

■第2節　清算人

第646条（清算人の設置） C

❶清算持分会社には、1人又は2人以上の清算人を置かなければならない。

❶645条

清算持分会社は、1人または2人以上の清算人をおく必要があります。

1 趣旨

本条の趣旨は、株式会社の場合（477条参照）と同様に、清算事務を確実に履行させるため、清算人をおくことを義務づけたことにある。

2 語句の意味

清算人とは、清算会社の清算事務執行機関をいう。

第647条（清算人の就任） C

1　次に掲げる者は、❶清算持分会社の清算人となる。
　①　業務を執行する社員（次号又は第3号に掲げる者がある場合を除く。）
　②　定款で定める者
　③　社員（業務を執行する社員を定款で定めた場合にあっては、その社員）の過半数の同意によって定める者
2　前項の規定により清算人となる者がないときは、裁判所は、利害関係人の申立てにより、清算人を選任する。
3　前2項の規定にかかわらず、第641条第4号〔社員が欠けたこと〕又は第7号〔解散を命ずる裁判〕に掲げる事由によって解散した❶清算

❶645条

> 持分会社については、裁判所は、利害関係人若しくは法務大臣の申立てにより又は職権で、清算人を選任する。
> 4　第1項及び第2項の規定にかかわらず、第644条第2号〔設立の無効判決〕又は第3号〔設立の取消判決〕に掲げる場合に該当することとなった❶清算持分会社については、裁判所は、利害関係人の申立てにより、清算人を選任する。

　定款で定める者、社員等の過半数の同意によって定める者は、清算人となります。これらの者がいない場合は、業務執行社員が清算人となります。また、これらの方法で清算人となる者がいない場合は、裁判所が利害関係人の申立てにより清算人を選任します。

1　趣旨

　株式会社の場合と同様の規定である（478条参照）。すなわち、647条1項は、会社の後始末を行う清算人の選任について、まず社員の意思によるべきことを明らかにする趣旨である。2項から4項までは、1項の規定で清算人を定められないときに清算事務が滞る事態を避けるために、裁判所により選任できる場合を定めた。

2　条文クローズアップ

1　原則（1項、2項）

　①定款で定める者（1項2号）または②社員（業務を執行する社員を定款で定めた場合にはその社員）の過半数の同意によって定める者（1項3号）が清算人となる。③これらの者がいないときは、業務を執行する社員がそのまま清算人になる（1項1号）。

　1項の規定によっては清算人となる者がいないときには、裁判所が、利害関係人の申立てにより清算人を選任する（2項）。

2　例外（3項、4項）

(1)　持分会社が、①社員が欠けたこと（641条4号）、または②解散を命じる裁判（解散命令〔824条1項〕、解散判決〔833条2項〕、641条7号）によって解散した場合には、裁判所は、①利害関係人の申立て、②法務大臣の申立て、または③職権により、清算人を選任する（647条3項）。

(2)　清算持分会社に対して、①設立の無効の訴えにかかる請求を認容する判決が確定した場合（644条2号）、または②設立の取消しの訴えにかかる請求を認容する判決が確定した場合（644条3号）には、裁判所は利害関係人の申立てにより清算人を選任する（647条4項）。

清算人の選任を申し立てられる者
　社員の債権者も清算人の選任を申請しうる利害関係人に包含される

(大決大 8・6・9 民録25-997)。

第648条（清算人の解任） C
1 清算人（前条第 2 項から第 4 項まで〔裁判所による清算人の選任〕の規定により裁判所が選任したものを除く。）は、いつでも、解任することができる。
2 前項の規定による解任は、定款に別段の定めがある場合を除き、社員の過半数をもって決定する。
3 重要な事由があるときは、裁判所は、社員その他利害関係人の申立てにより、清算人を解任することができる。

清算人は、裁判所が選任した場合を除いて、いつでも社員の過半数の同意により解任することができます。また、重要な事由があるときは、裁判所は、社員その他利害関係人の申立てにより、清算人を解任することができます。

1 趣旨

本条の趣旨は、株式会社の場合(479条参照)と同様に、選任された清算人を一定の要件のもと、解任できることを定め、清算事務を適切な者に行わせることを可能にすることにある。

→479条

第649条（清算人の職務） C
清算人は、次に掲げる職務を行う。
① 現務の結了
② 債権の取立て及び債務の弁済
③ 残余財産の分配

清算人は、現務の結了、債権の取立て、債務の弁済、残余財産の分配を行います。清算人の職務は、株式会社の場合は(481条)と同様となります。

1 趣旨

本条の趣旨は、清算人の主要な権限事項を明らかにすることで、清算持分会社の能力を定めた645条の具体的な中身を示すことにある。

2 条文クローズアップ

清算人の職務権限

→481条②

第650条（業務の執行） C
1 清算人は、❶清算持分会社の業務を執行する。
2 清算人が2人以上ある場合には、❶清算持分会社の業務は、定款に別段の定めがある場合を除き、清算人の過半数をもって決定する。
3 前項の規定にかかわらず、社員が2人以上ある場合には、❶清算持分会社の事業の全部又は一部の譲渡は、社員の過半数をもって決定する。

❶645条

　清算人は、清算持分会社の業務を執行します。清算人が複数いる場合には、清算持分会社の業務の執行は、定款に別段の定めがあるときを除き、清算人の過半数をもって決定します。しかし、清算持分会社の事業の全部または一部の譲渡は、社員の過半数をもって決定します。

1 趣旨

　持分会社では、業務執行を行うのは業務執行社員である（590条1項、2項）。これと同様、650条1項、2項では、清算持分会社の業務執行を行うのは清算人であることを定めた。3項は、事業譲渡という重要な事項については、清算人のみで決定することができない旨を規定した。一方で、清算事務を迅速に結了するため、その決定は社員の過半数という多数決ですることができる旨を示している。

第651条（清算人と清算持分会社との関係） C
1 ❶清算持分会社と清算人との関係は、委任に関する規定に従う。
2 第593条第2項〔業務執行社員の忠実義務〕、第594条〔競業禁止〕及び第595条〔利益相反取引の制限〕の規定は、清算人について準用する。この場合において、第594条第1項及び第595条第1項中「当該社員以外の社員」とあるのは、「社員（当該清算人が社員である場合にあっては、当該清算人以外の社員）」と読み替えるものとする。

❶645条

　清算持分会社と清算人との関係は、委任（民643条以下参照）に関する規定に従います。また、清算人には忠実義務等、業務を執行する社員に対する規律が同じく及びます。

1 趣旨

　清算持分会社における清算人は、持分会社における業務執行社員と同様の地位に立たされる。そのため、業務執行社員の責任（593条から595条まで）と同様の規定を、清算人にも準用し、清算人が負う義務を明らかにしている。

2 条文クローズアップ

1 善管注意義務(1項)
　清算持分会社と清算人との関係は、委任(民643条以下参照)に関する規定に従う。そのため、清算人は、その職務を行うにつき清算持分会社に善管注意義務(民644条)を負う。

2 その他の清算人の義務(2項)
　1項の善管注意義務に加え、清算人は各種の義務を負う。
①忠実義務(2項前段・593条2項)
②競業避止義務(651条2項前段・594条1項1号および2号、なお594条1項ただし書)
③利益相反取引の禁止(651条2項前段・595条1項1号および2号、なお595条1項ただし書)

第652条（清算人の清算持分会社に対する損害賠償責任） C
　清算人は、その任務を怠ったときは、❶清算持分会社に対し、連帯して、これによって生じた損害を賠償する責任を負う。

❶645条

　清算人は、その任務を怠ったときは、清算持分会社に対して、連帯して、これによって生じた損害を賠償する責任を負います。清算人の責任は、役員等の責任(423条)と同様に考えられています。

1 趣旨
　清算人も、解散前の持分会社の業務執行社員と同様に、その役割の重要性は高い。そこで、任務を怠ったことで会社に損害が生じた場合には、596条と同様に、会社に対して厳格な賠償責任を負うこととした。

第653条（清算人の第三者に対する損害賠償責任） C
　清算人がその職務を行うについて悪意又は重大な過失があったときは、当該清算人は、連帯して、これによって第三者に生じた損害を賠償する責任を負う。

　清算人がその職務を行うについて悪意または重大な過失があったときは、その清算人は、連帯して、これによって第三者に生じた損害を賠償する責任を負います。

1 趣旨
　本条の趣旨は、第三者に損害を加えた株式会社の場合(429条)、持分会社の場合(597条)および清算株式会社の場合(487条)と同様に、清算人

→429条
→597条
→487条

が職務を行うについて悪意または重大な過失があれば、第三者に損害賠償責任が生じることを規定し、第三者の保護を図った規定である。

→429条②

2 条文クローズアップ

清算人の第三者責任
清算人の第三者に対する責任は、株式会社の取締役の第三者に対する責任とほぼパラレルになっている。

> **第654条（法人が清算人である場合の特則） C**
> 1 法人が清算人である場合には、当該法人は、当該清算人の職務を行うべき者を選任し、その者の氏名及び住所を社員に通知しなければならない。
> 2 前3条〔清算人と清算持分会社との関係、清算人の損害賠償責任〕の規定は、前項の規定により選任された清算人の職務を行うべき者について準用する。

法人が清算人である場合には、その法人は、清算人の職務を行うべき者を選任して、その者の氏名および住所を社員に通知しなければなりません。清算人と清算持分会社との関係や清算持分会社に対する損害賠償責任の規定等はこの場合に準用されます。

1 趣旨

本条の趣旨は、法人が持分会社の社員になれる場合と同様（598条参照）、法人が清算人となることができることを前提に、規制の実効性を高めるため、清算持分会社の清算人として実際に清算事務にあたる自然人に、義務および責任を課すことを示すところにある。

> **第655条（清算持分会社の代表） C**
> 1 清算人は、❶清算持分会社を代表する。ただし、他に清算持分会社を代表する清算人その他清算持分会社を代表する者を定めた場合は、この限りでない。
> 2 前項本文の清算人が2人以上ある場合には、清算人は、各自、❶清算持分会社を代表する。
> 3 ❶清算持分会社は、定款又は定款の定めに基づく清算人（第647条第2項から第4項まで〔裁判所による清算人の選任〕の規定により裁判所が選任したものを除く。以下この項において同じ。）の互選によって、清算人の中から清算持分会社を代表する清算人を定めることができる。
> 4 第647条第1項第1号の規定により業務を執行する社員が清算

❶645条

人となる場合において、持分会社を代表する社員を定めていたときは、当該持分会社を代表する社員が❶清算持分会社を代表する清算人となる。
5　裁判所は、第647条第2項から第4項まで〔裁判所による清算人の選任〕の規定により清算人を選任する場合には、その清算人の中から❶清算持分会社を代表する清算人を定めることができる。
6　第599条第4項〔代表社員の権限〕及び第5項〔代表社員の権限に対する制限〕の規定は❶清算持分会社を代表する清算人について、第603条〔業務執行社員の職務代行者の権限〕の規定は民事保全法第56条に規定する仮処分命令〔法人の代表者の職務執行代行者選任の仮処分命令〕により選任された清算人又は清算持分会社を代表する清算人の職務を代行する者について、それぞれ準用する。

清算持分会社を代表する清算人、その他清算持分会社を代表する者を定めた場合を除き、各清算人が、清算持分会社を代表します。

1 趣旨

解散前の持分会社では、業務執行社員が持分会社を代表する（599条1項本文）。これと同様に、清算持分会社では、清算人が清算持分会社を代表するとした。一方で、代表清算人を定めることも可能とし、この場合には対外的な代表権は、代表清算人に集中することとした。

2 条文クローズアップ

1　原則（1項本文、2項）
清算人は、複数人いる場合であっても、単独で清算持分会社を代表するのが原則である。

2　例外（1項ただし書、3項から5項まで）
例外的に、代表清算人を定めることが可能となっている。これを受けて、定款または清算人の互選により代表清算人を定める場合（3項）、解散前持分会社の代表社員が代表清算人となる場合（4項）、裁判所により代表清算人が定められる場合（5項）、が規定されている。

3　代表権に加える制限（6項）
代表清算人は、清算持分会社の業務に関するいっさいの裁判上または裁判外の行為をする権限を有し（655条6項・599条4項）、これに加えた制限は善意の第三者に対抗できないとする（655条6項・599条5項）。

第656条（清算持分会社についての破産手続の開始）　C

1　❶清算持分会社の財産がその債務を完済するのに足りないことが明らかになったときは、清算人は、直ちに破産手続開始の申立て

❶645条

をしなければならない。
2　清算人は、❶清算持分会社が破産手続開始の決定を受けた場合において、破産管財人にその事務を引き継いだときは、その任務を終了したものとする。
3　前項に規定する場合において、❶清算持分会社が既に債権者に支払い、又は社員に分配したものがあるときは、破産管財人は、これを取り戻すことができる。

清算持分会社の財産がその債務を完済するのに足りないことが明らかになった場合には、清算人は、すみやかに破産手続開始の申立てをしなければなりません。そして、清算人が破産管財人にその事務を引き継いだときは、その任務を終了したものとされます。

1 趣旨

株式会社における清算（484条）と同様、持分会社における清算も、資産超過であることを前提としている。清算手続中に債務超過が明らかになった場合は、破産手続による厳格な弁済を行う必要があるため、破産手続に移行することとした。3項は、破産手続開始決定の前後で、弁済割合が変わることによる不公平をなくすため、破産管財人の取戻権を定めた。　→484条

2 条文クローズアップ

1　破産手続開始の要件（1項）
債務超過であることが明らかになったことである。

2　破産手続開始決定の効果（2項）
破産手続においては財産管理を行うのは破産管財人である（破78条1項）。そのため、清算人は破産管財人へ業務の引継ぎを行い、その任務を終了することとなる。

3　清算持分会社の財産処分と破産管財人の取戻権（3項）
清算手続中に債務超過が発覚した場合は、すでに一部の債権者に完全な弁済を行っている可能性がある。その分だけ残余の債権者が受領できる弁済が減少するのは、債権者平等に反する。そのため、破産管財人の権限として、すでに支払った弁済金や分配した財産がある場合は、これを取り戻すことができることとした。

第657条（裁判所の選任する清算人の報酬）　C
裁判所は、第647条第2項から第4項まで〔裁判所による清算人の選任〕の規定により清算人を選任した場合には、❶清算持分会社が当該清算人に対して支払う報酬の額を定めることができる。

❶645条

定款の規定や社員の過半数の同意により清算人が指定されていない場合等において、裁判所が選任した清算人の報酬は、裁判所が決定します。

1 趣旨

業務を執行していた社員等が清算人となる場合には、清算持分会社と清算人の間に個別の契約関係が生じるため、報酬についても当事者間に委ねられる。しかし、裁判所により清算人が選任された場合には、このような契約関係が存在しないため、清算人に報酬が支払われない事態が生じる。本条の趣旨は、こうした不都合を回避するために設けられた。

■第3節 財産目録等

第658条（財産目録等の作成等） C

1　清算人は、その就任後遅滞なく、❶清算持分会社の財産の現況を調査し、法務省令で定めるところにより、第644条各号に掲げる場合(清算の開始原因)に該当することとなった日における財産目録及び貸借対照表(以下この節において「❷財産目録等」という。)を作成し、各社員にその内容を通知しなければならない。
2　❶清算持分会社は、❷財産目録等を作成した時からその本店の所在地における清算結了の登記の時までの間、当該財産目録等を保存しなければならない。
3　❶清算持分会社は、社員の請求により、毎月清算の状況を報告しなければならない。

❶645条

❷定

清算人は、その就任後すみやかに財産の現況を調査し、清算開始原因が生じた日における財産目録等を作成し、各社員にその内容を通知しなければなりません。清算持分会社は、社員の請求により、毎月清算の状況を報告しなければなりません。

1 趣旨

清算事務を適切に履行させるために、会社財産の状況を把握させ、その情報を社員に通知すること等を義務づけることで、社員の保護を図った規定である。

2 条文クローズアップ

1　財産目録等の作成等の義務（1項）

清算人は、①持分会社の財産現況を調査し、②財産目録および貸借対照表を作成し、③各社員にその内容を通知する、義務を負う。

2　財産目録等の保存義務（2項）

財産目録等を保存しておかなければならない。この保存義務は、財産目録等の提出命令(659条)に備えるためであり、社員や会社債権者等の

利害関係人による閲覧または謄写の請求は認められていない。

3　社員に対する報告義務（3項）

清算手続の冒頭で持分会社の財産状況を把握した社員は、その後清算手続の進捗中も、持分会社の財産の増減について知るべき利益を有するため、毎月の清算状況について報告を請求することができる。

> **第659条（財産目録等の提出命令）　C**
> 裁判所は、申立てにより又は職権で、訴訟の当事者に対し、❶財産目録等の全部又は一部の提出を命ずることができる。

❶658条1項

裁判所は、申立てまたは職権により訴訟の当事者に対し、財産目録等の全部または一部の提出を命じることができます。

1　趣旨

文書の提出義務については民事訴訟法220条が一般的に規定しているが、本条はこれを更に進めている。その趣旨は、清算財産目録等（会社658条1項）が、会社の財産を唯一の責任財産とする会社債権者や、残余財産の分配に預かる社員の保護を図るうえで重要な意味をもつ文書であることにかんがみて、清算に関する紛争が訴訟に発展したときに、これらの書類を訴訟当事者が利用できるようにすることにある。

→658条1項

■第4節　債務の弁済等

> **第660条（債権者に対する公告等）　C**
> 1　❶清算持分会社（合同会社に限る。以下この項及び次条において同じ。）は、第644条各号に掲げる場合〔清算の開始原因〕に該当することとなった後、遅滞なく、当該清算持分会社の債権者に対し、一定の期間内にその債権を申し出るべき旨を官報に公告し、かつ、知れている債権者には、各別にこれを催告しなければならない。ただし、当該期間は、2箇月を下ることができない。
> 2　前項の規定による公告には、当該債権者が当該期間内に申出をしないときは清算から除斥される旨を付記しなければならない。

❶定・645条

清算持分会社のうち合同会社は、清算開始原因に該当することとなった後、遅滞なく、清算持分会社の債権者に対し、一定の期間内にその債権を申し出るべきことを公告し、かつ、知れている債権者には各別にこれを催告しなければなりません。ただし、その期間は2か月以上でなければなりません。そして、その公告には、期間内に債権の申出をしないときには清算から除斥される旨を付記しなければなりません。

1 趣旨

本条の趣旨は、会社債権者を確実に把握することによりなるべく網羅的かつ平等な弁済を早期に実現することを図る一方で、一定の場合には、会社債権者が清算から除斥されるとすることで、清算事務の迅速な処理が行われるように制度を構築した点にある。

2 条文クローズアップ

1 債権者に対する公告等（1項）

清算持分会社において、会社債権者に対する公告手続をとる必要があるのは、清算持分会社が合同会社の場合のみである（1項括弧書）。合同会社は、会社債権者に対する直接の弁済責任を負う社員がいない（576条4項）ことから、債権者が引当にするのは清算持分会社の財産のみである。それゆえ、債権者に対する公告等の手続を必要とし、網羅的かつ平等な弁済を実現しようとしている。

2 その他の清算手続

その他の清算手続は、株式会社のそれに準じる。

→499条②

「知れている債権者」の意義

→449条判例セレクト②

第661条（債務の弁済の制限）　C

1　❶清算持分会社は、前条第1項の期間〔債権の申出期間〕内は、債務の弁済をすることができない。この場合において、清算持分会社は、その債務の不履行によって生じた責任を免れることができない。
2　前項の規定にかかわらず、❶清算持分会社は、前条第1項の期間〔債権の申出期間〕内であっても、裁判所の許可を得て、少額の債権、清算持分会社の財産につき存する担保権によって担保される債権その他これを弁済しても他の債権者を害するおそれがない債権に係る債務について、その弁済をすることができる。この場合において、当該許可の申立ては、清算人が2人以上あるときは、その全員の同意によってしなければならない。

❶645条、660条1項

清算持分会社のうち合同会社は、債権者に対する公告の期間内には、債務の弁済をすることができません。そして、この債権者に対する公告の期間の弁済遅延の責任は清算持分会社が負います。ただし、少額の債権、清算持分会社の財産につき存する担保権によって担保される債権、弁済しても他の債権者を害するおそれがない債務については、裁判所の許可を得て弁済をする

ことができます。このような許可の申立ては、清算人が複数いる場合には、その全員の同意がなくてはなりません。

1 趣旨

1項は、債権申出期間内の清算持分会社から債権者に対しての弁済を禁止することで、会社債権者間の平等を図る趣旨である。2項は、弁済がなされても他の会社債権者を害するおそれがない債権については弁済を認め、清算事務の迅速に資する趣旨である。

2 条文クローズアップ

→500条[2]

1 債務不履行の責任（1項）

500条と同様に、本条も会社に弁済を猶予させる規定ではないから、債務不履行責任を免れないとした。

2 弁済禁止の例外（2項）

(1) 少額債権者

少額債権者に対して弁済をしても、他の債権者にあまり影響がなく、かつ、少額債権者に対する社会政策上の保護の要請から、弁済禁止の例外とされている。

(2) 担保権付債権者

担保権のある債権は、もともと優先弁済を受ける権利があるので、担保のある範囲であれば優先して弁済しても他の一般債権者を害することにはならない。そのため、弁済禁止の例外として認められた。

第662条（条件付債権等に係る債務の弁済） C

❶645条

1 ❶清算持分会社は、条件付債権、存続期間が不確定な債権その他その額が不確定な債権に係る債務を弁済することができる。この場合においては、これらの債権を評価させるため、裁判所に対し、鑑定人の選任の申立てをしなければならない。
2 前項の場合には、❶清算持分会社は、同項の鑑定人の評価に従い同項の債権に係る債務を弁済しなければならない。
3 第1項の鑑定人の選任の手続に関する費用は、❶清算持分会社の負担とする。当該鑑定人による鑑定のための呼出し及び質問に関する費用についても、同様とする。

清算持分会社は、条件付債権等を弁済することができます。この場合には、それらの債権を評価させるため、裁判所に対し、鑑定人の選任の申立てをしなくてはなりません。鑑定等の費用は清算持分会社の負担となります。

1 趣旨

清算の完了には、債務の完済が必要である。本条の趣旨は、債権額が

不確定な債権などについても、一定の手続をふむことで、清算持分会社による弁済を認め、清算事務を迅速に完了できるように便宜を図ることにある。

第663条（出資の履行の請求） C

❶清算持分会社に現存する財産がその債務を完済するのに足りない場合において、その出資の全部又は一部を履行していない社員があるときは、当該出資に係る定款の定めにかかわらず、当該清算持分会社は、当該社員に出資させることができる。

❶645条

清算持分会社に現存する財産がその債務を完済するのに足りない場合において、その出資の全部または一部を履行していない社員がいるときには、その出資に関する定款の定めにかかわらず、その清算持分会社は、その社員に出資をさせることができます。

1 趣旨

合同会社の社員は、設立時に出資義務が生じ(578条)、合名会社および合資会社であっても、期限が到来していれば、社員に対してその出資の履行の請求ができることは当然である(649条2号参照)。したがって、本条の趣旨は、合名会社および合資会社において、社員の出資義務の履行期が未到来の場合などにも、その履行期の到来を待たずに出資の履行を請求できることを明らかにしたところにある。

第664条（債務の弁済前における残余財産の分配の制限） C

❶清算持分会社は、当該清算持分会社の債務を弁済した後でなければ、その財産を社員に分配することができない。ただし、その存否又は額について争いのある債権に係る債務についてその弁済をするために必要と認められる財産を留保した場合は、この限りでない。

❶645条

清算持分会社は、債務を弁済した後でなければ、その財産を社員に分配することはできません。ただし、その存否または額について争いのある債権に関する債務についてその弁済をするために必要と認められる財産を留保した場合には、その財産を社員に分配することができます。

→502条

1 趣旨

本条本文は、まず会社債権者に弁済することを義務づけることで、会社債権者の保護を図っている。他方で、その債権の存否などについて争いがあるものについては、その争いの終結を待っていると、清算事務を終了させることが著しく遅れてしまう。そこで、本条ただし書は、その

債務の弁済に必要な財産を留保した場合には、社員に分配できることを定め、清算事務を早期に終了させることを可能にした。

> **第665条（清算からの除斥）　C**
> 1　❶清算持分会社（合同会社に限る。以下この条において同じ。）の債権者（知れている債権者を除く。）であって第660条第1項の期間〔債権の申出期間〕内にその債権の申出をしなかったものは、清算から除斥される。
> 2　前項の規定により清算から除斥された債権者は、分配がされていない残余財産に対してのみ、弁済を請求することができる。
> 3　❶清算持分会社の残余財産を社員の一部に分配した場合には、当該社員の受けた分配と同一の割合の分配を当該社員以外の社員に対してするために必要な財産は、前項の残余財産から控除する。

❶定・645条

→503条

　清算持分会社の債権者（知れている債権者を除く）であって、債権申出期間にその債権の申出をしなかった場合には、清算から除斥されます。清算から除斥された債権者は、分配がされていない残余財産についてのみ、清算持分会社に対して弁済を請求できます。

1 趣旨

　1項は、債権の申出をしなかった債権者に、除斥という不利益を与えることで、債権者に債権届出のインセンティブを与え、また清算事務に必要な情報収集を容易化する趣旨である。また、2項および3項は、残余財産の分配を待つ社員と債権申出期間内に申し出なかった会社債権者との利害調整を図り、清算事務における不平等な事態が生じないようにする趣旨である。

2 条文クローズアップ

除斥された債権者の権利
(1) 原則（2項）
　除斥された債権者であっても、そのことでいっさいの請求ができなくなるわけではなく、他の債権者への弁済後、残存した財産があれば、ここから弁済を受けることができる。
(2) 例外（3項）
　残余財産を社員に分配し始めている場合には、すでに分配を受領した社員といまだ分配を受領していない社員との間で不公平が生じるおそれがある。そこでこの場合には、一部社員がすでに受領した財産分配と同率の分配を他の社員にも行うのに必要な財産を、未分配の会社財産から差し引いたうえで、なお残余があればその残余財産に対してのみ、除斥された債権者の請求が及ぶ。

■第5節　残余財産の分配

> **第666条（残余財産の分配の割合）　C**
> 残余財産の分配の割合について定款の定めがないときは、その割合は、各社員の出資の価額に応じて定める。

　残余財産の分配の割合について定款の定めのないときは、その割合は、各社員の出資の価額に応じて定めます。

1 趣旨

　本条は、定款の定めがない場合については、会社財産の形成への貢献度に応じて、会社の残余財産を分配するのが公平であるため、出資額に応じて分配するとした。

■第6節　清算事務の終了等

> **第667条　C**
> 1　❶清算持分会社は、清算事務が終了したときは、遅滞なく、清算に係る計算をして、社員の承認を受けなければならない。
> 2　社員が1箇月以内に前項の計算について異議を述べなかったときは、社員は、当該計算の承認をしたものとみなす。ただし、清算人の職務の執行に不正の行為があったときは、この限りでない。

❶645条

　清算持分会社は、清算事務が終了したときは、遅滞なく、清算に関する計算をして社員の承認を受けなければなりません。社員が1か月以内に異議を述べなかったときは、社員は当該計算を承認したものとみなします。ただし、清算人の職務の執行に不正の行為があったときは除きます。

1 趣旨

　1項は、清算にかかる計算について、社員の承認を受けることを清算人に義務づけることで、社員の保護を図っている。2項は、一定の要件のもとで社員の承認を擬制し、清算事務の結了が滞ることを防止する趣旨である。

■第7節　任意清算

司H25-48-オ（予）。書H26-32-オ

> **第668条（財産の処分の方法）　B⁻**
> 1　❶持分会社（合名会社及び合資会社に限る。以下この節において

❶定

> 同じ。）は、定款又は総社員の同意によって、当該持分会社が第641条第1号から第3号までに掲げる事由〔定款で定めた存続期間の満了、定款で定めた解散事由の発生、総社員の同意〕によって解散した場合における当該持分会社の財産の処分の方法を定めることができる。
> 2　第2節から前節まで〔清算人、財産目録等、債務の弁済等〕の規定は、前項の財産の処分の方法を定めた❶持分会社については、適用しない。

持分会社のうち合名会社・合資会社は、定款で定めた期間の満了、定款で定めた解散の事由の発生、総社員の同意によって解散した場合には、法定清算（644条以下の清算手続）によることなく任意清算の方法を選択することができます。

→試験対策12章1節②【5】(2)

1 趣旨

合名会社および合資会社には、会社債務の弁済を義務づけられる範囲について限定がない無限責任社員がいるため（576条2項、3項参照）、会社財産の処分方法を社員に任せたとしても、会社債権者を害するおそれが少ない。そこで、これらの持分会社には任意清算が認められることを明らかにした。

また、任意清算ができる事由を定款所定の存続期間の満了などに限定をしたのは、これらの事由の場合には、社員が自主的に解散を選択しているので、自暴自棄になった社員によって無謀な会社財産の処分が行われるおそれは少なく、やはり会社債権者が害されるおそれは少ないと考えられるからである。

2 条文クローズアップ

1　任意清算の意義

任意清算とは、会社財産の処分の方法を定款または総社員の同意で定める清算方式をいう。

2　任意清算の定めが許容される場合（1項）

清算持分会社が、合名会社または合資会社であることが必要である。加えて、解散事由は①定款で定めた存続期間の満了、②定款で定めた解散事由の発生、③総社員の同意、のいずれかであることが必要である。

3　任意清算の手続（2項）

任意清算は、法定清算（644条）と対をなす概念であるから、法定清算の手続（646条から667条まで）はすべて適用除外となり（668条2項）、代わりに定款または総社員の同意により定めた財産処分の方法がとられる。なお、任意清算といえども債権者の利益を害してはならないので、法定の債権者保護手続をとる必要がある（670条、671条）。

第669条(財産目録等の作成) C

1 前条第1項の財産の処分の方法を定めた❶持分会社〔定款または総社員の同意に基づき財産の処分方法を定めた合名会社または合資会社〕が第641条第1号から第3号までに掲げる事由〔定款で定めた存続期間の満了、定款で定めた解散事由の発生、総社員の同意〕によって解散した場合には、❷清算持分会社〔合名会社及び合資会社に限る。以下この節において同じ。〕は、解散の日から2週間以内に、法務省令で定めるところにより、解散の日における財産目録及び貸借対照表を作成しなければならない。

2 前条第1項の財産の処分の方法を定めていない❶持分会社〔定款または総社員の同意に基づき財産の処分方法を定めていない合名会社または合資会社〕が第641条第1号から第3号までに掲げる事由〔定款で定めた存続期間の満了、定款で定めた解散事由の発生、総社員の同意〕によって解散した場合において、解散後に同項の財産の処分の方法を定めたときは、❷清算持分会社は、当該財産の処分の方法を定めた日から2週間以内に、法務省令で定めるところにより、解散の日における財産目録及び貸借対照表を作成しなければならない。

❶668条1項

❷定・645条

任意清算によることを定めた持分会社が、定款で定めた期間の満了、定款で定めた解散の事由の発生、または総社員の同意によって解散した場合には、清算持分会社は解散の日から2週間以内に解散の日における財産目録および貸借対照表を作成しなければなりません。なお、解散後においても、任意清算に関する定めをおくことができます。

1 趣旨

本条の趣旨は、任意清算が行われる前に、清算開始時の会社財産の状況を明らかにすることで、不適切な清算を防止し、利害関係者の保護を図ることにある。

第670条(債権者の異議) C

1 ❶持分会社が第668条第1項の財産の処分の方法を定めた場合〔任意清算をする場合〕には、その解散後の❷清算持分会社の債権者は、当該清算持分会社に対し、当該財産の処分の方法について異議を述べることができる。

2 前項に規定する場合には、❷清算持分会社は、解散の日〔前条第2項に規定する場合〔解散した時の財産の処分方法を定めた場合〕にあっては、当該財産の処分の方法を定めた日〕から2週間以内に、次に掲げる事項を官報に公告し、かつ、知れている債権者には、各別にこれを催告しなければならない。ただし、第2号の期間は、

❶668条1項

❷645条、669条1項

> 1箇月を下ることができない。
> ① 第668条第1項の財産の処分の方法〔任意清算〕に従い清算をする旨
> ② 債権者が一定の期間内に異議を述べることができる旨
> 3 前項の規定にかかわらず、❷清算持分会社が同項の規定による公告を、官報のほか、第939条第1項〔定款に定める会社の公告方法〕の規定による定款の定めに従い、同項第2号〔日刊新聞紙に掲載する方法〕又は第3号〔電子公告〕に掲げる公告方法によりするときは、前項の規定による各別の催告は、することを要しない。
> 4 債権者が第2項第2号の期間内に異議を述べなかったときは、当該債権者は、当該財産の処分の方法について承認をしたものとみなす。
> 5 債権者が第2項第2号の期間内に異議を述べたときは、❷清算持分会社は、当該債権者に対し、弁済し、若しくは相当の担保を提供し、又は当該債権者に弁済を受けさせることを目的として❸信託会社等に相当の財産を信託しなければならない。

❸449条5項

　持分会社が任意清算による清算をする場合には、解散後の清算持分会社の債権者は、当該清算持分会社に対して、当該財産の処分の方法について異議を述べることができます。

1 趣旨

　本条の趣旨は、会社債権者が異議を述べることができる手続を定めることにより、任意清算という社員の自由な決定により定められる財産処分により、会社債権者が害されるおそれを防止し、その保護を図ることにある。

2 条文クローズアップ

1 債権者の異議（1項）

　持分会社が任意清算による清算をする場合には、解散後の清算持分会社の債権者は、当該清算持分会社に対して、当該財産の処分の方法について異議を述べることができる。

2 公告（2項、3項）

(1) 原則（2項）

　持分会社が任意清算による清算をする場合には、解散の日、または解散後に任意清算による清算をすることを決めた日から2週間以内に、次に掲げる事項を官報に公告し、かつ、知れている債権者には、各別にこれを催告しなければならない。

①任意清算による清算をする旨
②債権者が一定の期間内に異議を述べることができる旨

(2) 例外(3項)

　清算持分会社が、債権者に対する公告を、官報のほか、会社の公告方法(939条1項)の規定による定款の定めに従い、日刊新聞紙による方法(939条1項2号)または電子公告(939条1項3号)によりする場合には、知れている債権者への各別の催告は必要ない。

3　異議を述べなかったあるいは述べたときの効果(4項、5項)

(1) 異議を述べなかったときの効果(4項)

　債権者が異議の期間内(2項2号)に異議を述べなかった場合には、当該債権者は任意清算による清算をすることを承認したものとみなされる。

(2) 異議を述べたときの効果(5項)

　債権者が異議の期間内(2項2号)に異議を述べた場合には、清算持分会社は、当該債権者に弁済し、もしくは相当の担保を提供し、または当該債権者に弁済を受けさせることを目的として信託会社等に相当の財産を信託しなければならない。

「知れている債権者」の意義　　　　　　　　　　　　　→449条判例セレクト2

第671条（持分の差押債権者の同意等）　C

1　❶持分会社が第668条第1項の財産の処分の方法を定めた場合(任意清算をする場合)において、社員の持分を差し押さえた債権者があるときは、その解散後の❷清算持分会社がその財産の処分をするには、その債権者の同意を得なければならない。
2　前項の❷清算持分会社が同項の規定に違反してその財産の処分をしたときは、社員の持分を差し押さえた債権者は、当該清算持分会社に対し、その持分に相当する金額の支払を請求することができる。

❶668条1項

❷645条、669条1項

　任意清算による清算をする場合において、社員の持分を差し押さえた債権者がいるときには、解散後の清算持分会社がその財産を処分するにはその債権者の同意を得なければなりません。そして、その同意を得ずに清算持分会社が財産の処分をした場合には、社員の持分を差し押さえた債権者は、当該清算持分会社に対して、その持分に相当する金額の支払を請求することができます。

1　趣旨

　社員の持分を差し押さえた債権者は、本来の清算持分会社の会社債権者ではないため、会社はその者に対して注意を払う必要はない。しか

し、社員の持分を差し押さえることによって会社の利害関係人となっていることに配慮し、会社債権者に類似した地位を与えた。

2 条文クローズアップ

1 持分の差押権者の同意権（1項）

社員の持分を差し押さえた債権者がいるときは、その債権者の同意がなければ、清算持分会社はその財産の処分ができない。差押債権者は、清算持分会社の財産につき、当該持分の限度で、自己の権利を有するからである。

2 同意なく財産を処分した場合（2項）

持分差押権者は、清算持分会社に対して直接、持分相当額の支払を請求できる（2項）。その結果、清算持分会社の債権者となるため、詐害的な財産処分に対する取消訴訟の提起権を有する（863条1項2号）。

■第8節 帳簿資料の保存

> **第672条　C**
>
> 1　清算人（第668条第1項の財産の処分の方法を定めた場合（任意清算をする場合）にあっては、❶清算持分会社を代表する社員）は、清算持分会社の本店の所在地における清算結了の登記の時から10年間、清算持分会社の帳簿並びにその事業及び清算に関する重要な資料（以下この条において「❷帳簿資料」という。）を保存しなければならない。
>
> 2　前項の規定にかかわらず、定款で又は社員の過半数をもって❷帳簿資料を保存する者を定めた場合には、その者は、❶清算持分会社の本店の所在地における清算結了の登記の時から10年間、帳簿資料を保存しなければならない。
>
> 3　裁判所は、利害関係人の申立てにより、第1項の清算人又は前項の規定により❷帳簿資料を保存する者に代わって帳簿資料を保存する者を選任することができる。この場合においては、前2項の規定は、適用しない。
>
> 4　前項の規定により選任された者は、❶清算持分会社の本店の所在地における清算結了の登記の時から10年間、❷帳簿資料を保存しなければならない。
>
> 5　第3項の規定による選任の手続に関する費用は、❶清算持分会社の負担とする。

❶645条

❷定

清算人等は、清算持分会社の本店の所在地における清算結了の登記の時から10年間、帳簿資料を保存しなければなりません。もっとも、利害関係人の申立てにより、裁判所が清算人に代わる者を選任することもできます。

1 趣旨

本条は、清算終了後に清算手続の適正さが問題となった場合に備えて、証拠資料として重要性の高い帳簿資料を、一定期間保存することを定めたものである。またこの規定があることにより、清算人が清算手続を適正に行うインセンティブが強化されるという意義もある。

2 条文クローズアップ

1 保存者の原則（1項）

法定清算の場合は清算人、任意清算の場合は代表社員が、清算結了の登記のときから10年間、帳簿資料を保存しなければならない。

2 保存者の例外（2項、3項）

定款または社員の過半数で帳簿資料を保存する者を定めた場合は、その者が保存する（2項）。また、裁判所の選任により、保存する者を定めることもできる（3項）。この際の選任費用は、清算持分会社の負担となる（5項）。

■第9節　社員の責任の消滅時効

> **第673条　C**
> 1　第580条（持分会社の社員の責任）に規定する社員の責任は、❶清算持分会社の本店の所在地における解散の登記をした後5年以内に請求又は請求の予告をしない清算持分会社の債権者に対しては、その登記後5年を経過した時に消滅する。
> 2　前項の期間の経過後であっても、社員に分配していない残余財産があるときは、❶清算持分会社の債権者は、清算持分会社に対して弁済を請求することができる。

❶645条

持分会社の債務を弁済する社員の責任は、清算持分会社の解散の登記をした後5年以内に請求をしない清算持分会社の債権者に対しては、その登記後5年を経過した時に消滅します。ただし、清算登記後5年が経過しても、社員に分配していない残余財産があるときは、清算持分会社の債権者は、清算持分会社に対して弁済を請求することができます。

→試験対策12章1節②【5】(2)

1 趣旨

1項は、社員が責任を負わなければならない期間を限定することで、無限責任社員の保護と会社債権者の利益の調整を図る趣旨である。2項は、消滅時効期間経過後であっても分配がされていない会社財産がある場合には、これを会社債権者の弁済にあてるとしても新たに社員が弁済のために負担をするわけではないので、会社債権者がその弁済を請求できる旨を定め、その利益の保護を図る趣旨である。

■第10節　適用除外等

> **第674条（適用除外）　C**
> 次に掲げる規定は、❶清算持分会社については、適用しない。
> ①　第4章第1節〔社員の加入〕
> ②　第606条〔任意退社〕、第607条第1項〔法定退社〕(第3号〔死亡〕及び第4号〔合併〕を除く。)及び第609条〔持分の差押債権者による退社〕
> ③　第5章第3節(第617条第4項〔計算書類の保存義務〕、第618条〔計算書類の閲覧請求等〕及び第619条〔計算書類の提出命令〕を除く。)から第6節〔計算書類、資本金額の減少、利益配当等〕まで及び第7節第2款〔資本金額の減少に関する特則〕
> ④　第638条第1項第3号及び第2項第2号〔社員全員を有限責任とする定款変更〕

❶645条

清算中の持分会社は、社員の加入、利益の配当・出資の払戻し・資本金の額の減少等をすることができません。

1　趣旨

清算持分会社は、事業の清算を目的とした会社である(645条参照)。そこで、本条各号に掲げるような、会社が事業の継続を前提とする規定は、清算持分会社には適用がないことを明らかにした。

2　条文クローズアップ

1　社員の新規加入に関する規定(1号)

持分会社では所有と経営が一致し、社員は業務執行権が認められる。もっとも、持分会社が清算段階に入ると、社員の業務執行権が消滅する。この段階で新規の社員を加入させると、業務執行権を認める余地のない社員を加入させることとなり、持分会社の性質に反するからである。

2　社員の退社事由に関する規定(2号)

清算それ自体が社員関係の終結を目的のひとつとするから、清算手続とは別個に退社を認めるべきではないからである。

3　計算書類の作成、資本金の減少、利益配当および出資の払戻に関する規定(3号)

清算持分会社では、財産処分に特化した財産目録等が作成されるため、通常の計算書類の作成は不要である。また、社員の財産的利益は配当や出資払戻しではなく、残余財産の分配によって実現されるからである。

4　合名会社・合資会社が合同会社となる定款変更の規定(4号)

合名会社・合資会社と合同会社は異なる清算手続によるため、手続的

混乱を避けるためである。

> **第675条（相続及び合併による退社の特則）　C**
> ❶清算持分会社の社員が死亡した場合又は合併により消滅した場合には、第608条第1項の定款の定め〔相続または合併した場合の持分承継に関する定款の定め〕がないときであっても、当該社員の相続人その他の一般承継人は、当該社員の持分を承継する。この場合においては、同条第4項及び第5項の規定〔一般承継人が2人以上存在する場合の特則〕を準用する。

❶645条

清算持分会社の社員が死亡した場合または合併により消滅した場合には、定款の定めがないときであっても、当該社員の相続人その他の一般承継人は、当該社員の持分を承継します。

1　趣旨

通常時は、持分会社の社員が死亡した場合または合併により消滅した場合は、その社員は退社する（607条1項3号、4号）。しかし、清算持分会社では、もはや社員の個性を重んじる必要はない。本条は、社員の死亡や合併による退社があった場合にも、当然に一般承継人が持分を承継することを定めることで、清算手続の中断を回避し、手続を円滑に進める趣旨である。

> **判例セレクト**
>
> **共同相続人の全員が社員である場合と権利行使者の指定の要否**
> 　合名会社の解散後に死亡した社員の相続人全員が社員であっても、当該社員の持分の遺産分割がされ、その共有関係が解消されるまでの間、共同相続人が清算に関する権利を行使するには、〔旧〕商法144条〔会社法675条後段・608条5項本文〕の規定に従い、そのうち1人を当該権利を行使する者と定めることを要する（最判平4・1・24民集46-1-28）。

第4編

社債
（676条〜742条）

■第1章

総　則

■総　説

1 社債の意義

→試験対策13章1節①

1　定義

　社債とは、会社法の規定により会社が行う割当てにより発生する当該会社を債務者とする金銭債権であって、676条各号に掲げる事項についての定めに従い償還されるものをいう（2条23号）。
　外国法に準拠して発行される債券は、「社債」にはあたらない。

2　社債の発達

　多額かつ長期の資金調達は、通常の借入金の形態では必ずしも容易ではなく、他方、募集株式の発行等の方法によると、会社の支配関係に影響を及ぼし、新株にも剰余金の配当をしなければならないため、配当率を低下させるほか、課税上の不利益がある。そこで、公衆から多額かつ長期の資金を調達する方法として社債が発達した。

3　社債の法的性質と規整

→神田[17版]321頁

　社債の法的性質は、会社に対する純然たる消費貸借上の債権である。それにもかかわらず、社債について会社法が特別の規定をおくのは、①社債を有価証券化するためと、②社債が公衆に対する起債によって生じるという集団性があるために、その発行について特別の技術的処理を設けることが妥当であり、また、③多数の社債権者を保護しまた集団的な取扱いをすることが必要であると考えたためである。

2 社債の発行主体

→試験対策13章1節

　社債の発行主体は「会社」であるが、「会社」とは、株式会社、合名会社、合資会社、または合同会社のことをいう（2条1号）。したがって、社債の発行主体は、株式会社のみならず、合名会社、合資会社および合同会社であり、すべての会社は、社債を発行することができる。その理由は、社債は金銭債権にすぎないため、会社の種類によってその発行の可否を区別する理由はないからである。
　もっとも、外国会社は、「会社」にあたらないため、会社法上の社債を発行することはできない。

3 募集手続

→試験対策13章1節③【2】

　会社が、社債の募集を行う場合には、原則として、①募集事項の決定（676条）、②申込みをしようとする者に対する通知（677条1項）、③申込

み(677条2項、3項)、④割当て(678条)という手続を採る必要がある。

4 社債の発行方法

→試験対策13章1節③【2】

1 総額引受け

→679条

特定人が社債発行会社との契約により社債の総額を引き受けることにより社債が成立する方法である(679条参照)。

発行会社との引受契約によって社債が成立するから、発行会社はただちに所要資金を入手でき、引受人は後日、機をみてその社債を公衆に売り出せばよい。ただし、引受人は金融商品取引法により原則として証券会社(有価証券関連業務を行う金融商品取引業者)にかぎられる。

2 公募発行

発行会社が一般公衆より募集する方法をいう。

①発行会社自身が直接に公衆より募集する直接募集、②金融機関が発行会社の委託を受けて募集手続を行う委託募集、③社債の総額を確定することなく、一定期間を定めてその期間内に公衆に対して随時個別的に社債を売り出す方法により社債の発行を行う売出発行がある。

5 株式と社債の異同

→試験対策13章1節②

1 共通点

社債と株式はいずれも株式会社が一般公衆から長期かつ多額の資金を調達する手段として用いられる。また、その流通性を高めるために、有価証券を発行することができる点(214条、676条6号)、公開会社においては、原則として取締役会の決議で発行することができる点(201条1項、362条4項5号〔監査等委員会設置会社の場合、399条の13第4項5号〕)においても共通している。ただし、監査等委員会設置会社において取締役の過半数が社外取締役である場合(399条の13第5項柱書本文)および定款で定めた場合(399条の13第6項)には、取締役に決定を委任することができる。また、指名委員会等設置会社においては執行役に決定を委任することができる(416条4項柱書本文)。

2 相違点

株主が株式会社の構成員であるのに対し、社債権者は会社に対する債権者であり、法律上の地位はまったく異なる。このことから、以下のような具体的な差異が生じる。

(1) 経営参与権の有無

株主は、原則として、株主総会や種類株主総会に出席し、議決権を行使する権利(105条1項3号)や各種の監督是正権を有し、直接・間接に経営に関与する権利が与えられている。

これに対して、社債権者はそのような経営参与権を与えられていない。

(2) 経済的側面

株主は、会社の財産および損益の状況の影響を受ける不確定額の剰余

金の配当を受けることができる(453条、461条参照)にとどまり、原則として出資の払戻しを受けることができない(ただし、自己株式の有償取得は可能である)。

これに対して、社債権者は、会社の利益の有無にかかわらず、一定の約定された利息の支払を請求することができ(676条3号参照)、社債の償還期限の到来により、社債金額の償還を受けて、社債権者の地位から離脱する。

(3) 会社財産の分配・弁済

株主は会社の構成員であるから、一般債権者・社債権者に後れ、会社の全債務が弁済された後にはじめて残余財産の分配を受ける(502条本文)。

これに対して、社債権者は債権者であるから、原則として、通常の債権者と同一順位で会社財産から弁済を受ける。

(4) 権利の内容

株主の権利内容については、株主には原則として経営参与権が認められることから、株主平等原則(109条1項)が妥当する。

これに対して、社債権者の権利内容は、社債発行契約によって定められ、社債はその発行ごとに個別性を有している。

(5) 団体的行動

株主については、株主総会での団体的行動を予定していないし、各株主は個人の資格で会社に対する訴えや請求をすることができる。

これに対して、社債権者については、社債が多数の公衆が有する債権であることを想定して、社債権者の共同の利益のために団体的行動をとることを認め、そのために社債管理者制度と社債権者集会制度を認めている。

3 社債と株式の法的接近

→試験対策13章1節[2]【3】

一般の社債と一般の株式との間には法的に大きな差があるが、社債的性質をもつ株式、株式的性質をもつ社債が法律上認められており、社債と株式は法的に接近している。

社債権的性質をもつ株式としては、非参加的累積的優先株式(108条1項1号)や取得請求権付株式・取得条項付株式(108条1項5号、6号)があり、株式的性質をもつ社債としては、新株予約権付社債(2条22号)がある。

→108条[3]2(3)、5、6

→254条[2]

4 社債の発行

→試験対策13章1節[3]【1】

会社が社債を発行するためには、募集社債に関する事項を決定する必要がある。

また、原則として、社債管理者を設置し、社債権者のための社債の管理を委託しなければならないが(702条本文)、各社債の金額が1億円以上である場合その他一定の場合には、例外的に社債管理者の設置は不要である(702条ただし書)。

司H26-48-ア、H21-47-2・3、H20-48-オ。書H23-28-ウ

第676条（募集社債に関する事項の決定）　B⁺

会社は、その発行する社債を引き受ける者の募集をしようとするときは、その都度、❶募集社債（当該募集に応じて当該社債の引受けの申込みをした者に対して割り当てる社債をいう。以下この編において同じ。）について次に掲げる事項を定めなければならない。

① 募集社債の総額
② 各募集社債の金額
③ 募集社債の利率
④ 募集社債の償還の方法及び期限
⑤ 利息支払の方法及び期限
⑥ 社債券を発行するときは、その旨
⑦ 社債権者が第698条〔記名式と無記名式との間の転換請求〕の規定による請求の全部又は一部をすることができないこととするときは、その旨
⑧ 社債管理者が社債権者集会の決議によらずに第706条第1項第2号〔訴訟行為または破産手続等の手続に属する行為〕に掲げる行為をすることができることとするときは、その旨
⑨ 各募集社債の❷払込金額（各募集社債と引換えに払い込む金銭の額をいう。以下この章において同じ。）若しくはその最低金額又はこれらの算定方法
⑩ 募集社債と引換えにする金銭の払込みの期日
⑪ 一定の日までに募集社債の総額について割当てを受ける者を定めていない場合において、募集社債の全部を発行しないこととするときは、その旨及びその一定の日
⑫ 前各号に掲げるもののほか、法務省令で定める事項

❶定

❷定

総則

会社は、社債を引き受ける者の募集をしようとするときは、引受けの申込みをした者に対して割り当てる社債につき、その総額、利率、償還の方法および期限、各社債の金額等を定めなければなりません。

→試験対策13章1節③【2】

1 趣旨

社債の発行に関してどのような事項について決定をしなければならないかを明確にしている。

2 条文クローズアップ

1 募集社債に関する事項（募集事項）

→試験対策13章1節③【2】(1)

(1) 募集社債の総額（1号）

募集社債の総額は、打切発行（11号参照）の定めにより、実質上、1つの募集で発行する募集社債の総額の上限となる。

第676条／947／

(2) **各募集社債の金額**(2号)

償還すべき額を定めることを要するとしている。

(3) **募集社債の利率**(3号)

通常支払われるべき一定率の利率が記載されなければならない。利息制限法の適用はあると解されている。

(4) **募集社債の償還(元本の返済)の方法および期限**(4号)

特別の規定はなく、発行条件として任意に定めることができる。

通常、発行時から一定期間償還を据え置き、その後一定期日までに分割償還して、期限に残額を完済するように定めることが多い。このような定めをした場合は、据置期間中は社債権者の意思に反して償還することができず、会社が支払をするためには、償還期限までの利息を付けなければならない(民136条2項ただし書)。

(5) **利息支払の方法および期限**(5号)

社債の利息は、その支払期日の社債原簿に記載・記録ある社債権者に対し、社債原簿に記載・記録された営業所・住所において支払われる(商516条1項)。社債券が発行されている場合、社債券には利札を付することができるとされており(会社697条2項)、社債の利息は社債券に各期の利札を添付しておいて、利札と引換えに支払をするのが通常である(705条2項後段)。

(6) **社債券の発行**(6号)

社債券とは、社債権者の社債契約上の権利を表章する要式の有価証券をいう。社債券は発行しないのが原則である。そのため、社債券を発行するときは、発行する旨を定めなければならない。

(7) **記名式社債・無記名式社債の転換請求の制限**(7号)

社債権者が記名式・無記名式間の転換請求(698条の規定による請求)の全部または一部をすることができないこととするときは、その旨を定めなければならない。

(8) **社債管理者の訴訟行為・法的倒産処理手続に属する行為の権限に関する事項**(8号)

社債管理者が社債権者集会の決議によらずに訴訟行為および法的倒産処理手続に属する行為(706条1項2号に掲げる行為)をすることができることとするときは、その旨を定めなければならない。

訴訟行為および法的倒産処理手続に属する行為とは、当該社債の全部についてする訴訟行為または破産手続、再生手続、更生手続もしくは特別清算に関する手続に属する行為をいう。

(9) **各募集社債の払込金額もしくは最低金額または算定方法**(9号)

各募集社債の払込金額(各募集社債と引換えに払い込む金銭の額)もしくはその最低金額またはこれらの算定方法を定めなければならない。

(10) **募集社債と引換えにする金銭の払込みの期日**(10号)

募集社債の引受けの申込みに対して割り当てると、申込者は社債権者となり、募集社債の払込義務を負うことになる。そのため、会社は払込

期日を定めなければならない。
⑾　**打切発行の原則とその例外(11号)**
　一定の日までに募集社債の総額について割当てを受ける者を定めていない場合において、募集社債の全部を発行しないこととするときは、その旨を定めることができる。これは、社債の応募額が社債の総額にいたらなかった場合でも社債を成立させる打切発行の原則を規定したものである。新株発行の**打切発行の原則**と合わせたものである。
⑿　**法務省令で定める事項(12号)**　　　　　　　　　　→会社施規162条

2　募集事項の決定権限
⑴　**持分会社**
　業務執行社員の決定による。
⑵　**取締役会設置会社以外の会社**
　原則として、各取締役が業務執行権を有するので(348条1項)、募集社債に関する事項は取締役が決定する。
⑶　**取締役会設置会社の場合**
　①1号に掲げる事項、②その他の社債を引き受ける者の募集に関する重要な事項として法務省令(会社施規99条)で定める事項は、取締役会の専決事項となっている(会社362条4項5号。監査等委員会設置会社では一定の場合に取締役に委任でき〔399条の13第5項本文、6項〕、指名委員会等設置会社においては決定を執行役に委任することができる〔416条4項本文〕)。
　上記以外の事項は取締役会で定めないで、その決定を取締役に委任することが認められる(362条4項5号反対解釈)。
　(a)**募集事項の委任**
　　募集事項の決定を取締役に委任することができる結果として、取締役会設置会社においても、取締役会の決議で発行する社債の総額を定め、具体的な発行は何回かに分けて取締役が決定し実行すること(**シリーズ発行**)も認められる。
　　また、社債の総額を確定することなく、一定期間を定めてその期間内に公衆に対して随時個別的に社債を売り出す方法により社債の発行を行うこと(**売出発行**)も認められる。
　(b)以上のような取締役会の決議によらずに、または決議に反して発行した場合であっても、社債自体の効力には影響がないと解されている。

第677条（募集社債の申込み）　C
1　会社は、前条の募集〔発行社債を引き受ける者の募集〕に応じて❶募集社債の引受けの申込みをしようとする者に対し、次に掲げる事項を通知しなければならない。
　①　会社の商号
　②　当該募集に係る前条各号に掲げる事項

❶676条

③　前2号に掲げるもののほか、法務省令で定める事項
2　前条の募集に応じて❶募集社債の引受けの申込みをする者は、次に掲げる事項を記載した書面を会社に交付しなければならない。
①　申込みをする者の氏名又は名称及び住所
②　引き受けようとする募集社債の金額及び金額ごとの数
③　会社が前条第9号の最低金額(各募集社債の払込最低金額)を定めたときは、希望する❷払込金額

❷676条9号

3　前項の申込みをする者は、同項の書面の交付に代えて、政令で定めるところにより、会社の承諾を得て、同項の書面に記載すべき事項を電磁的方法により提供することができる。この場合において、当該申込みをした者は、同項の書面を交付したものとみなす。
4　第1項の規定は、会社が同項各号に掲げる事項を記載した金融商品取引法第2条第10項に規定する目論見書を第1項の申込みをしようとする者に対して交付している場合その他❶募集社債の引受けの申込みをしようとする者の保護に欠けるおそれがないものとして法務省令で定める場合には、適用しない。
5　会社は、第1項各号に掲げる事項について変更があったときは、直ちに、その旨及び当該変更があった事項を第2項の申込みをした者(以下この章において「❸申込者」という。)に通知しなければならない。

❸定

6　会社が❸申込者に対してする通知又は催告は、第2項第1号の住所(当該申込者が別に通知又は催告を受ける場所又は連絡先を当該会社に通知した場合にあっては、その場所又は連絡先)にあてて発すれば足りる。
7　前項の通知又は催告は、その通知又は催告が通常到達すべきであった時に、到達したものとみなす。

　株式会社は、募集社債の引受けの申込みをしようとする者に対して、会社の商号、当該募集社債について決定した事項等を通知しなければなりません。また、募集に応じて募集社債の引受けの申込みをしようとする者は、その氏名および住所、引き受けようとする社債の金額等を記載した書面を交付しなければなりません。

1　趣旨

　1項は、引受けの申込みをしようとする者に対する情報提供のため、社債に関する事項等の通知を義務づけている。また、通知義務さえ課しておけば、必ずしも方式を法律で強制する必要はないため、通知すべき事項のほかに特段の方式は定められていない。4項は、目論見書等によ

り会社と社債に関する事項が開示されるのであれば、重ねて通知で開示する必要はないことから、このような場合に通知義務を課さないこととしている。

2 条文クローズアップ

1 募集社債の引受けの申込みをしようとする者に対する通知事項（1項）

会社は募集社債に関する事項の決定による募集（676条による募集）に応じて募集社債の引受けの申込みをしようとする者に対し、次の事項を通知しなければならない。

①会社の商号
②当該募集にかかる676条各号に掲げる事項
③このほか、会社法施行規則163条で定める事項

この通知は、不要式行為であり、社債申込証の作成は不要である。

2 引受けの申込者の書面交付義務（2項）

募集社債の引受けの申込みをする者は、次の事項を記載した書面を会社に交付しなければならない。

①申込みをする者の氏名・名称および住所
②引き受けようとする募集社債の金額および金額ごとの数
③会社が676条9号の最低金額を定めたときは、希望する払込金額

3 電磁的記録による交付（3項）

上記の引受けの申込みをする者は、書面の交付に代えて、政令（会社施令1条1項10号、会社施規230条）の定めにより、会社の承諾を得て、書面に記載すべき事項を電磁的方法により提供することができる。

> **第678条（募集社債の割当て）　C**
> 1　会社は、❶申込者の中から❷募集社債の割当てを受ける者を定め、かつ、その者に割り当てる募集社債の金額及び金額ごとの数を定めなければならない。この場合において、会社は、当該申込者に割り当てる募集社債の金額ごとの数を、前条第2項第2号の数〔引き受けようとする募集社債の金額ごとの数〕よりも減少することができる。
> 2　会社は、第676条第10号の期日〔金銭の払込期日〕の前日までに、❶申込者に対し、当該申込者に割り当てる❷募集社債の金額及び金額ごとの数を通知しなければならない。

❶677条5項
❷676条

会社は、申込者のなかから募集社債の割当てを受ける者を定め、かつ、その者に割り当てる募集社債の金額および金額ごとの数を定めなければならず、これを申込者に対して通知しなければなりません。

1 趣旨

1項の趣旨は、会社が社債の割当てを受ける者、その者に割り当てる募集社債の金額および金額ごとの数という割当ての内容を決定することができる旨を明文化したものである。

2 条文クローズアップ

割当ての内容

会社は、適法な申込者のなかから割当てを受ける者を定め、その者に割り当てられることとなる募集社債の金額および金額ごとの数を、申込者の交付した書面（677条2項）に記載された内容に従って定めなければならない（678条1項）。

2項は、金銭払込期日の前日までに、申込者に対して、割り当てる募集社債の金額および金額ごとの数を通知しなければならないとした。

第679条（募集社債の申込み及び割当てに関する特則）　C

前2条の規定〔募集社債の申込みおよび割当て〕は、❶募集社債を引き受けようとする者がその総額の引受けを行う契約を締結する場合には、適用しない。

❶676条

募集社債の申込みの手続、募集社債の割当ての手続についての規定は、募集社債を引き受けようとする者がその総額の引受けを行う契約を締結する場合には適用されません。

1 趣旨

募集社債を引き受けようとする者がその総額の引受けを行う契約を締結する場合には、引受契約等によって会社と社債に関する情報が引き受けようとする者に対して開示されていることが期待されることから、このような場合に、会社に通知義務を課さないこととしている。

2 条文クローズアップ

総額引受けの成立方法

総額引受けは、社債発行会社との間の不要式の契約によることになり、この契約によって社債はただちに成立する。

第680条（募集社債の社債権者）　C

次の各号に掲げる者は、当該各号に定める❶募集社債の社債権者となる。
　① ❷申込者　会社の割り当てた募集社債

❶676条

❷677条5項

② 前条の契約〔総額引受契約〕により募集社債の総額を引き受けた者　その者が引き受けた募集社債

　申込者は、会社が割り当てた募集社債の社債権者となり、募集社債の総額を引き受ける契約をした者は、その者が引き受けた募集社債について社債権者となります。

→試験対策13章1節③【2】(3)

1 趣旨

　本条1号は募集社債について、承諾である割当てが申込みに対する変更を含んだものであっても、新たな申込みとみなされず（民528条参照）、割当てによって引受契約が成立するとした。民法上の意思表示の規定の原則の例外を定めたものである。

　会社法680条2号は1号の例外として、679条の規定による総額の引受契約の場合には、会社からの通知も割当ても必要ないため、引き受けるとただちに引受人となるとした。

📖H23-28-ア
第681条（社債原簿）　C

会社は、社債を発行した日以後遅滞なく、社債原簿を作成し、これに次に掲げる事項(以下この章において「❶社債原簿記載事項」という。)を記載し、又は記録しなければならない。
① 第676条第3号から第8号までに掲げる事項（募集社債の利率、償還の方法および期限、社債券を発行する旨等）その他の社債の内容を特定するものとして法務省令で定める事項(以下この編において「❷種類」という。)
② 種類ごとの社債の総額及び各社債の金額
③ 各社債と引換えに払い込まれた金銭の額及び払込みの日
④ 社債権者(❸無記名社債（無記名式の社債券が発行されている社債をいう。以下この編において同じ。）の社債権者を除く。)の氏名又は名称及び住所
⑤ 前号の社債権者が各社債を取得した日
⑥ 社債券を発行したときは、社債券の番号、発行の日、社債券が記名式か、又は無記名式かの別及び無記名式の社債券の数
⑦ 前各号に掲げるもののほか、法務省令で定める事項

❶定
❷定
❸定

　会社は、社債を発行した日以後すみやかに社債原簿を作成し、社債の内容を特定する事項、社債権者の氏名および住所、社債権者が社債を取得した日等を記載しなければなりません。

1 趣旨

社債原簿の記載事項を定めている。社債原簿の記載は起債会社・社債権者および第三者の相互の間に重大な関係を生ずるから、法は一定の記載事項を規定している。

2 語句の意味

社債原簿とは、社債および社債権者、また社債券を発行する場合には社債券に関する事項を明らかにする帳簿をいう。

3 条文クローズアップ

1 社債原簿

社債原簿は、社債に関する事項を明らかにすることを目的とするから、商業帳簿ではない。

社債原簿の名義書換えによって、証券不発行方式の社債の譲渡では、会社および第三者に対する対抗要件を備えることになり(688条1項)、記名証券方式の社債の譲渡では、会社に対する対抗要件を備えることになる(688条2項)。

→688条②

会社は、社債を発行した日以後、ただちに、社債原簿を作成し、以下の①から⑦までの社債原簿記載事項を記載等しなければならない。
　①社債の内容を特定するものとして法務省令(会社施規165条)で定める事項(種類)
　②種類ごとの社債の総額および各社債の金額
　③各社債と引換えに払い込まれた金額および払込みの日
　④社債権者(無記名社債の社債権者を除く)の氏名・名称および住所
　⑤④の社債権者が各社債を取得した日
　⑥社債券を発行したときは、社債券の番号、発行の日、社債券が記名式か、または無記名式かの別および無記名式の社債券の数
　⑦その他、法務省令(会社施規166条)で定める事項

2 「種類」

会社法は、社債の権利内容(会社676条3号から8号まで、会社施規165条)を基礎にして「種類」の定義をおき、社債の発行時期いかんにかかわらず、社債の権利内容が同一であれば、社債の種類が同一となるという整理をすることとしている(会社681条1号)。

3 社債の銘柄統合

(1)内容

社債の**銘柄統合**とは、一般に、社債の流動性を高めるため、既発行の社債と同一の内容の社債を新たに発行したり、既発行であって内容の異なる複数の社債にかかる社債の内容を同一のものとしたりすることをいう。

(2)社債の銘柄統合の手続

　(a)既発行の社債と同一の種類の社債を新たに発行するためには、募集事項を決定する際に、統合対象となる既発行の社債と同一の内容を

定めればよく、それ以外には特に手続を要しない。
(b) 既発行の2種類の社債の銘柄を統合するためには、社債権者集会の決議に基づき、社債の権利内容を変更して、2種類の社債の内容を同一にすればよい。

4 重大な関係

社債原簿の記載は、社債権者の会社または第三者に対する対抗要件となっていること(会社687条、692条)、社債発行会社が社債権者に対する通知・催告をするには、社債原簿に記載された住所に対してすること(685条1項)から、起債会社・社債権者および第三者の相互間で権利行使や通知・催告という重大な関係が生じることになる。

第682条（社債原簿記載事項を記載した書面の交付等） C

1 社債権者（❶無記名社債の社債権者を除く。）は、社債を発行した会社（以下この編において「❷社債発行会社」という。）に対し、当該社債権者についての社債原簿に記載され、若しくは記録された❸社債原簿記載事項を記載した書面の交付又は当該社債原簿記載事項を記録した❹電磁的記録の提供を請求することができる。

2 前項の書面には、❷社債発行会社の代表者が署名し、又は記名押印しなければならない。

3 第1項の❹電磁的記録には、❷社債発行会社の代表者が法務省令で定める署名又は記名押印に代わる措置をとらなければならない。

4 前3項の規定は、当該社債について社債券を発行する旨の定めがある場合には、適用しない。

❶681条4号
❷定
❸681条
❹26条2項

社債券を発行する旨の定めがない会社において、無記名社債以外の社債権者は、社債を発行した会社に対して、社債原簿に記載された事項を記載・記録した書面・電磁的記録の交付等を請求することができます。

1 趣旨

社債券不発行社債の場合には、社債権者が、みずからの地位を証明することができない。そこで、本条は、社債券等の証明手段のない社債権者が、自己の権利を証明することが必要な事態に備えて規定された。

2 条文クローズアップ

書面等の交付請求等をすることができない場合（4項）

社債券を発行する場合には、1項の請求をすることはできない。社債券を発行している場合には、社債券を占有する者は権利を有するものと推定される（689条1項）ので、自己の権利の証明が不要なためである。

> H23-28-エ
> ### 第683条（社債原簿管理人） C
> 会社は、❶社債原簿管理人(会社に代わって社債原簿の作成及び備置きその他の社債原簿に関する事務を行う者をいう。以下同じ。)を定め、当該事務を行うことを委託することができる。

❶定

会社は、社債原簿管理人を定め、その社債原簿の作成および備置き等の事務を行うことを委託することができます。

1 趣旨

　社債の発行は、その発行の時期や場所を機動的に決定することが要求される。社債原簿管理人についても、その必要性に応じて、社債の種類ごとに設置・不設置を機動的に定められるようにすることが望まれる。そこで、業務執行機関の決定において、社債原簿管理人を定めることができることとした。

> ### 第684条（社債原簿の備置き及び閲覧等） C
> 1 ❶社債発行会社は、社債原簿をその本店(❷社債原簿管理人がある場合にあっては、その営業所)に備え置かなければならない。
> 2 社債権者その他の法務省令で定める者は、❶社債発行会社の営業時間内は、いつでも、次に掲げる請求をすることができる。この場合においては、当該請求の理由を明らかにしてしなければならない。
> 　① 社債原簿が書面をもって作成されているときは、当該書面の閲覧又は謄写の請求
> 　② 社債原簿が❸電磁的記録をもって作成されているときは、当該電磁的記録に記録された事項を法務省令で定める方法により表示したものの閲覧又は謄写の請求
> 3 ❶社債発行会社は、前項の請求があったときは、次のいずれかに該当する場合を除き、これを拒むことができない。
> 　① 当該請求を行う者がその権利の確保又は行使に関する調査以外の目的で請求を行ったとき。
> 　② 当該請求を行う者が社債原簿の閲覧又は謄写によって知り得た事実を利益を得て第三者に通報するため請求を行ったとき。
> 　③ 当該請求を行う者が、過去2年以内において、社債原簿の閲覧又は謄写によって知り得た事実を利益を得て第三者に通報したことがあるものであるとき。
> 4 ❶社債発行会社が株式会社である場合には、当該社債発行会社の❹親会社社員は、その権利を行使するため必要があるときは、裁判

❶682条1項
❷683条

❸26条2項

❹31条3項

所の許可を得て、当該社債発行会社の社債原簿について第2項各号に掲げる請求をすることができる。この場合においては、当該請求の理由を明らかにしてしなければならない。
5　前項の❹親会社社員について第3項各号のいずれかに規定する事由があるときは、裁判所は、前項の許可をすることができない。

社債発行会社は、社債原簿をその本店等に備え置かなければなりません。社債権者等は、社債発行会社の営業時間内は、いつでも、請求の理由を明らかにして、社債原簿の閲覧または謄写の請求をすることができます。

1 趣旨

本条は、直接的には、株主等の権利の確保または行使を保障する趣旨である。また、間接的には、社債権者等による閲覧謄写請求権の行使を通じて会社の状態を監視させることにより、当該社債発行会社の利益を保護する趣旨である。

2 条文クローズアップ

1　閲覧等の請求（2項）

社債権者その他の社債発行会社の債権者および社債発行会社の株主または社員（会社施規167条）は、社債発行会社の営業時間内は、いつでも、請求理由を明らかにして次の請求をすることができる。
　①社債原簿が書面の場合には、当該書面の閲覧等の請求
　②社債原簿が電磁的記録の場合には、記録事項を法務省令で定める方法（会社施規226条31号）により表示したものの閲覧等の請求

2　閲覧の拒絶（3項）

2項の請求は原則として拒めないが、次の場合には例外的に拒むことができる。
　①請求者がその権利の確保または行使に関する調査以外の目的で請求を行ったとき
　②請求者が社債原簿の閲覧等によって知りえた事実を利益を得て第三者に通報するために請求を行ったとき
　③請求者が、過去2年以内に社債原簿の閲覧等によって知りえた事実を利益を得て第三者に通報したことがあるものであるとき

3　社債発行会社が株式会社である場合の特則（4項、5項）

社債発行会社が株式会社である場合には、当該社債発行会社の親会社社員は、その権利行使をするため必要があるときは、裁判所の許可を得て、閲覧等の請求をすることができる（4項）。
親会社社員が3項各号に該当する場合には、裁判所はその許可をすることができない（5項）。

第685条（社債権者に対する通知等）　C

1　❶社債発行会社が社債権者に対してする通知又は催告は、社債原簿に記載し、又は記録した当該社債権者の住所(当該社債権者が別に通知又は催告を受ける場所又は連絡先を当該社債発行会社に通知した場合にあっては、その場所又は連絡先)にあてて発すれば足りる。
2　前項の通知又は催告は、その通知又は催告が通常到達すべきであった時に、到達したものとみなす。
3　社債が2以上の者の共有に属するときは、共有者は、❶社債発行会社が社債権者に対してする通知又は催告を受領する者1人を定め、当該社債発行会社に対し、その者の氏名又は名称を通知しなければならない。この場合においては、その者を社債権者とみなして、前2項の規定を適用する。
4　前項の規定による共有者の通知がない場合には、❶社債発行会社が社債の共有者に対してする通知又は催告は、そのうちの1人に対してすれば足りる。
5　前各項の規定は、第720条第1項の通知〔社債管理者等に対する社債権者集会の招集通知〕に際して社債権者に書面を交付し、又は当該書面に記載すべき事項を電磁的方法により提供する場合について準用する。この場合において、第2項中「到達したもの」とあるのは、「当該書面の交付又は当該事項の電磁的方法による提供があったもの」と読み替えるものとする。

❶682条1項

　社債発行会社が社債権者に対してする通知・催告は、社債原簿に記載・記録したその社債権者の住所宛に発すれば、その通知・催告は、その通知・催告が通常到達すべきであった時に、到達したものとみなされます。

1　趣旨

　会社の事務処理上の便宜を図るための規定で、126条と同趣旨である。

→126条①

2　条文クローズアップ

社債が2人以上の共有に属する場合(3項、4項)

　社債が2人以上の共有に属するときは、共有者は社債発行会社からの通知・催告を受領する者を1人定め、当該社債発行会社に対し、その者の氏名・名称を通知しなければならない(3項)。共有者からの通知がない場合には、社債発行会社が社債の共有者に対してする通知・催告は、そのうちの1人に対してすれば足りる(4項)。

> 司 H22-40-3
> **第686条（共有者による権利の行使）　B⁻**
> 社債が2以上の者の共有に属するときは、共有者は、当該社債についての権利を行使する者1人を定め、会社に対し、その者の氏名又は名称を通知しなければ、当該社債についての権利を行使することができない。ただし、会社が当該権利を行使することに同意した場合は、この限りでない。

　社債を2人以上の者が共有しているときは、その社債についての権利を行使する者を1人定め、会社に対し、その者の氏名・名称を通知しなければ、その権利を行使することができません。ただし、会社が同意している場合を除きます。

1 趣旨

→106条②

　会社の事務処理の便宜を図るための規定で、106条と同趣旨である。

2 条文クローズアップ

1　権利行使者の通知
　権利行使者として通知される者は、当該社債の共有者でなければならない。また、通知・催告の受領者(685条3項)と同一である必要はない。

2　会社の同意
　686条ただし書は、会社が同意さえすれば、共有者の1人または一部の複数人による権利行使を認める規定であるとする見解もある。しかし、686条本文が、本来認められるはずの共有者全員による権利行使を制限していることから、686条ただし書は、共有者全員が共同して権利行使をした場合にのみ、適用があるとするのが多数説である。

> **第687条（社債券を発行する場合の社債の譲渡）　C**
> 社債券を発行する旨の定めがある社債の譲渡は、当該社債に係る社債券を交付しなければ、その効力を生じない。

　社債券を発行するという定めがある社債の譲渡は、その社債にかかる社債券を交付しなければ、その効力を生じません。

→試験対策13章1節③【4】(3)

1 趣旨

　社債の譲渡を容易・安全に行い、社債の譲受人の安全を保障するために、社債券が発行されている場合には、社債券の交付が要求される旨を規定している。

2 条文クローズアップ

社債の譲渡
(1) 記名社債
　記名社債券の交付により権利が移転する。
(2) 無記名社債
　無記名社債券の交付により権利が移転する。
(3) 証券不発行方式の社債
　当事者の意思表示のみによって権利を移転することができる。

> 司 H22-40-2
> **第688条（社債の譲渡の対抗要件） B⁻**
> 1　社債の譲渡は、その社債を取得した者の氏名又は名称及び住所を社債原簿に記載し、又は記録しなければ、❶社債発行会社その他の第三者に対抗することができない。
> 2　当該社債について社債券を発行する旨の定めがある場合における前項の規定の適用については、同項中「❶社債発行会社その他の第三者」とあるのは、「社債発行会社」とする。
> 3　前２項の規定は、❷無記名社債については、適用しない。

❶682条1項

❷681条4号

　社債の譲渡は、その社債を取得した者の氏名・名称および住所を社債原簿に記載・記録しなければ、社債発行会社その他の第三者に対抗することができません。なお、無記名社債はこれらの適用がありません。

→試験対策13章1節③【４】(3)

1 趣旨

　社債の譲渡を容易・安全に行い、社債の譲受人の安全を保障するための規定であり、株式の譲渡の対抗要件を定めた130条と同趣旨である。

→130条①

2 条文クローズアップ

社債の譲渡の対抗要件
(1) 記名社債
　記名社債券の交付によって第三者対抗要件を備え、社債原簿の名義書換えによって、会社に対する対抗要件を備えることになる（２項）。
(2) 無記名社債
　無記名社債券の交付により、会社および第三者対抗要件を備えることになる（３項）。
(3) 証券不発行方式の社債
　社債原簿の名義書換えによって、会社および第三者に対する対抗要件を備えることになる（１項）。

第689条（権利の推定等） C
1 社債券の占有者は、当該社債券に係る社債についての権利を適法に有するものと推定する。
2 社債券の交付を受けた者は、当該社債券に係る社債についての権利を取得する。ただし、その者に悪意又は重大な過失があるときは、この限りでない。

　社債券の占有者は、その社債券にかかる社債についての権利を適法にもつと推定されます。また、社債券の交付を受けた者は、悪意または重大な過失がないかぎり、その社債券にかかる社債についての権利を取得します。

→試験対策13章1節③【4】(3)

1 趣旨
　有価証券でありながら権利推定や善意取得の適用がないとすると、社債の流通性が確保できない。そこで、社債について株式と同様の取扱いをして、権利推定や善意取得を認め、これをもって社債の流通性を高めることとした。

2 条文クローズアップ

1 権利推定（1項）
　社債券の占有者は、ほかに立証を要することなく権利行使できる。また、会社は、社債券の占有者が無権利者であることを立証しないかぎり、権利行使を拒否できないことになる。

2 善意取得（2項）
(1) 記名社債
　善意取得が認められる。
(2) 無記名社債
　善意取得が認められる。
(3) 証券不発行方式の社債
　善意取得は認められない。

第690条（社債権者の請求によらない社債原簿記載事項の記載又は記録） C
1 ❶社債発行会社は、次の各号に掲げる場合には、当該各号の社債の社債権者に係る❷社債原簿記載事項を社債原簿に記載し、又は記録しなければならない。
　① 当該社債発行会社の社債を取得した場合
　② 当該社債発行会社が有する自己の社債を処分した場合
2 前項の規定は、❸無記名社債については、適用しない。

❶682条1項
❷681条

❸681条4号

社債発行会社は、その社債発行会社の社債を取得した場合や、その社債発行会社が有する自己の社債を処分した場合には、その社債の社債権者にかかる社債原簿記載事項を社債原簿に記載・記録しなければなりません。これは、無記名社債については適用がありません。

1 趣旨

社債発行会社が、当該会社の社債を取得した場合等に、当該会社みずから名義書換えをしても、これにより利益を害されるおそれのある者はいないため、社債の取得者の請求がなくとも社債原簿に記載・記録できる場合を規定した。

第691条（社債権者の請求による社債原簿記載事項の記載又は記録） C

1 社債を❶社債発行会社以外の者から取得した者（当該社債発行会社を除く。）は、当該社債発行会社に対し、当該社債に係る❷社債原簿記載事項を社債原簿に記載し、又は記録することを請求することができる。
2 前項の規定による請求は、利害関係人の利益を害するおそれがないものとして法務省令で定める場合を除き、その取得した社債の社債権者として社債原簿に記載され、若しくは記録された者又はその相続人その他の一般承継人と共同してしなければならない。
3 前2項の規定は、❸無記名社債については、適用しない。

❶682条1項
❷681条
❸681条4号

社債発行会社以外の者から社債を取得した者（当該社債発行会社は除く）は、社債発行会社に対し、当該社債にかかる社債原簿記載事項を社債原簿に記載・記録することを請求することができます。これらは、無記名社債については適用がありません。

1 趣旨

本条は、社債原簿への記載・記録が、会社およびその他の第三者に対する対抗要件であるなど社債の取得者の権利実現に重要な機能を果たしていることにかんがみて、社債取得者が社債原簿の名義書換請求権を有することを明示し、その要件を明らかにしたものである。

2 条文クローズアップ

社債権者の請求
(1) 記名社債の譲渡
記名社債の取得者が社債券の提示をすることにより、単独で請求することができる（会社施規168条2項）。

(2) 証券不発行方式の社債の譲渡
　(a) 原則として、名義社債権者と取得者との共同の請求による（会社691条1項、2項）。
　(b) 「利害関係人の利益を害するおそれがないものとして法務省令で定める場合」（2項）には、例外的に単独で社債原簿への記載を請求できる。
　　具体的には、社債取得者が一般承継により当該会社の社債を取得した者である場合において、その一般承継を証する書面を提供したとき等である（会社施規168条1項）。

第692条（社債券を発行する場合の社債の質入れ）　C
社債券を発行する旨の定めがある社債の質入れは、当該社債に係る社債券を交付しなければ、その効力を生じない。

社債券を発行するという定めのある社債の質入れは、その社債券を交付しなければ、効力を生じません。

→試験対策13章1節③【4】(3)

1　趣旨

社債は換金性も高く、担保の対象としても適切なものである。これを担保にとっておけば、いざというときには債権者はその株式を売却して、その代金を債権弁済にあてることがきわめて容易である。そこで、社債が質権の目的物になることを認めている。

第693条（社債の質入れの対抗要件）　C
1　社債の質入れは、その質権者の氏名又は名称及び住所を社債原簿に記載し、又は記録しなければ、❶社債発行会社その他の第三者に対抗することができない。
2　前項の規定にかかわらず、社債券を発行する旨の定めがある社債の質権者は、継続して当該社債に係る社債券を占有しなければ、その質権をもって❶社債発行会社その他の第三者に対抗することができない。

❶682条1項

社債の質入れは、社債原簿へ記載・記録しなければ、社債発行会社その他の第三者に対抗することができません。社債券を発行する旨の定めがある社債の質権者については、社債券を継続的に占有しなければ、社債発行会社その他の第三者に対抗することができません。

→試験対策13章1節③【4】(3)

1　趣旨

本条は、社債の質入れについて、社債券不発行会社と社債券発行会社に分けて対抗要件について規定することによって、それぞれの場合に権

利帰属主体を明確にし、紛争を未然に防止することを意図して定められた規定である。147条と同趣旨である。

→147条①

2 条文クローズアップ

1 社債券不発行会社の場合（1項）
社債原簿への記載が、社債発行会社および第三者に対する対抗要件となる。

2 社債券発行会社の場合（2項）
質権者による社債券の占有継続が、社債発行会社および第三者に対する対抗要件となる。

第694条（質権に関する社債原簿の記載等） C

1　社債に質権を設定した者は、❶社債発行会社に対し、次に掲げる事項を社債原簿に記載し、又は記録することを請求することができる。
　①　質権者の氏名又は名称及び住所
　②　質権の目的である社債
2　前項の規定は、社債券を発行する旨の定めがある場合には、適用しない。

❶682条1項

社債に質権を設定した者は、社債発行会社に対して、質権者の氏名または名称および住所、質権の目的である社債を社債原簿に記載・記録することを請求できます。社債券を発行する場合には適用されません。

1 趣旨

社債券不発行社債の質入れは、質権設定者と質権者の意思表示によって効力を生じる（民176条）が、社債発行会社や第三者に対抗するには、社債原簿へ記載等しなければならない（会社693条1項）。そのため、694条1項は、質権設定者に社債原簿への記載を請求できる旨を定めた。一方、社債券発行社債では、占有により対抗力が生じるので（693条2項）、694条2項は、1項の適用を排除した。

第695条（質権に関する社債原簿の記載事項を記載した書面の交付等） C

1　前条第1項各号に掲げる事項〔社債の質権者の氏名等、目的である社債〕が社債原簿に記載され、又は記録された質権者は、❶社債発行会社に対し、当該質権者についての社債原簿に記載され、若しくは記録された同項各号に掲げる事項を記載した書面の交付又は当該事項を記録した❷電磁的記録の提供を請求することができる。

❶682条1項

❷26条2項

2 　前項の書面には、❶社債発行会社の代表者が署名し、又は記名押印しなければならない。
3 　第１項の❷電磁的記録には、❶社債発行会社の代表者が法務省令で定める署名又は記名押印に代わる措置をとらなければならない。

　質権者の氏名または名称および住所、質権の目的である社債を社債原簿に記載・記録された質権者は、社債発行会社に対して、質権に関する社債原簿の記載事項を記載した書面等の交付を請求することができます。

1　趣旨

　社債券不発行社債の場合には、社債に質権を設定した質権者が、みずからの地位を証明する手段がない。そこで、本条は、社債券等の証明手段のない質権者が、自己の権利を証明することが必要な事態に備えて規定された。

2　条文クローズアップ

1　質権者の書面等の交付請求（１項）

　①質権者の氏名または名称および住所（694条１項１号）、②質権の目的である社債（694条１項２号）を社債原簿に記載・記録された質権者は、社債発行会社に対して、質権に関する社債原簿の記載事項を記載した書面あるいは記録した電磁的記録の提供を請求することができる。

2　書面への署名等（２項）

　質権者に提供する書面には、社債発行会社の代表者が署名または記名押印しなければならない。

3　電磁的記録への署名等に代わる措置（３項）

　質権者に提供する電磁的記録には、社債発行会社の代表者が法務省令（会社施規225条１項12号）で定める署名または記名押印に代わる措置を採らなければならない。

第695条の２（信託財産に属する社債についての対抗要件等）C

1 　社債については、当該社債が信託財産に属する旨を社債原簿に記載し、又は記録しなければ、当該社債が信託財産に属することを❶社債発行会社その他の第三者に対抗することができない。
2 　第681条第４号の社債権者（記名式社債の社債権者）は、その有する社債が信託財産に属するときは、❶社債発行会社に対し、その旨を社債原簿に記載し、又は記録することを請求することができる。

❶682条１項

> 3　社債原簿に前項の規定による記載又は記録がされた場合における第682条第1項（社債原簿記載事項を記載した書面の交付請求等）及び第690条第1項の規定（社債権者の請求によらない社債原簿記載事項の記録等）の適用については、第682条第1項中「記録された❷社債原簿記載事項」とあるのは「記録された社債原簿記載事項（当該社債権者の有する社債が信託財産に属する旨を含む。）」と、第690条第1項中「社債原簿記載事項」とあるのは「社債原簿記載事項（当該社債権者の有する社債が信託財産に属する旨を含む。）」とする。
> 4　前3項の規定は、社債券を発行する旨の定めがある社債については、適用しない。

❷681条

信託財産に属している社債は、社債原簿に記載や記録をしていないと第三者に対して権利を主張することができません。信託財産に含まれる社債をもっている社債権者は、社債発行会社に対して社債原簿に記載や記録をするように請求ができます。ただし、これらの規定は社債券を発行するという定めがある社債には適用されません。

1　趣旨

本条は、平成19年の信託法の改正に伴い規定された。信託財産に属する社債の対抗要件に関して明文化することにより、取引の安全を図っている。

第696条（社債券の発行）　C

> ❶社債発行会社は、社債券を発行する旨の定めがある社債を発行した日以後遅滞なく、当該社債に係る社債券を発行しなければならない。

❶682条1項

社債発行会社は、社債券を発行するという定めがある社債を発行した日以後に遅れることなく、その社債についての社債券を発行しなければなりません。

→試験対策13章1節③【4】(2)

1　趣旨

従前は、社債券の発行義務についての明文の規定はなかったが、発行義務はあるものと考えられていた。そこで、社債券の発行は社債を発行した日以後遅滞なく行うべきことを明確にした。

第697条（社債券の記載事項）　C

> 1　社債券には、次に掲げる事項及びその番号を記載し、❶社債発

❶682条1項

行会社の代表者がこれに署名し、又は記名押印しなければならない。
　① 社債発行会社の商号
　② 当該社債券に係る社債の金額
　③ 当該社債券に係る社債の❷種類
2　社債券には、利札を付することができる。

❷681条1号

→試験対策13章1節③【4】(3)

　社債券には、社債発行会社の商号、その社債券にかかる社債の金額、種類といった事項および社債の番号を記載しなければなりません。
　また、社債券には、社債発行会社の代表者の署名または記名押印をしなければなりません。なお、社債券には、利札を付けることができます。

1 趣旨

　社債券を発行する旨の定めがある場合には、社債券の交付が譲渡・質入れの効力発生要件となる(687条、692条)。そこで、社債券に記載すべき事項を法定することで、当該社債の内容を明らかにし、社債の流通や担保としての利用の保護を図っている。

2 語句の意味

　利札とは、各利払期における利息の支払請求権を表章する無記名式の有価証券をいう。

第698条（記名式と無記名式との間の転換）　C
社債券が発行されている社債の社債権者は、第676条第7号に掲げる事項(記名式と無記名式との間の転換の制限)についての定めによりすることができないこととされている場合を除き、いつでも、その記名式の社債券を無記名式とし、又はその無記名式の社債券を記名式とすることを請求することができる。

　社債券が発行されている社債の社債権者は、記名式の社債券と無記名式の社債券の相互の交換を請求することができます。

1 趣旨

　記名社債と無記名社債では、その権利移転等の手続、対抗要件が異なっており、記名社債は静的安全性に、また無記名社債は流通上の利便性にそれぞれ特徴があるので、本条は相互の交換請求を認めた。

2 条文クローズアップ

1　無記名式の社債券を記名式に転換する場合
　請求を受けた会社は、当該社債券に社債権者の氏名・名称を記載し、

かつ社債原簿にその社債権者の氏名・名称および住所、転換の年月日等を記載する。

2　記名式の社債券を無記名式に転換する場合
請求を受けた会社は、社債原簿に記録された社債権者の氏名・名称および住所を抹消し、かつ社債券に記載した社債権者の氏名・名称を抹消するか、その社債券を廃棄し、新しく無記名式社債券を発行して交付する。

> 司 H22-40-1
> **第699条（社債券の喪失）　B⁻**
> 1　社債券は、非訟事件手続法第100条に規定する公示催告手続によって無効とすることができる。
> 2　社債券を喪失した者は、非訟事件手続法第106条第1項に規定する除権決定を得た後でなければ、その再発行を請求することができない。

社債券は、公示催告手続によって無効とすることができます。社債券を喪失した者は、除権決定を得た後でなければその再発行を請求することができません。

1　趣旨

1項は、社債券を無効とするために公示催告手続を経る必要があることを規定することにより、社債券所持人の保護を図っている。2項は、除権決定後でなければ再発行できないとすることより、社債券発行会社が社債券を二重に発行することを回避させる趣旨である。

> **第700条（利札が欠けている場合における社債の償還）　C**
> 1　❶社債発行会社は、社債券が発行されている社債をその償還の期限前に償還する場合において、これに付された利札が欠けているときは、当該利札に表示される社債の利息の請求権の額を償還額から控除しなければならない。ただし、当該請求権が弁済期にある場合は、この限りでない。
> 2　前項の利札の所持人は、いつでも、❶社債発行会社に対し、これと引換えに同項の規定により控除しなければならない額の支払を請求することができる。

❶682条1項

社債券が発行されている社債を期限前に償還する場合に、これに付けられた利札を欠いているときには、その利札に表示されている社債の利息の請求額（弁済期が到来している場合を除く）を償還額から控除しなければなりません。利札の所持人は、いつでも利札と引換えに控除される金額の支払を請求

できます。

1 趣旨

　社債券発行会社は、社債を期限前に償還する場合には、社債の償還後に利息が発生しないため、期限未到来の利札の金額の一部または全部について支払う必要がない。ただし、利札は、社債券から分離すると有価証券として流通するおそれがあるので、このような場合について本条は規定した。

2 条文クローズアップ

1　繰上償還額（1項）

　社債発行会社が期限前の償還をする場合に、社債券に付された利札を欠く場合には、社債権者に対して、社債発行会社は償還額から利札の券面額を控除した額を支払うことで足りる。社債券を保有する社債権者は、利札の譲渡益を得ているか、利札を除いた対価で取得していると思われるためである。

　期限の到来した利札については、社債発行会社は、すでに社債の償還義務とは異なる支払義務を負っているので、その券面額は、償還額から控除されない。

2　控除額の支払（2項）

　1項の場合の期限前の償還をする場合には、期限未到来の利札の所持人は、社債発行会社に対して、利札の券面額の支払を請求することができる。期限到来後の利札については、当然に券面額の利息の支払を請求することができる。

> **第701条（社債の償還請求権等の消滅時効）　C**
> 1　社債の償還請求権は、10年間行使しないときは、時効によって消滅する。
> 2　社債の利息の請求権及び前条第2項の規定による請求権（利札所持人の控除金額支払請求権）は、5年間行使しないときは、時効によって消滅する。

　社債の償還請求権は、10年間行使しないときは、時効により消滅します。そして、社債の利息の請求権、利札所持人の控除金額支払請求権は5年間行使しないときは、時効によって消滅します。

1 趣旨

　商事債権は5年で消滅時効にかかるのが原則である（商522条本文）。会社法701条1項は、社債の公衆性および継続性を考慮し、その例外を定める趣旨である。2項は、利息請求権と繰上償還における控除額の支払

請求権につき、商事債権と同じ時効期間を定めており、確認的意義を有するものである。

■第2章
社債管理者

■総　説

　会社法は、社債が多数の公衆が有する債権であることを想定して、社債権者が共同の利益のために団体的行動をとることを認め、そのために**社債管理者制度**と**社債権者集会**とを設けている。

> 司H21-47- 4 。書H26-33-ア
> **第702条（社債管理者の設置）　B⁻**
> 会社は、社債を発行する場合には、社債管理者を定め、社債権者のために、弁済の受領、債権の保全その他の社債の管理を行うことを委託しなければならない。ただし、各社債の金額が1億円以上である場合その他社債権者の保護に欠けるおそれがないものとして法務省令で定める場合は、この限りでない。

　会社が社債を発行する場合には、原則として社債管理者を定め、社債権者のために、弁済の受領・債権の保全その他の社債の管理を行うことを委託しなければなりません。ただし、社債の金額が1億円以上である場合等は、例外として、社債管理者の設置義務はありません。

1　趣旨

　一般に、社債については社債権者が多数存在し、かつ、巨額であるため、個々の社債権者では、社債発行会社との関係でその権利の保全を十分にできない。そこで、専門的能力を有する管理者に社債権の管理を委ねるのが適当であるという見地から、社債を発行する会社に社債管理者の設置を義務づけている。ただし、各社債の金額が1億円以上である場合等は、その大口社債権者が専門知識を有するであろうから、このような場合には、例外的に社債管理者の設置は義務づけられないものとした。

2　語句の意味

　社債管理者とは、社債の発行会社から社債の管理の委託を受けてこれを行う者をいう。

3　条文クローズアップ

社債管理者の設置が不要な場合(ただし書)

①各社債の金額が1億円以上であるとき、②その他、社債権者の保護に欠けるおそれがないものとして法務省令(会社施規169条)で定めるときには、社債管理者の設置は不要となる。

> **第703条（社債管理者の資格）　C**
> 社債管理者は、次に掲げる者でなければならない。
> ①　❶銀行
> ②　❷信託会社
> ③　前2号に掲げるもののほか、これらに準ずるものとして法務省令で定める者

❶34条2項
❷34条2項

社債管理者は、銀行、信託会社等、法務省令(会社施規170条)で定める者でなければなりません。

→試験対策13章2節②【2】

1 趣旨

社債管理者の資格を銀行等に限定した趣旨は、社債の管理において金融機関の信用と職能を活用することにある。

司H20-48-イ
> **第704条（社債管理者の義務）　B⁻**
> 1　社債管理者は、社債権者のために、公平かつ誠実に社債の管理を行わなければならない。
> 2　社債管理者は、社債権者に対し、善良な管理者の注意をもって社債の管理を行わなければならない。

社債管理者は、社債権者のために、公平かつ誠実に社債の管理義務を負います。また、社債管理者は、社債権者に対して、善良な管理者の注意をもって社債の管理を行わなければなりません。

→試験対策13章2節②【4】(1)

1 趣旨

社債管理委託契約においては、社債管理者と社債発行会社が当事者の関係に立ち、社債管理者は、社債権者とは権利義務関係をもたないはずである。しかし、本条は、社債権者を保護するために、社債管理者の社債権者に対する法律上の公平誠実義務および善管注意義務を定めた。

2 条文クローズアップ

1 「公平かつ誠実に」

「公平」とは、一部大口の社債権者のみ優先的に扱うことは許されないということである。「誠実に」とは、社債権者と社債管理者または第三者

の利益が対立するような場合には、もっぱら社債権者の利益のために行動しなければならないということである。

2 「社債の管理」の内容

社債管理者が**公平誠実義務**を負う「社債の管理」とは、社債管理者に法律上付与された権限(法定権限、705条等)の行使のみならず、社債発行会社と社債管理者との間で締結される社債管理委託契約等に基づく権限(約定権限)の行使をも含む(704条、740条2項ただし書参照)。

したがって、約定権限の行使に際して、公平誠実義務あるいは**善管注意義務**に違反するところがあれば、社債権者に対する損害賠償責任(710条1項)が生じ、また、解任事由(713条)となる。

同H20-48-エ。書H26-33-イ・ウ
第705条（社債管理者の権限等） B⁻

1 社債管理者は、社債権者のために社債に係る債権の弁済を受け、又は社債に係る債権の実現を保全するために必要な一切の裁判上又は裁判外の行為をする権限を有する。
2 社債管理者が前項の弁済を受けた場合には、社債権者は、その社債管理者に対し、社債の償還額及び利息の支払を請求することができる。この場合において、社債券を発行する旨の定めがあるときは、社債権者は、社債券と引換えに当該償還額の支払を、利札と引換えに当該利息の支払を請求しなければならない。
3 前項前段の規定による請求権は、10年間行使しないときは、時効によって消滅する。
4 社債管理者は、その管理の委託を受けた社債につき第1項の行為をするために必要があるときは、裁判所の許可を得て、❶社債発行会社の業務及び財産の状況を調査することができる。

❶682条1項

→試験対策13章2節②【3】

社債管理者は、社債権者のために弁済を受け、または債権の実現を保全するために必要ないっさいの裁判上または裁判外の行為を行う権限があります。社債管理者が弁済を受けた場合は、社債権者は、社債管理者に対し、支払を請求できるなどの権限があります。

1 趣旨

社債管理者に与えられる法定権限のうち、社債権者集会の決議を経ることなく行使できる権限についての規定である。これらの権限は、社債権の完全な満足につながる権限であるから、社債管理者が単独で行使できる。

2 条文クローズアップ

1 社債権者の単独償還請求（1項）

社債管理者には社債権者のために弁済を受ける等の権利が認められるが、判例は、社債権者が単独で償還請求することをも認めている。

→大判昭3・11・28会社法百選86事件

2 社債権者の社債管理者に対する権利（2項前段）

社債管理者がこれらの弁済を受けた場合には、社債権者は、社債管理者に対し、社債の償還額および利息の支払を請求することができる。

3 社債権者の社債管理者に対する権利の時効消滅（3項）

社債権者の社債管理者に対する社債の償還額および利息の支払を請求する権利は、10年間行使しないときは時効によって消滅する。

4 社債管理者の調査権（4項）

社債管理者は、委託を受けた社債の弁済を受ける等のために必要があるときは、裁判所の許可を得て、社債発行会社の業務および財産の状況を調査することができる。

弁済受領と債券提出の要否

無記名社債券の所持人が、担保付社債の受託会社から元利金の支払を受けるには、債券と引換えでなければならないが、受託会社が社債権者に代わって委託会社から弁済を受けるには、各社債権者の所有する債券を提出する必要はない（大判昭6・11・14民集10-1060）。

書 H27-33-オ

第706条　C

1　社債管理者は、社債権者集会の決議によらなければ、次に掲げる行為をしてはならない。ただし、第2号に掲げる行為については、第676条第8号に掲げる事項〔訴訟行為および破産手続等の社債権利者の権限〕についての定めがあるときは、この限りでない。
　① 当該社債の全部についてするその支払の猶予、その債務の不履行によって生じた責任の免除又は和解（次号に掲げる行為を除く。）
　② 当該社債の全部についてする訴訟行為又は破産手続、再生手続、更生手続若しくは特別清算に関する手続に属する行為（前条第1項の行為〔債権の弁済受領、債権の保全〕を除く。）
2　社債管理者は、前項ただし書の規定により社債権者集会の決議によらずに同項第2号に掲げる行為をしたときは、遅滞なく、その旨を公告し、かつ、知れている社債権者には、各別にこれを通知しなければならない。
3　前項の規定による公告は、❶社債発行会社における公告の方法によりしなければならない。ただし、その方法が電子公告であるときは、その公告は、官報に掲載する方法でしなければならな

❶682条1項

い。
4　社債管理者は、その管理の委託を受けた社債につき第1項各号に掲げる行為をするために必要があるときは、裁判所の許可を得て、❶社債発行会社の業務及び財産の状況を調査することができる。

　社債管理者が、社債の全部についてする支払の猶予、その債務の不履行によって生じた責任の免除または和解、および社債の全部についてする訴訟行為、破産手続、再生手続、更正手続または特別清算に関する手続に属する行為(債権の弁済の受領および保全のために必要な行為は除く)をするには、社債権者集会の決議によらなければなりません。

→試験対策13章2節②【3】

1　趣旨

　1項本文は、支払の猶予や責任の免除等は、社債を処分する権限であるから、社債権者集会の特別決議(724条2項1号)によらなければならないとした。もっとも、706条1項ただし書は、社債の債務不履行時等に迅速に社債管理者が訴訟手続等を行うことができるようにするため、訴訟行為等については、募集事項として決定しておけば、社債権者集会の決議を要しないとすることができるとした。

2　条文クローズアップ

1　社債管理者の行為制限(1項)

　社債管理者は次の行為をするには社債権者集会の特別決議(724条2項1号)によらなければならない。
　①当該社債の全部についてする支払猶予、その債務の不履行によって生じた責任の免除または和解(②の行為は除く)(706条1項1号)
　②当該社債の全部についてする訴訟行為または破産等に関する手続に属する行為(社債権者のために社債にかかる債権の弁済を受け、または社債にかかる債権の実現を保全するために必要ないっさいの裁判上または裁判外の行為は除く)(2号)

2　1の制限の例外(1項柱書ただし書)

　②の行為について社債管理者が社債権者集会の決議によらずにすることができる旨を募集社債に関する事項の決定で定めたとき(676条8号の定め)には、社債管理者が単独で当該行為をすることができる。

第707条（特別代理人の選任）　C

　社債権者と社債管理者との利益が相反する場合において、社債権者のために裁判上又は裁判外の行為をする必要があるときは、裁判所は、社債権者集会の申立てにより、特別代理人を選任しなければな

らない。

社債権者と社債管理者との利益が相反する場合において、社債権者のために裁判上または裁判外の行為をする必要があるときは、裁判所は、社債権者集会の申立てにより、特別代理人を選任しなければなりません。

→試験対策13章2節②【3】

1 趣旨

社債権者と社債管理者の利益が相反する場合には、そのような社債管理者に社債権者のために行為させるのは、社債権者の利益を損なうおそれがあるので、社債権者集会の申立てにより裁判所に特別代理人を選任してもらい、選任された特別代理人にその行為をさせることができるようにしたものである。

2 条文クローズアップ

「利益が相反する場合」の具体例

社債管理者が社債発行会社のメインバンクであって、多額の貸付債権を有しているような場合には、社債権者のために社債権の弁済を受けると貸付債権の回収が困難になるので「利益が相反する場合」といえる。

第708条（社債管理者等の行為の方式）　C

社債管理者又は前条の特別代理人が社債権者のために裁判上又は裁判外の行為をするときは、個別の社債権者を表示することを要しない。

社債管理者または、社債管理者と社債権者との利益が相反する場合の特別代理人が社債権者のために裁判上または裁判外の行為をするときは、個別の社債権者を表示する必要はありません。

→試験対策13章2節②【3】

1 趣旨

社債管理者等が社債権者のためにする代理行為は、商行為の代理（商504条）ではないから、本人のためにすることを示すべきであるが（民99条）、変動しうる多数の社債権者を表示することは煩雑であるため、便宜を図ったものである。

第709条（2以上の社債管理者がある場合の特則）　C

1　2以上の社債管理者があるときは、これらの者が共同してその権限に属する行為をしなければならない。
2　前項に規定する場合において、社債管理者が第705条第1項の

弁済〔社債にかかる債権の弁済〕を受けたときは、社債管理者は、社債権者に対し、連帯して、当該弁済の額を支払う義務を負う。

　社債管理者が複数のときは、これらの者が共同してその権限に属する行為をしなければなりません。この場合、社債管理者が債権の弁済を受けたときは、社債権者に対して、連帯してその弁済の額を支払う義務があります。

1 趣旨

　1項は、1人の社債管理者による勝手な判断を許さない趣旨である。2項は、社債管理者の権限行使は共同してなされるから、弁済額の支払義務についても連帯性を認める規定である。

第710条（社債管理者の責任）　C

1　社債管理者は、この法律又は社債権者集会の決議に違反する行為をしたときは、社債権者に対し、連帯して、これによって生じた損害を賠償する責任を負う。
2　社債管理者は、❶社債発行会社が社債の償還若しくは利息の支払を怠り、若しくは社債発行会社について支払の停止があった後又はその前3箇月以内に、次に掲げる行為をしたときは、社債権者に対し、損害を賠償する責任を負う。ただし、当該社債管理者が誠実にすべき社債の管理を怠らなかったこと又は当該損害が当該行為によって生じたものでないことを証明したときは、この限りでない。
① 当該社債管理者の債権に係る債務について社債発行会社から担保の供与又は債務の消滅に関する行為を受けること。
② 当該社債管理者と法務省令で定める特別の関係がある者に対して当該社債管理者の債権を譲り渡すこと（当該特別の関係がある者が当該債権に係る債務について社債発行会社から担保の供与又は債務の消滅に関する行為を受けた場合に限る。）。
③ 当該社債管理者が社債発行会社に対する債権を有する場合において、契約によって負担する債務を専ら当該債権をもってする相殺に供する目的で社債発行会社の財産の処分を内容とする契約を社債発行会社との間で締結し、又は社債発行会社に対して債務を負担する者の債務を引き受けることを内容とする契約を締結し、かつ、これにより社債発行会社に対し負担した債務と当該債権とを相殺すること。
④ 当該社債管理者が社債発行会社に対して債務を負担する場合において、社債発行会社に対する債権を譲り受け、かつ、当該債務と当該債権とを相殺すること。

❶682条1項

社債管理者が、会社法または社債権者集会の決議に違反する行為をしたことによって社債権者に損害が生じたときは、社債管理者は損害賠償責任があります。

→試験対策13章2節②【4】(2)

1 趣旨

昨今、社債発行会社が債務不履行に陥る事例が増加し、社債発行会社に対し貸付債権等の債権を有する(従前の)社債管理会社と社債権者との利害が先鋭化するような事態が問題化している。そこで、このような現状をふまえ、社債管理者の社債権者に対する責任を強化し、社債管理会社の義務の履行確保および社債権者の保護を図った。

2 条文クローズアップ

1 社債管理者の義務違反(1項)

社債管理者の義務違反の場合の一般的規定である。社債管理者が会社法上課されている義務(善管注意義務、公平誠実義務等)や、社債権者集会の決議に違反した場合には、社債権者に対して損害賠償義務を負う。

2 社債管理者の利益相反行為(2項)

2項は、社債管理者が社債権者に対する公平誠実義務に違反する典型的場合として、支払停止前後に行われる一定の行為を列挙し、この場合には社債管理者に損害賠償責任を負わせるとともに、誠実義務違反でないことの立証責任を社債管理者に転換している。

①社債管理者が社債発行会社に対して有する債権について、担保の設定を受け、または弁済を受けた場合(1号)
②社債管理者と特別の関係を有する者に、社債管理者が社債発行会社に対して有する債権を譲渡し、かつ、当該債権について、担保の設定がなされ、または弁済がなされた場合(2号)
③社債管理者が社債発行会社に対して債権を有する場合に、社債管理者が社債発行会社の財産の処分を内容とする契約を締結すること等により、社債発行会社の債務を負担し、これを受働債権として相殺した場合(3号)
④社債管理者が社債発行会社に対して債務を負う場合に、社債発行会社に対する債権を譲受け、これを自働債権として相殺した場合(4号)

判例セレクト

社債管理者の責任

社債発行会社に対して貸付債権を有する社債管理会社(銀行)が救済融資をするに伴い、社債発行会社から担保の供与を受けた場合、形式的には710条2項1号に該当するが、これを機会に自己の従前の貸付債権の優先的回収を図るなどの行為に及ばないかぎり、原則として社債管理者が誠実になすべき社債管理を怠らなかった場合にあたる。また、救済融

資をするか否かの判断においては、発行会社にある程度の再建の見込みがあれば、免責要件を充足する(名古屋高判平21・5・28会社法百選85事件)。

> 📖H26-33-オ
> **第711条（社債管理者の辞任）　C**
> 1　社債管理者は、❶社債発行会社及び社債権者集会の同意を得て辞任することができる。この場合において、他に社債管理者がないときは、当該社債管理者は、あらかじめ、事務を承継する社債管理者を定めなければならない。
> 2　前項の規定にかかわらず、社債管理者は、第702条の規定による委託に係る契約〔社債の管理委託契約〕に定めた事由があるときは、辞任することができる。ただし、当該契約に事務を承継する社債管理者に関する定めがないときは、この限りでない。
> 3　第1項の規定にかかわらず、社債管理者は、やむを得ない事由があるときは、裁判所の許可を得て、辞任することができる。

❶682条1項

社債管理者は、社債発行会社および社債権者集会の同意を得た場合、契約で定めた事由が発生した場合、またはやむをえない事由がある場合においてのみ辞任できます。

1 趣旨

社債管理者は社債発行会社との間の委任契約によってその地位に就任する。しかし、辞任に関しては社債権者保護の観点から、委任に関する一般原則(民651条1項)に任せず、会社法が規律することにした。

2 条文クローズアップ

1　同意による辞任(1項)

1項は、社債発行会社および社債権者集会の両方の同意を得ることにより、社債管理者が辞任できることを定める。社債権者集会の同意は、普通決議でよい(724条1項)。ただし、ほかに社債管理者が存在しない場合は、辞任しようとする社債管理者は、事前に事務を承継するものを定めなければならない。

2　契約に定めた事由による辞任(2項)

2項は702条の規定による社債管理委託契約に定める事由があるときには、社債管理者は辞任することができることを定める。ただし、社債管理者の辞任で社債管理者が不存在となる状態が生じないようにするため、契約に事務承継者の定めがないときには辞任することはできない。

3　裁判所の許可による辞任(3項)

3項は、社債管理者にやむをえない事由があるときは、裁判所の許可

を得て、辞任することができることを定める。

第712条（社債管理者が辞任した場合の責任）　C
第710条第2項の規定〔社債管理者の利益相反的行為に基づく責任〕は、❶社債発行会社が社債の償還若しくは利息の支払を怠り、若しくは社債発行会社について支払の停止があった後又はその前3箇月以内に前条第2項の規定〔社債の管理委託契約に定めた事由による辞任〕により辞任した社債管理者について準用する。

❶682条1項

社債管理者に利益相反行為があった場合には、社債管理者は辞任したとしても、利益相反行為についての損害賠償責任があります。

1　趣旨

社債管理者が、契約により辞任する場合は、社債管理者でなくなる事由およびそのタイミングを社債管理者が自由に選択できる余地がある点において、社債権者に対する責任を不当に免れる危険性が他の場合より高いと考えられるため、特に本条が設けられた。

第713条（社債管理者の解任）　C
裁判所は、社債管理者がその義務に違反したとき、その事務処理に不適任であるときその他正当な理由があるときは、❶社債発行会社又は社債権者集会の申立てにより、当該社債管理者を解任することができる。

❶682条1項

裁判所は、社債管理者がその義務に違反したとき、事務処理に不適任であるとき、その他正当な事由があるときに、社債発行会社または社債権者集会の申立てにより社債管理者を解任することができます。

1　趣旨

本来ならば委任契約の解除の自由（民651条1項）により、発行会社は一方的に社債管理者に対し委任契約解除の意思表示をなすことができるはずである。しかし、社債管理者は社債権者の法定代理人でもあることから、社債管理者の解任を契約当事者の自治に任せず、一定の解任事由がある場合に、発行会社または社債権者集会の申立てにより、裁判所が解任を行うものとした。

第714条（社債管理者の事務の承継）　C
1　社債管理者が次のいずれかに該当することとなった場合におい

> て、他に社債管理者がないときは、❶社債発行会社は、事務を承継する社債管理者を定め、社債権者のために、社債の管理を行うことを委託しなければならない。この場合においては、社債発行会社は、社債権者集会の同意を得るため、遅滞なく、これを招集し、かつ、その同意を得ることができなかったときは、その同意に代わる裁判所の許可の申立てをしなければならない。
> ① 第703条各号に掲げる者〔社債管理者の資格者〕でなくなったとき。
> ② 第711条第3項の規定〔やむを得ない事由による辞任〕により辞任したとき。
> ③ 前条の規定〔裁判所による解任〕により解任されたとき。
> ④ 解散したとき。
> 2 ❶社債発行会社は、前項前段に規定する場合において、同項各号のいずれかに該当することとなった日後2箇月以内に、同項後段の規定による招集をせず、又は同項後段の申立てをしなかったときは、当該社債の総額について期限の利益を喪失する。
> 3 第1項前段に規定する場合において、やむを得ない事由があるときは、利害関係人は、裁判所に対し、事務を承継する社債管理者の選任の申立てをすることができる。
> 4 ❶社債発行会社は、第1項前段の規定により事務を承継する社債管理者を定めた場合(社債権者集会の同意を得た場合を除く。)又は前項の規定による事務を承継する社債管理者の選任があった場合には、遅滞なく、その旨を公告し、かつ、知れている社債権者には、各別にこれを通知しなければならない。

❶682条1項

社債管理者がいなくなった場合には、社債発行会社は遅滞なく社債権者集会の同意を得るか、その同意を得られなかったときは裁判所の許可を得て、事務を承継する社債管理者を定めなければなりません。そして、社債管理者がいなくなってから2か月以内に社債発行会社が同意を得るための社債権者集会を招集せず、または、裁判所の許可を求めないときは、社債総額につき期限の利益を失います。

1 趣旨

会社法は、原則として社債管理者の設置を強制し(702条本文)、社債権者の保護を図っている。714条は、社債発行後にもこれを貫徹するため、社債管理者が不在となる場合に承継社債管理者を定める義務を規定した。

■第3章
社債権者集会

> **第715条（社債権者集会の構成）　C**
> 社債権者は、社債の❶種類ごとに社債権者集会を組織する。

❶681条1号

社債権者は、社債の種類ごとに社債権者集会を組織します。

→試験対策13章2節③【2】(1)

1 趣旨

　同じ種類の社債権者は、利害を共通にしており、一種の利益共同体を構成している。そのため、団体的行動を認める必要性があり、会社としても個々の社債権者を相手にせず、団体的取扱いをするという利便性があるため、本条は、社債権者集会を規定した。

→神田[17版]328頁

2 語句の意味

　社債権者集会とは、社債権者の利害に重大な関係がある事項について社債権者の総意を決定するために構成される集会をいう。

3 条文クローズアップ

「種類」の意味

　会社法は、676条3号から8号までに掲げる事項（利率、償還の方法、期限等）のことを「種類」（681条1号、会社施規165条）とした。そして、その種類を基準として、社債券の発行を行ったり（会社697条1項3号）、社債権者集会を組織したりするものとした（715条）。

→676条③1、681条③2(1)

> **第716条（社債権者集会の権限）　C**
> 社債権者集会は、この法律に規定する事項及び社債権者の利害に関する事項について決議をすることができる。

社債権者集会は、会社法に規定がある事項および社債権者の利害に関する事項について決議することができます。

→試験対策13章2節③【2】(2)

1 趣旨

　本条が、社債権者集会の決議事項を限定的に規定した趣旨は、社債権者集会が、本来個別の社債権者のみでは行うことが困難なことを集団の力によって行うものであるため、社債権者が自己の社債に関する利益について、必要な限度で決議を行う権限を認めれば必要十分であるという

点にある。また、多数決原理の濫用防止を趣旨とする見解もある。

2 条文クローズアップ

1 法定決議事項

(1) 社債発行会社に対するもの
①社債発行会社が履行を怠った場合に期限の利益を喪失させるための通知(739条)
②資本金または準備金の減少、合同会社における退社に伴う払戻し、持分会社における財産処分方法、組織変更・合併・会社分割・株式交換・株式移転に対する異議の申述(740条)
③弁済等の取消しの訴えの提起(865条3項本文、1項)

(2) 社債管理者等に対するもの
④社債管理者の辞任に対する同意(711条1項)
⑤社債管理者の解任請求(713条)
⑥社債管理者の事務承継者の選任に対する同意(714条1項)
⑦社債発行会社の代表者の出席請求(729条2項)
⑧代表社債権者の選任(736条)
⑨社債権者集会の決議執行者の選任(737条1項ただし書)
⑩代表社債権者・決議執行者の解任または委任事項の変更(738条)
⑪社債管理者がなす一定の重要行為についての承認(706条1項)

2 約定決議事項

社債権者の利害に関する事項(716条)が約定決議事項にあたる。
なお、裁判所の許可は不要である。

📖 H26-33-エ

第717条（社債権者集会の招集） C

1 社債権者集会は、必要がある場合には、いつでも、招集することができる。
2 社債権者集会は、次条第3項の規定〔裁判所の許可を得た社債権者集会の招集〕により招集する場合を除き、❶社債発行会社又は社債管理者が招集する。

❶682条1項

→試験対策13章2節③【2】(3)

社債権者集会は、必要があるときにはいつでも招集することができます。そして、社債権者集会は、社債権者が裁判所の許可を得て招集する場合を除いて、社債発行会社または社債管理者が招集します。

1 趣旨

1項は、社債権者集会が臨時的な合議体であることから、いつでも招集することを可能とした。2項は、社債発行会社が社債権者との関係では当事者であるため、また、社債管理者が社債権者の利益を保護すべき

立場にあるため、両者に招集権を認めた。

> **第718条（社債権者による招集の請求） C**
> 1　ある❶種類の社債の総額（償還済みの額を除く。）の10分の1以上に当たる社債を有する社債権者は、❷社債発行会社又は社債管理者に対し、社債権者集会の目的である事項及び招集の理由を示して、社債権者集会の招集を請求することができる。
> 2　❷社債発行会社が有する自己の当該❶種類の社債の金額の合計額は、前項に規定する社債の総額に算入しない。
> 3　次に掲げる場合には、第1項の規定による請求〔社債権者集会の招集請求〕をした社債権者は、裁判所の許可を得て、社債権者集会を招集することができる。
> 　①　第1項の規定による請求〔社債権者集会の招集請求〕の後遅滞なく招集の手続が行われない場合
> 　②　第1項の規定による請求〔社債権者集会の招集請求〕があった日から8週間以内の日を社債権者集会の日とする社債権者集会の招集の通知が発せられない場合
> 4　第1項の規定による請求又は前項の規定による招集をしようとする❸無記名社債の社債権者は、その社債券を❷社債発行会社又は社債管理者に提示しなければならない。

❶681条1号
❷682条1項

❸681条4号

ある種類の社債総額の10分の1以上にあたる社債を所有する社債権者は、会議の目的である事項および招集の理由を示して、社債発行会社または社債管理者に社債権者集会の招集を請求できます。そして、招集請求後にすみやかに招集手続が行われない場合等には、裁判所の許可を得て、みずから招集することができます。

→試験対策13章2節③【2】(3)

1　趣旨

本条は少数の社債権者の利益を保護するため、社債権者による社債権者集会の招集を認めている。

2　条文クローズアップ

社債権者による招集（1項、3項）

　ある種類の社債の総額（償還済みの額を除く）の10分の1以上にあたる社債をもつ社債権者は、社債発行会社または社債管理者に対して社債権者集会の目的である事項および招集の理由を示して、社債権者集会の招集を請求することができる（1項）。

　この請求の後ただちに招集の手続が行われない場合、または、この請求のあった日から8週間以内の日を社債権者集会の日とする通知が発せられない場合には、裁判所の許可を得て、社債権者集会を招集すること

ができる（3項）。

> **第719条（社債権者集会の招集の決定） C**
> 社債権者集会を招集する者(以下この章において「❶招集者」という。)は、社債権者集会を招集する場合には、次に掲げる事項を定めなければならない。
> ① 社債権者集会の日時及び場所
> ② 社債権者集会の目的である事項
> ③ 社債権者集会に出席しない社債権者が電磁的方法によって議決権を行使することができることとするときは、その旨
> ④ 前3号に掲げるもののほか、法務省令で定める事項

❶定

　社債権者集会を招集する者は、社債権者集会の日時・場所・目的である事項、社債権者集会に出席しない社債権者が電磁的方法によって議決権を行使することができることとするときは、その旨を、そして、その他一定の事項を定めなければなりません。

1 趣旨

　本条の趣旨は、社債権者集会の日時、場所、目的、電磁的記録による投票の可否等を定めることを義務づけることで、社債権者に集会へ出席する機会を与え、また、社債権者に決議に参加するための準備の機会を与えるためである。

2 条文クローズアップ

法務省令で定める事項（4号）

→会社施規172条

> 📖 H27-33-ア
> **第720条（社債権者集会の招集の通知） C**
> 1　社債権者集会を招集するには、❶招集者は、社債権者集会の日の2週間前までに、知れている社債権者及び❷社債発行会社並びに社債管理者がある場合にあっては社債管理者に対して、書面をもってその通知を発しなければならない。
> 2　❶招集者は、前項の書面による通知の発出に代えて、政令で定めるところにより、同項の通知を受けるべき者の承諾を得て、電磁的方法により通知を発することができる。この場合において、当該招集者は、同項の書面による通知を発したものとみなす。
> 3　前2項の通知には、前条各号に掲げる事項(社債権者集会の招集事項)を記載し、又は記録しなければならない。
> 4　❷社債発行会社が無記名式の社債券を発行している場合におい

❶719条
❷682条1項

> て、社債権者集会を招集するには、❶招集者は、社債権者集会の日の3週間前までに、社債権者集会を招集する旨及び前条各号に掲げる事項〔社債権者集会の招集事項〕を公告しなければならない。
> 5　前項の規定による公告は、❷社債発行会社における公告の方法によりしなければならない。ただし、❶招集者が社債発行会社以外の者である場合において、その方法が電子公告であるときは、その公告は、官報に掲載する方法でしなければならない。

　社債権者集会を招集するためには、社債権者集会の2週間前までに知れている社債権者・社債発行会社ならびに社債管理者に対して書面によりその通知をしなければなりません。そして、通知を受けるべき者の承諾を得れば、電磁的方法による通知を発することができます。

→試験対策13章2節③【2】(3)

1　趣旨

　社債権者に出席の機会を与えるとともに、票決のための適切な準備を行わせることを保障する趣旨である。

2　条文クローズアップ

1　招集通知の発送（1項、2項）

　招集者は、社債権者集会の2週間前までに、知れている社債権者および社債発行会社ならびに社債管理者に対し、招集通知を発しなければならない（1項）。招集通知は原則として書面によらなければならない（1項）。しかし、通知を受ける者の承諾があれば、電磁的方法により通知を発することができる（2項）。

2　招集通知への記載事項（3項）

　招集通知には、719条各号に規定する招集事項を記載し、または記録しなければならない。

3　無記名式の社債券が発行されている場合（4項）

　無記名式の社債券が発行されている場合は、その所持人を個別に把握することは困難である。そこで、招集者は、社債権者集会の日の3週間前までに、社債権者集会を招集する旨と、719条各号に規定する招集事項を公告しなければならない。

第721条（社債権者集会参考書類及び議決権行使書面の交付等）　C

1　❶招集者は、前条第1項の通知〔社債権者集会の招集通知〕に際しては、法務省令で定めるところにより、知れている社債権者に対し、議決権の行使について参考となるべき事項を記載した書類（以下この条において「❷社債権者集会参考書類」という。）及び社債

❶719条

❷定

権者が議決権を行使するための書面(以下この章において「❸議決権行使書面」という。)を交付しなければならない。
2 ❶招集者は、前条第2項の承諾〔電磁的方法による招集通知の承諾〕をした社債権者に対し同項の電磁的方法による通知を発するときは、前項の規定による❷社債権者集会参考書類及び❸議決権行使書面の交付に代えて、これらの書類に記載すべき事項を電磁的方法により提供することができる。ただし、社債権者の請求があったときは、これらの書類を当該社債権者に交付しなければならない。
3 ❶招集者は、前条第4項の規定による公告〔無記名式社債券発行会社の社債権者集会招集公告〕をした場合において、社債権者集会の日の1週間前までに❹無記名社債の社債権者の請求があったときは、直ちに、❷社債権者集会参考書類及び❸議決権行使書面を当該社債権者に交付しなければならない。
4 ❶招集者は、前項の規定による❷社債権者集会参考書類及び❸議決権行使書面の交付に代えて、政令で定めるところにより、社債権者の承諾を得て、これらの書類に記載すべき事項を電磁的方法により提供することができる。この場合において、当該招集者は、同項の規定によるこれらの書類の交付をしたものとみなす。

❸定

❹681条4号

社債権者集会の招集者は、社債権者集会の招集通知に際しては、知れている社債権者に対し、法務省令(会社施規174条)で定めるところにより、社債権者集会参考書類および議決権行使書面を交付しなければなりません。

1 趣旨

書面投票をする社債権者(会社726条1項参照)に、票決に際して適切な情報を提供する趣旨である。

第722条　C

1 ❶招集者は、第719条第3号に掲げる事項〔電磁的方法による議決権行使ができる旨〕を定めた場合には、第720条第2項の承諾〔電磁的方法による招集通知の承諾〕をした社債権者に対する電磁的方法による通知に際して、法務省令で定めるところにより、社債権者に対し、❷議決権行使書面に記載すべき事項を当該電磁的方法により提供しなければならない。
2 ❶招集者は、第719条第3号〔電磁的方法による議決権行使ができる旨〕に掲げる事項を定めた場合において、第720条第2項の承諾〔電磁的方法による招集通知の承諾〕をしていない社債権者から社債権者集会の日の1週間前までに❷議決権行使書面に記載すべき事項の電

❶719条

❷721条1項

磁的方法による提供の請求があったときは、法務省令で定めるところにより、直ちに、当該社債権者に対し、当該事項を電磁的方法により提供しなければならない。

　社債権者集会の招集者は、電磁的方法によって議決権を行使することができると定めた場合には、電子招集通知によることの承諾をした社債権者に対する電磁的方法による通知に際して、法務省令（会社施規174条）で定めるところにより、社債権者に対して議決権行使書面に記載すべき事項を当該電磁的方法により提供しなければなりません。

1 趣旨

　電子招集通知によることの承諾をした社債権者に、721条と同様に、票決に際して適切な情報を提供する趣旨である。

H27-33-イ・ウ
第723条（議決権の額等）　C

1　社債権者は、社債権者集会において、その有する当該❶種類の社債の金額の合計額（償還済みの額を除く。）に応じて、議決権を有する。
2　前項の規定にかかわらず、❷社債発行会社は、その有する自己の社債については、議決権を有しない。
3　議決権を行使しようとする❸無記名社債の社債権者は、社債権者集会の日の１週間前までに、その社債券を❹招集者に提示しなければならない。

❶681条１号
❷682条１項
❸681条４号
❹719条

　社債権者には、社債権者集会において、所有しているその種類の社債の金額の合計額（償還済みの額は除く）に応じて、議決権があります。そして、社債発行会社には、自己所有の社債については議決権がありません。なお、無記名式社債の社債権者は、社債権者集会の１週間前までにその社債券を招集者に提示しなければなりません。

→試験対策13章2節③【2】(4)

1 趣旨

　１項は、当該社債権者集会で議決されるべき事項について、社債権者としての割合的権利関係に応じた議決権行使を保障し、適切な決議がされるようにする趣旨である。２項は、社債発行会社が保有する自己社債を通じて、他の社債権者に不利益な事項を決定することを防止する趣旨である。

司 H26-48-エ。書 H27-33-オ

第724条（社債権者集会の決議）　B⁻

1　社債権者集会において決議をする事項を可決するには、出席した❶議決権者（議決権を行使することができる社債権者をいう。以下この章において同じ。）の議決権の総額の２分の１を超える議決権を有する者の同意がなければならない。
2　前項の規定にかかわらず、社債権者集会において次に掲げる事項を可決するには、❶議決権者の議決権の総額の５分の１以上で、かつ、出席した議決権者の議決権の総額の３分の２以上の議決権を有する者の同意がなければならない。
　①　第706条第１項各号に掲げる行為〔支払の猶予等、訴訟行為および破産手続等に関する行為〕に関する事項
　②　第706条第１項〔社債権者集会の決議を要する社債管理者の行為〕、第736条第１項〔代表社債権者の選任〕、第737条第１項ただし書〔社債権者集会の決議を執行する者の選任〕及び第738条の規定〔代表社債権者等の解任等〕により社債権者集会の決議を必要とする事項
3　社債権者集会は、第719条第２号に掲げる事項〔社債権者集会の目的事項〕以外の事項については、決議をすることができない。

❶定

→試験対策13章2節③【2】(4)

　社債権者集会の決議は、原則として議決権者の議決権の総額の２分の１を超える議決権を所有する者の同意がなければなりません。ただし、代表社債権者の選任等の一定の重要事項については、議決権者の議決権の総額の５分の１以上で、かつ、出席した議決権者の議決権の総額の３分の２以上の議決権を所有する者の同意がなければなりません。なお、社債権者集会は、社債権者集会の目的である事項として招集の際に定められた事項以外は決議できません。

1　趣旨

　従前は、特別決議が原則とされていた。しかし、ほとんどが無記名社債であったことにより、集会への出席を確保することが困難であったので、本条は、普通決議を原則とすることを定めた。
　１項では定足数の定めがなく、２項では株主総会の特別決議と比べて定足数の定めが緩められた趣旨は、社債には無記名社債が多く、積極的に議決権を行使する者はまれであることから、高い定足数を要求すると、債権者集会の開催が困難になることにある。
　また、３項の趣旨は、社債権者集会では書面投票により参加する者も当然に予定されている（726条）ことから、そのような社債権者の利益を守る点にある。

2　条文クローズアップ

1 普通決議（1項）

　社債権者集会の決議は、原則として議決権者の議決権の総額の2分の1を超える議決権を有する者の同意がなければならない。

2 特別決議（2項）

　以下の重要事項については、(i)議決権者の議決権の総額の5分の1以上で、かつ、(ii)出席した議決権者の議決権の総額の3分の2以上の議決権を有する者の同意がなければならない。

①支払猶予・債務不履行責任の免除・和解(706条1項1号)、訴訟行為および法的倒産手続に属する行為(706条1項2号)に関する事項

②社債管理者が社債権者集会の決議によりする行為の承認(706条1項)、代表社債権者の選任(736条1項)、決議執行者の選任(737条1項ただし書)および代表社債権者・決議執行者の解任等(738条)の規定により社債権者集会の決議を必要とする事項

　会社法では、(i)従前の定足数を廃止し、(ii)総社債権者の議決権の総額の5分の1以上、かつ、出席社債権者の議決権の総額の3分の2以上の議決権を有する者の同意をもって決議の成立要件としている。

　これは、社債が債務不履行に陥った場合、多くの社債権者が価値を大きく減じた社債について議決権を行使する興味を失い、社債権者集会の定足数をみたすことが困難になることをも考慮し、定足数要件を廃止することにより、社債権者集会の決議の成立可能性を高めたものである。他方、あまりに少数の議決権の同意により社債権者集会全体が大きな影響を受けうる決議が成立してしまうことのないようにするため、出席社債権者の議決権の総額との関係での一定割合の同意に加え、総社債権者の議決権の総額との関係での一定割合の同意をも要求することとした。

3 議決事項（3項）

　社債権者集会は、社債権者集会の目的である事項(719条2号)以外は決議できない。

第725条（議決権の代理行使）　C

1　社債権者は、代理人によってその議決権を行使することができる。この場合においては、当該社債権者又は代理人は、代理権を証明する書面を❶招集者に提出しなければならない。

❶719条

2　前項の代理権の授与は、社債権者集会ごとにしなければならない。

3　第1項の社債権者又は代理人は、代理権を証明する書面の提出に代えて、政令で定めるところにより、❶招集者の承諾を得て、当該書面に記載すべき事項を電磁的方法により提供することができる。この場合において、当該社債権者又は代理人は、当該書面を提出したものとみなす。

4　社債権者が第720条第2項の承諾〔電磁的方法による招集通知の承諾〕

をした者である場合には、❶招集者は、正当な理由がなければ、前項の承諾をすることを拒んではならない。

　社債権者は、社債権者集会において代理人によって議決権を行使することができます。この場合、社債権者または代理人は、社債権者集会ごとに代理権を証明する書面を招集者に提出しなければなりません。また、招集者の承諾を得て、当該書面に記載すべき事項を電磁的方法により提供することができます。

→試験対策13章2節③【2】(4)

1 趣旨

　株主総会の場合と同様に、社債権者集会における議決権の行使は意思の表明であることから、本条は、代理人による議決権行使ができることを定めた。

→310条

2 条文クローズアップ

1　議決権の代理行使（原則）

　社債権者は、代理人によってその議決権を行使することができる。この場合には、当該社債権者または代理人は、代理権を証明する書面を招集者に提出しなければならない（1項）。この代理権の授与は、社債権者集会ごとにしなければならない（2項）。

2　電磁的方法による証明の特則（例外）

　代理権を証明する書面の提出に代えて、政令（会社施令1条1項12号・会社施規230条）の定めにより、招集権者の承諾を得て、電磁的方法により提供することができる（会社725条3項）。

　社債権者が社債権者集会の書面による通知に代えて電磁的方法による通知を承諾した者（720条2項の承諾をした者）である場合には、招集者は、正当な理由なく上記の承諾を拒んではならない（725条4項）。

📖H27-33-エ
第726条（書面による議決権の行使）　C

1　社債権者集会に出席しない社債権者は、書面によって議決権を行使することができる。
2　書面による議決権の行使は、❶議決権行使書面に必要な事項を記載し、法務省令で定める時までに当該記載をした議決権行使書面を❷招集者に提出して行う。
3　前項の規定により書面によって行使した議決権の額は、出席した❸議決権者の議決権の額に算入する。

❶721条1項

❷719条

❸724条1項

　社債権者集会に出席しない社債権者は、書面に必要事項を記載し、期限までに招集者に提出すれば議決権を行使することができます。

→試験対策13章2節③【2】(4)

1 趣旨

株主総会の場合と同様に、社債権者集会に出席しない社債権者に、議決権行使の機会を与えるために規定された。

→311条

2 条文クローズアップ

書面による議決権行使

社債権者集会に出席しない社債権者は、書面によって議決権を行使することができる（1項）。この場合、議決権行使書面に必要な事項を記載し、法務省令（会社施規175条・172条2号）の期限で定める時までに当該記載をした議決権行使書面を招集者に提出して行う（726条2項）。書面によって行使した議決権の額は出席議決権の額に算入する（3項）。

なお、株主総会の場合は書面による議決権行使を認めるかどうかは、議決権を行使できる株主の数が1000人以上である場合を除き、招集権者の裁量に委ねられる（298条2項、1項3号）が、社債権者集会における書面投票は、社債の総額や社債権者の数を問わず、必ず認められる。

第727条（電磁的方法による議決権の行使）　C

1　電磁的方法による議決権の行使は、政令で定めるところにより、❶招集者の承諾を得て、法務省令で定める時までに❷議決権行使書面に記載すべき事項を、電磁的方法により当該招集者に提供して行う。
2　社債権者が第720条第2項の承諾〔電磁的方法による招集通知の承諾〕をした者である場合には、❶招集者は、正当な理由がなければ、前項の承諾をすることを拒んではならない。
3　第1項の規定により電磁的方法によって行使した議決権の額は、出席した❸議決権者の議決権の額に算入する。

❶719条
❷721条1項

❸724条1項

社債権者集会に出席しない社債権者は、招集者の承諾を得て、電磁的方法で議決権を行使できます。

→試験対策13章2節3【2】(4)

1 趣旨

株主総会の場合と同様に、社債権者集会に出席しない社債権者に、議決権行使の機会を与えるために規定された。

→312条

2 条文クローズアップ

電磁的方法による議決権行使

電磁的方法による議決権の行使は、政令（会社施令1条1項13号・会社施規230条）の定めにより、招集者の承諾を得て、法務省令（会社施規176条・172条5号イ）に定める期限までに議決権行使書面に記載すべき事項

を、電磁的方法により当該招集者に提供して行う（会社727条1項）。
　社債権者が社債権者集会の書面による通知に代えて電磁的方法による通知を承諾した者（720条2項の承諾をした者）である場合には、招集者は、正当な理由なく上記の承諾を拒めない（727条2項）。
　電磁的方法により行使した議決権の額は、出席した議決権者の議決権の額に算入する（3項）。

第728条（議決権の不統一行使）　C

1　社債権者は、その有する議決権を統一しないで行使することができる。この場合においては、社債権者集会の日の3日前までに、❶招集者に対してその旨及びその理由を通知しなければならない。
2　❶招集者は、前項の社債権者が他人のために社債を有する者でないときは、当該社債権者が同項の規定によりその有する議決権を統一しないで行使することを拒むことができる。

❶719条

　社債権者は、その所有する議決権を統一しないで行使すること（不統一行使）ができます。この場合には、社債権者は、社債権者集会の日の3日前までに、招集者に対して、不統一行使をする旨とその理由を通知する必要があります。招集者は、不統一行使をしようとする社債権者が他人のために社債を所有しているものではないときに、不統一行使を拒むことができます。

→試験対策13章2節③【2】(4)

1　趣旨

　社債の信託等の場合、形式上は1人の社債権者になっていても、実質上は複数の社債権者に権利が属しているので、実質上の社債権者の意向に従って議決権を行使するためには、不統一行使を認める必要がある。そして、通常、不統一行使による会社の不利益は小さいので許容性も認められる。そこで、議決権の不統一行使を認めた。

第729条（社債発行会社の代表者の出席等）　C

1　❶社債発行会社又は社債管理者は、その代表者若しくは代理人を社債権者集会に出席させ、又は書面により意見を述べることができる。ただし、社債管理者にあっては、その社債権者集会が第707条の特別代理人の選任（社債権者と社債管理者との利益相反時の特別代理人の選任）について招集されたものであるときは、この限りでない。
2　社債権者集会又は❷招集者は、必要があると認めるときは、❶社債発行会社に対し、その代表者又は代理人の出席を求めることができる。この場合において、社債権者集会にあっては、これを

❶682条1項

❷719条

する旨の決議を経なければならない。

　社債発行会社または社債管理者は、原則としてその代表者または代理人を社債権者集会に出席させるか書面により意見を述べることができます。また、社債権者集会または招集者は、必要と認めるときは社債発行会社に対し、社債管理者の代表者または代理人の出席を求めることができます。

1 趣旨

　社債権者集会で決定される事項は、社債発行会社・社債管理者にとっても重大な影響を及ぼすため、社債発行会社等から自己の利害に関わる目的事項について必要な意見を述べることは許容し、社債権者にとってもこのような機会を得ることで、自己の議決権行使のための必要な情報の収集を可能にする趣旨である。

第730条（延期又は続行の決議）　C
社債権者集会においてその延期又は続行について決議があった場合には、第719条〔社債権者集会の招集の決定〕及び第720条の規定〔社債権者集会の招集の通知〕は、適用しない。

　社債権者集会においてその延期または続行について決議があった場合には、社債権者集会の招集の決定、社債権者集会の招集の通知の規定は適用されません。

1 趣旨

　株主総会の場合と同様に、社債権者集会の延期・継続は、当初開催された社債権者集会と同一性を有するものであるから、改めて法定の招集事項の決定・招集通知発送の手続を要しないものとした。

2 語句の意味

　延期とは、議事に入らないで社債権者集会を継続することをいう。
　続行とは、議事に入ったが審議が終わらないので社債権者集会を後日に継続することをいう。

第731条（議事録）　C
1　社債権者集会の議事については、❶招集者は、法務省令で定めるところにより、議事録を作成しなければならない。
2　❷社債発行会社は、社債権者集会の日から10年間、前項の議事録をその本店に備え置かなければならない。

❶719条
❷682条1項

3　社債管理者及び社債権者は、❷社債発行会社の営業時間内は、いつでも、次に掲げる請求をすることができる。
① 第1項の議事録が書面をもって作成されているときは、当該書面の閲覧又は謄写の請求
② 第1項の議事録が❸電磁的記録をもって作成されているときは、当該電磁的記録に記録された事項を法務省令で定める方法により表示したものの閲覧又は謄写の請求

❸26条2項

社債権者集会の議事については、招集者は、議事録を作成しなければなりません。そして、社債発行会社は社債権者集会の日から10年間その議事録を本店に備え置かなければならず、社債管理者および社債権者は、社債発行会社の営業時間内は、いつでも、議事録の閲覧・謄写を請求できます。

1 趣旨

株主総会議事録の場合と同様に、社債権者集会の議事の経過およびその結果についての議事録の作成・備置・閲覧・謄写を規定することで、紛争の予防および紛争に備えた証拠とする趣旨である。

2 条文クローズアップ

1　議事録の作成義務(1項)
社債権者集会の議事については、招集者は、法務省令(会社施規177条)の定めにより、議事録を作成しなければならない。

2　議事録の備置き(2項)
社債発行会社は、社債権者集会の日から10年間、作成した議事録を本店に備え置かなければならない。

3　閲覧等の請求(3項)
社債管理者および社債権者は、社債発行会社の営業時間内は、いつでも、次の請求をすることができる。
①書面によって作成された議事録の閲覧または謄写の請求
②電磁的記録によって作成され議事録の記録事項を法務省令(会社施規226条32号)に定める方法により表示したものの閲覧等の請求

第732条（社債権者集会の決議の認可の申立て）　C
社債権者集会の決議があったときは、❶招集者は、当該決議があった日から1週間以内に、裁判所に対し、当該決議の認可の申立てをしなければならない。

❶719条

社債権者集会において決議が行われた場合は、招集者は、その決議の認可を求めて、決議のあった日から1週間以内に裁判所に認可の申立てをしなけ

→試験対策13章2節3【2】(2)

ればなりません。

1 趣旨

株式の発行とは異なり、社債の発行は通常公衆に対して行われるので、社債権者からの申立てを待って決議の有効性を決するのではなく、裁判所の後見的判断による瑕疵の有無の判断を優先させることで、多数決の濫用を防止し、社債権者の保護を図る趣旨である。

> 司 H26-48-オ
> **第733条（社債権者集会の決議の不認可） B⁻**
> 裁判所は、次のいずれかに該当する場合には、社債権者集会の決議の認可をすることができない。
> ① 社債権者集会の招集の手続又はその決議の方法が法令又は第676条の募集〔発行する社債の引受人の募集〕のための当該❶社債発行会社の事業その他の事項に関する説明に用いた資料に記載され、若しくは記録された事項に違反するとき。
> ② 決議が不正の方法によって成立するに至ったとき。
> ③ 決議が著しく不公正であるとき。
> ④ 決議が社債権者の一般の利益に反するとき。

❶682条1項

社債権者集会の決議の認可の申立てがあった場合において、決議の手続や方法が法令に違反する場合や決議が著しく不公正である場合等は、裁判所はその決議を認可することができません。

1 趣旨

社債権者集会の決議の手続や方法に問題があった場合や、多数決の濫用などによって決議の内容が不当である場合に、当該決議に対する認可をしないことにより、決議の公正を維持する趣旨である。

2 条文クローズアップ

社債権者集会の決議を不認可とする場合
①社債権者集会の招集の手続またはその決議の方法が法令に違反する場合、または社債の募集のための発行会社の事業その他の事項に関する説明に用いた資料に記載・記録された事項に違反する場合
②決議が不正の方法によって成立した場合
③決議が著しく不公正である場合
④決議が社債権者一般の利益に反する場合

司H20-48-ウ。書H23-28-オ
第734条（社債権者集会の決議の効力） B⁻
1　社債権者集会の決議は、裁判所の認可を受けなければ、その効力を生じない。
2　社債権者集会の決議は、当該❶種類の社債を有するすべての社債権者に対してその効力を有する。

❶681条1号

→試験対策13章2節③【2】(2)

　社債権者集会の決議は、裁判所の認可がなければ決議としての効力を生じません。社債権者集会の決議は、その種類の社債を所有するすべての社債権者に対して効力が及びます。

1 趣旨

　1項は、社債権者集会の決議の公正を維持するため、裁判所による認可を決議の効力要件とした規定である。2項は、当該種類の社債を有するすべての社債権者が、認可を受けた決議により拘束されることを明確にした規定である。

第735条（社債権者集会の決議の認可又は不認可の決定の公告） C
❶社債発行会社は、社債権者集会の決議の認可又は不認可の決定があった場合には、遅滞なく、その旨を公告しなければならない。

❶682条1項

→試験対策13章2節③【2】(2)

　社債権者集会の決議につき、裁判所による認可または不認可の決定があった場合は、社債発行会社は、ただちにその決定があった旨を公告しなければなりません。

1 趣旨

　社債権者集会の決議は、裁判所の許可があってはじめて効力を生じるので(734条1項参照)、社債発行会社に、裁判所の審査の結果を遅滞なく公告する義務を課すことにより、利害関係を有する債権者にその結果を周知させる趣旨である。

第736条（代表社債権者の選任等） C
1　社債権者集会においては、その決議によって、当該❶種類の社債の総額(償還済みの額を除く。)の1000分の1以上に当たる社債を有する社債権者の中から、1人又は2人以上の代表社債権者を選任し、これに社債権者集会において決議をする事項についての決定を委任することができる。

❶681条1号

第734条〜第736条

> 2　第718条第2項〔自己社債合計額の社債総額への不算入〕の規定は、前項に規定する社債の総額について準用する。
> 3　代表社債権者が2人以上ある場合において、社債権者集会において別段の定めを行わなかったときは、第1項に規定する事項についての決定は、その過半数をもって行う。

　社債権者集会の決議によって、その種類の社債の総額の1000分の1以上にあたる社債を所有する社債権者のなかから代表社債権者を選任し、その代表社債権者に決議事項の決定を委任できます。代表社債権者が2人以上存在する場合は、決議事項の決定はその過半数をもって決議します。

1　趣旨

　社債権者集会は、多数の社債権者が集まって決議するものであるため、頻繁に開催することは困難であり、細かいことを決定するのにも適していない。そこで、社債権者のなかから1人または数人の代表者を選任して、決議事項の決定を委任できることとした。

2　条文クローズアップ

1　決議の方法

　数人の代表社債権者が選任されている場合で、社債権者集会における別段の定めのないときは、決議事項の決定はその過半数をもってなされる（3項）。

2　決議の効力

　代表社債権者による決定は、社債権者集会の決議と同一の効力がある。

第737条（社債権者集会の決議の執行）　C

> 1　社債権者集会の決議は、社債管理者又は代表社債権者（社債管理者があるときを除く。）が執行する。ただし、社債権者集会の決議によって別に社債権者集会の決議を執行する者を定めたときは、この限りでない。
> 2　第705条第1項から第3項〔社債権者の権限等〕まで、第708条〔社債管理者等の行為の方式〕及び第709条の規定〔2以上の社債管理者がある場合の特則〕は、代表社債権者又は前項ただし書の規定により定められた社債権者集会の決議を執行する者（以下この章において「❶決議執行者」という。）が社債権者集会の決議を執行する場合について準用する。

❶定

　社債権者集会の決議は、決議を執行する者として社債権者集会の決議によって定められた者がいる場合はこの者が、社債管理者がいる場合は社債管理

者が、社債管理者がいない場合は代表社債権者が執行します。

1 趣旨

社債権者集会における決議については、決議をすればそれですんでしまう場合もあるが、更に具体的に執行しなければならない場合もある。そこで、社債権者集会の決議を執行する者を定めることとした。

2 条文クローズアップ

1 決議をすればそれですんでしまう場合
たとえば、減資を承認する決議や合併を承認する決議等である。

2 決議後に更に具体的に執行しなければならない場合
たとえば、期限の利益を剥奪する決議等は、その決議に従って通知書を会社に交付しなければならない(739条1項)。

> **第738条(代表社債権者等の解任等) C**
> 社債権者集会においては、その決議によって、いつでも、代表社債権者若しくは❶決議執行者を解任し、又はこれらの者に委任した事項を変更することができる。

❶737条2項

社債権者集会の決議により、いつでも、代表社債権者や決議執行者の解任、委任事項の変更を行うことができます。

1 趣旨

代表社債権者や決議執行者の権限は、社債権者の利害に重大な関係をもつものであるから、社債権者集会においていつでもその解任ができ、または委任した事項を変更することができる必要がある。そこで、社債権者集会の決議を条件にこれを認めている。

> **第739条(社債の利息の支払等を怠ったことによる期限の利益の喪失) C**
> 1 ❶社債発行会社が社債の利息の支払を怠ったとき、又は定期に社債の一部を償還しなければならない場合においてその償還を怠ったときは、社債権者集会の決議に基づき、当該決議を執行する者は、社債発行会社に対し、一定の期間内にその弁済をしなければならない旨及び当該期間内にその弁済をしないときは当該社債の総額について期限の利益を喪失する旨を書面により通知することができる。ただし、当該期間は、2箇月を下ることができない。
> 2 前項の決議を執行する者は、同項の規定による書面による通知に代えて、政令で定めるところにより、❶社債発行会社の承諾を

❶682条1項

> 得て、同項の規定により通知する事項を電磁的方法により提供することができる。この場合において、当該決議を執行する者は、当該書面による通知をしたものとみなす。
> 3 ❶社債発行会社は、第1項の期間内に同項の弁済をしなかったときは、当該社債の総額について期限の利益を喪失する。

　社債発行会社が社債の利息の支払・社債の償還を怠ったときは、社債権者集会の決議に基づいて、決議執行者は、社債発行会社に対し、一定の期間内に弁済をしなければならないこと、およびその期間内に弁済をしないときはその社債の総額につき期限の利益を喪失することを、書面にて通知することができます。社債発行会社は、この期間内に弁済をしなかったときは、その社債の総額について期限の利益を失います。

→試験対策13章2節③【2】(2)

1 趣旨

　社債発行会社が社債の利息の支払または社債の償還を怠った場合に、社債権者集会の決議により期限の利益を奪われる旨を規定し、もって社債権者を保護しようとするものである。

2 条文クローズアップ

電磁的方法による通知（2項）

　期限の利益を喪失させる社債権者集会の決議を執行する者は、書面による通知に代えて政令（会社施令1条1項14号・会社施規230条）の定めにより、社債発行会社の承諾を得て、通知する事項を電磁的方法により提供することができる。

第740条（債権者の異議手続の特則）　C

1　第449条〔資本金等の減少の債権者異議手続〕、第627条〔合同会社の資本金減少の債権者異議手続〕、第635条〔合同会社の持分払戻しの債権者異議手続〕、第670条〔持分会社の任意清算の債権者異議手続〕、第779条〔組織変更をする株式会社における債権者異議手続〕(第781条第2項〔組織変更を行う持分会社への準用〕において準用する場合を含む。)、第789条〔吸収合併消滅株式会社等の債権者異議手続〕(第793条第2項〔吸収合併消滅持分会社等への準用〕において準用する場合を含む。)、第799条〔吸収合併存続株式会社等における債権者異議手続〕(第802条第2項〔存続持分会社等への準用〕において準用する場合を含む。)又は第810条〔新設合併消滅株式会社等における債権者異議手続〕(第813条第2項〔新設合併消滅持分会社等への準用〕において準用する場合を含む。)の規定により社債権者が異議を述べるには、社債権者集会の決議によらなければならない。この場合においては、裁判所は、利害関係人の申立てによ

り、社債権者のために異議を述べることができる期間を伸長することができる。

2　前項の規定にかかわらず、社債管理者は、社債権者のために、異議を述べることができる。ただし、第702条の規定による委託に係る契約〔社債の管理委託契約〕に別段の定めがある場合は、この限りでない。

3　❶社債発行会社における第449条第2項〔資本金等の減少の債権者異議手続の公告・催告〕、第627条第2項〔合同会社の資本金減少の債権者異議手続の公告・催告〕、第635条第2項〔合同会社の持分払戻しの債権者異議手続の公告・催告〕、第670条第2項〔持分会社の任意清算の債権者異議手続の公告・催告〕、第779条第2項〔組織変更をする株式会社における債権者異議手続の公告・催告〕(第781条第2項〔組織変更を行う持分会社への準用〕において準用する場合を含む。以下この項において同じ。)、第789条第2項〔吸収合併消滅株式会社等の債権者異議手続の公告・催告〕(第793条第2項〔吸収合併消滅持分会社等への準用〕において準用する場合を含む。以下この項において同じ。)、第799条第2項〔吸収合併存続株式会社等における債権者異議手続の公告・催告〕(第802条第2項〔存続持分会社等への準用〕において準用する場合を含む。以下この項において同じ。)及び第810条第2項〔新設合併消滅株式会社等における債権者異議手続の公告・催告〕(第813条第2項〔新設合併消滅持分会社等への準用〕において準用する場合を含む。以下この項において同じ。)の規定の適用については、第449条第2項、第627条第2項、第635条第2項、第670条第2項、第779条第2項及び第799条第2項中「知れている債権者」とあるのは「知れている債権者(社債管理者がある場合にあっては、当該社債管理者を含む。)」と、第789条第2項及び第810条第2項中「知れている債権者(同項の規定により異議を述べることができるものに限る。)」とあるのは「知れている債権者(同項の規定により異議を述べることができるものに限り、社債管理者がある場合にあっては当該社債管理者を含む。)」とする。

❶682条1項

資本金または準備金の減少(449条)、合同会社における退社に伴う払戻し(635条)、持分会社における財産処分方法(670条)、組織変更(779条)・合併・会社分割・株式交換・株式移転(789条、799条、810条)等に対して社債権者が異議を述べるためには、社債権者集会の決議が必要です。

また、社債権者とは別に、社債管理者は、社債管理委託契約(702条本文)に別段の定めがある場合を除き社債権者のために異議を述べることができます。また、社債発行会社が会社債権者異議手続を採るべき場合(449条2項等)において、社債管理者があるときは、その社債発行会社は社債管理者に対しても催告を行わなければなりません。

1 趣旨

専門的知識をもたない多くの社債権者のために、原則として社債権者集会の決議が必要であることを定めた。さらに、社債管理者をおくときは、当該社債権者発行会社はこの社債管理者に対しても催告を行うことを義務づけることで、その利益保護を図る趣旨である。

2 条文クローズアップ

1 社債権者の異議申述権（1項）

社債権者も債権者であるから、債権者保護手続に際しては、個別に異議を述べることができるはずである。しかし、社債の法律関係はもっぱら集団的・画一的に処理されることが予定されている。そのため、社債権者が債権者として異議を述べるには、社債権者集会の決議が必要とされた。これにより、個々の社債権者が個別に異議を述べることはできないとされている。

2 社債管理者の催告受領権・異議申述権（2項、3項）

社債権者が異議を述べるために逐一社債権者集会の決議、更には裁判所の認可手続が必要となると、時間的制約から異議を述べることが困難になることがありうる。そのため、社債管理者がみずからの判断で異議を述べることができるとしている（2項）。また、異議を述べる機会を確保するために、社債発行会社は、社債管理者に対しても債権者異議手続での催告を行うことが義務づけられている（3項）。

第741条（社債管理者等の報酬等）　C

1　社債管理者、代表社債権者又は❶決議執行者に対して与えるべき報酬、その事務処理のために要する費用及びその支出の日以後における利息並びにその事務処理のために自己の過失なくして受けた損害の賠償額は、❷社債発行会社との契約に定めがある場合を除き、裁判所の許可を得て、社債発行会社の負担とすることができる。

2　前項の許可の申立ては、社債管理者、代表社債権者又は❶決議執行者がする。

3　社債管理者、代表社債権者又は❶決議執行者は、第1項の報酬、費用及び利息並びに損害の賠償額に関し、第705条第1項（第737条第2項（決議執行者が決議を執行する場合への準用）において準用する場合を含む。）の弁済（社債にかかる債権の弁済）を受けた額について、社債権者に先立って弁済を受ける権利を有する。

❶737条2項

❷682条1項

社債管理者、代表社債権者または決議執行者の報酬およびその事務処理の費用等は、社債発行会社との契約に定めがあればこれにより、定めがない場

合には裁判所の許可を得て、社債発行会社に負担させることができます。また、この報酬および費用等については、社債管理者、代表社債権者または決議執行者は、償還を受けた金額のなかから社債権者に先立って弁済を受けることができます。

1 趣旨

社債管理者等の活動は、社債発行会社のためにも利益になることが多く、一方で、もっぱら社債権者の利益のために活動する場合は、多くは社債発行会社の債務不履行に起因するものである。このような社債管理者等の事務の性質から、1項は、報酬等を社債発行会社の費用とすることができる旨を規定した。3項は、社債管理者等の報酬等は、総債権者の共同の利益のために生じたものと認められるため、社債管理者等が一種の先取特権として優先弁済権を有することを規定した。

> **第742条（社債権者集会等の費用の負担）　C**
> 1　社債権者集会に関する費用は、❶社債発行会社の負担とする。
> 2　第732条の申立て〔社債権者集会の決議の認可の申立て〕に関する費用は、❶社債発行会社の負担とする。ただし、裁判所は、社債発行会社その他利害関係人の申立てにより又は職権で、当該費用の全部又は一部について、❷招集者その他利害関係人の中から別に負担者を定めることができる。

❶682条1項

❷719条

社債権者集会に関する費用は、社債発行会社の負担とします。また、社債権者集会の招集者が決議の認可を裁判所に請求する場合（732条）の費用は、原則として社債発行会社の負担とします。ただし、その全部または一部につき、別に負担者を決めることができます。

1 趣旨

社債権者集会に関する費用は、当該種類の社債権者の共益的費用であり、それと同時に、社債権者集会の決定が社債発行会社の利益となることもある。そこで、1項は、社債発行会社の負担とした。2項ただし書が、例外的に社債発行会社以外の者に負担させることができるとしたのは、決議の認否の裁判で利害関係人が争ったために費用が増大した場合等に、その全部を社債発行会社に負担させるのは適切でない場合もありうるからである。

2 条文クローズアップ

1　社債権者集会に関する費用

社債権者集会に関する費用とは、たとえば、招集通知・公告（720条）および会場費などの諸費用である。

2 「別に負担者を定める」べき場合の具体例

債権者集会において、利害関係人が十分に意見を述べずに決議が成立し、後日決議の認否の裁判の段階で、その利害関係人が争ったために、無用な費用が増大した場合のように、社債発行会社以外の者もある程度費用を分担するのが適切といえる場合である。

第5編 組織変更、合併、会社分割、株式交換及び株式移転

（743条〜816条）

■第1章
組織変更

■総　説

1　組織変更の意義

→試験対策14章1節①

　組織変更とは、株式会社がその組織を変更することにより合名会社、合資会社、または合同会社になること、および合名会社、合資会社または合同会社がその組織を変更することにより株式会社になることをいう（2条26号）。
　なお、持分会社間での会社の種類を変更する場合（たとえば、合資会社から合同会社への組織変更をする場合）は、持分会社の種類の変更にすぎず、組織変更にはあたらない。したがって、組織変更の手続ではなく、定款変更の手続を経ることになる（638条）。

2　組織変更の手続

→試験対策14章1節②

1　株式会社から持分会社への組織変更
　株式会社が持分会社に組織変更をする場合には、以下の手続を経る必要がある。
　①組織変更計画を作成する（743条、744条1項）。
　②組織変更計画に関する書面（電磁的記録も可能）を備え置き、株主および会社債権者の閲覧等に供する（775条1項、3項）。
　③総株主の同意を得る（776条1項）。
　④組織変更をする旨等の通知または公告をする（776条2項、3項）。
　⑤反対する新株予約権者に新株予約権の買取請求権が認められる（777条、778条）。
　⑥債権者異議手続を行う（779条）。
　⑦組織変更計画で定めた効力発生日に、組織変更の効力が発生する（745条1項。なお、定款の変更をしたものとみなされる〔745条2項〕。また、効力発生日の変更について780条）。
　⑧組織変更の登記を行う（920条）。

2　持分会社から株式会社への組織変更
　持分会社が株式会社に組織変更する場合には、以下の手続を経る必要がある。
　①組織変更計画を作成する（743条、746条）。
　②総社員の同意を得る（781条1項本文）。
　③債権者異議手続を行う（781条2項・779条）。
　④組織変更計画で定めた効力発生日に組織変更の効力が発生する（747

条1項。なお、定款の変更をしたものとみなされる〔747条2項〕。また、効力発生日の変更について781条2項・780条〕。
⑤組織変更の登記を行う(920条)。

3 組織変更の無効

→試験対策14章1節③

828条以下参照。

■第1節 通　則

司 H23-48-ウ(予)

第743条（組織変更計画の作成）　B

会社は、組織変更をすることができる。この場合においては、組織変更計画を作成しなければならない。

会社は、組織変更をすることができます。この場合には、組織変更計画を作成しなければなりません。

→試験対策14章1節②

1 趣旨

　会社法は、設立当初に持分会社という会社類型を選択したとしてもその後の成長の度合いや経済状況の変化に対応するために株式会社への組織変更を認めている。また、同様の理由により持分会社から株式会社への組織変更も認められている。

■第2節　株式会社の組織変更

第744条（株式会社の組織変更計画）　B⁻

1　株式会社が組織変更をする場合には、当該株式会社は、組織変更計画において、次に掲げる事項を定めなければならない。
　① 組織変更後の持分会社(以下この編において「❶組織変更後持分会社」という。)が合名会社、合資会社又は合同会社のいずれであるかの別
　② 組織変更後持分会社の目的、商号及び本店の所在地
　③ 組織変更後持分会社の社員についての次に掲げる事項
　　イ　当該社員の氏名又は名称及び住所
　　ロ　当該社員が無限責任社員又は有限責任社員のいずれであるかの別
　　ハ　当該社員の出資の価額
　④ 前2号に掲げるもののほか、組織変更後持分会社の定款で定める事項
　⑤ 組織変更後持分会社が組織変更に際して組織変更をする株式会社の株主に対してその株式に代わる❷金銭等(組織変更後持

❶定

❷定・151条1項

会社の持分を除く。以下この号及び次号において同じ。)を交付するときは、当該金銭等についての次に掲げる事項
　　イ　当該金銭等が組織変更後持分会社の社債であるときは、当該社債の❸種類(第107条第2項第2号ロに規定する社債の種類(募集社債の利率、償還方法および期限、利息支払方法等)をいう。以下この編において同じ。)及び種類ごとの各社債の金額の合計額又はその算定方法　　　　　　　　　　　　　❸定
　　ロ　当該金銭等が組織変更後持分会社の社債以外の財産であるときは、当該財産の内容及び数若しくは額又はこれらの算定方法
　⑥　前号に規定する場合には、組織変更をする株式会社の株主(組織変更をする株式会社を除く。)に対する同号の金銭等の割当てに関する事項
　⑦　組織変更をする株式会社が新株予約権を発行しているときは、組織変更後持分会社が組織変更に際して当該新株予約権の新株予約権者に対して交付する当該新株予約権に代わる金銭の額又はその算定方法
　⑧　前号に規定する場合には、組織変更をする株式会社の新株予約権の新株予約権者に対する同号の金銭の割当てに関する事項
　⑨　組織変更がその効力を生ずる日(以下この章において「❹効力発生日」という。)　　　　　　　　　　　　　　　❹定
２　❶組織変更後持分会社が合名会社であるときは、前項第3号ロに掲げる事項として、その社員の全部を無限責任社員とする旨を定めなければならない。
３　❶組織変更後持分会社が合資会社であるときは、第1項第3号ロに掲げる事項として、その社員の一部を無限責任社員とし、その他の社員を有限責任社員とする旨を定めなければならない。
４　❶組織変更後持分会社が合同会社であるときは、第1項第3号ロに掲げる事項として、その社員の全部を有限責任社員とする旨を定めなければならない。

　株式会社が組織変更をする場合には、組織変更計画において組織変更後の持分会社が合名・合資・合同のいずれであるか、会社の目的、商号、本店の所在地といった重要事項を定めなければなりません。

→試験対策14章1節②【1】

1　趣旨

　本条は、株式会社の組織変更は当該会社の株主、債権者等に重大な影響を及ぼすので組織変更における重要な事項についてその明確性および不可変更性を確実にするために、組織変更計画に一定の事項を定めるべきことを要求している。

2 条文クローズアップ

1 計画での法定記載事項（1項）

744条は株式会社から持分会社への組織変更を定めた条文である。組織変更をすることで、株式会社の株主または新株予約権者であった者はその地位を剥奪され、株式や新株予約権に代わる対価の交付を受けるという重大な影響を受けるため、これら対価の内容等を計画に記載すべきこととした。

(1) 組織変更後の持分会社の種類（1号）
(2) 組織変更後の持分会社の目的・商号・本店所在地（2号）
(3) 組織変更後の持分会社社員の情報（3号）
　社員の氏名・名称および住所（3号イ）、無限責任社員・有限責任社員の別（3号ロ）、出資価額（3号ハ）を記載する必要がある。
(4) (2)、(3)のほか、組織変更後の持分会社の定款で定める事項（4号）
(5) 株主に対して交付する金銭等の内容（5号）
　「金銭等」には、組織変更後持分会社の持分は除かれている（5号柱書括弧書）。
(6) 5号記載の金銭等の割当てに関する事項（6号）
　5号は対価の総数・総額・総量であるのに対し、6号は株式1株あたりに対して交付される対価の数・額・量を定める。
(7) 新株予約権者に対して交付する金銭の額（7号）
　新株予約権者に対しては、交付する対価は金銭にかぎられる。
(8) 7号記載の金銭等の割当てに関する事項（8号）
(9) 組織変更の効力発生日（9号）

2 組織変更後の持分会社の社員の責任形態（2項から4項まで）

合名会社は、社員の全部が無限責任社員であり（576条2項）、合資会社は、社員の一部は無限責任社員、その他の社員は有限責任社員であり（576条3項）、合同会社は社員の全部が有限責任社員である（576条4項）。それゆえ組織変更をして持分会社になった場合も、その種類に対応して社員の責任形態を定める必要がある（744条2項から4項まで）。

第745条（株式会社の組織変更の効力の発生等）　B⁻

1　組織変更をする株式会社は、❶効力発生日に、持分会社となる。
2　組織変更をする株式会社は、❶効力発生日に、前条第1項第2号から第4号までに掲げる事項（組織変更後持分会社の定款で定める事項）についての定めに従い、当該事項に係る定款の変更をしたものとみなす。
3　組織変更をする株式会社の株主は、❶効力発生日に、前条第1項第3号に掲げる事項（社員の氏名・名称および住所、無限・有限責任社員の別、社員の出資の価額）についての定めに従い、❷組織変更後持

❶744条1項9号

❷744条1項1号

組織変更

> 分会社の社員となる。
> 4　前条第1項第5号イに掲げる事項についての定めがある場合〔組織変更の対価が社債の場合〕には、組織変更をする株式会社の株主は、❶効力発生日に、同項第6号に掲げる事項〔組織変更する株式会社の株主に対する割当ての事項〕についての定めに従い、同項第5号イの社債の社債権者となる。
> 5　組織変更をする株式会社の新株予約権は、❶効力発生日に、消滅する。
> 6　前各項の規定は、第779条の規定による手続〔債権者異議手続〕が終了していない場合又は組織変更を中止した場合には、適用しない。

組織変更をする株式会社は、効力発生日に、持分会社になり、定款変更したものとみなされます。同時に、株主は社員となり、一定の場合には株主が社債の社債権者となり、また新株予約権が消滅することになります。

→試験対策14条1節[2]【1】

1 趣旨

組織変更の効力の発生時期につき、従前は実質的な効力発生日と法律上の効力発生日が異なることがありえた。そこで、1項は組織変更計画で定めた一定の日を効力発生日とし、組織変更の効力発生日を統一化することで、法律関係の簡明化を図った。

2 条文クローズアップ

1　株式会社の組織変更の効力の発生（1項）
2　定款変更（2項）
3　組織変更する場合の株主の地位（3項）
　組織変更をする株式会社の株主は、効力発生日に、組織変更計画の定め（744条1項3号）に従い、組織変更後持分会社の社員となる。
4　組織変更の対価に関する規律（4項）
　組織変更の対価として社債を交付する場合（744条1項5号イ）には、組織変更をする株式会社の株主は効力発生日に、組織変更をする株式会社の株主に対する割当てに関する事項の定め（744条1項6号）に従い、社債権者となる。
5　新株予約権に関する規律（5項）
6　組織変更の効力が生じない場合（6項）
　①債権者異議手続（779条）が終了していない場合、または、②組織変更を中止した場合には、組織変更に関する諸々の効果（745条1項から5項まで）は生じない。

■第3節　持分会社の組織変更

司 H23-48-ウ

第746条（持分会社の組織変更計画）　C

1　持分会社が組織変更をする場合には、当該持分会社は、組織変更計画において、次に掲げる事項を定めなければならない。
　①　組織変更後の株式会社（以下この条において「❶組織変更後株式会社」という。）の目的、商号、本店の所在地及び❷発行可能株式総数
　②　前号に掲げるもののほか、組織変更後株式会社の定款で定める事項
　③　組織変更後株式会社の取締役の氏名
　④　次のイからハまでに掲げる場合の区分に応じ、当該イからハまでに定める事項
　　イ　組織変更後株式会社が会計参与設置会社である場合　組織変更後株式会社の会計参与の氏名又は名称
　　ロ　組織変更後株式会社が監査役設置会社（監査役の監査の範囲を会計に関するものに限定する旨の定款の定めがある株式会社を含む。）である場合　組織変更後株式会社の監査役の氏名
　　ハ　組織変更後株式会社が会計監査人設置会社である場合　組織変更後株式会社の会計監査人の氏名又は名称
　⑤　組織変更をする持分会社の社員が組織変更に際して取得する組織変更後株式会社の株式の数（種類株式発行会社にあっては、株式の種類及び種類ごとの数）又はその数の算定方法
　⑥　組織変更をする持分会社の社員に対する前号の株式の割当てに関する事項
　⑦　組織変更後株式会社が組織変更に際して組織変更をする持分会社の社員に対してその持分に代わる❸金銭等（組織変更後株式会社の株式を除く。以下この号及び次号において同じ。）を交付するときは、当該金銭等についての次に掲げる事項
　　イ　当該金銭等が組織変更後株式会社の社債（新株予約権付社債についてのものを除く。）であるときは、当該社債の❹種類及び種類ごとの各社債の金額の合計額又はその算定方法
　　ロ　当該金銭等が組織変更後株式会社の新株予約権（新株予約権付社債に付されたものを除く。）であるときは、当該新株予約権の内容及び数又はその算定方法
　　ハ　当該金銭等が組織変更後株式会社の新株予約権付社債であるときは、当該新株予約権付社債についてのイに規定する事項及び当該新株予約権付社債に付された新株予約権について

❶定
❷37条1項

❸定・151条1項

❹744条1項5号イ

>   の口に規定する事項
>   二　当該金銭等が組織変更後株式会社の❺社債等（社債及び新株予約権をいう。以下この編において同じ。）以外の財産であるときは、当該財産の内容及び数若しくは額又はこれらの算定方法
> ⑧　前号に規定する場合には、組織変更をする持分会社の社員に対する同号の金銭等の割当てに関する事項
> ⑨　❻効力発生日
> 2　❶組織変更後株式会社が監査等委員会設置会社である場合には、前項第3号に掲げる事項〔組織変更後株式会社の取締役の氏名〕は、❼監査等委員である取締役とそれ以外の取締役とを区別して定めなければならない。

❺定

❻744条1項9号

❼38条2項

持分会社が組織変更をする場合には、組織変更計画において組織変更後の株式会社の目的・商号・本店の所在地・発行可能株式総数、組織変更後株式会社の取締役の氏名、組織変更後に取得することとなる組織変更後株式会社の株式の数またはその算定方法、組織変更の効力発生日等一定の重要事項を定めなければなりません。監査等委員会設置会社に変更した場合には、監査等委員とそれ以外の取締役を区別して定める必要があります。

→試験対策14章1節②【2】

1　趣旨

　本条は、持分会社の組織変更は当該会社の社員、債権者等に重大な影響を及ぼすので組織変更における重要な事項についてその明確性および不可変更性を確実にするために、組織変更計画に一定の事項を定めるべきことを要求している。

2　条文クローズアップ

1　計画での法定記載事項（1項）

　746条は、持分会社から株式会社への組織変更を定めた条文である。持分会社から株式時会社への組織変更であっても持分会社の社員には、744条と同様に重大な影響がある。
　以下は、744条と異なる点である。

→744条②1

(1) 組織変更後の株式会社の発行可能株式総数（1号）
(2) 組織変更後の株式会社の取締役の氏名、その他役員等に関する事項（3号、4号）
(3) 組織変更をする持分会社の社員が取得する対価の内容（5号、7号）
　対価は、組織変更後株式会社の株式や社債等にかぎられず、金銭等も可能である。
(4) 対価の割当てに関する事項（6号、8号）

2　監査等委員会設置会社の特則（2項）

組織変更後株式会社が監査等委員会設置会社である場合は、監査等委員である取締役と、それ以外の取締役を区別して定めなければならない（2項）。これは監査等委員である取締役とそれ以外の取締役を分けて選任するという規定（329条2項）を、組織変更の場合でも適用したものである。

> **第747条（持分会社の組織変更の効力の発生等）　C**
> 1　組織変更をする持分会社は、❶効力発生日に、株式会社となる。
> 2　組織変更をする持分会社は、❶効力発生日に、前条第1項第1号及び第2号に掲げる事項〔組織変更後株式会社の定款で定める事項〕についての定めに従い、当該事項に係る定款の変更をしたものとみなす。
> 3　組織変更をする持分会社の社員は、❶効力発生日に、前条第1項第6号に掲げる事項〔組織変更をする持分会社の社員への組織変更後株式会社の株式の割当ての事項〕についての定めに従い、同項第5号の株式〔組織変更の対価である組織変更後株式会社の株式〕の株主となる。
> 4　次の各号に掲げる場合には、組織変更をする持分会社の社員は、❶効力発生日に、前条第1項第8号に掲げる事項〔組織変更の対価が金銭等の場合の、組織変更をする持分会社の社員への割当ての事項〕についての定めに従い、当該各号に定める者となる。
> 　① 前条第1項第7号イに掲げる事項についての定めがある場合〔組織変更の対価が社債の場合〕　同号イの社債の社債権者
> 　② 前条第1項第7号ロに掲げる事項についての定めがある場合〔組織変更の対価が新株予約権の場合〕　同号ロの新株予約権の新株予約権者
> 　③ 前条第1項第7号ハに掲げる事項についての定めがある場合〔組織変更の対価が新株予約権付社債の場合〕　同号ハの新株予約権付社債についての社債の社債権者及び当該新株予約権付社債に付された新株予約権の新株予約権者
> 5　前各項の規定は、第781条第2項〔組織変更をする持分会社への準用〕において準用する第779条（第2項第2号〔組織変更をする株式会社の計算書類に関する事項の公告または催告〕を除く。）の規定による手続〔債権者異議手続〕が終了していない場合又は組織変更を中止した場合には、適用しない。

❶744条1項9号

→試験対策14章1節②【2】

　組織変更をする持分会社は、効力発生日に、株式会社になり、定款変更したものとみなされます。同時に、社員は株主となり、一定の場合には社員が社債の社債権者や新株予約権者になります。

1　趣旨

組織変更の効力の発生時期につき、従前は実質的な効力発生日と法律上の効力発生日が異なることがありえた。そこで、1項は組織変更計画で定めた一定の日を効力発生日とし、組織変更の効力発生日を統一化することで、法律関係の簡明化を図った。

2 条文クローズアップ

1 持分会社の組織変更の効力の発生(1項)
2 定款変更(2項)
3 組織変更する場合の社員の地位(3項)

組織変更をする持分会社の社員は、効力発生日に、組織変更をする持分会社の社員に対する、組織変更後株式会社の割当てに関する事項(746条1項6号)についての定めに従い、組織変更後株式会社の株式(746条1項5号)の株主となる。

4 組織変更の対価に関する規律(4項)

組織変更後、株式会社が組織変更をする持分会社に金銭等を交付する場合には、組織変更計画に従い、それぞれの規定に基づく社債の社債権者(1号)、新株予約権の新株予約権者(2号)、新株予約権付社債についての社債の社債権者および新株予約権付社債に付された新株予約権の新株予約権者(3号)となる。

5 組織変更の効力が生じない場合(5項)

①会社債権者異議手続(779条)が終了していない場合、または、②組織変更を中止した場合には、組織変更に関する諸々の効果(747条1項から4項まで)は生じない。

■第2章

合併

■総説

1 総説

1 定義
会社の合併とは、2つ以上の会社が契約によって1つの会社に合体することをいう。会社法上、会社の合併は、**吸収合併**と**新設合併**とに分けられる。

2 合併の法的性質
合併の法的性質については、会社が合体する組織法上の特別の契約であるとする見解（人格合一説・通説）と、消滅会社がすべての財産を現物出資し、存続会社が増資をし、または新設会社が設立されると考える見解（現物出資説）とがある。もっとも、いずれの見解を採用しても具体的問題の解決にあたっては差異が生じないと理解されている。

3 合併の種類
(1) 吸収合併
吸収合併とは、会社が他の会社とする合併であって、合併により消滅する会社の権利義務の全部を合併後存続する会社に承継させるものをいう（2条27号）。

(2) 新設合併
新設合併とは、2以上の会社がする合併であって、合併により消滅する会社の権利義務の全部を合併により設立する会社に承継させるものをいう（2条28号）。

2 合併の効果

1 解散と同時に消滅
吸収合併の場合には合併により当事会社の一部（消滅会社）が、新設合併の場合には当事会社の全部が解散する（471条4号、641条5号）。この場合は、清算は行われず（475条1号括弧書）、消滅会社は解散すると同時に消滅する。

2 新株の発行等
合併により、吸収合併の場合には存続会社の新株が発行されるのが通常である。また、新設合併の場合には新会社が成立し、消滅会社の株主は新会社の株主となる。

3 自己株式の交付・存続会社の株式以外のものの交付
吸収合併の場合、存続会社は、新株に代えてその保有する自己株式を

交付することも認められる。さらに、会社法のもとでは、いわゆる**対価の柔軟化**により、存続会社の株式以外のものを交付することも認められる(749条1項2号)。

4 消滅会社の権利義務の包括的承継(750条1項、752条1項、754条1項、756条1項)

3 合併の手続

→試験対策14章2節②【1】(3)

会社が合併をするには、以下の手続が必要である。
①合併契約を締結する(748条、749条、753条)。
②合併契約に関する書面等を備え置き、株主および会社債権者の閲覧等に供する(782条、794条、803条)。
③株主総会の特別決議による承認を得る(783条1項、795条1項、804条1項、309条2項12号。ただし、309条3項2号、3号。なお、後述の略式手続・簡易手続では不要)。
④合併をする旨等の通知、公告をする(785条3項、4項、797条3項、4項、806条3項、4項、787条3項、4項、808条3項、4項)。
⑤反対株主、新株予約権者に株式、新株予約権の買取請求権が認められる(785条から788条まで、797条、798条、806条から809条まで)。
⑥会社債権者異議手続を行う(789条、799条、810条)。
⑦合併の効力が発生する。
　吸収合併の場合：合併契約で定められた合併の効力発生日(749条1項6号)に効力が発生する(750条1項)。
　新設合併の場合：新設会社の成立の日(設立登記の日)に効力が発生する(754条1項)。
⑧合併事項書面等を備え置き、株主および会社債権者の閲覧等に供する(801条、815条)。
⑨合併の登記を行う(921条、922条)。

4 略式手続・簡易手続

→試験対策14章2節②【2】

1 略式手続
存続会社が特別支配会社である場合には、株主総会の決議は不要である(784条1項本文)。

→468条

2 簡易手続
吸収合併の存続会社においては、合併対価の額(簿価)が、存続会社の純資産額(会社施規196条)の5分の1以下の場合(定款で厳格化は可能)には、株主総会の決議は不要である(会社796条2項)。

5 合併の差止め

→平成26年改正

平成26年改正により、合併が法令または定款に違反する場合において、株主の差止請求権が創設された(784条の2、796条の2、805条の2)。

→784条の2、796条の2、805条の2

/1016/ 合併 総説

6 合併の無効

→試験対策14章2節②【7】

1 合併無効の訴えの趣旨
　合併の手続に瑕疵があれば、合併は無効となるはずである。しかし、登記によっていったん外見上有効に成立した合併を、後になって無効とし、その解決を民法の一般原則に委ねると法的安定性を害する。そこで、会社法は、合併無効の訴えを用意し、合併無効の主張を制限する一方で、無効の効果を画一的に確定するとともに、その遡及効については否定している。

2 無効事由
　合併無効事由については、法律上明記されていないものの、合併がその本質に反する場合または合併手続に瑕疵があった場合には、合併無効の事由が認められる。

(1) 合併の本質に反する場合
　e.g. 合併契約で消滅会社の債務を存続会社が承継しない旨を定めたような場合

(2) 合併手続に瑕疵がある場合
　e.g. 合併契約書が作成されず、または作成されたが要件不備であった場合、合併承認決議に無効または取消事由がある場合などの、重大な手続違反がある場合

(3) 合併比率の不公正
　合併比率の不公正が無効事由となるかについては争いがある。
　合併比率が不利な会社の株主は、株式買取請求権を行使できるので、無効事由にならないとする裁判例がある。ただし、株主総会の合併承認決議において、特別利害関係を有する株主が議決権を行使したために著しく不公正な合併比率が承認された場合には、決議取消事由となり(831条1項3号)、その瑕疵が合併無効事由となると解することはできる。

→判例セレクト

7 合併と事業譲渡との比較

→試験対策14章2節②【8】

1 共通点
　合併(特に吸収合併)と事業譲渡とは、ともに事業用財産の重要な部分の移転を生じさせる点で共通する。また、ともに会社組織の重大な変更を生じ、株主の利害関係に大きな影響をもつことから、略式手続および簡易手続の場合を除き、株主総会の特別決議が必要である点(467条1項、309条2項11号、783条1項、795条1項、309条2項12号。ただし、309条3項2号)、および反対株主は株式買取請求権を有する点(469条、785条、797条)で共通する。

2 相違点
　合併と事業譲渡には、次のような違いがある。
　①事業譲渡は、通常の取引法上の契約なので、契約で定めた範囲の財産が個別に移転し、個々の財産の移転手続が必要となるが、事業の

一部を移転すること等ができる。
　合併は、消滅会社の全財産が包括的に移転し、個々の財産の移転手続は不要だが、財産を一部除外したりすることはできない。
②事業譲渡の場合は、全部譲渡であったとしても、譲渡会社は当然には解散しない。
　合併の場合は、消滅会社は法律上当然に解散・消滅し、株主は存続会社・新設会社の株式その他の対価を受け取る（749条1項2号、751条1項3号参照）。
③事業譲渡では、譲渡会社は、債権者の承諾を得て譲受会社に免責的債務引受けをさせないかぎり、債務を免れないから、特に会社債権者保護の必要はなく、特段の規定はない。
　合併では、消滅会社の債務は、当然に存続会社または新設会社に引き継がれるから、会社債権者異議手続が必要である（789条、799条、810条）。
④合併では、合併契約に関する書面等の作成が会社法上要求される（782条、794条、803条）のに対し、事業譲渡ではこれがない。
⑤事業譲渡では、無効、取消しの主張は、民法の一般原則によってすることができる。
　合併では、その無効の主張は、合併無効の訴えによってのみ認められ、提訴期間および提訴権者も制限されている（828条1項7号、8号、2項7号、8号）。

> **判例セレクト**
>
> **合併比率の不公正と合併無効事由**
> 　合併比率が不当であるとしても、合併契約の承認決議に反対した株主は、会社に対し、株式買取請求権を行使できるのであるから、これにかんがみると、合併比率の不当または不公正ということ自体が合併無効事由になるものではないというべきである（東京高判平2・1・31判例シリーズ85事件）。

→会社法百選90事件

■第1節　通　　則

> **第748条（合併契約の締結）　B⁺**
> 会社は、他の会社と合併をすることができる。この場合においては、合併をする会社は、合併契約を締結しなければならない。

　会社は、他の会社と合併することができます。この場合、合併をする会社間で、合併契約を締結しなくてはなりません。

→試験対策14章2節②【1】(3)

1 趣旨

合併は、当事会社の権利義務を包括承継させ、当事会社の株主や債権者に重大な影響を与えるため、会社の合併は当然のものではない。そこで、本条により、合併という基礎的変更が可能となった。そして、本条は、合併の基本的事項を明確にするために、合併契約の締結を義務づけた。

■第2節　吸収合併

■第1款　株式会社が存続する吸収合併

司H25-49-ア〜エ(予)、H24-47-ウ(予)、H21-48-1、H19-47-3、H18-42-オ。書H24-34-ア

第749条（株式会社が存続する吸収合併契約）　A

1　会社が吸収合併をする場合において、吸収合併後存続する会社(以下この編において「❶吸収合併存続会社」という。)が株式会社であるときは、吸収合併契約において、次に掲げる事項を定めなければならない。

① 　株式会社である吸収合併存続会社(以下この編において「❷吸収合併存続株式会社」という。)及び吸収合併により消滅する会社(以下この編において「❸吸収合併消滅会社」という。)の商号及び住所

② 　吸収合併存続株式会社が吸収合併に際して株式会社である吸収合併消滅会社(以下この編において「❹吸収合併消滅株式会社」という。)の株主又は持分会社である吸収合併消滅会社(以下この編において「❺吸収合併消滅持分会社」という。)の社員に対してその株式又は持分に代わる❻金銭等を交付するときは、当該金銭等についての次に掲げる事項

　　イ　当該金銭等が吸収合併存続株式会社の株式であるときは、当該株式の数(種類株式発行会社にあっては、株式の種類及び種類ごとの数)又はその数の算定方法並びに当該吸収合併存続株式会社の資本金及び準備金の額に関する事項

　　ロ　当該金銭等が吸収合併存続株式会社の社債(新株予約権付社債についてのものを除く。)であるときは、当該社債の❼種類及び種類ごとの各社債の金額の合計額又はその算定方法

　　ハ　当該金銭等が吸収合併存続株式会社の新株予約権(新株予約権付社債に付されたものを除く。)であるときは、当該新株予約権の内容及び数又はその算定方法

　　ニ　当該金銭等が吸収合併存続株式会社の新株予約権付社債であるときは、当該新株予約権付社債についてのロに規定する事項及び当該新株予約権付社債に付された新株予約権についてのハに規定する事項

　　ホ　当該金銭等が吸収合併存続株式会社の❽株式等以外の財産

❶定
❷定
❸定
❹定
❺定
❻151条1項
❼744条1項5号イ
❽107条2項2号ホ

であるときは、当該財産の内容及び数若しくは額又はこれらの算定方法
③　前号に規定する場合には、吸収合併消滅株式会社の株主(吸収合併消滅株式会社及び吸収合併存続株式会社を除く。)又は吸収合併消滅持分会社の社員(吸収合併存続株式会社を除く。)に対する同号の金銭等の割当てに関する事項
④　吸収合併消滅株式会社が新株予約権を発行しているときは、吸収合併存続株式会社が吸収合併に際して当該新株予約権の新株予約権者に対して交付する当該新株予約権に代わる当該吸収合併存続株式会社の新株予約権又は金銭についての次に掲げる事項
　　イ　当該吸収合併消滅株式会社の新株予約権の新株予約権者に対して吸収合併存続株式会社の新株予約権を交付するときは、当該新株予約権の内容及び数又はその算定方法
　　ロ　イに規定する場合において、イの吸収合併消滅株式会社の新株予約権が新株予約権付社債に付された新株予約権であるときは、吸収合併存続株式会社が当該新株予約権付社債についての社債に係る債務を承継する旨並びにその承継に係る社債の種類及び種類ごとの各社債の金額の合計額又はその算定方法
　　ハ　当該吸収合併消滅株式会社の新株予約権の新株予約権者に対して金銭を交付するときは、当該金銭の額又はその算定方法
⑤　前号に規定する場合には、吸収合併消滅株式会社の新株予約権の新株予約権者に対する同号の吸収合併存続株式会社の新株予約権又は金銭の割当てに関する事項
⑥　吸収合併がその効力を生ずる日(以下この節において「❾効力発生日」という。)
2　前項に規定する場合〔吸収合併存続会社が株式会社である場合〕において、❹吸収合併消滅株式会社が種類株式発行会社であるときは、❷吸収合併存続株式会社及び吸収合併消滅株式会社は、吸収合併消滅株式会社の発行する種類の株式の内容に応じ、同項第3号に掲げる事項として次に掲げる事項〔金銭等の割当てに関する事項〕を定めることができる。
　　①　ある種類の株式の株主に対して❺金銭等の割当てをしないこととするときは、その旨及び当該株式の種類
　　②　前号に掲げる事項のほか、金銭等の割当てについて株式の種類ごとに異なる取扱いを行うこととするときは、その旨及び当該異なる取扱いの内容
3　第1項に規定する場合〔吸収合併存続会社が株式会社である場合〕に

> は、同項第3号に掲げる事項(金銭等の割当てに関する事項)についての定めは、❹吸収合併消滅株式会社の株主(吸収合併消滅株式会社及び❺吸収合併存続株式会社並びに前項第1号の種類の株式の株主を除く。)の有する株式の数(前項第2号に掲げる事項についての定めがある場合にあっては、各種類の株式の数)に応じて❻金銭等を交付することを内容とするものでなければならない。

会社が吸収合併をする場合、吸収合併存続会社が株式会社であるときには、吸収合併契約において、吸収合併存続株式会社等の商号や、吸収合併により消滅する会社の株主等に対して、消滅会社の株式等と引換えに交付する金銭等の内容等、一定の事項を定めなければなりません。

→試験対策14章2節②【1】(3)、【5】(3)

1 趣旨

本条は、会社の合併は当事会社の株主、債権者等に重大な影響を及ぼすので吸収合併における重要な事項についてその明確性および不可変更性を確実にするために、吸収合併契約において一定の事項を定めるべきことを要求している。

2 条文クローズアップ

1 契約での法定記載事項(1項)

749条は、合併後存続会社が株式会社である場合の規定である。吸収合併の実行により、消滅会社の株主や新株予約権者は、その地位を失い、合併対価の交付を受けることになる。また存続会社の株主等は交付する合併対価によっては自己の保有株式比率や保有株式価値の減少をもたらしうる。このように合併当事会社の株主等に重大な影響を及ぼすため、本条は合併契約において定めるべき内容を明確に確定している。

(1) **合併当事会社の商号および住所**(1号)

(2) **合併対価**(2号)

本号所定の「金銭等」とは、「金銭その他の財産」(151条1項柱書)である。したがって、合併対価は存続会社の株式のみならず、社債、新株予約権、株式等以外の財産などを対価とすることが認められている(合併対価の柔軟化)。これにより、交付する合併対価の種類に従って合併対価として記載される事項は次のようになる。

(a) **存続会社の株式が対価である場合**(2号イ)
  ①当該株式の数(種類株式発行会社にあっては、株式の種類および種類ごとの数またはその数の算定方法)
  ②当該吸収合併存続会社の資本金および準備金の額に関する事項

(b) **存続会社の社債である場合**(2号ロ)
  ①当該社債の種類
  ②種類ごとの各社債の金額の合計額またはその算定方法

- (c) **存続会社の新株予約権である場合(2号ハ)**
    - ①当該新株予約権の内容
    - ②その数またはその算定方法
- (d) **存続会社の新株予約権付社債である場合(2号ニ)**
    - ①当該社債の種類
    - ②種類ごとの各社債の金額の合計額またはその算定方法
    - ③当該新株予約権の内容
    - ④その数またはその算定方法
- (e) **存続会社の株式以外の財産**
    - ①当該財産の内容
    - ②その数もしくは額またはこれらの算定方法

(3) **合併対価の割当てに関する事項(3号)** →744条②1(6)参照

3号は、いわゆる合併比率を定めるものである。

(4) **消滅会社の新株予約権者に対して交付する合併対価(4号)**

消滅会社の新株予約権者に対して交付する対価は、存続会社の新株予約権か、金銭にかぎられる(4号イ、ハ)。

また、消滅会社の新株予約権者に対して交付する対価の種類により、以下のように記載すべき事項は異なる。

- (a) **存続会社の新株予約権**
    - ①当該新株予約権の内容
    - ②その数または算定方法

    なお、存続会社の新株予約権を交付する場合において、吸収合併消滅株式化者の新株予約権が新株予約権付社債であるときには、①②に加えて以下の事項を記載しなければならない。
    - ③吸収合併存続株式会社が当該新株予約権付社債についての社債にかかる債務を承継する旨
    - ④その承継にかかる債務の種類
    - ⑤種類ごとの各社債の金額の合計額またはその算定方法
- (b) **金銭**

    当該金銭の額またはその算定方法

(5) **4号で記載した合併対価の割当てに関する事項(5号)**

(6) **効力発生日(6号)**

2 吸収合併消滅会社が種類株式発行会社である場合の特則(2項)

3 合併対価と株主平等原則(3項)

(1) **原則**

合併契約における対価の定めは、株主平等の原則(109条)に従ってなされなければならない(749条3項)。

(2) **例外(株主平等原則の適用がない〔3項括弧書〕)**
- ①消滅会社の株主が消滅会社である場合(消滅会社が自己株式を保有している場合)

② 消滅会社の株主が存続会社である場合（存続会社が消滅会社の株式を保有している場合）
③ 消滅会社の種類株主であってその有する種類株式については合併対価を交付しない旨が合併契約書に定められている場合（2項1号）

これらの場合には、そもそも金銭等の割当てがなされない（1項3号括弧書、2項1号参照）ためである。

本条所定の記載を欠く合併契約書の効力
合併契約書に〔旧〕商法409条〔会社法749条〕所定の事項の記載を欠くときは、その契約は無効であって、株主総会で承認しても効力を生じない（大判昭19・8・25民集23-524）。

司 H26-50-ア・イ（予）、H21-48-3・5、H19-47-3・4、H18-48-1。書 H24-34-ウ・エ
第750条（株式会社が存続する吸収合併の効力の発生等）　A
1　❶吸収合併存続株式会社は、❷効力発生日に、❸吸収合併消滅会社の権利義務を承継する。
　❶749条1項1号
　❷749条1項6号
　❸749条1項1号
2　❸吸収合併消滅会社の吸収合併による解散は、吸収合併の登記の後でなければ、これをもって第三者に対抗することができない。
3　次の各号に掲げる場合には、❹吸収合併消滅株式会社の株主又は❺吸収合併消滅持分会社の社員は、❷効力発生日に、前条第1項第3号に掲げる事項（金銭等の割当てに関する事項）についての定めに従い、当該各号に定める者となる。
　❹749条1項2号
　❺749条1項2号
　①　前条第1項第2号イに掲げる事項についての定めがある場合〔合併対価が吸収合併存続株式会社の株式の場合〕　同号イの株式の株主
　②　前条第1項第2号ロに掲げる事項についての定めがある場合〔合併対価が吸収合併存続株式会社の社債の場合〕　同号ロの社債の社債権者
　③　前条第1項第2号ハに掲げる事項についての定めがある場合〔合併対価が吸収合併存続株式会社の新株予約権の場合〕　同号ハの新株予約権の新株予約権者
　④　前条第1項第2号ニに掲げる事項についての定めがある場合〔合併対価が吸収合併存続株式会社の新株予約権付社債の場合〕　同号ニの新株予約権付社債についての社債の社債権者及び当該新株予約権付社債に付された新株予約権の新株予約権者
4　❹吸収合併消滅株式会社の新株予約権は、❷効力発生日に、消滅する。
5　前条第1項第4号イに規定する場合〔吸収合併消滅株式会社の新株予約権者へ吸収合併存続株式会社の新株予約権を交付する場合〕には、❹吸

収合併消滅株式会社の新株予約権の新株予約権者は、❷効力発生日に、同項第5号に掲げる事項〔新株予約権の割当てに関する事項〕についての定めに従い、同項第4号イの❶吸収合併存続株式会社の新株予約権の新株予約権者となる。

6　前各項の規定は、第789条〔吸収合併消滅株式会社の債権者異議手続〕(第1項第3号〔株式交換契約新株予約権付きの新株予約権付社債についての社債権者による異議手続〕及び第2項第3号〔消滅株式会社および存続株式会社の計算書類に関する事項の公告・催告〕を除く、第793条第2項〔吸収合併消滅持分会社への準用〕において準用する場合を含む。)若しくは第799条〔吸収合併存続株式会社での債権者異議手続〕の規定による手続が終了していない場合又は吸収合併を中止した場合には、適用しない。

吸収合併存続株式会社は、効力発生日に、吸収合併消滅会社の権利義務を承継します。吸収合併消滅会社の合併による解散は、吸収合併の登記の後でなければ、解散したことを第三者に対抗することができません。また、吸収合併消滅株式会社の株主等が、吸収合併存続株式会社の株主となる旨や社債権者等となる旨を合併契約で定めた場合、その株主等は、効力発生日に吸収合併存続株式会社の株主または社債権者等となります。

→試験対策14章2節②【1】(3)

1 趣旨

株式会社が存続する吸収合併の効力の発生時期につき、従前は実質的な効力発生日と法律上の効力発生日が異なることがありえた。そこで、1項は、吸収合併契約で定めた一定の日を効力発生日とし、吸収合併の効力発生日を統一化することで、法律関係の簡明化を図った。2項は、第三者保護のための規定である。

2 条文クローズアップ

1　合併の効力発生(1項)

存続会社は、効力発生日に、消滅会社の権利義務を承継する。したがって、消滅会社のすべての権利義務は、吸収合併の効果として、法律上当然に存続会社に包括承継される。

なお、消滅会社の全財産を一括して存続会社が包括的に承継することは、吸収合併の本質的要請と考えられるから、包括承継の対象となる権利義務から一部の権利義務を除外することを合併契約で定めたとしてもその合意は無効であり、そのような内容の株主総会決議もまた無効であると考えられている。

2　合併の対抗問題(2項)

合併による会社の解散を第三者に対抗するためには、登記が必要である。これは、合併の効力発生日後であっても合併の登記前にあっては、

消滅会社の代表取締役であった者が依然として消滅会社の代表権を有するような外観を呈することになるため、そのような外観を信頼して消滅会社と取引をした第三者を保護し、もって取引の安全を図る必要があるからである。

3 合併の対価の交付(3項)

合併の効力発生日に、合併契約で合併対価を受け取ると定められた者(749条1項2号、4号)は、その割当てに関する事項に従い(749条1項3号、5号)、合併対価を受け取る(750条3項)。これは、合併対価が存続会社の株式、社債、新株予約権および新株予約権付社債である場合には、会社の一方的行為により消滅会社の株主にそれらを交付することができるからである。

4 消滅会社の新株予約権の消滅(4項)

合併により消滅した株式会社の新株予約権は、効力発生日に消滅する。これは、新株予約権者は、その新株予約権を発行した会社に対して権利を行使することができるのであるから、発行会社である消滅会社が消滅すればその新株予約権は当然消滅すると考えられるからである。

5 消滅会社の新株予約権者が存続会社の新株予約権者となる時期(5項)

消滅会社の新株予約権者に対し、存続会社の新株予約権を交付する旨の定めがある場合は、合併の効力発生日に、消滅会社の新株予約権者は、存続会社の新株予約権者となる。

6 合併の効力が生じない場合(6項)

債権者保護の観点から、消滅会社もしくは存続会社において債権者異議手続(789条、799条)が終了していない場合には、合併の効力は生じない(750条6項前段)。この場合は、合併当事会社の合意により効力発生日を変更する(790条)等により対処することが考えられる。また吸収合併を中止した場合にも、合併の効力は生じない(750条6項後段)。

1 **合併による債権の承継と対抗要件の要否**
   合併による債権の承継については、民法467条による対抗要件を具備することを要しない(大判昭12・4・22民集16-487)。
2 **株主総会による決算報告書の承認と法人格消滅の時期**

→507条判例セレクト

■**第2款 持分会社が存続する吸収合併**

第751条（持分会社が存続する吸収合併契約） C

1 会社が吸収合併をする場合において、❶吸収合併存続会社が持分会社であるときは、吸収合併契約において、次に掲げる事項を定めなければならない。

❶749条1項

① 持分会社である吸収合併存続会社 (以下この節において「**❷**吸収合併存続持分会社」という。) 及び**❸**吸収合併消滅会社の商号及び住所	**❷**定 **❸**749条1項1号
② **❹**吸収合併消滅株式会社の株主又は**❺**吸収合併消滅持分会社の社員が吸収合併に際して吸収合併存続持分会社の社員となるときは、次のイからハまでに掲げる吸収合併存続持分会社の区分に応じ、当該イからハまでに定める事項	**❹**749条1項2号 **❺**749条1項2号
イ 合名会社 当該社員の氏名又は名称及び住所並びに出資の価額	
ロ 合資会社 当該社員の氏名又は名称及び住所、当該社員が無限責任社員又は有限責任社員のいずれであるかの別並びに当該社員の出資の価額	
ハ 合同会社 当該社員の氏名又は名称及び住所並びに出資の価額	
③ 吸収合併存続持分会社が吸収合併に際して吸収合併消滅株式会社の株主又は吸収合併消滅持分会社の社員に対してその株式又は持分に代わる**❻**金銭等 (吸収合併存続持分会社の持分を除く。) を交付するときは、当該金銭等についての次に掲げる事項	**❻**151条1項
イ 当該金銭等が吸収合併存続持分会社の社債であるときは、当該社債の**❼**種類及び種類ごとの各社債の金額の合計額又はその算定方法	**❼**744条1項5号イ
ロ 当該金銭等が吸収合併存続持分会社の社債以外の財産であるときは、当該財産の内容及び数若しくは額又はこれらの算定方法	
④ 前号に規定する場合には、吸収合併消滅株式会社の株主 (吸収合併消滅株式会社及び吸収合併存続持分会社を除く。) 又は吸収合併消滅持分会社の社員 (吸収合併存続持分会社を除く。) に対する同号の金銭等の割当てに関する事項	
⑤ 吸収合併消滅株式会社が新株予約権を発行しているときは、吸収合併存続持分会社が吸収合併に際して当該新株予約権の新株予約権者に対して交付する当該新株予約権に代わる金銭の額又はその算定方法	
⑥ 前号に規定する場合には、吸収合併消滅株式会社の新株予約権の新株予約権者に対する同号の金銭の割当てに関する事項	
⑦ **❽**効力発生日	**❽**749条1項6号
2 前項に規定する場合 (吸収合併存続会社が持分会社の場合) において、**❹**吸収合併消滅株式会社が種類株式発行会社であるときは、**❷**吸収合併存続持分会社及び吸収合併消滅株式会社は、吸収合併消滅株式会社の発行する種類の株式の内容に応じ、同項第4号に掲げる事項 (金銭等の割当てに関する事項) として次に掲げる事項を定めるこ	

とができる。
① ある種類の株式の株主に対して⑥金銭等の割当てをしないこととするときは、その旨及び当該株式の種類
② 前号に掲げる事項のほか、金銭等の割当てについて株式の種類ごとに異なる取扱いを行うこととするときは、その旨及び当該異なる取扱いの内容
3 第1項に規定する場合〔吸収合併存続会社が持分会社の場合〕には、同項第4号に掲げる事項〔金銭等の割当てに関する事項〕についての定めは、④吸収合併消滅株式会社の株主（吸収合併消滅株式会社及び⑤吸収合併存続持分会社並びに前項第1号の種類の株式の株主を除く。）の有する株式の数（前項第2号に掲げる事項についての定めがある場合にあっては、各種類の株式の数）に応じて⑥金銭等を交付することを内容とするものでなければならない。

　会社が吸収合併をする場合、吸収合併存続会社が持分会社であるときには、吸収合併契約において、吸収合併存続持分会社等の商号や、吸収合併消滅株式会社等の株主等に対して、消滅会社の株式等と引換えに交付する金銭等の内容等、一定の事項を定めなければなりません。なお、吸収合併消滅会社等の株主等が合併に際して、吸収合併存続持分会社の社員となるときは、当該社員の氏名等を吸収合併契約において定めなければなりません。

→試験対策14章2節[2]【1】(1)

1 趣旨

　本条は、会社の合併は当事会社の株主、債権者等に重大な影響を及ぼすので吸収合併における重要な事項についてその明確性および不可変更性を確実にするために、吸収合併契約において一定の事項を定めるべきことを要求している。

2 条文クローズアップ

1 契約での法定記載事項（1項）

　751条は、合併後存続会社が持分会社である場合の規定である。この場合も749条の場合と同様に、合併当事会社の株主・社員および債権者等に重大な影響がある。

(1) 合併当事会社の商号および住所（1号）
(2) 合併対価（2号、3号）

→試験対策14章2節[2]【8】(2)

　合併対価は存続会社の持分または持分以外の金銭等が認められる。
　対価が持分である場合は、合併存続持分会社の社員となる者の情報を記載する必要がある（2号）。対価が持分以外である場合は、対価たる社債または金銭等の内容および額を記載する（3号）。

→744条[2] 1 (3)

(3) 合併対価の割当てに関する事項（4号）
　合併対価が金銭等である場合は、対価の割当てに関する事項を記載す

第751条 /1027/

る必要がある。

(4) 合併消滅会社の新株予約権者の取扱い(5号、6号)

　合併消滅会社に新株予約権者がいる場合は、合併対価として金銭のみ交付することが認められる。この場合には、交付する金銭の額またはその算定方法(5号)に加えて対価の割当てに関する事項も定める必要がある(6号)。

(5) 効力発生日

2　吸収合併消滅株式会社が種類株式発行会社であるときの特則（2項）

3　合併対価と株主平等原則（3項）

　消滅会社が株式会社の場合、その株主の有する消滅会社の株式1株あたりの金銭等の割当てに関する事項については、株主平等の原則が適用される（3項）。例外的に株主平等原則が適用されない場合については、749条3項の場合と同様である。

→749条②3

📖 H24-34-ウ・エ

第752条（持分会社が存続する吸収合併の効力の発生等）　C

1　❶吸収合併存続持分会社は、❷効力発生日に、❸吸収合併消滅会社の権利義務を承継する。

2　❸吸収合併消滅会社の吸収合併による解散は、吸収合併の登記の後でなければ、これをもって第三者に対抗することができない。

3　前条第1項第2号に規定する場合〔吸収合併消滅会社の株主または社員が吸収合併に際して吸収合併存続持分会社の社員となる場合〕には、❹吸収合併消滅株式会社の株主又は❺吸収合併消滅持分会社の社員は、❷効力発生日に、同号に掲げる事項〔社員の氏名・名称および住所、無限・有限責任社員の別、社員の出資の価額〕についての定めに従い、❶吸収合併存続持分会社の社員となる。この場合においては、吸収合併存続持分会社は、効力発生日に、同号の社員に係る定款の変更をしたものとみなす。

4　前条第1項第3号イに掲げる事項〔合併対価が吸収合併存続持分会社の社債の場合〕についての定めがある場合には、❹吸収合併消滅株式会社の株主又は❺吸収合併消滅持分会社の社員は、❷効力発生日に、同項第4号に掲げる事項〔社債の割当てに関する事項〕についての定めに従い、同項第3号イの社債の社債権者となる。

5　❹吸収合併消滅株式会社の新株予約権は、❷効力発生日に、消滅する。

6　前各項の規定は、第789条〔吸収合併消滅株式会社における債権者異議手続〕(第1項第3号〔株式交換契約新株予約権付きの新株予約権付社債についての社債権者の異議手続〕及び第2項第3号〔消滅株式会社の計算書類の事項の公告・催告〕を除き、第793条第2項〔吸収合併消滅持分会社への

❶751条1項1号
❷749条1項6号
❸749条1項1号

❹749条1項2号
❺749条1項2号

準用)において準用する場合を含む。)若しくは第802条第2項(吸収合併存続持分会社への準用)において準用する第799条(吸収合併存続株式会社における債権者異議手続)(第2項第3号(消滅株式会社の計算書類の事項の公告・催告)を除く。)の規定による手続が終了していない場合又は吸収合併を中止した場合には、適用しない。

　吸収合併存続持分会社は、効力発生日に、吸収合併消滅会社の権利義務を承継します。吸収合併消滅会社の合併による解散は、吸収合併の登記の後でなければ、解散したことを第三者に対抗することができません。また、吸収合併消滅株式会社の株主等が、吸収合併存続持分会社の社員や社債権者となる旨を合併契約で定めた場合、その株主等は、効力発生日に吸収合併存続持分会社の社員または社債権者となります。

→試験対策14章2節②【1】(3)

1 趣旨

　持分会社が存続する吸収合併の効力の発生時期につき、従前は実質的な効力発生日と法律上の効力発生日が異なることがありえた。そこで、1項は、吸収合併契約で定めた一定の日を効力発生日とし、吸収分割の効力発生日を統一化することで、法律関係の簡明化を図った。2項は、第三者保護のための規定である。

2 条文クローズアップ

1　合併の効力発生(1項)　　　　　　　　　　　　　　→750条②1
2　合併の対抗問題(2項)　　　　　　　　　　　　　　→750条②2
3　合併の対価の交付(3項、4項)　　　　　　　　　　→750条②3

　合併の効力が発生すると、合併契約で社員となると定められた者(751条1項2号)は、定められた形態の社員となり(752条3項)、社債を受け取ると定められた者(751条1項3号イ)は、その割当てに関する事項(751条1項4号)に従い、社債を受け取る(752条4項)。

4　消滅会社の新株予約権の消滅(5項)　　　　　　　　→750条②4
5　合併の効力が生じない場合(6項)　　　　　　　　　→750条②6

■第3節　新設合併

■第1款　株式会社を設立する新設合併

司H22-47-4

第753条（株式会社を設立する新設合併契約）　B⁺

1　2以上の会社が新設合併をする場合において、新設合併により設立する会社(以下この編において「❶新設合併設立会社」という。)が株式会社であるときは、新設合併契約において、次に掲げる事

❶定

項を定めなければならない。
① 新設合併により消滅する会社(以下この編において「❷新設合併消滅会社」という。)の商号及び住所　　　　　　　　　　❷定
② 株式会社である新設合併設立会社(以下この編において「❸新設合併設立株式会社」という。)の目的、商号、本店の所在地及び❹発行可能株式総数　　　　　　　　　　　　　　　　　　❸定
　　　　　　　　　　　　　　　　　　　　　　　　　　　　❹37条1項
③ 前号に掲げるもののほか、新設合併設立株式会社の定款で定める事項
④ 新設合併設立株式会社の❺設立時取締役の氏名　　　　　❺38条1項
⑤ 次のイからハまでに掲げる場合の区分に応じ、当該イからハまでに定める事項
　イ　新設合併設立株式会社が会計参与設置会社である場合　新設合併設立株式会社の❻設立時会計参与の氏名又は名称
　　　　　　　　　　　　　　　　　　　　　　　　　　❻38条3項1号
　ロ　新設合併設立株式会社が監査役設置会社(監査役の監査の範囲を会計に関するものに限定する旨の定款の定めがある株式会社を含む。)である場合　新設合併設立株式会社の❼設立時監査役の氏名　　　　　　　　　　　　　　　　　　❼38条3項2号
　ハ　新設合併設立株式会社が会計監査人設置会社である場合　新設合併設立株式会社の❽設立時会計監査人の氏名又は名称
　　　　　　　　　　　　　　　　　　　　　　　　　　❽38条3項3号
⑥ 新設合併設立株式会社が新設合併に際して株式会社である新設合併消滅会社(以下この編において「❾新設合併消滅株式会社」という。)の株主又は持分会社である新設合併消滅会社(以下この編において「❿新設合併消滅持分会社」という。)の社員に対して交付するその株式又は持分に代わる当該新設合併設立株式会社の株式の数(種類株式発行会社にあっては、株式の種類及び種類ごとの数)又はその数の算定方法並びに当該新設合併設立株式会社の資本金及び準備金の額に関する事項
　　　　　　　　　　　　　　　　　　　　　　　　　　❾定
　　　　　　　　　　　　　　　　　　　　　　　　　　❿定
⑦ 新設合併消滅株式会社の株主(新設合併消滅株式会社を除く。)又は新設合併消滅持分会社の社員に対する前号の株式の割当てに関する事項
⑧ 新設合併設立株式会社が新設合併に際して新設合併消滅株式会社の株主又は新設合併消滅持分会社の社員に対してその株式又は持分に代わる当該新設合併設立株式会社の⓫社債等を交付するときは、当該社債等についての次に掲げる事項
　　　　　　　　　　　　　　　　　　　　　⓫746条1項7号ニ
　イ　当該社債等が新設合併設立株式会社の社債(新株予約権付社債についてのものを除く。)であるときは、当該社債の⓬種類及び種類ごとの各社債の金額の合計額又はその算定方法
　　　　　　　　　　　　　　　　　　　　　⓬744条1項5号イ
　ロ　当該社債等が新設合併設立株式会社の新株予約権(新株予約権付社債に付されたものを除く。)であるときは、当該新株予約権の内容及び数又はその算定方法

ハ　当該社債等が新設合併設立株式会社の新株予約権付社債であるときは、当該新株予約権付社債についてのイに規定する事項及び当該新株予約権付社債に付された新株予約権についてのロに規定する事項
　⑨　前号に規定する場合には、新設合併消滅株式会社の株主(新設合併消滅株式会社を除く。)又は新設合併消滅持分会社の社員に対する同号の社債等の割当てに関する事項
　⑩　新設合併消滅株式会社が新株予約権を発行しているときは、新設合併設立株式会社が新設合併に際して当該新株予約権の新株予約権者に対して交付する当該新株予約権に代わる当該新設合併設立株式会社の新株予約権又は金銭についての次に掲げる事項
　　イ　当該新設合併消滅株式会社の新株予約権の新株予約権者に対して新設合併設立株式会社の新株予約権を交付するときは、当該新株予約権の内容及び数又はその算定方法
　　ロ　イに規定する場合において、イの新設合併消滅株式会社の新株予約権が新株予約権付社債に付された新株予約権であるときは、新設合併設立株式会社が当該新株予約権付社債についての社債に係る債務を承継する旨並びにその承継に係る社債の種類及び種類ごとの各社債の金額の合計額又はその算定方法
　　ハ　当該新設合併消滅株式会社の新株予約権の新株予約権者に対して金銭を交付するときは、当該金銭の額又はその算定方法
　⑪　前号に規定する場合には、新設合併消滅株式会社の新株予約権の新株予約権者に対する同号の新設合併設立株式会社の新株予約権又は金銭の割当てに関する事項
２　❸新設合併設立株式会社が監査等委員会設置会社である場合には、前項第４号に掲げる事項〔新設合併設立株式会社の設立時取締役の氏名〕は、⓲設立時監査等委員である❺設立時取締役とそれ以外の設立時取締役とを区別して定めなければならない。〔38条２項〕
３　第１項に規定する場合〔新設合併設立会社が株式会社である場合〕において、❾新設合併消滅株式会社の全部又は一部が種類株式発行会社であるときは、❷新設合併消滅会社は、新設合併消滅株式会社の発行する種類の株式の内容に応じ、同項第７号に掲げる事項(新設合併消滅株式会社の株主に係る事項に限る〔新設合併消滅株式会社の株主に対する、新設合併設立株式会社の株式の割当ての事項〕。次項において同じ。)として次に掲げる事項を定めることができる。
　①　ある種類の株式の株主に対して❸新設合併設立株式会社の株式の割当てをしないこととするときは、その旨及び当該株式の

第753条

>   種類
> 　② 前号に掲げる事項のほか、新設合併設立株式会社の株式の割当てについて株式の種類ごとに異なる取扱いを行うこととするときは、その旨及び当該異なる取扱いの内容
> 4　第１項に規定する場合〔新設合併設立会社が株式会社である場合〕には、同項第７号に掲げる事項〔新設合併消滅株式会社の株主に対する、新設合併設立株式会社の株式の割当ての事項〕についての定めは、❾新設合併消滅株式会社の株主（❷新設合併消滅会社及び前項第１号の種類の株式の株主を除く。）の有する株式の数（前項第２号に掲げる事項についての定めがある場合にあっては、各種類の株式の数）に応じて❸新設合併設立株式会社の株式を交付することを内容とするものでなければならない。
> 5　前２項の規定は、第１項第９号に掲げる事項〔新設合併消滅会社の株主または社員に対する、新設合併設立株式会社の社債等の割当ての事項〕について準用する。この場合において、前２項中「❸新設合併設立株式会社の株式」とあるのは、「新設合併設立株式会社の⓫社債等」と読み替えるものとする。

新設合併により株式会社を設立する場合、新設合併契約では、新設合併消滅会社の商号、新設合併設立株式会社の目的・商号・本店所在地・発行可能株式総数等の一定の重要事項を定めなければなりません。

→試験対策14章2節②【5】(2)

1 趣旨

本条は、会社の合併は当事会社の株主、債権者等に重大な影響を及ぼすので新設合併における重要な事項についてその明確性および不可変更性を確実にするために、新設合併契約において一定の事項を定めるべきことを要求している。

2 条文クローズアップ

1　契約での法定記載事項（１項）

本条は、株式会社を設立する新設合併の条文である。新設合併の実行により、消滅会社の株主や持分権者、新株予約権者は新設合併設立会社の株主等になるか、対価を受け取るという重大な効果を伴う。このように合併当事会社の株主等に重大な影響を及ぼすため、その内容を明確に確定することとしている。

(1) 新設合併により消滅する会社の商号および住所（１号）
(2) 新設合併設立会社の目的、商号、本店所在地および発行可能株式総数（２号）
(3) 新設合併設立株式会社の定款で定めるべき事項（３号）
(4) 設立時取締役の氏名、その他役員等に関する情報（４号、５号）

(5) 合併対価（6号、8号）

　新設合併においては、合併対価として必ず新設合併設立会社の株式を交付しなければならない。それに加えて社債、新株予約権、新株予約権付社債のみ追加的な合併対価となしうる。これは、新設会社に株主がいないと困ること、また新設会社は成立したばかりであり、対価として交付すべき財産をほかに有しないと考えられたことによるものである。

　(a) 新設会社の株式（6号）

　　①株式の数（種類株式発行にあっては、株式の種類および種類ごとの数）またはその数の算定方法、②新設会社の資本金および準備金の額に関する事項。

　(b) 新設会社の社債等を交付する場合（8号）

　　(ⅰ) 対価が社債（新株予約権付社債についてのものを除く）のとき（8号イ）

　　　①社債の種類、②社債の金額の合計額またはその算定方法。

　　(ⅱ) 対価が新株予約権であるとき（8号ロ）

　　　①新株予約権の内容、②その数または算定方法。

　　(ⅲ) 対価が新株予約権付社債であるとき（8号ハ）

　　　①社債の種類、②社債の金額の合計額またはその算定方法、③新株予約権の内容、④その数または算定方法。

(6) 対価の割当てに関する事項（7号、9号）　　　　　　　→744条②1(6)

(7) 消滅会社の新株予約権者の取扱い（10号）

　新株予約権者に対する対価は、設立会社の新株予約権または金銭。

(8) 新株予約権者に対する対価の割当てに関する事項（11号）

2　監査等委員会設置会社の特則（2項）　　　　　　　→746条②2

3　合併対価と株主平等原則（3項から5項まで）　　　→749条②3

司 H26-50-ウ（予）

第754条（株式会社を設立する新設合併の効力の発生等）　B⁺

1　❶新設合併設立株式会社は、その成立の日に、❷新設合併消滅会社の権利義務を承継する。

❶753条1項2号
❷753条1項1号

2　前条第1項に規定する場合〔新設合併設立会社が株式会社の場合〕には、❸新設合併消滅株式会社の株主又は❹新設合併消滅持分会社の社員は、❶新設合併設立株式会社の成立の日に、同項第7号に掲げる事項〔新設合併消滅会社の株主または会社の社員に対する、新設合併設立株式会社の株式の割当てに関する事項〕についての定めに従い、同項第6号の株式〔合併対価である新設合併設立株式会社の株式〕の株主となる。

❸753条1項6号
❹753条1項6号

3　次の各号に掲げる場合には、❸新設合併消滅株式会社の株主又は❹新設合併消滅持分会社の社員は、❶新設合併設立株式会社の成立の日に、前条第1項第9号に掲げる事項〔新設合併消滅会社の株

主または会社の社員に対する、新設合併設立株式会社の社債等の割当てに関する事項〕についての定めに従い、当該各号に定める者となる。
① 前条第1項第8号イに掲げる事項についての定めがある場合〔合併対価が社債の場合〕 同号イの社債の社債権者
② 前条第1項第8号ロに掲げる事項についての定めがある場合〔合併対価が新株予約権の場合〕 同号ロの新株予約権の新株予約権者
③ 前条第1項第8号ハに掲げる事項についての定めがある場合〔合併対価が新株予約権付社債の場合〕 同号ハの新株予約権付社債についての社債の社債権者及び当該新株予約権付社債に付された新株予約権の新株予約権者
4 ❸新設合併消滅株式会社の新株予約権は、❶新設合併設立株式会社の成立の日に、消滅する。
5 前条第1項第10号イに規定する場合〔新設合併消滅株式会社の新株予約権者に対して新設合併設立株式会社の新株予約権を交付する場合〕には、❸新設合併消滅株式会社の新株予約権の新株予約権者は、❶新設合併設立株式会社の成立の日に、同項第11号に掲げる事項〔新株予約権の割当てに関する事項〕についての定めに従い、同項第10号イの新設合併設立株式会社の新株予約権の新株予約権者となる。

　新設合併設立株式会社は、その成立の日に、新設合併消滅会社の権利義務を承継します。そして、新設合併消滅会社の株主または社員は、設立株式会社の株主となり、対価として与えられるものの種類に従い、社債権者等になります。また、消滅株式会社の新株予約権は、設立株式会社の成立の日に消滅しますが、消滅会社の新株予約権の新株予約権者に対して設立株式会社の新株予約権を交付する場合は、その者は設立株式会社の新株予約権の新株予約権者となります。

→試験対策14章2節②【1】(3)

1 趣旨

　株式会社を設立する新設合併の効力の発生時期につき、従前は実質的な効力発生日と法律上の効力発生日が異なることがありえた。そこで、1項は、両者を統一化し、会社成立日、つまり設立登記の日を新設合併の効力発生日とすることで、法律関係の簡明化を図った。

2 条文クローズアップ

1 合併の効力発生（1項）

　新設合併設立株式会社は、その成立の日〔設立の登記日〔922条〕〕に、消滅会社の権利義務を承継する。

→750条②1

2 合併の対価の交付（2項、3項）

　合併契約で合併対価を受け取ると定められた者（753条1項6号、8号）は、新設合併設立株式会社の設立の日〔設立の登記日〕に、その割当てに

→750条②3

関する事項に従い(753条1項7号、9号)、合併対価を受け取る(754条2項、3項)。

3 消滅会社の新株予約権の消滅(4項)
→750条②4

新設合併消滅株式会社の新株予約権は、新設合併設立株式会社の成立の日(設立の登記日)に消滅する。

4 消滅会社の新株予約権者が新設会社の新株予約権者となる時期(5項)
→750条②5

■第2款 持分会社を設立する新設合併

第755条(持分会社を設立する新設合併契約) C

1　2以上の会社が新設合併をする場合において、❶新設合併設立会社が持分会社であるときは、新設合併契約において、次に掲げる事項を定めなければならない。
　① ❷新設合併消滅会社の商号及び住所
　② 持分会社である新設合併設立会社(以下この編において「❸新設合併設立持分会社」という。)が合名会社、合資会社又は合同会社のいずれであるかの別
　③ 新設合併設立持分会社の目的、商号及び本店の所在地
　④ 新設合併設立持分会社の社員についての次に掲げる事項
　　イ 当該社員の氏名又は名称及び住所
　　ロ 当該社員が無限責任社員又は有限責任社員のいずれであるかの別
　　ハ 当該社員の出資の価額
　⑤ 前2号に掲げるもののほか、新設合併設立持分会社の定款で定める事項
　⑥ 新設合併設立持分会社が新設合併に際して❹新設合併消滅株式会社の株主又は❺新設合併消滅持分会社の社員に対してその株式又は持分に代わる当該新設合併設立持分会社の社債を交付するときは、当該社債の❻種類及び種類ごとの各社債の金額の合計額又はその算定方法
　⑦ 前号に規定する場合には、新設合併消滅株式会社の株主(新設合併消滅株式会社を除く。)又は新設合併消滅持分会社の社員に対する同号の社債の割当てに関する事項
　⑧ 新設合併消滅株式会社が新株予約権を発行しているときは、新設合併設立持分会社が新設合併に際して当該新株予約権の新株予約権者に対して交付する当該新株予約権に代わる金銭の額又はその算定方法
　⑨ 前号に規定する場合には、新設合併消滅株式会社の新株予約権の新株予約権者に対する同号の金銭の割当てに関する事項

❶753条1項
❷753条1項1号
❸定
❹753条1項6号
❺753条1項6号
❻744条1項5号イ

> 2 ❸新設合併設立持分会社が合名会社であるときは、前項第4号ロに掲げる事項として、その社員の全部を無限責任社員とする旨を定めなければならない。
> 3 ❸新設合併設立持分会社が合資会社であるときは、第1項第4号ロに掲げる事項として、その社員の一部を無限責任社員とし、その他の社員を有限責任社員とする旨を定めなければならない。
> 4 ❸新設合併設立持分会社が合同会社であるときは、第1項第4号ロに掲げる事項として、その社員の全部を有限責任社員とする旨を定めなければならない。

　新設合併により持分会社を設立する場合、新設合併消滅会社の商号、新設合併設立持分会社が合名・合資・合同会社のいずれであるかの別、新設合併設立持分会社の目的・商号・本店所在地等の事項につき、新設合併契約において定めなければなりません。

→試験対策14章2節[2]【1】(1)

1 趣旨

　本条は、会社の合併は当事会社の株主、債権者等に重大な影響を及ぼすので、新設合併における重要な事項についてその明確性および不可変更性を確実にするために、新設合併契約において一定の事項を定めるべきことを要求している。

2 条文クローズアップ

1 契約での法定記載事項（1項）

　本条は、持分会社を設立する新設合併の条文である。新設合併により、消滅会社の株主等には753条と同様の影響がある。

(1) 消滅会社の商号および住所（1号）
(2) 新設合併設立持分会社が合名会社、合資会社または合同会社のいずれであるかの別（2号）
(3) 新設合併設立持分会社の目的、商号および本店の所在地（3号）
(4) 新設合併設立持分会社の定款で定めるべき事項（5号）
(5) 合併対価（4号、6号）

　持分会社を設立する場合は、合併対価として持分のほか、社債を交付することができる。持分を対価とする場合は、合併存続会社の社員となる者の情報を記載する必要がある（4号）。対価が社債である場合は、その社債の内容および額を記載する（6号）。

(6) 合併対価の割当てに関する事項（7号）
(7) 合併消滅会社の新株予約権者の取扱い（8号）

　新設合併消滅会社の新株予約権者に対しては、合併対価として金銭のみ交付することができる。

(8) 新株予約権者に対する割当てに関する事項（9号）

2 組織変更後の持分会社の社員の責任形態（2項から4項まで）　→744条②2

第756条（持分会社を設立する新設合併の効力の発生等）　C

1 ❶新設合併設立持分会社は、その成立の日に、❷新設合併消滅会社の権利義務を承継する。

2 前条第1項に規定する場合〔新設合併設立会社が持分会社である場合〕には、❸新設合併消滅株式会社の株主又は❹新設合併消滅持分会社の社員は、❶新設合併設立持分会社の成立の日に、同項第4号に掲げる事項〔社員の氏名・名称および住所、無限・有限責任社員の別、社員の出資の価額〕についての定めに従い、当該新設合併設立持分会社の社員となる。

3 前条第1項第6号に掲げる事項についての定めがある場合〔合併対価が新設合併設立持分会社の社債の場合〕には、❸新設合併消滅株式会社の株主又は❹新設合併消滅持分会社の社員は、❶新設合併設立持分会社の成立の日に、同項第7号に掲げる事項〔社債の割当ての事項〕についての定めに従い、同項第6号の社債の社債権者となる。

4 ❸新設合併消滅株式会社の新株予約権は、❶新設合併設立持分会社の成立の日に、消滅する。

❶755条1項2号
❷753条1項1号
❸753条1項6号
❹753条1項6号

　新設合併設立持分会社は、その成立の日に、新設合併消滅会社の権利義務を承継します。そして、新設合併消滅会社の株主または社員は、対価として与えられるものの種類に従い、設立持分会社の社員となり、社債権者になります。また、消滅株式会社の新株予約権は、設立持分会社の成立の日に消滅します。

→試験対策14章2節②【5】(4)

1 趣旨

　持分会社を設立する新設合併の効力の発生時期につき、従前は実質的な効力発生日と法律上の効力発生日が異なることがありえた。そこで、1項は、両者を統一化し、会社成立日、つまり設立登記の日を新設合併の効力発生日とすることで、法律関係の簡明化を図った。

2 条文クローズアップ

1　合併の効力発生（1項）　　　　　　　　　　　　　　→754条②1
2　合併の対価の交付（2項、3項）
　合併契約で社員となると定められた者（755条1項4号）は定められた形態の社員となり（756条2項）、社債を受け取ると定められた者（755条1項6号）は、その割当てに関する事項に従い（755条1項7号）、社債を受け取る（756条3項）。
3　消滅会社の新株予約権の消滅（4項）　　　　　　　　→754条②3

第3章
会社分割

■総　説

1 意義

　会社分割とは、1つの会社を2つ以上に分けることをいう。
　会社分割は、多角経営化した企業がその事業部門を独立させて経営効率の向上を図ったり、不採算部門、新製品開発部門などを独立させたり、他の会社の同じ部門と合弁会社を作ったりする場合の手段として利用される。会社分割は、このように事業の再編に使われるが、事業の売却(買収)や企業提携の手段として利用される場合もある。

2 吸収分割と新設分割

　会社法が定める会社分割には、吸収分割と新設分割とがある。
　吸収分割とは、株式会社または合同会社(これらを分割会社という)がその事業に関して有する権利義務の全部または一部を分割後他の会社(既存の会社である。これを承継会社という)に承継させることをいう(2条29号)。
　これに対して、**新設分割**とは、1または2以上の株式会社または合同会社(これらを分割会社という)がその事業に関して有する権利義務の全部または一部を分割により設立する会社(新設会社)に承継させることをいう(2条30号)。
　吸収分割は、新設分割と吸収合併とを併合した形態の手続である。また、2社以上が共同で分割会社となり新設分割をすることも可能であり、これを**共同新設分割**という(762条2項)。
　なお、合同会社以外の持分会社については、分割会社となることは認められていない。また、分割会社が清算手続を経ないで消滅する消滅分割は、制度としては認められていない。

3 物的分割と人的分割

　一般に、会社分割の対価となる株式等が分割会社に交付される場合を**物的分割**または**分社型分割**といい、分割会社の株主に交付される場合を**人的分割**または**分割型分割**という。会社法のもとでは、分社型分割のみが会社分割として定められている。

4 事業の意義

　会社法は、会社分割の対象となる事業に関して有する権利義務の全部

または一部の意味について特に規定をしておらず、解釈に委ねている。
　この点、事業譲渡の場合における「事業」概念が参考になる。もっとも、事業譲渡の場合と異なり、分割の場合は常に株主総会の特別決議が要求されるので(略式分割と簡易分割の場合を除く)、分割の対象となる事業の概念を柔軟に解する見解も有力である。
　いずれにせよ、事業に関して有する権利義務の全部または一部に該当しない場合、分割手続は利用できず、現物出資を利用するしかない。

5　会社分割の手続

→試験対策14章2節③【1】(5)

　会社分割の手続の流れは、以下のとおりである。
　①吸収分割契約を締結する(757条後段)。または新設分割計画を作成する(762条)。
　②吸収分割契約、新設分割計画に関する書面を備え置き、株主および会社債権者の閲覧等に供する(782条、794条、803条)。
　③株主総会の承認決議を経る(783条1項、795条1項、804条1項、309条2項12号)。ただし、合併のところで述べた、略式手続、簡易手続の場合は総会決議は不要である。
　④会社分割をする旨等の通知、公告をする(785条3項、4項、797条3項、4項、806条3項、4項、787条3項、4項、808条3項、4項)。
　⑤反対株主、新株予約権者に株式、新株予約権の買取請求権が認められる(785条、797条、806条、787条、808条)(趣旨については合併のところを参照)。

→本編第5章総説①2(3)

　⑥会社債権者異議手続を行う(789条、799条、810条)。
　⑦吸収分割は分割契約で定めた効力発生日に効力が発生し(759条1項)、新設分割は新設会社の成立の日(設立登記の日)に効力が発生する(764条1項)。
　⑧分割事項書面を備え置く(791条、801条、811条、815条)。
　⑨会社分割の登記を行う(923条、924条)。

6　会社分割の効果

→試験対策14章2節③【1】(6)

1　分割後も存続

　合併の場合と異なり、分割会社は分割後も存続し、分割による解散はない。吸収分割の場合には、承継会社の新株その他の財産が分割会社に交付され(758条4号)、新設分割の場合には、新会社が成立する。そして、分割会社は、承継会社の株主(承継会社株式の交付を受けた場合)または新設会社の株主となる(759条8項1号、764条8項)。
　分割会社は、分割と同時または分割後に、交付を受けた対価(たとえば承継会社または新設会社の株式)を分割会社の株主に交付することができるが、剰余金の配当となるので、一定の条件をみたす場合(792条2号、812条2号)を除いて、剰余金配当規制に服する。

2　承継会社または新設会社の株式等の交付

会社分割　総説 /1039/

承継される資産(債務を含む)との関係で分割により交付される対価が定められ(分割比率)、これに応じて分割会社に承継会社または新設会社の株式等が交付されるが(758条4号、763条1項6号、8号、10号)、承継会社の株式等を交付する場合においては、合併の場合と同様に、新株または自己株式のいずれを交付することも可能である。

3 権利義務の承継

会社分割により、承継会社または新設会社は、分割の対象となる事業に関して有する権利義務の全部または一部を承継する(759条1項、764条1項)。この場合において、承継される債権債務は、吸収分割契約または新設分割計画で明記する(758条2号、763条1項5号)。事業譲渡の場合と異なり、債務も原則として債権者の同意なくして免責的に承継会社または新設会社に移転する。このように、会社分割は、承継会社または新設会社が交付する株式等を対価として、分割の対象となる事業に関する権利義務の全部または一部(債務を含む)が包括的に承継会社または新設会社に移転する点で、合併に類似している。

もっとも、合併の場合と異なり、分割会社は分割後も存続し、資産の移転については、第三者対抗要件の具備が必要であるので、包括承継という概念を使うのは必ずしも適切ではない。

なお、合併の場合と同じく、移転するものは実質的な資産であって、計算上の数額である資本金や準備金が移転するわけではない。

7 対価の柔軟化(758条4号、760条5号、765条1項6号)

→試験対策14章2節③【1】(6)(b)

従前は、組織再編行為に際しては、対価として交付される財産は、原則として株式に限定されていた。

会社法では、吸収分割のような吸収型組織再編の場合、対価として株式を交付することなく、金銭その他の財産を交付することや、対価を交付しないことができることとされた。

8 会社分割の差止め

→平成26年改正

平成26年改正により、合併の場合と同様に、会社分割についても、法令または定款に違反する場合において、株主の差止請求権が創設された(784条の2、796条の2、805条の2)。

→784条の2、796条の2、805条の2

9 会社分割の無効

→828条

会社分割の手続に瑕疵があった場合、法的安定性を確保するため、無効の訴えの制度(828条1項9号、10号)を用意して、無効の主張を制限する一方で、無効の効果を画一的に確定し、その遡及効を否定している(839条)。

→試験対策14章2節③【3】

■第1節 吸収分割

■第1款　通　則

第757条（吸収分割契約の締結）　B⁺
会社（株式会社又は合同会社に限る。）は、吸収分割をすることができる。この場合においては、当該会社がその事業に関して有する権利義務の全部又は一部を当該会社から承継する会社（以下この編において「❶吸収分割承継会社」という。）との間で、吸収分割契約を締結しなければならない。

❶定

株式会社・合同会社は、吸収分割をすることができます。この場合には、吸収分割承継会社との間で、吸収分割契約を締結する必要があります。

1　趣旨
会社分割は、当事会社の権利義務を包括承継させ、当事会社の株主や債権者に重大な影響を与えるため、会社の分割は当然のものではない。そこで、本条により、会社分割という基礎的変更が可能となった。そして、本条は、会社分割に際して分割の基本的事項を明確にするために、会社分割契約の締結を義務づけた。

■第2款　株式会社に権利義務を承継させる吸収分割

書 H26-34-ア
第758条（株式会社に権利義務を承継させる吸収分割契約）　B⁺
会社が吸収分割をする場合において、❶吸収分割承継会社が株式会社であるときは、吸収分割契約において、次に掲げる事項を定めなければならない。
① 吸収分割をする会社（以下この編において「❷吸収分割会社」という。）及び株式会社である吸収分割承継会社（以下この編において「❸吸収分割承継株式会社」という。）の商号及び住所
② 吸収分割承継株式会社が吸収分割により吸収分割会社から承継する資産、債務、雇用契約その他の権利義務（株式会社である吸収分割会社（以下この編において「❹吸収分割株式会社」という。）及び吸収分割承継株式会社の株式並びに吸収分割株式会社の新株予約権に係る義務を除く。）に関する事項
③ 吸収分割により吸収分割株式会社又は吸収分割承継株式会社の株式を吸収分割承継株式会社に承継させるときは、当該株式に関する事項
④ 吸収分割承継株式会社が吸収分割に際して吸収分割会社に対してその事業に関する権利義務の全部又は一部に代わる❺金銭等を交付するときは、当該金銭等についての次に掲げる事項

❶757条
❷定
❸定
❹定
❺151条1項

イ　当該金銭等が吸収分割承継株式会社の株式であるときは、当該株式の数(種類株式発行会社にあっては、株式の種類及び種類ごとの数)又はその数の算定方法並びに当該吸収分割承継株式会社の資本金及び準備金の額に関する事項

　ロ　当該金銭等が吸収分割承継株式会社の社債(新株予約権付社債についてのものを除く。)であるときは、当該社債の❻種類及び種類ごとの各社債の金額の合計額又はその算定方法　　❻744条1項5号イ

　ハ　当該金銭等が吸収分割承継株式会社の新株予約権(新株予約権付社債に付されたものを除く。)であるときは、当該新株予約権の内容及び数又はその算定方法

　ニ　当該金銭等が吸収分割承継株式会社の新株予約権付社債であるときは、当該新株予約権付社債についてのロに規定する事項及び当該新株予約権付社債に付された新株予約権についてのハに規定する事項

　ホ　当該金銭等が吸収分割承継株式会社の❼株式等以外の財産であるときは、当該財産の内容及び数若しくは額又はこれらの算定方法　　❼107条2項2号ホ

⑤　吸収分割承継株式会社が吸収分割に際して吸収分割株式会社の新株予約権の新株予約権者に対して当該新株予約権に代わる当該吸収分割承継株式会社の新株予約権を交付するときは、当該新株予約権についての次に掲げる事項

　イ　当該吸収分割承継株式会社の新株予約権の交付を受ける吸収分割株式会社の新株予約権の新株予約権者の有する新株予約権(以下この編において「❽吸収分割契約新株予約権」という。)の内容　　❽定

　ロ　吸収分割契約新株予約権の新株予約権者に対して交付する吸収分割承継株式会社の新株予約権の内容及び数又はその算定方法

　ハ　吸収分割契約新株予約権が新株予約権付社債に付された新株予約権であるときは、吸収分割承継株式会社が当該新株予約権付社債についての社債に係る債務を承継する旨並びにその承継に係る社債の種類及び種類ごとの各社債の金額の合計額又はその算定方法

⑥　前号に規定する場合には、吸収分割契約新株予約権の新株予約権者に対する同号の吸収分割承継株式会社の新株予約権の割当てに関する事項

⑦　吸収分割がその効力を生ずる日(以下この節において「❾効力発生日」という。)　　❾定

⑧　吸収分割株式会社が効力発生日に次に掲げる行為をするときは、その旨

> イ　第171条第１項（全部取得条項付種類株式の取得）の規定による株式の取得（同項第１号に規定する取得対価（その取得と引換えに交付する金銭等）が吸収分割承継株式会社の株式（吸収分割株式会社が吸収分割をする前から有するものを除き、吸収分割承継株式会社の株式に準ずるものとして法務省令で定めるものを含む。ロにおいて同じ。）のみであるものに限る。）
> ロ　剰余金の配当（配当財産が吸収分割承継株式会社の株式のみであるものに限る。）

　吸収分割をする場合、吸収分割承継会社が株式会社であるときは、吸収分割契約において、吸収分割により承継される権利義務に関する事項や効力発生日等の一定の事項を定めなければなりません。

1 趣旨

　本条は、吸収分割は当事会社の株主、債権者等に重大な影響を及ぼすので吸収分割における重要な事項についてその明確性および不可変更性を確実にするために、吸収分割契約において一定の事項を定めるべきことを要求している。

2 条文クローズアップ

契約での法定記載事項（758条各号）

　本条は、株式会社に権利義務を承継させる吸収分割の条文である。吸収分割の実行により、分割会社の権利義務の全部または一部が承継会社に承継されるため、当事会社の権利義務に変更が生じ、当事会社の株主が有する株式の価値や、債権者の債権価値に重大な影響が生じうる。そのため、吸収分割の内容を明確に確定することとしている。

(1)　当事会社の商号および住所（1号）
(2)　承継する権利義務（2号）
(3)　当事会社の株式（3号）
(4)　分割対価（4号）

　本号所定の「金銭等」とは、「金銭その他の財産」(151条1項柱書)である。したがって、合併対価は存続会社の株式のみならず、社債、新株予約権、株式等以外の財産などを対価とすることが認められている（合併対価の柔軟化）。そして、各対価により以下のように記載すべき事項が異なる。

　(a)対価が株式である場合（4号イ）
　　①株式の数またはその算定方法、②吸収分割承継株式会社の資本金および準備金の額に関する事項。
　(b)対価が社債である場合（4号ロ）
　　①社債の種類、②種類ごとの各社債の金額の合計額またはその算定

方法。
- (c) 対価が新株予約権である場合（4号ハ）
  ①新株予約権の内容、②その数または算定方法。
- (d) 対価が新株予約権付社債である場合（4号ニ）
  ①社債の種類、②種類ごとの各社債の金額の合計額またはその算定方法、③新株予約権の内容、④その数または算定方法。
- (e) 対価が株式等以外の財産である場合（4号ホ）
  ①財産の内容、②その数もしくは額または算定方法。

(5) **吸収分割会社の新株予約権者の取扱い（5号）**
吸収分割会社の新株予約権者に対して直接に対価を交付する場合は、承継会社の新株予約権のみ対価として交付することが認められる。

(6) **新株予約権者に対する割当てに関する事項（6号）**

(7) **効力発生日（7号）**

(8) **事実上の人的分割（8号）**
人的分割とは、分割対価が分割会社の株主に交付される場合をいう。会社法上、会社分割とは物的分割（分割対価が分割会社に交付される場合）のみをさすが、分割会社に対価が交付されると同時に、分割会社がその対価を全部取得条項付種類株式の取得対価として（8号イ）、あるいは剰余金配当として（8号ロ）分配することで、人的分割を行ったのと同様の状態になる。この場合には、債権者異議手続を経る必要がある代わりに、分配可能額規制の適用は受けない（792条）。

第759条（株式会社に権利義務を承継させる吸収分割の効力の発生等） B⁺

1　❶吸収分割承継株式会社は、❷効力発生日に、吸収分割契約の定めに従い、❸吸収分割会社の権利義務を承継する。

❶758条1号
❷758条7号
❸758条1号

i 2　前項の規定にかかわらず、第789条第1項第2号〔吸収分割株式会社による債権者異議手続〕（第793条第2項〔吸収分割合同会社への準用〕において準用する場合を含む。次項において同じ。）の規定により異議を述べることができる❸吸収分割会社の債権者であって、第789条第2項（第3号〔吸収分割株式会社および承継株式会社の計算書類に関する事項の公告・催告〕を除き、第793条第2項〔吸収分割合同会社への準用〕において準用する場合を含む。次項において同じ。）の各別の催告〔知れている債権者への各別の催告〕を受けなかったもの（第789条第3項〔各別の催告に代わる公告〕（第793条第2項〔吸収分割合同会社への準用〕において準用する場合を含む。）に規定する場合にあっては、不法行為によって生じた債務の債権者であるものに限る。次項において同じ。）は、吸収分割契約において吸収分割後に吸収分割会社に対して債務の履行を請求することができないものとされてい

るときであっても、吸収分割会社に対して、吸収分割会社が❷効力発生日に有していた財産の価額を限度として、当該債務の履行を請求することができる。

3 第1項の規定にかかわらず、第789条第1項第2号〔吸収分割株式会社における債権者異議手続〕の規定により異議を述べることができる❸吸収分割会社の債権者であって、同条第2項の各別の催告〔知れている債権者への各別の催告〕を受けなかったものは、吸収分割契約において吸収分割後に❶吸収分割承継株式会社に対して債務の履行を請求することができないものとされているときであっても、吸収分割承継株式会社に対して、承継した財産の価額を限度として、当該債務の履行を請求することができる。

4 第1項の規定にかかわらず、❸吸収分割会社が❶吸収分割承継株式会社に承継されない債務の債権者(以下この条において「❹残存債権者」という。)を害することを知って吸収分割をした場合には、残存債権者は、吸収分割承継株式会社に対して、承継した財産の価額を限度として、当該債務の履行を請求することができる。ただし、吸収分割承継株式会社が吸収分割の効力が生じた時において残存債権者を害すべき事実を知らなかったときは、この限りでない。

❹定

5 前項の規定は、前条第8号に掲げる事項についての定めがある場合〔吸収分割株式会社が全部取得条項付種類株式の取得または剰余金配当をする旨の定めがある場合〕には、適用しない。

6 ❶吸収分割承継株式会社が第4項の規定により同項の債務を履行する責任を負う場合には、当該責任は、❸吸収分割会社が❹残存債権者を害することを知って吸収分割をしたことを知った時から2年以内に請求又は請求の予告をしない残存債権者に対しては、その期間を経過した時に消滅する。❷効力発生日から20年を経過したときも、同様とする。

7 ❸吸収分割会社について破産手続開始の決定、再生手続開始の決定又は更生手続開始の決定があったときは、❹残存債権者は、❶吸収分割承継株式会社に対して第4項の規定による請求をする権利を行使することができない。

8 次の各号に掲げる場合には、❸吸収分割会社は、❷効力発生日に、吸収分割契約の定めに従い、当該各号に定める者となる。

① 前条第4号イに掲げる事項についての定めがある場合〔分割対価として吸収分割承継株式会社の株式を交付する場合〕 同号イの株式の株主

② 前条第4号ロに掲げる事項についての定めがある場合〔分割対価として吸収分割承継株式会社の社債を交付する場合〕 同号ロの社債の社債権者

③　前条第4号ハに掲げる事項についての定めがある場合〔分割対価として吸収分割承継株式会社の新株予約権を交付する場合〕　同号ハの新株予約権の新株予約権者
　　④　前条第4号ニに掲げる事項についての定めがある場合〔分割対価として吸収分割承継株式会社の新株予約権付社債を交付する場合〕　同号ニの新株予約権付社債についての社債の社債権者及び当該新株予約権付社債に付された新株予約権の新株予約権者
　9　前条第5号に規定する場合〔吸収分割契約新株予約権の新株予約権者に対して分割承継株式会社の新株予約権を交付する場合〕には、❷効力発生日に、❺吸収分割契約新株予約権は、消滅し、当該吸収分割契約新株予約権の新株予約権者は、同条第6号に掲げる事項〔新株予約権の割当てについての事項〕についての定めに従い、同条第5号ロの❶吸収分割承継株式会社の新株予約権の新株予約権者となる。

❺758条5号イ

　10　前各項の規定は、第789条〔吸収分割株式会社における債権者異議手続〕(第1項第3号〔株式交換契約新株予約権が付された新株予約権付社債についての社債権者による異議手続〕及び第2項第3号〔吸収分割株式会社および分割承継株式会社の計算書類の事項の公告・催告〕を除き、第793条第2項〔吸収分割合同会社への準用〕において準用する場合を含む。)若しくは第799条〔吸収分割承継株式会社における債権者異議手続〕の規定による手続が終了していない場合又は吸収分割を中止した場合には、適用しない。

　　吸収分割承継株式会社は、効力発生日に、吸収分割会社の権利義務を承継します。そして、吸収分割会社の債権者は、吸収分割会社から催告を受けなかった場合、または詐害的な会社分割がされた場合、吸収分割会社や吸収分割承継会社に対して、債務の履行を請求できます。

→試験対策14章2節③【1】(6)〜(8)

1 趣旨

　　株式会社に権利義務を承継させる吸収分割の効力の発生時期につき、従前は実質的な効力発生日と法律上の効力発生日が異なることがありえた。そこで、1項は、吸収分割契約で定めた一定の日を効力発生日とし、吸収分割の効力発生日を統一化することで、法律関係の簡明化を図った。2項および3項は、催告を受けなかった吸収分割会社の債権者のために、債権者の保護を図った規定である。4項は、詐害的な会社分割により十分に債務の弁済を受けることができなくなってしまう残存債権者の保護を図った規定である。

→平成26年改正

2 条文クローズアップ

1　催告を受けなかった債権者の履行請求権(2項、3項)
(1)　分割会社が会社債権者異議手続に違反した場合の効果

→試験対策14章2節③【1】(7)

分割会社の債権者が分割に異議を述べることができる場合には、分割会社は、債権者が一定期間内に異議を述べることができる旨等を官報に公告し、かつ、知れている債権者に対し、各別の催告をしなければならない（789条2項、793条2項、810条2項、813条2項）。なお、分割会社に知れていない債権者については、各別の催告をすることは不可能であるから、各別の催告をすることを要しない（789条2項、793条2項、810条2項、813条2項参照）。

　債権者が債権者異議手続を利用するためには、分割が行われることを認識している必要があるが、官報公告は周知性が必ずしも高くないため、債権者が債権者異議手続を実際には用いることができないおそれがある。

　そこで、分割に異議を述べることができる分割会社の債権者であって、各別の催告を受けなかったものは、吸収分割契約・新設分割計画の内容いかんにかかわらず、原則として、分割の当事会社（分割会社および吸収分割承継会社・新設分割設立会社）双方に対して債務の履行を請求することができる（759条2項、3項、761条2項、3項、764条2項、3項、766条2項、3項）。

　ただし、公告が、官報に加えて、日刊新聞紙に掲載する方法または電子公告により行われた場合には、一定の周知性があるため、分割会社の不法行為債権者に対するものを除き、各別の催告を要しないとされている（789条3項、810条3項、939条1項2号、3号）。この場合、債権者は分割の当事会社双方に対して履行請求をすることはできない（759条2項第3括弧書、3項、761条2項第3括弧書、3項、764条2項第3括弧書、3項、766条2項第3括弧書、3項）。

(2) **分割会社に知れていない債権者の保護**　　　　　　　　　　→平成26年改正

　平成26年改正前は、官報公告のみが行われた場合、分割会社に知れていない債権者は、各別の催告を受けなかったとしても、吸収分割契約・新設分割計画の内容に従い、いずれか一方に対してしか債務の履行を請求することができなかった（改正前759条2項、3項、761条2項、3項、764条2項、3項、766条2項、3項）。しかし、その債権者が分割会社に知れているかどうかという分割会社側の事情によって、保護の程度に差があるのは不合理との指摘がされていた。そこで、平成26年改正により、分割会社に知れているかどうかにかかわらず、各別の催告を受けなかった債権者は、原則として、分割の当事会社双方へ履行請求をすることができるようになった。

　ただし、各別の催告を受けなかった債権者のうち不法行為債権以外の債権者は、官報に加えて、日刊新聞紙に掲載する方法または電子公告により公告されたときは、吸収分割契約・新設分割計画の内容に従い、いずれか一方に対してしか債務の履行を請求することができない（759条2項、3項、761条2項、3項、764条2項、3項、766条2項、3項）。不法行為債権者に対しては各別の催告が必要とされているのは、会社と取引関

係のない不法行為債権者に会社の公告を確認することを期待するのは酷だからである。

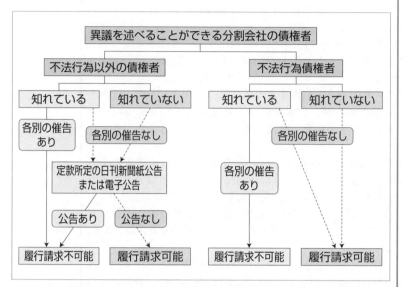

2 詐害的会社分割における債権者保護（4項から7項まで）

→試験対策14章2節③【1】(8)(b)
→平成26年改正

　分割会社が残存債権者を害することを知って会社分割をした場合、残存債権者は、吸収分割承継会社または新設分割設立会社（以下「承継会社等」という）に対して、承継した財産の価額を限度として、直接、債務の履行を請求することができる（759条4項から7項まで、761条4項から7項まで、764条4項から7項まで、766条4項から7項まで）。

(1) 要件

(a) 会社分割が残存債権者を「害する」こと（759条4項本文、761条4項本文、764条4項本文、766条4項本文）

　会社分割が残存債権者を「害する」か否かは、詐害行為取消権の要件である「債権者を害する」法律行為（民424条1項本文）と同様に解されることとなっている。

　詐害行為取消権では、「債権者を害する」法律行為というためには、原則として、当該行為の前と後で債務者の財産が減少し、債権者が債権全額の弁済を得られなくなることが要求される。ただし、相当価格で財産を処分する場合でも、資産を消費されやすい金銭に変換するなどして実質的に債務者の責任財産を減少させるときは、「債権者を害する」といえるとするのが判例である。

→大判明39・2・5民録12-136

　会社分割の場合、承継会社等が分割会社に対して会社分割の対価として承継会社等の株式を交付するため、計算上の分割会社の純資産は会社分割の前後で減少しない。しかし、分割会社が会社分割により優良事業・優良資産を失うことで、その責任財産が実質的にみて大幅に

減少し、かつ、残存債権の債権者と承継債権の債権者との間で著しい不平等が生ずるにいたった場合には「債権者を害する」といえる。

(b) **分割会社が残存債権者を害することを「知って」会社分割をしたこと**(759条4項本文、761条4項本文、764条4項本文、766条4項本文)

　分割会社が残存債権者を害することを「知って」会社分割をしたとは、分割会社が、当該会社分割により自己の責任財産が減少し、残存債権者が債権全額の弁済を受けられなくなることを認識していること、すなわち、分割会社が詐害意思を有することをいう。

(c) **「吸収分割承継株式会社が吸収分割の効力が生じた時において残存債権者を害すべき事実を知らなかったとき」でないこと**(759条4項ただし書、761条4項ただし書)

　吸収分割の場合において、吸収分割承継会社(以下「承継会社」という)が吸収分割の効力が生じた時に残存債権者を害すべき事実を知らなかったときは、残存債権者は、承継会社に対して、債務の履行を請求することができない。すなわち、承継会社は、残存債権者の債務履行請求に対し、抗弁として、詐害行為について善意であることを主張することができる。

　なお、新設分割の場合、新設分割設立会社(以下「新設会社」という)の成立の日に新設分割の効力が生じる(764条1項、766条1項参照)。そのため、新設会社が、新設分割の効力が生じた時において残存債権者を害すべき事実を知らなかったという状態を観念できない。そこで、新設分割の場合には、新設会社の主観は要件となっていない。

(d) **人的分割でないこと**(759条5項、761条5項、764条5項、766条5項)

　株式会社である分割会社が会社分割の効力発生日に、全部取得条項付種類株式の取得または剰余金の配当(取得対価または配当財産が承継会社等の株式または持分のみである場合にかぎる)をする場合(758条8号、760条7号、763条1項12号、765条1項8号)には、残存債権者は承継会社等に対し、債務の履行を請求することができない。なぜなら、このようないわゆる人的分割の場合、残存債権者は会社分割に対して異議を述べることができる(789条1項2号括弧書、810条1項2号括弧書)ので、承継会社等に対する債務履行請求権を認める必要がないからである。

(e) **一定期間内に請求または請求の予告をしたこと**(759条6項、761条6項、764条6項、766条6項)

　承継会社等が残存債権者に対して負う債務履行責任は、①分割会社が残存債権者を害することを知って会社分割をしたことを知った時から2年以内に請求または請求の予告をしない残存債権者に対しては、その期間が経過した時に消滅する。また、②会社分割の効力が生じた日から20年を経過した時も消滅する。

　これらの期間は、詐害行為取消権の期間制限にならったものである(民426条)。ただし、詐害行為取消権の期間制限と異なり、立案担

者は、①②いずれの期間制限も、承継会社等による援用を要することなく期間経過により当然に履行請求権が消滅する除斥期間としている。

また、詐害行為取消権は裁判外での行使が認められていない（民424条1項本文）のに対し、残存債権者の履行請求権は裁判外での行使が認められており、請求の予告さえすれば②の期間制限による請求権の消滅を防止することができる。請求の予告で足りるとされたのは、残存債権者の有する債権に条件や期限が付されていて①の期間内に請求することができない場合もありうるため、このような残存債権者を保護するためである。

(2) **効果**

残存債権者は、承継会社等に対し、承継した財産の価額を限度として、直接、債務の履行を請求することができる（会社759条4項から7項まで、761条4項から7項まで、764条4項から7項まで、766条4項から7項まで）。残存債権者はもともと分割会社に対しても債務の履行を請求することができるため、承継会社等に連帯債務を負わせた場合と同様の結果となる。

「承継した財産の価額を限度として」とは、分割会社から承継会社等に承継されたプラスの財産の価額を基準とすることを意味する。すなわち、会社分割に際して承継会社等に承継されたマイナスの財産（債務）を控除しないという意味である。

この趣旨は、プラスの財産からマイナスの財産を控除した残額を基準とすると、残存債権者が承継会社等に対して履行を請求できる債権の額が減少してしまうので、このように考えることで、残存債権者保護という制度目的を全うするところにある。

■第3款　持分会社に権利義務を承継させる吸収分割

第760条（持分会社に権利義務を承継させる吸収分割契約）　C

会社が吸収分割をする場合において、❶吸収分割承継会社が持分会社であるときは、吸収分割契約において、次に掲げる事項を定めなければならない。

① ❷吸収分割会社及び持分会社である吸収分割承継会社（以下この節において「❸吸収分割承継持分会社」という。）の商号及び住所

② 吸収分割承継持分会社が吸収分割により吸収分割会社から承継する資産、債務、雇用契約その他の権利義務（❹吸収分割株式会社の株式及び新株予約権に係る義務を除く。）に関する事項

③ 吸収分割により吸収分割株式会社の株式を吸収分割承継持分会社に承継させるときは、当該株式に関する事項

❶757条

❷758条1号
❸定

❹758条2号

④ 吸収分割会社が吸収分割に際して吸収分割承継持分会社の社員となるときは、次のイからハまでに掲げる吸収分割承継持分会社の区分に応じ、当該イからハまでに定める事項
　イ　合名会社　当該社員の氏名又は名称及び住所並びに出資の価額
　ロ　合資会社　当該社員の氏名又は名称及び住所、当該社員が無限責任社員又は有限責任社員のいずれであるかの別並びに当該社員の出資の価額
　ハ　合同会社　当該社員の氏名又は名称及び住所並びに出資の価額
⑤ 吸収分割承継持分会社が吸収分割に際して吸収分割会社に対してその事業に関する権利義務の全部又は一部に代わる❺金銭等(吸収分割承継持分会社の持分を除く。)を交付するときは、当該金銭等についての次に掲げる事項
　イ　当該金銭等が吸収分割承継持分会社の社債であるときは、当該社債の❻種類及び種類ごとの各社債の金額の合計額又はその算定方法
　ロ　当該金銭等が吸収分割承継持分会社の社債以外の財産であるときは、当該財産の内容及び数若しくは額又はこれらの算定方法
⑥ ❼効力発生日
⑦ 吸収分割株式会社が効力発生日に次に掲げる行為をするときは、その旨
　イ　第171条第1項(全部取得条項付種類株式の取得)の規定による株式の取得(同項第1号に規定する取得対価(その取得と引換えに交付する金銭等)が吸収分割承継持分会社の持分(吸収分割株式会社が吸収分割をする前から有するものを除き、吸収分割承継持分会社の持分に準ずるものとして法務省令で定めるものを含む。ロにおいて同じ。)のみであるものに限る。)
　ロ　剰余金の配当(配当財産が吸収分割承継持分会社の持分のみであるものに限る。)

❺151条1項
❻744条1項5号イ
❼758条7号

　吸収分割する場合、吸収分割承継会社が持分会社であるときは、吸収分割契約において、吸収分割会社・吸収分割承継持分会社の商号および住所、吸収分割により承継される権利義務に関する事項、吸収分割承継持分会社が吸収分割会社に対して金銭等を交付するときにおけるその金銭等に関する事項、効力発生日等の事項を定めなければなりません。

1　趣旨

　本条は、吸収分割は当事会社の株主、債権者等に重大な影響を及ぼす

ので吸収分割における重要な事項についてその明確性および不可変更性を確実にするために、吸収分割契約において一定の事項を定めるべきことを要求している。

2 条文クローズアップ

契約での法定記載事項

760条は、持分会社に権利義務を承継させる吸収分割の条文である。この場合も758条の場合と同様に株主や債権者に重大な影響がある。

(1) 当事会社の商号および住所(1号)
(2) 承継する権利義務(2号)
(3) 吸収分割会社の株式に関する事項(3号)
(4) 分割対価(4号、5号)
　分割対価は承継会社の持分、金銭等を対価とすることができる。
　(a)持分を対価とする場合(4号)
　　持分を対価とする場合、新たに社員となる者の情報を記載する(4号イからハまで)。　　　→744条②1(3)
　(b)金銭等(社債・社債以外の財産)を対価とする場合(5号)
　　(i)社債
　　　社債を対価とする場合には、社債の種類および種類ごとの各社債の金額の合計額またはその算定方法
　　(ii)社債以外の財産
　　　社債以外の財産を対価とする場合には、当該財産の内容および数もしくは額またはこれらの算定方法
(5) 効力発生日(6号)
(6) 効力発生日に行う行為(7号)

> **第761条(持分会社に権利義務を承継させる吸収分割の効力の発生等)　C**
> 1　❶吸収分割承継持分会社は、❷効力発生日に、吸収分割契約の定めに従い、❸吸収分割会社の権利義務を承継する。
> 2　前項の規定にかかわらず、第789条第1項第2号〔吸収分割株式会社における債権者異議手続〕(第793条第2項〔吸収分割合同会社への準用〕において準用する場合を含む。次項において同じ。)の規定により異議を述べることができる❸吸収分割会社の債権者であって、第789条第2項(第3号〔吸収分割株式会社の計算書類に関する事項の公告・催告〕を除き、第793条第2項〔吸収分割合同会社への準用〕において準用する場合を含む。次項において同じ。)の各別の催告(知れている債権者への各別の催告)を受けなかったもの(第789条第3項〔各別の催告に代わる公告〕(第793条第2項〔吸収分割合同会社への準用〕において準用する場合を含む。)に規定する場合にあっては、不法行為によ

❶760条1号
❷758条7号
❸758条1号

って生じた債務の債権者であるものに限る。次項において同じ。）は、吸収分割契約において吸収分割後に吸収分割会社に対して債務の履行を請求することができないものとされているときであっても、吸収分割会社に対して、吸収分割会社が❷効力発生日に有していた財産の価額を限度として、当該債務の履行を請求することができる。

3　第1項の規定にかかわらず、第789条第1項第2号〔吸収分割株式会社における債権者異議手続〕の規定により異議を述べることができる❸吸収分割会社の債権者であって、同条第2項の各別の催告〔知れている債権者への各別の催告〕を受けなかったものは、吸収分割契約において吸収分割後に❶吸収分割承継持分会社に対して債務の履行を請求することができないものとされているときであっても、吸収分割承継持分会社に対して、承継した財産の価額を限度として、当該債務の履行を請求することができる。

4　第1項の規定にかかわらず、❸吸収分割会社が❶吸収分割承継持分会社に承継されない債務の債権者（以下この条において「❹残存債権者」という。）を害することを知って吸収分割をした場合には、残存債権者は、吸収分割承継持分会社に対して、承継した財産の価額を限度として、当該債務の履行を請求することができる。ただし、吸収分割承継持分会社が吸収分割の効力が生じた時において残存債権者を害すべき事実を知らなかったときは、この限りでない。

5　前項の規定は、前条第7号に掲げる事項〔人的分割の定めがある場合〕についての定めがある場合には、適用しない。

6　❶吸収分割承継持分会社が第4項の規定により同項の債務を履行する責任を負う場合には、当該責任は、❸吸収分割会社が❹残存債権者を害することを知って吸収分割をしたことを知った時から2年以内に請求又は請求の予告をしない残存債権者に対しては、その期間を経過した時に消滅する。❷効力発生日から20年を経過したときも、同様とする。

7　❸吸収分割会社について破産手続開始の決定、再生手続開始の決定又は更生手続開始の決定があったときは、❹残存債権者は、❶吸収分割承継持分会社に対して第4項の規定による請求をする権利を行使することができない。

8　前条第4号に規定する場合〔吸収分割株式会社が吸収分割に際して吸収分割承継持分会社の社員となる場合〕には、❸吸収分割会社は、❷効力発生日に、同号に掲げる事項〔社員の氏名・名称および住所、無限・有限責任社員の別、社員の出資の価額〕についての定めに従い、❶吸収分割承継持分会社の社員となる。この場合においては、吸収分割承継持分会社は、効力発生日に、同号の社員に係る定款の変更をし

> たものとみなす。
> 9　前条第5号イに掲げる事項についての定めがある場合〔分割対価が吸収分割承継持分会社の社債の場合〕には、❸吸収分割会社は、❷効力発生日に、吸収分割契約の定めに従い、同号イの社債の社債権者となる。
> 10　前各項の規定は、第789条〔吸収分割株式会社における債権者異議手続〕(第1項第3号〔株式交換契約新株予約権が付された新株予約権付社債についての社債権者による異議手続〕及び第2項第3号〔吸収分割株式会社の計算書類の事項の公告・催告〕を除く、第793条第2項〔吸収分割合同会社への準用〕において準用する場合を含む。)若しくは第802条第2項〔吸収分割承継持分会社への準用〕において準用する第799条〔吸収分割承継株式会社における債権者異議手続〕(第2項第3号〔吸収分割株式会社の計算書類の事項の公告・催告〕を除く。)の規定による手続が終了していない場合又は吸収分割を中止した場合には、適用しない。

　吸収分割承継持分会社は、効力発生日に吸収分割会社の権利義務を承継します。吸収分割会社の債権者は、吸収分割会社から催告を受けなかった場合、または詐害的な会社分割がされた場合、吸収分割会社や吸収分割承継会社に対して、債務の履行を請求できます。

→試験対策14章2節③【1】(7)(8)

1　趣旨

　持分会社に権利義務を承継させる吸収分割の効力の発生時期につき、従前は実質的な効力発生日と法律上の効力発生日が異なることがありえた。そこで、1項は、吸収分割契約で定めた一定の日を効力発生日とし、吸収分割の効力発生日を統一化することで、法律関係の簡明化を図った。2項および3項は、催告を受けなかった吸収分割会社の債権者のために、債権者の保護を図った規定である。4項は、詐害的な会社分割により十分に債務の弁済を受けることができなくなってしまう残存債権者の保護を図った規定である。

→平成26年改正

2　条文クローズアップ

1　分割の効力発生(1項)
2　催告を受けなかった債権者の履行請求権(2項、3項)
3　詐害的会社分割における債権者の保護(4項から7項まで)
4　吸収分割の対価の交付(8項、9項)

→759条②1
→759条②2

　吸収分割の効果が発生すると、分割会社は、契約で定めるところ(760条4号)に従い分割対価として社員となる(761条8項)。また、分割会社が対価として社債を得ると定められた場合(760条5号イ)には、効力発生日に、社債権者となる(761条9項)。

5　分割の効力が生じない場合(10項)

■第2節　新設分割
■第1款　通　則

> **第762条（新設分割計画の作成）　B**
> 1　1又は2以上の株式会社又は合同会社は、新設分割をすることができる。この場合においては、新設分割計画を作成しなければならない。
> 2　2以上の株式会社又は合同会社が共同して新設分割をする場合には、当該2以上の株式会社又は合同会社は、共同して新設分割計画を作成しなければならない。

1つまたは2つ以上の株式会社・合同会社は、新設分割をすることができます。この場合には、新設分割計画を作成しなければなりません。また、2つ以上の株式会社・合同会社が共同して新設分割をする場合には、その2つ以上の株式会社・合同会社は、共同して新設分割計画を作成しなければなりません。

→試験対策4章2節③【1】(2)

1　趣旨

合同会社を設立会社とする会社分割のニーズは存在するのに対して、合名会社・合資会社を設立会社とする会社分割のニーズは乏しい。そこで、本条1項は新設分割を行うことができる会社の種類を株式会社と合同会社に限定している。

2　語句の意味

<u>共同新設分割</u>とは、2社以上が共同で分割会社となり新設分割をすることをいう（2項参照）。

■第2款　株式会社を設立する新設分割

> **第763条（株式会社を設立する新設分割計画）　B**
> 1　1又は2以上の株式会社又は合同会社が新設分割をする場合において、<u>新設分割により設立する会社</u>(以下この編において「❶新設分割設立会社」という。)が株式会社であるときは、新設分割計画において、次に掲げる事項を定めなければならない。
> ①　株式会社である新設分割設立会社(以下この編において「❷新設分割設立株式会社」という。)の目的、商号、本店の所在地及び❸発行可能株式総数
> ②　前号に掲げるもののほか、新設分割設立株式会社の定款で定める事項

❶定
❷定
❸37条1項

③　新設分割設立株式会社の❹設立時取締役の氏名　　　　　　　❹38条1項
④　次のイからハまでに掲げる場合の区分に応じ、当該イからハまでに定める事項
　　イ　新設分割設立株式会社が会計参与設置会社である場合　新設分割設立株式会社の❺設立時会計参与の氏名又は名称　　❺38条3項1号
　　ロ　新設分割設立株式会社が監査役設置会社(監査役の監査の範囲を会計に関するものに限定する旨の定款の定めがある株式会社を含む。)である場合　新設分割設立株式会社の❻設立時監査役の氏名　　❻38条3項2号
　　ハ　新設分割設立株式会社が会計監査人設置会社である場合　新設分割設立株式会社の❼設立時会計監査人の氏名又は名称　　❼38条3項3号
⑤　新設分割設立株式会社が新設分割により新設分割をする会社(以下この編において「❽新設分割会社」という。)から承継する資産、債務、雇用契約その他の権利義務(株式会社である新設分割会社(以下この編において「❾新設分割株式会社」という。)の株式及び新株予約権に係る義務を除く。)に関する事項　　❽定　❾定
⑥　新設分割設立株式会社が新設分割に際して新設分割会社に対して交付するその事業に関する権利義務の全部又は一部に代わる当該新設分割設立株式会社の株式の数(種類株式発行会社にあっては、株式の種類及び種類ごとの数)又はその数の算定方法並びに当該新設分割設立株式会社の資本金及び準備金の額に関する事項
⑦　2以上の株式会社又は合同会社が共同して新設分割をするときは、新設分割会社に対する前号の株式の割当てに関する事項
⑧　新設分割設立株式会社が新設分割に際して新設分割会社に対してその事業に関する権利義務の全部又は一部に代わる当該新設分割設立株式会社の❿社債等を交付するときは、当該社債等についての次に掲げる事項　　❿746条1項7号ニ
　　イ　当該社債等が新設分割設立株式会社の社債(新株予約権付社債についてのものを除く。)であるときは、当該社債の⓫種類及び種類ごとの各社債の金額の合計額又はその算定方法　　⓫744条1項5号イ
　　ロ　当該社債等が新設分割設立株式会社の新株予約権(新株予約権付社債に付されたものを除く。)であるときは、当該新株予約権の内容及び数又はその算定方法
　　ハ　当該社債等が新設分割設立株式会社の新株予約権付社債であるときは、当該新株予約権付社債についてのイに規定する事項及び当該新株予約権付社債に付された新株予約権についてのロに規定する事項
⑨　前号に規定する場合において、2以上の株式会社又は合同会社が共同して新設分割をするときは、新設分割会社に対する同

号の社債等の割当てに関する事項
　⑩　新設分割設立株式会社が新設分割に際して新設分割株式会社の新株予約権の新株予約権者に対して当該新株予約権に代わる当該新設分割設立株式会社の新株予約権を交付するときは、当該新株予約権についての次に掲げる事項
　　イ　当該新設分割設立株式会社の新株予約権の交付を受ける新設分割株式会社の新株予約権の新株予約権者の有する新株予約権（以下この編において「⑫新設分割計画新株予約権」という。）の内容　　　　　　　　　　　　　　　　⑫定
　　ロ　新設分割計画新株予約権の新株予約権者に対して交付する新設分割設立株式会社の新株予約権の内容及び数又はその算定方法
　　ハ　新設分割計画新株予約権が新株予約権付社債に付された新株予約権であるときは、新設分割設立株式会社が当該新株予約権付社債についての社債に係る債務を承継する旨並びにその承継に係る社債の種類及び種類ごとの各社債の金額の合計額又はその算定方法
　⑪　前号に規定する場合には、新設分割計画新株予約権の新株予約権者に対する同号の新設分割設立株式会社の新株予約権の割当てに関する事項
　⑫　新設分割株式会社が新設分割設立株式会社の成立の日に次に掲げる行為をするときは、その旨
　　イ　第171条第１項〔全部取得条項付種類株式の取得〕の規定による株式の取得（同項第１号に規定する取得対価〔その取得と引換えに交付する金銭等〕が新設分割設立株式会社の株式（これに準ずるものとして法務省令で定めるものを含む。ロにおいて同じ。）のみであるものに限る。）
　　ロ　剰余金の配当（配当財産が新設分割設立株式会社の株式のみであるものに限る。）
i 2　新設分割設立株式会社が監査等委員会設置会社である場合には、前項第３号に掲げる事項は、⑬設立時監査等委員である❹設立時取締役とそれ以外の設立時取締役とを区別して定めなければならない。　　　　　　　　　　　　　　　　　　　　⑬38条２項

　　新設分割設立会社が株式会社であるときは、新設分割計画では、新設分割設立株式会社の目的・商号・本店の所在地・発行可能株式総数等といった一定の重要事項を定めなければなりません。

1　趣旨

　本条は、新設分割は新設分割を行う会社の株主、債権者等に重大な影

響を及ぼすので新設分割における重要な事項についてその明確性および不可変更性を確実にするために、新設分割計画において一定の事項を定めるべきことを要求している。

2 条文クローズアップ

1 計画での法定記載事項(1項)

763条は、株式会社を設立する新設分割の条文である。新設分割の実行により、分割会社の権利義務の全部または一部が承継会社に承継されるため、分割会社の権利義務に重大な変更が生じ、分割会社の株主が有する株式の価値や、債権者の債権価値に重大な影響が生じうる。そのため、新設分割の内容を明確に確定することとしている。

(1) 新設分割設立会社の目的、商号、本店所在地および発行可能株式総数(1号)
(2) 新設分割設立株式会社の定款で定める事項(2号)
(3) 設立時取締役の氏名、その他役員等に関する事項(3号、4号)
(4) 承継する権利義務(5号)
(5) 分割対価(6号、8号)

新設分割においては、分割対価として必ず新設分割設立会社の株式を交付しなければならない。また、それに加えて社債、新株予約権、新株予約権付社債のみ追加的な分割対価となしうる。これは、新設会社に株主がいないと困ること、および、新設会社は成立したばかりであり、対価として交付すべき財産をほかに有しないと考えられたことによるものである。

(6) 対価の割当てに関する事項(7号、9号)

対価を受け取る分割会社が2以上の場合は、対価の割当てに関する事項を定める。

(7) 新設分割会社の新株予約権者の取扱い(10号)

新設分割会社の新株予約権者に対して直接に対価を交付する場合は、設立会社の新株予約権のみ対価として交付することが認められる。

(8) 新株予約権者への対価の割当てに関する事項(11号)
(9) 事実上の人的分割(12号) →758条②⑧
2 監査等委員会設置会社の特則(2項) →746条②2

🗾H23-49-エ
第764条(株式会社を設立する新設分割の効力の発生等) B

1 ❶新設分割設立株式会社は、その成立の日に、新設分割計画の定めに従い、❷新設分割会社の権利義務を承継する。

❶763条1項1号
❷763条1項5号

2 前項の規定にかかわらず、第810条第1項第2号(新設分割株式会社における債権者異議手続)(第813条第2項(新設分割合同会社への準用)において準用する場合を含む。次項において同じ。)の規定により

異議を述べることができる❷新設分割会社の債権者であって、第810条第2項〔新設分割株式会社の計算書類の事項の公告・催告〕(第3号を除き、第813条第2項〔新設分割合同会社への準用〕において準用する場合を含む。次項において同じ。)の各別の催告〔知れている債権者への各別の催告〕を受けなかったもの(第810条第3項〔各別の催告に代わる公告〕(第813条第2項〔新設分割合同会社への準用〕において準用する場合を含む。)に規定する場合にあっては、不法行為によって生じた債務の債権者であるものに限る。次項において同じ。)は、新設分割計画において新設分割後に新設分割会社に対して債務の履行を請求することができないものとされているときであっても、新設分割会社に対して、新設分割会社が❶新設分割設立株式会社の成立の日に有していた財産の価額を限度として、当該債務の履行を請求することができる。

3　第1項の規定にかかわらず、第810条第1項第2号〔新設分割株式会社における債権者異議手続〕の規定により異議を述べることができる❷新設分割会社の債権者であって、同条第2項の各別の催告〔知れている債権者への各別の催告〕を受けなかったものは、新設分割計画において新設分割後に❶新設分割設立株式会社に対して債務の履行を請求することができないものとされているときであっても、新設分割設立株式会社に対して、承継した財産の価額を限度として、当該債務の履行を請求することができる。

4　第1項の規定にかかわらず、❷新設分割会社が❶新設分割設立株式会社に承継されない債務の債権者(以下この条において「❸残存債権者」という。)を害することを知って新設分割をした場合には、残存債権者は、新設分割設立株式会社に対して、承継した財産の価額を限度として、当該債務の履行を請求することができる。

5　前項の規定は、前条第1項第12号に掲げる事項についての定めがある場合〔人的分割の定めがある場合〕には、適用しない。

6　❶新設分割設立株式会社が第4項の規定により同項の債務を履行する責任を負う場合には、当該責任は、❷新設分割会社が❸残存債権者を害することを知って新設分割をしたことを知った時から2年以内に請求又は請求の予告をしない残存債権者に対しては、その期間を経過した時に消滅する。新設分割設立株式会社の成立の日から20年を経過したときも、同様とする。

7　❷新設分割会社について破産手続開始の決定、再生手続開始の決定又は更生手続開始の決定があったときは、❸残存債権者は、❶新設分割設立株式会社に対して第4項の規定による請求をする権利を行使することができない。

8　前条第1項に規定する場合〔株式会社を設立する新設分割の場合〕に

は、❷新設分割会社は、❶新設分割設立株式会社の成立の日に、新設分割計画の定めに従い、同項第6号の株式〔分割対価である新設分割設立株式会社の株式〕の株主となる。
9 次の各号に掲げる場合には、❷新設分割会社は、❶新設分割設立株式会社の成立の日に、新設分割計画の定めに従い、当該各号に定める者となる。
① 前条第1項第8号イに掲げる事項についての定めがある場合〔分割対価が新設分割設立株式会社の社債の場合〕 同号イの社債の社債権者
② 前条第1項第8号ロに掲げる事項についての定めがある場合〔分割対価が新設分割設立株式会社の新株予約権の場合〕 同号ロの新株予約権の新株予約権者
③ 前条第1項第8号ハに掲げる事項についての定めがある場合〔分割対価が新設分割設立株式会社の新株予約権付社債の場合〕 同号ハの新株予約権付社債についての社債の社債権者及び当該新株予約権付社債に付された新株予約権の新株予約権者
10 2以上の株式会社又は合同会社が共同して新設分割をする場合における前2項の規定の適用については、第8項中「新設分割計画の定め」とあるのは「同項第7号に掲げる事項〔新設分割会社に対する、新設分割設立株式会社の株式の割当ての事項〕についての定め」と、前項中「新設分割計画の定め」とあるのは「前条第1項第9号に掲げる事項〔新設分割会社に対する、新設分割設立株式会社の社債等の割当ての事項〕についての定め」とする。
11 前条第1項第10号に規定する場合〔新設分割計画新株予約権の新株予約権者へ新設分割設立株式会社の新株予約権を交付する場合〕には、❶新設分割設立株式会社の成立の日に、❹新設分割計画新株予約権は、消滅し、当該新設分割計画新株予約権の新株予約権者は、同項第11号に掲げる事項〔新株予約権の割当ての事項〕についての定めに従い、同項第10号ロの新設分割設立株式会社の新株予約権の新株予約権者となる。

❹763条1項10号イ

新設分割設立株式会社は、その成立の日に、新設分割会社の権利義務を承継します。新設分割会社の債権者は、新設分割会社から催告を受けなかった場合、または詐害的な会社分割がなされた場合には、新設分割会社や新設分割設立会社に対して、債務の履行を請求できます。

→試験対策14章2節③【1】(6)~(8)

1 趣旨

株式会社を設立する新設分割の効力の発生時期につき、従前は実質的な効力発生日と法律上の効力発生日が異なることがありえた。そこで、1項は、両者を統一化し、会社成立日、つまり設立登記の日を新設分割

の効力発生日とすることで、法律関係の簡明化を図った。2項および3項は催告を受けなかった新設分割会社の債権者のために、債権者の保護を図った規定である。4項は詐害的な会社分割により十分に債務の弁済を受けることができなくなってしまう残存債権者の保護を図った規定である。

→平成26年改正

2 条文クローズアップ

1 催告を受けなかった債権者の履行請求権（2項、3項）　→759条2 1
2 詐害的会社分割における債権者の保護（4項から7項まで）　→759条2 2
3 要件における吸収分割との差異

吸収分割の場合と異なり、新設分割の場合には、新設会社の善意・悪意は要件となっていない。

新設分割の場合、新設会社の成立の日に新設分割の効力が生じる（1項等参照）ため、新設分割の効力が生じた時点での新設会社の悪意を要件とすることは合理的でないからである。

詐害行為取消権の行使
(1) 株式会社を新設する会社分割がされた場合に、新設分割設立会社にその債権に係る債務が承継されず、新設分割について異議を述べることもできない新設分割株式会社の債権者は、詐害行為取消権（民424条）を行使して新設分割を取り消すことができる（最判平24・10・12平24重判・商法7事件）。
(2) 業績不振の広告事業と不振でない飲食事業を営み債務超過状態に陥っていた会社が、飲食事業のみを新設分割設立会社に承継させた場合、詐害行為取消権（民424条）を行使することができる（東京高判平22・10・27会社法百選92事件）。

■第3款　持分会社を設立する新設分割

第765条（持分会社を設立する新設分割計画）　C

1　1又は2以上の株式会社又は合同会社が新設分割をする場合において、❶新設分割設立会社が持分会社であるときは、新設分割計画において、次に掲げる事項を定めなければならない。
　① 持分会社である新設分割設立会社(以下この編において「❷新設分割設立持分会社」という。)が合名会社、合資会社又は合同会社のいずれであるかの別
　② 新設分割設立持分会社の目的、商号及び本店の所在地
　③ 新設分割設立持分会社の社員についての次に掲げる事項
　　イ 当該社員の名称及び住所

❶763条1項

❷定

ロ　当該社員が無限責任社員又は有限責任社員のいずれであるかの別
　　　ハ　当該社員の出資の価額
　④　前2号に掲げるもののほか、新設分割設立持分会社の定款で定める事項
　⑤　新設分割設立持分会社が新設分割により❸新設分割会社から承継する資産、債務、雇用契約その他の権利義務(❹新設分割株式会社の株式及び新株予約権に係る義務を除く。)に関する事項
　⑥　新設分割設立持分会社が新設分割に際して新設分割会社に対してその事業に関する権利義務の全部又は一部に代わる当該新設分割設立持分会社の社債を交付するときは、当該社債の❺種類及び種類ごとの各社債の金額の合計額又はその算定方法
　⑦　前号に規定する場合において、2以上の株式会社又は合同会社が共同して新設分割をするときは、新設分割会社に対する同号の社債の割当てに関する事項
　⑧　新設分割株式会社が新設分割設立持分会社の成立の日に次に掲げる行為をするときは、その旨
　　　イ　第171条第1項〔全部取得条項付種類株式の取得〕の規定による株式の取得(同項第1号に規定する取得対価〔その取得と引換えに交付する金銭等〕が新設分割設立持分会社の持分(これに準ずるものとして法務省令で定めるものを含む。ロにおいて同じ。)のみであるものに限る。)
　　　ロ　剰余金の配当(配当財産が新設分割設立持分会社の持分のみであるものに限る。)
2　❷新設分割設立持分会社が合名会社であるときは、前項第3号ロに掲げる事項として、その社員の全部を無限責任社員とする旨を定めなければならない。
3　❷新設分割設立持分会社が合資会社であるときは、第1項第3号ロに掲げる事項として、その社員の一部を無限責任社員とし、その他の社員を有限責任社員とする旨を定めなければならない。
4　❷新設分割設立持分会社が合同会社であるときは、第1項第3号ロに掲げる事項として、その社員の全部を有限責任社員とする旨を定めなければならない。

❸763条1項5号
❹763条1項5号

❺744条1項5号イ

　新設分割設立会社が持分会社であるときは、新設分割計画において、新設分割設立持分会社が合名会社・合資会社・合同会社のいずれであるかの別、その目的・商号・本店所在地、新設分割設立持分会社の社員について、名称・有限責任社員であるか無限責任社員であるかの別・出資の価額、新設分割により承継される権利義務に関する事項等といった重要事項を定めなければなりません。

1 趣旨

本条は、新設分割は当該会社の株主、債権者等に重大な影響を及ぼすので新設分割における重要な事項についてその明確性および不可変更性を確実にするために、新設分割計画において一定の事項を定めるべきことを要求している。

2 条文クローズアップ

1 計画への法定記載事項（1項各号）

765条は、持分会社を新設する新設分割の条文である。新設分割により分割会社の株主や債権者等には763条の場合と同様に重大な影響が生じうる。

(1) 新設分割設立持分会社が合名会社、合資会社または合同会社のいずれであるかの別（1号）
(2) 新設分割設立持分会社の目的、商号および本店の所在地（2号）
(3) 新設分割設立持分会社の社員に関する事項（3号）
(4) 新設分割設立持分会社の定款で定める事項（4号）
(5) 承継する権利義務（5号）
(6) 分割対価（6号）

持分会社を設立会社とする新設分割では、対価として設立会社の持分、社債を交付することができる。これは、新設分割設立持分会社に社員がいないと困ること、および、新設分割設立持分会社は成立したばかりであり対価として交付すべき財産を他に有しないと考えられることによる。社債を対価とする場合は、その種類および種類ごとの各社債の金額の合計額またはその算定方法を記載する。

(7) 対価の割当てに関する事項（7号）

対価を受け取る分割会社が2以上の場合には、対価の割当てに関する事項を定める。

(8) 事実上の人的分割（8号）

2 新設分割設立持分会社の社員の責任形態（2項から4項まで）　→744条②2

第766条（持株会社を設立する新設分割の効力の発生等）　C

1 ❶新設分割設立持分会社は、その成立の日に、新設分割計画の定めに従い、❷新設分割会社の権利義務を承継する。

2 前項の規定にかかわらず、第810条第1項第2号〔新設分割株式会社における債権者異議手続〕（第813条第2項〔新設分割合同会社への準用〕において準用する場合を含む。次項において同じ。）の規定により異議を述べることができる❷新設分割会社の債権者であって、第810条第2項（第3号〔新設分割株式会社の計算書類の事項の公告かつ催告〕を除く。）（第813条第2項〔新設分割合同会社への準用〕において準用

❶765条1項1号
❷763条1項5号

する場合を含む。次項において同じ。)の各別の催告〔知れている債権者への各別の催告〕を受けなかったもの(第810条第3項〔各別の催告に代わる公告〕(第813条第2項〔新設分割合同会社への準用〕において準用する場合を含む。)に規定する場合にあっては、不法行為によって生じた債務の債権者であるものに限る。次項において同じ。)は、新設分割計画において新設分割後に新設分割会社に対して債務の履行を請求することができないものとされているときであっても、新設分割会社に対して、新設分割会社が❶新設分割設立持分会社の成立の日に有していた財産の価額を限度として、当該債務の履行を請求することができる。

3 第1項の規定にかかわらず、第810条第1項第2号〔新設分割株式会社における債権者異議手続〕の規定により異議を述べることができる❷新設分割会社の債権者であって、同条第2項の各別の催告〔知れている債権者への各別の催告〕を受けなかったものは、新設分割計画において新設分割後に❶新設分割設立持分会社に対して債務の履行を請求することができないものとされているときであっても、新設分割設立持分会社に対して、承継した財産の価額を限度として、当該債務の履行を請求することができる。

4 第1項の規定にかかわらず、❷新設分割会社が❶新設分割設立持分会社に承継されない債務の債権者(以下この条において「❸残存債権者」という。)を害することを知って新設分割をした場合には、残存債権者は、新設分割設立持分会社に対して、承継した財産の価額を限度として、当該債務の履行を請求することができる。

5 前項の規定は、前条第1項第8号に掲げる事項についての定めがある場合〔人的分割の定めがある場合〕には、適用しない。

6 ❶新設分割設立持分会社が第4項の規定により同項の債務を履行する責任を負う場合には、当該責任は、❷新設分割会社が❸残存債権者を害することを知って新設分割をしたことを知った時から2年以内に請求又は請求の予告をしない残存債権者に対しては、その期間を経過した時に消滅する。新設分割設立持分会社の成立の日から20年を経過したときも、同様とする。

7 ❷新設分割会社について破産手続開始の決定、再生手続開始の決定又は更生手続開始の決定があったときは、❸残存債権者は、❶新設分割設立持分会社に対して第4項の規定による請求をする権利を行使することができない。

8 前条第1項に規定する場合〔新設分割設立会社が持分会社である場合〕には、❷新設分割会社は、❶新設分割設立持分会社の成立の日に、同項第3号に掲げる事項〔社員の名称および住所、無限・有限責任社員の別、社員の出資の価額〕についての定めに従い、当該新設分割設立持分会社の社員となる。

9 　前条第1項第6号に掲げる事項についての定めがある場合〔分割対価が新設分割設立持分会社が社債の場合〕には、❷新設分割会社は、❶新設分割設立持分会社の成立の日に、新設分割計画の定めに従い、同号の社債の社債権者となる。

10 　2以上の株式会社又は合同会社が共同して新設分割をする場合における前項の規定の適用については、同項中「新設分割計画の定めに従い、同号」とあるのは、「同項第7号に掲げる事項〔新設分割会社に対する、新設分割設立持分会社の社債の割当ての事項〕についての定めに従い、同項第6号」とする。

　新設分割設立持分会社は、その成立の日に、新設分割会社の権利義務を承継します。そして、新設分割会社の債権者は、新設分割会社から催告を受けなかった場合、または詐害的な会社分割がなされた場合には、新設分割会社や新設分割設立持分会社に対して、債務の履行を請求できます。

→試験対策14章2節③【1】(7)、(8)

1 趣旨

　持分会社を設立する新設分割の効力の発生時期につき、従前は実質的な効力発生日と法律上の効力発生日が異なることがありえた。そこで、1項は、両者を統一化し、会社成立日、つまり設立登記の日を新設分割の効力発生日とすることで、法律関係の簡明化を図った。2項および3項は、催告を受けなかった新設分割会社の債権者のために、債権者の保護を図った規定である。4項は、詐害的な会社分割により十分に債務の弁済を受けることができなくなってしまう残存債権者の保護を図った規定である。

→平成26年改正

2 条文クローズアップ

1　分割の効力発生(1項)
2　催告を受けなかった債権者の履行請求権(2項、3項)
3　詐害的会社分割における債権者の保護(4項から7項まで)
4　分割の対価(8項から10項まで)

→759条②1
→759条②2

第4章 株式交換及び株式移転

→試験対策14章2節4【1】

■総　説

1 語句の意味

株式交換とは、株式会社がその発行済株式の全部を他の株式会社または合同会社に取得させることをいう（2条31号）。
株式移転とは、1または2以上の株式会社がその発行済株式の全部を新たに設立する株式会社に取得させることをいう（2条32号）。

2 意義

株式交換・株式移転は、ともに、ある株式会社が、その株主総会の特別決議により他の株式会社の完全子会社となる取引である。
株式交換は、親会社となる会社が既存の会社である場合であり、株式移転は、親会社となる会社が新設会社である場合である。

3 株式交換・株式移転の手続・効果

1 株式交換・株式移転の手続

①株式交換契約の締結・株式移転計画を作成する（767条後段、772条）。
②株式交換契約・株式移転計画に関する書面等を備え置く（782条、794条、803条）。
③株主総会の特別決議による承認を経る（783条1項、795条1項、804条1項、309条2項12号。ただし、309条3項2号、3号）。
④株式交換・株式移転をする旨等の通知・公告をする（785条3項、4項、797条3項、4項、787条3項、4項、806条3項、4項、808条3項、4項）。
⑤反対株主・新株予約権者に株式・新株予約権の買取請求権が認められる（785条、797条、806条、787条、808条）。
⑥会社債権者異議手続は、原則として不要である（ただし、例外として789条1項3号、799条1項3号）。
⑦株式移転の場合のみ登記が必要である（925条）。
⑧株式交換の場合においては効力発生日に、株式移転の場合においては完全親会社の成立の日に、完全親会社となる会社は子会社となる会社の発行済株式の全部を取得する（769条1項、771条1項、774条1項）。
⑨株式交換・株式移転事項書面等を備え置く（791条、801条、811条、815条）。

2 株式交換・株式移転の効果

(1) 株式交換・株式移転に共通の効果

株式交換・株式移転により完全親子会社関係が成立する。
株式交換・株式移転によって消滅する会社はなく、当事者となった会社の財産も変動せず、株主または社員が変動するのみである。

(2) 株式交換・株式移転で異なる効果

株式交換の場合、完全子会社となる会社の株主は、完全親会社となる会社の株主・社員、社債権者、新株予約権者または新株予約権付社債の社債権者となり、あるいは金銭その他完全親会社の株式等以外の財産の交付を受ける。
株式移転の場合、完全子会社となる会社の株主は、完全親会社となる会社の株主・社員となる。加えて、社債権者、新株予約権者または新株予約権付社債の社債権者となることもできる。

4 株式交換・株式移転の差止め

→平成26年改正

平成26年改正により、合併や会社分割の場合と同様に、株式交換・株式移転についても、法令または定款に違反する場合において、株主の差止請求権が創設された（784条の2、796条の2、805条の2）。

→784条の2、796条の2、805条の2

5 株式交換・株式移転の無効

→828条
→試験対策14章2節 4【3】

株式交換・株式移転の手続に瑕疵があった場合、法的安定性を確保するため、無効の訴えの制度（828条1項11号、12号）を用意して、無効の主張を制限する一方で、無効の効果を画一的に確定し、その遡及効を否定している（839条）。

■第1節　株式交換

■第1款　通則

> 書 H27-34-オ
> **第767条（株式交換契約の締結）　B⁺**
> 株式会社は、株式交換をすることができる。この場合においては、当該株式会社の発行済株式の全部を取得する会社（株式会社又は合同会社に限る。以下この編において「❶株式交換完全親会社」という。）との間で、株式交換契約を締結しなければならない。

❶定

株式会社は、株式交換をする場合には、株式交換完全親会社との間で、株式交換契約を締結する必要があります。

→試験対策14章2節 4【1】(2)

1 趣旨

持株会社の設立が独占禁止法上で解禁されたのに合わせ、容易に、複

数の当事会社による持株会社組織の構築を可能とするために、株式交換を認めたのが本条である。

■第2款　株式会社に発行済株式を取得させる株式交換

司H24-48-エ、書H27-34-ア
第768条（株式会社に発行済株式を取得させる株式交換契約）
B+

1　株式会社が株式交換をする場合において、❶株式交換完全親会社が株式会社であるときは、株式交換契約において、次に掲げる事項を定めなければならない。

① 株式交換をする株式会社(以下この編において「❷株式交換完全子会社」という。)及び株式会社である株式交換完全親会社(以下この編において「❸株式交換完全親株式会社」という。)の商号及び住所

② 株式交換完全親株式会社が株式交換に際して株式交換完全子会社の株主に対してその株式に代わる❹金銭等を交付するときは、当該金銭等についての次に掲げる事項

イ 当該金銭等が株式交換完全親株式会社の株式であるときは、当該株式の数(種類株式発行会社にあっては、株式の❺種類及び種類ごとの数)又はその数の算定方法並びに当該株式交換完全親株式会社の資本金及び準備金の額に関する事項

ロ 当該金銭等が株式交換完全親株式会社の社債(新株予約権付社債についてのものを除く。)であるときは、当該社債の種類及び種類ごとの各社債の金額の合計額又はその算定方法

ハ 当該金銭等が株式交換完全親株式会社の新株予約権(新株予約権付社債に付されたものを除く。)であるときは、当該新株予約権の内容及び数又はその算定方法

ニ 当該金銭等が株式交換完全親株式会社の新株予約権付社債であるときは、当該新株予約権付社債についてのロに規定する事項及び当該新株予約権付社債に付された新株予約権についてのハに規定する事項

ホ 当該金銭等が株式交換完全親株式会社の❻株式等以外の財産であるときは、当該財産の内容及び数若しくは額又はこれらの算定方法

③ 前号に規定する場合には、株式交換完全子会社の株主(株式交換完全親株式会社を除く。)に対する同号の金銭等の割当てに関する事項

④ 株式交換完全親株式会社が株式交換に際して株式交換完全子会社の新株予約権の新株予約権者に対して当該新株予約権に代

❶767条

❷定

❸定

❹151条1項

❺744条1項5号イ

❻107条2項2号ホ

わる当該株式交換完全親株式会社の新株予約権を交付するときは、当該新株予約権についての次に掲げる事項
- イ　当該株式交換完全親株式会社の新株予約権の交付を受ける株式交換完全子会社の新株予約権の新株予約権者の有する新株予約権(以下この編において「❼株式交換契約新株予約権」という。)の内容
- ロ　株式交換契約新株予約権の新株予約権者に対して交付する株式交換完全親株式会社の新株予約権の内容及び数又はその算定方法
- ハ　株式交換契約新株予約権が新株予約権付社債に付された新株予約権であるときは、株式交換完全親株式会社が当該新株予約権付社債についての社債に係る債務を承継する旨並びにその承継に係る社債の種類及び種類ごとの各社債の金額の合計額又はその算定方法

⑤　前号に規定する場合には、株式交換契約新株予約権の新株予約権者に対する同号の株式交換完全親株式会社の新株予約権の割当てに関する事項

⑥　株式交換がその効力を生ずる日(以下この節において「❽効力発生日」という。)

2　前項に規定する場合〔株式交換完全親会社が株式会社である場合〕において、❷株式交換完全子会社が種類株式発行会社であるときは、株式交換完全子会社及び❸株式交換完全親株式会社は、株式交換完全子会社の発行する種類の株式の内容に応じ、同項第3号に掲げる事項〔金銭等の割当ての事項〕として次に掲げる事項を定めることができる。
- ①　ある種類の株式の株主に対して❹金銭等の割当てをしないこととするときは、その旨及び当該株式の種類
- ②　前号に掲げる事項のほか、金銭等の割当てについて株式の種類ごとに異なる取扱いを行うこととするときは、その旨及び当該異なる取扱いの内容

3　第1項に規定する場合〔株式交換完全親会社が株式会社である場合〕には、同項第3号に掲げる事項〔金銭等の割当てについての事項〕についての定めは、❷株式交換完全子会社の株主(❸株式交換完全親株式会社及び前項第1号の種類の株式の株主を除く。)の有する株式の数(前項第2号に掲げる事項についての定めがある場合にあっては、各種類の株式の数)に応じて❹金銭等を交付することを内容とするものでなければならない。

株式交換をする場合、株式交換完全親会社が株式会社であるときは、株式交換契約において、株式交換完全子会社・株式交換完全親株式会社の商号・

住所、株式交換完全親株式会社が株式交換完全子会社の株主に対して金銭等を交付するときにおけるその金銭等に関する事項、効力発生日等について定めなければなりません。

1 趣旨

本条は、株式交換は当事会社の株主等に重大な影響を及ぼすので株式交換における重要な事項についてその明確性および不可変更性を確実にするために、株式交換契約において一定の事項を定めるべきことを要求している。

2 条文クローズアップ

1 契約での法定記載事項（1項）

768条は、株式会社に発行済株式の全部を取得させる株式交換についての条文である。株式交換の実行により、株式交換完全子会社の株主や新株予約権者は、その株式を失い、交換対価の交付を受けることになる。また株式交換完全親会社の株主等は、交付する交換対価によっては、自己の持分割合や価値の減少をもたらしうる。このように交換当事会社の株主等に重大な影響を及ぼすため、その内容を明確に確定することとしている。

(1) 株式交換当事会社の商号および住所（1号）
(2) 交換対価の内容および額（2号）

本号所定の「金銭等」とは、「金銭その他の財産」(151条1項柱書)である。したがって、合併対価は存続会社の株式のみならず、社債、新株予約権、株式等以外の財産などを対価とすることが認められている（合併対価の柔軟化）。これにより、交付する合併対価の種類に従って合併対価として記載される事項は次のようになる。

(3) 2号で記載した対価の割当てに関する事項（3号）
(4) 株式交換完全子会社の新株予約権者に対して交付する対価（4号）

株式交換完全親会社が、株式交換完全子会社の新株予約権者に対して交付する対価は、株式交換完全親会社の新株予約権にかぎられる。

(5) 4号で記載した対価の割当てに関する事項（5号）
(6) 効力発生日（6号）

2 株式交換完全子会社が種類株式発行会社である場合の特則（2項）

3 交換対価と株主平等原則（3項）

→749条②3

司 H26-50-オ（予）

第769条（株式会社に発行済株式を取得させる株式交換の効力の発生等） B+

1 ❶株式交換完全親株式会社は、❷効力発生日に、❸株式交換完全

❶768条1項1号
❷768条1項6号
❸768条1項1号

子会社の発行済株式(株式交換完全親株式会社の有する株式交換完全子会社の株式を除く。)の全部を取得する。
2 前項の場合には、❶株式交換完全親株式会社が❸株式交換完全子会社の株式(譲渡制限株式に限り、当該株式交換完全親株式会社が❷効力発生日前から有するものを除く。)を取得したことについて、当該株式交換完全子会社が第137条第1項の承認〔株式取得者からの請求による譲渡制限株式の取得の承認〕をしたものとみなす。
3 次の各号に掲げる場合には、❸株式交換完全子会社の株主は、❷効力発生日に、前条第1項第3号に掲げる事項〔金銭等の割当てについての事項〕についての定めに従い、当該各号に定める者となる。
① 前条第1項第2号イに掲げる事項についての定めがある場合〔株式交換の対価が株式交換完全親会社の株式の場合〕 同号イの株式の株主
② 前条第1項第2号ロに掲げる事項についての定めがある場合〔株式交換の対価が株式交換完全親会社の社債の場合〕 同号ロの社債の社債権者
③ 前条第1項第2号ハに掲げる事項についての定めがある場合〔株式交換の対価が株式交換完全親会社の新株予約権の場合〕 同号ハの新株予約権の新株予約権者
④ 前条第1項第2号ニに掲げる事項についての定めがある場合〔株式交換の対価が株式交換完全親会社の新株予約権付社債の場合〕 同号ニの新株予約権付社債についての社債の社債権者及び当該新株予約権付社債に付された新株予約権の新株予約権者
4 前条第1項第4号に規定する場合〔株式交換契約新株予約権の新株予約権に対して株式交換完全親株式会社の新株予約権を交付する場合〕には、❷効力発生日に、❹株式交換契約新株予約権は、消滅し、当該株式交換契約新株予約権の新株予約権者は、同項第5号に掲げる事項〔新株予約権の割当てについての事項〕についての定めに従い、同項第4号ロの❶株式交換完全親株式会社の新株予約権の新株予約権者となる。

❹768条1項4号イ

5 前条第1項第4号ハに規定する場合〔株式交換契約新株予約権が新株予約権付社債に付された新株予約権である場合〕には、❶株式交換完全親株式会社は、❷効力発生日に、同号ハの新株予約権付社債についての社債に係る債務を承継する。
6 前各項の規定は、第789条〔社債権者による異議手続〕若しくは第799条〔株式交換完全親株式会社の債権者異議手続〕の規定による手続が終了していない場合又は株式交換を中止した場合には、適用しない。

株式交換完全親株式会社は、効力発生日に、株式交換完全子会社の発行済株式の全部を取得します。そして、株式交換完全子会社の株主は、対価とし

→試験対策14章2節④【1】(2)

て与えられるものの種類に従い、株式交換完全親会社の株主となり、社債権者となり、新株予約権者となります。

1 趣旨

1項は、株式交換契約で定めた一定の日を効力発生日とすることで、株式交換の効力発生日を明確化している。

2 条文クローズアップ

1 効力発生（1項）

契約で定められた効力発生日に、株式交換完全親会社は、株式交換完全子会社の発行済株式の全部を取得する。

2 譲渡制限株式の譲渡承認擬制（2項）

株式交換完全子会社が譲渡制限付株式を発行している場合、これを株式交換完全親会社が取得する際には、形式的には株式譲渡の承認手続を取らなければならない（136条以下）。

しかし、株式交換においては、株式交換完全子会社の特別決議による承認を経ている（783条1項）ことから、796条2項は、重ねて株式譲渡について承認を要求することを不要とした。

3 株式交換の対価の交付等（3項から5項まで）

株式交換の効力が発生すると、交換契約で交換対価を受け取ると定められた者（768条1項2号、4号）は、その割当てに関する事項に従い（768条1項3号、5号）、交換対価を受け取る（769条3項から5項まで）。

4 株式交換の効力が生じない場合（6項）

債権者異議手続（789条、799条）が終了していない場合、または株式交換を中止した場合は、株式交換の効力は生じない（769条6項）。

→750条②6

■第3款　合同会社に発行済株式を取得させる株式交換

第770条（合同会社に発行済株式を取得させる株式交換契約）　B⁻

1　株式会社が株式交換をする場合において、❶株式交換完全親会社が合同会社であるときは、株式交換契約において、次に掲げる事項を定めなければならない。
　① ❷株式交換完全子会社及び合同会社である株式交換完全親会社（以下この編において「❸株式交換完全親合同会社」という。）の商号及び住所
　② 株式交換完全子会社の株主が株式交換に際して株式交換完全親合同会社の社員となるときは、当該社員の氏名又は名称及び住所並びに出資の価額
　③ 株式交換完全親合同会社が株式交換に際して株式交換完全子

❶767条

❷768条1項1号
❸定

会社の株主に対してその株式に代わる❹金銭等（株式交換完全親合同会社の持分を除く。）を交付するときは、当該金銭等についての次に掲げる事項　❹151条1項

　イ　当該金銭等が当該株式交換完全親合同会社の社債であるときは、当該社債の❺種類及び種類ごとの各社債の金額の合計額又はその算定方法　❺744条1項5号イ

　ロ　当該金銭等が当該株式交換完全親合同会社の社債以外の財産であるときは、当該財産の内容及び数若しくは額又はこれらの算定方法

④　前号に規定する場合には、株式交換完全子会社の株主（株式交換完全親合同会社を除く。）に対する同号の金銭等の割当てに関する事項

⑤　❻効力発生日　❻768条1項6号

2　前項に規定する場合〔株式交換完全親会社が合同会社である場合〕において、❷株式交換完全子会社が種類株式発行会社であるときは、株式交換完全子会社及び❸株式交換完全親合同会社は、株式交換完全子会社の発行する種類の株式の内容に応じ、同項第4号に掲げる事項〔金銭等の割当ての事項〕として次に掲げる事項を定めることができる。

①　ある種類の株式の株主に対して❹金銭等の割当てをしないこととするときは、その旨及び当該株式の種類

②　前号に掲げる事項のほか、金銭等の割当てについて株式の種類ごとに異なる取扱いを行うこととするときは、その旨及び当該異なる取扱いの内容

3　第1項に規定する場合〔株式交換完全親会社が合同会社である場合〕には、同項第4号に掲げる事項〔金銭等の割当ての事項〕についての定めは、❷株式交換完全子会社の株主（❸株式交換完全親合同会社及び前項第1号の種類の株式の株主を除く。）の有する株式の数（前項第2号に掲げる事項についての定めがある場合にあっては、各種類の株式の数）に応じて❹金銭等を交付することを内容とするものでなければならない。

株式会社が株式交換をする場合、株式交換完全親会社が合同会社であるときは、株式交換契約において、株式交換完全子会社・株式交換完全親合同会社の商号・住所、株式交換完全子会社の株主が株式交換完全親合同会社の社員となるときはその社員の氏名・住所・出資額、株式交換完全親合同会社が株式交換完全子会社の株主に対して金銭等を交付するときにおけるその金銭等に関する事項、効力発生日等について定めなければなりません。

1　趣旨

本条は、株式交換は当事会社の株主等に重大な影響を及ぼすので株式交換における重要な事項についてその明確性および不可変更性を確実にするために、株式交換契約において一定の事項を定めるべきことを要求している。

2 条文クローズアップ

1 契約での法定記載事項（1項各号）
　本条は、合同会社に発行済株式の全部を取得させる株式交換についての条文である。この場合にも、株式交換を行う当事会社の株主や新株予約権者に768条と同様、重大な影響がある。

(1) 株式交換当事会社の商号および住所（1号）
(2) 交換対価（2号、3号）
　交換対価は、設立合同会社の持分、金銭等（社債や社債以外の財産）が認められる。持分を対価とする場合には、新たに社員となる者の氏名または名称および住所ならびに出資の価額を記載する必要がある（2号）。それ以外を対価とする場合は、対価たる社債または金銭等の内容および額を記載する（3号）
(3) 対価の割当てに関する事項（4号）
(4) 効力発生日（5号）

2 株式交換完全子会社が種類株式発行会社であるときの特則（2項）

3 交換対価と株主平等原則（3項）

→749条2 3

第771条（合同会社に発行済株式を取得させる株式交換の効力の発生等） B⁻

1　❶株式交換完全親合同会社は、❷効力発生日に、❸株式交換完全子会社の発行済株式（株式交換完全親合同会社の有する株式交換完全子会社の株式を除く。）の全部を取得する。

2　前項の場合には、❶株式交換完全親合同会社が❸株式交換完全子会社の株式（譲渡制限株式に限り、当該株式交換完全親合同会社が❷効力発生日前から有するものを除く。）を取得したことについて、当該株式交換完全子会社が第137条第1項の承認〔株式取得者の請求による譲渡制限株式の取得の承認〕をしたものとみなす。

3　前条第1項第2号に規定する場合（株式交換完全子会社の株主が株式交換の際、株式交換完全親合同会社の社員になる場合）には、❸株式交換完全子会社の株主は、❷効力発生日に、同号に掲げる事項〔社員の氏名・名称および住所ならびに出資の価額〕についての定めに従い、❶株式交換完全親合同会社の社員となる。この場合においては、株式交換完全親合同会社は、効力発生日に、同号の社員に係る定款の変更をしたものとみなす。

❶770条1項1号
❷768条1項6号
❸768条1項1号

> 4 前条第1項第3号イに掲げる事項についての定めがある場合〔株式交換の対価が株式交換完全親合同会社の社債の場合〕には、❸株式交換完全子会社の株主は、❷効力発生日に、同項第4号に掲げる事項〔社債の割当ての事項〕についての定めに従い、同項第3号イの社債の社債権者となる。
> 5 前各項の規定は、第802条第2項〔株式交換完全親合同会社への準用〕において準用する第799条〔株式交換完全親株式会社の債権者異議手続〕(第2項第3号〔株式交換完全子会社の計算書類の事項の公告・催告〕を除く。)の規定による手続が終了していない場合又は株式交換を中止した場合には、適用しない。

株式交換完全親合同会社は、効力発生日に、完全子会社の発行済株式の全部を取得します。そして、完全子会社の株主は、対価として与えられるものの種類に従い、完全親会社の社員となり、社債権者となります。

→試験対策14章2節4【1】(2)

1 趣旨

1項は、株式交換契約で定めた一定の日を効力発生日とすることで、株式交換の効力発生日を明確化している。

2 条文クローズアップ

1 効力発生(1項)　→769条21
2 譲渡制限株式の譲渡承認擬制(2項)　→769条22
3 株式交換の対価(3項、4項)

交換契約で社員となると定められた者(770条1項2号)は、効力発生日に株式交換完全親会社の社員となり(771条3項)、社債を受け取ると定められた者(770条1項3号)は、その割当てに関する事項(770条1項4号)に従い、社債権者となる(771条4項)。

4 株式交換の効力が生じない場合(5項)　→769条24

第2節　株式移転

> **第772条（株式移転計画の作成）　B+**
> 1 1又は2以上の株式会社は、株式移転をすることができる。この場合においては、株式移転計画を作成しなければならない。
> 2 2以上の株式会社が共同して株式移転をする場合には、当該2以上の株式会社は、共同して株式移転計画を作成しなければならない。

株式会社は、株式移転計画によって株式移転をすることができます。複数の株式会社が共同で株式移転をするときは、共同して株式移転計画を作成す

→試験対策14章2節4【1】(3)

る必要があります。

1 趣旨

持株会社の設立が独占禁止法上解禁されたのに合わせ、容易に、複数の当事会社による持株会社組織の構築を可能とするために、株式移転を認めたのが本条である。

2 条文クローズアップ

株式移転を利用できる会社

株式交換については、合同会社を株式交換完全親会社とすることが認められるが、株式移転については、株式会社のみが利用できるものとされている。

その理由の1つとして、合同会社には現物出資についての検査役の調査の手続が存しない等、合同会社を完全親会社とする株式移転を認めたとしても、結局株主全員が完全子会社となる会社の株式を現物出資して合同会社を設立する場合に必要とされる手続との間に差異が生じないため、あえて制度として認める必要性に乏しいことがあげられる。

第773条（株式移転計画） B⁺

1　1又は2以上の株式会社が株式移転をする場合には、株式移転計画において、次に掲げる事項を定めなければならない。
　① 株式移転により設立する株式会社(以下この編において「❶株式移転設立完全親会社」という。)の目的、商号、本店の所在地及び❷発行可能株式総数
　② 前号に掲げるもののほか、株式移転設立完全親会社の定款で定める事項
　③ 株式移転設立完全親会社の❸設立時取締役の氏名
　④ 次のイからハまでに掲げる場合の区分に応じ、当該イからハまでに定める事項
　　イ　株式移転設立完全親会社が会計参与設置会社である場合　株式移転設立完全親会社の❹設立時会計参与の氏名又は名称
　　ロ　株式移転設立完全親会社が監査役設置会社(監査役の監査の範囲を会計に関するものに限定する旨の定款の定めがある株式会社を含む。)である場合　株式移転設立完全親会社の❺設立時監査役の氏名
　　ハ　株式移転設立完全親会社が会計監査人設置会社である場合　株式移転設立完全親会社の❻設立時会計監査人の氏名又は名称
　⑤ 株式移転設立完全親会社が株式移転に際して株式移転をする

❶定
❷37条1項
❸38条1項
❹38条3項1号
❺38条3項2号
❻38条3項3号

株式会社(以下この編において「❼株式移転完全子会社」という。)の株主に対して交付するその株式に代わる当該株式移転設立完全親会社の株式の数(種類株式発行会社にあっては、株式の❽種類及び種類ごとの数)又はその数の算定方法並びに当該株式移転設立完全親会社の資本金及び準備金の額に関する事項

⑥　株式移転完全子会社の株主に対する前号の株式の割当てに関する事項

⑦　株式移転設立完全親会社が株式移転に際して株式移転完全子会社の株主に対してその株式に代わる当該株式移転設立完全親会社の❾社債等を交付するときは、当該社債等についての次に掲げる事項

　イ　当該社債等が株式移転設立完全親会社の社債(新株予約権付社債についてのものを除く。)であるときは、当該社債の種類及び種類ごとの各社債の金額の合計額又はその算定方法

　ロ　当該社債等が株式移転設立完全親会社の新株予約権(新株予約権付社債に付されたものを除く。)であるときは、当該新株予約権の内容及び数又はその算定方法

　ハ　当該社債等が株式移転設立完全親会社の新株予約権付社債であるときは、当該新株予約権付社債についてのイに規定する事項及び当該新株予約権付社債に付された新株予約権についてのロに規定する事項

⑧　前号に規定する場合には、株式移転完全子会社の株主に対する同号の社債等の割当てに関する事項

⑨　株式移転設立完全親会社が株式移転に際して株式移転完全子会社の新株予約権の新株予約権者に対して当該新株予約権に代わる当該株式移転設立完全親会社の新株予約権を交付するときは、当該新株予約権についての次に掲げる事項

　イ　当該株式移転設立完全親会社の新株予約権の交付を受ける株式移転完全子会社の新株予約権の新株予約権者の有する新株予約権(以下この編において「❿株式移転計画新株予約権」という。)の内容

　ロ　株式移転計画新株予約権の新株予約権者に対して交付する株式移転設立完全親会社の新株予約権の内容及び数又はその算定方法

　ハ　株式移転計画新株予約権が新株予約権付社債に付された新株予約権であるときは、株式移転設立完全親会社が当該新株予約権付社債についての社債に係る債務を承継する旨並びにその承継に係る社債の種類及び種類ごとの各社債の金額の合計額又はその算定方法

⑩　前号に規定する場合には、株式移転計画新株予約権の新株予

❼定

❽744条1項5号イ

❾746条1項7号ニ

❿定

第773条

約権者に対する同号の株式移転設立完全親会社の新株予約権の割当てに関する事項

2 株式移転設立完全親会社が監査等委員会設置会社である場合には、前項第3号に掲げる事項は、❶設立時監査等委員である❸設立時取締役とそれ以外の設立時取締役とを区別して定めなければならない。　❶38条2項

3 第1項に規定する場合〔株式移転をする場合〕において、❼株式移転完全子会社が種類株式発行会社であるときは、株式移転完全子会社は、その発行する種類の株式の内容に応じ、同項第6号に掲げる事項として次に掲げる事項〔株式移転完全子会社の株主に対する、株式移転設立完全親会社の株式の割当てについての事項〕を定めることができる。

① ある種類の株式の株主に対して❶株式移転設立完全親会社の株式の割当てをしないこととするときは、その旨及び当該株式の種類

② 前号に掲げる事項のほか、株式移転設立完全親会社の株式の割当てについて株式の種類ごとに異なる取扱いを行うこととするときは、その旨及び当該異なる取扱いの内容

4 第1項に規定する場合〔株式移転をする場合〕には、同項第6号に掲げる事項〔株式移転完全子会社の株主に対する、株式移転設立完全親会社の株式の割当てについての事項〕についての定めは、❼株式移転完全子会社の株主(前項第1号の種類の株式の株主を除く。)の有する株式の数(前項第2号に掲げる事項についての定めがある場合にあっては、各種類の株式の数)に応じて❶株式移転設立完全親会社の株式を交付することを内容とするものでなければならない。

5 前2項の規定は、第1項第8号に掲げる事項〔株式移転完全子会社の株主に対する、株式移転設立完全親会社の社債等の割当てについての事項〕について準用する。この場合において、前2項中「❶株式移転設立完全親会社の株式」とあるのは、「株式移転設立完全親会社の❾社債等」と読み替えるものとする。

株式移転をする場合には、株式移転計画において、株式移転設立完全親会社の目的・商号・本店所在地および発行可能株式総数等といった一定の重要事項を定めなければなりません。

1 趣旨

本条は、株式移転は当該株式会社の株主等に重大な影響を及ぼすので株式移転における重要な事項についてその明確性および不可変更性を確実にするために、株式移転計画において一定の事項を定めるべきことを要求している。

2 条文クローズアップ

1 契約での法定記載事項(1項)
　773条は、新設した株式会社に発行済株式の全部を取得させる株式移転についての条文である。株式移転の実行により、株式移転完全子会社の株主等は、その株式を失い、移転対価として株式移転設立完全親会社の株式等を受け取ることになる。このように株式移転完全子会社の株主等に重大な影響を及ぼすため、その内容を明確に確定している。
(1) 株式移転設立完全親会社の目的、商号、本店所在地および発行可能株式総数(1号)
(2) 株式移転設立完全親会社の定款で定める事項(2号)
(3) 設立時取締役の氏名、その他役員等に関する情報(3号、4号)
(4) 株式移転対価(5号、7号)
　株式移転においては、移転対価として必ず株式移転設立完全親会社の株式を交付しなければならない。また、それに加えて社債、新株予約権、新株予約権付社債のみ追加的な移転対価となしうる。これは、新設会社に株主がいないと困ること、および、新設会社は成立したばかりであり、対価として交付すべき財産をほかに有しないと考えられたことによるものである。
　株式移転に際して株式移転完全子会社の株主に交付する対価は、株式移転完全親会社の株式か、社債等にかぎられる。金銭等を対価とすることは認められていない。これは、新設会社に株主がいないと困ること、および、新設会社は成立したばかりであり、対価として交付すべき財産を他に有しないと考えられたことによるものである。
(5) 対価の割当てに関する事項(6号、8号)
(6) 株式移転完全子会社の新株予約権者の取扱い(9号)
　株式移転完全子会社の新株予約権者に対して対価を交付する場合の対価は、株式移転完全親会社の新株予約権のみ認められる。
(7) 9号に規定された対価の割当てに関する事項(10号)
2 監査等委員会設置会社の特則(2項) →746条2 2
3 移転対価と株主平等原則(3項から5項まで) →749条2 3

第774条(株式移転の効力の発生等) B⁺
1 ❶株式移転設立完全親会社は、その成立の日に、❷株式移転完全子会社の発行済株式の全部を取得する。
2 ❷株式移転完全子会社の株主は、❶株式移転設立完全親会社の成立の日に、前条第1項第6号に掲げる事項〔株式移転設立完全親会社の株式割当てに関する事項〕についての定めに従い、同項第5号の株式〔株式移転の対価である株式移転設立完全親会社の株式〕の株主となる。
3 次の各号に掲げる場合には、❷株式移転完全子会社の株主は、

❶773条1項1号
❷773条1項5号

❶株式移転設立完全親会社の成立の日に、前条第1項第8号に掲げる事項〔株式移転設立完全親会社の社債等の割当てに関する事項〕についての定めに従い、当該各号に定める者となる。
　① 前条第1項第7号イに掲げる事項についての定めがある場合〔株式移転の対価として社債を交付する場合〕　同号イの社債の社債権者
　② 前条第1項第7号ロに掲げる事項についての定めがある場合〔株式移転の対価として新株予約権を交付する場合〕　同号ロの新株予約権の新株予約権者
　③ 前条第1項第7号ハに掲げる事項についての定めがある場合〔株式移転の対価として新株予約権付社債を交付する場合〕　同号ハの新株予約権付社債についての社債の社債権者及び当該新株予約権付社債に付された新株予約権の新株予約権者
4　前条第1項第9号に規定する場合〔株式移転設立完全親会社の新株予約権を交付する場合〕には、❶株式移転設立完全親会社の成立の日に、❸株式移転計画新株予約権は、消滅し、当該株式移転計画新株予約権の新株予約権者は、同項第10号〔新株予約権の割当てに関する事項〕に掲げる事項についての定めに従い、同項第9号ロの株式移転設立完全親会社の新株予約権の新株予約権者となる。
5　前条第1項第9号ハに規定する場合〔株式移転計画新株予約権に新株予約権付社債に付された場合〕には、❶株式移転設立完全親会社は、その成立の日に、同号ハの新株予約権付社債についての社債に係る債務を承継する。

❸773条1項9号イ

株式移転設立完全親会社は、その成立の日に、株式移転完全子会社の発行済株式の全部を取得します。そして、完全子会社の株主は完全親会社の株主となります。さらに、対価として与えられるものの種類に従い、社債権者等となります。

→試験対策14章2節④【1】(3)

1　趣旨

1項は、株式移転計画で定めた一定の日を効力発生日とすることで、株式移転の効力発生日を明確化している。

2　条文クローズアップ

1　効力発生（1項）

株式移転設立完全親会社の成立の日（設立登記日〔925条〕）に、株式移転完全親会社は株式移転完全子会社の発行済株式の全部を取得する（774条1項）。

2　株式移転の対価（2項から4項まで）

株式移転が効力を生じると、移転計画で移転対価を受け取ると定めら

れた者(773条1項5号、7号)は、その割当てに関する事項に従い(773条1項6号、8号)、交換対価を受け取る(774条2項、3項)。

　また、株式移転完全子会社の新株予約権者に対して、移転対価の定めがある場合(773条1項9号)は、その割当てに関する事項(773条1項10号)に従い、移転対価が交付される。この場合には、株式移転完全子会社の新株予約権は消滅する(774条4項)。

第5章 組織変更、合併、会社分割、株式交換及び株式移転の手続

■総　説

1 組織再編行為等の手続の内容

1　組織再編行為等の定義
　本章では、**合併**、**会社分割**、**株式交換**、および**株式移転**を組織再編行為とよぶことにする。そして、組織再編行為のうち、吸収合併、吸収分割、および株式交換を吸収型組織再編とよび、新設合併、新設分割および株式移転を新設型組織再編とよぶことにする。

　また、事業の全部または重要な一部の譲渡、他の会社の事業全部の譲受け、事業全部の賃貸または経営の委任、他人と事業上の損益の全部を共通にする契約その他これらに準ずる契約の締結・変更・解約といった概念を総称して**事業譲渡等**とよぶことにする。

　そして、組織再編行為に事業譲渡等を加えた概念を組織再編行為等とよぶことにする。

2　手続の内容
(1)　組織再編行為にかかる契約の締結・計画の作成
　会社法は、すべての類型の会社について、組織変更をする場合には組織変更計画を作成し(743条)、すべての会社類型が行うすべての組織再編行為について、当該組織再編行為にかかる契約を締結し(748条、757条、767条)、または計画を作成すること(762条、772条)を義務づけている。

　なお、事業譲渡等ではこのような書面等の作成がない。

(2)　株主総会等の決議
　組織再編行為等をするには、株主総会の特別決議等を必要とする(467条1項、783条1項、795条1項、804条1項、309条2項11号、12号)。ただし、略式手続、簡易手続の場合には、株主総会の決議は不要である(この点については次の**2**で述べる)。

(3)　反対株主等の株式買取請求権
　反対株主の買取請求権は、組織再編行為等に反対する株主が株式会社に対し自己の有する株式を公正な価格で買い取ることを請求することにより、投下資本の回収を図る権利である。ここでは、組織再編行為等に反対する株主の株式買取請求に加えて、一定の基礎的変更に伴う株式買取請求権(単位未満株式以外の株式買取請求権。以下(b)②③参照)をまとめ

→試験対策14章2節②【3】(1)

て説明する。

(a)**趣旨**

組織再編行為等に反対する少数派株主に、投下資本の回収と、一定範囲での損失の補填を認めて経済的救済を与える点にある。

(b)**株式買取請求権が認められる場合**

①事業の全部または重要な一部の譲渡の決議(469条、470条)
②一定の定款変更決議(116条1項、117条)
③1株未満の端数が生ずる株式の併合の決議(182条の4第1項、182条の5)
④合併の決議
⑤新設分割・吸収分割の決議
⑥株式交換・株式移転の決議(以上④から⑥までについては、785条、786条、797条、798条、806条、807条)

ただし、簡易吸収分割における吸収分割株式会社の株主には株式買取請求権は認められない(785条1項2号)。また、平成26年改正により、簡易事業譲渡における譲渡会社の株主、簡易吸収合併、簡易吸収分割、簡易株式交換における存続株式会社等の株主には、株式買取請求権は認められない(469条1項2号、797条1項ただし書)。さらに、略式手続における特別支配株主については、株式買取請求権は認められない(469条2項2号括弧書、785条2項2号括弧書)。 →平成26年改正

(c)**行使要件**

株主が、株式買取請求権を行使するためには、当該行為(合併等)を決議する株主総会において議決権を行使できる株主は、当該総会に先立って当該行為に反対する旨を会社に通知し(電磁的方法も可能である)、かつ、総会において、当該行為に反対しなければならない(116条2項1号イ、182条の4第2項1号、469条2項1号イ、785条2項1号イ、797条2項1号イ、806条2項1号)。

他方、当該総会において、議決権を行使できない株主には、反対通知は要求されておらず、たとえ総会前に通知を受けたとしても、反対通知をすることなく株式買取請求権を行使することができる(116条2項1号ロ、182条の4第2項2号、469条2項1号ロ、785条2項1号ロ、797条2項1号ロ、806条2項2号)。

以上に対し、全株主が株式買取請求権を行使することができる場合もある(116条2項2号、469条2項2号、785条2項2号、797条2項2号)。

(d)**行使手続**

①会社は、当該行為が効力を生ずる日の20日前までに、株式買取請求権の対象となる株式の株主に対し当該行為をする旨を通知し、または公告しなければならない(116条3項、4項、182条の4第3項、469条3項、4項、785条3項、4項、797条3項、4項、806条3項、4項)。

②株式買取請求をする株主は、当該行為の効力発生日の20日前から →平成26年改正

効力発生日の前日までの間に、その株式買取請求にかかる株式の種類・数を明らかにしなければならない（116条5項、182条の4第4項、469条5項、785条5項、797条5項、806条5項）。

③株主は、請求時に、株券発行会社であれば、会社に株券を提出しなければならず（116条6項、182条の4第5項、469条6項、785条6項、797条6項、806条6項。ただし、株券喪失登録〔223条括弧書〕をしている場合を除く）、株式を他に譲渡することができなくなる。これにより、株券にかかる株式の譲渡による善意取得（131条2項参照）によって、会社が株式買取請求をした者と株券の所持人に二重に対応しなければならない状態になることを防ぐことができる。　→平成26年改正

④株式買取請求をすると、その後の撤回は株式会社の承諾がなければすることができない（116条7項、182条の4第6項、469条7項、785条7項、797条7項、806条7項。ただし、117条3項、182条の5第3項、470条3項、786条3項、798条3項、807条3項）。

⑤当該行為が中止されたときは、株式買取請求は失効する（116条8項、469条8項、785条8項、797条8項、806条8項）。

⑥株式買取請求をした株式については、名義書換えを請求することができない（116条9項、182条の4第7項、469条9項、785条9項、797条9項、806条9項）。これは、株式買取請求をした株主が当該請求後に株式の譲渡をし、実質的に株式会社の承諾なく株式買取請求を撤回することを防止するための規定である。　→平成26年改正

(e) 買取価格

株式買取請求権における買取価格は、「公正な価格」（116条1項、182条の4第1項、469条1項、785条1項、797条1項、806条1項）である。

従前は、株式の買取価格は、承認の決議がなかったとすれば有していたはずである公正価格とされていた。しかし、株式買取請求権を行使しようとする株主のなかには、株式会社が合併等をすること自体については賛成であるが、合併等の結果、対価として交付される財産の割当てに不満である者も存在しうる。このような株主が株式買取請求権を行使する趣旨は、承認の決議がなかったならば有していたはずである公正な価格による株式の買取りではなく、合併等による企業価値の増加を適切に反映した公正な価格による株式の買取りを求めることにある。そこで、会社法では、「公正な価格」として、買取価格に合併等によって生じる企業価値の増加を含めることを可能とした。

(f) 株式買取請求権行使の効果

株主が適法に株式買取請求をしたときは、会社は、その株式を公正な価格で買い取るべき義務が生ずる（形成権）。

買取価格の決定において、株主と会社との間に協議が調ったときは、会社は効力発生日から60日以内にその支払をしなければならない（117条1項、182条の5第1項、470条1項、786条1項、798条1項、807条

1項)。効力発生日から30日以内にその協議が調わないときは、株主または会社は、その期間の満了の日後30日以内に裁判所に対し、価格の決定の申立てをすることができる(117条2項、182条の5第2項、470条2項、786条2項、798条2項、807条2項)。会社は、買取価格の決定があるまでは、株主に対し、会社が公正な価格と認める額を支払うことができる(117条5項、182条の5第5項、470条5項、786条5項、798条5項、807条5項。この仮払いにより、法定利息の支払を防ぐことができる)。　→平成26年改正

　株式買取請求にかかる株式の買取りは、当該行為の効力の効力発生日に効力が生じる(117条6項、182条の5第6項、470条6項、786条6項、798条6項、807条6項)。前述したように、会社は株価について協議が調ったときには、効力発生日から60日以内にその支払をし、裁判所が決定したときには、その期間(効力発生日から60日間)の経過後は年6分の法定利息をつけて支払をする(117条4項、182条の5第4項、470条4項、786条4項、798条4項、807条4項)。株券発行会社では、株券と引換えにその代金を支払う(117条7項、182条の5第7項、470条7項、786条7項、798条7項、807条7項)。会社が買い取った株式は自己株式となる。

(4) **会社債権者異議手続**(789条、799条、810条)
　(a) 会社債権者異議手続の流れ
　　当該会社は、組織再編にかかる一定の事項とともに異議ある債権者は一定の期間内に述べる旨を官報に公告し、かつ、「知れている債権者」については個別に催告しなければならない。
　　もっとも、会社の事務負担の軽減の観点から、官報に加えて日刊新聞紙による公告または電子公告をも行った場合には、「知れている債権者」に対する個別の催告は不要である。
　　期間内に異議を述べなかった債権者は組織再編行為を承認したものとみなされる。異議を述べた債権者には、組織再編行為をしても当該債権者を害するおそれがないときを除いて、消滅株式会社等は、当該債権者に対し、弁済・担保提供・弁済用財産の信託をしなければならない。近時、会社債権者異議手続の対象となる債権者は、金銭債権者にかぎられるという見解が有力である。この見解は、金銭債権者以外の債権者には弁済、担保提供等のしようがないことを理由とする。しかし、これらの債権も金銭に見積もることができる以上、異議手続の対象となる債権者の範囲を限定的に解することは、立法論としてはともかく、現行法の解釈としては妥当ではない。
　　なお、事業譲渡等における会社債権者異議手続は不要とされている。
　(b) 分割会社の会社債権者異議手続
　　(i) 会社分割の場合においては、分割会社の資産状態には実質的な変動がないことから、分割後、分割会社に対して債務を請求することができる債権者は、異議を述べることができない。異議を述べ

ることのできる債権者は、分割後、分割会社に対して債務を請求することができない債権者にかぎられるのが原則である。

もっとも、分割会社が全部取得条項付種類株式（2条19号）を取得し（171条1項）、または、剰余金を分配する場合（758条8号ロ、763条12号ロ）には、分割会社の財産が減少するので、分割会社に債務を請求することができる債権者であっても異議を述べることができる（789条1項2号、810条1項2号）。

(ii)会社分割をする場合には、株式会社は分割等に関する事項を官報に公告し、かつ、定款に定めがある場合を除いて、知れている債権者に対して格別に催告しなければならない（789条2項、3項、799条2項、3項、810条2項、3項）。ただし、定款の定めがあったとしても、分割をする場合における不法行為によって生じた分割会社の債務の債権者に対する格別の催告は省略することはできない（789条3項括弧書、810条3項括弧書）。

(5) 組織再編行為等の効力発生
(a)事業譲渡等、または吸収型再編および組織変更
事業譲渡等においてはその契約で定められた日に、吸収型再編および組織変更においては組織再編行為についての契約・計画に定めた効力発生日に、組織再編行為等の効力が生じる。
(b)新設型再編
新設型再編については、登記の日がその効力発生日となる。

(6) 組織再編の差止請求（784条の2、796条の2、805条の2） →平成26年改正
→784条の2、796条の2、805条の2

平成26年改正前は、略式組織再編以外の組織再編の差止請求は明文がなく、解釈上、略式組織再編以外の組織再編では、株主総会決議取消しの訴えを提起するという手段等により組織再編の効力を争うことができるとされていたにすぎなかった。しかし、このような手段では、出訴期間が決議の日から3か月に制限されるだけでなく、取消事由も831条1項各号に限定されるため、組織再編により重大な影響を受ける株主の保護が十分とはいえなかった。

そこで、株主救済の観点から、簡易組織再編以外の組織再編に関する一般的な差止請求制度を明文で定め、一定の場合において消滅株式会社等の株主が不利益を受けるおそれがあるときには、消滅株式会社等の株主による吸収合併等の差止請求を認めることとした。 →試験対策14章2節②【6】

2 略式手続・簡易手続

1 略式組織再編（784条1項、796条1項）
(1) 定義
略式組織再編とは、支配関係のある会社間における組織再編行為を行う場合において、株式会社である被支配会社における株主総会の決議を要しないものをいう。なお、事業譲渡等の場合においても、略式組織再編とほぼ同様の制度を設けている。 →468条

(2) 略式組織再編が認められる組織再編行為

吸収型再編だけであり、新設型再編や組織変更においては略式組織再編は認められない。これは、新設型再編については、当事会社が単独で、または他の当事会社と共同して新会社の設立に向けた行為を行うという性質を有するものであり、吸収型再編の場合のように当事会社が双務的な債権債務関係を負うものではないこと、組織変更については、一会社のみで行われる行為であることによるものである。

(3) 要件

(a) 存続株式会社等（吸収合併存続株式会社、吸収分割承継株式会社、株式交換完全親株式会社）が消滅株式会社等（吸収合併消滅株式会社、吸収分割株式会社、株式支援完全子株式会社）の特別支配会社である場合には、株主総会の決議は不要である（784条1項本文、796条1項本文）。

(b) 特別支配会社

特別支配会社とは、ある株式会社の総株主の議決権の10分の9（これを上回る割合を当該株式会社の定款で定めた場合にあっては、その割合）以上を他の会社および当該他の会社が発行済株式の全部を有する株式会社その他これに準ずるものとして法務省令（会社施規136条）で定める法人が有している場合における当該他の会社をいう（会社468条1項括弧書）。

(4) 少数株主や種類株主の利益の保護

略式組織再編の場合には、被支配会社における株主総会が開催されないこととなるため、被支配会社の少数株主にとっては、株主総会の決議取消しの訴えを提起する等の組織再編行為の効力を争う機会が著しく減少することとなる。そのため、会社法では、以下のとおり、略式組織再編の場合における少数株主や種類株主の利益の保護を図るための措置を講じている。

(a) 公開会社でない存続株式会社等の株式の発行または移転を伴う組織再編行為

支配会社が被支配会社の10分の9以上の株式を保有している場合であっても、①合併対価の全部または一部が譲渡制限株式であり、②消滅会社が公開会社であり、かつ、種類株式発行会社でないときは、株主総会の決議を省略することはできない（784条1項ただし書、796条1項ただし書）。

非公開会社における募集株式の募集につき株主総会の決議が必要とされること（199条2項）等との均衡からである。

(b) 種類株主総会の決議

(i) 略式組織再編により株主総会の決議を要しないこととなる場合であっても、組織再編行為により譲渡性の低い対価を交付される消滅会社等の株主の保護を図る必要性や存続会社等の譲渡制限株式の株主の保護を図る必要性に照らして、要求される種類株主総会

の決議またはある種類の株主全員の同意を省略することができない(783条3項、4項、795条4項本文)。

　　公開会社であっても募集株式の種類が譲渡制限株式である場合は種類株主総会の決議が必要とされること(199条4項本文)との均衡からである。
　(ⅱ)拒否権付種類株式を発行している場合における種類株主総会の決議(323条)や、組織再編行為によりある種類の株式の株主に損害を及ぼすおそれがある場合における種類株主総会の決議(322条)についても、同様である。
(c)組織再編の差止請求(784条の2、796条の2、805条の2)　→1 2(6)
　　略式組織再編についても、組織再編の差止請求の一般規定が適用されるので、一定の場合において、消滅株式会社等の株主が不利益を受けるおそれがあるときには、株主は、当該組織再編の差止めを請求できる(784条の2、796条の2、805条の2)。
(d)その他の方法
　　組織再編行為に反対の株主は、会社に対して公正な価格により自己の有する株式を買い取ることを請求することができる(785条1項、797条1項)。
　　組織再編行為にかかる契約の内容が違法である場合等、組織再編行為が違法に行われた場合には、株主が組織再編行為の無効の訴えを提起することもできる(828条1項7号、9号、11号)。

2　簡易組織再編(784条2項、796条2項、805条)

(1)　**簡易組織再編**とは、吸収合併をする場合において消滅会社の規模が存続会社の規模に比して著しく小さいとき等、当該組織再編行為が当事会社またはその株主に及ぼす影響が軽微なものについて、その会社における株主総会の決議を省略できるものをいう。なお、事業譲渡等の場合には、簡易手続として同様の制度が設けられている。　→468条

(2)　存続株式会社等が消滅会社等の株主等に交付する合併対価等(796条2項1号イ、ロ、ハ)の合計額(1号柱書)が、存続株式会社等の純資産額(2号、会社施規196条)の5分の1を超えない場合には、存続株式会社等において株主総会の決議を経る必要がない(796条2項柱書本文)。
　　また、吸収分割または新設分割の分割会社における簡易組織再編の要件についても、これを拡大し、分割会社が承継会社または新設会社に承継させる資産の分割会社の総資産に占める割合が5分の1以下の場合には、分割会社において株主総会の決議を要しない。

(3)　簡易組織再編が認められない場合
　(a)組織再編行為に際して存続株式会社等において差損が生じる場合は、当該存続株式会社等につき株主総会の決議を要する。
　　(ⅰ)例外を設けた趣旨
　　　組織再編行為に際して、存続株式会社等に差損が生じる場合においては、消滅株式会社等が過去に計上した損失を当該存続株式会社

等が引き受けるという要素があるためである。
　　(ⅱ)差損が生じる場合
　　　①存続株式会社等が承継する負債の簿価が資産の簿価を超える場合(795条2項1号)
　　　②組織再編行為に際して交付する対価の存続会社における簿価が当該組織再編行為により承継する純資産額を超える場合(795条2項2号)
　(b)公開会社でない存続株式会社等の株式の発行または移転を伴う組織再編行為を行う場合には、当該存続株式会社等につき株主総会の決議を要する(796条2項ただし書)。
　　公開会社でない株式会社における募集株式の募集につき株主総会の決議が必要とされること(199条2項)等との均衡から、存続株式会社等における株主総会の決議を要する。
(4) **少数株主や種類株主の利益の保護**
　(a)存続株式会社等においては、法務省令(会社施規197条)で定める数の株式を有する株主が通知または公告の日から2週間以内に吸収合併等に反対する旨を存続株式会社に通知した時には、株主総会の決議が必要となる(会社796条3項)。
　(b)吸収合併等に反対の存続株式会社等の株主については、公正な価格により自己の有する株式を買い取ることを請求することができる(785条1項、797条1項、806条1項)。
　(c)合併契約書の内容が違法である場合等、吸収合併等や新設分割が違法に行われた場合には、株主は、会社の吸収合併等の無効の訴えを提起することができる(828条1項7号、9号から11号まで)。
　(d)簡易組織再編の場合には、株主に及ぼす影響が軽微であり株主総会決議が不要とされていることから、差止請求できない(784条の2柱書ただし書、796条の2柱書ただし書)。

■第1節　組織変更の手続

■第1款　株式会社の手続

> **第775条（組織変更計画に関する書面等の備置き及び閲覧等）** B
>
> 1　組織変更をする株式会社は、組織変更計画備置開始日から組織変更がその効力を生ずる日(以下この節において「❶効力発生日」という。)までの間、組織変更計画の内容その他法務省令で定める事項を記載し、又は記録した書面又は❷電磁的記録をその本店に備え置かなければならない。
> 2　前項に規定する「組織変更計画備置開始日」とは、次に掲げる日

❶定

❷26条2項

のいずれか早い日をいう。
① 組織変更計画について組織変更をする株式会社の総株主の同意を得た日
② 組織変更をする株式会社が新株予約権を発行しているときは、第777条第3項の規定による通知〔新株予約権者への組織変更を行う旨の通知〕の日又は同条第4項の公告〔組織変更を行う旨の通知に代わる公告〕の日のいずれか早い日
③ 第779条第2項の規定による公告〔組織変更をする旨等の公告〕の日又は同項の規定による催告〔知れている債権者への催告〕の日のいずれか早い日
3 組織変更をする株式会社の株主及び債権者は、当該株式会社に対して、その営業時間内は、いつでも、次に掲げる請求をすることができる。ただし、第2号又は第4号に掲げる請求をするには、当該株式会社の定めた費用を支払わなければならない。
① 第1項の書面の閲覧の請求
② 第1項の書面の謄本又は抄本の交付の請求
③ 第1項の❷電磁的記録に記録された事項を法務省令で定める方法により表示したものの閲覧の請求
④ 第1項の電磁的記録に記録された事項を電磁的方法であって株式会社の定めたものにより提供することの請求又はその事項を記載した書面の交付の請求

　組織変更をする株式会社は、組織変更計画備置開始日から組織変更計画に定めた組織変更の効力発生日までの間、組織変更計画の内容等を記載・記録した書面・電磁的記録をその本店に備え置かなければなりません。また、株主・会社債権者は、会社に対して、その営業時間内は、いつでも、この書面の閲覧・謄本の交付等の請求をすることができます。

→試験対策14章1節②【1】

1 趣旨

　株主総会の決議や会社債権者異議手続等の効力発生日前における権利行使についての判断資料を提供するための規定である。

2 条文クローズアップ

1 組織変更計画に関する書面等の事前開示（1項）

　株式会社が組織変更をする場合には、組織変更計画の内容および法務省令（会社施規180条）で定める事項を記載した書面・電磁的記録を、2項所定の日から、本店に備え置くことを義務づける（会社775条1項）。
　なお、当該書面は組織変更の効力発生日まで備え置くことで足り、効力発生後の事後開示は要求されていない。

2 組織変更計画備置開始日（2項）

次のうち、いずれか早い日をさす。
① 組織変更計画について、776条1項の総株主の同意を得た日
② 新株予約権者に対して組織変更をする旨の通知・公告(777条3項、4項)をした日のいずれか早い日
③ 組織変更に関する債権者異議手続の公告・催告をした日(779条2項)

3　閲覧請求等(3項)

　組織変更をする株式会社の株主および債権者は、書面の閲覧請求、謄本または抄本の交付を請求できる。なお、債権者には新株予約権者も含まれる。

> **第776条（株式会社の組織変更計画の承認等）　B⁺**
> 1　組織変更をする株式会社は、❶効力発生日の前日までに、組織変更計画について当該株式会社の総株主の同意を得なければならない。
> 2　組織変更をする株式会社は、❶効力発生日の20日前までに、その❷登録株式質権者及び❸登録新株予約権質権者に対し、組織変更をする旨を通知しなければならない。
> 3　前項の規定による通知は、公告をもってこれに代えることができる。

❶775条1項
❷149条1項
❸270条1項

→試験対策14章1節②【1】

　組織変更をする株式会社は、効力発生日の前日までに、組織変更計画について総株主の同意を得なければなりません。さらに、組織変更をする株式会社は、効力発生日の20日前までに、その登録株式質権者および登録新株予約権質権者に対し、組織変更をする旨を通知・公告しなければなりません。

1　趣旨

　株式会社の株主は、組織変更後、組織変更計画において持分会社の持分を交付される場合には持分会社の社員となり、持分以外の金銭を交付される場合には社員の地位を失う。このように組織変更により大きな影響を受けるため、組織変更計画に対する総株主の承認が必要とされる。また、登録株式質権者および登録新株予約権質権者は、組織再編に際して当該株式の株主が受けることのできる金銭等について質権を有しているため、これらの者への通知・公告も規定した。

2　条文クローズアップ

1　総株主の同意(1項)

　組織変更にあたっては、株式会社の総株主の同意が必要である。もっとも、必ずしも株主総会を招集する必要はなく、全株主から個別に同意をとる方法でもよい。この定めは、定款によっても軽減することはできない(781条1項参照)。

2　登録質権者への通知・公告（2項、3項）

　登録株式質権者および登録新株予約権質権者には、通知・公告をすれば足り、これらの者の同意を得る必要はない。

> **第777条（新株予約権買取請求）　B**
> 1　株式会社が組織変更をする場合には、組織変更をする株式会社の新株予約権の新株予約権者は、当該株式会社に対し、自己の有する新株予約権を公正な価格で買い取ることを請求することができる。
> 2　新株予約権付社債に付された新株予約権の新株予約権者は、前項の規定による請求(以下この款において「❶新株予約権買取請求」という。)をするときは、併せて、新株予約権付社債についての社債を買い取ることを請求しなければならない。ただし、当該新株予約権付社債に付された新株予約権について別段の定めがある場合は、この限りでない。
> 3　組織変更をしようとする株式会社は、❷効力発生日の20日前までに、その新株予約権の新株予約権者に対し、組織変更をする旨を通知しなければならない。
> 4　前項の規定による通知は、公告をもってこれに代えることができる。
> 5　❶新株予約権買取請求は、❷効力発生日の20日前の日から効力発生日の前日までの間に、その新株予約権買取請求に係る新株予約権の内容及び数を明らかにしてしなければならない。
> 6　新株予約権証券が発行されている新株予約権について❶新株予約権買取請求をしようとするときは、当該新株予約権の新株予約権者は、組織変更をする株式会社に対し、その新株予約権証券を提出しなければならない。ただし、当該新株予約権証券について非訟事件手続法第114条に規定する公示催告の申立て〔有価証券無効宣言公示催告の申立て〕をした者については、この限りでない。
> 7　新株予約権付社債券が発行されている新株予約権付社債に付された新株予約権について❶新株予約権買取請求をしようとするときは、当該新株予約権の新株予約権者は、組織変更をする株式会社に対し、その新株予約権付社債券を提出しなければならない。ただし、当該新株予約権付社債券について非訟事件手続法第114条に規定する公示催告の申立て〔有価証券無効宣言公示催告の申立て〕をした者については、この限りでない。
> 8　❶新株予約権買取請求をした新株予約権者は、組織変更をする株式会社の承諾を得た場合に限り、その新株予約権買取請求を撤回することができる。
> 9　組織変更を中止したときは、❶新株予約権買取請求は、その効

❶定

❷775条1項

力を失う。
i10　第260条〔新株予約権取得者の新株予約権原簿記載事項の記載・記録請求〕の規定は、❶新株予約権買取請求に係る新株予約権については、適用しない。

　組織変更をする株式会社が新株予約権を発行している場合には、新株予約権者は、組織変更をする株式会社に対し、その所有する新株予約権を公正な価格で買い取ることを請求することができます。

→試験対策14章1節②【1】

1 趣旨

　新株予約権者は株主ではなく、組織変更への同意権が認められていない(776条1項参照)。そこで、組織変更計画に定められた金銭の額に不満を抱いている新株予約権者を保護する必要性から、新株予約権買取請求制度を規定した。

2 条文クローズアップ

1　新株予約権買取請求（1項）

　組織変更をする株式会社の新株予約権者は、株主と異なり、新株予約権の買取請求が可能である。ここでいう「公正な価格」とは、反対株主の株式買取請求権における「公正な価格」と同意義である。

→本章総説①2(3)(e)

2　新株予約権付社債の場合（2項）

　新株予約権付社債は、新株予約権と社債とを分離して譲渡することはできない(254条2項、3項)。これと同様に買取請求の場合も、両者を一体と扱うことが原則である(777条2項本文)。ただし、別段の定めがある場合(238条1項7号)は除かれる(777条2項ただし書)。

3　行使手続（3項から10項まで）

　新株予約権の買取請求の行使手続は、反対株主の株式買取請求権と同様である。

→本章総説①2(3)(d)

第778条（新株予約権の価格の決定等）　B⁻

1　❶新株予約権買取請求があった場合において、❷新株予約権（当該新株予約権が新株予約権付社債に付されたものである場合において、当該新株予約権付社債についての社債の買取りの請求があったときは、当該社債を含む。以下この条において同じ。)の価格の決定について、新株予約権者と❸組織変更をする株式会社（❹効力発生日後にあっては、❺組織変更後持分会社。以下この条において同じ。）との間に協議が調ったときは、当該株式会社は、効力発生日から60日以内にその支払をしなければならない。
2　❷新株予約権の価格の決定について、❹効力発生日から30日以内

❶777条2項
❷定
❸定
❹775条1項
❺744条1項1号

に協議が調わないときは、新株予約権者又は❺組織変更後持分会社は、その期間の満了の日後30日以内に、裁判所に対し、価格の決定の申立てをすることができる。
3　前条第8項（新株予約権買取請求の撤回制限）の規定にかかわらず、前項に規定する場合において、❹効力発生日から60日以内に同項の申立てがないときは、その期間の満了後は、新株予約権者は、いつでも、❶新株予約権買取請求を撤回することができる。
4　❺組織変更後持分会社は、裁判所の決定した価格に対する第1項の期間の満了の日後の年6分の利率により算定した利息をも支払わなければならない。
5　❸組織変更をする株式会社は、❷新株予約権の価格の決定があるまでは、新株予約権者に対し、当該株式会社が公正な価格と認める額を支払うことができる。
6　❶新株予約権買取請求に係る❷新株予約権の買取りは、❹効力発生日に、その効力を生ずる。
7　❸組織変更をする株式会社は、新株予約権証券が発行されている❷新株予約権について❶新株予約権買取請求があったときは、新株予約権証券と引換えに、その新株予約権買取請求に係る新株予約権の代金を支払わなければならない。
8　❸組織変更をする株式会社は、新株予約権付社債券が発行されている新株予約権付社債に付された❷新株予約権について❶新株予約権買取請求があったときは、新株予約権付社債券と引換えに、その新株予約権買取請求に係る新株予約権の代金を支払わなければならない。

新株予約権買取請求がされた場合、新株予約権の価格の決定について、協議が調わないときには、新株予約権者または会社は、裁判所に対して価格の決定の申立てをすることができます。なお、会社は、買取価格の決定があるまで、新株予約権者に対し、会社が公正な価格と認める額を支払うことができます。

→試験対策14章1節②【1】

1　趣旨

新株予約権買取請求権は、組織変更計画に定められた金銭の額に不満を抱く新株予約権者を保護する唯一の手段であるため、新株予約権等の価格の決定方法、新株予約権の買取りの効力が生ずる日等について公正な決定がなされるよう規定している。

2　条文クローズアップ

新株予約権買取請求における買取価格の決定方法

本条による新株予約権の買取請求における買取価格の決定方法は、反

→本章総説①2(3)(f)

対株主の株式買取請求権の場合と同様である。

> ### 第779条（債権者の異議） B⁺
> 1 組織変更をする株式会社の債権者は、当該株式会社に対し、組織変更について異議を述べることができる。
> 2 組織変更をする株式会社は、次に掲げる事項を官報に公告し、かつ、知れている債権者には、各別にこれを催告しなければならない。ただし、第3号の期間は、1箇月を下ることができない。
>   ① 組織変更をする旨
>   ② 組織変更をする株式会社の❶計算書類（第435条第2項に規定する計算書類〔貸借対照表、損益計算書その他法務省令で定めるもの〕をいう。以下この章において同じ。）に関する事項として法務省令で定めるもの
>   ③ 債権者が一定の期間内に異議を述べることができる旨
> 3 前項の規定にかかわらず、組織変更をする株式会社が同項の規定による公告を、官報のほか、第939条第1項〔会社が定款で定める広告方法〕の規定による定款の定めに従い、同項第2号又は第3号に掲げる公告方法〔日刊新聞紙への掲載または電子公告〕によりするときは、前項の規定による各別の催告は、することを要しない。
> 4 債権者が第2項第3号の期間内に異議を述べなかったときは、当該債権者は、当該組織変更について承認をしたものとみなす。
> 5 債権者が第2項第3号の期間内に異議を述べたときは、組織変更をする株式会社は、当該債権者に対し、弁済し、若しくは相当の担保を提供し、又は当該債権者に弁済を受けさせることを目的として❷信託会社等に相当の財産を信託しなければならない。ただし、当該組織変更をしても当該債権者を害するおそれがないときは、この限りでない。

❶定

❷449条5項

→試験対策14章1節②【1】

　組織変更をする株式会社の債権者は、その株式会社に対し、組織変更について異議を述べることができます。組織変更をする株式会社は、債権者が一定の期間内に異議を述べることができる旨等を官報に公告し、かつ、知れている債権者には、各別にこれを催告しなければなりません。債権者が異議を述べたときは、会社は、弁済または相当の担保の提供等をしなければなりません。

1 趣旨

　組織変更は、その会社に適用されるべき規律が大幅に変更されることとなり、会社債権者の利害にも多大な影響を及ぼすおそれがあるとともに、場合によっては、会社財産の流出をも伴うこととなる。そこで、債権者は、会社に対し、組織変更について異議を述べることができること

を規定した。

2 条文クローズアップ

1 債権者の異議（1項）

　株式会社から持分会社へ組織変更する際は、計算書類の公告義務（440条）がなくなり、大会社であれば会計監査人の設置義務（328条）がなくなる。また、利益配当額の制限もなく（628条）、持分会社であっても必ずしも無限責任社員がいるわけではないことから、債権者の保護は薄くなる。そこで、会社法は株式会社から持分会社への組織変更に際して、会社債権者異議手続を要することとした。

2 公告・催告（2項、3項）

　債権者に異議申述の機会を与えるため、会社は組織変更に際して官報に公告し、かつ知れている債権者への各別の催告を必要とした（2項）。もっとも、公告を官報のほかに、その会社の定款で定めた日刊新聞紙での公告または電子公告をする場合には、各別の催告は不要である（3項、939条1項2号、3号）。

3 異議申述に対する対応（4項、5項）

　異議申述期間内に異議を述べなかったときは、組織変更について承認したものとみなされる（4項）。異議を述べた場合は、会社はその債権者に対し、①弁済、②相応の担保の提供、または③信託会社等に相当の財産を信託しなければならない（5項本文）。ただし、当該債権額や弁済期、資本金・準備金の増減や債務履行の見込みの有無等を考慮して、当該債権者を害するおそれがないときは、①から③までの措置をとることを要しない（5項ただし書）。

「知れている債権者」の意義

→449条判例セレクト2

第780条（組織変更の効力発生日の変更）　B⁻

1　組織変更をする株式会社は、❶効力発生日を変更することができる。
2　前項の場合には、組織変更をする株式会社は、変更前の効力発生日（変更後の❶効力発生日が変更前の効力発生日前の日である場合にあっては、当該変更後の効力発生日）の前日までに、変更後の効力発生日を公告しなければならない。
3　第1項の規定により❶効力発生日を変更したときは、変更後の効力発生日を効力発生日とみなして、この款及び第745条〔株式会社の組織変更の効力の発生等〕の規定を適用する。

❶775条1項

組織変更をする株式会社は、効力発生日を変更することができます。この場合、変更前の効力発生日等の前日までに、変更した効力発生日を公告しなければなりません。

→試験対策14章1節[2]【1】

1 趣旨

組織変更計画作成後に、予想されなかった事情変更により、効力発生を前倒し、または先送りすることを望む事態も生じうる。そこで、1項は、組織変更の効力発生日を変更することができることとした。もっとも、この場合、変更前の効力発生日において組織変更の効力が生ずることを前提として行動している会社関係者の利害を害しかねない。そこで、2項は、効力発生日を変更したときは、変更後の効力発生日につき公告を義務づけることとした。

■第2款　持分会社の手続

> 書 H25-33-ウ
> ### 第781条　C
> 1　組織変更をする持分会社は、❶効力発生日の前日までに、組織変更計画について当該持分会社の総社員の同意を得なければならない。ただし、定款に別段の定めがある場合は、この限りでない。
> 2　第779条〔債権者の異議〕（第2項第2号〔組織変更を行う株式会社の計算書類に関する事項の公告・催告〕を除く。）及び前条〔組織変更の効力発生日の変更〕の規定は、組織変更をする持分会社について準用する。この場合において、第779条第3項中「組織変更をする株式会社」とあるのは「組織変更をする持分会社（合同会社に限る。）」と、前条第3項中「及び第745条」とあるのは「並びに第747条〔持分会社の組織変更の効力発生等〕及び次条第一項」と読み替えるものとする。

❶775条1項

組織変更する持分会社は、効力発生日の前日までに、組織変更計画についてその持分会社の総社員の同意を得なければなりません。この場合、株式会社におけるのと同様に、会社債権者異議の制度、および効力発生日の変更が認められます。

→試験対策14章1節[2]【2】

1 趣旨

組織変更により、組織変更をする持分会社のすべての社員の地位に変動が生じることから、持分会社が組織変更する場合には、総社員の同意を必要とした。

2 条文クローズアップ

1 総社員の同意（1項）

第781条 /1097/

持分会社が株式会社に組織変更をする場合も、株式会社が持分会社に組織変更する場合と同様に、総社員の同意を経なければならない（1項本文）。もっとも、株式会社が持分会社に組織変更する場合と異なり、定款で要件を緩和することができる（1項ただし書）。

2　会社債権者異議手続の準用（2項）

株式会社が持分会社に組織変更する場合と同様、持分会社が株式会社になる場合は、社員の責任形態が変容するため、債権者に重大な影響が及ぶおそれがある。そのため、会社債権者異議手続の適用がある。

3　組織変更計画書面等の備置き

持分会社が組織変更をする際は、組織変更計画書面等の備置きは不要である（781条が775条を準用していない）。

■第2節　吸収合併等の手続

■第1款　吸収合併消滅会社、吸収分割会社及び株式交換完全子会社の手続

第1目　株式会社の手続

📖 H23-33-イ

第782条（吸収合併契約等に関する書面等の備置き及び閲覧等）　B+

1　次の各号に掲げる株式会社(以下この目において「❶消滅株式会社等」という。)は、吸収合併契約等備置開始日から吸収合併、吸収分割又は株式交換(以下この節において「❷吸収合併等」という。)がその効力を生ずる日(以下この節において「❸効力発生日」という。)後6箇月を経過する日(❹吸収合併消滅株式会社にあっては、効力発生日)までの間、当該各号に定めるもの(以下この節において「❺吸収合併契約等」という。)の内容その他法務省令で定める事項を記載し、又は記録した書面又は❻電磁的記録をその本店に備え置かなければならない。
　①　吸収合併消滅株式会社　　吸収合併契約
　②　❼吸収分割株式会社　　吸収分割契約
　③　❽株式交換完全子会社　　株式交換契約
2　前項に規定する「吸収合併契約等備置開始日」とは、次に掲げる日のいずれか早い日をいう。
　①　❾吸収合併契約等について株主総会(種類株主総会を含む。)の決議によってその承認を受けなければならないときは、当該株主総会の日の2週間前の日(第319条第1項の場合〔株主等による提案を可決する総会決議があったとみなす場合〕にあっては、同項の提案があった日)

❶定
❷定
❸定
❹749条1項2号
❺定
❻26条2項
❼758条2号
❽768条1項1号

② 第785条第3項の規定による通知〔消滅株式会社等による吸収合併等をする旨等の通知〕を受けるべき株主があるときは、同項の規定による通知の日又は同条第4項の公告〔通知に代わる広告〕の日のいずれか早い日
③ 第787条第3項の規定による通知〔消滅株式会社等による吸収合併等をする旨等の通知〕を受けるべき新株予約権者があるときは、同項の規定による通知の日又は同条第4項の公告〔通知に代わる広告〕の日のいずれか早い日
④ 第789条の規定による手続〔債権者異議手続〕をしなければならないときは、同条第2項の規定による公告〔通知に代わる広告〕の日又は同項の規定による催告〔知れている債権者に対する各別の催告〕の日のいずれか早い日
⑤ 前各号に規定する場合以外の場合には、吸収分割契約又は株式交換契約の締結の日から2週間を経過した日
3 ❶消滅株式会社等の株主及び債権者(❽株式交換完全子会社にあっては、株主及び新株予約権者)は、消滅株式会社等に対して、その営業時間内は、いつでも、次に掲げる請求をすることができる。ただし、第2号又は第4号に掲げる請求をするには、当該消滅株式会社等の定めた費用を支払わなければならない。
① 第1項の書面の閲覧の請求
② 第1項の書面の謄本又は抄本の交付の請求
③ 第1項の❻電磁的記録に記録された事項を法務省令で定める方法により表示したものの閲覧の請求
④ 第1項の電磁的記録に記録された事項を電磁的方法であって消滅株式会社等の定めたものにより提供することの請求又はその事項を記載した書面の交付の請求

消滅株式会社等は、吸収合併契約等備置開始日から効力発生日後6か月経過するまでの間、吸収合併契約等の内容等を記載・記録した書面・電磁的記録を本店に備え置かなければなりません。消滅株式会社等の株主・債権者は、これらの書面の閲覧・謄本の交付等を請求することができます。

→試験対策14章2節②【1】(3)、3【1】(5)、4【1】(2)

1 趣旨
本条は、株主総会の決議や会社債権者異議手続等の効力発生日前における権利行使についての判断資料を提供するための規定である。

2 条文クローズアップ

1 吸収合併等に関する書面等の事前開示(1項)
吸収合併等をする場合には、消滅株式会社等は、吸収合併契約等の内容および法務省令(会社施規182条から184条まで)で定める事項を記載した

書面・電磁的記録を、2項所定の日から、吸収合併等がその効力を生ずる日後6か月を経過する日までの間、本店に備え置くことを義務づける。

2 吸収合併契約等備置開始日(2項)
次のうち、いずれか早い日をさす。
①吸収合併契約等の承認総会の2週間前の日
②株式買取請求に関する通知・公告の日
③新株予約権買取請求に関する通知・公告の日
④債権者異議手続に関する公告または催告のいずれか早い日
⑤吸収分割契約または株式交換契約の締結の日から2週間を経過した日

3 閲覧請求等(3項)
吸収合併消滅株式会社・吸収分割株式会社の株主および債権者は、書面の閲覧請求、謄本または抄本の交付を請求できる(3項柱書本文)。なお、債権者には新株予約権者も含まれる。もっとも、株式交換完全子会社にあっては、閲覧請求をできる者は、株主のほかでは新株予約権者に限定され、債権者は含まれない(3項柱書括弧書)。

司H22-42-2・3。書H23-33-ア

第783条（吸収合併契約等の承認等） A

1 ❶消滅株式会社等は、❷効力発生日の前日までに、株主総会の決議によって、❸吸収合併契約等の承認を受けなければならない。
2 前項の規定にかかわらず、❹吸収合併消滅株式会社又は❺株式交換完全子会社が種類株式発行会社でない場合において、吸収合併消滅株式会社又は株式交換完全子会社の株主に対して交付する❻金銭等(以下この条及び次条第1項において「❼合併対価等」という。)の全部又は一部が❽持分等(持分会社の持分その他これに準ずるものとして法務省令で定めるものをいう。以下この条において同じ。)であるときは、吸収合併契約又は株式交換契約について吸収合併消滅株式会社又は株式交換完全子会社の総株主の同意を得なければならない。
3 ❹吸収合併消滅株式会社又は❺株式交換完全子会社が種類株式発行会社である場合において、❼合併対価等の全部又は一部が❾譲渡制限株式等(譲渡制限株式その他これに準ずるものとして法務省令で定めるものをいう。以下この章において同じ。)であるときは、吸収合併又は株式交換は、当該譲渡制限株式等の割当てを受ける種類の株式(譲渡制限株式を除く。)の種類株主を構成員とする種類株主総会(当該種類株主に係る株式の種類が2以上ある場合にあっては、当該2以上の株式の種類別に区分された種類株主を構成員とする各種類株主総会)の決議がなければ、その効力を生じない。ただし、当該種類株主総会において議決権を行使する

❶782条1項
❷782条1項
❸782条1項
❹749条1項2号
❺768条1項1号

❻151条1項
❼定
❽定

❾定

ことができる株主が存しない場合は、この限りでない。
4 ❹吸収合併消滅株式会社又は❺株式交換完全子会社が種類株式発行会社である場合において、❼合併対価等の全部又は一部が❽持分等であるときは、吸収合併又は株式交換は、当該持分等の割当てを受ける種類の株主の全員の同意がなければ、その効力を生じない。
5 ❶消滅株式会社等は、❷効力発生日の20日前までに、その❿登録株式質権者(次条第2項(分割会社における簡易分割の場合の特則)に規定する場合における登録株式質権者を除く。)及び第787条第3項各号に定める新株予約権〔吸収合併等をする旨等の通知を受けるべき新株予約権者のもつ新株予約権〕の⓫登録新株予約権質権者に対し、⓬吸収合併等をする旨を通知しなければならない。
6 前項の規定による通知は、公告をもってこれに代えることができる。

❿149条1項

⓫270条1項
⓬782条1項

→試験対策14章2節②【1】(3)、③【1】(5)、④【1】(2)

消滅株式会社等は、株主総会の決議によって、吸収合併契約等の承認を受けなければなりません。さらに、吸収合併消滅会社または株式交換完全子会社の株主に対して、合併対価等として持分等、譲渡制限株式等が交付される場合には、総株主の同意や種類株主総会の特殊決議等が必要です。

1 趣旨

吸収合併等は会社の基礎に重大な影響を与えることから、原則として株主総会の特別決議を必要とすることにより株主を保護することとした(1項、309条2項12号)。さらに、吸収合併等により譲渡性の低い対価が交付される株主を保護するため、総株主の同意や種類株主総会の特殊決議等を必要としている(2項、3項本文、4項)。

2 条文クローズアップ

1 吸収合併の消滅会社および株式交換の完全子会社の株主総会決議

(1) 種類株式発行会社でない株式会社における手続
 (a) 原則
  株主総会の特別決議が必要である(1項、309条2項12号)。
 (b) 合併により消滅する株式会社または株式交換をする株式会社が公開会社であり、かつ、株主に対して交付する対価が譲渡制限株式その他これに準ずるものとして法務省令(会社施規186条)で定めるものである場合
  株主総会の特殊決議が必要である(会社783条1項、309条3項2号)。
 (c) 対価が持分会社の持分その他これに準ずるものとして法務省令(会社施規185条)で定めるものである場合
  総株主の同意が必要である(会社783条2項)。

(2) 種類株式発行会社における手続
　(a)原則
　　株主総会の特別決議が必要である（1項、309条2項12号）。
　(b)対価が譲渡制限株式等である場合
　　株主総会の特別決議のほか(783条1項、309条2項12号)、譲渡制限株式等の割当てを受ける種類の株式(譲渡制限株式を除く)の種類株主を構成員とする種類株主総会の特殊決議が必要である(783条3項、324条3項2号)。
　(c)対価が持分会社の持分その他これに準ずるものとして法務省令(会社施規185条)で定めるものである場合
　　株主総会の特殊決議のほか(会社783条1項、309条3項2号)、持分等の割当てを受ける種類の株式の株主の全員の同意が必要である(783条4項)。

2　吸収分割の分割会社の株主総会決議
株主総会の特別決議が必要である（1項、309条2項12号）。

3　登録質権者への通知・公告（5項、6項）
登録株式質権者または登録新株予約権質権者は、吸収合併等に際して当該株主が受ける金銭等について権利を有するため、登録質権者への通知・公告も必要とした。

司H21-48-4、H19-47-5。書H26-34-ウ
第784条（吸収合併契約等の承認を要しない場合）　A

1　前条第1項〔吸収合併契約等の承認〕の規定は、❶吸収合併存続会社、❷吸収分割承継会社又は❸株式交換完全親会社(以下この目において「❹存続会社等」という。)が❺消滅株式会社等の❻特別支配会社である場合には、適用しない。ただし、吸収合併又は株式交換における❼合併対価等の全部又は一部が❽譲渡制限株式等である場合であって、消滅株式会社等が公開会社であり、かつ、種類株式発行会社でないときは、この限りでない。

2　前条〔吸収合併契約等の承認等〕の規定は、吸収分割により❷吸収分割承継会社に承継させる資産の帳簿価額の合計額が❾吸収分割株式会社の総資産額として法務省令で定める方法により算定される額の5分の1 (これを下回る割合を吸収分割株式会社の定款で定めた場合にあっては、その割合) を超えない場合には、適用しない。

❶749条1項
❷757条
❸767条
❹定
❺782条1項
❻468条1項
❼783条2項
❽783条3項

❾758条2号

消滅株式会社等における吸収合併契約等の株主総会の決議による承認は、存続会社等が消滅株式会社等の特別支配会社である場合や、吸収分割により吸収分割承継会社に承継させる資産の帳簿上の金額が吸収分割株式会社の総資産額として定められる額の5分の1に満たない額である場合には、必要ありません。

→試験対策14章2節②【2】(1)(a)

1 趣旨

　存続会社等が消滅株式会社等の特別支配会社である場合には、被支配会社である株式会社において、かりに株主総会が開催されたとしても、組織再編行為の結論に変わりはない。そこで、1項本文は、このような場合には、被支配会社における株主総会の開催を不要とすることにより、迅速かつ簡易な組織再編行為を行うことを可能としている。

　また、吸収分割株式会社の財産に比べて吸収分割承継会社に承継させる財産が少ない場合には、吸収分割株式会社の株主にとって、経済的にも持分比率的にもその分割によるマイナスの影響はほとんどないと予想される。そこで、2項は、このような場合には、吸収分割株式会社における株主総会の開催を不要とすることにより、迅速かつ簡易な組織再編行為を行うことを可能としている。

2 条文クローズアップ

1 略式合併等（1項）

　消滅株式会社等の株主総会において、吸収合併契約等の承認を要するという規定（783条1項）は、存続会社等が消滅株式会社等の特別支配会社である場合は、適用しない（784条1項本文）。

　ただし、吸収合併または株式交換の場合であって、消滅会社等が公開会社であり、かつ種類株式発行会社でない場合に、合併対価の全部または一部が譲渡制限株式等である場合は、略式合併等の規定は適用されない（1項ただし書）。この場合は、消滅株式会社等の株主総会により特殊決議を経ることが必要（783条1項、309条3項2号）であり、特殊決議にあたっては、可決要件に株主の半数以上の賛成という頭数要件が付されている（309条3項柱書）。そのため、特別支配会社が議決権の大多数を占めていても、頭数要件をみたすとはかぎらず、消滅株式会社等の株主総会を開いても吸収合併契約等の承認がなされることが明らか、とはいえないからである。

2 簡易分割の特則（2項）

　分割会社が承継会社に承継させる資産の、分割会社の総資産に占める割合が5分の1以下である場合には、分割会社において株主総会の決議を要しない。

> 書 H27-34-イ
> **i 第784条の2（吸収合併等をやめることの請求）　A**
> 次に掲げる場合において、❶消滅株式会社等の株主が不利益を受けるおそれがあるときは、消滅株式会社等の株主は、消滅株式会社等に対し、❷吸収合併等をやめることを請求することができる。ただし、前条第2項に規定する場合（分割会社における簡易分割の場合）は、

❶782条1項

❷782条1項

> この限りでない。
> ① 当該吸収合併等が法令又は定款に違反する場合
> ② 前条第1項本文に規定する場合において、第749条第1項第2号若しくは第3号〔吸収合併契約で定めた合併対価もしくはその割当てに関する事項〕、第751条第1項第3号若しくは第4号〔吸収合併契約で定めた吸収合併存続持分会社の持分を除いた合併対価もしくはその割当てに関する事項〕、第758条第4号〔吸収分割契約で定めた吸収分割会社に交付する対価に関する事項〕、第760条第4号〔吸収分割契約で定めた吸収分割会社が吸収分割承継会社の社員になる場合の社員に関する事項〕若しくは第5号〔吸収分割契約で定めた吸収分割承継会社の持分を除いた吸収分割の対価に関する事項〕、第768条第1項第2号若しくは第3号〔株式交換完全親会社が株式会社である株式交換契約で定めた株式交換の対価もしくはその割当てに関する事項〕又は第770条第1項第3号若しくは第4号〔株式交換完全親会社が合同会社である株式交換契約で定めた株式交換の対価もしくはその割当てに関する事項〕に掲げる事項が消滅株式会社等又は❸存続会社等の財産の状況その他の事情に照らして著しく不当であるとき。

❸784条1項

　吸収合併等（吸収合併、吸収分割または株式交換）につき、一定の場合に消滅株式会社等（吸収合併消滅株式会社、吸収分割株式会社、株式交換完全子会社）の株主が不利益を受けるおそれがあるときは、当該株主は、消滅会社等に対し吸収合併等をやめることを請求することができます。ただし、簡易分割の場合はできません。

1 趣旨

　平成26年改正前は、解釈上、略式組織再編以外の組織再編の効力を争うために、株主総会決議取消しの訴えを提起すること等ができるとされていたが、出訴期間や取消事由が限定的で株主の保護が不十分であった。そこで、株主救済の観点から、簡易組織再編以外の組織再編に関する一般的な差止請求制度を明文で定め、一定の場合において消滅株式会社等の株主が不利益を受けるおそれがあるときは、消滅株式会社等の株主は、吸収合併等をやめることを要求することができるとした。

2 条文クローズアップ

1 吸収合併等の差止請求

　以下に掲げる場合において、株主が不利益を受けるおそれがあるときには、吸収合併等の差止請求が可能である。なお、「株主が不利益を受けるおそれ」とは、株主個人が合併により不利益を受けるおそれがあれば足り、会社の損害や不利益の有無は問題とされない。
　また、簡易分割（784条2項）の場合、差止請求は認められない（784条の

2柱書ただし書)。簡易分割の場合は吸収分割会社において株主総会の決議を必要とするほどの重大な変動が生じるとは考えられず、株主による差止請求を認める必要がないためである。

(1) 当該吸収合併等が法令または定款に違反する場合(1号)

「**法令又は定款**」とは、会社を名宛人とするすべての法令または定款をさす。この場合には、事後的に組織再編の無効の訴え(828条)により組織再編の効力を争う方法があるが、事後に法律関係を錯綜させるよりは、事前の救済手段を一般に認めたものである。

なお、組織再編において合併等の対価が不十分である場合は、当事会社の取締役の善管注意義務・忠実義務(330条、民644条、会社355条)違反の問題が生じるにすぎない。これらは会社を名宛人とする法令または定款にあたらない。よって対価が不十分であることは「法令又は定款」違反にはあたらないと解される。

(2) 合併対価等に関する事項が著しく不当であるとき(2号)

略式合併等(784条1項本文)に該当する場合に、合併対価が著しく不当であるときは、合併の差止請求が認められる。略式合併等においては、株主総会が開催されず、少数株主は合併に対して説明を求める機会も意見を述べる機会もないことから、特に少数派株主の保護のために、対価の不十分を理由とする合併の差止めが認められている。

🖻 H26-49-ア・ウ〜オ、H25-49-オ(予)、H24-48-イ、H21-48-4、H19-47-1・2、H18-48-5。
📖 H27-34-イ、H23-33-ウ

第785条(反対株主の株式買取請求)　A

1 ❶吸収合併等をする場合(次に掲げる場合を除く。)には、反対株主は、❷消滅株式会社等に対し、自己の有する株式を公正な価格で買い取ることを請求することができる。

　① 第783条第2項〔吸収合併契約等の承認に消滅株式会社等の総株主の同意を要する場合〕に規定する場合

　② 第784条第2項に規定する場合〔分割会社における簡易分割の場合〕

2 前項に規定する「反対株主」とは、次の各号に掲げる場合における当該各号に定める株主(第783条第4項〔合併対価等として持分等の割当てを受ける場合の特則〕に規定する場合における同項に規定する持分等の割当てを受ける株主を除く。)をいう。

　① ❶吸収合併等をするために株主総会(種類株主総会を含む。)の決議を要する場合　次に掲げる株主

　　イ 当該株主総会に先立って当該吸収合併等に反対する旨を当該消滅株式会社等に対し通知し、かつ、当該株主総会において当該吸収合併等に反対した株主(当該株主総会において議決権を行使することができるものに限る。)

　　ロ 当該株主総会において議決権を行使することができない株

❶782条1項
❷782条1項

❶782条1項

主
② 前号に規定する場合以外の場合　全ての株主（第784条第1項本文に規定する場合〔略式組織再編の場合〕における当該❸特別支配会社を除く。）

❸468条1項

3　❷消滅株式会社等は、❹効力発生日の20日前までに、その株主（第783条第4項に規定する場合〔合併対価等として持分等の割当てを受ける種類株主に関する特則〕における同項に規定する持分等の割当てを受ける株主及び第784条第1項本文に規定する場合における当該❸特別支配会社を除く。）に対し、❶吸収合併等をする旨並びに❺存続会社等の商号及び住所を通知しなければならない。ただし、第1項各号に掲げる場合は、この限りでない。

❹782条1項

❺784条1項

4　次に掲げる場合には、前項の規定による通知は、公告をもってこれに代えることができる。
① ❷消滅株式会社等が公開会社である場合
② 消滅株式会社等が第783条第1項の株主総会の決議〔吸収合併契約等の承認決議〕によって❻吸収合併契約等の承認を受けた場合

❻782条1項

5　第1項の規定による請求（以下この目において「❼株式買取請求」という。）は、❹効力発生日の20日前の日から効力発生日の前日までの間に、その株式買取請求に係る株式の数（種類株式発行会社にあっては、株式の種類及び種類ごとの数）を明らかにしてしなければならない。

❼定

6　株券が発行されている株式について❼株式買取請求をしようとするときは、当該株式の株主は、❷消滅株式会社等に対し、当該株式に係る株券を提出しなければならない。ただし、当該株券について第223条の規定による請求〔株券喪失登録の請求〕をした者については、この限りでない。

7　❼株式買取請求をした株主は、❷消滅株式会社等の承諾を得た場合に限り、その株式買取請求を撤回することができる。

8　❶吸収合併等を中止したときは、❼株式買取請求は、その効力を失う。

9　第133条〔株式取得者による株主名簿記載事項の記載・記録の請求〕の規定は、❼株式買取請求に係る株式については、適用しない。

吸収合併等をする場合には、反対株主（株主総会に先立ってその吸収合併等に反対する旨を消滅株式会社に通知し、かつ、株主総会で吸収合併に反対した等一定の要件をみたす株主）は、消滅株式会社等に対し、自己の所有する株式を公正な価格での買取りを請求することができます。

→試験対策14章2節2【1】(3)、3【1】(5)、4【1】(2)

1　趣旨

本条が反対株主に「公正な価格」での株式の買取りを請求する権利を付

与する趣旨は、①反対株主に会社からの退出の機会を与えるとともに、②退出を選択した株主には、吸収合併等がされなかったとした場合と経済的に同等の状態を確保し、さらに、③吸収合併等により、組織再編によって企業価値の増加が生ずる場合にこの価値を適切に分配することで反対株主の利益を一定の範囲で保障することにある。

2 条文クローズアップ

1 　株式買取請求権の行使要件 →本章総説[1] 2(3)(c)
2 　株式買取請求権の行使手続 →本章総説[1] 2(3)(d)
3 　株式買取請求権の行使価格 →本章総説[1] 2(3)(e)

1 「公正な価格」

(1) 吸収合併等によりシナジーその他の企業価値の増加が生じない場合には、増加した企業価値の適切な配分を考慮する余地はないから、吸収合併契約等を承認する旨の株主総会の決議がされることがなければその株式が有したであろう価格(ナカリセバ価格)を算定し、これをもって「公正な価格」を定めるべきである(最決平23・4・19民集65-3-1311、最決平23・4・26判時2120-126)。

(2) 株式移転によって企業価値の増加が生じる場合には、「公正な価格」は原則として、株式移転計画において定められていた比率が公正なものであったならば当該株式買取請求がされた日においてその株式が有していると認められる価格をいう(最決平24・2・29平24重判・商法4事件)。

2 価格決定の基準日

「公正な価格」は、原則として、売買契約が成立したのと同様の法律関係が生ずる時点であり、かつ、株主が会社から退出する意思を明示した時点である、株式買取請求がされた日を基準日として算定すべきである。(最決平23・4・19民集65-3-1311、最決平23・4・26判時2120-126、最決平24・2・29平24重判・商法4事件)。

3 独立当事者間の取引における価格の算定

相互に特別の資本関係がない会社間において一般に公正と認められる手続により株式移転の効力が発生した場合には、当該株主総会における株主の合理的な判断が妨げられたと認めるに足りる特段の事情がないかぎり、当該株式移転における株式移転比率は公正なものとみるのが相当である。そして、株式移転計画の株式移転比率が公正なものと認められる場合には、株式移転により企業価値の増加が生じないときを除き、「公正な価格」を算定するにあたって参照すべき市場株価として、基準日である株式買取請求がされた日における市場株価や、偶発的要素による株価の変動の影響を排除するためこれに近接する一定期間の市場株価の平均値を用いることは、当該事案にかかる事情をふまえた裁判所の合理的な裁量の範囲内にある(最決平24・2・29平24重判・商法4事件)。

4 計画公表後に取得した株式の買取価格

合併計画の公表後に株式を取得した反対株主が株式買取請求をした場

合、「公正な価格」は、取得時の価格を超えることはできないとされたが（東京地決昭58・10・11判タ515-159）、取得価格を超える買収価格を決定したものもある（大阪高決平21・9・1判タ1316-219）。

5　二段階買収における「公正な価格」

(1)　二段階目の取引に対する反対株主の買取請求において、株式交換における比率算定の際の株式交換完全子会社の基準価格が決定された後に、株式交換完全子会社の株価が下落したとしても、「公正な価格」は、原則として、公開買付価格および当該基準価格を下回ることはない（東京地決平21・3・31判タ1296-118）。

(2)　株式交換の手続が公正になされている場合には、先行する公開買付けの買付価格を市場株価が下回っても、当該市場価格を「公正な価格」とすべきとする（大阪地決平24・4・27判時2172-122）。

司 H26-49-イ、H22-47-5

第786条（株式の価格の決定等）　B⁺

1　❶株式買取請求があった場合において、株式の価格の決定について、株主と❷消滅株式会社等（吸収合併をする場合における❸効力発生日後にあっては、❹吸収合併存続会社。以下この条において同じ。）との間に協議が調ったときは、消滅株式会社等は、効力発生日から60日以内にその支払をしなければならない。

2　株式の価格の決定について、❸効力発生日から30日以内に協議が調わないときは、株主又は❷消滅株式会社等は、その期間の満了の日後30日以内に、裁判所に対し、価格の決定の申立てをすることができる。

3　前条第7項〔株式買取請求の撤回制限〕の規定にかかわらず、前項に規定する場合において、❸効力発生日から60日以内に同項の申立てがないときは、その期間の満了後は、株主は、いつでも、❶株式買取請求を撤回することができる。

4　❷消滅株式会社等は、裁判所の決定した価格に対する第1項の期間の満了の日後の年6分の利率により算定した利息をも支払わなければならない。

i 5　❷消滅株式会社等は、株式の価格の決定があるまでは、株主に対し、当該消滅株式会社等が公正な価格と認める額を支払うことができる。

6　❶株式買取請求に係る株式の買取りは、❸効力発生日に、その効力を生ずる。

7　❺株券発行会社は、株券が発行されている株式について❶株式買取請求があったときは、株券と引換えに、その株式買取請求に係る株式の代金を支払わなければならない。

❶785条5項
❷定・782条1項
❸782条1項
❹749条1項

❺117条7項

株式買取請求があった場合において、株式の価格の決定について、協議が調わないときは、株主または会社は、裁判所に対して価格の決定の申立てをすることができます。なお、価格の決定があるまで、会社は、当該会社が公正と認める額を株主に対して支払うことができます。

→試験対策14章2節②【3】(1)(d)

1 趣旨

本条は、裁判所が公正な価格を決定することは困難であること、および鑑定費用が高額になりうることから、まずは当事者間の協議によって株式価格を決定することとしたうえで（1項）、その協議が調わない場合には、反対株主による濫用的な株式買取請求を制限することを主な目的として、反対株主のみならず当該会社からの価格決定の申立ても認めている（2項）。

2 条文クローズアップ

株式買取請求権行使の効果

→本章総説①2(3)(f)

> 📖 H23-33-エ
>
> **第787条（新株予約権買取請求）** B
>
> 1　次の各号に掲げる行為をする場合には、当該各号に定める❶消滅株式会社等の新株予約権の新株予約権者は、消滅株式会社等に対し、自己の有する新株予約権を公正な価格で買い取ることを請求することができる。
>
> ①　吸収合併　第749条第1項第4号〔消滅株式会社の新株予約権者に対して交付する吸収合併存続株式会社の新株予約権または金銭に関する事項〕又は第5号〔消滅株式会社の新株予約権者に対して交付する吸収合併存続株式会社の新株予約権または金銭の割当てに関する事項〕に掲げる事項についての定めが第236条第1項第8号の条件(同号イに関するもの〔合併の場合〕に限る。)〔吸収合併の場合に消滅株式会社の新株予約権者に存続株式会社の新株予約権を交付する条件〕に合致する新株予約権以外の新株予約権
>
> ②　吸収分割（❷吸収分割承継会社が株式会社である場合に限る。）
> 次に掲げる新株予約権のうち、第758条第5号〔吸収分割株式会社の新株予約権者に交付する吸収分割承継会社の新株予約権に関する事項〕又は第6号〔吸収分割株式会社の新株予約権者に交付する吸収分割承継株式会社の新株予約権の割当てに関する事項〕に掲げる事項についての定めが第236条第1項第8号の条件(同号ロに関するもの〔吸収分割の場合〕に限る。)〔吸収分割の場合に吸収分割承継株式会社の新株予約権を交付する条件〕に合致する新株予約権以外の新株予約権
>
> イ　❸吸収分割契約新株予約権
> ロ　吸収分割契約新株予約権以外の新株予約権であって、吸収

❶782条1項

❷757条

❸758条5号イ

分割をする場合において当該新株予約権の新株予約権者に❹吸収分割承継株式会社の新株予約権を交付することとする旨の定めがあるもの　　　　　　　　　　　　　　　❹758条1号
　③　株式交換(❺株式交換完全親会社が株式会社である場合に限る。)　次に掲げる新株予約権のうち、第768条第1項第4号〔株式交換完全子会社の新株予約権者に交付する株式交換完全親会社の新株予約権に関する事項〕又は第5号〔株式交換完全子会社の新株予約権者に交付する株式交換完全親会社の新株予約権の割当てに関する事項〕に掲げる事項についての定めが第236条第1項第8号の条件(同号ニに関するもの〔株式交換の場合〕に限る。)〔新株予約権発行時に定められた、株式交換の場合に株式交換完全親会社の新株予約権を交付する条件〕に合致する新株予約権以外の新株予約権　　　　　　　　　　　　❺767条
　　イ　❻株式交換契約新株予約権　　　　　　　　　　　　　　　　　❻768条1項4号イ
　　ロ　株式交換契約新株予約権以外の新株予約権であって、株式交換をする場合において当該新株予約権の新株予約権者に❼株式交換完全親株式会社の新株予約権を交付することとする旨の定めがあるもの　　　　　　　　　　　　　　　　　　　　　　　　　　❼768条1項1号
2　新株予約権付社債に付された新株予約権の新株予約権者は、前項の規定による請求(以下この目において「❽新株予約権買取請求」という。)をするときは、併せて、新株予約権付社債についての社債を買い取ることを請求しなければならない。ただし、当該新株予約権付社債に付された新株予約権について別段の定めがある場合は、この限りでない。　　　　　　　　　　　　　　　　　　　　　　❽定
3　次の各号に掲げる❶消滅株式会社等は、❾効力発生日の20日前までに、当該各号に定める新株予約権の新株予約権者に対し、❿吸収合併等をする旨並びに⓫存続会社等の商号及び住所を通知しなければならない。　　　　　　　　　　　　　　　　　　　　❾782条1項
　　　　　　　　　　　　　　　　　　　　　　　　　　　　　　　　❿782条1項
　　　　　　　　　　　　　　　　　　　　　　　　　　　　　　　　⓫784条1項
　①　⓬吸収合併消滅株式会社　全部の新株予約権　　　　　　　　　⓬749条1項2号
　②　吸収分割承継会社が株式会社である場合における⓭吸収分割株式会社　次に掲げる新株予約権　　　　　　　　　　　　　　　　⓭758条2号
　　イ　❸吸収分割契約新株予約権
　　ロ　吸収分割契約新株予約権以外の新株予約権であって、吸収分割をする場合において当該新株予約権の新株予約権者に❹吸収分割承継株式会社の新株予約権を交付することとする旨の定めがあるもの
　③　❺株式交換完全親会社が株式会社である場合における⓮株式交換完全子会社　次に掲げる新株予約権　　　　　　　　　　　　　　⓮768条1項1号
　　イ　❻株式交換契約新株予約権
　　ロ　株式交換契約新株予約権以外の新株予約権であって、株式交換をする場合において当該新株予約権の新株予約権者に

❼株式交換完全親株式会社の新株予約権を交付することとする旨の定めがあるもの
4　前項の規定による通知は、公告をもってこれに代えることができる。
5　❽新株予約権買取請求は、❾効力発生日の20日前の日から効力発生日の前日までの間に、その新株予約権買取請求に係る新株予約権の内容及び数を明らかにしてしなければならない。
6　新株予約権証券が発行されている新株予約権について❽新株予約権買取請求をしようとするときは、当該新株予約権の新株予約権者は、❶消滅株式会社等に対し、その新株予約権証券を提出しなければならない。ただし、当該新株予約権証券について非訟事件手続法第114条に規定する公示催告の申立て〔有価証券無効宣言公示催告の申立て〕をした者については、この限りでない。
7　新株予約権付社債券が発行されている新株予約権付社債に付された新株予約権について❽新株予約権買取請求をしようとするときは、当該新株予約権の新株予約権者は、❶消滅株式会社等に対し、その新株予約権付社債券を提出しなければならない。ただし、当該新株予約権付社債券について非訟事件手続法第114条に規定する公示催告の申立て〔有価証券無効宣言公示催告の申立て〕をした者については、この限りでない。
8　❽新株予約権買取請求をした新株予約権者は、❶消滅株式会社等の承諾を得た場合に限り、その新株予約権買取請求を撤回することができる。
9　❿吸収合併等を中止したときは、❽新株予約権買取請求は、その効力を失う。
10　第260条〔新株予約権取得者による新株予約権原簿記載事項の記載・記録請求〕の規定は、❽新株予約権買取請求に係る新株予約権については、適用しない。

　吸収合併等をする場合には、消滅株式会社等における一定の新株予約権者は、消滅株式会社等に対して、その所有する新株予約権を公正な価格での買取りを請求することができます。

1　趣旨

　会社の新株予約権者のうち、新株予約権の発行事項の承継に関する定めがある新株予約権(236条1項8号)については、その定めの内容に沿わない取扱いがされる場合に、また、そのような定めがない新株予約権については、無条件に、新株予約権者に新株予約権買取請求権を与えて、新株予約権者の経済的利益の保護を図った。

2 条文クローズアップ

1 新株予約権の買取請求ができる場合（1項）
(1) 1項各号
あらかじめ新株予約権の内容として、組織再編行為を行う際に当該新株予約権の新株予約権に他の株式会社の新株予約権を交付することおよびその条件が定められている場合であって（236条1項8号）、かつ、現実に組織再編行為がされた場合において、当該定めに従った取扱いがなされない場合である。

(2) 1項柱書
(1)のような定めがない新株予約権であっても、組織再編行為を行う際に、当該新株予約権の新株予約権者に、他の株式会社の新株予約権を交付する旨を定める場合には、新株予約権の買取請求ができる。

2 新株予約権付社債の取扱い（2項）
新株予約権付社債の場合は、社債の買取りもあわせて請求しなければいけないのは、777条2項と同様である。　　　　　　　　　　　→777条②2

3 行使手続（3項から10項まで）
新株予約権の買取請求の行使手続は、反対株主の株式買取請求権と同様である。　　　　　　　　　　　　　　　　　　　　　　　　→本章総説①2(3)(d)

第788条（新株予約権の価格の決定等）　B

1　❶新株予約権買取請求があった場合において、❷新株予約権（当該新株予約権が新株予約権付社債に付されたものである場合において、当該新株予約権付社債についての社債の買取りの請求があったときは、当該社債を含む。以下この条において同じ。）の価格の決定について、新株予約権者と❸消滅株式会社等（吸収合併をする場合における❹効力発生日後にあっては、❺吸収合併存続会社。以下この条において同じ。）との間に協議が調ったときは、消滅株式会社等は、効力発生日から60日以内にその支払をしなければならない。

2　新株予約権の価格の決定について、❹効力発生日から30日以内に協議が調わないときは、新株予約権者又は❸消滅株式会社等は、その期間の満了の日後30日以内に、裁判所に対し、価格の決定の申立てをすることができる。

3　前条第8項（株式買取請求の撤回制限）の規定にかかわらず、前項に規定する場合において、❹効力発生日から60日以内に同項の申立てがないときは、その期間の満了後は、新株予約権者は、いつでも、❶新株予約権買取請求を撤回することができる。

4　❸消滅株式会社等は、裁判所の決定した価格に対する第1項の期

❶787条2項
❷定

❸定・782条1項
❹782条1項
❺749条1項

間の満了の日後の年6分の利率により算定した利息をも支払わなければならない。
5 ❸消滅株式会社等は、新株予約権の価格の決定があるまでは、新株予約権者に対し、当該消滅株式会社等が公正な価格と認める額を支払うことができる。
6 ❶新株予約権買取請求に係る新株予約権の買取りは、❹効力発生日に、その効力を生ずる。
7 ❸消滅株式会社等は、新株予約権証券が発行されている新株予約権について❶新株予約権買取請求があったときは、新株予約権証券と引換えに、その新株予約権買取請求に係る新株予約権の代金を支払わなければならない。
8 ❸消滅株式会社等は、新株予約権付社債券が発行されている新株予約権付社債に付された新株予約権について❶新株予約権買取請求があったときは、新株予約権付社債券と引換えに、その新株予約権買取請求に係る新株予約権の代金を支払わなければならない。

新株予約権買取請求がされた場合、新株予約権の価格の決定について、協議が調わないときには、新株予約権者または会社は、裁判所に対して、価格の決定の申立てをすることができます。なお、会社は、買取価格の決定があるまで、新株予約権者に対し、会社が公正な価格と認める額を支払うことができます。

1 趣旨

1項は、裁判所が新株予約権の公正な価格を決定することは株式の公正な価格を決定すること以上に困難であることから、まずは当事者間の協議によって価格を決定することとしている。2項以下は、株式買取請求と同様の趣旨（786条、798条、807条参照）に基づき、新株予約権買取請求手続を規定している。

2 条文クローズアップ

新株予約権の買取請求における買取価格の決定方法は、反対株主の株式買取請求権の場合と同様である。

→本章総説①2(3)(f)

司H22-50-ウ、H21-48-2、H18-48-3・4。予H27-25-エ。書H27-34-エ、H26-34-エ、H23-33-オ

第789条（債権者の異議） A

1 次の各号に掲げる場合には、当該各号に定める債権者は、❶消滅株式会社等に対し、❷吸収合併等について異議を述べることが

❶782条1項
❷782条1項

できる。
① 吸収合併をする場合　❸吸収合併消滅株式会社の債権者
② 吸収分割をする場合　吸収分割後❹吸収分割株式会社に対して債務の履行(当該債務の保証人として❺吸収分割承継会社と連帯して負担する保証債務の履行を含む。)を請求することができない吸収分割株式会社の債権者(第758条第8号又は第760条第7号に掲げる事項についての定めがある場合にあっては、吸収分割株式会社の債権者)
③ ❻株式交換契約新株予約権が新株予約権付社債に付された新株予約権である場合　当該新株予約権付社債についての社債権者

2　前項の規定により❶消滅株式会社等の債権者の全部又は一部が異議を述べることができる場合には、消滅株式会社等は、次に掲げる事項を官報に公告し、かつ、知れている債権者(同項の規定により異議を述べることができるものに限る。)には、各別にこれを催告しなければならない。ただし、第4号の期間は、1箇月を下ることができない。
① ❷吸収合併等をする旨
② ❼存続会社等の商号及び住所
③ 消滅株式会社及び存続会社等(株式会社に限る。)の❽計算書類に関する事項として法務省令で定めるもの
④ 債権者が一定の期間内に異議を述べることができる旨

3　前項の規定にかかわらず、❶消滅株式会社等が同項の規定による公告を、官報のほか、第939条第1項の規定による定款の定めに従い、同項第2号又は第3号に掲げる公告方法によりするときは、前項の規定による各別の催告(吸収分割をする場合における不法行為によって生じた❹吸収分割株式会社の債務の債権者に対するものを除く。)は、することを要しない。

4　債権者が第2項第4号の期間内に異議を述べなかったときは、当該債権者は、当該❷吸収合併等について承認をしたものとみなす。

5　債権者が第2項第4号の期間内に異議を述べたときは、❶消滅株式会社等は、当該債権者に対し、弁済し、若しくは相当の担保を提供し、又は当該債権者に弁済を受けさせることを目的として❾信託会社等に相当の財産を信託しなければならない。ただし、当該吸収合併等をしても当該債権者を害するおそれがないときは、この限りでない。

❸740条1項2号
❹758条2号
❺757条

❻768条1項4号イ

❼784条1項

❽779条2項2号、435条2項

❾449条5項

吸収合併等をする場合には、消滅株式会社等の一定の債権者は、吸収合併等について異議を述べることができます。この場合は、消滅株式会社等は、債権者が一定の期間内に異議を述べることができる旨等を官報に公告し、か

→試験対策14章2節②【1】(3)、③【1】(5)、④【1】(2)

つ、知れている債権者には、各別にこれを催告しなければなりません。債権者が異議を述べたときは、消滅株式会社等は、弁済または相当の担保の提供等をしなければなりません。

1 趣旨

①吸収合併の場合、②吸収分割で吸収分割株式会社に対して債務の履行を請求することができない場合、③株式交換の際に新株予約権付社債にかかる債務が完全子会社となる会社から完全親会社となる会社へと移転する場合には、存続株式会社等の資産状況により、消滅株式会社等の債権者は、重大な影響を受ける。そこで、このような場合には、会社債権者の異議等の会社債権者異議手続をとることを要求した。

2 条文クローズアップ

会社債権者異議手続
(1) 会社債権者異議手続の流れ　　　　　　　　→本章総説①2(4)(a)
(2) 分割会社の会社債権者異議手続　　　　　　→本章総説①2(4)(b)
(3) 完全子会社の会社債権者異議手続

　株式交換においては、合併や会社分割の場合と異なり、株主が変動するだけで、各当事会社の財産は変動しないため、原則として会社債権者異議手続は不要である。

　もっとも、株式交換に際して、新株予約権付社債についても完全親会社に承継することが認められているため、新株予約権付社債にかかる債務が完全子会社となる会社から完全親会社となる会社へと移転する場合がある。そこで、完全子会社においては、新株予約権付社債権者について、会社債権者異議手続が要求されることになる（1項3号）。

「知れている債権者」の意義　　　　　　　　　　→449条判例セレクト2

第790条（吸収合併等の効力発生日の変更）　B⁻

1　❶消滅株式会社等は、❷存続会社等との合意により、❸効力発生日を変更することができる。
2　前項の場合には、❶消滅株式会社等は、変更前の❸効力発生日（変更後の効力発生日が変更前の効力発生日前の日である場合にあっては、当該変更後の効力発生日）の前日までに、変更後の効力発生日を公告しなければならない。
3　第1項の規定により❸効力発生日を変更したときは、変更後の効力発生日を効力発生日とみなして、この節〔吸収合併等の手続〕並

❶782条1項
❷784条1項
❸782条1項

びに第750条〔株式会社が存続する吸収合併の効力等〕、第752条〔持分会社が存続する吸収合併の効力等〕、第759条〔株式会社に権利義務を承継させる吸収分割の効力等〕、第761条〔持分会社に権利義務を承継させる吸収分割の効力等〕、第769条〔株式会社に発行済株式を取得させる株式交換の効力等〕及び第771条〔合同会社に発行済株式を取得させる株式交換の効力等〕の規定を適用する。

消滅株式会社等は、存続会社等との合意により、効力発生日を変更することができます。この場合、消滅株式会社等は、変更前の効力発生日等の前日までに、変更後の効力発生日を公告しなければなりません。

→試験対策14章2節[2]【1】(3)

1 趣旨

吸収合併契約等の後、予想されなかった事情変更により、効力発生を前倒し、または先送りすることを望む事態も生じうる。そこで、1項は、組織変更の効力発生日を変更することができることとした。もっとも、この場合、変更前の効力発生日において組織変更の効力が生ずることを前提として行動している会社関係者の利害を害しかねない。そこで、2項は、効力発生日を変更したときは、変更後の効力発生日につき公告を義務づけることとした。

第791条（吸収分割又は株式交換に関する書面等の備置き及び閲覧等） B

1 ❶吸収分割株式会社又は❷株式交換完全子会社は、❸効力発生日後遅滞なく、❹吸収分割承継会社又は❺株式交換完全親会社と共同して、次の各号に掲げる区分に応じ、当該各号に定めるものを作成しなければならない。
   ① 吸収分割株式会社　吸収分割により吸収分割承継会社が承継した吸収分割株式会社の権利義務その他の吸収分割に関する事項として法務省令で定める事項を記載し、又は記録した書面又は❻電磁的記録
   ② 株式交換完全子会社　株式交換により株式交換完全親会社が取得した株式交換完全子会社の株式の数その他の株式交換に関する事項として法務省令で定める事項を記載し、又は記録した書面又は電磁的記録
2 ❶吸収分割株式会社又は❷株式交換完全子会社は、❸効力発生日から6箇月間、前項各号の書面又は❻電磁的記録をその本店に備え置かなければならない。
3 ❶吸収分割株式会社の株主、債権者その他の利害関係人は、吸収分割株式会社に対して、その営業時間内は、いつでも、次に掲げ

❶758条2号
❷768条1項1号
❸782条1項
❹757条
❺767条

❻26条2項

る請求をすることができる。ただし、第2号又は第4号に掲げる請求をするには、当該吸収分割株式会社の定めた費用を支払わなければならない。
① 前項の書面の閲覧の請求
② 前項の書面の謄本又は抄本の交付の請求
③ 前項の❻電磁的記録に記録された事項を法務省令で定める方法により表示したものの閲覧の請求
④ 前項の電磁的記録に記録された事項を電磁的方法であって吸収分割株式会社の定めたものにより提供することの請求又はその事項を記載した書面の交付の請求

4 前項の規定は、❷株式交換完全子会社について準用する。この場合において、同項中「❶吸収分割株式会社の株主、債権者その他の利害関係人」とあるのは、「❸効力発生日に株式交換完全子会社の株主又は新株予約権者であった者」と読み替えるものとする。

吸収分割株式会社等は、効力発生日後遅滞なく、吸収分割承継会社等と共同して、吸収分割等により吸収分割承継会社等が承継した権利義務等を記載または記録した書面・電磁的記録を作成し、効力発生日から6か月間、これらの書面・電磁的記録をその本店に備え置かなければなりません。吸収分割株式会社等の株主・債権者等は、営業時間内は、いつでも、これらの書面等の閲覧・謄本の交付等の請求をすることができます。

→試験対策14章2節③【1】(5)、④【1】(2)

1 趣旨

株主および会社債権者に合併無効の訴え等を提起するかどうかの判断材料を与えるため、事後の情報開示として、吸収分割等に関する書面等の備置きおよび閲覧等について規定した。

2 条文クローズアップ

作成する書面への記載事項

(1) 吸収分割株式会社(1項1号)

承継会社が承継した分割株式会社の権利義務に関する事項、吸収分割が効力を生じた日、反対株主の株式買取請求(785条、797条)、新株予約権買取請求(787条)、会社債権者の異議(789条、799条)の手続の経過等である(791条1項1号、会社施規189条)。

(2) 株式交換完全子会社(1項2号)

完全親会社が取得した完全子会社の株式の数、株式交換が効力を生じた日、反対株主の株式買取請求(785条、797条)、新株予約権買取請求(787条)、会社債権者の異議(789条、799条)の手続の経過等である(791条1項2号、会社施規190条)。

> **第792条（剰余金の配当等に関する特則）　B⁺**
> ⅰ第445条第4項〔剰余金配当時の準備金の計上〕、第458条〔株式会社の資産が300万円を下回る場合の剰余金の配当に関する規定等の適用除外〕及び第2編〔株式会社〕第5章〔計算等〕第6節〔剰余金の配当等に関する責任〕の規定は、次に掲げる行為については、適用しない。
> 1　第758条第8号イ〔吸収分割株式会社による分割効力発生日における取得対価を吸収分割承継会社の株式のみとする全部取得条項付種類株式の取得〕又は第760条第7号イ〔吸収分割株式会社による分割効力発生日における取得対価を分割承継会社の持分のみとする全部取得条項付種類株式の取得〕の株式の取得
> 2　第758条第8号ロ〔吸収分割株式会社による吸収分割効力発生日での配当財産を分割承継会社の株式のみとする剰余金の配当〕又は第760条第7号ロ〔吸収分割株式会社による吸収分割効力発生日での配当財産を分割承継会社の持分のみとする剰余金の配当〕の剰余金の配当

吸収分割により分割会社が得た対価としての承継会社の株式または持分等を、分割会社の株主に対する全部取得条項付種類株式の取得または剰余金の配当により、分割会社の株主に分配する場合には、445条4項の規定による準備金の計上を要せず、財源規制は及びません。

→試験対策9章2節②【3】、14章2節③【1】(3)

1 趣旨

分割会社は、分割対価として受けた承継会社・設立会社の株式を、全部取得条項付種類株式の対価または剰余金の配当として、会社分割の効力発生時に株主に対して分配することができ、実質的に人的分割が認められている。もっとも、全部取得条項付種類株式の取得や剰余金の配当は財源規制がかけられている。そこで、本条は、全部取得条項付種類株式の取得および剰余金の配当に関する一定の規則の適用を除外した。

2 条文クローズアップ

1 全部取得条項付種類株式の取得（1号）

分割会社は、吸収分割の効力発生日に、承継会社から交付を受けた承継会社の株式または持分を対価として、全部取得条項付種類株式を取得し、分割会社の株主に分配することができる（758条8号イ、760条7号イ）。このとき、445条4項の規定による準備金の計上を要せず、自己株式の有償取得に関する財源規制は及ばない（792条柱書）。

2 剰余金の配当（2号）

分割会社は、吸収分割の効力発生日に、承継会社から交付を受けた承継会社の株式または持分を、剰余金の配当として、分割会社の株主に分配することができる（758条8号ロ、760条7号ロ）。このとき、445条4項の規定による準備金の計上を要せず、剰余金の配当に関する財源規制は

及ばない(792条柱書)。

第2目　持分会社の手続

> **第793条　C**
> 1　次に掲げる行為をする持分会社は、❶効力発生日の前日までに、❷吸収合併契約等について当該持分会社の総社員の同意を得なければならない。ただし、定款に別段の定めがある場合は、この限りでない。
>   1　吸収合併(吸収合併により当該持分会社が消滅する場合に限る。)
>   2　吸収分割(当該持分会社(合同会社に限る。)がその事業に関して有する権利義務の全部を他の会社に承継させる場合に限る。)
> 2　第789条〔債権者の異議〕(第1項第3号〔株式交換契約新株予約権が付された新株予約権付社債についての社債権者による異議の手続〕及び第2項第3号〔消滅株式会社等および存続株式会社等の計算書類に関する事項の公告または催告〕を除く。)及び第790条〔吸収合併等の効力発生日の変更〕の規定は、❸吸収合併消滅持分会社又は合同会社である❹吸収分割会社(以下この節において「❺吸収分割合同会社」という。)について準用する。この場合において、第789条第1項第2号中「債権者(第758条第8号又は第760条第7号に掲げる事項についての定めがある場合にあっては、❻吸収分割株式会社の債権者)」とあるのは「債権者」と、同条第3項中「消滅株式会社等」とあるのは「吸収合併消滅持分会社(❼吸収合併存続会社が株式会社又は合同会社である場合にあっては、合同会社に限る。)又は吸収分割合同会社」と読み替えるものとする。

❶782条1項
❷782条1項

❸749条1項2号
❹758条1号
❺定

❻758条2号

❼749条1項

→試験対策14章2節⑤

当該持分会社が消滅する吸収合併やその事業に関してもつ権利義務の全部を他の会社に承継させる吸収分割をする持分会社は、定款に別段の定めがある場合を除いて、吸収合併契約等についてその持分会社の総社員の同意を得なければなりません。

1　趣旨

吸収合併においては、消滅会社となる持分会社のすべての社員の地位に変動が生じるため、総社員の同意を必要とした(1項1号)。吸収分割については、分割会社の社員に与える影響は通常の事業譲渡と同様であることから、原則として総社員の同意は不要であるが、権利義務の全部を承継させる場合には合併に類似する効果が生じることになるため、総社員の同意を必要とした(1項2号)。

■第2款　吸収合併存続会社、吸収分割承継会社及び株式交換完全親会社の手続

第1目　株式会社の手続

|書| H23-33-イ

第794条（吸収合併契約等に関する書面等の備置き及び閲覧等）　B⁺

1　❶吸収合併存続株式会社、❷吸収分割承継株式会社又は❸株式交換完全親株式会社(以下この目において「❹存続株式会社等」という。)は、吸収合併契約等備置開始日から❺効力発生日後6箇月を経過する日までの間、❻吸収合併契約等の内容その他法務省令で定める事項を記載し、又は記録した書面又は❼電磁的記録をその本店に備え置かなければならない。

2　前項に規定する「吸収合併契約等備置開始日」とは、次に掲げる日のいずれか早い日をいう。
　1　吸収合併契約等について株主総会(種類株主総会を含む。)の決議によってその承認を受けなければならないときは、当該株主総会の日の2週間前の日(第319条第1項の場合〔株主全員の同意により、取締役または株主による提案を可決する総会決議があったものとみなす場合〕にあっては、同項の提案があった日)
　2　第797条第3項の規定による通知〔存続株式会社等による株主への吸収合併等をする旨等の通知〕の日又は同条第4項の公告〔通知に代わる公告〕の日のいずれか早い日
　3　第799条の規定による手続〔債権者異議手続〕をしなければならないときは、同条第2項の規定による公告〔吸収合併等をする旨等に関する公告〕の日又は同項の規定による催告〔知れている債権者に対する格別の催告〕の日のいずれか早い日

3　❹存続株式会社等の株主及び債権者(❽株式交換完全子会社の株主に対して交付する❾金銭等が❸株式交換完全親株式会社の株式その他これに準ずるものとして法務省令で定めるもののみである場合(第768条第1項第4号ハに規定する場合〔株式交換契約新株予約権が新株予約権付社債に付された新株予約権の場合〕を除く。)にあっては、株主)は、存続株式会社等に対して、その営業時間内は、いつでも、次に掲げる請求をすることができる。ただし、第2号又は第4号に掲げる請求をするには、当該存続株式会社等の定めた費用を支払わなければならない。
　1　第1項の書面の閲覧の請求
　2　第1項の書面の謄本又は抄本の交付の請求
　3　第1項の❼電磁的記録に記録された事項を法務省令で定める方法により表示したものの閲覧の請求

❶749条1項1号
❷758条1号
❸768条1項1号
❹定
❺782条1項
❻782条1項
❼26条2項

❽768条1項1号
❾151条1項

> 4　第1項の❼電磁的記録に記録された事項を電磁的方法であって❹存続株式会社等の定めたものにより提供することの請求又はその事項を記載した書面の交付の請求

存続株式会社等は、吸収合併契約等備置開始日から効力発生日後6か月経過するまでの間、吸収合併契約等の内容等を記載し、または記録した書面・電磁的記録を本店に備え置かなければなりません。株主・債権者等は、営業時間内は、いつでもこれらの書面の閲覧・謄本の交付等を請求することができます。

→試験対策14章2節②【1】(3)、③【1】(5)、④【1】(2)

1 趣旨

株主総会の決議や会社債権者異議手続等の効力発生日前における権利行使についての判断資料を提供するために規定された。

2 条文クローズアップ

1　吸収合併等に関する書面の事前開示（1項）

吸収合併等をする場合には、存続株式会社等は、吸収合併契約等の内容および法務省令（会社施規191条から193条）で定める事項を記載した書面または電磁的記録を、2項所定の日から、吸収合併等がその効力を生ずる日後6か月を経過する日までの間、本店に備え置く義務がある（会社794条1項）。

2　吸収合併契約等備置開始日（2項）

次のうち、いずれか早い日をさす。
①吸収合併契約等の承認総会の2週間前の日
②株式買取請求に関する通知・公告の日
③会社債権者異議手続に関する公告または催告のいずれか早い日

3　閲覧請求等（3項）

吸収合併存続株式会社、吸収分割承継株式会社の株主および債権者（新株予約権者を含む）は、書面の閲覧請求、謄本または抄本の交付を請求できる（3項柱書本文）。

もっとも、株式交換完全親会社にあっては、株式交換完全子会社の株主に対して交付する交換対価が、株式交換完全親会社の株式以外である場合と、株式交換完全子会社の新株予約権付社債権者の社債に関する債務を、株式交換完全親会社が承継する場合に、債権者が閲覧請求できるにとどまる。これらの場合には、対価額または承継額によっては、株式交換完全親会社から資産が過度に流出するおそれがあるからである。

📖 H23-33-ア
第795条（吸収合併契約等の承認等）　A

1 ❶存続株式会社等は、❷効力発生日の前日までに、株主総会の決議によって、❸吸収合併契約等の承認を受けなければならない。
2 次に掲げる場合には、取締役は、前項の株主総会において、その旨を説明しなければならない。
　① ❹吸収合併存続株式会社又は❺吸収分割承継株式会社が承継する❻吸収合併消滅会社又は❼吸収分割会社の債務の額として法務省令で定める額(次号において「❽承継債務額」という。)が吸収合併存続株式会社又は吸収分割承継株式会社が承継する吸収合併消滅会社又は吸収分割会社の資産の額として法務省令で定める額(同号において「❾承継資産額」という。)を超える場合
　② 吸収合併存続株式会社又は吸収分割承継株式会社が❿吸収合併消滅株式会社の株主、吸収合併消滅持分会社の社員又は吸収分割会社に対して交付する⓫金銭等(吸収合併存続株式会社又は吸収分割承継株式会社の⓬株式等を除く。)の帳簿価額が承継資産額から承継債務額を控除して得た額を超える場合
　③ ⓭株式交換完全親株式会社が⓮株式交換完全子会社の株主に対して交付する金銭等(株式交換完全親株式会社の株式等を除く。)の帳簿価額が株式交換完全親株式会社が取得する株式交換完全子会社の株式の額として法務省令で定める額を超える場合
3 承継する❻吸収合併消滅会社又は❼吸収分割会社の資産に❹吸収合併存続株式会社又は❺吸収分割承継株式会社の株式が含まれる場合には、取締役は、第1項の株主総会〔吸収合併契約等を承認する株主総会〕において、当該株式に関する事項を説明しなければならない。
4 ❶存続株式会社等が種類株式発行会社である場合において、次の各号に掲げる場合には、⓯吸収合併等は、当該各号に定める種類の株式(譲渡制限株式であって、第199条第4項の定款の定め〔種類株式の引受け人を募集するにあたって種類株主総会の決議を要しないとする定款の定め〕がないものに限る。)の種類株主を構成員とする種類株主総会(当該種類株主に係る株式の種類が2以上ある場合にあっては、当該2以上の株式の種類別に区分された種類株主を構成員とする各種類株主総会)の決議がなければ、その効力を生じない。ただし、当該種類株主総会において議決権を行使することができる株主が存しない場合は、この限りでない。
　① ❿吸収合併消滅株式会社の株主又は⓰吸収合併消滅持分会社の社員に対して交付する⓫金銭等が❹吸収合併存続株式会社の株式である場合　第749条第1項第2号イの種類の株式〔吸収合併契約で定めた合併対価である種類株式〕
　② ❼吸収分割会社に対して交付する金銭等が❺吸収分割承継株式会社の株式である場合　第758条第4号イの種類の株式〔吸収分

❶794条1項
❷782条1項
❸782条1項

❹749条1項1号
❺758条1号
❻749条1項1号
❼758条1号
❽定

❾定

❿749条1項2号

⓫151条1項
⓬107条2項2号ホ

⓭768条1項1号
⓮768条1項1号

⓯782条1項

⓰749条1項2号

割契約で定めた吸収分割の対価である種類株式〕
③ 株式交換完全子会社の株主に対して交付する金銭等が株式交換完全親株式会社の株式である場合　第768条第1項第2号イの種類の株式〔株式交換契約で定めた株式交換の対価である種類株式〕

存続株式会社等は、株主総会の決議によって、吸収合併契約等の承認を受けなければなりません。存続株式会社等が種類株式発行会社であり、かつ、合併対価等が存続株式会社等の譲渡制限株式である場合は、その種類株式の株主を構成員とする種類株主総会の決議がなければその効力を生じません。

→試験対策14章2節[2]【1】(3)、[3]【1】(5)、[4]【1】(2)

1 趣旨

1項は、吸収合併等が会社の基礎に重大な影響を与えることから、原則的に株主総会の特別決議を必要として株主保護を図り、2項は、吸収合併等により各号の差額が生ずると存続株式会社の分配可能額が減少することから、差額が生ずる旨の説明義務を取締役に課して存続株式会社株主の保護を図った。3項は、吸収合併消滅会社・吸収分割会社から自己株式を承継する場合に、消滅会社や分割会社以外の株主に売主追加請求権が認められていないことにかんがみて、当該株式に関する事項の説明義務を取締役に課した。4項は、合併対価等を譲渡制限付種類株式にする場合には、既存の譲渡制限付種類株式の株主の持分比率に影響を与えるため、種類株主総会の特別決議を必要とした。

2 条文クローズアップ

1 吸収型再編における存続会社等の株主総会決議
(1) **種類株式発行会社でない株式会社における手続**
株主総会の特別決議が必要である(1項、309条2項12号)。
(2) **種類株式発行会社における手続**
(a) 原則
株主総会の特別決議(795条1項、309条2項12号)が必要である。
(b) 対価が譲渡制限株式等である場合
株主総会の特別決議のほか(795条1項、309条2項12号)、譲渡制限株式の種類株主を構成員とする種類株主総会の特別決議が必要である(795条4項、324条2項6号)。

2 株主総会における説明義務(2項、3項)
(1) **存続株式会社等の分配可能額が減少する場合(2項)**
①吸収合併または吸収分割において、存続株式会社等が承継する債務額が、承継する資産額を超える場合(1号)、②合併対価が承継資産額から承継債務額を引いて得た額を超えた場合(2号)、または③株式交換完全親会社が交付する交換対価が、株式交換完全親会社が取得する株式交換完全子会社の株式の価額を超える場合(3号)は、合併等により差損が

生じることになるので、存続株式会社等の株主を保護するため、株主総会において差損が生じる旨を説明しなければならない。

(2) **自己株式を承継取得する場合**(3項)

吸収合併消滅会社または吸収分割会社の資産に、存続会社等の自己株式が含まれる場合は、自己株式の取得と類似するにもかかわらず、他の株主に売主追加請求権(160条3項)が認められていないことから、吸収合併または吸収分割を承認する株主総会で、当該株式に関する事項を説明しなければならない。

第796条（吸収合併契約等の承認を要しない場合等）　A

1　前条第1項から第3項までの規定は、❶吸収合併消滅会社、❷吸収分割会社又は❸株式交換完全子会社（以下この目において「❹消滅会社等」という。）が❺存続株式会社等の❻特別支配会社である場合には、適用しない。ただし、❼吸収合併消滅株式会社若しくは❽株式交換完全子会社の株主、❾吸収合併消滅持分会社の社員又は吸収分割会社に対して交付する❿金銭等の全部又は一部が存続株式会社等の譲渡制限株式である場合であって、存続株式会社等が公開会社でないときは、この限りでない。

2　前条第1項から第3項まで〔吸収合併契約等の承認等〕の規定は、第1号に掲げる額の第2号に掲げる額に対する割合が5分の1（これを下回る割合を❺存続株式会社等の定款で定めた場合にあっては、その割合）を超えない場合には、適用しない。ただし、同条第2項各号に掲げる場合〔吸収合併等に差損が生じる場合〕又は前項ただし書に規定する場合〔対価の全部または一部が譲渡制限株式で、存続株式会社等が公開会社でないとき〕は、この限りでない。

① 次に掲げる額の合計額

イ　❼吸収合併消滅株式会社若しくは❽株式交換完全子会社の株主、❾吸収合併消滅持分会社の社員又は❷吸収分割会社（以下この号において「⓫消滅会社等の株主等」という。）に対して交付する存続株式会社等の株式の数に⓬1株当たり純資産額を乗じて得た額

ロ　❹消滅会社等の株主等に対して交付する存続株式会社等の社債、新株予約権又は新株予約権付社債の帳簿価額の合計額

ハ　消滅会社等の株主等に対して交付する存続株式会社等の⓭株式等以外の財産の帳簿価額の合計額

② 存続株式会社等の純資産額として法務省令で定める方法により算定される額

3　前項本文に規定する場合において、法務省令で定める数の株式（前条第1項の株主総会〔吸収合併契約等を承認するための株主総会〕において議決権を行使することができるものに限る。）を有する株主

❶749条1項1号
❷758条1号
❸768条1項1号
❹定
❺794条1項
❻468条1項
❼749条1項2号
❽768条1項1号
❾749条1項2号
❿151条1項

⓫定
⓬141条2項

⓭107条2項2号ホ

> が第797条第3項の規定による通知（吸収合併等をする旨等の通知）又は同条第4項の公告（通知に代わる公告）の日から2週間以内に⑭吸収合併等に反対する旨を⑮存続株式会社等に対し通知したときは、当該存続株式会社等は、⑯効力発生日の前日までに、株主総会の決議によって、⑯吸収合併契約等の承認を受けなければならない。

⑭782条1項
⑮782条1項
⑯782条1項

→試験対策14章2節②【2】(1)(b)、(2)

存続株式会社等における吸収合併契約等の株主総会の決議による承認は、消滅会社等が存続株式会社等の特別支配会社である場合や、存続株式会社等が合併等の対価として交付する存続株式会社等の株式の数の発行済株式総数に対する割合と存続株式会社等の株式以外の財産の純資産額に対する割合の合計が5分の1以下の場合には、必要ありません。

1 趣旨

消滅会社等が存続株式会社等の特別支配会社である場合には、被支配会社である株式会社において、かりに株主総会が開催されたとしても、組織再編行為の結論に変わりはない。そこで、1項本文は、このような場合には、被支配会社における株主総会の開催を不要とすることにより、迅速かつ簡易な組織再編行為を行うことを可能としている。

また、消滅会社等の規模が存続株式会社等の規模に比べ著しく小さいときは、存続株式会社等の株主に与える影響は経済的にも持分比率的にも少ないので、株主総会による承認を要求しなくても株主保護に通常は欠けることはない。そこで、2項本文は、このような場合には、存続会社における株主総会の開催を不要とすることにより、迅速かつ簡易な組織再編行為を行うことを可能としている。

2 条文クローズアップ

1 略式合併等（1項）

存続株式会社等の株主総会において、吸収合併契約等の承認を要するという規定（795条1項）は、消滅会社等が存続株式会社等の特別支配会社である場合は、適用しない（796条1項本文）。

ただし、消滅会社等の株主に交付する対価が存続株式会社等の譲渡制限株式であって、かつ存続株式会社等が非公開会社である場合は、略式合併等の規定は適用されず、原則どおり存続株式会社等の株主総会の特別決議が必要である（1項ただし書、795条1項、309条2項12号）。この場合には、非公開会社である存続株式会社等に新たな株主が加入し、既存の株主の持株比率にも影響がでる。そこで、募集株式の発行等との均衡から、略式合併等の適用を除外し、特別決議を要求したものである。

→本章総説②1

2 簡易合併等（2項、3項）

存続株式会社等が交付する合併対価等が、存続株式会社等の純資産額の5分の1を超えない場合は、存続株式会社等において株主総会の承認

→本章総説②2

を得ることを要しない(2項)。決議の省略を認めた理由は、消滅会社等の規模が著しく小さく、存続株式会社等またはその株主にほとんど影響を及ぼさない点にある。ただし、合併等により差損が生じる場合(795条2項)または略式合併等の適用除外にあたる場合(796条1項ただし書)は、簡易合併等も適用されない(2項ただし書)。

　また、存続株式会社等の一定の支配比率を有する株主が、吸収合併等をする旨の株主に対する通知、公告(797条3項、4項)の日から2週間以内に、吸収合併等に反対する旨を通知した場合は、株主総会の承認決議を得なければならない(796条3項)。

第796条の2（吸収合併等をやめることの請求）　A

次に掲げる場合において、❶存続株式会社等の株主が不利益を受けるおそれがあるときは、存続株式会社等の株主は、存続株式会社等に対し、❷吸収合併等をやめることを請求することができる。ただし、前条第2項本文に規定する場合〔存続株式会社等での簡易組織再編の場合〕(第795条第2項各号に掲げる場合〔吸収合併等に際して存続株式会社等の分配可能額が減少する場合〕及び前条第1項ただし書〔対価の全部または一部が譲渡制限株式で存続株式会社等が公開会社でない場合〕又は第3項に規定する場合〔一定数の反対により簡易手続を適用できない場合〕を除く。)は、この限りでない。

　① 当該吸収合併等が法令又は定款に違反する場合
　② 前条第1項本文に規定する場合において、第749条第1項第2号若しくは第3号〔吸収合併契約で定めた合併対価もしくはその割当てについての事項〕、第758条第4号〔吸収分割契約で定めた吸収分割の対価に関する事項〕又は第768条第1項第2号若しくは第3号〔株式交換契約で定めた株式交換の対価もしくはその割当てについての事項〕に掲げる事項が存続株式会社等又は❸消滅会社等の財産の状況その他の事情に照らして著しく不当であるとき。

❶794条1項
❷782条1項
❸796条1項

吸収合併等(吸収合併、吸収分割または株式交換)において、一定の場合に存続株式会社等(吸収合併存続株式会社、吸収分割承継株式会社、株式交換完全親株式会社)の株主が不利益を受けるおそれがあるときは、その株主は、存続株式会社等に対して吸収合併等をやめることを請求できます。

1 趣旨

　会社法は合併無効の訴えを用意しているが、合併の効力が発生し、一度合併した会社を分割することは、実際上多大な困難が伴う。そのため、合併一般について、効力が発生する前の救済措置として合併を差し止める機会を株主に与える必要がある。そこで、株主救済の観点から、組織再編以外の組織再編に関する一般的な差止請求制度を明文で定め、

一定の場合において消滅株式会社等の株主が不利益を受けるおそれがあるときは、消滅株式会社等の株主は新設合併等をやめることを要求することができるとした。

なお、本条の趣旨は、吸収合併消滅会社の株主による吸収合併差止めの訴え（784条の2）とほぼ同一である。

2 条文クローズアップ

吸収合併等の差止請求

存続会社等の株主についても、吸収合併等の差止めと同様に、差止めが認められている（柱書本文）。また、簡易合併等が適用される場面では、差止めが認められないのも同様である（柱書ただし書）。

(1) 法令または定款違反（1号）
(2) 合併対価等に関する事項が著しく不当であるとき（2号）

→784条の2
→784条の2②1(1)
→784条の2②1(2)

司H26-49-ア・ウ～オ、H24-48-イ、H21-48-4、H18-48-5。書H23-33-ウ

第797条（反対株主の株式買取請求） A

1 ❶吸収合併等をする場合には、反対株主は、❷存続株式会社等に対し、自己の有する株式を公正な価格で買い取ることを請求することができる。ただし、第796条第2項本文に規定する場合〔存続株式会社等での簡易組織再編の場合〕（第795条第2項各号に掲げる場合〔吸収合併等に際して差額が生じる場合〕及び第796条第1項ただし書〔合併対価の全部または一部が譲渡制限株式で、存続株式会社等が公開会社でないとき〕又は第3項に規定する場合〔一定数の反対により簡易手続を適用できない場合〕を除く。）は、この限りでない。

2 前項に規定する「反対株主」とは、次の各号に掲げる場合における当該各号に定める株主をいう。

① ❶吸収合併等をするために株主総会（種類株主総会を含む。）の決議を要する場合　次に掲げる株主
　イ　当該株主総会に先立って当該吸収合併等に反対する旨を当該存続株式会社等に対し通知し、かつ、当該株主総会において当該吸収合併等に反対した株主（当該株主総会において議決権を行使することができるものに限る。）
　ロ　当該株主総会において議決権を行使することができない株主

② 前号に規定する場合以外の場合　全ての株主（第796条第1項本文に規定する場合〔略式組織再編の場合〕における当該❸特別支配会社を除く。）

3 ❷存続株式会社等は、❹効力発生日の20日前までに、その株主（第796条第1項本文に規定する場合における当該❸特別支配会社を除く。）に対し、❶吸収合併等をする旨並びに❺消滅会社等の商号及

❶782条1項
❷794条1項

❸468条1項

❹782条1項

❺796条1項

び住所(第795条第3項に規定する場合〔吸収合併消滅会社または吸収分割会社から承継する資産に合併存続株式会社または分割承継株式会社の株式が含まれる場合〕にあっては、吸収合併等をする旨、消滅会社等の商号及び住所並びに同項の株式に関する事項)を通知しなければならない。

4　次に掲げる場合には、前項の規定による通知は、公告をもってこれに代えることができる。
　①　❷存続株式会社等が公開会社である場合
　②　存続株式会社等が第795条第1項の株主総会の決議〔吸収合併契約等の承認決議〕によって❻吸収合併契約等の承認を受けた場合

5　第1項の規定による請求(以下この目において「❼株式買取請求」という。)は、❹効力発生日の20日前の日から効力発生日の前日までの間に、その株式買取請求に係る株式の数(種類株式発行会社にあっては、株式の種類及び種類ごとの数)を明らかにしてしなければならない。

6　株券が発行されている株式について❼株式買取請求をしようとするときは、当該株式の株主は、❷存続株式会社等に対し、当該株式に係る株券を提出しなければならない。ただし、当該株券について第223条の規定による請求〔株券喪失登録の請求〕をした者については、この限りでない。

7　❼株式買取請求をした株主は、❷存続株式会社等の承諾を得た場合に限り、その株式買取請求を撤回することができる。

8　❶吸収合併等を中止したときは、❼株式買取請求は、その効力を失う。

9　第133条〔株券取得者の株主名簿記載事項の記載・記録の請求〕の規定は、❼株式買取請求に係る株式については、適用しない。

❻782条1項
❼定

→試験対策14章2節②【3】

吸収合併等をする場合には、反対株主(株主総会に先立ってその吸収合併等に反対する旨を存続株式会社に通知し、かつ、株主総会で吸収合併に反対した等一定の要件をみたす株主)は、存続株式会社等に対し、自己の所有する株式を公正な価格での買取りを請求することができます。

1　趣旨

　本条が反対株主に「公正な価格」での株式の買取りを請求する権利を付与する趣旨は、①反対株主に会社からの退出の機会を与えるとともに、②退出を選択した株主には、吸収合併等がされなかったとした場合と経済的に同等の状態を確保し、さらに、③吸収合併等により、組織再編によって企業価値の増加が生ずる場合にこの価値を適切に分配することで反対株主の利益を一定の範囲で保障することにある。

2 条文クローズアップ

1 株式買取請求権の行使要件 →本章総説①2(3)(c)
2 株式買取請求権の行使手続 →本章総説①2(3)(d)
3 株式買取請求権の行使価格 →本章総説①2(3)(e)

> 司 H26-49-イ、H22-47-3
> **第798条（株式の価格の決定等） B⁺**
> 1 ❶株式買取請求があった場合において、株式の価格の決定について、株主と❷存続株式会社等との間に協議が調ったときは、存続株式会社等は、❸効力発生日から60日以内にその支払をしなければならない。
> 2 株式の価格の決定について、❸効力発生日から30日以内に協議が調わないときは、株主又は❷存続株式会社等は、その期間の満了の日後30日以内に、裁判所に対し、価格の決定の申立てをすることができる。
> 3 前条第7項（株式買取請求の撤回制限）の規定にかかわらず、前項に規定する場合において、❸効力発生日から60日以内に同項の申立てがないときは、その期間の満了後は、株主は、いつでも、❶株式買取請求を撤回することができる。
> 4 ❷存続株式会社等は、裁判所の決定した価格に対する第1項の期間の満了の日後の年6分の利率により算定した利息をも支払わなければならない。
> 5 ❷存続株式会社等は、株式の価格の決定があるまでは、株主に対し、当該存続株式会社等が公正な価格と認める額を支払うことができる。
> 6 ❶株式買取請求に係る株式の買取りは、❸効力発生日に、その効力を生ずる。
> 7 ❹株券発行会社は、株券が発行されている株式について❶株式買取請求があったときは、株券と引換えに、その株式買取請求に係る株式の代金を支払わなければならない。

❶797条5項
❷794条1項
❸782条1項

❹117条7項

株式買取請求があった場合において、株式の価格の決定について、協議が調わないときは、株主または会社は、裁判所に対し、価格の決定の申立てをすることができます。なお、価格の決定があるまで、会社は、当該会社が公正と認める額を株主に対して支払うことができます。

1 趣旨

本条は、裁判所が公正な価格を決定することは困難であること、および鑑定費用が高額になりうることから、まずは当事者間の協議によって

株式価格を決定することとしたうえで（1項）、その協議が調わない場合には、反対株主による濫用的な株式買取請求を制限することを主な目的として、反対株主のみならず当該会社からの価格決定の申立ても認めている（2項）。

2 条文クローズアップ

株式買取請求権行使の効果

→本章総説① 2 (3)(f)

🗾H24-48-ア、H18-48-4。📖H25-33-エ、H23-33-オ

第799条（債権者の異議）　A

1　次の各号に掲げる場合には、当該各号に定める債権者は、❶存続株式会社等に対し、❷吸収合併等について異議を述べることができる。
　①　吸収合併をする場合　❸吸収合併存続株式会社の債権者
　②　吸収分割をする場合　❹吸収分割承継株式会社の債権者
　③　株式交換をする場合において、❺株式交換完全子会社の株主に対して交付する❻金銭等が❼株式交換完全親株式会社の株式その他これに準ずるものとして法務省令で定めるもののみである場合以外の場合又は第768条第1項第4号ハに規定する場合〔株式交換契約新株予約権が新株予約権付社債に付された新株予約権の場合〕　株式交換完全親株式会社の債権者

2　前項の規定により❶存続株式会社等の債権者が異議を述べることができる場合には、存続株式会社等は、次に掲げる事項を官報に公告し、かつ、知れている債権者には、各別にこれを催告しなければならない。ただし、第4号の期間は、1箇月を下ることができない。
　①　❷吸収合併等をする旨
　②　❽消滅会社等の商号及び住所
　③　存続株式会社等及び消滅会社等（株式会社に限る。）の❾計算書類に関する事項として法務省令で定めるもの
　④　債権者が一定の期間内に異議を述べることができる旨

3　前項の規定にかかわらず、❶存続株式会社等が同項の規定による公告を、官報のほか、第939条第1項〔定款で定めた会社の公告方法〕の規定による定款の定めに従い、同項第2号〔日刊新聞紙に掲載する方法での公告〕又は第3号に掲げる公告方法〔電子公告〕によりするときは、前項の規定による各別の催告は、することを要しない。

4　債権者が第2項第4号の期間内に異議を述べなかったときは、当該債権者は、当該❷吸収合併等について承認をしたものとみなす。

❶794条1項
❷782条1項
❸749条1項1号
❹758条1号
❺768条1項1号
❻151条1項
❼768条1項1号

❽796条1項
❾779条2項2号、435条2項

5　債権者が第2項第4号の期間内に異議を述べたときは、❶存続株式会社等は、当該債権者に対し、弁済し、若しくは相当の担保を提供し、又は当該債権者に弁済を受けさせることを目的として❿信託会社等に相当の財産を信託しなければならない。ただし、当該吸収合併等をしても当該債権者を害するおそれがないときは、この限りでない。

❿449条5項

吸収合併等をする場合において、存続株式会社等の一定の債権者は、吸収合併等について異議を述べることができます。この場合には、存続株式会社等は、債権者が一定の期間内に異議を述べることができる旨等を官報に公告し、かつ、知れている債権者には、各別にこれを催告しなければなりません。債権者が異議を述べたときは、存続株式会社等は、債権者に対し、弁済または相当の担保の提供等をしなければなりません。

→試験対策14章2節②【1】(3)、③【1】(5)、④【1】(2)

1　趣旨

吸収合併の場合および吸収分割の場合に、新株予約権付社債に関する債務が完全子会社となる会社から完全親会社となる会社へ移転する場合には、吸収合併における消滅株式会社等の資産状況により、存続株式会社等の会社債権者は重大な影響を受ける。そこで、このような場合に、会社債権者異議手続を設けた。また、株式交換完全子会社の株主に対して株式以外のものを交付する場合は、対価が不当であれば、不当な財産の流出が生じ、債権者が害されることとなるため、このような場合も会社債権者異議手続を設けている。

2　条文クローズアップ

会社債権者異議手続
(1)　会社債権者異議手続の流れ
(2)　分割会社の会社債権者異議手続
(3)　完全親会社の会社債権者異議手続

→本章総説①2(4)(a)
→本章総説①2(4)(b)

　株式交換においては、合併や会社分割の場合と異なり、株主が変動するだけで、各当事会社の財産は変動しないため、原則として会社債権者異議手続は不要である。
　もっとも、株式交換に際して、新株予約権付社債についても完全親会社に承継することが認められているため、新株予約権付社債にかかる債務が完全子会社となる会社から完全親会社となる会社へと移転する場合がある。そこで、完全親会社においては、全債権者について、会社債権者異議手続が要求されることになる（1項3号）。

「知れている債権者」の意義

→449条判例セレクト2

司 H25-49-ア(予)

第800条（消滅会社等の株主等に対して交付する金銭等が存続株式会社等の親会社株式である場合の特則）　B⁻

1　第135条第1項〔親会社株式の取得禁止〕の規定にかかわらず、❶吸収合併消滅株式会社若しくは❷株式交換完全子会社の株主、❸吸収合併消滅持分会社の社員又は❹吸収分割会社（以下この項において「❺消滅会社等の株主等」という。）に対して交付する❻金銭等の全部又は一部が❼存続株式会社等の❽親会社株式（同条第1項に規定する親会社株式（親会社たる株式会社の株式）をいう。以下この条において同じ。）である場合には、当該存続株式会社等は、❾吸収合併等に際して❿消滅会社等の株主等に対して交付する当該親会社株式の総数を超えない範囲において当該親会社株式を取得することができる。

2　第135条第3項〔相当の時期に親会社の株式を処分する義務〕の規定にかかわらず、前項の❼存続株式会社等は、⓫効力発生日までの間は、存続株式会社等の❽親会社株式を保有することができる。ただし、❾吸収合併等を中止したときは、この限りでない。

❶749条1項2号
❷768条1項1号
❸749条1項2号
❹758条1号
❺定
❻151条1項
❼794条1項
❽定
❾782条1項
❿796条1項

⓫782条1項

消滅会社等の株主等に対して交付する金銭等が存続株式会社等の親会社株式である場合は、その存続株式会社等は、吸収合併等に際して株主に交付する親会社株式の総数を超えない範囲において、親会社株式を取得することができます。存続株式会社等は、効力発生日までは、その親会社株式を保有することができます。ただし、吸収合併等を中止したときはこのかぎりではありません。

1　趣旨

①吸収合併において、存続株式会社が合併対価としてその親会社の株式を消滅会社の株主・社員に交付する合併をする場合、②吸収分割において、吸収分割承継会社が分割対価として吸収分割承継会社の親会社の株式を吸収分割会社に交付する場合において、これらの遂行を可能とするために、親会社株式の取得を禁じた135条の特則を定めた。

→135条

第801条（吸収合併等に関する書面等の備置き及び閲覧等）　B⁺

1　❶吸収合併存続株式会社は、❷効力発生日後遅滞なく、吸収合併により吸収合併存続株式会社が承継した❸吸収合併消滅会社の権利義務その他の吸収合併に関する事項として法務省令で定める事項を記載し、又は記録した書面又は❹電磁的記録を作成しなければならない。

❶749条1項1号
❷782条1項
❸749条1項1号
❹26条2項

2 ❺吸収分割承継株式会社(合同会社が吸収分割をする場合における当該吸収分割承継株式会社に限る。)は、❷効力発生日後遅滞なく、❻吸収分割合同会社と共同して、吸収分割により吸収分割承継株式会社が承継した吸収分割合同会社の権利義務その他の吸収分割に関する事項として法務省令で定める事項を記載し、又は記録した書面又は❹電磁的記録を作成しなければならない。

❺758条1号

❻793条2項

3 次の各号に掲げる❼存続株式会社等は、❷効力発生日から6箇月間、当該各号に定めるものをその本店に備え置かなければならない。
　① ❶吸収合併存続株式会社　第1項の書面又は❹電磁的記録
　② ❺吸収分割承継株式会社　前項又は第791条第1項第1号の書面又は電磁的記録〔吸収分割承継株式会社が承継した分割会社の権利義務等を記載・記録した書面・電磁的記録〕
　③ ❽株式交換完全親株式会社　第791条第1項第2号の書面又は電磁的記録〔株式交換完全親株式会社が取得した交換完全子会社の株式の数等を記載・記録した書面・電磁的記録〕

❼794条1項

❽768条1項1号

4 ❶吸収合併存続株式会社の株主及び債権者は、吸収合併存続株式会社に対して、その営業時間内は、いつでも、次に掲げる請求をすることができる。ただし、第2号又は第4号に掲げる請求をするには、当該吸収合併存続株式会社の定めた費用を支払わなければならない。
　① 前項第1号の書面の閲覧の請求
　② 前項第1号の書面の謄本又は抄本の交付の請求
　③ 前項第1号の❹電磁的記録に記録された事項を法務省令で定める方法により表示したものの閲覧の請求
　④ 前項第1号の電磁的記録に記録された事項を電磁的方法であって吸収合併存続株式会社の定めたものにより提供することの請求又はその事項を記載した書面の交付の請求

5 前項の規定は、❺吸収分割承継株式会社について準用する。この場合において、同項中「株主及び債権者」とあるのは「株主、債権者その他の利害関係人」と、同項各号中「前項第1号」とあるのは「前項第2号」と読み替えるものとする。

6 第4項の規定は、❽株式交換完全親株式会社について準用する。この場合において、同項中「株主及び債権者」とあるのは「株主及び債権者(株式交換完全子会社の株主に対して交付する❾金銭等が株式交換完全親株式会社の株式その他これに準ずるものとして法務省令で定めるもののみである場合(第768条第1項第4号ハに規定する場合〔株式交換契約新株予約権が新株予約権付社債に付された新株予約権の場合〕を除く。)にあっては、株式交換完全親株式会社の株主)」と、同項各号中「前項第1号」とあるのは「前項第3号」と読み

❾151条1項

組織変更、合併、会社分割、株式交換及び株式移転の手続

第801条 /1133/

替えるものとする。

吸収合併存続株式会社は、効力発生日後遅滞なく、吸収合併により吸収合併存続株式会社が承継した吸収合併消滅会社の権利義務等を記載・記録した書面・電磁的記録を作成し、効力発生日から6か月間、本店に備え置かなければなりません。吸収分割承継会社でも同様です。吸収合併存続株式会社の株主・債権者は、これらの書面等の閲覧・謄本の交付等の請求ができます。

→試験対策14章2節②【1】(3)、③【1】(5)、④【1】(2)

1 趣旨

吸収合併等の効力発生後に、株主および会社債権者が当該吸収合併等に関する重要な事項を確認する確認することを可能とする規定であり、場合によっては、株主および会社債権者に合併無効の訴え等を提起するかどうかの判断材料を与えることにもなる。また、事後の情報開示を義務づけることで当事会社が吸収合併等に関する手続規定を遵守することを間接的に担保している。

2 条文クローズアップ

1 作成する書面(1項、2項)

(1) 吸収合併存続会社(1項)

存続会社が承継した権利義務の内容(1項)、吸収合併が効力を生じた日、反対株主の株式買取請求(785条、797条)、新株予約権買取請求(787条)、会社債権者異議手続(789条、799条)の経過等である(会社施規200条各号)。

(2) 吸収分割承継会社(2項)

吸収分割会社が株式会社の場合は、吸収分割後に吸収分割株式会社が事後の情報開示をする(791条1項1号)ため、吸収分割承継会社が書面を作る必要はない。吸収分割会社が合同会社である場合は、事後の情報開示を行わない(793条2項は791条を準用しない)ため、吸収分割承継会社が事後の情報開示をする必要がある。

記載事項は、承継会社が承継した権利義務の内容(801条2項)、吸収分割が効力を生じた日、反対株主の株式買取請求(797条)、会社債権者異議手続(793条2項・789条、799条)の経過等である(会社施規201条各号)。

2 本店に備え置くべきもの(3項)

(1) 吸収合併存続会社(1号)

上記1(1)の書面または電磁的記録

(2) 吸収分割承継会社(2号)

上記1(2)または吸収分割株式会社が作成する書面または電磁的記録

→791条②(1)

(3) 株式交換完全親会社(3号)

株式交換完全子会社が作成する書面または電磁的記録

→791条②(2)

第2目　持分会社の手続

第802条　C

1　次の各号に掲げる行為をする持分会社(以下この条において「❶存続持分会社等」という。)は、当該各号に定める場合には、❷効力発生日の前日までに、❸吸収合併契約等について存続持分会社等の総社員の同意を得なければならない。ただし、定款に別段の定めがある場合は、この限りでない。

① 吸収合併(吸収合併により当該持分会社が存続する場合に限る。)　第751条第1項第2号に規定する場合〔吸収合併消滅株式会社の株主または吸収合併消滅持分会社の社員が合併で合併存続持分会社の社員になる場合〕

② 吸収分割による他の会社がその事業に関して有する権利義務の全部又は一部の承継　第760条第4号に規定する場合〔吸収分割会社が分割で吸収分割承継持分会社の社員となる場合〕

③ 株式交換による株式会社の発行済株式の全部の取得　第770条第1項第2号に規定する場合〔株式交換完全子会社の株主が株式交換で株式交換完全親合同会社の社員になる場合〕

2　第799条〔債権者の異議〕(第2項第3号〔存続株式会社等および消滅株式会社等の計算書類に関する事項の公告・催告〕を除く。)及び第800条〔消滅会社等の株主等に対して交付する金銭等が存続株式会社等の親会社株式である場合の特則〕の規定は、❶存続持分会社等について準用する。この場合において、第799条第1項第3号中「❹株式交換完全親株式会社の株式」とあるのは「❺株式交換完全親合同会社の持分」と、「場合又は第768条第1項第4号ハに規定する場合」とあるのは「場合」と読み替えるものとする。

❶定
❷782条1項
❸782条1項

❹768条1項1号
❺770条1項1号

→試験対策14章2節5

持分会社は、吸収合併消滅会社の株主・社員が吸収合併に際して吸収合併存続持分会社の社員となる吸収合併等をする場合には、吸収合併契約等について存続持分会社等の総社員の同意を得なければなりません。

1　趣旨

吸収合併等が存続会社等の社員に与える影響は、通常の事業譲受けや株式の取得と同様であることから、原則として、総社員の同意は不要である。もっとも、組織再編行為により新たに社員を加えることとなる場合には、新たな社員の加入の場合(604条)と同様に、総社員の同意を必要としている。

→604条1

■第3節　新設合併等の手続

■第1款　新設合併消滅会社、新設分割会社及び株式移転完全子会社の手続

第1目　株式会社の手続

第803条（新設合併契約等に関する書面等の備置き及び閲覧等）　B

1　次の各号に掲げる株式会社（以下この目において「❶消滅株式会社等」という。）は、新設合併契約等備置開始日から❷新設合併設立会社、❸新設分割設立会社又は❹株式移転設立完全親会社（以下この目において「❺設立会社」という。）の成立の日後6箇月を経過する日（❻新設合併消滅株式会社にあっては、新設合併設立会社の成立の日）までの間、当該各号に定めるもの（以下この節において「❼新設合併契約等」という。）の内容その他法務省令で定める事項を記載し、又は記録した書面又は❽電磁的記録をその本店に備え置かなければならない。
　①　新設合併消滅株式会社　　新設合併契約
　②　❾新設分割株式会社　　新設分割計画
　③　❿株式移転完全子会社　　株式移転計画
2　前項に規定する「新設合併契約等備置開始日」とは、次に掲げる日のいずれか早い日をいう。
　①　❼新設合併契約等について株主総会（種類株主総会を含む。）の決議によってその承認を受けなければならないときは、当該株主総会の日の2週間前の日（第319条第1項の場合〔取締役または株主の提案に株主全員の同意により提案可決の総会決議があったものとみなす場合〕にあっては、同項の提案があった日）
　②　第806条第3項の規定による通知〔新設合併等をする旨等の通知〕を受けるべき株主があるときは、同項の規定による通知の日又は同条第4項の公告〔通知に代わる公告〕の日のいずれか早い日
　③　第808条第3項の規定による通知〔新設合併等をする旨等の通知〕を受けるべき新株予約権者があるときは、同項の規定による通知の日又は同条第4項の公告〔通知に代わる公告〕の日のいずれか早い日
　④　第810条の規定による手続〔債権者異議手続〕をしなければならないときは、同条第2項の規定による公告〔新設合併等をする旨等の公告〕の日又は同項の規定による催告〔知れている債権者への格別の催告〕の日のいずれか早い日
　⑤　前各号に規定する場合以外の場合には、新設分割計画の作成

❶定
❷753条1項
❸763条1項
❹773条1項1号
❺定
❻753条1項6号

❼定
❽26条2項

❾763条1項5号
❿773条1項5号

の日から2週間を経過した日
3 ❶消滅株式会社等の株主及び債権者(❷株式移転完全子会社にあっては、株主及び新株予約権者)は、消滅株式会社等に対して、その営業時間内は、いつでも、次に掲げる請求をすることができる。ただし、第2号又は第4号に掲げる請求をするには、当該消滅株式会社等の定めた費用を支払わなければならない。
① 第1項の書面の閲覧の請求
② 第1項の書面の謄本又は抄本の交付の請求
③ 第1項の❸電磁的記録に記録された事項を法務省令で定める方法により表示したものの閲覧の請求
④ 第1項の電磁的記録に記録された事項を電磁的方法であって消滅株式会社等の定めたものにより提供することの請求又はその事項を記載した書面の交付の請求

消滅株式会社等は、新設合併契約等備置開始日から設立会社の成立の日後6か月を経過するまでの間、新設合併契約等の内容等を記載・記録した書面・電磁的記録を本店に備え置かなければなりません。消滅株式会社等の株主・債権者等は、これらの書面の閲覧・謄本の交付等を請求することができます。

→試験対策14章2節[2]【1】(3)、[3]【1】(5)、[4]【1】(3)

1 趣旨

株主総会の決議や会社債権者異議手続等の効力発生日前における権利行使についての判断資料を提供する規定である。

2 条文クローズアップ

1 **新設合併等に関する書面等の事前開示(1項)**
新設合併等をする場合は、吸収合併等と同様に、書面の事前開示が義務付けられている。

→782条[2] 1

2 **新設合併契約等備置開始日(2項)**
吸収合併等の場合と同様である。

→782条[2] 2

3 **閲覧請求等(3項)**
吸収合併等の場合と同様である。

→782条[2] 3

司 H23-49-ア
第804条(新設合併契約等の承認) A
1 ❶消滅株式会社等は、株主総会の決議によって、❷新設合併契約等の承認を受けなければならない。
2 前項の規定にかかわらず、❸新設合併設立会社が持分会社である場合には、新設合併契約について❹新設合併消滅株式会社の総

❶803条1項
❷803条1項
❸753条1項
❹753条1項6号

株主の同意を得なければならない。

3　　❹新設合併消滅株式会社又は❺株式移転完全子会社が種類株式発行会社である場合において、新設合併消滅株式会社又は株式移転完全子会社の株主に対して交付する❻新設合併設立株式会社又は❼株式移転設立完全親会社の株式等の全部又は一部が譲渡制限株式等であるときは、当該新設合併又は株式移転は、当該譲渡制限株式等の割当てを受ける種類の株式（譲渡制限株式を除く。）の種類株主を構成員とする種類株主総会（当該種類株主に係る株式の種類が２以上ある場合にあっては、当該２以上の株式の種類別に区分された種類株主を構成員とする各種類株主総会）の決議がなければ、その効力を生じない。ただし、当該種類株主総会において議決権を行使することができる株主が存しない場合は、この限りでない。

4　❶消滅株式会社等は、第１項の株主総会の決議〔新設合併契約等の承認決議〕の日（第２項に規定する場合にあっては、同項の総株主の同意を得た日）から２週間以内に、その❽登録株式質権者（次条〔分割会社における簡易分割の場合の特則〕に規定する場合における登録株式質権者を除く。）及び第808条第３項各号に定める新株予約権〔新設合併等をする旨等の通知を受けるべき新株予約権者の有する新株予約権〕の❾登録新株予約権質権者に対し、新設合併、新設分割又は株式移転（以下この節において「❿新設合併等」という。）をする旨を通知しなければならない。

5　前項の規定による通知は、公告をもってこれに代えることができる。

❺773条１項５号
❻753条１項２号
❼773条１項１号

❽149条１項

❾270条１項
❿定

　消滅株式会社等は、株主総会の決議によって、新設合併契約等の承認を受けなければなりません。これにかかわらず、新設合併設立会社が持分会社である場合には、新設合併消滅株式会社の総株主の同意を得なければなりません。さらに、新設合併消滅株式会社等が種類株式発行会社である場合において、消滅株式会社等の株主に交付する新設合併設立株式会社等の株式が譲渡制限株式等であるときは、株主総会の承認に加えて、その譲渡制限株式等の割当てを受ける種類の株式の種類株主による種類株主総会の決議がなければ、効力を生じません。

→試験対策14章2節[2]【１】(3)、[3]【１】(5)、[4]【１】(3)

1 趣旨

　新設合併等は、会社の基礎に重大な影響を与えることから、原則として株主総会の特別決議（１項、309条２項12号）を必要とすることにより株主を保護することとした。さらに、新設合併等により譲渡性の低い対価である譲渡制限株式・持分会社の持分が交付される株主を保護するため、株主総会の特殊決議や総株主の同意が必要とされる。

2 条文クローズアップ

1 新設型組織再編における消滅会社等の株主総会の決議
(1) 新設合併の消滅会社および株式移転の完全子会社の株主総会の決議
 (a) 種類株式発行会社でない株式会社における手続
  (ⅰ) 原則
   株主総会の特別決議が必要である（1項、309条2項12号）。
  (ⅱ) 消滅株式会社等が公開会社であり、かつ、対価が譲渡制限株式等である場合
   株主総会の特殊決議が必要である（804条1項、309条3項3号）。
  (ⅲ) 新設合併設立会社が持分会社である場合
   総株主の同意が必要である（804条2項）。
 (b) 種類株式発行会社における手続
  (ⅰ) 原則
   株主総会の特別決議が必要である（1項、309条2項12号）。
  (ⅱ) 対価が譲渡制限株式等である場合
   株主総会の特別決議のほか（804条1項、309条2項12号）、譲渡制限株式等の割当てを受ける種類の株式（譲渡制限株式を除く）の種類株主を構成員とする種類株主総会の特殊決議が必要である（804条3項本文、324条3項2号）。
  (ⅲ) 新設合併設立会社が持分会社である場合
   新設合併消滅株式会社の総株主の同意が必要である（804条2項）。
(2) 新設分割の分割会社の手続
 株主総会の特別決議が必要である（1項、309条2項12号）。

2 登録質権者への通知・公告（4項、5項）
登録株式質権者または登録新株予約権質権者は、吸収合併等に際して当該株主が受ける金銭等について権利を有するため、登録質権者への通知・公告も必要とした。

→776条②2

第805条（新設分割計画の承認を要しない場合） A

前条第1項〔新設合併契約等の承認〕の規定は、新設分割により❶新設分割設立会社に承継させる資産の帳簿価額の合計額が新設分割株式会社の総資産額として法務省令で定める方法により算定される額の5分の1（これを下回る割合を❷新設分割株式会社の定款で定めた場合にあっては、その割合）を超えない場合には、適用しない。

❶763条1項
❷763条1項5号

新設分割計画に関する株主総会の決議は、新設分割により新設分割設立会社に承継させる資産の帳簿上の金額が新設分割会社の総資産額として定められる額の5分の1に満たない額（これを下回る割合を分割会社の定款で定めた場合には、その割合）である場合には、必要ありません。

→試験対策14章2節③【1】(5)

1 趣旨

新設分割会社の財産に比べて新設分割設立会社に承継させる財産が少ない場合には、分割会社の株主にとって、経済的にも持分比率的にもその分割によるマイナスの影響はほとんどないと予想される。他方、分割計画の承認のための株主総会の招集には時間と費用を要するため、その株主総会の開催を不要とすることが経済的に合理性をもつといえる。これらの理由から、比較的少額と考えられる財産の分割では株主総会の承認を不要とした。

> **第805条の2（新設合併等をやめることの請求）　A**
> ❶新設合併等が法令又は定款に違反する場合において、❷消滅株式会社等の株主が不利益を受けるおそれがあるときは、消滅株式会社等の株主は、消滅株式会社等に対し、当該新設合併等をやめることを請求することができる。ただし、前条に規定する場合〔分割会社における簡易分割の場合〕は、この限りでない。

❶804条4項
❷803条1項

新設合併等（新設合併、新設分割または株式移転）において、一定の場合に消滅株式会社等（新設合併消滅株式会社、新設分割株式会社、株式移転完全子会社）の株主が不利益を受けるおそれがあるときは、その株主は、消滅会社等に対し吸収合併等をやめることの請求ができます。

1 趣旨

会社法は合併無効の訴えを用意しているが、合併の効力が発生し、一度合併した会社を分割することは、実際上多大な困難が伴う。そのため、合併一般について、効力が発生する前の救済措置として合併を差し止める機会を株主に与える必要がある。そこで、株主救済の観点から、略式組織再編以外の組織再編に関する一般的な差止請求制度を明文で定め、一定の場合において消滅株式会社等の株主が不利益を受けるおそれがあるときは、消滅株式会社等の株主は新設合併等をやめることを要求することができるとした。

2 条文クローズアップ

1 「法令又は定款に違反」

会社を名宛人とする法令または定款に違反することを意味する。取締役の善管注意義務・忠実義務（330条・民644条、会社355条）違反はこれに含まれないと解されている。

そして、組織再編において、当事会社の株主に交付される対価が不十分である場合には、当事会社の取締役の善管注意義務・忠実義務違反の問題が生じるにすぎないため、対価が不十分であることは「法令又は定

款」違反にはあたらないと解される。
　もっとも、対価について特別利害を有する者が議決権を行使することによって、著しく不当な決議がなされたといえる場合には、株主総会決議の取消事由(831条項3号)となると解される。その結果、法令(804条1項)違反が存在するとして、差止めが認められることとなる。

2　「株主が不利益を受けるおそれ」
　会社が合併により損害や不利益を受けることは必要ではなく、個別具体的な事案において株主個人が不利益を受けるおそれがあることを要する。

3　新設合併等の差止請求

→784条の2②1

　新設合併等の場合も、吸収合併等と同様に、新設合併等の差止めが認められている(805条の2本文)。また、簡易分割が適用される場面では、差止めが認められないのも同様である(805条の2ただし書)。

司 H26-49-ア
第806条（反対株主の株式買取請求）　A

i 1　❶新設合併等をする場合(次に掲げる場合を除く。)には、反対株主は、❷消滅株式会社等に対し、自己の有する株式を公正な価格で買い取ることを請求することができる。
　　①　第804条第2項に規定する場合〔総株主の同意を必要とする場合〕
　　②　第805条に規定する場合〔分割会社における簡易分割の場合〕
　2　前項に規定する「反対株主」とは、次に掲げる株主をいう。
　　①　第804条第1項の株主総会〔消滅株式会社等における新設合併契約等を承認する株主総会〕(❶新設合併等をするために種類株主総会の決議を要する場合にあっては、当該種類株主総会を含む。)に先立って当該新設合併等に反対する旨を当該❷消滅株式会社等に対し通知し、かつ、当該株主総会において当該新設合併等に反対した株主(当該株主総会において議決権を行使することができるものに限る。)
　　②　当該株主総会において議決権を行使することができない株主
　3　❷消滅株式会社等は、第804条第1項の株主総会の決議〔新設合併契約等の承認決議〕の日から2週間以内に、その株主に対し、❶新設合併等をする旨並びに他の❸新設合併消滅会社、❹新設分割会社又は❺株式移転完全子会社(以下この節において「❻消滅会社等」という。)及び❼設立会社の商号及び住所を通知しなければならない。ただし、第1項各号に掲げる場合〔総株主の同意を要する場合、分割会社における簡易分割の場合〕は、この限りでない。
　4　前項の規定による通知は、公告をもってこれに代えることができる。
　5　第1項の規定による請求(以下この目において「❽株式買取請求」

❶804条4項
❷803条1項

❸753条1項1号
❹763条1項5号
❺773条1項5号
❻定
❼803条1項

❽定

第806条／1141

> 　という。)は、第3項の規定による通知〔新設合併等をする旨等の通知〕又は前項の公告〔通知に代わる公告〕をした日から20日以内に、その株式買取請求に係る株式の数(種類株式発行会社にあっては、株式の種類及び種類ごとの数)を明らかにしてしなければならない。
> 6　株券が発行されている株式について❶株式買取請求をしようとするときは、当該株式の株主は、❷消滅株式会社等に対し、当該株式に係る株券を提出しなければならない。ただし、当該株券について第223条の規定による請求〔株券喪失登録の請求〕をした者については、この限りでない。
> 7　❶株式買取請求をした株主は、❷消滅株式会社等の承諾を得た場合に限り、その株式買取請求を撤回することができる。
> 8　❶新設合併等を中止したときは、❷株式買取請求は、その効力を失う。
> 9　第133条〔株式取得者による株主名簿記載事項の記載・記録の請求〕の規定は、❶株式買取請求に係る株式については、適用しない。

　新設合併等をする場合には、反対株主(株主総会等に先立ってその新設合併等に反対する旨を消滅株式会社に通知し、かつ、株主総会で新設合併等に反対した等一定の要件をみたす株主)は、消滅株式会社等に対し、自己の所有する株式を公正な価格での買取りを請求することができます。

→試験対策14章2節②【3】

1 趣旨

　本条が反対株主に「公正な価格」での株式の買取りを請求する権利を付与する趣旨は、①反対株主に会社からの退出の機会を与えるとともに、②退出を選択した株主には、新設合併等がされなかったとした場合と経済的に同等の状態を確保し、さらに、③新設合併等により、組織再編によって企業価値の増加が生ずる場合にこの価値を適切に分配することで反対株主の利益を一定の範囲で保障することにある。

2 条文クローズアップ

1　株式買取請求権の行使要件
2　株式買取請求権の行使手続
3　株式買取請求権の行使価格

→本章総説①2(3)(c)
→本章総説①2(3)(d)
→本章総説①2(3)(e)

第807条(株式の価格の決定等)　B+

> 1　❶株式買取請求があった場合において、株式の価格の決定について、株主と❷消滅株式会社等(新設合併をする場合における❸新設合併設立会社の成立の日後にあっては、新設合併設立会社。以下この条において同じ。)との間に協議が調ったときは、消滅株式会

❶806条5項
❷定
❸753条1項

社等は、設立会社の成立の日から60日以内にその支払をしなければならない。
2　株式の価格の決定について、設立会社の成立の日から30日以内に協議が調わないときは、株主又は❷消滅株式会社等は、その期間の満了の日後30日以内に、裁判所に対し、価格の決定の申立てをすることができる。
3　前条第7項〔株式買取請求の撤回制限〕の規定にかかわらず、前項に規定する場合において、設立会社の成立の日から60日以内に同項の申立てがないときは、その期間の満了後は、株主は、いつでも、❶株式買取請求を撤回することができる。
4　❷消滅株式会社等は、裁判所の決定した価格に対する第1項の期間の満了の日後の年6分の利率により算定した利息をも支払わなければならない。
5　❷消滅株式会社等は、株式の価格の決定があるまでは、株主に対し、当該消滅株式会社等が公正な価格と認める額を支払うことができる。
6　❶株式買取請求に係る株式の買取りは、設立会社の成立の日に、その効力を生ずる。
7　❷株券発行会社は、株券が発行されている株式について❶株式買取請求があったときは、株券と引換えに、その株式買取請求に係る株式の代金を支払わなければならない。

❹117条7項

→試験対策14章2節②【3】

株式買取請求があった場合において、株式の価格の決定について、協議が調わないときは、株主または会社は、裁判所に対し、価格の決定の申立てをすることができます。なお、価格の決定があるまで、会社は、当該会社が公正な価格と認める額を株主に対して支払うことができます。

1　趣旨

本条は、裁判所が公正価格を決定することは困難であること、および鑑定費用が高額になりうることから、まずは当事者間の協議によって株式価格を決定することとしたうえで（1項）、その協議が調わない場合に、反対株主による濫用的な株式買取請求を制限することを主な目的として、反対株主のみならず当該会社からの価格決定の申立ても認めている（2項）。

2　条文クローズアップ

株式買取請求権行使の効果

→本章総説①2(3)(f)

第808条（新株予約権買取請求）　B

1　次の各号に掲げる行為をする場合には、当該各号に定める❶消滅株式会社等の新株予約権の新株予約権者は、消滅株式会社等に対し、自己の有する新株予約権を公正な価格で買い取ることを請求することができる。

① 新設合併　第753条第1項第10号又は第11号に掲げる事項についての定め〔新設合併設立会社の交付する新株予約権等およびその割当て等の事項の新設合併契約での定め〕が第236条第1項第8号の条件(同号イに関するもの〔合併の場合〕に限る。)〔新設合併消滅会社の新株予約権者に対する設立会社の新株予約権の交付条件〕に合致する新株予約権以外の新株予約権

② 新設分割(新設分割設立会社が株式会社である場合に限る。)
　　次に掲げる新株予約権のうち、第763条第1項第10号又は第11号に掲げる事項についての定め〔新設分割設立会社の交付する新株予約権およびその割当て等についての新設分割計画での定め〕が第236条第1項第8号の条件(同号ハに関するものに限る。)に合致する新株予約権以外の新株予約権
　イ　❷新設分割計画新株予約権
　ロ　新設分割計画新株予約権以外の新株予約権であって、新設分割をする場合において当該新株予約権の新株予約権者に❸新設分割設立株式会社の新株予約権を交付することとする旨の定めがあるもの

③ 株式移転　次に掲げる新株予約権のうち、第773条第1項第9号又は第10号に掲げる事項についての定め〔株式移転完全親会社の交付する新株予約権およびその割当て等についての株式移転計画での定め〕が第236条第1項第8号の条件(同号ホに関するもの〔株式移転の場合〕に限る。)〔株式移転の場合に株式移転設立完全親会社の新株予約権を交付する条件〕に合致する新株予約権以外の新株予約権
　イ　❹株式移転計画新株予約権
　ロ　株式移転計画新株予約権以外の新株予約権であって、株式移転をする場合において当該新株約権の新株予約権者に❺株式移転設立完全親会社の新株予約権を交付することとする旨の定めがあるもの

2　新株予約権付社債に付された新株予約権の新株予約権者は、前項の規定による請求(以下この目において「❻新株予約権買取請求」という。)をするときは、併せて、新株予約権付社債についての社債を買い取ることを請求しなければならない。ただし、当該新株予約権付社債に付された新株予約権について別段の定めがある場合は、この限りでない。

3　次の各号に掲げる❼消滅株式会社等は、第804条第1項の株主総会の決議の日〔新設合併契約等の承認決議〕(同条第2項に規定する場

❶803条1項

❷763条1項10号イ

❸763条1項1号

❹773条1項9号イ

❺773条1項1号

❻定

合〔総株主の同意を必要とする場合〕にあっては同項の総株主の同意を得た日、第805条に規定する場合〔分割会社における簡易分割の場合〕にあっては新設分割計画の作成の日〕から２週間以内に、当該各号に定める新株予約権の新株予約権者に対し、❼新設合併等をする旨並びに他の❽消滅会社等及び❾設立会社の商号及び住所を通知しなければならない。

① ❿新設合併消滅株式会社　全部の新株予約権
② ⓫新設分割設立会社が株式会社である場合における⓬新設分割株式会社　次に掲げる新株予約権
　イ　❷新設分割計画新株予約権
　ロ　新設分割計画新株予約権以外の新株予約権であって、新設分割をする場合において当該新株予約権の新株予約権者に❸新設分割設立株式会社の新株予約権を交付することとする旨の定めがあるもの
③ ⓭株式移転完全子会社　次に掲げる新株予約権
　イ　❹株式移転計画新株予約権
　ロ　株式移転計画新株予約権以外の新株予約権であって、株式移転をする場合において当該新株予約権の新株予約権者に❺株式移転設立完全親会社の新株予約権を交付することとする旨の定めがあるもの

4　前項の規定による通知は、公告をもってこれに代えることができる。

5　❻新株予約権買取請求は、第３項の規定による通知〔新設合併等をする旨等の通知〕又は前項の公告〔通知に代わる公告〕をした日から20日以内に、その新株予約権買取請求に係る新株予約権の内容及び数を明らかにしてしなければならない。

6　新株予約権証券が発行されている新株予約権について❻新株予約権買取請求をしようとするときは、当該新株予約権の新株予約権者は、❶消滅株式会社等に対し、その新株予約権証券を提出しなければならない。ただし、当該新株予約権証券について非訟事件手続法第114条〔有価証券無効宣言公示催告の申立て〕に規定する公示催告の申立てをした者については、この限りでない。

7　新株予約権付社債券が発行されている新株予約権付社債に付された新株予約権について❻新株予約権買取請求をしようとするときは、当該新株予約権の新株予約権者は、❶消滅株式会社等に対し、その新株予約権付社債券を提出しなければならない。ただし、当該新株予約権付社債券について非訟事件手続法第114条に規定する公示催告の申立てをした者については、この限りでない。

8　❻新株予約権買取請求をした新株予約権者は、❶消滅株式会社等の承諾を得た場合に限り、その新株予約権買取請求を撤回するこ

❼804条４項
❽806条３項
❾803条１項

❿753条１項６号
⓫763条１項
⓬763条１項５号

⓭773条１項５号

とができる。
9 ❼新設合併等を中止したときは、❻新株予約権買取請求は、その効力を失う。
i10　第260条〔新株予約権取得者の新株予約権原簿記載事項の記載・記録の請求〕の規定は、❻新株予約権買取請求に係る新株予約権については、適用しない。

新設合併等をする場合には、消滅株式会社等の一定の新株予約権者は、消滅株式会社等に対し、その所有する新株予約権を公正な価格で買い取ることを請求できます。

→試験対策14章2節②【1】(3)【4】、③【1】(5)、④【1】(3)

1 趣旨

会社の新株予約権者のうち、新株予約権の発行事項の承継に関する定めがある新株予約権(236条1項8号)について、その定めの内容に沿わない取扱いがされる場合において、また、そのような定めがない新株予約権については無条件に、新株予約権者に新株予約権買取請求権を与えて、新株予約権者の経済的利益の保護を図った。

2 条文クローズアップ

1　新株予約権の買取請求ができる場合(1項)

①あらかじめ新株予約権の内容として、組織再編行為を行う際に当該新株予約権の新株予約権に他の株式会社の新株予約権を交付することおよびその条件が定められている場合であって(236条1項8号)、かつ、現実に組織再編行為がされた場合において、当該定めに従った取扱いがなされない場合である(787条1項各号)。

②①のような定めがない新株予約権であっても、組織再編行為を行う際に、当該新株予約権の新株予約権者に、他の株式会社の新株予約権を交付する旨を定める場合には、新株予約権の買取請求ができる(808条1項)。

2　新株予約権付社債の取扱い(2項)

新株予約権付社債の場合は、社債の買取りもあわせて請求しなければならないのは、777条と同様である。

→777条②2

3　行使手続(3項から10項まで)

新株予約権の買取請求の行使手続は、反対株主の株式買取請求権と同様である。

→本章総説①2(3)(d)(e)

第809条（新株予約権の価格の決定等）　B⁻

1　❶新株予約権買取請求があった場合において、❷新株予約権(当該新株予約権が新株予約権付社債に付されたものである場合におい

❶808条2項
❷定

/1146/ 第809条

て、当該新株予約権付社債についての社債の買取りの請求があったときは、当該社債を含む。以下この条において同じ。)の価格の決定について、新株予約権者と❸消滅株式会社等(新設合併をする場合における❹新設合併設立会社の成立の日後にあっては、新設合併設立会社。以下この条において同じ。)との間に協議が調ったときは、消滅株式会社等は、❺設立会社の成立の日から60日以内にその支払をしなければならない。

2　新株予約権の価格の決定について、❺設立会社の成立の日から30日以内に協議が調わないときは、新株予約権者又は❸消滅株式会社等は、その期間の満了の日後30日以内に、裁判所に対し、価格の決定の申立てをすることができる。

3　前条第8項〔株式買取請求の撤回制限〕の規定にかかわらず、前項に規定する場合において、❺設立会社の成立の日から60日以内に同項の申立てがないときは、その期間の満了後は、新株予約権者は、いつでも、❶新株予約権買取請求を撤回することができる。

4　❸消滅株式会社等は、裁判所の決定した価格に対する第1項の期間の満了の日後の年6分の利率により算定した利息をも支払わなければならない。

i 5　❸消滅株式会社等は、新株予約権の価格の決定があるまでは、新株予約権者に対し、当該消滅株式会社等が公正な価格と認める額を支払うことができる。

6　❶新株予約権買取請求に係る新株予約権の買取りは、❺設立会社の成立の日に、その効力を生ずる。

7　❸消滅株式会社等は、新株予約権証券が発行されている新株予約権について❶新株予約権買取請求があったときは、新株予約権証券と引換えに、その新株予約権買取請求に係る新株予約権の代金を支払わなければならない。

8　❸消滅株式会社等は、新株予約権付社債券が発行されている新株予約権付社債に付された新株予約権について❶新株予約権買取請求があったときは、新株予約権付社債券と引換えに、その新株予約権買取請求に係る新株予約権の代金を支払わなければならない。

❸定
❹753条1項

❺803条1項

→試験対策14章2節②【1】(3)

　新株予約権買取請求がされた場合、新株予約権の価格の決定について、協議が調わないときには、新株予約権者または会社は、裁判所に対し、価格の決定の申立てをすることができます。なお、会社は、買取価格の決定があるまで、新株予約権者に対し、会社が公正な価格と認める額を支払うことができます。

1　趣旨

第809条／1147／

1項は、裁判所が新株予約権の公正な価格を決定することは、新株予約権の性質上、株式の公正な価格を決定すること以上に困難であることから、まずは当事者間の協議によって価格を決定することとしている。2項以下は、株式買取請求と同様の趣旨(786条、798条、807条参照)で新株予約権買取請求手続を規定している。

2 条文クローズアップ

新株予約権の買取請求における買取価格の決定方法は、反対株主の株式買取請求権の場合と同様である。

→本章総説①2(3)(f)

司H23-49-イ。予H27-25-エ、書H25-33-オ
第810条（債権者の異議）　A

1　次の各号に掲げる場合には、当該各号に定める債権者は、❶消滅株式会社等に対し、❷新設合併等について異議を述べることができる
　①　新設合併をする場合　❸新設合併消滅株式会社の債権者
　②　新設分割をする場合　新設分割後❹新設分割株式会社に対して債務の履行(当該債務の保証人として❺新設分割設立会社と連帯して負担する保証債務の履行を含む。)を請求することができない新設分割株式会社の債権者(第763条第1項第12号又は第765条第1項第8号に掲げる事項についての定めがある場合〔人的分割の場合〕にあっては、新設分割株式会社の債権者)
　③　❻株式移転計画新株予約権が新株予約権付社債に付された新株予約権である場合　当該新株予約権付社債についての社債権者
2　前項の規定により❶消滅株式会社等の債権者の全部又は一部が異議を述べることができる場合には、消滅株式会社等は、次に掲げる事項を官報に公告し、かつ、知れている債権者(同項の規定により異議を述べることができるものに限る。)には、各別にこれを催告しなければならない。ただし、第4号の期間は、1箇月を下ることができない。
　①　❷新設合併等をする旨
　②　他の❼消滅会社等及び❽設立会社の商号及び住所
　③　消滅株式会社等の計算書類に関する事項として法務省令で定めるもの
　④　債権者が一定の期間内に異議を述べることができる旨
3　前項の規定にかかわらず、❶消滅株式会社等が同項の規定による公告を、官報のほか、第939条第1項〔定款に定めた会社の公告方法〕の規定による定款の定めに従い、同項第2号又は第3号に掲げる公告方法〔日刊新聞紙に掲載する方法または電子公告〕によりするときは、前項の規定による各別の催告(新設分割をする場合におけ

❶803条1項
❷804条4項

❸753条1項6号
❹763条1項5号
❺763条1項

❻773条1項9号イ

❼806条3項
❽803条1項

る不法行為によって生じた❹新設分割株式会社の債務の債権者に対するものを除く。)は、することを要しない。
4　債権者が第2項第4号の期間内に異議を述べなかったときは、当該債権者は、当該❷新設合併等について承認をしたものとみなす。
5　債権者が第2項第4号の期間内に異議を述べたときは、❶消滅株式会社等は、当該債権者に対し、弁済し、若しくは相当の担保を提供し、又は当該債権者に弁済を受けさせることを目的として❺信託会社等に相当の財産を信託しなければならない。ただし、当該❷新設合併等をしても当該債権者を害するおそれがないときは、この限りでない。

❾449条5項

　新設合併等をする場合において、消滅株式会社の一定の債権者は、新設合併等について異議を述べることができます。この場合には、消滅株式会社等は、債権者が一定の期間内に異議を述べることができる旨等を官報に公告し、かつ、知れている債権者には、各別にこれを催告しなければなりません。債権者が異議を述べた場合には、弁済または相当の担保等の提供をしなければなりません。

→試験対策14章2節[2]【1】(3)、[3]【1】(5)、[4]【1】(3)

1 趣旨

　新設合併の場合、新設分割で新設分割株式会社に対して債務の履行を請求することができない場合、株式移転の際に新株予約権付社債にかかる債務が完全子会社となる会社から完全親会社となる会社へと移転する場合には、設立株式会社の資産状況により、消滅株式会社等の債権者は重大な影響を受ける。そこで、このような場合には、債権者の異議等の会社債権者異議手続をとることを要求した。

2 条文クローズアップ

会社債権者異議手続
(1)　会社債権者異議手続の流れ
(2)　分割会社の会社債権者異議手続
(3)　完全子会社の会社債権者異議手続

→本章総説[1] 2 (4)(a)
→本章総説[1] 2 (4)(b)

　株式移転においては、合併や会社分割の場合と異なり、株主が変動するだけで、各当事会社の財産は変動しないため、原則として会社債権者異議手続は不要である。
　もっとも、株式移転に際して、新株予約権付社債についても完全親会社に承継することが認められているため、新株予約権付社債にかかる債務が完全子会社となる会社から完全親会社となる会社へと移転する場合がある。そこで、完全子会社においては、新株予約権付社債権者について、会社債権者異議手続が要求されることになる(1項3号)。

> 判例セレクト
>
> 「知れている債権者」の意義

→449条判例セレクト2

第811条（新設分割又は株式移転に関する書面等の備置き及び閲覧等）　B

1 ❶新設分割株式会社又は❷株式移転完全子会社は、❸新設分割設立会社又は❹株式移転設立完全親会社の成立の日後遅滞なく、新設分割設立会社又は株式移転設立完全親会社と共同して、次の各号に掲げる区分に応じ、当該各号に定めるものを作成しなければならない。

① 新設分割株式会社　新設分割により新設分割設立会社が承継した新設分割株式会社の権利義務その他の新設分割に関する事項として法務省令で定める事項を記載し、又は記録した書面又は❺電磁的記録

② 株式移転完全子会社　株式移転により株式移転設立完全親会社が取得した株式移転完全子会社の株式の数その他の株式移転に関する事項として法務省令で定める事項を記載し、又は記録した書面又は電磁的記録

2 ❶新設分割株式会社又は❷株式移転完全子会社は、❸新設分割設立会社又は❹株式移転設立完全親会社の成立の日から6箇月間、前項各号の書面又は❺電磁的記録をその本店に備え置かなければならない。

3 ❶新設分割株式会社の株主、債権者その他の利害関係人は、新設分割株式会社に対して、その営業時間内は、いつでも、次に掲げる請求をすることができる。ただし、第2号又は第4号に掲げる請求をするには、当該新設分割株式会社の定めた費用を支払わなければならない。

① 前項の書面の閲覧の請求
② 前項の書面の謄本又は抄本の交付の請求
③ 前項の❺電磁的記録に記録された事項を法務省令で定める方法により表示したものの閲覧の請求
④ 前項の電磁的記録に記録された事項を電磁的方法であって新設分割株式会社の定めたものにより提供することの請求又はその事項を記載した書面の交付の請求

4 前項の規定は、❷株式移転完全子会社について準用する。この場合において、同項中「❶新設分割株式会社の株主、債権者その他の利害関係人」とあるのは、「❹株式移転設立完全親会社の成立の日に❷株式移転完全子会社の株主又は新株予約権者であった者」と

❶763条1項5号
❷773条1項5号
❸763条1項
❹773条1項1号

❺26条2項

読み替えるものとする。

　新設分割株式会社等は、成立後すみやかに新設分割設立会社等と共同して、新設分割等により新設分割設立会社等が承継した権利義務等を記載・記録した書面・電磁的記録を作成し、成立の日から6か月間、これらの書面・電磁的記録をその本店に備え置かなければなりません。新設分割株式会社等の株主・債権者等は、営業時間内は、いつでも、これらの書面等の閲覧・謄本の交付等の請求をすることができます。

→試験対策14章2節[3]【1】(5)、[4]【1】(3)

1 趣旨

　株主および会社債権者に合併無効の訴え等を提起するかどうかの判断材料を与えるため、新設分割等に関する書面の備置き、閲覧等の請求を認めた。

2 条文クローズアップ

作成する書面への記載事項

(1) 新設分割株式会社（1項1号）

　新設分割が効力を生じた日、反対株主の株式買取請求（806条）・新株予約権買取請求（808条）・会社債権者異議手続（810条）の経過、新設分割により新設分割設立会社が新設分割会社から承継した重要な権利義務に関する事項等である（会社施規209条）。

(2) 株式移転完全子会社（1項2号）

　株式移転が効力を生じた日、反対株主の株式買取請求（806条）・新株予約権買取請求（808条）・会社債権者異議手続（810条）の規定による手続の経過、株式移転により株式移転設立完全親会社に移転した株式移転完全子会社の株式の数等である（会社施規210条）。

> 書 H23-32-イ
> **i 第812条（剰余金の配当等に関する特則）　B⁺**
> 　第445条第4項〔剰余金配当時における準備金の計上〕、第458条〔株式会社の純資産額が300万円を下回る場合における適用除外〕及び第2編〔株式会社〕第5章〔計算等〕第6節〔剰余金の配当等に関する責任〕の規定は、次に掲げる行為については、適用しない。
> 　① 第763条第1項第12号イ又は第765条第1項第8号イの株式の取得〔新設分割株式会社の全部取得条項付種類株式の取得による人的分割〕
> 　② 第763条第1項第12号ロ又は第765条第1項第8号ロの剰余金の配当〔新設分割株式会社の剰余金の配当による人的分割〕

→試験対策14章2節[3]【1】(3)

　分割会社が、承継会社から交付を受けた承継会社の株式や持分を用いて、

全部取得条項付種類株式の取得または剰余金の配当をする場合には、自己株式の有償取得に関する財源規制や剰余金の配当に関する財源規制は及びません。

1 趣旨

分割会社は、会社分割の効力発生時に、株主に対して分割対価として受けた承継会社・設立会社の株式を、全部取得条項付種類株式の対価または剰余金の配当として分配することができ、実質的に人的分割が認められている。もっとも、全部取得条項付種類株式の取得や剰余金の配当は、財源規制がかけられている。そこで、本条は、全部取得条項付種類株式の取得および剰余金の配当に関する一定の規則の適用を除外した。

2 条文クローズアップ

財源規制の特則

(1) 全部取得条項付種類株式の取得（1号）

分割会社は、新設分割の効力発生日に、承継会社から交付を受けた承継会社の株式や持分を対価として、全部取得条項付種類株式を取得することができる（763条1項12号イ、765条1項8号イ）。このとき、自己株式の有償取得に関する財源規制は及ばない（柱書）。

(2) 剰余金の配当（2号）

分割会社は、新設分割の効力発生日に、承継会社から交付を受けた承継会社の株式や持分を、剰余金の配当として、分割会社の株主に分配することができる（763条1項12号ロ、765条1項8号ロ）。このとき、剰余金の配当に関する財源規制は及ばず、準備金の計上も要しない（812条柱書）。

第2目 持分会社の手続

> **第813条　C**
> 1　次に掲げる行為をする持分会社は、❶新設合併契約等について当該持分会社の総社員の同意を得なければならない。ただし、定款に別段の定めがある場合は、この限りでない。
> 　① 新設合併
> 　② 新設分割（当該持分会社（合同会社に限る。）がその事業に関して有する権利義務の全部を他の会社に承継させる場合に限る。）
> 2　第810条〔債権者異議手続〕（第1項第3号〔株式移転に関する手続〕及び第2項第3号〔消滅株式会社等の計算書類の事項の公告かつ催告〕を除く。）の規定は、❷新設合併消滅持分会社又は合同会社である❸新設分割会社（以下この節において「❹新設分割合同会社」という。）について準用する。この場合において、同条第1項第2号中「債権者（第763条第1項第12号又は第765条第1項第8号に掲げる事項についての定めがある場合〔人的分割の定めのある場合〕にあっては、

❶803条1項

❷753条1項6号
❸763条1項5号
❹定

❺新設分割株式会社の債権者)」とあるのは「債権者」と、同条第3項中「消滅株式会社等」とあるのは「新設合併消滅持分会社(新設合併設立会社が株式会社又は合同会社である場合にあっては、合同会社に限る。)又は新設分割合同会社」と読み替えるものとする。

❺763条1項5号

　新設合併等をする持分会社は、定款に別段の定めがある場合を除いて、新設合併契約等についてその持分会社の総社員の同意を得なければなりません。

→試験対策14章2節⑤

1 趣旨

　新設合併においては、消滅会社となる持分会社の地位に変動が生じることから、総社員の同意を必要としている。
　新設分割においては、分割会社の社員に与える影響は通常の事業譲渡と同様であることから、原則として総社員の同意は不要である。もっとも、権利義務の全部を承継させる場合には合併に類似する効果が生じることから、例外的に総社員の同意を必要としている。

■第2款　新設合併設立会社、新設分割設立会社及び株式移転設立完全親会社の手続

第1目　株式会社の手続

司H23-49-ウ。書H24-27-ア
第814条（株式会社の設立の特則）　B⁻

1　第2編〔株式会社〕第1章〔設立〕（第27条〔定款の絶対的事項〕（第4号〔出資財産の価額またはその最低額〕及び第5号〔発起人の氏名・名称および住所〕を除く。）、第29条〔定款の相対的記載事項・任意的記載事項〕、第31条〔定款の備置きおよび閲覧等〕、第37条第3項〔設立時発行株式の総数の制限〕、第39条〔設立時取締役・監査役の人数等〕、第6節〔設立時代表取締役の選定等〕及び第49条〔株式会社の設立〕を除く。）の規定は、❶新設合併設立株式会社、❷新設分割設立株式会社又は❸株式移転設立完全親会社（以下この目において「❹設立株式会社」という。）の設立については、適用しない。
2　❹設立株式会社の定款は、❺消滅会社等が作成する。

❶753条1項2号
❷763条1項1号
❸773条1項1号
❹定
❺806条3項

　株式会社の設立に関する規定は、定款の記載事項、定款の備置き・閲覧等の一定の規定を除き、設立株式会社の設立については、適用しません。設立株式会社の定款は、消滅会社等が作成します。

1 趣旨

　新設合併等の場合は、発起人が必要でないなど通常の株式会社の設立と異なる点が多く、また、新設合併契約等のなかで設立される株式会社

→試験対策5章1節②【3】(2)

第814条／1153

の内容について定められる点があり、通常の設立手続規定を適用すべきでないこともある。そこで、本条は、新設合併等の場合には、一定の事項について、株式会社の設立に関する規定を適用しないこととした。

　また、平成26年改正前は、新設合併等によって設立株式会社を設立する場合には、発行可能株式総数は発行済株式総数の4倍を超えてはならない旨を定める37条3項の適用を除外していたため、取締役会が新株発行権限を濫用するおそれや既存株主の持株比率が著しく低下するおそれが存在した。そこで、同改正により、新設合併等によって設立株式会社を設立する場合に設立時発行株式の総数は発行可能株式総数の4分の1を下ることができないと規定し、既存株主の持株比率が希釈化されることの限界を画した。

→平成26年改正

2 条文クローズアップ

設立株式会社が非公開会社である場合

　設立株式会社が非公開会社である場合は、取締役会による権利濫用のおそれが少ないため、4倍規制は除外されている(37条3項ただし書)。

第815条（新設合併契約等に関する書面等の備置き及び閲覧等）B

1　❶新設合併設立株式会社は、その成立の日後遅滞なく、新設合併により新設合併設立株式会社が承継した❷新設合併消滅会社の権利義務その他の新設合併に関する事項として法務省令で定める事項を記載し、又は記録した書面又は❸電磁的記録を作成しなければならない。

2　❹新設分割設立株式会社(1又は2以上の合同会社のみが新設分割をする場合における当該新設分割設立株式会社に限る。)は、その成立の日後遅滞なく、❺新設分割合同会社と共同して、新設分割により新設分割設立株式会社が承継した新設分割合同会社の権利義務その他の新設分割に関する事項として法務省令で定める事項を記載し、又は記録した書面又は❸電磁的記録を作成しなければならない。

3　次の各号に掲げる❻設立株式会社は、その成立の日から6箇月間、当該各号に定めるものをその本店に備え置かなければならない。

　① ❶新設合併設立株式会社　第1項の書面又は❸電磁的記録及び新設合併契約の内容その他法務省令で定める事項を記載し、又は記録した書面又は電磁的記録

　② ❹新設分割設立株式会社　前項又は第811条第1項第1号の書面又は電磁的記録(新設分割設立株式会社が承継した分割会社の権利義務等を記載・記録した書面等)

❶753条1項2号
❷753条1項1号
❸26条2項
❹763条1項1号
❺813条2項
❻814条1項

③ ❼株式移転設立完全親会社　第811条第1項第2号の書面又は電磁的記録（株式移転設立完全親会社が取得した設立完全子会社の株式の数等を記載・記録した書面等）

❼773条1項1号

4　❶新設合併設立株式会社の株主及び債権者は、新設合併設立株式会社に対して、その営業時間内は、いつでも、次に掲げる請求をすることができる。ただし、第2号又は第4号に掲げる請求をするには、当該新設合併設立株式会社の定めた費用を支払わなければならない。
　① 　前項第1号の書面の閲覧の請求
　② 　前項第1号の書面の謄本又は抄本の交付の請求
　③ 　前項第1号の❸電磁的記録に記録された事項を法務省令で定める方法により表示したものの閲覧の請求
　④ 　前項第1号の電磁的記録に記録された事項を電磁的方法であって新設合併設立株式会社の定めたものにより提供することの請求又はその事項を記載した書面の交付の請求
5　前項の規定は、❹新設分割設立株式会社について準用する。この場合において、同項中「株主及び債権者」とあるのは「株主、債権者その他の利害関係人」と、同項各号中「前項第1号」とあるのは「前項第2号」と読み替えるものとする。
6　第4項の規定は、❼株式移転設立完全親会社について準用する。この場合において、同項中「株主及び債権者」とあるのは「株主及び新株予約権者」と、同項各号中「前項第1号」とあるのは「前項第3号」と読み替えるものとする。

→試験対策14章2節②【1】(3)、③【1】(5)、④【1】(3)

　新設合併設立株式会社、1または2以上の合同会社のみが新設分割をする場合における新設分割設立株式会社は、その成立の日後すみやかに新設合併により承継した権利義務等を記載・記録した書面・電磁的記録を作成しなければなりません。新設合併設立株式会社等は、その成立の日から6か月間、これらの書面等を本店に備え置き、当該株主・債権者等は、これらの書面の閲覧・謄本の交付等の請求をすることができます。

1 趣旨

　株主および会社債権者に合併無効の訴え等を提起するかどうかの判断材料を与えるため、新設合併等に関する書面の備置き、閲覧等の請求を認めた。

2 条文クローズアップ

作成する書面への記載事項
(1)　新設合併設立株式会社（1項）
　①新設合併が効力を生じた日、②反対株主の株式買取請求（806条）、

新株予約権買取請求(808条)、および債権者の異議(810条、813条2項・810条)の手続の経過、③新設合併により新設合併設立株式会社が新設合併消滅会社から承継した重要な権利義務に関する事項、④その他の新設合併に関する重要な事項である(会社施規211条)。

(2) 新設分割設立株式会社(2項)

①新設分割が効力を生じた日、②反対株主の株式買取請求(813条2項・810条)の手続の経過、③新設分割により新設分割設立株式会社が新設分割合同会社から承継した重要な権利義務に関する事項、④その他の新設分割に関する重要な事項である(会社施規212条)。

第2目　持分会社の手続

> **第816条（持分会社の設立の特則）　C**
>
> 1　第575条〔持分会社の定款の作成〕及び第578条の規定〔合同会社の設立時の出資の履行〕は、❶新設合併設立持分会社又は❷新設分割設立持分会社（次項において「❸設立持分会社」という。）の設立については、適用しない。
> 2　❸設立持分会社の定款は、❹消滅会社等が作成する。

❶755条1項2号
❷765条1項1号
❸定

❹806条3項

定款の作成・合同会社の設立時の出資の履行の規定は、設立持分会社の設立については適用しません。設立持分会社の定款は消滅会社等が作成します。

1 趣旨

新設合併・新設分割により持分会社が設立される場合は、手続の面で通常の持分会社の設立(575条から579条まで)と異なる点が多く、また、新設合併契約や新設分割計画のなかで設立される持分会社の内容について定められる事項があり、通常の設立手続規定を適用すべきでないこともある。そこで、本条は、新設合併等の場合には、一定の事項について、持分会社の設立に関する規定を適用しないこととした。

第6編
外国会社
(817条～823条)

第6編
外国会社

> **第817条（外国会社の日本における代表者）　D**
> 1　外国会社は、日本において取引を継続してしようとするときは、日本における代表者を定めなければならない。この場合において、その日本における代表者のうち1人以上は、日本に住所を有する者でなければならない。
> 2　外国会社の日本における代表者は、当該外国会社の日本における業務に関する一切の裁判上又は裁判外の行為をする権限を有する。
> 3　前項の権限に加えた制限は、善意の第三者に対抗することができない。
> 4　外国会社は、その日本における代表者がその職務を行うについて第三者に加えた損害を賠償する責任を負う。

　外国会社は、日本において取引を継続してしようとするときは、日本における代表者を定めなければなりません。この場合には、日本における代表者のうち1人以上は、日本に住所がある者でなければなりません。

1　趣旨

　外国会社の取引行為を現実に行う代表者の権限および職務行為の責任について日本の会社法の規制を及ぼすことで外国会社と内国会社の競争を平等にすることにより、取引の相手方を保護するとともに、代表者のうち最低1名の住所を日本国内におかせることによって、取引の相手方の日本国内における訴訟提起の便を図った。

2　条文クローズアップ

1　「取引を継続してしようとする」（1項）
　一定の計画に従う集団的企業的取引活動をいい、偶発的個別的取引は含まれないと解される。
2　「代表者」（2項）
　外国会社の従属法上代表取締役や支配人に相当する形式的地位が要求されるわけではなく、日本における営業の主任者とする意図のもとに選任された者であればよいと解する。
3　代表者の権限（2項、3項）
　代表者は当該外国会社の日本における業務に関するいっさいの裁判上

または裁判外の行為をする権限をもつ（2項）。この権限に加えた制限は、善意の第三者に対抗することができない（3項）。
4 責任（4項）
外国会社は、その日本における代表者がその義務を行うについて第三者に加えた損害を賠償する責任を負う。

> **第818条（登記前の継続取引の禁止等）　D**
> 1　外国会社は、外国会社の登記をするまでは、日本において取引を継続してすることができない。
> 2　前項の規定に違反して取引をした者は、相手方に対し、外国会社と連帯して、当該取引によって生じた債務を弁済する責任を負う。

外国会社は、日本において外国会社の登記をするまでは、取引を継続することができません。その規定に違反して取引をした者は、相手方に対し、外国会社と連帯して、当該取引によって生じた債務を弁済する責任があります。

1 趣旨
外国会社が日本で継続的取引を行う前に外国会社の設立準拠法などの重要事項を登記させることで、取引の相手方が当該外国会社の情報を一定程度取得できるようにするとともに（1項）、登記前に取引を行った者に外国会社との連帯責任を課すことで取引の相手方の保護を図った（2項）。

2 条文クローズアップ
「取引をした者」（2項）
必ずしも日本における代表者である必要はなく、一定の代理権の範囲内で会社の名で実際に取引をした者をいうと解される。

> **第819条（貸借対照表に相当するものの公告）　D**
> 1　外国会社の登記をした外国会社（日本における同種の会社又は最も類似する会社が株式会社であるものに限る。）は、法務省令で定めるところにより、第438条第2項の承認〔定時株主総会の承認〕と同種の手続又はこれに類似する手続の終結後遅滞なく、貸借対照表に相当するものを日本において公告しなければならない。
> 2　前項の規定にかかわらず、その公告方法が第939条第1項第1号又は第2号に掲げる方法〔官報への掲載または日刊新聞紙への掲載〕である外国会社は、前項に規定する貸借対照表に相当するものの要旨を公告することで足りる。

> 3 前項の外国会社は、法務省令で定めるところにより、第1項の手続の終結後遅滞なく、同項に規定する貸借対照表に相当するものの内容である情報を、当該手続の終結の日後5年を経過する日までの間、継続して電磁的方法により日本において不特定多数の者が提供を受けることができる状態に置く措置をとることができる。この場合においては、前2項の規定は、適用しない。
> 4 金融商品取引法第24条第1項の規定により有価証券報告書を内閣総理大臣に提出しなければならない外国会社については、前3項の規定は、適用しない。

　日本における同種の会社、またはもっとも類似する会社が株式会社である外国会社は、貸借対照表に相当するものを公告・電磁的方法で公開しなければなりません。なお、有価証券報告書を内閣総理大臣に提出しなければならない外国会社についてはそのような義務は課されません。

1 趣旨

　本条の趣旨は外国会社と取引を行う国内の債権者を保護することにある。また、公告義務を課される会社の種類や、公告義務の軽減措置を内国会社と同じにすることで、内国会社と外国会社間の平等待遇も図っている。

> **第820条（日本に住所を有する日本における代表者の退任）** D
> 1 外国会社の登記をした外国会社は、日本における代表者（日本に住所を有するものに限る。）の全員が退任しようとするときは、当該外国会社の債権者に対し異議があれば一定の期間内にこれを述べることができる旨を官報に公告し、かつ、知れている債権者には、各別にこれを催告しなければならない。ただし、当該期間は、1箇月を下ることができない。
> 2 債権者が前項の期間内に異議を述べたときは、同項の外国会社は、当該債権者に対し、弁済し、若しくは相当の担保を提供し、又は当該債権者に弁済を受けさせることを目的として❶信託会社等に相当の財産を信託しなければならない。ただし、同項の退任をしても当該債権者を害するおそれがないときは、この限りでない。
> 3 第1項の退任は、前2項の手続が終了した後にその登記をすることによって、その効力を生ずる。

❶449条5項

　外国会社の登記をした外国会社は、日本に住所があるすべての代表者が退任するような場合には、会社債権者異議手続をしなければなりません。そし

て、その手続が終了してから退任の登記をすることで退任の効力が生じます。

1 趣旨

日本国内に営業所をもたない外国会社が、日本に住所を有する代表者（817条1項）を退任させた場合、日本国内の債権者は自己が外国会社に有する債権を回収するための窓口や訴訟を提起する先が外国になってしまう不利益を被るおそれがある。そのような事態を避けるために債権者に異議手続を用意し、国内債権者の保護を図ったのが本条である。

2 条文クローズアップ

1 手続（1項、2項）

日本における代表者の退任は、国内に営業所を設置しない外国会社にとっては債権者からの請求等に関する国内の窓口を失うことになる。そこで、日本に住所をもつ代表者全員の退任予定が明確になった時点で、外国会社は一定の期間内に官報への公告および債権者への個別の催告を行わなければならない（1項本文）。なお、前述の期間は、1か月を下ることができない（1項ただし書）。

債権者が前述の期間内に異議を述べたときは、外国会社は、当該債権者に対し、弁済し、もしくは相当の担保を提供し、または当該債権者に弁済を受けさせることを目的として信託会社等に相当の財産を信託しなければならない（2項本文）。ただし、退任しても当該債権者を害するおそれがないときは不要である（2項ただし書）。

2 効力（3項）

代表者の退任は、上記手続が終了した後にその登記をすることによって、効力を生ずる。

「知れている債権者」の意義

→449条判例セレクト2

第821条（擬似外国会社） D

1 日本に本店を置き、又は日本において事業を行うことを主たる目的とする外国会社は、日本において取引を継続してすることができない。
2 前項の規定に違反して取引をした者は、相手方に対し、外国会社と連帯して、当該取引によって生じた債務を弁済する責任を負う。

日本に本店をおき、または日本において事業を行うことを主目的とする外国会社は、日本において取引を継続してすることができません。そして、そ

の規定に違反して取引をした者は、相手方に対し、外国会社と連帯して当該取引によって生じた債務を弁済する責任があります。

1 趣旨

本条の趣旨は、日本の法令に基づく規制を潜脱するためにあえて外国法に準拠して会社を設立するといった脱法的行為を防ぐことにある。

2 条文クローズアップ

1 規制内容（1項）

(1) 擬似外国会社

擬似外国会社とは、日本に本店をおき、または日本において事業を行うことを主たる目的とする外国会社をいう。

(2) 規制内容

擬似外国会社であっても法人格をもつ。しかし、脱法的行為を防止するため、擬似外国会社は、日本において取引を継続してすることができない。ただし、禁止されているのは、継続的な取引であり、複数回の取引を行った場合でも、それが継続性のないものであれば違反しない。

なお、疑似外国会社のうち、「日本において事業することを主たる目的とする外国会社」とは、日本における事業がその存立に必要不可欠であることを前提に設立された外国会社であり、もっぱら日本において事業を行うことを目的として設立された会社をいう。

2 規制違反の効果（2項）

1項の規制に違反して取引した者は、相手方に対して、外国会社と連帯して、当該取引によって生じた債務を弁済する責任を負う。

第822条（日本にある外国会社の財産についての清算）　D

1　裁判所は、次に掲げる場合には、利害関係人の申立てにより又は職権で、日本にある外国会社の財産の全部について清算の開始を命ずることができる。

①　外国会社が第827条第1項の規定による命令〔外国会社の取引継続禁止または営業所閉鎖の命令〕を受けた場合

②　外国会社が日本において取引を継続してすることをやめた場合

2　前項の場合には、裁判所は、清算人を選任する。

3　第476条〔清算株式会社の能力〕、第2編第9章第1節第2款〔清算株式会社の機関〕、第492条〔財産目録等の作成等〕、同節第4款〔債務の弁済等〕及び第508条〔帳簿資料の保存〕の規定並びに同章第2節〔特別清算〕（第510条〔特別清算開始原因〕、第511条〔特別清算開始の申立て〕及び第514条〔特別清算開始命令〕を除く。）の規定は、その性質上許されないものを除き、第1項の規定による日本にある外国会社の財産につ

> いての清算について準用する。
> 4　第820条（日本に住所を有する日本での代表者の退任）の規定は、外国会社が第１項の清算の開始を命じられた場合において、当該外国会社の日本における代表者（日本に住所を有するものに限る。）の全員が退任しようとするときは、適用しない。

　日本の会社債権者保護のため、外国会社の日本所在の財産につき、裁判所の命令により開始する清算手続の制度があります。

1　趣旨

　日本国内の債権者は、外国会社の国内財産に重大な利害をもつので、外国会社が取引を停止した場合等に清算を開始させることで会社財産が国外に流出することを防ぐことにより債権者の保護を図るとともに、このような規定が存在することによって外国会社の国内での信用を維持するというのが本条の趣旨である。

第823条（他の法律の適用関係）　D
> 外国会社は、他の法律の適用については、日本における同種の会社又は最も類似する会社とみなす。ただし、他の法律に別段の定めがあるときは、この限りでない。

　外国会社は、他の法律の適用については、日本における同種の会社またはもっとも類似する会社とみなされます。ただし、他の法律に別段の定めがあるときはこのかぎりではありません。

1　趣旨

　本条は、平成18年改正前民法では外国会社のすべてを法人として認許することができなかったため、外国会社に対応するため規定されたものである。
　もっとも今日では、平成18年に民法が改正されたことに伴い、民法上外国会社も規律していることから、本条の意義が薄れているといわれている。

第 7 編
雑則
(824条〜959条)

第1章

会社の解散命令等

■第1節　会社の解散命令

> **第824条（会社の解散命令）　C**
> 1　裁判所は、次に掲げる場合において、公益を確保するため会社の存立を許すことができないと認めるときは、法務大臣又は株主、社員、債権者その他の利害関係人の申立てにより、会社の解散を命ずることができる。
> ①　会社の設立が不法な目的に基づいてされたとき。
> ②　会社が正当な理由がないのにその成立の日から1年以内にその事業を開始せず、又は引き続き1年以上その事業を休止したとき。
> ③　業務執行取締役、執行役又は業務を執行する社員が、法令若しくは定款で定める会社の権限を逸脱し若しくは濫用する行為又は刑罰法令に触れる行為をした場合において、法務大臣から書面による警告を受けたにもかかわらず、なお継続的に又は反覆して当該行為をしたとき。
> 2　株主、社員、債権者その他の利害関係人が前項の申立てをしたときは、裁判所は、会社の申立てにより、同項の申立てをした者に対し、相当の担保を立てるべきことを命ずることができる。
> 3　会社は、前項の規定による申立てをするには、第1項の申立てが悪意によるものであることを疎明しなければならない。
> 4　民事訴訟法（平成8年法律第109号）第75条第5項〔担保額および担保を立てるべき期間の決定〕及び第7項〔即時抗告〕並びに第76条から第80条まで〔担保の提供等に関する規定〕の規定は、第2項の規定により第1項の申立てについて立てるべき担保について準用する。

　裁判所は、会社が不法な目的で設立された場合等において、公益を確保するため会社の存立を許すことができないと認めるときは、法務大臣等の利害関係人の申立てにより、会社の解散を命令することができます。また、裁判所は、解散命令の申立てをした者に対して、相当の担保提供の命令ができます。ただし、会社がその申立てをするには、解散命令の申立てが悪意によるものであることを疎明しなければなりません。

→試験対策11章1節②【3】

1　趣旨

　会社法は法定の要件をみたして設立登記を行えばだれでも自由に会社

を設立できるという準則主義をとっているが、このような会社設立に関するゆるやかな規制に乗じた会社制度の濫用を防ぐために本条1項を設けた。また、会社解散命令の申立てが株主や債権者などによって濫用的に用いられることを防止するために2項から4項を設けている。

> **第825条（会社の財産に関する保全処分）　C**
> 1　裁判所は、前条第1項の申立て〔会社解散命令の申立て〕があった場合には、法務大臣若しくは株主、社員、債権者その他の利害関係人の申立てにより又は職権で、同項の申立てにつき決定があるまでの間、会社の財産に関し、管理人による管理を命ずる処分（次項において「管理命令」という。）その他の必要な保全処分を命ずることができる。
> 2　裁判所は、管理命令をする場合には、当該管理命令において、管理人を選任しなければならない。
> 3　裁判所は、法務大臣若しくは株主、社員、債権者その他の利害関係人の申立てにより又は職権で、前項の管理人を解任することができる。
> 4　裁判所は、第2項の管理人を選任した場合には、会社が当該管理人に対して支払う報酬の額を定めることができる。
> 5　第2項の管理人は、裁判所が監督する。
> 6　裁判所は、第2項の管理人に対し、会社の財産の状況の報告をし、かつ、その管理の計算をすることを命ずることができる。
> 7　民法第644条〔受任者の注意義務〕、第646条〔受任者による受取物の引渡し等〕、第647条〔受任者の金銭の消費についての責任〕及び第650条〔受任者による費用等の償還請求等〕の規定は、第2項の管理人について準用する。この場合において、同法第646条、第647条及び第650条中「委任者」とあるのは、「会社」と読み替えるものとする

　裁判所は、会社の解散命令の申立てがあった場合には、法務大臣等の利害関係人の申立てにより、または職権で、解散命令の申立てにつき決定があるまでの間、会社の財産に関し、管理人による管理を命ずる処分等の命令ができます。

1　趣旨

　解散命令によって会社が解散する場合、会社は清算手続に入るが、解散命令を予期した取締役等によって会社財産の隠匿などが行われるおそれがある。そこで、そのような事態を防ぐために本条がおかれた。

> **第826条（官庁等の法務大臣に対する通知義務）　C**

裁判所その他の官庁、検察官又は吏員は、その職務上第824条第1項の申立て〔会社の解散命令の申立て〕又は同項第3号の警告〔法務大臣からの警告〕をすべき事由があることを知ったときは、法務大臣にその旨を通知しなければならない。

　裁判所その他の官庁、検察官または吏員は、その職務上、会社の解散命令の申立てまたは法令違反行為等に対する書面での警告をすべき事由があることを知ったときは、法務大臣にその旨を通知しなければなりません。

1　趣旨

　会社の解散命令手続において、裁判所が情報をもっていても、職権による手続の開始は不可能であるため、公益保護の点から、会社法人格を存続させることが不都合な事態が生じたときに、公益の代表者である法務大臣に期待し、法務大臣への通知義務を設けたのが本条の趣旨である。

■第2節　外国会社の取引継続禁止又は営業所閉鎖の命令

第827条　D

1　裁判所は、次に掲げる場合には、法務大臣又は株主、社員、債権者その他の利害関係人の申立てにより、外国会社が日本において取引を継続してすることの禁止又はその日本に設けられた営業所の閉鎖を命ずることができる。
　①　外国会社の事業が不法な目的に基づいて行われたとき。
　②　外国会社が正当な理由がないのに外国会社の登記の日から1年以内にその事業を開始せず、又は引き続き1年以上その事業を休止したとき。
　③　外国会社が正当な理由がないのに支払を停止したとき。
　④　外国会社の日本における代表者その他その業務を執行する者が、法令で定める外国会社の権限を逸脱し若しくは濫用する行為又は刑罰法令に触れる行為をした場合において、法務大臣から書面による警告を受けたにもかかわらず、なお継続的に又は反覆して当該行為をしたとき。
2　第824条第2項から第4項まで〔担保提供命令〕及び前2条〔会社財産に関する保全処分、官庁等の法務大臣への通知義務〕の規定は、前項の場合について準用する。この場合において、第824条第2項中「前項」とあり、同条第3項及び第4項中「第1項」とあり、並びに第825条第1項中「前条第1項」とあるのは「第827条第1項」と、前条中「第824条第1項」とあるのは「次条第1項」と、「同項第3号」とあるのは「同項第4号」と読み替えるものとする。

裁判所は、外国会社の事業が不法な目的で行われた場合等には、法務大臣等の利害関係人の申立てにより、外国会社が日本において取引を継続してすることの禁止、またはその日本に設けられた営業所の閉鎖を命令することができます。

1 趣旨

　外国会社の解散は、日本の裁判所および日本法の管轄ではないものの、日本国の公益保護の観点から、内国会社の場合と同様に、申立てにより、裁判所が国内での継続的取引の禁止または国内の営業所の閉鎖命令をすることを可能としたのが本条の趣旨である。

第2章

訴　訟

■第1節　会社の組織に関する訴え

■総　説

　会社法は、会社の組織に関する訴えについて、関係当事者が多数に及び、法的安定性を確保する必要があることを考慮し、設立無効の訴えや新株発行の無効の訴え等の特殊な訴訟類型を規定して、民事訴訟法の特則を定めている。

司H26-51-ウ、H26-40-オ（予）、H25-47-エ（予）、H24-47-オ（予）、H22-48-4、H21-37-5、H20-46-1。予H27-25-全、H23-20-全。書H27-27-エ・オ、H26-27-イ、H24-27-ウ

第828条（会社の組織に関する行為の無効の訴え）　A
1　次の各号に掲げる行為の無効は、当該各号に定める期間に、訴えをもってのみ主張することができる。
　①　会社の設立　会社の成立の日から2年以内
　②　株式会社の成立後における株式の発行　株式の発行の効力が生じた日から6箇月以内(公開会社でない株式会社にあっては、株式の発行の効力が生じた日から1年以内)
　③　❶自己株式の処分　自己株式の処分の効力が生じた日から6箇月以内(公開会社でない株式会社にあっては、自己株式の処分の効力が生じた日から1年以内)
　④　❷新株予約権(当該新株予約権が新株予約権付社債に付されたものである場合にあっては、当該新株予約権付社債についての社債を含む。以下この章において同じ。)の発行　新株予約権の発行の効力が生じた日から6箇月以内(公開会社でない株式会社にあっては、新株予約権の発行の効力が生じた日から1年以内)
　⑤　株式会社における資本金の額の減少　資本金の額の減少の効力が生じた日から6箇月以内
　⑥　会社の組織変更　組織変更の効力が生じた日から6箇月以内
　⑦　会社の吸収合併　吸収合併の効力が生じた日から6箇月以内
　⑧　会社の新設合併　新設合併の効力が生じた日から6箇月以内
　⑨　会社の吸収分割　吸収分割の効力が生じた日から6箇月以内
　⑩　会社の新設分割　新設分割の効力が生じた日から6箇月以内
　⑪　株式会社の株式交換　株式交換の効力が生じた日から6箇月

❶113条4項

❷定

以内
⑫　株式会社の株式移転　株式移転の効力が生じた日から6箇月以内
2　次の各号に掲げる行為の無効の訴えは、当該各号に定める者に限り、提起することができる。
① 　前項第1号に掲げる行為　設立する株式会社の❸株主等(株主、取締役又は清算人(監査役設置会社にあっては株主、取締役、監査役又は清算人、指名委員会等設置会社にあっては株主、取締役、執行役又は清算人)をいう。以下この節において同じ。)又は設立する持分会社の❹社員等(社員又は清算人をいう。以下この項において同じ。)

❸定

❹定

② 　前項第2号に掲げる行為　当該株式会社の株主等
③ 　前項第3号に掲げる行為　当該株式会社の株主等
④ 　前項第4号に掲げる行為　当該株式会社の株主等又は新株予約権者
⑤ 　前項第5号に掲げる行為　当該株式会社の株主等、破産管財人又は資本金の額の減少について承認をしなかった債権者
⑥ 　前項第6号に掲げる行為　当該行為の効力が生じた日において組織変更をする会社の株主等若しくは社員等であった者又は組織変更後の会社の株主等、社員等、破産管財人若しくは組織変更について承認をしなかった債権者
⑦ 　前項第7号に掲げる行為　当該行為の効力が生じた日において吸収合併をする会社の株主等若しくは社員等であった者又は吸収合併後存続する会社の株主等、社員等、破産管財人若しくは吸収合併について承認をしなかった債権者
⑧ 　前項第8号に掲げる行為　当該行為の効力が生じた日において新設合併をする会社の株主等若しくは社員等であった者又は新設合併により設立する会社の株主等、社員等、破産管財人若しくは新設合併について承認をしなかった債権者
⑨ 　前項第9号に掲げる行為　当該行為の効力が生じた日において吸収分割契約をした会社の株主等若しくは社員等であった者又は吸収分割契約をした会社の株主等、社員等、破産管財人若しくは吸収分割について承認をしなかった債権者
⑩ 　前項第10号に掲げる行為　当該行為の効力が生じた日において新設分割をする会社の株主等若しくは社員等であった者又は新設分割をする会社若しくは新設分割により設立する会社の株主等、社員等、破産管財人若しくは新設分割について承認をしなかった債権者
⑪ 　前項第11号に掲げる行為　当該行為の効力が生じた日において株式交換契約をした会社の株主等若しくは社員等であった者

> 又は株式交換契約をした会社の株主等、社員等、破産管財人若しくは株式交換について承認をしなかった債権者
> ⑫ 前項第12号に掲げる行為　当該行為の効力が生じた日において株式移転をする株式会社の株主等であった者又は株式移転により設立する株式会社の株主等、破産管財人若しくは株式移転について承認をしなかった債権者

会社の組織に関する行為の無効の訴えについては、一定の提訴期間に、一定の者のみが提起することができます。

→試験対策4章4節①、6章3節③【1】、7章2節⑩【2】、9章2節③【2】(4)、14章2節②【7】(2)

1 趣旨

本条が、会社の組織に関する行為の無効を争う手段を訴えのみに限定した趣旨は、会社の組織に関する行為が会社と取引を行う第三者を含めた広範な法律関係に影響を与える可能性があることにかんがみて、法的安定性確保のために法律関係を画一的かつ早期に確定することにある。そのため、各訴えは、不可争性と形成の訴えという性質をもつ。

2 条文クローズアップ

1 設立無効の訴え（1項1号）

(1) 総論

設立の登記によって会社が成立しても、会社の設立手続に瑕疵がある場合には、民法の一般原則によれば、その会社の成立は無効なはずである。しかし、会社がいったん有効に成立したという外観を有するにいたった以上、それを前提として多数の法律関係が新たに形成されているから、これを当然に無効とすると、会社の法律関係が混乱し、対外的には取引の安全を害する。

そこで、会社法は、設立無効の訴えという制度でのみその無効を主張できるとしたうえで、提訴期間・提訴権者・方法を制限し、無効判決の効力も遡及させないことにしている（1項1号、2項1号、839条）。

→試験対策4章4節①【1】
→56条③3(1)

(2) 各論

(a) 提訴権者・提訴期間

提訴権者は、株式会社については、株主、取締役または清算人（監査役設置会社にあっては、株主、取締役、監査役または清算人、指名委員会等設置会社にあっては、株主、取締役、執行役または清算人）、持分会社については、社員または清算人としている。

すなわち、会社法では、①株式会社における監査役の設置が選択的になったことから、監査役については監査役設置会社にかぎって提訴権者とすることにし、また、②清算中の会社であっても設立無効の訴えが認められることから（判例）、清算の事務を行う清算人にも提訴権を認めることとしている。

→判例セレクト1(2)

また、提訴期間は、会社の成立の日から２年間である。
(b)設立手続の瑕疵
　会社の設立手続の瑕疵には、客観的原因に基づく瑕疵(**客観的瑕疵**)と主観的原因に基づく瑕疵(**主観的瑕疵**)とがある。客観的瑕疵とは、設立手続が強行法規または株式会社の本質に反する場合をいい、主観的瑕疵とは、個々の社員の行為に瑕疵がある場合をいう。

　持分会社の設立においては、民法等の規定によって、設立に関する意思表示が無効な場合や、意思表示を取り消すことができる場合などの主観的瑕疵が、設立無効の訴えや設立取消しの訴えの事由となる(832条参照)。なぜなら、持分会社では、社員の個性が重視されるため、個々の社員の設立行為(出資行為)に無効・取消事由がある場合にも会社の存立が否定されるからである。これに対して、**株式会社**の設立においては、設立無効の訴えのみが認められており(828条１項１号、２項１号)、設立取消しの訴えは認められていない。そして、株式引受人の主観的瑕疵は、個々の株式引受けの無効・取消事由となってその者が会社に加入しなくなるにすぎず、会社の設立自体の無効事由とはならない。なぜなら、株式会社においては持分会社と異なり、個々の株主の個性が重視されない場合が多いからである。

(c)設立無効事由
　株式会社の設立無効事由について、会社法は特に規定していないが、企業維持の理念や取引の安全を考慮して、できるかぎり狭く解するべきである。一般的にいうと、前述した設立手続が強行法規または株式会社の本質に反するというような場合が設立無効事由にあたる。具体的には、以下のような重大な瑕疵にかぎられると解されている。

　①定款の絶対的記載事項(27条)が欠けていたり、その記載が違法であったりする場合
　②定款につき公証人の認証(30条)がない場合
　③株式発行事項につき発起人全員の同意(32条２項、58条２項)がない場合
　④創立総会(65条１項)が適法に開催されない場合
　⑤設立に際して出資される財産の価額またはその最低額(27条４号)に相当する出資の履行がなされない場合
　⑥設立の登記(49条)が無効の場合

(d)無効判決の効力
　設立を無効とする判決が確定すると、その判決は、第三者に対してもその効力を有する(**対世効**〔838条〕)。これは、会社と株主その他の利害関係人との法律関係を画一的に確定する要請に基づくものである。また、その判決は、法律関係の安定を図るため、将来に向かってのみ効力を有し、遡及はしない(**将来効**〔839条〕)。したがって、設立を無効とする判決が確定すると、有効に成立した会社が解散した場合と同様に、清算手続を採ることになる(475条２号)。その清算手続の過程で

会社債権者に弁済することになるので、設立が無効となったとしても、発起人・設立時取締役等がその責任を免れるわけではない。

2　新株発行・自己株式処分無効の訴え（1項2号、3号）

→試験対策6章3節③【1】

(1) 総論

新株発行および自己株式の処分に法律的な瑕疵がある場合において、民法の一般原則どおり当然に無効としてしまうと、株式会社における法律関係が混乱し、取引の安全を害する。そこで会社法は、設立無効の場合と同様に、法律関係の画一的安定、瑕疵の主張の制限、無効の遡及効制限による取引の安全の確保のため、新株発行の無効の訴え、自己株式処分の無効の訴えという制度を設けた。

(2) 各論

(a) 提訴期間・提訴権者・方法

（ⅰ）提訴期間

会社法は、株主総会は年1回開催しなければならないものとされていることをふまえ、非公開会社における新株発行等の無効の訴えの提訴期間を1年としている（1項2号括弧書、3号括弧書）。

（ⅱ）提訴権者

提訴権者は、株式会社については、株主、取締役または清算人（監査役設置会社にあっては、株主、取締役、監査役または清算人、指名委員会等設置会社にあっては、株主、取締役、執行役または清算人）としている。

(b) 無効事由

（ⅰ）総説

新株発行または自己株式の処分の無効事由については、明文の規定がなく解釈に委ねられている。一般的には、新株発行・自己株式の処分にあたり遵守すべき法令または定款の規定に違反した場合には、すべてが新株発行・自己株式の処分の無効事由になるとも考えうる。しかし、新株発行・自己株式の処分がすでに効力を生じた後に無効と解すると、新株主や第三者に不測の損害を与えてしまいかねないし、拡大された規模で営業活動を開始していた場合には、会社や取引先などで混乱が生じる危険がある。そこで、新株発行・自己株式の処分の無効事由は、解釈上、狭く解すべきである。

たとえば、著しく不公正な払込金額で発行した場合や、現物出資につき検査役の調査（207条）を受けず、またはその調査を要しないとき（207条9項）に不当評価が行われた場合は、無効原因とならないと解されている。なお、払込金額その他募集事項が不均等な発行（199条5項）については、取締役の損害賠償責任または取締役と通謀して不公正な払込金額で株式を引き受けた者の責任（212条1項2号、213条）といった金銭的な解決に委ねられるべきものであり、無効事由とはならないと解すべきである（ただし、無効事由になるとの見解もある）。

→江頭768頁、弥永361頁

→宮島310頁

ただし、重大な法令または定款違反の場合には、無効とせざるをえない。たとえば、発行可能株式総数(113条)を超える株式の発行、定款に定めのない種類の株式の発行(108条)または発行可能種類株式総数(114条)を超える株式の発行などは無効原因となると解されている。

(ⅱ)問題点

新株発行に瑕疵がある場合に無効事由になるか否かについて個別にみていく。なお、ここでは、従来から議論のあった新株発行の効力について述べるが、この議論は自己株式の処分についてもあてはまる。

ⅰ 公開会社における取締役会の決議を欠く募集株式の発行等

公開会社においては、募集事項は、第三者に対する有利発行の場合を除き、原則として取締役会(指名委員会等設置会社では執行役に委任できる〔416条4項〕)の決議事項とされるが(201条1項、199条2項)、この取締役会の決議を欠く(あるいは決議に瑕疵があった)募集株式の発行等の効力については争いがある。

→論
→試験対策6章3節③【1】(4)(b)(ⅰ)、(ⅱ)Q₂

募集株式の発行等は人的・物的基礎を拡大する組織法上の行為であるとはいえ、公開会社においては、資金調達の便宜のため授権資本制度を採用し、取締役会の決議によってなしうるものとされ、また、払込期日または払込期間内に引受けおよび出資の履行のあった部分だけで有効になしうるとされている(208条5項参照)。そうだとすれば、会社法は、公開会社においては、募集株式の発行等を業務執行に準ずるものとして取り扱っていると解される。したがって、公開会社において、取締役会の決議を欠く募集株式の発行等は、有効と考えるべきである。また、対外的に会社を代表する権限を有する代表取締役(代表執行役)が募集株式を発行した以上、取引の安全を図るためにも有効と解すべきである。判例も有効説を採用している。

→神田[17版]159頁

ⅱ 公開会社における株主総会の特別決議を欠く第三者に対する有利発行

公開会社においても、株主以外の第三者に対して有利発行をする場合には、株主総会の特別決議を要するが(199条2項、201条1項、309条2項5号)、この株主総会の特別決議を欠く第三者に対する有利発行の効力については争いがある。

→判例セレクト2(2)
→論
→試験対策6章3節③【1】(4)(b)(ⅱ)Q₂

前述のように、公開会社における募集株式の発行等は業務執行に準ずるものであると解すると、株主総会の特別決議は、取締役会(または執行役)の権限行使についての内部的要件であるにすぎない。そうだとすれば、代表取締役(代表執行役)によりすでに発行された募集株式の効力については、会社内部の手続の欠缺を理由にその効力を否定するよりも、募集株式の取得者および会社債権者の保護等外部の取引の安全に重点をおいて決すべきである。

訴訟

第828条 /1175/

また、効力発生後には、取締役・執行役の損害賠償責任（423条、429条）、引受人の差額支払責任（212条1項1号）によって株主の経済的利益は保護されうる。したがって、公開会社において、株主総会の特別決議を欠く第三者に対する有利発行は、有効と考えるべきである。判例も有効説を採用している。

→判例セレクト2(4)
→論
→試験対策6章3節③【1】(4)(b)(iii) Q₃

iii 著しく不公正な方法による発行

　問題となるのは新株が著しく不公正な方法（210条2号参照）により発行された場合である。この点、判例・多数説は、取引の安全を重視して有効としている。これに対して、既存株主の持株比率的利益の保護を強調して、無効とする見解も有力である。

→判例セレクト2(5)
→神田[17版]159頁

iv 新株発行の差止請求を無視する発行

　株主による差止請求を無視してなされた新株発行の効力、特に、新株発行の差止請求の訴えが提起され、裁判所による差止めの仮処分または判決があったにもかかわらず、これに反して新株発行がなされた場合について問題がある。この点、差止めの仮処分または判決を無視してなされた新株発行は、無効事由となると解される。判例も、仮処分命令に違反して募集株式が発行された場合において、無効原因となるとしている。

→論
→210条②4
→試験対策6章3節③【1】(4)(b)(iv) Q₄
→210条判例セレクト2

v 公開会社における募集事項の公示を欠く発行

　募集株式の発行等の際に、株主割当ての場合および株主総会の決議により決定する場合以外の場合には、募集事項の通知・公告（201条3項、4項）が必要であるが、これを怠った場合の募集株式の発行等の効力についても議論がある。

→論
→試験対策6章3節③【1】(4)(b)(v) Q₅

　この点、判例・通説は、募集株式の発行等に関する事項の公示は、株主が募集株式発行差止請求権を行使する機会を保障することを目的として会社に義務づけられたものであるから、原則として無効事由になるとする。もっとも、募集株式の発行等のほかの面に瑕疵がないため、通知・公告がなされても差し止める理由がなく、差止めが認められる余地がなかった場合にまで、形式的に差止請求の機会を奪われたとして無効にするのは行きすぎである。そこで、会社が、差止事由が存在しなかったことを立証すれ

→201条判例セレクト
→神田[17版]159頁

無効事由となる	無効事由とならない
①重大な法令違反の場合 ・発行可能株式総数（113）を超える株式の発行 ・定款に定めのない種類の株式の発行（108） ・発行可能種類株式総数（114）を超える種類の株式の発行 ・募集事項が不均等な発行（199V）etc. ②新株発行の差止請求（210）を無視してなされた新株発行（最判平5・12・16判例シリーズ28事件） ③公開会社における募集事項の公示（201Ⅲ、Ⅳ）を欠く募集株式の発行等（最判平9・1・28判例シリーズ27事件は、会社が差止事由のないことを証明した場合を除き無効とする）	①公開会社における取締役会の決議（201Ⅰ）を欠く募集株式の発行等（最判昭36・3・31民集15-3-645） ②公開会社における株主総会の特別決議（199Ⅲ、201Ⅰ、309Ⅱ⑤）を欠く第三者への有利発行（最判昭46・7・16判例シリーズ26事件） ③著しく不公正な方法（210②参照）による新株発行（最判平6・7・14判例シリーズ30事件）

ば、無効事由にならないと解すべきである。
(c)無効判決の効力
　新株発行または自己株式の処分を無効とする判決が確定したときは、それまで瑕疵はあるがいちおう有効なものとして取り扱われた新株発行または自己株式の処分が、その時から将来に向かって効力を失うことになる(**将来効**〔839条〕)。　→839条

　そして、その効力は、訴えの当事者以外の第三者に対しても及び(838条)、何人もその無効を争うことができない(**対世効**)。　→838条

3 新株予約権の発行の無効の訴え(1項4号)
→試験対策7章2節⑩【2】

　新株予約権は流通性から類型的に多数の利害関係人が存在する点、および、差止制度(247条)がある点で、募集株式の発行等と共通性がある。そのため、無効事由は募集株式の発行等の場合とほぼ同様である。

　新株予約権の発行無効の訴えの手続および判決の効力は、新株発行無効の訴えとほぼ同様であるが、新株予約権の発行は、株主のみならず他の新株予約権者にも影響を与えうることから、提訴権者には「新株予約権者」も含まれている(828条2項4号)。

4 資本金の額の減少無効の訴え(1項5号)
→試験対策9章2節③【2】(4)

　総会決議の不存在・無効・取消し、会社債権者異議手続の不履行など、資本金の額の減少の手続または、内容に瑕疵がある場合には、資本金の額の減少は無効となる。

　資本金の額の減少無効の訴えの提訴期間の起算点は、その効力が生じた日(447条1項3号の日。ただし、その日までに債権者異議手続が終了していないときはその終了の日)である。

5 組織変更・合併・会社分割・株式交換・株式移転無効の訴え
(1項6号から12号まで)
→試験対策14章2節②【7】(2)

(1) 提訴権者
(a)株主等であった者
　合併無効の訴えの提訴権者については、合併をする会社の株主等であった者や社員等であった者(2項7号、8号)を含めることにより、合併に際して存続会社の株式の交付を受けなかった者や合併後に存続会社の株式を譲渡した者にも原告適格を認めている。

(b)社員等の提訴権
　会社法では、合同会社の株式分割や合同会社を完全親会社とする株式交換等が認められ、組織再編の自由度が高まったことから、会社分割の無効の訴えや株式交換の無効の訴えの提訴権者に「社員等」が加えられている(2項9号から11号まで)。

(c)株式交換における債権者
　会社法では、株式交換につき債権者異議手続を定めることとした(789条、799条)ことから、株式交換無効の訴えの提訴権者に「株式交換について承認をしなかった債権者」を加えている(828条2項11号)。また、それに伴い、債権者の利益代表としての性格も有する破産管財人

を提訴権者に加えることとし、他の無効の訴えにつき債権者が提訴権者になる場合には破産管財人も提訴権者とされていることとの均衡を図ることとした。

(2) 提訴期間の起算日

会社の組織に関する訴えの提訴期間の起算日は、訴えの対象となる行為の効力の生じた日である。

(3) 無効事由

無効事由については明文にないものの、組織再編等がその本質に反する場合または手続に瑕疵があった場合には、無効原因が認められる。

合併の本質に反する場合としては、合併契約で消滅会社の債務を存続会社が承継しない旨を定めた場合がある。

合併手続に瑕疵がある場合としては、合併契約書が作成されず、または作成されたが要件不備であった場合、合併承認決議に無効または取消原因がある場合、事前開示に不備があった場合、会社債権者異議手続がなされなかった場合などの、重大な手続違反がある場合があげられる。

合併において、合併比率の不公正が無効事由となるかについては争いがある。この点については、不利な株式会社の株主は、株式買取請求権を行使できるので、無効事由にならないとする裁判例がある。ただし、株主総会の合併承認決議において、特別利害関係人を有する株主が議決権を行使したために著しく不公正な合併比率が承認された場合には、決議取消事由となり(831条1項3号)、その瑕疵が合併無効事由となると解される。 →判例セレクト4

判例セレクト

1 設立無効の訴え

(1) 原告
　株主が総会に出席しまたは利益〔剰余金の〕配当を受けても、設立無効を主張する権利は失われない(大判昭12・7・14新聞4166-15)。

(2) 会社代表者
　清算中の会社に対する設立無効の訴えは、清算人を会社代表者として提起すべきである(大判昭13・12・24民集17-2713)。

(3) 破産手続への影響
　破産宣告〔破産手続開始の決定〕後設立無効の判決が確定しても、破産手続は影響を受けない(大判大12・3・26民集2-171)。

(4) 会社の不存在
　会社設立と認めるべき行為がなく会社不存在の場合には、設立無効の訴えを提起するまでもなく、何人でも会社の不存在を主張しうる(大判昭12・9・2判決全集4-17-49)。

2 新株発行・自己株式処分無効の訴え

(1) 内容の瑕疵と募集株式の発行等の効力
　定款所定の会社が発行する株式〔授権株式〕の総数を超えて新株〔募集株式〕を発行するときは、その新株〔募集株式の〕発行は無効である(東京地判

昭31・6・13下民7-6-1550)。

(2) 有効な取締役会決議を経ないでなされた募集株式の発行等の効力
　対外的に会社を代表する権限のある取締役が新株〔募集株式〕を発行した以上、たとえ新株の発行について有効な取締役会の決議がなくとも、その新株〔募集株式の〕発行は有効である(最判昭36・3・31民集15-3-645)。

(3) 募集株式の発行等に関する株主総会の決議無効確認の訴えと確認の利益
　新株〔募集株式〕がすでに発行された後は、新株発行無効の訴えを提起しないかぎり当該新株〔募集株式〕の発行を無効とすることはできず、新株〔募集株式〕発行に関する株主総会決議無効確認の訴えは、確認の利益を欠き、提起できない(最判昭40・6・29民集19-4-1045)。

(4) 株主総会の特別決議を経ないでなされた募集株式の発行等の効力
　(a)公開会社について
　　公開会社において、代表取締役が新株〔募集株式〕を発行した場合には、その新株が株主総会の特別決議を経ることなく、株主以外の者に対して特に有利な金額で発行されたものであっても、その新株〔募集株式の〕発行は有効である(最判昭46・7・16判例シリーズ26事件)。　　　　　　　　　　　　　　　　　　　　　→会社法百選25事件
　(b)非公開会社について
　　非公開会社においては、募集事項の決定は取締役会の権限とされず、株主割当て以外の方法により新株〔募集株式〕を発行するためには、取締役(取締役会設置会社においては、取締役会)に委任した場合を除き、株主総会の特別決議によって募集事項を決定することを要し、また、株式発行無効の訴えの提訴期間も、公開会社の場合は6か月であるのに対し、非公開会社の場合には1年とされている。これらの点にかんがみれば、非公開会社については、その性質上、株主総会の特別決議を経ないまま株主割当て以外の方法による新株〔募集株式の〕発行が行われた場合、その発行手続には重大な法令違反があるといえ、このような新株〔募集株式の〕発行は無効となる(最判平24・4・24平24重判・商法1事件)。

(5) 著しく不公正な方法による募集株式の発行等の効力
　新株〔募集株式の〕発行は、株式会社の組織に関するものであるとはいえ、株式会社の業務執行に準じて取り扱われるものであるから、会社を代表する権限のある取締役が新株〔募集株式〕を発行した以上、新株〔募集株式〕が著しく不公正な方法により発行された場合であっても、その新株〔募集株式の〕発行は有効である。また、新株〔募集株式の〕発行が会社と取引関係に立つ第三者を含めて広い範囲の法律関係に影響を及ぼす可能性があることにかんがみれば、その効力を画一的に判断する必要があり、発行された新株〔募集株式〕がその会社の取締役の地位にある者によって引き受けられ、その者が現に保有していること、あるいは新株〔募集株式〕を発行した会社が小規模で閉鎖的な会社であることなどの事情は、上記結論に影響を及ぼすものではない(最判平6・7・14判例シリーズ30事件)。　　　　　　　　　　　　　　　　　　　　　→会社法百選101事件

　　　　　　　　　　　　　　　　　　　　　→210条判例セレクト2

(6) 株主による差止請求(210条)を無視してなされた募集株式の発行等の効力

(7) 公開会社における募集事項の公示を欠く募集株式の発行等

3 資本金減少無効の訴えが提起できる時期
原告適格を有する者は、減資による変更登記がなされていなくても、資本金減少無効の訴えを提起することができる（最判昭42・2・17集民86-279）。

→201条判例セレクト

4 合併比率の不公正と合併無効事由
合併比率が不当であるとしても、合併契約の承認決議に反対した株主は、会社に対し、株式買取請求権を行使できるのであるから、合併比率の不当または不公正ということ自体が合併無効事由になるものではないというべきである（東京高判平2・1・31判例シリーズ85事件）。

→会社法百選90事件

5 債務の履行の見込みと会社分割無効事由
会社分割をする場合、分割会社は〔旧〕商法374条の2第1項3号〔会社施規205条7号〕の規定上、「各会社の負担すべき債務の履行の見込みあること及びその理由を記載したる書面」の作成および備置義務を負う。そして、3号は、会社債権者を保護するという趣旨から、形式的にこのような義務を定めているにとどまらず、会社が負っていた債務の履行の見込みがないかぎり、会社分割ができない旨を規定している。したがって、会社が負担する個々の債務につき、分割計画書の作成、分割計画書の本店備置、分割計画書の承認のための株主総会および会社分割の各時点において、弁済期における履行の見込みが存在しない場合には、会社分割は無効となる（名古屋地判平16・10・29判時1881-122）。

司 H19-39-オ
第829条（新株発行等の不存在の確認の訴え）　A
次に掲げる行為については、当該行為が存在しないことの確認を、訴えをもって請求することができる。
　① 株式会社の成立後における株式の発行
　② ❶自己株式の処分
　③ ❷新株予約権の発行

❶113条4項

❷828条1項4号

株式会社の成立後における株式の発行、自己株式の処分、新株予約権の発行の不存在確認請求をすることができます。

→試験対策6章3節③【2】

1 趣旨

手続の瑕疵が著しく、新株発行そのものが存在しないと評価されるときは、新株発行不存在確認請求をすることができるとされ、判例もそのような訴えを認めているが、その訴えの手続、効力については必ずしも明らかではなかった。また、新株発行と同様の取扱いがなされる自己株式の処分や、新株予約権（新株予約権付社債を含む）の発行についても、それらの不存在確認の訴えを否定すべき理由がない。そこで、会社法は、新株発行、自己株式の処分および新株予約権の発行の不存在確認の訴えについて、その手続や効力に関する明文の規定をおくことにした。

2 条文クローズアップ

1 新株発行等の不存在確認の訴えの手続・効力
①提訴期間の制限はない。
②新株発行の無効の訴えとは異なり、提訴権者を限定する明文はなく、確認の利益を有する者であればだれでも原告適格を有する。
③被告は株式会社(834条13号から15号)である。
④担保提供命令(836条)、弁論の必要的併合(837条)、判決の対世効(838条)、原告が敗訴した場合の損害賠償責任(846条)等に関する規定は適用される。
⑤形成訴訟ではないので、将来効(839条)の規定は適用されない。

2 不存在事由
新株発行等の外観はあるが実体のない状態が不存在事由の根幹である。不存在事由は同一の事実でも裁判所の評価が異なるものなので、特定の事実があればただちに不存在事由となるものではない。ただ、手続的瑕疵または実体的瑕疵のいずれであっても、不存在事由は無効事由よりも著しい程度の瑕疵が必要である。

新株発行等の不存在確認の訴えの確認の利益
株主でないことが別訴で確定している者については、新株発行につき他に格別の利害関係を有しないときには、新株発行不存在の確認を求める訴えの利益がない(最判平4・10・29判時1454-146)。

司H23-50-イ(予)、H19-48-ア、H18-50-ア。書H26-28-ウ

第830条（株主総会等の決議の不存在又は無効の確認の訴え） A

1 株主総会若しくは種類株主総会又は❶創立総会若しくは❷種類創立総会(以下この節及び第937条第１項第１号トにおいて「❸株主総会等」という。)の決議については、決議が存在しないことの確認を、訴えをもって請求することができる。
2 ❸株主総会等の決議については、決議の内容が法令に違反することを理由として、決議が無効であることの確認を、訴えをもって請求することができる。

❶65条１項
❷84条
❸定

株主総会等の決議については、決議の不存在確認を訴えをもって請求することができます。また、株主総会等の決議について、その決議の内容が法令に違反することを理由として、決議の無効確認を、訴えをもって請求することができます。

→試験対策８章２節⑥【２】

1 趣旨

　株主総会等の決議に手続上または内容上の瑕疵がある場合には、そのような決議は違法な決議であって、その決議の効力をそのまま認めることはできない。しかし、決議が有効かどうかは会社・株主・取締役等多数の者の利害に影響を与えるので、これを一般原則による処理に委ねると、法的安定性を害し妥当ではなく、法律関係を画一的に確定することが望ましい。そこで、本条は、決議の不存在・無効の確認の訴えを規定した。

2 条文クローズアップ

1 訴えの性質

　決議が存在しない場合または決議の内容が法令に違反する場合には、株主総会等の決議の不存在または無効の確認を求める正当な利益(確認の利益)があるかぎり、だれでも、いつでも、不存在または無効確認の訴えを提起することができる(830条)。

　決議無効の主張方法は、必ず訴えによる必要があるか、その他訴訟外の抗弁でも主張することができるかについては争いがある。この点は、無効の確認の訴えの性質と関わる。

　無効の確認の訴えの性質は文字どおり**確認の訴え**と考え、確認無効の主張方法は、必ずしも訴えによる必要はなく、その他訴訟外の抗弁でも主張することができると解すべきである(無制限説)。

　決議の不存在の主張方法も、必ずしも訴えによる必要はなく、その他訴訟外の抗弁でも主張することができる。

　なお、判例は、新株がすでに発行された後は、新株発行の無効の訴えを提起しないかぎり当該新株発行を無効とすることはできず、新株発行に関する株主総会決議無効確認の訴えは確認の利益を欠くとしている。

→828条判例セレクト2(3)

2 無効事由・決議の不存在

(1) 無効事由

　株主総会等決議の無効事由は、決議の内容が法令に違反する場合にかぎられる。たとえば、株主平等原則に違反する決議、株主有限責任の原則に反する追加出資義務を負わせる決議、461条1項違反の剰余金の配当決議等をするような場合である。

　判例は、株主総会の決議の内容自体に何ら法令(または定款〔昭和56年の改正前商法〕)違反の瑕疵がなく、単に決議をする動機・目的に公序良俗違反の不法があるにとどまる場合は、決議は無効とはならないとする。

→判例セレクト1

(2) 決議の不存在

　決議の不存在とされる場合は、議事録は作成されているが集会はまったくなかった場合(判例)、招集通知を受けた株主が僅少な場合(判例)、代表取締役でない取締役が取締役会の決議を経ないで招集した場合(判例)である。

→判例セレクト2(1)

→判例セレクト2(4)

→判例セレクト2(2)

判例は、取締役の選任決議不存在の場合において、その者を構成員とする取締役会の決議で選任された代表取締役の招集した株主総会の決議は、全員出席総会である等の特段の事情がないかぎり、不存在であるとしている。

3 訴えの手続

決議の不存在・無効の確認の訴えは、会社の本店所在地を管轄する地方裁判所の管轄に専属し（専属管轄〔835条1項〕）、同一の請求を目的とする訴えが数個同時に係属するときは弁論および裁判を併合しなければならない（弁論等の必要的併合〔837条〕）。また、裁判所は、会社の申立てにより、原告である株主（当該株主が取締役、監査役、執行役または清算人であるときを除く）に対し、相当の担保を立てることを命じることができる（〔836条1項〕）。この場合には、会社は、原告の訴えの提起が悪意によるものであることを疎明しなければならない（836条3項）。

原告が敗訴した場合に、原告に悪意または重大な過失があったときは、原告は、被告に対し、連帯して損害を賠償する責任を負う（846条）。

4 判決の効力

(1) 対世効

決議の不存在・無効の確認の判決があると、その判決の効力は、設立無効等の判決と同様に第三者にも及ぶ（対世効〔838条〕）。請求棄却の判決の効力は第三者には及ばないので、片面的対世効とよばれることもある。

(2) 遡及効

決議が判決によって不存在・無効とされた場合には、その決議の効力は決議の時点にさかのぼって無効となる（ただし、決議は、はじめから不存在・無効である）。

判例セレクト

1 決議の無効事由
株主総会の決議の内容自体に何ら法令（または定款〔昭和56年の改正前商法〕）違反の瑕疵がなく、単に決議をする動機・目的に公序良俗違反の不法があるにとどまる場合は、決議は無効とはならない（最判昭35・1・12商事法務167-18）。

2 決議の不存在事由
(1) 株主に対し、株主総会の日時場所を特定した招集通知もなく、各株主が集まって株主総会が開催されたものでもなく、議事録は虚偽の事実を記載したものであるときは決議は不存在である（最判昭45・7・9民集24-7-755）。
(2) 取締役会の決議なしに代表取締役以外の平取締役が招集した株主総会は、法律上の意義における株主総会とはいえないので、その株主総会でなされた決議は不存在である（最判昭45・8・20判時607-79）。
(3) 取締役会決議が不存在である当該取締役によって構成される取締役会は正当な取締役会といえず、このような取締役会において選任された代表取締役が取締役会決議に基づき招集した株主総会における取締

役選任決議は、全員出席総会等の特段の事情のないかぎり、法律上は決議は不存在である（最判平2・4・17判例シリーズ47事件）。

→会社法百選43事件

(4) 株主9名、発行済株式総数5000株の株式会社において、株主の1人である代表取締役が、自己の実子である2名の株主に口頭で総会招集の通知をしただけで、他の6名の株主（持株数2100株）には招集通知をせず、この親子3名だけが株主総会としての決議をしても、株主総会が成立しその決議があったものとはいえない（最判昭33・10・3民集12-14-3053）。

3 決議無効の主張方法

決議無効確認の訴えの訴訟上の請求は一般原則による無効確認の訴えとまったく同一であり、決議無効原因が存在し、かつ、それを主張する利益の存するかぎり、だれでもいつでも決議の無効を主張することができ、無効を主張する方法は、必ずしも訴えによる必要はなく、訴訟上の抗弁その他いかなる方法で主張するかは主張権者の自由である（東京地判昭30・11・11下民6-11-2365）。

4 訴えの利益

(1) 肯定例

取締役を選任する先行株主総会決議不存在確認訴訟係属中に、その総会で選任されたと称する取締役によって構成される取締役会で選任された代表取締役が招集した後行株主総会の決議不存在確認の訴えが提起され、後行決議の存否を決するためには先行決議の存否が先決関係となり、その判断をすることが不可欠であり、両者の決議がこのような関係にある場合において、先行決議の不存在確認を求める訴えに後行決議不存在確認を求める訴えが併合されているときは、後者についての確認の利益があることはもとより、前者についても民事訴訟法145条1項（中間確認の訴え）の法意に照らし、当然に確認の利益が存する（最判平11・3・25民集53-3-580）。

→828条判例セレクト2(3)

(2) 否定例

5 訴権の濫用

会社の実権を握っていた者であり、相当の代償を受けてみずからその社員持分〔株式〕を譲渡する旨の意思表示をし、社員〔株主〕たる地位を失うことに承諾した者は、上記譲渡に対する社員総会〔株主総会〕の承認を受けるように努める義務があり、それにもかかわらず、社員総会〔株主総会〕の持分〔株式〕譲渡承認決議の不存在を主張し、会社の経営が第三者に委ねられてから相当長期の年月を経た後にその不存在確認の訴えを提起したことは訴権の濫用にあたる（最判昭53・7・10判例シリーズ49事件）。

→会社法百選44事件

司 H26-51-イ（予）、H25-41-エ・オ（予）、H23-43-オ、H23-50-イ・エ（予）、H21-49-1・3・5、H20-41-オ、H18-49-全、H18-50-イ〜オ。予 H27-25-イ、H27-26-5、H25-26-ア・エ

第831条（株主総会等の決議の取消しの訴え） A

i 1　次の各号に掲げる場合には、❶株主等（当該各号の❷株主総会等が❸創立総会又は❹種類創立総会である場合にあっては、株主等、

❶828条2項1号
❷830条1項
❸365条1項
❹84条

❺設立時株主、❻設立時取締役又は❼設立時監査役)は、株主総会等の決議の日から3箇月以内に、訴えをもって当該決議の取消しを請求することができる。当該決議の取消しにより株主(当該決議が創立総会の決議である場合にあっては、設立時株主)又は取締役(監査等委員会設置会社にあっては、❽監査等委員である取締役又はそれ以外の取締役。以下この項において同じ。)、監査役若しくは清算人(当該決議が株主総会又は種類株主総会の決議である場合にあっては第346条第1項〔役員に欠員を生じた場合の措置〕(第479条第4項〔清算人への準用〕において準用する場合を含む。)の規定により取締役、監査役又は清算人としての権利義務を有する者を含み、当該決議が創立総会又は種類創立総会の決議である場合にあっては設立時取締役(設立しようとする株式会社が監査等委員会設置会社である場合にあっては、❾設立時監査等委員である設立時取締役又はそれ以外の設立時取締役)又は設立時監査役を含む。)となる者も、同様とする。

① 株主総会等の招集の手続又は決議の方法が法令若しくは定款に違反し、又は著しく不公正なとき。
② 株主総会等の決議の内容が定款に違反するとき。
③ 株主総会等の決議について特別の利害関係を有する者が議決権を行使したことによって、著しく不当な決議がされたとき。

2 前項の訴えの提起があった場合において、❷株主総会等の招集の手続又は決議の方法が法令又は定款に違反するときであっても、裁判所は、その違反する事実が重大でなく、かつ、決議に影響を及ぼさないものであると認めるときは、同項の規定による請求を棄却することができる。

❺65条1項
❻38条1項
❼38条3項2号

❽38条2項

❾38条2項

株主総会等の招集の手続または決議の方法が、法令もしくは定款に違反した、または著しく不公正なとき等一定の場合は、株主等は、株主総会等の決議の日から3か月以内に、その決議の取消しを請求することができます。

→試験対策8章2節⑥【1】

1 趣旨

株主総会の決議に手続上または内容上の瑕疵がある場合には、そのような決議は違法決議であり、その決議の効力をそのまま認めることはできない。しかし、決議が有効かどうかは会社・株主・取締役等多数の者の利害に影響を与えるので、これを一般原則による処理に委ねると、法的安定性を害し妥当ではなく、法律関係を画一的に確定し、瑕疵の主張をできるだけ制限することが望ましい。そこで、本条は、決議取消しの訴えを規定した。

2 条文クローズアップ

1 訴えの性質

決議の取消しの訴えは、判決の確定があるまではいちおう有効な決議を、その決議の時にさかのぼって無効とすることを目的とする**形成の訴え**である。

決議の取消しの訴えは、他の訴えと同様に、訴えの利益がなければ却下される。そこで、決議の取消しの訴えの係属中の事情の変更が訴えの利益の存否にどのような影響を与えるかが問題となる。

判例は、計算書類承認に関する株主総会決議の取消しの訴えの係属中に、その後の決算期の計算書類の承認決議がなされても、当該計算書類につき承認の再決議がなされた等の特別の事情がないかぎり、決議の取消しの訴えの利益は失われないとする。他方、判例は、役員選任の株主総会決議の取消しの訴えの係属中、取消しを求める選任決議に基づく取締役ら役員がもはや現存しなくなったときは、特別の事情のないかぎり、訴えの利益を欠くにいたるとしている。

2 取消事由

(1) **招集手続または決議方法が法令・定款違反、または著しく不公正であること（1項1号）**

法令・定款違反の例としては、取締役会設置会社において取締役会の決議なしに代表取締役（代表執行役）が株主総会を招集した場合（通説・裁判例）、一部の株主に対する招集通知が欠けていた場合、招集の通知期間が不足の場合、決議が定足数を欠く場合、非株主が決議に参加した場合等である。

著しく不公正であることの例としては、総会招集の場所・時刻に株主が出席不可能な場合、騒然と混乱した会場において、議題の説明もなく、質疑討論の機会を与えず、出席株主にも賛否の確認をしない状態において、拍手による採決方法を採り強引に決議を成立させたような場合（裁判例）等があげられる。

(2) **決議内容の定款違反（1項2号）**

e.g. 定款所定の定員を超える取締役選任の決議の場合等

(3) **特別利害関係人が議決権を行使した結果著しく不当な決議がなされたとき（1項3号）**

ここでいう「特別の利害関係」とは、株主としての資格をなんらかの意味で離れた個人的利害関係をいうと解すべきである。たとえば、退職慰労金を支給する決議において支給を受ける者は、「特別の利害関係を有する者」に該当すると解される（裁判例）。

なお、会社の自己株式取得に関する株主総会の決議において、会社に株式を売り渡そうとする株主については、議決権を行使することができないとされている（140条3項本文、160条4項本文、175条2項本文）。

3 提訴期間・提訴権者・方法

決議の取消しの訴えは、株主総会の決議の日から3か月以内に、株主等（株主・取締役・監査役・執行役・清算人）、当該決議の取消しにより株

主または取締役、監査役もしくは清算人となる者等が、訴えを提起することによってしか主張することができない(831条1項柱書)。なお、被告は会社である(834条17号)。

提訴期間の制限は、決議成立過程の瑕疵は比較的軽微であり、時の経過によってその立証が困難となるために、可能なかぎり、早期に決議の効力を明確ならしめるために設けられた。

(1) **提訴期間に関する問題点**

 (a)訴えを提起してから、1項柱書前段の3か月の提訴期間を経過した後に、更に新たな取消原因を追加主張することができるか否かについては争いがある。

→神田[17版]197頁

  この点、積極説は、1項柱書前段は訴えの提起そのものの期間を制限しているにすぎないから、取消原因の追加は訴訟追行中の攻撃防御方法の展開の問題として解決すればよく、決議の取消しの訴えの変更にならないから、口頭弁論が終結するまでは提出して差し支えないとする(民訴156条参照)。

  しかし、提訴期間が設けられた趣旨からすれば、この期間は、提訴期間を制限するためのみならず、この期間経過後の新たな取消原因の追加主張そのものを制限したとみるのが妥当である。したがって、訴えを提起してから、会社法831条1項柱書前段の3か月の期間を経過した後に、更に新たな取消原因を追加主張することができないと解すべきである(消極説)。判例も消極説を採用している。

→判例セレクト8

 (b)判例は、株主総会決議無効確認訴訟において、無効原因として主張された瑕疵が取消原因に該当し、しかも、その訴訟が決議の取消しの訴えの原告適格・提訴期間等の要件をみたしているときは、たとえ決議の取消しの主張が提訴期間経過後になされたとしても、なお決議無効確認訴訟の提起時から決議の取消しの訴えが提起されていたものと同様に扱っている。

→判例セレクト7

(2) **提訴権者に関する問題点**

 (a)株主総会決議により株主資格を奪われた者は当該決議の取消訴訟の原告適格を有するか、すなわち1項の「株主等」に該当するかが問題となっていたが、この点については、平成26年改正で明文上肯定された(1項柱書前段)。

 (b)株主は決議の取消しの訴えの提訴権者であるが(1項柱書前段)、この点に関連して、他の株主に対する招集通知(299条)漏れ、すなわち招集手続の瑕疵を理由として決議の取消しの訴えを提起することができるかについては争いがある。

  この点、決議の取消しの訴えは、個々の株主の利害を超えて、公正な決議を保持するための制度である。そして、他の株主に対する招集手続の瑕疵であろうと、決議の公正が害されるおそれがあることに変わりはないといえる。したがって、他の株主に対する招集通知漏れを理由として決議の取消しの訴えを提起することができると

解する(判例)。

(c) 次に、議決権制限株式(108条1項3号)の株主(議決権制限株主)が決議の取消しの訴えを提起することができるかが問題となる。

たしかに、議決権制限株主には株主総会に出席する権利がないから、招集手続または決議方法の瑕疵(831条1項1号)を理由として決議の取消しの訴えを提起することを認める必要はない。

しかし、議決権制限株主であっても、定款に反する内容の決議や著しく不当な内容の決議がなされることを黙ってみていなければならないのは不当である。したがって、議決権制限株主は、①決議の内容が定款に違反する場合(2号)や②特別利害関係人が議決権を行使した結果著しく不当な決議がなされた場合(3号)には、決議の取消しの訴えを提起することができると解すべきである。

→判例セレクト5(2)

4 裁判所の裁量棄却

決議に取消事由がある場合であっても、取消事由が招集手続または決議方法の法令・定款違反(1項1号前段)であるときには、裁判所は、①**その違反する事実が重大でなく**、かつ、②**決議の結果に影響を及ぼさない**ものと認めるときは、決議の取消請求を棄却することができる(**裁量棄却**〔2項〕)。このように、裁判所による裁量棄却は、上記①②の要件の両方をみたす必要がある。

→試験対策8章2節⑥【1】(4)

判例は、営業〔事業〕の重要な一部の譲渡についての株主総会の招集通知に議案の要領の記載がない場合には、違法が重大でないとはいえず、改正前商法251条〔会社法831条2項〕により決議の取消請求を棄却することはできないとしている。

→判例セレクト9(1)

5 訴えの手続

決議の取消しの訴えは会社の本店所在地を管轄する地方裁判所の管轄に専属し(専属管轄〔835条1項〕)、同一の請求を目的とする訴えが数個同時に係属するときは弁論および裁判を併合しなければならない(弁論等の必要的併合〔837条〕)。また、裁判所は、会社の申立てにより、原告である株主(当該株主が取締役、監査役、執行役または清算人であるときを除く)に対し、相当の担保を立てることを命じることができる(**担保提供命令**〔836条1項〕)。この場合には、会社は、原告の訴えの提起が悪意によるものであることを疎明しなければならない(836条3項)。

原告が敗訴した場合において、原告に悪意または重大な過失があったときは、原告は被告に対し、連帯して損害を賠償する責任を負う(846条)。

6 判決の効力

(1) 対世効

決議を取り消す判決があると、その判決の効力は、設立無効等の判決と同様に、第三者にも及ぶ(対世効〔838条〕)。請求棄却の判決の効力は第三者には及ばないので、片面的対世効とよばれることもある。

(2) 遡及効

→試験対策8章2節⑥【4】

決議が判決によって取り消された場合には、その決議の効力は決議の時点にさかのぼって無効となる（839条の反対解釈〔839条括弧書は834条17号を除外している〕）。

(3) **瑕疵の連鎖**
(a) 決議の無効が確定するまでの間に決議を前提として各種の行為がなされているのが通常である。そこで、これらの行為の効力をどのように解すべきかが問題となる。

　売買・賃貸借等のように、元来株主総会の決議を有効要件としない行為の効力は、それによって影響を受けると解すべきではない（定款で株主総会の決議事項と定められた場合にかぎって問題となる）。

(b) 定款変更・取締役等の選任等株主総会の決議をその有効要件とする行為は、決議の時点にさかのぼって遡及的に無効となると解するほかない。

　しかし、このような結果を認めると、法的安定性を害し、特に、決議がなされたという外観的事実を信頼した者の利益を害することになる。そこでまず、設立、組織変更、合併、株式交換・株式移転、会社の分割、新株・新株予約権の発行、自己株式の処分、資本金額の減少の場合には、これを決定した株主総会決議が判決において無効とされ、または取り消されれば、その行為は将来に向かってその効力を失うものとされている（将来効〔839条〕）。

　以上のような規定がない場合であっても、不実の登記の効力に関する規定（908条2項）やその他の善意者保護の規定（民109条、110条、112条等）を適用または類推適用することによって、行為の相手方を保護する余地がある。

1 招集手続の瑕疵
(1) 代表取締役が取締役会の決議によらないで招集した株主総会の決議は、当然無効ではなく決議取消しの訴えを待ってその効力が決せられる（東京高判昭30・7・19下民6-7-1488）。
(2) 臨時社員総会〔臨時株主総会〕の招集は会社の常務とはいえないが、代表取締役職務代行者が招集した臨時社員総会〔臨時株主総会〕における決議は、当然無効ではなく決議取消しの訴えによってのみ取り消されうるにとどまる（最判昭39・5・21民集18-4-608）。
(3) 正当な理由なく株主名簿の書換えに応じない会社は新株主が名簿に記載されていないことを主張しえず、この株主に対する招集通知を欠く総会の招集手続は違法である（最判昭42・9・28判例シリーズ41事件）。

→判例セレクト5(2)

→会社法百選38事件

2 決議方法の瑕疵
(1) 通知のなかった事項についてなされた株主総会の決議は、決議取消しの訴えにより取り消されるべきである（最判昭31・11・15民集10-11-1423）。
(2) 会社が議決権行使を条件として、株主1名についてクオカード1枚

→120条

の提供を行ったことは、120条1項の利益供与にあたり、そのような利益供与を受けてされた決議には、決議方法の法令違反がある（東京地判平19・12・6判例シリーズ40事件）。

3 決議方法の不公正
(1) 従業員株主を株主席の前方に座らせた措置
(2) 株主の累積投票請求の機会を失わせしめる目的で、殊更に数人の取締役を1名ずつ格別の総会で選任するときは、その選任決議の採決方法が違法で取消しの対象になる（大阪高判昭38・6・20高民16-4-270）。

4 著しく不当な決議
(1) 取締役の責任免除に関して〔旧〕商法247条1項3号〔会社法831条1項3号〕にいう「著しく不当な決議がなされた」か否かについては、当該取締役の会社での地位や権限などの諸事情を考慮して、一般的に、当該取締役について責任を免除することが不合理なものであったか否かの観点から判断するのが相当である（大阪高判平11・3・26金判1065-8）。
(2) 少数派株主を締め出すために行われる全部取得条項付種類株式の発行にかかる定款変更と株式の取得を内容とする株主総会決議の取消訴訟において、「著しく不当な決議」というためには、全部取得条項付種類株式制度を規定した会社法108条1項7号、2項7号、171条ないし173条が、多数決により公正な対価をもって株主資格を失わせることを予定していることに照らせば、単に会社側に少数株主を排除する目的があるというだけでは足りず、少なくとも、少数株主に交付される予定の金員が、対象会社の株式の公正な価格に比して著しく低廉であることを必要とする（東京地判平22・9・6判タ1334-117）。

5 訴えの当事者
(1) 有限会社社員〔株主〕の提起した会社解散の訴え、社員総会〔株主総会〕決議取消しの訴えおよび同無効の訴えの係属中その社員〔株主〕が死亡した場合には、相続により持分〔株式〕を取得した相続人がその訴訟の原告たる地位を承継する（最大判昭45・7・15判例シリーズ12事件）。
(2) 株主は、他の株主に対する招集通知の瑕疵を理由として株主総会決議取消しの訴えを提起できる（最判昭42・9・28判例シリーズ41事件）。

6 訴えの利益
(1) 役員選任の株主総会決議取消しの訴えの継続中、その決議に基づいて選任された役員がすべて任期満了により退任し、その後の株主総会の決議によって役員が新たに選任されたときは、特別の事情がないかぎり、当該決議取消しの訴えは訴えの利益を欠くにいたる（最判昭45・4・2判例シリーズ43事件）。
(2) 計算書類承認の株主総会決議取消しの訴えの係属中にその後の決算期の計算書類の承認がされた場合においては、計算書類につき承認の再決議がなされたなどの特別の事情がないかぎり、決議取消しを求める訴えの利益は失われない（最判昭58・6・7判例シリーズ44事件）。

7 決議無効確認の訴えとの関係
株主総会決議無効確認の訴えにおいて、決議無効原因として主張された瑕疵が決議取消原因に該当し、しかも、その訴えが決議取消訴訟の原告適格、出訴期間等の要件をみたしているときは、決議取消しの主張が

→会社法百選36事件

→109条判例セレクト2

→会社法百選11事件

→会社法百選38事件

→会社法百選40事件

→438条判例セレクト

→会社法百選41事件

出訴期間経過後になされたとしても、その決議取消しの訴えは決議無効確認の訴え提起時から提起されていたものと同様に扱うのが相当である（最判昭54・11・16判例シリーズ48事件）。

8　取消事由の追加主張
株主総会決議取消しの訴えにおいて、〔旧〕商法248条1項〔会社法831条1項〕所定の期間経過後に新たな取消事由を追加主張することは許されない（最判昭51・12・24判例シリーズ42事件）。

9　裁量棄却
(1) 営業〔事業〕の重要な一部の譲渡について招集通知にその要領を記載しなかった招集手続の違法は重大でないとはいえず、〔旧〕商法251条〔会社法831条2項〕の規定により棄却することはできない（最判平7・3・9判時1529-153）。

(2) 招集手続または決議方法に性質、程度からみて重大な瑕疵がある場合には、その瑕疵が決議の結果に影響を及ぼさないと認められるときでも、裁判所は、決議取消しの請求を認容するべきであって、これを棄却することはできない。そして、取締役会の決議に基づかないで招集され、その招集通知がすべての株主に対して法定の招集期間に2日足りない会日である12日前になされたときは、上記招集手続はその性質および程度からみて重大な瑕疵がある（最判昭46・3・18判例シリーズ46事件）。

→会社法百選45事件

→会社法百選39事件

→会社法百選42事件

第832条（持分会社の設立の取消しの訴え）　B⁻

次の各号に掲げる場合には、当該各号に定める者は、持分会社の成立の日から2年以内に、訴えをもって持分会社の設立の取消しを請求することができる。
① 社員が民法その他の法律の規定により設立に係る意思表示を取り消すことができるとき　当該社員
② 社員がその債権者を害することを知って持分会社を設立したとき　当該債権者

社員が民法その他の法律の規定により設立にかかる意思表示を取り消すことができるとき、または社員がその債権者を害することを知って持分会社を設立したときは、訴えをもって持分会社の設立の取消しを請求することができます。

→試験対策12章1節2【2】(2)(b)

1　趣旨

従前は、設立の取消しと出資行為の取消しとの関係や設立取消しの可否につき疑義があった。しかし、その訴えは会社の設立を取り消す重大な効果を発生させるものであるから、これらが明確であることが望ましい。そこで、本条はこれらの疑義を払拭し、設立取消事由を明確化した。

2 条文クローズアップ

1 取消事由
①社員が民法その他の法律の規定により設立にかかる意思表示を取り消すことができるときは当該社員（1号）、②社員がその債権者を害することを知って持分会社を設立したときは当該債権者（2号）が設立の取消しの訴えを提起できる。

2 株式会社の場合との差異
設立の取消しの訴えは所有と経営の制度上の分離（326条1項）を理念とする株式会社の本質には必ずしもそぐわないことから、株式会社については、取締役会を設置しない会社も含めて、その機関設計のあり方のいかんを問わず設立の取消しの訴えを認めてはいない。

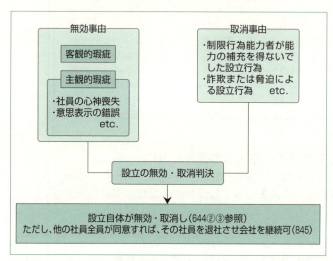

3 効果
判決の対世効（838条）、将来効（839条）、判決の効力（845条）については、設立の無効（828条1項1号）と同じである。

→828条

詐害行為取消権（民424条）との関係
〔旧〕商法141条〔会社法832条2号〕の適用または準用がある会社についての詐害設立の取消しには、民法424条を適用する余地はない（最判昭39・1・23民集18-1-87）。

第833条（会社の解散の訴え）　B⁻
1　次に掲げる場合において、やむを得ない事由があるときは、総

> 株主（株主総会において決議をすることができる事項の全部につき議決権を行使することができない株主を除く。）の議決権の10分の1（これを下回る割合を定款で定めた場合にあっては、その割合）以上の議決権を有する株主又は発行済株式（❶自己株式を除く。）の10分の1（これを下回る割合を定款で定めた場合にあっては、その割合）以上の数の株式を有する株主は、訴えをもって株式会社の解散を請求することができる。
> ① 株式会社が業務の執行において著しく困難な状況に至り、当該株式会社に回復することができない損害が生じ、又は生ずるおそれがあるとき。
> ② 株式会社の財産の管理又は処分が著しく失当で、当該株式会社の存立を危うくするとき。
> 2 やむを得ない事由がある場合には、持分会社の社員は、訴えをもって持分会社の解散を請求することができる。

❶113条4項

株式会社の業務執行上著しく困難な状況にいたり、会社に回復できない損害を生じるか生じるおそれがあるとき、または会社財産の管理または処分が著しく失当で会社の存立を危うくする場合で、しかも、やむをえない事由のあるときに、少数株主は株式会社の解散を請求することができます。

→試験対策11章1節②【1】【4】

1 趣旨

解散に必要な特別決議（471条3号、309条2項11号）は成立させることができないが、株主の正当な利益を保護するためには会社を解散するしかないような場合に、少数株主が解散の訴えを提起することを認めたものである。

2 条文クローズアップ

「業務の執行において著しく困難な状況に至り」（1項1号）

取締役相互間、株主相互間で意見が対立し妥協の見込みがなく、業務執行も株主総会もできない場合などである。

判例セレクト

1 「やむを得ない事由」（1項柱書）
「やむを得ない事由」とは、〔旧〕商法460条ノ2第1項1号または2号〔会社法833条1項1号・2号〕に定める場合であって、しかもいっさいの事情を考慮して、会社を解散することが会社および株主の利益を正当に保護することになると認められる状況にあることをいう（大阪地判昭35・1・22下民11-1-85）。

2 「やむを得ない事由」（2項）
合名会社は総社員の利益のために存立する目的的存在であるから、会社の業務がいちおう困難なく行われているとしても、社員間に多数派と

第833条 /1193/

少数派の対立があり、業務執行が多数派社員によって不公正かつ利己的に行われ、その結果少数派社員がいわれのない恒常的な不利益を被っているような場合にも、また、これを打開する手段のないかぎり解散事由がある。そこでいう打開の手段とは、社員間の信頼関係が破壊されて不和対立が生ずるにいたった原因、解散を求める社員またはこれに反対する社員の上記原因との関わり合いの度合い、会社の業務執行や利益分配が解散を求める社員にとってどの程度不公正・不利益に行われてきたか、その他諸般の事情を考慮して、解散を求める社員とこれに反対する社員の双方にとって公正かつ相当な手段であると認められるものでなければならない（最判昭61・3・13会社法百選84事件）。

3 「業務の執行において著しく困難な状況」（1項1号）

X家とZ家が半額ずつ出資し、その経営および利益分配も両家平等というY会社において、Zが虚偽の事実を主張してX家側を経営からも利益享受からも排除している。このような状況下においては、X家側のZ家側に対する不信はきわめて強度なものであり、両者が共同してYを経営することは到底期待できず、また、両家がYの株式を5割ずつ保有していることからすれば、株主総会において取締役会を新たに構成することはできない。そうすると、ZがX家側を排除し、自己の経営する株式会社Bのために恣意的にYの経営をしている状況からすれば、Yは、業務の執行上、著しい難局にほう着しており、また、Yに回復することができない損害が生ずるおそれがあることは明らかである（東京地判平元・7・18会社法百選94事件）。

予 H27-26-4、H26-26-イ、H23-25-エ

第834条（被告） B⁺

次の各号に掲げる訴え（以下この節において「会社の組織に関する訴え」と総称する。）については、当該各号に定める者を被告とする。

① 会社の設立の無効の訴え　設立する会社
② 株式会社の成立後における株式の発行の無効の訴え（第840条第1項において「❶新株発行の無効の訴え」という。）　株式の発行をした株式会社
③ ❷自己株式の処分の無効の訴え　自己株式の処分をした株式会社
④ ❸新株予約権の発行の無効の訴え　新株予約権の発行をした株式会社
⑤ 株式会社における資本金の額の減少の無効の訴え　当該株式会社
⑥ 会社の組織変更の無効の訴え　組織変更後の会社
⑦ 会社の吸収合併の無効の訴え　吸収合併後存続する会社
⑧ 会社の新設合併の無効の訴え　新設合併により設立する会社
⑨ 会社の吸収分割の無効の訴え　吸収分割契約をした会社

❶定
❷113条4項
❸828条1項4号

⑩　会社の新設分割の無効の訴え　新設分割をする会社及び新設分割により設立する会社
⑪　株式会社の株式交換の無効の訴え　株式交換契約をした会社
⑫　株式会社の株式移転の無効の訴え　株式移転をする株式会社及び株式移転により設立する株式会社
⑬　株式会社の成立後における株式の発行が存在しないことの確認の訴え　株式の発行をした株式会社
⑭　自己株式の処分が存在しないことの確認の訴え　自己株式の処分をした株式会社
⑮　新株予約権の発行が存在しないことの確認の訴え　新株予約権の発行をした株式会社
⑯　❹株主総会等の決議が存在しないこと又は株主総会等の決議の内容が法令に違反することを理由として当該決議が無効であることの確認の訴え　当該株式会社

❹830条1項

⑰　株主総会等の決議の取消しの訴え　当該株式会社
⑱　第832条第1号〔社員が設立にかかる意思表示を取り消すことができる場合〕の規定による持分会社の設立の取消しの訴え　当該持分会社
⑲　第832条第2号〔社員が債権者を害することを知って持分会社を設立した場合〕の規定による持分会社の設立の取消しの訴え　当該持分会社及び同号の社員
⑳　株式会社の解散の訴え　当該株式会社
㉑　持分会社の解散の訴え　当該持分会社

会社の組織に関する訴えについては、本条各号に定める者を被告とします。

1　趣旨

従前は、会社の組織に関する訴えについて、被告となるべき者が規定上明示されていない場合もあったので、被告となるべき者について争われ訴訟が遅延することもあった。そこで、本条は、現行実務上の被告の選定に関する解釈を基礎として、各訴訟類型ごとに被告となるべき者を明示的に規定したものである。

H25-27-ア
第835条（訴えの管轄及び移送）　C
1　会社の組織に関する訴えは、被告となる会社の本店の所在地を管轄する地方裁判所の管轄に専属する。
2　前条第9号から第12号まで〔吸収分割・新設分割・株式交換・株式移転の無効の訴え〕の規定により2以上の地方裁判所が管轄権を有す

> るときは、当該各号に掲げる訴えは、先に訴えの提起があった地方裁判所が管轄する。
> 3 前項の場合には、裁判所は、当該訴えに係る訴訟がその管轄に属する場合においても、著しい損害又は遅滞を避けるため必要があると認めるときは、申立てにより又は職権で、訴訟を他の管轄裁判所に移送することができる。

　会社の組織に関する訴えは、被告となる会社の本店の所在地を管轄する地方裁判所の管轄に専属します。また、会社分割や株式交換・移転の無効の訴えについて、複数の地方裁判所が管轄権をもつときは、先に訴えの提起があった裁判所が管轄します。もっとも、著しい損害または遅滞を避けるために必要な場合には、訴訟を他の管轄裁判所に移送することができます。

1 趣旨

　会社の組織に関する訴えでは複数の者が共通の原因事実を基に訴えを提起することがありうる。このような場合、弁論を併合することで異なる裁判所による判断が行われることを防止する必要がある。本条は、この必要性に応えるために管轄裁判所を形式的・画一的に定めている。

2 条文クローズアップ

1 「本店の所在地」の意義（1項）

　「本店の所在地」とは、実体的な営業の本店の所在地をさすと解されている。

2 会社分割、株式交換、株式移転の場合の管轄（2項）

　吸収分割、新設分割、株式交換、株式移転の無効の訴え（834条9号から12号まで）の場合には、被告となる会社が複数存在するため、本条による専属管轄も複数存在する可能性がある。そのため、2以上の裁判所が管轄権を有する場合があり、その場合には、先に訴えの提起があった裁判所が管轄を有する。

第836条（担保提供命令） B⁺

> 1 会社の組織に関する訴えであって、株主又は❶設立時株主が提起することができるものについては、裁判所は、被告の申立てにより、当該会社の組織に関する訴えを提起した株主又は設立時株主に対し、相当の担保を立てるべきことを命ずることができる。ただし、当該株主が取締役、監査役、執行役若しくは清算人であるとき、又は当該設立時株主が❷設立時取締役若しくは❸設立時監査役であるときは、この限りでない。
> 2 前項の規定は、会社の組織に関する訴えであって、債権者が提

❶65条1項

❷38条1項
❸38条3項2号

> 起することができるものについて準用する。
> 3　被告は、第1項（前項において準用する場合を含む。）の申立てをするには、原告の訴えの提起が悪意によるものであることを疎明しなければならない。

　株主または設立時株主が提起することができる会社の組織に関する訴えについて、裁判所は、被告の申立てにより、原告に対し、相当の担保を立てるように命じることができます。

→試験対策8章2節⑥【3】

1 趣旨

　株主等による会社の組織に関する訴え提起の濫用を防止するため、株主等が訴えを提起した場合における担保の提供について規定した。

2 条文クローズアップ

1　担保提供命令の対象（1項）

　株主の濫訴を防止するため、裁判所は、被告たる会社の申立てにより、相当の担保を立てるべきことを命ずることができる（1項本文）。
　もっとも、訴えを提起した株主が会社の取締役、監査役、執行役、または清算人である場合には、担保提供命令をすることはできない（1項ただし書）。

2　悪意（3項）の意味

　「悪意」とは、総会屋、会社荒らしのような殊更会社に不利益を及ぼうとする目的または困らせる目的をいい、いわゆる「害意」の意味であると解されている。

→東京高決昭51・8・2判時833-108

予 H26-26-ウ
> **第837条（弁論等の必要的併合）　B**
> 同一の請求を目的とする会社の組織に関する訴えに係る訴訟が数個同時に係属するときは、その弁論及び裁判は、併合してしなければならない。

　会社の組織に関する訴訟が数個同時に係属する場合は、それが同じ請求を目的とするときは、その弁論・裁判を併合して行わなければなりません。

1 趣旨

　同一の請求を目的とする会社の組織に関する訴訟においては、個々の訴えによりその結果を異にすることがあっては適当でないので、訴訟の結果の統一に留意したものである。

> 司H26-51-エ、H23-50-オ(予) 予H26-26-エ
> ### 第838条（認容判決の効力が及ぶ者の範囲）　A
> 会社の組織に関する訴えに係る請求を認容する確定判決は、第三者に対してもその効力を有する。

　会社の組織に関する訴えの認容判決の効力は、第三者にも効力が及びます。他方、原告敗訴の判決や確定前の判決では第三者には効力が及びません。

→試験対策4章4節①【1】(4)、6章3節③【1】(5)

1 趣旨

　会社の組織に関する訴えの認容判決は、対世効を有するとすることによって、この訴えの認容判決によって取消し・無効とされた行為の効力は何人も争うことはできなくなる。これは、会社と株主その他の利害関係人との法律関係を画一的に確定する要請に基づくものである。

> 司H26-51-オ、H24-37-オ(予)、H22-48-5、H20-37-エ。予H27-16-5。書H26-27-オ、H24-34-オ
> ### 第839条（無効又は取消しの判決の効力）　A
> 会社の組織に関する訴え（第834条第1号から第12号まで〔設立・新株発行・自己株式処分等の無効の訴え〕、第18号及び第19号に掲げる訴え〔持分会社の設立の取消しの訴え〕に限る。）に係る請求を認容する判決が確定したときは、当該判決において無効とされ、又は取り消された行為（当該行為によって会社が設立された場合にあっては当該設立を含み、当該行為に際して株式又は❶新株予約権が交付された場合にあっては当該株式又は新株予約権を含む。）は、将来に向かってその効力を失う。

❶828条1項4号

　新株発行・自己株式処分・新株予約権発行の不存在確認の訴え、株主総会決議取消し・無効・不存在確認の訴え、会社解散の訴えを除く会社の組織に関する訴えの認容判決によって取消し・無効とされた行為は、将来に向かって効力を失います。

→試験対策4章4節①【1】(4)、6章3節③【1】(5)

1 趣旨

　一部の会社の組織に関する訴えの認容判決の効力は行為の時まで遡及させず、行為の時から取消し・無効の判決が確定するまでの行為の効力を否定しないことにより、法律関係の安定を図る趣旨である。

2 条文クローズアップ

1 新株発行・自己株式処分・新株予約権発行の不存在確認の訴え、株主総会決議の不存在確認の訴え、無効確認の訴え

　本条は、834条13号から16号までに掲げる訴えを適用対象から除外しているため、新株発行・自己株式処分・新株予約権発行の不存在確認、

株主総会決議の不存在確認、無効確認の訴えに将来効の規定（839条）が適用されない。これらの訴えは、形成の訴えではないからである。

2　株主総会決議取消しの訴え

株主総会決議取消しの訴えには、本条の反対解釈により遡及効が認められるが、これは遡及効を認めたとしても、取り消された決議を前提としてなされた行為が必ずしも無効になるというわけではなく、取引の安全が害されるとは必ずしもいえないからである。

3　会社の解散の訴え

本条の反対解釈から会社の解散の訴えについても、遡及効が生じる。これは、解散を認める判決の確定は解散原因であり（471条6号、641条7号）、会社の清算手続が開始する（475条1号、644条1号）ためである。

第840条（新株発行の無効判決の効力）　B⁺

1　❶新株発行の無効の訴えに係る請求を認容する判決が確定したときは、当該株式会社は、当該判決の確定時における当該株式に係る株主に対し、払込みを受けた金額又は給付を受けた財産の給付の時における価額に相当する金銭を支払わなければならない。この場合において、当該株式会社が❷株券発行会社であるときは、当該株式会社は、当該株主に対し、当該金銭の支払をするのと引換えに、当該株式に係る❸旧株券（前条〔無効または取消判決の効力〕の規定により効力を失った株式に係る株券をいう。以下この節において同じ。）を返還することを請求することができる。

2　前項の金銭の金額が同項の判決が確定した時における会社財産の状況に照らして著しく不相当であるときは、裁判所は、同項前段の株式会社又は株主の申立てにより、当該金額の増減を命ずることができる。

3　前項の申立ては、同項の判決が確定した日から6箇月以内にしなければならない。

4　第1項前段に規定する場合には、同項前段の株式を目的とする質権は、同項の金銭について存在する。

5　第1項前段に規定する場合には、前項の質権の❹登録株式質権者は、第1項前段の株式会社から同項の金銭を受領し、他の債権者に先立って自己の債権の弁済に充てることができる。

6　前項の債権の弁済期が到来していないときは、同項の❹登録株式質権者は、第1項前段の株式会社に同項の金銭に相当する金額を供託させることができる。この場合において、質権は、その供託金について存在する。

❶834条2号
❷117条7項
❸定
❹149条1項

→試験対策6章3節③【1】(5)

新株発行無効の訴えの認容判決が確定したときには、会社は株主に対して、その株式につき払い込まれた金額または給付を受けた財産の給付時における

価額に相当する金銭を支払わなければなりません。この金額が会社の財産の状況に照らして著しく不相当なときは、会社はその減額を、株主はその増額を請求することができます。

1 趣旨

新株発行無効の訴えの効力につき、将来効とするだけでは、対価として支払われた出資額の返還等について不明確な部分が生じることになる。そこで、本条はその不明確な部分を規定した。

2 条文クローズアップ

1 払込金額の支払(1項)

新株発行無効の訴えの請求を認容する判決の確定により、その新株は将来的に無効となるので、出資額が返還されなければならない。そこで、本条1項は、原則として、払込金額または給付を受けた財産の給付時における価額に相当する金銭の当該新株の株主に対する支払を義務づけた(1項前段)。

株券発行会社においては、上記の支払は無効となった旧株券との引換えにしなければならない(1項後段)。

2 返還額の増減命令の申立て(2項)

株式会社または株主の申立てに基づき、支払額が新株発行無効判決の確定したときにおける会社財産の状況に照らして著しく不相当であるときは、株式会社または株主の申立てにより、裁判所は当該金額の増減を命ずることができる。これは、新株主も無効判決が確定するまでは会社事業に参加しており、その間の損益に関与しているのであるから、払込金額をそのまま返還することが適当でないことがありうるためである。

第841条（自己株式の処分の無効判決の効力） B

1 ❶自己株式の処分の無効の訴えに係る請求を認容する判決が確定したときは、当該株式会社は、当該判決の確定時における当該自己株式に係る株主に対し、払込みを受けた金額又は給付を受けた財産の給付の時における価額に相当する金銭を支払わなければならない。この場合において、当該株式会社が❷株券発行会社であるときは、当該株式会社は、当該株主に対し、当該金銭の支払をするのと引換えに、当該自己株式に係る❸旧株券を返還することを請求することができる。
2 前条第2項から第6項まで〔新株発行無効判決が確定した場合の取扱い〕の規定は、前項の場合について準用する。この場合において、同条第4項中「株式」とあるのは、「❶自己株式」と読み替えるものとする。

❶113条4項
❷117条7項
❸840条1項

自己株式処分無効の訴えの認容判決が確定したときには、会社は株主に対して、その株式につき払い込まれた金額または給付を受けた財産の給付時における価額に相当する金銭を支払わなければなりません。ただし、支払われる金額が会社の財産の状況に照らして著しく不相当なときは、会社はその減額を、株主はその増額を請求することができます。

→試験対策6章3節③【1】(5)

1 趣旨

自己株式処分無効の訴えの認容判決の効力を規定している。法は、新株発行と自己株式の処分を同視していることから、新株発行無効の訴えの認容判決の効力と同様のことが規定されている。

> **第842条（新株予約権発行の無効判決の効力） B**
> 1 ❶新株予約権の発行の無効の訴えに係る請求を認容する判決が確定したときは、当該株式会社は、当該判決の確定時における当該新株予約権に係る新株予約権者に対し、払込みを受けた金額又は給付を受けた財産の給付の時における価額に相当する金銭を支払わなければならない。この場合において、当該新株予約権に係る新株予約権証券(当該新株予約権が新株予約権付社債に付されたものである場合にあっては、当該新株予約権付社債に係る新株予約権付社債券。以下この項において同じ。)を発行しているときは、当該株式会社は、当該新株予約権者に対し、当該金銭の支払をするのと引換えに、第839条〔無効または取消判決の効力〕の規定により効力を失った新株予約権に係る新株予約権証券を返還することを請求することができる。
> 2 第840条第2項から第6項まで〔新株発行無効判決が確定した場合の取扱い〕の規定は、前項の場合について準用する。この場合において、同条第2項中「株主」とあるのは「新株予約権者」と、同条第4項中「株式」とあるのは「❶新株予約権」と、同条第5項及び第6項中「❷登録株式質権者」とあるのは「❸登録新株予約権質権者」と読み替えるものとする。

❶828条1項4号

❷149条1項
❸270条1項

新株予約権発行無効の訴えの認容判決が確定したときは、会社は新株予約権者に対し、その新株予約権につき払い込まれた金額または給付を受けた財産の給付時における価額に相当する金銭を支払わなければなりません。その金額が会社の財産の状況に照らして著しく不相当なときは、会社はその減額を、新株予約権者はその増額を請求できます。

1 趣旨

新株予約権発行無効の訴えにつき、将来効とするだけでは不明確な部分を明文で規定し、利害調整をすることが、本条の趣旨である。この点

で、新株発行における規定と同趣旨である。

> **第843条（合併又は会社分割の無効判決の効力） B**
> 1 次の各号に掲げる行為の無効の訴えに係る請求を認容する判決が確定したときは、当該行為をした会社は、当該行為の効力が生じた日後に当該各号に定める会社が負担した債務について、連帯して弁済する責任を負う。
> ① 会社の吸収合併　吸収合併後存続する会社
> ② 会社の新設合併　新設合併により設立する会社
> ③ 会社の吸収分割　吸収分割をする会社がその事業に関して有する権利義務の全部又は一部を当該会社から承継する会社
> ④ 会社の新設分割　新設分割により設立する会社
> 2 前項に規定する場合には、同項各号に掲げる行為の効力が生じた日後に当該各号に定める会社が取得した財産は、当該行為をした会社の共有に属する。ただし、同項第4号に掲げる行為を一の会社がした場合には、同号に定める会社が取得した財産は、当該行為をした一の会社に属する。
> 3 第1項及び前項本文に規定する場合には、各会社の第1項の債務の負担部分及び前項本文の財産の共有持分は、各会社の協議によって定める。
> 4 各会社の第1項の債務の負担部分又は第2項本文の財産の共有持分について、前項の協議が調わないときは、裁判所は、各会社の申立てにより、第1項各号に掲げる行為の効力が生じた時における各会社の財産の額その他一切の事情を考慮して、これを定める。

合併・会社分割の無効の訴えの認容判決が確定したときは、存続会社・新設会社・承継会社の負担した債務は、合併・会社分割をした当事者である会社が負担します。また、存続会社・新設会社・承継会社が取得した財産は、合併・会社分割をした当事者である会社が複数ある場合は共有となります。

→試験対策14章2節[2]【7】(3)、[3]【3】(2)

1 趣旨

合併または会社分割無効の訴えにおいて無効判決が確定した場合には、将来効(839条)が生じるが、それだけでは新設会社などが負担した債務や、取得した財産などについて不明確な部分がある。そこで、本条はそれだけでは判然としない箇所を規律し、行為後から無効判決確定までの間に発生した権利義務について調整を図った。

2 条文クローズアップ

1 連帯責任(1項)

合併または会社分割の行為の無効の訴えの請求を認容する判決が確定したときは、当該行為をした会社は、当該行為の効力が生じた日の後に、次の会社が負担した債務について連帯して弁済する責任を負う。
①吸収合併においては吸収合併存続会社
②新設合併においては新設合併設立会社
③吸収分割においては吸収分割承継会社
④新設分割においては新設分割設立会社

2　財産の共有（2項）

合併・吸収分割後に取得した財産については行為をした会社の共有となり、新設分割においては、行為をした会社のみに帰属する。会社の合併・分割無効判決の確定によって合併は将来的に無効となり（839条）、消滅会社が復活するためである。

第844条（株式交換又は株式移転の無効判決の効力）　B

1　株式会社の株式交換又は株式移転の無効の訴えに係る請求を認容する判決が確定した場合において、株式交換又は株式移転をする株式会社(以下この条において「❶旧完全子会社」という。)の発行済株式の全部を取得する株式会社(以下この条において「❷旧完全親会社」という。)が当該株式交換又は株式移転に際して当該旧完全親会社の株式(以下この条において「❸旧完全親会社株式」という。)を交付したときは、当該旧完全親会社は、当該判決の確定時における当該旧完全親会社株式に係る株主に対し、当該株式交換又は株式移転の際に当該旧完全親会社株式の交付を受けた者が有していた旧完全子会社の株式(以下この条において「❹旧完全子会社株式」という。)を交付しなければならない。この場合において、旧完全親会社が❺株券発行会社であるときは、当該旧完全親会社は、当該株主に対し、当該旧完全子会社株式を交付するのと引換えに、当該旧完全親会社株式に係る❻旧株券を返還することを請求することができる。

2　前項前段に規定する場合には、❸旧完全親会社株式を目的とする質権は、❹旧完全子会社株式について存在する。

3　前項の質権の質権者が❼登録株式質権者であるときは、❷旧完全親会社は、第1項の判決の確定後遅滞なく、❶旧完全子会社に対し、当該登録株式質権者についての第148条各号に掲げる事項〔質権者の氏名または名称および住所、質権の目的である株式〕を通知しなければならない。

4　前項の規定による通知を受けた❶旧完全子会社は、その株主名簿に同項の❼登録株式質権者の質権の目的である株式に係る❽株主名簿記載事項を記載し、又は記録した場合には、直ちに、当該

❶定
❷定

❸定

❹定

❺117条7項

❻840条1項

❼149条1項

❽121条

訴訟

> 株主名簿に当該登録株式質権者についての第148条各号に掲げる事項（質権者の氏名または名称および住所、質権の目的である株式）を記載し、又は記録しなければならない。
> 5　第3項に規定する場合において、同項の❶旧完全子会社が❺株券発行会社であるときは、❷旧完全親会社は、❼登録株式質権者に対し、第2項の❹旧完全子会社株式に係る株券を引き渡さなければならない。ただし、第1項前段の株主が旧完全子会社株式の交付を受けるために旧完全親会社株式に係る❻旧株券を提出しなければならない場合において、旧株券の提出があるまでの間は、この限りでない。

　株式交換または株式移転の無効の訴えの認容判決が確定したときには、完全親会社となった会社が、株式交換または株式移転に際して親会社株式を交付していたときは、その株主に対し、その株主が以前所有していた完全子会社となった会社の株式を交付しなければなりません。

→試験対策14章2節4【3】(2)

1　趣旨

　株式交換・株式移転無効の訴えにおいて無効判決が確定した場合に将来効(839条)が生じるが、それだけでは株式の返還などについて不明確な部分がある。そこで、本条はそれだけでは判然をしない部分を規律し、調整を図った。

2　条文クローズアップ

株式移転・株式交換無効判決後の処理（1項）

　株式交換・株式移転の無効判決が確定すると、対世効(838条)と将来効(839条)が生じるので、株式交換・株式移転の際に対価として交付された完全親会社株式は将来に向かって無効となる。そのため、旧完全親会社は、判決確定時に株式交換・株式移転で交付された旧完全親会社株式をもつ株主に対して、株式交換・株式移転で取得した旧完全子会社株式を返還しなければならない。なお、旧完全親会社が旧完全子会社の株式をすでに譲渡していた場合には、金銭により処理されることになる。

> **第845条（持分会社の設立の無効又は取消しの判決の効力）　C**
> 持分会社の設立の無効又は取消しの訴えに係る請求を認容する判決が確定した場合において、その無効又は取消しの原因が一部の社員のみにあるときは、他の社員の全員の同意によって、当該持分会社を継続することができる。この場合においては、当該原因がある社員は、退社したものとみなす。

→試験対策12章1節2【2】(2)

　持分会社の設立無効または取消しの訴えの認容判決が確定した場合、その

原因が一部の社員のみにあるときは、他の社員の全員の同意があれば、その持分会社を継続し、原因がある社員は退社したものとみなすことができます。

1 趣旨

　持分会社の場合、主観的瑕疵の場合、すなわち1人の社員の設立行為が無効ないし取り消しうるものである場合にも設立無効事由となるが、その場合であっても会社を継続しうる場合を認めたものである。

2 条文クローズアップ

設立の無効または取消しの原因
　無効・取消し原因については、主観的原因たる個々の社員の設立行為の瑕疵に限定され、客観的瑕疵である定款の無効などは含まれない。

> **第846条（原告が敗訴した場合の損害賠償責任）　B**
> 会社の組織に関する訴えを提起した原告が敗訴した場合において、原告に悪意又は重大な過失があったときは、原告は、被告に対し、連帯して損害を賠償する責任を負う。

　会社の組織に関する訴えを提起した原告が敗訴した場合において、原告に悪意または重大な過失があったときは、被告に対し、連帯して損害を賠償しなければなりません。

1 趣旨

　敗訴原告に悪意重過失がある場合は、被告会社に対する損害賠償義務を負わせることにより、担保提供命令(836条1項)とあいまって、濫訴を防止するものである。

■第1節の2　受渡株式等の取得の無効の訴え

> **i 第846条の2（売渡株式等の取得の無効の訴え）　A**
> 1　❶株式等売渡請求に係る❷売渡株式等の全部の取得の無効は、❸取得日〔第179条の2第1項第5号に規定する取得日〔特別支配株主が売渡株式等を取得する日〕をいう。以下この条において同じ。〕から6箇月以内〔❹対象会社が公開会社でない場合にあっては、当該取得日から1年以内〕に、訴えをもってのみ主張することができる。
> 2　前項の訴え〔以下この節において「売渡株式等の取得の無効の訴え」という。〕は、次に掲げる者に限り、提起することができる。
> ①　取得日において❺売渡株主〔❼株式売渡請求に併せて❽新株予約権売渡請求がされた場合にあっては、売渡株主又は❾売渡新株予約権者。第846条の5第1項(売渡株式等の取得無効の訴えを提

❶179条の3第1項
❷179条の2第1項5号
❸定
❹179条2項
❺定
❻定・179条の2第1項2号
❼179条2項
❽179条3項、179条の2第1項4号
❾179条の2第1項4号ロ

> 起した際の担保提供命令)において同じ。)であった者
> ② 取得日において④対象会社の取締役(監査役設置会社にあっては取締役又は監査役、指名委員会等設置会社にあっては取締役又は執行役。以下この号において同じ。)であった者又は対象会社の取締役若しくは清算人

株式等売渡請求による売渡株式等の全部の取得について、取得日から6か月以内(対象会社が公開会社でない場合にあっては、取得日から1年以内)に訴えをもってのみ、その無効を主張することができます。

→試験対策5章8節③【3】

1 趣旨

株式等売渡請求は多数の株主の利害に影響するため、取引の安定性を考慮しなければならない。そこで本条は、提訴権者は、裁判所に対し、株式等売渡請求にかかる売渡し等の全部の取得の無効を、訴えをもってのみ主張できるとした。

2 条文クローズアップ

1 無効事由

売渡株式等の取得の無効の訴えについて、無効事由は定められておらず、解釈に委ねられている。
一般的には、以下の事由が無効原因になると考えられている。
①株式売渡請求の法令違反
②株式売渡請求に関する書面等の不備置・不実記載
③対象会社の承認の瑕疵
④差止仮処分命令の違反
⑤必要な許認可の不存在
⑥対価の著しい不当性

2 提訴権者

次の者にかぎり、提訴することができる(2項)。
①取得日において売渡株主または売渡新株予約権者であった者
②取得日において対象会社の取締役・監査役・執行役であった者または対象会社の取締役・監査役・執行役・清算人

3 被告適格

売渡株式等の取得の無効の訴えの被告は、特別支配株主であり(846条の3)、対象会社ではない。これは、特別支配株主が、売渡株式等の取得の主体(取得者)であることを理由とする。

4 将来効・対世効

認容判決が確定した場合、株式等売渡請求による売渡株式等の全部の取得は、将来に向かってその効力を失う(846条の8)。また、その判決の効力は第三者に対しても及ぶ(846条の7)。

ℹ第846条の3（被告） A
❶売渡株式等の取得の無効の訴えについては、❷特別支配株主を被告とする。

❶846条の2第2項
❷179条1項

　売渡株式等の取得の無効の訴え(846条の2第1項)については、対象会社ではなく、特別支配株主を被告とします。

1 趣旨
　本条が、売渡株式等の取得の無効の訴えの被告を特別支配株主としたのは、特別支配株主が売渡株式等の取得者だからである。

ℹ第846条の4（訴えの管轄） B⁺
❶売渡株式等の取得の無効の訴えは、❷対象会社の本店の所在地を管轄する地方裁判所の管轄に専属する。

❶846条の2第2項
❷179条2項

　売渡株式等の取得の無効の訴えは、対象会社の本店の所在地を管轄する地方裁判所の専属管轄となります。

1 趣旨
　本条が売渡株式等の取得の無効の訴えの管轄を本店の所在地を管轄する地方裁判所の専属管轄としたのは、対象会社の所在地に無効原因についての証拠が豊富にあると想定されるためである。

ℹ第846条の5（担保提供命令） A
1　❶売渡株式等の取得の無効の訴えについては、裁判所は、被告の申立てにより、当該売渡株式等の取得の無効の訴えを提起した❷売渡株主に対し、相当の担保を立てるべきことを命ずることができる。ただし、当該売渡株主が❸対象会社の取締役、監査役、執行役又は清算人であるときは、この限りでない。
2　被告は、前項の申立てをするには、原告の訴えの提起が悪意によるものであることを疎明しなければならない。

❶846条の2第2項
❷179条の2第1項2号、846の2第2項1号
❸179条2項

　裁判所は、売渡株式等の取得無効を訴えられた被告の申立てにより、当該売渡株式等の取得の無効の訴えを提起した売渡株主に対し、相当の担保を立てるべきことを命ずることができます。もっともこの申立ての際、被告は原告の訴え提起が悪意によるものであることを疎明しなければなりません。

1 趣旨

売渡株式等の取得の無効の訴えの提起の濫用を防止するために、訴えを提起した場合における担保の提供について規定した。

2 条文クローズアップ

「悪意」（2項）の意義　→836条②2

第846条の6（弁論等の必要的併合）　B⁺
同一の請求を目的とする❶売渡株式等の取得の無効の訴えに係る訴訟が数個同時に係属するときは、その弁論及び裁判は、併合してしなければならない。

❶846の2第2項

売渡株式等の取得無効の訴訟が数個同時に係属する場合は、それが同じ請求を目的とするときは、その弁論・裁判を併合して行わなければなりません。

1 趣旨

同一の請求を目的とする売渡株式等の取得の無効の訴えに関する訴訟においては、個々の訴えによりその結果を異にすることがあってはならないので、訴訟の結果の統一に留意したものである。

第846条の7（認容判決の効力が及ぶ者の範囲）　A
❶売渡株式等の取得の無効の訴えに係る請求を認容する確定判決は、第三者に対してもその効力を有する。

❶846条の2第2項

売渡株式等の取得の無効の訴えの認容判決の効力は、第三者にも効力が及びます。

1 趣旨

売渡株式等の取得の無効の訴えの認容判決は、対世効を有することによって、この訴えの認容判決によって無効とされた行為の効力は何人も争うことができなくなる。これは、会社と株主その他の利害関係人との法律関係を画一的に確定する要請に基づくものである。

第846条の8（無効の判決の効力）　A
❶売渡株式等の取得の無効の訴えに係る請求を認容する判決が確定したときは、当該判決において無効とされた❷売渡株式等の全部の取得は、将来に向かってその効力を失う。

❶846条の2第2項
❷179条の2第1項5号

売渡株式等の取得の無効の訴えの認容判決によって無効とされた行為は、

将来に向かって効力を失います。

1 趣旨

売渡株式等の取得の無効の訴えの認容判決の効力は、行為の時まで遡及しないこととして、行為の時から無効の判決が確定するまでの行為の効力を否定しないことにより、法律関係の安定および取引の安全を図る趣旨である。

第846条の9（原告が敗訴した場合の損害賠償責任） A

❶売渡株式等の取得の無効の訴えを提起した原告が敗訴した場合において、原告に悪意又は重大な過失があったときは、原告は、被告に対し、連帯して損害を賠償する責任を負う。

❶846条の2第2項

売渡株式等の取得の無効の訴えを提起した原告が敗訴した場合において、原告に悪意または重過失があったときは、被告に対し、連帯して損害を賠償しなければなりません。

1 趣旨

敗訴原告に悪意または重過失がある場合は、被告会社に対する損害賠償義務を負わせることにより、担保提供命令（846条の5）とあいまって、濫訴を防止するものである。

→846条の5

■第2節　株式会社における責任追及等の訴え

■総　説

責任追及等の訴え（代表訴訟）としては、従来から存在する、株主による責任追及等の訴えのほか、平成26年改正により、旧株主による責任追及等の訴えが加えられ、更に最終完全親会社等の株主による特定責任追及の訴え（多重代表訴訟）の制度が導入された。

→試験対策8章12節
→平成26年改正

1 語句の意味

1　株主による責任追及等の訴え（代表訴訟、847条）
責任追及等の訴えとは、
①発起人、設立時取締役、設立時監査役、役員等（423条1項に規定する役員等〔取締役、会計参与、監査役、執行役または会計監査人〕）もしくは清算人（以下ではこれらを併せて表記する場合には、法文に合わせて「**発起人等**」という。847条1項本文括弧書）の責任を追及する訴え
②102条の2第1項（払込みを仮装した設立時募集株式の引受人の責任）、212条1項（不公正な払込金額で株式を引き受けた者等の責任）もしくは

→847条

285条1項(不公正な払込金額で新株予約権を引き受けた者等の責任)の規定による支払を求める訴え
③120条3項(株式会社による株主等の権利行使に関する利益供与)の利益の返還を求める訴え
④213条の2第1項(出資の履行を仮装した募集株式の引受人の責任)もしくは286条の2第1項(新株予約権にかかる払込みを仮装した新株予約権者等の責任)の規定による支払もしくは給付を求める訴え
をいう(847条1項本文括弧書)。

2　旧株主による責任追及等の訴え(847条の2)　　→847条の2

　旧株主とは、次の①、②に掲げる行為の効力が生じた日の6か月(これを下回る期間を定款で定めた場合にあっては、その期間)前から当該日まで引き続き株式会社の株主であった者(189条2項の定款の定めによりその権利を行使することができない単元未満株主であった者を除く)をいう(847条の2第1項本文括弧書)。
　①当該株式会社の株式交換または株式移転(1項1号)
　②当該株式会社が吸収合併により消滅する会社となる吸収合併(1項2号)
　そして、①の場合の当該株式会社および②の場合の吸収合併存続会社を**株式交換等完全子会社**という(1項本文括弧書)。
　完全親会社とは、特定の株式会社の発行済株式の全部を有する株式会社その他これと同等のものとして法務省令(会社施規218条の3)で定める株式会社をいう(会社847条の2第1項ただし書括弧書)。
　提訴請求とは、旧株主による株式交換等完全子会社に対する責任追及等の訴えの提起の請求(1項、3項〔4項および5項において準用する場合も含む〕)をいう(6項括弧書)。
　適格旧株主とは、1項本文または3項本文の規定によれば提訴請求をすることができることとなる旧株主をいう(9項)。

3　最終完全親会社等の株主による特定責任追及の訴え(多重代表訴訟、847条の3)　　→847条の3

　最終完全親会社等とは、当該株式会社の完全親会社等であって、その完全親会社等がないものをいう(1項括弧書)。
　ここで、**完全親会社等**とは、次の①、②に掲げる株式会社をいう(2項1号、2号)。
　①完全親会社
　②株式会社の発行済株式の全部を他の株式会社およびその**完全子会社等**(株式会社がその株式または持分の全部を有する法人)または他の株式会社の完全子会社等が有する場合における当該他の株式会社(完全親会社を除く)。
　特定責任追及の訴えとは、特定責任にかかる責任追及等の訴えをいう(1項本文括弧書)。
　ここで、**特定責任**とは、当該株式会社の発起人等の責任の原因となっ

た事実が生じた日において最終完全親会社等およびその完全子会社等（3項により当該完全子会社等とみなされるものを含む）における当該株式会社の株式の帳簿価額が当該最終完全親会社等の総資産額として法務省令（会社施規218条の6）で定める方法により算定される額の5分の1（これを下回る割合を定款で定めた場合には、その割合）を超える場合における当該発起人等の責任をいう（847条の3第4項）。

4 その他

株主等とは、株主、適格旧株主または最終完全親会社等の株主をいう（847条の4第2項括弧書）。 →847条の4第2項

株式会社等とは、株式会社または株式交換等完全子会社をいう（848条括弧書）。 →848条

司 H25-39-オ、H24-38-ウ、H24-49-ア（予）、H22-49-ア・エ、H20-44-エ。予 H27-26-2・3。書 H23-31-ウ

第847条（株主による責任追及等の訴え） A

1　6箇月（これを下回る期間を定款で定めた場合にあっては、その期間）前から引き続き株式を有する株主（第189条第2項の定款の定め〔単元未満株主の権利を制限する定款の定め〕によりその権利を行使することができない❶単元未満株主を除く。）は、株式会社に対し、書面その他の法務省令で定める方法により、発起人、❷設立時取締役、❸設立時監査役、役員等（第423条第1項に規定する役員等（取締役、会計参与、監査役、執行役または会計監査人）をいう。）若しくは清算人（以下この節において「❹発起人等」という。）の責任を追及する訴え、第102条の2第1項〔払込みを仮装した設立時募集株式の引受人の責任〕、第212条第1項〔不公正な払込金額で株式を引き受けた者等の責任〕若しくは第285条第1項〔不公正な払込金額で新株予約権を引き受けた者等の責任〕の規定による支払を求める訴え、第120条第3項〔株式会社による株主等の権利行使に関する利益供与〕の利益の返還を求める訴え又は第213条の2第1項〔出資の履行を仮装した募集株式の引受人の責任〕若しくは第286条の2第1項〔新株予約権にかかる払込みを仮装した新株予約権者等の責任〕の規定による支払若しくは給付を求める訴え（以下この節において「❺責任追及等の訴え」という。）の提起を請求することができる。ただし、責任追及等の訴えが当該株主若しくは第三者の不正な利益を図り又は当該株式会社に損害を加えることを目的とする場合は、この限りでない。

2　公開会社でない株式会社における前項の規定の適用については、同項中「6箇月（これを下回る期間を定款で定めた場合にあっては、その期間）前から引き続き株式を有する株主」とあるのは、「株主」とする。

3　株式会社が第1項の規定による請求〔責任追及等の訴えの提起の請

❶189条1項
❷38条1項
❸38条3項2号

❹定

❺定

求)の日から60日以内に責任追及等の訴えを提起しないときは、当該請求をした株主は、株式会社のために、❸責任追及等の訴えを提起することができる。
4　株式会社は、第1項の規定による請求(責任追及等の訴えの提起の請求)の日から60日以内に❸責任追及等の訴えを提起しない場合において、当該請求をした株主又は同項の❹発起人等から請求を受けたときは、当該請求をした者に対し、遅滞なく、責任追及等の訴えを提起しない理由を書面その他の法務省令で定める方法により通知しなければならない。
5　第1項及び第3項の規定にかかわらず、同項の期間の経過により株式会社に回復することができない損害が生ずるおそれがある場合には、第1項の株主は、株式会社のために、直ちに❸責任追及等の訴えを提起することができる。ただし、同項ただし書に規定する場合は、この限りでない。

　6か月前から引き続き株式を保有する株主は、書面等の方法により、責任追及等の訴えの提起を請求することができます。そして、株式会社がその請求の日から60日以内に責任追及等の訴えを提起しないときは、その請求をした株主は、その会社のために責任追及等の訴えを提起することができます。

→試験対策8章12節①

1　趣旨

　本条は、役員等に対する責任追及権(423条1項)など、株式会社が適切に行使しないリスクがある請求権について、会社や株主全体の利益の回復を図るために、株主による訴え提起を含めた訴訟追行を認めた。

2　条文クローズアップ

1　意義

　株主は、会社に代わって、会社のために取締役等の責任・義務の追及を目的とした訴え(責任追及等の訴え。いわゆる**株主代表訴訟**)を提起することができる。
　取締役等の責任は、本来からいえば会社自身が追及すべきものである。しかし、取締役間の同僚意識などからその責任追及が行われない可能性(訴え提起の懈怠の可能性)があり、その結果、会社ひいては株主の利益が害されるおそれがある。
　そこで、会社法は、個々の株主が、会社に代わって会社のためにみずから取締役等に対する会社の権利を行使し、訴えを提起することを認めた(847条から853条まで)。そして、会社が取締役等を訴える場合も、株主が代表訴訟で取締役等を訴える場合も、馴れ合い訴訟となる弊害に対処するため、訴訟参加(849条)や再審の訴え(853条)の規定をおいている。
　ただし、他方で会社荒らしの手段として濫用される危険も多いことか

→試験対策8章12節①【1】

ら、保有期間制限(847条1項)を設け、また、担保提供命令(847条の4第2項)や株主の権利行使に関する収賄罪の規定(968条1項4号、5号)もおかれている(濫訴の防止。なお、847条1項ただし書)。

2 要件
(1) 対象
代表訴訟の対象となるのは、①発起人・設立時取締役・設立時監査役・役員等(取締役、会計参与、監査役、執行役、会計監査人〔423条1項〕)・清算人の責任追及、②払込仮装がなされた募集株式の払込金額の支払(102条の2第1項参照)、③不公正価額での株式・新株予約権引受けの場合の出資者からの差額支払(212条1項、285条1項参照)、④違法な利益供与がなされた場合の利益供与を受けた者からの利益の返還(120条3項参照)、⑤払込仮装がなされた募集株式・新株予約権の支払もしくは給付(213条の2第1項、286条の2第1項参照)である(847条1項本文)。

→試験対策8章12節①【1】(2)

(2) 「責任」の意義
(1)①については、代表訴訟の対象となる取締役等の「責任」の範囲が問題となる。

この点、取締役等の責任にかぎられ、契約不履行(たとえば、借金返済の不履行)の責任は含まれないとする見解もある(847条1項本文参照)。しかし、このような区別は明確でなく、また、代表訴訟を特に認めた趣旨(訴え提起の懈怠の可能性の防止)から考えても責任の範囲を限定すべきではない。したがって、代表訴訟の対象となる取締役等の「責任」には、取締役等が会社に対して負担するすべての債務を含むと解すべきである。

→神田［17版］265頁

判例は、「取締役の責任」には、取締役の地位に基づく責任のほか、取締役の会社に対する取引債務についての責任も含まれるとしている。そして、会社の所有権に基づいて真正な登記名義の回復による所有権移転登記手続請求は両者にあたらないが、所有名義の借用契約の終了に基づく所有権移転登記手続請求は取締役の会社に対する取引債務であるとして責任追及を認めた。

→判例セレクト1

なお、代表訴訟の対象となる「責任」は、取締役等の地位にある間に負担したものにかぎられるとともに、いったん発生した以上はその後退任したとしても代表訴訟の対象から免れえない。

(3) 提訴権者(原告適格)
濫訴の防止という観点から、6か月前から引き続き株式を有する株主でなければならない(1項本文。6か月という要件は定款で短縮できる〔1項本文括弧書〕)。非公開会社では6か月の要件は不要である(2項)。

1株しか所有していなくても提訴できるのが原則であるが(単独株主権)、単元株制度を採用している会社では、定款の定めによって単元未満株主の代表訴訟提起権を排除できる(1項本文括弧書、189条2項)。

3 請求できない場合
責任追及等の訴えが、当該株主もしくは第三者の不正な利益を図りまたは当該会社に損害を加えることを目的とする場合には、株主は提訴請

→試験対策8章12節①【1】(3)

求することができない（847条1項ただし書）。訴権の濫用の法理を明文化したものである。

この規定は、訴権の濫用のうちの一部について内容を明確化したものにすぎず、それ以外の濫用的な訴訟について訴権の濫用の法理を排除する趣旨ではないとされる。したがって、1項ただし書の規定に該当しないような事例であっても、もっぱら取締役に損害を加える目的で代表訴訟を提起した場合のように訴権の濫用の法理が適用され、訴えが却下される場合がある。

4 訴えの提起の手続

→試験対策8章12節①【1】(4)

①株主は、会社に対し、書面等の方法で、会社が取締役等の責任追及の訴えを提起するように請求する（1項本文）。この書面では、㋐被告となるべき者、㋑請求の趣旨および請求を特定するのに必要な事実を明らかにしなければならない（会社施規217条）。この訴えにおいて、会社を代表するのは株主総会により定められた者である（会社353条。取締役会設置会社において株主総会による定めがない場合には取締役会が定めた者〔364条〕、監査役設置会社の場合には監査役〔386条2項1号〕、監査等委員会設置会社の場合には監査等委員〔399条の7第5項1号〕、指名委員会等設置会社の場合には監査委員〔408条5項1号〕）。

②会社が請求の日から60日以内に責任追及等の訴えを提起しないときは（訴えを提起するかどうかは、次の機関が決定する。監査役設置会社では監査役〔386条2項1号〕、指名委員会等設置会社では監査委員会〔408条1項2号により監査委員が監査委員会により選定されるため〕、監査等委員会設置会社では監査等委員会〔399条の7第1項2号により監査等委員が監査等委員会により選定されるため〕）、その請求をした株主は、会社のために責任追及等の訴えを提起することができる（847条3項）。ただし、手続上の例外として、60日という期間の経過を待っていると「会社に回復することができない損害が生ずるおそれがある場合」（たとえば、損害賠償請求権が消滅時効にかかる場合や、取締役が無資力になったり、財産を隠匿したりするおそれがある場合）には、株主は、会社のためにただちに責任追及等の訴えを提起することができる（5項本文）。

③提訴請求を受けた会社が訴訟を提起しなかったときは、株主からの請求により責任追及等の訴えを提起しない理由を書面等の方法により通知しなければならない（4項）。この書面では、㋐会社が行った調査の内容、㋑請求対象者の責任等の有無についての判断およびその理由、㋒請求対象者に責任等があると判断した場合にも提訴しなかったときはその理由を明らかにしなければならない（会社施規218条）。これは、会社が十分な調査を行った後に結論をだすことを促す趣旨である。

1 「責任」の意義

株主が代表訴訟によって求めうる取締役の責任には、取締役の地位に

基づく責任のほか、当該会社から貸付けを受けた取締役の会社に対する債務など、取締役の会社に対する取引債務についての責任も含まれる。もっとも、会社の不動産所有権に基づく、取締役に対する真正な登記名義の回復請求は、取締役の地位に基づく責任を追及するものでも、取締役の会社に対する取引債務についての責任を追及するものでもないため、同条の対象ではない（最判平21・3・10判例シリーズ72事件）。

→会社法百選68事件

2 手続
(1) 株主が、〔旧〕商法267条1項、2項〔会社法847条〕の手続を経ない場合でも、会社がその後、訴訟に参加して原告と同様の請求をしたときは、その手続欠缺による瑕疵は治癒される（東京地判昭39・10・12下民15-10-2432）。
(2) 株主が会社に対して訴えの提起の請求をすることなく訴えを提起し、その後、会社に対して同一の訴えの提起を請求したとしても、それは会社に対し真に訴えを提起する機会を与えたことにはならず、その後30日が経過しても、その訴えが適法になるものではない（東京地判平4・2・13判時1427-137）。
(3) 株主が提訴請求の宛先を誤った場合に、正しい宛先である機関が請求書の記載内容を正確に認識したうえで訴訟を提起すべきか否かをみずから判断する機会があったといえるときには、当該機関は、提訴請求書の送付を受けたのと異ならない状態におかれたものといえるから、当該代表訴訟を不適法として却下することはできない（最判平21・3・31民集63-3-472）。

3 責任追及の訴えと損害賠償請求権の譲渡
会社による取締役に対する損害賠償請求権の免除について、厳格な規制が設けられていることを考慮すれば、取締役への責任追及を回避する目的をもって、会社の取締役に対する損害賠償請求権を譲渡することは、法の趣旨を潜脱するものとして無効となる。株主代表訴訟が提起され、またはその提起が予定されている場合における譲渡は、特段の事情のないかぎり、責任追及を回避する目的でされたものと推認される（東京地判平17・5・12金法1757-46）。

i 第847条の2（旧株主による責任追及等の訴え） A

1　次の各号に掲げる行為の効力が生じた日の6箇月（これを下回る期間を定款で定めた場合にあっては、その期間）前から当該日まで引き続き株式会社の株主であった者（第189条第2項の定款の定め〔単元未満株主の権利を制限する定款の定め〕によりその権利を行使することができない❶単元未満株主であった者を除く。以下この条において「❷旧株主」という。）は、当該株式会社の株主でなくなった場合であっても、当該各号に定めるときは、当該株式会社（第2号に定める場合にあっては、同号の吸収合併後存続する株式会社。以下この節において「❸株式交換等完全子会社」という。）

❶189条1項
❷定
❸定

に対し、書面その他の法務省令で定める方法により、❹責任追及等の訴え（次の各号に掲げる行為の効力が生じた時までにその原因となった事実が生じた責任又は義務に係るものに限る。以下この条において同じ。）の提起を請求することができる。ただし、責任追及等の訴えが当該旧株主若しくは第三者の不正な利益を図り又は当該株式交換等完全子会社若しくは次の各号の❺完全親会社（特定の株式会社の発行済株式の全部を有する株式会社その他これと同等のものとして法務省令で定める株式会社をいう。以下この節において同じ。）に損害を加えることを目的とする場合は、この限りでない。

❹定

❺定

　① 当該株式会社の株式交換又は株式移転　当該株式交換又は株式移転により当該株式会社の完全親会社の株式を取得し、引き続き当該株式を有するとき。
　② 当該株式会社が吸収合併により消滅する会社となる吸収合併　当該吸収合併により、吸収合併後存続する株式会社の完全親会社の株式を取得し、引き続き当該株式を有するとき。
2　公開会社でない株式会社における前項の規定の適用については、同項中「次の各号に掲げる行為の効力が生じた日の6箇月（これを下回る期間を定款で定めた場合にあっては、その期間）前から当該日まで引き続き」とあるのは、「次の各号に掲げる行為の効力が生じた日において」とする。
3　❷旧株主は、第1項各号の❺完全親会社の株主でなくなった場合であっても、次に掲げるときは、❸株式交換等完全子会社に対し、書面その他の法務省令で定める方法により、責任追及等の訴えの提起を請求することができる。ただし、責任追及等の訴えが当該旧株主若しくは第三者の不正な利益を図り又は当該株式交換等完全子会社若しくは次の各号の株式を発行している株式会社に損害を加えることを目的とする場合は、この限りでない。
　① 当該完全親会社の株式交換又は株式移転により当該完全親会社の完全親会社の株式を取得し、引き続き当該株式を有するとき。
　② 当該完全親会社が合併により消滅する会社となる合併により、合併により設立する株式会社又は合併後存続する株式会社若しくはその完全親会社の株式を取得し、引き続き当該株式を有するとき。
4　前項の規定は、同項第1号（この項又は次項において準用する場合を含む。以下この項において同じ。）に掲げる場合において、❷旧株主が同号の株主でなくなったときについて準用する。
5　第3項の規定は、同項第2号（前項又はこの項において準用する場合を含む。以下この項において同じ。）に掲げる場合におい

て、❷旧株主が同号の株式の株主でなくなったときについて準用する。この場合において、第3項(前項又はこの項において準用する場合を含む。)中「当該完全親会社」とあるのは、「合併により設立する株式会社又は合併後存続する株式会社若しくはその完全親会社」と読み替えるものとする。

6 ❸株式交換等完全子会社が第1項又は第3項(前2項において準用する場合を含む。以下この条において同じ。)の規定による請求(以下この条において「❻提訴請求」という。)の日から60日以内に責任追及等の訴えを提起しないときは、当該提訴請求をした❷旧株主は、株式交換等完全子会社のために、責任追及等の訴えを提起することができる。　❻定

7 ❸株式交換等完全子会社は、❻提訴請求の日から60日以内に❹責任追及等の訴えを提起しない場合において、当該提訴請求をした❷旧株主又は当該提訴請求に係る責任追及等の訴えの被告となることとなる❼発起人等から請求を受けたときは、当該請求をした者に対し、遅滞なく、責任追及等の訴えを提起しない理由を書面その他の法務省令で定める方法により通知しなければならない。　❼847条1項

8 第1項、第3項及び第6項の規定にかかわらず、同項の期間の経過により❸株式交換等完全子会社に回復することができない損害が生ずるおそれがある場合には、❻提訴請求をすることができる❷旧株主は、株式交換等完全子会社のために、直ちに❹責任追及等の訴えを提起することができる。　❽定

9 ❸株式交換等完全子会社に係る❽適格旧株主(第1項本文又は第3項本文の規定によれば提訴請求をすることができることとなる旧株主をいう。以下この節において同じ。)がある場合において、第1項各号に掲げる行為の効力が生じた時までにその原因となった事実が生じた責任又は義務を免除するときにおける第55条〔発起人等の責任の免除〕、第102条の2第2項〔払込みを仮装した設立時募集株式の引受人の責任の免除〕、第103条第3項〔払込みの仮装に関与した発起人・設立時取締役の責任の免除〕、第120条第5項〔株主の権利の行使に関する利益供与に対する取締役の責任の免除〕、第213条の2第2項〔出資の履行を仮装した募集株式の引受人の責任の免除〕、第286条の2第2項、第424条〔株式会社に対する損害賠償責任の免除〕(第486条第4項において準用する場合を含む。)、第462条第3項ただし書、第464条第2項及び第465条第2項〔総株主の同意による責任の免除〕の規定の適用については、これらの規定中「総株主」とあるのは、「総株主及び第847条の2第9項に規定する適格旧株主の全員」とする。

　　株主が、株式会社の株主でなくなった場合であっても、株式交換、株式移転、吸収合併の効力発生日の6か月前から発生日まで引き続き当該会社の株

訴訟

主(定款で権利行使が否定される単元未満株主を除く)であった者は旧株主とよばれ、株式交換等完全子会社に対し、責任追及等の訴えの提起を請求することができます。

1 趣旨

　851条1項は、株主が責任追及等の訴えを提起した後に株式交換・株式移転や三角合併により完全親会社の株主となった場合であっても、原告適格を失わないと規定している。したがって、同条項の反対解釈によれば、責任追及等の訴えの提起前に、株式交換等がなされた場合には、原告適格が失われることになる。

　しかし、責任追及の訴えの提起前に株式交換等がなされた場合であっても、当該株主はみずからの意思で株主たる意思を失うわけではないし、また、取締役等の責任追及について利害関係を有していることがありうる。

　そこで、平成26年改正法は、一定の場合には株主たる地位を失った旧株主が株式交換等完全子会社に対し、責任追及等の訴えの提起を請求することができると規定した。

2 条文クローズアップ

1　提訴権者(原告適格)

(1)　1項

　株式交換、株式移転または三角合併の効力が生じた日の6か月前から当該日まで引き続き株式会社の株主であった者(旧株主)が、以下の①または②に該当するときは、株式交換等完全子会社に対し、責任追及等の訴えを請求することができる(1項)。ただし、非公開会社では、6か月の要件は課されない(2項)。

　①当該株式会社の株式交換または株式移転により当該株式会社の完全親会社の株式を取得し、引き続き当該株式を有するとき
　②当該株式会社が吸収合併により消滅する会社となる吸収合併により、吸収合併後存続する株式会社の完全親会社の株式を取得し、引き続き当該株式を有するとき

(2)　3項

　旧株主が1項に定める完全親会社の株主でなくなった場合であっても以下の①または②に該当するときは、株式交換等完全子会社に対し、責任追及等の訴えを請求することができる(3項1号、2号)。

　①当該完全親会社の株式交換または株式移転により当該完全親会社の完全親会社の株式を取得し、引き続き当該株式を有するとき
　②当該完全親会社が合併により消滅する会社となる合併により、合併により設立する株式会社または合併後存続する株式会社もしくはその完全親会社の株式を取得し、引き続き当該株式を有するとき

　これは、旧株主が責任追及等の訴えを提起する前に、株式交換等によ

り完全親会社となった株式会社等が、更に株式交換等を行った場合にも責任追及の訴えの提起を請求することができるようにするための規定である。

2 被告適格

被告は、発起人等である。

また、対象となる責任は、1項各号に掲げる行為(株式交換、株式移転または三角合併)の効力が生じた時までにその原因となった事実が生じた責任または義務にかかるものにかぎられる。これは、適格旧株主は株式交換等の前にその原因である事実が生じた発起人等の責任等の追及にかぎって利害関係を有しているといえるためである。

3 提訴請求権の濫用──請求できない場合

責任追及等の訴えが当該旧株主もしくは第三者の不正な利益を図り、または当該株式交換等完全子会社もしくは完全親会社に損害を加えることを目的とする場合には、旧株主は提訴請求をすることができない(1項ただし書)。

4 手続

まず、旧株主は、株式交換等完全子会社に対し、書面その他の法務省令(会社施規218条の2)で定める方法により、責任追及等の訴えを提起するように請求することができる(1項本文)。

次に、その請求をした旧株主は、旧株主が株式交換等完全子会社に対し責任追及等の訴えを提起するように請求したにもかかわらず、株式交換等完全子会社が請求の日から60日以内に責任追及等の訴えを提起しないときは、株式交換等完全子会社のために、責任追及等の訴えを提起することができる(6項)。

ただし、手続上の例外として、60日という期間の経過を待っていると「株式交換等完全子会社に回復することができない損害が生ずるおそれがある場合」には、旧株主は、株式交換等完全子会社のために、ただちに責任追及等の訴えを提起することができる(8項)。

なお、提訴請求を受けた株式交換等完全子会社が、訴訟を提起しなかったときは、旧株主または当該提訴請求にかかる責任追及の訴えの被告となることとなる発起人等からの請求により、責任追及等の訴えを提起しない理由を、書面その他の法務省令(会社施規218条の4)で定める方法により通知しなければならない(7項)。

5 責任免除

適格旧株主(会社法847条の2第1項本文または第3項本文の規定により提訴請求をすることができることとなる旧株主)がある場合には、提訴請求の対象とすることができる責任(その免除について総株主の同意が必要とされているものにかぎる)は、株式交換等完全子会社の総株主の同意のみならず、適格旧株主全員の同意がなければ免除することができない(9項)。これは、適格旧株主に株主代表訴訟の原告適格を認めた意義を無に帰せしめないために設けられたものである。

第847条の3 （最終完全親会社等の株主による特定責任追及の訴え） A

1　6箇月（これを下回る期間を定款で定めた場合にあっては、その期間）前から引き続き株式会社の❶最終完全親会社等（当該株式会社の完全親会社等であって、その完全親会社等がないものをいう。以下この節において同じ。）の総株主（株主総会において決議をすることができる事項の全部につき議決権を行使することができない株主を除く。）の議決権の100分の1（これを下回る割合を定款で定めた場合にあっては、その割合）以上の議決権を有する株主又は当該最終完全親会社等の発行済株式（❷自己株式を除く。）の100分の1（これを下回る割合を定款で定めた場合にあっては、その割合）以上の数の株式を有する株主は、当該株式会社に対し、書面その他の法務省令で定める方法により、特定責任に係る責任追及等の訴え（以下この節において「❸特定責任追及の訴え」という。）の提起を請求することができる。ただし、次のいずれかに該当する場合は、この限りでない。
　①　特定責任追及の訴えが当該株主若しくは第三者の不正な利益を図り又は当該株式会社若しくは当該最終完全親会社等に損害を加えることを目的とする場合
　②　当該特定責任の原因となった事実によって当該最終完全親会社等に損害が生じていない場合
2　前項に規定する「完全親会社等」とは、次に掲げる株式会社をいう。
　①　❹完全親会社
　②　株式会社の発行済株式の全部を他の株式会社及びその❺完全子会社等（株式会社がその株式又は持分の全部を有する法人をいう。以下この条及び第849条第3項（訴訟参加の規定）において同じ。）又は他の株式会社の完全子会社等が有する場合における当該他の株式会社（完全親会社を除く。）
3　前項第2号の場合において、同号の他の株式会社及びその❺完全子会社等又は同号の他の株式会社の完全子会社等が他の法人の株式又は持分の全部を有する場合における当該他の法人は、当該他の株式会社の完全子会社等とみなす。
4　第1項に規定する「❻特定責任」とは、当該株式会社の❼発起人等の責任の原因となった事実が生じた日において❶最終完全親会社等及びその❺完全子会社等（前項の規定により当該完全子会社等とみなされるものを含む。次項及び第849条第3項（訴訟参加の規定）において同じ。）における当該株式会社の株式の帳簿価額が当該最終完全親会社等の総資産額として法務省令で定める方法によ

❶定

❷113条4項

❸定

❹847条の2第1項
❺定

❻定
❼847条1項

り算定される額の5分の1（これを下回る割合を定款で定めた場合にあっては、その割合）を超える場合における当該発起人等の責任をいう（第10項及び同条第7項において同じ。）。

5 ❶最終完全親会社等が、❻発起人等の責任の原因となった事実が生じた日において最終完全親会社等であった株式会社をその❺完全子会社等としたものである場合には、前項の規定の適用については、当該最終完全親会社等であった株式会社を同項の最終完全親会社等とみなす。

6 公開会社でない❶最終完全親会社等における第1項の規定の適用については、同項中「6箇月（これを下回る期間を定款で定めた場合にあっては、その期間）前から引き続き株式会社」とあるのは、「株式会社」とする。

7 株式会社が第1項の規定による請求〔特定責任追及の訴えの提起の請求〕の日から60日以内に❸特定責任追及の訴えを提起しないときは、当該請求をした❶最終完全親会社等の株主は、株式会社のために、特定責任追及の訴えを提起することができる。

8 株式会社は、第1項の規定による請求〔特定責任追及の訴えの提起の請求〕の日から60日以内に❸特定責任追及の訴えを提起しない場合において、当該請求をした❶最終完全親会社等の株主又は当該請求に係る特定責任追及の訴えの被告となることとなる❻発起人等から請求を受けたときは、当該請求をした者に対し、遅滞なく、特定責任追及の訴えを提起しない理由を書面その他の法務省令で定める方法により通知しなければならない。

9 第1項及び第7項の規定にかかわらず、同項の期間の経過により株式会社に回復することができない損害が生ずるおそれがある場合には、第1項に規定する株主は、株式会社のために、直ちに❸特定責任追及の訴えを提起することができる。ただし、同項ただし書に規定する場合は、この限りでない。

❻847条の3第4項

10 株式会社に❶最終完全親会社等がある場合において、❻特定責任を免除するときにおける第55条〔発起人等の責任の免除〕、第103条第3項〔払込みの仮装に関与した発起人・設立時取締役の責任の免除〕、第120条第5項〔株主の権利の行使に関する利益供与に対する取締役の責任の免除〕、第424条〔株式会社に対する損害賠償責任の免除〕（第486条第4項において準用する場合を含む。）、第462条第3項ただし書〔剰余金配当等に関する責任の免除〕、第464条第2項〔買取請求に応じて株式を取得した場合の責任の免除〕及び第465条第2項〔欠損が生じた場合の責任の免除〕の規定の適用については、これらの規定中「総株主」とあるのは、「総株主及び株式会社の第847条の3第1項に規定する最終完全親会社等の総株主」とする。

6か月前から引き続き株式会社の最終完全親会社等の総株主の議決権または発行済株式の100分の1以上を有する株主は、当該株式会社に対し、特定責任にかかる責任追及等の訴え（特定責任追及の訴え・多重代表訴訟）の提起を請求することができ、その株式会社が当該請求の日から60日以内に特定責任追及の訴えを提起しないときは、その請求をした最終完全親会社等の株主は、特定責任追及の訴えを提起することができます。

→試験対策8章12節①【3】

1 趣旨

　株主代表訴訟は、責任追及等の対象となる取締役が所属する会社の株主のみが提起することができる制度であるから、子会社の役員等が当該子会社に対して責任を負う場合において、子会社あるいは子会社の株主である親会社が当該役員等の責任を追及しないときには、親会社の株主は、当該役員等を被告として責任を追及する訴訟を提起することはできない。

　しかし、これでは、子会社の損害が填補されず、その結果、親会社の利益ひいては親会社株主の利益が害されることになる。そこで、親会社株主を保護するために、一定の場合には、最終完全親会社株主が子会社の役員に対して特定責任追及の訴えを提起することが認められた。

2 条文クローズアップ

1 提訴権者

　多重代表訴訟の原告となるためには、次の①から③までの要件をみたす必要がある。①最終完全親会社等の株主であり、②株式会社の最終完全親会社等の総株主（完全無議決権株主を除く）の議決権の100分の1（これを下回る割合を定款で定めた場合には、その割合）以上の議決権または当該最終完全親会社等の発行済株式（自己株式を除く）の100分の1（これを下回る割合を定款で定めた場合には、その割合）以上の数の株式を有する株主であることが必要である（1項）。また、③当該最終完全親会社の株式を6か月前から引き続き有する株主であることも必要である（1項）。ただし、非公開会社では6か月の要件は課されない（6項）。

2 被告適格

　多重代表訴訟の被告となるのは、株式会社の発起人等である（8項）。また、対象となる責任は、子会社が親会社にとって重大な場合、具体的には特定責任についての責任追及のみが認められている。

3 提訴請求権の濫用——請求できない場合

　多重代表訴訟は、以下の①②に該当する場合には、提訴請求をすることができない（1項ただし書1号、2号）。

①特定責任追及等の訴えが当該株主もしくは第三者の不正な利益を図り、または当該株式会社もしくは当該最終完全親会社等に損害を加えることを目的をする場合（1項1号）。

②当該特定責任の原因となった事実によって当該最終完全親会社等に

損害が生じていない場合（1項2号）。
　①は通常の代表訴訟である847条1項ただし書と同じ要件である。②は多重代表訴訟に関して加重されている要件である。これは、たとえば親会社が子会社から利益を得た場合や子会社間において利益が移転した場合などのように、子会社に損害が生じた場合であっても、親会社に損害が生じていないときには、親会社の株主は、子会社等の役員等の責任の追及について利害関係を有していないため当該子会社の損害について親会社の株主が多重代表訴訟を提起することを認めるべきではないからである。

4　手続

　まず、株主は、会社に対し、書面その他の法務省令（会社施規218条の5）で定める方法により、特定責任追及の訴えの提起を請求することができる（会社847条の3第1項本文）。そして、株主が会社に対してそのような請求をしたにもかかわらず、会社が請求の日から60日以内に特定責任追及の訴えを提起しない場合には、その請求をした株主は、会社のために、特定責任追及の訴えを提起することができる（7項）。ただし、手続上の例外として、60日という期間の経過を待っていると「会社に回復することができない損害が生ずるおそれがある場合」、たとえば、損害賠償請求権が消滅時効にかかる場合や、取締役が無資力になったり、財産を隠匿したりするような場合には、株主は、ただちに特定責任追及の訴えを提起することができる（9項）。

5　特定責任の免除

　株式会社に最終完全親会社がある場合には、提訴請求の対象とすることができる責任（その免除について総株主の同意が必要とされているものにかぎる）は、子会社の総株主の同意のみならず、最終完全親会社等の総株主の同意がなければ、免除することができない（10項）。これは、最終完全親会社等の株主に多重代表訴訟の原告適格を認めた意義を無にしないために設けられたものである。

第847条の4（責任追及等の訴えに係る訴訟費用等）　B+

1　第847条第3項若しくは第5項（責任追及等の訴え）、第847条の2第6項若しくは第8項（旧株主による責任追及等の訴え）又は前条第7項若しくは第9項（特定責任追及の訴え）の❶責任追及等の訴えは、訴訟の目的の価額の算定については、財産権上の請求でない請求に係る訴えとみなす。

2　❷株主等（株主、❸適格旧株主又は❹最終完全親会社等の株主をいう。以下この節において同じ。）が❶責任追及等の訴えを提起したときは、裁判所は、被告の申立てにより、当該株主等に対し、相当の担保を立てるべきことを命ずることができる。

3　被告が前項の申立てをするには、❶責任追及等の訴えの提起が

❶847条1項

❷定

❸847条の2第9項

❹847条の3第1項

悪意によるものであることを疎明しなければならない

責任追及等の訴えは、訴訟の目的の価格の算定については、財産権上の請求でない請求にかかる訴えとみなされます。

1 趣旨

2項、3項は株主の特定責任等の追及の訴えの提訴権との調和を図りながら株主による濫訴を防止するために規定された。

2 条文クローズアップ

1 訴訟の価額（1項）

訴訟の目的の価額（訴額）は、実際の請求額ではなく、「財産上の請求でない請求」として算定され、代表訴訟を提起する手数料は、民事訴訟費用等に関する法律4条2項前段による（一律13,000円）。

2 担保の提供（2項、3項）

被告が原告の悪意を疎明したときは、裁判所は原告に対し相当の担保を立てるべきことを命ずることができる（担保提供命令）。会社荒らしを防止するためである。

悪意の意義については争いがあり、株主が取締役を害することを知ることであり、害意を不要とする見解、取締役等を害する意図をいうとする見解、取締役等に責任がないことを知りながら不当な目的をもってするというとする見解などがある。

いくつかの裁判例は、悪意とは、原告の請求に理由がなく、原告がそのことを知って訴えを提起した場合、または原告が、代表訴訟の制度趣旨を逸脱し、不当な目的を持って被告を害することを知りながら訴えを提起した場合をいうと解しており、悪意の意義を厳格に解する傾向にある。

→判例セレクト

悪意の意義

「悪意」とは、原告の請求に理由がなく、原告がそのことを知って訴えを提起した場合、または原告が株主代表訴訟制度の趣旨を逸脱し、不当な目的をもって被告を害することを知りながら訴えを提起した場合をいう（東京高決平7・2・20判例シリーズ73事件）。

→会社法百選69事件

🗾H25-50-イ、H22-49-イ
第848条（訴えの管轄） B

❶責任追及等の訴えは、株式会社又は❷株式交換等完全子会社（以下この節において「❸株式会社等」という。）の本店の所在地を管轄する地

❶847条1項
❷847条の2第1項
❸

方裁判所の管轄に専属する。

　責任追及等の訴えは、株式会社または株式交換等完全子会社の本店の所在地を管轄する地方裁判所の専属管轄となります。

1 趣旨

　本条の趣旨は、責任追及等の訴えの管轄を本店所在地の管轄地方裁判所の専属と明確化することで、責任追及等の訴えへの訴訟参加を容易にし、責任追及等の訴えが馴れ合い訴訟化することを防止することにある。

2 語句の意味

　管轄とは、裁判権の及ぶ多数の事件をどのように各裁判所に配分するのかについての基準をいう。
　専属管轄とは、当事者の意思では動かすことができない管轄をいう。

司 H25-46-エ（予）、H25-50-ウ、H23-43-ウ、H22-49-ウ

第849条（訴訟参加）　B⁺

1　❶株主等又は❷株式会社等は、共同訴訟人として、又は当事者の一方を補助するため、❸責任追及等の訴え（❹適格旧株主にあっては第847条の2第1項各号に掲げる行為（完全親会社の株式の取得）の効力が生じた時までにその原因となった事実が生じた責任又は義務に係るものに限り、❺最終完全親会社等の株主にあっては❻特定責任追及の訴えに限る。）に係る訴訟に参加することができる。ただし、不当に訴訟手続を遅延させることとなるとき、又は裁判所に対し過大な事務負担を及ぼすこととなるときは、この限りでない。

i 2　次の各号に掲げる者は、❷株式会社等の株主でない場合であっても、当事者の一方を補助するため、当該各号に定める者が提起した❸責任追及等の訴えに係る訴訟に参加することができる。ただし、前項ただし書に規定するときは、この限りでない。

① ❼株式交換等完全親会社（第847条の2第1項各号に定める場合又は同条第3項第1号（同条第4項及び第5項において準用する場合を含む。以下この号において同じ。）若しくは第2号（同条第4項及び第5項において準用する場合を含む。以下この号において同じ。）に掲げる場合（完全親会社の株式を取得して、引き続き当該株式を有する場合）における❽株式交換等完全子会社の❾完全親会社（同条第1項各号に掲げる行為（完全親会社の株式の取得）又は同条第3項第1号の株式交換若しくは株式移転若しくは同項

❶847条の4第2項
❷848条
❸847条1項
❹847条の2第9項
❺847条の3第5項
❻847条の3第1項

❼定

❽847条の2第1項
❾847条の2第1項

第2号の合併の効力が生じた時においてその完全親会社があるものを除く。）であって、当該完全親会社の株式交換若しくは株式移転又は当該完全親会社が合併により消滅する会社となる合併によりその完全親会社となった株式会社がないものをいう。以下この条において同じ。）　❹適格旧株主

② ❺最終完全親会社等　当該最終完全親会社等の株主

3　❷株式会社等、❼株式交換等完全親会社又は❺最終完全親会社等が、当該株式会社等、当該株式交換等完全親会社の❽株式交換等完全子会社又は当該最終完全親会社等の❿完全子会社等である株式会社の取締役（⓫監査等委員及び⓬監査委員を除く。）、執行役及び清算人並びにこれらの者であった者を補助するため、❸責任追及等の訴えに係る訴訟に参加するには、次の各号に掲げる株式会社の区分に応じ、当該各号に定める者の同意を得なければならない。

①　監査役設置会社　監査役（監査役が2人以上ある場合にあっては、各監査役）
②　監査等委員会設置会社　各監査等委員
③　指名委員会等設置会社　各監査委員

4　❶株主等は、❸責任追及等の訴えを提起したときは、遅滞なく、当該❷株式会社等に対し、訴訟告知をしなければならない。

5　❷株式会社等は、❸責任追及等の訴えを提起したとき、又は前項の訴訟告知を受けたときは、遅滞なく、その旨を公告し、又は株主に通知しなければならない。

6　❷株式会社等に❼株式交換等完全親会社がある場合であって、前項の❸責任追及等の訴え又は訴訟告知が第847条の2第1項各号に掲げる行為（完全親会社の株式の取得）の効力が生じた時までにその原因となった事実が生じた責任又は義務に係るものであるときは、当該株式会社等は、前項の規定による公告又は通知のほか、当該株式交換等完全親会社に対し、遅滞なく、当該責任追及等の訴えを提起し、又は当該訴訟告知を受けた旨を通知しなければならない。

7　❷株式会社等に❺最終完全親会社等がある場合であって、第5項の❸責任追及等の訴え又は訴訟告知が⓭特定責任に係るものであるときは、当該株式会社等は、同項の規定による公告又は通知のほか、当該最終完全親会社等に対し、遅滞なく、当該責任追及等の訴えを提起し、又は当該訴訟告知を受けた旨を通知しなければならない。

8　第6項の❼株式交換等完全親会社が❽株式交換等完全子会社の発行済株式の全部を有する場合における同項の規定及び前項の❺最終完全親会社等が株式会社の発行済株式の全部を有する場合に

⓾847条の3第2項2号、847条の3第4項
⓫38条2項
⓬400条4項

⓭847条の3第4項

おける同項の規定の適用については、これらの規定中「のほか」と
　あるのは、「に代えて」とする。
9　公開会社でない❷株式会社等における第5項から第7項までの
　規定の適用については、第5項中「公告し、又は株主に通知し」と
　あるのは「株主に通知し」と、第6項及び第7項中「公告又は通知」
　とあるのは「通知」とする。
10　次の各号に掲げる場合には、当該各号に規定する株式会社は、
　遅滞なく、その旨を公告し、又は当該各号に定める者に通知しな
　ければならない。
　①　❼株式交換等完全親会社が第6項の規定による通知を受けた場
　　合　　❹適格旧株主
　②　❺最終完全親会社等が第7項の規定による通知を受けた場合
　　当該最終完全親会社等の株主
11　前項各号に規定する株式会社が公開会社でない場合における同
　項の規定の適用については、同項中「公告し、又は当該各号に定
　める者に通知し」とあるのは、「当該各号に定める者に通知し」と
　する。

　株主等、株式会社等または2項各号に掲げる者は、不当に訴訟手続を遅延
させることとなるとき、または裁判所に対し過大な事務負担を及ぼすことと
なるときを除き、共同訴訟人として、または当事者の一方を補助するため、
責任追及等の訴えにかかる訴訟に参加することができます。

→試験対策8章12
節①【4】(3)

1　趣旨

　責任追及等の訴えを会社が提起した場合や株主が代表訴訟を提起した
場合、会社または株主が必ずしも適正に訴訟を遂行するとはかぎらな
い。そこで、馴合訴訟となることを防止するべく、会社、株主および2
項各号に掲げる者の訴訟参加について定めた。

2　条文クローズアップ

1　共同訴訟参加・補助参加（1項）

　株主等または株式会社等は、責任追及等の訴えに共同訴訟参加または
補助参加をすることができる（1項）。
　共同訴訟参加とは、他人間の訴訟の判決効が拡張される地位にあり、
当事者適格を有する第三者が、係属中の訴訟の原告または被告の共同訴
訟人として参加する場合をいう（民訴52条）。
　補助参加とは、他人間の訴訟の結果につき利害関係をもつ第三者が、
当事者の一方を勝訴させることによって間接的に自己の利益を守るた
め、当該訴訟に参加する参加形態をいう（民訴42条）。
　ただし、不当に訴訟手続を遅延させることとなるとき、または裁判所

に対して過大な事務負担を及ぼすこととなるときは、株主または会社は訴訟参加をすることができなくなる(会社849条1項ただし書)。株主または会社の訴訟参加を無制限に許容すると、多数の株主の参加によって訴訟運営が困難となり、訴訟遅延の原因となりうるため、訴訟参加が制限された。

2 株式交換等完全親会社、最終完全親会社等の訴訟参加(2項)

株式交換等完全親会社は、適格旧株主がその株式交換等完全子会社の発起人等その他一定の者に対して提起する責任追及等の訴えについて利害関係を有している。また、最終完全親会社等も、その株主が株式会社の発起人等に対して提起する特定責任追及の訴えについて利害関係を有していることに加え、企業のグループ経営の一環という観点から、当該株式会社の発起人等の責任の有無および責任の追求のあり方に関わる点においても、特定責任追及の訴えについて利害関係を有している。

そのため、平成26年改正により、株式交換等完全親会社または最終完全親会社等は、適格旧株主が提起した責任追及等の訴え、または、最終完全親会社等の株主が提起した特定責任追及の訴えにかかる訴訟に補助参加することができることとなった。

3 会社の被告側への補助参加(3項)

会社が、被告である取締役(監査等委員および監査委員を除く)、執行役、清算人、これらの者であった者の側へ補助参加をするためには、補助参加の濫用を防止する必要がある。そこで、会社の被告側への補助参加においては、監査役設置会社では監査役全員の同意を、監査等委員会設置会社では監査等委員全員の同意を、指名委員会等設置会社では、監査委員全員の同意をそれぞれ得なければならないとされた。

4 訴訟告知(4項)

株主等は、責任追及等の訴えを提起したときは、遅滞なく株式会社等に対し、訴訟告知をしなければならない(4項)。

訴訟告知とは、訴訟係属中に、当事者が当該訴訟につき利害関係を有し参加しうる第三者に対して、法定の方式により訴訟係属の事実を通知することをいう(民訴53条)。

5 通知・公告(5項から11項まで)

(1) 株式会社等は、責任追及等の訴えを提起したとき、または、訴訟告知を受けたときは、遅滞なく訴えを提起した旨を公告し、または株主に対して通知しなければならない(5項)。

非公開会社では必ず株主に通知しなければならない(9項)。これらは、馴れ合い訴訟を防止するとともに、訴訟上の和解が適切に行われることを担保するためである。

(2) ①旧株主による責任追及等の訴え、②最終完全親会社等の株主による特定責任追及の訴えの場合　　→平成26年改正

①の訴えでは、株式交換等完全子会社が提起した責任追及等の訴えまたは株式交換等完全子会社の株主もしくは、適格旧株主がした訴訟告知

(4項)が株式交換等の効力が生じたときまでにその原因となった事実が生じた責任または義務にかかるものであるときは、当該株式会社または株式交換等完全子会社は、その株主に対する通知・公告に加えて、株式交換等完全親会社に対し、当該責任追及等の訴えを提起し、または当該訴訟告知を受けた旨を通知しなければならない(6項)。

②の訴えでは、株式会社が提起した責任追及等の訴えまたは株式会社の株主もしくは当該株式会社の最終完全親会社等の株主がした訴訟告知が特定責任にかかるものであるときも、当該株式会社または株式交換等完全親会社は、最終完全親会社等に対し、①と同様のことをしなければならない(7項)。

(3) 株式交換等完全親会社が株式交換等完全子会社の発行済株式の全部を直接有する場合または最終完全親会社等が株式会社の発行済株式の全部を直接有する場合には、6項または7項の規定による通知により、株式交換等完全親会社または最終完全親会社等の参加の機会は確保されることから、5項の通知・公告は不要となる(8項)。

(4) 通知を受けた株式交換等完全親会社または最終完全親会社等は、遅滞なく、その旨を公告し、または適格旧株主もしくは当該最終完全親会社等の株主に通知をしなければならない(10項)。

非公開会社においては、10項の公告は不要となる(11項)。

> **判例セレクト**
>
> 「不当に訴訟手続を遅延」
> 控訴審の第1回口頭弁論期日後に行われた訴訟参加申立ては、一審での不適切な訴訟追行を是正するためのものであり、それにより相当期間にわたる審理が必要になるとも解されないので、〔旧〕商法268条2項〔会社法849条1項〕にいう不当に訴訟手続を遅延させるものとはいえない(最判平14・1・22判時1777-151)。

第850条(和解) B

1 民事訴訟法第267条〔和解調書等の確定判決と同一の効力〕の規定は、❶株式会社等が❷責任追及等の訴えに係る訴訟における和解の当事者でない場合には、当該訴訟における訴訟の目的については、適用しない。ただし、当該株式会社等の承認がある場合は、この限りでない。

2 前項に規定する場合において、裁判所は、❶株式会社等に対し、和解の内容を通知し、かつ、当該和解に異議があるときは2週間以内に異議を述べるべき旨を催告しなければならない。

3 ❶株式会社等が前項の期間内に書面により異議を述べなかったと

❶848条
❷847条1項

きは、同項の規定による通知の内容で❸株主等が和解をすることを承認したものとみなす。
4　第55条〔発起人等の責任免除〕、第102条の2第2項、第103条第3項、第120条第5項〔株主の権利行使に関する利益供与に対する取締役の責任免除〕、第213条の2第2項〔出資の履行を仮装した募集株式の引受人の責任免除〕、第286条の2第2項〔新株予約権にかかる払込み等を仮装した新株予約権者の責任免除〕、第424条(第486条第4項において準用する場合を含む。)、第462条第3項(同項ただし書に規定する分配可能額を超えない部分について負う義務に係る部分に限る。)、第464条第2項〔買取請求に応じて株式を取得した場合の責任免除〕及び第465条第2項〔欠損が生じた場合の責任免除〕の規定は、❷責任追及等の訴えに係る訴訟における和解をする場合には、適用しない。

❸847条の4第2項

株式会社等が責任追及等の訴えにかかる訴訟における和解の当事者でない場合は、その会社が承認しないかぎり、和解調書の記載による確定判決と同一の効力は生じません。この場合、裁判所は会社に対しその内容を通知し、異議を述べるべき旨を催告しなければならず、これに対して会社が異議を述べなければ、会社はその和解を承認したものとみなされます。

→試験対策8章11節①【7】

1 趣旨

　株主代表訴訟における訴訟上の和解の可否については、取締役の責任免除が株主全員の同意が必要なこととの均衡から否定する見解もあったが、実務上、訴訟上の和解がなされており、また、弊害のない和解の重要性も認められていた。
　そこで、会社法は、会社の承認により、民事訴訟法267条を適用させて和解に確定判決と同一の効果を生じさせている。

2 条文クローズアップ

総株主の同意の要否

　訴訟上の和解をする場合、取締役等の責任免除の要件である総株主の同意は要しない(4項)。

司H25-50エ。予H27-26-1
第851条（株主でなくなった者の訴訟追行）　B
1　❶責任追及等の訴えを提起した株主又は第849条第1項〔訴訟参加〕の規定により共同訴訟人として当該責任追及等の訴えに係る訴訟に参加した株主が当該訴訟の係属中に株主でなくなった場合であっても、次に掲げるときは、その者が、訴訟を追行することができる。

❶847条1項

① その者が当該株式会社の株式交換又は株式移転により当該株式会社の❷完全親会社の株式を取得したとき。
② その者が当該株式会社が合併により消滅する会社となる合併により、合併により設立する株式会社又は合併後存続する株式会社若しくはその完全親会社の株式を取得したとき。
2 前項の規定は、同項第1号(この項又は次項において準用する場合を含む。)に掲げる場合において、前項の株主が同項の訴訟の係属中に当該株式会社の❷完全親会社の株式の株主でなくなったときについて準用する。この場合において、同項(この項又は次項において準用する場合を含む。)中「当該株式会社」とあるのは、「当該完全親会社」と読み替えるものとする。
3 第1項の規定は、同項第2号(前項又はこの項において準用する場合を含む。)に掲げる場合において、第1項の株主が同項の訴訟の係属中に合併により設立する株式会社又は合併後存続する株式会社若しくはその❷完全親会社の株式の株主でなくなったときについて準用する。この場合において、同項(前項又はこの項において準用する場合を含む。)中「当該株式会社」とあるのは、「合併により設立する株式会社又は合併後存続する株式会社若しくはその完全親会社」と読み替えるものとする。

❷847条の2第1項

責任追及等の訴えの係属中、代表訴訟を提起した株主またはそれに共同訴訟参加した株主は、その訴訟の係属中に株主でなくなったとしても、例外的に引き続き訴訟を追行することができる場合があります。

→試験対策8章12節①【4】(4)

1 趣旨

責任追及等の訴えの継続中に、株主が株主の地位を喪失した場合には、原則として当事者適格を失い、訴訟追行が不能となる。しかし、その地位の喪失が会社の組織再編行為による場合は、当事者適格を喪失しないとの学説は少なからず存在した。もっとも、裁判例上は、一貫して当事者適格の喪失を認めてきた。
そこで、本条は、当事者適格を喪失しない組織再編行為を明文化した。

2 条文クローズアップ

原告適格の継続
代表訴訟の係属中、原告が株主でなくなった場合(たとえば、株式を売却した場合等)でも、以下のときには、例外的に引き続き訴訟を追行することができる。
①その者が、当該株式会社の株式交換または株式移転により当該株式会社の完全親会社の株式を取得したとき(1項1号)。
②その者が、当該株式会社が合併により消滅する会社となる合併によ

り、合併により設立する株式会社または合併後存続する株式会社もしくはその完全親会社の株式を取得したとき（1項2号）。

そして、①の「当該株式会社」には、「当該完全親会社」を含み、原告適格の継続規定は、株主が当該株式会社の完全親会社の株式の株主でなくなったときにも準用される（2項）。また、②の「当該株式会社」には、「合併により設立する株式会社又は合併後存続する株式会社若しくはその完全親会社」も含み、原告適格の継続規定は、株主が合併により設立する株式会社または合併後存続する株式会社もしくはその完全親会社の株主でなくなったときにも準用される（3項）。

> 司 H22-49-オ
> **第852条（費用等の請求）　B**
> 1　❶責任追及等の訴えを提起した❷株主等が勝訴（一部勝訴を含む。）した場合において、当該責任追及等の訴えに係る訴訟に関し、必要な費用（訴訟費用を除く。）を支出したとき又は弁護士若しくは弁護士法人に報酬を支払うべきときは、当該❸株式会社等に対し、その費用の額の範囲内又はその報酬額の範囲内で相当と認められる額の支払を請求することができる。
> 2　❶責任追及等の訴えを提起した❷株主等が敗訴した場合であっても、悪意があったときを除き、当該株主等は、当該❸株式会社等に対し、これによって生じた損害を賠償する義務を負わない。
> 3　前2項の規定は、第849条第1項（訴訟参加）の規定により同項の訴訟に参加した❷株主等について準用する。

❶847条1項
❷847条の4第2項
❸848条

株主等が責任追及等の訴えにおいて勝訴した場合、訴えを提起した株主および訴訟に参加した株主は、会社に対し訴訟費用以外の必要な費用のうち相当と認められる額の支払等を請求することができます。また、株主等は、敗訴した場合でも、悪意でなければ会社に対し損害賠償責任を負いません。

→試験対策8章12節【1】【4】(5)、(6)

1 趣旨

責任追及等の訴えにおいて株主等が勝訴した場合には、株主等の負担で会社が利益を得たことになるので、会社に対し費用等の請求をすることを株主等に認めた。

2 条文クローズアップ

費用等の支払と責任追及の訴えの請求額の支払

株主等が勝訴した場合、費用等については自己に支払うように請求できるが、責任追及等の訴えの請求額については会社に支払うよう請求することができるだけであって、自己に支払うよう請求することはできない。

「株主が勝訴した場合」
〔旧〕商法268条の2第1項〔会社法852条1項〕の「株主が勝訴した場合」には、株主と取締役の間に訴訟上の和解が成立し、取締役が会社に対して損害賠償金を支払う旨を約束した場合も含まれる（東京高判平12・4・27金判1095-21）。

第853条（再審の訴え） B⁻

1 ❶責任追及等の訴えが提起された場合において、原告及び被告が共謀して責任追及等の訴えに係る訴訟の目的である❷株式会社等の権利を害する目的をもって判決をさせたときは、次の各号に掲げる者は、当該各号に定める訴えに係る確定した終局判決に対し、再審の訴えをもって、不服を申し立てることができる。
① 株主又は株式会社等　責任追及等の訴え
② ❸適格旧株主　責任追及等の訴え（第847条の2第1項各号に掲げる行為（完全親会社の株式の取得）の効力が生じた時までにその原因となった事実が生じた責任又は義務に係るものに限る。）
③ ❹最終完全親会社等の株主　❺特定責任追及の訴え
2 前条〔費用等の請求〕の規定は、前項の再審の訴えについて準用する。

❶847条1項
❷848条

❸847条の2第9項

❹847条の3第1項
❺847条の3第1項

→試験対策8章12節①【4】(7)

　責任追及等の訴えが提起された場合において、原告および被告が共謀して訴訟の目的である会社の権利を害する目的をもって判決をさせたときは、責任追及等の訴えについては株主、株式会社等または適格旧株主（1項1号、2号）が、特定責任追及の訴えについては最終完全親会社等の株主（1項3号）が確定した終局判決に対し再審の訴えをもって不服を申し立てることができます。この場合、勝訴した株主は、会社に対し費用等の請求をすることができます。

1 趣旨
　責任追及等または特定責任追及の訴えが馴合訴訟となった場合の会社の損失を事後的に塡補するため、再審の訴えの定めが設けられた。

2 条文クローズアップ

訴訟上の和解または請求の放棄の場合
　会社または株主が、訴訟上の和解または請求の放棄をした場合であっても、これらは「確定判決と同一の効力」を有するので（民訴267条）、これらの場合にも再審の訴えの制度が適用されると解される。

■第3節　株式会社の役員の解任の訴え

司H26-44-3、H23-43-エ、H21-49-2。書H24-31-エ、H25-31-イ
第854条（株式会社の役員の解任の訴え）　B⁺

1　役員(第329条第1項に規定する役員〔取締役、会計参与および監査役〕をいう。以下この節において同じ。)の職務の執行に関し不正の行為又は法令若しくは定款に違反する重大な事実があったにもかかわらず、当該役員を解任する旨の議案が株主総会において否決されたとき又は当該役員を解任する旨の株主総会の決議が第323条〔種類株主総会の決議を必要とする場合〕の規定によりその効力を生じないときは、次に掲げる株主は、当該株主総会の日から30日以内に、訴えをもって当該役員の解任を請求することができる。

① 総株主(次に掲げる株主を除く。)の議決権の100分の3 (これを下回る割合を定款で定めた場合にあっては、その割合)以上の議決権を6箇月(これを下回る期間を定款で定めた場合にあっては、その期間)前から引き続き有する株主(次に掲げる株主を除く。)
　イ 当該役員を解任する旨の議案について議決権を行使することができない株主
　ロ 当該請求に係る役員である株主

② 発行済株式(次に掲げる株主の有する株式を除く。)の100分の3 (これを下回る割合を定款で定めた場合にあっては、その割合)以上の数の株式を6箇月(これを下回る期間を定款で定めた場合にあっては、その期間)前から引き続き有する株主(次に掲げる株主を除く。)
　イ 当該株式会社である株主
　ロ 当該請求に係る役員である株主

2　公開会社でない株式会社における前項各号の規定の適用については、これらの規定中「6箇月(これを下回る期間を定款で定めた場合にあっては、その期間)前から引き続き有する」とあるのは、「有する」とする。

3　第108条第1項第9号に掲げる事項〔種類株主総会での取締役・監査役の選任に関する事項〕(取締役(監査等委員会設置会社にあっては、❶監査等委員である取締役又はそれ以外の取締役)に関するものに限る。)についての定めがある種類の株式を発行している場合における第1項の規定の適用については、同項中「株主総会」とあるのは、「株主総会(第347条第1項の規定により読み替えて適用する第339条第1項の種類株主総会を含む。)」とする。

❶38条2項

4　第108条第1項第9号に掲げる事項〔種類株主総会での取締役・監査役の選任に関する事項〕(監査役に関するものに限る。)についての定

> めがある種類の株式を発行している場合における第1項の規定の適用については、同項中「株主総会」とあるのは、「株主総会(第347条第2項の規定により読み替えて適用する第339条第1項の種類株主総会を含む。)」とする。

役員の解任決議が成立しなかった場合、または成立したが拒否権付種類株主総会において拒否され効力が生じなかった場合(323条)であっても、その役員が不正の行為をしたとき、または法令・定款に違反する重大な事実があったときは、少数株主は、30日以内にその役員の解任の訴えを提起することができます。

→試験対策8章3節⑥【2】(2)(c)

1 趣旨

職務執行に関し不正の行為等をした役員に対しては、株主は議題提案権(303条)を行使して、株主総会の決議により解任を図ることが可能である(339条1項)。しかし、役員は多数派株主によって選任された者であるのが普通であり、解任議案は常に否決されることになりかねない。そこで、訴えをもってその役員の解任を請求することができるとしたものである。

2 条文クローズアップ

1 議決権のない株主による訴えの提起

提訴権者の要件を、総株主の議決権の100分の3以上(1項1号)のみならず発行済株式の100分の3以上(1項2号)とすることにより、議決権のない株主についても役員解任の訴えが認められている。これは、取締役に不正行為があった場合に解任を求めることは、議決権のない株主についても認めてしかるべきだからである。

2 公開会社でない会社における要件の緩和

公開会社でない株式会社における役員の解任の訴えについては、「6箇月前……から引き続き有する」という株式保有期間要件は不要である(2項)。

判例セレクト

1 役員の任期満了と訴えの利益

取締役解任の訴えの目的は、少数株主が会社・取締役間の委任関係を任期満了前に解消すること自体にあり、解任判決に遡及的形成力はなく、また、当該取締役の在任中の行為についての会社ないし第三者に対する責任追及を目的として損害賠償を求めることとは直接関係はない。したがって、取締役解任訴訟係属中に当該取締役が任期満了により退任し、株主総会により改めて取締役に選任されたときは、特別の事情がないかぎり、訴えの利益を欠くにいたる(神戸地判昭51・6・18判時843-107)。

2 取締役権利義務者に対する解任の訴えの許否

346条1項に基づき退任後もなお会社の役員としての権利義務を有する者の職務の執行に関し不正の行為または法令もしくは定款に違反する重大な事実があった場合においては、854条を適用または類推適用して、株主が訴えをもって当該役員権利義務者の解任請求をすることは許されない(最判平20・2・26会社法百選47事件)。

司 H21-49-4

第855条(被告) B⁻

前条第1項の訴え〔株式会社の役員解任の訴え〕(次条〔訴えの管轄〕及び第937条第1項第1号ヌにおいて「❶株式会社の役員の解任の訴え」という。)については、当該株式会社及び前条第1項の役員を被告とする。

❶定

株式会社の役員の解任の訴え(854条1項)については、その株式会社および解任の対象となる役員を被告とします。

→試験対策8章3節⑥【2】(2)(c)

1 趣旨

従前は、役員の解任の訴えの被告適格について明文規定がおかれていなかった。そこで、判例に則り、会社と役員との双方を被告とすること(いわゆる固有必要的共同訴訟となる)を明示したものである。

→最判平10・3・27民集52-2-661

第856条(訴えの管轄) B⁻

❶株式会社の役員の解任の訴えは、当該株式会社の本店の所在地を管轄する地方裁判所の管轄に専属する。

❶855条

株式会社の役員の解任の訴えは、その株式会社の本店の所在地を管轄する地方裁判所の専属管轄となります。

1 趣旨

本条は、証拠が集中する会社の本店所在地を管轄とすることで審理の便宜を図る趣旨である。

■第4節 特別清算に関する訴え

第857条(役員等の責任の免除の取消しの訴えの管轄) C

第544条第2項〔役員等の責任免除の取消しの訴え〕の訴えは、❶特別清算裁判所(第880条第1項に規定する特別清算裁判所〔清算株式会社の特別清算事件が係属する地方裁判所〕をいう。次条第3項において同じ。)の

❶定

管轄に専属する。

役員等の責任免除の取消しの訴えは、特別清算裁判所の専属管轄となります。

1 趣旨

本条が対象にしている訴えは、特別清算手続に特有のものであるから、清算株式会社の事情を掌握している裁判所において審理するのが合理的である。そこで、本条により、専属管轄が定められた。

第858条（役員等責任査定決定に対する異議の訴え）　C

1　役員等責任査定決定〔第545条第１項に規定する役員等責任査定決定〔役員等の責任に基づく損害賠償請求権の査定の裁判〕をいう。以下この条において同じ。〕に不服がある者は、第899条第４項の規定による送達〔役員等の責任査定決定の裁判書の送達〕を受けた日から１箇月の不変期間内に、異議の訴えを提起することができる。
2　前項の訴えは、これを提起する者が、対象役員等〔第542条第１項に規定する対象役員等〔取締役、会計参与、監査役、執行役または会計監査人等〕をいう。以下この項において同じ。〕であるときは❶清算株式会社を、清算株式会社であるときは対象役員等を、それぞれ被告としなければならない。
3　第１項の訴えは、❷特別清算裁判所の管轄に専属する。
4　第１項の訴えについての判決においては、訴えを不適法として却下する場合を除き、役員等責任査定決定を認可し、変更し、又は取り消す。
5　役員等責任査定決定を認可し、又は変更した判決は、強制執行に関しては、給付を命ずる判決と同一の効力を有する。
6　役員等責任査定決定を認可し、又は変更した判決については、受訴裁判所は、民事訴訟法第259条第１項〔仮執行の宣言〕の定めるところにより、仮執行の宣言をすることができる。

❶476条

❷857条

役員等責任査定決定に不服がある者は、役員等責任査定決定の裁判の裁判書の送達を受けた日から１か月の不変期間内に、異議の訴えを提起することができます。

1 趣旨

545条１項の役員等責任査定決定は、簡易迅速で実効的な役員責任追及の途を確保する手段であるが、あくまで決定手続であるから、最終的な請求権の存否の確定手続が確保されていなければ、憲法32条に違反する。そこで、本条は、判決手続による損害賠償請求権の確定の途を用意

したものである。

2 語句の意味

不変期間とは、法定期間のうち裁判所の職権による伸縮が許されていないものをいう。

3 条文クローズアップ

異議の訴え提起における被告（2項）

責任査定の対象となる役員等側が異議の訴えを提起する場合には、清算株式会社を被告とする。

これに対して、清算株式会社側が異議の訴えを提起する場合には、対象役員等を被告とする。

■第5節 持分会社の社員の除名の訴え等

司H25-48-イ（予）
第859条（持分会社の社員の除名の訴え） B⁻
持分会社の社員（以下この条及び第861条第1号において「❶対象社員」という。）について次に掲げる事由があるときは、当該持分会社は、対象社員以外の社員の過半数の決議に基づき、訴えをもって対象社員の除名を請求することができる。
① 出資の義務を履行しないこと。
② 第594条第1項（競業禁止）（第598条第2項（法人の業務執行社員の職務を行うべき者への準用）において準用する場合を含む。）の規定に違反したこと。
③ 業務を執行するに当たって不正の行為をし、又は業務を執行する権利がないのに業務の執行に関与したこと。
④ 持分会社を代表するに当たって不正の行為をし、又は代表権がないのに持分会社を代表して行為をしたこと。
⑤ 前各号に掲げるもののほか、重要な義務を尽くさないこと。

❶定

持分会社の社員に出資義務の不履行・競業避止義務違反・不正行為等の事由があるときは、当該社員を除く社員の過半数の決議によって、裁判所に除名の請求ができます。

1 趣旨

持分会社は純然たる資本の結合による団体ではなく、社員の相互信頼に基づく組合的結合団体であるから、その信頼を裏切る行為をする社員が存在する場合に、その社員を会社から排除する必要がある。そこで、社員の除名の制度を設け、その訴えの要件・手続について定めた。

2 語句の意味

除名とは、ある社員について会社に対する重要な義務違反などの法定の事由がある場合に、その社員から社員としての資格をその意思に反して剥奪することをいう。

3 条文クローズアップ

1 除名の訴え（柱書）
持分会社の社員について、当該持分会社は、訴えのみにより対象社員を除名することができる。その要件は、①除名事由が存在すること、および、②訴えの提起につき対象社員以外の社員の過半数の決議が存在することである。

2 除名事由（各号）
①出資の義務の履行しないこと
②競業避止義務（594条1項）に違反したこと
③業務執行についての不正行為または業務執行権のない業務執行への関与
④持分会社の代表における不正行為または代表権のない代表行為
⑤上記のほか、重要な義務の不履行

3 過半数の決議
決議の方式は自由であり、持ち回り決議や書面による決議でもよく、社員総会を開催して決議してもよい。

4 一括除名
複数の社員に対して同時に除名請求がされる場合（一括除名）において「対象社員以外の社員の過半数の決議」の仕方について、決議は対象となる社員を個別に行うのか、複数の社員を同時に行うのかという点が明文にないので問題となる。

この点については、判例は、一貫して一括除名を否定している。

→大判昭4・5・13民集8-470

第860条（持分会社の業務を執行する社員の業務執行権又は代表権の消滅の訴え）　C

持分会社の業務を執行する社員（以下この条及び次条第2号において「❶対象業務執行社員」という。）について次に掲げる事由があるときは、当該持分会社は、対象業務執行社員以外の社員の過半数の決議に基づき、訴えをもって対象業務執行社員の業務を執行する権利又は代表権の消滅を請求することができる。
　① 前条各号に掲げる事由（除名事由）があるとき。
　② 持分会社の業務を執行し、又は持分会社を代表することに著しく不適任なとき。

❶定

持分会社の業務を執行する社員に出資義務の不履行・競業避止義務違反・不正行為等の事由がある場合や、持分会社の業務を執行する社員が業務執行や会社の代表をすることについて不適任である場合は、当該社員を除く社員の過半数の決議によって、裁判所に業務執行権または代表権の消滅の請求ができます。

1 趣旨

持分会社は純然たる資本の結合による団体ではなく、社員の相互信頼に基づく組合的結合団体であるから、その信頼を裏切る行為をする社員が存在する場合に、その社員の業務執行権または代表権を消滅させる必要がある。そこで、社員の業務執行権または代表権の消滅の制度を設け、その訴えの要件・手続について定めた。

第861条(被告) C
次の各号に掲げる訴えについては、当該各号に定める者を被告とする。
① 第859条の訴え（持分会社の社員の除名の訴え）(次条(訴えの管轄)及び第937条第1項第1号ルにおいて「❶持分会社の社員の除名の訴え」という。) ❷対象社員
② 前条の訴え(次条(訴えの管轄)及び第937条第1項第1号ヲにおいて「❸持分会社の業務を執行する社員の業務執行権又は代表権の消滅の訴え」という。) ❹対象業務執行社員

❶定
❷859条

❸定
❹860条

持分会社の社員の除名の訴えの場合はその対象となる社員が、持分会社の業務を執行する社員の業務執行権または代表権の消滅の訴えの場合はその対象となる業務執行社員が、被告となります。

1 趣旨

被告がだれかという本案とは関係のない事柄をめぐる争いによる訴訟遅延は訴訟不経済となるので、被告となる者を明文化した。

第862条(訴えの管轄) C
❶持分会社の社員の除名の訴え及び❷持分会社の業務を執行する社員の業務執行権又は代表権の消滅の訴えは、当該持分会社の本店の所在地を管轄する地方裁判所の管轄に専属する。

❶861条1号
❷861条2号

持分会社の社員の除名の訴えや、持分会社の業務を執行する社員の業務執行権または代表権の消滅の訴えは、その持分会社の本店所在地を管轄する地方裁判所の専属管轄となります。

1 趣旨

本条が専属管轄を定めた趣旨は、裁判の適正迅速という公益上の要請から、法定の管轄と異なる管轄を当事者が勝手に決めることを否定する趣旨である。本条の専属管轄は、判決効が多数者に及び、その利害に関わる事件であるので、統一的な判断を可能にするという趣旨もある。

■第6節　清算持分会社の財産処分の取消しの訴え

第863条（清算持分会社の財産処分の取消しの訴え）　C

1　❶清算持分会社（合名会社及び合資会社に限る。以下この項において同じ。）が次の各号に掲げる行為をしたときは、当該各号に定める者は、訴えをもって当該行為の取消しを請求することができる。ただし、当該行為がその者を害しないものであるときは、この限りでない。
　① 　第670条（債権者の異議）の規定に違反して行った清算持分会社の財産の処分　清算持分会社の債権者
　② 　第671条第1項（持分差押債権者の同意）の規定に違反して行った清算持分会社の財産の処分　清算持分会社の社員の持分を差し押さえた債権者
2　民法第424条第1項ただし書（詐害行為取消権の制限）、第425条（詐害行為取消権の効果）及び第426条（詐害行為取消権の期間制限）の規定は、前項の場合について準用する。この場合において、同法第424条第1項ただし書中「その行為によって」とあるのは、「会社法（平成17年法律第86号）第863条第1項各号に掲げる行為によって」と読み替えるものとする。

❶定・645条

　清算持分会社である合名会社・合資会社が、財産処分について異議を述べた債権者が存在するにもかかわらずその財産処分をしたなど会社債権者異議手続に瑕疵がある場合や、差押債権者が存在するにもかかわらずその同意を得ずに財産処分を行った場合などには、債権者や差押債権者は、その行為の取消しを請求することができます。この請求には民法の詐害行為取消権の規定（民424条）が準用されます。

1 趣旨

　任意清算における会社債権者保護のため、清算持分会社の財産処分の取消しの訴えの制度を設け、その要件を定めた。

第864条（被告）　C

前条第1項の訴え（清算持分会社の財産処分の取消しの訴え）については、

同項各号に掲げる行為の相手方又は転得者を被告とする。

清算持分会社の財産処分の取消しの訴えにおいては、財産処分の相手方または転得者が被告となります。

1 趣旨

清算持分会社の財産処分の取消しの訴えにおいて、被告となるべき者を定めて、手続の明確性を確保しようとしたものである。

詐害行為取消権の場合と同様に、訴えの相手方を財産処分の相手方または転得者とすることで、財産回復の実効性を確保している。

■第7節 社債発行会社の弁済等の取消しの訴え

第865条（社債発行会社の弁済等の取消しの訴え） C

1 社債を発行した会社が社債権者に対してした弁済、社債権者との間でした和解その他の社債権者に対してし、又は社債権者との間でした行為が著しく不公正であるときは、社債管理者は、訴えをもって当該行為の取消しを請求することができる。
2 前項の訴えは、社債管理者が同項の行為の取消しの原因となる事実を知った時から6箇月を経過したときは、提起することができない。同項の行為の時から1年を経過したときも、同様とする。
3 第1項に規定する場合において、社債権者集会の決議があるときは、代表社債権者又は決議執行者（第737条第2項に規定する決議執行者（社債権者集会の決議執行者）をいう。）も、訴えをもって第1項の行為の取消しを請求することができる。ただし、同項の行為の時から1年を経過したときは、この限りでない。
4 民法第424条第1項ただし書（詐害行為取消権の制限）及び第425条（詐害行為取消権の効果）の規定は、第1項及び前項本文の場合について準用する。この場合において、同法第424条第1項ただし書中「その行為によって」とあるのは「会社法第865条第1項に規定する行為によって」と、「債権者を害すべき事実」とあるのは「その行為が著しく不公正であること」と、同法第425条中「債権者」とあるのは「社債権者」と読み替えるものとする。

社債管理者、および、社債権者集会の決議があった場合における代表社債権者または決議執行者は、社債発行会社が社債権者に対してした弁済や社債権者とした和解等の行為が著しく不公正であるときは、その事実を知ったときから6か月以内、かつその行為のときから1年以内にかぎり、その行為の取消しを裁判所に請求することができます。この請求には、民法の詐害行為

→試験対策13章2節②【3】

取消権（民424条）の規定が準用されます。

1 趣旨

本条の趣旨は、社債発行会社が社債権者間の平等を欠く行為を行った際に、その是正を個々の社債権者に任せるのでなく、社債管理者等に権限を与えて行わせることにある。

> **第866条（被告） C**
> 前条第１項又は第３項の訴え〔社債発行会社の弁済等に関する取消しの訴え〕については、同条第１項の行為〔社債権者への弁済、社債権者との間でした和解等の行為〕の相手方又は転得者を被告とする。

社債発行会社の弁済等の取消しの訴えにおいては、その行為の相手方または転得者が被告となります。

1 趣旨

本条は、865条の被告となるものを明文化することにより、手続的な明確性を確保しようとしたものである。

> **第867条（訴えの管轄） C**
> 第865条第１項又は第３項の訴え〔社債発行会社の弁済等に関する取消しの訴え〕は、社債を発行した会社の本店の所在地を管轄する地方裁判所の管轄に専属する。

社債管理者等による社債発行会社の弁済等の取消しの訴えは、その社債発行会社の本店所在地を管轄する地方裁判所の専属管轄となります。

1 趣旨

本条は、証拠が集中する会社の本店所在地を管轄とすることで審理の便宜を図る趣旨である。

第3章

非　訟

■総　説

　具体的な紛争における権利関係を確定する司法作用を訴訟事件というのに対し、国家が後見的な立場から法律関係を形成する民事行政作用を**非訟事件**という。

→試験対策（憲法）12章2節②【2】、試験対策（民事訴訟法）1章2節⑤

　従前は、商事非訟事件の手続については、非訟事件手続法第3編に規定が設けられていた。
　しかし、会社法の制定に伴い、会社にかかる非訟事件については、非訟事件手続法から規定を削除するとともに、管轄・事由の疎明・陳述の聴取・理由の付記・即時抗告・執行停止・不服申立ての制限などについての手続を、種別ごとに整理した規定となっている。

■第1節　総　則

> **第868条（非訟事件の管轄）　C**
> 1　この法律の規定による非訟事件（次項から第6項までに規定する事件を除く。）は、会社の本店の所在地を管轄する地方裁判所の管轄に属する。
> 2　❶親会社社員（会社である親会社の株主又は社員に限る。）によるこの法律の規定により株式会社が作成し、又は備え置いた書面又は❷電磁的記録についての次に掲げる❸閲覧等（閲覧、謄写、謄本若しくは抄本の交付、事項の提供又は事項を記載した書面の交付をいう。第870条第2項第1号において同じ。）の許可の申立てに係る事件は、当該株式会社の本店の所在地を管轄する地方裁判所の管轄に属する。
> ①　当該書面の閲覧若しくは謄写又はその謄本若しくは抄本の交付
> ②　当該電磁的記録に記録された事項を表示したものの閲覧若しくは謄写又は電磁的方法による当該事項の提供若しくは当該事項を記載した書面の交付
> 3　第179条の8第1項〔売渡株式等の売買価格決定の申立て〕の規定による❹売渡株式等の売買価格の決定の申立てに係る事件は、❺対象会社の本店の所在地を管轄する地方裁判所の管轄に属する。
> 4　第705条第4項、第706条第4項〔社債管理者による社債発行会社の業務および財産状況の調査についての裁判所の許可〕、第707条〔裁判所による

❶31条3項

❷26条2項
❸定

❹179条の2第1項5号
❺179条2項

特別代理人の選任)、第711条第3項〔社債管理者の辞任についての裁判所の許可〕、第713条〔裁判所による社債管理者の解任〕、第714条第1項及び第3項〔裁判所への事務を承継する社債管理者の選任の申立て〕、第718条第3項〔社債管理者の社債権者集会招集についての裁判所の許可〕、第732条〔裁判所への社債権者集会決議の認可の申立て〕、第740条第1項〔社債権者異議手続での、裁判所による社債権者のために異議を述べうる期間の伸長〕並びに第741条第1項〔社債管理者等の報酬等を社債発行会社の負担とすることの裁判所の許可〕の規定による裁判の申立てに係る事件は、社債を発行した会社の本店の所在地を管轄する地方裁判所の管轄に属する。

5 第822条第1項〔裁判所による外国会社への財産の清算開始命令〕の規定による外国会社の清算に係る事件並びに第827条第1項〔外国会社への取引継続禁止・営業所閉鎖命令〕の規定による裁判及び同条第2項において準用する第825条第1項〔会社の財産の保全処分〕の規定による保全処分に係る事件は、当該外国会社の日本における営業所の所在地(日本に営業所を設けていない場合にあっては、日本における代表者の住所地)を管轄する地方裁判所の管轄に属する。

6 第843条第4項〔合併等無効判決が確定した場合の債務負担部分・財産共有部分の裁判所による決定〕の申立てに係る事件は、同条第1項各号に掲げる行為〔吸収合併・新設合併・吸収分割・新設分割〕の無効の訴えの第1審の受訴裁判所の管轄に属する。

親会社の株主等による株式会社の書類の閲覧等の許可についての事件等の例外を除いて、非訟事件は、会社の本店の所在地を管轄する地方裁判所の管轄になります。

1 趣旨

非訟事件の管轄は、専属管轄であるのが原則であるから、本条の会社非訟事件の管轄も専属管轄となると考えられている。すなわち、本条の趣旨は、会社非訟事件が裁判所の後見的役割を果たすものであるから、公益的要請に基づき、特定の裁判所に専属管轄を認める点にある。

2 条文クローズアップ

「会社の本店の所在地」(1項)

「本店の所在地」は、登記簿の記載にかかわらず実質的な営業の本拠地をいうとする実質説と、定款で定め、登記した本店の所在地をいうとする形式説があるが、形式説が相当とされている。これは、形式的・画一的な基準により管轄裁判所を明確にするためである。

> **第869条（疎明）　C**
> この法律の規定による許可の申立てをする場合には、その原因となる事実を疎明しなければならない。

　許可の申立てをする場合においては、その原因となる事実を対象として、疎明をしなければなりません。

1 趣旨

　本条の趣旨は、非訟事件には職権探知主義が採用されているところ（非訟49条）、その例外として、許可の申立ての原因となる事実を疎明する主観的立証責任を負わせ、裁判所が職権探知の責任を負わないことを明確にする点にある。

2 語句の意味

　疎明とは、裁判官が事実の存在がいちおう確からしいというような、確信よりも低い心証を得た状態、またはそれを得させるために証拠を提出する当事者の行為をいう。

3 条文クローズアップ

主観的立証責任

　本来、非訟事件では、訴訟事件と異なり、職権探知主義が採用されている。したがって、申立人が主観的立証責任を負うことはない。しかし、本条では、会社非訟事件において、例外的に申立人に対して、原因となる事実を疎明する主観的立証責任を負担させているので、裁判所は職権探知の責任を負うことはない。

> **第870条（陳述の聴取）　C**
> 1　裁判所は、この法律の規定（第2編〔株式会社〕第9章〔清算〕第2節〔特別清算〕を除く。）による非訟事件についての裁判のうち、次の各号に掲げる裁判をする場合には、当該各号に定める者の陳述を聴かなければならない。ただし、不適法又は理由がないことが明らかであるとして申立てを却下する裁判をするときは、この限りでない。
> ①　第346条第2項〔一時役員の職務を行うべき者の裁判所による選任〕、第351条第2項〔一時代表取締役の職務を行うべき者の裁判所による選任〕若しくは第401条第3項〔一時委員の職務を行うべき者の裁判所による選任〕（第403条第3項〔執行役に欠員が生じた場合への準用〕及び第420条第3項〔代表執行役に欠員が生じた場合への準用〕において準用する場合を含む。）の規定により選任された一時取締役（監査

等委員会設置会社にあっては、❶監査等委員である取締役又はそれ以外の取締役)、会計参与、監査役、❷代表取締役、❸委員(指名委員会、監査委員会又は報酬委員会の委員をいう。第874条第1号〔不服申立ての制限〕において同じ。)、執行役若しくは代表執行役の職務を行うべき者、清算人、第479条第4項〔清算人に欠員が生じた場合への準用〕において準用する第346条第2項〔一時役員の職務を行うべき者の裁判所による選任〕若しくは第483条第6項〔代表清算人に欠員が生じた場合への準用〕において準用する第351条第2項〔一時代表取締役の職務を行うべき者の裁判所による選任〕の規定により選任された一時清算人若しくは❹代表清算人の職務を行うべき者、検査役又は第825条第2項〔裁判所による管理命令における管理人の選任〕(第827条第2項〔外国会社への取引継続禁止・営業所閉鎖命令〕において準用する場合を含む。)の管理人の報酬の額の決定　当該会社(第827条第2項〔外国会社への取引継続禁止・営業所閉鎖命令〕において準用する第825条第2項〔裁判所による管理命令における管理人の選任〕の管理人の報酬の額の決定にあっては、当該外国会社)及び報酬を受ける者

② 清算人又は社債管理者の解任についての裁判　当該清算人又は社債管理者

③ 第33条第7項〔裁判所による不当変態設立事項の変更〕の規定による裁判　❺設立時取締役、第28条第1号の金銭以外の財産を出資する者〔現物出資をする者〕及び同条第2号の譲渡人〔財産引受けにおける財産の譲渡人〕

④ 第207条第7項〔募集株式の現物出資財産の価額が不当と認められた場合の裁判所による変更〕又は第284条第7項〔新株予約権行使時の現物出資財産の価額が不当と認められた場合の裁判所による変更〕の規定による裁判　当該株式会社及び第199条第1項第3号〔金銭以外の財産を出資の目的とする場合〕又は第236条第1項第3号〔新株予約権行使時の出資の目的を金銭以外の財産とする場合〕の規定により金銭以外の財産を出資する者

⑤ 第455条第2項第2号〔金銭分配請求権を行使した株主に支払うべき市場価格がない配当財産の価額を決定する裁判〕又は第505条第3項第2号〔金銭分配請求権を行使した株主に支払うべき市場価格がない残余財産の価額を決定する裁判〕の規定による裁判　当該株主

⑥ 第456条〔基準未満株式を有する株主に会社が支払うべき市場価格のない配当財産の価額を決定する裁判〕又は第506条〔基準未満株式を有する株主に会社が支払うべき市場価格のない残余財産の価額を決定する裁判〕の規定による裁判　当該株主

⑦ 第732条〔社債権者集会決議の認可の申立て〕の規定による裁判　利害関係人

❶38条2項
❷47条1項
❸定
❹483条1項
❺38条1項

⑧ 第740条第1項〔社債権者異議手続での、裁判所による社債権者のために異議を述べうる期間の伸長〕の規定による申立てを認容する裁判　社債を発行した会社
⑨ 第741条第1項〔社債管理者等の報酬等を社債発行会社の負担とすることの裁判所の許可〕の許可の申立てについての裁判　社債を発行した会社
⑩ 第824条第1項〔会社の解散命令〕の規定による裁判　当該会社
⑪ 第827条第1項〔外国会社への取引継続禁止・営業所閉鎖命令〕の規定による裁判　当該外国会社

2　裁判所は、次の各号に掲げる裁判をする場合には、審問の期日を開いて、申立人及び当該各号に定める者の陳述を聴かなければならない。ただし、不適法又は理由がないことが明らかであるとして申立てを却下する裁判をするときは、この限りでない。

① この法律の規定により株式会社が作成し、又は備え置いた書面又は❻電磁的記録についての❼閲覧等の許可の申立てについての裁判　当該株式会社

❻26条2項
❼868条2項

② 第117条第2項〔譲渡制限等を設ける定款変更等への反対株主の株式買取請求時における株式価格決定の申立て〕、第119条第2項〔譲渡制限等を設ける定款変更等に際した新株予約権買取請求時の新株予約権価格決定の申立て〕、第182条の5第2項〔株式併合への反対株主による株式買取請求時の株式価格決定の申立て〕、第193条第2項〔単元未満株式買取請求時の単元未満株式価格決定の申立て〕（第194条第4項〔単元未満株式売渡請求への準用〕において準用する場合を含む。）、第470条第2項〔事業譲渡等の反対株主による株式買取請求時の株式価格決定の申立て〕、第778条第2項〔組織変更をする場合の新株予約権買取請求時の新株予約権価格決定の申立て〕、第786条第2項〔吸収合併等に反対する消滅株式会社等の株主による株式買取請求時の株式価格決定の申立て〕、第788条第2項〔吸収合併等をする場合の新株予約権買取請求時の新株予約権価格決定の申立て〕、第798条第2項〔吸収合併等に反対する存続株式会社等の株主による株式買取請求時の株式価格決定の申立て〕、第807条第2項〔新設合併等に反対する消滅株式会社等の株主による株式買取請求時の株式価格決定の申立て〕又は第809条第2項〔新設合併等を行うに際した新株予約権買取請求時の新株予約権価格決定の申立て〕の規定による株式又は新株予約権（当該新株予約権が新株予約権付社債に付されたものである場合において、当該新株予約権付社債についての社債の買取りの請求があったときは、当該社債を含む。）の価格の決定　価格の決定の申立てをすることができる者（申立人を除く。）

③ 第144条第2項〔譲渡制限株式の譲渡不承認時に株式会社による買取通知があった場合の売買価格決定の申立て〕（同条第7項において準用

する場合を含む。)又は第177条第2項〔相続人等への売渡請求があった場合の売買価格決定の申立て〕の規定による株式の売買価格の決定　売買価格の決定の申立てをすることができる者(申立人を除く。)
④　第172条第1項〔全部取得条項付種類株式の取得価格決定の申立て〕の規定による株式の価格の決定　当該株式会社
⑤　第179条の8第1項〔売渡株式等の売買価格決定の申立て〕の規定による❽売渡株式等の売買価格の決定　❾特別支配株主
⑥　第843条第4項〔合併・会社分割無効判決が確定した場合の債務負担部分・財産共有部分の裁判所による決定〕の申立てについての裁判　同項に規定する行為をした会社

❽179条の2第1項5号
❾179条1項

　裁判所は、非訟事件の裁判のうち一定の場合には、一定の者の陳述を必ず聴かなければなりません。たとえば、裁判所が現物出資の目的物の評価額が不当であると認め、その価額を変更する決定を行う場合には、株式会社と現物出資をした者の陳述を聴かなければなりません。

1　趣旨

　本条が陳述を聴く必要がある裁判と陳述を聴取する相手方を規定した趣旨は、利害関係人に陳述の聴取を受ける機会を設けることで、その者の手続保障を図る点にある。

2　条文クローズアップ

1　陳述聴取が必要な事件

　陳述聴取が義務づけられる裁判は、申立人以外に特定の利害関係人が存在する事件であり、かつ、裁判前の陳述聴取により裁判の目的達成に支障が生じないものである。1項各号は、陳述聴取が必要な事件を掲げている。また、平成23年改正では、2項各号の事件についても利害対立する関係者に主張の機会を与えるべく陳述聴取の手続を導入している。

2　陳述聴取が必要でない事件

　1・2項各号に規定された事件以外の事件については、裁判に陳述聴取は義務づけられない。陳述聴取を必要としない理由は、裁判所に広い裁量を認める必要性、事件の密行性、陳述聴取の困難性等があげられる。

第870条の2（申立書の写しの送付等）　C

1　裁判所は、前条第2項各号に掲げる裁判〔裁判所に陳述の聴取義務がある会社非訟事件についての裁判〕の申立てがあったときは、当該各号に定める者〔所定の相手方〕に対し、申立書の写しを送付しなければならない。

2 　前項の規定により申立書の写しを送付することができない場合には、裁判長は、相当の期間を定め、その期間内に不備を補正すべきことを命じなければならない。申立書の写しの送付に必要な費用を予納しない場合も、同様とする。
3 　前項の場合において、申立人が不備を補正しないときは、裁判長は、命令で、申立書を却下しなければならない。
4 　前項の命令に対しては、即時抗告をすることができる。
5 　裁判所は、第1項の申立てがあった場合において、当該申立てについての裁判をするときは、相当の猶予期間を置いて、審理を終結する日を定め、申立人及び前条第2項各号に定める者〔所定の相手方〕に告知しなければならない。ただし、これらの者が立ち会うことができる期日においては、直ちに審理を終結する旨を宣言することができる。
6 　裁判所は、前項の規定により審理を終結したときは、裁判をする日を定め、これを同項の者に告知しなければならない。
7 　裁判所は、第1項の申立てが不適法であるとき、又は申立てに理由がないことが明らかなときは、同項及び前2項の規定にかかわらず、直ちに申立てを却下することができる。
8 　前項の規定は、前条第2項各号に掲げる裁判〔裁判所に陳述の聴取義務がある会社非訟事件についての裁判〕の申立てがあった裁判所が民事訴訟費用等に関する法律（昭和46年法律第40号）の規定に従い当該各号に定める者〔所定の相手方〕に対する期日の呼出しに必要な費用の予納を相当の期間を定めて申立人に命じた場合において、その予納がないときについて準用する。

　裁判所は、裁判所に陳述の聴取義務がある会社非訟事件の裁判の申立てがあったときは、所定の相手方に対して、申立書の写しを送付しなければなりません。そして、申立書の写しを交付できない場合には、裁判長は、相当の期間内に不備を補正することを命じなければなりません。さらに、申立人が不備を是正しない場合には、裁判長は、命令で、申立書を却下しなければなりません。この却下命令に対しては、申立人は即時抗告をすることができます。

1 趣旨

　紛争性の高い会社非訟事件について、一定の利害関係をもつ者に対して主張や反論、裁判資料の提出の機会を付与することで、その者の手続保障を充実させる点にある。

第871条（理由の付記）　C

　この法律の規定による非訟事件についての裁判には、理由を付さな

ければならない。ただし、次に掲げる裁判については、この限りでない。
　① 第870条第1項第1号〔裁判所が選任する一時職務を執行する者等の報酬額の決定裁判〕に掲げる裁判
　② 第874条各号に掲げる裁判〔一時職務を執行する者等の選任・選定・解任の裁判〕

　一時取締役の報酬の決定（1号）等一定の場合を除いては、非訟事件についての裁判には、理由を付さなければなりません。

1 趣旨

　本条の趣旨は、裁判の内容を正確に知らせることで、当事者に対しては不服申立ての便宜を図り、上級審に対してはその裁判の当否を正確に判断できるようにする点にある。

2 条文クローズアップ

理由付記

　会社非訟事件の裁判には原則として理由付記が必要である。しかし、本条各号で規定する裁判については、理由付記が不要となる。理由付記を不要とする理由は、裁判所が諸般の事情を総合的に考慮して相当額を決定するために理由を付記することの困難性、上級審で裁判の当否を判断されないことがあげられる。

第872条（即時抗告）　C

次の各号に掲げる裁判に対しては、当該各号に定める者に限り、即時抗告をすることができる。
　① 第609条第3項又は第825条第1項（第827条第2項において準用する場合を含む。）の規定による保全処分〔退社予告をなした持分差押債権者の申立てによる保全処分または会社の解散命令の申立ての場合における会社財産に関する保全処分〕についての裁判　利害関係人
　② 第840条第2項〔新株発行無効判決後の払戻金増減の申立て〕（第841条第2項〔自己株式処分の無効判決が確定した場合への準用〕において準用する場合を含む。）の規定による申立てについての裁判　申立人、株主及び株式会社
　③ 第842条第2項〔新株予約権発行無効判決が確定した場合への準用〕において準用する第840条第2項〔新株発行無効判決後の払戻金増減の申立て〕の規定による申立てについての裁判　申立人、新株予約権者及び株式会社
　④ 第870条第1項各号に掲げる裁判〔陳述聴取をしなければならない

> 裁判）申立人及び当該各号に定める者（同項第1号〔裁判所が選任する、一時職務を執行する者等の報酬額の決定裁判〕、第3号〔変態設立事項の裁判所による変更〕及び第4号〔現物出資財産の価額を不当とした場合の、裁判所による変更〕に掲げる裁判にあっては、当該各号に定める者〔所定の関係者〕）
> ⑤　第870条第2項各号に掲げる裁判〔相手方ある会社非訟事件についての裁判〕申立人及び当該各号に定める者〔所定の関係者〕

　一定の者は、一定の場合の裁判について即時抗告をすることができます。たとえば、新株発行が無効とされ、会社が株主に対して金銭を返還する際に、返還される金額が会社の財産の状況に照らして著しく不相当なときは、会社はその減額を、株主はその増額を裁判所に請求することができますが、その裁判において、会社や株主は即時抗告ができます（2号）。

1 趣旨

　本条の趣旨は、即時抗告の対象となる裁判を類型化することによって、会社非訟事件における法律関係の早期安定や迅速な紛争解決を図ることにある。

2 語句の意味

　抗告とは、決定・命令に対する独立の上訴をいう。
　即時抗告とは、裁判の告知された日から不変期間である1週間の抗告期間内に提起することを要する抗告をいう。

3 条文クローズアップ

抗告の種類

　非訟事件の裁判に対する不服申立ては抗告によるが、抗告には抗告期間の定めのない通常抗告と、抗告期間の定めがある即時抗告がある。本条は、即時抗告について規定しており、本条の即時抗告の対象となる裁判は、早期に法律関係を確定する必要性が認められる裁判である。

> **第872条の2（抗告状の写しの送付等）　C**
> 1　裁判所は、第870条第2項各号に掲げる裁判〔相手方ある会社非訟事件についての裁判〕に対する即時抗告があったときは、申立人及び当該各号に定める者〔所定の相手方〕（抗告人を除く。）に対し、抗告状の写しを送付しなければならない。この場合においては、第870条の2第2項〔申立書の写しを送付することができない場合〕及び第3項〔申立人が不備を補正しない場合〕の規定を準用する。
> 2　第870条の2第5項から第8項まで〔裁判所に陳述の聴取義務がある

> 会社非訟事件についての裁判の裁判手続）の規定は、前項の即時抗告があった場合について準用する。

　裁判所に陳述の聴取義務がある会社非訟事件についての裁判に対する即時抗告があったときは、裁判所は、申立人および所定の相手方に、抗告状の写しを送付しなければなりません。

> **第873条（原裁判の執行停止）　C**
> 第872条の即時抗告は、執行停止の効力を有する。ただし、第870条第1項第1号から第4号〔一時役員の職務を行うべき者の裁判所による選任、清算人または社債管理者の解任等〕まで及び第8号〔社債権者異議手続での、裁判所による社債権者のために異議を述べうる期間の伸長〕に掲げる裁判に対するものについては、この限りでない。

　即時抗告が認められる裁判については、即時抗告により原則として執行停止効が生じますが、検査役等の報酬決定の裁判、清算人・社債管理者の解任の裁判、現物出資等の変更命令、会社債権者異議手続における異議期間の伸長に対する即時抗告には例外的に執行停止効が生じません。

1　趣旨

　即時抗告によって裁判の執行が停止されると相当でない場合がある。そこで、即時抗告によっても執行停止効が生じない場合を規定している。

2　条文クローズアップ

1　検査役等の報酬決定の裁判（ただし書、870条1項1号）

　検査役等の報酬決定の裁判が執行停止されることにより、検査役等が無報酬のまま職務を行わなければならなくなることは相当ではないため、当該裁判に対する即時抗告には執行停止効が生じない。

2　清算人・社債管理者の解任の裁判（ただし書、870条1項2号）

　裁判所が、職務執行をするのが相当でないと認めて清算人等の解任の裁判をしたにもかかわらず、執行停止により裁判確定までそれらの者が職務執行を継続することができるものとすることは相当ではないため、当該裁判に対する即時抗告には執行停止効が生じない。

3　現物出資等の変更命令（ただし書、870条1項3号、4号）

　裁判所が、現物出資等を不適当と認めて変更を命じたにもかかわらず、裁判が執行停止されることにより変更前の現物出資等の内容が実行されることは相当ではないため、当該裁判に対する即時抗告には執行停止効が生じない。

4　会社債権者異議手続における異議期間の伸長（ただし書、870条1項8号）

異議期間の伸長の裁判が執行停止されることにより異議期間が終了してしまうと、異議期間の伸長の裁判の意味がなくなってしまうことから、当該裁判に対する即時抗告には執行停止効が生じない。

> **第874条（不服申立ての制限）　C**
> 次に掲げる裁判に対しては、不服を申し立てることができない。
> ①　第870条第1項第1号〔裁判所が選任する一時職務を行うべき者等の報酬の額についての決定〕に規定する一時取締役、会計参与、監査役、❶代表取締役、❷委員、執行役若しくは代表執行役の職務を行うべき者、清算人、❸代表清算人、❹清算持分会社を代表する清算人、同号に規定する一時清算人若しくは代表清算人の職務を行うべき者、検査役、第501条第1項（第822条第3項〔日本にある外国会社の財産についての清算への準用〕において準用する場合を含む。）若しくは第662条第1項の鑑定人〔清算株式会社もしくは清算持分会社が弁済することとなる条件付債権等を評価する鑑定人〕、第508条第2項（第822条第3項〔日本にある外国会社の財産についての清算への準用〕において準用する場合を含む。）若しくは第672条第3項の帳簿資料の保存をする者〔清算人等に代わって帳簿資料を保存する者〕、社債管理者の特別代理人又は第714条第3項の事務を承継する社債管理者〔社債管理者の事務を承継する社債管理者〕の選任又は選定の裁判
> ②　第825条第2項（第827条第2項〔外国会社への取引継続禁止・営業所閉鎖命令への準用〕において準用する場合を含む。）の管理人の選任又は解任についての裁判
> ③　第825条第6項〔管理人への財産状況報告・管理計算の命令〕（第827条第2項〔外国会社への取引継続禁止・営業所閉鎖命令への準用〕において準用する場合を含む。）の規定による裁判
> ④　この法律の規定による許可の申立てを認容する裁判（第870条第1項第9号〔社債管理者等の報酬等を社債発行会社の負担とすることの許可についての裁判〕及び第2項第1号に掲げる裁判〔書類閲覧等の許可の申立てについての裁判〕を除く。）

❶47条1項
❷870条1項1号
❸483条1項
❹645条

検査役等の選任または選定の裁判、管理人の選任および解任の裁判・管理人に対する財産状況の報告命令、許可申立てを認容する裁判については、不服申立てが制限されています。

1　趣旨

本条の趣旨は、不服申立てをする合理的理由がない場合に、不服申立

てを制限することで、上級審の負担を軽減する点にある。

2 条文クローズアップ

不服申立てが制限される場合

①検査役等の選任または選定の裁判（1号）

　検査役等を早期に選任しなければ、設立や会社等の業務に支障を生ずるおそれがある。また、関係者が選任・選定された検査役等の人選に不服を申し立てる合理的理由は通常認められない。

②管理人の選任および解任の裁判・管理人に対する財産状況の報告命令（2号、3号）

　管理人は、裁判所の監督下にあるから、裁判所が管理人に対して行う決定については、不服申立てをすることはできない。

③許可申立てを認容する裁判（4号）

　許可申立てを認容する裁判では不利益を受ける者を具体的に想定することができないため、当該裁判については、不服申立てをすることはできない。ただし、許可申立てを却下する裁判、すなわち株式会社が作成等した書面等の閲覧等の許可についての裁判（870条1項9号）、および社債管理者の報酬等を社債発行会社の負担とする許可についての裁判（870条2項1号）については、不服申立てをすることができる（874条4号括弧書）。これは、陳述聴取の対象者の具体的不利益を保護するためである。

第875条（非訟事件手続法の規定の適用除外）　C

この法律の規定による非訟事件については、非訟事件手続法第40条〔検察官の関与〕及び第57条第2項第2号〔理由の要旨を裁判書に記載〕の規定は、適用しない。

　会社に関する非訟事件については、検察官の関与と裁判書への理由の要旨記載は必要ありません。

1 趣旨

　非訟事件手続法40条は、非訟事件に関する検察官の陳述・立会い、および検察官への事件・審問期日の通知について規定している。本条の趣旨は、実務的にはこのような手続がほとんどとられておらず、すでに規律が形骸化していることに着目し、非訟事件手続法40条の適用を排除する点にある。

第876条（最高裁判所規則）　C

この法律に定めるもののほか、この法律の規定による非訟事件の手

続に関し必要な事項は、最高裁判所規則で定める。

会社に関する非訟事件の手続に関し必要な事項は、会社法の定めるもののほか、最高裁判所規則で定めることとしています。

1 趣旨

本条の趣旨は、手続の細目的事項につき最高裁判所規則に規定をおくことで、裁判実務の要請に応えること、および法律の改正手続を経ない迅速な対応をすることを可能にする点にある。

2 条文クローズアップ

最高裁判所規則への委任規定

会社法制定前、商事非訟事件の手続について本条に相当する委任規定は存在しなかった。これに対して、会社法で本条が規定された理由は、最近の民事手続法の改正・制定については、手続の細目にわたる事項に関して、最高裁判所規則への委任規定が設けられるのが通常になっているためである。

■第2節 新株発行の無効判決後の払戻金増減の手続に関する特則

> **第877条（審問等の必要的併合） C**
> 第840条第2項（第841条第2項（自己株式の処分無効判決が確定した場合への準用）及び第842条第2項（新株予約権発行無効判決が確定した場合への準用）において準用する場合を含む。）の申立て（新株発行の無効判決後の払戻金増減の申立て）に係る事件が数個同時に係属するときは、審問及び裁判は、併合してしなければならない。

新株発行および自己株式処分の無効判決後の払戻金増減の申立てに関する事件（新株予約権発行の無効判決後の払戻金増減の申立てに関する事件を含む）が数個同時に係属するときは、審問・裁判を併合して行わなければなりません。

1 趣旨

本条の趣旨は、払戻金増減命令の前提である新株発行等の無効の効果（対世効、将来効）との均衡を図るため、審問・裁判を必要的併合手続とすることで、払戻金増減命令の手続を合一的に確定させる点にある。

→838条、839条

> **第878条（裁判の効力） C**

1 第840条第2項(第841条第2項〔自己株式の処分無効判決が確定した場合への準用〕において準用する場合を含む。)の申立て〔新株発行の無効判決後の払戻金増減の申立て〕についての裁判は、総株主に対してその効力を生ずる。
2 第842条第2項〔新株予約権発行の無効判決が確定した場合への準用〕において準用する第840条第2項の申立て〔新株発行の無効判決後の払戻金増減の申立て〕についての裁判は、総新株予約権者に対してその効力を生ずる。

新株発行および自己株式処分の無効判決後の払戻金増減の申立てに関する裁判は、総株主に対してその効力を生じます。また、新株予約権発行の無効判決後の払戻金増減の申立てにかかる裁判は、総新株予約権者に対してその効力を生じます。

1 趣旨

本条の趣旨は、払戻金増減命令の前提である新株発行等の無効の効果(対世効、将来効)との均衡を図るため、裁判の効力を総株主、総新株予約権者に及ぼすことで、払戻金増減命令の効力を合一的に確定させる点にある。

→838条、839条

■第3節 特別清算の手続に関する特則

■第1款 通 則

第879条(特別清算事件の管轄) C

1 第868条第1項〔非訟事件の管轄〕の規定にかかわらず、法人が株式会社の総株主(株主総会において決議をすることができる事項の全部につき議決権を行使することができない株主を除く。次項において同じ。)の議決権の過半数を有する場合には、当該法人(以下この条において「親法人」という。)について特別清算事件、破産事件、再生事件又は更生事件(以下この条において「❶特別清算事件等」という。)が係属しているときにおける当該株式会社についての特別清算開始の申立ては、親法人の特別清算事件等が係属している地方裁判所にもすることができる。
2 前項に規定する株式会社又は親法人及び同項に規定する株式会社が他の株式会社の総株主の議決権の過半数を有する場合には、当該他の株式会社についての特別清算開始の申立ては、親法人の❶特別清算事件等が係属している地方裁判所にもすることができる。
3 前2項の規定の適用については、第308条第1項の法務省令で

❶定

定める株主（株式会社がその経営を実質的に支配することが可能な関係にあるものとして法務省令で定める株主）は、その有する株式について、議決権を有するものとみなす。
4 第868条第1項（非訟事件の管轄）の規定にかかわらず、株式会社が最終事業年度について第444条（連結計算書類）の規定により当該株式会社及び他の株式会社に係る❷連結計算書類を作成し、かつ、当該株式会社の定時株主総会においてその内容が報告された場合には、当該株式会社について❶特別清算事件等が係属しているときにおける当該他の株式会社についての特別清算開始の申立ては、当該株式会社の特別清算事件等が係属している地方裁判所にもすることができる。

❷444条1項

　非訟事件は、会社の本店の所在地を管轄する地方裁判所の管轄に属しますが（868条1項）、ある法人がある株式会社の総株主の議決権の過半数を所有する場合には、その法人の特別清算事件等が係属中である場合におけるその株式会社についての特別清算開始の申立ては、その法人の特別清算事件等が係属している地方裁判所にもすることができます。

1 趣旨

　特別清算は、親会社等が倒産した場合に、子会社等の関連会社の清算に利用されることが多く、親会社の倒産処理を視野にいれながら子会社等の特別清算を処理することが適切といえる。本条の趣旨は、こうした事情に配慮して、特別清算における管轄を拡大する点にある。

2 条文クローズアップ

他の法制度との比較

　特別清算では、子会社等の倒産事件が係属中の裁判所において、子会社等の倒産処理を視野にいれながら親会社等の特別清算事件を処理すべき必要性・合理性は乏しい。そこで、破産法・民事再生法・会社更生法等とは異なり、もっぱら親会社等の特別清算事件等の係属裁判所を基準として子会社等に関する管轄の特例を認めて、片面的な管轄拡大を規定している。

第880条（特別清算開始後の通常清算事件の管轄及び移送）　C

1 第868条第1項（非訟事件の管轄）の規定にかかわらず、❶清算株式会社について特別清算開始の命令があったときは、当該清算株式会社についての第2編（株式会社）第9章（清算）第1節（総則）（第508条（帳簿資料の保存）を除く。）の規定による申立てに係る事件（次項において「❷通常清算事件」という。）は、当該清算株式会社の特別

❶476条

❷定

❸定
清算事件が係属する地方裁判所(以下この節において「❸特別清算裁判所」という。)が管轄する。
2　通常清算事件が係属する地方裁判所以外の地方裁判所に同一の❶清算株式会社について特別清算事件が係属し、かつ、特別清算開始の命令があった場合において、当該通常清算事件を処理するために相当と認めるときは、裁判所(通常清算事件を取り扱う1人の裁判官又は裁判官の合議体をいう。)は、職権で、当該通常清算事件を❸特別清算裁判所に移送することができる。

　非訟事件は、会社の本店の所在地を管轄する地方裁判所の管轄に属しますが(868条1項)、清算株式会社について特別清算開始の命令があったときは、通常清算事件は、当該清算株式会社の特別清算事件が係属する地方裁判所の管轄に属します。また、通常清算事件が係属する地方裁判所以外の地方裁判所に同一の清算株式会社について特別清算事件が係属し、かつ、特別清算開始の命令があった場合において、相当と認めるときは、裁判所は、職権で、当該通常清算事件を特別清算裁判所に移送することができます。

|1 趣旨

　本条の趣旨は、特定の清算株式会社に関する通常清算事件と特別清算事件が同時に係属した場合には、特別清算事件が係属する地方裁判所で統一的に処理するほうが合理的といえるので、管轄・移送の特則を認める点にある。

|2 条文クローズアップ

裁量移送の場合(2項)

　特別清算開始前に裁判所に適法に係属した通常清算事件は、これに関する裁判がある前に他の裁判所で特別清算開始の命令があったとしても管轄違いとはならず、本条2項の問題となる。また、審理の進み具合や事件の性質等によって従前の裁判所において審理することが適当な場合もあることから、特別清算開始前の通常清算事件については、特別裁判所へ移送するか否かに関して、通常裁判所の裁量に委ねられている。

第881条（疎明）　C
第2編〔株式会社〕第9章〔清算〕第2節〔特別清算〕(第547条第3項〔協定債権者の債権者集会の招集についての裁判所の許可〕を除く。)の規定による許可の申立てについては、第869条〔疎明〕の規定は、適用しない。

　許可の申立てをする場合において、疎明の対象は申立ての原因となる事実が原則ですが、特別清算の規定による許可の申立てはその例外となります。

1 趣旨

会社法の規定に基づき裁判所に許可の申立てを行う場合、その原因となる事実を疎明するのが原則である（869条）。もっとも、特別清算手続が裁判所の監督のもとで行われている以上、申立人が許可の申立ての原因となる事実の有無について疎明しなくても、裁判所は判断できるので、本条は原則として疎明を不要としている。

→869条

> **第882条（理由の付記） C**
> 1 特別清算の手続に関する決定で即時抗告をすることができるものには、理由を付さなければならない。ただし、第526条第1項〔清算人の報酬決定〕(同条第2項〔清算人代理への準用〕において準用する場合を含む。) 及び第532条第1項〔監督委員の報酬決定〕(第534条〔調査委員への準用〕において準用する場合を含む。) の規定による決定については、この限りでない。
> 2 特別清算の手続に関する決定については、第871条〔理由付記〕の規定は、適用しない。

非訟事件についての決定などの裁判には、理由を付さなければならないのが原則ですが、特別清算の手続に関する決定の場合は、例外的に即時抗告をすることができる決定についてのみ、理由を付さなければなりません。

1 趣旨

本条の趣旨は、特別清算手続の決定のうち即時抗告の対象となるものについては、理由付記を要求することで、決定に対する即時抗告権を有する者に対して、決定に関する判断資料を提供し、不服申立ての便宜を図る点にある。

2 条文クローズアップ

除外規定

理由付記を義務づける趣旨は、即時抗告権者に反論権を保障する点にあるが、清算人や清算人代理の報酬決定（526条1項、2項）、監督委員や調査委員の報酬決定（532条1項、534条・532条1項）については性質上理由を付することが適切でないため、882条1項ただし書、2項において除外規定を設けている。

> **第883条（裁判書の送達） C**
> この節の規定による裁判書の送達については、民事訴訟法第1編〔総則〕第5章〔訴訟手続〕第4節〔送達〕(第104条〔送達場所等の届出〕を除

く。)の規定を準用する。

特別清算手続における裁判書の送達は、民事訴訟法の手続によります。

1 趣旨

特別清算の手続に関する裁判では、その性質から、相当と認める方法による裁判の告知ではなく、裁判書(判決書、決定書、命令書)の送達を必要とするものがある。そこで、本条は裁判書の送達について民事訴訟法の準用をすることを明らかにした。

第884条（不服申立て） C
1 特別清算の手続に関する裁判につき利害関係を有する者は、この節に特別の定めがある場合に限り、当該裁判に対し即時抗告をすることができる。
2 前項の即時抗告は、この節に特別の定めがある場合を除き、執行停止の効力を有する。

特別清算の手続に関する裁判について利害関係がある者は、この節に特別の定めがある場合にかぎって、その裁判に対し即時抗告をすることができます。特別清算に関する裁判に対する即時抗告は、原則として執行停止効を有します。

1 趣旨

1項は、特別清算事件においては手続の安定性を確保する必要があるので、特別の定めがある場合にかぎり即時抗告をできる旨を定めた。2項は、民事訴訟における一般原則にならい、原則として執行停止の効力が生じる旨を明らかにした。

第885条（公告） C
1 この節の規定による公告は、官報に掲載してする。
2 前項の公告は、掲載があった日の翌日に、その効力を生ずる。

特別清算手続における公告は、官報に掲載して行います。

1 趣旨

本条の趣旨は、実務上の一般的な慣行を反映させるため、公告は官報に掲載することとしたうえで、掲載した翌日から公告の効力を生じさせる点にある。

第886条（事件に関する文書の閲覧等） C

1 利害関係人は、裁判所書記官に対し、第2編〔株式会社〕第9章〔清算〕第2節〔特別清算〕若しくはこの節〔特別清算の手続に関する特則〕又は非訟事件手続法第2編〔非訟事件手続の通則〕(特別清算開始の命令があった場合にあっては、同章第1節〔総則〕若しくは第2節〔特別清算〕若しくは第1節〔総則〕(同章第1節〔総則〕の規定による申立てに係る事件に係る部分に限る。)若しくはこの節〔特別清算の手続に関する特則〕又は非訟事件手続法第2編〔非訟事件手続の通則〕の規定(これらの規定において準用するこの法律その他の法律の規定を含む。)に基づき、裁判所に提出され、又は裁判所が作成した文書その他の物件(以下この条及び次条第1項〔支障部分の閲覧等の制限〕において「❶文書等」という。)の閲覧を請求することができる。　❶定

2 利害関係人は、裁判所書記官に対し、❶文書等の謄写、その正本、謄本若しくは抄本の交付又は事件に関する事項の証明書の交付を請求することができる。

3 前項の規定は、❶文書等のうち録音テープ又はビデオテープ(これらに準ずる方法により一定の事項を記録した物を含む。)に関しては、適用しない。この場合において、これらの物について利害関係人の請求があるときは、裁判所書記官は、その複製を許さなければならない。

4 前3項の規定にかかわらず、次の各号に掲げる者は、当該各号に定める命令、保全処分、処分又は裁判のいずれかがあるまでの間は、前3項の規定による請求をすることができない。ただし、当該者が特別清算開始の申立人である場合は、この限りでない。
① ❷清算株式会社以外の利害関係人　第512条〔他の手続の中止命令等〕の規定による中止の命令、第540条第2項〔清算株式会社の財産に関する保全処分〕の規定による保全処分、第541条第2項〔株主名簿の記載等の禁止〕の規定による処分又は特別清算開始の申立てについての裁判　❷476条
② 清算株式会社　特別清算開始の申立てに関する清算株式会社を呼び出す審問の期日の指定の裁判又は前号に定める命令、保全処分、処分若しくは裁判

5 非訟事件手続法第32条第1項から第4項まで〔記録の閲覧等〕の規定は、特別清算の手続には、適用しない。

特別清算の手続に関する裁判につき利害関係がある者は、裁判所書記官に対し、裁判所に提出され、または裁判所が作成した文書等の閲覧・謄写・複製等を請求することができます。

1 趣旨

特別清算は、多数決に基づく権利変更によって、当該株式会社の債務整理を行う手続である以上、利害関係人の手続的利益を保護することが重要となる。すなわち、本条の趣旨は、このような特別清算の法的性格にかんがみ、利害関係人の手続保障を実質化するため、文書等の閲覧等を制度として認める点にある。

2 条文クローズアップ

閲覧等の請求の時期的制限（4項）

文書等の閲覧等請求は、特別清算開始の申立人からなされた場合を除き、特別清算開始の申立てに関する裁判が行われるまでは、原則として許されない。その理由は、閲覧債権者による早い者勝ち的な権利行使や、清算株式会社による財産隠し等により、特別清算手続の円滑な遂行が妨げられることを防止するためである。もっとも、申立人は申立事実をすでに知っているため、制限する必要はなく除外されている。

第887条（支障部分の閲覧等の制限）　C

1　次に掲げる❶文書等について、利害関係人がその閲覧若しくは謄写、その正本、謄本若しくは抄本の交付又はその複製（以下この条において「閲覧等」という。）を行うことにより、❷清算株式会社の清算の遂行に著しい支障を生ずるおそれがある部分（以下この条において「支障部分」という。）があることにつき疎明があった場合には、裁判所は、当該文書等を提出した清算株式会社又は調査委員の申立てにより、支障部分の閲覧等の請求をすることができる者を、当該申立てをした者及び清算株式会社に限ることができる。
　①　第520条〔裁判所が清算株式会社に命じる清算事務・財産状況の報告〕の規定による報告又は第522条第1項〔調査命令〕に規定する調査の結果の報告に係る文書等
　②　第535条第1項〔清算株式会社の所定の行為についての裁判所の許可〕又は第536条第1項〔事業譲渡の許可〕の許可を得るために裁判所に提出された文書等
2　前項の申立てがあったときは、その申立てについての裁判が確定するまで、利害関係人（同項の申立てをした者及び❷清算株式会社を除く。次項において同じ。）は、支障部分の閲覧等の請求をすることができない。
3　支障部分の閲覧等の請求をしようとする利害関係人は、❸特別清算裁判所に対し、第1項に規定する要件を欠くこと又はこれを欠くに至ったことを理由として、同項の規定による決定の取消しの申立てをすることができる。
4　第1項の申立てを却下する決定及び前項の申立てについての裁

❶886条1項

❷476条

❸880条1項

> 判に対しては、即時抗告をすることができる。
> 5　第1項の規定による決定を取り消す決定は、確定しなければその効力を生じない。

　利害関係人が文書等の閲覧・謄写・複製等を行うことにより、清算の遂行に著しい支障を生ずるおそれがある部分の存在について、疎明があった場合には、裁判所は、清算株式会社または調査委員の申立てにより、その部分の閲覧・謄写・複製等の請求をすることができる者を、申立人および清算株式会社にかぎることができます。

1　趣旨

　本条の趣旨は、清算株式会社の清算の遂行に著しい支障が生じるおそれを防止するため、一定の範囲の文書等の閲覧等を制限する点にある。

2　条文クローズアップ

1　申立ての効果（2項）

　申立てにより、申立てに関する裁判所の判断がされる以前でも、暫定的に閲覧等ができない状態となる。その理由は、一定の時間を要する閲覧等の制限の決定がなされるまで閲覧等が制限されないとした場合、その間に閲覧等がなされ、閲覧等を制限しようとした趣旨が没却されるからである。

2　効力発生時期（5項）

　閲覧等の制限の決定を取り消す決定が告知によりただちに効力を生ずると規定した場合、その決定が取り消されるべきときであっても、取り消されるまでの間に閲覧等が可能となり、当事者に不服申立ての機会を保障した趣旨が没却されるため、確定時に効力が発生するとした。

■第2款　特別清算の開始の手続に関する特則

> **第888条（特別清算開始の申立て）　C**
> 1　債権者又は株主が特別清算開始の申立てをするときは、特別清算開始の原因となる事由を疎明しなければならない。
> 2　債権者が特別清算開始の申立てをするときは、その有する債権の存在をも疎明しなければならない。
> 3　特別清算開始の申立てをするときは、申立人は、第514条第1号〔特別清算開始命令〕に規定する特別清算の手続の費用として裁判所の定める金額を予納しなければならない。
> 4　前項の費用の予納に関する決定に対しては、即時抗告をすることができる。

債権者または株主が特別清算開始の申立てをするときは、特別清算開始の原因となる事由を疎明しなければなりません。また、債権者が特別清算開始の申立てをするときは、債権の存在についても疎明しなければなりません。

1 趣旨

本条の趣旨は、特別清算開始の申立てに関する手続上の要件を定めることで、濫用的な特別清算開始の申立てを防止する点にある。

第889条（他の手続の中止命令） C

1 裁判所は、第512条〔他の手続の中止命令等〕の規定による中止の命令を変更し、又は取り消すことができる。
2 前項の中止の命令及び同項の規定による決定に対しては、即時抗告をすることができる。
3 前項の即時抗告は、執行停止の効力を有しない。
4 第2項に規定する裁判及び同項の即時抗告についての裁判があった場合には、その裁判書を当事者に送達しなければならない。

裁判所は、特別清算開始の申立てがあった場合においては、清算株式会社の破産手続や清算株式会社の財産に対してなされている強制執行手続・仮差押手続・仮処分手続の中止の命令をだすことができますが(512条1項)、この命令の変更・取消しをすることができます。これらについては即時抗告をすることができますが、執行停止の効力はありません。

1 趣旨

本条は、事情の変更等に対応するために、職権による中止命令の変更、取消しを認めた規定である。

第890条（特別清算開始の命令） C

1 裁判所は、特別清算開始の命令をしたときは、直ちに、その旨を公告し、かつ、特別清算開始の命令の裁判書を❶清算株式会社に送達しなければならない。　　❶476条
2 特別清算開始の命令は、❶清算株式会社に対する裁判書の送達がされた時から、効力を生ずる。
3 特別清算開始の命令があったときは、特別清算の手続の費用は、❶清算株式会社の負担とする。
4 特別清算開始の命令に対しては、❶清算株式会社に限り、即時抗告をすることができる。
5 特別清算開始の申立てを却下した裁判に対しては、申立人に限り、即時抗告をすることができる。

> 6　特別清算開始の命令をした裁判所は、第4項の即時抗告があった場合において、当該命令を取り消す決定が確定したときは、直ちに、その旨を公告しなければならない。

　裁判所は、特別清算開始の命令をしたときは、ただちに、その旨を公告し、かつ、特別清算開始の命令の裁判書を清算株式会社に送達しなければなりません。そして、その送達の時から特別清算開始の命令の効力が生じます。この命令に対しては、即時抗告をすることができます。また、特別清算開始の命令の手続の費用は清算株式会社の負担となります。

1 趣旨

　1項の趣旨は、特別清算開始が利害関係人に重大な影響を与えるため、公告・送達により、清算株式会社に特別清算開始を認知する機会を保障した点にある。2項は、上記のような特別清算開始が与える影響にかんがみ、特別清算開始の命令が効力を生じる時期を明確にし、その効力を一律に生じさせることを可能とする趣旨である。

2 条文クローズアップ

即時抗告権者（4項）
　特別清算は全債権者の利益のために開始される手続であるため、債権者に不服申立権を認める必要はないし、特別清算開始後は債権者よりも下位に位置づけられる株主にも申立権は認める必要はない。また、監査役や清算人には、特別清算開始の当否についての固有の利益がない。したがって、清算株式会社以外の利害関係人には即時抗告権を認められていない（4項）。

> **第891条（担保権の実行の手続等の中止命令）　C**
> 1　裁判所は、第516条（担保権実行の手続等の中止命令）の規定による中止の命令を発する場合には、同条に規定する担保権の実行の手続等の申立人の陳述を聴かなければならない。
> 2　裁判所は、前項の中止の命令を変更し、又は取り消すことができる。
> 3　第1項の中止の命令及び前項の規定による変更の決定に対しては、第1項の申立人に限り、即時抗告をすることができる。
> 4　前項の即時抗告は、執行停止の効力を有しない。
> 5　第3項に規定する裁判及び同項の即時抗告についての裁判があった場合には、その裁判書を当事者に送達しなければならない。

　裁判所は、担保権の実行の手続等の中止命令を発する場合には、担保権の実行の手続等の申立人の陳述を聴かなければなりません。また、裁判所は、

この中止の命令を変更し、または取り消すことができます。申立人は、即時抗告をすることができますが、執行停止の効力はありません。

1 趣旨

担保権の実行手続等の中止命令は、担保権の行使・不行使を担保権者の任意に委ねることによる集団的な債務整理手続の遂行に支障をきたすことを防止することを目的とする。もっとも、この手続はあくまで例外的な制度である。そこで本条は、担保権の実行の手続等の申立人の陳述を聴くことで、競売手続の中止が社会通念上相当といえるかを判断させることを定めた。

2 条文クローズアップ

変更・取消し事由(2項)

変更・取消し事由は、発令後の事情変更によるものか、発令前から存在したものかを問わない(2項)。

■第3款　特別清算の実行の手続に関する特則

第892条（調査命令）　C

1　裁判所は、調査命令(第522条第1項(調査命令)に規定する調査命令をいう。次項において同じ。)を変更し、又は取り消すことができる。
2　調査命令及び前項の規定による決定に対しては、即時抗告をすることができる。
3　前項の即時抗告は、執行停止の効力を有しない。
4　第2項に規定する裁判及び同項の即時抗告についての裁判があった場合には、その裁判書を当事者に送達しなければならない。

裁判所は、調査命令(522条1項)を変更し、または取り消すことができます。これらについては即時抗告ができますが、執行停止の効力はありません。

1 趣旨

本条の趣旨は、調査命令の発令後の事情変更に対応してその変更・取消しを認めることで、不必要な調査命令を排除し、無駄なコストを削減しようとする点にある。

2 条文クローズアップ

変更・取消し事由(1項)

変更・取消し事由は、発令後の事情変更によるものか、発令前から存在したものかを問わない。

第893条（清算人の解任及び報酬等）　C

1　裁判所は、第524条第1項〔清算人の解任〕の規定により清算人を解任する場合には、当該清算人の陳述を聴かなければならない。
2　第524条第1項〔清算人の解任〕の規定による解任の裁判に対しては、即時抗告をすることができる。
3　前項の即時抗告は、執行停止の効力を有しない。
4　第526条第1項〔清算人の報酬の決定〕（同条第2項〔清算人代理への準用〕において準用する場合を含む。）の規定による決定に対しては、即時抗告をすることができる。

　裁判所は、清算人を解任する場合には、その清算人の陳述を聴かなければなりません。清算人を解任する裁判に対しては即時抗告ができますが、執行停止の効力はありません。また、清算人の報酬等の決定には即時抗告ができます。

1　趣旨

　本条の趣旨は、解任される清算人に反論の機会を保障することで、清算人の利益保護を図った点にある。

第894条（監督委員の解任及び報酬等）　C

1　裁判所は、監督委員を解任する場合には、当該監督委員の陳述を聴かなければならない。
2　第532条第1項〔監督委員の報酬の決定〕の規定による決定に対しては、即時抗告をすることができる。

　裁判所は、監督委員を解任する場合には、その監督委員の陳述を聴かなければなりません。また、監督委員の報酬等の決定には即時抗告ができます。

1　趣旨

　本条の趣旨は、解任する際に監督委員に陳述の機会を設け（1項）、監督委員の報酬の決定について即時抗告ができる旨を定めることで（2項）、監督委員に手続保障を認めた点にある。

第895条（調査委員の解任及び報酬等）　C

前条の規定〔監督委員の解任および報酬等〕は、調査委員について準用する。

　裁判所は、調査委員を解任する場合には、その調査委員の陳述を聴かなけ

ればなりません。また、調査委員の報酬等の決定には即時抗告ができます。

1 趣旨

本条の趣旨は、前条と同様に、解任が問題となっている調査委員の陳述の機会を保障することで、調査委員の利益を図った点にある。

> **第896条（事業の譲渡の許可の申立て） C**
> 1 清算人は、第536条第1項〔事業譲渡の許可〕の許可の申立てをする場合には、知れている債権者の意見を聴き、その内容を裁判所に報告しなければならない。
> 2 裁判所は、第536条第1項〔事業譲渡の許可〕の許可をする場合には、労働組合等（❶清算株式会社の使用人その他の従業者の過半数で組織する労働組合があるときはその労働組合、清算株式会社の使用人その他の従業者の過半数で組織する労働組合がないときは清算株式会社の使用人その他の従業者の過半数を代表する者をいう。）の意見を聴かなければならない。

❶476条

　清算人は、特別清算の命令が出された場合において、清算株式会社が事業の譲渡等を行うことの許可の申立てをするときには、債権者の意見を聴いて、その内容を裁判所に報告しなければなりません。また、裁判所は、事業の譲渡等の許可をする場合には、労働組合等の意見を聴かなければなりません。

1 趣旨

本条の趣旨は、事業の全部または重要な一部の譲渡が、会社の資産を引当てとする債権者や事業譲渡について利害関係を有する清算株式会社の労働組合にとって、重要な関心事であり、このような関心を有する債権者・労働者の意見は譲渡の相当性を判断するうえで有用であるため、債権者・労働組合に意見聴取の制度を設けた点にある。

「知れている債権者」の意義

→449条判例セレクト2

> **第897条（担保権者が処分をすべき期間の指定） C**
> 1 第539条第1項〔担保権者が処分すべき期間の指定〕の申立てについての裁判に対しては、即時抗告をすることができる。
> 2 前項の裁判及び同項の即時抗告についての裁判があった場合には、その裁判書を当事者に送達しなければならない。

担保権者が担保権の目的である財産の処分をすべき期間を指定する裁判に対しては、即時抗告をすることができます。指定の裁判およびこれに対する即時抗告についての裁判があった場合は、その裁判書を当事者に送達しなければなりません。

1 趣旨

本条の趣旨は、担保権者が処分すべき期間の指定の裁判が担保権者または清算株式会社に与える影響を考慮して、その裁判について即時抗告ができることを定めるとともに（1項）、その前提として送達により当事者に裁判の結果を認知させ（2項）、当事者の手続保障を図った点にある。

> **第898条（清算株式会社の財産に関する保全処分等）　C**
> 1　裁判所は、次に掲げる裁判を変更し、又は取り消すことができる。
>   ①　第540条第1項又は第2項の規定による保全処分〔清算株式会社の財産に関する保全処分〕
>   ②　第541条第1項又は第2項の規定による処分〔株主名簿の記載等の禁止〕
>   ③　第542条第1項又は第2項の規定による保全処分〔役員等の財産に対する保全処分〕
>   ④　第543条の規定による処分〔役員等の責任の免除の禁止〕
> 2　前項各号に掲げる裁判及び同項の規定による決定に対しては、即時抗告をすることができる。
> 3　前項の即時抗告は、執行停止の効力を有しない。
> 4　第2項に規定する裁判及び同項の即時抗告についての裁判があった場合には、その裁判書を当事者に送達しなければならない。
> 5　裁判所は、第1項第2号に掲げる裁判をしたときは、直ちに、その旨を公告しなければならない。当該裁判を変更し、又は取り消す決定があったときも、同様とする。

裁判所は、清算株式会社の財産に関する保全処分、特別清算開始の命令があった場合の株主名簿の記載等の禁止の処分等の裁判を変更し、または取り消すことができます。これらの裁判およびこれらの裁判の変更、取消しの決定に対しては即時抗告をすることができます。この即時抗告は執行停止の効力がありません。

1 趣旨

本条の趣旨は、清算の監督上必要な処分の発令後の事情変更により、処分が不必要になった場合に裁判所による処分の排除を認めることで、

無駄なコストを削減する点にある。

2 条文クローズアップ

変更・取消し事由（1項）
変更・取消し事由は、発令後の事情変更によるものか、発令前から存在したものかを問わない。

> **第899条（役員等責任査定決定） C**
> 1 ❶清算株式会社は、第545条第1項の申立て〔役員等責任査定の申立て〕をするときは、その原因となる事実を疎明しなければならない。
> 2 役員等責任査定決定（第545条第1項に規定する役員等責任査定決定をいう。以下この条において同じ。）及び前項の申立てを却下する決定には、理由を付さなければならない。
> 3 裁判所は、前項に規定する裁判をする場合には、対象役員等（第542条第1項に規定する対象役員等をいう。）の陳述を聴かなければならない。
> 4 役員等責任査定決定があった場合には、その裁判書を当事者に送達しなければならない。
> 5 第858条第1項の訴え〔役員等責任査定決定に対する異議の訴え〕が、同項の期間内に提起されなかったとき、又は却下されたときは、役員等責任査定決定は、給付を命ずる確定判決と同一の効力を有する。

❶476条

清算株式会社は、特別清算開始の決定があった場合の役員等の責任に基づく損害賠償請求権の査定の裁判を申し立てるときは、その原因となる事実を疎明しなければなりません。このような査定の申立てに対する裁判は、対象役員等の陳述を聴いたうえで、理由を付さなければなりません。

1 趣旨

本条の趣旨は、役員等の損害賠償責任を簡易迅速に追及するために、決定手続で行い、立証の程度も疎明で足りるとした点にある。また理由付記、意見聴取、送達を義務づけることで、当事者に不服申立ての機会を保障する点にある。

2 条文クローズアップ

決定の効力
決定について不服がある者は、決定の送達がされた日から1か月の不変期間内に、異議の訴えを提起できる（858条1項）。異議の訴えがこの期間内に提起されない場合または訴えが却下された場合には、決定は給

付を命ずる確定判決と同一の効力が生じる（899条5項）。

> **第900条（債権者集会の招集の許可の申立てについての裁判） C**
> 第547条第3項の許可〔協定債権者による債権者集会の招集についての裁判所による許可〕の申立てを却下する決定に対しては、即時抗告をすることができる。

債権者集会の招集の許可の申立てを却下する決定に対しては、即時抗告をすることができます。

> **第901条（協定の認可又は不認可の決定） C**
> 1　利害関係人は、第568条の申立て〔協定の認可の申立て〕に係る協定を認可すべきかどうかについて、意見を述べることができる。
> 2　❶共助対象外国租税の請求権について、協定において減免その他権利に影響を及ぼす定めをする場合には、徴収の権限を有する者の意見を聴かなければならない。
> 3　第569条第1項〔協定の認可の決定〕の協定の認可の決定をしたときは、裁判所は、直ちに、その旨を公告しなければならない。
> 4　第568条の申立て〔協定の認可の申立て〕についての裁判に対しては、即時抗告をすることができる。この場合において、前項の協定の認可の決定に対する即時抗告の期間は、同項の規定による公告が効力を生じた日から起算して2週間とする。
> 5　前各項の規定は、第572条〔協定の内容の変更〕の規定により協定の内容を変更する場合について準用する。

❶512条1項3号

利害関係人は、協定を認可すべきかどうかについて意見を述べることができます。協定の認可の決定をしたときは、ただちに、その旨を公告しなければなりません。協定の認可の申立てについての裁判に対しては、公告が効力を生じた日から2週間を経過するまでの間、即時抗告をすることができます。

1 趣旨

1項の趣旨は、裁判所は協定の認可の申立てにおいて不認可事由の有無を判断することになるが、利害関係人に対し、判断の際に参考となる意見を述べる機会を与える点にある。また4項では、本来即時抗告の期間は原則1週間であるところ（非訟81条本文、民訴332条）、協定認可の重要性にかんがみて例外的に特則を定めた。

■第4款　特別清算の終了の手続に関する特則

> **第902条（特別清算終結の申立てについての裁判）　C**
> 1　特別清算終結の決定をしたときは、裁判所は、直ちに、その旨を公告しなければならない。
> 2　特別清算終結の申立てについての裁判に対しては、即時抗告をすることができる。この場合において、特別清算終結の決定に対する即時抗告の期間は、前項の規定による公告が効力を生じた日から起算して2週間とする。
> 3　特別清算終結の決定は、確定しなければその効力を生じない。
> 4　特別清算終結の決定をした裁判所は、第2項の即時抗告があった場合において、当該決定を取り消す決定が確定したときは、直ちに、その旨を公告しなければならない。

　裁判所は、特別清算終結の決定をしたときは、ただちに、その旨を公告しなければなりません。特別清算終結の申立てについての裁判に対しては、公告が効力を生じた日から起算して2週間以内に即時抗告をすることができ、それにより取り消す決定が確定したときは、ただちにその旨を公告しなければなりません。

1　趣旨

　2項および3項の趣旨は、特別清算終結の決定の重要性にかんがみ、その特則を定める点にある。すなわち、本来即時抗告の期間は原則1週間であるところ（非訟81条本文、民訴332条）、特則として2週間の期間を設けた（会社902条2項）。また、本来非訟事件の裁判は告知によりただちに効力を生じるところ（非訟56条2項）、特則として確定時に効力を生ずるとした（会社902条3項）。

2　条文クローズアップ

公告をなす裁判所（4項）
　特別清算終結の取消しの公告をするのは、取消決定をした裁判所（通常は抗告裁判所）ではなく、特別清算終結の決定をした裁判所（原裁判所）である。

■第4節　外国会社の清算の手続に関する特則

> **第903条（特別清算の手続に関する規定の準用）　C**
> 前節の規定は、その性質上許されないものを除き、第822条第1項〔外国会社の財産に関する清算〕の規定による日本にある外国会社の財産についての清算について準用する。

日本にある外国会社の財産についての清算にも、第3節の特別清算の手続に関する特則が適用されます。

■第5節　会社の解散命令等の手続に関する特則

第904条（法務大臣の関与）　C

1　裁判所は、第824条第1項〔会社の解散命令〕又は第827条第1項〔外国会社の取引継続禁止または営業所閉鎖命令〕の申立てについての裁判をする場合には、法務大臣に対し、意見を求めなければならない。
2　法務大臣は、裁判所が前項の申立てに係る事件について審問をするときは、当該審問に立ち会うことができる。
3　裁判所は、法務大臣に対し、第1項の申立てに係る事件が係属したこと及び前項の審問の期日を通知しなければならない。
4　第1項の申立てを却下する裁判に対しては、第872条第4号に定める者〔陳述の聴取をしなければならない裁判の申立人および所定の関係者〕のほか、法務大臣も、即時抗告をすることができる。

裁判所は、会社の解散命令、外国会社の取引継続禁止の命令、または外国会社の営業所閉鎖の命令を求める申立てについての裁判をする場合には、法務大臣に対し意見を求めなければならず、審問が行われるときは法務大臣は立ち会うことができます。これらの申立てを却下する裁判に対しては、872条4号に定める者に加え、法務大臣も、即時抗告をすることができます。

1　趣旨

本条の趣旨は、裁判について法務大臣の関与を認めることで、公益代表者として解散命令等の手続における主導的な役割を認める点にある。

第905条（会社の財産に関する保全処分についての特則）　C

1　裁判所が第825条第1項（第827条第2項〔外国会社の取引継続禁止・営業所閉鎖命令への準用〕において準用する場合を含む。）の保全処分〔会社の財産に関する保全処分〕をした場合には、非訟事件の手続の費用は、会社又は外国会社の負担とする。当該保全処分について必要な費用も、同様とする。
2　前項の保全処分又は第825条第1項（第827条第2項〔外国会社の取引継続禁止・営業所閉鎖命令への準用〕において準用する場合を含む。）の規定による申立て〔会社の財産に関する保全処分の申立て〕を却下する裁判に対して即時抗告があった場合において、抗告裁判所が当該即時抗告を理由があると認めて原裁判を取り消したときは、そ

> の抗告審における手続に要する裁判費用及び抗告人が負担した前審における手続に要する裁判費用は、会社又は外国会社の負担とする。

　裁判所が、会社の解散命令等の申立てを受けて会社財産の保全処分をした場合には、非訟事件の手続の費用は会社または外国会社の負担となります。保全処分の申立てを却下する裁判に対して即時抗告によって、原裁判が取り消されたときは、抗告審および前審における手続に要する裁判費用は、会社または外国会社の負担となります。

> **第906条　C**
> 1　利害関係人は、裁判所書記官に対し、第825条第6項〔管理人に対する財産状況報告・管理計算の命令〕（第827条第2項〔外国会社の取引継続禁止・営業所閉鎖命令〕において準用する場合を含む。）の報告又は計算に関する資料の閲覧を請求することができる。
> 2　利害関係人は、裁判所書記官に対し、前項の資料の謄写又はその正本、謄本若しくは抄本の交付を請求することができる。
> 3　前項の規定は、第1項の資料のうち録音テープ又はビデオテープ（これらに準ずる方法により一定の事項を記録した物を含む。）に関しては、適用しない。この場合において、これらの物について利害関係人の請求があるときは、裁判所書記官は、その複製を許さなければならない。
> 4　法務大臣は、裁判所書記官に対し、第1項の資料の閲覧を請求することができる。
> 5　民事訴訟法第91条第5項〔訴訟記録の閲覧等の制限〕の規定は、第1項の資料について準用する。

　利害関係人は、裁判所書記官に対し、管理命令において選任された管理人の報告または計算に関する資料の閲覧・謄写・複製等を請求することができます。法務大臣も、資料の閲覧を請求できます。資料の保存または裁判所の執務に支障があるときには、資料の閲覧をすることはできません。

1　趣旨

　本条の趣旨は、解散命令等の申立てに対し裁判を行う場合、利害関係人による資料の閲覧謄写を認めることで、裁判資料の収集を容易にし、情報提供を促進する点にある。

第4章

登 記

■第1節 総　則

> **第907条（通則）　B**
> この法律の規定により登記すべき事項〔第938条第3項の保全処分〔清算株式会社またはその役員等の財産の保全処分〕の登記に係る事項を除く。〕は、当事者の申請又は裁判所書記官の嘱託により、商業登記法〔昭和38年法律第125号〕の定めるところに従い、商業登記簿にこれを登記する。

　会社法の規定により登記すべき事項は、当事者の申請または裁判所書記官の嘱託により、商業登記簿に登記します。

→試験対策2章3節⑤【1】

1 趣旨

　本条は、取引上の基本情報について、集約して公示し、誰からの検索にも応じるデータベースである登記制度に委ねることとしている。

2 語句の意味

　商業登記とは、会社法等の規定により登記すべき事項を商業登記簿になす登記をいう。

3 条文クローズアップ

「登記すべき事項」
　会社法は、企業の利益を害しないかぎりにおいて、一般公衆や取引の相手方の利益に影響を及ぼす可能性のある取引上の重要事項を登記事項としている。登記事項は、定款所定の事項と同じではない。なぜなら、登記は、公示のための制度であり、会社の根本規則である定款とは目的が異なるからである。
　登記しなければならない事項については、当事者が私法上登記義務を負う。また、登記の懈怠があったときは、発起人や取締役等に過料が科せられる（976条1号）。

📖H25-51-ア・イ（予）、H24-44-ア・ウ～オ、H19-46-1、H18-37-ア

> **第908条（登記の効力）　A**
> 1　この法律の規定により登記すべき事項は、登記の後でなけれ

> ば、これをもって善意の第三者に対抗することができない。登記の後であっても、第三者が正当な事由によってその登記があることを知らなかったときは、同様とする。
> 2　故意又は過失によって不実の事項を登記した者は、その事項が不実であることをもって善意の第三者に対抗することができない。

　会社法の規定により登記しなければならない事項は、登記をしなければ、その事項を善意の第三者に対抗することができません。また、登記をしていても、第三者が正当な事由によって登記があることを知らなかったときは、登記があることをもってその第三者には対抗することができません。故意または過失によって不実の事項を登記した者は、その事項が不実であることを善意の第三者に対抗することができません。

→試験対策2章3節⑤【3】

1 趣旨

　登記の消極的公示力（1項前段）、登記の積極的公示力（1項前段反対解釈）、禁反言の原則または外観法理に基づく登記の一種の公信力（2項）を認めた規定である。

2 条文クローズアップ

1　登記の効力
　登記の効力は、一般的効力（1項）・不実登記の効果（2項）・特殊的効力等に整理できる。
2　一般的効力（1項）
(1)　登記の消極的公示力（1項前段）
　会社法の規定により登記すべき事項は、登記の後でなければ、これをもって善意の第三者に対抗できない。
(2)　登記の積極的公示力
　(a)意義
　　登記の後であれば、善意の第三者に対しても、登記事項を対抗することができる（1項前段反対解釈）。これを登記の積極的公示力という。通説は、登記によって第三者は当然その事項を知ったものと擬制されると理解している（悪意擬制説）。
　(b)354条と908条1項との関係
　　354条では、通常代表取締役に付される名称を付された取締役の行為について、善意の第三者に対して責任を負うとされるが、代表取締役の氏名は登記事項とされるので（911条3項14号）、908条1項により悪意が擬制され、会社は代表取締役でないことをすべての第三者に対抗できそうである。そこで、表権代表取締役に関する354条と908条1項との関係が問題となる。

→**論**
→試験対策8章4節⑤【5】(4)Q₄

第908条／1277／

この点について、354条と908条1項とは次元の異なる規定であるとする見解もあるが、異なる次元という意味は明確ではない。通説は、354条は908条1項の例外規定であり、1項の登記がなされていても、第三者の悪意は擬制されないと解する(例外説)。
(c) 正当な事由(1項後段)
　「正当な事由」とは、登記を知ろうとしても知りえない客観的障害がある場合をいうと解される(通説)。たとえば、災害による交通途絶や登記簿の汚損滅失は含まれるが、病気や長期旅行などは含まれない。
(3) 「対抗することができない」の意義
　「対抗することができない」とは、登記当事者の側から第三者に対してある事項を主張できないことをいう。したがって、第三者の側から登記当事者に対して主張することは本条とは関係なく認められる(判例)。登記当事者間や第三者間では、登記の有無は基準とならず、事実の存否に従い判断される。

→大判明41・10・12民録14-999
→判例セレクト1 (3)

3　不実登記の効果(2項)

→神田[17版]25頁

(1) 登記の公信力
　商業登記の効力は登記された事実が存在していることを前提として、その登記の有無による効力を問題としている。したがって、基礎となる事実が存在しなければ、登記は無効となるはずである。しかし、それでは一般公衆や取引の相手方は登記を信頼することができず、確実を期するためにはそのつど事実の探索をしなければならず、取引の迅速・安全を害する。
　そこで、会社法では、登記を信頼した者の保護のために、故意または過失によって不実の登記をした者は、その事項が真実に反することを善意の第三者に対抗できないものとして、登記に一種の公信力を認めたのである。これは、禁反言の原則または外観法理に基づくものである。

(2) 対抗できない者
　原則として、登記申請者である。しかし、自己に関する登記をすることに承諾を与えて、登記義務者が事実に反する登記をすることに加功した者も、登記が不実であることをもって善意の第三者に対抗できない。

→判例セレクト3

(3) 故意または過失に基づく不実の登記
　故意とは、不実であることを知りながらあえて不実の登記をしたことをいい、過失とは、不注意により不実であることを知らなかったことをいう。もっとも、自己の故意または過失によらない不実の登記が存在する場合でも、その事実を知りながら放置し、または重大な過失でその事実を知らずに放置していた場合には、登記義務者には本項の適用がある。

4　特殊的効力
　登記の特殊的効力に創設的効力・免責的効力・補完的効力等がある。
　創設的効力とは、登記のみによって新たな法律事実または法律関係が創設される場合の効力のことをいう。たとえば、会社の設立登記により

会社が成立する(49条、579条)場合等である。

　免責的効力の例としては、持分会社の社員は退社登記時から2年で責任を免れること(586条2項、612条2項)、解散の登記から5年で責任を免れること(673条1項)等があげられる。

　補完的効力の例としては、設立登記がなされた後は、設立の無効または取消しの判決があっても従来の法律関係には影響を及ぼさないこと(839条)、株式引受人は錯誤による無効や詐欺・強迫による取消しを主張できないこと(51条)等があげられる。

判例セレクト

1　本条の不適用
(1) 合名会社の退社員は、その退社登記前に生じた会社債務につき、債権者が退社の事実を知ると否とにかかわらず、〔旧〕商法73条1項による責任を負い、〔旧〕商法12条〔会社法908条1項〕の適用はない(大判昭14・2・8民集18-54)。
(2) 〔旧〕商法12条〔会社法908条1項〕は、実体法上の取引行為ではない民事訴訟において、だれが当事者である会社を代表する権限を有する者かを定めるにあたっては、適用されない(最判昭43・11・1判例シリーズ37事件)。　→総則・商行為百選6事件
(3) 〔旧〕商法12条〔会社法908条1項〕は、登記当事者が登記すべき事項を第三者に対抗できる場合を規定したものであり、会社の清算人から動産を買い受けた者Xが第三者Yに対して上記所有権を主張する場合には適用されず、清算人選任登記の効力いかんにかかわらず、Xは上記所有権をYに対して主張できる(最判昭29・10・15総則・商行為百選5事件)。

2　選任登記前の代表取締役の手形振出しの効果
　実在する会社がその商号変更および代表取締役の氏名の登記をしていない場合に、その代表取締役が変更後の商号でその会社の代表取締役として約束手形を振り出したときは、手形の取得者は、上記会社に対して手形上の責任を問うべきであり、代表取締役が手形法8条の責任を負うべきではない(最判昭35・4・14民集14-5-833)。

3　不実の登記
(1) 選任決議を欠く登記簿上の取締役　→429条判例セレクト8(1)
(2) 退任登記未了の取締役　→429条判例セレクト8(2)
(3) 登記申請者の申請に基づかないでなされた不実の商業登記であっても、登記申請者がなんらかのかたちで上記登記の実現に加功し、または不実登記の存在が判明しているのに是正措置を採らずに放置する等の特段の事情がある場合には、〔旧〕商法14条〔会社法908条2項〕の適用の余地がある(最判昭55・9・11民集34-5-717)。

4　本条の趣旨
　商法が商人に関する登記事項を定め、かつ、〔旧〕商法12条〔会社法908条1項〕で特別の効力を定めているのは、商取引活動が大量的・反復的に行われ、一方これに利害関係をもつ第三者も不特定多数の広い範囲に及ぶことから、商人と第三者の利害調整を図るため、登記事項を定め、

民法とは別に、特に登記に特別の効力を付与する必要性・相当性があるからである（最判昭49・3・22判例シリーズ90事件）。

5　登記後の効力

代表取締役の退任および代表権喪失につき登記がなされたときは、その後はもっぱら〔旧〕商法12条〔会社法908条1項〕が適用され、民法112条を適用ないし類推適用する余地はない（最判昭49・3・22判例シリーズ90事件）。

→総則・商行為百選7事件

→総則・商行為百選7事件

第909条（変更の登記及び消滅の登記）　C

この法律の規定により登記した事項に変更が生じ、又はその事項が消滅したときは、当事者は、遅滞なく、変更の登記又は消滅の登記をしなければならない。

登記した事項に変更や消滅があったときは、当事者はすぐに変更の登記または消滅の登記をしなければなりません。

→試験対策2章3節⑤【1】

1　趣旨

商業登記においては真実が公示されるべきであるので、登記された事項に変動が生じたときは、登記をその実態にあわせることを義務づけた規定である。

第910条（登記の期間）　C

この法律の規定により登記すべき事項のうち官庁の許可を要するものの登記の期間については、その許可書の到達した日から起算する。

登記しなければならない事項のうち、官庁の許可を必要とするものについては、登記の期間はその許可書の到達した日から起算されます。

→試験対策2章3節⑤【1】

1　趣旨

本条は、登記事項のうち、官庁の許可を要するものについての特則を定めた規定である。官庁の許可を要する事項の登記申請には、許可書の到達した年月日を記載し、官庁の許可書を添付することが要求される（商業登記17条2項5号、19条）ためである。

■第2節　会社の登記

■第1款　本店の所在地における登記

司H26-38-ア（予）、H23-51-全（予）、H20-46-4。書H27-30-イ
第911条（株式会社の設立の登記）　B+

1　株式会社の設立の登記は、その本店の所在地において、次に掲げる日のいずれか遅い日から2週間以内にしなければならない。
　① 第46条第1項の規定による調査〔設立時取締役等の調査〕が終了した日（設立しようとする株式会社が指名委員会等設置会社である場合にあっては、❶設立時代表執行役が同条第3項の規定による通知〔設立時取締役の設立時代表執行役への調査終了等の通知〕を受けた日）　❶48条1項3号
　② 発起人が定めた日
2　前項の規定にかかわらず、第57条第1項の募集〔設立時発行株式を引き受ける者の募集〕をする場合には、前項の登記は、次に掲げる日のいずれか遅い日から2週間以内にしなければならない。
　① ❷創立総会の終結の日　❷65条1項
　② 第84条の❸種類創立総会の決議〔種類創立総会の決議を要する定めに基づく決議〕をしたときは、当該決議の日　❸84条
　③ 第97条の創立総会の決議〔変態設立事項を変更する定款変更決議〕をしたときは、当該決議の日から2週間を経過した日
　④ 第100条第1項の種類創立総会の決議〔当該種類株式が譲渡制限種類株式または全部取得条項付種類株式となる定款変更があった場合の決議〕をしたときは、当該決議の日から2週間を経過した日
　⑤ 第101条第1項の種類創立総会の決議〔当該種類株主に損害を及ぼすおそれのある場合に要する決議〕をしたときは、当該決議の日
3　第1項の登記においては、次に掲げる事項を登記しなければならない。
　① 目的
　② 商号
　③ 本店及び支店の所在場所
　④ 株式会社の存続期間又は解散の事由についての定款の定めがあるときは、その定め
　⑤ 資本金の額
　⑥ ❹発行可能株式総数　❹37条1項
　⑦ 発行する株式の内容（種類株式発行会社にあっては、❺発行可能種類株式総数及び発行する各種類の株式の内容）　❺101条1項3号
　⑧ 単元株式数についての定款の定めがあるときは、その単元株式数

⑨　発行済株式の総数並びにその種類及び種類ごとの数
⑩　❻株券発行会社であるときは、その旨
⑪　❼株主名簿管理人を置いたときは、その氏名又は名称及び住所並びに営業所
⑫　新株予約権を発行したときは、次に掲げる事項
　　イ　新株予約権の数
　　ロ　第236条第1項第1号から第4号までに掲げる事項〔新株予約権の内容に関する事項〕
　　ハ　ロに掲げる事項のほか、新株予約権の行使の条件を定めたときは、その条件
　　ニ　第236条第1項第7号〔取得条項付新株予約権に関する事項〕並びに第238条第1項第2号及び第3号に掲げる事項〔募集新株予約権と引換えに金銭の払込みを要しないこととする場合にはその旨、それ以外の場合には募集新株予約権の払込金額またはその算定方法〕
⑬　取締役（監査等委員会設置会社の取締役を除く。）の氏名
⑭　❽代表取締役の氏名及び住所（第23号に規定する場合〔指名委員会等設置会社である場合〕を除く。）
⑮　取締役会設置会社であるときは、その旨
⑯　会計参与設置会社であるときは、その旨並びに会計参与の氏名又は名称及び第378条第1項の場所〔会計参与の計算書類等備置場所〕
ⓘ⑰　監査役設置会社（監査役の監査の範囲を会計に関するものに限定する旨の定款の定めがある株式会社を含む。）であるときは、その旨及び次に掲げる事項
　　イ　監査役の監査の範囲を会計に関するものに限定する旨の定款の定めがある株式会社であるときは、その旨
　　ロ　監査役の氏名
⑱　監査役会設置会社であるときは、その旨及び監査役のうち❾社外監査役であるものについて社外監査役である旨
⑲　会計監査人設置会社であるときは、その旨及び会計監査人の氏名又は名称
⑳　第346条第4項の規定〔会計監査人に欠員を生じた場合の措置〕により選任された一時会計監査人の職務を行うべき者を置いたときは、その氏名又は名称
㉑　第373条第1項の規定〔特別取締役による取締役会の決議〕による特別取締役による議決の定めがあるときは、次に掲げる事項
　　イ　第373条第1項の規定による特別取締役による議決の定めがある旨
　　ロ　特別取締役の氏名
　　ハ　取締役のうち❿社外取締役であるものについて、社外取締

❻117条7項
❼123条

❽47条1項

❾2条16号

❿2条15号

役である旨
㉒ 監査等委員会設置会社であるときは、その旨及び次に掲げる事項
　イ　監査等委員である取締役及びそれ以外の取締役の氏名　　⓫38条2項
　ロ　取締役のうち社外取締役であるものについて、社外取締役である旨
　ハ　第399条の13第6項の規定〔監査等委員会設置会社の取締役会決議による取締役への委任〕による重要な業務執行の決定の取締役への委任についての定款の定めがあるときは、その旨
㉓ 指名委員会等設置会社であるときは、その旨及び次に掲げる事項
　イ　取締役のうち社外取締役であるものについて、社外取締役である旨
　ロ　各委員会の委員及び執行役の氏名　　⓬400条1項
　ハ　代表執行役の氏名及び住所
㉔ 第426条第1項の規定〔取締役等による免除に関する定款の定め〕による取締役、会計参与、監査役、執行役又は会計監査人の責任の免除についての定款の定めがあるときは、その定め
㉕ 第427条第1項の規定〔責任限定契約締結の定款の定め〕による非業務執行取締役等が負う責任の限度に関する契約の締結についての定款の定めがあるときは、その定め　　⓭427条1項
㉖ 第440条第3項の規定による措置〔決算公告の電磁的方法による措置〕をとることとするときは、同条第1項に規定する貸借対照表〔貸借対照表（大会社にあっては、貸借対照表および損益計算書）〕の内容である情報について不特定多数の者がその提供を受けるために必要な事項であって法務省令で定めるもの
㉗ 第939条第1項の規定による公告方法〔定款に定める会社の公告方法〕についての定款の定めがあるときは、その定め
㉘ 前号の定款の定めが電子公告を公告方法とする旨のものであるときは、次に掲げる事項
　イ　電子公告により公告すべき内容である情報について不特定多数の者がその提供を受けるために必要な事項であって法務省令で定めるもの
　ロ　第939条第3項後段の規定による定款の定め〔事故等で電子公告ができない場合の公告方法に関する定款の定め〕があるときは、その定め
㉙ 第27号の定款の定めがないときは、第939条第4項〔公告方法についての原則的な扱い〕の規定により官報に掲載する方法を公告方法とする旨

株式会社の設立の登記は、その本店の所在地において、設立時取締役による調査が終了した日等の一定の日から2週間以内にしなければなりません。登記には、目的、商号など一定の事項を記載しなければなりません。

→試験対策4章2節⑤

1 趣旨

　商取引活動は大量的・反復的に行われ、これに利害関係をもつ第三者も多数に及ぶことが多いが、株式会社の内部的意思決定のなかには取引の効力に影響を及ぼす事項が少なくなく、取引の相手方がこれを調査することは取引の迅速性・大量性の観点から妥当でない。そこで、本条は、取引の相手方の調査の手間を相当程度軽減し、また取引の相手方を不測の損害から守るために、取引上重要な事項を公示することとした。

2 条文クローズアップ

1 設立登記の効力

　株式会社の設立手続は、発起人による定款作成から始まり(26条)、設立の登記をもって完了する。そして株式会社は、本店所在地で設立登記をすることによって成立する(49条)。すなわち、登記が会社の設立要件とされており、設立登記は会社の創設的効力を有しているといえる。

2 監査役の監査の範囲に関する登記

　平成26年改正により、監査役の監査の範囲を会計に関するものに限定する旨の定款の定め(389条1項)がある株式会社について、当該定款の定めが登記事項に追加された(911条3項17号イ)。

→平成26年改正
→389条①
→試験対策4章2節⑤【2】

　監査役の監査の範囲を会計に関するものに限定する旨の定款の定めがある株式会社は、2条9号の監査役設置会社に該当しない(2条9号括弧書)。そして、2条9号の監査役設置会社に該当するか否かによって、会社法上の規律が異なる場合が生じる。たとえば、2条9号の監査役設置会社が847条1項の訴えの提起の請求を受ける場合には、監査役が当該株式会社を代表する(386条2項1号)のに対して、2条9号の監査役設置会社に該当しない株式会社が当該請求を受ける場合には、386条の規定は適用されず(389条7項)、代表取締役が当該株式会社を代表する(349条4項)。そこで、会社法上の規律が異なりうる以上、監査役の監査の範囲を会計に関するものに限定する旨の定款の定めがある場合には、その旨を登記上も明らかにすることが適切であると考えられ、登記事項として追加された。

予H27-24-ア
第912条（合名会社の設立の登記）　B⁻
合名会社の設立の登記は、その本店の所在地において、次に掲げる事項を登記してしなければならない。
　① 目的

② 商号
③ 本店及び支店の所在場所
④ 合名会社の存続期間又は解散の事由についての定款の定めがあるときは、その定め
⑤ 社員の氏名又は名称及び住所
⑥ 合名会社を代表する社員の氏名又は名称(合名会社を代表しない社員がある場合に限る。)
⑦ 合名会社を代表する社員が法人であるときは、当該社員の職務を行うべき者の氏名及び住所
⑧ 第939条第1項の規定による公告方法〔定款で定める会社の公告方法〕についての定款の定めがあるときは、その定め
⑨ 前号の定款の定めが電子公告を公告方法とする旨のものであるときは、次に掲げる事項
　イ 電子公告により公告すべき内容である情報について不特定多数の者がその提供を受けるために必要な事項であって法務省令で定めるもの
　ロ 第939条第3項後段の規定による定款の定め〔電子公告ができない場合の広告方法に関する定款の定め〕があるときは、その定め
⑩ 第8号の定款の定めがないときは、第939条第4項〔公告方法についての取扱い〕の規定により官報に掲載する方法を公告方法とする旨

合名会社の設立の登記は、その本店の所在地において、目的、商号など一定の事項を記載してしなければなりません。

→試験対策12章1節②【2】

1 趣旨

本条は、合名会社に関して、取引上重要な事項として、本条所定の事項を公示することとしている。911条と同趣旨である。

→911条①

予H27-24-ア
第913条（合資会社の設立の登記）　B⁻

合資会社の設立の登記は、その本店の所在地において、次に掲げる事項を登記してしなければならない。
① 目的
② 商号
③ 本店及び支店の所在場所
④ 合資会社の存続期間又は解散の事由についての定款の定めがあるときは、その定め
⑤ 社員の氏名又は名称及び住所
⑥ 社員が有限責任社員又は無限責任社員のいずれであるかの別

⑦　有限責任社員の出資の目的及びその価額並びに既に履行した出資の価額
⑧　合資会社を代表する社員の氏名又は名称（合資会社を代表しない社員がある場合に限る。）
⑨　合資会社を代表する社員が法人であるときは、当該社員の職務を行うべき者の氏名及び住所
⑩　第939条第1項の規定による公告方法〔定款で定める会社の公告方法〕についての定款の定めがあるときは、その定め
⑪　前号の定款の定めが電子公告を公告方法とする旨のものであるときは、次に掲げる事項
　　イ　電子公告により公告すべき内容である情報について不特定多数の者がその提供を受けるために必要な事項であって法務省令で定めるもの
　　ロ　第939条第3項後段の規定による定款の定め〔電子公告ができない場合の公告方法に関する定款の定め〕があるときは、その定め
⑫　第10号の定款の定めがないときは、第939条第4項〔公告方法についての取扱い〕の規定により官報に掲載する方法を公告方法とする旨

合資会社の設立の登記は、その本店の所在地において、目的、商号など一定の事項を記載してしなければなりません。

1　趣旨

本条は、合資会社に関して、取引上重要な事項として、本条所定の事項を公示することとしている。911条と同趣旨である。

→911条①

予 H27-24-ア
第914条（合同会社の設立の登記）　B⁻

合同会社の設立の登記は、その本店の所在地において、次に掲げる事項を登記してしなければならない。
①　目的
②　商号
③　本店及び支店の所在場所
④　合同会社の存続期間又は解散の事由についての定款の定めがあるときは、その定め
⑤　資本金の額
⑥　合同会社の業務を執行する社員の氏名又は名称
⑦　合同会社を代表する社員の氏名又は名称及び住所
⑧　合同会社を代表する社員が法人であるときは、当該社員の職

務を行うべき者の氏名及び住所
　⑨　第939条第1項の規定による公告方法〔定款で定める会社の公告方法〕についての定款の定めがあるときは、その定め
　⑩　前号の定款の定めが電子公告を公告方法とする旨のものであるときは、次に掲げる事項
　　イ　電子公告により公告すべき内容である情報について不特定多数の者がその提供を受けるために必要な事項であって法務省令で定めるもの
　　ロ　第939条第3項後段の規定による定款の定め〔電子公告ができない場合の公告方法に関する定款の定め〕があるときは、その定め
　⑪　第9号の定款の定めがないときは、第939条第4項〔公告方法についての取扱い〕の規定により官報に掲載する方法を公告方法とする旨

　合同会社の設立の登記は、その本店の所在地において、目的、商号など一定の事項を記載してしなければなりません。

1　趣旨

　本条は、合同会社に関して、取引上重要な事項として、本条所定の事項を公示することとしている。911条と同趣旨である。　　　　　→911条①

書 H27-30-イ
第915条（変更の登記）　C

1　会社において第911条第3項各号〔株式会社の設立登記事項〕又は前3条各号に掲げる事項〔持分会社の設立登記事項〕に変更が生じたときは、2週間以内に、その本店の所在地において、変更の登記をしなければならない。
2　前項の規定にかかわらず、第199条第1項第4号の期間〔募集株式の引受人による払込みまたは給付の期間〕を定めた場合における株式の発行による変更の登記は、当該期間の末日現在により、当該末日から2週間以内にすれば足りる。
3　第1項の規定にかかわらず、次に掲げる事由による変更の登記は、毎月末日現在により、当該末日から2週間以内にすれば足りる。
　①　新株予約権の行使
　②　第166条第1項の規定による請求〔取得請求権付株式の取得請求〕（株式の内容として第107条第2項第2号ハ若しくはニ又は第108条第2項第5号ロに掲げる事項についての定めがある場合〔取得対価が新株予約権・新株予約権付社債・他の株式を交付する場合〕に

限る。)

　設立登記事項に変更が生じたときは、2週間以内に、本店の所在地において、変更の登記をしなければなりません。募集株式と引換えにする金銭の払込み等の期間を定めた場合の株式の発行による変更の登記は、その期間の最後の日から2週間以内に登記しなければなりません。新株予約権の行使等による変更の登記は、月末から2週間以内に登記しなければなりません。

1 趣旨

　本条の趣旨は、設立登記事項の変更が生じた場合に、2週間という短い期間内に登記を義務づけ公示させることで、取引の相手方が不測の損害を被るのを防止する点にある。

2 条文クローズアップ

1 変更登記の効力
　変更登記も「登記すべき事項」(908条1項)にあたるので、登記後でなければ善意の第三者に対抗できない。

2 変更登記の時期
(1) 原則(1項)
　変更登記は、設立登記事項の変更後2週間以内に行うのが原則である。
(2) 例外(2項、3項)
　設立登記事項の変更が、募集株式引受人・新株予約権者・取得請求権付株式所有者等の行為によって生じる場合には、個別的な変更があるたびに変更登記を義務づけることは面倒である。そこで、例外的に、本条2項および3項で、まとめて変更登記をすることを認めている。

3 罰則
　変更登記を怠ると、代表取締役等は「登記をすることを怠った」といえ、過料制裁の対象となる(976条1号)。

第916条（他の登記所の管轄区域内への本店の移転の登記）　C

会社がその本店を他の登記所の管轄区域内に移転したときは、2週間以内に、旧所在地においては移転の登記をし、新所在地においては次の各号に掲げる会社の区分に応じ当該各号に定める事項を登記しなければならない。
　① 株式会社　第911条第3項各号に掲げる事項（株式会社の設立登記事項）
　② 合名会社　第912条各号に掲げる事項（合名会社の設立登記事項）
　③ 合資会社　第913条各号に掲げる事項（合資会社の設立登記事項）
　④ 合同会社　第914条各号に掲げる事項（合同会社の設立登記事項）

会社が本店を他の登記所の管轄区域内に移転したときは、2週間以内に、前の本店の所在地の登記所では移転登記をし、新しい本店の所在地の登記所では、設立登記事項を登記しなければなりません。

1 趣旨

株式・合名・合資・合同会社の設立登記は、本店の所在地の登記所においてなされる(911条1項、912条柱書、913条柱書、914条柱書)。916条は、これらの規定を受けて、他の登記所の管轄区内の登記所に移転した場合に、移転登記する旨を定めている。

> **第917条（職務執行停止の仮処分等の登記） C**
> 次の各号に掲げる会社の区分に応じ、当該各号に定める者の職務の執行を停止し、若しくはその職務を代行する者を選任する仮処分命令又はその仮処分命令を変更し、若しくは取り消す決定がされたときは、その本店の所在地において、その登記をしなければならない。
> ① 株式会社　取締役(監査等委員会設置会社にあっては、❶監査等委員である取締役又はそれ以外の取締役)、会計参与、監査役、❷代表取締役、委員(指名委員会、監査委員会又は報酬委員会の委員をいう。)、執行役又は代表執行役
> ② 合名会社　社員
> ③ 合資会社　社員
> ④ 合同会社　業務を執行する社員

❶38条2項

❷47条1項

株式会社においては、取締役、会計参与等、合名会社、合資会社においては、社員、合同会社においては、業務執行社員が職務の執行を停止されたり、職務を代行するものを選任する仮処分命令がだされたりしたとき等の場合には、本店所在地において、その登記をしなければなりません。

1 趣旨

取締役等の職務執行の停止や職務代行者の選任は、取引の効力に影響を及ぼす事項であるから、取引上重要といえる。そこで、本条は、これらの事項について取引の安全の観点から、登記事項とした。

2 条文クローズアップ

本条の意義

株式会社の役員等の選任決議の無効や取消しの訴訟が提起された場合、裁判所は、当事者の申立てにより、仮処分をもって役員等の職務執行を停止したり、これを代行する者を選任できる(民保23条2項)。このことは、合名・合資会社の社員や、合同会社の業務執行社員の地位が争

われた場合も同様である。

本条は、このような仮処分の登記と、その仮処分の変更・取消しの登記について定めている。当該登記については、仮処分命令を発令した保全裁判所の書記官がその会社の本店所在地の管轄裁判所に嘱託する（民保56条）。

> 司 H18-37-ア・オ
> **第918条（支配人の登記） B⁻**
> 会社が支配人を選任し、又はその代理権が消滅したときは、その本店の所在地において、その登記をしなければならない。

会社が支配人を選任し、または支配人の代理権が消滅したときは、本店の所在地において、その登記をしなければなりません。

→試験対策2章3節③【1】

1 趣旨

支配人は、その本店または支店における事業に関するいっさいの裁判上・裁判外の行為の代理権という広範な権限を有している（11条1項）。すなわち、支配人の選任・代理権の消滅は、取引の効力に影響を及ぼす事項であり、取引上重要といえる。そこで、本条は、これらの事項について取引の安全の観点から、登記事項とした。

> **第919条（持分会社の種類の変更の登記） C**
> 持分会社が第638条の規定（定款変更による持分会社の種類変更）により他の種類の持分会社となったときは、同条に規定する定款の変更の効力が生じた日から2週間以内に、その本店の所在地において、種類の変更前の持分会社については解散の登記をし、種類の変更後の持分会社については設立の登記をしなければならない。

持分会社が定款変更により他の種類の持分会社となったときは、その定款変更の効力が生じた日から2週間以内に、本店所在地で変更前の持分会社の解散登記をし、変更後の持分会社について設立登記をしなければなりません。

1 趣旨

責任の種類によって社員の負う債務の限度が変わってくるところ、3種類の持分会社は、社員の責任をそれぞれ異にしているから、持分会社の種類の変更は、取引上重要な事項といえる。そこで、本条は、取引の安全の観点から、このような重要な事項について、2週間という短い期間内に登記すべきこととしている。

第920条（組織変更の登記） C

会社が組織変更をしたときは、その効力が生じた日から2週間以内に、その本店の所在地において、組織変更前の会社については解散の登記をし、組織変更後の会社については設立の登記をしなければならない。

会社が組織変更をしたときは、その効力が生じた日から2週間以内に、本店の所在地において、変更前の会社については解散の登記、変更後の会社については設立の登記をしなければなりません。

→試験対策14章1節②

1 趣旨

責任の種類によって、社員の負う債務の限度が変わるところ、株式会社と持分会社では社員の責任が異なるから、組織変更は、取引上重要な事項といえる。そこで、本条は、取引の安全の観点から、このような重要な事項について、2週間という短い期間内に登記すべきとしている。

2 条文クローズアップ

組織変更の登記に関する取扱い

組織変更の効力発生日後、登記までの間に、善意の第三者が現れた場合、登記の一般的効力の規定（908条1項）が適用されるから、会社は組織変更の効力発生を善意の第三者に対抗できない。

第921条（吸収合併の登記） C

会社が吸収合併をしたときは、その効力が生じた日から2週間以内に、その本店の所在地において、吸収合併により消滅する会社については解散の登記をし、吸収合併後存続する会社については変更の登記をしなければならない。

会社が吸収合併をしたときには、その本店の所在地において、吸収合併の効力発生日から2週間以内に、消滅会社は解散の、存続会社は変更の、登記をしなければなりません。

→試験対策14章2節②【1】(3)

1 趣旨

消滅会社の解散、存続会社の権利義務の承継は取引上重要である。そこで、本条は、吸収合併による消滅会社の解散および存続会社の登記事項の変更について、2週間という短い期間内に登記を義務づけ公示させることで、取引の相手方が不測の損害を被るのを防止している。

2 条文クローズアップ

吸収合併の登記に関する取扱い

　消滅会社の解散登記の申請は、存続会社の代表者が、存続会社の変更登記の申請と同時にする。

　次に、吸収合併の効力発生日後、登記までの間に、善意の第三者が現れた場合、登記の一般的効力の規定(908条1項)が適用される。したがって、存続会社は吸収合併の効力発生を善意の第三者に対抗できない。他方、消滅会社の解散については、第三者の善意・悪意に関係なく、登記後でなければ第三者に対抗できない(750条2項、752条2項)。

司 H22-47-2

第922条（新設合併の登記）　B⁻

1　2以上の会社が新設合併をする場合において、新設合併により設立する会社が株式会社であるときは、次の各号に掲げる場合の区分に応じ、当該各号に定める日から2週間以内に、その本店の所在地において、新設合併により消滅する会社については解散の登記をし、新設合併により設立する会社については設立の登記をしなければならない。

　①　新設合併により消滅する会社が株式会社のみである場合　次に掲げる日のいずれか遅い日
　　イ　第804条第1項の株主総会の決議の日〔消滅株式会社の新設合併契約を承認する株主総会〕
　　ロ　新設合併をするために種類株主総会の決議を要するときは、当該決議の日
　　ハ　第806条第3項の規定による通知〔消滅株式会社の株主への新設合併する旨等の通知〕又は同条第4項の公告〔通知に代えた公告〕をした日から20日を経過した日
　　ニ　新設合併により消滅する会社が新株予約権を発行しているときは、第808条第3項の規定による通知〔消滅株式会社の新株予約権者への新設合併する旨等の通知〕又は同条第4項の公告〔通知に代えた公告〕をした日から20日を経過した日
　　ホ　第810条の規定による手続〔債権者異議手続〕が終了した日
　　ヘ　新設合併により消滅する会社が合意により定めた日
　②　新設合併により消滅する会社が持分会社のみである場合　次に掲げる日のいずれか遅い日
　　イ　第813条第1項の総社員の同意〔消滅持分会社の新設合併契約についての総社員の同意〕を得た日（同項ただし書に規定する場合にあっては、定款の定めによる手続を終了した日）
　　ロ　第813条第2項〔新設合併消滅持分会社への準用〕において準用する第810条の規定による手続〔債権者異議手続〕が終了した日
　　ハ　新設合併により消滅する会社が合意により定めた日

③　新設合併により消滅する会社が株式会社及び持分会社である場合　前2号に定める日のいずれか遅い日
2　2以上の会社が新設合併をする場合において、新設合併により設立する会社が持分会社であるときは、次の各号に掲げる場合の区分に応じ、当該各号に定める日から2週間以内に、その本店の所在地において、新設合併により消滅する会社については解散の登記をし、新設合併により設立する会社については設立の登記をしなければならない。
①　新設合併により消滅する会社が株式会社のみである場合　次に掲げる日のいずれか遅い日
　イ　第804条第2項の総株主の同意〔新設合併設立会社が持分会社である場合の新設合併契約についての消滅株式会社の総株主の同意〕を得た日
　ロ　新設合併により消滅する会社が新株予約権を発行しているときは、第808条第3項の規定による通知〔消滅株式会社の新株予約権者への新設合併する旨等の通知〕又は同条第4項の公告〔通知に代えた公告〕をした日から20日を経過した日
　ハ　第810条の規定による手続〔債権者異議手続〕が終了した日
　ニ　新設合併により消滅する会社が合意により定めた日
②　新設合併により消滅する会社が持分会社のみである場合　次に掲げる日のいずれか遅い日
　イ　第813条第1項の総社員の同意〔消滅持分会社の新設合併契約についての総社員の同意〕を得た日 (同項ただし書に規定する場合にあっては、定款の定めによる手続を終了した日)
　ロ　第813条第2項〔新設合併消滅持分会社への準用〕において準用する第810条の規定による手続〔債権者異議手続〕が終了した日
　ハ　新設合併により消滅する会社が合意により定めた日
③　新設合併により消滅する会社が株式会社及び持分会社である場合　前2号に定める日のいずれか遅い日

→試験対策14章2節②【1】(3)

　2以上の会社が新設合併をする場合においては、設立会社および消滅会社は各々、その本店の所在地において、株主総会の決議の日等の一定の日から2週間以内に、設立、解散の登記をしなければなりません。

1 趣旨

　本条は、新設合併による消滅会社の解散および設立会社の設立が取引上重要であることから、2週間という短い期間内に登記を義務づけ公示させることで、取引の相手方が不測の損害を被るのを防止している。

2 条文クローズアップ

新設合併の登記に関する取扱い

　新設合併をする場合には、本店所在地において、消滅会社については解散の登記をし、設立会社については設立の登記をしなければならない。設立会社の設立の登記により、会社が成立し(49条)、それと同時に、新設合併の効力が生じる。
　2週間の登記期間の起算日は、消滅会社の株主・新株予約権者や社員との関係で必要とされる手続や債権者異議手続のすべてが終了した日か、あるいは消滅会社が合意により決定したそれよりも遅い日である。

> 書 H26-34-オ
> ### 第923条（吸収分割の登記）　C
> 会社が吸収分割をしたときは、その効力が生じた日から2週間以内に、その本店の所在地において、吸収分割をする会社及び当該会社がその事業に関して有する権利義務の全部又は一部を当該会社から承継する会社についての変更の登記をしなければならない。

　会社が吸収分割をしたときには、その本店の所在地において、吸収分割の効力発生日から2週間以内に、吸収分割会社、吸収分割承継会社が変更の登記をしなければなりません。

→試験対策14章2節③【1】(5)

1 趣旨

　本条は、吸収分割による吸収分割会社および吸収分割承継会社の権利変動が取引上重要であることから、登記事項の変更について、2週間という短い期間内に登記を義務づけ公示させることで、取引の相手方が不測の損害を被るのを防止している。

2 条文クローズアップ

吸収分割に関する登記の取扱い

　まず、吸収分割をする場合には、本店所在地において、分割会社と承継会社についての変更の登記をしなければならない。
　次に、吸収分割の効力発生後、登記までの間に、善意の第三者が現れた場合、登記の一般的効力の規定(908条1項)が適用される。したがって、承継会社および分割会社は、吸収合併の効力発生を善意の第三者に対抗できない。

> ### 第924条（新設分割の登記）　C
> 1　1又は2以上の株式会社又は合同会社が新設分割をする場合において、新設分割により設立する会社が株式会社であるときは、次の各号に掲げる場合の区分に応じ、当該各号に定める日から2

週間以内に、その本店の所在地において、新設分割をする会社については変更の登記をし、新設分割により設立する会社については設立の登記をしなければならない。
① 新設分割をする会社が株式会社のみである場合　次に掲げる日のいずれか遅い日
　イ　第805条に規定する場合〔分割会社での簡易分割の場合〕以外の場合には、第804条第1項の株主総会〔新設分割会社での新設分割計画を承認する株主総会〕の決議の日
　ロ　新設分割をするために種類株主総会の決議を要するときは、当該決議の日
　ハ　第805条に規定する場合〔分割会社での簡易分割の場合〕以外の場合には、第806条第3項の規定による通知〔新設分割会社の株主への新設分割をする旨等の通知〕又は同条第4項の公告〔通知に代えた公告〕をした日から20日を経過した日
　ニ　第808条第3項の規定による通知〔新設分割する旨等の通知〕を受けるべき新株予約権者があるときは、同項の規定による通知又は同条第4項の公告〔通知に代えた公告〕をした日から20日を経過した日
　ホ　第810条の規定による手続〔債権者異議手続〕をしなければならないときは、当該手続が終了した日
　ヘ　新設分割をする株式会社が定めた日（2以上の株式会社が共同して新設分割をする場合にあっては、当該2以上の新設分割をする株式会社が合意により定めた日）
② 新設分割をする会社が合同会社のみである場合　次に掲げる日のいずれか遅い日
　イ　第813条第1項の総社員の同意〔合同会社での新設分割計画についての総社員の同意〕を得た日（同項ただし書の場合にあっては、定款の定めによる手続を終了した日）
　ロ　第813条第2項〔新設分割合同会社への準用〕において準用する第810条の規定による手続〔債権者異議手続〕をしなければならないときは、当該手続が終了した日
　ハ　新設分割をする合同会社が定めた日（2以上の合同会社が共同して新設分割をする場合にあっては、当該2以上の新設分割をする合同会社が合意により定めた日）
③ 新設分割をする会社が株式会社及び合同会社である場合　前2号に定める日のいずれか遅い日
2　1又は2以上の株式会社又は合同会社が新設分割をする場合において、新設分割により設立する会社が持分会社であるときは、次の各号に掲げる場合の区分に応じ、当該各号に定める日から2週間以内に、その本店の所在地において、新設分割をする会社に

ついては変更の登記をし、新設分割により設立する会社については設立の登記をしなければならない。
① 新設分割をする会社が株式会社のみである場合　次に掲げる日のいずれか遅い日
　イ　第805条に規定する場合〔分割会社での簡易分割の場合〕以外の場合には、第804条第1項の株主総会〔新設分割会社での新設分割計画を承認する株主総会〕の決議の日
　ロ　新設分割をするために種類株主総会の決議を要するときは、当該決議の日
　ハ　第805条に規定する場合〔分割会社での簡易分割の場合〕以外の場合には、第806条第3項の規定による通知〔新設分割会社の株主への新設分割をする旨等の通知〕又は同条第4項の公告〔通知に代えた公告〕をした日から20日を経過した日
　ニ　第810条の規定による手続〔債権者異議手続〕をしなければならないときは、当該手続が終了した日
　ホ　新設分割をする株式会社が定めた日（2以上の株式会社が共同して新設分割をする場合にあっては、当該2以上の新設分割をする株式会社が合意により定めた日）
② 新設分割をする会社が合同会社のみである場合　次に掲げる日のいずれか遅い日
　イ　第813条第1項の総社員の同意〔合同会社での新設分割計画についての総社員の同意〕を得た日（同項ただし書の場合にあっては、定款の定めによる手続を終了した日）
　ロ　第813条第2項〔新設分割合同会社への準用〕において準用する第810条の規定による手続〔債権者異議手続〕をしなければならないときは、当該手続が終了した日
　ハ　新設分割をする合同会社が定めた日（2以上の合同会社が共同して新設分割をする場合にあっては、当該2以上の新設分割をする合同会社が合意により定めた日）
③ 新設分割をする会社が株式会社及び合同会社である場合　前2号に定める日のいずれか遅い日

　1または2以上の株式会社、または合同会社が新設分割をする場合においては、新設分割設立会社および新設分割会社は、各々、設立、変更の登記をその本店の所在地において、株主総会の決議の日等の一定の日から2週間以内にしなければなりません。

→試験対策14章2節③【1】(5)

1　趣旨

　新設分割会社の権利変動および新設分割設立会社の設立は、取引上重要である。本条は、新設分割による分割会社の登記事項の変更および新

設分割設立会社の設立につき、2週間という短い期間内に登記を義務づけ公示させることで、取引の相手方の不測の損害を防止している。

2 条文クローズアップ

新設分割の登記に関する取扱い

　新設分割をする場合には、本店所在地において、分割会社については変更の登記をし、設立会社については設立の登記をしなければならない。設立会社の設立の登記により、会社が成立し（49条）、それと同時に、新設分割の効力が生じる。

　2週間の登記期間の起算日は、分割会社の株主・新株予約権者や社員との関係で必要とされる手続や債権者異議手続のすべてが終了した日か、あるいは分割会社が合意により決定したそれよりも遅い日である。

第925条（株式移転の登記）　C

1又は2以上の株式会社が株式移転をする場合には、次に掲げる日のいずれか遅い日から2週間以内に、株式移転により設立する株式会社について、その本店の所在地において、設立の登記をしなければならない。

① 第804条第1項の株主総会〔株式移転完全子会社での株式移転計画を承認する株主総会〕の決議の日

② 株式移転をするために種類株主総会の決議を要するときは、当該決議の日

③ 第806条第3項の規定による通知〔株式移転完全子会社の株主への株式移転をする旨等の通知〕又は同条第4項の公告をした日から20日を経過した日

④ 第808条第3項の規定による通知〔株式移転をする旨等の通知〕を受けるべき新株予約権者があるときは、同項の規定による通知をした日又は同条第4項の公告〔通知に代えた公告〕をした日から20日を経過した日

⑤ 第810条の規定による手続〔債権者異議手続〕をしなければならないときは、当該手続が終了した日

⑥ 株式移転をする株式会社が定めた日（2以上の株式会社が共同して株式移転をする場合にあっては、当該2以上の株式移転をする株式会社が合意により定めた日）

　1または2以上の株式会社が株式移転をする場合においては、株式移転により設立する株式会社は、その本店の所在地において、株主総会決議の日等の一定の日から2週間以内に設立の登記をしなければなりません。

→試験対策14章2節④【1】(3)

1 趣旨

本条は、株式移転による設立会社の設立が取引上重要といえることから、2週間という短い期間内に登記を義務づけ公示させることで、取引の相手方が不測の損害を被るのを防止している。

2 条文クローズアップ

株式移転に関する登記の取扱い

株式移転をする場合には、本店所在地において、設立会社の設立の登記をしなければならない。設立会社の設立の登記により、会社が成立し（49条）、それと同時に、株式移転の効力が生じる。

2週間の登記期間の起算日は、株式移転完全子会社の株主・新株予約権者や社員との関係で必要とされる手続や債権者異議手続のすべてが終了した日か、分割会社が合意により決定したそれよりも遅い日である。

なお、株式交換については、吸収分割の場合とは異なり、会社法には特別な規定をおいておらず、商業登記法で「株式交換の登記」という名称で規定し、その手続等を定めている（商業登記89条、91条、92条、126条）。

第926条（解散の登記）　C

第471条第1号から第3号まで〔定款で定める存続期間の満了、定款で定める解散事由の発生、総会決議による解散〕又は第641条第1号から第4号まで〔定款で定める存続期間の満了、定款で定める解散事由の発生、総社員の同意、社員が欠けた場合の持分会社の解散〕の規定により会社が解散したときは、2週間以内に、その本店の所在地において、解散の登記をしなければならない。

存続期間の満了、定款で定めた解散事由の発生、株式会社においては株主総会の決議、持分会社においては総社員の同意、これらにより会社が解散したときは、2週間以内に本店の所在地で解散の登記をしなければなりません。

1 趣旨

会社は解散後も清算が完了するまでは存続し、その権利能力の範囲は、清算の目的の範囲内に制限されるので（476条、645条）、取引の相手方が不測の損害を被るおそれがある。そこで、本条は、解散について、取引の安全の観点から登記事項としている。

2 条文クローズアップ

解散の登記に関する取扱い

解散の事実は「登記すべき事項」（908条1項）にあたるので、解散登記をするまでは、解散の事実を善意の第三者に対抗できない。

> **第927条（継続の登記） C**
> 第473条〔株式会社の継続〕、第642条第1項〔持分会社の継続〕又は第845条〔設立無効・取消原因が一部の社員のみにある場合の、他の社員全員の同意による持分会社の継続〕の規定により会社が継続したときは、2週間以内に、その本店の所在地において、継続の登記をしなければならない。

一定事由で解散した場合において、清算の結了するまで会社が継続することを決定したときは、2週間以内に本店所在地で、継続の登記をしなければなりません。

1 趣旨

会社が解散し清算段階に入った場合において、会社を継続するか否かは、清算事務の相手方にとって取引上重要である。そこで、本条は、会社が継続した場合、取引の安全の観点から登記事項としている。

2 条文クローズアップ

登記事項

会社の解散後、解散登記前に、会社の継続を決定した場合、解散後に継続した事実を登記簿上にも反映するため、解散登記と継続登記を両方ともすべきであると解されている。

> **第928条（清算人の登記） C**
> 1　第478条第1項第1号に掲げる者〔取締役〕が❶清算株式会社の清算人となったときは、解散の日から2週間以内に、その本店の所在地において、次に掲げる事項を登記しなければならない。
> 　① 清算人の氏名
> 　② ❷代表清算人の氏名及び住所
> 　③ 清算株式会社が❸清算人会設置会社であるときは、その旨
> 2　第647条第1項第1号に掲げる者〔業務執行社員〕が❹清算持分会社の清算人となったときは、解散の日から2週間以内に、その本店の所在地において、次に掲げる事項を登記しなければならない。
> 　① 清算人の氏名又は名称及び住所
> 　② 清算持分会社を代表する清算人の氏名又は名称（清算持分会社を代表しない清算人がある場合に限る。）
> 　③ 清算持分会社を代表する清算人が法人であるときは、清算人の職務を行うべき者の氏名及び住所
> 3　清算人が選任されたときは、2週間以内に、その本店の所在地において、❶清算株式会社にあっては第1項各号に掲げる事項を、

❶476条

❷483条1項
❸478条8項
❹645条

> ❹清算持分会社にあっては前項各号に掲げる事項を登記しなければならない。
> 4　第915条第1項〔変更登記〕の規定は前3項の規定による登記について、第917条〔職務執行停止の仮処分等の登記〕の規定は清算人、❷代表清算人又は❹清算持分会社を代表する清算人について、それぞれ準用する。

　取締役が清算株式会社の清算人になる場合、および持分会社の業務を執行する社員が清算人になる場合には、解散の日から2週間以内に、本店所在地において、清算人の氏名等一定の事項を登記しなければなりません。

1 趣旨

　法定清算の場合において、清算人の選任等は、清算事務の効力に影響を及ぼすものであるから、清算事務の相手方にとって重要といえる。そこで、本条は、取引の安全の観点から、清算人に関する一定の事項について、2週間という短い期間内に登記すべきこととしている。

2 条文クローズアップ

清算人の登記の効力
　会社解散または清算人選任後、登記までの間に、善意の第三者が現れた場合、登記の一般的効力の規定(908条1項)が適用される。したがって、清算人の登記は、登記後でなければ、善意の第三者に対抗できない。

> **第929条（清算結了の登記）　C**
> 清算が結了したときは、次の各号に掲げる会社の区分に応じ、当該各号に定める日から2週間以内に、その本店の所在地において、清算結了の登記をしなければならない。
> ①　❶清算株式会社　第507条第3項の承認〔株主総会での決算報告の承認〕の日
> ②　❷清算持分会社(合名会社及び合資会社に限る。)　第667条第1項の承認〔清算持分会社の社員による清算にかかる計算の承認〕の日(第668条第1項の財産の処分の方法を定めた場合〔任意清算する場合〕にあっては、その財産の処分を完了した日)
> ③　清算持分会社(合同会社に限る。)　第667条第1項の承認〔清算持分会社の社員による清算にかかる計算の承認〕の日

❶476条

❷645条

　清算が結了したとき、清算会社は承認の日から2週間以内に、その本店の所在地において清算結了の登記をしなければなりません。

→試験対策11章1節③【2】(4)

1 趣旨

清算の結了によって会社の法人格が消滅するので(476条、645条)、清算の結了は清算事務の相手方にとって重要である。そこで、本条は、清算の結了について、取引の安全の観点から登記事項とした。

2 条文クローズアップ

清算結了の登記の効力

会社の法人格は、清算の結了によって消滅するので(476条、645条)、清算結了の登記は、設立登記のように創設的効力を有しない(49条参照)。したがって、登記の一般的効力の規定(908条1項)が適用されて、清算結了を善意の第三者に対抗できるにすぎない。

■第2款 支店の所在地における登記

司H25-47-オ(予)

第930条（支店の所在地における登記） B⁻

1 次の各号に掲げる場合(当該各号に規定する支店が本店の所在地を管轄する登記所の管轄区域内にある場合を除く。)には、当該各号に定める期間内に、当該支店の所在地において、支店の所在地における登記をしなければならない。
① 会社の設立に際して支店を設けた場合(次号から第4号までに規定する場合を除く。) 本店の所在地における設立の登記をした日から2週間以内
② 新設合併により設立する会社が新設合併に際して支店を設けた場合 第922条第1項各号又は第2項各号に定める日〔新設合併の登記をすべき期間の起算日〕から3週間以内
③ 新設分割により設立する会社が新設分割に際して支店を設けた場合 第924条第1項各号又は第2項各号に定める日〔新設分割の登記をすべき期間の起算日〕から3週間以内
④ 株式移転により設立する株式会社が株式移転に際して支店を設けた場合 第925条各号に掲げる日のいずれか遅い日〔株式移転の登記をすべき期間の起算日〕から3週間以内
⑤ 会社の成立後に支店を設けた場合 支店を設けた日から3週間以内
2 支店の所在地における登記においては、次に掲げる事項を登記しなければならない。ただし、支店の所在地を管轄する登記所の管轄区域内に新たに支店を設けたときは、第3号に掲げる事項を登記すれば足りる。
① 商号

> ②　本店の所在場所
> ③　支店(その所在地を管轄する登記所の管轄区域内にあるものに限る。)の所在場所
> 3　前項各号に掲げる事項に変更が生じたときは、3週間以内に、当該支店の所在地において、変更の登記をしなければならない。

　会社の設立に際して支店を設ける等の一定の場合には、2週間等の一定の期間内に、その支店の所在地において、商号、本店の所在場所、支店の所在場所を登記しなければなりません。

→試験対策2章3節⑤【2】

1 趣旨

　本条は、支店における取引上重要な事項として、本条所定の事項を公示することとしている。911条と同趣旨である。なお、本店と比較して、支店の登記事項が大きく簡略化された趣旨は、情報通信手段が発達し、本店の登記へのアクセスが容易になったことに伴い、登記申請人の事務的な負担を軽減する点にある。

→911条①

第931条（他の登記所の管轄区域内への支店の移転の登記）　C

会社がその支店を他の登記所の管轄区域内に移転したときは、旧所在地(本店の所在地を管轄する登記所の管轄区域内にある場合を除く。)においては3週間以内に移転の登記をし、新所在地(本店の所在地を管轄する登記所の管轄区域内にある場合を除く。以下この条において同じ。)においては4週間以内に前条第2項各号に掲げる事項(支店所在地における登記事項)を登記しなければならない。ただし、支店の所在地を管轄する登記所の管轄区域内に新たに支店を移転したときは、新所在地においては、同項第3号に掲げる事項を登記すれば足りる。

　会社が支店を他の登記所の管轄区域内に移転させたときは、旧所在地においては3週間以内に移転の登記を、新所在地においては4週間以内に商号、本店の所在場所、支店の所在場所を登記しなくてはなりません。

1 趣旨

　会社設立に際して支店を設置した場合、支店の所在地の登記所において登記することが求められる（930条1項）。この規定を受けて、931条は、その後の事情の変化により、他の登記所の管轄区内に登記所に支店が移転した場合に、移転登記する旨を定めている。

→930条1項

第932条（支店における変更の登記等）　C

第919条から第925条まで〔持分会社の種類の変更・組織再編等〕及び第929条〔清算結了の登記〕に規定する場合には、これらの規定に規定する日から3週間以内に、支店の所在地においても、これらの規定に規定する登記をしなければならない。ただし、第921条〔吸収合併の登記〕、第923条〔吸収分割の登記〕又は第924条〔新設分割の登記〕に規定する変更の登記は、第930条第2項各号に掲げる事項〔支店所在地における登記事項〕に変更が生じた場合に限り、するものとする。

組織変更の登記、新設または吸収合併の登記等の一定の事項の登記に変化があった場合には、3週間以内に支店の所在地においても登記をしなければなりません。

1 趣旨

本条の趣旨は、組織変更、合併等により本店の所在地における登記事項に変化が生じた場合に、支店における登記を変更することで、本店と支店の記載を統一化し、取引の安全を図る点にある。

■第3節　外国会社の登記

第933条（外国会社の登記）　D

1　外国会社が第817条第1項〔外国会社の日本における代表者〕の規定により初めて日本における代表者を定めたときは、3週間以内に、次の各号に掲げる場合の区分に応じ、当該各号に定める地において、外国会社の登記をしなければならない。
　① 日本に営業所を設けていない場合　❶日本における代表者（日本に住所を有するものに限る。以下この節において同じ。）の住所地
　② 日本に営業所を設けた場合　当該営業所の所在地
2　外国会社の登記においては、日本における同種の会社又は最も類似する会社の種類に従い、第911条第3項各号又は第912条から第914条までの各号に掲げる事項〔会社の設立登記事項〕を登記するほか、次に掲げる事項を登記しなければならない。
　① 外国会社の設立の準拠法
　② ❶日本における代表者の氏名及び住所
　③ 日本における同種の会社又は最も類似する会社が株式会社であるときは、第1号に規定する準拠法の規定による公告をする方法
　④ 前号に規定する場合において、第819条第3項に規定する措置〔貸借対照表に相当するものの電磁的公示措置〕をとることとすると

❶定

きは、同条第1項に規定する貸借対照表に相当するものの内容である情報について不特定多数の者がその提供を受けるために必要な事項であって法務省令で定めるもの
⑤　第939条第2項〔外国会社の公告方法に関する定め〕の規定による公告方法についての定めがあるときは、その定め
⑥　前号の定めが電子公告を公告方法とする旨のものであるときは、次に掲げる事項
　イ　電子公告により公告すべき内容である情報について不特定多数の者がその提供を受けるために必要な事項であって法務省令で定めるもの
　ロ　第939条第3項後段の規定による定め〔事故等により電子広告ができない場合の公告方法に関する定款の定め〕があるときは、その定め
⑦　第5号の定めがないときは、第939条第4項〔公告方法に関する原則的な扱い〕の規定により官報に掲載する方法を公告方法とする旨
3　外国会社が日本に設けた営業所に関する前項の規定の適用については、当該営業所を第911条第3項第3号、第912条第3号、第913条第3号又は第914条第3号〔会社の設立登記事項としての本店・支店の所在場所〕に規定する支店とみなす。
4　第915条〔変更の登記〕及び第918条から第929条まで〔支配人の登記等〕の規定は、外国会社について準用する。この場合において、これらの規定中「2週間」とあるのは「3週間」と、「本店の所在地」とあるのは「❶日本における代表者(日本に住所を有するものに限る。)の住所地(日本に営業所を設けた外国会社にあっては、当該営業所の所在地)」と読み替えるものとする。
5　前各項の規定により登記すべき事項が外国において生じたときは、登記の期間は、その通知が❶日本における代表者に到達した日から起算する。

外国会社が日本において取引を継続してするために、日本での代表者をはじめて定めたときは、3週間以内に、日本における代表者の住所地等の一定の場所で、外国会社の登記をしなくてはなりません。そして、その登記では、日本における同種の会社またはもっとも類似する会社の種類に従い、株式会社等の設立における登記事項のほか、日本における代表者の氏名等の一定の事項を登記しなくてはなりません。

1　趣旨

本条の趣旨は、外国会社が日本においてはじめて代表者を定めた場合に、内国会社の場合と同様に、取引上重要な事項を登記させることで、

取引の相手方が不測の損害を被るのを防止する点にある。

2 条文クローズアップ

1 日本における営業所の登記の要否(1項)

従前は、外国会社が日本で取引を継続して行う場合には、日本での代表者を定めることのみならず、日本に営業所を設置し、その登記をも要求していたが、電子商取引の発展等にかんがみて、営業所設置義務を廃止し、貸借対照表等の公開により利害関係人の保護を図る制度に改めた。

2 登記事項(2項)

外国会社の登記事項としては、日本における同種または類似の会社に課される登記事項と外国会社固有の記載に分けられる。

外国会社固有の記載として、①設立準拠法(1号)、②日本における代表者の氏名・住所(2号)、③公告に関する定め(3号から7号まで)がある。

> **第934条（日本における代表者の選任の登記等） D**
> 1 日本に営業所を設けていない外国会社が外国会社の登記後に❶日本における代表者を新たに定めた場合(その住所地が登記がされた他の日本における代表者の住所地を管轄する登記所の管轄区域内にある場合を除く。)には、3週間以内に、その新たに定めた日本における代表者の住所地においても、外国会社の登記をしなければならない。
> 2 日本に営業所を設けた外国会社が外国会社の登記後に日本に営業所を新たに設けた場合(その所在地が登記がされた他の営業所の所在地を管轄する登記所の管轄区域内にある場合を除く。)には、3週間以内に、その新たに設けた日本における営業所の所在地においても、外国会社の登記をしなければならない。

❶933条1項1号

日本に営業所を設けていない外国会社が、すでに日本での代表者等についての外国会社の登記をした後に、新たに日本における代表者を定めた場合には、3週間以内に、その者の住所地においても、外国会社の登記をしなくてはなりません。同様に、外国会社が日本に営業所を設け、すでに外国会社の登記をした後に、新たに別の営業所を設けた場合にも、新たな営業所の所在地においても外国会社の登記をしなくてはなりません。

1 趣旨

本条の趣旨は、日本に営業所のない外国会社がすでに日本における代表者について外国会社の登記をした後に、新たに日本における代表者を定めた場合や、外国会社が日本に営業所を設け、すでに外国会社の登記

をした後に、新たに別の営業所を設けた場合に、その旨を登記させることで、取引の安全を図る点にある。

> **第935条（日本における代表者の住所の移転の登記等）　D**
> 1　日本に営業所を設けていない外国会社の❶日本における代表者が外国会社の登記後にその住所を他の登記所の管轄区域内に移転したときは、旧住所地においては3週間以内に移転の登記をし、新住所地においては4週間以内に外国会社の登記をしなければならない。ただし、登記がされた他の日本における代表者の住所地を管轄する登記所の管轄区域内に住所を移転したときは、新住所地においては、その住所を移転したことを登記すれば足りる。
> 2　日本に営業所を設けた外国会社が外国会社の登記後に営業所を他の登記所の管轄区域内に移転したときは、旧所在地においては3週間以内に移転の登記をし、新所在地においては4週間以内に外国会社の登記をしなければならない。ただし、登記がされた他の営業所の所在地を管轄する登記所の管轄区域内に営業所を移転したときは、新所在地においては、その営業所を移転したことを登記すれば足りる。

❶933条1項1号

外国会社が日本における代表者等の外国会社の登記をした後に、その代表者等の住所等が他の登記所の管轄区域内に移転したときは、旧住所地等においては3週間以内に移転の登記をし、新住所地等においては4週間以内に外国会社の登記をしなければなりません。

1　趣旨

本条の趣旨は、日本における代表者の住所地または営業所の所在地が移転した場合において、旧住所地等での移転登記、新住所地等での登記を外国会社にさせることで、取引上重要な事項の公示を継続させ、取引の安全を図る点にある。

> **第936条（日本における営業所の設置の登記等）　D**
> 1　日本に営業所を設けていない外国会社が外国会社の登記後に日本に営業所を設けたときは、❶日本における代表者の住所地においては3週間以内に営業所を設けたことを登記し、その営業所の所在地においては4週間以内に外国会社の登記をしなければならない。ただし、登記がされた日本における代表者の住所地を管轄する登記所の管轄区域内に営業所を設けたときは、その営業所を設けたことを登記すれば足りる。
> 2　日本に営業所を設けた外国会社が外国会社の登記後にすべての

❶933条1項1号

営業所を閉鎖した場合には、その外国会社の❶日本における代表者の全員が退任しようとするときを除き、その営業所の所在地においては3週間以内に営業所を閉鎖したことを登記し、日本における代表者の住所地においては4週間以内に外国会社の登記をしなければならない。ただし、登記がされた営業所の所在地を管轄する登記所の管轄区域内に日本における代表者の住所地があるときは、すべての営業所を閉鎖したことを登記すれば足りる。

　日本に営業所を設けていない外国会社が外国会社の登記後に日本に営業所を設けたときには、日本における代表者の住所地においては3週間以内に営業所を設けた旨の登記をし、営業所の所在地においては4週間以内に外国会社の登記をしなければなりません。また、日本に営業所を設けた外国会社が、それらの営業所をすべて閉鎖した場合には、その日本における代表者がすべて退任するとき以外は、その営業所の所在地では3週間以内に閉鎖をしたことの登記をし、代表者の住所地では、4週間以内に外国会社の登記をしなければなりません。

1 趣旨

　本条の趣旨は、日本において営業所を設置していない外国会社がその登記後に新たに営業所を設置した場合や、日本において営業所を設置した外国会社がすべての営業所を閉鎖する場合には、その旨を登記させることで取引の安全を図る点にある。

■第4節　登記の嘱託

第937条（裁判による登記の嘱託）　C

1　次に掲げる場合には、裁判所書記官は、職権で、遅滞なく、会社の本店（第1号トに規定する場合であって当該決議によって第930条第2項各号に掲げる事項〔支店所在地における登記事項〕についての登記がされているときにあっては、本店及び当該登記に係る支店）の所在地を管轄する登記所にその登記を嘱託しなければならない。
　① 次に掲げる訴えに係る請求を認容する判決が確定したとき。
　　イ　会社の設立の無効の訴え
　　ロ　株式会社の成立後における株式の発行の無効の訴え
　　ハ　❶新株予約権（当該新株予約権が新株予約権付社債に付されたものである場合にあっては、当該新株予約権付社債についての社債を含む。以下この節において同じ。）の発行の無効の訴え
　　ニ　株式会社における資本金の額の減少の無効の訴え

❶定

ホ　株式会社の成立後における株式の発行が存在しないことの確認の訴え
ヘ　新株予約権の発行が存在しないことの確認の訴え
ト　❷株主総会等の決議した事項についての登記があった場合における次に掲げる訴え　　❷830条1項
　(1)　株主総会等の決議が存在しないこと又は株主総会等の決議の内容が法令に違反することを理由として当該決議が無効であることの確認の訴え
　(2)　株主総会等の決議の取消しの訴え
チ　持分会社の設立の取消しの訴え
リ　会社の解散の訴え
ヌ　❸株式会社の役員の解任の訴え　　❸855条
ル　❹持分会社の社員の除名の訴え　　❹861条1号
ヲ　❺持分会社の業務を執行する社員の業務執行権又は代表権の消滅の訴え　　❺861条2号
② 次に掲げる裁判があったとき。
　イ　第346条第2項〔一時役員の職務を行うべき者の選任〕、第351条第2項〔一時代表取締役の職務を行うべき者の選任〕又は第401条第3項〔一時委員の職務を行うべき者の選任〕(第403条第3項〔執行役の欠員の場合への準用〕及び第420条第3項〔代表執行役の欠員の場合への準用〕において準用する場合を含む。)の規定による一時取締役(監査等委員会設置会社にあっては、❻監査等委員である取締役又はそれ以外の取締役)、会計参与、監査役、❼代表取締役、委員(指名委員会、監査委員会又は報酬委員会の委員をいう。)、執行役又は代表執行役の職務を行うべき者の選任の裁判　　❻38条2項　❼47条1項
　ロ　第479条第4項〔清算人への準用〕において準用する第346条第2項〔一時役員の職務を行うべき者の選任〕又は第483条第6項〔代表清算人への準用〕において準用する第351条第2項〔一時代表取締役の職務を行うべき者の選任〕の規定による一時清算人又は❽代表清算人の職務を行うべき者の選任の裁判(次条第2項第1号に規定する裁判を除く。)　　❽483条1項
　ハ　イ又はロに掲げる裁判を取り消す裁判(次条第2項第2号に規定する裁判〔特別清算開始後における一時清算人または一時代表清算人の職務を行うべき者の選任裁判〕を除く。)
　ニ　清算人又は代表清算人若しくは❾清算持分会社を代表する清算人の選任又は選定の裁判を取り消す裁判(次条第2項第3号に規定する裁判〔特別清算開始後における清算人または代表清算人の職務を行うべき者の選任裁判〕を除く。)　　❾645条
　ホ　清算人の解任の裁判(次条第2項第4号に規定する裁判〔特

別清算開始後における清算人解任裁判)を除く。)
　③　次に掲げる裁判が確定したとき。
　　イ　前号ホに掲げる裁判を取り消す裁判
　　ロ　第824条第1項〔会社の解散命令〕の規定による会社の解散を命ずる裁判
2　第827条第1項〔外国会社の取引継続禁止または営業所閉鎖命令〕の規定による外国会社の日本における取引の継続の禁止又は営業所の閉鎖を命ずる裁判が確定したときは、裁判所書記官は、職権で、遅滞なく、次の各号に掲げる外国会社の区分に応じ、当該各号に定める地を管轄する登記所にその登記を嘱託しなければならない。
　①　日本に営業所を設けていない外国会社　日本における代表者(日本に住所を有するものに限る。)の住所地
　②　日本に営業所を設けている外国会社　当該営業所の所在地
3　次の各号に掲げる訴えに係る請求を認容する判決が確定した場合には、裁判所書記官は、職権で、遅滞なく、各会社の本店の所在地を管轄する登記所に当該各号に定める登記を嘱託しなければならない。
　①　会社の組織変更の無効の訴え　組織変更後の会社についての解散の登記及び組織変更をする会社についての回復の登記
　②　会社の吸収合併の無効の訴え　吸収合併後存続する会社についての変更の登記及び吸収合併により消滅する会社についての回復の登記
　③　会社の新設合併の無効の訴え　新設合併により設立する会社についての解散の登記及び新設合併により消滅する会社についての回復の登記
　④　会社の吸収分割の無効の訴え　吸収分割をする会社及び当該会社がその事業に関して有する権利義務の全部又は一部を当該会社から承継する会社についての変更の登記
　⑤　会社の新設分割の無効の訴え　新設分割をする会社についての変更の登記及び新設分割により設立する会社についての解散の登記
　⑥　株式会社の株式交換の無効の訴え　株式交換をする株式会社(第768条第1項第4号に掲げる事項についての定め〔株式交換完全子会社の新株予約権者に交付する株式交換完全親株式会社の新株予約権に関する事項についての、株式交換契約における定め〕がある場合に限る。)及び株式交換をする株式会社の発行済株式の全部を取得する会社についての変更の登記
　⑦　株式会社の株式移転の無効の訴え　株式移転をする株式会社(第773条第1項第9号に掲げる事項についての定め〔株式移転完全子会社の新株予約権者に交付する株式移転完全親株式会社の新株予約権

> に関する事項についての、株式移転計画における定め）がある場合に限る。）についての変更の登記及び株式移転により設立する株式会社についての解散の登記
> 4　前項に規定する場合において、同項各号に掲げる訴えに係る請求の目的に係る組織変更、合併又は会社分割により第930条第2項各号に掲げる事項（支店所在地における登記事項）についての登記がされているときは、各会社の支店の所在地を管轄する登記所にも前項各号に定める登記を嘱託しなければならない。

　裁判所書記官は、会社設立の無効の訴えの認容判決、外国会社の日本における取引の継続の禁止を命ずる判決、会社の組織変更の無効の訴えの認容判決等の一定の判決が確定したときは、職権で遅滞なく、その旨の登記を管轄の登記所に嘱託しなければなりません。

1　趣旨

　1項から3項までの各号で規定するような場合には、当事者による登記を期待できないことが多い。そこで、本条は、裁判所書記官は、当事者の請求がなくとも職権で、遅滞なく、その旨の登記を管轄の登記所に嘱託する旨を規定した。

2　条文クローズアップ

条文の構造

　本条は、嘱託により行われる登記を3つに分類して規定している。3、4項は会社再編に関するものについて、2項は外国会社に関するものについて、1項はそれ以外のものについて規定している。

> **第938条**（特別清算に関する裁判による登記の嘱託）　C
> 1　次の各号に掲げる場合には、裁判所書記官は、職権で、遅滞なく、❶清算株式会社の本店（第3号に掲げる場合であって特別清算の結了により特別清算終結の決定がされたときにあっては、本店及び支店）の所在地を管轄する登記所に当該各号に定める登記を嘱託しなければならない。
> 　①　特別清算開始の命令があったとき　特別清算開始の登記
> 　②　特別清算開始の命令を取り消す決定が確定したとき　特別清算開始の取消しの登記
> 　③　特別清算終結の決定が確定したとき　特別清算終結の登記
> 2　次に掲げる場合には、裁判所書記官は、職権で、遅滞なく、❶清算株式会社の本店の所在地を管轄する登記所にその登記を嘱託しなければならない。

❶476条

① 特別清算開始後における第479条第4項〔清算人への準用〕において準用する第346条第2項〔一時役員の職務を行うべき者の選任〕又は第483条第6項〔代表清算人への準用〕において準用する第351条第2項〔一時代表取締役の職務を行うべき者の選任〕の規定による一時清算人又は❷代表清算人の職務を行うべき者の選任の裁判があったとき。

❷483条1項

② 前号の裁判を取り消す裁判があったとき。
③ 特別清算開始後における清算人又は代表清算人の選任又は選定の裁判を取り消す裁判があったとき。
④ 特別清算開始後における清算人の解任の裁判があったとき。
⑤ 前号の裁判を取り消す裁判が確定したとき。
3 次に掲げる場合には、裁判所書記官は、職権で、遅滞なく、当該保全処分の登記を嘱託しなければならない。
① ❶清算株式会社の財産に属する権利で登記されたものに関し第540条第1項又は第2項の規定による保全処分〔清算株式会社の財産に関する保全処分〕があったとき。
② 登記のある権利に関し第542条第1項又は第2項の規定による保全処分〔役員等の財産に対する保全処分〕があったとき。
4 前項の規定は、同項に規定する保全処分の変更若しくは取消しがあった場合又は当該保全処分が効力を失った場合について準用する。
5 前2項の規定は、登録のある権利について準用する。
6 前各項の規定は、その性質上許されないものを除き、第822条第1項〔外国会社の財産の清算〕の規定による日本にある外国会社の財産についての清算について準用する。

　裁判所書記官は、特別清算開始の命令があったとき、特別清算開始後に一時清算人等の選任の裁判があったとき、または清算株式会社の財産に関し、その財産の処分禁止の仮処分等の保全処分が命じられたとき等の一定の裁判が確定したときは、職権で遅滞なく、その旨の登記を管轄の登記所等に嘱託しなければなりません。

1 趣旨

　本条各項のような場合には、当事者による登記を期待できないことが多い。そこで、本条は、裁判所書記官は、当事者の請求がなくとも職権で、遅滞なく、その旨の登記を管轄の登記所に嘱託する旨を規定した。

第938条 /1311/

第5章

公　告

■第1節　総　則

> 司H22-50-ア・イ・エ
> **第939条（会社の公告方法）　B⁻**
> 1　会社は、公告方法として、次に掲げる方法のいずれかを定款で定めることができる。
> 　①　官報に掲載する方法
> 　②　時事に関する事項を掲載する日刊新聞紙に掲載する方法
> 　③　電子公告
> 2　外国会社は、公告方法として、前項各号に掲げる方法のいずれかを定めることができる。
> 3　会社又は外国会社が第1項第3号に掲げる方法を公告方法とする旨を定める場合には、電子公告を公告方法とする旨を定めれば足りる。この場合においては、事故その他やむを得ない事由によって電子公告による公告をすることができない場合の公告方法として、同項第1号又は第2号に掲げる方法のいずれかを定めることができる。
> 4　第1項又は第2項の規定による定めがない会社又は外国会社の公告方法は、第1項第1号の方法とする。

　会社の類型を問わず、公告方法（官報、日刊新聞紙または電子公告）を定款の任意的記載事項とし、定款に公告方法の記載がない会社の公告方法は官報とします。

1 趣旨

　本条の趣旨は、公告方法を規定し、株主等にあらかじめ公告方法を知らせることで、公告の実効性を担保する点にある。

2 条文クローズアップ

1 公告方法の決定

　公告方法は、官報に掲載する方法・時事に関する事項を掲載する日刊新聞紙に掲載する方法・電子公告の3つの方法がある（1項1号から3号まで）。いずれの方法によるかは、定款で定めることができる（1項柱書）。定款で定めていない場合は、官報に掲載する方法による（4項）。

2 公告方法に関する問題点

複数の公告方法を定款に定めることも可能であるが、複数の公告方法を定めた場合には、個々の公告ごとに公告方法を選択・変更することはできず、すべての公告について、重畳的に公告する必要がある。

第940条（電子公告の公告期間等）　C

1　株式会社又は持分会社が電子公告によりこの法律の規定による公告をする場合には、次の各号に掲げる公告の区分に応じ、当該各号に定める日までの間、継続して電子公告による公告をしなければならない。
　①　この法律の規定により特定の日の一定の期間前に公告しなければならない場合における当該公告　当該特定の日
　②　第440条第1項の規定による公告〔決算公告〕　同項の定時株主総会の終結の日後5年を経過する日
　③　公告に定める期間内に異議を述べることができる旨の公告　当該期間を経過する日
　④　前3号に掲げる公告以外の公告　当該公告の開始後1箇月を経過する日

2　外国会社が電子公告により第819条第1項の規定による公告〔貸借対照表に相当するものの公告〕をする場合には、同項の手続の終結の日後5年を経過する日までの間、継続して電子公告による公告をしなければならない。

3　<u>前2項の規定にかかわらず、これらの規定により電子公告による公告をしなければならない期間</u>(以下この章において「❶公告期間」という。)中公告の中断(不特定多数の者が提供を受けることができる状態に置かれた情報がその状態に置かれないこととなったこと又はその情報がその状態に置かれた後改変されたことをいう。以下この項において同じ。)が生じた場合において、次のいずれにも該当するときは、その公告の中断は、当該公告の効力に影響を及ぼさない。
　①　公告の中断が生ずることにつき会社が善意でかつ重大な過失がないこと又は会社に正当な事由があること。
　②　公告の中断が生じた時間の合計が公告期間の10分の1を超えないこと。
　③　会社が公告の中断が生じたことを知った後速やかにその旨、公告の中断が生じた時間及び公告の中断の内容を当該公告に付して公告したこと。

❶定

会社は一定の期間、継続して電子公告による公告を継続する必要があります。しかし、公告の中断が生ずることにつき会社が善意で重大な過失がないか、または会社に正当な事由があり、公告中断時間の合計が公告期間の10分

の1を超えず、かつ、会社が公告の中断を知った後、すみやかにその事実等を当該公告に付して公告した場合には、電子公告の効力に影響を及ぼしません。

1 趣旨

官報や日刊新聞紙への掲載による公告の場合、一度掲載すればそれで足りるが、電子公告の場合には、会社に一定の期間継続して公告をさせることにより、株主等の閲覧の機会を確保する趣旨である。もっとも、公告期間中に、サーバーの故障やハッカーによる内容の改ざんなどの問題が生じ、電子公告が中断してしまうこともある。そこで、電子公告に中断が生じても、一定の要件をみたす場合には、公告の効力には影響はないものとされた。

■第2節　電子公告調査機関

> **第941条（電子公告調査）　C**
> この法律又は他の法律の規定による❶公告（第440条第1項の規定による公告（決算公告）を除く。以下この節において同じ。）を電子公告によりしようとする会社は、❷公告期間中、当該公告の内容である情報が不特定多数の者が提供を受けることができる状態に置かれているかどうかについて、法務省令で定めるところにより、法務大臣の登録を受けた者（以下この節において「❸調査機関」という。）に対し、調査を行うことを求めなければならない。

❶定
❷940条3項
❸定

電子公告により公告をしようとする会社は、貸借対照表の公告を除き、公告期間中、当該公告の内容である情報が不特定多数の者が提供を受けることができる状態におかれているかどうかについて、調査機関に対し調査を行うことを求めなければなりません。

1 趣旨

掲載紙面が残存する官報等と異なり、電子公告の場合は、それが適法になされたかどうかの立証が困難である。そこで、電子公告による公告期間中、当該公告の内容である情報が不特定多数の者が提供を受けることができる状態におかれているかどうかについて、調査機関による調査を義務づけた。

2 語句の意味

調査機関とは、法務省令（会社施規221条1号、電子公告規4条）で定めるところにより、法務大臣の登録を受けた者をいう（会社941条）。

3 条文クローズアップ

電子公告調査を求めないでした電子公告の効力

調査機関に電子公告を求めないで電子公告をした場合、電子公告自体は有効であると解されている。なぜなら、電子公告は、公告内容を一定期間ホームページに掲載する行為であり、調査機関の調査を求めることは、電子公告による公告行為自体の要素とはいえないからである。

> **第942条（登録）　C**
> 1　前条の登録(以下この節において単に「❶登録」という。)は、同条の規定による調査(以下この節において「❷電子公告調査」という。)を行おうとする者の申請により行う。
> 2　登録を受けようとする者は、実費を勘案して政令で定める額の手数料を納付しなければならない。

❶定
❷定

電子公告の調査機関は、法務省令(会社施規221条１号、電子公告規４条)で定めるところにより、法務大臣の登録を受ける必要がありますが、この登録は、調査を行おうとする者の申請により行われます。

1　趣旨

941条で電子公告につき調査機関の調査を義務づけたことにあわせ、調査機関の登録について電子公告調査を行おうとする者の申請によることを定めた(942条１項)。調査機関の登録に際して、944条１項の基準をみたしているかどうかの判断が必要であり、その判断の経費のための手数料の納付が義務づけられた(942条２項)。政令で定める手数料の額(会社施令３条)は、42万600円である(平成28年１月現在)。

2　語句の意味

登録とは、会社法施行規則221条１号、電子公告規則４条で定めるところの法務大臣の登録をいう。
電子公告調査とは、会社法941条(電子公告調査)の規定による調査、すなわち公告期間中、電子公告の内容である情報が不特定多数の者が提供を受けることができる状態におかれているかについての調査をいう。

> **第943条（欠格事由）　C**
> 次のいずれかに該当する者は、❶登録を受けることができない。
> ①　この節の規定若しくは農業協同組合法(昭和22年法律第132号)第97条の４第５項、金融商品取引法第50条の２第10項及び第66条の40第６項、公認会計士法第34条の20第６項及び第34条の23第４項、消費生活協同組合法(昭和23年法律第200号)第26条第６項、水産業協同組合法(昭和23年法律第242号)第121条第

❶942条１項

5項、中小企業等協同組合法（昭和24年法律第181号）第33条第7項（輸出水産業の振興に関する法律（昭和29年法律第154号）第20条並びに中小企業団体の組織に関する法律（昭和32年法律第185号）第5条の23第3項及び第47条第2項において準用する場合を含む。）、弁護士法（昭和24年法律第205号）第30条の28第6項（同法第43条第3項において準用する場合を含む。）、船主相互保険組合法（昭和25年法律第177号）第55条第3項、司法書士法（昭和25年法律第197号）第45条の2第6項、土地家屋調査士法（昭和25年法律第228号）第40条の2第6項、商品先物取引法（昭和25年法律第239号）第11条第9項、行政書士法（昭和26年法律第4号）第13条の20の2第6項、投資信託及び投資法人に関する法律（昭和26年法律第198号）第25条第2項（同法第59条において準用する場合を含む。）及び第186条の2第4項、税理士法第48条の19の2第6項（同法第49条の12第3項において準用する場合を含む。）、信用金庫法（昭和26年法律第238号）第87条の4第4項、輸出入取引法（昭和27年法律第299号）第15条第6項（同法第19条の6において準用する場合を含む。）、中小漁業融資保証法（昭和27年法律第346号）第55条第5項、労働金庫法（昭和28年法律第227号）第91条の4第4項、技術研究組合法（昭和36年法律第81号）第16条第8項、農業信用保証保険法（昭和36年法律第204号）第48条の3第5項（同法第48条の9第7項において準用する場合を含む。）、社会保険労務士法（昭和43年法律第89号）第25条の23の2第6項、森林組合法（昭和53年法律第36号）第8条の2第5項、銀行法第49条の2第2項、保険業法（平成7年法律第105号）第67条の2及び第217条第3項、資産の流動化に関する法律（平成10年法律第105号）第194条第4項、弁理士法（平成12年法律第49号）第53条の2第6項、農林中央金庫法（平成13年法律第93号）第96条の2第4項、信託業法第57条第6項並びに一般社団法人及び一般財団法人に関する法律第333条（以下この節において「電子公告関係規定」と総称する。）において準用する第955条第1項の規定又はこの節の規定に基づく命令に違反し、罰金以上の刑に処せられ、その執行を終わり、又は執行を受けることがなくなった日から2年を経過しない者

② 第954条の規定により❶登録を取り消され、その取消しの日から2年を経過しない者

③ 法人であって、その業務を行う❷理事等（理事、取締役、執行役、業務を執行する社員、監事若しくは監査役又はこれらに準ずる者をいう。第947条において同じ。）のうちに前2号のいずれかに該当する者があるもの

本条各号に定める欠格事由がある者は、調査機関となるための法務大臣の登録を受けることができず、電子公告の調査機関となることはできません。

1 趣旨

特定の前歴を有し、定型的に信頼性を欠く者が、調査機関として登録されることを防ぐことで、調査機関の中立性を確保する点にある。

第944条（登録基準） C

1　法務大臣は、第942条第1項の規定〔電子公告調査の申請〕により❶登録を申請した者が、次に掲げる要件のすべてに適合しているときは、その登録をしなければならない。この場合において、登録に関して必要な手続は、法務省令で定める。　❶942条1項

　①　❷電子公告調査に必要な電子計算機（入出力装置を含む。以下この号において同じ。）及びプログラム（電子計算機に対する指令であって、一の結果を得ることができるように組み合わされたものをいう。以下この号において同じ。）であって次に掲げる要件のすべてに適合するものを用いて電子公告調査を行うものであること。　❷942条1項

　　イ　当該電子計算機及びプログラムが電子公告により公告されている情報をインターネットを利用して閲覧することができるものであること。

　　ロ　当該電子計算機若しくはその用に供する❸電磁的記録を損壊し、若しくは当該電子計算機に虚偽の情報若しくは不正な指令を与え、又はその他の方法により、当該電子計算機に使用目的に沿うべき動作をさせず、又は使用目的に反する動作をさせることを防ぐために必要な措置が講じられていること。　❸26条2項

　　ハ　当該電子計算機及びプログラムがその電子公告調査を行う期間を通じて当該電子計算機に入力された情報及び指令並びにインターネットを利用して提供を受けた情報を保存する機能を有していること。

　②　電子公告調査を適正に行うために必要な実施方法が定められていること。

2　❶登録は、調査機関登録簿に次に掲げる事項を記載し、又は記録してするものとする。

　①　登録年月日及び登録番号

　②　登録を受けた者の氏名又は名称及び住所並びに法人にあっては、その代表者の氏名

　③　登録を受けた者が❷電子公告調査を行う事業所の所在地

法務大臣は、電子公告の調査機関となるための登録を申請した者が、電子公告調査に必要な一定の条件をみたした電子計算機およびプログラムを用いており、電子公告調査を適正に行うために必要な実施方法を定めている場合は、その登録をしなければなりません。

1 趣旨

　本条の趣旨は、電子公告調査を行う調査機関となるための適切な登録基準を定めることで、登録された者が調査機関としての適格性を有することを担保する点にある。

第945条（登録の更新）　C

1　❶登録は、3年を下らない政令で定める期間ごとにその更新を受けなければ、その期間の経過によって、その効力を失う。
2　前3条の規定〔電子公告調査の申請、欠格事由、登録基準〕は、前項の登録の更新について準用する。

❶942条1項

　一定の期間内に更新を受けなければ、電子公告の調査機関としての登録は効力を失います。

1 趣旨

　本条の趣旨は、調査機関に一定期間ごとの登録の更新を義務づけることで、定期的に登録基準への適合性を確認し、調査機関の調査の公正性を担保する点にある。

第946条（調査の義務等）　C

1　❶調査機関は、❷電子公告調査を行うことを求められたときは、正当な理由がある場合を除き、電子公告調査を行わなければならない。
2　❶調査機関は、公正に、かつ、法務省令で定める方法により❷電子公告調査を行わなければならない。
3　❶調査機関は、❷電子公告調査を行う場合には、法務省令で定めるところにより、電子公告調査を行うことを求めた者（以下この節において「❸調査委託者」という。）の商号その他の法務省令で定める事項を法務大臣に報告しなければならない。
4　❶調査機関は、❷電子公告調査の後遅滞なく、❸調査委託者に対して、法務省令で定めるところにより、当該電子公告調査の結果を通知しなければならない。

❶941条
❷942条1項

❸定

　調査機関は、電子公告調査を行うことを求められたときは、正当な理由が

ある場合を除いて、電子公告調査を行わなければなりません。また、調査機関は、その調査を求めた者の商号などを法務大臣に報告し、その調査を公正に行い、調査を求めた者に結果を通知しなければなりません。

1 趣旨

本条の趣旨は、電子公告調査を行う調査機関の義務を規定することで、適切な調査がなされるようにする点にある。

2 条文クローズアップ

電子公告調査の実施義務について

「正当な理由がある場合」としては、①調査委託者（3項）が所定の調査委託料金（949条2項）を支払わない場合、②調査委託者が電子公告調査を求める際に調査機関に示さなければならないとされる事項（941条、会社施規221条1号、電子公告規3条）を示さない場合、③電子公告調査を求める時期が電子公告による公告開始の直前であるために、調査機関が法務大臣への報告（会社946条3項、会社施規221条3号、電子公告規則6条）を行う時間がない場合などが該当する。

> **第947条（電子公告調査を行うことができない場合） C**
> ❶調査機関は、次に掲げる者の電子公告による❷公告又はその者若しくはその❸理事等が電子公告による公告に関与した場合として法務省令で定める場合における当該公告については、❹電子公告調査を行うことができない。
> ① 当該調査機関
> ② 当該調査機関が株式会社である場合における親株式会社（当該調査機関を子会社とする株式会社をいう。）
> ③ 理事等又は職員（過去2年間にそのいずれかであった者を含む。次号において同じ。）が当該調査機関の理事等に占める割合が2分の1を超える法人
> ④ 理事等又は職員のうちに当該調査機関（法人であるものを除く。）又は当該調査機関の代表権を有する理事等が含まれている法人

❶941条
❷941条
❸943条3号
❹942条1項

調査機関は、調査の対象が調査機関自身が行った電子公告である場合など一定の場合については、調査を行うことができません。

1 趣旨

本条の趣旨は、調査機関が中立的な第三者として業務を行うことを期待できない場合について、調査を認めないことによって、調査の公正性を担保する点にある。

第948条（事業所の変更の届出） C

❶調査機関は、❷電子公告調査を行う事業所の所在地を変更しようとするときは、変更しようとする日の2週間前までに、法務大臣に届け出なければならない。

❶941条
❷942条1項

電子公告の調査機関は、その事業所の所在地を変更しようとするときは、法務大臣に届け出なければなりません。

1 趣旨

本条の趣旨は、事業所の所在地を変更する場合に、事前の届出義務を調査機関に課すことで、調査を受けようとした会社に混乱が生じるのを避ける点にある。

第949条（業務規程） C

1 ❶調査機関は、電子公告調査の業務に関する規程（次項において「業務規程」という。）を定め、❷電子公告調査の業務の開始前に、法務大臣に届け出なければならない。これを変更しようとするときも、同様とする。
2 業務規程には、❸電子公告調査の実施方法、電子公告調査に関する料金その他の法務省令で定める事項を定めておかなければならない。

❶941条
❷942条1項

調査機関は、電子公告調査の業務に関する規程を定めなければなりません。また、その業務規程を定めたときや変更するときは、法務大臣に届け出なければなりません。その業務規程には、電子公告調査の実施方法・料金等を定めておかなければなりません。

1 趣旨

本条の趣旨は、調査機関に業務規程の作成・届出義務を負わせることで、法務大臣の調査機関に対する監督権限の適切な行使を可能にする点にある。

第950条（業務の休廃止） C

❶調査機関は、❷電子公告調査の業務の全部又は一部を休止し、又は廃止しようとするときは、法務省令で定めるところにより、あらかじめ、その旨を法務大臣に届け出なければならない。

❶941条
❷942条1項

電子公告の調査機関が、その業務を休止・廃止するときは、法務大臣に届

出をしなければなりません。

1 趣旨

　電子公告を行おうとする会社は、調査機関に電子公告調査を求めなければならないため(941条)、現にどのような調査機関が登録を受けて活動しているかについて知る機会を与える必要がある。そこで、950条は、調査機関に対して、業務の休廃止の届出義務を課した。

第951条（財務諸表等の備置き及び閲覧等）　C

1　❶調査機関は、毎事業年度経過後3箇月以内に、その事業年度の財産目録、貸借対照表及び損益計算書又は収支計算書並びに事業報告書(これらの作成に代えて❷電磁的記録の作成がされている場合における当該電磁的記録を含む。次項において「財務諸表等」という。)を作成し、5年間事業所に備え置かなければならない。

2　❸調査委託者その他の利害関係人は、❶調査機関に対し、その業務時間内は、いつでも、次に掲げる請求をすることができる。ただし、第2号又は第4号に掲げる請求をするには、当該調査機関の定めた費用を支払わなければならない。
　① 財務諸表等が書面をもって作成されているときは、当該書面の閲覧又は謄写の請求
　② 前号の書面の謄本又は抄本の交付の請求
　③ 財務諸表等が❷電磁的記録をもって作成されているときは、当該電磁的記録に記録された事項を法務省令で定める方法により表示したものの閲覧又は謄写の請求
　④ 前号の電磁的記録に記録された事項を電磁的方法であって調査機関の定めたものにより提供することの請求又は当該事項を記載した書面の交付の請求

❶941条

❷26条2項

❸946条3項

　電子公告の調査機関は、毎事業年度の財務諸表等を作成し、5年間事業所に備え置かなければなりません。また、調査委託者その他の利害関係人は、その閲覧・謄写の請求等をすることができます。

1 趣旨

　本条の趣旨は、調査機関に財務諸表等の備置きと開示を義務づけることで、調査機関の財務内容をみずからの責任で判断することを可能にし、財務状況が健全な調査機関を選択させる点にある。

第952条（適合命令）　C

　法務大臣は、❶調査機関が第944条第1項各号〔調査に必要な電子計算機

❶941条

およびプログラム、実施方法)のいずれかに適合しなくなったと認めるときは、その調査機関に対し、これらの規定に適合するため必要な措置をとるべきことを命ずることができる。

電子公告の調査機関が、調査機関となるための登録の要件(944条1項各号)をみたさなくなったときは、法務大臣は、その調査機関に対して、その要件をみたすための必要な措置を採るべきことを命じることができます。

1 趣旨

本条の趣旨は、その後の事情の変化により、一度登録を受けた調査機関が登録基準に適合しなくなった場合に、法務大臣が適合命令を発することで、調査機関としての適格性を確保する点にある。

第953条（改善命令） C
法務大臣は、❶調査機関が第946条の規定〔調査の義務等〕に違反していると認めるときは、その調査機関に対し、❷電子公告調査を行うべきこと又は電子公告調査の方法その他の業務の方法の改善に関し必要な措置をとるべきことを命ずることができる。

❶941条
❷942条1項

電子公告の調査機関が、調査義務(946条)を果たさないときは、法務大臣は、その調査機関に対して、義務を履行するなど必要な措置を採るべきことを命じることができます。

1 趣旨

本条の趣旨は、法務大臣が調査機関に対する改善命令を発するのを認めることで、調査委託者等が不利益を被るのを防止する点にある。

第954条（登録の取消し等） C
法務大臣は、❶調査機関が次のいずれかに該当するときは、その❷登録を取り消し、又は期間を定めて❸電子公告調査の業務の全部若しくは一部の停止を命ずることができる。
　① 第943条第1号又は第3号〔欠格事由〕に該当するに至ったとき。
　② 第947条(電子公告関係規定において準用する場合を含む。)から第950条〔調査機関が業務を行うことができない場合、事業所の変更届出、業務規程の届出等〕まで、第951条第1項〔財務諸表等の備置きおよび閲覧等〕又は次条第1項〔調査記録簿等の記載等〕(電子公告関係規定において準用する場合を含む。)の規定に違反したとき。

❶941条
❷942条1項
❸942条1項

③　正当な理由がないのに第951条第2項各号〔財務諸表等の調査委託者等による閲覧・謄写請求〕又は次条第2項各号〔調査記録簿等の調査委託者等による交付請求〕(電子公告関係規定において準用する場合を含む。)の規定による請求を拒んだとき。
④　第952条〔法務大臣による適合命令〕又は前条〔法務大臣による改善命令〕(電子公告関係規定において準用する場合を含む。)の命令に違反したとき。
⑤　不正の手段により第941条の登録〔調査機関の登録〕を受けたとき。

　電子公告の調査機関が、欠格事由(943条1号、3号)に該当したり、電子公告調査ができない場合(947条各号)に調査を行ったり、または調査機関のさまざまな義務に違反したりした場合は、法務大臣は、登録の取消し・業務の停止命令をすることができます。

1　趣旨

　本条の趣旨は、一定の場合に調査機関の登録の取消しや業務の停止を認めることで、調査機関制度に対する信頼性を確保する点にある。

第955条（調査記録簿等の記載等）　C

1　❶調査機関は、法務省令で定めるところにより、調査記録又はこれに準ずるものとして法務省令で定めるもの(以下この条において「調査記録簿等」という。)を備え、❷電子公告調査に関し法務省令で定めるものを記載し、又は記録し、及び当該調査記録簿等を保存しなければならない。

2　❸調査委託者その他の利害関係人は、❶調査機関に対し、その業務時間内は、いつでも、当該調査機関が前項又は次条第2項の規定〔調査記録簿等の引継ぎを受けた調査機関の調査記録簿等の保存義務〕により保存している調査記録簿等(利害関係がある部分に限る。)について、次に掲げる請求をすることができる。ただし、当該請求をするには、当該調査機関の定めた費用を支払わなければならない。
①　調査記録簿等が書面をもって作成されているときは、当該書面の写しの交付の請求
②　調査記録簿等が❹電磁的記録をもって作成されているときは、当該電磁的記録に記録された事項を電磁的方法であって調査機関の定めたものにより提供することの請求又は当該事項を記載した書面の交付の請求

❶941条
❷942条1項
❸946条3項
❹26条2項

電子公告の調査機関は、調査記録簿等を備えなければならず、それに一定の事項を記載・記録し、それを保存しなければなりません。調査委託者その他の利害関係人は、調査機関に対し、調査記録簿等の写しの交付の請求等をすることができます。

1 趣旨

1項の趣旨は、調査機関に調査記録簿等の作成・保存義務を課すことで、法務大臣による情報収集を容易にし、監督権限を適切に行使させるとともに、電子公告の適法性に関する客観的な証拠を残すという調査機関制度の目的に資する点にある。2項の趣旨は、調査機関に調査記録簿等の開示義務を課すことで、利害関係人が事後の紛争等において証拠として活用できるようにする点にある。

第956条（調査記録簿等の引継ぎ）　C

1　❶調査機関は、❷電子公告調査の業務の全部の廃止をしようとするとき、又は第954条の規定〔登録の取消事由〕により❸登録が取り消されたときは、その保存に係る前条第1項（電子公告関係規定において準用する場合を含む。）の調査記録簿等を他の調査機関に引き継がなければならない。

2　前項の規定により同項の調査記録簿等の引継ぎを受けた❶調査機関は、法務省令で定めるところにより、その調査記録簿等を保存しなければならない。

❶941条
❷942条1項
❸942条1項

調査機関は、電子公告調査の業務の全部の廃止をしようとするとき、または調査機関の登録が取り消されたときは、調査記録簿等を他の調査機関に引き継がなければなりません。引継ぎを受けた調査機関はこれを保存しなければなりません。

1 趣旨

本条の趣旨は、一定の場合に調査記録簿等の引継ぎを定めることで、保存中だった調査記録簿等が散逸することを防止し、電子公告の適法性に関する客観的証拠を残す点にある。

第957条（法務大臣による電子公告調査の業務の実施）　C

1　法務大臣は、❶登録を受ける者がないとき、第950条の規定〔調査機関の業務の休廃止〕による❷電子公告調査の業務の全部又は一部の休止又は廃止の届出があったとき、第954条の規定〔法務大臣による調査機関の登録の取消し等〕により登録を取り消し、又は❸調査機関に対し電子公告調査の業務の全部若しくは一部の停止を命じたと

❶942条1項
❷942条1項
❸941条

> き、調査機関が天災その他の事由によって電子公告調査の業務の全部又は一部を実施することが困難となったとき、その他必要があると認めるときは、当該電子公告調査の業務の全部又は一部を自ら行うことができる。
> 2　法務大臣が前項の規定により❷電子公告調査の業務の全部又は一部を自ら行う場合における電子公告調査の業務の引継ぎその他の必要な事項については、法務省令で定める。
> 3　第１項の規定により法務大臣が行う❷電子公告調査を求める者は、実費を勘案して政令で定める額の手数料を納付しなければならない。

　法務大臣は、調査機関の登録を受ける者がないとき、登録が取り消されたとき等は、電子公告調査の業務をみずから行うことができます。

1　趣旨

　本条は、登録制を採用する法律では大臣による登録業務の実施に関する規定が存在することを考慮し、調査機関による調査が受けられない事態が生じた場合に、法務大臣による電子公告調査の実施を認めた。

> ### 第958条（報告及び検査）　C
> 1　法務大臣は、この法律の施行に必要な限度において、❶調査機関に対し、その業務若しくは経理の状況に関し報告をさせ、又はその職員に、調査機関の事務所若しくは事業所に立ち入り、業務の状況若しくは帳簿、書類その他の物件を検査させることができる。
> 2　前項の規定により職員が立入検査をする場合には、その身分を示す証明書を携帯し、関係人にこれを提示しなければならない。
> 3　第１項の規定による立入検査の権限は、犯罪捜査のために認められたものと解釈してはならない。

❶941条

　法務大臣は、調査機関に対して、その業務もしくは経理の状況に関し報告をさせ、またはその職員に、調査機関の事務所もしくは事業所に、その身分を示す証明書を関係人に提示させたうえで立ち入らせる等の検査をさせることができます。この立入検査の権限は、犯罪捜査のために認められたものと解釈してはなりません。

1　趣旨

　本条の趣旨は、法務大臣に報告聴取権限と立入検査権限を認めることで、法務大臣の調査機関に対する監督権限を適切に行使できるようにす

る点にある。

> **第959条（公示）　C**
> 法務大臣は、次に掲げる場合には、その旨を官報に公示しなければならない。
> ①　❶登録をしたとき。
> ②　第945条第1項の規定〔登録の不更新〕により登録が効力を失ったことを確認したとき。
> ③　第948条〔調査機関の事業所の変更の届出〕又は第950条の届出〔業務の休廃止の届出〕があったとき。
> ④　第954条の規定〔登録の取消し・停止命令〕により登録を取り消し、又は❷電子公告調査の業務の全部若しくは一部の停止を命じたとき。
> ⑤　第957条第1項の規定〔調査機関の業務休廃止等による法務大臣の調査の実施〕により法務大臣が電子公告調査の業務の全部若しくは一部を自ら行うものとするとき、又は自ら行っていた電子公告調査の業務の全部若しくは一部を行わないこととするとき。

❶942条1項

❷942条1項

　法務大臣は、調査機関の登録をしたとき、登録が効力を失ったとき、登録が取り消されたとき等は、その旨を官報に公示しなければなりません。

1　趣旨

　電子公告をしようとする会社にとって、調査機関の登録や電子公告調査業務に関する状態の変動は、重大な関心事である。そこで、本条は、法務大臣に、これらの事項を官報で公示する義務を課した。

第8編
罰則
(960条〜979条)

第8編

罰　則

第960条（取締役等の特別背任罪）　C

1　次に掲げる者が、自己若しくは第三者の利益を図り又は株式会社に損害を加える目的で、その任務に背く行為をし、当該株式会社に財産上の損害を加えたときは、10年以下の懲役若しくは1000万円以下の罰金に処し、又はこれを併科する。
① 発起人
② ❶設立時取締役又は❷設立時監査役
③ 取締役、会計参与、監査役又は執行役
④ 民事保全法第56条に規定する仮処分命令〔法人代表者等の職務代行者選任の仮処分命令〕により選任された取締役、監査役又は執行役の職務を代行する者
⑤ 第346条第2項〔一時役員の職務を行うべき者の選任〕、第351条第2項〔一時代表取締役の職務を行うべき者の選任〕又は第401条第3項〔一時委員の職務を行うべき者の選任〕(第403条第3項〔執行役の欠員の場合への準用〕及び第420条第3項〔代表執行役の欠員の場合への準用〕において準用する場合を含む。)の規定により選任された一時取締役(監査等委員会設置会社にあっては、❸監査等委員である取締役又はそれ以外の取締役)、会計参与、監査役、❹代表取締役、委員(指名委員会、監査委員会又は報酬委員会の委員をいう。)、執行役又は代表執行役の職務を行うべき者
⑥ 支配人
⑦ 事業に関するある種類又は特定の事項の委任を受けた使用人
⑧ 検査役

2　次に掲げる者が、自己若しくは第三者の利益を図り又は❺清算株式会社に損害を加える目的で、その任務に背く行為をし、当該清算株式会社に財産上の損害を加えたときも、前項と同様とする。
① 清算株式会社の清算人
② 民事保全法第56条に規定する仮処分命令〔法人代表者等の職務代行者選任の仮処分命令〕により選任された清算株式会社の清算人の職務を代行する者
③ 第479条第4項〔清算人への準用〕において準用する第346条第2項〔一時役員の職務を行うべき者の選任〕又は第483条第6項〔代表清算人への準用〕において準用する第351条第2項〔一時代表取締役の職務

❶38条1項
❷38条3項2号

❸38条2項
❹47条1項

❺476条

> を行うべき者の選任)の規定により選任された一時清算人又は❻代表清算人の職務を行うべき者
> ④ 清算人代理
> ⑤ 監督委員
> ⑥ 調査委員

❻483条1項

　発起人、取締役等の1項各号に定める一定の者が自己の利益を図る等の目的で株式会社の任務に背き、株式会社に財産上の損害を加えたときは、10年以下の懲役もしくは1000万円以下の罰金またはその双方が併科されます。清算株式会社における清算人等にも同様の刑罰が適用されます。

1 趣旨

　取締役等の背任行為は、広範かつ深刻なものとなることが多い。そこで、会社の利益を保護するために、本条は刑法上の背任罪よりも法定刑が重い特別背任罪を規定した。

2 条文クローズアップ

1 主体
(1) 株式会社の場合(1項各号)
　①発起人(1号)
　②設立時取締役または設立時監査役(2号)
　③取締役、会計参与、監査役または執行役(3号)
　④民事保全法56条に規定する仮処分命令により選任された取締役、監査役または執行役の職務を代行する者(4号)
　⑤一時取締役、会計参与、監査役、代表取締役、指名委員会等の委員、執行役または代表執行役の職務を行うべき者(5号)
　⑥支配人(6号)
　⑦事業に関するある種類または特定の事項の委任を受けた使用人(7号)
　⑧検査役(8号)
(2) 清算株式会社の場合(2項各号)
　①清算株式会社の清算人(1号)
　②民事保全法56条に規定する仮処分命令により選任された清算株式会社の清算人の職務を代行する者(2号)
　③一時清算人・代表清算人の職務を行うべき者(3号)
　④清算人代理(4号)
　⑤監督委員(5号)
　⑥調査委員(6号)

2 図利加害目的
(1) 趣旨
　図利加害目的とは故意のほかに必要とされる主観的構成要件要素であ

る。会社の利益のために、善管注意義務に違反する職務行為を行ったものは損害賠償責任を負うので、それに加えて刑事罰を課すのは、経営判断を萎縮させるため、図利加害目的が要求された。

(2) 図利加害目的

「目的」とは、事実の認識・認容を超えた意思であり、確定的認識が必要である。会社の損害の単なる認識・認容だけでは、損害を加える目的は認められない。この認識は故意にすぎないためである。もっとも、判例は、図利加害の点については、必ずしも意欲や積極的認容までは必要ないとした。

図利について、判例は、財産上の利益にかぎらず、自己保身などの身分上の利益その他自己の利益を図る目的も含むとしている。また、第三者図利目的と本人図利目的の併存の場合については、判例参照。 →判例セレクト2

3 任務違背

「任務に背く行為」とは、本条の行為主体が、当該事務処理に際して、信義則上要求される会社との信任関係に違背する行為をいう。法令、定款または内規等に違反する行為は、任務違背行為と評価されることになる。いわゆるタコ配当や取締役会の承認のない利益相反取引などが任務違背行為の代表例である。もっとも、規則等に従っても、場合によっては任務違背行為になりうる。

4 財産上の損害

「財産上の損害」とは、財産上の価値の減少をいい、財産の価値の減少に加え（積極的損害）、増加すべき財産の妨げ（消極的損害）も含まれる。また、現実の損害のほか、明白かつ具体的に損害発生の危険が生じた場合も含まれる。

5 故意

本罪は、故意犯である。図利加害目的のほかに、①本条の身分の存在、②任務違背該当性、③損害発生の確実性についてそれぞれ認識・認容が必要である。もっとも、②、③は未必的認識で足りる。

1 主として自己の利益を図るための融資と背任罪
会社資金による融資行為が、主として不法に融資して自己の利益を図る目的でなされた以上、たとえ従として上記融資により会社のため事故金を回収してその補填を図る目的があったとしても、なお特別背任罪の成立を免れない（最決昭35・8・12刑集14-10-1360）。

2 第三者図利目的があるとされた事例
相互銀行の取締役、監査役ら（960条1項3号）が、土地の購入資金を融資するにあたり、当該融資が、土地の売主という「第三者」に対し遊休資産化していた土地を売却して代金を直ちに入手することができるなどの利益を与えるとともに、融資先という「第三者」にも、大幅な担保不足であるのに多額の融資を受けられるという利益を与えること（第三者図利）を認識しつつ、あえて融資を実行した場合、相互銀行の利益を図るとい

う動機(本人図利目的)があったとしても、それが融資の決定的な動機ではなかったなどの事情のもとでは、役員らに第三者図利目的を認めることができ、特別背任罪が成立する(最決平10・11・25刑法百選Ⅱ72事件)。

3 不正融資の相手方の特別背任罪の成否

不正融資の申込みにとどまらず、融資の前提となるスキームを頭取らに提案して、これに沿った行動をとり、融資の担保となる物件の担保価値を大幅に水増しした不動産鑑定書を作らせるなどして、融資の実現に積極的に加担した融資先会社の実質的経営者は、特別背任行為に共同加功をしたということができ、特別背任罪の共同正犯が成立する(最決平20・5・19刑集62-6-1623)。

第961条（代表社債権者等の特別背任罪） D

代表社債権者又は決議執行者(第737条第2項に規定する決議執行者(社債権者集会の決議を執行する者)をいう。以下同じ。)が、自己若しくは第三者の利益を図り又は社債権者に損害を加える目的で、その任務に背く行為をし、社債権者に財産上の損害を加えたときは、5年以下の懲役若しくは500万円以下の罰金に処し、又はこれを併科する。

代表社債権者または決議執行者が自己の利益を図る等の目的で任務に背き、社債権者に財産上の損害を加えたときは、5年以下の懲役もしくは500万円以下の罰金、またはその双方が併科されます。

1 趣旨

社債権者の利益を保護するために、本条は、代表社債権者または決議執行者の任務違背行為について刑法上の背任罪よりも法定刑が重い特別背任罪を規定した。

第962条（未遂罪） D

前2条の罪の未遂は、罰する。

取締役等または代表社債権者等の特別背任罪は、未遂でも罰せられます。

1 趣旨

本条は、960条、961条が規定する特別背任罪の重大性に照らして、これらの未遂処罰規定を定めたものである。

第963条（会社財産を危うくする罪） D

1 第960条第1項第1号〔発起人〕又は第2号〔設立時取締役または設立

時監査役)に掲げる者が、第34条第1項〔出資の履行〕若しくは第63条第1項〔設立時募集株式の払込金額の払込み〕の規定による払込み若しくは給付について、又は第28条各号に掲げる事項〔変態設立事項〕について、裁判所又は❶創立総会若しくは❷種類創立総会に対し、虚偽の申述を行い、又は事実を隠ぺいしたときは、5年以下の懲役若しくは500万円以下の罰金に処し、又はこれを併科する。

❶65条1項
❷84条

2　第960条第1項第3号から第5号までに掲げる者〔取締役、会計参与、監査役、執行役、それらの職務代行者、一時取締役・会計参与・監査役・代表取締役・委員・執行役・代表執行役の職務を行うべき者〕が、第199条第1項第3号又は第236条第1項第3号に掲げる事項〔現物出資財産の内容および価額〕について、裁判所又は株主総会若しくは種類株主総会に対し、虚偽の申述を行い、又は事実を隠ぺいしたときも、前項と同様とする。

3　検査役が、第28条各号〔変態設立事項〕、第199条第1項第3号又は第236条第1項第3号に掲げる事項〔現物出資財産の内容および価額〕について、裁判所に対し、虚偽の申述を行い、又は事実を隠ぺいしたときも、第1項と同様とする。

4　第94条第1項〔設立時取締役等が発起人である場合の特則〕の規定により選任された者が、第34条第1項〔出資の履行〕若しくは第63条第1項〔設立時募集株式の払込金額の払込み〕の規定による払込み若しくは給付について、又は第28条各号に掲げる事項〔変態設立事項〕について、❶創立総会に対し、虚偽の申述を行い、又は事実を隠ぺいしたときも、第1項と同様とする。

5　第960条第1項第3号から第7号までに掲げる者〔取締役、会計参与、監査役、執行役、それらの職務代行者、一時取締役・会計参与・監査役・代表取締役・委員・執行役・代表執行役の職務を行うべき者、支配人、ある種または特定事項の委任を受けた使用人〕が、次のいずれかに該当する場合にも、第1項と同様とする。
① 何人の名義をもってするかを問わず、株式会社の計算において不正にその株式を取得したとき。
② 法令又は定款の規定に違反して、剰余金の配当をしたとき。
③ 株式会社の目的の範囲外において、投機取引のために株式会社の財産を処分したとき。

　発起人、設立時取締役等が、自己の引き受けた株式の払込み等について、または募集株式の引受人の払込み等一定の事項について、裁判所等に虚偽の申述等を行ったときは、5年以下の懲役、もしくは500万円以下の罰金、または双方が併科されます。

1　趣旨

出資の履行や配当等に関する会社法上の規制(34条、461条等)の実効性を確保するためには、会社財産を危うくする典型的な行為について刑罰を科す必要がある。そこで、本条は会社財産を危うくする罪を規定した。

2 条文クローズアップ

1 1項の構成要件

発起人、設立時取締役、設立時監査役が、自己の引き受けた株式の払込み、または設立時募集株式の払込みもしくは変態設立事項について、裁判所等に対し、虚偽の申述を行い、または事実を隠蔽したことである。

2 2項の構成要件

取締役、会計参与、監査役または執行役等が、募集株式の発行等または新株予約権の対価として現物出資がなされる際の募集株式等の内容として定める事項について、裁判所等に対し、虚偽の申述等をしたことである。

3 3項の構成要件

検査役が、変態設立事項、募集株式の発行等または新株予約権の対価として現物出資がなされる際の募集株式等の内容として定める事項について、裁判所等に対し、虚偽の申述等をしたことである。

4 4項の構成要件

現物出資財産等について調査すべき者として選任された者が、創立総会に対して、株式の払込み等につき、虚偽の申述等をしたことである。

5 5項の構成要件

取締役、監査役、執行役、支配人等が、①何人の名義をもってするかを問わず、株式会社の計算において不正に株式を取得したこと(1号)、または②法令等に反して、剰余金の違法配当をしたこと(2号)、または③株式会社の目的の範囲外において、投機取引のために株式会社の財産を処分したこと(3号)である。　→判例セレクト1

　→判例セレクト2

1 963条5項1号に該当する場合

〔旧〕商法489条2号〔会社法963条5項1号〕にいう、会社の計算において不正に株式を取得したときとは、法律の規定に基づく正当な方法によらない株式の取得一般をいい、その目的が会社の利益を図ることにあるかどうかを問わない(大判大11・9・27刑集1-483)。

2 963条5項3号に該当する場合

化粧品・雑貨の卸売り等を業とする会社の代表取締役が、大量に穀物等の商品取引を行うため会社財産を処分する行為は、社会通念に照らし、定款所定の目的に沿う業務またはその遂行に必要な付帯業務とは認めがたく、〔旧〕商法489条4号〔会社法963条5項3号〕の罪にあたる(最決

昭46・12・10判時650-99）。

> **第964条（虚偽文書行使等の罪） D**
> 1 次に掲げる者が、株式、新株予約権、社債又は新株予約権付社債を引き受ける者の募集をするに当たり、会社の事業その他の事項に関する説明を記載した資料若しくは当該募集の広告その他の当該募集に関する文書であって重要な事項について虚偽の記載のあるものを行使し、又はこれらの書類の作成に代えて❶電磁的記録の作成がされている場合における当該電磁的記録であって重要な事項について虚偽の記録のあるものをその募集の事務の用に供したときは、5年以下の懲役若しくは500万円以下の罰金に処し、又はこれを併科する。
> ① 第960条第1項第1号から第7号までに掲げる者〔発起人、設立時取締役または設立時監査役、取締役、会計参与、監査役、執行役、それらの職務代行者、一時取締役・会計参与・監査役・代表取締役・委員・執行役・代表執行役の職務を行うべき者、支配人、ある種類または特定事項の委任を受けた使用人〕
> ② 持分会社の業務を執行する社員
> ③ 民事保全法第56条に規定する仮処分命令〔法人代表者等の職務代行者選任に関する仮処分命令〕により選任された持分会社の業務を執行する社員の職務を代行する者
> ④ 株式、新株予約権、社債又は新株予約権付社債を引き受ける者の募集の委託を受けた者
> 2 株式、新株予約権、社債又は新株予約権付社債の売出しを行う者が、その売出しに関する文書であって重要な事項について虚偽の記載のあるものを行使し、又は当該文書の作成に代えて❶電磁的記録の作成がされている場合における当該電磁的記録であって重要な事項について虚偽の記録のあるものをその売出しの事務の用に供したときも、前項と同様とする。

❶26条2項

　発起人、取締役、監査役、持分会社の業務執行社員、株式等の募集の委託を受けた者等は、株式等を引き受ける者の募集をするにあたり、募集に関する文書であって、重要な事項について虚偽の記載のあるものを行使する等したときは、5年以下の懲役もしくは500万円以下の罰金、またはその双方が併科されます。株式等の売出しを行う者が、その募集に関する文書で重要な事項に虚偽の記載のあるものを行使したときも、同様です。

1 趣旨

　一般公衆が投資の際に適切な判断ができるようにするためには、会社がその実態を正しく開示する必要がある。また、業績不振の会社が虚偽

の投資情報を用いて資金調達を行った場合には、会社内情に通じない一般公衆に広く損害を及ぼすおそれがある。しかし、このような行為を詐欺罪として処罰する程度に立証することは通常困難である。そこで、本条は、文書に対する公共の信用を保護して、適正な資料に基づく適切な投資判断がなされるように、虚偽文書行使の罪を規定した。

> **第965条（預合いの罪）　B**
> 第960条第1項第1号から第7号までに掲げる者〔発起人、設立時取締役または設立時監査役、取締役、会計参与、監査役、執行役、それらの職務代行者、一時取締役・会計参与・監査役・代表取締役・委員・執行役・代表執行役の職務を行うべき者、支配人、ある種類または特定事項の委任を受けた使用人〕が、株式の発行に係る払込みを仮装するため預合いを行ったときは、5年以下の懲役若しくは500万円以下の罰金に処し、又はこれを併科する。預合いに応じた者も、同様とする。

→試験対策4章2節④【1】(4)

　発起人、取締役、監査役、執行役等が株式の発行の際の払込みを仮装するために預合いを行った場合には、5年以下の懲役、もしくは500万円以下の罰金、またはその双方が併科されます。また、この預合いに応じた者も同様に処罰されます。

1　趣旨

　実体の伴わない仮装振込みの一形態である預合いについては、これを取り締まり、出資金の現実の払込み（34条1項、208条1項等）がなされるようにして会社財産の確実な形成を図る必要がある。そこで、本条は、このような必要性に応えるために預合いの罪を規定した。

2　条文クローズアップ

1　主体

　①発起人、②設立時取締役または設立時監査役、③取締役、会計参与、監査役または執行役、④民事保全法56条に規定する仮処分命令により選任された取締役、監査役または執行役の職務を代行する者、⑤一時取締役、会計参与、監査役、代表取締役、指名委員会等の委員、執行役または代表執行役の職務を行うべき者、⑥支配人、⑦事業に関するある種類または特定の事項の委任を受けた使用人、である。

2　預合い

　代表的な例は、払込義務者と払込取扱機関が、払込金について払込義務者の払込取扱機関に対する貸付金の返済完了時までは、使用禁止とする合意によってなされる。

→34条③3

3　見せ金

　預合いと同じ払込みの仮装行為である見せ金について本罪が成立する

かが問題となる。見せ金には払込取扱機関の役職員との通謀がないこと、見せ金は、現実の融資がある点で、資金を預け合う関係にはないことから、「預合い」にあたるとするのは困難である。したがって、見せ金は「預合い」にはあたらない。

1 預合いの意義
〔旧〕商法491条〔会社法965条〕の預合いとは、486条1項〔会社法960条1号から7号まで〕に掲げる者が株金の払込みを仮装するために、株金払込みを取り扱う機関の役職員らと通謀してなす仮装行為をいう（最決昭36・3・28刑集15-3-590）。

2 預合いに該当するとされた事例
銀行支店長Aが発起人Bと通謀して、銀行支店から取引先Cに融資をし、発起人Bが取引先Cから設立登記完了までという約束でその金額の融資を受け、取引先Cが払込金として銀行の別段預金口座に振り替え、発起人Bはこれにより銀行支店長A名義の株式払込金保管証明書の交付を得て、会社の設立登記を完了すると即日、取引先Cに同額の小切手を交付し、取引先Cがそれを銀行に交付して取引先Cの銀行に対する借入金の弁済にあてた行為は、通謀してなされた株金払込仮装行為にあたる（最決昭35・6・21刑集14-8-981）。

3 預合いに該当しないとされた事例
会社が払込取扱銀行から借入れをし、これを株式引受人（従業員）に対する債務の弁済にあて、株式引受人は真実払込みの意思で、この返済金を引受株式の払込みに充当するという方式をとった場合に、株式引受人の会社に対する債権が真実に存在し、かつ、会社にこれを弁済する資力があるときは、資本充実の原則に反せず、株金払込みの仮装行為とはいえないから、〔旧〕商法491条〔会社法965条〕の罪にあたらない（最判昭42・12・14刑集21-10-1369）。

第966条（株式の超過発行の罪）　D

次に掲げる者が、株式会社が発行することができる株式の総数を超えて株式を発行したときは、5年以下の懲役又は500万円以下の罰金に処する。
　① 発起人
　② ❶設立時取締役又は❷設立時執行役
　③ 取締役、執行役又は❸清算株式会社の清算人
　④ 民事保全法第56条に規定する仮処分命令〔法人代表者等の職務代行者選任に関する仮処分命令〕により選任された取締役、執行役又は清算株式会社の清算人の職務を代行する者
　⑤ 第346条第2項〔一時役員の職務を行うべき者の選任〕（第479条第4項〔清算人への準用〕において準用する場合を含む。）又は第403条

❶38条1項
❷48条1項2号
❸476条

第3項(執行役の欠員の場合への準用)において準用する第401条第3項(一時委員の職務を行うべき者の選任)の規定により選任された一時取締役(監査等委員会設置会社にあっては、❹監査等委員である取締役又はそれ以外の取締役)、執行役又は❺清算株式会社の清算人の職務を行うべき者

❹38条2項

　発起人、取締役、執行役等が、株式会社が発行することができる株式の総数を超えて株式を発行した場合には、5年以下の懲役、または500万円以下の罰金に処されます。

1 趣旨

　授権資本制度の公正な運営を担保するためには、授権資本制度の限度を超える株式の超過発行に対して制裁を科す必要がある。そこで、本条は株式の超過発行の罪を規定した。

2 条文クローズアップ

株式の超過発行の罪の構成要件

　発起人、取締役、執行役等が、会社が発行することができる株式の総数を超えて株式を発行することである。

第967条（取締役等の贈収賄罪）　D

1　次に掲げる者が、その職務に関し、不正の請託を受けて、財産上の利益を収受し、又はその要求若しくは約束をしたときは、5年以下の懲役又は500万円以下の罰金に処する。
　①　第960条第1項各号又は第2項各号に掲げる者〔特別背任罪に科せられる者〕
　②　第961条に規定する者〔代表社債権者または決議執行者〕
　③　会計監査人又は第346条第4項〔会計監査人に欠員を生じた場合の措置〕の規定により選任された一時会計監査人の職務を行うべき者
2　前項の利益を供与し、又はその申込み若しくは約束をした者は、3年以下の懲役又は300万円以下の罰金に処する。

　発起人、取締役、会計参与、監査役、執行役等は、その職務に関して、不正の請託を受けて、財産上の利益の収受等をしたときは、5年以下の懲役または500万円以下の罰金に処されます。このような利益の供与等をした者は、3年以下の懲役または300万円以下の罰金に処されます。

1 趣旨

株式会社の取締役等の地位・責任はきわめて重大であり、その重大性は公務員のものと匹敵する。そこで、本条は、株式会社の取締役等の職務行為の適法性を確保するために取締役等の贈収賄罪を規定した。

2 条文クローズアップ

1 収賄罪
(1) 主体
　①発起人、取締役、会計参与、監査役、執行役等、960条1項各号または2項各号に掲げる者(967条1項1号)
　②代表社債権者、決議執行者(2号)
　③会計監査人または一時会計監査人の職務を行うべき者(3号)

(2) 行為
　上記①から③までの者が、不正の請託を受けて財産上の利益を収受し、またはその要求もしくは約束をすることである。
　(a)「職務」
　　法令・定款・内規等によって定められた権限事項をいう。
　(b)「不正の請託」
　　不正とは、違法または甚だしく不当な職務行為を依頼することである。
　　請託とは、会社役職員に対し一定の職務行為を依頼することである。
　(c)「財産上の利益」
　　金銭その他の財物、金融の利益、債務の免除、信用の供与等が考えられる。刑法上の賄賂と異なり、地位の供与、情交等は含まない。

2 贈賄罪
　主体には限定がない。供与とは、賄賂を交付することをいい、申込みとは、収受を促すことをいい、約束とは、申込みに対する収賄者の承諾を得ることをいう。

第968条（株主等の権利の行使に関する贈収賄罪）　D

1　次に掲げる事項に関し、不正の請託を受けて、財産上の利益を収受し、又はその要求若しくは約束をした者は、5年以下の懲役又は500万円以下の罰金に処する。
　①　株主総会若しくは種類株主総会、❶創立総会若しくは❷種類創立総会、社債権者集会又は債権者集会における発言又は議決権の行使
　②　第210条〔募集株式発行等をやめることの請求〕若しくは第247条〔募集新株予約権発行をやめることの請求〕、第297条第1項若しくは第4項〔株主による総会招集の請求もしくはその招集〕、第303条第1項若しくは第2項〔株主による議題の提案〕、第304条〔株主による議案の

❶65条1項
❷84条

提出)、第305条第1項〔議案の要領の通知請求〕若しくは第306条第1項若しくは第2項〔総会招集手続等に関する検査役の選任の申立て〕(これらの規定を第325条〔種類株主総会への準用〕において準用する場合を含む。)、第358条第1項〔業務執行に関する検査役選任の申立て〕、第360条第1項若しくは第2項〔株主による取締役の行為の差止め〕(これらの規定を第482条第4項〔清算人への準用〕において準用する場合を含む。)、第422条第1項若しくは第2項〔株主による執行役の行為の差止め〕、第426条第7項〔取締役等による責任の一部免除への異議〕、第433条第1項〔会計帳簿の閲覧等の請求〕若しくは第479条第2項〔清算人解任の申立て〕に規定する株主の権利の行使、第511条第1項〔特別清算開始の申立て〕若しくは第522条第1項〔調査命令の申立て〕に規定する株主若しくは債権者の権利の行使又は第547条第1項若しくは第3項〔債権者による債権者集会招集の請求〕に規定する債権者の権利の行使

③　社債の総額(償還済みの額を除く。)の10分の1以上に当たる社債を有する社債権者の権利の行使

④　第828条第1項〔会社の組織に関する行為の無効の訴え〕、第829条から第831条まで〔新株発行等の不存在の確認の訴え、株主総会等の決議の不存在又は無効確認の訴え、株主総会等の決議の取消しの訴え〕、第833条第1項〔会社解散の訴え〕、第847条第3項若しくは第5項〔責任追及等の訴え〕、第847条の2第6項若しくは第8項〔旧株主による株式交換等完全子会社のためにする責任追及等の訴え〕、第847条の3第7項若しくは第9項〔最終完全親会社等の株主による特定責任追及の訴え〕、第853条〔再審の訴え〕、第854条〔株式会社の役員解任の訴え〕又は第858条〔役員等責任査定決定に関する異議の訴え〕に規定する訴えの提起(株主等(第847条の4第2項に規定する株主等をいう。次号において同じ。)、株式会社の債権者又は新株予約権若しくは新株予約権付社債を有する者がするものに限る。)

⑤　第849条第1項〔責任追及等の訴えにかかる訴訟参加〕の規定による株主等の訴訟参加

2　前項の利益を供与し、又はその申込み若しくは約束をした者も、同項と同様とする。

株主等の権利の行使に関する事項に関し、不正の請託を受けて、財産上の利益の収受等をした者は、5年以下の懲役または500万円以下の罰金に処されます。このような利益の供与等をした者も同様です。

1 趣旨

株主や社債権者等の権利が適正かつ公正に取り扱われることを担保するためには、それらの権利の行使に関する贈収賄罪について一定の制裁

を科す必要がある。そこで、本条は株主等の権利行使に関する贈収賄罪を規定した。

2 条文クローズアップ

1 主体
(1) 収賄罪（1項）
収賄罪の行為主体は、株主、会社債権者、社債権者、新株予約権者、新株予約権付社債権者である。
(2) 贈賄罪（2項）
贈賄罪の行為主体については、制限がなされていない。

2 不正の請託
「不正」には、法令違反のほか、定款や規則の重要事項に違反する行為も含まれる。
「請託」とは、その職務に関して一定の行為をし、またはしないことを依頼することである。
そして、「**不正の請託**」とは、請託を受けた役職員がその職務に関し不正の行為をし、または当然になすべき行為をしないように依頼することをいう。 →判例セレクト

3 財産上の利益
「財産上の利益」とは、金銭、物品、債務免除、信用の供与、饗応等である。「財産上の」という限定から、地位や情欲の満足などは財産上の利益には含まれない。

4 収受、要求、約束
「**収受**」とは、財産的利益を自己のものとして取得することをいう。
「**要求**」とは、利益供与を促すことをいう。
「**約束**」とは、相手方の申込みの承諾をいう。

5 贈賄
「**供与**」とは財産上の利益の交付をいう。
「**申込み**」とは、供与の目的で収受を促すことをいう。
「約束」とは、利益供与の申込み受領の承諾を得ること、相手方からの要求を承諾することをいう。

「不正の請託」に該当する場合
会社の役員等が、経営上の不正や失策の追及を免れるため、株主総会における公正な発言または公正な議決権の行使を妨げることを株主に依頼して、これに財産上の利益を供与することは、〔旧〕商法494条〔会社法968条1項〕の「不正の請託」にあたる（最決昭44・10・16会社法百選103事件）。

> ### 第969条（没収及び追徴） D
> 第967条第1項〔取締役等の収賄罪〕又は前条第1項の場合〔株主等の権利行使に関する収賄罪〕において、犯人の収受した利益は、没収する。その全部又は一部を没収することができないときは、その価額を追徴する。

　取締役等の贈収賄、株主等の権利に関する贈収賄において、犯人の収受した利益は、没収されます。没収することができないときは、その価額が追徴されます。

1 趣旨

　収賄罪により得られた不法な利得の保持を認めることは相当とはいえない。そこで、本条は不法な利得の保持を禁ずるために、収賄罪により得られた利益の没収・追徴について定めた。

> ### 第970条（株主等の権利の行使に関する利益供与の罪） D
> 1　第960条第1項第3号から第6号までに掲げる者〔取締役、会計参与、監査役、執行役、それらの職務代行者、一時取締役・会計参与・監査役・代表取締役・委員・執行役・代表執行役の職務を行うべき者、支配人〕又はその他の株式会社の使用人が、株主の権利、当該株式会社に係る適格旧株主（第847条の2第9項に規定する適格旧株主〔提訴請求をすることができる旧株主〕をいう。第3項において同じ。）の権利又は当該株式会社の❶最終完全親会社等（第847条の3第1項に規定する最終完全親会社等〔当該株式会社の完全親会社等であって、その完全親会社等がないもの〕をいう。第3項において同じ。）の株主の権利の行使に関し、当該株式会社又はその子会社の計算において財産上の利益を供与したときは、3年以下の懲役又は300万円以下の罰金に処する。
> 2　情を知って、前項の利益の供与を受け、又は第三者にこれを供与させた者も、同項と同様とする。
> 3　株主の権利、株式会社に係る適格旧株主の権利又は株式会社の❶最終完全親会社等の株主の権利の行使に関し、当該株式会社又はその子会社の計算において第1項の利益を自己又は第三者に供与することを同項に規定する者に要求した者も、同項と同様とする。
> 4　前2項の罪を犯した者が、その実行について第1項に規定する者に対し威迫の行為をしたときは、5年以下の懲役又は500万円以下の罰金に処する。
> 5　前3項の罪を犯した者には、情状により、懲役及び罰金を併科

❶定

することができる。
6　第1項の罪を犯した者が自首したときは、その刑を減軽し、又は免除することができる。

　株式会社の取締役、会計参与、監査役、執行役等が株主等の権利の行使に関して、株式会社またはその子会社の計算で財産上の利益を供与したときは、3年以下の懲役または300万円以下の罰金に処されます。事情を知ってこのような利益の供与を受けた者等も、同様です。

→試験対策5章1節4

1 趣旨

　120条は、株主総会を利用して企業に対するゆすり行為をなすいわゆる総会屋に対処し会社経営の健全性や公正を確保するために、株主等の権利行使に関する利益供与を禁止している。そして、970条は、このような120条の趣旨を担保するために罰則をおき、総会屋の根絶を図っている。

2 条文クローズアップ

→120条2 1(2)

1　利益供与罪(1項)──株主の権利の行使

　「株主の権利」とは、議決権・代表訴訟提起権等の共益権にかぎられず、株主として行使することのできるすべての権利を含む。
　「行使に関し」とは、それが正当なものであろうと不正なものであろうとを問わない。

2　利益受供与罪(2項)

　情を知って利益の供与を受け、または第三者に利益を供与させることである。

3　利益供与要求罪(3項)

　利益供与を要求することである。

4　威迫を伴う利益受供与罪、要求罪(4項)

　利益の受供与または要求が威迫を伴う場合には刑が加重される。

5　刑の減軽または免除(6項)

　利益供与側の者が自首した場合にその刑を減軽または免除することができる。利益供与に加担した役職員の内部告発を促すため、自首による任意的な刑の減軽または免除というインセンティブを与えることとしたものである。

第971条（国外犯）　D

1　第960条から第963条まで〔取締役等の特別背任罪、代表社債権者等の特別背任罪、未遂罪、会社財産を危うくする罪〕、第965条〔預合いの罪〕、第966条〔株式の超過発行の罪〕、第967条第1項〔取締役等の収賄罪〕、第

> 968条第1項〔株主等の権利行使に関する収賄罪〕及び前条第1項〔株主等の権利行使に関する利益供与の罪〕の罪は、日本国外においてこれらの罪を犯した者にも適用する。
> 2　第967条第2項〔取締役等への贈賄罪〕、第968条第2項〔株主等の権利行使に関する贈賄罪〕及び前条第2項から第4項〔株主の権利行使に関する利益供与を受けた者、第三者に利益供与させた者、利益供与を要求した者、威迫の行為をした者〕までの罪は、刑法（明治40年法律第45号）第2条の例に従う。

　特別背任罪、会社財産を危うくする罪、預合いの罪、株式超過発行の罪、贈収賄罪、利益供与の罪については、国外においてそれらの行為を犯した者でも処罰されます。

1 趣旨

　経済の国際化、多様化に対応して会社を舞台とした犯罪も国境を容易に越えることが想定される。そこで、そのような犯罪にも対応する観点から、網羅的に国外犯処罰規定を設けた。

第972条（法人における罰則の適用）　D

> 　第960条〔取締役等の特別背任罪〕、第961条〔代表社債権者等の特別背任罪〕、第963条から第966条まで〔会社財産を危うくする罪、虚偽文書行使等の罪、預合いの罪、株式の超過発行の罪〕、第967条第1項〔取締役等の収賄罪〕又は第970条第1項〔株主の権利行使に関する利益供与の罪〕に規定する者が法人であるときは、これらの規定及び第962条〔特別背任罪の未遂罪〕の規定は、その行為をした取締役、執行役その他業務を執行する役員又は支配人に対してそれぞれ適用する。

　特別背任罪、会社財産を危うくする罪、虚偽文書行使等の罪、預合いの罪、株式超過発行の罪、贈収賄罪、利益供与の罪の行為主体が法人である場合には、その行為をした取締役、執行役その他業務を執行する役員または支配人に対して、罰則が適用されます。

1 趣旨

　会社法の罰則は条文上定められた、ある一定の特殊な地位をもつ者しか犯せない犯罪（身分犯）とされるものが多いところ、そのような地位をもつ者が会社であることがありうる。しかし、法人には犯罪能力がないと解するのが刑法上の一般原則であるから、法律上「特別の規定」（刑法8条）がなければ法人は不可罰となってしまう。そこで、本条は、このような不合理な結果を避けるために、特定の身分犯について法人の犯罪

能力を特に認め、かつ法人に代わって事実行為をした役員等を処罰の対象とすることにした（代罰規定）。

第973条（業務停止命令違反の罪）　D

第954条〔登録の取消し等〕の規定による❶電子公告調査（第942条第1項〔登録〕に規定する電子公告調査をいう。以下同じ。）の業務の全部又は一部の停止の命令に違反した者は、1年以下の懲役若しくは100万円以下の罰金に処し、又はこれを併科する。

❶定

電子公告の調査機関が、業務の全部または一部の停止命令に違反した場合、1年以下の懲役もしくは100万円以下の罰金に処され、またはこれらが併科されます。

1　趣旨

電子公告制度の導入に伴い、電子公告調査機関の業務の適正を罰則により担保する必要が生じた。そこで、本条は電子公告調査の業務停止命令違反の罪を定めた。

第974条（虚偽届出等の罪）　D

次のいずれかに該当する者は、30万円以下の罰金に処する。
① 第950条〔業務の休廃止の届出〕の規定による届出をせず、又は虚偽の届出をした者
② 第955条第1項〔調査記録簿等の記載・保存義務〕の規定に違反して、❶調査記録簿等（同項に規定する調査記録簿等をいう。以下この号において同じ。）に同項に規定する❷電子公告調査に関し法務省令で定めるものを記載せず、若しくは記録せず、若しくは虚偽の記載若しくは記録をし、又は同項若しくは第956条第2項〔調査記録簿等の引継ぎを受けた調査機関の調査記録簿保存義務〕の規定に違反して調査記録簿等を保存しなかった者
③ 第958条第1項〔報告および検査〕の規定による報告をせず、若しくは虚偽の報告をし、又は同項の規定による検査を拒み、妨げ、若しくは忌避した者

❶定
❷942条1項、973条

電子公告の調査機関が、業務の休廃止の届出、調査記録簿等の記載・記録・保存、法務大臣への報告等の義務に違反した場合には、30万円以下の罰金が科せられます。

1　趣旨

本条は、973条と同様に、電子公告調査機関の業務の適正を担保する

ために、虚偽届出等の罪を定めた。

第975条（両罰規定）　D
法人の代表者又は法人若しくは人の代理人、使用人その他の従業者が、その法人又は人の業務に関し、前2条〔業務停止命令違反の罪、虚偽届出等の罪〕の違反行為をしたときは、行為者を罰するほか、その法人又は人に対しても、各本条の罰金刑を科する。

代表者、代理人、使用人その他の従業者が、その法人または人の業務に関し、業務停止命令違反の行為、虚偽届出等の行為をしたときは、行為を行った代表者、代理人、使用人その他の従業者のみならず、その法人または人にも各行為の罰金刑が科せられます。

1 趣旨
本条は、973条、974条と同様に、電子公告調査機関の業務の適正を担保するために、従業者の違法行為について、当該従業者（行為者）本人を処罰するとともに、その事業者である法人をもあわせて処罰すること（両罰規定）を定めた。

第976条（過料に処すべき行為）　D
発起人、❶設立時取締役、❷設立時監査役、❸設立時執行役、取締役、会計参与若しくはその職務を行うべき社員、監査役、執行役、会計監査人若しくはその職務を行うべき社員、清算人、清算人代理、持分会社の業務を執行する社員、民事保全法第56条に規定する仮処分命令〔法人代表者等の職務代行者選任に関する仮処分命令〕により選任された取締役、監査役、執行役、清算人若しくは持分会社の業務を執行する社員の職務を代行する者、第960条第1項第5号に規定する一時取締役、会計参与、監査役、❹代表取締役、委員、執行役若しくは代表執行役の職務を行うべき者、同条第2項第3号に規定する一時清算人若しくは❺代表清算人の職務を行うべき者、第967条第1項第3号に規定する一時会計監査人の職務を行うべき者、検査役、監督委員、調査委員、❻株主名簿管理人、❼社債原簿管理人、社債管理者、事務を承継する社債管理者、代表社債権者、決議執行者、外国会社の日本における代表者又は支配人は、次のいずれかに該当する場合には、100万円以下の過料に処する。ただし、その行為について刑を科すべきときは、この限りでない。
　① この法律の規定による登記をすることを怠ったとき。
　② この法律の規定による公告若しくは通知をすることを怠ったとき、又は不正の公告若しくは通知をしたとき。

❶38条1項
❷38条3項2号
❸48条1項2号

❹47条1項

❺483条1項

❻123条
❼683条

③　この法律の規定による開示をすることを怠ったとき。
④　この法律の規定に違反して、正当な理由がないのに、書類若しくは❽電磁的記録に記録された事項を法務省令で定める方法により表示したものの閲覧若しくは謄写又は書類の謄本若しくは抄本の交付、電磁的記録に記録された事項を電磁的方法により提供すること若しくはその事項を記載した書面の交付を拒んだとき。　　　　　　　　　　　　　　　　　　　❽26条2項
⑤　この法律の規定による調査を妨げたとき。
⑥　官庁、株主総会若しくは種類株主総会、❾創立総会若しくは❿種類創立総会、社債権者集会又は債権者集会に対し、虚偽の申述を行い、又は事実を隠蔽したとき。　　❾65条1項　　❿84条
⑦　定款、株主名簿、株券喪失登録簿、新株予約権原簿、社債原簿、議事録、財産目録、会計帳簿、貸借対照表、損益計算書、事業報告、事務報告、第435条第2項〔各事業年度にかかる書類〕若しくは第494条第1項〔各清算事務年度にかかる書類〕の附属明細書、会計参与報告、監査報告、会計監査報告、決算報告又は第122条第1項〔株主名簿記載事項を記載した書面等〕、第149条第1項〔登録株質権者についての株主名簿記載事項を記載した書面等〕、第171条の2第1項〔全部取得条項付種類株式の取得対価に関する書面等〕、第173条の2第1項〔全部取得条項付種類株式の取得に関する書面等〕、第179条の5第1項〔株式等売渡請求に関する書面〕、第179条の10第1項〔売渡株式等の取得に関する書面等〕、第182条の2第1項〔株式の併合に関する事項に関する書面等〕、第182条の6第1項〔株式の併合に関する書面等〕、第250条第1項〔新株予約権原簿記載事項を記載した書面等〕、第270条第1項〔登録新株予約権質権者についての新株予約権原簿記載事項を記載した書面等〕、第682条第1項〔社債原簿記載事項を記載した書面等〕、第695条第1項〔質権に関する社債原簿記載事項を記載した書面等〕、第782条第1項〔消滅会社等が備え置く吸収合併契約等に関する書面等〕、第791条第1項〔吸収分割または株式交換に関する書面等〕、第794条第1項〔存続株式会社等が備え置く吸収合併契約等に関する書面等〕、第801条第1項若しくは第2項〔吸収合併等に関する書面等〕、第803条第1項〔消滅会社等が備え置く新設合併契約等に関する書面等〕、第811条第1項〔新設分割または株式移転に関する書面〕若しくは第815条第1項若しくは第2項〔新設合併に関する書面等〕の書面若しくは電磁的記録に記載し、若しくは記録すべき事項を記載せず、若しくは記録せず、又は虚偽の記載若しくは記録をしたとき。
⑧　第31条第1項〔発起人による定款の備置き〕の規定、第74条第6項〔創立総会につき提出された議決権代理行使書面・記録の備置き〕、第75条第3項〔創立総会についての議決権行使書面の備置き〕、第76条第4

項〔創立総会についての電磁的方法による議決権行使記録の備置き〕、第81条第2項〔創立総会の議事録の備置き〕若しくは第82条第2項〔創立総会の決議に代わる設立時株主全員の同意書面・記録の備置き〕(これらの規定を第86条〔種類創立総会への準用〕において準用する場合を含む。)、第125条第1項〔株主名簿の備置き〕、第171条の2第1項〔全部取得条項付種類株式の取得対価に関する書面等の備置き〕、第173条の2第2項〔全部取得条項付種類株式の取得に関する書面等の備置き〕、第179条の5第1項〔株式等売渡請求に関する書面等の備置き〕、第179条の10第2項〔売渡株式等の取得に関する書面等の備置き〕、第182条の2第1項〔株式の併合に関する事項に関する書面等の備置き〕、第182条の6第2項〔株式の併合に関する書面等の備置き〕、第231条第1項〔株券喪失登録簿の備置き〕若しくは第252条第1項〔新株予約権原簿の備置き〕、第310条第6項〔議決権代理行使書面・記録の備置き〕、第311条第3項〔議決権行使書面の備置き〕、第312条第4項〔電磁的方法による議決権行使記録の備置き〕、第318条第2項〔総会議事録の備置き〕若しくは第3項〔総会議事録の写しの支店における備置き〕若しくは第319条第2項〔総会の決議に代わる株主全員の同意書面・記録の備置き〕(これらの規定を325条〔種類株主総会への準用〕において準用する場合を含む。)、第371条第1項〔取締役会議事録の備置き〕(第490条第5項〔清算人会の決議への準用〕において準用する場合を含む。)、第378条第1項〔会計参与による計算書類等の備置き〕、第394条第1項〔監査役会議事録の備置き〕、第399条の11第1項〔監査等委員会の議事録の備置き〕、第413条第1項〔委員会議事録の備置き〕、第442条第1項〔計算書類等の備置き〕若しくは第2項〔計算書類等の写しの支店における備置き〕、第496条第1項〔清算株式会社の貸借対照表等備置き〕、第684条第1項〔社債原簿の備置き〕、第731条第2項〔社債権者集会議事録の備置き〕、第782条第1項〔吸収合併契約等に関する書面の備置き〕、第791条第2項〔吸収分割または株式交換に関する書面等の備置き〕、第794条第1項〔吸収合併契約等に関する書面の備置き〕、第801条第3項〔吸収合併等に関する書面等の備置き〕、第803条第1項〔新設合併契約等に関する書面等の備置き〕、第811条第2項〔新設分割または株式移転に関する書面等の備置き〕又は第815条第3項〔新設合併等に関する書面等の備置き〕の規定に違反して、帳簿又は書類若しくは電磁的記録を備え置かなかったとき。

⑨　正当な理由がないのに、株主総会若しくは種類株主総会又は創立総会若しくは種類創立総会において、株主又は⓫設立時株主の求めた事項について説明をしなかったとき。

⑩　第135条第1項〔親会社株式の取得禁止〕の規定に違反して株式を取得したとき、又は同条第3項〔相当の時期に親会社株式を処分する義務〕の規定に違反して株式の処分をすることを怠ったとき。

⓫65条1項

⑪　第178条第1項又は第2項〔株式の消却〕の規定に違反して、株式の消却をしたとき。
⑫　第197条第1項又は第2項〔株式の競売または売却〕の規定に違反して、株式の競売又は売却をしたとき。
⑬　株式、新株予約権又は社債の発行の日前に株券、新株予約権証券又は社債券を発行したとき。
⑭　第215条第1項〔株券発行〕、第288条第1項〔新株予約権証券の発行〕又は第696条〔社債券の発行〕の規定に違反して、遅滞なく、株券、新株予約権証券又は社債券を発行しなかったとき。
⑮　株券、新株予約権証券又は社債券に記載すべき事項を記載せず、又は虚偽の記載をしたとき。
⑯　第225条第4項〔株券所持者の株券喪失登録抹消申請による抹消〕、第226条第2項〔株券喪失登録者の登録抹消申請による抹消〕、第227条〔株券を発行する旨の定款の定めを廃止した場合の株券喪失登録の抹消〕又は第229条第2項〔株券提出が不可能な場合の異議催告手続の株券喪失登録の抹消〕の規定に違反して、⑫株券喪失登録を抹消しなかったとき。　　　　　　　　　　　　　⑫223条
⑰　第230条第1項〔株券喪失登録がされた場合の株券の名義書換制限〕の規定に違反して、株主名簿に記載し、又は記録したとき。
⑱　第296条第1項〔定時株主総会の招集〕の規定又は第307条第1項第1号〔総会検査役の報告を受けた裁判所の株主総会招集命令〕(第325条〔種類株主総会への準用規定〕において準用する場合を含む。)若しくは第359条第1項第1号〔業務執行の検査役の報告を受けた裁判所の株主総会招集命令〕の規定による裁判所の命令に違反して、株主総会を招集しなかったとき。
⑲　第303条第1項又は第2項〔株主の議題提案〕(これらの規定を第325条〔種類株主総会への準用規定〕において準用する場合を含む。)の規定による請求があった場合において、その請求に係る事項を株主総会又は種類株主総会の目的としなかったとき。
⑲の2　第331条第6項〔監査等委員会設置会社での監査等委員である取締役の構成〕の規定に違反して、社外取締役を⑬監査等委員である取締役の過半数に選任しなかったとき。　　　　　⑬38条2項
⑳　第335条第3項〔監査役設置会社での監査役の構成〕の規定に違反して、⑭社外監査役を監査役の半数以上に選任しなかったとき。　　⑭2条16号
㉑　第343条第2項(第347条第2項の規定により読み替えて適用する場合を含む。)又は第344条の2第2項(第347条第1項の規定により読み替えて適用する場合を含む。)の規定による請求があった場合において、その請求に係る事項を株主総会若しくは種類株主総会の目的とせず、又はその請求に係る議案を株主総会若しくは種類株主総会に提出しなかったとき。

㉒　取締役（監査等委員会設置会社にあっては、監査等委員である取締役又はそれ以外の取締役）、会計参与、監査役、執行役又は会計監査人がこの法律又は定款で定めたその員数を欠くこととなった場合において、その選任（一時会計監査人の職務を行うべき者の選任を含む。）の手続をすることを怠ったとき。

㉓　第365条第2項〔競業および利益相反取引後の取締役会への報告〕（第419条第2項〔執行役への準用〕及び第489条第8項〔清算人会設置会社への準用〕において準用する場合を含む。）の規定に違反して、取締役会又は清算人会に報告せず、又は虚偽の報告をしたとき。

㉔　第390条第3項〔監査役会による常勤監査役の選定〕の規定に違反して、常勤の監査役を選定しなかったとき。

㉕　第445条第3項若しくは第4項〔資本準備金の計上〕の規定に違反して資本準備金若しくは準備金を計上せず、又は第448条〔準備金額の減少〕の規定に違反して準備金の額の減少をしたとき。

㉖　第449条第2項若しくは第5項〔株式会社の資本金額減少における債権者異議手続〕、第627条第2項若しくは第5項〔合同会社の資本金額減少における債権者異議手続〕、第635条第2項若しくは第5項〔合同会社の持分の払戻しにおける債権者異議手続〕、第670条第2項若しくは第5項〔任意清算における債権者異議手続〕、第779条第2項若しくは第5項〔組織変更の際の株式会社における債権者異議手続〕（これらの規定を第781条第2項〔組織変更の際の持分会社への準用〕において準用する場合を含む。）、第789条第2項若しくは第5項〔吸収合併等の際の消滅株式会社等における債権者異議手続〕（これらの規定を第793条第2項〔吸収合併消滅持分会社または吸収分割合同会社への準用規定〕において準用する場合を含む。）、第799条第2項若しくは第5項〔吸収合併等の際の存続株式会社等における債権者異議手続〕（これらの規定を第802条第2項〔存続持分会社等への準用〕において準用する場合を含む。）、第810条第2項若しくは第5項〔新設合併等の際の消滅株式会社等における債権者異議手続〕（これらの規定を第813条第2項〔新設合併消滅持分会社または新設分割合同会社への準用〕において準用する場合を含む。）又は第820条第1項若しくは第2項〔外国会社の日本における代表者選任に関する債権者異議手続〕の規定に違反して、資本金若しくは準備金の額の減少、持分の払戻し、持分会社の財産の処分、組織変更、吸収合併、新設合併、吸収分割、新設分割、株式交換、株式移転又は外国会社の日本における代表者の全員の退任をしたとき。

㉗　第484条第1項〔清算株式会社の破産手続開始の申立て〕若しくは第656条第1項〔清算持分会社の破産手続開始の申立て〕の規定に違反して破産手続開始の申立てを怠ったとき、又は第511条第2項〔清算株式会社における特別清算開始の申立て〕の規定に違反して特別清

㉘ 清算の結了を遅延させる目的で、第499条第1項、第660条第1項又は第670条第2項の期間〔債権者の債権申出期間、債権者の異議申出期間〕を不当に定めたとき。

㉙ 第500条第1項、第537条第1項又は第661条第1項の規定〔債務の弁済制限〕に違反して、債務の弁済をしたとき。

㉚ 第502条又は第664条の規定〔債務弁済前における残余財産の分配制限〕に違反して、⑮清算株式会社又は⑯清算持分会社の財産を分配したとき。

⑮476条
⑯645条

㉛ 第535条第1項〔特別清算開始命令の際の清算株式会社の行為制限〕又は第536条第1項〔事業譲渡の制限〕の規定に違反したとき。

㉜ 第540条第1項若しくは第2項又は第542条第1項若しくは第2項の規定による保全処分〔清算株式会社または役員等の、財産の保全処分〕に違反したとき。

㉝ 第702条〔社債管理者の設置〕の規定に違反して社債を発行し、又は第714条第1項〔事務承継する社債管理者を定める義務〕の規定に違反して事務を承継する社債管理者を定めなかったとき。

㉞ 第827条第1項の規定による裁判所の命令〔外国会社の取引継続禁止または営業所の閉鎖命令〕に違反したとき。

㉟ 第941条〔電子公告調査〕の規定に違反して、⑰電子公告調査を求めなかったとき。

⑰942条1項、973条

発起人、取締役、会計参与、監査役、執行役等が、登記義務違反、公告・通知義務違反、閲覧謄写妨害、検査・調査妨害等の行為を行った場合には、100万円以下の過料が課せられます。

1 趣旨

本条は、会社法上の重要な強行規定の履行の確保を図るために、行政上の秩序罰として、過料による制裁を定めている。

2 語句の意味

過料とは、刑罰としての罰金および科料と区別され、特に過料という名称をもって課せられる金銭罰をいう。

第977条　D

次のいずれかに該当する者は、100万円以下の過料に処する。
① 第946条第3項〔調査機関による、調査委託者の商号等に関する法務大臣への報告〕の規定に違反して、報告をせず、又は虚偽の報告をした者

② 第951条第1項〔調査機関による、財務諸表等の備置き〕の規定に違反して、❶財務諸表等(同項に規定する財務諸表等をいう。以下同じ。)を備え置かず、又は財務諸表等に記載し、若しくは記録すべき事項を記載せず、若しくは記録せず、若しくは虚偽の記載若しくは記録をした者
　　③ 正当な理由がないのに、第951条第2項各号又は第955条第2項各号に掲げる請求〔調査機関の財務諸表等または調査記録簿等の閲覧等の請求〕を拒んだ者

❶定

　電子公告調査機関が、法務大臣への調査委託者に関する報告、財務諸表等の記載・記録、および閲覧の請求等に違反した場合には、100万円以下の過料に処されます。

1 趣旨

　本条は、電子公告調査機関の業務の適正を担保するために、行政上の秩序罰として、過料による制裁を定めている。

第978条　D
　次のいずれかに該当する者は、100万円以下の過料に処する。
　　① 第6条第3項〔他の種類の会社と誤認させる名称等の使用禁止〕の規定に違反して、他の種類の会社であると誤認されるおそれのある文字をその商号中に用いた者
　　② 第7条〔会社と誤認させる名称等の使用禁止〕の規定に違反して、会社であると誤認されるおそれのある文字をその名称又は商号中に使用した者
　　③ 第8条第1項〔不正の目的をもって、他の会社であると誤認させる名称等の使用禁止〕の規定に違反して、他の会社(外国会社を含む。)であると誤認されるおそれのある名称又は商号を使用した者

　商号の不正使用等をした者は、100万円以下の過料に処されます。

→試験対策2章3節②

1 趣旨

　本条は、事業(営業)主体を誤認させる商号が選定されることがないよう、私法上の禁止規定(6条3項、7条、8条1項)の履行を確保するために、行政上の秩序罰として、過料による制裁を定めている。

第979条　D
　1　会社の成立前に当該会社の名義を使用して事業をした者は、会

> 社の設立の登録免許税の額に相当する過料に処する。
> 2　第818条第1項〔外国会社による登記前の継続取引の禁止〕又は第821条第1項〔擬似外国会社による継続取引の禁止〕の規定に違反して取引をした者も、前項と同様とする。

　会社の成立前に当該会社の名義を使用して事業をした者、外国会社の登記をする前に継続取引をした外国会社、日本において継続して取引をした擬似外国会社は登録免許税の額に相当する過料に処されます。

1　趣旨

　会社成立前に会社名義で事業をしたり、外国会社の登記前に日本において取引を継続して行うことは、実質的に登録免許税の潜脱を意味する。そこで、登録免許税相当の過料を課すことにより登録免許税を潜脱することを防止するため、本条が規定された。

事項索引

あ
預合い・・・・・・・・・・・・・・・・・・・・・・・・・・・・・67, 1335

い
委託募集・・・・・・・・・・・・・・・・・・・・・・・・・・・・・・・945
一人会社・・・・・・・・・・・・・・・・・・・・・・・・・・・・・・・・13

う
打切発行・・・・・・・・・・・・・・・・・・・・・・・・・・・・・・・949
売出発行・・・・・・・・・・・・・・・・・・・・・・・・・・・945, 949
売主追加請求権・・・・・・・・・・・・・・・・・・・・・・・・・239
売渡株式等・・・・・・・・・・・・・・・・・・・・・・・・268, 1205
売渡株主等・・・・・・・・・・・・・・・・・・・・・・・・・・・・・271

え
営利・・・・・・・・・・・・・・・・・・・・・・・・・・・・・・・・・・・2, 12
営利性・・・・・・・・・・・・・・・・・・・・・・・・・・・・・・・・2, 12

お
親会社・・・・・・・・・・・・・・・・・・・・・・・・・・・・・・・5, 199
親会社社員・・・・・・・・・・・・・・・・・・・・・・・・・・・・・・60
──の会計帳簿等閲覧・謄写請求権・・・・・697
親会社等・・・・・・・・・・・・・・・・・・・・・・・・・5, 329, 394

か
開業準備行為・・・・・・・・・・・・・・・・・・・・・・・・・・・・50
会計・・・・・・・・・・・・・・・・・・・・・・・・・・・・・・・・・・・692
会計監査・・・・・・・・・・・・・・・・・・・・・・・・・・・603, 604
会計監査人・・・・・・・・・・・・・・・・・・・・・・・・・・・・・620
──の権限・・・・・・・・・・・・・・・・・・・・・・・・・・・621
──の終任・・・・・・・・・・・・・・・・・・・・・・・・・・・511
──の選任・・・・・・・・・・・・・・・・・・・・・・・・・・・511
会計監査人設置会社・・・・・・・・・・・・・・・・・・・・・・6
会計参与・・・・・・・・・・・・・・・・・・・・・・518, 594, 595
会計参与設置会社・・・・・・・・・・・・・・・・・・・5, 594
会計参与報告・・・・・・・・・・・・・・・・・・・・・・・・・・・597
会計帳簿・・・・・・・・・・・・・・・・・・・・・・・・・・・694, 895
外国会社・・・・・・・・・・・・・・・・・・・・・・・・・・・5, 1158
解散・・・・・・・・・・・・・・・・・・・・・・・・・・・758, 763, 916
会社・・・・・・・・・・・・・・・・・・・・・・・・・・・・・・・・・・・・・5
──の合併・・・・・・・・・・・・・・・・・・・・・・・・・・1015
──の計算・・・・・・・・・・・・・・・・・・・・・・・・・・・692
──の継続・・・・・・・・・・・・・・・・・・・・・・・・761, 917
──の支配人・・・・・・・・・・・・・・・・・・・・・・・・・・22

──の使用人・・・・・・・・・・・・・・・・・・・・・・・・・・22
──の組織に関する訴え・・・・・・・・・・・・・1195
──の代理商・・・・・・・・・・・・・・・・・・・・・・・・・・22
──の不成立・・・・・・・・・・・・・・・・・・・・・・・・・・89
──の不存在・・・・・・・・・・・・・・・・・・・・・・・・・・90
会社債権者異議手続・・・・・・・・・・・・・・1046, 1131
会社分割・・・・・・・・・・・・・・・・・・・・・・・・・・・・・1038
──の差止め・・・・・・・・・・・・・・・・・・・・・・・1040
解職・・・・・・・・・・・・・・・・・・・・・・・・・・・・・・・81, 574
解任・・・・・・・・・・・・・・・・・・・・・・・・・・・・・・・81, 574
外部資金・・・・・・・・・・・・・・・・・・・・・・・・・・・・・311
各自代表の原則・・・・・・・・・・・・・・・・・・・・541, 546
貸方・・・・・・・・・・・・・・・・・・・・・・・・・・・・・・・・・・700
合併・・・・・・・・・・・・・・・・・・・・・・・・・・・・・・・・・1015
──と事業譲渡との比較・・・・・・・・・・・・・1017
──の差止め・・・・・・・・・・・・・・・・・・・・・・・1016
合併対価の柔軟化・・・・・・・・・・・・・・・・・・・1021
合併比率・・・・・・・・・・・・・・・・・・・・・・・・・・・・・1017
合併無効の訴え・・・・・・・・・・・・・・・・・・・・・・1017
加入・・・・・・・・・・・・・・・・・・・・・・・・・・・・・・・・・882
株券・・・・・・・・・・・・・・・・・・・・・・・・・・・・・・・・・348
株券失効制度・・・・・・・・・・・・・・・・・・・・・・・・・359
株券喪失登録者・・・・・・・・・・・・・・・・・・・・・・・362
株券喪失登録簿・・・・・・・・・・・・・・・・・・・・・・・360
株券発行会社・・・・・・・・・・・・・・・・・・・・・163, 350
株券発行前の株式譲渡・・・・・・・・・・・・・・・・187
株券不所持制度・・・・・・・・・・・・・・・・・・・・・・・353
株券不発行会社・・・・・・・・・・・・・・・・・・・・・・・187
株式・・・・・・・・・・・・・・・・・・・・・・・・・・・・・・44, 132
──の質入れ・・・・・・・・・・・・・・・・・・・・・・・・216
──の消却・・・・・・・・・・・・・・・・・・・・・・・・・・264
──の譲渡・・・・・・・・・・・・・・・・・・・・・・・・・・181
──の譲渡担保・・・・・・・・・・・・・・・・・・・・・・206
──の引受け・・・・・・・・・・・・・・・・・・・・・・・・・97
──の分割・・・・・・・・・・・・・・・・・・・・・・・・・・290
──の併合・・・・・・・・・・・・・・・・・・・・・・・・・・281
──の申込み・・・・・・・・・・・・・・・・・・・・・・・・・93
──の割当て・・・・・・・・・・・・・・・・・・・・・・・・・95
株式移転・・・・・・・・・・・・・・・・・・・・・・8, 1066, 1075
株式移転完全子会社・・・・・・・・・・・・・・・・・1077
株式移転計画新株予約権・・・・・・・・・・・・・1077
株式移転設立完全親会社・・・・・・・・・・・・・1076
株式売渡請求・・・・・・・・・・・・・・・・・・・・・・・・・266
株式会社・・・・・・・・・・・・・・・・・・・・・・・・・・・・・2, 3
株式会社等・・・・・・・・・・・・・・・・・・・・・・・・・・1211

事項索引／1353

株式交換	8, 1066	完全親会社等	1210
株式交換・株式移転の差止め	1067	完全親子会社	1067
株式交換完全親会社	1067	完全子会社等	609, 632, 653, 1210
株式交換完全親株式会社	1068	監督委員	813
株式交換完全親合同会社	1072	監督是正権	133
株式交換完全子会社	1068		
株式交換契約新株予約権	1069	**き**	
株式交換等完全親会社	609, 632, 652	議案提出権	473
株式交換等完全子会社	609, 632, 653, 1210	機関	454
株式取得者	196	議決権	133, 136, 477
株式譲渡自由の原則	45, 182	——の代理行使	485
株式譲渡の制限	183	——の不統一行使	490
株式担保	216	議決権行使書面	103, 465, 987
株式等	140	議決権者	989
株式等売渡請求	266, 270, 1205	議決権制限株式	160
株式引受人	95	議決権制限種類株式	147
株式無償割当て	293	擬似外国会社	1162
株主	2, 44, 132	擬似発起人	131
——の権利	132	基準株式数	732, 794
株主権	44	基準日	173
株主総会	455	基準日株主	173
——の権限	456	基準未満株式	732
株主総会参考書類	465	議事録	113
株主代表訴訟	1212	議題提案権	469
株主等	1211	客観的瑕疵	1173
株主平等原則	132, 153	キャッシュ・アウト	266
株主名簿	171	旧株主	1210
株主名簿管理人	172	吸収合併	7, 1015
株主有限責任の原則	44, 135	吸収合併契約等	1098
株主優待制度	153	吸収合併消滅会社	1019
株主割当て	323	吸収合併消滅持分会社	1019
借方	700	吸収合併存続会社	1019
簡易組織再編	1088	吸収合併存続株式会社	1019
監査委員会	648	吸収合併存続持分会社	1027
監査等委員	513, 517, 518, 526, 532, 535, 627	吸収合併等	1098
監査等委員会	535, 625, 670	——の差止請求	1104
監査等委員会設置会社	508, 542, 625, 1012	吸収分割	8, 1038
監査役	520, 604	吸収分割会社	1041
——の義務	607	吸収分割株式会社	1041
——の権限	604	吸収分割契約新株予約権	1042
——の報酬等	611	吸収分割合同会社	1119
監査役会	614	吸収分割承継会社	1041
監査役会設置会社	5, 520, 603	吸収分割承継株式会社	1041
監査役設置会社	5, 603	吸収分割承継持分会社	1050
監視義務	514	休眠会社	759
間接責任	2, 45	共益権	133
間接損害	685	競業取引	558
間接取引	560, 875	競業の禁止	873
完全親会社	1210	強制退社請求権	889

協定	841
協定債権者	805
共同事業	2
共同新設分割	1055
業務監査	603
業務執行	544
業務執行者	739
拒否権付種類株式	150
銀行等	67
金銭等	221
金銭分配請求権	729, 794
金融商品取引法	63

く

| 繰延資産 | 700 |

け

経営判断の原則	671
形骸化事例	11
計算	692
計算書類	698, 896
決議執行者	998
決議取消しの訴え	1185
決議の不存在	1182
決議の無効事由	1182
検査役	65
――の選任	65
――の調査	334, 436
現物出資	55
現物出資財産	332
現物出資財産等	64
権利株	69, 183

こ

公開会社	5, 515
公告	1314
――の中断	1313
公告期間	1313
公告方法	8, 1312
合資会社	2, 3, 853
合同会社	2, 3, 853
公平誠実義務	973
公募発行	945
合名会社	2, 3, 852
子会社	5, 199
子会社等	5, 329, 394
――による親会社株式の取得	200
個人事業	2
固定資産	700
固定負債	701
個別注記表	703
固有権	134

さ

債権者集会	829
財産引受け	56
定款に記載または記録のない――	56
財産目録等	927
最終完全親会社等	168, 609, 632, 653, 675, 1210
最終事業年度	7
財務諸表等	1321
債務超過	799
債務の弁済	928
裁量棄却	1188
詐害的会社分割	1048
差止請求権	567
参加的優先株式	147
残余財産	136
――の分配	793

し

自益権	132
事業譲渡	34
事業譲渡等	1082
事業の賃貸	754
事業報告	699, 704
自己株式	157
――の取得	229
――の消却	264
――の保有	232
自己株式処分の無効の訴え	1174
自己資金	312
自己資本	312
自己新株予約権	406
事後設立	751, 752
資産	700
市場取引等	243
失権	70, 97
失権効	327
執行役等	647
失念株	192
指定買取人	208
支配人	22
支払不能	805
資本維持の原則	46
資本確定の原則	46
資本金	46, 717
――の額の減少(減資)	720

事項索引／1355／

項目	頁
──の額の減少無効の訴え	1177
資本組入れ	722
資本充実の原則	46
資本準備金	717
資本の欠損	721
資本不変の原則	46
指名委員会	648
指名委員会等設置会社	6, 515, 641, 642
社員	2
──の責任	859
社員権	44
社外監査役	6, 520, 615
社外取締役	6
社債	7, 944
──の償還	947
社債券	948
社債権者集会	982
社債権者集会参考書類	986
社債原簿	954
社債原簿管理人	956
社債等	1012
社債発行会社	955
社団	2, 13
社団性	2, 13
従業員持株制度	186
従属性(付従性)	861
終任	512
主観的瑕疵	1173
授権株式制度	310
授権資本制度	71, 310
出資の払戻し	901
出資の履行	69
出資払戻額	907
取得原価主義	700
取得条項付株式	7, 142, 149, 247
取得条項付新株予約権	421
取得請求権付株式	7, 142, 149
種類株式制度	132
種類株式発行会社	6, 146
種類株主総会	6
種類創立総会	114
純資産	700, 702
準則主義	10, 48
準備金	717, 721
商業登記	1276
常勤監査役	615
承継会社	1038
証券発行新株予約権	401, 415, 445
証券発行新株予約権付社債	401, 415
商号	17
商行為	16
商号選定自由の原則	17
招集	458
招集権者	581
少数株主権	133
譲渡会社	34
譲渡制限株式	7, 141, 148
譲渡制限新株予約権	392
譲渡制限に違反した株式譲渡の効力	206
譲渡担保	216
譲渡等承認請求	203, 413
譲渡等承認請求者	205
使用人兼務取締役	570
常務	551, 869, 881
消滅会社等	1124
消滅株式会社等	1098
剰余金	136
──の配当	733, 735
──の配当等に関する責任	736
違法な──	739
将来効	1173
除名	886
書面投票制度	461
所有と経営の制度上の分離	45
シリーズ発行	949
新株発行、自己株式の処分および新株予約権の発行の不存在確認の訴え	1180
新株発行等の不存在確認の訴え	1181
新株発行の差止請求を無視する発行	339
新株発行の無効の訴え	1174
新株予約権	7, 375
──の行使	430
──の買入れ	415
──の消却	425
──の譲渡	405
──の消滅	445
──の発行	379
──の発行の差止め	399
──の発行の無効の訴え	1177
新株予約権売渡請求	266
新株予約権買取請求	164
新株予約権原簿	402
新株予約権取得者	410
新株予約権証券	446
新株予約権付社債	7, 376, 405
新株予約権無償割当て	426
新設会社	1038
新設合併	7, 1015

新設合併消滅会社…………………………1030	設立中の会社………………………………49
新設合併消滅株式会社……………………1030	設立費用……………………………………57
新設合併消滅持分会社……………………1030	設立無効事由………………………………90
新設合併設立会社…………………………1029	設立無効の訴え…………………………89,1172
新設合併設立株式会社……………………1030	善意取得…………………………………194
新設合併設立持分会社……………………1035	善管注意義務…………………………556,973
新設合併等の差止請求……………………1141	選定……………………………………81,574
新設分割………………………………8,1038,1055	選定業務執行取締役………………………578
新設分割会社………………………………1056	選任……………………………………81,510,574
新設分割株式会社…………………………1056	全部取得条項付種類株式………………150,251
新設分割計画新株予約権…………………1057	
新設分割合同会社…………………………1152	**そ**
新設分割設立会社…………………………1055	総会検査役………………………………475
新設分割設立株式会社……………………1055	総額引受け………………………………945
新設分割設立持分会社……………………1061	相対的記載事項………………………55,59,856
信託会社等…………………………………723	創立総会……………………………………99
信託財産……………………………………227	創立総会参考書類…………………………103
人的分割…………………………………1038	組織再編行為……………………………1082
	組織再編の差止請求…………………1086,1088
せ	組織変更………………………………7,1006
清算……………………………758,762,763,918	組織変更・合併・会社分割・株式交換・株式移転
清算株式会社………………………………764	無効の訴え…………………………1177
清算手続……………………………………788	訴訟告知…………………………………1228
清算人……………………………765,811,919	損益計算書…………………………699,702
清算人会……………………………………766	存続持分会社等…………………………1135
清算人会設置会社………………………144,767	
清算持分会社………………………………919	**た**
責任追及等の訴え………………………1209,1211	大会社………………………………………5
絶対的記載事項…………………………53,855	退社……………………………………882,885
設立…………………………………………52	貸借対照表…………………………699,700,897
――の登記………………………………82	対象会社…………………………………265
――の取消し……………………………90,1191	対象株式…………………………………208
――の取消しの訴え……………………1191	退職慰労金………………………………570
――の無効………………………………89	対世効……………………………………1173
設立時委員…………………………………82	代表…………………………………541,546
設立時会計監査人…………………………72	代表権の濫用………………………………546
設立時会計参与……………………………72	代表執行役…………………………………666
設立時株主…………………………………99	代表清算人……………………………773,774
設立時監査等委員………………………72,117	代表取締役………………………………81,545
設立時監査役………………………………72	代理商………………………………………30
設立時執行役………………………………82	多重代表訴訟……………………………1210
設立時種類株主……………………………114	多数決……………………………………484
設立時代表執行役…………………………82	妥当性監査………………………………604
設立時代表取締役…………………………81	他人資金…………………………………312
設立時取締役………………………………72	他人資本…………………………………312
設立時発行株式……………………………51	単元株式数…………………………………7
設立時募集株式……………………………91	単元株制度………………………………296
――の払込金額…………………………91	単元未満株式……………………………297
設立時役員等………………………………73	単元未満株主……………………………297

事項索引 /1357/

単独株主権……………………………133
担保提供命令…………………………1183

ち

中間配当………………………………730
忠実義務………………………………556
調査委員………………………………816
直接責任…………………………………2
直接損害………………………………685
直接取引…………………………560, 874
直接募集………………………………945

つ

通常清算………………………………762

て

定款………………………………………53
　──による譲渡制限…………………183
　──の変更…………………………748, 912
定時株主総会…………………………458
提訴請求………………………………1210
締約代理商………………………………30
適格旧株主……………………………168, 1210
適法性監査……………………………604
電子公告………………………………8, 1314
電子公告調査…………………………1314
電磁的記録………………………………53

と

同一性説…………………………………49
登記……………………………………1276
　──の消極的公示力………………1277
　──の積極的公示力………………1277
登録株式質権者………………………220
登録質…………………………………216
登録新株予約権質権者………………417
特殊決議………………………………482
特定責任………………………………1210
特定責任追及の訴え…………………1210
特定引受人……………………………329, 394
特別決議………………………………482
特別支配会社…………………………1087, 1102
特別支配株主…………………………221, 227, 266
特別支配株主完全子法人……………267
特別清算………………………………762, 799
特別清算人の地位……………………811
特別代理人……………………………976
特別の利益………………………………57
取消事由………………………………1186, 1192

取締役(の責任)………………………687
　──の義務………………………556, 563
　──の報酬……………………………569
　事実上の(代表)──…………………688
　選任決議を欠く登記簿上の──……688
　退任登記未了の辞任──……………688
取締役会………………………………573
　──の決議……………………………585
　──の権限……………………………575
　──の招集……………………………581
取締役会設置会社……………………5, 515
取締役会非設置会社…………………541

な

名板貸人…………………………………20
内部資金………………………………311
内部統制システムの構築義務………514

に

任意清算………………………………762, 934
任意退社………………………………885
任意積立金……………………………727
任意的記載事項………………………59, 856
任務懈怠………………………………670
任務懈怠責任…………………………670

は

媒介代理商………………………………30
配当額…………………………………900, 904
配当財産…………………………………7
配当優先株式…………………………147
発行可能株式総数……………………70, 157
発行可能種類株式総数………………127
払込金の保管証明………………………98
払込取扱機関……………………………98

ひ

非業務執行取締役等…………………682
非参加的優先株式……………………147
非設権証券性…………………………348
1株当たりの純資産額………………210
1株1議決権の原則…………………477
非文言証券性…………………………349
表見支配人………………………………26
表見代表取締役………………………553
非累積的優先株式……………………147
日割配当………………………………730

ふ

- 負債……………………………700, 701
- 不実登記………………………………1277
- 附属明細書……………………………699
- 普通株式………………………………146
- 普通決議………………………………481
- 物的分割………………………………1038
- 振替株式制度…………………………181
- 分割会社に知れていない債権者……1047
- 分割型分割……………………………1038
- 分社型分割……………………………1038
- 分配可能額……………………………738

へ

- 変態設立事項……………………………55

ほ

- 報酬委員会……………………………648
- 報酬等…………………………………569
- 法人…………………………………2, 10
- 法人格………………………………10, 11
- ――の付与……………………………48
- 法人格否認の法理………………………11
- 法人性………………………………2, 10
- 法定清算………………………………762
- 法定清算人……………………………768
- 法定退社………………………………885
- 法令・定款違反………………………338
- 募集株式………………………………310
- ――の発行……………………………313
- ――の発行等の差止請求……………338
- 「著しく不公正な方法」による――の発行等……339
- 募集事項…………………………313, 949
- 募集社債………………………………947
- 募集新株予約権………………………379
- 募集設立……………………………48, 91
- 発起設立………………………………48
- 発起人…………………………………49
- ――の権限……………………………49
- ――の報酬……………………………57
- 発起人組合……………………………50
- 発起人総代……………………………51
- 発起人等………………………………1209

み

- 見せ金……………………………68, 1335

む

- 無記名証券性…………………………349
- 無記名新株予約権………………401, 417, 452
- 無記名新株予約権付社債………401, 417
- 無限責任…………………………………3
- 無効の確認の訴え……………………1182

め

- 銘柄統合………………………………954
- 名義書換え……………………………191
- ――の不当拒絶………………………191
- 名目的取締役…………………………687
- ――の監視義務………………………687

も

- 持分会社……………………………2, 852
- ――の代表……………………………877
- 持分の譲渡……………………………863
- 持分払戻額……………………………909

や

- 役員……………………………………510
- ――の終任……………………………511
- ――の選任……………………………511
- 役員および会計監査人………………510
- ――の解任……………………………526
- ――の終任……………………………526
- 役員等…………………………………669

ゆ

- 有価証券…………………………………63
- 有限会社法………………………………4
- 有限責任…………………………………3
- 優先株式………………………………146
- 有利発行………………………………315
- 譲受会社………………………………35

よ

- 要式証券性……………………………349

ら

- 濫用事例…………………………………11

り

- 利益額……………………………900, 904
- 利益供与の禁止………………………168
- 利益準備金……………………………717
- 利益相反取引…………………………560

利益の配当……………………………899, 904
略式質……………………………………216
略式組織再編…………………………1086
流動資産…………………………………700
流動負債…………………………………701
臨時株主総会……………………………458
臨時計算書類……………………………710

る

累積的優先株式…………………………147

累積投票…………………………………530
累積投票制度……………………511, 530

れ

劣後株式…………………………………147
連結計算書類……………………………713

わ

割当自由の原則……………………95, 327
割当て等……………………………330, 396

条文用語索引

（項目につづく数字は、該当条文を表わし、太字の条文に定義の記載があります。
太字の用語は、平成26年改正により追加または変更したことを表わします。）

委員会→指名委員会等を参照
委員会設置会社→指名委員会等設置会社を参照

売渡株式……………………………………………………………151,**179の2**,179の4,179の6,219
売渡株式等………………………………………179の2,**179の6**,179の7,179の8,179の9,179の10,**846の2**,
　　　　　　　　　　　　　　　　846の3,846の4,846の5,846の6,846の7,846の8,846の9,868,870
売渡株主………………………………………………………………**179の2**,179の4,179の7,846の2,846の5
売渡株主等………………………………………………………**179の4**,179の5,179の6,179の8,179の10
売渡新株予約権……………………………………………………………………179の2,**179の4**,272,293
売渡新株予約権者……………………………………………………179の2,179の4,179の6,**179の7**,846の2

お

親会社………………………………………………………………**2**,31,135,371,394,413,868
親会社株式………………………………………………………………………………**135**,800
親会社社員……………………………31,81,82,125,252,318,319,371,378,394,413,433,442,496,684,868
親会社等………………………………………………………………………2,**206の2**,244の2

か

会計監査人……… 2,38,39,45,309,316,326,327,**328**,329,330,337,338,339,340,344,345,346,372,395,396,397,398,
　　　　　399,399の2,399の12,399の13,404,414,416,423,425,427,429,436,441,444,746,753,763,911,967,976
会計監査人設置会社…………………**2**,38,327,338,389,396,436,438,439,441,444,459,746,753,763,773,911
会計参与……………………………… 2,38,39,45,207,284,314,316,326,329,331,**333**,334,335,337,345,346,372,
　　　　　374,375,376,377,378,379,380,381,389,395,396,399の2,399の3,399の9,399の11,
　　　　　399の12,400,404,409,414,416,423,425,427,429,478,490,746,870,874,911,917,937,960
会計参与設置会社…………**2**,38,327,334,374,376,378,380,381,399の2,399の3,399の9,404,746,753,763,773,911
外国会社……………………………………**2**,5,10,135,155,467,817,818,819,820,821,822,823,827,
　　　　　　　　　　　　　868,870,903,905,933,934,935,936,937,938,939,940,976,978
会社の組織に関する訴え………………………………………………834,835,836,837,838,839,846
仮装払込み……………………………………………………………………**52の2**,102,102の2
合併契約………………………………………………………………234,399の13,416,**748**
合併対価等……………………………………………………………………………**783**,784
株券喪失登録……………………………………………………223,224,225,226,227,228,229,230,976
株券喪失登録者……………………………………………………**224**,225,226,227,228,229,230,232
株券喪失登録日………………………………………………………………**221**,225,228,229,230
株券提出日……………………………………………………………………………………219
株券発行会社………………**117**,121,122,128,129,130,141,142,146,147,149,152,153,166,189,193,215,216,217,218,
　　　　　　　219,220,221,222,223,224,225,226,227,228,229,230,231,232,470,786,798,807,840,841,844,911
株式移転………………………………… 2,151,219,234,236,272,293,309,322,416,445,475,509,772,
　　　　　　　773,774,804,808,811,828,834,844,847の2,851,925,930,937,976
株式移転計画………………………………………………………234,399の13,416,772,**773**,803

条文用語索引　い〜か / 1361 /

株式移転計画新株予約権	293,773,774,808,810
株式移転完全子会社	773,774,803,804,806,808,811
株式移転設立完全親会社	154,773,774,803,808,811,814,815
株式売渡請求	151,179,179の2,179の3,179の4,179の7,219,846の2
株式会社等	848,849,850,852,853
株式買取請求	116,117,182の4,182の5,469,470,785,786,797,798,806,807
株式交換	2,151,219,234,236,272,293,309,322,416,445,509,767,768,769,770,771,782,783,784,787,789,791,799,802,828,834,844,847の2,851,937,976
（株式交換）効力発生日	768,769,770,771
株式交換完全親会社	154,767,768,770,784,787,791
株式交換完全親株式会社	768,769,787,794,795,799,801,802
株式交換完全親合同会社	770,771,802
株式交換完全子会社	768,769,770,771,782,783,787,791,794,795,796,799,800,801
株式交換契約	399の13,416,767,768,770,782,783,828,834
株式交換契約新株予約権	293,768,769,787,789
株式交換等完全親会社	386,399の7,408,849
株式交換等完全子会社	386,399の7,408,847の2,848,849
株式取得者	133,134,137,138
株式等	107,156,171,236,454,749,758,768,795,796,804
株式等売渡請求	179,179の2,179の3,179の4,179の5,179の6,179の7,179の8,179の9,179の10,846の2
株式の分割	116,132,151,152,**183**,191,215,235,322
株式の併合	116,132,151,152,**180**,182,182の2,182の3,182の4,182の6,215,219,235,322
（株式の併合）効力発生日	**180**,181,182,182の2,182の4,182の5,182の6
株式無償割当て	116,151,**185**,186,189,234,322
株主総会参考書類	301,302
株主総会等	830,831,834,937
株主等	828,831,847の4,849,850,852
株主名簿管理人	123,125,231,252,911,976
監査委員	400,405,406,407,408,419,425,426,427,429,477,478,849
監査等委員	38,39,40,41,43,44,45,88,89,90,92,108,309,329,331,332,340,342,342の2,344の2,346,347,360,375,397,399の2,399の3,399の4,399の5,399の6,399の7,399の8,399の9,399の10,399の12,399の13,399の14,425,426,427,429,444,459,477,478,746,849,854,870,911,917,937,960,966,976
監査等委員会	2,326,327,332,336,340,342の2,344の2,346,357,361,375,397,398,399,399の2,399の3,399の7,399の8,399の9,399の10,399の11,399の12,399の14,423,436,441,444
監査等委員会設置会社	2,38,39,40,41,43,45,47,88,89,90,92,108,327,328,329,331,332,340,342,346,347,357,360,361,367,371,373,375,397,398,399,399の2,399の3,399の6,399の7,399の11,399の13,399の14,425,426,436,441,444,459,477,478,482,490,746,753,763,773,831,849,854,870,911,917,937,960,966,976
監査役	2,33,38,39,41,45,90,108,112,207,284,307,309,314,316,326,327,329,333,335,336,337,340,343,344,345,346,347,357,359,368,369,370,372,375,**381**,382,383,384,385,386,387,388,389,390,391,392,393,395,396,397,398,399,423,425,427,429,436,441,444,477,478,480,488,490,495,511,512,516,522,530,540,541,543,573,746,753,763,773,828,831,836,846の2,846の5,849,854,870,874,911,917,937,943,960,976
監査役会	2,316,326,328,340,343,344,346,357,375,**390**,391,392,393,394,395,397,398,399,477
監査役会設置会社	2,39,327,327の2,335,340,343,344,346,357,375,389,390,394,397,398,399,459,478,911
監査役設置会社	2,38,46,93,94,307,344,357,359,360,367,368,370,371,372,375,381,385,386,388,425,426,436,438,441,459,482,490,495,497,746,753,763,773,828,846の2,849,911
完全親会社	847の2,847の3,851
完全親会社等	847の3

| 完全子会社等 | 386,399の7,408,847の3,849 |

き

議決権制限株式	115
基準株式数	456,506
基準日	124,183,184
基準日株主	124
基準未満株式	446,456,465,506
議事録等	371
旧株券	840,841,844
旧株主	847の2
旧完全親会社	844
旧完全親会社株式	844
旧完全子会社	844
旧完全子会社株式	844
吸収合併	2,749,750,751,752,782,783,784,786,787,788, 789,793,799,800,802,828,834,843,847の2,921,937,976
（吸収合併）効力発生日	749,750,751,752
吸収合併契約等	782,783,784,785,793,794,795,796,797,802
吸収合併契約等備置開始日	782,794
吸収合併消滅会社（吸収合併により消滅する会社）	749,750,751,752,795,796,801,847の2,921,937
（合併により消滅する会社）	2,847の2,849,851
吸収合併消滅株式会社	749,750,751,752,782,783,787,789,795,796,800
吸収合併消滅持分会社	749,750,751,752,793,795,796,800
吸収合併存続会社（合併後存続する会社）	2,749,751,784,786,788,793,828,834,843,921,937
吸収合併存続株式会社（合併後存続する株式会社）	236,749,750,794,795,799,801,847の2,851
吸収合併存続持分会社	751,752
吸収合併等	782,783,784の2,785,787,789,795,796,796の2,797,799,800
（吸収合併等）効力発生日	782,783,785,786,787,788,790,791,793,794,795,796,797,798,800,801,802
吸収分割	2,135,155,236,272,293,322,416,445,474,643,757,758,759,760,761, 782,784,786,787,789,791,793,799,801,802,828,834,843,923,937,976
（吸収分割）効力発生日	758,759,760,761
吸収分割会社（吸収分割をする会社）	155,758,759,760,761,793,795,796,800,843,923,937
吸収分割株式会社	758,760,782,784,787,789,791,793
吸収分割契約	293,399の13,416,757,758,759,760,761,782,828,834
吸収分割契約新株予約権	293,758,759,787
吸収分割合同会社	793,801
吸収分割承継会社（承継する会社）	757,758,760,784,787,789,791,843,923,937
吸収分割承継株式会社	758,759,787,794,795,799,801
吸収分割承継持分会社	760,761
業務執行者	462,463,464,465
業務執行取締役	2,213,286,331,400,427,462,824
業務執行取締役等	2,425,427
銀行等	34,63,64,208,246,281
金銭等	151,154,156,157,161,171,189,219,220,272,293,309,461,462,463,465,576,623, 624,628,632,635,744,746,749,751,758,760,768,770,783,794,795,796,799,800,801
金銭分配請求権	309,446,454,455,459,505

け

計算書類……………………………………2,337,374,378,396,429,435,436,437,438,439,442,
　　　　　　　　　　　　　　　443,449,459,460,465,617,618,619,625,779,789,799,810
計算書類等……………………………………………………………………………………442
決議執行者……………………………………………………………737,738,741,865,961
欠損額……………………………………………………………………………………631
現物出資財産………………………………………207,208,212,213,213の2,284,285,286
現物出資財産等…………………………………………………………………33,46,52,93

こ

公開会社………………………2,37,68,108,109,113,115,129,158,162,179の5,179の10,180,201,202,206の2,
　　　　　　　　215,240,241,244の2,297,299,303,305,306,309,327,327の2,328,331,332,336,360,389,
　　　　　　　　402,422,426,469,477,479,522,784,785,796,797,828,846の2,847,847の2,847の3,849,854
公告方法………………………2,440,449,627,635,670,779,789,799,810,819,911,912,913,914,933,939
更生手続開始…………………………………………………………………23の2,24,759,761,764,766
公正な価格……116,117,118,119,172,182の4,182の5,469,470,777,778,785,786,787,788,797,798,806,807,808,809
効力発生日………………………………………………………………………………………116,117
子会社………………………………2,120,135,163,331,333,335,337,348,358,362,371,374,381,389,394,
　　　　　　　　　　　　　396,399の3,399の11,399の13,400,405,413,427,444,478,530,947,970
子会社等……………………………………………………………………………2,206の2,244の2

さ

財産目録等……………………………………………………………487,492,493,521,562,658,659
最終完全親会社等………………………………120,386,399の7,408,425,426,427,847の3,847の4,849,853,970
最終事業年度………………………………………………………2,441,446,459,460,461,465,879
再生手続開始…………………………………………………………………23の2,24,759,761,764,766
最低責任限度額……………………………………………………………………………425,427
詐害事業譲渡………………………………………………………………………23の2,759,764
詐害分割…………………………………………………………………………759,761,764,766
差止請求……………………………………………………………………784の2,796の2,805の2
残存債権者…………………………………………………………………23の2,759,761,764,766

し

事業譲渡等…………………………………………………………………………468,469,470
　（事業譲渡等）効力発生日…………………………………………………………467,468,469,470
自己株式………………113,114,128,129,132,178,194,199,210,221,308,358,433,446,461,522,828,829,833,834,841
自己新株予約権………………………………………………………………255,256,259,276,280
自己新株予約権付社債……………………………………………………………………255,256
市場取引等………………………………………………………………………………………165
執行役………………………2,12,17,46,48,120,122,149,207,212,213,213の3,216,250,270,289,284,285,286,
　　　　　　　　286の3,295,314,331,333,335,337,371,372,374,375,377,386,396,397,399の7,400,
　　　　　　　　402,403,404,406,407,408,414,416,417,418,419,420,421,422,423,425,426,428,429,462,
　　　　　　　　478,490,594,824,828,836,846の2,846の5,849,870,874,911,917,937,943,960,966,972,976
執行役等………………………………………………………………………404,405,407,409,411,416
指定買取人………………………………………………………………134,138,140,142,143,144,145,870
支配人………………………………2,10,11,12,13,207,284,331,333,335,348,362,374,381,389,396,
　　　　　　　　　　　　　399の3,399の13,400,404,405,478,482,489,530,591,918,960,972,976
資本金等…………………………………………………………………………………………449

用語	頁
指名委員会等	2, 326, 332, 336, 400, 401, 402, 410, 411, 412, 413, 414, 417, 911
指名委員会等設置会社	2, 46, 47, 48, 108, 120, 122, 149, 212, 213, 213の3, 216, 250, 270, 285, 286, 286の3, 289, 327, 328, 331, 332, 340, 346, 360, 367, 371, 372, 373, 374, 375, 377, 396, 397, 398, 399, 400, 401, 402, 403, 404, 405, 407, 408, 413, 415, 416, 417, 418, 419, 421, 422, 423, 425, 426, 436, 441, 444, 462, 477, 478, 482, 490, 828, 846の2, 849, 911
社員等	828
社外監査役	2, 335, 478, 911, 976
社外取締役	2, 327の2, 331, 373, 399の13, 400, 478, 911, 976
社債	2, 107, 118, 119, 167, 170, 171, 173, 179の2, 234, 236, 243, 244, 245, 248, 249, 254, 256, 267, 272, 275, 278, 279, 280, 292, 362, 399の13, 429, 487, 489, 676, 681, 682, 685, 686, 687, 688, 689, 690, 691, 692, 693, 694, 696, 697, 700, 701, 702, 704, 705, 706, 710, 712, 714, 715, 718, 723, 728, 734, 736, 739, 744, 745, 746, 747, 749, 750, 751, 752, 753, 754, 755, 756, 758, 759, 760, 761, 763, 764, 765, 766, 768, 769, 770, 771, 773, 774, 777, 778, 787, 788, 796, 808, 809, 828, 865, 867, 868, 870, 937, 964, 968, 976
社債権者集会参考書類	721
社債原簿管理人	683, 684, 976
社債等	746, 753, 763, 773
社債発行会社	682, 684, 685, 688, 690, 691, 693, 694, 695, 696, 697, 700, 705, 706, 710, 711, 712, 713, 714, 717, 718, 720, 723, 729, 731, 733, 735, 739, 740, 741, 742
出資の払戻し	624, 626, 632, 633, 634
出資の履行	35, 36, 38, 40, 41, 43, 44, 45, 46, 50, 59, 93, 208, 209
出資払戻額	626, 632, 633, 634
取得条項付株式	2, 100, 111, 114, 151, 168, 169, 170, 189, 219
取得条項付新株予約権	273, 274, 275, 293
取得請求権付株式	2, 100, 111, 114, 151, 166, 167
種類株式発行会社	2, 28, 32, 40, 43, 58, 72, 73, 84, 99, 100, 101, 110, 111, 115, 116, 117, 121, 138, 140, 142, 156, 157, 158, 159, 160, 164, 166, 167, 170, 171, 175, 176, 178, 179の2, 180, 181, 182, 182の2, 184の4, 182の6, 183, 184, 185, 186, 187, 188, 191, 192, 194, 195, 197, 199, 200, 202, 214, 216, 217, 218, 219, 221, 226, 227, 234, 236, 238, 239, 241, 277, 278, 279, 309, 322, 323, 469, 746, 749, 751, 753, 758, 763, 768, 770, 773, 783, 784, 785, 795, 797, 804, 806, 911
種類株主	2, 84, 108, 111, 116, 158, 160, 181, 184, 185, 186, 187, 195, 199, 200, 238, 239, 277, 278, 279, 322, 323, 347, 783, 795, 804
種類株主総会	2, 44, 45, 84, 92, 108, 111, 116, 124, 162, 182の2, 188, 189, 199, 200, 230, 238, 239, 321, 322, 323, 324, 325, 347, 469, 782, 783, 785, 794, 795, 797, 803, 804, 806, 830, 831, 854, 922, 924, 925, 963, 968, 976
種類創立総会	44, 84, 85, 86, 90, 92, 100, 101, 102, 347, 830, 831, 911, 963, 968, 976
準備金	445, 446, 447, 448, 449, 451, 749, 753, 758, 763, 768, 773, 976
承継債務額	795
承継資産額	795
証券発行新株予約権	249, 250, 255, 256, 257, 258, 267, 268, 270, 280, 288, 289, 290
証券発行新株予約権付社債	249, 250, 255, 256, 257, 258, 267, 268, 270, 280, 292
招集権者	366, 367, 383, 417, 490
譲渡制限株式	2, 134, 136, 137, 138, 140, 174, 179の9, 199, 200, 204, 238, 239, 243, 769, 771, 783, 795, 796, 804
譲渡制限株式等	309, 783, 784, 804
譲渡制限新株予約権	179の9, 243, 261, 262, 263, 264
譲渡等承認請求	138, 139, 140, 144, 264, 265, 266
譲渡等承認請求者	139, 140, 141, 142, 143, 144, 145
使用人	2, 11, 12, 13, 14, 15, 16, 207, 284, 331, 333, 335, 362, 374, 381, 389, 396, 399の3, 399の13, 400, 404, 405, 478, 489, 530, 896, 960, 970, 975
消滅会社等	796, 796の2, 797, 799, 800, 806, 808, 810, 814, 816
消滅会社等の株主等	796, 800

消滅株式会社等	782,783,784,784の2,785,786,787,788,789,790,793,**803**,804,805の2,806,807,808,809,810,813
新株予約権	2,107,113,114,116,118,119,167,170,171,173,179の2,234,236,237,238,241, 242,243,244の2,247,249,250,251,253,254,255,257,260,261,263,265,267,268, 269,270,272,273,274,275,277,278,279,280,281,282,283,284,285,286の2,286の3, 287,292,293,294,322,425,429,487,744,745,746,747,749,750,751,752,753,754, 755,756,758,759,760,763,764,765,768,769,773,774,775,777,778,783,787,788, 789,796,804,808,809,810,828,829,834,839,842,870,911,915,922,937,964,968,976
新株予約権売渡請求	179,179の2,179の3,179の4,179の6,179の7,272,293,846の2
新株予約権買取請求	118,119,777,778,787,788,**808**,809
新株予約権取得者	260,261,263,264
新株予約権証券	118,119,236,249,255,256,257,258,267,**268**,280,288, 289,290,291,293,294,425,777,778,787,788,808,809,842,976
新株予約権付社債	2,107,118,119,167,170,171,173,179の2,236,238,242,243,244,245,248,249,254, 255,267,272,275,278,280,293,294,429,487,746,747,749,750,753,754,758,759,763, 764,768,769,773,774,777,778,787,788,789,796,808,809,810,828,842,870,937,964,968
新株予約権付社債券	119,**249**,255,256,257,258,267,268,280,292,293,778,788,809,842
新株予約権無償割当て	116,151,277,278,322
新設合併	2,753,755,804,807,808,809,810,813,815,828,834,843,922,930,937,976
新設合併契約等	803,804,813
新設合併契約等備置開始日	803
新設合併消滅会社（新設合併により消滅する会社）	753,754,755,756,806,815,922,937
（合併により消滅する会社）	2,847の2,849,851
新設合併消滅株式会社	753,754,755,756,803,804,808,810
新設合併消滅持分会社	753,754,755,756,813
新設合併設立会社（合併により設立する会社）	2,753,755,803,804,807,809,813,828,834,843,922,930,937
新設合併設立株式会社（合併により設立する株式会社）	236,**753**,754,804,814,815,847の2,851
新設合併設立持分会社	755,756,816
新設合併等	804,805の2,806,808,810
新設分割	2,135,236,272,293,322,445,762,763,764,765,766,804, 805,808,810,811,813,815,828,834,843,924,930,937,976
新設分割会社（新設分割をする会社）	763,764,765,766,806,813,828,834,924,937
新設分割株式会社	763,765,803,805,808,810,811,813
新設分割計画	293,399の13,416,**762**,763,764,765,766,803,805,808
新設分割計画新株予約権	293,763,764,808
新設分割合同会社	813,815
新設分割設立会社（新設分割により設立する会社）	763,765,803,805,808,810,811,828,834,843,924,930,937
新設分割設立株式会社	763,764,808,814,815
新設分割設立持分会社	765,766,816
信託会社等	449,627,635,670,779,789,799,810,820

せ

| 清算株式会社 | 476,477,478,479,480,482,483,484,485,486,487,488,489,491,492,494,496,497,499, 500,501,502,503,504,505,506,507,508,509,510,511,512,515,516,517,518,519,520, 521,522,523,528,530,532,535,536,537,538,539,540,541,542,544,545,546,547,548,549, 550,559,562,563,566,568,571,574,858,880,886,887,890,896,899,928,929,938,960,966,976 |
| 清算人 | 386,399の7,408,477,**478**,479,481,482,483,484,485,486,487,488,489,490, 491,492,497,500,504,505,507,508,511,512,516,522,523,524,525,526,530,540, 541,542,543,562,573,646,647,648,649,650,651,652,653,654,655,656,657,658,661,667, 672,822,828,831,836,846の2,846の5,847,849,870,874,893,896,928,937,938,960,966,976 |

清算人会設置会社	108,323,478,482,483,489,490,491,492,495,497,504,505,507,508,928
清算持分会社	645,646,647,650,651,652,655,656,657,658,660,661,662,663,664,665,667,669,670,671,672,673,674,675,863,874,928,929,976
責任追及等の訴え	847,848,849,850,851,852,853
設立会社	803,806,807,808,809,810
設立株式会社	814,815
設立時委員	48
設立時会計監査人	38,39,40,43,45,88,91,753,763,773
設立時会計参与	38,39,40,43,45,88,91,753,763,773
設立時株主	52の2,65,67,68,69,70,71,72,73,74,75,76,77,78,81,82,83,84,86,89,93,97,102,831,836,976
設立時監査等委員	38,39,41,43,44,47,88,89,90,92,753,763,773,831
設立時監査役	33,38,39,40,43,44,45,46,53,54,55,88,91,92,93,94,542,753,763,773,831,836,847,960,976
設立時執行役	48,966,976
設立時種類株主	84,85,86,90,92,99,100,101
設立時代表執行役	46,48,911
設立時代表取締役	47
設立時取締役	33,38,39,40,41,43,44,45,46,47,48,52,53,54,55,88,89,90,91,92,93,94,542,753,763,773,831,836,847,870,960,966,976
設立時発行株式	25,28,32,33,34,35,36,37,40,41,43,44,45,50,51,52の2,57,58,63,72,77,84,86,89,90,92,97,99,100,101,102,234
設立時募集株式	58,59,60,61,62,63,102,102の2
設立時役員等	39,40,42,43
設立持分会社	816
全部取得条項付種類株式	151,171,171の2,171の3,172,173,173の2,219

そ

総会議案提案取締役	462
創立総会	65,66,67,68,69,71,72,73,74,75,76,77,78,79,80,81,82,83,84,87,88,89,91,92,93,94,96,97,98,102,830,831,911,963,968,976
創立総会参考書類	70,71
組織変更	2,151,219,272,293,743,744,745,746,747,775,776,777,778,779,780,781,828,834,920,937,976
（組織変更）効力発生日	744,745,746,747,775,776,777,778,780,781
組織変更計画備置開始日	775
組織変更後株式会社	746
組織変更後持分会社	744,745,778
存続会社等	784,784の2,785,787,789,790
存続株式会社等	794,795,796,796の2,797,798,799,800,801
存続持分会社等	802

た

大会社	2,328,348,362,440,444,477
貸借対照表等	496
対象株式	140,141,142,144
代表清算人	482,483,489,491,870,874,928,937,938,960,976
代表取締役	47,122,149,216,250,270,289,349,350,351,352,354,362,363,425,482,483,491,870,874,911,917,937,960,976
単元株式数	2,40,41,43,44,45,72,89,101,116,188,189,190,191,194,195,308,322,342,911
単元未満株式	189,192,193,194

単元未満株式売渡請求……………………………………………………………………………………194
単元未満株主…………………………………………………………189,192,193,194,847,847の2

ち

中間配当………………………………………………………………………………………………454

て

定款変更日……………………………………………………………………………………118,119
提訴請求…………………………………………………………………………………………847の2
適格旧株主………………………………………………………120,847の2,847の4,849,853,970
電子公告……………………………………2,706,720,911,912,913,914,933,939,940,941,944,947
電子公告関係規定………………………………………………………………………943,954,956
電子公告調査………………………942,944,946,947,948,949,950,953,954,955,956,957,959,973,974,976
電磁的記録………………………………26,31,33,74,76,81,82,83,87,103,122,125,149,171の2,173の2,179の5,179の10,
  182の2,182の6,207,231,250,252,270,284,306,310,312,318,319,320,358,369,370,371,
  374,378,389,393,394,396,399の10,399の11,412,413,433,435,442,444,494,496,521,575,
  617,618,682,684,695,731,775,782,791,794,801,803,811,815,868,870,944,951,955,964,976
電磁的方法…………………………2,31,59,67,68,70,71,74,76,126,171の2,173の2,179の5,179の10,182の2,182の6,
  203,242,298,299,301,302,310,312,378,440,442,496,548,549,550,551,555,557,677,
  685,719,720,721,722,725,727,739,775,782,791,794,801,803,811,815,819,868,951,955,976

と

登録株式質権者…………………………………124,149,150,152,153,154,168,169,170,179の4,181,187,196,
  197,198,218,219,221,279,457,776,783,804,840,842,844
登録新株予約権質権者………………………………179の4,270,271,272,273,274,275,293,776,783,804,842
特定責任……………………………………………………386,399の7,408,425,426,427,847の3,849,853
特定責任追及の訴え……………………………………………386,399の7,408,847の3,849,853
特定引受人……………………………………………………………………………………206の2,244の2
特別支配会社………………………………………………………………………………468,784,796
特別支配株主…………………………………151,154,179,179の2,179の3,179の4,179の5,179の6,
  179の7,179の8,179の9,179の10,219,272,293,846の3,870
特別支配株主完全子法人…………………………………………………………………179,179の2
特別取締役………………………………………………………………………………373,383,911
取締役会…………………………………108,139,140,157,163,165,168,169,178,179の3,179の6,183,186,195,197,200,
  201,202,204,205,213,234,239,240,241,243,244,265,273,274,276,278,286,295,
  298,305,323,326,327,331,362,363,364,365,366,367,368,369,370,371,372,373,376,378,
  382,383,399の4,399の7,399の13,399の14,400,401,402,403,406,408,411,412,416,417,418,419,420,
  423,426,436,441,454,459,462,465,489,491
取締役会議案提案取締役………………………………………………………………………462
取締役会設置会社……………………………2,39,47,68,108,139,140,157,163,165,168,169,178,179の3,179の6,
  183,186,195,197,200,202,204,234,239,241,243,265,273,274,276,278,295,
  298,299,303,305,306,309,313,323,327,331,348,349,362,363,364,365,367,
  370,371,373,376,378,382,419,426,436,437,438,441,442,444,447,448,454,491,911
取締役等………………………………………………………………………………………213,286

は

配当額………………………………………………………………………………623,628,629,630,631
配当財産………………………………………2,108,309,446,454,455,456,457,459,462,758,760,763,765
発行可能株式総数………………………………………37,98,101,113,184,322,746,753,763,773,911

/1368/ 条文用語索引　ち〜は

発行可能種類株式総数	101,108,114,322,911
発行済株式	2,113,114,115,182の6,183,207,234,236,284,322,358,433,468,479, 522,767,769,771,774,802,833,844,847の2,847の3,851,854,911,937
破産手続開始	23の2,471,475,484,512,515,574,607,641,644,656,759,761,764,766,976
払込金額	58,63,199,200,201,208,212,238,239,246,285,676,677

ひ

引受人	50,62,63,102,102の2,103,206,206の2,207,208,209,211,212,213,213の2,213の3,244の2
非業務執行取締役等	427,911
1株当たり純資産額	141,142,144,167,193,283,796

ふ

| プログラム | 944 |
| 分配可能額 | 166,170,461,462,463,464,850 |

ほ

報酬等	361,379,387,399,404,409
発起人等	847,847の2,847の3
募集株式	199,200,202,203,204,205,206,206の2,207,208,209,211,212,213,213の2,213の3
（募集株式）払込金額	58,63,199,200,201,208,212
募集事項	199,200,201,202,203,207,238,239,240,241,242
募集社債	676,677,678,679,680
（募集社債）払込金額	676,677
募集新株予約権	238,239,241,242,243,244,244の2,245,246,285,286の2
（募集新株予約権）払込金額	238,239,246,285

む

無記名社債	681,682,688,690,691,718,721,723
無記名新株予約権	249,257,259,260,269,294
無記名新株予約権付社債	249,257,259,260,269,294

も

持分会社	575,576,577,578,579,580,581,583,584,586,587,590,591,592,593,594, 595,596,599,600,601,602,603,604,605,606,607,608,609,610,611,612,613, 614,615,617,618,620,621,623,624,637,638,640,641,642,643,644,645,655, 668,669,670,671,744,745,746,747,749,751,752,753,755,760,765,781,783,793, 802,804,813,828,832,833,834,845,859,860,861,862,919,922,924,937,940,964,976
持分等	783,785
持分払戻額	635,636

や

| 役員 | 329,330,339,341,346,371,394,490,854,855,856,937,972 |
| 役員等 | 423,425,426,429,430,542,847 |

ゆ

| 有価証券 | 20,33,46,93,207,284 |

り

| 利益額 | 623,628,629,630 |

理事等……………………………………………………………………943, 947
臨時計算書類………………………………………374, 378, 396, 429, 441, 442, 461
臨時決算日……………………………………………………………………441

れ

連結計算書類………………………………………………………374, 396, 444, 879

わ

割当日………………………………………………………238, 239, 240, 243, 245

判例索引

明治
大判明41・10・12民録14-999 ··· 1278

大正
大判大3・3・12民録20-168 ··· 51
大判大5・3・17民録22-364 ··· 764
大判大6・10・13民録23-1815 ··· 789
大判大7・7・10民録24-1480 ··· 51
大判大8・1・24民録25-30 ··· 136
大決大8・6・9民録25-997 ··· 921
大判大9・2・20民録26-184 ··· 562
大決大10・5・20民録27-947 ··· 565
大判大11・9・27刑集1-483 ··· 1333
大判大12・3・26民集2-171 ··· 1178
大判大13・3・22民集3-185 ·· 860

昭和元～9年
大判昭2・7・4〔判例シリーズ7事件〕 ·· 58
大判昭2・8・3民集6-484 ··· 136
大判昭3・10・19民集7-801 ·· 860
大判昭3・11・28〔会社法百選86事件〕 ·· 974
大判昭4・5・13民集8-470 ··· 1239
大判昭5・7・17民集9-868 ··· 725
大判昭6・11・14民集10-1060 ·· 974
大判昭7・4・30〔会社法百選81事件〕 ·· 725
大判昭8・5・9民集12-1091 ··· 54
大判昭8・9・12民集12-2313 ·· 54

昭和10～19年
大判昭10・3・9民集14-291 ·· 892
大判昭10・3・12民集14-482 ··· 744
大判昭10・5・27民集14-949 ··· 30
大判昭12・4・22民集16-487 ··· 1025
大判昭12・7・14新聞4166-15 ··· 1178
大判昭12・9・2判決全集4-17-49 ·· 1178
大判昭13・12・24民集17-2713 ··· 1178
大判昭14・2・8民集18-54 ·· 892,1279
大判昭14・4・19民集18-472 ··· 91
大判昭19・8・25民集23-524 ··· 1023

昭和20～29年
東京地判昭26・4・28下民集2-4-566 ·· 571
最判昭27・2・15〔判例シリーズ1事件〕 ·· 15
大阪地判昭28・6・19下民4-6-886 ·· 588
最判昭28・12・3民集7-12-1299 ··· 58

判例索引／1371／

最判昭29・10・7民集8-10-1795……39
最判昭29・10・15〔総則・商行為百選5事件〕……1279

昭和30～39年

最判昭30・7・15民集9-9-1069……28
東京高判昭30・7・19下民6-7-1488……1189
最判昭30・9・9民集9-10-1247……21
最判昭30・10・20民集9-11-1657……193
東京地判昭30・11・11下民6-11-2365……1184
東京地判昭31・6・13下民7-6-1550……1178
最判昭31・6・29民集10-6-774……583
最判昭31・10・5集民23-409……571
最判昭31・11・15民集10-11-1423……1189
最判昭33・10・3民集12-14-3053……1184
最判昭33・10・24〔判例シリーズ5事件〕……58, 83
東京高判昭34・3・30東高民10-3-68……562
最判昭35・1・12商事法務167-18……1183
大阪地判昭35・1・22下民11-1-85……1193
最判昭35・4・14民集14-5-833……1279
最決昭35・6・21刑集14-8-981……1336
最決昭35・8・12刑集14-10-1360……1330
最判昭35・9・15〔判例シリーズ17事件〕……175, 324
最判昭35・10・14民集14-12-2499……555
最判昭35・12・9〔判例シリーズ4事件〕……51
最決昭36・3・28刑集15-3-590……1336
最判昭36・3・31民集15-3-645……1176, 1179
大阪高判昭36・9・14下民12-9-2281……789
最判昭36・9・29〔総則・商行為百選13事件〕……19
最判昭36・10・13〔総則・商行為百選23事件〕……39
東京地判昭36・10・23判タ124-72……195
東京高判昭36・11・29金法294-6……90
最判昭37・3・2民集16-3-423……98
最判昭37・3・8民集16-3-473……159
最判昭37・4・20民集16-4-860……175, 189
最判昭37・5・1〔総則・商行為百選27事件〕……28
最判昭38・3・1〔総則・商行為百選20事件〕……37
横浜地決昭38・4・2下民14-4-656……849
大阪高判昭38・6・20高民16-4-270……531, 1190
最判昭38・9・5民集17-8-909……576
東京地判昭38・10・31判タ154-115……336
最判昭38・12・6民集17-12-1633……68
最判昭38・12・6民集17-12-1664……562
最判昭38・12・24民集17-12-1744……58
最判昭39・1・23民集18-1-87……1192
最判昭39・1・28民集18-1-180……562
最判昭39・5・21民集18-4-608……551, 1189
東京地判昭39・10・12下民15-10-2432……1215
最判昭39・12・11〔判例シリーズ65事件〕……572, 573

昭和40～49年

判例	頁
最判昭40・3・18判時413-75	152
最判昭40・4・9民集19-3-632	555
最判昭40・6・29民集19-4-1045	1179
最大判昭40・9・22〔判例シリーズ81事件〕	752
最判昭40・9・22〔判例シリーズ69事件〕	576
最判昭40・10・8民集19-7-1745	548
最判昭40・11・11民集19-8-1953	887
最判昭40・11・16〔判例シリーズ34事件〕	351
最判昭41・1・27〔総則・商行為百選15事件〕	21
最判昭41・4・15民集20-4-660	690
最判昭41・7・28〔判例シリーズ16事件〕	193, 324
最判昭41・8・26民集20-6-1289	588
最判昭41・11・10民集20-9-1771	555
最判昭41・12・20民集20-10-2160	577
最判昭42・2・9判時483-60	20
最判昭42・2・17〔商登百選76事件〕	725
最判昭42・2・17集民86-279	1180
最判昭42・4・28民集21-3-796	554
最判昭42・6・6〔手形小切手百選12事件〕	20
最判昭42・9・26民集21-7-1870	58
大阪高判昭42・9・26高民20-4-411	1186
最判昭42・9・28〔判例シリーズ41事件〕	1189, 1190
最判昭42・12・14刑集21-10-1369	1336
最判昭42・12・15民集25-7-962	764
最判昭43・3・15民集22-3-625	768
最判昭43・9・5民集22-9-1846	237
最判昭43・11・1〔判例シリーズ37事件〕	487, 1279
最判昭43・12・24〔総則・商行為百選11事件〕	539
最大判昭43・12・25〔判例シリーズ62事件〕	563
最判昭44・2・27〔判例シリーズ3事件〕	14
最判昭44・3・28〔判例シリーズ71事件〕	588, 768
最決昭44・10・16〔会社法百選103事件〕	1340
最大判昭44・11・26〔判例シリーズ74事件〕	689, 690
最判昭44・11・27民集23-11-2301	555
最判昭44・12・2〔判例シリーズ70事件〕	585, 588
仙台地判昭45・3・26判時588-38	14
最判昭45・4・2〔判例シリーズ43事件〕	1190
最大判昭45・6・24〔判例シリーズ2事件〕八幡製鉄政治献金事件	15, 556, 557
最判昭45・7・9民集24-7-755	1183
最大判昭45・7・15〔判例シリーズ12事件〕	1190
最判昭45・7・16民集24-7-1061	690
最判昭45・8・20民集24-9-1305	562
最判昭45・8・20判時607-79	1183
最判昭45・11・6〔判例シリーズ51事件〕	552
最判昭45・11・12民集24-12-1901	324, 336
最判昭45・11・24〔判例シリーズ13事件〕	154
最判昭45・12・15〔民事訴訟法百選18事件〕	555
東京高判昭46・1・28高民集24-1-1	315

最判昭46・3・18〔判例シリーズ46事件〕	1191
最判昭46・6・24民集25-4-596	462
最判昭46・7・16〔判例シリーズ26事件〕	1176,1179
最大判昭46・10・13〔判例シリーズ61事件〕	562,563
最決昭46・12・10判時650-99	1333
最判昭47・3・2〔総則・商行為百選22事件〕	37
最判昭47・6・15〔判例シリーズ77事件〕	691
最大判昭47・11・8〔判例シリーズ18事件〕	189,587
東京高判昭48・1・17判時690-21	98
最決昭48・3・1民集27-2-161	757
東京地判昭48・4・25判時709-90	555
最判昭48・5・22〔判例シリーズ76事件〕	577,690
最判昭48・6・15〔判例シリーズ20事件〕	207,208
東京高判昭48・7・27〔判例シリーズ24事件〕	344
最判昭48・10・26民集27-9-1240	14
最判昭48・12・11民集27-11-1529	563
最判昭49・2・28判時735-97	577
最判昭49・3・22〔判例シリーズ90事件〕	577,1280
最判昭49・9・26〔判例シリーズ60事件〕	562
最判昭49・12・17民集28-10-2059	689
最判昭49・12・20〔会社法百選82事件〕	889

昭和50～59年

最判昭50・4・8〔判例シリーズ23事件〕	343
横浜地判昭50・5・28判タ327-313	32
東京高判昭50・5・30判時791-117	857
名古屋地判昭50・6・10判時792-84	1186
最判昭50・6・27〔会社法百選49事件〕	552
最判昭51・3・23集民117-231	672
東京高判昭51・4・28判時826-44	14
神戸地判昭51・6・18判時843-107	1235
最判昭51・6・30判時836-105	29
東京高決昭51・8・2判時833-108	1197
最判昭51・10・1金判512-33	24
最判昭51・12・24〔判例シリーズ42事件〕	487,1191
最判昭52・10・14〔判例シリーズ52事件〕	555
最判昭52・11・8民集31-6-847	138
東京地判昭53・3・16下民32-5=8-511	687
最判昭53・4・14民集32-3-601	138
最判昭53・7・10〔判例シリーズ49事件〕	1184
最判昭53・9・14判時906-88	14
最判昭54・11・16〔判例シリーズ48事件〕	1191
最判昭55・3・18判時971-101	691
大阪地判昭55・3・28判時963-96	687
名古屋高判昭55・5・20判時975-110	891
最判昭55・9・11民集34-5-717	1279
東京地判昭56・3・26〔判例シリーズ59事件〕	562
最判昭56・4・24判時1001-110	555
最判昭56・5・11判時1009-124	570

東京高判昭56・6・18判時1016-110	37
最判昭57・1・21〔判例シリーズ50事件〕	527
最判昭58・1・25判時1072-144	21
最判昭58・2・22判時1076-140	573
最判昭58・6・7〔判例シリーズ44事件〕	1190
名古屋高判昭58・7・1〔会社法百選74事件〕	689
東京地決昭58・10・11判タ515-159	1108
大阪高決昭58・10・27〔会社法百選35事件〕	137
最判昭59・2・24刑集38-4-1287	796
最判昭59・3・29〔総則・商行為百選28事件〕	28
最判昭59・4・20判時1122-113	195
最判昭59・9・28民集38-9-1121	552
最判昭59・10・4判時1143-143	689

昭和60～63年

最判昭60・3・7〔会社法百選27事件〕	193
最判昭60・3・26判時1159-150	572
福井地判昭60・3・29判タ559-275	170
最判昭61・2・18〔会社法百選75事件〕	521
東京高判昭61・2・19〔判例シリーズ38事件〕	491
最判昭61・3・13〔会社法百選84事件〕	1194
最判昭61・9・11〔判例シリーズ6事件〕	58,752
東京地判昭62・1・13判時1234-143	492
最判昭62・1・22〔会社法百選83事件〕	891
最判昭62・4・16〔判例シリーズ78事件〕	691
最判昭62・4・21商事法務1110-79	521
東京地判昭63・1・28民集46-7-2592	492
最判昭63・3・15判時1273-124	203,207
東京地決昭63・11・14判時1296-146	460

平成元～9年

東京地判平元・7・18〔会社法百選94事件〕	1194
東京地決平元・7・25判時1317-28	316,340
最判平元・9・19判時1354-149	522
最判平元・9・21判時1334-223	689
東京高判平元・10・26〔判例シリーズ58事件〕	557
東京高判平2・1・31〔判例シリーズ85事件〕	1018,1180
最判平2・2・22〔総則・商行為百選30事件〕	24,29
最判平2・4・17〔判例シリーズ47事件〕	1184
最判平2・4・17判時1380-136	178
大阪高判平2・7・18判時1378-113	559,873
東京地判平2・9・3判時1376-110	691
最判平2・12・4〔判例シリーズ10事件〕	138
最決平3・2・28〔判例シリーズ8事件〕	336
横浜地判平3・4・19〔会社法百選78事件〕	697
福岡地判平3・5・14判時1392-126	492,493
最判平4・1・24民集46-1-28	941
京都地判平4・2・5判時1436-115	688
東京地判平4・2・13判時1427-137	1215

東京地決平 4 ・ 6 ・26判タ794-255	189
最判平 4 ・10・29判時1454-146	1181
最判平 4 ・12・18〔判例シリーズ67事件〕	572
最判平 5 ・ 3 ・30〔判例シリーズ19事件〕	207
最判平 5 ・12・16〔判例シリーズ28事件〕	340,1176
最判平 6 ・ 1 ・20〔判例シリーズ68事件〕	577
東京地決平 6 ・ 3 ・ 4 判時1495-139	697
最判平 6 ・ 7 ・14〔判例シリーズ30事件〕	1176,1179
東京高決平 7 ・ 2 ・20〔判例シリーズ73事件〕	1224
最判平 7 ・ 3 ・ 9 判時1529-153	1191
最判平 7 ・ 4 ・25〔判例シリーズ21事件〕	186
東京地判平 7 ・ 9 ・20判時1572-131	586
最判平 7 ・11・30〔判例シリーズ88事件〕	21
東京地判平 7 ・12・27判時1560-140	170
最判平 8 ・11・12〔判例シリーズ39事件〕	154
最判平 9 ・ 1 ・28〔判例シリーズ11事件〕	138
最判平 9 ・ 1 ・28〔判例シリーズ27事件〕	321,1176
最判平 9 ・ 3 ・27民集51- 3 -1628	207
最判平 9 ・ 9 ・ 9 判時1618-138	464

平成10〜19年

最判平10・ 3 ・27民集52- 2 -661	1236
最決平10・11・25〔刑法百選Ⅱ72事件〕	1331
最判平10・11・26〔会社法百選31事件〕	464
最判平11・ 3 ・25民集53- 3 -580	1184
東京高判平11・ 3 ・25〔判例シリーズ64事件〕	569
大阪高判平11・ 3 ・26金判1065- 8	1190
名古屋高判平12・ 1 ・19金判1087-18	583
神戸地尼崎支判平12・ 3 ・28判タ1028-288	487
東京高判平12・ 4 ・27金判1095-21	1233
最判平12・ 7 ・ 7 〔判例シリーズ53事件〕	672
浦和地判平12・ 8 ・18判時1735-133	1186
大阪地判平12・ 9 ・20〔判例シリーズ57事件〕	577
最判平14・ 1 ・22判時1777-151	1229
福井地判平15・ 2 ・12判時1814-151	557
最判平15・ 2 ・21〔判例シリーズ66事件〕	572
最判平16・ 2 ・20〔判例シリーズ89事件〕	38
東京地決平16・ 6 ・ 1 〔判例シリーズ25事件〕	316
最判平16・ 7 ・ 1 〔会社法百選79事件〕	696,697
東京地判平16・ 9 ・28〔判例シリーズ55事件〕	673
最判平16・10・ 4 民集58- 7 -1771	797
名古屋地判平16・10・29判時1881-122	1180
最判平17・ 2 ・15判時1890-143	572
東京高決平17・ 3 ・23〔判例シリーズ31事件〕	400
東京地判平17・ 5 ・12金法1757-46	1215
東京高決平17・ 6 ・15〔判例シリーズ32事件〕	400
最判平17・ 7 ・15〔会社法百選 4 事件〕	14
東京地決平17・ 7 ・29判時1909-87	291
最判平18・ 4 ・10〔判例シリーズ14事件〕	170,672

最決平18・9・28〔判例シリーズ63事件〕……………………………………………………566
最判平19・3・8〔会社法百選16事件〕……………………………………………………176
最決平19・8・7〔判例シリーズ33事件〕……………………………………………………400
東京地判平19・9・20判時1985-140……………………………………………………………697
東京地判平19・12・6〔判例シリーズ40事件〕……………………………………………1190

平成20年～

最判平20・2・22〔判例シリーズ87事件〕……………………………………………………16
最判平20・2・26〔会社法百選47事件〕……………………………………………………1236
最決平20・5・19刑集62-6-1623………………………………………………………………1331
東京地決平20・6・23金判1296-10………………………………………………………………340
最判平20・7・18〔会社法百選77事件〕……………………………………………………693
東京高決平20・9・12〔判例シリーズ83事件〕……………………………………………257
名古屋地決平20・11・19金判1309-20…………………………………………………………383
最決平21・1・15〔会社法百選80事件〕……………………………………………………697
最判平21・2・17判時2038-144…………………………………………………………………186
最判平21・3・10〔判例シリーズ72事件〕)…………………………………………………1215
最判平21・3・31民集63-3-472…………………………………………………………………1215
東京地決平21・3・31判タ1296-118……………………………………………………………1108
最判平21・4・17民集63-4-535…………………………………………………………………577
最判平21・4・17判時2044-74……………………………………………………………………514
名古屋高判平21・5・28〔会社法百選85事件〕……………………………………………979
最決平21・5・29金判1326-35……………………………………………………………………257
最判平21・7・9〔会社法百選54事件〕……………………………………………………578
大阪高決平21・9・1判タ1316-219……………………………………………………………1108
最判平21・11・27判時2063-138…………………………………………………………………673
最判平21・12・18判時2068-151…………………………………………………………………573
最判平22・3・16判時2078-155…………………………………………………………………573
名古屋高決平22・6・17資料版商事法務316-198……………………………………………178
東京地判平22・7・7判タ1354-176……………………………………………………………557
最判平22・7・15〔会社法百選52事件〕……………………………………………………673
東京地判平22・9・6判タ1334-117……………………………………………………………1190
最決平22・9・14資料版商事法務321-58………………………………………………………178
東京高判平22・10・27〔会社法百選92事件〕………………………………………………1061
最決平22・12・7〔会社法百選17事件〕……………………………………………………180
東京地判平23・1・26判タ1361-218……………………………………………………………527
最決平23・4・19民集65-3-1311………………………………………………………………1107
最決平23・4・26判時2120-126…………………………………………………………………1107
東京高判平23・9・27資料版商事法務333-39………………………………………………470
最決平24・2・29〔平24重判・商法4事件〕…………………………………………………1107
最決平24・3・28〔平24重判・商法3事件〕…………………………………………………181
福岡高判平24・4・13金判1399-24………………………………………………………………673
最判平24・4・24〔平24重判・商法1事件〕…………………………………………………385,1179
大阪地決平24・4・27判時2172-122……………………………………………………………1108
東京高決平24・5・31資料版商事法務340-30………………………………………………470
東京地判平24・9・11金判1404-52………………………………………………………………533,588
最判平24・10・12〔平24重判・商法7事件〕…………………………………………………1061
東京高判平24・11・28〔平25重判・商法2事件〕……………………………………………138
東京地決平24・12・21〔平25重判・商法1事件〕……………………………………………179

東京高判平25・4・17〔平25重判・商法5事件〕……690
東京地決平25・9・17〔平25重判・商法3事件〕……257
大阪地判平25・12・26〔平26重判・商法3事件〕……673
最判平26・1・30〔平26重判・商法5事件〕……673
仙台地決平26・3・26〔平26重判・商法2事件〕……340
東京地判平26・4・17〔平26重判・商法1事件〕……176
高知地判平26・9・10〔平26重判・商法8事件〕……673
東京地判平26・9・30金判1455-8……473
神戸地判平26・10・16判時2245-98……672
最判平27・2・19民集69-1-25……139
最判平27・2・19民集69-1-51……316

♠伊藤 真（いとう まこと）

1958年東京生まれ。1981年、大学在学中に1年半の受験勉強で司法試験に短期合格。同時に、司法試験受験指導を開始する。

1982年、東京大学法学部卒業。1984年、弁護士登録。弁護士として活動しつつ受験指導を続け、法律の体系や全体構造を重視した学習方法を構築し、短期合格者の輩出数、全国ナンバー1の実績を不動のものとする。

1995年、憲法の理念をできるだけ多くの人々に伝えたいとの思いのもとに15年間培った受験指導のキャリアを生かし、伊藤メソッドの司法試験塾をスタートする。

現在は、予備試験を含む司法試験や法科大学院入試のみならず、法律科目のある資格試験や公務員試験をめざす人たちの受験指導のため、毎日白熱した講義を行いつつ、一人一票実現国民会議の事務局長として一票の価値実現をめざすなど、社会的問題にも積極的に取り組んでいる。

「試験対策講座」「判例シリーズ」「試験対策問題集」など定評をいただいている「伊藤真シリーズ」に新たに「全条解説」を加え、読者の法律学習をトータルサポートする。
（一人一票実現国民会議URL：http://www.ippyo.org/）

伊藤塾
〒150-0031　東京都渋谷区桜丘町17-5　03(3780)1717
http://www.itojuku.co.jp

伊藤真の全条解説　会社法

2016（平成28）年2月29日　初版1刷発行

監修者　伊藤　真
著者　伊藤塾
発行者　鯉渕　友南
発行所　株式会社　弘文堂　101-0062 東京都千代田区神田駿河台1の7
　　　　　　　　　　　　　　TEL 03(3294)4801　振替 00120-6-53909
　　　　　　　　　　　　　　http://www.koubundou.co.jp

装丁　笠井亞子
印刷　三美印刷
製本　井上製本所

© 2016 Makoto Ito. Printed in Japan

JCOPY〈(社)出版者著作権管理機構　委託出版物〉
本書の無断複写は著作権法上での例外を除き禁じられています。複写される場合は、そのつど事前に、(社)出版者著作権管理機構（電話03-3513-6969、FAX 03-3513-6979、e-mail: info@jcopy.or.jp）の許諾を得てください。
また本書を代行業者等の第三者に依頼してスキャンやデジタル化することは、たとえ個人や家庭内での利用であっても一切認められておりません。

ISBN978-4-335-31411-7

伊藤真の判例シリーズ

厳選された重要判例の読み方・学び方を、伊藤メソッドを駆使して伝授！
各判例は、論点と結論、事実、裁判の経緯、判決の流れ、学習のポイント、判決要旨、伊藤真のワンポイント・レッスン、等の順にわかりやすく解説。
試験に役立つ学習書に徹した伊藤真による初めての判例ガイド、誕生！

憲法［第2版］	3800円
民法［第2版］	3500円
刑法［第2版］	3500円
行政法［第2版］	3800円
刑事訴訟法	3800円
民事訴訟法	3500円
商法	3500円

伊藤真の条文シリーズ

法律の学習は、条文に始まり条文に終わる！　基本六法を条文ごとにわかりやすく説明する逐条解説シリーズ。条文の意味・趣旨、解釈上の重要論点、要旨付きの関連判例をコンパクトに整理。「事項索引」「判例索引」の他に、「条文用語索引」で検索機能も充実。基礎的な勉強に、受験に、そして実務でも役立つ伊藤メソッドによるスーパー六法。

民法Ⅰ【総則・物権】	3200円
民法Ⅱ【債権・親族・相続】	3200円
商法・手形法小切手法	2700円
憲法	3000円
刑法	3300円
民事訴訟法	2800円
刑事訴訟法	3100円

弘文堂

＊価格（税別）は2016年2月現在

伊藤真試験対策講座

論点ブロックカード・フローチャートなど司法試験受験界を一新する勉強法を次々と考案し、導入した伊藤真が、全国の受験生・法学部生・法科大学院生に贈る、初めての本格的な書き下ろしテキスト。伊藤メソッドによる「現代版基本書」！

- ●論点ブロックカードで、答案の書き方が学べる。
- ●フローチャートで、論理の流れがつかめる。
- ●図表・2色刷りによるビジュアル化。
- ●試験に必要な重要論点をすべて網羅。
- ●短期集中学習のための効率的な勉強法を満載。
- ●司法試験をはじめ公務員試験、公認会計士試験、司法書士試験に、そして、大学の期末試験対策にも最適。

憲法[第3版]	4200円
行政法[第4版]	3300円
刑法総論[第3版]	3800円
刑法各論[第4版]	3900円
民法総則[第3版]	2600円
物権法[第4版]	2800円
債権総論[第3版]	2500円
債権各論[第3版]	2700円
親族・相続[第3版]	2800円
商法〔総則・商行為〕・手形法小切手法[第2版]	3800円
会社法[第3版]	4000円
刑事訴訟法[第4版]	4200円
民事訴訟法[第3版]	3900円
労働法[第3版]	3200円
倒産法	2900円

弘文堂

＊価格（税別）は2016年2月現在

伊藤真実務法律基礎講座

伊藤メソッドで実務法律を学ぼう！「伊藤真試験対策講座」の実務法律版。実務に役立つ各法律の全体像とどうしても知っておきたい基礎知識を短時間でマスターできるコンパクトなテキスト。実務に必要な重要論点・法律問題をピックアップし、法的問題に取り組むための基本的な考え方を示す通説・判例をすっきり整理。実務で起こる具体的な紛争を解決するための基礎力が身につく、実務法律を初めて学ぶ人に最適のシリーズ！

- 「伊藤真試験対策講座」の実務法律版。
- 実務法律を初心者にもわかりやすく解説。
- 実務で起こる様々な紛争を解決するための基礎力を養成。
- 実務法律の全体像を短時間でマスター可能。
- 実務に必要な基礎知識を網羅。
- 図表の多用・2色刷によるビジュアルな構成。
- 具体的な事例と判例を重視した内容。
- 各種試験を突破して実務の世界にいままさに入ろうとしている人、
  実務家として走り出したばかりの人、
  企業の法務部や現場で実務法律と格闘しているビジネスパーソン、
  さらに、各種資格試験のみならず大学の学部試験対策にも最適。

労働法［第4版］	2400円
倒産法［第2版］	2100円
知的財産法［第4版］	2000円
国際私法［第3版］	2200円
民事執行法・民事保全法	2500円
経済法	1900円
国際公法	2200円

（以下、随時続刊）

弘文堂

＊価格（税別）は2016年2月現在